O CAPITAL

ubu

KARL MARX

O CAPITAL

CRÍTICA DA ECONOMIA POLÍTICA

3

O PROCESSO DA PRODUÇÃO CAPITALISTA COMO UM TODO

EDIÇÃO
FRIEDRICH ENGELS

COORDENAÇÃO E REVISÃO
PAUL SINGER
TRADUÇÃO
REGIS BARBOSA
FLÁVIO R. KOTHE

LIVRO 3
O PROCESSO DA PRODUÇÃO CAPITALISTA COMO UM TODO

SEÇÃO I
A TRANSFORMAÇÃO DA MAIS-VALIA EM LUCRO E DA TAXA DE MAIS-VALIA EM TAXA DE LUCRO

SEÇÃO II
A TRANSFORMAÇÃO DO LUCRO EM LUCRO MÉDIO

SEÇÃO III
LEI DA QUEDA TENDENCIAL DA TAXA DE LUCRO

SEÇÃO IV
TRANSFORMAÇÃO DE CAPITAL-MERCADORIA E CAPITAL MONETÁRIO EM CAPITAL DE COMÉRCIO DE MERCADORIAS E CAPITAL DE COMÉRCIO DE DINHEIRO (CAPITAL COMERCIAL)

SEÇÃO V
DIVISÃO DO LUCRO EM JURO E LUCRO DO EMPRESÁRIO. O CAPITAL PORTADOR DE JUROS

SEÇÃO VI
METAMORFOSE DO SOBRELUCRO EM RENDA FUNDIÁRIA

SEÇÃO VII
AS *REVENUES* E SUAS FONTES

NOTA BIBLIOGRÁFICA

Fernando Rugitsky

Um livro da estatura de *O capital* dispõe de uma vasta fortuna crítica, que continua a se acumular à medida que inúmeros aspectos dos argumentos do autor são objeto de debates acalorados. Não é possível, assim, oferecer uma visão de conjunto da literatura que levou adiante as ideias formuladas por Marx em sua obra principal. Em vez disso, esta nota indica algumas referências, em especial ligadas a questões econômicas, que podem ser úteis para refletir sobre a recepção do Livro 3 de *O capital* desde sua publicação original. Quiçá elas possam servir de guia para aquelas e aqueles que queiram se aprofundar em alguns temas de destaque deste volume. O foco desta nota recairá em três temas que dominaram a fortuna crítica do livro: o "problema da transformação", a lei da queda da taxa de lucro e o capital portador de juros. No fim, algumas sugestões recentes sobre o papel do rentismo serão mencionadas. (Para indicações de livros introdutórios que podem auxiliar na leitura da obra, ver a "Nota bibliográfica" disponível no Livro 1.)

O desafio enfrentado por Marx logo no início deste volume (nas seções I e II), de tornar compatível o valor das mercadorias com o processo de equalização das taxas de lucro, ensejou talvez um dos mais extensos (e mais herméticos) debates entre economistas sobre *O capital*. Usualmente referido como "o problema da transformação", a questão teórica é que, uma vez que mercadorias são produzidas com proporções distintas de trabalho e capital, os preços relativos entre elas não serão idênticos ao tempo de trabalho (direta e indiretamente) nelas incorporado. Dessa forma, os preços relativos desviam-se do valor das mercadorias, e é necessário demonstrar teoricamente como se dá a "transformação" dos valores em preços. Com uma série de equações e tabelas, Marx expõe tal transformação, defendendo a adequação da teoria do valor para explicar a dinâmica do modo de produção capitalista e argumentando que o desvio dos preços em relação aos valores representa apenas um obscurecimento da "verdadeira origem da mais-valia" [p. 173].

Seu argumento, desde logo, sofreu inúmeras críticas. Uma das primeiras foi desferida pelo economista austríaco Eugen von Böhm-Bawerk, ainda no final do século XIX, poucos anos após a primeira publicação do Livro 3 de *O capital*. Menos de uma década depois, Rudolf Hilferding, um dos mais célebres intelectuais e políticos marxistas da primeira metade do século XX, redigiu uma réplica extensa à crítica de

Böhm-Bawerk.[1] O debate seguiria intenso nas décadas seguintes, mobilizando inúmeros autores, e a publicação de *Produção de mercadorias por meio de mercadorias*, de Piero Sraffa, em 1960, daria ímpeto renovado ao engajamento crítico com a solução oferecida por Marx. A esse respeito, vale conferir *Teorias do valor e distribuição desde Adam Smith*, de Maurice Dobb.[2] Para a defesa da perspectiva de Marx sobre a teoria do valor, contra as alternativas sraffianas, ver a coletânea organizada por Ernest Mandel e Alan Freeman, *Ricardo, Marx, Sraffa*.[3] O debate estimulado pelo livro de Sraffa teve também desdobramentos profícuos no Brasil. Vale destacar, a esse respeito, a tese de doutorado de Luiz Gonzaga Belluzzo, *Valor e capitalismo*,[4] e o livro de José Arthur Giannotti, *Trabalho e reflexão*.[5] Ainda uma etapa seguinte da controvérsia sobre o "problema da transformação" iniciou-se nos anos 1980, com novas abordagens sugeridas por Duncan K. Foley e Gérard Duménil. Eles próprios abordaram sua interpretação e a controvérsia que se seguiu no verbete "Marxian Transformation Problem", escrito para *The New Palgrave Dictionary of Economics*.[6] Um sumário mais recente do debate pode ser encontrado no livro *The Logic of Capital*, de Deepankar Basu.[7]

Outro aspecto de destaque deste volume de *O capital* encontra-se na Seção III e volta-se à famosa lei da queda da taxa de lucro, também destinada a ser alvo de intensas controvérsias. Partindo de formulações dos economistas políticos clássicos sobre a trajetória da lucratividade, Marx argumenta que a lei seria uma "tendência real da produção capitalista", uma forma de manifestação da sua natureza contraditória. Segundo

---

1 Ambos os textos foram publicados em inglês com uma introdução de Paul Sweezy: E. Böhm-Bawerk/R. Hilferding, *Karl Marx and the Close of His System/ Böhm-Bawerk's Criticism of Marx*. New York: Augustus M. Kelley, 1949. Há também uma tradução para o espanhol: E. Böhm-Bawerk/R. Hilferding/Ladislaus von Bortkiewicz, *Economía burguesa y economía socialista*, trad. Celina Manzoni. Buenos Aires: Cuadernos de Pasado y Presente, 1974.

2 M. Dobb, *Teorias do valor e distribuição desde Adam Smith* [1973], trad. Álvaro de Figueiredo. São Paulo: Livraria Martins Fontes, 1977.

3 E. Mandel e A. Freeman (orgs.), *Ricardo, Marx, Sraffa: The Langston Memorial Volume*. London: Verso, 1984.

4 L. G. Belluzzo, *Valor e capitalismo: Um ensaio sobre a economia política* [1980]. Campinas: Unicamp, 1998.

5 J. A. Giannotti, *Trabalho e reflexão: Ensaios para uma dialética da sociabilidade*. São Paulo: Brasiliense, 1983.

6 Steven N. Durlauf e Lawrence E. Blume (orgs.), *The New Palgrave Dictionary of Economics*. London: Palgrave Macmillan, 2008.

7 D. Basu, *The Logic of Capital: An Introduction to Marxist Economic Theory*. New York: Cambridge University Press, 2021.

ele, em sua busca incessante por subordinar a classe trabalhadora no processo produtivo, o capital acabava por repelir a mercadoria que criava valor e terminava, assim, por reduzir a taxa de lucro. Ainda na passagem para o século XX, interpretações diversas sobre a trajetória da taxa de lucro foram utilizadas por partes distintas dos movimentos socialistas, que divergiam sobre o futuro do capitalismo e suas implicações políticas. O debate entre reformistas e revolucionários, que remonta ao desafio lançado por Eduard Bernstein, passava, entre muitos outros temas, pela formulação contida na seção III do Livro 3 de *O capital*.[8] Henryk Grossmann publicou em 1929 o livro *A lei da acumulação e o colapso do sistema capitalista*, que interveio na controvérsia e trouxe ao primeiro plano a lei da queda da taxa de lucro.[9]

Algumas décadas depois, em 1961, o debate sobre a lei foi retomado em termos bem distintos por conta de um artigo publicado por Nobuo Okishio, "Technical Change and the Rate of Profit", o qual argumentava que, em determinadas circunstâncias, a adoção de mudanças tecnológicas não poderia levar à queda da taxa de lucro.[10] Essa formulação, que ganharia a alcunha de "teorema de Okishio", foi desafiada quanto à relevância dos pressupostos assumidos para compreender o modo de produção capitalista. Dentre os muitos autores que reagiram criticamente ao desafio proposto por Okishio e buscaram levar adiante a formulação de Marx sobre a trajetória histórica da lucratividade, inclusive com investigações empíricas, vale destacar Anwar Shaikh, Gérard Duménil e Dominique Lévy. A versão mais recente das formulações do primeiro pode ser encontrada em seu livro *Capitalism: Competition, Conflict, Crises*. Os dois últimos publicaram uma discussão teórica detalhada sobre o tema em um livro de 1993, *The Economics of the Profit Rate*, e desde então complementaram-na em uma série de artigos acadêmicos.[11] No que concerne especificamente aos trabalhos empíricos sobre a taxa de lucro, o artigo

---

8 Bernstein argumentou que seria possível transitar do capitalismo ao socialismo por meio de reformas graduais, questionando a necessidade da política revolucionária.

9 O livro foi traduzido para o inglês: *The Law of Accumulation and Breakdown of the Capitalist System: Being also a Theory of Crises*, trad. Jairus Banaji. London: Pluto Press, 1992.

10 N. Okishio, "Technical Change and the Rate of Profit". *Kobe University Economic Review*, n. 7, 1961.

11 A. Shaikh, *Capitalism: Competition, Conflict, Crises*. Oxford/New York: Oxford University Press, 2016; G. Duménil e D. Lévy, *The Economics of the Profit Rate: Competition, Crises, and Historical Tendencies in Capitalism*. Aldershot: Edward Elgar, 1993.

de Thomas Weisskopf, "Marxian Crisis Theory and the Rate of Profit in the Postwar US Economy"[12] permanece uma referência incontornável. Ademais, no caso brasileiro, provavelmente a discussão teórica mais completa sobre a lei da queda da taxa de lucro pode ser encontrada no livro de Mario Possas, *Dinâmica e concorrência capitalista*.[13] No campo das investigações empíricas sobre a taxa de lucro no Brasil, vale destacar o trabalho de Adalmir Marquetti e seus diversos coautores.[14]

Algumas das interpretações mais influentes na historiografia sobre o capitalismo do pós-guerra seguiram a trilha aberta por Marx ao dar centralidade à taxa de lucro. Cabe destaque ao livro *Capitalism since 1945*, de Philip Armstrong, Andrew Glyn e John Harrison,[15] bem como ao ainda mais influente *The Economics of Global Turbulence*, de Robert Brenner.[16] O extenso debate em torno do último dá mostras da influência da análise de Marx sobre a taxa de lucro para a compreensão do período recente.

Já a seção V deste volume 3, sobre o capital portador de juros, despertou maior interesse apenas nas últimas décadas, estimulado pela literatura sobre a financeirização da economia. Uma exceção a esse respeito é o clássico *O capital financeiro*, de Rudolf Hilferding.[17] No que tange ao período mais recente, vale destacar os trabalhos de François Chesnais e seus colaboradores, assim como aqueles de Costas Lapavitsas.[18] Os estudos de Greta Krippner, coletados em *Capitalizing on Crisis*, oferecem uma perspectiva profícua sobre o caso particular dos Estados Unidos.[19]

---

12 T. Weisskopf, "Marxian Crisis Theory and the Rate of Profit in the Postwar US Economy". *Cambridge Journal of Economics*, v. 3, n. 4, 1979.

13 M. Possas, *Dinâmica e concorrência capitalista: Uma interpretação a partir de Marx*. São Paulo/Campinas: Hucitec/Ed. Unicamp, 1989.

14 Ver, por exemplo: Adalmir Marquetti, Eduardo Maldonado Filho, Alessandro Miebach e Henrique Morrone, "Uma interpretação da economia brasileira a partir da taxa de lucro: 1950–2020". *Brazilian Journal of Political Economy*, v. 43, n. 2, 2023.

15 P. Armstrong, A. Glyn e J. Harrison, *Capitalism since 1945*. Oxford: Basil Blackwell, 1991.

16 R. Brenner, *The Economics of Global Turbulence: The Advanced Capitalist Economies from Long Boom to Long Downturn, 1945–2005*. London: Verso, 2006.

17 R. Hilferding, *O capital financeiro* [1910], trad. Reinaldo Mestrinel. São Paulo: Nova Cultural, 1985.

18 Ver, por exemplo: F. Chesnais, *A mundialização do capital*, trad. Silvana Finzi Foá. São Paulo: Xamã, 1996; C. Lapavitsas, *Profiting without Producing: How Finance Exploits Us All*. London/New York: Verso 2014.

19 G. R. Krippner, *Capitalizing on Crisis: The Political Origins of the Rise of Finance*. Cambridge: Harvard University Press, 2012.

Por fim, no que concerne ao resgate crítico das ideias expostas na seção VI deste volume 3, sobre a renda fundiária, vale destacar uma instigante contribuição realizada por autores brasileiros. Rodrigo Teixeira e Tomás Rotta, seguindo formulações sugeridas por Eleutério Prado, argumentaram que o preço de algumas "mercadorias sem valor" (por terem custo de reprodução nulo), como *softwares*, é determinado pela renda do conhecimento extraída pelos detentores dos direitos de propriedade, que restringem sua circulação. Dessa maneira, as ideias de Marx sobre a renda fundiária foram utilizadas para dar conta de uma parte expressiva das transações realizadas no capitalismo contemporâneo.[20] Leda Paulani, por sua vez, foi além e argumentou que o rentismo assume contemporaneamente várias outras formas (não apenas a apropriação de renda do conhecimento), sendo hoje um dos "traços mais marcantes" do processo de acumulação de capital.[21] É mais um exemplo da influência atual dessa seção de *O capital*.

20 Ver, de R. Teixeira e T. Rotta, "Valueless Knowledge-Commodities and Financialization: Productive and Financial Dimensions of Capital Autonomization". *Review of Radical Political Economics*, v. 44, n. 4, 2012.

21 Ver L. Paulani, "Acumulação e rentismo: Resgatando a teoria da renda de Marx para pensar o capitalismo contemporâneo". *Revista de Economia Política*, v. 36, n. 3, 2016.

NOTA DA EDIÇÃO

As notas dos autores seguem o original alemão, em que há números que se repetem e letras que passam a acompanhar alguns deles, e localizam-se entre as pp. 869–98 deste volume. As notas de rodapé estão identificadas por algarismos romanos e são de autoria da edição alemã [N. E. A.], dos tradutores [N. T.] ou da edição brasileira [N. E. B.].

Inserções e comentários sinalizados de Engels encontram-se entre chaves { }. O termo *revenue* é mantido em inglês quando usado assim por Marx no original, no sentido dado pelos representantes da Economia Política inglesa e francesa. O autor contextualiza seu significado no próprio texto quando acha necessário.

Por fim, cabe indicar que esta tradução se baseou no texto da edição da MEW (Marx-Engels-Werke). A referência completa encontra-se na p. 926.

PREFÁCIO

Friedrich Engels, 1894

Finalmente tenho a ventura de oferecer este terceiro volume da obra principal de Marx, a conclusão da parte teórica, ao público. Ao editar o segundo volume, em 1885, pensei que o terceiro somente ofereceria dificuldades técnicas, com exceção naturalmente de algumas seções muito importantes. Esse foi efetivamente o caso; mas das dificuldades que exatamente essas seções mais importantes do todo me trariam eu não tinha então nenhuma noção, tampouco dos demais obstáculos que tanto retardariam a conclusão do livro.

Em primeiro lugar, e sobretudo, perturbou-me uma persistente debilidade visual, que restringiu por anos a um mínimo meu tempo de trabalho para coisas escritas e que ainda agora só excepcionalmente me permite empunhar a pena sob luz artificial. A isso se acrescentaram outros trabalhos que não podiam ser rejeitados: reedições e traduções de trabalhos anteriores de Marx e meus, portanto revisões, prefácios, notas suplementares que, muitas vezes, não podiam ser feitos sem novos estudos etc. Sobretudo a edição inglesa do Livro 1, por cujo texto, em última instância, eu sou responsável e que, por isso, me tomou muito tempo. Quem de algum modo acompanhou o colossal crescimento da literatura socialista internacional durante os últimos dez anos, particularmente o número de traduções de trabalhos anteriores de Marx e meus, há de me dar razão quando me felicito quanto ao fato de ser muito limitado o número das línguas em que eu podia ser útil ao tradutor e, portanto, tinha a obrigação de não recusar uma revisão de seu trabalho. O crescimento da literatura era, porém, apenas um sintoma do crescimento correspondente do próprio movimento internacional dos trabalhadores. E este me impunha novas obrigações. Desde os primeiros dias de nossa atividade pública, uma boa porção do trabalho de intermediação entre os movimentos nacionais dos socialistas e dos trabalhadores nos diferentes países havia recaído sobre Marx e sobre mim; tal trabalho cresceu proporcionalmente ao fortalecimento do movimento como um todo. Mas a esse respeito Marx tinha assumido o peso principal da tarefa até sua morte; a partir daí, porém, o trabalho, sempre crescente, recaiu apenas sobre mim. Entrementes, já se tornou regra o contato direto entre os diversos partidos dos trabalhadores nacionais e, felizmente, torna-se a cada dia maior; apesar disso, minha ajuda é solicitada com muito mais frequência do que me agradaria no interesse de meus trabalhos teóricos. Mas para quem, como eu, esteve ativo nesse movimento por mais de cinquenta anos, os trabalhos oriundos dele constituem um dever iniludível, a ser instantaneamente cumprido. Como no século XVI, em nossos agitados tempos há, no campo dos interesses públicos, teóricos puros apenas do lado da reação e, exatamente por isso, esses senhores não são nem sequer verdadeiros teóricos, mas simples apologetas dessa reação.

A circunstância de que vivo em Londres faz com que esse intercâmbio partidário ocorra no inverno em geral por cartas, mas no verão em grande medida por contatos pessoais. E por isso, bem como devido à necessidade de acompanhar a marcha do movimento num número sempre crescente de países e num número ainda maior de órgãos da imprensa, acabou por se tornar impossível para mim aprontar trabalhos que não permitem interrupções em outra época que não no inverno, especialmente nos três primeiros meses do ano. Quando já se ultrapassou os setenta anos, as fibras de associação cerebrais de Meynert trabalham com certa prudência fatal: já não se superam interrupções em difíceis trabalhos teóricos com tanta facilidade e rapidez como antes. Por isso, na medida em que o trabalho de um inverno não havia sido levado a seu término, ele tinha de ser em grande parte refeito no inverno seguinte, e isso ocorreu particularmente com a dificilíssima Seção V.

Como o leitor há de perceber a partir dos dados que seguem, o trabalho de redação foi essencialmente distinto do efetuado no segundo livro. No caso do terceiro, só se dispunha de uma primeira versão, ainda por cima cheia de lacunas. Em regra, a parte inicial de cada uma das seções individuais estava elaborada de modo bastante cuidadoso, estando também estilisticamente acabada. Mas, quanto mais se avançava, tanto mais a redação se reduzia a um simples esboço e apresentava mais lacunas, tanto maior era o número de digressões sobre pontos secundários, surgidos ao longo da investigação e cujo local definitivo ficou dependente de um ordenamento ulterior, tanto maiores e intrincados se tornavam os períodos em que se expressavam os pensamentos anotados *in statu nascendi*. Em várias passagens, grafia e exposição denotam com nitidez a irrupção e os progressos paulatinos de ataques da enfermidade que se origina do excesso de trabalho e que começavam a dificultar cada vez mais o trabalho autônomo do autor e, por fim, acabaram por torná-lo periodicamente de todo impossível. E não é de se admirar. Entre 1863 e 1867, Marx não só tinha escrito a primeira versão dos dois últimos livros de *O capital* e redigido a versão definitiva do Livro 1, mas também desenvolveu o enorme trabalho ligado à fundação e expansão da Associação Internacional dos Trabalhadores. Mas, por isso, já em 1864 e 1865 se apresentaram os primeiros sintomas daquelas perturbações de saúde responsáveis pelo fato de o próprio Marx não ter dado a última mão nos Livros 2 e 3.

Meu trabalho começou ditando todo o manuscrito, cujo original, mesmo para mim, era muitas vezes penoso de decifrar, de modo a ter uma cópia legível, o que tomou bastante tempo. Só então a redação propriamente dita podia ser começada. Eu a limitei ao mínimo necessário, procurei manter, sempre que a inteligibilidade o permitia, o mais possível, o caráter da primeira versão, também não risquei certas repetições onde elas, como era costumeiro em Marx, abordam o objeto de outro ângulo ou mesmo o recolocam em outra formulação. Onde minhas alterações ou acréscimos não são de natureza meramente redacional ou onde eu tive de reelaborar o material fático fornecido por Marx, tirando conclusões próprias, ainda que, o mais possível, no espírito de Marx, toda a passagem está colocada entre colchetes[I] e assinalada com minhas iniciais. Em minhas notas de rodapé faltam aqui e ali os colchetes, mas, onde estão minhas iniciais, sou responsável por toda a nota.

Como é natural numa primeira versão, encontram-se no manuscrito numerosas indicações sobre pontos a serem desenvolvidos posteriormente, sem que tais promessas tenham sido mantidas em todos os casos. Deixei-as ficar, pois elas expõem as intenções do autor em relação à elaboração futura.

E agora quanto aos detalhes.

Para a Seção I, o manuscrito principal era utilizável só com grandes restrições. Logo no começo é incorporado todo o cálculo matemático da relação entre taxa de mais-valia e taxa de lucro (o que constitui nosso capítulo 3), enquanto o objeto desenvolvido em nosso capítulo 1 só é abordado mais tarde e ocasionalmente. Aqui ajudaram dois começos de reelaboração, cada um com 8 páginas in-fólio; mas também eles não estão totalmente completos no contexto. A partir deles se constitui o atual capítulo 1. O capítulo 2 provém do manuscrito principal. Para o capítulo 3 foi encontrada não só uma série de elaborações matemáticas incompletas, mas também um caderno todo, quase completo, dos anos [18]70, em que a relação entre taxa de mais-valia e taxa de lucro é exposta em equações. Meu amigo Samuel Moore, que também fez a maior parte da tradução inglesa do Livro 1, assumiu o encargo de manipular para mim esse caderno, para o que ele, como antigo matemático de Cambridge, estava mais habilitado. A partir de seu resumo é que, então, com o uso eventual do manuscrito principal, aprontei o capítulo 3. – Do capítulo 4 só se tinha o título. Como, porém, o ponto aí abordado – efeito da rotação sobre a taxa de lucro – é de importância decisiva, eu mesmo o elaborei, motivo pelo qual também todo o capítulo no texto está colocado entre

---

I Na edição brasileira, assim como na edição alemã publicada pela Marx-Engels-Werke (MEW), as inserções de Engels são indicadas por chaves { } e as inserções editoriais são indicadas por colchetes [ ]. [N. E. B.]

colchetes. Verificou-se então que, de fato, era necessário fazer uma modificação na fórmula do capítulo 3 para a taxa de mais-valia, a fim de que ela tivesse validade geral. A partir do capítulo 5, o manuscrito principal é a única fonte para o resto da seção, apesar de também aqui muitas reordenações e complementações se terem tornado necessárias.

Para as três seções seguintes, excetuada a redação estilística, pude ater-me quase sempre ao manuscrito original. Algumas passagens, em geral relativas ao efeito da rotação, tiveram de ser elaboradas em consonância com o capítulo 4, por mim inserido: também elas estão colocadas entre colchetes [chaves] e assinaladas com minhas iniciais.

A dificuldade maior ofereceu a Seção V, que também trata do assunto mais complicado de todo o livro. E exatamente aí Marx foi surpreendido na elaboração por um dos graves acessos de enfermidade já referidos. Aqui não há, portanto, uma primeira versão completa, nem sequer um esquema cujos contornos pudessem ser completados, mas tão somente um começo de elaboração que, mais de uma vez, desemboca num monte desordenado de notas, observações, materiais em forma de extratos. Tentei, no começo, completar essa seção, como eu havia conseguido até certo ponto na primeira, preenchendo as lacunas e elaborando os fragmentos apenas indicados, de tal modo que ao menos aproximadamente oferecesse o que o autor intencionara oferecer. Tentei fazer isso ao menos três vezes, mas falhei de cada vez, e no tempo perdido com isso reside uma das principais causas do retardamento. Finalmente me dei conta de que desse jeito a coisa não ia. Eu teria de percorrer toda a enorme literatura existente nesse terreno e por fim acabaria produzindo algo que não seria, de fato, o livro de Marx. Não me restou outra alternativa, em certo sentido, do que cortar o nó górdio, limitando-me a ordenar o material existente, fazendo só as complementações mais necessárias. E, assim, na primavera de 1893, aprontei o trabalho principal quanto a essa seção.

Dos distintos capítulos, os capítulos 21–24 estavam elaborados em sua maior parte. Os capítulos 25 e 26 exigiam um confronto do material documental e a inclusão de material que se encontrava em outros lugares. Os capítulos 27 e 29 puderam ser reproduzidos quase totalmente de acordo com o manuscrito; o capítulo 28, pelo contrário, teve de ser reagrupado em algumas passagens. Mas com o capítulo 30 começaram as verdadeiras dificuldades. A partir daí era preciso pôr na ordem certa não só o material das citações, mas também a sequência das ideias, interrompida a cada instante por orações secundárias, digressões etc. e continuada, com frequência, de modo totalmente casual, em outro lugar. Assim, o capítulo 30 se constituiu por meio de deslocamentos e exclusões, as quais puderam ser usadas em outra passagem. O capítulo 31 estava novamente mais elaborado no contexto. Mas agora, no manuscrito, se segue uma seção longa, intitulada "A confusão", consistindo somente em extratos dos relatórios parlamentares sobre as crises de 1848 e 1857, em que os depoimentos de 23 negociantes e escritores econômicos, especialmente sobre dinheiro e capital, escoamento de ouro, hiperespeculação etc., estão reunidos e, aqui e ali, brevemente glosados de modo humorístico. Aí estão representados, seja pelos que perguntam, seja pelos que respondem, quase todos os pontos de vista então correntes sobre a relação entre dinheiro e capital, e era da "confusão" que daí emerge, sobre o que seriam dinheiro e capital no mercado de dinheiro, que Marx queria tratar crítica e satiricamente. Depois de muitas tentativas, convenci-me de que era impossível a feitura desse capítulo; o material, especialmente o glosado por Marx, foi utilizado onde se encontrava contexto para tanto.

A isso segue, de modo bastante ordenado, o que abriguei no capítulo 32, mas imediatamente depois disso um novo monte de extratos dos relatórios parlamentares sobre tudo quanto é assunto tratado nessa seção, misturados com observações mais longas ou mais curtas do autor. Na parte final, os extratos e as glosas se concentram cada vez mais no movimento dos metais monetários e do câmbio, concluindo novamente com variadas observações complementares. "O período pré-capitalista" (capítulo 36) estava, no entanto, completamente elaborado.

A partir de todo esse material, começando pela "confusão" e na medida em que já não tivesse sido colocado em passagens anteriores, eu compus os capítulos 33-35. Naturalmente isso não foi possível fazer sem grandes interpolações de minha parte para estabelecer o nexo. Na medida em que essas interpolações não são de natureza apenas formal, estão expressamente assinaladas como minhas. Desse modo, foi-me finalmente possível incluir no texto *todas* as assertivas do autor de alguma maneira pertinentes à questão; nada ficou de fora, exceto uma diminuta parte dos extratos que só repetia algo dado em outro lugar ou tocava pontos em cuja discussão mais detalhada o manuscrito não entrava.

A seção sobre a renda fundiária estava desenvolvida de maneira muito mais completa, ainda que de modo algum ordenada, como já se mostra no fato de que o próprio Marx, no capítulo 43 (no manuscrito, a última parte da seção sobre renda), considera necessário recapitular brevemente o plano de toda a seção. E isso era tanto mais desejável para a edição, já que o manuscrito começa com o capítulo 37, a que seguem os capítulos 45 a 47 e só depois os capítulos 38 a 44. O maior trabalho deram as tabelas sobre a renda diferencial II e a descoberta de que, no capítulo 53, o terceiro caso dessa espécie de renda, que teria de ser aí abordado, não havia sequer sido examinado.

Para essa seção sobre a renda fundiária, Marx havia feito, nos anos [18]70, estudos especiais totalmente novos. Os registros estatísticos e outras publicações sobre a propriedade fundiária, que se tornaram inevitáveis depois da "reforma" de 1861 na Rússia, e que amigos russos puseram a sua disposição em forma tão completa quanto se poderia desejar, foram estudados durante anos por Marx no idioma original; deles extraiu citações, que tinha a intenção de utilizar na reelaboração dessa seção. Dada a variedade de forma, tanto da propriedade fundiária quanto da exploração dos produtores agrícolas na Rússia, na seção sobre a renda fundiária a Rússia deveria desempenhar o mesmo papel que, no Livro 1, a Inglaterra desempenhou no que tange ao trabalho assalariado industrial. Lamentavelmente, a execução desse plano ficou-lhe vedada.

Finalmente a Seção VII estava totalmente escrita, mas só como primeira versão, cujos períodos, interminavelmente intrincados, precisavam primeiro ser desmontados para ficar em condições de serem impressos. Do último capítulo só existe o início. Nele, as três grandes classes da sociedade capitalista desenvolvida – proprietários rurais, capitalistas, assalariados –, correspondentes às três grandes formas de *revenue* – renda fundiária, lucro, salário –, e a luta de classes necessariamente dada com sua existência deveriam ser apresentadas como resultado realmente visível do período capitalista. Tais resumos conclusivos Marx costumava reservar para a redação final, pouco antes da impressão, quando, então, os mais recentes acontecimentos históricos lhe forneciam, com infalível regularidade, as provas de seus desenvolvimentos teóricos com a maior atualidade que se pudesse desejar.

As citações e comprovações documentais são, como já no Livro 2, muito mais escassas do que no primeiro. Citações do Livro 1 dão a paginação da 2ª e da 3ª edições. Onde, no manuscrito, se remete a manifestações teóricas de economistas anteriores, geralmente só é indicado o nome, enquanto a própria passagem deveria ser incorporada na elaboração final. Eu tive naturalmente de deixar isso assim como estava. Dos relatórios parlamentares, só há quatro, mas estes foram usados de modo abundante. São os seguintes:

1) *Reports from Committees* (da Câmara dos Comuns), v. VIII, *Commercial Distress*, v. II, Parte I, 1847–48, *Minutes of Evidence*. – Citado como *Commercial Distress*, 1847–48.
2) *Secret Committee of the House of Lords on Commercial Distress, 1847, Report printed 1848, Evidence printed 1857* (porque em 1848 fora considerado demasiado comprometedor). – Citado como C. D., 1848–57.
3) *Report: Bank Acts*, 1857. – *Ditto* [idem], 1858. – Relatórios da comissão da Câmara dos Comuns sobre o efeito das leis bancárias de 1844 e 1845, com declarações de testemunhas. – Citado como B. A. (às vezes também B. C.), 1857 ou, no caso, 1858.

Enfrentarei o Livro 4 – a história da teoria da mais-valia – assim que me seja de algum modo possível.

No Prefácio do volume 2 de *O capital*, tive de acertar contas com os senhores que, naquela ocasião, ergueram um grande clamor porque pretendiam ter encontrado "em Rodbertus a fonte secreta de Marx e um predecessor superior a ele". Ofereci a eles a oportunidade de mostrar "o que a Economia rodbertusiana é capaz de fazer"; desafiei-os a demonstrar "como não só sem infringir a lei do valor, mas muito mais com base nela, pode e deve se formar uma taxa média igual de lucro". Os mesmos senhores que, naquela época, por motivos subjetivos ou objetivos, em regra, no entanto, de qualquer outra índole que não científica, proclamaram o bom Rodbertus como uma estrela econômica de primeira grandeza ficaram, sem exceção, devendo a resposta. Outras pessoas, no entanto, consideraram valer a pena ocupar-se com o problema.

Em sua crítica ao volume 2 (*Conrads Jahrbücher*,[I] XI, 5, 1885, pp. 452–65), o Prof. *W. Lexis* aborda a questão, ainda que não queira dar nenhuma solução direta. Diz ele:

> "A solução daquela contradição" (entre a lei do valor de Ricardo-Marx e a taxa média igual de lucro) "é impossível se as diferentes espécies de mercadorias forem examinadas *isoladamente* e se seu valor for igual a seu valor de troca e este igual ou proporcional a seu preço".

Segundo ele, tal solução só é possível se

> "se abandona a medição do valor, para espécies individuais de mercadorias, segundo o trabalho, e só se considera a produção de mercadorias *na totalidade* e a distribuição das mesmas entre o conjunto da classe dos capitalistas e dos trabalhadores. [...] Do produto total, a classe trabalhadora só obtém certa parte [...] e outra, a parte que vai para os capitalistas, constitui, no sentido de Marx, o mais-produto e, em decorrência, também [...] a mais-valia. Os membros da classe dos capitalistas distribuem, no entanto, entre si essa mais-valia total *não* de acordo com o número de trabalhadores empregados por eles, mas de acordo com a proporção da grandeza de capital posta por cada um, sendo que a base fundiária também entra no cálculo como valor de

---

I *Anuários de Economia Nacional e Estatística* – uma revista publicada a cada duas semanas, fundada em Jena em 1863. De 1872 até 1890 ela foi editada por Johannes Conrad, de 1891 até 1897 por Wilhelm Lexis. [N. E. A.]

> capital". Os valores ideais de Marx, determinados pelas unidades de trabalho corporificadas nas mercadorias, não correspondem aos preços, mas podem "ser considerados como ponto de partida de um deslocamento que leva aos verdadeiros preços. Estes últimos são condicionados pelo fato de que capitais iguais demandam ganhos iguais". Por meio disso, alguns capitalistas receberão preços mais altos por suas mercadorias do que seus valores ideais, outros receberão preços mais baixos. "Como, porém, as perdas e os ganhos de mais-valia dentro da classe dos capitalistas se compensam reciprocamente, a grandeza total da mais-valia é a mesma que se todos os preços fossem proporcionais aos valores ideais das mercadorias."

Como se vê, a questão nem de longe está aqui resolvida, mas, ainda que de maneira descurada e superficial, está *colocada* corretamente em seu todo. E isso é, de fato, mais do que poderíamos esperar de alguém que, como o autor, se apresenta com certo orgulho como "economista vulgar"; é até surpreendente ao compará-lo com as realizações de outros economistas vulgares, de que trataremos mais adiante. A Economia vulgar do autor é, em todo caso, de espécie muito particular. Afirma que, desde logo, o ganho de capital *pode* ser deduzido à maneira de Marx, mas que nada *obriga* a adotar essa concepção. Pelo contrário. A Economia vulgar teria uma explicação no mínimo mais plausível:

> Os vendedores capitalistas – o produtor de matérias-primas, o fabricante, o atacadista, o varejista – obtêm ganhos em seus negócios ao vender, cada um, mais caro do que compra, elevando, portanto, em certa porcentagem, o preço do próprio custo de sua mercadoria. Só o trabalhador não está em condições de aplicar semelhante acréscimo de valor, já que, em virtude de sua situação desvantajosa em face do capitalista, vê-se obrigado a vender seu trabalho pelo preço que custa para ele mesmo, ou seja, pelos meios necessários à subsistência [...] assim, esses aumentos de preço mantêm toda a sua significação em face dos trabalhadores assalariados, que compram e provocam a transferência de parte do valor do produto total para a classe dos capitalistas.

Ora, não é preciso grande esforço mental para compreender que essa explicação "econômica vulgar" do lucro do capital leva, praticamente, aos mesmos resultados que a teoria de Marx sobre a mais-valia; que os trabalhadores, de acordo com a concepção de Lexis, se encontram exatamente na mesma "situação desvantajosa" que em Marx; que são, exatamente da mesma maneira, os logrados, já que todo não-trabalhador pode vender acima do preço, mas não o trabalhador; e que com base nessa teoria pode-se construir um socialismo vulgar ao menos tão plausível quanto o construído aqui na Inglaterra com base na teoria do valor-utilidade e da utilidade marginal de Jevons e Menger.[I] Sim, eu até suspeito que, caso essa teoria do lucro fosse do conhecimento do Sr. George Bernard Shaw, ele seria capaz de aferrar-se a ela com ambas as mãos, dar adeus a Jevons e a Karl [Carl] Menger e sobre essa rocha erigir novamente a Igreja Fabiana do futuro.

Na realidade, essa teoria só é, porém, uma paráfrase da marxista. Com o que se cobrem, então, todos os adicionais de preço? Com o "produto total" dos trabalhadores. E, precisamente, pelo fato de que a mercadoria "trabalho", ou, como diz Marx, força de trabalho, tem de ser vendida abaixo de seu preço. Pois, se é atributo comum de todas as mercadorias o de serem vendidas mais caro do que os custos de produção, se, no entanto, apenas o trabalho é excluído e é sempre vendido apenas aos custos de produção, então ele é de fato vendido abaixo do preço, que é o regular nesse mundo da Economia vulgar. O lucro extra, daí decorrente e que vai para o capitalista, isto é, para a classe capitalista, consiste exatamente nisso e, em última instância, só pode surgir pelo fato de o trabalhador, após reproduzir a reposição do preço de seu trabalho, ter de produzir ainda produto adicional, pelo qual ele não é pago – mais-produto, produto de trabalho não pago, mais-valia. Lexis é um homem extremamente cauteloso na escolha de seus termos. Em nenhum momento ele afirma diretamente que a concepção acima seja a sua; se ela, contudo, o é, então é claro como o sol que aqui não estamos tratando com um daqueles economistas vulgares habituais, dos quais ele mesmo diz que cada um deles, aos olhos de Marx, "é, na melhor das hipóteses, apenas um imbecil incurável", mas com um marxista disfarçado de economista vulgar. Que esse disfarce tenha ocorrido de modo consciente ou inconsciente, é uma questão psicológica que não nos interessa aqui. Quem quiser averiguar isso talvez investigue também como foi possível que, em certa época,

---

I Teoria da utilidade marginal – uma teoria econômica burguesa, apologética, que surgiu nos anos 1870 em antítese à teoria do valor-trabalho de Marx. De acordo com essa teoria, o valor de uma mercadoria é determinado por meio de sua "utilidade marginal", ou seja, mediante a avaliação subjetiva da utilidade daquela unidade mercantil, que satisfaz à necessidade menos premente do comprador, com dada grandeza do estoque de mercadorias. A teoria da utilidade marginal torna a grandeza do valor dependente da raridade relativa das mercadorias. Na realidade, contudo, a raridade relativa das mercadorias depende de seu valor mais ou menos elevado, que é determinado pelo gasto de trabalho socialmente necessário. O valor das mercadorias influencia, mediante os preços de mercado, a dimensão da demanda solvável, e a essa demanda se ajusta também a oferta de mercadorias. A teoria da utilidade marginal pertence aos fundamentos teóricos da moderna Economia burguesa, porque ela parece adequada a seus representantes para camuflar a exploração dos trabalhadores no capitalismo. [N. E. A.]

um homem tão inteligente, como Lexis certamente é, pôde ser capaz de defender tal estupidez como o bimetalismo.[1]

O primeiro que realmente procurou responder à questão foi o Dr. *Conrad Schmidt* em *Die Durchschnittsprofitrate auf Grundlage des Marx'schen Werthgesetzes* [A taxa média de lucro com base na lei do valor de Marx], Dietz, Stuttgart, 1889. Schmidt procura harmonizar os detalhes da formação de preço de mercado tanto com a lei do valor quanto com a taxa média de lucro. O capitalista industrial recebe em seu produto, primeiro, a reposição de seu capital adiantado e, segundo, um mais-produto, pelo qual ele não pagou nada. Mas, para receber esse mais-produto, ele precisa adiantar seu capital na produção; ou seja, ele precisa empregar determinado *quantum* de trabalho objetivado a fim de poder apropriar-se desse mais-produto. Portanto, para o capitalista, esse seu capital adiantado é, pois, o *quantum* de trabalho objetivado que é socialmente necessário para lhe prover esse mais-produto. Para qualquer outro capitalista industrial vale o mesmo. Ora, como os produtos, de acordo com a lei do valor, se intercambiam reciprocamente em proporção ao trabalho socialmente necessário à sua produção, e como para o capitalista o trabalho necessário para a produção de seu mais-produto é apenas o trabalho pretérito acumulado em seu capital, daí segue que os mais-produtos se intercambiam proporcionalmente aos capitais exigidos para sua produção, não porém de acordo com o trabalho *realmente* corporificado neles. A parcela que cabe a cada unidade de capital é, portanto, igual à soma de todas as mais-valias produzidas, dividida pela soma dos capitais empregados na produção. De acordo com isso, capitais iguais proporcionam, em intervalos iguais de tempo, lucros iguais, e isso se efetua ao ser o preço de custo do mais-produto assim calculado, ou seja, o lucro médio, acrescentado ao preço de custo do produto pago, vendendo-se ambos – produto pago e não pago – por esse preço aumentado. A taxa média de lucro é formada apesar de, como pensa Schmidt, os preços médios das mercadorias individuais serem determinados de acordo com a lei do valor.

A construção é extremamente engenhosa, bem de acordo com o modelo hegeliano, mas ela compartilha com a maioria das construções hegelianas a circunstância de não estar certa. Mais-produto ou produto pago não faz diferença: caso a lei do valor deva ser *diretamente* válida também para os preços médios, então ambos têm de ser vendidos em proporção ao trabalho socialmente necessário exigido para sua produção

---

1 Wilhelm Lexis, "Kritische Erörterungen über die Währungsfrage", in *Jahrbuch für Gesetzgebung, Verwaltung und Volkswirtschaft im Deutschen Reich* [Anuário Sobre Legislação, Administração e Economia Social no Império Alemão], ano 5, caderno 1, Leipzig, 1881, pp. 87–132. [N. E. A.]

e nela consumido. A lei do valor se orienta de antemão contra o ponto de vista, transmitido pela concepção capitalista, de que o trabalho pretérito acumulado, no qual consiste o capital, não seria apenas determinada soma de valor acabado, mas, porque fator da produção e da formação de lucro, também seria formador de valor, portanto fonte de mais valor do que ele mesmo tem; ela constata que esse atributo só pertence ao trabalho vivo. Que os capitalistas esperam lucros na proporção da grandeza de seus capitais, considerando, portanto, seu adiantamento de capital como uma espécie de preço de custo de seu lucro, é algo sabido. Quando, no entanto, Schmidt usa essa concepção para, por meio dela, harmonizar os preços calculados de acordo com a taxa média de lucro com a lei do valor, então ele abole a própria lei do valor ao incorporar a essa lei, como fator codeterminante, uma concepção que a contradiz totalmente.

Ou o trabalho acumulado é formador de valor junto com o vivo. Então a lei do valor não vale.

Ou ele não é formador de valor. Então a demonstração de Schmidt é incompatível com a lei do valor.

Schmidt foi levado a esse desvio ao estar já muito próximo da solução, porque imaginou que teria de encontrar uma fórmula, se possível matemática, que permitisse comprovar a harmonia do preço médio de cada mercadoria individual com a lei do valor. Se, no entanto, aqui, bem próximo da meta, ele seguiu por um caminho errado, o conteúdo restante da brochura demonstra com que compreensão ele extraiu outras conclusões dos dois primeiros livros de *O capital*. Cabe-lhe a honra de haver descoberto por si, para a até então inexplicável tendência declinante da taxa de lucro, a explicação correta, dada por Marx na Seção III do Livro 3; o mesmo ocorre na derivação do lucro comercial a partir da mais-valia industrial e em toda uma série de observações sobre juros e renda fundiária, mediante a qual são antecipados elementos que estão desenvolvidos em Marx nas Seções IV e V do Livro 3.

Em trabalho posterior (*Neue Zeit*, 1892-93, n. 3 e 4), Schmidt procura a solução por um caminho diferente. Este leva ao seguinte: é a concorrência que produz a taxa média de lucro, ao fazer com que o capital emigre de ramos da produção com sublucro para outros, em que se obtenha superlucro. Que a concorrência seja a grande equalizadora dos lucros, não é novo. Mas Schmidt procura agora a comprovação de que essa nivelação dos lucros é idêntica à redução do preço de venda de mercadorias produzidas em excesso à medida do valor que a sociedade, de acordo com a lei do valor, pode pagar por elas. Por que também isso não podia levar ao objetivo se revela de modo suficiente a partir da discussão de Marx no próprio livro.

Depois de Schmidt, *P. Fireman* enfrentou o problema (*Conrads Jahrbücher*, terceira série, III, p. 793). Não entrarei em suas observações sobre outros aspectos da exposição de Marx. Elas se baseiam no mal-entendido de que Marx pretende dar definições quando está argumentando e de que, sobretudo, se pode procurar em Marx definições fixas e prontas, válidas de uma vez por todas. Compreende-se por si mesmo que, onde as coisas e suas relações mútuas não são concebidas como fixas, mas como mutáveis, também suas imagens mentais, os conceitos, estão igualmente submetidas a modificação e transformação; que elas não são encapsuladas em definições rígidas, mas desenvolvidas em seu processo de formação histórico, ou lógico. De acordo com isso, ficará, pois, bastante claro por que Marx, no começo do Livro 1, onde ele parte da produção simples de mercadorias como seu pressuposto histórico para então, posteriormente, a partir dessa base, chegar até o capital – por que ele parte exatamente da mercadoria simples e não de uma forma conceitual e historicamente secundária, da mercadoria já modificada de modo capitalista; o que naturalmente Fireman não consegue compreender. Preferimos deixar essas e outras coisas secundárias, que ainda poderiam dar motivo a diversas observações, de lado e entrar logo no cerne da questão. Enquanto a teoria ensina ao autor que, com dada taxa de mais-valia, a mais-valia é proporcional ao número de forças de trabalho empregadas, a experiência lhe mostra que, com dada taxa média de lucro, o lucro é proporcional à grandeza do capital total aplicado. Fireman explica isso dizendo que o lucro é apenas um fenômeno convencional (o que significa para ele: pertencente a determinada formação social, com a qual ele se mantém e desaparece); sua existência está simplesmente amarrada ao capital; este, quando é suficientemente forte para impor um lucro para si, vê-se obrigado pela concorrência a impor também uma taxa de lucro igual para todos os capitais. Sem taxa de lucro igual, nenhuma produção capitalista é possível; pressupondo-se essa forma de produção, a massa do lucro para cada capitalista individual só pode depender, com dada taxa de lucro, da grandeza de seu capital. Por outro lado, o lucro consiste em mais-valia, em trabalho não pago. E como ocorre aqui a transformação da mais-valia, cuja grandeza se orienta de acordo com a exploração do trabalho, em lucro, cuja grandeza se orienta de acordo com a grandeza do capital necessário para tanto?

> "Simplesmente porque em todos os ramos da produção onde a relação entre [...] capital constante e capital variável é máxima as mercadorias são vendidas acima de seu valor, o que também quer dizer que, naqueles ramos da produção em que a relação entre capital constante : capital variável = $c:v$ é mínima, as mercadorias são vendidas abaixo de seu valor e que só onde a relação $c:v$ representa determinada grandeza média as mercadorias são vendidas por seu valor verdadeiro. [...] Essa incongruência de preços individuais com seus respectivos valores é uma refutação do princípio do valor? De modo algum. Pelo fato de que os preços de

> algumas mercadorias sobem acima do valor na mesma medida que os preços de outras caem abaixo do valor, a soma total dos preços permanece igual à soma total dos valores [...] desaparece, 'em última instância', a incongruência." Essa incongruência é uma "perturbação"; "mas, nas ciências exatas, jamais se costuma considerar uma perturbação calculável como refutação de uma lei".

Comparem-se com isso as passagens correspondentes no capítulo 9 e ver-se-á que, de fato, Fireman colocou o dedo no ponto decisivo. Mas quantos componentes intermediários ainda seriam necessários, mesmo após essa descoberta, para capacitar Fireman a elaborar a solução plena e compreensível do problema é demonstrado pela recepção imerecidamente fria que seu tão significativo artigo teve. Ainda que tantos se interessassem pelo problema, todos continuavam com medo de queimar os dedos. E isso não se explica somente pela forma incompleta em que Fireman deixou seu achado, mas também pela inegável insuficiência tanto de sua concepção da exposição de Marx quanto de sua própria crítica geral da mesma, baseada nessa concepção.

Onde quer que haja oportunidade de, numa questão difícil, fazer fiasco, aí nunca falta o Sr. Prof. *Julius Wolf*, de Zurique. Todo o problema, conta-nos ele (*Conrads Jahrbücher*, terceira série, II, pp. 352 ss.), se resolve pela mais-valia relativa. A produção da mais-valia relativa baseia-se no aumento do capital constante em face do variável.

> "Um aumento de capital constante pressupõe um aumento na força produtiva dos trabalhadores. Como, porém, esse aumento de força produtiva (por via do barateamento dos meios de subsistência) acarreta um aumento de mais-valia, fica estabelecida a relação direta entre mais-valia crescente e participação crescente do capital constante no capital total. Uma adição no capital constante justifica uma adição na força produtiva de trabalho. Permanecendo o mesmo o capital variável e crescendo o capital constante, a mais-valia tem de se elevar, portanto, de acordo com Marx. Essa é a questão que nos foi posta."

É certo que Marx, em cem passagens do Livro 1, diz exatamente o contrário; é certo que a assertiva de que, segundo Marx, a mais-valia relativa aumentaria ao diminuir o capital variável na mesma proporção em que sobe o capital constante é tão assombrosa que transcende qualquer expressão parlamentar; é certo que o Sr. Julius Wolf demonstra a cada linha que não entendeu o mínimo, nem relativa nem absolutamente, da mais-valia absoluta nem da relativa; é certo que ele mesmo diz:

> "à primeira vista, aqui a gente parece encontrar-se realmente num ninho de disparates",

o que é aproximadamente a única coisa certa em todo o seu artigo. Mas o que importa tudo isso? O Sr. Julius Wolf está tão orgulhoso de sua genial descoberta que não consegue deixar de conferir a Marx, por isso, elogios póstumos e celebrar esse seu próprio absurdo insondável como uma

> "prova a mais da agudeza e amplitude de visão com que está desenvolvido seu" (de Marx) "sistema crítico da economia capitalista"!

Mas ainda vem coisa melhor: diz o Sr. Wolf:

> "Ricardo afirmou igualmente: para a mesma aplicação de capital, a mesma mais-valia (lucro), assim como: para a mesma aplicação de trabalho, a mesma mais-valia (quanto à massa). E a questão era então: como uma coisa se harmoniza com a outra? Marx, no entanto, não reconheceu a questão nessa forma. *Sem dúvida ele demonstrou* (*no terceiro volume*) que a segunda assertiva não seria consequência inevitável da lei do valor, que ela, na verdade, contradiz sua lei do valor e, portanto, [...] deve ser diretamente rejeitada".

E, então, ele investiga quem de nós dois ter-se-ia enganado, eu ou Marx. Que ele mesmo esteja passeando no erro, nisso ele naturalmente nem pensa.

Seria ofender meus leitores e desconhecer totalmente a comicidade da situação caso eu quisesse desperdiçar uma única palavra sobre essa esplêndida passagem. Só acrescento o seguinte: com a mesma ousadia com que então já podia dizer o que "Marx sem dúvida demonstrou no volume 3", ele aproveita a oportunidade para relatar um pretenso mexerico professoral, segundo o qual o acima citado texto de Conrad Schmidt "seria diretamente inspirado por Engels". Sr. Julius Wolf! No mundo em que o senhor vive e atua, talvez seja costumeiro que o homem que coloca publicamente para outros um problema dê conhecimento, em segredo, da solução a seus amigos particulares! Que o senhor seja capaz disso quero crer sem dificuldade. Que no mundo em que transito a gente não precisa rebaixar-se a tais mesquinhezas demonstra-lhe o presente prefácio. –

Mal falecera Marx e já o Sr. *Achille Loria* publicava, o mais rápido possível, um artigo sobre ele na *Nuova Antologia*[I] (abril de 1883): primeiro uma biografia recheada de dados falsos, depois uma crítica de sua atividade pública, política e literária. A concepção materialista da História de Marx é aqui falsificada e deformada com uma segurança que permite adivinhar um grande objetivo. E esse objetivo foi alcançado: em 1886, o mesmo Sr.

I *Nuova Antologia di Scienze, Lettere ed Arti* – revista liberal italiana sobre literatura, arte e ciência; publicada entre 1866–77 em Florença e entre 1878–43 em Roma. [N. E. A.]

Loria publicou um livro, *La teoria economica della constituzione politica*, em que anuncia a teoria marxista da História, deformada de modo tão completo e tão intencional, em 1883, como sua própria descoberta, ao assombrado mundo contemporâneo. É verdade que a teoria de Marx é aí rebaixada a um nível bastante filisteu; também as citações e as provas e os exemplos históricos formigam com disparates que não se perdoariam a um quartanista; mas o que importa tudo isso? A descoberta de que, por toda parte e sempre, as condições e acontecimentos políticos encontram sua explicação nas correspondentes condições econômicas não foi, como aqui se comprova, de modo algum feita por Marx em 1845, mas pelo Sr. Loria em 1886. Ao menos é isso o que ele fez crer com grande felicidade a seus compatriotas e, desde que seu livro apareceu em francês, também a alguns franceses, e agora ele pode pavonear-se na Itália como autor de uma nova e memorável teoria da História, até que os socialistas de lá tenham tempo para arrancar ao *illustre* Loria as plumas de pavão roubadas.

Essa é, porém, uma ínfima prova da postura do Sr. Loria. Ele nos assegura que todas as teorias de Marx se baseiam num sofisma *onisciente* (*un consaputo sofisma*); que Marx não se assustava com paralogismos, mesmo quando os *reconhecia como tais* (*sapendoli tali*) etc. E, depois de ter transmitido a seus leitores, com toda uma série de papos de similar baixeza, o necessário para que vejam em Marx um arrivista *à la* Loria, que põe em cena seus efeitozinhos com os mesmos truquezinhos podres que nosso professor de Pádua, pode revelar-lhes um importante segredo, e com isso ele também nos leva de volta à taxa de lucro.

O Sr. Loria diz: Segundo Marx, a massa de mais-valia (que o Sr. Loria identifica aqui com o lucro) produzida numa empresa industrial capitalista deve determinar-se pelo capital variável nela aplicado, já que o capital constante não proporciona lucro. Mas isso contradiz a realidade. Pois na prática o lucro não se determina pelo capital variável, mas pelo capital total. E o próprio Marx reconhece isso (I, cap. 11)[I] e admite que, na aparência, os fatos contradizem sua teoria. Mas como resolve ele a contradição? Ele remete seus leitores para um volume seguinte, ainda não publicado. Acerca desse volume, Loria já antes havia dito a *seus* leitores que não acreditava que nem mesmo por um momento Marx tivesse pensado em escrevê-lo e, agora, exclama triunfante:

> Não sem razão, portanto, afirmei que esse segundo volume, com que Marx ameaçava incessantemente seus adversários, sem jamais aparecer, esse

I Loria utilizou-se da edição francesa do primeiro volume de *O capital*, na qual o capítulo 11, "Taxa e massa da mais-valia", corresponde ao capítulo 9 da edição alemã. [N. E. A.]

volume poderia muito bem ser um engenhoso expediente que Marx empregou onde os argumentos científicos lhe faltavam (*un ingegnoso spediente ideato dal Marx a sostituzione degli argomenti scientifici*).

Quem agora não estiver convencido de que Marx está à mesma altura da fraude científica que *l'illustre* Loria é um caso totalmente perdido.

Contudo, havíamos aprendido: segundo o Sr. Loria, a teoria de Marx sobre a mais-valia é absolutamente irreconciliável com o fato da taxa de lucro geral uniforme. Entrementes, surgiu o Livro 2 e, com ele, minha questão, publicamente colocada, exatamente sobre esse mesmo ponto.[I] Tivesse o Sr. Loria sido um de nós alemães estúpidos, ele teria ficado numa situação um tanto embaraçosa. Mas ele é um atrevido meridional, vem de um clima quente, onde, como ele pode afirmar, a desinibição[II] é, até certo ponto, condição natural. A questão relativa à taxa de lucro está colocada publicamente. O Sr. Loria publicamente a declarou irresolúvel. E exatamente por isso ele agora há de superar a si mesmo ao resolvê-la publicamente.

Esse milagre ocorre nos *Conrads Jahrbücher*, N. F., V. XX, pp. 272 ss., num artigo sobre o texto de Conrad Schmidt citado acima. Depois de ter aprendido com Schmidt como se constitui o lucro comercial, de repente tudo se torna claro para ele.

> "Já que a determinação do valor mediante o tempo de trabalho dá aos capitalistas que investem uma parte maior de seu capital em salários uma vantagem, então o capital improdutivo" (deveria ser comercial) "pode impor a esses capitalistas privilegiados um juro" (deveria ser lucro) "mais elevado e provocar a igualdade entre os diversos capitalistas industriais. [...] Assim, por exemplo, se os capitalistas individuais A, B, C empregam, cada um, 100 jornadas de trabalho e um capital constante de, respectivamente, 0, 100, 200 na produção e se o salário de 100 jornadas de trabalho contém 50 jornadas de trabalho, cada capitalista recebe uma mais-valia de 50 jornadas de trabalho e a taxa de lucro é de 100% para o primeiro, 33,3% para o segundo e 20% para o terceiro. Se, no entanto, um quarto capitalista D acumula um capital improdutivo de 300, que exige um juro" (lucro) "no valor de 40 jornadas de trabalho de A, um juro de 20 jornadas de trabalho de B, então a taxa de lucro dos capitalistas A e B cairá a 20%, igual à de C, e D, com um capital de 300, receberá um lucro de 60, ou seja, uma taxa de lucro de 20%, como os capitalistas restantes."

I K. Marx, "Prefácio", in *O capital: Crítica da Economia Política*, Livro 2: *O processo de circulação do capital*, ed. Friedrich Engels; coord. ed. bras. Paul Singer, trad. Regis Barbosa e Flávio R. Kothe. São Paulo: Ubu Editora, 2025, pp. 27–28. [N. E. B.]

II Jogo de palavras em alemão, intraduzível. Engels emprega o termo *Unverfrorenheit*, que significa ao mesmo tempo "desinibição" e "condição não gelada". [N. T.]

Com tão surpreendente destreza, num passe de mágica, *l'illustre* Loria resolve a mesma questão que, dez anos antes, ele havia declarado insolúvel. Infelizmente ele não nos revelou o segredo, de onde o "capital improdutivo" recebe o poder não só para espremer dos industriais esse seu lucro extra, que excede a taxa média de lucro, mas também para conservá-lo em seus bolsos, exatamente como o proprietário fundiário põe no bolso o lucro excedente do arrendatário, como renda fundiária. De fato, de acordo com isso, os comerciantes iriam recolher um tributo totalmente análogo à renda fundiária dos industriais e, dessa maneira, estabeleceriam a taxa média de lucro. Certamente o capital comercial é um fator essencial no estabelecimento da taxa média de lucro, como quase todo mundo sabe. Mas só um aventureiro literário, que no fundo de seu coração menospreza toda a Economia, pode permitir-se afirmar que possui o poder mágico de extrair para si toda a mais-valia excedente da taxa de lucro geral – e ainda por cima antes que tal taxa tenha sido estabelecida –, transformando-a em renda fundiária para si mesmo e, além de tudo o mais, sem que tenha para isso necessidade de nenhuma propriedade fundiária. Não menos espantosa é a assertiva de que o capital comercial conseguiria descobrir aqueles industriais cuja mais-valia só cobre exatamente a taxa média de lucro e consideraria ser seu dever de honra de algum modo aliviar a sina dessas infelizes vítimas da lei marxista do valor vendendo-lhes seus produtos gratuitamente, até mesmo sem nenhuma comissão. Que prestidigitador é preciso ser para imaginar que Marx necessitaria de tão lamentáveis passes de mágica!

Mas nosso *illustre* Loria só resplandece em toda a sua glória quando o comparamos com seus concorrentes nórdicos, por exemplo com o Sr. Julius Wolf, que também não nasceu ontem. Que pequeno ladrador este parece, mesmo em seu grosso livro sobre *socialismo e ordem social capitalista* [*Sozialismus und kapitalistische Gesellschaftsordnung*], ao lado do italiano! Quão desamparado, eu estaria até tentado a dizer, quão modesto está ele aí, ao lado da nobre temeridade com o que o Maestro coloca como óbvio que Marx, não mais nem menos do que toda gente, também era um sofista consciente, paralogista, fanfarrão e pregoeiro exatamente igual ao Sr. Loria – que Marx, toda vez que fica atolado, ilude o público com a promessa de que a conclusão de sua teoria está em um volume seguinte, que ele, como sabe muito bem, nem pode nem deseja fornecer! Atrevimento ilimitado, aliado à habilidade de enguia para deslizar por situações impossíveis, heroico desprezo contra pontapés recebidos, rápida apropriação de realizações alheias, reclame importuno de pregoeiro, organização da fama mediante camarilha de cupinchas: em tudo isso, quem lhe chega aos pés?

A Itália é a terra do classicismo. Desde a grande época, em que nela despontava a alvorada do mundo moderno, produziu personalidades grandiosas, de inalcançável perfeição clássica, desde Dante até Garibaldi. Mas também a época da humilhação e da dominação estrangeira deixou-lhe personagens clássicas encarnadas, entre elas dois tipos especialmente elaborados: Sganarell e Dulcamara. A unidade clássica de ambos vemos corporificada em nosso *illustre* Loria.

Para finalizar, preciso levar meu leitor para o outro lado do oceano. Em Nova York, o doutor em Medicina *George C. Stiebeling* também achou uma solução para o problema, e na verdade de extrema simplicidade. Tão simples que ninguém de cá ou de lá quis reconhecê-la; isso o deixou tomado de grande cólera, fazendo-o queixar-se amargamente dessa iniquidade, numa série infinita de brochuras e artigos de jornal, em ambos os lados do oceano. É verdade que se disse a ele, na *Neue Zeit*,[I] que toda a sua solução estava baseada num erro de cálculo. Mas isso não poderia perturbá-lo; Marx também fez erros de cálculo e, mesmo assim, continua a ter razão em muitas coisas. Examinemos, portanto, a solução stiebelinguiana.

> Eu suponho duas fábricas que, com o mesmo capital, trabalhem durante o mesmo tempo, mas com uma proporção diferente entre capital constante e capital variável. O capital total $(c+v)$ eu faço $=y$ e designo a diferença na proporção entre capital constante e capital variável por x. Na fábrica I, $y=c+v$, na fábrica II é $y=(c-x)+(v+x)$. Portanto, a taxa de mais-valia na fábrica I $=\frac{mv}{v}$ e na fábrica II $=\frac{mv}{v+x}$. Chamo de lucro (l) a mais-valia total (mv), pela qual aumenta o capital total y ou $c+v$ no tempo dado, portanto $l=mv$. A taxa de lucro, de acordo com isso, é na fábrica I $=\frac{l}{y}$ ou $\frac{mv}{c+v}$ e na fábrica II é igualmente $\frac{l}{y}$ ou $\frac{mv}{(c-x)+(v+x)}$, ou seja, também $=\frac{mv}{c+v}$. O [...] problema se resolve de tal maneira que, baseando-se na lei do valor, aplicando o mesmo capital e o mesmo tempo, mas quantidades desiguais de trabalho vivo, surge a partir da modificação da taxa

I "Bemerkung zu dem Aufsatze des Herrn Stiebeling: 'Ueber den Einfluß der Verdichtung des Kapitals auf den Lohn und die Ausbeutung der Arbeit'" [Observações sobre o artigo do Sr. Stiebeling: Sobre a influência da concentração do capital sobre o salário e a exploração do trabalho]. *Die Neue Zeit*, 1887, n. 3, pp. 127-33. *Die Neue Zeit* [A Nova Era] – órgão teórico da social-democracia alemã que exerceu papel de liderança no movimento internacional dos trabalhadores. *Die Neue Zeit* foi publicada de 1883 a 1923 em Stuttgart e foi redigida por Karl Kautsky, com a colaboração de Franz Mehring. A partir de outubro de 1917, ela foi editada por Heinrich Cunow. De 1885 a 1894, Engels escreveu uma série de artigos para *Die Neue Zeit*, apoiou constantemente a redação com seus conselhos e criticou-a não raramente por desvios em relação ao marxismo em suas publicações. Depois do falecimento de Friedrich Engels, foram publicados cada vez mais artigos de revisionistas na revista. Durante a Primeira Guerra Mundial, *Die Neue Zeit* assumiu uma posição centrista e, com isso, apoiou os social-chauvinistas. [N. E. A.]

de mais-valia uma taxa média de lucro igual. (G. C. Stiebeling, *Das Wertgesetz und die Profitrate* [A lei do valor e a taxa de lucro]. New York, John Heinrich.)

Por mais bonito e convincente que seja o cálculo acima, somos, no entanto, obrigados a dirigir *uma* pergunta ao Sr. Dr. Stiebeling: como ele sabe que a soma da mais-valia que a fábrica I produz é exatamente igual à soma da mais-valia gerada na fábrica II? De *c*, *v*, *y* e *x*, portanto de todos os fatores restantes do cálculo, nos diz expressamente que eles têm a mesma grandeza em ambas as fábricas, mas sobre *mv* não nos diz uma única palavra. Do fato, porém, de que ele designa ambas as massas de mais-valia algebricamente por *mv* isso não segue de nenhuma forma. É o que – como o Sr. Stiebeling também identifica o lucro *l* com a mais-valia – precisa antes de mais nada ser provado. Ora, só dois casos são possíveis: ou as duas *mv* são iguais e cada fábrica produz a mesma massa de mais-valia, portanto, com o mesmo capital total, também o mesmo lucro e, então, o Sr. Stiebeling já pressupôs de antemão aquilo que ele ainda teria de provar. Ou então uma das fábricas produz uma soma maior de mais-valia, e então todo o cálculo dele vem abaixo.

O Sr. Stiebeling não poupou esforços nem custos para construir sobre esse seu erro de cálculo montanhas inteiras de cálculos e apresentá-las ao público. Posso dar-lhe a certeza tranquilizadora de que quase todas estão por igual incorretas e, onde excepcionalmente não é esse o caso, demonstram algo totalmente diverso do que ele quer demonstrar. Assim, comparando os relatórios dos censos americanos de 1870 e 1880, ele demonstra de fato a queda da taxa de lucro, explica-a, porém, de modo totalmente falso e pensa ter de corrigir, mediante a prática, a teoria marxista de uma taxa de lucro sempre constante e estável. Agora, porém, da Seção III do presente Livro 3 decorre que essa "taxa de lucro fixa" de Marx é pura fantasia e que a tendência decrescente da taxa de lucro se baseia em causas que são diametralmente opostas às dadas pelo Dr. Stiebeling. As intenções do Sr. Dr. Stiebeling são certamente boas, mas, se se quer ocupar-se com questões científicas, é preciso aprender antes de tudo a ler os escritos que se quer usar do modo como o autor os escreveu e, acima de tudo, não ler neles coisas que neles não constam.

Resultado de toda a investigação: também em relação à presente questão, é novamente a escola de Marx que realizou alguma coisa. Fireman e Conrad Schmidt, ao lerem este Livro 3, podem, cada um por seu lado, ficar satisfeitos com seus próprios trabalhos.

Londres,
4 de outubro de 1894

3

O PROCESSO DA PRODUÇÃO CAPITALISTA COMO UM TODO

SEÇÃO I

A TRANSFORMAÇÃO DA MAIS-VALIA EM LUCRO E DA TAXA DE MAIS-VALIA EM TAXA DE LUCRO

CAPÍTULO 1

PREÇO DE CUSTO E LUCRO

No Livro 1 foram investigados os fenômenos que o *processo de produção* capitalista, tomado em si mesmo, apresenta, como processo de produção direto, tendo-se feito abstração ainda de todas as influências secundárias de circunstâncias estranhas a ele. Mas esse processo de produção direto não esgota o ciclo de vida do capital. No mundo real, ele é complementado pelo *processo de circulação*, e este constituiu o objeto das investigações do Livro 2. Aí se mostrou, especificamente na Seção III, no exame do processo de circulação como mediação do processo de reprodução social, que o modo de produção capitalista, considerado como um todo, é unidade de processo de produção e de circulação. O assunto deste Livro 3 não pode ser a formulação de reflexões gerais sobre essa unidade. Trata-se muito mais de encontrar e expor as formas concretas que surgem do *processo de movimento do capital considerado como um todo*. Em seu movimento real, os capitais se defrontam em tais formas concretas, para as quais a figura do capital no processo de produção direto, bem como sua figura no processo de circulação, só aparece como momento específico. As configurações do capital, como as desenvolvemos neste livro, aproximam-se, portanto, passo a passo, da forma em que elas mesmas aparecem na superfície da sociedade, na ação dos diferentes capitais entre si, na concorrência e na consciência costumeira dos agentes da produção.

O valor de toda mercadoria M produzida de modo capitalista se apresenta na fórmula: $M = c + v + mv$. Se subtraímos desse valor-produto a mais-valia mv, então resta um mero equivalente ou um valor de reposição em mercadoria para o valor-capital $c + v$ despendido nos elementos de produção.

Se, por exemplo, a produção de certo artigo causa um dispêndio de capital de 500 libras esterlinas – 20 libras esterlinas para a depreciação de meios de trabalho, 380 libras esterlinas para materiais de produção, 100 libras esterlinas para força de trabalho – e se a taxa de mais-valia monta a 100%, então o valor do produto $= 400_c + 100_v + 100_{mv} = 600$ libras esterlinas.

Depois de deduzir a mais-valia de 100 libras esterlinas, resta um valor-mercadoria de 500 libras esterlinas, e este só repõe o capital despendido de 500 libras esterlinas. Essa parte de valor da mercadoria, que repõe o preço dos meios de produção consumidos e o preço da força de trabalho empregada, só repõe o que a mercadoria custa para o próprio capitalista e, por isso, constitui para ele o preço de custo da mercadoria.

O que a mercadoria custa ao capitalista e o que custa mesmo a produção da mercadoria são, todavia, duas grandezas completamente diferentes. A parte de valor da mercadoria que consiste em mais-valia não custa nada ao capitalista exatamente porque custa trabalho não pago ao trabalhador. Como, no entanto, na base da produção capitalista o próprio trabalhador, depois de seu ingresso no processo de produção, constitui um ingrediente do capital produtivo posto em função e pertencente ao capitalista, sendo o capitalista, portanto, o verdadeiro produtor de mercadoria, então o preço de custo da mercadoria aparece necessariamente para ele como o verdadeiro custo da própria mercadoria. Denominemos p o preço de custo, então a fórmula $M=c+v+mv$ se transforma na fórmula $M=p+mv$, ou valor-mercadoria = preço de custo + mais-valia.

O agrupamento das diferentes partes de valor da mercadoria, que só repõem o valor de capital despendido em sua produção, sob a categoria de preço de custo expressa, portanto, por um lado, o caráter específico da produção capitalista. O custo capitalista da mercadoria mede-se no dispêndio em *capital*, o verdadeiro custo da mercadoria no dispêndio em *trabalho*. O preço de custo capitalista da mercadoria é, portanto, quantitativamente diferente de seu valor ou de seu verdadeiro preço de custo; ele é menor do que o valor-mercadoria, pois como $M=p+mv$, então $p=M-mv$. Por outro lado, o preço de custo da mercadoria não é, de modo algum, uma rubrica que só existe na contabilidade capitalista. A autonomização dessa parte de valor se faz valer o tempo todo praticamente na produção real da mercadoria, pois, por meio do processo de circulação, ela é sempre de novo retransformada de sua forma-mercadoria na forma de capital produtivo, portanto o preço de custo da mercadoria precisa recomprar constantemente os elementos de produção consumidos em sua produção.

Por outro lado, a categoria de preço de custo não tem, de modo algum, nada a ver com a constituição de valor da mercadoria ou com o processo de valorização do capital. Se eu sei que ⅚ do valor-mercadoria de 600 libras esterlinas, ou seja, 500 libras esterlinas, só constituem um equivalente, um valor de reposição do capital gasto de 500 libras esterlinas, e, por isso, só bastam para comprar de novo os elementos materiais desse capital, nem por isso sei como foram produzidos esses ⅚ do valor da mercadoria, que constituem seu preço de custo, nem como foi produzido o último sexto, que constitui sua mais-valia. A investigação há de mostrar, no entanto, que o preço de custo, na economia capitalista, recebe a falsa aparência de uma categoria da própria produção de valor.

Voltemos a nosso exemplo. Suponhamos que o valor produzido por um trabalhador numa jornada de trabalho social média se representa numa soma de dinheiro de 6 xelins = 6 M [marcos], então o capital adiantado de 500 libras esterlinas = $400_c + 100_v$, o produto-valor de 1666⅔ jornadas de trabalho de 10 horas, das quais 1333⅓ jornadas de trabalho estão cristalizadas no valor dos meios de produção = 400_c e 333⅓ no valor da força de trabalho = 100_v. Com a taxa de mais-valia adotada de 100%, a própria produção da nova mercadoria a ser constituída custa, portanto, um dispêndio de força de trabalho = $100_v + 100_{mv}$ = 666⅔ jornadas de trabalho de 10 horas.

Sabemos, então (ver Livro 1, cap. 7),[I] que o novo produto-valor formado de 600 libras esterlinas se compõe de 1) o valor que reaparece do capital constante de 400 libras esterlinas despendido em meios de produção e 2) de um novo valor produzido de 200 libras esterlinas. O preço de custo da mercadoria = 500 libras esterlinas compreende as 400_c que reaparecem e metade do novo valor produzido de 200 libras esterlinas (= 100_v), portanto, em relação a sua origem, dois elementos completa e absolutamente diferentes do valor-mercadoria.

Mediante o caráter adequado do trabalho despendido durante as 666⅔ jornadas de dez horas, o valor dos meios de produção consumidos, num montante de 400 libras esterlinas, é transferido desses meios de produção ao produto. Esse valor antigo aparece, por isso, novamente como elemento do valor-produto, mas não se origina no processo de produção dessa mercadoria. Ele só existe como elemento do valor-mercadoria porque existiu antes como elemento do capital adiantado. O capital constante despendido é, portanto, reposto por aquela parte do valor-mercadoria que ele mesmo acrescenta ao valor-mercadoria. Esse elemento do preço de custo tem, portanto, duplo sentido: por um lado, entra no preço de custo da mercadoria porque é uma parte componente do valor-mercadoria, que repõe o capital despendido; e, por outro, só constitui uma parte componente do valor-mercadoria porque é o valor do capital despendido ou porque os meios de produção custam tanto e tanto.

Exatamente o contrário com a outra parte componente do preço de custo. As 666⅔ jornadas de trabalho despendidas durante a produção da mercadoria constituem um valor novo de 200 libras esterlinas. Desse valor novo, uma parte só repõe o capital variável adiantado de 100 libras esterlinas ou o preço da força de trabalho empregada. Mas esse valor-capital adiantado não entra de modo algum na constituição do valor

---

I K. Marx, *O capital: Crítica da Economia Política*, Livro 1: *O processo de produção do capital*, ed. Friedrich Engels; coord. ed. bras. Paul Singer, trad. Regis Barbosa e Flávio R. Kothe. São Paulo: Ubu Editora, 2025, p. 233. [N. E. B.]

novo. Dentro do adiantamento de capital, a força de trabalho conta como *valor*, mas no processo de produção ela funciona como *formadora de valor*. No lugar do valor da força de trabalho, que figura dentro do adiantamento de capital, surge, no capital produtivo realmente *funcionante*, a própria força de trabalho viva, formadora de valor.

A diferença entre esses diversos componentes do valor-mercadoria que, juntos, constituem o preço de custo salta aos olhos assim que ocorre uma mudança na grandeza de valor, uma vez na parte despendida do capital constante, outra vez na parte despendida do capital variável. Suponhamos que o preço dos mesmos meios de produção ou da parte constante do capital suba de 400 libras esterlinas para 600 libras esterlinas ou, pelo contrário, caia para 200 libras esterlinas. No primeiro caso, sobe não só o preço de custo da mercadoria de 500 libras esterlinas para $600_c + 100_v = 700$ libras esterlinas, mas o próprio valor-mercadoria sobe de 600 libras esterlinas para $600_c + 100_v + 100_{mv} = 800$ libras esterlinas. No segundo caso, não só o preço de custo cai de 500 libras esterlinas para $200_c + 100_v = 300$ libras esterlinas, mas o próprio valor-mercadoria cai de 600 libras esterlinas para $200_c + 100_v + 100_{mv} = 400$ libras esterlinas. Porque o capital constante gasto transfere seu próprio valor para o produto, com as demais circunstâncias constantes, o valor-produto aumenta ou diminui com a grandeza absoluta daquele valor-capital. Suponhamos, pelo contrário, que, com as demais circunstâncias constantes, aumente o preço da mesma massa de força de trabalho de 100 libras esterlinas para 150 libras esterlinas ou, pelo contrário, diminua para 50 libras esterlinas. No primeiro caso, é verdade, o preço de custo sobe de 500 libras esterlinas para $400_c + 150_v = 550$ libras esterlinas e, no segundo caso, ele cai de 500 libras esterlinas para $400_c + 50_v = 450$ libras esterlinas, mas em ambos os casos o valor-mercadoria permanece inalterado $= 600$ libras esterlinas; uma vez $= 400_c + 150_v + 50_{mv}$, outra vez $= 400_c + 50_v + 150_{mv}$. O capital variável adiantado não agrega seu próprio valor ao produto. No lugar de seu valor, surgiu no produto muito mais um novo valor criado pelo trabalho. Uma alteração na grandeza absoluta de valor do capital variável, na medida em que ela só expressa uma alteração no preço da força de trabalho, não muda nem um pouco a grandeza absoluta do valor-mercadoria, pois em nada modifica a grandeza absoluta do valor novo, que gera força de trabalho mobilizada. Tal mudança afeta muito mais apenas a proporção quantitativa de ambos os componentes do valor novo, dos quais um constitui mais-valia, enquanto o outro repõe o capital variável e, por isso, entra no preço de custo da mercadoria.

As duas partes do preço de custo, em nosso caso $400_c + 100_v$, só têm em comum o seguinte: que ambas são partes do valor-mercadoria que repõem capital adiantado.

Esse estado real das coisas aparece, porém, necessariamente de modo invertido da perspectiva da produção capitalista.

O modo de produção capitalista difere do modo de produção baseado na escravidão, entre outras coisas, pelo fato de que o valor, ou especificamente o preço, da força de trabalho se apresenta como valor, ou especificamente preço, do próprio trabalho, ou seja, como salário (Livro 1, cap. 17). A parte variável de valor do adiantamento de capital aparece, por isso, como capital despendido em salário, como um valor-capital que paga o valor, ou preço, de todo o trabalho despendido na produção. Suponhamos, por exemplo, que uma jornada de trabalho social média de 10 horas se corporifique numa massa monetária de 6 xelins, então o adiantamento de capital variável de 100 libras esterlinas é a expressão monetária de um valor produzido em 333⅓ jornadas de trabalho de dez horas. Esse valor da força de trabalho adquirida, que figura no adiantamento de capital, não constitui, porém, nenhuma parte do capital realmente em funcionamento. Em seu lugar entra, no próprio processo de produção, a força de trabalho viva. Se, como em nosso exemplo, o grau de exploração desta última monta a 100%, então ela é despendida durante 666⅔ jornadas de trabalho de dez horas e agrega, portanto, ao produto um valor novo de 200 libras esterlinas. Mas, no adiantamento de capital, o capital variável de 100 libras esterlinas figura como capital gasto em salários ou como preço do trabalho que é executado durante 666⅔ dias de dez horas. Assim, 100 libras esterlinas divididas por 666⅔ dá-nos, como preço da jornada de trabalho de dez horas, 3 xelins, o produto-valor de um trabalho de cinco horas.

Se, agora, comparamos adiantamento de capital de um lado e valor-mercadoria de outro, então temos:

I) Adiantamento de capital de 500 libras esterlinas = 400 libras esterlinas de capital gasto em meios de produção (preço dos meios de produção) + 100 libras esterlinas de capital despendido em trabalho (preço de 666⅔ jornadas de trabalho ou salário pago pelas mesmas).

II) Valor-mercadoria de 600 libras esterlinas = preço de custo de 500 libras esterlinas (400 libras esterlinas, preço dos meios de produção gastos, + 100 libras esterlinas, preço das 666⅔ jornadas de trabalho despendidas) + 100 libras esterlinas de mais-valia.

Nessa fórmula, a parte de capital desembolsada em trabalho só difere da parte de capital desembolsada em meios de produção, por exemplo algodão ou carvão, por servir para o pagamento de um elemento de produção materialmente diverso, mas de maneira alguma por desempenhar um papel funcionalmente diverso no processo de formação de valor da mercadoria, portanto também no processo de valorização do capital. No preço de custo da mercadoria retorna o preço dos meios de produção, como ele já figurava no adiantamento de capital, e isso porque esses meios de produção foram utilizados e consumidos adequadamente. Exatamente da mesma maneira, no preço de custo da mercadoria retorna o preço ou salário das $666\frac{2}{3}$ jornadas de trabalho gastas para sua produção, tal como já figurava no adiantamento de capital e precisamente porque também essa massa de trabalho foi despendida de forma adequada. Só vemos valores prontos, disponíveis – as partes de valor do capital adiantado que entram na formação do valor-produto –, mas nenhum elemento gerador de valor novo. A diferença entre capital constante e capital variável desapareceu. Todo o preço de custo de 500 libras esterlinas passa a ter agora duplo sentido: primeiro, ele é o componente do valor-mercadoria de 600 libras esterlinas que repõe o capital de 500 libras esterlinas despendido na produção da mercadoria; segundo, esse elemento de valor da mercadoria só existe mesmo porque anteriormente existia como preço de custo dos elementos de produção empregados, dos meios de produção e do trabalho, ou seja, como adiantamento de capital. O valor-capital retorna como preço de custo da mercadoria, porque e na medida em que foi despendido como valor-capital.

A circunstância de que os diversos componentes de valor do capital adiantado sejam desembolsados em elementos de produção materialmente diferentes, em meios de trabalho, matérias-primas, materiais auxiliares e trabalho, só requer que o preço de custo da mercadoria tenha de recompor esses elementos de produção materialmente diversos. Em relação à formação do próprio preço de custo, só se faz, por outro lado, valer uma diferença, a diferença entre capital fixo e capital circulante. Em nosso exemplo, 20 libras esterlinas foram calculadas para a depreciação dos meios de trabalho (400_c = 20 libras esterlinas para a depreciação dos meios de trabalho + 380 libras esterlinas para materiais de produção). Se o valor desses meios de trabalho antes da produção da mercadoria era = 1200 libras esterlinas, então, depois de sua produção, ele existe em duas figuras: 20 libras esterlinas como parte do valor-mercadoria, 1200 – 20, ou seja, 1180 libras esterlinas, como valor restante dos meios de trabalho, que se encontram, tanto depois como antes, na posse do capitalista, ou como elemento de valor não de seu capital-mercadoria, mas de seu capital produtivo. Em contraposição aos meios de trabalho, materiais de produção e salários são completamente despendidos na produção e, por isso, todo o seu valor entra no valor da mercadoria produzida. Vimos como esses distintos componentes do capital adiantado adquirem, em relação à rotação, as formas de capital fixo e de capital circulante.

Portanto, o adiantamento de capital é=1680 libras esterlinas: capital fixo=1200 libras esterlinas mais capital circulante=480 libras esterlinas (= 380 libras esterlinas em materiais de produção mais 100 libras esterlinas em salários).

O preço de custo da mercadoria é, por sua vez, apenas=500 libras esterlinas (20 libras esterlinas para depreciação do capital fixo, 480 libras esterlinas para capital circulante).

Essa diferença entre preço de custo da mercadoria e adiantamento de capital só confirma, no entanto, que o preço de custo da mercadoria é constituído exclusivamente pelo capital realmente despendido para sua produção.

Na produção da mercadoria são aplicados meios de trabalho no valor de 1200 libras esterlinas, mas desse valor-capital adiantado só 20 libras esterlinas são perdidas na produção. O capital fixo aplicado só entra, portanto, em parte no preço de custo da mercadoria, porque ele só é despendido em parte em sua produção. O capital circulante empregado entra por inteiro no preço de custo da mercadoria, porque é gasto por inteiro em sua produção. O que prova isso, porém, senão que as partes do capital fixo e circulante consumidas entram, *pro rata* de sua grandeza de valor, por igual no preço de custo de sua mercadoria e que esse componente de valor da mercadoria só se origina, em geral, do capital despendido em sua produção? Se não fosse esse o caso, não se veria por que o capital fixo adiantado de 1200 libras esterlinas não agrega ao valor-produto, em lugar das 20 libras esterlinas que perde no processo de produção, também as 1180 libras esterlinas que não perde nele.

Essa diferença entre capital fixo e capital circulante em relação ao cálculo do preço de custo só comprova, portanto, o surgimento aparente do preço de custo a partir do valor-capital despendido ou do preço que os elementos de produção despendidos, inclusive o trabalho, custam ao próprio capitalista. Por outro lado, a parte variável de capital, desembolsada em força de trabalho, é identificada aqui expressamente, com referência à formação do valor e sob a rubrica de capital circulante, com o capital constante (a parte de capital consistente em materiais de produção), consumando-se assim a mistificação do processo de valorização do capital.[1]

Por enquanto só havíamos considerado um elemento do valor-mercadoria, o preço de custo. Agora também temos de atentar para o outro componente do valor-mercadoria, o excedente sobre o preço de custo, ou seja, a mais-valia. Portanto, a mais-valia é, primeiro, um excedente do valor da mercadoria sobre seu preço de custo. Como, porém, o preço de custo é igual ao valor do capital despendido, em cujos elementos materiais ele também é constantemente retransformado, então esse excedente de valor é um acréscimo de valor do capital despendido na produção da mercadoria e que retorna de sua circulação.

Já se viu anteriormente que embora mv, a mais-valia, só se origine de uma alteração do valor de v, o capital variável, e por isso seja originalmente mero incremento do capital variável, ela constitui, ainda assim, uma vez concluído o processo de produção, igualmente um acréscimo de valor de $c+v$, do capital total despendido. A fórmula $c+(v+mv)$, que indica que mv é produzida pela transformação do valor-capital determinado v, adiantado em força de trabalho, numa grandeza corrente, portanto de uma grandeza constante numa variável, se apresenta também como $(c+v)+mv$. Antes da produção, tínhamos um capital de 500 libras esterlinas. Depois da produção, temos o capital de 500 libras esterlinas mais um acréscimo de valor de 100 libras esterlinas.[2]

A mais-valia constitui, no entanto, um acréscimo não só da parte do capital adiantado que entra no processo de valorização, mas também da parte que não entra nele; portanto, um acréscimo de valor não só do capital despendido, que é reposto a partir do preço de custo da mercadoria, mas do capital empregado de modo geral na produção. Antes do processo de produção, tínhamos um valor-capital de 1680 libras esterlinas: 1200 libras esterlinas de capital fixo desembolsado em meios de trabalho, de que só 20 libras esterlinas entram como desgaste no valor da mercadoria, mais 480 libras esterlinas de capital circulante em materiais de produção e salário. Depois do processo de produção, temos 1180 libras esterlinas como componente de valor do capital produtivo mais um capital-mercadoria de 600 libras esterlinas. Se adicionamos essas duas somas de valor, então o capitalista possui agora um valor de 1780 libras esterlinas. Se ele subtrai deste o capital total adiantado de 1680 libras esterlinas, então fica um acréscimo de valor de 100 libras esterlinas. As 100 libras esterlinas de mais-valia constituem, pois, um acréscimo de valor tanto ao capital aplicado de 1680 libras esterlinas como à fração do mesmo, gasta durante a produção, de 500 libras esterlinas.

É agora claro para o capitalista que esse acréscimo de valor se origina dos procedimentos produtivos que são efetuados com o capital, que, portanto, se origina do próprio capital, pois após o processo de produção ele existe e antes do processo de produção não existia. No que, inicialmente, tange ao capital despendido na produção, a mais-valia parece originar-se por igual de seus distintos elementos de valor, que consistem em meios de produção e em trabalho. Pois esses elementos entram por igual na formação do preço de custo. Eles agregam por igual seus valores disponíveis como adiantamentos de capital ao valor-produto e não se diferenciam como grandezas de valor constante e variável. Isso se torna evidente quando, por um instante, supomos que todo o capital gasto consista exclusivamente em salários ou exclusivamente no valor de meios de produção. No primeiro caso teríamos, então, em vez do valor-mercadoria $400_c + 100_v + 100_{mv}$, o valor-mercadoria $500_v + 100_{mv}$. O capital de 500 libras esterlinas desembolsado em salários é o valor de todo o trabalho empregado na produção do valor-mercadoria de 600 libras esterlinas e, exatamente por isso, constitui o preço de custo de todo o produto. A formação desse preço de custo, mediante o qual o valor gasto reaparece como elemento de valor do produto, é, porém, o único procedimento conhecido por nós na formação desse valor-mercadoria. Como se origina seu elemento de mais-valia de 100 libras esterlinas nós não sabemos. Exatamente o mesmo ocorre no segundo caso, em que o valor-mercadoria seria $= 500_c + 100_{mv}$. Em ambos os casos, sabemos que a mais-valia se origina de dado valor, porque esse valor foi adiantado na forma de capital produtivo, não importa se na forma de trabalho ou na forma de meios de produção. Por outro lado, porém, o valor-capital adiantado não pode fazer a mais-valia cair do céu, por ter sido despendido, constituindo por isso o preço de custo da mercadoria. Pois, exatamente na medida em que constitui o preço de custo da mercadoria, ele não constitui mais-valia, mas apenas um equivalente, um valor de reposição do capital despendido. Na medida em que constitui mais-valia, portanto, não a constitui em seu atributo específico de capital gasto, mas como capital adiantado e, portanto, como capital aplicado em geral. A mais-valia se origina, por isso, tanto da parte do capital adiantado que entra no preço de custo da mercadoria quanto da parte do mesmo que não entra no preço de custo; em suma: por igual dos componentes fixos e circulantes do capital aplicado. O capital total serve materialmente como formador de produto, tanto os meios de trabalho como os materiais de produção e o trabalho. O capital total entra materialmente no processo de trabalho real, ainda que só parte dele entre no processo de valorização. Essa talvez seja a razão pela qual ele só contribui em parte para a formação do preço de custo, mas totalmente para a formação da mais-valia. Seja como for, o resultado continua sendo que a mais-valia se origina simultaneamente de todas as partes do capital aplicado. A dedução pode ser ainda mais abreviada, se dizemos, com Malthus, de modo tão curto quanto grosso:

> O capitalista *espera* a mesma vantagem em todas as partes do capital que ele adianta.[3]

Como tal descendente imaginário do capital total adiantado, a mais-valia recebe a forma transmutada de *lucro*. Uma soma de valor é, portanto, capital porque é gasta para produzir lucro[4] ou o lucro surge porque uma soma de valor é aplicada como capital. Se denominamos l o lucro, então a fórmula $M = c + v + mv = p + mv$ se transforma na fórmula $M = p + l$ ou *valor-mercadoria = preço de custo + lucro*.

O lucro, tal como o temos inicialmente ante nós, é, portanto, o mesmo que a mais-valia, apenas numa forma mistificada, que, no entanto, brota necessariamente do modo de produção capitalista. Já que na formação aparente do preço de custo não se reconhece nenhuma diferença entre capital constante e variável, a origem da alteração de valor, que ocorre durante o processo de produção, precisa ser deslocada da parte variável do capital para o capital total. Já que num polo o preço da força de trabalho aparece na forma transmutada de salário, no polo antitético a mais-valia aparece na forma transmutada de lucro.

Nós vimos: o preço de custo da mercadoria é menor do que seu valor. Como $M = p + mv$, então $p = M - mv$. A fórmula $M = p + mv$ se reduz a $M = p$, valor-mercadoria = preço de custo da mercadoria, se $mv = 0$, um caso que, na base da produção capitalista, nunca ocorre, embora, sob conjunturas particulares de mercado, o preço de venda das mercadorias possa cair até seu preço de custo ou mesmo abaixo dele.

Se, portanto, a mercadoria é vendida por seu valor, então se realiza um lucro que é igual ao excedente de seu valor sobre seu preço de custo, portanto igual a toda a mais-valia contida no valor-mercadoria. Mas o capitalista pode vender a mercadoria com lucro, embora a venda abaixo de seu valor. Enquanto seu preço de venda estiver acima de seu preço de custo, ainda que abaixo de seu valor, sempre é realizada parte da mais-valia nela contida, sempre se obtendo, portanto, lucro. Em nosso exemplo, o valor-mercadoria é = 600 libras esterlinas, o preço de custo é = 500 libras esterlinas. Caso a mercadoria seja vendida por 510, 520, 530, 560, 590 libras esterlinas, então ela é vendida respectivamente por 90, 80, 70, 40, 10 libras esterlinas abaixo de seu valor e nem por isso se deixa de obter lucro, de cada vez, de 10, 20, 30, 60, 90 libras esterlinas com sua venda. Entre o valor da mercadoria e seu preço de custo é, evidentemente, possível uma série indeterminada de preços de venda. Quanto maior o elemento do valor-mercadoria consistente em mais-valia, tanto maior a margem prática de jogo desses preços intermediários.

Daí se explicam fenômenos cotidianos da concorrência, como certos casos de venda a preço baixo (*underselling*), nível anormalmente baixo dos preços das mercadorias em certos ramos industriais[5] etc. A lei básica da concorrência capitalista, até agora não entendida pela Economia Política, a lei que regula a taxa de lucro geral e os assim chamados preços de produção, determinados por ela, fundamenta-se, como se verá mais tarde, nessa diferença entre valor e preço de custo da mercadoria e na possibilidade, dela resultante, de vender com lucro a mercadoria abaixo de seu valor.

O limite mínimo do preço de venda da mercadoria é dado por seu preço de custo. Se ela for vendida abaixo de seu preço de custo, então os elementos gastos do capital produtivo não podem ser totalmente repostos a partir do preço de venda. Se esse processo continua, então desaparece o valor-capital adiantado. Já a partir desse ponto de vista, o capitalista está inclinado a considerar o preço de custo como o autêntico valor *intrínseco* da mercadoria, pois é o preço necessário à mera manutenção de seu capital. A isso se acresce, no entanto, que o preço de custo da mercadoria é o preço de compra que o próprio capitalista pagou por sua produção, portanto o preço de compra determinado por seu próprio processo de produção. O excedente de valor, ou mais-valia, realizado por ocasião da venda da mercadoria aparece, por isso, ao capitalista como excedente de seu preço de venda sobre seu valor, em vez de como excedente de seu valor sobre seu preço de custo, de modo que a mais-valia contida na mercadoria não se realiza pela venda desta, mas se origina da própria venda. Já ilustramos essa ilusão mais de perto no Livro 1, cap. 4, [parte] 2 (contradições da fórmula geral do capital); voltamos aqui, no entanto, por um momento, para a forma em que ela foi tornada novamente válida por Torrens etc., como um progresso da Economia Política para além de Ricardo.

> O preço natural, que consiste no preço de produção ou, em outras palavras, no gasto de capital na produção ou fabricação de mercadoria, não pode incluir o lucro. [...] Se um arrendatário gasta 100 *quarters* de grão na plantação de seus campos e obtém em troca por 120 *quarters*, os 20 *quarters*, como excedente do produto em relação a seu gasto, constituem seu lucro; mas seria absurdo chamar esse excedente ou lucro de parte de seu gasto [...]. O fabricante gasta certa quantidade de matérias-primas, ferramentas e meios de subsistência para o trabalho e, em troca, obtém uma quantidade de mercadoria pronta. Essa mercadoria pronta tem de ter valor de troca mais alto do que o das matérias-primas, das ferramentas e dos meios de subsistência, mediante cujo adiantamento foram comprados.

Daí conclui Torrens que o excedente do preço de venda sobre o preço de custo, ou o lucro, se originaria do fato de que os consumidores

> por troca direta ou indireta (*circuitous*) dão certa porção maior de todos os ingredientes do capital do que o custo de sua produção.[6]

De fato, o excedente acima de certa grandeza dada não pode constituir nenhuma parte dessa grandeza, assim também o lucro, o excedente do valor-mercadoria sobre os gastos do capitalista, não pode constituir nenhuma parte desses gastos. Portanto, se na formação de valor da mercadoria não entra nenhum outro elemento senão o adiantamento de valor do capitalista, então não se pode entender como há de sair da produção mais valor do que nela entrou, a não ser que se crie algo do nada. Dessa criação a partir do nada Torrens só escapa, no entanto, à medida que a desloca da esfera da produção de mercadorias para a esfera da circulação de mercadorias. Torrens afirma que o lucro não pode provir da produção, senão ele já estaria contido nos custos da produção, não sendo, portanto, um excedente acima desses custos. O lucro não pode provir da troca de mercadorias, responde Ramsay,[I] se ele já não existia antes do intercâmbio de mercadorias. A soma de valor dos produtos intercambiados não se modifica, evidentemente, pelo intercâmbio de produtos, cuja soma de valor ele é. Ela permanece a mesma, tanto antes quanto depois do intercâmbio. Observe-se aqui que Malthus se refere expressamente à autoridade de Torrens,[7] embora ele mesmo desenvolva a venda das mercadorias acima de seu valor de outro modo, ou, antes, não a desenvolva, já que todos os argumentos dessa espécie desembocam, de fato, infalivelmente no célebre, em sua época, peso negativo do flogisto.[II] Dentro de uma situação social dominada pela produção capitalista, também o produtor não capitalista está dominado pelas concepções capitalistas. Em seu último romance, *Les paysans* [Os camponeses], Balzac, sobretudo excelente pela profunda compreensão das condições reais, descreve magistralmente como o pequeno camponês, para conservar a boa vontade de seu usurário, faz para ele de graça toda espécie de trabalho e acredita que nada lhe dá de presente porque seu próprio trabalho não lhe custa nenhuma despesa em dinheiro. O usurário, por sua vez, mata dois coelhos com uma só cajadada. Poupa um desembolso efetivo em salários e enreda o camponês, o qual ao se privar do trabalho no próprio campo se arruína progressivamente, mais e mais na teia de aranha da usura.

I George Ramsay, *An Essay on the Distribution of Wealth*. Edinburgh, 1836, p. 184. [N. E. A.]

II Até o final do século XVIII, preponderava na Química a teoria flogística. Ela explicava a essência da combustão supondo um material hipotético, o flogisto, que se evadiria do material em combustão. Quando se verificou que o peso dos metais se eleva ao queimarem no ar, alguns partidários dessa teoria atribuíram ao flogisto um peso negativo. O químico francês Lavoisier refutou a teoria flogística ao reconhecer e demonstrar a essência da combustão como ligação com o elemento químico oxigênio. – Ver também Friedrich Engels sobre a teoria do flogisto no Prefácio ao Livro 2 de *O capital*, op. cit., pp. 24–26. [N. E. A.]

A inepta concepção de que o preço de custo da mercadoria constitui seu verdadeiro valor, mas que a mais-valia se origina da venda da mercadoria acima de seu valor, que, portanto, as mercadorias são vendidas por seus valores quando seu preço de venda é igual a seu preço de custo, ou seja, igual ao preço dos meios de produção nelas consumidos mais salários, foi trompeteada por Proudhon, com a habitual charlatanice pretensamente científica, como segredo recém-descoberto do socialismo. Essa redução do valor das mercadorias a seu preço de custo constitui, de fato, a base de seu Banco Popular.[I] Foi demonstrado anteriormente que os diferentes elementos de valor do produto podem ser representados em partes proporcionais do próprio produto. Se, por exemplo (Livro 1, cap. 7, [parte] 2, pp. 240-41), o valor de 20 libras de fio ascende a 30 xelins – a saber, 24 xelins de meios de produção, 3 xelins de força de trabalho e 3 xelins de mais-valia –, então essa mais-valia é representável em $1/10$ do produto = 2 libras de fio. Se, no entanto, as 20 libras de fio são vendidas por seu preço de custo, 27 xelins, então o comprador recebe 2 libras de fio gratuitamente ou a mercadoria foi vendida por $1/10$ abaixo de seu valor; mas o trabalhador, depois como antes, efetuou seu mais-trabalho, só que para o comprador do fio, em vez de para o produtor capitalista de fio. Seria totalmente falso pressupor que, se todas as mercadorias fossem vendidas por seu preço de custo, o resultado seria de fato o mesmo que se todas fossem vendidas acima de seu preço de custo, por seu valor. Pois mesmo se valor da força de trabalho, duração da jornada de trabalho e grau de exploração do trabalho fossem equalizados em todos os lugares, ainda assim as massas de mais-valia contidas nos valores das diferentes espécies de mercadorias seriam completamente desiguais, conforme a diferente composição orgânica dos capitais adiantados para sua produção.[8]

I Em janeiro de 1849, Proudhon instituiu um "Banco Popular". Deveria servir à troca direta dos produtos dos pequenos produtores e colocar crédito sem juros à disposição dos trabalhadores. Esse banco, com cuja ajuda Proudhon esperava realizar uma reforma social, faliu dois meses depois de fundado. Uma detalhada análise crítica dos pontos de vista de Proudhon é apresentada por Marx em sua obra *Miséria da filosofia*. [N. E. A.]

CAPÍTULO 2

A TAXA DE LUCRO

A fórmula geral do capital é *D–M–D'*, isto é, uma soma de dinheiro é lançada na circulação para se retirar dela uma soma de valor maior. O processo que gera essa soma de valor maior é a produção capitalista; o processo que a realiza é a circulação do capital. O capitalista não produz a mercadoria por ela mesma, não por seu valor de uso ou para seu consumo pessoal. O produto que efetivamente interessa para o capitalista não é o próprio produto palpável, mas o excedente de valor do produto sobre o valor do capital nele consumido. O capitalista adianta o capital total sem levar em conta os diferentes papéis que seus componentes desempenham na produção de mais-valia. Ele adianta todos esses componentes por igual não só para reproduzir o capital adiantado, mas para produzir um excedente de valor sobre o mesmo. Ele só pode transformar o valor do capital variável, que adianta, num valor mais alto mediante sua troca por trabalho vivo, mediante exploração de trabalho vivo. Mas ele só pode explorar o trabalho ao adiantar, ao mesmo tempo, as condições para a realização desse trabalho: meios de trabalho e objeto de trabalho, maquinaria e matéria-prima, ou seja, ao transformar uma soma de valor em sua posse na forma de condições de produção; pois ele somente é capitalista ao todo, só pode empreender ao todo o processo de exploração do trabalho porque confronta, como proprietário das condições de trabalho, o trabalhador, como mero possuidor da força de trabalho. Já se mostrou anteriormente, no Livro 1,[I] que é exatamente a posse desses meios de produção pelos não-trabalhadores que transforma os trabalhadores em assalariados e os não-trabalhadores em capitalistas.

Ao capitalista é indiferente considerar a questão como se ele adiantasse o capital constante para extrair lucro do capital variável, ou se adiantasse o capital variável para valorizar o capital constante; como se gastasse dinheiro em salários para dar um valor mais alto a máquinas e matérias-primas, ou se adiantasse o dinheiro em maquinaria e matérias-primas para poder explorar o trabalho. Embora só a parte variável do capital produza mais-valia, só a produz se também as outras partes forem adiantadas, as condições de produção do trabalho. Como o capitalista só pode explorar o trabalho por meio de adiantamento do capital constante, e como ele só pode valorizar o capital constante mediante adiantamento

I K. Marx, *O capital*, Livro 1, op. cit., pp. 198–99 e 629–30. [N. E. B.]

do variável, ambos coincidem por igual em sua imaginação, e isso tanto mais quanto o verdadeiro grau de seu lucro não for determinado pela relação com o capital variável, mas com o capital total, não pela taxa de mais-valia, mas pela taxa de lucro, que, como veremos, pode permanecer a mesma e, no entanto, expressar diferentes taxas de mais-valia.

Aos custos do produto pertencem todos os seus componentes de valor, os quais o capitalista pagou ou para os quais lançou um equivalente na produção. Esses custos precisam ser repostos para que o capital simplesmente se mantenha ou se produza em sua grandeza original.

O valor contido na mercadoria é igual ao tempo de trabalho que custa sua produção, e a soma desse trabalho consiste em trabalho pago e não pago. Para o capitalista, pelo contrário, os custos da mercadoria consistem só na parte do trabalho objetivado nela, que ele pagou. O mais-trabalho contido na mercadoria não custa nada ao capitalista, embora custe, tanto quanto o pago, trabalho ao trabalhador e embora, tanto quanto aquele, gere valor e entre na mercadoria como elemento formador de valor. O lucro do capitalista provém de que ele tem para vender algo pelo que não pagou. A mais-valia, ou de modo específico o lucro, consiste exatamente no excedente do valor-mercadoria sobre seu preço de custo, isto é, no excedente da soma total de trabalho contido na mercadoria sobre a soma de trabalho pago contida nela. A mais-valia, qualquer que seja sua origem, é, de acordo com isso, um excedente sobre o capital total adiantado. Esse excedente está, portanto, numa relação com o capital total, que se expressa na fração $\frac{mv}{C}$, em que C representa o capital total. Obtemos assim a *taxa de lucro* $\frac{mv}{C} = \frac{mv}{c+v}$, em contraste com a taxa de mais-valia $\frac{mv}{v}$.

A taxa de mais-valia medida segundo o capital variável se denomina taxa de mais-valia; a taxa de mais-valia medida segundo o capital total se denomina taxa de lucro. São duas medições diferentes da mesma grandeza que, devido à diversidade das escalas, expressam ao mesmo tempo proporções ou relações diferentes da mesma grandeza.

Da transformação da taxa de mais-valia em taxa de lucro deve-se derivar a transformação da mais-valia em lucro, e não o contrário. E, de fato, a taxa de lucro é de onde historicamente se partiu. Mais-valia e taxa de mais-valia são, em termos relativos, o invisível e o essencial a ser pesquisado, enquanto a taxa de lucro e, portanto, a forma da mais-valia como lucro se mostram na superfície dos fenômenos.

No que tange ao capitalista individual, está claro que a única coisa que lhe interessa é a relação entre a mais-valia, ou o excedente do valor pelo qual ele vende suas mercadorias, e o capital total adiantado para a produção da mercadoria; a relação determinada e a conexão intrínseca desse excedente com os componentes específicos do capital não só não lhe interessam, mas é de seu interesse tornar nebulosa essa relação determinada e essa conexão intrínseca.

Embora o excedente do valor da mercadoria sobre seu preço de custo seja gerado no processo de produção direto, ele só se realiza no processo de circulação, e tanto mais facilmente ganha a aparência de se originar no processo de circulação quanto na realidade, dentro da concorrência, no mercado real, depende de relações de mercado se esse excedente é realizado ou não e em que grau. Dispensa uma discussão específica aqui o fato de que, se uma mercadoria é vendida acima ou abaixo de seu valor, só ocorre outra repartição da mais-valia, e essa repartição diferente, essa proporção alterada em que diferentes pessoas repartem entre si a mais-valia, em nada altera a grandeza ou a natureza da mais-valia. No processo de circulação efetivo não apenas ocorrem as transformações que examinamos no Livro 2, mas elas coincidem com a concorrência real, com a compra e venda das mercadorias acima ou abaixo de seu valor, de modo que, para o capitalista individual, a mais-valia realizada por ele mesmo depende tanto da luta recíproca por vantagens quanto da exploração direta do trabalho.

No processo de circulação, surge ao lado do tempo de trabalho o tempo de circulação como fator que limita a massa de mais-valia realizável em determinado intervalo de tempo. Ainda outros momentos, originários da circulação, intervêm decisivamente no processo de produção direto. Ambos, o processo de produção direto e o processo de circulação, se entrecruzam e interpenetram constantemente e, assim, falsificam constantemente os marcos característicos que os distinguem. A produção de mais-valia, bem como a do valor de modo geral, ganha, como mostrado anteriormente, novas determinações no processo de circulação; o capital percorre o círculo de suas transformações; por fim, ele passa, por assim dizer, de sua vida orgânica interior para relações vitais exteriores, para relações nas quais se defrontam não capital e trabalho, mas, por um lado, capital e capital e, por outro, os indivíduos novamente como simples comprador e vendedor; tempo de circulação e tempo de trabalho se entrecruzam em seu curso e, assim, ambos parecem determinar por igual a mais-valia; a forma original, em que capital e trabalho assalariado se defrontam, é disfarçada pela intromissão de relações aparentemente independentes dela; a própria mais-valia não aparece como produto da apropriação de tempo de trabalho, mas como excedente do preço de venda das mercadorias sobre seu preço de custo, por isso este último facilmente se apresenta como seu verdadeiro valor (*valeur intrinsèque*), de modo que o lucro aparece como excedente do preço de venda das mercadorias acima de seu valor imanente.

Apesar de tudo, durante o processo de produção direto, a natureza da mais-valia entra continuamente na consciência do capitalista, como sua avidez por tempo de trabalho alheio já nos mostrou ao examinarmos a mais-valia. Só que: 1) O próprio processo de produção direto é apenas um momento evanescente que passa constantemente para o processo de circulação, assim como este passa para aquele, de modo que a noção mais clara ou mais obscura, despertada no processo de produção, quanto à fonte do ganho nele efetuado, ou seja, quanto à natureza da mais-valia, no máximo aparece como um momento de igual direito ao lado da concepção de que o excedente realizado proviria do movimento independente do processo de produção, originário da própria circulação, portanto de um movimento pertencente ao capital, independentemente de sua relação com o trabalho. Sendo esses fenômenos da circulação citados até mesmo por economistas modernos, como Ramsay, Malthus, Senior, Torrens etc., diretamente como provas de que o capital, em sua mera existência material, independentemente da relação social com o trabalho – dentro da qual precisamente ele é capital –, seria uma fonte autônoma de mais-valia, ao lado do trabalho e independentemente do trabalho. 2) Sob a rubrica dos custos, na qual caem tanto o salário como o preço de matérias-primas, depreciação da maquinaria etc., a extorsão de trabalho não pago aparece apenas como economia no pagamento de um dos artigos que entram nos custos, apenas como pagamento menor por determinado *quantum* de trabalho; exatamente como também se economiza quando a matéria-prima é comprada mais barato ou se reduz a depreciação da maquinaria. Assim, a extorsão de mais-trabalho perde seu caráter específico; sua relação específica com a mais-valia é obscurecida; e, como foi mostrado no Livro 1, Seção VI,[I] isso é fomentado e felicitado pela representação do valor da força de trabalho na forma de salário.

Pelo fato de que todas as partes do capital aparecem igualmente como fontes de valor excedente (lucro), a relação de capital é mistificada.

A maneira pela qual, mediante a transição pela taxa de lucro, a mais-valia é transformada na forma de lucro é, no entanto, apenas o desenvolvimento ulterior da inversão que já ocorria durante o processo de produção, de sujeito e objeto. Já tínhamos visto aqui como todas as forças produtivas subjetivas do trabalho se apresentam como forças produtivas do capital.[II] Por um lado, o valor, o trabalho passado que domina o trabalho vivo, é personificado no capitalista; por outro, o trabalhador aparece, inversamente, como mera força de trabalho objetiva, como mercadoria. Dessa relação às avessas se origina necessariamente, mesmo já na própria relação de produção simples, a correspondente concepção às avessas, uma consciência transposta, que é ainda mais

---

I Ibid., pp. 483–88. [N. E. b.]

II Ibid., p. 327. [N. E. b.]

desenvolvida pelas transformações e modificações do processo de circulação propriamente dito.

Como se pode verificar na escola ricardiana, é uma tentativa completamente errônea querer apresentar as leis da taxa de lucro diretamente como leis da taxa de mais-valia ou vice-versa. Na cabeça do capitalista elas naturalmente não se distinguem. Na expressão $\frac{mv}{C}$, a mais-valia é medida segundo o valor do capital total que foi adiantado para sua produção e que, nessa produção, foi em parte completamente consumido, em parte apenas aplicado. De fato, a relação $\frac{mv}{C}$ expressa o grau de valorização de todo o capital adiantado, isto é, considerando-o de acordo com a conexão conceitual intrínseca e com a natureza da mais-valia, ela mostra como a grandeza da variação do capital variável se relaciona com a grandeza do capital total adiantado.

A grandeza de valor do capital total não está, em si e para si, em nenhuma relação intrínseca com a grandeza da mais-valia, ao menos não diretamente. De acordo com seus elementos materiais, o capital total menos o capital variável, portanto o capital constante, consiste nas condições materiais para a realização do trabalho: meios de trabalho e material de trabalho. Para que determinado *quantum* de trabalho se realize em mercadorias e, portanto, também forme valor, é exigido determinado *quantum* de material de trabalho e de meios de trabalho. Conforme o caráter específico do trabalho agregado, tem lugar determinada relação técnica entre a massa de trabalho e a massa de meios de produção, aos quais esse trabalho vivo deve ser agregado. Nessa medida tem lugar, portanto, também uma relação determinada entre a massa de mais-valia ou de mais-trabalho e a massa de meios de produção. Se, por exemplo, o trabalho necessário à produção do salário monta diariamente a 6 horas, o trabalhador precisa trabalhar 12 horas para fazer 6 horas de mais-trabalho, para gerar mais-valia de 100%. Nas 12 horas ele consome o dobro de meios de produção que nas 6 horas. Mas, por isso, a mais-valia que ele agrega em 6 horas não está, de modo algum, em relação direta com o valor dos meios de produção consumidos nas 6 ou mesmo nas 12 horas. Esse valor é aqui completamente indiferente; o que importa é a massa tecnicamente necessária. Se a matéria-prima ou o meio de trabalho são baratos ou caros, é completamente indiferente; basta que possuam o valor de uso exigido e estejam disponíveis na proporção tecnicamente prescrita em relação ao trabalho vivo a ser absorvido. Se eu sei, no entanto, que em uma hora se fiam x libras de algodão e que custam a xelins, então também sei, naturalmente, que em 12 horas são fiadas $12x$ libras de algodão $= 12a$ xelins e, então, posso calcular a relação da mais-valia tão bem com o valor das 12 quanto com o valor das 6. Mas a relação entre o trabalho vivo e o *valor* dos meios de produção só entra aqui na medida em que *a* xelins serve de nome para *x* libras de algodão; porque determinado *quantum* de algodão tem determinado preço e, portanto, também, inversamente, determinado preço pode servir como índice para determinado *quantum* de algodão, enquanto o preço do algodão não se alterar. Se eu sei que, para me apropriar de 6 horas de mais-trabalho, preciso fazer trabalhar 12 horas, portanto tenho de ter algodão preparado para 12 horas, e se conheço o preço desse algodão necessário para 12 horas, então existe, por vias indiretas, uma relação entre o preço do algodão (como índice do *quantum* necessário) e a mais-valia. Inversamente, porém, nunca posso concluir, a partir do preço da matéria-prima, quanto à massa de matéria-prima que pode, por exemplo, ser fiada em uma hora, e não em 6. Não tem lugar, portanto, nenhuma relação intrínseca, necessária, entre o valor do capital constante, portanto também entre o valor do capital total (= $c+v$) e a mais-valia.

Se a taxa de mais-valia é conhecida e sua grandeza é dada, a taxa de lucro expressa apenas o que de fato é, outra mensuração da mais-valia, sua mensuração segundo o valor do capital total em vez de segundo o valor da parte do capital da qual, por seu intercâmbio com trabalho, ela se origina diretamente. Mas, na realidade (isto é, no mundo dos fenômenos), a coisa aparece às avessas. A mais-valia é dada, mas dada como excedente do preço de venda da mercadoria sobre seu preço de custo; continua misterioso saber de onde provém esse excedente: da exploração do trabalho no processo de produção, da extração de vantagens do comprador no processo de circulação, ou de ambas. O que, além disso, está dado é a relação desse excedente com o valor do capital total, ou a taxa de lucro. O cálculo desse excedente do preço de venda sobre o preço de custo segundo o valor do capital total adiantado é muito importante e natural, já que por meio dele se acha de fato o algarismo da proporção em que o capital total se valorizou, seu grau de valorização. Partindo-se dessa taxa de lucro, de modo algum se pode deduzir uma relação específica entre o excedente e a parte do capital desembolsada em salários. Ver-se-á em capítulo posterior[I] as engraçadas cabriolas que Malthus dá ao tentar alcançar por esse caminho o segredo da mais-valia e da relação específica da mesma com a parte variável do capital. O que a taxa de lucro mostra enquanto tal é, antes, uma relação uniforme do excedente com partes de igual grandeza do capital, que, desse ponto de vista, não apresenta diferenças internas, salvo a existente entre capital fixo e circulante. E essa diferença também só porque o excedente é calculado duplamente. Ou seja, primeiro como grandeza simples: excedente sobre o preço de

---

I Marx se refere aqui às *Teorias da mais-valia*, que deveriam constituir, segundo seu plano, o volume 4 de *O capital*. [N. E. A.]

custo. Nessa sua primeira forma, todo o capital circulante entra no preço de custo, enquanto do capital fixo só entra nela a depreciação. Depois, segundo: a relação desse excedente de valor com o valor total do capital adiantado. Aqui, o valor de todo o capital fixo, bem como do circulante, entra no cálculo. O capital circulante entra, portanto, as duas vezes do mesmo modo, enquanto o capital fixo entra uma vez de um modo diferente e da outra vez do mesmo modo que o capital circulante.

Assim, a diferença entre capital fixo e capital circulante se impõe aqui como única. Portanto, o excedente, para falar com Hegel, reflete-se em si mesmo a partir da taxa de lucro ou, posto de outro modo, o excedente, caracterizado mais de perto pela taxa de lucro, se apresenta como um excedente que o capital produz acima de seu próprio valor anualmente ou em determinado período de circulação.

Embora a taxa de lucro seja numericamente diferente da taxa de mais-valia, enquanto mais-valia e lucro sejam de fato o mesmo, sendo também numericamente iguais, o lucro é, no entanto, uma forma transmutada da mais-valia, uma forma em que sua origem e o segredo de sua existência são velados e apagados. De fato, o lucro é a forma de manifestação da mais-valia, tendo esta de ser primeiro revelada mediante análise daquele. Na mais-valia, a relação entre capital e trabalho está posta a nu; na relação entre capital e lucro, isto é, entre capital e mais-valia, como ela aparece, por um lado, como excedente realizado no processo de circulação, acima do preço de custo da mercadoria, por outro, como excedente determinado mais de perto por sua relação com o capital total, o *capital aparece como relação consigo mesmo*, uma relação em que ele, como soma original de valor, se distingue de um valor novo, por ele mesmo posto. Que ele produz esse valor novo durante seu movimento através do processo de produção e do processo de circulação, isso está na consciência. Mas o modo como isso ocorre está mistificado e parece provir de qualidades ocultas, inerentes a ele.

Quanto mais perseguirmos o processo de valorização do capital, tanto mais a relação de capital há de se mistificar e tanto menos há de pôr a nu o segredo de seu organismo interno.

Nesta seção, a taxa de lucro é numericamente diferente da taxa de mais-valia; por outro lado, lucro e mais-valia são tratados como a mesma grandeza numérica, só que em forma diferente. Na próxima seção, veremos como a alienação prossegue e o lucro também se apresenta numericamente como uma grandeza diferente da mais-valia.

CAPÍTULO 3

RELAÇÃO DA TAXA DE LUCRO COM A TAXA DE MAIS-VALIA

Tal como foi enfatizado ao término do capítulo anterior, pressupomos aqui, como de modo geral em toda esta Seção I, que a soma do lucro que cabe a dado capital é igual à soma total da mais-valia produzida por meio desse capital em dado período de circulação. Por conseguinte, abstraímos, por enquanto, que essa mais-valia, por um lado, se divide em diferentes subformas: juros de capital, renda fundiária, impostos etc., e que, por outro, na maioria dos casos, de modo algum coincide com o lucro, tal como ele é apropriado por força da taxa média geral de lucro, da qual se tratará na Seção II.

Na medida em que o lucro é equiparado quantitativamente à mais-valia, sua grandeza e a grandeza da taxa de lucro são determinadas pelas relações entre simples grandezas numéricas, em cada caso individual, dadas ou determináveis. Portanto, a investigação se move inicialmente em terreno puramente matemático.

Conservemos a nomenclatura empregada nos Livros 1 e 2. O capital total C divide-se em capital constante c e em capital variável v, e produz uma mais-valia mv. A relação dessa mais-valia com o capital variável adiantado, portanto $\frac{mv}{v}$, chamamos de taxa de mais-valia e a designamos por mv'. Portanto, $\frac{mv}{v} = mv'$ e, em decorrência, $mv = mv'v$. Se, em vez de ser referida ao capital variável, essa mais-valia é referida ao capital total, então se denomina lucro (l), e a relação da mais-valia mv com o capital total C, portanto $\frac{mv}{C}$, se denominará taxa de lucro l'. De acordo com isso, temos:

$$l' = \frac{mv}{C} = \frac{mv}{c+v},$$

colocando no lugar de mv seu valor encontrado acima, $mv'v$, então temos

$$l' = mv'\frac{v}{C} = mv'\frac{v}{c+v},$$

equação que também pode ser expressa na proporção:

$$l' : mv' = v : C;$$

a taxa de lucro está para a taxa de mais-valia assim como o capital variável está para o capital total.

Dessa proporção se depreende que l', a taxa de lucro, sempre é menor do que mv', a taxa de mais-valia, porque v, o capital variável, sempre é menor do que C, a soma de $v+c$, de capital variável e constante; salvo o caso único, praticamente impossível, em que $v=C$, em que, portanto, não foi adiantado pelo capitalista nenhum capital constante, nenhum meio de produção, só salário.

Todavia, em nossa investigação entra ainda em consideração uma série de outros fatores, que influem sobre a determinação da grandeza de c, v e mv e que, por isso, devem ser mencionados brevemente.

Primeiro, o *valor do dinheiro*. Podemos considerá-lo sempre constante.

Segundo, a *rotação*. Por enquanto deixemos esse fator totalmente fora de consideração, já que sua influência sobre a taxa de lucro será tratada de modo particular em capítulo posterior. {Antecipemos aqui somente um ponto: que a fórmula $l' = mv' \frac{v}{C}$ só é rigorosamente correta para *um* período de rotação do capital variável, mas que nós a corrigimos para a rotação anual se colocamos, em vez de mv', taxa simples de mais-valia, $mv'n$, taxa anual de mais-valia; nesta, n é o número de rotações do capital variável dentro de um ano (ver Livro 2, cap. 16, [parte] I). – F. E.}

Terceiro, considera-se a *produtividade do trabalho*, cuja influência sobre a taxa de mais-valia foi discutida detalhadamente no Livro 1, Seção IV. Mas ela também pode exercer ainda influência direta sobre a taxa de lucro, ao menos de um capital individual, se, como é desenvolvido no Livro 1, cap. 10, pp. 314–15, esse capital individual trabalha com uma produtividade maior do que a produtividade social média, apresentando seus produtos por um valor inferior ao valor social médio da mesma mercadoria, e, assim, realiza um lucro extra. Esse caso não é, porém, ainda considerado aqui, já que também nesta seção partimos do pressuposto de que as mercadorias são produzidas sob condições sociais normais e vendidas por seus valores. Partimos, portanto, em cada caso individual, do pressuposto de que a produtividade do trabalho permanece constante. De fato, a composição do valor do capital investido num ramo industrial, portanto determinada relação do capital variável com o capital constante, exprime toda vez determinado grau da produtividade do trabalho. Assim que essa relação experimenta uma alteração que não a mera alteração de valor dos componentes materiais do capital constante ou a alteração do salário, também a produtividade do trabalho tem de ter sofrido uma alteração, e vamos encontrar, com bastante frequência, que mudanças ocorrentes com os fatores c, v e mv igualmente implicam alterações na produtividade do trabalho.

O mesmo vale para os três fatores ainda restantes: *duração da jornada de trabalho, intensidade do trabalho* e *salário*. Sua influência sobre a massa e a taxa de mais-valia está detalhadamente desenvolvida no Livro 1.[I] É, portanto, compreensível que, ainda que para simplificar sempre partamos do pressuposto de que esses três fatores permanecem constantes, apesar de tudo, as alterações que ocorrem com v e mv possam igualmente implicar mudança na grandeza desses seus momentos de determinação. E aí basta apenas lembrar brevemente que o salário influi sobre a grandeza da mais-valia e o nível da taxa de mais-valia na razão inversa da duração da jornada de trabalho e da intensidade do trabalho; que a elevação do salário reduz a mais-valia, enquanto o prolongamento da jornada de trabalho e a elevação da intensidade do trabalho a aumentam.

Suponhamos, por exemplo, que um capital de 100 produza, com 20 trabalhadores que labutem dez horas por dia e tenham um salário semanal total de 20, uma mais-valia de 20, então temos:

$$80_c + 20_v + 20_{mv};\ mv' = 100\%,\ l' = 20\%.$$

Suponhamos que a jornada de trabalho seja prolongada, sem elevação salarial, para 15 horas; o produto-valor total dos 20 trabalhadores eleva-se, em consequência, de 40 para 60 (10 : 15 = 40 : 60); como v, o salário pago, permanece o mesmo, a mais-valia sobe de 20 para 40, e então temos:

$$80_c + 20_v + 40_{mv};\ mv' = 200\%,\ l' = 40\%.$$

Se, por outro lado, com trabalho de dez horas, o salário cai de 20 para 12, então temos um produto-valor total de 40 como no começo, mas ele se reparte de outro modo; v cai para 12 e deixa o resto de 28 para mv. Temos, portanto:

$$80_c + 12_v + 28_{mv};\ mv' = 233\tfrac{1}{3}\%,\ l' = \frac{28}{92} = 30\tfrac{10}{23}\%.$$

Vemos que tanto a jornada de trabalho prolongada (ou, o que dá no mesmo, a intensidade aumentada de trabalho) quanto a diminuição de salário elevam a massa e, com isso, a taxa de mais-valia; inversamente, salário mais elevado, com as demais circunstâncias constantes, diminuiria a taxa de mais-valia. Se, portanto, v cresce por meio de elevação de salário, então ele não expressa um *quantum* de trabalho aumentado, mas apenas pago mais caro; mv' e l' não sobem, mas caem.

I Ibid., pp. 468–76. [N. E. B.]

Aqui já se verifica que modificações na jornada de trabalho, na intensidade do trabalho e no salário não podem ocorrer sem modificação simultânea em *v* e *mv* e em sua relação, portanto também em *l'*, na relação de *mv* com *c*+*v*, o capital total; e está igualmente claro que modificações na relação de *mv* com *v* implicam igualmente alteração em ao menos uma das três condições de trabalho citadas.

Aqui se verifica, pois, a relação orgânica particular do capital variável com o movimento do capital total e sua valorização, bem como sua diferença do capital constante. O capital constante, na medida em que se considera a formação de valor, só é importante por causa do valor que ele tem; nisso, é totalmente indiferente para a formação de valor se um capital constante de 1500 libras esterlinas representa 1500 toneladas de ferro a, digamos, 1 libra esterlina a tonelada ou 500 toneladas de ferro a 3 libras esterlinas. O *quantum* dos verdadeiros materiais que seu valor representa é completamente indiferente para a formação de valor e para a taxa de lucro, que varia na razão inversa desse valor, não importando qual a relação existente entre o aumento ou a diminuição do valor do capital constante e a massa dos valores de uso materiais que ele representa.

Completamente outra é a situação do capital variável. Não é o valor que ele tem, o trabalho que nele está objetivado, o que de início importa, mas esse valor como mero índice de trabalho total que ele põe em movimento e que não está expresso nele; o trabalho total, cuja diferença do trabalho que nele mesmo está expresso e, portanto, pago, cuja parte formadora de mais-valia é, pois, tanto maior quanto menor o trabalho contido nele mesmo. Suponhamos que uma jornada de trabalho de 10 horas seja igual a dez xelins = dez marcos. Se o trabalho necessário, que repõe o salário, portanto o capital variável, é = 5 horas = 5 xelins, então o mais-trabalho = 5 horas e a mais-valia = 5 xelins; sendo aquele = 4 horas = 4 xelins, então o mais-trabalho = 6 horas e a mais-valia = 6 xelins.

Assim que a grandeza de valor do capital variável deixa de ser índice da massa de trabalho posta em movimento por ele, mas antes a medida desse próprio índice se modifica, então a taxa de mais-valia é modificada na direção oposta e na proporção inversa.

Passemos agora a aplicar a equação anterior, da taxa de lucro $l' = mv' \frac{v}{C}$ aos diferentes casos possíveis. Deixaremos que os diversos fatores de $mv' \frac{v}{C}$ alterem seu valor sucessivamente e verificaremos o efeito dessas modificações sobre a taxa de lucro. Obteremos assim diversas séries de casos, que podemos considerar como circunstâncias operacionais sucessivamente modificadas de um único e mesmo capital ou então como diferentes capitais, existentes ao mesmo tempo lado a lado e chamados para a comparação, por exemplo, em diferentes ramos industriais ou em diferentes países. Se a concepção de alguns de nossos exemplos como estados cronologicamente sucessivos de um único e mesmo capital parece forçada ou praticamente impossível, essa objeção desaparece assim que são entendidos como uma comparação entre capitais independentes.

Nós separamos, pois, o produto $mv'\frac{v}{C}$ em seus dois fatores mv' e $\frac{v}{C}$; tratamos mv' primeiro como constante e examinamos o efeito das possíveis variações de $\frac{v}{C}$; fazemos, então, a fração $\frac{v}{C}$ como constante e deixamos mv' percorrer as variações possíveis; por fim, fazemos todos os fatores como variáveis e, com isso, esgotamos todos os casos dos quais podem deduzir-se leis sobre a taxa de lucro.

I. *mv'* CONSTANTE, $\frac{v}{C}$ VARIÁVEL

Para este caso, que compreende vários subcasos, é possível estabelecer uma fórmula geral. Se temos dois capitais, C e C_1, com os respectivos componentes variáveis v e v_1, com uma taxa de mais-valia mv' comum a ambos e as taxas de lucro l' e l'_1 – então:

$$l' = mv'\frac{v}{C};\ l'_1 = mv'\frac{v_1}{C_1}.$$

Coloquemos agora C e C_1, bem como v e v_1, em relação recíproca; coloquemos, por exemplo, o valor da fração $\frac{C_1}{C} = E$ e o da fração $\frac{v_1}{v} = e$, então $C_1 = EC$ e $v_1 = ev$. Ao substituirmos, na equação anterior, os valores obtidos para l'_1, C_1 e v_1, temos:

$$l' = mv'\frac{ev}{EC}.$$

Podemos, porém, derivar ainda uma segunda fórmula das duas equações anteriores, transformando-as na proporção:

$$l' : l'_1 = mv'\frac{v}{C} : mv'\frac{v_1}{C_1} = \frac{v}{C} : \frac{v_1}{C_1}.$$

Como o valor de uma equação permanece o mesmo se numeradores e denominadores são multiplicados e divididos pelo mesmo número, então podemos reduzir $\frac{v}{C}$ e $\frac{v_1}{C_1}$ a porcentagens, isto é, supor C e C_1 ambos = 100. Então teremos que $\frac{v}{C} = \frac{v}{100}$ e $\frac{v_1}{C_1} = \frac{v_1}{100}$ e podemos, na proporção anterior, suprimir os denominadores, obtendo:

$$l' : l'_1 = v : v_1;\ \text{ou:}$$

Em dois capitais quaisquer, que funcionem com igual taxa de mais-valia, as taxas de lucro guardam entre si a mesma proporção que as partes variáveis do capital, calculadas em porcentagens segundo seus respectivos capitais totais.

Essas duas fórmulas abrangem todos os casos da variação de $\frac{v}{C}$.

Antes de investigarmos esses casos individualmente, ainda uma observação. Como C é a soma de c e v, de capital constante e variável, e como a taxa de mais-valia, assim como a taxa de lucro, é costumeiramente expressa em porcentagens, então é bastante cômodo fazer também a soma $c+v$ igual a cem, ou seja, expressar c e v percentualmente. Para a determinação não da massa, mas da taxa de lucro, é indiferente se dizemos: um capital de 15 000, do qual 12 000 de capital constante e 3 000 de capital variável, produz uma mais-valia de 3 000; ou se reduzimos esse capital a porcentagens:

$$15\,000\ C = 12\,000_c + 3\,000_v\ (+\ 3\,000_{mv})$$
$$100\ C = 80_c + 20_v\ (+\ 20_{mv}).$$

Em ambos os casos, a taxa de mais-valia é $mv' = 100\%$, a taxa de lucro $= 20\%$.

Assim também se comparamos dois capitais entre si, por exemplo outro capital com o anterior:

$$12\,000\ C = 10\,800_c + 1\,200_v\ (+\ 1\,200_{mv})$$
$$100\ C = 90_c + 10_v\ (+\ 10_{mv}),$$

em que, em ambos os casos, $mv' = 100\%$ e $l' = 10\%$, em que a comparação com o capital anterior é muito mais nítida na forma percentual.

Se, pelo contrário, se trata de modificações que ocorrem num só e mesmo capital, então a forma percentual só raramente deve ser usada, pois ela quase sempre apaga essas modificações. Se um capital passa da forma percentual:

$$80_c + 20_v + 20_{mv}$$

para a forma percentual

$$90_c + 10_v + 10_{mv},$$

então não se pode ver se a composição percentual modificada $90_c + 10_v$ foi gerada por uma diminuição absoluta de v, ou por um acréscimo absoluto de c, ou por ambos. Para isso, precisamos ter as grandezas numéricas absolutas. Mas, para a investigação dos casos individuais seguintes de variação, tudo depende de como ocorreu essa modificação, se os $80_c + 20_v$ se tornaram $90_c + 10_v$ em virtude de, digamos, os $12\,000_c + 3\,000_v$ terem se transformado, mediante o aumento do capital constante, permanecendo igual o capital variável, em $27\,000_c + 3\,000_v$ (percentualmente $90_c + 10_v$); ou se eles assumiram essa forma, o capital constante permanecendo o mesmo, mediante a redução do capital variável, portanto pela transição para $12\,000_c + 1\,333\frac{1}{3}{}_v$ (percentualmente também $90_c + 10_v$); ou, por fim, por meio de alteração de ambas as quantias somadas, eventualmente $13\,500_c + 1\,500_v$ (percentualmente de novo $90_c + 10_v$). Mas vamos examinar esses casos uns após os outros e, com isso, renunciar aos confortos da forma percentual ou só a aplicando em segunda instância.

1. *mv'* e *C* constantes, *v* variável

Se v altera sua grandeza, C só pode continuar inalterado se o outro componente de C, ou seja, o capital constante c, altera sua grandeza pela mesma soma que v, mas no sentido oposto. Se originalmente $C = 80_c + 20_v = 100$, e se v se reduz então para 10, então C só pode continuar sendo $= 100$ caso c suba para 90; $90_c + 10_v = 100$. Falando de modo genérico: se v se transforma em $v \pm d$, em v aumentado ou diminuído de d, então c precisa transformar-se em $c \pm d$, precisa variar na mesma proporção, mas em sentido oposto, para que se satisfaçam as condições do caso em pauta.

Assim também, com taxa de mais-valia mv' constante, mas com capital variável v se alterando, a massa de mais-valia mv precisa modificar-se, já que $mv = mv'v$ e em $mv'v$ esse fator, v, ganha outro valor.

Os pressupostos de nosso caso dão por resultado, além da equação original,

$$l' = mv' \frac{v}{C},$$

por variação de v, a segunda:

$$l'_1 = mv' \frac{v_1}{C},$$

em que v passou a v_1, devendo encontrar-se l'_1, a taxa de lucro modificada que segue disso.

Ela é encontrada pela proporção correspondente:

$$l' : l'_1 = mv' \frac{v}{C} : mv' \frac{v_1}{C} = v : v_1.$$

Ou seja: com taxa de mais-valia constante e capital total constante, a taxa de lucro original está para a taxa de lucro decorrente da modificação do capital variável assim como o capital variável original está para o modificado.

Se o capital era, originalmente, como acima:

I. $15\,000\,C = 12\,000_c + 3\,000_v$ $(+\,3\,000_{mv})$; e se agora ele é:
II. $15\,000\,C = 13\,000_c + 2\,000_v$ $(+\,2\,000_{mv})$, então $C = 15\,000$ e $mv' = 100\%$

em ambos os casos, e a taxa de lucro de I, 20%, está para a taxa de lucro de II, 13⅓%, como o capital variável de I, 3000, está para o de II, 2000, portanto 20% : 13⅓% = 3000 : 2000.

Ora, o capital variável pode aumentar ou diminuir. Tomemos primeiro um exemplo em que ele sobe. Suponhamos que um capital seja originalmente constituído e que funcione do seguinte modo:

I. $100_c + 20_v + 10_{mv}$; $C = 120$, $mv' = 50\%$, $l' = 8\frac{1}{3}\%$.

Suponhamos que o capital variável suba agora para 30; então, de acordo com o pressuposto, o capital constante tem de cair de 100 para 90, para que o capital total permaneça inalterado = 120. A mais-valia produzida, mantendo-se uma taxa de mais-valia de 50%, tem de subir para 15. Temos, portanto:

II. $90_c + 30_v + 15_{mv}$; $C = 120$, $mv' = 50\%$, $l' = 12\frac{1}{2}\%$.

Partamos inicialmente da suposição de que o salário não seja modificado. Então, os outros fatores da taxa de mais-valia, jornada de trabalho e intensidade de trabalho, também devem ter permanecido iguais. A elevação de v (de 20 para 30) só pode, portanto, ter o sentido de que se emprega uma metade a mais de trabalhadores. Então o produto-valor total sobe também metade, de 30 para 45, e se reparte, exatamente como antes, em ⅔ para salários e ⅓ para mais-valia. Mas, ao mesmo tempo, havendo um número maior de trabalhadores, o capital constante, o valor dos meios de produção, cai de 100 para 90. Temos ante nós um caso de produtividade decrescente do trabalho, ligada a uma diminuição simultânea do capital constante; é esse caso economicamente possível?

Na agricultura e na indústria extrativa, onde diminuição da produtividade do trabalho, e portanto aumento do número de trabalhadores empregados, é facilmente compreensível, esse processo – dentro dos limites da produção capitalista e na base dela – está ligado não à diminuição, mas ao aumento do capital constante. Mesmo se a diminuição, acima, de c fosse condicionada pela mera queda de preços, um capital individual só poderia executar a transição de I para II sob circunstâncias totalmente excepcionais. Mas, com dois capitais independentes, investidos em diferentes países ou em diferentes ramos da agricultura ou da indústria extrativa, nada haveria de excepcional se num caso fossem empregados mais trabalhadores (portanto maior capital variável) e se trabalhassem com meios de produção de menor valor ou mais escassos do que no outro caso.

Abandonemos, porém, a pressuposição de que o salário permanece igual e expliquemos a elevação do capital variável de 20 para 30 pelo aumento do salário pela metade, então surge um caso completamente diferente. O mesmo número de trabalhadores – digamos 20 trabalhadores – continua trabalhando com meios de produção iguais ou insignificantemente diminuídos. Mantida inalterada a jornada de trabalho – por exemplo, de 10 horas –, então o produto-valor total também continua inalterado; continua depois como antes = 30. Esses 30 são, porém, inteiramente necessários para repor o capital variável adiantado de 30; a mais-valia teria desaparecido. Porém estava pressuposto que a taxa de mais-valia permaneceria constante, portanto, como em I, de 50%. Isso só é possível se a jornada de trabalho é prolongada pela metade, elevando-se para 15 horas. Os 20 trabalhadores produziriam, então, em 15 horas, um valor total de 45, e todas as condições estariam preenchidas:

II. $90_c + 30_v + 15_{mv}$; $C = 120$, $mv' = 50\%$, $l' = 12\frac{1}{2}\%$.

Nesse caso, os 20 trabalhadores não precisam de mais meios de trabalho, ferramentas, máquinas etc., do que no caso I; só a matéria-prima ou os materiais auxiliares teriam de aumentar pela metade. Havendo queda no preço desses materiais, a transição de I para II já seria, portanto, dentro de nossos pressupostos, economicamente muito mais admissível para um capital individual. E o capitalista seria até certo ponto indenizado, mediante um lucro maior, pela perda eventualmente sofrida, devido à desvalorização de seu capital constante.

Suponhamos agora que o capital variável diminua em vez de aumentar. Então só precisamos inverter o exemplo acima. Colocar o II como o capital original e passar de II para I.

II. $90_c + 30_v + 15_{mv}$ transforma-se, então, em
I. $100_c + 20_v + 10_{mv}$

e é evidente que, mediante essa mudança de posição, as taxas de lucro de ambos os casos e as condições que regulam sua relação recíproca não se alteram nem um pouco.

Caso v caia de 30 para 20, porque se emprega ⅓ a menos de trabalhadores com capital constante crescente, então temos aqui ante nós o caso normal da indústria moderna: produtividade crescente do trabalho, controle de maiores massas de meios de produção por menos trabalhadores. Que esse movimento esteja necessariamente ligado à queda simultânea da taxa de lucro, será verificado na Seção III deste livro.

Se, porém, v cair de 30 para 20, porque o mesmo número de trabalhadores é empregado, mas por um salário mais baixo, então, com jornada de trabalho inalterada, o produto-valor total continua a ser $= 30_v + 15_{mv} = 45$; como v caiu para 20, a mais-valia sobe para 25, a taxa de mais-valia de 50% para 125%, o que iria contra o pressuposto. Para ficar dentro das condições de nosso caso, a mais-valia, à taxa de 50%, teria antes de cair para 10, portanto o produto-valor total teria de cair de 45 para 30, e isso só é possível mediante a redução da jornada de trabalho em ⅓. Então temos, como acima:

$$100_c + 20_v + 10_{mv};\ mv' = 50\%,\ l' = 8⅓\%.$$

Decerto não é preciso mencionar que essa redução do tempo de trabalho, com salário decrescente, não ocorreria na prática. Isso é, todavia, indiferente. A taxa de lucro é uma função de diversas variáveis e, se queremos saber como essas variáveis atuam sobre a taxa de lucro, temos de examinar a influência individual de cada uma sucessivamente, sem importar se tal efeito isolado em um mesmo capital é economicamente admissível ou não.

2. *mv'* constante, *v* variável, *C* alterado pela variação de *v*

Este caso só se diferencia do anterior pelo grau. Em vez de c diminuir ou aumentar tanto quanto v aumenta ou diminui, c permanece aqui constante. Mas, nas condições atuais da grande indústria e da agricultura, o capital variável é apenas uma parte relativamente diminuta do capital total e, por isso, a diminuição ou o crescimento do último, à medida que são determinados por alterações do primeiro, são também relativamente exíguos. Partamos novamente de um capital:

I. $100_c + 20_v + 10_{mv};\ C = 120,\ mv' = 50\%,\ l' = 8⅓\%,$

então ele se transformaria eventualmente em:

II. $100_c + 30_v + 15_{mv};\ C = 130,\ mv' = 50\%,\ l' = 11\tfrac{7}{13}\%.$

O caso oposto, de diminuição do capital variável, seria novamente ilustrado pela transição inversa de II para I.

As condições econômicas seriam essencialmente as mesmas que no caso anterior e, por isso, não precisam ser novamente discutidas. A transição de I para II implica: redução da produtividade do trabalho pela metade; a operação de 100_c exige metade a mais de trabalho em II do que em I. Esse caso pode ocorrer na agricultura.[9]

Mas, enquanto no caso anterior o capital total permanecia constante pelo fato de o capital constante ser transformado em capital variável ou vice-versa, aqui ocorre vinculação de capital adicional com aumento da parte variável e, com diminuição da mesma, ocorre liberação do capital anteriormente aplicado.

3. *mv'* e *v* constantes, *c* e, em consequência, *C* variáveis

Neste caso se modifica a equação:

$$l' = mv'\frac{v}{C} \text{ em: } l'_1 = mv'\frac{v}{C_1}$$

e, riscando os fatores que ocorrem em ambos os membros, chega-se à proporção:

$$l'_1 : l' = C : C_1;$$

com taxa de mais-valia igual e partes variáveis de capital iguais, as taxas de lucro variam na razão inversa dos capitais totais.

Se, por exemplo, temos três capitais ou três estados diferentes do mesmo capital:

I. $80_c + 20_v + 20_{mv}$; $C = 100$, $mv' = 100\%$, $l' = 20\%$;
II. $100_c + 20_v + 20_{mv}$; $C = 120$, $mv' = 100\%$, $l' = 16⅔\%$;
III. $60_c + 20_v + 20_{mv}$; $C = 80$, $mv' = 100\%$, $l' = 25\%$;

então:

$$20\% : 16⅔\% = 120 : 100 \text{ e } 20\% : 25\% = 80 : 100.$$

A fórmula geral anteriormente dada para variações de $\frac{v}{C}$, sendo mv' constante:

$$l'_1 = mv'\frac{ev}{EC}\text{; agora se converte em: } l'_1 = mv'\frac{v}{EC},$$

já que v não sofre modificação, portanto o fator $e = \frac{v_1}{v}$ se torna aqui $= 1$.

Como $mv'v = mv$, a massa de mais-valia, e como mv' e v permanecem ambos constantes, então mv também não é afetada pela variação de C; a massa de mais-valia continua a mesma, tanto depois quanto antes da modificação.

Caso c caísse para zero, então l' seria $= mv'$, a taxa de lucro seria igual à taxa de mais-valia.

A modificação de c pode surgir ou de mera mudança de valor dos elementos materiais do capital constante ou de uma composição técnica alterada do capital total, portanto de uma modificação da produtividade do trabalho no ramo da produção em pauta. No último caso, a produtividade do trabalho social, que cresce com o desenvolvimento da grande indústria e da agricultura, iria condicionar que a transição transcorresse (no exemplo acima) na sequência de III para I e de I para II. Um *quantum* de trabalho, que é pago com 20 e que produz um valor de 40, operaria primeiro uma massa de meios de trabalho no valor de 60; com produtividade crescente e valor constante, os meios de trabalho operados subiriam primeiro para 80, depois para 100. A sequência inversa iria condicionar uma diminuição da produtividade; o mesmo *quantum* de trabalho poderia colocar menos meios de produção em movimento, a atividade seria restringida, como pode ocorrer na agricultura, mineração etc.

Poupança de capital constante eleva, por um lado, a taxa de lucro e, por outro, libera capital, sendo, portanto, importante para os capitalistas. Esse ponto, bem como o efeito da mudança de preço dos elementos do capital constante, a saber, das matérias-primas, será ainda investigado mais pormenorizadamente adiante.[I] Aqui também se mostra novamente que a variação do capital constante influi de modo uniforme na taxa de lucro, sem que importe se essa variação tenha sido provocada por aumento ou diminuição dos componentes materiais de c ou por mera modificação de valor dos mesmos.

4. *mv'* constante; *v*, *c* e *C* todos variáveis

Neste caso, continua válida a fórmula geral anterior para a taxa de lucro alterada:

$$l'_1 = mv' \frac{ev}{EC}.$$

Daí resulta que, com taxa de mais-valia constante:

I Ver, neste volume, caps. 5 e 6. [N. E. A.]

a) a taxa de lucro cai quando E é maior do que e, ou seja, quando o capital constante aumenta de tal modo que o capital total cresce em proporção maior do que o capital variável. Se um capital de $80_c + 20_v + 20_{mv}$ passa a ter a composição $170_c + 30_v + 30_{mv}$, então mv' continua $= 100\%$, mas $\frac{v}{C}$ cai de $\frac{20}{100}$ para $\frac{30}{200}$, apesar de tanto v quanto C terem aumentado, e a taxa de lucro cai de modo correspondente de 20% para 15%.

b) a taxa de lucro só continua inalterada se $e = E$, ou seja, quando a fração $\frac{v}{C}$, com alteração aparente, mantém o mesmo valor, isto é, quando numerador e denominador são multiplicados ou divididos pelo mesmo número. $80_c + 20_v + 20_{mv}$ e $160_c + 40_v + 40_{mv}$ têm evidentemente a mesma taxa de lucro de 20%, pois mv' continua $= 100\%$ e, nos dois exemplos, $\frac{v}{C} = \frac{20}{100} = \frac{40}{200}$ representa o mesmo valor.

c) a taxa de lucro sobe quando e é maior do que E, ou seja, quando o capital variável cresce em proporção maior do que o capital total. Se $80_c + 20_v + 20_{mv}$ passa a $120_c + 40_v + 40_{mv}$, então a taxa de lucro sobe de 20% para 25%, pois, mantendo-se mv' inalterado, $\frac{v}{C} = \frac{20}{100}$ subiu para $\frac{40}{160}$, de $\frac{1}{5}$ para $\frac{1}{4}$.

Havendo mudança de v e C no mesmo sentido, podemos encarar essa mudança de grandeza como se, até certo grau, ambos variassem na mesma proporção, de modo que até aí $\frac{v}{C}$ continua inalterado. Além desse grau, só um dos dois variaria então e, com isso, reduzimos esse caso complicado a um dos anteriores, mais simples.

Se, por exemplo, $80_c + 20_v + 20_{mv}$ passa a: $100_c + 30_v + 30_{mv}$, então a proporção entre v e c continua inalterada – e por isso também entre v e C – com essa variação até $100_c + 25_v + 25_{mv}$. Portanto, até aí a taxa de lucro continua inalterada. Podemos, pois, tomar agora $100_c + 25_v + 25_{mv}$ como ponto de partida; verificamos que v aumentou em 5, para 30_v, consequentemente, C aumentou de 125 para 130 e, assim, temos ante nós o segundo caso, o da variação simples de v e variação consequente de C. A taxa de lucro, que originalmente era de 20%, aumenta, devido a essa adição de 5_v, com taxa de mais-valia constante, para $23\frac{1}{13}\%$.

A mesma redução a um caso mais simples pode ocorrer também quando v e C alteram sua grandeza em sentido contrário. Partamos, por exemplo, novamente de $80_c + 20_v + 20_{mv}$ e deixemo-lo passar à forma: $110_c + 10_v + 10_{mv}$, então, no caso de uma modificação para $40_c + 10_v + 10_{mv}$, a taxa de lucro seria a mesma que no começo, ou seja, 20%. Mediante adição de 70_c a essa forma intermediária, ela será diminuída para $8\frac{1}{3}\%$. Reduzimos, portanto, o caso novamente a um caso de variação de uma única variável, ou seja, de c.

A variação simultânea de v, c e C não oferece, portanto, aspectos novos e leva, em última instância, sempre de novo a um caso em que só um fator é variável.

E mesmo o único caso ainda restante já está, de fato, esgotado, a saber, o caso em que apenas v e C permanecem numericamente constantes, mas seus elementos materiais sofrem mudança de valor, em que, por conseguinte, v indica um *quantum* alterado de trabalho e c um *quantum* alterado de meios de produção postos em movimento.

Em $80_c + 20_v + 20_{mv}$, suponhamos que 20_v represente originalmente o salário de 20 trabalhadores, trabalhando 10 horas por dia. Digamos que o salário de cada um deles suba de 1 para 1¼. Então 20_v pagam, em vez de 20, apenas 16 trabalhadores. Mas se os 20, em 200 horas de trabalho, produziam um valor de 40, os 16, em 10 horas diárias, portanto ao todo 160 horas de trabalho, só produzirão um valor de 32. Depois de deduzir 20_v para salários, resta, então, de 32, apenas 12 para a mais-valia; a taxa de mais-valia teria caído de 100% para 60%. Como, porém, de acordo com o pressuposto, a taxa de mais-valia deve permanecer constante, então a jornada de trabalho teria de ser prolongada em ¼, de 10 horas para 12½; se 20 trabalhadores em 10 horas diárias = 200 horas de trabalho produzem um valor de 80, então 16 trabalhadores em 12½ horas diárias = 200 horas produzem o mesmo valor, e o capital de $80_c + 20_v$ continuaria produzindo, depois como antes, mais-valia de 20.

Inversamente: se o salário cai de tal maneira que 20_v cobre o salário de 30 trabalhadores, então mv' só pode permanecer constante se a jornada de trabalho é reduzida de 10 para 6⅔ horas. $20 \times 10 = 30 \times 6\frac{2}{3} = 200$ horas de trabalho.

Em que medida, com esses pressupostos opostos, c pode permanecer constante quanto à expressão de valor em dinheiro, mas ainda assim representar a quantidade de meios de produção modificada em correspondência com a alteração das condições, já foi, em essência, discutido acima. Em sua pureza esse caso só deveria ser admissível em caráter excepcional.

No que tange à mudança de valor dos elementos de c, que aumenta ou diminui sua massa, mas deixa a soma de valor de c inalterada, ela não afeta a taxa de lucro nem a taxa de mais-valia enquanto não acarretar modificação da grandeza de v.

Com isso esgotamos todos os casos possíveis da variação de v, c e C em nossa equação. Vimos que a taxa de lucro, com a taxa de mais-valia constante, pode cair, ficar igual ou subir, pelo fato de que a mínima alteração na proporção de v para c, especificamente C, basta para alterar igualmente a taxa de lucro.

Além disso, mostrou-se que, com a variação de v, surge por toda parte um limite em que a constância de mv' se torna economicamente impossível. Como toda variação unilateral de c tem de esbarrar igualmente num limite em que v não pode continuar constante por mais tempo, então se verifica que, para todas as variações possíveis de $\frac{v}{C}$ estão colocados limites para além dos quais mv' também precisa tornar-se variável. Nas variações de mv' a cuja investigação agora passamos, essa ação recíproca das diferentes variáveis de nossa equação há de surgir com nitidez ainda maior.

II. *mv'* VARIÁVEL

Uma fórmula geral para as taxas de lucro com diferentes taxas de mais-valia – não importa se $\frac{v}{C}$ permanece constante ou também varia – é obtida se deixamos a equação

$$l' = mv' \frac{v}{C}$$

passar para

$$l'_1 = mv'_1 \frac{v_1}{C_1},$$

em que l'_1, mv'_1, v_1 e C_1 representam os valores modificados de l', mv', v e C.

Temos então:

$$l' : l'_1 = mv' \frac{v}{C} : mv'_1 \frac{v_1}{C_1}$$

e a partir daí:

$$l'_1 = \frac{mv'_1}{mv'} \times \frac{v_1}{v} \times \frac{C}{C_1} \times l'.$$

1. *mv'* variável, $\frac{v}{C}$ constante

Neste caso temos as equações:

$$l' = mv' \frac{v}{C};\ l'_1 = mv' \frac{v}{C}$$

tendo $\frac{v}{C}$ o mesmo valor em ambas. Daí a proporção:

$$l' : l'_1 = mv' : mv'_1.$$

As taxas de lucro de dois capitais de igual composição estão entre si na mesma razão que as duas respectivas taxas de mais-valia. Como na fração $\frac{v}{C}$ não importa a grandeza absoluta de v e C, mas apenas a relação entre ambas, isso é válido para todos os capitais de igual composição, seja qual for sua grandeza absoluta.

$$80_c + 20_v + 20_{mv};\ C = 100,\ mv' = 100\%,\ l' = 20\%$$
$$160_c + 40_v + 20_{mv};\ C = 200,\ mv' = 50\%,\ l' = 10\%$$
$$100\% : 50\% = 20\% : 10\%.$$

Se as grandezas absolutas de v e C são, em ambos os casos, as mesmas, então as taxas de lucro se relacionam, além disso, com as massas de mais-valia:

$l' : l'_1 = mv'v : mv'_1v = mv : mv_1.$

Por exemplo:

$$80_c + 20_v + 20_{mv};\ mv' = 100\%,\ l' = 20\%$$
$$80_c + 20_v + 10_{mv};\ mv' = 50\%,\ l' = 10\%$$
$$20\% : 10\% = 100 \times 20 : 50 \times 20 = 20_{mv} : 10_{mv}.$$

Agora está claro que, com capitais de igual composição percentual ou absoluta, a taxa de mais-valia só pode ser diferente se é diferente o salário, ou a duração da jornada de trabalho, ou a intensidade do trabalho. Nos três casos:

I. $80_c + 20_v + 10_{mv};\ mv' = 50\%,\ l' = 10\%,$
II. $80_c + 20_v + 20_{mv};\ mv' = 100\%,\ l' = 20\%,$
III. $80_c + 20_v + 40_{mv};\ mv' = 200\%,\ l' = 40\%,$

será gerado um produto-valor total em I de 30 ($20_v + 10_{mv}$), em II de 40, em III de 60. Isso pode ocorrer de três maneiras.

Primeiro, se os salários são diferentes, se, portanto, 20_v expressa em cada caso individual um número diferente de trabalhadores. Suponha-se que, em I, 15 trabalhadores sejam ocupados por 10 horas a um salário de 1⅓ libras esterlinas e produzam um valor de 30 libras esterlinas, das quais 20 libras esterlinas repõem o salário e 10 libras esterlinas ficam para mais-valia. Caindo o salário para 1 libra esterlina, então 20 trabalhadores podem ser ocupados por 10 horas e, assim, produzem um valor de 40 libras esterlinas, das quais 20 libras esterlinas para salário e 20 libras esterlinas para mais-valia. Se o salário cai ainda mais, para ⅔ de libra esterlina, então 30 trabalhadores são empregados por 10 horas e produzem um valor de 60 libras esterlinas, das quais, depois de deduzidas 20 libras esterlinas para salário, ainda ficam 40 libras esterlinas para mais-valia.

Este caso: composição percentual constante do capital, jornada de trabalho constante, intensidade de trabalho constante, alteração da taxa de mais-valia causada pela alteração do salário – é o único em que a hipótese de Ricardo é acertada:

> *Profits would be high or low,* exactly in proportion *as wages would be low or high.*[I] (*Principles* [*of Political Economy, and Taxation*], in *Works of D. Ricardo*. Ed. McCulloch, 1852, cap. 1, Seção III, p. 18)

I "Os lucros seriam altos ou baixos *exatamente na proporção* de os salários serem baixos ou altos." [N. T.]

Ou, *segundo*, se a intensidade do trabalho é diferente. Então, por exemplo, 20 trabalhadores com os mesmos meios de trabalho fazem, em 10 horas de trabalho diário, em I 30, em II 40, em III 60 peças de determinada mercadoria, das quais cada peça, além do valor dos meios de produção nela consumidos, representa um valor novo de 1 libra esterlina. Como de cada vez 20 peças = 20 libras esterlinas repõem o salário, restam, para mais-valia, em I 10 peças = 10 libras esterlinas, em II 20 peças = 20 libras esterlinas, em III 40 peças = 40 libras esterlinas.

Ou, *terceiro*, se a jornada de trabalho é de extensão diferente. Se 20 trabalhadores labutam, com igual intensidade, nove horas em I, doze em II, dezoito em III, diariamente, então seu produto total guarda a proporção de 30 : 40 : 60, assim como 9 : 12 : 18, e, como o salário é toda vez = 20, então sobram de novo, respectivamente, 10, 20 e 40 para mais-valia.

Elevação ou queda de salário atua, portanto, em sentido contrário; elevação ou queda da intensidade de trabalho e prolongamento ou redução da jornada de trabalho atuam no mesmo sentido sobre o nível da taxa de mais-valia e, consequentemente, com $\frac{v}{C}$ constante, sobre a taxa de lucro.

2. *mv'* e *v* variáveis, *C* constante

Neste caso vigora a proporção:

$$l' : l'_1 = mv'\frac{v}{C} : mv'_1\frac{v_1}{C} = mv'v : mv'_1 v_1 = mv : mv_1.$$

As taxas de lucro estão entre si assim como as respectivas massas de mais-valia.

Variação da taxa de mais-valia, mantendo-se constante o capital variável, significa modificação na grandeza e distribuição do produto-valor. Variação simultânea de v e mv' implica igualmente outra distribuição, mas nem sempre mudança de grandeza do produto-valor. Três casos são possíveis:

a) A variação de v e mv' se efetua em sentido oposto, mas na mesma grandeza; por exemplo:

$$80_c + 20_v + 10_{mv};\ mv' = 50\%,\ l' = 10\%$$
$$90_c + 10_v + 20_{mv};\ mv' = 200\%,\ l' = 20\%.$$

O produto-valor é, em ambos os casos, igual, portanto, também ao *quantum* de trabalho feito; $20_v + 10_{mv} = 10_v + 20_{mv} = 30$. A diferença é apenas que, no primeiro caso, 20 são pagos como salários e 10 ficam para mais--valia, enquanto no segundo caso o salário só abrange 10 e a mais-valia, por isso, 20. Esse é o único caso em que, ocorrendo variação simultânea de v e mv', o número de trabalhadores, a intensidade do trabalho e a duração da jornada de trabalho permanecem inalterados.

b) A variação de mv' e v também ocorre em sentido contrário, mas não na mesma grandeza em ambos. Então prepondera a variação de v ou de mv'.

I. $80_c + 20_v + 20_{mv}$, $mv' = 100\%$, $l' = 20\%$
II. $72_c + 28_v + 20_{mv}$, $mv' = 71\frac{3}{7}\%$, $l' = 20\%$
III. $84_c + 16_v + 20_{mv}$, $mv' = 125\%$, $l' = 20\%$.

Em I, um produto-valor de 40 é pago com 20_v, em II um de 48 com 28_v, em III um de 36 com 16_v. Tanto o produto-valor quanto o salário se alteram; alteração do produto-valor, porém, quer dizer alteração do *quantum* de trabalho efetuado, portanto alteração do número de trabalhadores, ou da duração do trabalho, ou da intensidade de trabalho, ou de mais de um desses três fatores.

c) A variação de mv' e v ocorre no mesmo sentido; então uma reforça o efeito da outra.

$90_c + 10_v + 10_{mv}$; $mv' = 100\%$, $l' = 10\%$
$80_c + 20_v + 30_{mv}$; $mv' = 150\%$, $l' = 30\%$
$92_c + 8_v + 6_{mv}$; $mv' = 75\%$, $l' = 6\%$.

Também aqui os três produtos-valor são diferentes, a saber: 20, 50 e 14; e essa diversidade na grandeza do *quantum* de trabalho de cada vez se reduz, de novo, à diversidade no número de trabalhadores, na duração do trabalho, na intensidade do trabalho ou então em dois desses fatores ou, inclusive, em todos eles.

3. mv', v e C variáveis

Este caso não apresenta novos aspectos e se resolve mediante a fórmula geral dada sob II, mv' variável.

O efeito de uma alteração na grandeza da taxa de mais-valia sobre a taxa de lucro proporciona, portanto, os seguintes casos:

1) l' aumenta ou diminui na mesma proporção em que mv' se $\frac{v}{C}$ permanece constante.

$$80_c + 20_v + 20_{mv};\ mv' = 100\%,\ l' = 20\%$$
$$80_c + 20_v + 10_{mv};\ mv' = 50\%,\ l' = 10\%$$
$$100\% : 50\% = 20\% : 10\%.$$

2) l' sobe ou cai em proporção maior do que mv' se $\frac{v}{C}$ se move no mesmo sentido que mv', ou seja, aumenta ou diminui se mv' aumenta ou diminui.

$$80_c + 20_v + 10_{mv};\ mv' = 50\%,\ l' = 10\%$$
$$70_c + 30_v + 20_{mv};\ mv' = 66\tfrac{2}{3}\%,\ l' = 20\%$$
$$50\% : 66\tfrac{2}{3}\% < 10\% : 20\%.$$[I]

3) l' sobe ou cai em proporção menor que mv' se $\frac{v}{C}$ se altera no sentido contrário ao de mv', mas em proporção menor.

$$80_c + 20_v + 10_{mv};\ mv' = 50\%,\ l' = 10\%$$
$$90_c + 10_v + 15_{mv};\ mv' = 150\%,\ l' = 15\%$$
$$50\% : 150\% > 10\% : 15\%.$$

4) l' sobe, embora mv' caia; ou cai, embora mv' suba, se $\frac{v}{C}$ se modifica em sentido contrário ao de mv' e em proporção maior do que esta.

$$80_c + 20_v + 20_{mv};\ mv' = 100\%,\ l' = 20\%$$
$$90_c + 10_v + 15_{mv};\ mv' = 150\%,\ l' = 15\%$$
mv' subiu de 100% para 150%, l' caiu de 20% para 15%.

5) Por último, l' permanece constante, embora mv' suba ou caia, se $\frac{v}{C}$ se altera em sentido contrário, mas exatamente na mesma proporção em que mv' altera sua grandeza.

Só esse último caso precisa ainda de alguma discussão. Assim como vimos acima nas variações de $\frac{v}{C}$ que uma única e mesma taxa de mais-valia pode expressar-se nas mais diversas taxas de lucro, vemos aqui que uma única e mesma taxa de lucro pode fundamentar-se em taxas de mais-valia muito diferentes. Mas, enquanto com mv' constante qualquer alteração na proporção de v para C bastava para provocar uma diferenciação na taxa de lucro, na mudança de grandeza de mv' precisa ocorrer

---

I Segundo a edição em espanhol de *O capital*, Karl Kautsky observou que o símbolo < significa aqui que o aumento de 50% a 66⅔% é proporcionalmente menor que o aumento de 10% a 20%. Mais abaixo, igualmente, > significa que o aumento de 50% a 150% é proporcionalmente maior que o de 10% a 15%; in K. Marx, *El capital: Crítica de la Economía Política*, t. III, v. 6, trad. Pedro Scaron. México: Siglo XXI, 1976, p. 79. [N. E. B.]

uma mudança de grandeza contrária exatamente correspondente de $\frac{v}{C}$ para que a taxa de lucro permaneça a mesma. Isso só excepcionalmente é possível com um único e idêntico capital ou com dois capitais no mesmo país. Tomemos, por exemplo, um capital:

$$80_c + 20_v + 20_{mv};\ C = 100,\ mv' = 100\%,\ l' = 20\%$$

e suponhamos que o salário caia de tal modo que, a partir de agora, o mesmo número de trabalhadores poderia ser obtido com 16_v em vez de com 20_v. Temos então as demais circunstâncias constantes, com a liberação de 4_v:

$$80_c + 16_v + 24_{mv};\ C = 96,\ mv' = 150\%,\ l' = 25\%.$$

Para que l' fosse $= 20\%$ como antes, o capital total teria de crescer para 120, portanto o capital constante para 104:

$$104_c + 16_v + 24_{mv};\ C = 120,\ mv' = 150\%,\ l' = 20\%.$$

Isso só seria possível se, simultaneamente com a queda salarial, ocorresse uma alteração na produtividade do trabalho que exigisse essa composição alterada do capital; ou então se o valor monetário do capital constante subisse de 80 para 104; em suma, uma coincidência casual de condições, que só ocorre em casos excepcionais. De fato, uma alteração de mv' que não condicione uma alteração simultânea de v e, consequentemente, também de $\frac{v}{C}$ só é concebível sob circunstâncias bem determinadas, a saber, em ramos industriais tais que só empregam capital fixo e trabalho, sendo o objeto de trabalho fornecido pela natureza.

Mas, na comparação das taxas de lucro de dois países, isso é diferente. A mesma taxa de lucro expressa aqui, de fato, geralmente diferentes taxas de mais-valia.

Portanto, de todos os cinco casos resulta que uma taxa crescente de lucro pode corresponder a uma taxa de mais-valia decrescente ou crescente, uma taxa de lucro decrescente pode corresponder a uma taxa de mais-valia crescente ou decrescente, uma taxa de lucro constante pode corresponder a uma taxa de mais-valia crescente ou decrescente. Que uma taxa de lucro crescente, decrescente ou constante pode corresponder igualmente a uma taxa de mais-valia constante, vimos sob I.

A taxa de lucro é, portanto, determinada por dois fatores principais: a taxa de mais-valia e a composição de valor do capital. Os efeitos desses dois fatores podem ser resumidos brevemente do seguinte modo, em que podemos expressar a composição em percentagens, já que aqui é indiferente de qual das duas partes do capital provém a modificação:

As taxas de lucro de dois capitais ou de um único capital em duas situações sucessivas diferentes

são iguais:

1) em caso de igual composição percentual dos capitais e igual taxa de mais-valia;

2) em caso de desigual composição percentual e desigual taxa de mais-valia, se os produtos das taxas de mais-valia pelas partes variáveis percentuais do capital (mv' e v), ou seja, as *massas* de mais-valia ($mv = mv'v$) calculadas percentualmente sobre o capital total, são iguais, em outras palavras, se em ambas as vezes os fatores mv' e v são inversamente proporcionais entre si.

São desiguais:

1) com igual composição percentual, quando as taxas de mais-valia são desiguais, no caso em que se relacionam com as taxas de mais-valia;

2) com igual taxa de mais-valia e diferente composição percentual, no caso em que se relacionam como as partes variáveis do capital;

3) com taxa de mais-valia desigual e de composição percentual desigual, no caso em que se relacionam como os produtos $mv'v$, ou seja, como as massas de mais-valia calculadas como percentagem do capital total.[10]

CAPÍTULO 4

EFEITO DA ROTAÇÃO SOBRE A TROCA DE LUCRO

{O efeito da rotação sobre a produção de mais-valia, portanto também de lucro, foi discutido no Livro 2. Pode-se resumi-lo brevemente nos seguintes termos: devido ao lapso de tempo requerido para a rotação, todo o capital não pode ser empregado ao mesmo tempo na produção; portanto, parte do capital está continuamente em alqueive, seja na forma de capital monetário, de estoques de matéria-prima, de capital-mercadoria pronto mas ainda não vendido ou de créditos ainda não vencidos; o capital que intervém na produção ativa, portanto na geração e apropriação de mais-valia, está continuamente diminuído dessa parte e a mais-valia produzida e apropriada está continuamente reduzida na mesma proporção. Quanto mais breve o tempo de rotação, tanto menor se torna essa parte em alqueive do capital, comparada com o todo; tanto maior se torna também, com as demais circunstâncias constantes, a mais-valia apropriada.

No Livro 2[I] já se desenvolveu detalhadamente como a redução do tempo de rotação ou de uma de suas duas seções, o tempo de produção e o tempo de circulação, aumenta a massa de mais-valia produzida. Como, porém, a taxa de lucro só expressa a relação entre a massa produzida de mais-valia e o capital total engajado em sua produção, então é evidente que qualquer redução dessa espécie aumenta a taxa de lucro. O que foi desenvolvido anteriormente na Seção II do Livro 2 em relação à mais-valia é igualmente válido para o lucro e a taxa de lucro e não necessita de repetição aqui. Só queremos destacar alguns momentos principais.

O principal meio de redução do tempo de produção é a elevação da produtividade do trabalho, o que normalmente se chama de progresso da indústria. Se isso não ocasiona simultaneamente um reforço significativo do desembolso total de capital, mediante aquisição de maquinaria cara etc., e, consequentemente, uma queda da taxa de lucro calculada em relação ao capital total, então esta última tem de elevar-se. E esse é, decididamente, o caso em muitos dos mais recentes progressos da metalurgia e da indústria química. Os recém-descobertos processos de produção do ferro e aço de Bessemer, Siemens, Gilchrist-Thomas, entre outros, reduzem a um mínimo, com custos relativamente pequenos, processos antes altamente demorados. A preparação da alizarina ou rubiacina a partir do alcatrão de hulha alcança em poucas semanas, e

I K. Marx, *O capital*, Livro 2, op. cit., pp. 285–90. [N. E. B.]

com as instalações fabris já em uso até agora para produzir corantes de alcatrão de hulha, o mesmo resultado que antes exigia anos; a rubiácea precisava de um ano para crescer e, então, ainda se deixava que as raízes amadurecessem vários anos antes de usá-las para fabricar corantes.

O principal meio para reduzir o tempo de circulação é o aperfeiçoamento das comunicações. E, nestas, os últimos cinquenta anos testemunharam uma revolução que só pode ser comparada com a Revolução Industrial da segunda metade do século passado [XVIII]. Em terra, a estrada macadamizada foi posta em segundo plano pela ferrovia; no mar, o lento e irregular navio a vela, pelas linhas rápidas e regulares de vapores, e por todo o globo terrestre se estendem fios de telégrafo. Só o Canal de Suez abriu propriamente a Ásia oriental e a Austrália ao tráfego de vapores. O tempo de circulação de uma remessa de mercadorias para a Ásia oriental, que em 1847 era de doze meses no início (ver Livro 2, pp. 245–46), tornou-se agora redutível para mais ou menos o mesmo número em semanas. Os dois grandes focos de crises entre 1825 e 1857, América e Índia, por meio desse revolucionamento dos meios de comunicação, ficaram 70–90% mais perto dos países europeus industrializados e, com isso, perderam grande parte de sua capacidade explosiva. O tempo de rotação do comércio mundial como um todo abreviou-se na mesma medida, e a capacidade de ação do capital que dele participa foi aumentada mais do que o dobro ou triplo. Que isso não tenha ficado sem efeitos sobre a taxa de lucro é óbvio.

Para expor em forma pura o efeito da rotação do capital total sobre a taxa de lucro, precisamos supor como sendo iguais as demais circunstâncias que afetam os dois capitais a serem comparados. Além da taxa de mais-valia e da jornada de trabalho, seja pois considerada, especificamente, igual também a composição percentual. Tomemos agora um capital A, com a composição $80_c + 20_v = 100\ C$, que, com uma taxa de mais-valia de 100%, rota duas vezes ao ano. Então o produto anual será:

$160_c + 40_v + 40_{mv}$. Mas, para calcular a taxa de lucro, não calculamos esses 40_{mv} sobre o valor-capital rotado de 200, e sim sobre o adiantado de 100 e, assim, obtemos $l' = 40\%$.

Comparemos, com ele, um capital $B = 160_c + 40_v = 200\ C$, que rote com a mesma taxa de mais-valia de 100%, porém apenas uma vez ao ano. Então o produto anual será como acima:

$160_c + 40_v + 40_{mv}$. Desta vez, porém, os 40_{mv} precisam ser calculados sobre um capital adiantado de 200, o que acaba dando apenas 20% para a taxa de lucro, portanto apenas a metade da taxa de A.

Daí resulta, portanto: com capitais de igual composição percentual, com igual taxa de mais-valia e mesma jornada de trabalho, as taxas de lucro de dois capitais estão na razão inversa de seus tempos de rotação.

Se a composição, ou a taxa de mais-valia, ou a jornada de trabalho, ou o salário não forem iguais em ambos os casos comparados, então isso ocasiona outras diferenças na taxa de lucro; estas são, no entanto, independentes da rotação e, por isso, não nos importam aqui; elas também já foram discutidas no capítulo 3.

O efeito direto do encurtamento do tempo de rotação sobre a produção de mais-valia, portanto também de lucro, consiste na maior eficácia que ele confere à parte variável do capital; sobre isso, consulte-se o Livro 2, cap. 16: "A rotação do capital variável". Verificou-se aí que um capital variável de 500 que rota dez vezes ao ano apropria-se, nesse período, de tanta mais-valia quanto um capital variável de 5 000 que, com a mesma taxa de mais-valia e o mesmo salário, só rota uma vez ao ano.

Tomemos um capital I, que consista em 10 000 de capital fixo, cuja depreciação anual seria de 10% = 1 000, 500 de capital constante circulante e 500 de capital variável. Com uma taxa de mais-valia de 100%, suponhamos que o capital variável rote dez vezes ao ano. Para simplificar, suponhamos em todos os exemplos seguintes que o capital constante circulante rote ao mesmo tempo que o variável, o que, na prática, acaba geralmente sendo o caso. Então, o produto de tal período de rotação será:

100_c (depreciação) $+ 500_c + 500_v + 500_{mv} = 1\,600$
e o do ano todo, com dez rotações similares:
$1\,000_c$ (depreciação) $+ 5\,000_c + 5\,000_v + 5\,000_{mv} = 16\,000$,
$C = 11\,000$, $mv = 5\,000$, $l' = \frac{5\,000}{11\,000} = 45\frac{5}{11}\%$.

Suponhamos agora um capital II: capital fixo 9 000, desgaste anual do mesmo 1 000, capital constante circulante 1 000, capital variável 1 000, taxa de mais-valia 100%, número de rotações anuais do capital variável: 5. O produto de cada período de rotação do capital variável será, portanto:

200_c (depreciação) $+ 1\,000_c + 1\,000_v + 1\,000_{mv} = 3\,200$,
e o produto anual total havendo cinco rotações:
$1\,000_c$ (depreciação) $+ 5\,000_c + 5\,000_v + 5\,000_{mv} = 16\,000$,
$C = 11\,000$, $mv = 5\,000$, $l' = \frac{5\,000}{11\,000} = 45\frac{5}{11}\%$.

Tomemos ainda um capital III em que não há nenhum capital fixo, mas 6 000 de capital constante circulante e 5 000 de capital variável. Com taxa de mais-valia de 100% ele rota uma vez por ano. O produto total por ano será então:

$6\,000_c + 5\,000_v + 5\,000_{mv} = 16\,000$,
$C = 11\,000$, $mv = 5\,000$, $l' = \frac{5\,000}{11\,000} = 45\frac{5}{11}\%$.

Temos, portanto, em todos os três casos a mesma massa anual de mais--valia, = 5 000, e, como o capital total é igualmente o mesmo em todos os três casos, a saber = 11 000, temos a mesma taxa de lucro de 45⁵⁄₁₁%.

Se, no entanto, no capital I acima tivéssemos, em vez de 10, apenas 5 rotações anuais da parte variável, então a coisa se colocaria de outro modo. O produto de uma rotação seria, portanto:

> 200_c (depreciação) $+ 500_c + 500_v + 500_{mv} = 1\,700$.
> Ou o produto anual:
> $1\,000_c$ (depreciação) $+ 2\,500_c + 2\,500_v + 2\,500_{mv} = 8\,500$,
> $C = 11\,000$, $mv = 2\,500$, $l' = \frac{2\,500}{11\,000} = 22\frac{8}{11}\%$.

A taxa de lucro caiu para a metade porque o tempo de rotação foi duplicado.

A massa de mais-valia apropriada no decorrer do ano é, portanto, igual à massa de mais-valia apropriada num período de rotação do capital *variável*, multiplicada pelo número de tais rotações no ano. Denominamos MV a mais-valia anualmente apropriada ou lucro, mv a mais-valia apropriada em um período de rotação, n o número de rotações anuais do capital variável, então $MV = mv\,n$, e a taxa anual de mais-valia $MV' = mv'n$, como já foi desenvolvido no Livro 2, cap. 16, [parte] 1.

A fórmula da taxa de lucro $l' = mv' \frac{v}{C} = mv' \frac{v}{c+v}$ evidentemente só é certa quando o v do numerador é o mesmo que o do denominador. No denominador, v é toda a parte do capital total empregada em média como capital variável para pagar salários. O v do numerador, para começar, é apenas determinado pelo fato de ter produzido e apropriado certo *quantum* de mais-valia = mv, cuja relação com ele, $\frac{mv}{v}$, é a taxa de mais-valia mv'. Só por esse caminho é que a equação $l' = \frac{mv}{c+v}$ se transformou na outra: $l' = mv' \frac{v}{c+v}$. O v do numerador passa a ser agora determinado mais precisamente por ter de ser igual ao v do denominador, ou seja, a toda a parte variável do capital C. Em outras palavras, a equação $l' = \frac{mv}{C}$ só pode, então, ser transformada sem erro na equação $l' = mv' \frac{v}{c+v}$ quando mv representa a mais-valia produzida em *um* período de rotação do capital variável. Se mv abrange apenas parte dessa mais-valia, então $mv = mv'v$ está efetivamente correto, mas esse v é menor do que o v em $C = c + v$, porque menor do que todo o capital variável desembolsado em salários. Mas se mv abrange mais do que a mais-valia de uma rotação de v, então parte desse v ou também o todo funciona duas vezes, inicialmente na primeira rotação, depois na segunda, ou na segunda e subsequente rotação; o v, que produz a mais--valia e que é a soma de todos os salários pagos, é portanto maior do que o v em $c + v$, e o cálculo se torna incorreto.

Para que a fórmula da taxa anual de lucro se torne inteiramente correta, precisamos colocar, em vez da taxa de mais-valia simples, a taxa anual de mais-valia, portanto, em vez de *mv'*, colocar *MV'* ou *mv'n*. Em outras palavras, temos de multiplicar *mv'*, a taxa anual de mais-valia – ou, o que dá no mesmo, a parte de capital variável *v* contida em *C* – por *n*, o número de rotações desse capital variável no ano, obtendo assim: $l' = mv'n\frac{v}{C}$ que é a fórmula para calcular a taxa anual de lucro.

Mas qual a grandeza do capital variável numa empresa, isso na maioria dos casos o próprio capitalista não sabe. Vimos no capítulo 8 do Livro 2 e ainda veremos mais adiante que, dentro de seu capital, a única diferença que se impõe ao capitalista como essencial é a diferença entre capital fixo e capital circulante. Do caixa, que contém a parte do capital circulante, o qual se encontra em suas mãos em forma-dinheiro, na medida em que não esteja depositada em banco, ele tira o dinheiro para salários; do mesmo caixa ele tira o dinheiro para matérias-primas e materiais auxiliares, debitando ambos numa única e mesma conta de caixa. E, caso ele tenha uma conta especial para os salários pagos, ao término do ano certamente vai evidenciar a soma paga em salários, portanto *vn*, mas não o próprio capital variável *v*. Para descobri-lo, ele teria de efetuar um cálculo próprio, do qual queremos dar aqui um exemplo.

Para isso, tomamos a fiação *mule* de algodão de 10 000 fusos descrita no Livro 1, pp. 238–39 e supomos que os dados apresentados para uma semana de abril de 1871 conservariam sua validez para o ano todo. O capital fixo investido em maquinaria era de 10 000 libras esterlinas. O capital circulante não estava indicado; nós supomos que ele tenha sido de 2 500 libras esterlinas, conjetura bastante elevada, que é, porém, justificada pela suposição, que sempre temos de fazer aqui, de que não ocorrem operações de crédito, portanto nenhuma utilização permanente ou temporária de capital alheio. O produto semanal era composto, quanto a seu valor, de 20 libras esterlinas para depreciação da maquinaria, 358 libras esterlinas para adiantamento de capital constante circulante (6 libras esterlinas de aluguel, 342 libras esterlinas de algodão, 10 libras esterlinas para carvão, gás, óleo), 52 libras esterlinas de capital variável despendido em salários e 80 libras esterlinas de mais-valia, portanto:

$$20_c \text{ (depreciação)} + 358_c + 52_v + 80_{mv} = 510.$$

O adiantamento semanal de capital circulante era, portanto, $358_c + 52_v = 410$, e sua composição percentual $= 87{,}3_c + 12{,}7_v$. Calculando-se isso em relação a todo o capital circulante de 2 500 libras esterlinas, dá 2 182 libras esterlinas de capital constante e 318 libras esterlinas de capital variável. Como o dispêndio total para salários ao ano era de 52 vezes 52 libras esterlinas, portanto 2 704 libras esterlinas, resulta que o capital variável de 318 libras esterlinas ao ano rotou quase exatamente 8½ vezes. A taxa de mais-valia era de $^{80}/_{52} = 153^{11}/_{13}\%$. A partir desses elementos calculamos a taxa de lucro, ao inserir na fórmula $l' = mv'n \frac{v}{C}$ os valores: $mv' = 153^{11}/_{13}$, $n = 8^1/_2$, $v = 318$, $C = 12\,500$; portanto:

$$l' = 153^{11}/_{13} \times 8^1/_2 \times \frac{318}{12\,500} = 33{,}27\% \,.$$

Tiramos a prova desse resultado mediante o uso da fórmula simples $l' = \frac{mv}{C}$. A mais-valia total ou lucro no ano ascende a 80 libras esterlinas $\times$ 52 = 4160 libras esterlinas, as quais, divididas pelo capital total de 12 500 libras esterlinas, resultam em 33,28%, quase como acima, uma taxa de lucro anormalmente elevada, que só se explica a partir de condições momentâneas extremamente favoráveis (preços muito baixos do algodão, ao lado de preços muito elevados do fio) e que, na realidade, certamente não vigoraram ao longo de todo o ano.

Na fórmula $l' = mv'n \frac{v}{C}$, como foi dito, $mv'n$ é o que no Livro 2 foi designado como a taxa anual de mais-valia. No caso acima, ela ascende a $153^{11}/_{13}\% \times 8^1/_2$ ou, calculando-se exatamente, $1307^9/_{13}\%$. Se, portanto, um certo Biedermann[I] se levantou com indignação contra a monstruosidade de uma taxa anual de mais-valia de 1000%, apresentada num exemplo do Livro 2, talvez ele venha a se tranquilizar com um fato, que lhe é apresentado da prática viva em Manchester, de uma taxa anual de mais-valia acima de 1300%. Em tempos de prosperidade máxima, como certamente há muito nós não presenciamos, tal taxa não é de modo algum uma raridade.

De passagem, temos aqui um exemplo da composição efetiva do capital dentro da grande indústria moderna. O capital total divide-se em 12 182 libras esterlinas de capital constante e 318 libras esterlinas de capital variável: ao todo, 12 500 libras esterlinas. Ou, percentualmente: $97^1/_{2c} + 2^1/_{2v} = 100\ C$. Só a quadragésima parte do topo serve para cobrir os salários, mas com retorno de mais de oito vezes ao ano.

Como certamente passa pela cabeça de poucos capitalistas fazer cálculos dessa espécie sobre seu próprio negócio, a estatística cala quase absolutamente sobre a relação da parte constante do capital social total com a parte variável. Só o censo norte-americano nos dá o que é possível sob as condições atuais: a soma dos salários pagos em cada ramo de atividades e os lucros auferidos. Por mais suspeitos que sejam esses dados, já que se baseiam apenas em dados não controlados dos próprios industriais, mesmo assim eles são extremamente valiosos e só o que temos sobre essa questão. Na Europa somos demasiado sensíveis para esperar de nossos grandes industriais tais revelações. – F. E.}

I Referência a Friedrich Karl Biedermann (1812–1901), jornalista liberal alemão, cujo sobrenome também tem o significado de "bom burguês" ou "filisteu". [N. T.]

CAPÍTULO 5

ECONOMIA NO EMPREGO DO CAPITAL CONSTANTE

I. EM GERAL

O aumento da mais-valia absoluta ou o prolongamento do mais-trabalho e, por isso, da jornada de trabalho, permanecendo constante o capital variável, portanto empregando o mesmo número de trabalhadores ao mesmo salário nominal – no que é indiferente que o tempo extra seja pago ou não –, baixa relativamente o valor do capital constante em face do capital total e do capital variável e eleva, assim, a taxa de lucro, mesmo abstraindo o crescimento da massa de mais-valia e da taxa, possivelmente ascendente, de mais-valia. O volume da parte fixa do capital constante, prédios fabris, maquinaria etc., continua o mesmo, quer se trabalhe 16 ou 12 horas com ela. O prolongamento da jornada de trabalho não exige novo dispêndio nessa parte, a mais dispendiosa, do capital constante. A isso se soma que o valor do capital fixo passa a ser assim reproduzido numa série mais curta de períodos de rotação, sendo, portanto, encurtado o tempo pelo qual ele precisa ser adiantado a fim de gerar determinado lucro. O prolongamento da jornada de trabalho eleva o lucro, portanto, mesmo se o tempo extra é pago e, até certo limite, mesmo se é pago num nível mais alto do que as horas de trabalho normais. A sempre crescente necessidade de aumento do capital fixo no sistema industrial moderno foi, por isso, um incentivo importante ao prolongamento da jornada de trabalho para capitalistas sedentos de lucro.[11]

Não ocorre a mesma relação com jornada de trabalho constante. Nesse caso, torna-se necessário aumentar o número de trabalhadores e, com eles, também, em certa proporção, a massa, de capital fixo, das instalações, maquinaria etc., para explorar maior massa de trabalho (pois aqui se abstraem deduções do salário ou compressão do salário abaixo de seu nível normal). Ou, onde a intensidade do trabalho deve ser aumentada, ou seja, a produtividade do trabalho incrementada, devendo ser gerada, em geral, mais mais-valia relativa, cresce, nos ramos que utilizam matéria-prima, a massa da parte circulante do capital constante ao ser processada mais matéria-prima etc. no período de tempo dado; e, segundo, cresce a maquinaria posta em movimento pelo mesmo número de trabalhadores, portanto também essa parte do capital constante. O crescimento da mais-valia é, portanto, acompanhado por um crescimento do capital constante, e a exploração crescente do trabalho por um encarecimento das condições de produção, por meio das quais o trabalho é explorado, isto é, por maior gasto de capital. A taxa de lucro é, assim, por um lado, diminuída, enquanto, por outro, é aumentada.

Toda uma série de falsos custos correntes continua igual ou quase igual, seja numa jornada mais longa ou mais curta de trabalho. Os custos de supervisão são menores para 500 trabalhadores com 18 horas de trabalho do que para 750 com 12 horas.

> Os custos operacionais de uma fábrica com trabalho de dez horas são quase tão elevados quanto com trabalho de doze horas. (*Rep. Fact.* [*Reports of Inspectors of Factories*], *Oct. 1848*, p. 37)

Impostos estatais e municipais, seguro contra fogo, salário de diversos empregados permanentes, desvalorização da maquinaria e diversos outros falsos custos de uma fábrica continuam inalterados com período de trabalho longo ou curto; na mesma proporção em que diminui a produção, eles aumentam em relação ao lucro (*Rep. Fact. Oct. 1862*, p. 19).

O período de tempo em que o valor da maquinaria e de outros componentes do capital fixo se reproduz é praticamente determinado não pelo tempo de sua mera duração, mas pela duração total do processo de trabalho, durante o qual ela atua e é consumida. Caso os trabalhadores tenham de labutar duramente por 18 horas em vez de por 12, isso resulta em três dias a mais por semana, uma semana se torna semana e meia, dois anos se tornam três. Se o tempo extra não é pago, então os trabalhadores dão de graça, além do tempo normal de mais-trabalho, para cada duas semanas a terceira, para cada dois anos o terceiro. E, assim, a reprodução de valor da maquinaria é elevada em 50%, sendo completada em ⅔ do tempo que de outra maneira seria necessário.

Nessa pesquisa, bem como na sobre as oscilações de preço, partimos do pressuposto de que a massa e as parcelas de mais-valia estão dadas – para evitar complicações inúteis.

Como já foi assinalado na exposição sobre a cooperação, a divisão do trabalho e a maquinaria,[I] a economia nas condições de produção, que caracteriza a produção em grande escala, se origina essencialmente do fato de que essas condições funcionam como condições de trabalho social, de trabalho socialmente combinado, portanto como condições sociais do trabalho. São consumidas em comum no processo de produção, pelo trabalhador coletivo, em vez de em forma fragmentada por uma massa de trabalhadores sem conexão entre si ou que, no máximo, cooperam apenas diretamente em pequena escala. Numa grande fábrica com um ou dois motores centrais, os

---

I K. Marx, *O capital*, Livro 1, op. cit., p. 321. [N. E. B.]

custos desses motores não crescem na mesma proporção de sua potência em cavalos-vapor e, portanto, de sua esfera de atuação possível; os custos da maquinaria de transmissão não crescem na mesma proporção da massa das máquinas de trabalho, às quais transmite o movimento; o corpo da própria máquina de trabalho não encarece proporcionalmente ao número crescente de ferramentas, com que ela funciona como com seus órgãos etc. A concentração dos meios de produção poupa, além disso, edificações de toda espécie não só para as oficinas propriamente ditas, mas também para os depósitos etc. O mesmo se dá com os gastos de combustível, iluminação etc. Outras condições de produção continuam as mesmas, quer sejam usadas por poucos ou por muitos.

Toda essa economia, que se origina da concentração de meios de produção e de sua utilização em massa, pressupõe, porém, como condição essencial, a concentração e a atuação conjunta dos trabalhadores, portanto combinação social do trabalho. Ela se origina, por isso, tanto do caráter social do trabalho quanto a mais-valia se origina do mais-trabalho de cada trabalhador individual, considerado em si, isoladamente. Mesmo os constantes aperfeiçoamentos, que aqui são possíveis, e não necessários, se originam única e exclusivamente das experiências e observações sociais que a produção do trabalhador coletivo combinado em grande escala ocasiona e permite.

O mesmo é válido quanto ao segundo grande ramo da economia nas condições de produção. Referimo-nos à retransformação dos excrementos da produção, seus assim chamados resíduos, em novos elementos de produção, seja no mesmo ramo industrial, seja em outro; aos processos mediante os quais esses assim chamados excrementos são relançados no ciclo da produção, e portanto do consumo – produtivo ou individual. Também esse ramo da economia, no qual entraremos posteriormente, é o resultado do trabalho social em larga escala. É a abundância, correspondente a essa escala, desses resíduos que os torna novamente objetos de comércio e, assim, novos elementos da produção. Só como resíduos da produção em comum, e portanto da produção em larga escala, eles ganham essa importância para o processo de produção, continuam a ser portadores de valor de troca. Esses resíduos – abstraindo os serviços que prestam como novos elementos da produção – barateiam, à medida que se tornam novamente vendáveis, os custos da matéria-prima, nos quais sempre está calculado seu resíduo normal, ou seja, o *quantum* que acaba em média se perdendo em sua elaboração. A diminuição dos custos dessa parte do capital constante eleva *pro tanto* a taxa de lucro com dada grandeza de capital variável e dada taxa de mais-valia.

Se a mais-valia está dada, a taxa de lucro só pode ser aumentada mediante a diminuição do valor do capital constante exigido para a produção de mercadorias. À medida que o capital constante ingressa na produção das mercadorias, não é seu valor de troca, mas seu valor de uso, que apenas entra em consideração. Quanto trabalho o linho pode absorver numa fiação não depende de seu valor, mas de sua quantidade, se está dado o grau de produtividade do trabalho, isto é, o nível de desenvolvimento técnico. Do mesmo modo, o auxílio que uma máquina presta a três trabalhadores não depende de seu valor, mas de seu valor de uso enquanto máquina. Num nível do desenvolvimento técnico uma máquina ruim pode ser cara, em outro uma boa máquina pode ser barata.

O lucro mais elevado que um capitalista obtém, por exemplo, por terem o algodão e a maquinaria de fiar se tornado mais baratos é o resultado da produtividade mais elevada do trabalho, certamente não na fiação, mas na construção de máquinas e na cultura de algodão. Para objetivar dado *quantum* de trabalho, portanto para apropriar dado *quantum* de mais-trabalho, se requer menor dispêndio nas condições de trabalho. Caem os custos que são exigidos para apropriar-se desse determinado *quantum* de mais-trabalho.

Já se falou da economia resultante do emprego em comum dos meios de produção pelo trabalhador coletivo – o trabalhador socialmente combinado – no processo de produção. Outras economias oriundas da redução do tempo de circulação (em que o desenvolvimento dos meios de comunicação é um momento material essencial) no desembolso do capital constante serão consideradas mais abaixo. Aqui, porém, deve ser logo pensada a economia que resulta do contínuo aperfeiçoamento da maquinaria, a saber: 1) de seu material, por exemplo ferro em vez de madeira; 2) do barateamento da maquinaria pelo aperfeiçoamento da fabricação de máquinas em geral; de modo que, embora o valor da parte fixa do capital constante cresça continuamente com o desenvolvimento do trabalho em larga escala, ele nem de longe cresce no mesmo grau;[12] 3) dos aperfeiçoamentos especiais que permitem à maquinaria já disponível trabalhar de modo mais barato e eficiente, por exemplo melhoria da caldeira a vapor etc., sobre o que ainda se darão detalhes mais tarde; 4) da diminuição dos resíduos por meio de maquinaria melhor.

Tudo o que reduz a depreciação da maquinaria e do capital fixo em geral por dado período de produção não só barateia a mercadoria individual, já que cada mercadoria individual reproduz em seu preço a parte alíquota da depreciação que recai sobre ela, mas diminui o desembolso alíquota de capital para esse período. Trabalhos de reparação e similares, à medida que se tornam necessários, são contabilizados nos custos originais da maquinaria. Sua diminuição, devida à maior durabilidade da maquinaria, diminui *pro tanto* seu preço.

Para toda economia dessa espécie vale de novo, em grande medida, o fato de que ela só é possível para o trabalhador combinado e, com frequência, só pode ser realizada em trabalhos em escala ainda mais ampla, exigindo, portanto, combinação ainda maior de trabalhadores diretamente no processo de produção.

Por outro lado, porém, aparece aqui o desenvolvimento da força produtiva do trabalho em *um* ramo da produção, por exemplo na produção de ferro, carvão, máquinas, na arquitetura etc., a qual pode em parte estar ligada a progressos no campo da produção intelectual, a saber das ciências naturais e de sua aplicação, como condição para a diminuição do valor e, assim, dos custos, dos meios de produção em *outros* ramos da indústria, por exemplo na indústria têxtil ou na agricultura. Isso é evidente, pois a mercadoria que provém, como produto, de um ramo da indústria ingressa de novo, como meio de produção, em outro. Ela ser mais ou menos barata depende da produtividade do trabalho no ramo da produção do qual provém como produto e, ao mesmo tempo, é condição não só para o barateamento das mercadorias, em cuja produção ingressa como meio de produção, mas também para a diminuição de valor do capital constante, do qual passa a ser elemento, e portanto para a elevação da taxa de lucro.

O característico dessa espécie de economia do capital constante, que resulta do desenvolvimento progressivo da indústria, é aqui a elevação da taxa de lucro em *um* ramo industrial se dever ao desenvolvimento da força produtiva do trabalho em *outro*. O que aqui beneficia o capitalista é novamente um ganho, o produto do trabalho social, ainda que não o produto do trabalho explorado diretamente por ele mesmo. Aquele desenvolvimento da força produtiva remonta, em última instância, sempre de novo ao caráter social do trabalho posto em ação; à divisão do trabalho dentro da sociedade; ao desenvolvimento do trabalho intelectual, especialmente das ciências naturais. O que o capitalista usa aqui são as vantagens de todo o sistema da divisão social do trabalho. É o desenvolvimento da força produtiva do trabalho em sua repartição exterior, na repartição que lhe fornece meios de produção, mediante a qual aqui o valor do capital constante empregado pelo capitalista é relativamente reduzido, sendo, portanto, aumentada a taxa de lucro.

Outra elevação da taxa de lucro se origina não da economia do trabalho com o qual é produzido o capital constante, mas da economia na aplicação do próprio capital constante. Pela concentração dos trabalhadores e sua cooperação em larga escala, poupa-se, por um lado, capital constante. As mesmas edificações e instalações de calefação, iluminação etc. custam proporcionalmente menos para grandes escalas de produção do que para pequenas. O mesmo vale para as máquinas motrizes e para as máquinas de trabalho. Embora seu valor suba em termos absolutos, cai relativamente em proporção à ampliação crescente da produção e à grandeza do capital variável ou à massa da força de trabalho posta em movimento. A economia que um capital efetua em seu próprio ramo da produção consiste inicial e diretamente em economia de trabalho, ou seja, em redução do trabalho pago de seus próprios trabalhadores; a economia anteriormente aventada consiste, pelo contrário, em efetivar a maior apropriação possível de trabalho alheio não pago da maneira mais econômica possível, isto é, na escala dada de produção com o mínimo possível de custos. Na medida em que essa economia não se baseia na já citada exploração da produtividade do trabalho social empregado na produção do capital constante, mas em economizar no emprego do próprio capital constante, ela se origina diretamente da cooperação e da forma social do trabalho dentro de determinado ramo da própria produção ou da produção da maquinaria etc. numa escala em que seu valor não cresce no mesmo grau que seu valor de uso.

Aqui não se devem perder de vista dois pontos: fosse o valor de $c=0$, então l' seria $=mv'$, e a taxa de lucro estaria em seu máximo. Mas, segundo: o que é importante para a exploração imediata do próprio trabalho não é, de nenhum modo, o valor dos meios de exploração empregados, seja do capital fixo, seja de matérias-primas e materiais auxiliares. Na medida em que servem como absorventes de trabalho, como meios nos ou pelos quais o trabalho e, por isso, também o mais-trabalho se objetivam, o valor de troca da maquinaria, das construções, das matérias-primas etc. é totalmente indiferente. O que importa exclusivamente é, por um lado, sua massa, como ela é tecnicamente requerida para a combinação com determinado *quantum* de trabalho vivo, por outro, sua adequação, portanto não só boa maquinaria, mas também boas matérias-primas e materiais auxiliares. Da qualidade da matéria-prima depende em parte a taxa de lucro. Bom material deixa menos resíduos; é preciso, portanto, menor massa de matéria-prima para a absorção do mesmo *quantum* de trabalho. Além disso, a resistência que a máquina de trabalho encontra é menor. Em parte isso afeta até mesmo a mais-valia e a taxa de mais-valia. Com matéria-prima ruim, o trabalhador precisa de mais tempo para processar o mesmo *quantum*; com pagamento constante de salário, isso redunda em subtração do mais-trabalho. Isso afeta, além do mais, muito significativamente a reprodução e acumulação do capital, que, como o desenvolve o Livro 1, p. 541, depende ainda mais da produtividade do que da massa de trabalho empregada.

É compreensível, por isso, o fanatismo do capitalista em economizar meios de produção. Que nada se estrague ou seja desperdiçado, que os meios de produção somente sejam gastos do modo exigido pela própria produção, depende em parte do adestramento e da formação do trabalhador, em parte da disciplina que o capitalista exerce sobre os trabalhadores combinados e que se torna supérflua numa situação social em que os trabalhadores trabalham por sua própria conta, assim como agora ela já se torna com salário por peça. Esse fanatismo se manifesta também inversamente na falsificação dos elementos da produção, o que é um dos principais meios de baixar o valor do capital constante em relação ao capital variável e, assim, elevar a taxa de lucro; a isso se acrescenta ainda a venda desses elementos da produção acima de seu valor, na medida em que esse valor reaparece no produto como elemento significativo de fraude. Esse momento tem papel decisivo especificamente na indústria alemã, cuja tese básica é: só pode ser agradável às pessoas se nós primeiro lhes enviamos boas amostras e depois más mercadorias. No entanto, esses fenômenos inerentes à concorrência não nos concernem aqui.

É de notar que essa elevação da taxa de lucro, provocada pela diminuição do valor, portanto da onerosidade do capital constante, é totalmente independente do fato de o ramo industrial em que ela ocorre produzir artigos de luxo, ou meios de subsistência que entram no consumo dos trabalhadores, ou meios de produção em geral. Essa última circunstância só seria importante na medida em que se trata da taxa de mais-valia, a qual depende essencialmente do valor da força de trabalho, isto é, do valor dos meios de subsistência tradicionais do trabalhador. Aqui, no entanto, a mais-valia e a taxa de mais-valia pressupõem-se como dadas. Como a mais-valia se relaciona com o capital total – e isso determina a taxa de lucro – depende, nessas circunstâncias, exclusivamente do valor do capital constante e de nenhum modo do valor de uso dos elementos em que consiste.

O barateamento relativo dos meios de produção não exclui, naturalmente, que sua soma absoluta de valor cresça, pois o volume absoluto em que são empregados aumenta extraordinariamente com o desenvolvimento da força produtiva do trabalho e da crescente escala de produção que o acompanha. A economia no emprego do capital constante, por qualquer lado que seja considerada, é o resultado, em parte exclusivo, de os meios de produção funcionarem e serem consumidos como meios de produção em comum do trabalhador combinado, de tal modo que essa mesma economia aparece como produto do caráter social do trabalho diretamente produtivo; em parte ela é, porém, o resultado do desenvolvimento da produtividade do trabalho nas esferas que fornecem ao capital seus meios de produção, de modo que, quando se considera o trabalho total em relação ao capital total, e não só os trabalhadores empregados pelo capitalista *x* em relação a esse capitalista *x*, tal economia se apresenta de novo como produto do desenvolvimento das forças produtivas do trabalho social, e a diferença é apenas que o capitalista *x* não só tira vantagens da produtividade do trabalho de sua própria oficina, mas também da de oficinas alheias. Apesar disso, porém, a economia do capital constante aparece ao capitalista como uma condição completamente alheia ao trabalhador, com a qual ele não tem em absoluto nada a ver e em relação à qual o trabalhador nada tem a fazer; enquanto para o capitalista é sempre muito claro que o trabalhador tem alguma coisa a ver com o fato de o capitalista comprar muito ou pouco trabalho com o mesmo dinheiro (pois assim aparece em sua consciência a transação entre capitalista e trabalhador). Em grau ainda muito mais alto do que em relação a outras forças inerentes ao trabalho, essa economia no emprego dos meios de produção, esse método de alcançar determinado resultado com os gastos mínimos, aparece como uma forma inerente ao capital e como um método peculiar ao modo de produção capitalista, que o caracteriza.

Essa forma de conceber é tanto menos estranhável quanto mais lhe corresponde a aparência dos fatos, quanto mais a relação de capital oculta, na realidade, a conexão interna na completa indiferença, exterioridade e alienação, para a qual desloca o trabalhador em relação às condições de realização de seu próprio trabalho.

Primeiro: Os meios de produção em que consiste o capital constante representam apenas o dinheiro do capitalista (assim como o corpo do devedor romano, segundo Linguet,[I] o dinheiro de seu credor) e estão relacionados apenas com ele, enquanto o trabalhador, à medida que entra em contato com eles no processo de produção real, só se ocupa deles como valores de uso da produção, meios de trabalho e material de trabalho. A redução ou o aumento desse valor é, portanto, uma coisa que afeta tão pouco sua relação com o capitalista quanto a circunstância de ele trabalhar em cobre ou em ferro. Apesar de tudo, o capitalista gosta, como indicaremos mais adiante, de conceber a coisa de outro modo, assim que ocorre aumento de valor dos meios de produção, consequentemente diminuição da taxa de lucro.

Segundo: Na medida em que no processo de produção capitalista esses meios de produção são ao mesmo tempo meios de exploração do trabalho, a barateza ou a onerosidade relativas desses meios de exploração preocupa tão pouco o trabalhador quanto preocupa um cavalo se ele é dirigido com um freio e uma rédea caros ou baratos.

Finalmente, como já se viu antes,[II] o trabalhador se relaciona de fato com o caráter social de seu trabalho, com sua combinação com o trabalho de outros para um objetivo comum, como com um poder que lhe é alheio;

I Simon-Nicolas-Henri Linguet, *Theorie des loix civiles, ou principes fondamentaux de la société*, v. 2, Livro v. Londres, 1767, cap. 20. [N. E. A.]

II K. Marx, *O capital*, Livro 1, op. cit., p. 326. [N. E. B.]

as condições de realização dessa combinação são-lhe propriedade alheia, cuja dilapidação ser-lhe-ia totalmente indiferente se não fosse forçado a economizá-las. Totalmente diversa é a situação nas fábricas que pertencem aos próprios trabalhadores, por exemplo em Rochdale.[I]

Por conseguinte, quase dispensa menção que, à medida que a produtividade do trabalho em um ramo da produção aparece como barateamento e melhoria dos meios de produção em outro, servindo, assim, para a elevação da taxa de lucro, essa conexão geral do trabalho social aparece como algo totalmente alheio aos trabalhadores, que de fato só importa ao capitalista, na medida em que ele sozinho compra esses meios de produção e se apropria deles. Que ele compre o produto dos trabalhadores de um ramo da produção alheio com o produto dos trabalhadores de seu próprio ramo da produção, e, portanto, só disponha do produto de trabalhadores alheios à medida que se tenha apropriado gratuitamente do de seus próprios, é uma conexão que o processo de circulação etc. felizmente encobre.

A isso se acresce que, como a produção em larga escala se desenvolveu na forma capitalista, assim a fúria pelo lucro, por um lado, e a concorrência, por outro, que obriga a uma produção das mercadorias o mais barato possível, fazem com que essa economia no emprego do capital constante apareça como peculiar ao modo de produção capitalista e, portanto, como função do capitalista.

Assim como o modo de produção capitalista leva, por um lado, ao desenvolvimento das forças produtivas do trabalho social, leva, por outro, à economia no emprego do capital constante.

Isso não se reduz, porém, a alienação e indiferença entre o trabalhador, o portador do trabalho vivo, aqui, e o emprego econômico, ou seja, racional e parcimonioso de suas condições de trabalho, lá. De acordo com sua natureza contraditória, antitética, o modo de produção capitalista chega até a computar o desperdício da vida e da saúde do trabalhador e o rebaixamento de suas próprias condições de existência como parte da economia no emprego do capital constante e, assim, como meios de elevação da taxa de lucro.

Como o trabalhador passa a maior parte de sua vida no processo de produção, então as condições do processo de produção são, em grande parte, condições de seu processo ativo de vida, de suas condições de vida,

---

I Sob a influência das ideias dos socialistas utópicos, em 1844 trabalhadores de Rochdale (ao norte de Manchester) se uniram numa Society of Equitable Pioneers (Sociedade de Pioneiros Justos). Originalmente era uma cooperativa de consumo; logo ela se ampliou e provocou o surgimento de empresas cooperativas de produção. Com os pioneiros de Rochdale começou um novo período do movimento cooperativo na Inglaterra e em outros países. [N. E. A.]

e a economia nessas condições de vida é um método de elevar a taxa de lucro; exatamente como já vimos antes,[I] o sobretrabalho, a transformação do trabalhador numa besta de trabalho, é um método de acelerar a autovalorização do capital, a produção de mais-valia. Essa economia se estende à superlotação de recintos estreitos, insalubres, com trabalhadores, o que na linguagem capitalista quer dizer poupar edificações; ao acúmulo de maquinaria perigosa nos mesmos locais e omissão de meios de proteção contra o perigo; à falta de regras de precaução em processos de produção que, por sua natureza, são insalubres ou, como em minas, implicam perigo etc. Isso sem falar da ausência de qualquer providência para humanizar o processo de produção, torná-lo agradável ou apenas suportável para o trabalhador. Do ponto de vista capitalista, seria um desperdício totalmente sem sentido e nem finalidade. A produção capitalista é, com toda a sua sovinice, completamente desperdiçadora do material humano, exatamente como, por outro lado, graças ao método da distribuição de seus produtos pelo comércio e sua mania de concorrência, procede de maneira desperdiçadora com os meios materiais e perde, por um lado, para a sociedade o que ganha, por outro, para o capitalista individual.

Assim como o capital tem a tendência, no emprego direto do trabalhador vivo, de reduzi-lo a trabalho necessário e de sempre abreviar o trabalho necessário para a elaboração de um produto mediante a exploração das forças produtivas sociais do trabalho, portanto de economizar ao máximo o trabalho vivo diretamente empregado, assim ele tem também a tendência de empregar esse trabalho reduzido à sua medida necessária sob as condições mais econômicas, isto é, de reduzir ao mínimo possível o valor do capital constante empregado. Se o valor das mercadorias é determinado pelo tempo de trabalho necessário nelas contido, e não pelo tempo nelas contido de maneira geral, é o capital que acaba por realizar essa determinação e, ao mesmo tempo, encurta continuamente o tempo de trabalho socialmente necessário à produção de uma mercadoria. Dessa forma, o preço de uma mercadoria é reduzido a seu mínimo ao ser reduzida cada parte do trabalho exigido para sua produção a seu mínimo.

Na economia no emprego do capital constante, é preciso estabelecer distinções. Se cresce a massa e, com ela, a soma de valor do capital empregado, então isso é inicialmente apenas concentração de mais capital em uma mão. É, porém, exatamente essa massa maior, empregada por uma mão – a que geralmente também corresponde uma quantidade de trabalho empregado, maior em termos absolutos, mas menor em termos relativos –, que permite a economia do capital constante.

I K. Marx, *O capital*, Livro 1, op. cit., cap. 8, pp. 247–300. [N. E. B.]

Considerando-se o capitalista individual, cresce o volume do dispêndio de capital necessário, especialmente de capital fixo; mas, em relação à massa do material processado e do trabalho explorado, seu valor decresce em termos relativos.

Agora é preciso detalhar isso brevemente mediante algumas ilustrações. Comecemos pelo fim, com a economia nas condições de produção, na medida em que estas se apresentam simultaneamente como condições de existência e de vida do trabalhador.

II. ECONOMIA NAS CONDIÇÕES DE TRABALHO À CUSTA DO TRABALHADOR

Minas de carvão. Omissão dos gastos mais necessários

> Com a competição que predomina entre os proprietários de minas de carvão [...], não se efetuam mais gastos do que os necessários para superar as mais óbvias dificuldades físicas; e, com a competição entre os mineiros, que comumente são numerosos demais, estes se expõem com satisfação a perigos significativos e às mais nocivas influências por um salário que é apenas um pouco mais alto do que o do diarista agrícola da vizinhança, pois o trabalho de mineração, além disso, permite empregar lucrativamente seus filhos. Essa dupla competição é inteiramente suficiente [...] para fazer com que grande parte das minas seja explorada com a drenagem e a ventilação mais imperfeitas; frequentemente com poços mal construídos, mau vigamento, maquinistas incapazes, com galerias e vias mal dispostas e mal construídas; isso causa destruição de vidas, de membros do corpo e da saúde cuja estatística apresentaria um quadro pavoroso. (*First Report on Children's Employment in Mines and Collieries etc. 21 April 1829*, p. 102)

Nas minas de carvão inglesas, por volta de 1860, 15 homens foram mortos em média por semana. De acordo com o relatório *Coal Mines Accidents* (6 fev. 1862), no decênio 1852-61, foram mortos ao todo 8 466. Esse número é, porém, demasiado reduzido, como o diz o próprio relatório, já que nos primeiros anos, logo que os inspetores haviam sido investidos e seus distritos eram demasiado grandes, grande quantidade de casos de acidentes e mortes nem sequer foi notificada. Exatamente a circunstância de que, apesar da matança ainda muito grande, do número insuficiente de inspetores e de seu reduzido poder, o número dos acidentes tenha-se reduzido muito desde que se estabeleceu a inspeção mostra a tendência natural da exploração capitalista. – Esses sacrifícios humanos são em grande parte devidos à suja avarícia dos donos de minas, que, por exemplo, frequentemente só deixavam cavar um poço, de forma que não só não era possível nenhuma ventilação efetiva, mas também nenhuma saída, se aquela única estivesse obstruída.

A produção capitalista, se a consideramos isoladamente e abstraímos do processo da circulação e dos excessos da concorrência, é extremamente econômica com o trabalho realizado, objetivado em mercadorias. Em compensação, ela é, muito mais do que qualquer outro modo de produção, pródiga com seres humanos, com trabalho vivo, pródiga não só com carne e sangue, mas também com nervos e cérebro. De fato, só com o mais monstruoso desperdício de desenvolvimento individual é que o desenvolvimento da humanidade é assegurado e efetivado ao todo na época histórica que precede imediatamente a reconstituição consciente da sociedade humana. Já que toda a parcimônia de que aqui se fala deriva do caráter social do trabalho, então é, de fato, exatamente esse caráter imediatamente social do trabalho que gera esse desperdício de vida e saúde dos trabalhadores. Nesse aspecto, já é característica a pergunta lançada pelo inspetor de fábrica R. Baker:

> *The whole question is one for serious consideration, in what way this* sacrifice of infant life occasioned by congregational labour *can be best averted?*[I] (*Rep. Fact. Oct. 1863*, p. 157)

Fábricas. É pertinente aqui a supressão de todas as medidas preventivas para a segurança, a comodidade e a saúde dos trabalhadores também nas fábricas propriamente ditas. Grande parte dos boletins de combate, que enumeram os mortos e feridos do exército industrial (ver os relatórios anuais de fábrica), provém daqui. Também a falta de espaço, de ventilação etc.

Ainda em outubro de 1855, Leonard Horner se queixa da resistência de numerosos fabricantes contra as determinações legais sobre dispositivos de segurança para eixos horizontais, apesar de o perigo ser continuamente demonstrado por acidentes, frequentemente fatais, e de o dispositivo de segurança não ser caro nem perturbar de maneira alguma a atividade (*Rep. Fact. Oct. 1855*, p. 6). Em tal resistência contra essa e outras determinações legais, os fabricantes foram apoiados de boa-fé pelos juízes de paz não remunerados, que, em geral eles mesmos fabricantes ou amigos destes, tinham de decidir sobre tais casos. Que espécie de veredicto era o desses senhores, disse o juiz superior Campbell em relação a um deles, contra o qual se apelou a ele: "Isto não é uma interpretação da lei do Parlamento, é simplesmente sua revogação" (ibid., p. 11). – No mesmo relatório, Horner

---

I "A questão toda merece séria consideração: de que modo esse *sacrifício de vida infantil ocasionado por trabalho aglomerado* pode ser mais bem evitado?" [N. T.]

conta que em muitas fábricas a maquinaria é posta em movimento sem avisar antes os trabalhadores. Como sempre há alguma coisa a ser feita na maquinaria parada, mãos e dedos sempre estão ocupados nela e continuamente ocorrem acidentes por essa simples omissão de um sinal (ibid., p. 44). Os fabricantes tinham constituído então um *trade union* [sindicato] para resistir à legislação fabril, a assim chamada "National Association for the Amendment of the Factory Laws", em Manchester, que, em março de 1855, por meio de contribuições de 2 xelins por cavalo-vapor, tinha reunido uma soma de mais de 50 000 libras esterlinas para com elas cobrir os custos processuais dos membros contra denúncias judiciais dos inspetores de fábricas e conduzir os processos por conta da associação. Tratava-se de demonstrar que *killing no murder*,[I] caso ocorra por amor ao lucro. O inspetor de fábrica para a Escócia, Sir John Kincaid, relata que uma firma em Glasgow colocou, com ferro velho, dispositivos de segurança em toda a maquinaria de sua fábrica, tendo isso lhe custado 9 libras esterlinas e 1 xelim. Caso ela tivesse aderido àquela associação, teria de pagar, por seus 110 cavalos-vapor, 11 libras esterlinas de contribuição, portanto mais do que lhe custaram instalações de segurança como um todo. A National Association foi, porém, criada em 1854 expressamente para resistir à lei que prescrevia tais dispositivos de segurança. Durante todo o período de 1844–54, os fabricantes não demonstraram o menor respeito pela lei. Por indicação de Palmerston, os inspetores de fábrica comunicaram aos fabricantes que agora a lei deveria ser levada a sério. Imediatamente os fabricantes fundaram sua associação, que tinha entre os membros mais destacados muitos juízes de paz, obrigados nessa condição a aplicar a própria lei. Quando em abril de 1855 o novo ministro do Interior, Sir George Grey, fez uma proposta de mediação, pela qual o governo pretendia dar-se por satisfeito com medidas de segurança quase só nominais, a associação repeliu também isso indignamente. Em diversos processos, o famoso engenheiro William Fairbairn prestou-se a pôr em jogo sua reputação como perito em favor da economia e da liberdade ferida do capital. O chefe de inspeção de fábrica, Leonard Horner, foi perseguido e caluniado de todas as maneiras pelos fabricantes.

Mas os fabricantes não descansaram enquanto não conseguiram um veredicto da Court of Queen's Bench[II] estabelecendo que a interpretação

---

I *Killing no murder* (matar não é assassinar). Título de um panfleto que apareceu na Inglaterra em 1657. O autor, o *leveller* Sexby, conclamava a que se matasse o Lorde Protetor Oliver Cromwell por ele ser um tirano cruel e apresentava tal ato como um serviço patriótico. [N. E. A.]

II Um dos mais antigos tribunais da Inglaterra. Até a reforma de 1873, era o supremo tribunal criminal e, ao mesmo tempo, a mais alta instância de apelada lei de 1844 não prescrevia dispositivos de segurança para eixos horizontais colocados a mais de 7 pés do solo. Por fim, em 1856, por meio do beato Wilson-Patten – uma dessas pessoas piedosas cujo exibicionismo religioso sempre se encontra disposto a fazer o trabalho sujo de agrado dos cavalheiros do saco de dinheiro –, conseguiram fazer passar uma lei no Parlamento com a qual podiam dar-se por satisfeitos naquelas circunstâncias. A lei retirava de fato dos trabalhadores toda proteção especial e os remetia, para a indenização de danos em acidentes com maquinaria, aos tribunais comuns (pura ironia, em vista dos custos judiciais na Inglaterra), enquanto, por outro lado, por meio de uma prescrição sutil quanto à perícia a ser realizada, tornava quase impossível ao fabricante perder o processo. A consequência foi o rápido aumento dos acidentes. No semestre de maio a outubro de 1858, o inspetor Baker teve um aumento de 21% nos acidentes só em relação ao semestre anterior. 36,7% de todos os acidentes podiam, de acordo com sua opinião, ter sido evitados. Todavia, em 1858 e 1859 o número de acidentes tinha diminuído significativamente em relação a 1845 e 1846, a saber, 29%, com aumento de 20% no número de trabalhadores nos ramos industriais sujeitos à inspeção. Como se explica isso? Até o ponto em que a disputa está resolvida até agora (1865), isso se explica principalmente pela introdução de nova maquinaria, na qual os dispositivos de segurança já estão colocados de antemão e o fabricante os aceita porque não lhe acarretam custos extras. Alguns trabalhadores também haviam conseguido em juízo pesadas indenizações para seus braços perdidos, tendo esses julgamentos sido confirmados até a mais alta instância (*Rep. Fact. 30 April 1861*, p. 31; *ditto, April 1862*, p. 17).

Basta isso sobre economia nos meios para a segurança da vida e dos membros dos trabalhadores (entre eles muitas crianças) diante dos perigos que surgem diretamente de seu emprego junto à maquinaria.

Trabalho em recintos fechados em geral. – Sabe-se o quanto a economia de espaço, e portanto de edificações, amontoa os trabalhadores em locais estreitos. A isso se acresce ainda economia nos meios de ventilação. Conjugadas ao tempo de trabalho prolongado, ambas produzem grande aumento das doenças dos órgãos respiratórios e, em decorrência, maior mortalidade. As seguintes ilustrações foram tomadas dos relatórios sobre *Public Health* [saúde pública], *6th Report, 1863*; o relatório foi compilado pelo Dr. John Simon, bem conhecido por nós de nosso Livro 1.

Assim como a combinação dos trabalhadores e sua cooperação é o que permite o emprego da maquinaria em larga escala, a concentração

---

ção em todas as questões criminais. Reunia-se sob a direção do rei. Hoje é uma repartição da suprema corte judicial do Direito Comum, da *High Court.* [N. E. A.]

dos meios de produção e a economia em seu emprego, assim também é esse trabalho conjunto em massa, em recintos fechados e em circunstâncias nas quais não é a saúde dos trabalhadores que é decisiva, e sim a elaboração facilitada do produto – é essa concentração em massa na mesma oficina, por um lado, fonte de lucro crescente para o capitalista, mas, por outro, se não compensa tanto por redução do tempo de trabalho como por medidas especiais de segurança, é ao mesmo tempo causa do desperdício da vida e da saúde dos trabalhadores.

O Dr. Simon estabelece como regra, que ele demonstra com grande quantidade de dados estatísticos:

> "Na mesma proporção em que a população de uma região depende de um trabalho em comum em recinto fechado, sobe, com as demais circunstâncias constantes, a taxa de mortalidade desse distrito devido a doenças pulmonares" (p. 23). A causa é a má ventilação. "E provavelmente em toda a Inglaterra não há nenhuma exceção à regra de que, em cada distrito que tenha uma indústria significativa em recintos fechados, a mortalidade multiplicada desses trabalhadores basta para colorir as estatísticas de mortalidade de todo o distrito com um excedente decisivo de doenças pulmonares" (p. 23).

Da estatística de mortalidade em relação a indústrias que funcionam em recintos fechados e que, em 1860 e 1861, foram examinadas pela repartição de saúde resulta: para o mesmo número de homens entre 15 e 55 anos de idade, para os quais, nos distritos agrícolas ingleses, há 100 casos de morte por tuberculose e outras doenças pulmonares, o número para uma mesma população de homens é: em Coventry, 163 mortes por tuberculose; em Blackburn e Skipton, 167; em Congleton e Bradford, 168; em Leicester, 171; em Leek, 182; em Macclesfield, 184; em Bolton, 190; em Nottingham, 192; em Rochdale, 193; em Derby, 198; em Salford e Ashton-under-Lyne, 203; em Leeds, 218; em Preston, 220; e, em Manchester, 263 (p. 24). A tabela seguinte dá um exemplo ainda mais incisivo. Ela dá os óbitos por doenças pulmonares, separadamente para os dois sexos, da idade de 15 a 25 anos e calculados para cada 100 000. Os distritos escolhidos são tais que só as mulheres são ocupadas em indústrias que funcionam em recintos fechados, enquanto os homens o são em todos os ramos possíveis de trabalho.

Nos distritos da indústria da seda, onde a participação dos homens no trabalho de fábrica é maior, também sua mortalidade é significativa. A taxa de mortalidade por tuberculose desvela aqui, como é dito no relatório,

> as atrozes (*atrocious*) condições sanitárias sob as quais grande parte de nossa indústria da seda é conduzida.

E essa é a mesma indústria da seda em que os fabricantes, apelando para as condições de saúde excepcionalmente favoráveis de sua atividade, pediram um tempo de trabalho excepcionalmente longo para as crianças com menos de 13 anos, o que em parte lhes foi concedido. (Livro 1, cap. 8, [parte] 6, pp. 294–95.)

Distrito	Indústria principal	Óbitos por doenças pulmonares entre 15 e 25 anos, calculados para cada 100 000	
		Homens	Mulheres
Berkhampstead	Trançar palha, executado por mulheres	219	578
Leighton Buzzard	Trançar palha, executado por mulheres	309	554
Newport Pagnell	Confecção de rendas, por mulheres	301	617
Towcester	Confecção de rendas, por mulheres	239	577
Yeovil	Luvaria, principalmente por mulheres	280	409
Leek	Indústria da seda, predominantemente mulheres	437	856
Congleton	Indústria da seda, predominantemente mulheres	566	790
Macclesfield	Indústria da seda, predominantemente mulheres	593	890
Zona rural sã	Agricultura	331	333

"Nenhuma das indústrias até agora investigadas certamente apresentou um quadro pior do que o Dr. Smith dá da alfaiataria. [...] As oficinas, diz ele, são muito diferentes em suas condições sanitárias; mas quase todas elas estão superlotadas, mal ventiladas e são altamente perniciosas à saúde. [...] Tais salas são, de qualquer modo, necessariamente quentes; mas quando o gás está aceso, como ocorre nos dias nevoentos e à noite durante o inverno, o calor sobe para 80 e até mesmo 90 graus," (Fahrenheit = 27–33 °C) "causando perspiração profusa e condensação do vapor nas vidraças, de modo que a água continuamente escorre ou goteja do teto e os trabalhadores são obrigados a deixar algumas janelas abertas, embora com isso inevitavelmente se resfriem. – E, da situação em 16 das oficinas mais significativas do West

End de Londres, ele dá a seguinte descrição: o maior espaço cúbico, nessas salas mal ventiladas, que cabe a cada trabalhador é de 270 pés cúbicos; o menor, 105 pés; na média de todas, apenas 156 pés por pessoa. Numa oficina, em torno da qual corre uma galeria e que é iluminada apenas do teto, estão ocupadas de 92 a até mais de 100 pessoas, e grande quantidade de bicos de gás arde; os urinóis estão na maior proximidade, o espaço não excede 150 pés cúbicos por pessoa. Em outra oficina, que só pode ser chamada de canil, num pátio iluminado do alto e ventilado apenas por uma pequena claraboia, trabalham de 5 a 6 pessoas num espaço de 112 pés cúbicos por pessoa." E "nessas oficinas infames (*atrocious*) que o Dr. Smith descreve, os alfaiates trabalham comumente de 12 a 13 horas do dia e, em certas épocas, o trabalho é continuado por 15 a 16 horas" (pp. 25, 26, 28).

Número de pessoas ocupadas	Ramos de atividade e localidade	Taxa de mortalidade por 100 000 na idade de		
		25–35	35–45	45–55
958 265	Agricultura, Inglaterra e País de Gales	743	805	1 145
22 301 homens e 12 377 mulheres	Alfaiates, Londres	958	1 262	2 093
13 803	Tipógrafos e impressores, Londres	894	1 747	2 367

É de observar, e de fato o foi por John Simon, chefe do departamento médico do qual emana o relatório, que, para a idade de 25–35 anos, a mortalidade que consta de alfaiates, tipógrafos e impressores em Londres é demasiado baixa, pois em ambos os ramos de atividade os mestres londrinos recebem do campo grande número de jovens (provavelmente até 30 anos de idade) como aprendizes e *improvers* [voluntários], isto é, para seu aperfeiçoamento ulterior. Eles aumentam o número dos ocupados, sobre o qual as taxas de mortalidade industrial para Londres têm de ser calculadas; mas não contribuem na mesma proporção para o número de óbitos em Londres, pois sua permanência lá é apenas temporária; caso adoeçam durante esse período, então voltam para casa, para a zona rural, e, caso faleçam, é lá que o óbito é registrado. Essa circunstância afeta ainda mais as faixas de idade mais jovens e torna as taxas londrinas de mortalidade para esses níveis completamente sem valor como medidas da insalubridade industrial (p. 30).

Similar ao caso dos alfaiates é o dos tipógrafos, para os quais, à falta de ventilação, ao empestamento do ar etc., ainda se acrescenta o trabalho noturno. Seu tempo de trabalho habitual dura de 12 a 13 horas, às vezes de 15 a 16.

> Calor intenso e ar sufocante assim que o gás é ligado. [...] Não é raro que vapores de uma fundição e fedor da maquinaria ou de fossas subam de andares inferiores, agravando o mal-estar do recinto superior. O ar aquecido dos andares inferiores esquenta os superiores pelo aquecimento do assoalho e, se os recintos com grande consumo de gás são baixos, esse é um grande mal. É ainda pior onde as caldeiras a vapor estão no andar de baixo e enchem a casa toda com calor indesejado. [...] De modo geral, pode ser dito que a ventilação é completamente defeituosa e totalmente insuficiente para remover o calor e os produtos da combustão do gás depois do pôr do sol e que em muitas oficinas, particularmente aquelas que antes eram habitações, a situação é extremamente deplorável. [...] Em algumas oficinas, especialmente de hebdomadários, onde também garotos de 12 a 16 anos são empregados, trabalha-se quase ininterruptamente durante dois dias e uma noite; enquanto em outras tipografias que se especializam em fazer trabalho 'urgente' o domingo também não dá descanso ao trabalhador e seus dias de trabalho se tornam 7 em vez de 6 a cada semana. (pp. 26, 28)

As modistas (*milliners and dressmakers*) já nos ocuparam no Livro 1, cap. 8, [parte] 3, pp. 265–66, em relação ao sobretrabalho. Seus locais de trabalho são descritos em nosso relatório pelo Dr. Ord. Ainda que sejam melhores durante o dia, nas horas em que é queimado gás estão superaquecidos, são fétidos (*foul*) e insalubres. Em 34 oficinas da melhor espécie, o Dr. Ord descobriu que o número médio de pés cúbicos de espaço para cada trabalhadora era:

> Em 4 casos, mais de 500; em 4 outros, de 400 a 500; em 5 [outros de 300 a 400; em 5 outros, de 250 a 300; em 7 outros] de 200 a 250; em 4, de 150 a 200; e, finalmente, em 9, só de 100 a 150. Mesmo o mais favorável desses casos mal basta para trabalho contínuo se o local não estiver perfeitamente ventilado. [...] Mesmo com boa ventilação, as oficinas ficam muito quentes e abafadas depois do escurecer por causa das muitas chamas de gás necessárias.

E eis aqui a observação do Dr. Ord sobre uma oficina por ele visitada, de classe inferior, operada por um intermediário (*middleman*):

> Um recinto, área em pés cúbicos, 1280; pessoas presentes, 14; espaço para cada uma, 91,5 pés cúbicos. As trabalhadoras aí pareciam esgotadas e esquálidas; seus salários foi dito serem de 7 a 15 xelins por semana, além de chá. [...] Horário de trabalho, das 8 às 20. O pequeno recinto em que essas 14 pessoas estavam amontoadas era mal ventilado. Havia duas janelas móveis e uma lareira, mas esta estava entupida; instalações específicas de ventilação não existiam [...]. (p. 27)

O mesmo relatório observa em relação ao sobretrabalho das modistas:

> O sobretrabalho de mulheres jovens em ateliês de costura (*fashionable* [da moda]) só prevalece aproximadamente 4 meses nesse grau monstruoso que, em muitas ocasiões, provocou momentaneamente a surpresa e a indignação do público; mas, durante esses meses, trabalha-se na oficina em regra 14 horas completas por dia e, em caso de encomendas urgentes acumuladas, trabalha-se de 17 a 18 horas por dias seguidos. Durante outras épocas do ano, trabalha-se na oficina provavelmente de 10 a 14 horas; as que trabalham em casa estão regularmente em atividade por 12 a 13 horas. Na confecção de sobretudos, colarinhos, camisas etc., inclusive no trabalho com máquina de costura, é menor o número de horas gastas na oficina em comum, em geral não mais de 10 a 12 horas; mas, diz o Dr. Ord, as horas de trabalho regulares estão sujeitas, em certas casas, em certas épocas, a considerável prolongamento mediante horas extras por pagamento extra e, em outras casas, trabalho é levado para casa a fim de ser aprontado depois das horas regulares de trabalho: tanto uma quanto a outra espécie de sobretrabalho, podemos acrescentar, são frequentemente compulsórias. (p. 28)

John Simon observa numa nota a essa página:

> Sr. Radcliffe, o secretário da Sociedade Epidemiológica, tendo tido oportunidades particularmente abundantes de verificar a saúde de modistas de casas de negócios de primeira classe, descobriu que, de cada 20 meninas que haviam dito estarem 'muito bem' apenas uma era sã; as restantes exibiam em vários níveis redução da capacidade física, esgotamento nervoso e numerosas perturbações funcionais oriundas daquelas condições. Ele indica como motivos: em primeira instância a duração de horas de trabalho, que ele estima ser no mínimo de 12 horas por dia, mesmo fora da temporada; e segundo [...] superlotação e má ventilação das oficinas, ar estragado por chamas de gás, alimentação insuficiente ou de má qualidade e falta de preocupação com conforto doméstico.

A conclusão a que chega o chefe da Repartição de Saúde inglesa é de que

> "para os trabalhadores é praticamente impossível insistir no que, em teoria, seria seu primeiro direito sanitário: o direito de que, qualquer que seja o trabalho para cuja execução seu empregador os reúna, esse trabalho em comum, à medida que dependa dele e à custa dele, seja separado de todas as circunstâncias desnecessárias perniciosas à saúde; e que, enquanto os próprios trabalhadores não estejam efetivamente em condições de conquistar para si essa justiça sanitária, tampouco podem, apesar da presumida inten-

ção do legislador, esperar qualquer assistência efetiva dos funcionários que devem executar as *Nuisances Removal Acts* [Leis de Remoção de Nocividades]" (p. 29). – "Sem dúvida, pode haver algumas pequenas dificuldades técnicas em determinar a fronteira exata a partir da qual os empregadores deverão ficar sujeitos a regulamentação. Mas [...] em princípio o direito à proteção à saúde é universal. E, no interesse de miríades de trabalhadores e trabalhadoras, cuja vida é infelicitada e encurtada sem necessidade pelo infinito sofrimento físico que sua mera ocupação produz, eu ouso expor a esperança de que as condições sanitárias do trabalho serão colocadas universalmente sob adequada proteção legal; ao menos a ponto de que a efetiva ventilação de todos os recintos fechados de trabalho seja assegurada e de que, em cada ramo de trabalho por natureza insalubre, a influência especificamente perigosa à saúde seja tanto quanto possível reduzida" (p. 31).

III. ECONOMIA NA GERAÇÃO DE FORÇA, TRANSMISSÃO DE FORÇA E EM EDIFICAÇÕES

Em seu relatório de outubro de 1852, L. Horner cita uma carta do famoso engenheiro James Nasmyth, de Patricroft, o inventor do martelo a vapor, na qual, entre outras coisas, consta:

> "O público está muito pouco familiarizado com o vasto acréscimo da força motriz que foi obtido por meio de tais mudanças de sistema e aperfeiçoamentos," (nas máquinas a vapor) "como aqueles aos quais aludo. A força mecânica de nosso distrito" (Lancashire) "esteve sob o pesadelo de uma tradição tímida e preconceituosa durante quase 40 anos, mas agora felizmente estamos emancipados. Durante os últimos 15 anos, mais especialmente no decorrer dos últimos 4 anos," (portanto desde 1848) "algumas mudanças muito importantes ocorreram no modo de funcionamento de máquinas condensadoras de vapor. [...] O êxito [...] foi que as mesmas máquinas realizavam uma quantidade muito maior de trabalho, e isso, ainda por cima, com uma redução muito significativa do consumo de carvão. [...] Durante grande número de anos, desde a introdução da força a vapor nas fábricas deste distrito, a velocidade que se cria poder [fazer] trabalhar máquinas condensadoras de vapor era de cerca de 220 pés de movimento do pistão por minuto; ou seja, uma máquina com decurso de pistão de 5 pés já estava limitada, por 'regra', a 22 revoluções do eixo de manivela. Não era considerado adequado fazer a máquina trabalhar mais depressa; e, como toda a aparelhagem estava adequada a essa velocidade de 220 pés de movimento do pistão por minuto, essa velocidade lenta e absurdamente restrita governou toda atividade durante muitos anos. Finalmente, porém, seja por afortunado desconhecimento da regra, seja por melhores razões da parte de

um ousado inovador, tentou-se uma velocidade maior e, como o resultado foi altamente favorável, o exemplo foi seguido por outros; deixou-se, como se diz, a máquina de rédea solta e se modificaram as rodas principais da aparelhagem de transmissão de tal modo que a máquina a vapor podia fazer 300 pés e até mais por minuto, enquanto a maquinaria foi mantida com sua velocidade antiga. [...] Essa aceleração da máquina a vapor é agora quase geral, pois se verificou que não só se obteve maior força útil da mesma máquina, mas que, devido ao momento maior do volante, o movimento também era muito mais regular. Com pressão do vapor e vácuo no condensador constantes, obtinha-se mais força mediante a simples aceleração do pistão. Podemos fazer com que, por exemplo, uma máquina a vapor que, a 200 pés por minuto, fornece 40 cavalos-vapor, mediante modificações adequadas, passe, com pressão do vapor e vácuo iguais, a 400 pés por minuto, e então teremos exatamente o dobro da força; e, como a pressão do vapor e o vácuo são, em ambos os casos, os mesmos, o esforço sobre as partes individuais da máquina, assim como o risco de 'acidentes', não aumenta essencialmente com o aumento de velocidade. Toda a diferença está em que consumimos mais vapor proporcionalmente ao movimento acelerado do pistão ou aproximadamente, e além disso haverá um pequeno aumento no desgaste dos mancais ou das peças de fricção, mas tão diminuto que pode ser desconsiderado. [...] Mas, a fim de obter da mesma máquina mais força por meio do movimento acelerado do pistão, é preciso queimar mais carvão debaixo da mesma caldeira ou empregar caldeiras com maior capacidade de vaporização, em suma, gerar mais vapor. Isso ocorreu, e caldeiras com maior capacidade de gerar vapor foram colocadas nas velhas máquinas 'aceleradas'; com isso, em muitos casos elas passaram a fornecer 100% de trabalho a mais. Por volta de 1842, a geração de força extraordinariamente barata das máquinas a vapor nas minas de Cornwall começou a chamar a atenção; a concorrência na fiação de algodão obrigou os fabricantes a procurar a fonte principal de seu lucro em 'economias'; a marcante diferença no consumo de carvão por hora e cavalo-vapor, que distinguia as máquinas de Cornwall, assim como o desempenho extraordinariamente econômico das máquinas de cilindro duplo de Woolf, levaram também em nosso distrito ao primeiro plano a economia de combustível. As máquinas de Cornwall e as de cilindro duplo forneciam um cavalo-vapor por hora para cada 3½ a 4 libras de carvão, enquanto as máquinas dos distritos algodoeiros consumiam de 8 a 12 libras por cavalo e por hora. Uma diferença tão significativa induziu os fabricantes e os construtores de máquinas de nosso distrito a alcançar, por meios semelhantes, resultados tão extraordinariamente econômicos que já eram comuns em Cornwall e na França, já que lá o alto preço do carvão havia compelido os fabricantes a limitar ao máximo esse ramo oneroso de seu negócio. Isso levou a resultados muito importantes. Primeiro; muitas caldeiras, das quais a metade da superfície havia sido, nos bons velhos tempos de altos lucros, exposta sem proteção ao ar frio externo, passaram a ser cobertas com grossas camadas de feltro, ou por tijolo e argamassa e outros meios, e assim se prevenia a irradiação do calor produzido com tanto custo. Tubulações de vapor foram protegidas da mesma maneira e também o cilindro passou a ser forrado com feltro e madeira. Em seguida veio o uso da alta pressão. Até então a válvula de segurança era regulada para se abrir com pressão do vapor de 4, 6 ou 8 libras por polegada quadrada; agora se verificou que, elevando a pressão para 14 ou 20 libras [...], uma economia muito significativa de carvão era alcançada; em outras palavras, o trabalho da fábrica era efetuado com significativa redução no consumo de carvão [...] e aqueles que tinham os meios e a ousadia para tanto levaram o sistema da pressão e da expansão aumentada a sua plena extensão, empregando caldeiras adequadamente construídas que forneciam vapor com pressão de 30, 40, 60 e 70 libras por polegada quadrada; uma pressão que teria derrubado de susto um engenheiro da escola antiga. Mas, como o resultado econômico desse aumento na pressão do vapor [...] logo apareceu na forma inconfundível de libras, xelins e pence, as caldeiras de alta pressão para máquinas condensadoras de vapor tornaram-se quase gerais. Aqueles que efetuaram a reforma radicalmente empregaram as máquinas de Woolf, e isso aconteceu na maioria das máquinas construídas ultimamente; a saber, as máquinas de Woolf com 2 cilindros, em um dos quais o vapor da caldeira exerce força graças ao excedente da pressão acima da atmosfera e, em vez de, como antigamente, após cada movimento do pistão escapar para o ar livre, passa para um cilindro de baixa pressão, com área mais ou menos quatro vezes maior, e, após expandir-se novamente aí, é conduzido para o condensador. O resultado econômico que se obtém com tais máquinas é o rendimento de um cavalo-vapor por hora para cada 3½ a 4 libras de carvão; enquanto, nas máquinas do sistema antigo, para tanto eram necessárias de 12 a 14 libras de carvão. Um arranjo engenhoso permitiu aplicar o sistema Woolf de cilindro duplo ou a máquina combinada de pressão alta e baixa a máquinas mais antigas já existentes, elevando assim seu rendimento com a simultânea diminuição no consumo de carvão. O mesmo resultado foi alcançado nos últimos 8-10 anos mediante a conexão de uma máquina de alta pressão com uma máquina condensadora, de modo que o vapor usado pela primeira passava à segunda e a punha em movimento. Esse sistema em muitos casos é útil."

"Não seria fácil obter um levantamento exato do aumento de rendimento de trabalho das mesmas e idênticas máquinas a vapor em que alguns ou todos esses novos aperfeiçoamentos estão aplicados. Estou, no entanto, certo de que, para o mesmo peso de maquinaria a vapor, nós obtemos agora ao menos 50% mais serviço ou trabalho em média e de que, em muitos casos, a mesma máquina a vapor que, ao tempo da velocidade limitada a 220 pés por minuto, dava 50 cavalos-vapor agora fornece mais de 100. Os resultados altamente econômicos da aplicação do vapor a alta pressão em máquinas condensa-

> doras, assim como as exigências muito maiores, feitas às máquinas a vapor mais antigas para fins de ampliação dos negócios, levaram nos últimos três anos à introdução de caldeiras tubulares e, consequentemente, diminuíram mais uma vez os custos de geração de vapor". (*Rep. Fact. Oct. 1852*, pp. 23-27)

O que é válido para a maquinaria geradora de força também o é para a de transmissão e a de trabalho.

> Os passos rápidos com que os aperfeiçoamentos na maquinaria se desenvolveram nos últimos poucos anos capacitaram os fabricantes a expandir a produção sem força motriz adicional. A aplicação mais econômica do trabalho tornou-se necessária pelo encurtamento da jornada de trabalho, e na maioria das fábricas bem dirigidas sempre se está à procura de caminhos pelos quais a produção poderia ser aumentada com gasto reduzido. Tenho ante mim um levantamento, que devo à gentileza de um cavalheiro muito inteligente de meu distrito, do número e idade dos trabalhadores ocupados em sua fábrica, das máquinas utilizadas e do salário pago no período de 1840 até agora. Em outubro de 1840, sua firma empregava 600 trabalhadores, dos quais 200 tinham menos de 13 anos de idade; em outubro de 1852, apenas 350 trabalhadores, dos quais apenas 60 com menos de 13 anos. O mesmo número de máquinas, com exceção de algumas poucas, estava em funcionamento e a mesma soma era paga em salários em ambos os anos. (Relatório de Redgrave em *Rep. Fact. Oct. 1852*, pp. 58-59)

Esses aperfeiçoamentos feitos nas máquinas só mostram seu efeito plenamente assim que são montados em novas edificações fabris, apropriadamente construídas.

> Com referência ao aperfeiçoamento na maquinaria, devo observar que, antes de tudo, foi feito grande progresso na construção de fábricas que são apropriadas para a montagem dessa maquinaria nova. [...] No andar térreo, torço todo o meu fio e só aí, nesse andar, monto 29 000 fusos de torcer. Só nesse recinto e no galpão obtenho uma economia de trabalho de ao menos 10%; não tanto em virtude de aperfeiçoamentos no sistema de torção do fio, mas pela concentração da maquinaria sob uma única direção; e eu posso mover o mesmo número de fusos com um único eixo de transmissão, de modo que, em relação a outras firmas, poupo de 60 a 80% em transmissão de impulsos. Além do mais, isso acarreta grande economia de óleo, graxa etc. [...] em suma, com a instalação mais aperfeiçoada da fábrica e maquinaria melhorada, tenho, calculando por baixo, economizado 10% em trabalho e, além disso, tenho grande economia de força, carvão, óleo, sebo, eixos de transmissão e correias etc. (Declarações de um fiandeiro de algodão. *Rep. Fact. Oct. 1863*, pp. 109-10)

IV. APROVEITAMENTO DOS EXCREMENTOS DA PRODUÇÃO

Com o modo de produção capitalista, amplia-se a utilização dos excrementos da produção e do consumo. Pelos primeiros entendemos os resíduos da indústria e da agricultura, enquanto pelos últimos entendemos em parte os excrementos oriundos do metabolismo natural do ser humano, em parte a forma em que sobram os objetos de consumo depois de terem sido consumidos. Excrementos da produção são, portanto, na indústria química, os produtos secundários que, na produção em pequena escala, se perdem; as limalhas de ferro que sobram da fabricação de máquinas e que voltam a entrar como matéria-prima na produção de ferro etc. Excrementos do consumo são os materiais naturalmente eliminados pelos seres humanos, restos de roupas em forma de trapos etc. Os excrementos do consumo são mais importantes para a agricultura. Em relação a sua utilização, na economia capitalista, ocorre um desperdício colossal; em Londres, por exemplo, ela não sabe fazer com o adubo de 4½ milhões de pessoas nada melhor do que usá-lo, com custos enormes, para empestar o Tâmisa.

O encarecimento das matérias-primas constitui, naturalmente, incentivo para a utilização dos resíduos.

No todo, as condições dessa reutilização são: a disponibilidade em massa de tais excrementos, que resulta apenas de trabalho em larga escala; melhoria da maquinaria, com a qual materiais que antes, em sua forma dada, não eram utilizáveis são transfigurados para servirem à nova produção; progresso da ciência, especialmente da Química, que descobre as propriedades utilizáveis de tais resíduos. Todavia, também na pequena agricultura, praticada em escala de jardinagem, como, por exemplo, na Lombardia, no sul da China e no Japão, ocorre grande economia dessa espécie. No todo, porém, nesse sistema a produtividade da agricultura é alcançada mediante grande desperdício de força de trabalho humana, que é subtraída a outras esferas da produção.

Os assim chamados resíduos desempenham papel significativo praticamente em cada indústria. Assim, no relatório fabril de outubro de 1863, é dada como uma das principais razões de tanto na Inglaterra quanto em muitas partes da Irlanda os arrendatários só plantarem linho com má vontade e raramente:

> "A grande quantidade de resíduos [...] que ocorre no preparo do linho nas fabriquetas de assedagem movidas por força hidráulica (*scutch mills*). [...] O resíduo do algodão é comparativamente pequeno, mas o do linho é muito grande. Bom tratamento ao curti-lo em água e assedagem mecânica podem limitar significativamente essa desvantagem. [...] Na Irlanda, o linho é assedado da maneira mais vergonhosa, de modo que se perdem 28-30%",

podendo tudo ser evitado pela utilização de maquinaria melhor. A estopa sobrava em tal volume que o inspetor de fábrica diz:

> Por algumas das fábricas de assedagem na Irlanda fui informado de que os assedadores empregavam frequentemente em casa o resíduo produzido lá, em seus fogões, como combustível, embora ainda fosse muito valioso. (Ibid., p. 140)

Do resíduo de algodão tratar-se-á mais abaixo, onde examinamos as oscilações de preço da matéria-prima.

A indústria da lã foi mais esperta do que a de preparação do linho.

> Antigamente era costumeiro considerar de má fama a preparação dos resíduos de lã e dos trapos de lã para voltarem a ser processados, mas o preconceito desapareceu completamente em relação ao *shoddy trade* (indústria da lã artificial), que se tornou um importante ramo do distrito de lã de Yorkshire, e, indubitavelmente, também o negócio dos resíduos de algodão ocupará em breve o mesmo lugar como um ramo de negócio que supre uma necessidade reconhecida. Há 30 anos, trapos de lã, isto é, peças de tecido inteiramente de lã etc., valiam em média cerca de 4 libras esterlinas e 4 xelins a tonelada; nos últimos anos, passaram a valer 44 libras esterlinas a tonelada. E a demanda cresceu tanto que também tecidos mistos, de lã e algodão, são utilizados, ao se encontrarem meios de destruir o algodão sem prejudicar a lã; e, agora, há milhares de trabalhadores ocupados na fabricação de *shoddy*, e o consumidor tira grande vantagem disso ao poder, agora, comprar tecido de, em média, boa qualidade, a preço bastante moderado. (*Rep. Fact. Oct. 1863*, p. 107)

A lã artificial assim remoçada já ascendia, ao final de 1862, a um terço de todo o consumo de lã da indústria inglesa (*Rep. Fact. Oct. 1862*, p. 81). A "grande vantagem" para o "consumidor" consiste em que suas roupas de lã só precisam de um terço do tempo anterior para se desgastarem e de um sexto para ficarem esgarçadas.

A indústria inglesa da seda se movimentou pela mesma trilha descendente. De 1839 a 1862, o consumo de seda crua genuína diminuiu um tanto, enquanto o dos resíduos de seda dobrou. Com maquinaria aperfeiçoada, estava-se em condições de fabricar, a partir desse material bastante desvalorizado em outros lugares, uma seda utilizável para muitos fins.

O exemplo mais contundente de utilização de resíduos é oferecido pela indústria química. Ela não só utiliza seus próprios resíduos, ao descobrir nova aplicação para eles, mas também os das mais diversas indústrias, transformando, por exemplo, o gás de alcatrão, anteriormente quase inútil, em corantes de anilina, rubiacina (alizarina) e, recentemente, também em medicamentos.

Dessa economia dos excrementos da produção mediante sua reutilização, é preciso distinguir a economia na produção de resíduos, portanto a redução dos excrementos da produção a seu mínimo, e a utilização direta, até o máximo, de todas as matérias-primas e materiais auxiliares que entram na produção.

A economia de resíduos é em parte condicionada pela qualidade da maquinaria empregada. Óleo, sabão etc. são poupados na proporção em que as partes mecânicas estão ajustadas de modo mais exato e mais bem polidas. Isso se refere aos materiais auxiliares. Em parte, porém, e isto é o mais importante, depende da qualidade das máquinas e das ferramentas empregadas se uma parte maior ou menor da matéria-prima se transforma no processo de produção em resíduo. Por fim, isso depende da qualidade da própria matéria-prima. Esta, por sua vez, é condicionada em parte pelo desenvolvimento da indústria extrativa e da agricultura, que a produzem (do progresso da cultura no sentido próprio), em parte pelo aperfeiçoamento dos processos pelos quais a matéria-prima passa antes de seu ingresso na manufatura.

> Parmentier demonstrou que, desde uma época não muito distante, por exemplo a época de Luís XIV, a arte de moer grãos se aperfeiçoou na França de modo muito significativo, de maneira que os novos moinhos, se comparados com os antigos, podem, da mesma quantidade de grão, fornecer até metade a mais de pão. De fato, o consumo anual de um habitante de Paris tinha sido inicialmente calculado em 4 *setiers* de grão, depois em 3, finalmente em 2, sendo hoje de apenas 1⅓ *setier*, ou cerca de 342 libras *per capita*. [...] Em Perche, onde vivi longamente, os moinhos rudemente construídos, com mós de granito e rocha de Trapp, foram reconstruídos de acordo com as regras da mecânica, que em 30 anos tanto progrediu. Eles foram providos com boas mós de La Ferté, moeu-se o grão duas vezes, imprimiu-se um movimento circular à peneira e o produto em farinha para a mesma quantidade de grão aumentou em ⅙. Explico facilmente a enorme desproporção no consumo diário de grão entre os romanos e entre nós; todo o motivo está simplesmente na imperfeição dos procedimentos na moagem e na panificação. Assim devo também explicar um fato notável, que Plínio, XVIII, capítulo 20, [parte] 2, menciona "A farinha era vendida em Roma, dependendo de sua qualidade, por 40, 48 ou 96 *asses* o *modius*. Esses preços, tão elevados em relação aos preços contemporâneos dos grãos, se explicam pela imperfeição dos moinhos, que então ainda estavam em sua infância, e pelo elevado custo, daí resultante, da moagem". (Dureau de la Malle, *Économie politique des romains*. Paris, 1840. I, pp. 280–81)

V. ECONOMIA MEDIANTE INVENÇÕES

Essas economias na aplicação do capital fixo são, como já foi dito, o resultado do fato de as condições de trabalho serem empregadas em larga escala, em suma, de servirem como condições de trabalho diretamente social, socializado, ou de cooperação direta dentro do processo de produção. Essa é, em parte, a condição sem a qual os inventos mecânicos e químicos não podem ser aplicados sem encarecer o preço das mercadorias, e essa é sempre uma *conditio sine qua non*. Em parte, só com produção em larga escala são possíveis as economias que fluem do consumo produtivo em comum. Mas, por fim, só a experiência do trabalhador combinado descobre e mostra onde e como economizar, como efetivar de modo mais simples as descobertas já feitas, quais os obstáculos que precisam ser superados na efetivação da teoria – sua aplicação no processo de produção – etc.

Diga-se de passagem que é preciso diferenciar entre trabalho geral e trabalho em comum. Ambos desempenham seu papel no processo de produção, ambos se confundem, mas ambos também se distinguem. Trabalho geral é todo trabalho científico, toda descoberta, todo invento. É condicionado em parte pela cooperação com viventes, em parte pela utilização dos trabalhos de antecessores. O trabalho em comum supõe a cooperação direta dos indivíduos.

O que foi dito acima é confirmado pelo frequentemente observado:

1) A grande diferença entre os custos da primeira construção de uma nova máquina e os de sua reprodução; sobre isso, veja-se Ure e Babbage.[I]

2) Os custos muito maiores com que, de modo geral, é operado um estabelecimento baseado em novas invenções, comparado com os do estabelecimento posterior, que se ergue sobre suas ruínas, *ex suis ossibus* [de seus ossos]. Isso vai até o ponto de os primeiros empresários geralmente abrirem falência e só florescerem os posteriores, a cujas mãos prédios, maquinaria etc. chegam mais baratos. Por isso, geralmente é a espécie menos valiosa e mais miserável de capitalistas monetários que tira o maior lucro de todos os novos desenvolvimentos do trabalho geral do espírito humano e de sua aplicação social pelo trabalho combinado.

I Andrew Ure, *The Philosophy of Manufactures: Or, an Exposition of the Scientific, Moral and Commercial Economy of the Factory System of Great Britain*. London, 1835. Charles Babbage, *On the Economy of Machinery and Manufactures*. London, 1832, pp. 280-81. [N. E. A.]

CAPÍTULO 6

O EFEITO DA MUDANÇA DOS PREÇOS

I. OSCILAÇÕES DE PREÇO DA MATÉRIA-PRIMA E SEUS EFEITOS DIRETOS SOBRE A TAXA DE LUCRO

Pressupomos aqui, como até agora, que não haja nenhuma variação na taxa de mais-valia. Esse pressuposto é necessário para podermos examinar o caso em sua forma pura. Seria possível, entretanto, que com taxa de mais-valia constante um capital ocupasse número crescente ou decrescente de trabalhadores, em virtude da contração ou expansão nele causada pelas oscilações de preço da matéria-prima, a serem consideradas aqui. Nesse caso, poderia variar a massa de mais-valia, com taxa de mais-valia constante. Entretanto, também esse caso sendo incidental, deve aqui ser deixado de lado. Se o aperfeiçoamento da maquinaria e a mudança de preço da matéria-prima atuam simultaneamente, seja sobre a massa dos trabalhadores ocupados por dado capital, seja sobre o nível do salário, basta considerar em conjunto: 1) o efeito que a variação do capital constante exerce sobre a taxa de lucro, e 2) o efeito que a variação dos salários exerce sobre a taxa de lucro; o resultado então surge por si mesmo.

Mas cabe observar aqui, em geral, como no caso anterior: se ocorrem variações, seja em consequência de economia no capital constante, seja em consequência de oscilações de preço da matéria-prima, elas afetarão sempre a taxa de lucro, mesmo quando não atingem, de modo algum, o salário, nem, por conseguinte, a taxa e a massa de mais-valia. Elas modificam em $mv'\frac{v}{C}$ a grandeza de C e, assim, o valor de toda a fração. Portanto, também aqui é totalmente indiferente – ao contrário do que se verificou na consideração da mais-valia – em que esferas da produção ocorrem essas variações, se os ramos industriais afetados por elas produzem, ou não, meios de subsistência para os trabalhadores, ou seja, capital constante para a produção de tais meios de subsistência. O que desenvolvemos aqui vale, do mesmo modo, para as variações que ocorrem nas produções de luxo, e entendemos aqui por produto de luxo toda produção que não é exigida para a reprodução da força de trabalho.

Entre as matérias-primas se incluem aqui também os materiais auxiliares, tais como índigo, carvão, gás etc. Além disso, na medida em que a maquinaria é considerada nessa rubrica, sua matéria-prima consiste em ferro, madeira, couro etc. Seu próprio preço é, portanto, afetado pelas oscilações de preço da matéria-prima que entra em sua construção.

À medida que seu preço aumenta em virtude das oscilações de preço, seja da matéria-prima, em que consiste, seja do material auxiliar, que seu funcionamento consome, cai *pro tanto* a taxa de lucro. E vice-versa.

Nas análises que seguem, limitar-nos-emos a oscilações de preço da matéria-prima, não à medida que entra como matéria-prima da maquinaria, que funciona como meio de trabalho, ou como material auxiliar em sua aplicação, mas como matéria-prima no processo de produção da mercadoria. Apenas o seguinte deve ser observado aqui: a riqueza natural em ferro, carvão, madeira etc., elementos principais na construção e no emprego da maquinaria, aparece aqui como fertilidade naturalmente desenvolvida do capital e constitui um elemento na determinação da taxa de lucro, independentemente de o nível do salário ser alto ou baixo.

Sendo a taxa de lucro $\frac{mv}{C}$ ou $= \frac{c+v}{mv}$, é claro que tudo o que causa uma variação na grandeza de c e, por conseguinte, na de C, provoca também uma variação na taxa de lucro, mesmo quando permanecem invariáveis mv e v e sua relação recíproca. A matéria-prima constitui, porém, parte fundamental do capital constante. Mesmo em ramos industriais que não utilizam matéria-prima propriamente dita, ela entra como material auxiliar ou como componente da máquina etc. e influencia, assim, suas oscilações de preço e *pro tanto* a taxa de lucro. Se o preço da matéria-prima cair de uma soma $= d$, $\frac{mv}{C}$ ou $\frac{mv}{c+v}$ passa a $\frac{mv}{C-d}$ ou $\frac{mv}{(c-d)+v}$. Aumenta, portanto, a taxa de lucro. Ao contrário, se subir o preço da matéria-prima, $\frac{mv}{C}$ ou $\frac{mv}{c+v}$ se transforma em $\frac{mv}{C+d}$ ou $\frac{mv}{(c+d)+v}$; por conseguinte, cai a taxa de lucro. Com as demais circunstâncias constantes, a taxa de lucro cai ou sobe em sentido inverso ao preço da matéria-prima. Resulta daí, entre outras coisas, quão importante é para os países industriais o preço baixo da matéria-prima, mesmo se as oscilações no preço da matéria-prima não fossem acompanhadas por mudanças na esfera de venda do produto, portanto abstraindo inteiramente a relação entre demanda e oferta. Resulta ainda que o comércio exterior influi na taxa de lucro, mesmo abstraindo toda a influência que tenha sobre o salário mediante barateamento dos meios de subsistência necessários. É porque ele afeta os preços de matérias-primas e materiais auxiliares utilizados na indústria ou na agricultura. Deve-se à compreensão ainda muito defeituosa da natureza da taxa de lucro e da diferença específica entre ela e a taxa de mais-valia se, por um lado, os economistas que ressaltam a considerável influência, verificada pela experiência prática, dos preços da matéria-prima sobre a taxa de lucro a explicam teoricamente de maneira inteiramente falsa (Torrens),[I] enquanto,

---

I Robert Torrens, *An Essay on the Production of Wealth*. London, 1821, pp. 28 ss. (Cf. também K. Marx, *Theorien über den Mehrwert* [*Teorias da mais-valia*], Parte III.) [N. E. A.]

por outro lado, os economistas que se atêm aos princípios gerais, como Ricardo,[I] desconhecem, por exemplo, a influência do comércio mundial sobre a taxa de lucro.

Compreende-se, portanto, a grande importância, para a indústria, da revogação ou redução das taxas aduaneiras sobre matérias-primas; deixá-las entrar da maneira mais livre possível já era, portanto, a doutrina fundamental do sistema protecionista mais racionalmente desenvolvido. Este era, além da extinção das taxas aduaneiras sobre os cereais,[II] a menina dos olhos dos *free traders* [livre-cambistas] ingleses, que antes de mais nada cuidaram para que também as taxas aduaneiras sobre o algodão fossem eliminadas.

Como exemplo da importância da redução dos preços não de uma autêntica matéria-prima, mas de um material auxiliar, que, no entanto, é ao mesmo tempo elemento principal da alimentação, pode servir o emprego da farinha na indústria algodoeira. Já em 1837, R. H. Greg[13] calculava que os 100 000 teares a vapor e os 250 000 teares manuais da tecelagem do algodão que funcionavam então na Grã-Bretanha consumiam anualmente 41 milhões de libras-peso de farinha para alisar a urdidura. A isso se somava mais um terço dessa quantidade em branqueamento e em outros processos. Calculava-se o valor total da farinha assim consumida em 342 000 libras esterlinas por ano para os últimos 10 anos. A comparação com os preços da farinha no continente mostrou que somente o aumento do preço da farinha imposto aos fabricantes pelas taxas aduaneiras sobre os cereais havia sido de 170 000 libras esterlinas por ano. Para o ano de 1837, Greg estima esse aumento em pelo menos 200 000 libras esterlinas e fala de uma firma para a qual o aumento do preço da farinha atingia 1 000 libras esterlinas por ano. Consequentemente,

> grandes fabricantes, homens de negócios cuidadosos e calculistas, disseram que 10 horas de trabalho diário seriam totalmente suficientes, se fossem abolidas as tarifas sobre os cereais. (*Rep. Fact. Oct. 1848*, p. 98)

I David Ricardo, *On the Principles of Political Economy, and Taxation*, 3ª ed. London, 1821, pp. 131-38. [N. E. A.]

II As leis dos cereais, promulgadas na Inglaterra em 1815, estabeleceram altas taxas de importação sobre os cereais e proibiram sua importação quando o preço interno de 1 *quarter* se cotava em menos de 80 xelins. Essas leis dos cereais, que agravaram extremamente a situação das camadas mais pobres da população, eram também desvantajosas para a burguesia industrial, pois encareciam a força de trabalho, diminuíam a capacidade de absorção do mercado interno e travavam o desenvolvimento do comércio exterior. Foram abolidas em 1846, depois de uma luta de muitos anos entre os latifundiários e a burguesia. [N. E. A.]

As tarifas sobre os cereais foram abolidas; além disso, a tarifa sobre o algodão e outras matérias-primas; mas, tão logo isso foi conseguido, a oposição dos fabricantes contra a lei das dez horas tornou-se mais intensa que nunca. E quando, apesar disso, a jornada de dez horas nas fábricas, logo em seguida, se tornou lei, a primeira consequência foi a tentativa de redução geral dos salários.[I]

O valor de matérias-primas e materiais auxiliares entra por inteiro e de uma vez no valor do produto em cuja fabricação são consumidos, enquanto o valor dos elementos do capital fixo entra no produto apenas na medida de seu desgaste, portanto só gradualmente. Segue daí que o preço do produto é afetado em grau muito maior pelo preço da matéria-prima do que pelo do capital fixo, embora a taxa de lucro seja determinada pela soma total de valor do capital aplicado, não importando quanto dele foi consumido ou não. É claro, porém – o que só mencionamos de passagem, uma vez que supomos ainda que as mercadorias sejam vendidas por seu valor, não nos interessando, ainda, as oscilações de preço causadas pela concorrência –, que a expansão ou contração do mercado depende do preço da mercadoria individual e está em razão inversa à subida ou queda desse preço. Na realidade, por isso, vemos que, ao subir o preço da matéria-prima, o preço do artigo fabricado não sobe na mesma proporção que aquele, nem cai na mesma proporção ao cair o preço da matéria-prima. Por isso, a taxa de lucro, num caso, cai mais e, em outro, sobe mais do que se as mercadorias se vendessem por seu valor.

Além disso: massa e valor da maquinaria empregada crescem com o desenvolvimento da força produtiva do trabalho, mas não na mesma proporção em que essa força produtiva cresce, isto é, em que essa maquinaria fornece um produto aumentado. Nos ramos industriais, portanto, em que entra ao todo matéria-prima, ou seja, onde o próprio objeto de trabalho já é produto de trabalho anterior, a força produtiva crescente do trabalho expressa-se justamente na proporção em que maior *quantum* de matéria-prima absorve determinado *quantum* de trabalho, portanto na massa crescente de matéria-prima que em uma hora de trabalho, por exemplo, é transformada em produto ou processada até se tornar mercadoria. Na proporção, pois, em que a produtividade do trabalho se desenvolve, o valor da matéria-prima constitui um componente sempre crescente do valor do produto-mercadoria, não apenas porque entra nele por inteiro, mas porque em cada parte alíquota do produto total a parte que representa a depreciação da maquinaria e a parte formada pelo novo trabalho agregado vão constantemente diminuindo. Em virtude desse movimento descendente, aumenta proporcionalmente a outra parte de

---

I K. Marx, *O capital*, Livro 1, op. cit., pp. 286–89. [N. E. B.]

valor, constituída pela matéria-prima, se esse crescimento não for superado por um acréscimo correspondente de valor por parte da matéria-prima, oriundo do acréscimo da produtividade do trabalho empregado em sua própria produção.

Além disso: visto que as matérias-primas e os materiais auxiliares, tal como o salário, constituem componentes do capital circulante, tendo, portanto, de ser constantemente repostos por inteiro a partir de cada venda do produto, enquanto da maquinaria só tem de ser reposta a depreciação, e ainda de início sob a forma de um fundo de reserva – não sendo de fato, de modo algum, tão essencial, nesse caso, que cada venda individual contribua com sua cota para esse fundo, desde que a venda anual inteira forneça sua cota anual para tanto –, verifica-se aqui novamente como uma alta no preço da matéria-prima pode truncar ou inibir todo o processo de reprodução, ao fazer com que o preço obtido pela venda da mercadoria não seja suficiente para repor todos os elementos da mercadoria; ou ao tornar impossível prosseguir o processo em escala adequada à sua base técnica, de modo que apenas parte da maquinaria pode ser ocupada ou a maquinaria toda não pode trabalhar durante todo o tempo costumeiro.

Finalmente, os custos causados por resíduos variam em razão direta com as oscilações de preço da matéria-prima, subindo quando este sobe e caindo quando este cai. Mas também aí há um limite. Em 1850, dizia-se ainda:

> Há uma fonte de perda considerável decorrente da elevação de preço da matéria-prima e que dificilmente seria notada por quem não fosse fiandeiro prático, a saber, a perda causada pelo resíduo. Informam-me que, quando o algodão sobe, os custos para o fiandeiro, especialmente o que elabora as qualidades inferiores, aumentam em proporção maior do que a indicada pelo acréscimo do preço pago. O resíduo na fiação de fios grosseiros eleva-se bem a 15%; se essa taxa causa, portanto, uma perda de ½ pêni por libra com o preço do algodão a 3½ pence por libra, a perda subirá a 1 pêni assim que o algodão se elevar a 7 pence por libra. (*Rep. Fact. April 1850*, p. 17)

Mas, quando, em consequência da Guerra Civil Americana, o algodão se elevou a preços que não se viam há quase 100 anos, mudou totalmente o teor do relatório:

> O preço atualmente pago pelo resíduo do algodão e o reaproveitamento do resíduo na fábrica, como matéria-prima, compensam de certa forma a diferença na perda por resíduo, entre o algodão indiano e o americano. Essa diferença é de cerca de 12½%. A perda na elaboração de algodão indiano é de 25%, de maneira que o algodão, na realidade, custa ao fiandeiro ¼ mais do que

paga por ele. A perda por resíduo não era tão importante quando o algodão americano custava 5 ou 6 pence por libra, pois ela ultrapassava ¾ de pêni por libra; mas é muito importante agora que a libra de algodão custa 2 xelins e a perda por resíduo monta, portanto, a 6 pence.[14] (*Rep. Fact. Oct. 1863*, p. 106)

II. ALTA DO VALOR E DESVALORIZAÇÃO, LIBERAÇÃO E VINCULAÇÃO DE CAPITAL

Os fenômenos que examinamos neste capítulo pressupõem, para seu pleno desenvolvimento, o sistema de crédito e a concorrência no mercado mundial, o qual constitui, de maneira geral, a base e a atmosfera vital do modo de produção capitalista. Mas essas formas mais concretas da produção capitalista só podem ser apresentadas compreensivelmente depois que a natureza geral do capital for compreendida; além disso, sua exposição está fora do plano de nossa obra e pertence a sua continuação eventual. Não obstante, pode-se tratar aqui em termos gerais dos fenômenos mencionados no título acima. Relacionam-se, primeiro, entre si e, segundo, tanto com a taxa como com a massa de lucro. Convém desde já expô-los também brevemente porque dão a aparência de que não apenas a taxa, mas também a massa de lucro – que, de fato, é idêntica à massa de mais-valia – pode crescer ou decrescer independentemente dos movimentos da mais-valia, seja de sua massa ou de sua taxa.

Devem liberação e vinculação do capital, por um lado, e alta de valor e desvalorização, por outro, ser consideradas fenômenos distintos?

Pergunta-se, primeiramente: que entendemos por liberação e vinculação de capital? Alta de valor e desvalorização se entendem por si mesmas. Significam apenas que o capital existente, em consequência de quaisquer circunstâncias econômicas gerais – pois não se trata dos destinos particulares de um capital privado qualquer –, cresce ou decresce em valor; que, portanto, o valor do capital adiantado à produção, abstraindo sua valorização pelo mais-trabalho por ele empregado, sobe ou cai.

Por vinculação de capital entendemos que determinadas proporções do valor total do produto têm de ser retransformadas novamente nos elementos do capital constante ou variável para que a produção possa continuar na escala antiga. Por liberação de capital entendemos que parte do valor total do produto, que até agora necessariamente tinha de ser retransformada em capital constante ou variável, torna-se disponível ou redundante, se se pretende prosseguir com a produção dentro dos limites da escala antiga. Essa liberação ou vinculação de capital difere da liberação ou vinculação de *revenue*. Se a mais-valia anual para um capital C for, por exemplo, $= x$, poderá ocorrer que, em virtude de um barateamento das mercadorias que entram no consumo dos capitalistas, baste

$x - a$ para proporcionar-lhes a mesma massa de satisfações etc. que antes. Libera-se, portanto, parte da *revenue* $= a$, a qual pode servir agora para o aumento do consumo ou para a retransformação em capital (acumulação). Ao contrário: se for exigido $x + a$ para manter o mesmo padrão de vida, este tem de ser reduzido ou parte da renda $= a$, a qual antes foi acumulada, tem de ser gasta como *revenue*.

A alta de valor e a desvalorização podem afetar o capital constante, o variável ou ambos, e, quanto ao capital constante, pode se relacionar, por sua vez, à parte fixa ou à circulante ou a ambas.

Quanto ao capital constante, há que considerar: matérias-primas e materiais auxiliares, a que pertencem também produtos semiacabados, que englobamos aqui sob o nome de matérias-primas, maquinaria e outras formas de capital fixo.

Examinamos acima especialmente variações no preço, ou no valor, da matéria-prima com respeito a sua influência sobre a taxa de lucro, estabelecendo a lei geral de que, com as demais circunstâncias constantes, a taxa de lucro está em razão inversa ao valor da matéria-prima. E isso é absolutamente correto para o capital recém-engajado num negócio, onde, portanto, o investimento de capital, a transformação de dinheiro em capital produtivo, tem lugar pela primeira vez.

Mas, abstraindo esse capital que se encontra em investimento novo, grande parte do capital já em funcionamento está na esfera da circulação, enquanto outra parte se encontra na esfera da produção. Parte está no mercado como mercadoria e deve ser transformada em dinheiro; outra parte existe como dinheiro, seja qual for a forma, e deve ser retransformada nas condições de produção; uma terceira parte, finalmente, se acha na esfera da produção, em parte sob a forma original de meios de produção, matéria-prima, material auxiliar, produto semiacabado adquirido no mercado, maquinaria e outras formas de capital fixo, em parte como produto que ainda está no processo de fabricação. O efeito da alta de valor ou desvalorização depende muito, aqui, da proporção entre essas duas partes. Deixemos de lado, por ora, para simplificar o problema, todo o capital fixo e consideremos apenas a parte do capital constante que consiste em matérias-primas, materiais auxiliares, produtos semiacabados e mercadorias em elaboração, ou que se encontram prontas no mercado.

Se subir o preço da matéria-prima, por exemplo do algodão, subirá também o preço dos artigos de algodão – dos produtos semiacabados, como fios, e das mercadorias prontas, como tecidos etc. –, os quais foram fabricados com algodão mais barato; do mesmo modo, elevar-se-á o valor do algodão ainda não elaborado, em estoque, e o do que está ainda em processamento. Este último, ao tornar-se, retroativamente, expressão de mais tempo de trabalho, agrega ao produto em que entra como componente um valor mais elevado do que ele mesmo originalmente possuía e do que o capitalista pagou por ele.

Se, portanto, uma elevação no preço da matéria-prima coincide com a existência no mercado de uma massa considerável de mercadorias acabadas, seja qual for seu grau de elaboração, então o valor dessas mercadorias sobe e, em consequência, tem lugar um aumento no valor do capital existente. O mesmo vale para os estoques de matéria-prima etc. existentes nas mãos dos produtores. Essa alta de valor pode indenizar, ou mais do que indenizar, o capitalista individual ou toda uma esfera particular da produção do capital, pela queda da taxa de lucro, que resulta da elevação do preço da matéria-prima. Sem entrar aqui nos pormenores dos efeitos da concorrência, podemos, para completar a exposição, observar que 1) se os estoques de matéria-prima armazenada são importantes, podem contrabalançar a elevação de preço ocorrida na fonte de produção das matérias-primas, e 2) se as mercadorias acabadas ou semiacabadas se encontram no mercado em excesso, impedem que o preço das mercadorias acabadas e semiacabadas aumente proporcionalmente ao preço de sua matéria-prima.

O contrário ocorre com a queda do preço da matéria-prima, a qual, com as demais circunstâncias constantes, eleva a taxa de lucro. Desvalorizam-se as mercadorias existentes no mercado, os artigos ainda em elaboração e os estoques de matéria-prima e, assim, contrabalançam a elevação simultânea da taxa de lucro.

Quanto mais reduzidos, por exemplo, no fim do ano comercial, quando são fornecidas grandes massas de novas matérias-primas, portanto no caso de produtos agrícolas após a colheita, os estoques existentes na esfera da produção e no mercado, tanto mais claramente sobressai o efeito de uma alteração de preço da matéria-prima.

Em toda a nossa investigação partimos do pressuposto de que a alta e a baixa dos preços são expressões de oscilações reais de valor. Mas, como se trata aqui do efeito que essas oscilações dos preços exercem sobre a taxa de lucro, é de fato indiferente o que as causa; o desenvolvido aqui é, portanto, igualmente válido se os preços sobem ou caem em consequência não de oscilações de valor, mas por efeito do sistema de crédito, da concorrência etc.

Visto que a taxa de lucro é igual à proporção entre o excedente do valor do produto e o valor do capital total adiantado, um aumento da taxa de lucro, decorrente de uma desvalorização do capital adiantado, estaria relacionado com uma perda de valor-capital, do mesmo modo que uma queda da taxa de lucro, decorrente de uma alta de valor do capital adiantado, estaria possivelmente ligada a um ganho.

Quanto à outra parte do capital constante, maquinaria e capital fixo em geral, as altas de valor que nela ocorrem e que se referem especificamente às construções, à base fundiária etc. não podem ser expostas sem a teoria da renda fundiária e, por isso, não cabe tratá-las aqui. Mas, para a desvalorização, são de importância geral:

1) Os aperfeiçoamentos constantes que privam relativamente de seu valor de uso e, por conseguinte, de seu valor a maquinaria existente, as instalações fabris etc. Esse processo atua violentamente, a saber, na primeira época da introdução de nova maquinaria, antes de esta atingir determinado grau de maturidade, ficando, portanto, constantemente antiquada antes de ter tido tempo de reproduzir seu valor. Essa é uma das razões do prolongamento desmesurado da jornada de trabalho, do trabalho em turnos alternados, dia e noite, comum nessas épocas, para que se reproduza o valor da maquinaria sem fixar em nível alto demais sua depreciação, em período de tempo mais curto. Se, porém, o curto tempo de funcionamento da maquinaria (sua vida curta em face de aperfeiçoamentos previsíveis) não for compensado assim, ela cederá ao produto parte excessiva de valor pela depreciação moral, de modo que não pode concorrer sequer com o trabalho manual.[15]

Quando a maquinaria, as instalações dos edifícios, o capital fixo em geral atingirem certa maturidade, de modo que permaneçam invariáveis por tempo mais longo, pelo menos em sua estrutura básica, então surge uma desvalorização semelhante em consequência de aperfeiçoamentos nos métodos de reprodução desse capital fixo. O valor da maquinaria etc. diminui agora não por ela ser rapidamente suplantada ou em certo grau desvalorizada por maquinaria mais nova, mais produtiva etc., mas porque ela pode ser reproduzida agora de modo mais barato. Essa é uma das razões por que grandes investimentos frequentemente só florescem em segunda mão, depois de o primeiro proprietário ter ido à bancarrota, e assim o segundo, que comprou tudo barato, inicia sua produção com menor investimento de capital.

Especialmente na agricultura, salta aos olhos que as mesmas razões que elevam ou baixam o preço do produto também elevam ou baixam o valor do capital, pois este consiste, em grande parte, naquele produto, cereal, gado etc. (Ricardo)[I]

I D. Ricardo, *On the Principles of Political Economy, and Taxation*, 3ª ed. London, 1821, cap. 2. [N. E. A.]

Restaria ainda a mencionar o capital variável.

À medida que o valor da força de trabalho sobe, porque o valor dos meios de subsistência exigidos para sua reprodução sobe, ou, ao contrário, cai, porque o valor desses meios de subsistência cai – e alta de valor e desvalorização do capital variável expressam apenas esses dois casos –, então, com jornada de trabalho de duração constante, a essa alta de valor corresponde a queda da mais-valia, e a essa desvalorização, o aumento da mais-valia. Mas a isso podem estar ligadas, ao mesmo tempo, também outras circunstâncias – liberação e vinculação de capital – que antes não tinham sido examinadas e agora serão brevemente referidas.

Se o salário cai, em consequência de uma queda do valor da força de trabalho (o que pode até estar ligado a uma alta do preço real do trabalho), então parte do capital, até agora investido em salário, é liberada. Ocorre liberação de capital variável. Para capital novo a investir, isso simplesmente tem o efeito de que ele vai trabalhar com taxa mais elevada de mais-valia. Com menos dinheiro que antes, põe-se em movimento o mesmo *quantum* de trabalho, e assim aumenta a parte não paga do trabalho à custa da parte paga. Mas, para o capital até agora ocupado, não só se eleva a taxa de mais-valia, mas além disso parte do capital até agora desembolsado em salário fica liberada. Até então estava vinculada e constituía parte permanente, que se desprendia da receita do produto e tinha de ser investida em salários, funcionar como capital variável, para que o negócio pudesse continuar na escala antiga. Agora, essa parte se torna disponível e pode, portanto, ser empregada como novo investimento de capital, seja para ampliar o mesmo negócio, seja para funcionar em outra esfera da produção.

Admitamos, por exemplo, que 500 libras esterlinas eram inicialmente exigidas para pôr em movimento 500 trabalhadores por semana e que, agora, apenas 400 libras esterlinas são exigidas para tanto. Então, se em ambos os casos a massa de valor produzido = 1000 libras esterlinas, no primeiro caso a massa de mais-valia semanal = 500 libras esterlinas e a taxa de mais-valia $\frac{500}{500}$ = 100%; mas, após a baixa de salário, a massa de mais-valia se torna 1000 libras esterlinas – 400 libras esterlinas = 600 libras esterlinas, e sua taxa $\frac{600}{400}$ = 150%. E esse aumento da taxa de mais-valia é o único efeito para quem, com um capital variável de 400 libras esterlinas e correspondente capital constante, estabelece um novo negócio na mesma esfera da produção. Mas, num negócio que já está funcionando, nesse caso, em consequência da desvalorização do capital variável, não só a massa de mais-valia se elevou de 500 para 600 libras esterlinas e a taxa de mais-valia se elevou de 100 para 150%; mas, além disso, 100 libras esterlinas de capital variável são liberadas, com as quais se pode voltar a explorar trabalho. A mesma quantidade de trabalho não só é explorada mais vantajosamente, mas, em virtude da liberação das 100 libras esterlinas, com o mesmo capital variável de 500 libras esterlinas podem ser explorados mais trabalhadores que antes, com taxa mais elevada.

Agora, a situação contrária. Suponhamos que, com 500 trabalhadores empregados, a proporção original em que se divide o produto seja $= 400_v + 600_{mv} = 1\,000$, sendo, portanto, a taxa de mais-valia $= 150\%$. O trabalhador recebe, portanto, aqui ⅘ libras esterlinas = 16 xelins por semana. Se, em consequência da alta de valor do capital variável, 500 trabalhadores passarem a custar 500 libras esterlinas por semana, o salário semanal de cada um será 1 libra esterlina, e 400 libras esterlinas poderão pôr em movimento apenas 400 trabalhadores. Se for posto em movimento o mesmo número de trabalhadores que antes, teremos $500_v + 500_{mv} = 1\,000$; a taxa de mais-valia teria caído de 150 para 100%, portanto ⅓. Para novo capital a ser investido este seria o único efeito, o de que a taxa de mais-valia seria menor. Com as demais circunstâncias constantes, a taxa de lucro cairia correspondentemente, ainda que não na mesma proporção. Se, por exemplo, $c = 2\,000$, teremos, no primeiro caso, $2\,000_c + 400_v + 600_{mv} = 3\,000$, $mv' = 150\%$, $l' = \frac{600}{2\,400} = 25\%$. No segundo caso, $2\,000_c + 500_v + 500_{mv} = 3\,000$, $mv' = 100\%$, $l' = \frac{500}{2\,500} = 20\%$. Para o capital já engajado, entretanto, o efeito seria duplo. Com 400 libras esterlinas de capital variável só podem ser empregados agora 400 trabalhadores, e ainda com taxa de mais-valia de 100%. Eles dão, pois, apenas uma mais-valia total de 400 libras esterlinas. Além disso, como um capital constante no valor de 2 000 libras esterlinas exige 500 trabalhadores para ser posto em movimento, então 400 trabalhadores põem em movimento somente um capital constante no valor de 1 600 libras esterlinas. Se a produção deve continuar na mesma escala e evitar que ⅕ da maquinaria seja paralisado, então é preciso aumentar o capital variável em 100 libras esterlinas para poder ocupar, como antes, 500 trabalhadores; e isso só é possível vinculando-se capital até agora disponível, fazendo com que parte da acumulação que deveria servir à expansão sirva para preencher a lacuna, ou que parte destinada ao gasto como *revenue* seja acrescentada ao capital antigo. Com um investimento aumentado em 100 libras esterlinas de capital variável, produz-se então uma mais-valia 100 libras esterlinas menor. Para pôr em movimento o mesmo número de trabalhadores necessita-se de mais capital e, ao mesmo tempo, se reduz a mais-valia que cada trabalhador fornece.

As vantagens que resultam da liberação e as desvantagens que resultam da vinculação de capital variável só existem para o capital já engajado, que, por isso, se reproduz em proporções dadas. Para o novo capital a investir, as vantagens, por um lado, e as desvantagens, por outro, se limitam à elevação, ou então à redução, da taxa de mais-valia e à correspondente, embora de modo algum proporcional, variação da taxa de lucro.

A liberação e a vinculação de capital variável, que acabamos de examinar, são a consequência da alta de valor e da desvalorização dos elementos do capital variável, isto é, dos custos de reprodução da força de trabalho. Mas capital variável poderia ser também liberado se, em virtude do desenvolvimento da força produtiva e com taxa constante de salário, fossem exigidos menos trabalhadores para pôr em movimento a mesma massa de capital constante. Do mesmo modo pode ocorrer, inversamente, vinculação de capital variável adicional se, em virtude do decréscimo da força produtiva de trabalho, mais trabalhadores são exigidos para a mesma massa de capital constante. Se, entretanto, parte do capital anteriormente empregada como variável é agora empregada na forma de capital constante, tendo lugar, portanto, apenas uma distribuição alterada entre os componentes do mesmo capital, então isso influirá, sem dúvida, tanto na taxa de mais-valia como na de lucro, mas não pertence à rubrica, aqui examinada, da vinculação e liberação de capital.

Conforme já vimos, o capital constante pode ser também vinculado ou desvinculado em virtude da alta de valor ou da desvalorização dos elementos em que consiste. Abstraindo esse caso, a vinculação do mesmo só é possível (sem que eventualmente parte do capital variável seja transformada em constante) se a força produtiva do trabalho aumenta, portanto a mesma quantidade de trabalho elabora um produto maior e, assim, põe em movimento mais capital constante. O mesmo pode ocorrer, em certas circunstâncias, se a força produtiva diminui, na agricultura por exemplo, de modo que a mesma quantidade de trabalho, para gerar o mesmo produto, precisa de mais meios de produção, por exemplo mais sementes ou adubos, mais drenagem etc. Sem haver desvalorização, capital constante pode ser liberado se, por meio de aperfeiçoamentos, aplicação de forças naturais etc., um capital constante de menor valor é posto em condições de prestar tecnicamente o mesmo serviço que antes prestava um capital constante de maior valor.

Viu-se no Livro 2 que, depois que as mercadorias são transformadas em dinheiro, são vendidas, determinada parte desse dinheiro tem de ser retransformada nos elementos materiais do capital constante, e precisamente nas proporções exigidas pelo caráter técnico determinado de cada esfera da produção. A esse respeito, o elemento mais importante em todos os ramos – abstraindo o salário, isto é, o capital variável – é a matéria-prima, inclusive os materiais auxiliares, especialmente importantes nos ramos da produção em que não entra matéria-prima propriamente dita, como nas minas e na indústria extrativa em geral. A parte do preço que tem de repor a depreciação da maquinaria entra nas contas de maneira mais ideal, enquanto a maquinaria ainda está ao todo em condições de operar; não importa muito se será paga ou reposta em dinheiro hoje ou amanhã, ou em qualquer outra fase do período de rotação do capital. É diferente o que ocorre no caso da matéria-prima. Se sobe o preço da matéria-prima, pode ser impossível repô-la totalmente a partir do valor da mercadoria, depois de deduzir-se o salário. Oscilações violentas de preço provocam, por isso, interrupções, grandes colisões e mesmo catástrofes no processo de reprodução. São nomeadamente produtos agrícolas propriamente ditos, matérias-primas oriundas da natureza orgânica, que estão submetidos a essas oscilações de valor, decorrentes dos resultados variáveis das colheitas – aqui ainda abstraindo inteiramente o sistema de crédito. O mesmo *quantum* de trabalho, em virtude de condições naturais incontroláveis, de estações favoráveis ou desfavoráveis etc., pode representar-se aqui em quantidades muito diferentes de valores de uso, e determinada quantidade desses valores de uso terá, consequentemente, preços bem diversos. Se o valor x se representa em 100 libras de a, o preço de 1 libra de $a = \frac{x}{100}$; se em 1 000 libras de a, o preço de 1 libra de $a = \frac{x}{1\,000}$ etc. Esse é, portanto, um dos elementos dessas oscilações de preço da matéria-prima. Um segundo, que só mencionamos para completar a exposição – visto que tanto a concorrência como o sistema de crédito ainda estão fora do quadro de nossa investigação –, é o seguinte: com base em sua natureza, matérias vegetais e animais, cujo crescimento e produção estão sujeitos a determinadas leis orgânicas, ligadas a certos períodos naturais de tempo, não podem ser multiplicadas subitamente como, por exemplo, máquinas e outros elementos de capital fixo, carvão, minérios etc., cuja expansão, pressupostas as demais condições naturais, pode ser efetivada num país industrialmente desenvolvido no menor prazo. É possível, portanto, e com a produção capitalista desenvolvida é até mesmo inevitável, que a produção e a expansão da parte do capital constante, que consiste em capital fixo, maquinaria etc., tomem considerável dianteira em relação à parte do mesmo que consiste em matérias-primas orgânicas, de modo que a demanda por essas matérias-primas cresce mais rapidamente que sua oferta, subindo, por conseguinte, seu preço. Esse aumento do preço, na realidade, tem por consequência: 1) que essas matérias-primas sejam trazidas de distâncias maiores, pois o preço ascendente cobre custos mais altos de transporte; 2) que aumente a produção das mesmas, circunstância que, pela natureza da coisa, entretanto, talvez somente um ano mais tarde possa multiplicar efetivamente a massa de produtos; e 3) que todos os tipos de sucedâneo, anteriormente não empregados, sejam consumidos e os resíduos manipulados mais economicamente. Quando o aumento dos preços começa a afetar de maneira muito perceptível a expansão da produção e a oferta, já chegou, na maioria dos casos, o ponto de inflexão em que, em consequência da alta, por longo tempo mantida, da matéria-prima e de todas as mercadorias em que ela entra como componente, a demanda cai e, portanto, surge uma reação no preço da matéria-prima. Abstraindo as convulsões que isso provoca pela desvalorização de capital sob diversas formas, intervêm ainda outras circunstâncias que mencionaremos a seguir.

Para começar, do que foi dito até aqui, está claro: quanto mais desenvolvida a produção capitalista e quanto maiores, portanto, os meios de expansão súbita e persistente da parte do capital constante consistente em maquinaria etc., quanto mais rápida a acumulação (como ocorre especificamente em épocas de prosperidade), tanto maior a superprodução relativa de maquinaria e de outros elementos de capital fixo, tanto mais frequente a subprodução relativa das matérias-primas vegetais e animais e tanto mais acentuadas a elevação, antes descrita, de seus preços e a reação correspondente a estes. Tanto mais frequentes serão, portanto, as convulsões causadas por essa violenta oscilação de preço de um dos elementos principais do processo de reprodução.

Se, entretanto, agora ocorre o colapso desses preços elevados, porque sua alta provocou, em parte, diminuição da demanda e, em parte, expansão da produção aqui, oferta oriunda de regiões de produção mais distantes e até então pouco ou nada utilizadas lá, suscitando com ambas uma oferta que ultrapassa a demanda das matérias-primas – a saber, ultrapassando-a com os antigos preços altos –, então o resultado tem de ser considerado de diferentes ângulos. O súbito colapso do preço das matérias-primas coloca um entrave a sua reprodução, restabelecendo-se assim o monopólio dos países fornecedores originais, que produzem nas condições mais favoráveis; talvez restabelecimento com certas limitações, mas ainda assim restabelecimento. A reprodução das matérias-primas em virtude do impulso dado passa sem dúvida a efetuar-se em escala ampliada, nomeadamente nos países que possuem mais ou menos o monopólio dessa produção. Mas a base sobre a qual se opera a produção, em virtude da ampliação da maquinaria etc., e que, depois de algumas oscilações, deve ser considerada a nova base normal, o novo ponto de partida, ampliou-se consideravelmente pelos acontecimentos durante o último ciclo de rotação. Ao mesmo tempo, porém, a reprodução recentemente expandida numa parte das fontes secundárias de abastecimento volta a ser consideravelmente travada. Assim, por exemplo, pode-se mostrar com o dedo nas tabelas de exportação como, durante os últimos 30 anos (até 1865), cresce a produção algodoeira da Índia quando escasseia a americana e, em seguida, recua subitamente por um período mais ou menos longo. Nas épocas de carestia de matérias-primas os capitalistas industriais se unem e formam associações para regular a produção. Assim ocorreu, por exemplo, em Manchester, em 1848, após a alta dos preços do algodão, e, analogamente, na Irlanda, no caso da produção de linho. Mas, tão logo o impulso imediato passe e volte a reinar soberanamente o princípio geral da concorrência, "comprar no mercado mais barato" (em vez de se favorecer, como pretendem aquelas associações, a capacidade de produção em países fornecedores adequados, independentemente do preço imediato, momentâneo, pelo qual estes podem fornecer o produto na ocasião), deixa-se mais uma vez o "preço" regular a oferta. Toda ideia de controle comum, compreensivo e previdente da produção das matérias-primas – controle que, em geral, é absolutamente inconciliável com as leis da produção capitalista e, por isso, nunca passa de desejo piedoso ou se limita a medidas excepcionalmente conjuntas em momentos de grave perigo imediato e perplexidade – cede lugar à crença de que demanda e oferta regular-se-ão reciprocamente.[16] A superstição dos capitalistas a esse respeito é tão grosseira que os próprios inspetores de fábrica, em seus relatórios, revelam sobre isso mais e mais seu pasmo. A alternância de anos bons e anos ruins também faz com que naturalmente, vez por outra, as matérias-primas sejam mais baratas. Abstraindo o efeito imediato que isso exerce sobre a expansão da demanda, acresce ainda como estímulo o efeito antes mencionado sobre a taxa de lucro. E o processo referido acima, em que a produção de maquinaria etc. ultrapassa gradualmente a produção de matérias-primas, se repete então em escala maior. O melhoramento real da matéria-prima, de modo que esta fosse fornecida não apenas na quantidade necessária, mas também na qualidade exigida, por exemplo algodão da Índia da qualidade do americano, requereria uma demanda continuada por longo tempo, regularmente crescente e permanente, por parte da Europa (abstraindo por inteiro as condições econômicas às quais o produtor indiano está sujeito em seu país). Mas, assim, a esfera da produção de matérias-primas, unicamente em função de choques, ora se expande subitamente para depois se contrair violentamente de novo. Tudo isso, assim como o espírito da produção capitalista em geral, pode ser estudado muito bem na crise de carência de algodão de 1861-65, em que ainda se somou o fato de que uma matéria-prima, que é um dos elementos mais essenciais da reprodução, por algum tempo faltou totalmente. O preço pode, na verdade, também subir enquanto a oferta é plena, porém plena sob condições mais difíceis. Ou pode haver escassez real de matéria-prima. Na crise algodoeira, o que ocorreu originalmente foi essa última possibilidade.

Quanto mais nos aproximamos, na história da produção, do presente imediato, tanto mais regularmente encontramos, nomeadamente nos ramos industriais decisivos, a variação sempre repetida de carestia relativa e desvalorização subsequente, dela decorrente, das matérias-primas obtidas da natureza orgânica. A ilustração do desenvolvido até agora se encontrará nos seguintes exemplos, tirados dos relatórios dos inspetores de fábrica.

A moral da história, que se pode deduzir também de outras observações sobre a agricultura, é que o sistema capitalista se opõe a uma agricultura racional ou que a agricultura racional é incompatível com o sistema capitalista (embora este fomente seu desenvolvimento técnico) e precisa da mão do pequeno camponês que trabalha pessoalmente ou do controle dos produtores associados.

Seguem agora as ilustrações mencionadas acima, tiradas dos relatórios fabris ingleses.

> A situação dos negócios é melhor; mas o ciclo de épocas boas e ruins torna-se mais curto com o aumento da maquinaria e, como em consequência a demanda por matérias-primas aumenta, repetem-se mais frequentemente as oscilações na situação dos negócios. [...] No momento, não apenas se restabeleceu a confiança após o pânico de 1857, mas o próprio pânico parece quase inteiramente esquecido. Se essa melhora irá persistir ou não, depende em medida muito grande do preço das matérias-primas. Já se mostram indícios de que se atingiu, em alguns casos, o máximo, além do qual a fabricação se torna cada vez menos lucrativa, até que ao final cessa inteiramente de proporcionar lucro. Se tomamos por exemplo os anos lucrativos na indústria de *worsted* [estambre] de 1849 e 1850, vemos que o preço da lã cardada inglesa era 13 pence por libra e o da australiana, 14 a 17 pence por libra e que, na média dos 10 anos, 1841–1850, o preço médio da lã inglesa nunca ultrapassou 14 pence nem o da australiana 17 pence por libra. Mas, no começo do desastroso ano de 1857, o preço da lã australiana era 23 pence; em dezembro, no pior momento do pânico, ele caiu a 18 pence, mas voltou a subir, no decurso de 1858, ao preço atual de 21 pence. A lã inglesa começou o ano de 1857 também a 20 pence, subiu em abril e setembro a 21 pence, caiu em janeiro de 1858 a 14 pence e desde então subiu a 17 pence, de modo que está 3 pence acima da média dos 10 anos referidos. [...] Isso mostra, em minha opinião, que foram esquecidas as falências de 1857, devidas a preços semelhantes, ou só se produz estritamente a lã que mal chega para a capacidade de fiar dos fusos existentes; ou, porém, os preços dos tecidos experimentarão uma alta duradoura. [...] Em minha experiência anterior, vi como em tempo incrivelmente curto não apenas se multiplicou o número de fusos e teares, mas também sua velocidade de operação; e que, além disso, nossa exportação de lã para a França subiu quase na mesma proporção, enquanto tanto no país como

> no exterior a média etária das ovelhas criadas se torna cada vez mais baixa, pois a população cresce com rapidez e os criadores querem converter o mais rapidamente possível seus rebanhos em dinheiro. Por isso, muitas vezes me senti angustiado ao ver pessoas que, sem esses conhecimentos, investiram sua habilidade e seu capital em empreendimentos cujo sucesso depende da oferta de um produto que só pode aumentar de acordo com certas leis orgânicas. [...] A situação da demanda e da oferta de todas as matérias-primas [...] parece explicar muitas oscilações no negócio algodoeiro e, do mesmo modo, a situação do mercado de lã inglês no outono de 1857 e a crise comercial daí decorrente.[17] (R. Baker, *Rep. Fact. Oct. 1858*, pp. 56–61)

A época de apogeu da indústria de *worsted* no West Riding de Yorkshire foi entre 1849 e 1850. Nela estavam ocupadas, em 1838, 29246 pessoas; em 1843, 37060; em 1845, 48097; em 1850, 74891. No mesmo distrito: em 1838, 2768 teares mecânicos; em 1841, 11458; em 1843, 16870; em 1845, 19121; e, em 1850, 29539 (*Rep. Fact.* [*Oct.*] *1850*, p. 60). Esse apogeu da indústria de estambre já começou a ficar suspeito em outubro de 1850. No relatório de abril de 1851, diz o subinspetor Baker, referindo-se a Leeds e a Bradford:

> A situação dos negócios é há algum tempo muito insatisfatória. Os fiandeiros de estambre perdem rapidamente os lucros de 1850, e a maioria dos tecelões também não se sai muito bem. Creio que atualmente está parada mais maquinaria para elaborar lã do que nunca, e também os fiandeiros de linho demitem trabalhadores e param máquinas. Os ciclos da indústria têxtil são agora, de fato, extremamente incertos, e creio que logo compreenderemos [...] que não se mantém a proporcionalidade entre a capacidade de produção dos fusos, a quantidade de matéria-prima e o crescimento da população. (p. 52)

O mesmo se aplica à indústria algodoeira. No relatório de outubro de 1858, que acabamos de citar, lê-se:

> Desde que se fixaram as horas de trabalho nas fábricas, os montantes do consumo de matéria-prima, da produção e dos salários, em todas as indústrias têxteis, foram reduzidos a simples regra de três. [...] Cito de uma conferência recente [...] do Sr. Baynes, o atual prefeito de Blackburn, sobre a indústria algodoeira, na qual reúne com a maior exatidão possível os dados estatísticos da indústria de sua própria região:
>
> "Cada cavalo-vapor real move 450 fusos *self-actor* [automáticos] juntamente com a maquinaria preparatória da fiação, ou 200 fusos da *throstle* [máquina de fiar], ou 15 teares para tecido de 40 polegadas de largura, com a correspondente maquinaria de dobar, aparar e alisar. Cada cavalo-vapor ocupa na fiação 2½ trabalhadores, mas na tecelagem 10; seu salário médio é de 10½

xelins por cabeça e semana. [...] Os números médios elaborados são de 30 a 32 para a urdidura e de 34 a 36 para a trama; suponhamos que seja de 13 onças por fuso o fio semanalmente produzido, então isso dá 824 700 libras de fio por semana, para as quais se consomem 970 000 libras ou 2 300 fardos de algodão, ao preço de 28 300 libras esterlinas. [...] Em nosso distrito (num circuito em volta de Blackburn, com um raio de 5 milhas inglesas), o consumo semanal de algodão é de 1 530 000 libras ou 3 650 fardos, ao preço de custo de 44 625 libras esterlinas. Isso representa 1/18 de toda a fiação de algodão do Reino Unido e 1/6 de toda a tecelagem mecânica."

Segundo os cálculos do Sr. Baynes, o número total de fusos do reino é, portanto, de 28 800 000, e para mantê-los em pleno funcionamento seriam necessárias 1 432 080 000 libras de algodão por ano. Mas a importação de algodão, após deduzida a exportação, foi em 1856 e 1857 apenas de 1 022 576 832 libras; houve necessariamente, portanto, um déficit de 409 503 168 libras. O Sr. Baynes, que teve a bondade de discutir comigo esse ponto, acredita que um cálculo do consumo anual de algodão, baseado no consumo do distrito de Blackburn, daria resultados demasiadamente altos, em virtude da diferença não apenas dos números fiados, mas também da excelência da maquinaria. Ele estima o consumo total de algodão do Reino Unido, durante um ano, em 1 bilhão de libras. Mas, se ele tem razão e realmente há um excesso de oferta de 22½ milhões, então parece que demanda e oferta já estão agora quase em equilíbrio, sem considerarmos os fusos e teares adicionais que, segundo o Sr. Baynes, estão sendo instalados em seu próprio distrito e, a julgar por isso, provavelmente também em outros distritos. (pp. 59, 60, 61)

III. ILUSTRAÇÃO GERAL: A CRISE ALGODOEIRA DE 1861-65

Antecedentes: 1845-60

1845. Período de apogeu da indústria algodoeira. Preço muito baixo do algodão. L. Horner diz a respeito:

> Durante os últimos 8 anos não presenciei um período tão ativo de negócios como o que predominou no verão e outono passados. Especialmente na fiação de algodão. Durante todo o semestre estive recebendo a cada semana notícias de novos investimentos de capital em fábricas; ora novas fábricas que eram construídas, ora as poucas que permaneciam vazias haviam achado novos locatários, ora eram ampliadas as fábricas que se encontram em atividade, instalando-se novas máquinas a vapor mais potentes e maior número de maquinaria de trabalho. (*Rep. Fact. Oct. 1845*, p. 13)

1846. As queixas começam:

> Há muito tempo ouço dos fabricantes algodoeiros queixas muito difundidas sobre o estado deprimido de seu negócio [...] durante as últimas 6 semanas, diversas fábricas começaram a trabalhar em tempo reduzido, geralmente 8 horas diárias em vez de 12; isso parece ampliar-se [...] deu-se grande aumento dos preços do algodão e [...] não apenas nenhum aumento dos preços do produto fabril, mas [...] seus preços são mais baixos que antes do aumento do algodão. A grande expansão no número das fábricas de algodão durante os últimos 4 anos deve ter tido como consequência, por um lado, forte aumento da demanda pela matéria-prima e, por outro, forte aumento da oferta de produtos fabris no mercado; ambas as causas devem ter atuado conjuntamente para o rebaixamento do lucro, enquanto a oferta da matéria-prima e a demanda dos produtos fabris permaneceram inalteradas; mas elas atuaram com força muito maior porque, por um lado, a oferta de algodão tornou-se ultimamente insuficiente e, por outro, reduziu-se a demanda pelos produtos fabris em diversos mercados internos e externos. (*Rep. Fact. Oct. 1846*, p. 10)

A crescente demanda de matéria-prima e a saturação do mercado com produtos fabricados vão naturalmente juntos. De passagem: a expansão da indústria naquela época e a subsequente estagnação não se limitaram aos distritos algodoeiros. No distrito de estambre de Bradford existiam em 1836 apenas 318 fábricas, porém em 1846 eram 490. Esses números não expressam nem de longe o real aumento da produção, pois as fábricas já existentes foram ampliadas ao mesmo tempo significativamente. Isso vale também, sobretudo, para as fiações de linho.

> Todas elas contribuíram mais ou menos, durante os últimos 10 anos, para a saturação do mercado, à qual pode agora em grande parte ser atribuída a estagnação dos negócios. [...] O estado deprimido dos negócios segue naturalmente de tão rápida ampliação das fábricas e da maquinaria. (*Rep. Fact. Oct. 1846*, p. 30)

1847. Em outubro, crise monetária. Desconto a 8%. Antes, o colapso da fraude ferroviária e da especulação com as letras de câmbio das Índias Orientais. Mas:

> O Sr. Baker dá detalhes muito interessantes sobre o aumento da demanda de algodão, lã e linho, nos últimos anos, em consequência da ampliação dessas indústrias. Ele considera a demanda aumentada por essas matérias-primas, nomeadamente por ter ocorrido numa época em que a oferta delas havia

caído muito abaixo da média, como quase suficiente para explicar o atual estado deprimido desses ramos de negócios, sem ter de apelar ao abalo do mercado monetário. Esse ponto de vista é confirmado completamente por minhas próprias observações e pelo que me informaram pessoas versadas nos negócios. Esses diferentes ramos de negócios estavam já muito deprimidos quando os descontos eram ainda fáceis de conseguir a 5% ou menos. Em contraposição, a oferta de seda crua era farta, os preços moderados e o negócio, consequentemente, bastante ativo, até [...] as últimas 2 ou 3 semanas, quando a crise monetária afetou, sem dúvida, não apenas os próprios fiandeiros de seda, porém ainda mais seus principais clientes, os fabricantes de artigos de moda. Uma olhada nos relatórios oficiais publicados mostra que a indústria algodoeira, nos últimos três anos, ampliou-se cerca de 27%. Por isso, o algodão, em números redondos, aumentou de 4 para 6 pence a libra, enquanto o fio, graças ao aumento da oferta, coloca-se apenas uma ninharia acima de seu preço anterior. A indústria da lã começou a expandir-se em 1836; desde então, cresceu 40% em Yorkshire e mais ainda na Escócia. Maior foi o crescimento da indústria de *worsted*.[18] Os cálculos dão aqui, para o mesmo período, uma expansão superior a 74%. O consumo de lã bruta foi, portanto, enorme. A indústria de linho apresenta desde 1839 um crescimento de quase 25% na Inglaterra, de 22% na Escócia e de quase 90% na Irlanda;[19] a consequência disso, com más colheitas de linho ao mesmo tempo, foi que a matéria-prima subiu 10 libras esterlinas por tonelada, enquanto o preço do fio caiu em 6 pence por meada. (*Rep. Fact. Oct. 1847*, pp. 30-31)

1849. Desde os últimos meses de 1848, os negócios reanimaram-se.

O preço do linho, que era tão baixo que quase em todas as condições futuras assegurava um lucro razoável, induziu os fabricantes a continuarem constantemente seus negócios. Os fabricantes de lã, no começo do ano, estiveram por algum tempo muito ocupados [...], mas receio que as consignações de artigos de lã tomem muitas vezes o lugar da demanda real e que períodos de prosperidade aparente, isto é, de pleno emprego, não coincidam sempre com os períodos de demanda legítima. Durante alguns meses, o negócio de *worsted* esteve particularmente bem. [...] No início do período mencionado, a lã esteve excepcionalmente baixa; os fiandeiros abasteceram-se a preços vantajosos e, por certo, em quantidades consideráveis. Ao subir o preço da lã, com os leilões da primavera, os fiandeiros tiraram proveito disso e o mantiveram, pois a demanda de produtos fabricados se tornou considerável e imperativa. (*Rep. Fact.* [*April*] *1849*, p. 42)

Quando observamos as variações no estado dos negócios, que ocorreram nos distritos fabris por um período agora de 3 ou 4 anos, temos de admitir, creio

> eu, que em alguma parte existe uma grande causa perturbadora. [...] Não pode a enorme força produtiva da maquinaria multiplicada ter fornecido a essa causa novo elemento? (*Rep. Fact. April 1849*, pp. 42–43)

Em novembro de 1848, em maio e no verão, até outubro de 1849, os negócios tomaram impulso cada vez maior.

> Isso se aplica principalmente à fabricação de tecidos de estambre, que se agrupa ao redor de Bradford e Halifax; esse negócio nunca alcançou, em períodos anteriores, nem aproximadamente sua expansão atual. [...] A especulação com a matéria-prima e a incerteza quanto a sua oferta provável sempre provocaram maior excitação e oscilações mais frequentes na indústria algodoeira que em qualquer outro ramo de negócio. Realiza-se aqui, no momento, um acúmulo de reservas de artigos mais grosseiros de algodão, que intranquiliza os fiandeiros menores e já os prejudica de tal modo que muitos deles trabalham com jornada de trabalho reduzida. (*Rep. Fact. Oct. 1849*, pp. 64–65)

1850. Abril. Negócios continuamente animados. Exceção:

> Grande depressão em parte da indústria algodoeira em consequência da oferta insuficiente de matéria-prima justamente para fios grossos e tecidos pesados. [...] Teme-se que a nova maquinaria recém-instalada pela indústria de *worsted* provoque reação semelhante. O Sr. Baker calcula que somente no ano de 1849, nesse ramo de negócio, o produto dos teares cresceu 40% e o dos fusos de 25 a 30%, e a expansão prossegue ainda na mesma proporção. (*Rep. Fact. April 1850*, p. 54)

1850. Outubro.

> O preço do algodão continua [...] a causar considerável depressão nesse ramo industrial, especialmente para aquelas mercadorias em que a matéria-prima constitui parte considerável dos custos de produção. O grande acréscimo de preço da seda crua ocasionou também nesse ramo pressão generalizada. (*Rep. Fact. Oct. 1850*, p. 14)

Segundo o relatório do comitê da Sociedade Real para a Cultura de Linho na Irlanda, aqui citado, o alto preço do linho, sendo baixos os preços dos outros produtos agrícolas, assegurou para o ano seguinte significativo aumento na produção do linho (p. 33).

1853. Abril. Grande prosperidade.

> "Em nenhuma época, durante os 17 anos em que tenho tomado conhecimento oficial da situação do distrito fabril de Lancashire, soube de semelhante prosperidade geral; a atividade em todos os ramos é extraordinária", diz L. Horner (*Rep. Fact. April 1853*, p. 19).

1853. Outubro. Depressão na indústria algodoeira. "Superprodução" (*Rep. Fact. Oct. 1853*, p. 15).

1854. Abril.

> O negócio da lã, embora não fosse animado, manteve em todas as fábricas o pleno emprego; do mesmo modo, a indústria algodoeira. O negócio do *worsted* esteve, em todo o semestre anterior, totalmente irregular. [...] Na indústria do linho houve perturbações em consequência da reduzida oferta de linho e cânhamo da Rússia, em virtude da Guerra da Crimeia. (*Rep. Fact.* [*April*] *1854*, p. 37)

1859.

> "O negócio na indústria do linho escocesa está ainda deprimido [...] pois a matéria-prima é escassa e cara; a baixa qualidade da colheita nos países bálticos, de onde recebemos nosso principal aprovisionamento, exercerá efeito prejudicial sobre os negócios nesse distrito; em contraposição, a juta, que desloca paulatinamente o linho em muitos artigos grosseiros, não é nem extraordinariamente cara nem escassa [...] aproximadamente a metade da maquinaria em Dundee fia agora a juta." (*Rep. Fact. April 1859*, p. 19) – "Em consequência do alto preço da matéria-prima, a fiação do linho continua a não ser rentável e, enquanto as demais fábricas funcionam em tempo integral, temos vários exemplos de paralisação da maquinaria do linho. [...] A fiação da juta [...] está em situação mais satisfatória, pois recentemente essa matéria-prima caiu a um preço mais moderado." (*Rep. Fact. Oct. 1859*, p. 20)

1861–64. Guerra civil americana. *Cotton famine* [escassez de algodão]. O maior exemplo da interrupção do processo de produção por escassez e encarecimento da matéria-prima

1860. Abril.

> No que diz respeito à situação dos negócios, apraz-me poder comunicar-lhe que, apesar do alto preço das matérias-primas, todas as indústrias têxteis, excetuada a da seda, estiveram em intensa atividade durante o último semestre. [...]

> Em alguns distritos da indústria algodoeira foram procurados trabalhadores por meio de anúncios e eles migraram para lá, vindos de Norfolk e de outros condados rurais. [...] Parece reinar em todo ramo industrial grande escassez de matéria-prima. É [...] apenas essa escassez que nos mantém dentro de certos limites. Na indústria algodoeira, o número de novas fábricas construídas, a ampliação das já existentes e a demanda de trabalhadores jamais foi tão grande quanto agora. Por toda parte, procura-se matéria-prima. (*Rep. Fact. April 1860*, [p. 57])

1860. Outubro.

> A situação dos negócios nos distritos de algodão, lã e linho foi boa; na Irlanda chegou a ser considerada muito boa há mais de um ano, e teria sido melhor ainda sem o alto preço da matéria-prima. Os fiandeiros do linho parecem esperar mais impacientes que nunca pela abertura, por meio de ferrovias, de fontes auxiliares de abastecimento da Índia, e pelo desenvolvimento correspondente de sua agricultura, para obter finalmente [...] uma oferta de linho que satisfaça suas necessidades. (*Rep. Fact. Oct. 1860*, p. 37)

1861. Abril.

> A situação dos negócios está, no momento, deprimida [...] algumas poucas fábricas de algodão trabalham com jornada reduzida e muitas fábricas de seda estão ocupadas parcialmente. A matéria-prima está cara. Em quase todo o ramo têxtil, ela está acima do preço pelo qual pode ser processada para a massa dos consumidores. (*Rep. Fact. April 1861*, p. 33)

Ficou evidente agora que em 1860 houve superprodução na indústria algodoeira; seus efeitos se fizeram sentir ainda durante os anos seguintes.

> "Levou dois ou três anos para que o mercado mundial absorvesse a superprodução de 1860" (*Rep. Fact. Oct. 1863*, p. 127). "A situação deprimida dos mercados de produtos fabris de algodão na Ásia oriental, no começo de 1860, teve repercussão correspondente nos negócios em Blackburn, onde em média 30 000 teares mecânicos estão ocupados quase exclusivamente com a produção de tecidos destinados àqueles mercados. Em consequência disso, já se restringira aí a demanda de trabalho muitos meses antes de os efeitos do bloqueio do algodão se tornarem perceptíveis. [...] Afortunadamente, isso preservou muitos fabricantes da ruína. Os estoques subiram de valor, enquanto eram mantidos nos armazéns, e evitou-se assim a apavorante desvalorização, que de outro modo era inevitável numa crise dessa natureza" (*Rep. Fact. Oct. 1862*, pp. 28, 29, 30).

1861. Outubro.

Há algum tempo, os negócios estão muito deprimidos [...] não é nada improvável que grande número de fábricas, durante os meses de inverno, reduza muito a jornada de trabalho. Isso já era, no entanto, de se prever [...] independentemente das causas que interromperam nosso suprimento costumeiro de algodão da América e nossa exportação, seria necessário reduzir a jornada de trabalho no próximo inverno, em virtude do forte acréscimo da produção nos últimos três anos e das perturbações no mercado indiano e chinês. (*Rep. Fact. October 1861*, p. 19)

Resíduos de algodão. Algodão das Índias Orientais (Surat). Influência sobre o salário dos trabalhadores. Aperfeiçoamento da maquinaria. Substituição do algodão por farinha de amido e minerais. Efeitos dessa goma de farinha de amido sobre os trabalhadores. Fiação de fios mais finos. Fraude dos fabricantes

Um fabricante escreve-me o seguinte: "No que diz respeito à estimativa do consumo de algodão por fuso, o senhor seguramente não leva muito em conta o fato de que, quando o algodão está caro, cada fiandeiro de fios ordinários (digamos até número 40, principalmente dos números 12 a 32) fia os números mais finos que ele puder, isto é, fiará número 16 em vez de, como antes, número 12, ou número 22 em vez de número 16 etc.; e o tecelão que tece esses fios finos dará a seu tecido o peso costumeiro adicionando-lhe mais goma. Esse recurso se emprega agora em extensão verdadeiramente vergonhosa. Soube de boa fonte que há panos ordinários de *shirtings* [camisas] para exportação, cuja peça pesa 8 libras, das quais 2¾ são goma. Em outros tipos de tecido se mete muitas vezes até 50% de goma, de modo que o fabricante de maneira alguma mente ao se vangloriar de que ficará rico vendendo a libra de seu tecido por menos dinheiro do que pagou pelo fio de que é feito". (*Rep. Fact. April 1864*, p. 27)

"Foram-me feitas declarações também de que os tecelões atribuem o aumento de sua morbidade à goma empregada nas urdiduras feitas de algodão das Índias Orientais, a qual não consiste mais, como antes, apenas em farinha. Esse sucedâneo da farinha supõe-se que ofereça a grande vantagem de aumentar consideravelmente o peso do tecido, de modo que 15 libras de fio, depois de tecidas, se transformam em 20" (*Rep. Fact. Oct. 1863*, p. 63. Esse sucedâneo era talco moído, denominado *China clay*, ou gesso, denominado *French chalk*). – "O ganho dos tecelões" (aqui isso significa os trabalhadores) "é muito diminuído em virtude do emprego de sucedâneos da farinha para engomar

> a urdidura. Essa goma torna o fio mais pesado, mas também mais duro e quebradiço. No tear, cada fio da urdidura passa pelo assim chamado cadilho, cujos fios fortes mantêm a urdidura na posição correta; as urdiduras endurecidas pela goma causam contínuas quebras dos fios no cadilho; cada quebra faz com que o tecelão perca cinco minutos para repará-la; o tecelão tem agora no mínimo 10 vezes mais quebras para consertar que antes, e o tear rende naturalmente tanto menos durante as horas de trabalho." (Ibid., pp. 42–43)

> Em Ashton, Stalybridge, Mossley, Oldham etc. reduziu-se a jornada de trabalho de um terço por inteiro, e as horas de trabalho continuam reduzindo-se todas as semanas. [...] Simultaneamente com essa redução da jornada de trabalho tem lugar também, em muitos ramos, rebaixa dos salários. (p. 13)

No começo de 1861 houve uma *strike* [greve] entre os tecelões mecânicos em algumas partes de Lancashire. Diversos fabricantes tinham anunciado uma rebaixa dos salários de 5–7½%; os trabalhadores insistiam que as taxas salariais deviam ser mantidas, mas as horas de trabalho reduzidas. Isso não foi aceito e a *strike* começou. Depois de um mês, os trabalhadores tiveram de ceder. Mas agora receberam ambas as coisas:

> Além da rebaixa dos salários, com que os trabalhadores por fim concordaram, muitas fábricas funcionam agora com jornada reduzida. (*Rep. Fact. April 1861*, p. 23)

1862. Abril.

> "Os sofrimentos dos trabalhadores, desde meu último relatório, aumentaram consideravelmente, mas em nenhuma época da história da indústria suportaram-se sofrimentos tão repentinos e graves com tanta resignação silenciosa e autorrespeito tão paciente" (*Rep. Fact. April 1862*, p. 10). – "O número proporcional dos trabalhadores inteiramente desocupados no momento não parece ser muito maior que em 1848, quando houve um pânico ordinário, mas suficientemente forte para levar os fabricantes inquietos à compilação de uma estatística sobre a indústria algodoeira, semelhante à que agora se publica semanalmente. [...] Em maio de 1848, de todos os trabalhadores da indústria algodoeira de Manchester, 15% estavam desocupados e 12% trabalhavam com jornada reduzida, enquanto mais de 70% trabalhavam em tempo integral. Em 28 de maio de 1862, 15% estavam desocupados, 35% trabalhavam com jornada reduzida e 49%, tempo integral. [...] Nos lugares vizinhos, em Stockport, por exemplo, é maior a percentagem dos desocupados e dos que trabalham com jornada reduzida e menor a dos plenamente ocupados", pois se fiam precisamente aqui números mais grossos do que em Manchester. (p. 16)

1862. Outubro.

> Segundo a última estatística oficial existiam [em 1861] no Reino Unido 2 887 fábricas algodoeiras, das quais 2 109 em meu distrito (Lancashire e Cheshire). Sabia que parte muito grande das 2 109 fábricas em meu distrito eram pequenos estabelecimentos, que só ocupavam poucas pessoas. Mas fiquei surpreso ao descobrir quão grande é esse número. Em 392, ou 19%, a força motriz, vapor ou água, está abaixo de 10 cavalos-vapor; em 345, ou 16%, entre 10 e 20 cavalos-vapor; e em 1 372 ela é de 20 cavalos-vapor ou mais. [...] Parte muito grande desses pequenos fabricantes – mais de um terço do número total – eram eles mesmos trabalhadores há não muito tempo; são pessoas sem comando sobre capital. [...] O peso maior recairia, portanto, sobre os ⅔ restantes. (*Rep. Fact. Oct. 1862*, pp. 18–19)

Segundo o mesmo relatório, dos trabalhadores algodoeiros de Lancashire e Cheshire estavam plenamente ocupados, naquele tempo, 40 146 ou 11,3%; ocupados com tempo limitado de trabalho, 134 767 ou 38%; e desocupados, 179 721 ou 50,7%. Deduzindo os dados relativos a Manchester e Bolton, onde se fiam principalmente números finos, ramo relativamente pouco atingido pela carência de algodão, a situação apresenta-se ainda mais desfavorável: plenamente ocupados, 8,5%; parcialmente ocupados, 38%; desocupados, 53,5% (pp. 19–20).

> Para o trabalhador há uma diferença essencial ao processar algodão bom e algodão ruim. Nos primeiros meses do ano, quando os fabricantes procuravam manter suas fábricas em funcionamento, consumindo todo o algodão comprável a preços moderados, entrou muito algodão ruim nas fábricas, que antes costumavam empregar algodão bom; a diferença nos salários dos trabalhadores foi tão grande que ocorreram muitas *strikes*, porque agora com o antigo salário por peça eles não podiam conseguir um salário razoável por dia. [...] Em alguns casos, a diferença ocasionada pelo emprego de algodão ruim atingia, mesmo quando se trabalhava em tempo integral, metade do salário total. (p. 27)

1863. Abril.

> No decurso deste ano não se poderá ocupar plenamente muito mais de metade dos trabalhadores algodoeiros. (*Rep. Fact. April 1863*, p. 14)

> “Uma desvantagem muito séria do emprego do algodão das Índias Orientais, que as fábricas agora são obrigadas a utilizar, é que a velocidade da maquinaria tem de ser muito reduzida. Durante os últimos anos fez-se de tudo

para acelerar essa velocidade, de modo que a mesma maquinaria realizasse mais trabalho. Mas a velocidade reduzida atinge tanto o trabalhador quanto o fabricante, pois a maioria dos trabalhadores é paga por peça, os fiandeiros ganham tanto por libra de fio, os tecelões, tanto por peça de tecido; e mesmo os outros trabalhadores, pagos com salário semanal, sofreriam redução de salário em virtude da produção diminuída. Segundo minhas averiguações [...] e de acordo com os dados que me foram fornecidos sobre a remuneração dos trabalhadores algodoeiros no decurso deste ano [...] houve diminuição média de 20%, em alguns casos de 50%, calculada sobre os níveis de salário de 1861." (p. 13) – "A soma ganha depende [...] de que material é processado. [...] A situação dos trabalhadores, no que se refere à quantia do salário ganho, é hoje muito melhor" (outubro de 1863) "que no ano passado nesta época. A maquinaria foi melhorada, conhece-se melhor a matéria-prima e os trabalhadores resolvem mais facilmente as dificuldades com as quais tiveram de lutar no início. Na última primavera estive em Preston, numa escola de costura" (estabelecimento de beneficência para desempregadas); "duas jovens, que no dia anterior haviam sido mandadas a uma tecelagem, baseadas na informação do fabricante, de que podiam ganhar 4 xelins por semana, pediram readmissão na escola e queixaram-se de que nem 1 xelim por semana lhes teria sido possível ganhar. Tive informações sobre *self-acting minders*[I] [...] homens que dirigem alguns *self-actors*, de que após 14 dias de trabalho em tempo integral ganharam 8 xelins e 11 pence; dessa soma foi-lhes descontado o aluguel da casa, tendo o fabricante lhes devolvido de presente metade do aluguel" (que generoso!). "Os *minders* levaram 6 xelins e 11 pence para casa. Em alguns lugares os *self-acting minders* ganhavam de 5 a 9 xelins por semana, os tecelões de 2 a 6 xelins por semana, durante os últimos meses de 1862. [...] Atualmente existe uma situação muito mais saudável, embora o ganho, na maioria dos distritos, ainda continue grandemente diminuído. [...] Numerosas outras causas contribuíram para diminuir esse ganho, além da fibra mais curta do algodão indiano e de sua impureza. Assim, por exemplo, costuma-se agora misturar ao algodão indiano grande quantidade de resíduos de algodão, o que, naturalmente, aumenta ainda mais a dificuldade do fiandeiro. Sendo as fibras curtas, os fios se rompem mais facilmente ao serem puxados da *mule*[II] e no torcer do fio, e a *mule* não pode ser mantida em funcionamento tão regular. [...] Do mesmo modo, em virtude da grande atenção que tem de ser prestada aos fios, é frequente que uma tecelã possa tomar conta somente de um tear, e apenas muito poucas de mais de dois teares. [...] Em muitos casos, o salário dos trabalhadores foi reduzido, diretamente, em 5, 7½ ou 10% [...] na maioria dos casos, o trabalhador tem

I Fiandeiros que trabalham com máquinas automáticas de fiar. [N. T.]

II Tipo de máquina de fiar. [N. T.]

> de arranjar-se com sua matéria-prima e ver como consegue obter, com a taxa salarial habitual, o ganho possível. [...] Outra dificuldade com que os tecelões às vezes têm de lutar é a de que devem fazer bom tecido com má matéria-prima, sendo multados com desconto de salário quando o trabalho não corresponde ao desejado." (*Rep. Fact. Oct. 1863*, pp. 41–43)

Os salários eram miseráveis, mesmo onde se trabalhava em tempo integral. Os trabalhadores algodoeiros se ofereciam com disposição para todos os trabalhos públicos – drenagem, construção de estradas, britar pedras, calçar ruas – em que foram utilizados para obter amparo (que, na realidade, era um amparo aos fabricantes; ver Livro 1, pp. 517–18) das autoridades locais. Toda a burguesia mantinha vigilância sobre os trabalhadores. Se se oferecia ao trabalhador o pior salário de cão e ele não aceitava, o comitê de amparo o riscava da lista de amparo. Era uma época áurea para os senhores fabricantes, na medida em que os trabalhadores tinham de morrer de fome ou de trabalhar por qualquer preço que fosse mais rendoso para o burguês, no que os comitês de amparo agiam como seus cães de guarda. Ao mesmo tempo, os fabricantes impediam, em entendimento secreto com o governo, a emigração na medida do possível, em parte para manter sempre disponível seu capital corporificado na carne e no sangue dos trabalhadores, em parte para assegurar o aluguel extorquido aos trabalhadores.

> Os comitês de amparo atuavam nesse ponto com grande severidade. Se trabalho era oferecido, os trabalhadores, aos quais fosse oferecido, eram riscados da lista e assim forçados a aceitá-lo. Se se recusavam a aceitar o trabalho [...] a causa era ser a remuneração apenas nominal, o trabalho, porém, extremamente pesado. (Ibid., p. 97)

Os trabalhadores aceitavam com disposição qualquer trabalho para o qual, em virtude da *Public Works Act* [Lei de Obras Públicas], fossem empregados.

> "Os princípios pelos quais se organizavam ocupações industriais variavam consideravelmente em diversas cidades. Mas, mesmo nos lugares onde o trabalho ao ar livre não servia absolutamente como prova de trabalho (*labour test*), não se pagava mais por esse trabalho do que a soma regular de amparo, ou tão pouco mais que este se tornava, na realidade, uma prova de trabalho." (p. 69) "A *Public Works Act* de 1863 devia remediar esse mal e capacitar o trabalhador a ganhar seu salário do dia como diarista independente. O objetivo dessa lei era triplo: 1) capacitar as autoridades locais a obterem empréstimos em dinheiro" (com o consentimento do presidente do Comitê central estatal de assistência aos pobres) "dos comissários de empréstimo

> do Tesouro; 2) facilitar melhoramentos nas cidades dos distritos algodoeiros; 3) proporcionar trabalho e salários remuneradores (*remunerative wages*) aos trabalhadores desocupados."

Até o fim de outubro de 1863 foram concedidos, sob essa lei, empréstimos no montante de 883 700 libras esterlinas (p. 70). As obras empreendidas foram principalmente canalização, construção de estradas, calçamento de ruas, reservatórios de serviços de água etc.

Referindo-se a isso, o Sr. Henderson, presidente do Comitê de Blackburn, escreve ao inspetor de fábrica Redgrave:

> Em toda a minha experiência, durante esta época de sofrimento e de miséria, nada me impressionou mais ou me causou maior satisfação que a alegre disposição com que os trabalhadores desocupados deste distrito têm aceitado o trabalho oferecido pela Câmara Municipal de Blackburn, de acordo com a *Public Works Act*. É difícil imaginar-se contraste maior do que o observado no caso do fiandeiro de algodão, que antes era trabalhador qualificado na fábrica e hoje trabalha como diarista num canal de esgoto a 14 ou 18 pés de profundidade.

(Ganhavam por isso, segundo o tamanho da família, 4–12 xelins por semana, e essa última soma gigantesca devia ser suficiente, muitas vezes, para uma família de 8 pessoas. Os senhores burgueses tiravam daí duplo proveito: primeiro, obtinham o dinheiro para o melhoramento de suas cidades fuliginosas e descuidadas a juros excepcionalmente baixos e, segundo, pagavam os trabalhadores muito abaixo das taxas de salário regulares.)

> Habituado que era a uma temperatura quase tropical, a trabalho em que a manipulação hábil e exata lhe valia infinitamente mais do que a força muscular, acostumado a ganhar o dobro, às vezes o triplo da remuneração que pode receber agora, sua pronta aceitação da ocupação oferecida implica uma dose de abnegação e consideração que lhe faz muita honra. Em Blackburn, essa gente foi posta à prova em quase todos os trabalhos possíveis ao ar livre; na escavação de terra argilosa, dura e pesada, em considerável profundidade, em drenagem, em britar pedras, na construção de estradas, na escavação de canais de esgotos, à profundidade de 14, 16 e às vezes 20 pés. Frequentemente trabalham dentro de 10–12 polegadas de lama e água, sempre expostos a um clima cuja fria umidade não é superada, se atingida ao todo, pela de qualquer outro distrito da Inglaterra. (pp. 91–92) – A conduta dos trabalhadores foi quase impecável [...] sua boa vontade em aceitar o trabalho ao ar livre e arranjar-se com ele. (p. 69)

1864. Abril.

> De vez em quando se ouvem, em vários distritos, queixas sobre a escassez de trabalhadores, principalmente em certos ramos, por exemplo a tecelagem [...] mas essas queixas têm sua origem tanto no baixo salário que os trabalhadores podem ganhar em virtude da má qualidade dos fios empregados quanto em alguma carência efetiva de trabalhadores mesmo nesse ramo particular. Numerosas desavenças quanto aos salários ocorreram no mês passado, entre certos fabricantes e seus trabalhadores. Lamento que *strikes* tenham ocorrido com demasiada frequência. [...] Os efeitos da *Public Works Act* são percebidos pelos fabricantes como uma concorrência, e, por isso, o comitê local de Bacup suspendeu sua atividade, pois, embora nem todas as fábricas estejam funcionando, manifestou-se ainda assim escassez de trabalhadores. (*Rep. Fact. April 1864*, p. 9)

Estava mais do que na hora, para os senhores fabricantes. Em consequência da *Public Works Act*, a demanda aumentou tanto que, nas pedreiras de Bacup, alguns trabalhadores de fábrica ganhavam agora 4-5 xelins por dia. E assim foram encerrados, pouco a pouco, os trabalhos públicos – essa nova edição dos *ateliers nationaux* de 1848,[I] mas dessa vez estabelecida em benefício da burguesia.

Experimentos in corpore vili [*em corpo sem valor*]

> "Embora eu tenha apresentado o salário muito reduzido," (dos plenamente ocupados) "o que realmente ganham os trabalhadores em diversas fábricas,

---

I Os *ateliers nationaux* (oficinas nacionais) foram criados, na França, imediatamente após a revolução de fevereiro de 1848, por um decreto do governo provisório. Com isso, o governo perseguia o objetivo, por um lado, de desacreditar entre os trabalhadores as ideias de Louis Blanc sobre a organização do trabalho e, por outro, de utilizar os trabalhadores militarmente organizados dos *ateliers nationaux* contra o proletariado revolucionário. Como esse plano provocatório de cindir a classe trabalhadora fracassou e o ânimo revolucionário entre os trabalhadores ocupados nos *ateliers nationaux* crescia cada vez mais, o governo burguês tomou uma série de medidas para eliminar os *ateliers nationaux* (diminuição do número dos trabalhadores aí ocupados, sua transferência à província para realizar obras públicas etc.). Essas provocações causaram grande indignação no proletariado de Paris e foram um dos motivos que levaram à insurreição de junho em Paris. Após sufocar a insurreição, o governo Cavaignac aprovou em 3 de julho de 1848 um decreto sobre a dissolução dos *ateliers nationaux*. [N. E. A.]

não segue daí, de modo algum, que eles ganhem a mesma soma semana por semana. Os trabalhadores estão sujeitos a grandes oscilações em virtude das contínuas experiências dos fabricantes com diversas espécies e proporções de algodão e resíduos, dentro da mesma fábrica; as 'misturas', como as chamam, modificam-se frequentemente, e a remuneração dos trabalhadores sobe e desce com a qualidade da mistura do algodão. Às vezes, o salário ficava a apenas 15% do anterior, e em uma ou algumas semanas ele caía a 50 ou 60%."

O inspetor Redgrave, que fala aqui, apresenta em seguida dados sobre os salários, tomados da prática, dos quais bastam os seguintes exemplos: A, tecelão, família de 6 pessoas, ocupado 4 dias por semana, 6 xelins e 8½ pence; B, *twister* [torcedor], 4½ dias por semana, 6 xelins; C, tecelão, família de 4, 5 dias por semana, 5 xelins e 1 pêni; D, *slubber* [dobadeiro], família de 6, 4 dias por semana, 7 xelins e 10 pence; E, tecelão, família de 7, 3 dias, 5 xelins etc. Redgrave prossegue:

> Os dados acima merecem atenção, pois demonstram que o trabalho, em algumas famílias, tornar-se-ia uma desgraça, porque não apenas ele reduzia a renda, mas rebaixava-a tanto que ela se tornava absolutamente insuficiente para satisfazer a mais que uma parte muito pequena de suas necessidades absolutas, se não fosse dado um amparo adicional nos casos em que a receita das famílias não atingisse a soma que receberia como amparo, se todos os membros estivessem desocupados. (*Rep. Fact. Oct. 1863*, pp. 50-53)

> Não houve nenhuma semana desde 5 de junho de 1863 em que o tempo médio de trabalho da totalidade dos trabalhadores ultrapassasse 2 dias, 7 horas e alguns minutos. (Ibid., p. 121)

Desde o começo da crise até 25 de março de 1863, quase três milhões de libras esterlinas foram gastos pelas administrações de assistência aos pobres, pelo comitê central de amparo e pelo comitê Mansion House de Londres (p. 13).

"Num distrito onde se fia sem dúvida o fio mais fino [...] os fiandeiros sofrem redução indireta de salários de 15%, em consequência da substituição do algodão Sea Island pelo egípcio. [...] Num extenso distrito onde se utilizam grandes quantidades de resíduos de algodão para mistura com algodão indiano, os fiandeiros tiveram redução salarial de 5% e, além disso, perderam de 20 a 30% em virtude do processamento de Surat e resíduos. Os tecelões passaram de 4 teares para 2. Em 1860, ganhavam 5 xelins e 7 pence por tear, em 1863 apenas 3 xelins e 4 pence. [...] As multas" (para o fiandeiro) "que antes, com algodão americano, variavam entre 3 e 6 pence, atingem hoje montantes entre 1 xelim e 3 xelins e 6 pence."

Num distrito onde se empregava algodão egípcio misturado com o das Índias Orientais:

> O salário médio dos fiandeiros que trabalhavam com a *mule* era, em 1860, de 18 a 25 xelins e, agora, é de 10 a 18 xelins. Isso não se deve exclusivamente à pior qualidade do algodão, mas também à velocidade reduzida da *mule*, a fim de dar ao fio uma torção mais forte, pelo que em tempos normais se faria pagamento extra de acordo com a tarifa de salários. (pp. 43-44, 45-50) Embora o algodão das Índias Orientais possa ter sido processado, aqui e acolá, com lucro para o fabricante, vemos que os trabalhadores são prejudicados com ele (ver lista de salários, p. 53) em comparação com o ano de 1861. Se se consolidar o emprego de Surat, os trabalhadores exigirão a mesma remuneração de 1861; mas isso afetaria seriamente o lucro do fabricante, caso não fosse compensado pelo preço, seja do algodão, seja dos produtos fabricados. (p. 105)

Aluguel de casas.

> Os aluguéis dos trabalhadores, se os *cottages* [casebres] por eles habitados pertencem ao fabricante, são por este frequentemente deduzidos dos salários, mesmo quando se trabalha em jornada reduzida. Apesar disso caiu o valor dessas propriedades, e casinholas se conseguem hoje 25-50% mais baratas que antes; um *cottage* que custava antes 3 xelins e 6 pence por semana consegue-se hoje por 2 xelins e 4 pence e, às vezes, até por menos. (p. 57)

Emigração. Os fabricantes eram naturalmente contra a emigração dos trabalhadores, porque eles,

> na espera de melhores tempos para a indústria algodoeira, queriam manter à mão os meios para explorar suas fábricas de maneira mais vantajosa". Por outro lado, "vários fabricantes são proprietários das casas em que moram os trabalhadores por eles empregados, e pelo menos alguns deles contam como absolutamente certo receber mais tarde parte dos aluguéis vencidos, que não foram pagos. (p. 96)

O Sr. Bernall Osborne, num discurso a seus eleitores ao Parlamento, em 22 de outubro de 1864, disse que os trabalhadores de Lancashire se comportaram como os antigos filósofos (os estoicos). Ou como ovelhas?

CAPÍTULO 7

OBSERVAÇÕES SUPLEMENTARES

Suponhamos, conforme admitido nesta seção, que a massa de lucro apropriada em cada esfera particular da produção seja igual à soma da mais-valia produzida pelo capital total investido nessa esfera. Mesmo assim, o burguês não identificaria o lucro com a mais-valia, isto é, com o mais-trabalho não pago, e certamente pelas seguintes razões:

1) No processo de circulação ele esquece o processo de produção. A realização do valor das mercadorias – que implica a realização de sua mais-valia – equivale para ele à feitura dessa mais-valia. {Uma lacuna deixada no manuscrito indica que Marx pretendia desenvolver este ponto mais detalhadamente. – F. E.}

2) Suposto o mesmo grau de exploração do trabalho, mostrou-se que, abstraindo todas as modificações trazidas pelo sistema de crédito, todos os golpes aplicados e fraudes recíprocas entre os capitalistas e, ainda, a escolha favorável do mercado, a taxa de lucro pode ser muito diferente, conforme a matéria-prima seja adquirida mais ou menos barata, com maior ou menor conhecimento de causa; conforme a maquinaria empregada seja produtiva, adequada e barata; conforme a organização geral das diversas etapas do processo de produção seja mais ou menos perfeita, o desperdício de material seja eliminado, a direção e a supervisão sejam simples e eficazes etc. Em suma, dada a mais-valia para determinado capital variável, depende ainda muito da habilidade empresarial individual, seja do próprio capitalista, seja de seus superintendentes e vendedores, se essa mesma mais-valia se expressa numa taxa de lucro maior ou menor e, portanto, se fornece uma massa de lucro maior ou menor. Suponhamos que a mesma mais-valia de 1000 libras esterlinas, produto de 1000 libras esterlinas em salários, esteja relacionada na empresa A com capital constante de 9000 libras esterlinas e na outra empresa, B, com 11000 libras esterlinas. No caso A temos $l' = \frac{1000}{10000} = 10\%$. No caso B, $l' = \frac{1000}{12000} = 8\frac{1}{3}\%$. O capital total produz em A relativamente mais lucro que em B, pois em A a taxa de lucro é mais alta que em B, embora em ambos os casos o capital variável adiantado = 1000 e a mais-valia dele extraída também = 1000, havendo, portanto, em ambos os casos o mesmo grau de exploração do mesmo número de trabalhadores. Essa diferença na representação da mesma massa de mais-valia, ou a diversidade das taxas de lucro e, portanto, dos próprios lucros, com igual exploração do trabalho, pode provir ainda de outras causas; mas pode decorrer também

única e exclusivamente da diferença na habilidade empresarial com que se dirigem os dois negócios. E essa circunstância leva o capitalista a acreditar – convence-o – que seu lucro é devido não à exploração do trabalho, mas pelo menos parcialmente a outras condições, independentes dela, a saber, à sua ação individual.

Do que foi exposto nesta Seção I decorre ser errônea a concepção (de Rodbertus)[I] segundo a qual (diferentemente do caso da renda fundiária, em que, por exemplo, a superfície do solo permanece a mesma, enquanto a renda cresce) uma mudança na grandeza do capital não influi na proporção entre lucro e capital nem, portanto, na taxa de lucro, pois, quando cresce a massa de lucro, cresce também a massa do capital sobre a qual ela é calculada e vice-versa.

Isso só é verdadeiro em dois casos. Primeiro, quando as demais circunstâncias, precisamente a taxa de mais-valia, são supostas constantes, ocorre uma mudança no valor da mercadoria que é a mercadoria-dinheiro. (O mesmo ocorre no caso de uma mudança apenas nominal de valor, de uma alta ou baixa do signo de valor, com as demais circunstâncias constantes.) Seja o capital total = 100 libras esterlinas e o lucro = 20 libras esterlinas, sendo, portanto, a taxa de lucro = 20%. Se o ouro cair ou subir 100%,[II] no primeiro caso o mesmo capital que antes valia 100 libras esterlinas valerá 200 libras e o lucro terá um valor de 40 libras esterlinas, isto é, representar-se-á nessa expressão monetária, em vez de em 20 libras esterlinas como antes. No segundo caso, o capital cai a um valor de 50 libras esterlinas, e o lucro se representa num produto no valor de 10 libras esterlinas. Mas, em ambos os casos, 200 : 40 = 50 : 10 = 100 : 20 = 20%. Em todos esses casos, entretanto, não ocorreria uma mudança de grandeza do valor-capital, mas apenas na expressão monetária do mesmo valor e da mesma mais-valia. Assim, não poderia ser afetado $\frac{mv}{C}$ nem a taxa de lucro.

O outro caso é quando uma mudança real de grandeza do valor tem lugar, mas essa mudança de grandeza não é acompanhada por mudança na proporção de $v : c$, isto é, sendo constante a taxa de mais-valia, a

---

I Johann Karl Rodbertus-Jagetzow, *Sociale Briefe an von Kirchmann*. Dritter Brief: *Widerlegung der Ricardo'schen Lehre von der Grundrente und Begründung einer neuen Rententheorie*. Berlin, 1851, p. 125. Marx faz detalhada análise crítica da teoria da taxa de lucro de Rodbertus em *Teorias da mais-valia*. [N. E. A.]

II "Se o ouro cair... 100%..." é um cochilo de Marx, pois algo que cai 100% perde totalmente seu valor e nenhum valor real poderia representar-se em ouro. Pelo que segue, o que Marx tinha em mente era: "Se o ouro cair 50% ou subir 100%...". [N. T.]

proporção entre o capital gasto em força de trabalho (o capital variável considerado como índice da força de trabalho posta em movimento) e o capital gasto em meios de produção permanece a mesma. Nessas circunstâncias, tenhamos C ou nC ou $\frac{C}{n}$, por exemplo, 1000 ou 2000 ou 500, o lucro, sendo a taxa de lucro de 20%, será no primeiro caso = 200, no segundo = 400, no terceiro = 100; mas $\frac{200}{1000} = \frac{400}{2000} = \frac{100}{500} = 20\%$. Quer dizer, a taxa de lucro permanece aqui invariável porque a composição do capital continua a mesma e não é atingida pela mudança de sua grandeza. Acréscimo ou decréscimo da massa de lucro indica aqui, portanto, apenas acréscimo ou decréscimo na grandeza do capital empregado.

No primeiro caso há uma mudança apenas aparente na grandeza do capital empregado; no segundo ocorre uma mudança real de grandeza, mas não na composição orgânica do capital, na proporção entre sua parte variável e sua parte constante. Mas, excetuados esses dois casos, a mudança de grandeza do capital empregado é *consequência* de uma mudança precedente de valor de um de seus componentes e, por isso (na medida em que não varie, juntamente com o capital variável, a própria mais-valia), de uma mudança na grandeza relativa de seus componentes; ou essa mudança da grandeza (como no caso de trabalhos em grande escala, introdução de nova maquinaria etc.) é a *causa* de uma mudança na grandeza relativa de ambos os seus componentes orgânicos. Em todos esses casos, com as demais circunstâncias constantes, a mudança de grandeza do capital empregado tem de ser acompanhada, portanto, por uma mudança simultânea da taxa de lucro.

A elevação da taxa de lucro provém, portanto, sempre de um aumento relativo ou absoluto da mais-valia, em relação a seus custos de produção, isto é, ao capital total adiantado, ou de uma diminuição da diferença entre taxa de lucro e taxa de mais-valia.

Oscilações na taxa de lucro, independentes de mudanças nos componentes orgânicos do capital ou da grandeza absoluta do capital, são possibilitadas pelo fato de que o valor do capital adiantado, qualquer que seja a forma, como capital fixo ou circulante, em que existe, sobe ou cai em consequência de um acréscimo ou decréscimo, independente do capital já existente, do tempo de trabalho necessário a sua reprodução. O valor de cada mercadoria – e, portanto, também das mercadorias em que consiste o capital – é determinado não pelo tempo de trabalho necessário contido nela mesma, mas pelo tempo de trabalho *socialmente* necessário, exigido para sua reprodução. Essa reprodução pode suceder em circunstâncias que a dificultem ou que a facilitem, diferentes das condições da produção original. Se nas circunstâncias modificadas se necessita, em geral, do dobro ou da metade do tempo para reproduzir o mesmo capital material, este, com valor constante do dinheiro, se antes valia 100 libras esterlinas, valerá agora 200 ou até mesmo 50 libras esterlinas. Se essa alta do valor ou desvalorização atingisse todas as partes do capital do mesmo modo, também o lucro expressar-se-ia, correspondentemente, no dobro ou na metade da soma de dinheiro. Se, entretanto, ela implica uma alteração na composição orgânica do capital, aumentando ou diminuindo a relação da parte de capital variável com a constante, a taxa de lucro, com as demais circunstâncias constantes, aumentará ao aumentar relativamente e diminuirá ao diminuir relativamente o capital variável. Se apenas o valor monetário do capital adiantado sobe ou cai (em virtude de uma mudança de valor do dinheiro), subirá ou cairá na mesma proporção a expressão monetária da mais-valia. A taxa de lucro permanece invariável.

SEÇÃO II

A TRANSFORMAÇÃO DO LUCRO EM LUCRO MÉDIO

CAPÍTULO 8

COMPOSIÇÃO DIVERSIFICADA DOS CAPITAIS EM RAMOS DIVERSOS DA PRODUÇÃO E A DAÍ DECORRENTE DIVERSIDADE DAS TAXAS DE LUCRO

Na seção precedente demonstrou-se, entre outras coisas, como, com taxa de mais-valia constante, a taxa de lucro pode variar, subir ou cair. Neste capítulo supõe-se, pois, que o grau de exploração do trabalho e, portanto, a taxa de mais-valia e a duração da jornada de trabalho, em todas as esferas da produção em que se divide o trabalho social num país dado, têm a mesma grandeza, o mesmo nível. Quanto às muitas diferenças na exploração do trabalho em diversas esferas da produção, Adam Smith[I] já demonstrou detalhadamente que elas se compensam por vários motivos reais ou aceitos pelo preconceito e, por isso, como diferenças apenas aparentes e efêmeras, não entram em conta na investigação das condições gerais. Outras diferenças, por exemplo no nível do salário, baseiam-se em grande parte na diferença entre trabalho simples e complexo, já mencionada no começo do Livro 1, pp. 106–07, e, ainda que tornem bem desigual a sorte dos trabalhadores nas diversas esferas da produção, não atingem de modo algum o grau de exploração do trabalho nessas diversas esferas. Se, por exemplo, o trabalho de um ourives se paga mais caro que o de um diarista, então o mais-trabalho do ourives produz, na mesma proporção, mais-valia maior que a do diarista. E, se a equalização dos salários e das jornadas de trabalho, e por conseguinte da taxa de mais-valia, entre as diversas esferas da produção e mesmo entre os diversos investimentos de capital na mesma esfera da produção for impedida por variados obstáculos locais, ainda assim ela se realiza mais e mais com o progresso da produção capitalista e com a subordinação de todas as condições econômicas a esse modo de produção. Por importante que seja o estudo dessas fricções para qualquer trabalho especial sobre o salário, na investigação geral da produção capitalista elas devem ser negligenciadas como fortuitas e não essenciais. Em tal investigação geral sempre se pressupõe, sobretudo, que as condições reais correspondam

I A. Smith, *An Inquiry into the Nature and Causes of the Wealth of Nations*, Livro 1, cap. 10: "Of Wages and Profit in the Different Employments of Labour and Stock". [N. E. A.]

a seu conceito ou, o que é o mesmo, que as condições reais só são representadas na medida em que expressam seu próprio tipo geral.

A diferença entre as taxas de mais-valia dos diversos países, portanto no grau nacional de exploração do trabalho, para a presente investigação é totalmente indiferente. O que queremos expor nesta seção é justamente a maneira como se estabelece uma taxa de lucro geral dentro de um país. É claro, entretanto, que, na comparação das diversas taxas nacionais de lucro, só se precisa conjugar o desenvolvido antes com o que será desenvolvido aqui. Primeiro se considere a diversidade das taxas nacionais de mais-valia e depois se compare, com base nessas taxas de mais-valia dadas, a diversidade das taxas nacionais de lucro. Na medida em que sua diversidade não resulta da diversidade das taxas nacionais de mais-valia, ela deve ser causada por circunstâncias em que a mais-valia é suposta, como na investigação neste capítulo, por toda parte, como igual, constante.

No capítulo anterior, mostrou-se que, suposta constante a taxa de mais-valia, a taxa de lucro que determinado capital proporciona pode subir ou cair em consequência de circunstâncias que aumentam ou diminuem o valor desta ou daquela parte do capital constante e, assim, afetam a relação entre os componentes constantes e variáveis do capital. Observou-se ainda que as circunstâncias que prolongam ou reduzem o período de rotação de um capital podem afetar de maneira semelhante a taxa de lucro. Como a massa de lucro é idêntica à massa de mais-valia, à própria mais-valia, mostrou-se também que a *massa* de lucro – em contraste com a *taxa* de lucro – não é atingida pelas oscilações de valor mencionadas. Estas modificam apenas a taxa em que se expressa uma mais-valia dada e, portanto, um lucro de grandeza dada, isto é, modificam sua grandeza relativa, sua grandeza comparada com a grandeza do capital adiantado. À medida que, em consequência daquelas oscilações de valor, ocorria vinculação ou liberação de capital, podiam ser afetados, por essa via indireta, não apenas a taxa de lucro, mas o próprio lucro. Entretanto, isso só valia para o capital já engajado, e não para o investimento novo de capital; e, além disso, o aumento ou diminuição do próprio lucro dependia sempre da medida em que, em consequência daquelas oscilações de valor, se podia, com o mesmo capital, pôr em movimento mais ou menos trabalho, portanto com o mesmo capital – com taxa de mais-valia constante – podia ser produzida uma massa maior ou menor de mais-valia. Bem longe de contradizer a lei geral ou constituir uma exceção dela, essa aparente exceção era, na realidade, apenas um caso particular de aplicação dessa lei geral.

Quando na seção anterior se mostrou que, com grau constante de exploração do trabalho, com mudanças de valor dos componentes do capital constante e igualmente com mudança no período de rotação do capital, a taxa de lucro se alterou, então segue disso, por si mesmo, que as taxas de lucro de diversas esferas da produção, existentes simultaneamente uma ao lado da outra, serão diferentes se, com as demais circunstâncias constantes, o período de rotação dos capitais empregados for diferente ou se a relação de valor entre os componentes orgânicos desses capitais, nas diversas esferas da produção, for diferente. O que antes considerávamos como mudanças ocorridas sucessivamente no tempo com o mesmo capital passamos a considerar, agora, como diferenças simultâneas entre investimentos de capital existentes paralelamente em diversas esferas da produção.

Por conseguinte, teremos de investigar: 1) as diferenças na *composição orgânica* dos capitais; 2) as diferenças em seus períodos de rotação.

O pressuposto em toda essa investigação é obviamente que, ao falar de composição ou rotação do capital em determinado ramo da produção, nos referimos sempre à proporção normal média do capital investido nesse ramo da produção, tratando-se em geral da média do capital total investido na esfera determinada, e não das diferenças fortuitas entre os capitais individuais investidos nessa esfera.

Como, além disso, se pressupõe que a taxa de mais-valia e a jornada de trabalho sejam constantes, e como esse pressuposto implica também a constância do salário, então certo *quantum* de capital variável expressa certo *quantum* de força de trabalho posta em movimento e, por conseguinte, determinado *quantum* de trabalho que se objetiva. Assim, se 100 libras esterlinas expressam o salário semanal de 100 trabalhadores, indicando, portanto, de fato, a força de 100 trabalhadores, então $n \times 100$ libras esterlinas expressam a de $n \times 100$ trabalhadores, e $\frac{100 \text{ libras esterlinas}}{n}$ a de $\frac{100}{n}$ trabalhadores. O capital variável serve aqui, portanto (como ocorre sempre quando o salário é dado), como índice da massa de trabalho posta em movimento por determinado capital total; diferenças na grandeza do capital variável aplicado servem, por isso, como índices da diferença na massa da força de trabalho empregada. Se 100 libras esterlinas representam 100 trabalhadores por semana e, portanto, 60 horas semanais de trabalho representam 6 000 horas de trabalho, então 200 libras esterlinas representam 12 000, e 50 libras esterlinas apenas 3 000 horas de trabalho.

Entendemos por composição do capital, conforme já foi dito no Livro 1, a relação entre seus componentes ativo e passivo, o capital variável e o constante. Duas proporções merecem consideração aqui, as quais não têm importância igual, embora possam provocar, em certas circunstâncias, efeitos iguais.

A primeira proporção repousa sobre base técnica e deve, em determinado nível de desenvolvimento da força produtiva, ser considerada como dada. Determinada massa de força de trabalho, representada por determinado número de trabalhadores, é exigida para produzir, por exemplo, numa jornada, determinada massa de produto, e portanto – o que está implícito – para pôr em movimento, consumir produtivamente, determinada massa de meios de produção, maquinaria, matérias-primas etc. Determinado número de trabalhadores corresponde a determinado *quantum* de meios de produção, e portanto determinado *quantum* de trabalho vivo, a determinado *quantum* de trabalho já objetivado nos meios de produção. Essa proporção difere muito nas diversas esferas da produção, e muitas vezes nos diferentes ramos da mesma indústria, embora, por acaso, possa ser a mesma ou aproximadamente a mesma em ramos industriais muito afastados uns dos outros.

Essa proporção constitui a composição técnica do capital e é a verdadeira base de sua composição orgânica.

Mas é também possível que aquela proporção seja a mesma em diversos ramos industriais, na medida em que o capital variável seja mero índice da força de trabalho e o capital constante mero índice da massa de meios de produção, posta em movimento pela força de trabalho. Assim, por exemplo, certos trabalhos em cobre e ferro podem pressupor proporção igual entre força de trabalho e massa de meios de produção. Mas, sendo o cobre mais caro que o ferro, a proporção de valor entre capital variável e constante será diferente nos dois casos, e com isso também a composição de valor de ambos os capitais totais. A diferença entre a composição técnica e a composição de valor se revela em cada ramo industrial pelo fato de que, com composição técnica constante, pode variar a proporção de valor entre as duas partes do capital e, com composição técnica alterada, a proporção de valor pode permanecer a mesma; o último caso, naturalmente, só é possível quando a variação na proporção entre as massas empregadas de meios de produção e de força de trabalho for compensada por variação inversa em seus valores.

A composição de valor do capital, na medida em que é determinada por sua composição técnica e a reflete, é o que chamamos de composição *orgânica* do capital.[20]

Quanto ao capital variável, pois, pressupomos que é índice de determinada quantidade de força de trabalho, de determinado número de trabalhadores ou de determinadas massas de trabalho vivo postas em movimento. Viu-se na seção anterior que uma variação da grandeza do valor do capital variável possivelmente indica apenas um preço maior ou menor da mesma massa de trabalho; mas aqui, onde se consideram constantes a taxa de mais-valia e a jornada de trabalho e como grandeza dada o salário para determinado tempo de trabalho, exclui-se essa possibilidade. Em contrapartida, uma diferença na grandeza do capital constante pode certamente ser também índice de uma variação da massa dos meios de produção postos em movimento por determinado *quantum* de força de trabalho; mas ela pode originar-se também da diferença de valor que distingue os meios de produção postos em movimento numa esfera da produção dos postos em movimento em outra. Por isso, ambos os pontos de vista serão considerados aqui.

Finalmente, cabe fazer a seguinte observação essencial:

Suponhamos que 100 libras esterlinas sejam o salário semanal de 100 trabalhadores. Que o tempo de trabalho semanal seja=60 horas. E, ainda, que a taxa de mais-valia seja=100%. Nesse caso, das 60 horas, os trabalhadores trabalham 30 para si mesmos e 30 gratuitamente para o capitalista. Nas 100 libras esterlinas de salários estão de fato corporificadas apenas 30 horas de trabalho dos 100 trabalhadores, ou um total de 3000 horas de trabalho, enquanto as outras 3000 horas trabalhadas por eles o estão nas 100 libras esterlinas de mais-valia, ou lucro, que o capitalista embolsa. Embora o salário de 100 libras esterlinas não expresse, por conseguinte, o valor em que se objetiva o trabalho semanal dos 100 trabalhadores, ele indica, entretanto (pois estão dadas a duração da jornada de trabalho e a taxa de mais-valia), que 100 trabalhadores foram postos em movimento durante 6000 horas de trabalho ao todo por esse capital. O capital de 100 libras esterlinas indica isso, primeiro, porque indica o número dos trabalhadores postos em movimento, sendo 1 libra esterlina=1 trabalhador por semana e, portanto, 100 libras esterlinas=100 trabalhadores; e, segundo, porque cada trabalhador posto em movimento, com taxa de mais-valia dada de 100%, realiza o dobro do trabalho contido em seu salário, de modo que 1 libra esterlina, seu salário, expressão de meia semana de trabalho, põe em movimento uma semana inteira de trabalho, e do mesmo modo 100 libras esterlinas, embora contenham apenas 50 semanas de trabalho, põem em movimento 100 semanas de trabalho. É preciso fazer, portanto, uma distinção muito mais essencial entre o capital variável, aplicado em salários, na medida em que seu valor representa a soma dos salários, um determinado *quantum* de trabalho objetivado, e na medida em que seu valor é mero índice da massa de trabalho vivo por ele posto em movimento. Esta última é sempre maior que o trabalho contido nele e, por isso, representa-se em valor mais elevado que o do capital variável; num valor que é determinado, por um lado, pelo número de trabalhadores postos em movimento pelo capital variável e, por outro, pelo *quantum* de mais-trabalho que eles realizam.

Dessa maneira de considerar o capital variável segue:

Se um investimento de capital na esfera da produção A depende, para cada 700 do capital total, apenas 100 em capital variável e 600 em capital constante, enquanto na esfera da produção B se gastam 600 em capital variável e apenas 100 em constante, então o capital total A de 700 porá em movimento apenas uma força de trabalho de 100, isto é, de acordo com a suposição anterior, apenas 100 semanas de trabalho ou 6 000 horas de trabalho vivo, enquanto o capital total B, da mesma grandeza, porá em movimento 600 semanas de trabalho e, por conseguinte, 36 000 horas de trabalho vivo. O capital em A apropriar-se-ia, portanto, apenas de 50 semanas de trabalho ou de 3 000 horas de mais-trabalho, enquanto o capital da mesma grandeza em B apropriar-se-ia de 300 semanas de trabalho ou de 18 000 horas. O capital variável é o índice não apenas do trabalho nele mesmo contido, mas, com taxa de mais-valia dada, ao mesmo tempo, do trabalho excedente posto em movimento além desse limite ou mais-trabalho. Com o mesmo grau de exploração do trabalho, o lucro seria, no primeiro caso, $\frac{100}{700} = \frac{1}{7} = 14\frac{2}{7}\%$ e, no segundo, $\frac{600}{700} = 85\frac{5}{7}\%$, uma taxa de lucro seis vezes maior. Na realidade, o próprio lucro seria, nesse caso, seis vezes maior, 600 para B contra 100 para A, porque seis vezes mais trabalho vivo é posto em movimento pelo mesmo capital, portanto sendo produzido, com o mesmo grau de exploração do trabalho, também seis vezes mais mais-valia e, por conseguinte, seis vezes mais lucro.

Se em A, em vez de 700, fossem aplicadas 7 000 libras esterlinas e em B, pelo contrário, apenas 700 libras esterlinas de capital, então o capital A, com composição orgânica constante, empregaria 1 000 libras esterlinas das 7 000 como capital variável, portanto 1 000 trabalhadores por semana = 60 000 horas de trabalho vivo, das quais 30 000 seriam mais-trabalho. Mas, depois como antes, A poria em movimento, para cada 700 libras esterlinas, apenas ⅙ do trabalho vivo e, portanto, ⅙ do mais-trabalho de B, produzindo assim também apenas ⅙ do lucro. Se se considera a taxa de lucro, vemos que ela é $\frac{1000}{7000} = \frac{100}{700} = 14\frac{2}{7}\%$ contra $\frac{600}{700}$ ou $85\frac{5}{7}\%$ do capital B. Supondo iguais montantes de capital, difere aqui a taxa de lucro porque, com taxa de mais-valia igual, em virtude das diferentes massas de trabalho vivo postas em movimento, as massas de mais-valia produzidas, e por conseguinte os lucros, são diferentes.

O mesmo resulta, de fato, quando as condições técnicas de uma esfera da produção são iguais às de outra, mas o valor dos elementos do capital constante empregados é maior ou menor. Suponhamos que ambas empreguem 100 libras esterlinas como capital variável e necessitem, portanto, de 100 trabalhadores por semana para pôr em movimento o mesmo *quantum* de maquinaria e de matéria-prima, mas as últimas em B são mais caras do que em A. Nesse caso, às 100 libras esterlinas de capital variável correspondem, por exemplo, 200 libras de capital constante em A e 400 em B. Então, com uma taxa de mais-valia de 100%, a mais-valia produzida seria, em ambas as esferas, de 100 libras esterlinas; portanto, também o lucro seria em ambas as esferas de 100 libras esterlinas. Mas em A $\frac{100}{200_c + 100_v} = \frac{1}{3} = 33\frac{1}{3}\%$, enquanto em B $\frac{100}{400_c + 100_v} = \frac{1}{5} = 20\%$. De fato, se tomarmos em ambos os casos determinada parte alíquota do capital total, então em B, de cada 100 libras esterlinas, apenas 20 libras esterlinas ou 1/5 constituem capital variável, enquanto em A, de cada 100 libras esterlinas, 33 1/3 libras esterlinas ou 1/3 são capital variável. B produz, para cada 100 libras esterlinas, menos lucro, porque põe em movimento menos trabalho vivo que A. A diferença nas taxas de lucro reduz-se aqui, portanto, novamente à diferença, para cada 100 de capital investido, das massas de lucro produzidas, por serem estas as massas de mais-valia.

A única diferença entre esse segundo exemplo e o precedente é apenas a seguinte: a equalização entre A e B só exigiria, no segundo caso, uma mudança no valor do capital constante, seja de A ou de B, com base técnica constante; no primeiro caso, ao contrário, a própria composição técnica é diferente em ambas as esferas da produção e teria de ser revolucionada para que houvesse equalização.

A diferença na composição orgânica dos capitais é independente, portanto, de sua grandeza absoluta. O que sempre importa saber é quanto em cada 100 é capital variável e quanto é constante.

Capitais de grandeza diversa, calculados em percentagens, ou, o que aqui dá no mesmo, capitais de igual grandeza produzem, portanto, com jornada de trabalho igual e grau de exploração do trabalho igual, quantidades muito diferentes de lucro, porque de mais-valia, e precisamente porque, de acordo com a distinta composição orgânica de capital nas distintas esferas da produção, sua parte variável é diferente, portanto as quantidades de trabalho vivo que põem em movimento são diferentes, portanto também o são as quantidades por eles apropriadas de mais-trabalho, a substância da mais-valia e, por conseguinte, do lucro. Porções iguais do capital total nas diversas esferas da produção encerram fontes desiguais de mais-valia, e a única fonte de mais-valia é o trabalho vivo. Com o mesmo grau de exploração do trabalho, a massa de trabalho posta em movimento por um capital = 100, e, por conseguinte, de mais-trabalho de que ele se apropria, depende da grandeza de seu componente variável. Se um capital, com a composição percentual de $90_c + 10_v$, produzisse, com o mesmo grau de exploração do trabalho, tanta mais-valia ou tanto lucro quanto um capital com a composição de $10_c + 90_v$, seria claro como o sol que a mais-valia e, portanto, o valor em geral teriam uma fonte totalmente diferente do trabalho, e assim todo fundamento racional da Economia Política estaria excluído. Se continuamos a admitir que 1 libra esterlina seja o salário semanal de um trabalhador por 60 horas de trabalho e a taxa de mais-valia = 100%, então é claro que o produto-valor total que um trabalhador pode fornecer durante uma semana = 2 libras esterlinas; 10 trabalhadores não poderiam, portanto, fornecer mais do que 20 libras esterlinas; e, como 10 dessas 20 libras esterlinas repõem o salário, os 10 não poderiam criar mais-valia maior do que 10 libras esterlinas; enquanto 90 trabalhadores, cujo produto total = 180 libras esterlinas e cujo salário = 90 libras esterlinas, criariam mais-valia de 90 libras esterlinas. A taxa de lucro seria, pois, de 10% num caso e de 90% no outro. Se fosse diferente, valor e mais-valia teriam de ser outra coisa além de trabalho objetivado. Uma vez que capitais em diferentes esferas da produção, considerados percentualmente – ou capitais de igual grandeza –, dividem-se de maneira desigual em elementos constantes e variáveis, põem quantidade desigual de trabalho vivo em movimento e, portanto, produzem quantidade desigual de mais-valia, e por conseguinte de lucro, então a taxa de lucro, que consiste justamente na percentagem da mais-valia sobre o capital total, difere neles.

Mas, se os capitais de diferentes esferas da produção, calculados percentualmente, portanto capitais de igual grandeza, em diferentes esferas da produção, produzem lucros desiguais, em virtude de sua diferente composição orgânica, então segue que os lucros de capitais desiguais, em diferentes esferas da produção, não podem estar em proporção com suas respectivas grandezas, que portanto os lucros em diferentes esferas da produção não são proporcionais às grandezas dos capitais respectivos nelas investidos. Pois tal crescimento do lucro *pro rata* da grandeza do capital aplicado pressuporia que, considerados percentualmente, os lucros são iguais, que portanto capitais de igual grandeza em diferentes esferas da produção têm taxas de lucro de igual grandeza, apesar de sua composição orgânica diferente. Só dentro da mesma esfera da produção, onde a composição orgânica do capital é dada, ou entre diferentes esferas da produção com igual composição orgânica do capital, as massas de lucro estão em proporção direta com a massa dos capitais aplicados. Que os lucros de capitais de grandeza desigual são proporcionais a suas grandezas significa unicamente que capitais de igual grandeza proporcionam lucros de igual grandeza ou que a taxa de lucro é igual para todos os capitais, qualquer que seja sua grandeza e sua composição orgânica.

O acima desenvolvido tem lugar sob o pressuposto de que as mercadorias se vendem por seus valores. O valor de uma mercadoria é igual ao valor do capital constante nela contido, mais o valor do capital variável nela reproduzido, mais o incremento desse capital variável, a mais-valia produzida. Com taxa de mais-valia constante, sua massa depende obviamente da massa de capital variável. O valor do produto do capital de 100 é, num caso, de $90_c + 10_v + 10_{mv} = 110$; em outro, de $10_c + 90_v + 90_{mv} = 190$. Se as mercadorias são vendidas por seus valores, então o primeiro produto o será por 110, dos quais 10 representam mais-valia ou trabalho não pago; o segundo produto, no entanto, o será por 190, dos quais 90 serão mais-valia ou trabalho não pago.

Isso é particularmente importante quando se comparam taxas de lucro nacionais. Suponhamos que, num país europeu, a taxa de mais-valia seja de 100%, isto é, que o trabalhador trabalhe metade do dia para si e metade do dia para seu empregador; que num país asiático ela seja = 25%, isto é, que o trabalhador trabalhe $\frac{4}{5}$ do dia para si e $\frac{1}{5}$ para seu empregador. Suponhamos ainda que, no país europeu, porém, a composição do capital nacional seja de $84_c + 16_v$ e, no país asiático, onde se emprega pouca maquinaria etc. e em que dada quantidade de força de trabalho consome produtivamente, em dado tempo, relativamente pouca matéria-prima, a composição seja de $16_c + 84_v$. Temos então o seguinte cálculo:

No país europeu, o valor-produto $= 84_c + 16_v + 16_{mv} = 116$;
taxa de lucro $= \frac{16}{100} = 16\%$.
No país asiático, o valor-produto $= 16_c + 84_v + 21_{mv} = 121$;
taxa de lucro $= \frac{21}{100} = 21\%$.

Assim, a taxa de lucro no país asiático é mais de 25% maior do que a do europeu, embora a taxa de mais-valia daquele seja quatro vezes menor do que a deste. Os Careys, Bastiats e *tutti quanti* chegarão a uma conclusão justamente oposta.

Observamos de passagem que diferentes taxas nacionais de lucro baseiam-se, na maior parte das vezes, em diferentes taxas nacionais de mais-valia; mas, neste capítulo, comparamos taxas de lucro desiguais, que são derivadas de uma única e mesma taxa de mais-valia.

Além da composição orgânica diferente dos capitais, portanto além das massas diferentes de trabalho e, com isso também, sendo as demais circunstâncias constantes, de mais-trabalho, que capitais de igual grandeza põem em movimento em diferentes esferas da produção, existe ainda outra fonte de desigualdade das taxas de lucro: a diferença na duração da rotação do capital nas diferentes esferas da produção. Vimos no capítulo 4 que, com a mesma composição dos capitais e com as demais circunstâncias constantes, as taxas de lucro estão em proporção inversa aos períodos de rotação e, também, que o mesmo capital variável, quando rota em períodos de tempo diferentes, viabiliza massas desiguais de mais-valia anual. A diversidade dos períodos de rotação é, portanto, outra causa por que capitais de igual grandeza em diferentes esferas da produção não produzem lucros iguais em períodos de tempo iguais e por que as taxas de lucro nessas diferentes esferas são diferentes.

No que tange à proporção entre capital fixo e circulante na composição dos capitais, ela não afeta, considerada em si e para si, de modo algum a taxa de lucro. Só pode afetá-la quando a diferença nessa composição coincide com a diferença na proporção entre a parte variável e a constante, sendo a diversidade da taxa de lucro devida a esta última diferença, e não à da proporção entre capital circulante e fixo; ou quando a diferente proporção entre componentes fixos e circulantes condiciona uma diferença no período de rotação durante o qual se realiza determinado lucro. Quando capitais se decompõem em capital fixo e capital circulante em diferentes proporções, isso tem sempre influência em seu período de rotação, provocando uma diferenciação do mesmo; mas não segue daí que o período de rotação em que os mesmos capitais realizam lucro seja diferente. Se A, por exemplo, tem de converter continuamente parte maior do produto em matéria-prima etc., enquanto B utiliza, durante mais tempo, as mesmas máquinas etc. com menos matéria-prima, ambos sempre têm engajada, enquanto produzem, parte de seu capital; um em matéria-prima, isto é, em capital circulante, outro em máquinas etc., isto é, em capital fixo. A transforma continuamente parte de seu capital da forma-mercadoria em forma-dinheiro, e desta novamente em forma de matéria-prima; enquanto B utiliza parte de seu capital, sem essa transformação, por um período maior de tempo, como instrumento de trabalho. Se ambos empregam a mesma quantidade de trabalho, venderão no decurso do ano massas de produtos de valor desigual, mas ambas as massas de produtos conterão a mesma quantidade de mais-valia, e suas taxas de lucro, que são calculadas sobre todo o capital adiantado, serão as mesmas, embora sua composição de capital fixo e circulante e o período de rotação sejam diferentes. Ambos os capitais realizam, em tempos iguais, lucros iguais, embora rotem em tempos diferentes.[21] A diversidade do período de rotação em si e para si só tem significado na medida em que afeta a massa de mais-trabalho que pode ser apropriada e realizada, num período de tempo dado, pelo mesmo capital. Se, portanto, composição desigual de capital circulante e fixo não implica necessariamente desigualdade do período de rotação, a qual, por sua vez, condiciona diferença na taxa de lucro, então é claro que, no caso de ocorrer esta última, isso não provém da composição desigual de capital circulante e fixo, em si, mas muito mais de que essa desigualdade só indica aqui desigualdade nos períodos de rotação que afeta a taxa de lucro.

A diferente composição do capital constante em circulante e fixo, em diferentes ramos industriais, não tem, portanto, em si, nenhuma significação para a taxa de lucro, uma vez que é a proporção entre capital variável e constante que decide, e o valor do capital constante, portanto também sua grandeza relativa em relação ao capital variável, é absolutamente independente do caráter fixo ou circulante de seus componentes. Mas é provável que se verifique – e isto leva a falsas conclusões – que ali onde o capital fixo está consideravelmente desenvolvido isso só é expressão do fato de que a produção se opera em grande escala e, por conseguinte, o capital constante prepondera muito sobre o variável, ou que a força de trabalho viva empregada é pequena em relação à massa dos meios de produção que ela põe em movimento.

Mostramos, pois: que em diferentes ramos industriais, em função da diferente composição orgânica dos capitais e, dentro dos limites indicados, também em função de seus diferentes períodos de rotação, reinam taxas de lucro desiguais e que, portanto, também com taxa de mais-valia, apenas para capitais com composição orgânica igual – pressupostos períodos de rotação iguais –, vale a lei (como tendência geral) de que os lucros variam de acordo com as grandezas dos capitais, portanto capitais de igual grandeza, em períodos de tempo iguais, proporcionam lucros de igual grandeza. O exposto vale sobre a base, que até aqui foi a base geral de nossa análise: que as mercadorias são vendidas por seus valores. Por outro lado, não há dúvida de que na realidade, abstraindo diferenças não essenciais, fortuitas e que se compensam, a diversidade das taxas médias de lucro nos diferentes ramos industriais não existe nem poderia existir sem abolir todo o sistema de produção capitalista. Parece, portanto, que aqui a teoria do valor é incompatível com o movimento real, incompatível com os fenômenos factuais da produção, portanto haveria que renunciar de todo a compreender estes últimos.

Da Seção I deste livro resulta que os preços de custo são os mesmos para produtos de diferentes esferas da produção em cuja produção são adiantados elementos de capital de grandeza igual, por mais diversa que seja a composição orgânica desses capitais. No preço de custo desaparece para o capitalista a diferença entre capital variável e capital constante. Para ele, o custo de uma mercadoria em cuja produção tem de despender 100 libras esterlinas é sempre o mesmo, quer ele despenda $90_c + 10_v$ ou $10_c + 90_v$. Ela lhe custa sempre 100 libras esterlinas, nem mais nem menos. Os preços de custo são os mesmos para dispêndios de capital de grandeza igual em esferas diferentes, por mais que difiram os valores e mais-valias produzidas. Essa igualdade dos preços de custo constitui a base da concorrência dos investimentos de capital, mediante a qual se estabelece o lucro médio.

CAPÍTULO 9

FORMAÇÃO DE UMA TAXA GERAL DE LUCRO (TAXA MÉDIA DE LUCRO) E TRANSFORMAÇÃO DOS VALORES DAS MERCADORIAS EM PREÇOS DE PRODUÇÃO

A composição orgânica do capital depende, em qualquer momento dado, de duas circunstâncias: primeiro, da proporção técnica entre a força de trabalho empregada e a massa dos meios de produção empregados; segundo, do preço desses meios de produção. Ela deve ser considerada, conforme vimos, em sua proporção percentual. A composição orgânica de um capital que consiste em ⅘ de capital constante e em ⅕ de variável expressamos pela fórmula $80_c + 20_v$. Além disso se admite, para a comparação, uma taxa constante de mais-valia, mais precisamente uma taxa arbitrária, por exemplo de 100%. Assim, o capital de $80_c + 20_v$ proporciona mais-valia de 20_{mv}, o que, em relação ao capital total, constitui uma taxa de lucro de 20%. A grandeza do valor real do produto depende da grandeza da parte fixa do capital constante e de quanto dela entra ou não no produto por depreciação. Mas, uma vez que essa circunstância é totalmente indiferente para a taxa de lucro e, portanto, para a presente investigação, admite-se, para simplificar, que o capital constante sempre entre em toda parte uniformemente por inteiro no produto anual desses capitais. Admite-se ainda que os capitais nas diversas esferas da produção realizem anualmente, em proporção à grandeza de sua parte variável, quantidade igual de mais-valia; abstrai-se, pois, por agora, a diferença que a diversidade dos períodos de rotação pode provocar a esse respeito. Desse ponto tratar-se-á mais adiante.

Tomemos cinco esferas da produção diferentes, cada uma com diferente composição orgânica dos capitais nela investidos, digamos, como segue:

Capitais	Taxa de mais-valia	Mais-valia	Valor-produto	Taxa de lucro
I. $80_c + 20_v$	100%	20	120	20%
II. $70_c + 30_v$	100%	30	130	30%
III. $60_c + 40_v$	100%	40	140	40%
IV. $85_c + 15_v$	100%	15	115	15%
V. $95_c + 5_v$	100%	5	105	5%

Temos aqui, para diversas esferas da produção, com exploração uniforme do trabalho, taxas de lucro muito diferentes, correspondentes à diferente composição orgânica dos capitais.

A soma total dos capitais investidos nas cinco esferas = 500; a soma total da mais-valia por elas produzida = 110; o valor total das mercadorias por elas produzidas = 610. Consideremos os 500 como um único capital, do qual I–V constituem diversas partes (como, por exemplo, numa fábrica algodoeira, nas diversas seções – a de cardas, a preparatória de fiação, a de fiação e a de tecelagem – existem proporções diferentes entre capital variável e constante, sendo ainda necessário calcular a proporção média para toda a fábrica), então a composição média do capital seria inicialmente de $500 = 390_c + 110_v$ ou, percentualmente, $78_c + 22_v$. Se cada um dos capitais de 100 for considerado como ⅕ do capital total, então sua composição orgânica seria essa média de $78_c + 22_v$; do mesmo modo corresponderiam a cada 100 como mais-valia média 22; por conseguinte, a taxa média de lucro seria = 22% e, finalmente, o preço de cada quinto do produto total produzido pelos 500 seria = 122. O produto de cada quinto do capital total adiantado deveria ser portanto vendido por 122.

Entretanto, para não se chegar a conclusões inteiramente falsas, é necessário não calcular todos os preços de custo como = 100.

Com $80_c + 20_v$ e uma taxa de mais-valia = 100%, o valor total da mercadoria produzida pelo capital I = 100 seria $= 80_c + 20_v + 20_{mv} = 120$, se todo o capital constante entrasse no produto anual. Eventualmente, isso pode ocorrer sob certas circunstâncias em algumas esferas da produção, mas dificilmente onde a razão $c : v = 4 : 1$. Cabe considerar, portanto, ao considerar os valores das mercadorias produzidas por cada 100 dos diversos capitais, que eles serão diferentes de acordo com a composição diversa de *c* em elementos fixos e circulantes e que os elementos fixos dos diversos capitais, por sua vez, se depreciam mais rápida ou mais lentamente, portanto agregando ao produto, em períodos iguais, quantidades desiguais de valor. Mas, para a taxa de lucro, isso é indiferente. Cedam os 80_c ao produto anual o valor de 80 ou de 50 ou de 5, seja portanto o produto anual $= 80_c + 20_v + 20_{mv} = 120$, ou $50_c + 20_v + 20_{mv} = 90$, ou $5_c + 20_v + 20_{mv} = 45$, em todos esses casos o excedente do valor do produto sobre seu preço de custo é = 20, e em todos esses casos, ao se averiguar a taxa de lucro, esses 20 são calculados sobre um capital de 100; a taxa de lucro do capital I é, portanto, em todos os casos = 20%. Para que isso fique ainda mais claro, na tabela seguinte fazemos com os mesmos cinco capitais entrarem partes diferentes do capital constante no valor do produto.

Capitais	Taxa de mais-valia	Mais-valia	Taxa de lucro	*c* consumido	Valor das mercadorias	Preço de custo	
I. 80_c+20_v	100%	20	20%	50	90	70	
II. 70_c+30_v	100%	30	30%	51	111	81	
III. 60_c+40_v	100%	40	40%	51	131	91	
IV. 85_c+15_v	100%	15	15%	40	70	55	
V. 95_c+5_v	100%	5	5%	10	20	15	
390_c+110_v	–	110	–	–	–	–	*soma*
78_c+22_v	–	22	22%	–	–	–	*média*

Se se consideram novamente os capitais I–V como um capital total único, verifica-se que também nesse caso a composição das somas dos cinco capitais = 500 = $390_c + 110_v$ e, por conseguinte, a composição média = $78_c + 22_v$ permanece a mesma; do mesmo modo que a mais-valia média = 22. Dividindo essa mais-valia entre I–V por igual, resultariam os seguintes preços das mercadorias.

Capitais	Mais-valia	Valor das mercadorias	Preço de custo das mercadorias	Preço das mercadorias	Taxa de lucro	Desvio do preço em relação ao valor
I. $80_c + 20_v$	20	90	70	92	22%	+ 2
II. $70_c + 30_v$	30	111	81	103	22%	− 8
III. $60_c + 40_v$	40	131	91	113	22%	−18
IV. $85_c + 15_v$	15	70	55	77	22%	+ 7
V. $95_c + 5_v$	5	20	15	37	22%	+17

Ao todo, as mercadorias se vendem por 2 + 7 + 17 = 26 acima do valor e por 8 + 18 = 26 abaixo do valor, de modo que os desvios de preços ocasionados pela distribuição uniforme da mais-valia ou pela adição do lucro médio de 22 a cada 100 de capital adiantado aos respectivos preços de custo das mercadorias I–V se anulam reciprocamente; na mesma proporção em que uma parte das mercadorias se vende acima, outra parte se vende abaixo de seu valor. E só a venda a esses preços possibilita que a taxa de lucro para I–V seja uniforme, de 22%, sem consideração pela composição orgânica diferente desses capitais. Os preços que surgem desse procedimento, calculando a média das diferentes taxas de lucro das diferentes esferas da produção e adicionando essa média aos preços de custo das diferentes esferas da produção, são os *preços de produção*. Seu pressuposto é a existência de uma taxa geral de lucro, e esta, por sua vez, pressupõe que as taxas de lucro em cada esfera particular da produção, tomadas por si, já estejam reduzidas a outras tantas taxas médias. Essas taxas particulares de lucro são em cada esfera da produção = $\frac{mv}{C}$ e devem ser desenvolvidas, como ocorreu na Seção I deste livro, do valor da mercadoria. Sem esse desenvolvimento, a taxa geral de lucro (e também, portanto, o preço de produção da mercadoria) permanece uma concepção sem sentido e irracional. O preço de produção da mercadoria é, portanto, igual a seu preço de custo mais o lucro que, de acordo com a taxa geral de lucro, lhe é percentualmente adicionado ou igual a seu preço de custo mais o lucro médio.

Em virtude da distinta composição orgânica dos capitais investidos em diversas esferas da produção, portanto em virtude da circunstância de que, conforme a distinta percentagem que o capital variável representa num capital total de grandeza dada, capitais de igual grandeza põem em movimento quantidades muito diferentes de trabalho, quantidades também muito diferentes de mais-trabalho são apropriadas por eles ou massas muito diferentes de mais-valia são produzidas por eles. Consequentemente, as taxas de lucro que prevalecem nos diversos ramos da produção são originalmente muito diferentes. Essas diferentes taxas de lucro são igualadas pela concorrência numa taxa geral de lucro, que é a média de todas essas diferentes taxas de lucro. O lucro que, de acordo com essa taxa geral de lucro, cabe a um capital de grandeza dada, qualquer que seja sua composição orgânica, chama-se lucro médio. O preço de uma mercadoria, que é igual a seu preço de custo mais a parte do lucro médio anual que, de acordo com suas condições de rotação, cabe ao capital aplicado em sua produção (e não apenas consumido em sua produção), é seu preço de produção. Tomemos, por exemplo, um capital de 500, dos quais 100 são capital fixo, com 10% de depreciação durante um período de rotação do capital circulante de 400. Seja de 10% o lucro médio para a duração desse período de rotação. Então, o preço de custo do produto feito durante essa rotação será: 10_c para depreciação mais 400 $(c+v)$ de capital circulante = 410, e seu preço de produção: 410 de preço de custo mais (10% de lucro sobre 500) 50 = 460.

Embora, portanto, os capitalistas das diversas esferas da produção, ao vender suas mercadorias, recuperem os valores-capital consumidos na produção dessas mercadorias, não resgatam a mais-valia, nem portanto o lucro, produzida em sua própria esfera na produção dessas mercadorias, mas apenas tanto mais-valia, e portanto lucro, quanto mais-valia total, ou lucro total, produzida em todas as esferas da produção em conjunto, em dado espaço de tempo, pelo capital social total, que cabe, com repartição igual, a cada parte alíquota do capital total. Cada capital adiantado, qualquer que seja sua composição, retira para cada 100, todo ano ou noutro período de tempo, o lucro que cabe, nesse período, a 100 como enésima parte do capital total. Os diversos capitalistas figuram aqui, no que se refere ao lucro, como meros acionistas de uma sociedade anônima, em que as participações no lucro se distribuem uniformemente para cada 100, de modo que elas se distinguem, para os diversos capitalistas, apenas pela grandeza do capital que cada um investiu no empreendimento como um todo, por sua participação proporcional no empreendimento como um todo, pelo número de suas ações. Assim, enquanto a parcela desse preço da mercadoria, que repõe as partes de valor do capital consumidas na produção das mercadorias e com a qual, portanto, têm de ser recomprados esses valores-capital consumidos, enquanto essa parcela, o preço de custo, se rege inteiramente pela despesa dentro das respectivas esferas da produção, o outro componente do preço da mercadoria, o lucro adicionado a esse preço de custo, não se rege pela massa de lucro que é produzida por determinado capital em determinada esfera da produção, durante dado período de tempo, mas pela massa de lucro que cabe, em média, durante dado período de tempo, a cada capital aplicado, como parte alíquota do capital social total empregado em toda a produção.[22]

Quando um capitalista vende sua mercadoria ao preço de produção, recobra dinheiro em proporção à grandeza de valor do capital consumido por ele na produção e obtém lucro em proporção a seu capital adiantado como mera parte alíquota do capital social total. Seus preços de custo são específicos. A adição de lucro a esse preço de custo é independente de sua esfera particular da produção, é simples média por 100 do capital adiantado.

Admitamos que os cinco investimentos diversos de capital I–V do exemplo anterior pertençam a uma só pessoa. Considere-se dado quanto seria consumido em cada um dos investimentos isolados de I–V, para cada 100 do capital aplicado, em capital variável e constante na produção das mercadorias, essa parte do valor das mercadorias I–V constituiria evidentemente uma parte de seu preço, já que pelo menos esse preço é imprescindível para repor a parte adiantada e consumida do capital. Esses preços de custo seriam, portanto, diferentes para cada espécie de mercadorias I–V e seriam fixados como tais pelo proprietário. Mas, no que tange às diversas massas de mais-valia ou lucro produzidas em I–V, o capitalista poderia muito bem considerá-las como lucro de seu capital total adiantado, de modo que a cada 100 de capital coubesse determinada parte alíquota. Assim, seriam diferentes os preços de custo das mercadorias produzidas em cada um dos departamentos I–V; mas seria igual, para todas essas mercadorias, a parte do preço de venda oriunda do lucro adicionado a cada 100 de capital. O preço total das mercadorias I–V seria, portanto, igual a seu valor total, isto é, igual à soma dos preços de custo I–V mais a soma da mais-valia, ou lucro, produzida em I–V; de fato, a expressão monetária do *quantum* total de trabalho, passado e recém-agregado, contido nas mercadorias I–V. E, dessa maneira, na própria sociedade – considerando-se o conjunto dos ramos da produção –, a soma dos preços de produção das mercadorias produzidas é igual à soma de seus valores.

Essa proposição parece ser contradita pelo fato de que, na produção capitalista, os elementos do capital produtivo se compram em regra no mercado, já contendo seus preços lucro realizado, incluindo assim o preço de produção de um ramo industrial, inclusive o lucro nele contido, portanto o lucro de um ramo industrial entra no preço de custo do outro. Mas, se colocamos a soma dos preços de custo das mercadorias de todo o país de um lado e a soma de seus lucros ou mais-valias do outro, é claro que o cálculo tem de dar certo. Tomemos, por exemplo, uma mercadoria A; seu preço de custo pode incluir os lucros de B, C, D, assim como em B, C, D etc. os lucros de A podem entrar de novo em seus preços de custo. Assim, ao montar o cálculo, o lucro de A falta em seu próprio preço de custo e, do mesmo modo, os lucros de B, C, D etc. faltam em seus próprios preços de custo. Nenhum deles inclui seu próprio lucro em seu preço de custo. Se houver, por exemplo, n esferas da produção e se, em cada uma, se realiza um lucro igual a l, o preço de custo de todas juntas será $= p - nl$. Considerando o cálculo total, na medida em que os lucros de uma esfera da produção entram no preço de custo das outras, esses lucros já figuram no cálculo do preço total do produto final e não podem aparecer pela segunda vez na coluna de lucro. Se aparecem nessa coluna, é somente porque a própria mercadoria é produto final e seu preço de produção não entra, pois, no preço de custo de outra mercadoria.

Se no preço de custo de uma mercadoria entra uma soma $= l$, que representa os lucros dos produtores dos meios de produção, e a esse preço de custo é adicionado um lucro $= l_1$, então o lucro total $L = l + l_1$. O preço de custo total da mercadoria, abstraindo todos os elementos do preço que representam lucro, é seu próprio preço de custo menos L. Se esse preço de custo é denominado p, é evidente que $p + L = p + l + l_1$. Ao tratar da mais-valia no Livro 1, cap. 7, [parte] 2, p. 241, vimos que o produto de cada capital pode ser tratado como se parte dele só repusesse capital e parte só expressasse mais-valia. Aplicado esse cálculo ao produto total da sociedade, ocorrem retificações, de modo que, considerando-se a sociedade em conjunto, o lucro contido no preço do linho, por exemplo, não possa figurar duas vezes, uma vez como parte do preço do tecido de linho e outra vez como parte do lucro do produtor do linho.

Nesse contexto não há diferença entre lucro e mais-valia quando, por exemplo, a mais-valia de A entra no capital constante de B. Para o valor das mercadorias é inteiramente indiferente que o trabalho nelas contido seja trabalho pago ou não pago. Isso apenas mostra que B paga a mais-valia de A. No cálculo total, a mais-valia de A não pode contar duas vezes.

Mas a diferença é a seguinte: o preço do produto do capital B, por exemplo, se desvia de seu valor porque a mais-valia realizada em B pode ser maior ou menor do que o lucro adicionado ao preço dos produtos de B, e essa mesma circunstância vale também para as mercadorias que, por sua vez, constituem a parte constante do capital B e para as que constituem indiretamente, como meios de subsistência dos trabalhadores, sua parte variável. No que tange à parte constante, ela mesma é igual ao preço de custo somado à mais-valia, portanto agora igual ao preço de custo mais lucro, e esse lucro, por sua vez, pode ser maior ou menor do que a mais-valia cujo lugar ocupa. No que tange ao capital variável, é certo que o salário diário médio é sempre igual ao produto-valor do número de horas que o trabalhador tem de trabalhar para produzir os meios de subsistência necessários; mas esse número de horas, por sua vez, está falsificado por se desviarem de seus valores os preços de produção dos meios de subsistência necessários. Não obstante, isso se resolve sempre no fato de que a mais-valia, quando entra a mais numa mercadoria, em outra entra a menos, e por isso também os desvios do valor que se encontram nos preços de produção das mercadorias se anulam mutuamente. Em toda a produção capitalista, é sempre de maneira muito complicada e aproximativa, como média nunca fixável de eternas flutuações, que a lei geral se impõe como tendência dominante.

Uma vez que a taxa geral de lucro é formada pela média das diversas taxas de lucro para cada 100 de capital adiantado em determinado período de tempo, digamos em um ano, também a diferença decorrente da diferença dos períodos de rotação de diferentes capitais é apagada. Mas essas diferenças entram como determinantes nas diversas taxas de lucro das diversas esferas da produção, cuja média forma a taxa geral de lucro.

Na ilustração anterior da formação da taxa geral de lucro, fez-se cada capital em cada esfera da produção = 100, e isso ocorreu precisamente para evidenciar a diferença percentual nas taxas de lucro e, portanto, também a diferença nos valores das mercadorias que são produzidas por capitais de igual grandeza. Mas se entende: as massas reais de mais-valia que são produzidas em cada esfera particular da produção dependem, uma vez que em cada uma delas a composição do capital é dada, da grandeza dos capitais aplicados. Entretanto, a *taxa* particular de lucro de uma esfera individual da produção não é afetada por se aplicar um capital de 100, de $mv \times 100$ ou de $x\,mv \times 100$. A taxa de lucro permanece 10%, quer o lucro total seja de 10 : 100 ou de 1 000 : 10 000.

Como, porém, as taxas de lucro nas diversas esferas da produção são muito diferentes, produzindo-se nas mesmas, conforme a proporção entre capital variável e capital total, massas bem diferentes de mais-valia, e portanto de lucro, então é claro que o lucro médio por 100 do capital social, e por conseguinte a taxa média ou taxa geral de lucro, será muito diferente, conforme as respectivas grandezas dos capitais investidos nas diversas esferas. Tomemos quatro capitais, A, B, C, D. Seja a taxa de mais--valia para todos eles = 100%. Para cada 100 do capital total, seja o capital variável de A = 25, de B = 40, de C = 15 e de D = 10. A cada 100 do capital total caberia uma mais-valia ou um lucro de 25 em A, de 40 em B, de 15 em C e de 10 em D: total = 90, e, por conseguinte, se os quatro capitais são de igual grandeza, a taxa média de lucro seria de $\frac{90}{4} = 22\frac{1}{2}\%$.

Mas, se as grandezas dos capitais totais fossem como segue: A = 200, B = 300, C = 1000 e D = 4000, então os lucros produzidos seriam respectivamente 50, 120, 150 e 400. Ao todo, para um capital de 5500 um lucro de 720 ou uma taxa média de lucro de $13\frac{1}{11}\%$.

As massas do valor total produzido são diferentes conforme as diversas grandezas dos capitais totais adiantados respectivamente em A, B, C e D. Na formação da taxa geral de lucro, portanto, não se trata apenas da diferença das *taxas* de lucro nas diferentes esferas da produção, das quais se tiraria a média simples, mas do peso relativo com que essas diferentes taxas de lucro entram na formação da média. Isso, porém, depende da grandeza relativa do capital investido em cada esfera particular, ou seja, da parte alíquota do capital social total que representa o capital investido em cada esfera particular da produção. Tem de haver, naturalmente, uma diferença muito grande, conforme uma parte maior ou menor do capital total proporcione uma taxa de lucro mais ou menos elevada. E isso, por sua vez, depende de quanto capital está investido nas esferas em que o capital variável, em relação ao capital total, é grande ou pequeno. É exatamente o mesmo que ocorre com a taxa média de juros obtida por um usurário que empresta diferentes capitais a diferentes taxas de juros, por exemplo a 4, 5, 6, 7% etc. A taxa média depende de quanto de seu capital ele emprestou a cada uma das diferentes taxas de juros.

A taxa geral de lucro é determinada, pois, por dois fatores:

1) pela composição orgânica dos capitais nas diversas esferas da produção, portanto pelas diferentes taxas de lucro das esferas individuais;

2) pela distribuição do capital social total entre essas diversas esferas, portanto pela grandeza relativa do capital investido em cada esfera particular e, portanto, aplicado a uma taxa de lucro particular: isto é, pela parcela relativa da massa do capital social total que cada esfera particular da produção engole.

Nos Livros 1 e 2, ocupamo-nos somente com os *valores* das mercadorias. Agora, distinguiu-se como parte desse valor, por um lado, *o preço de custo* e, por outro, desenvolveu-se como forma transmutada do valor o *preço de produção* da mercadoria.

Suponhamos que a composição do capital social médio seja $80_c + 20_v$ e a taxa anual de mais-valia $mv' = 100\%$; então, o lucro médio anual para um capital de 100 seria = 20 e a taxa geral anual de lucro seria = 20%. Qualquer que fosse o preço de custo p das mercadorias anualmente produzidas por um capital de 100, seu preço de produção seria $= p + 20$. Nas esferas da produção em que a composição do capital $= (80 - x)_c + (20 + x)_v$, a mais-valia realmente produzida, em especial o lucro anual produzido dentro dessa esfera, seria $= 20 + x$, sendo, portanto, maior do que 20, e o valor-mercadoria produzido $= p + 20 + x$, maior do que $p + 20$, ou maior do que seu preço de produção. Nas esferas em que a composição do capital fosse $(80 + x)_c + (20 - x)_v$, a mais-valia, ou lucro, anualmente produzida seria $= 20 - x$, menor, portanto, do que 20, por conseguinte o valor-mercadoria $p + 20 - x$ seria menor do que o preço de produção, que é $= p + 20$. Abstraindo eventuais diferenças no tempo de rotação, o preço de produção das mercadorias só seria igual a seu valor nas esferas em que a composição do capital casualmente fosse $= 80_c + 20_v$.

O desenvolvimento específico da força produtiva social do trabalho, em cada esfera particular da produção, é diferente em grau mais alto ou mais baixo, na proporção em que o *quantum* de meios de produção posto em movimento por determinado *quantum* de trabalho, portanto com dada jornada de trabalho, por determinado número de trabalhadores seja grande e, por conseguinte, o *quantum* de trabalho exigido para determinado *quantum* de meios de produção seja pequeno. Por isso chamamos os capitais que contêm percentualmente mais capital constante, portanto menos capital variável do que o capital social médio, de capitais de composição *superior*. Inversamente, aqueles em que o capital constante ocupa espaço relativamente menor e o variável espaço maior do que no capital social médio, chamamos de capitais de composição *inferior*. Finalmente, chamamos de capitais de composição média aqueles cuja composição coincide com a do capital social médio. Se o capital social médio se compõe percentualmente de $80_c + 20_v$, um capital de $90_c + 10_v$ está *acima*, e um de $70_c + 30_v$ está *abaixo* da média social. Em termos gerais, se a composição do capital social médio $= mv_c + n_v$, sendo mv e n grandezas constantes e $mv + n = 100$, $(mv + x)_c + (n - x)_v$ representa a composição superior, e $(mv - x)_c + (n + x)_v$ representa a composição inferior de um capital individual ou de um grupo de capitais. Como funcionam esses capitais após estabelecer-se a taxa média de lucro, supondo-se uma única rotação por ano, mostra o seguinte quadro, em que I representa a composição média, sendo, portanto, a taxa média de lucro = 20%.

I. $80_c + 20_v + 20_{mv}$. Taxa de lucro = 20%.
Preço do produto = 120. Valor = 120.

II. $90_c + 10_v + 10_{mv}$. Taxa de lucro = 20%.
Preço do produto = 120. Valor = 110.

III. $70_c + 30_v + 30_{mv}$. Taxa de lucro = 20%.
Preço do produto = 120. Valor = 130.

Para as mercadorias produzidas pelo capital II, seu valor seria, portanto, menor do que seu preço de produção; para as do capital III, o preço de produção seria menor do que o valor, e somente para os capitais I dos ramos da produção, cuja composição é casualmente a média social, valor e preço de produção seriam iguais. Aliás, ao aplicar-se esses termos a determinados casos, deve-se levar em conta, naturalmente, em que medida o desvio da proporção entre *c* e *v* da média se deve não a uma diferença na composição técnica, mas a uma mera mudança no valor dos elementos do capital constante.

Em virtude do desenvolvimento agora dado ocorreu uma modificação na determinação do preço de custo das mercadorias. Originalmente admitiu-se que o preço de custo de uma mercadoria era igual ao *valor* das mercadorias consumidas em sua produção. Mas o preço de produção de uma mercadoria é, para o comprador da mesma, seu preço de custo e, por isso, pode entrar como preço de custo na formação do preço de outra mercadoria. Assim como o preço de produção pode desviar-se do valor de uma mercadoria, também o preço de custo de uma mercadoria, no qual esse preço de produção de outra mercadoria está incluído, pode estar acima ou abaixo da parte de seu valor total que é formada pelo valor dos meios de produção que entram nela. É preciso não perder de vista essa significação modificada do preço de custo e, portanto, lembrar que, quando, numa esfera particular da produção, o preço de custo da mercadoria é equiparado ao valor dos meios de produção consumidos em sua produção, sempre é possível que haja um erro. Para nossa investigação presente não é necessário examinar mais de perto esse ponto. Com isso, continua sempre correta a proposição de que o preço de custo das mercadorias é sempre menor do que seu valor. Pois, como quer que o preço de custo da mercadoria se desvie do valor dos meios de produção nela consumidos, para o capitalista esse erro cometido no passado é indiferente. O preço de custo da mercadoria é um dado, um pressuposto independente da produção dele, do capitalista, enquanto o resultado de sua produção é uma mercadoria que contém mais-valia, portanto um excedente de valor sobre seu preço de custo. Fora disso, a proposição de que o preço de custo é menor que o valor da mercadoria se transforma agora praticamente na proposição de que o preço de custo é menor que o preço de produção. Para o capital social total, em que preço de produção é igual a valor, essa proposição é idêntica à anterior, de que o preço de custo é menor que o valor. Embora o sentido dela varie para as esferas particulares da produção, ela sempre continua fundamentada no fato de que, considerado o capital social total, o preço de custo das mercadorias por este produzidas é menor do que o valor ou do que o preço de produção, que, nesse caso, para a massa total das mercadorias produzidas, é idêntico a esse valor. O preço de custo de uma mercadoria refere-se apenas ao *quantum* de trabalho pago nela contido, o valor ao *quantum* total do trabalho nela contido, pago e não pago; o preço de produção à soma do trabalho pago mais determinado *quantum* de trabalho não pago, que para a esfera particular da produção é independente dela mesma.

A fórmula de que o preço de produção de uma mercadoria $=p+l$, é igual a preço de custo mais lucro, agora fica definida mais precisamente, que $l=pl'$ (sendo l' a taxa geral de lucro) e que, portanto, o preço de produção $=p+pl'$. Se $p=300$ e $l'=15\%$, o preço de produção $p+pl'=300+300\frac{15}{100}=345$.

Em cada esfera particular da produção, o preço de produção das mercadorias pode sofrer mudanças de grandeza:

1) com valor constante das mercadorias (de modo que, depois como antes, o mesmo *quantum* de trabalho morto e vivo entra em sua produção), em consequência de uma variação na taxa geral de lucro, independente da esfera particular da produção;

2) com taxa geral de lucro constante, em virtude de uma variação de valor, seja na própria esfera particular da produção, decorrente de mudança técnica, seja em consequência de uma variação de valor das mercadorias que entram como elementos constitutivos em seu capital constante;

3) finalmente, pela ação combinada de ambas as circunstâncias.

Apesar das grandes variações que constantemente – como se verá adiante – ocorrem nas taxas efetivas de lucro das esferas particulares da produção, uma mudança real na taxa geral de lucro, desde que não se tenha operado excepcionalmente em virtude de acontecimentos econômicos extraordinários, é o produto muito tardio de uma série de flutuações que se estende por períodos muito longos, isto é, de flutuações que precisam de muito tempo até que se consolidem e se compensem para resultar numa mudança da taxa geral de lucro. Em períodos mais curtos (abstraindo totalmente oscilações nos preços de mercado), uma mudança nos preços de produção sempre deve ser explicada *prima facie* por uma variação real no valor das mercadorias, isto é, por uma variação na soma total do tempo de trabalho necessário à sua produção. Mera variação na expressão monetária dos mesmos valores obviamente aqui não é considerada ao todo.[23]

Por outro lado, é claro: considerando-se o capital social total, a soma de valor das mercadorias por ele produzidas (ou, expressa em dinheiro, seu preço) = valor do capital constante + valor do capital variável + mais-valia. Supondo-se constante o grau de exploração do trabalho, a taxa de lucro só pode variar aqui, com massa constante de mais-valia, se varia o valor do capital constante ou o valor do variável, ou o de ambos, de modo que *C* se altera e, por meio disso, $\frac{mv}{C}$, a taxa geral de lucro. Em todo caso, uma variação na taxa geral de lucro implica, pois, variação no valor das mercadorias que entram como elementos constitutivos no capital constante ou no variável, ou em ambos ao mesmo tempo.

Ou a taxa geral de lucro pode variar, com valor constante das mercadorias, se varia o grau de exploração do trabalho.

Ou, com grau constante de exploração do trabalho, a taxa geral de lucro ainda pode variar, se a soma do trabalho aplicado varia em relação ao capital constante, em virtude de mudanças técnicas no processo de trabalho. Mas tais mudanças técnicas sempre têm de manifestar-se numa mudança de valor das mercadorias, sendo portanto acompanhadas por ela, pois a produção das mercadorias exigiria agora uma quantidade de trabalho maior ou menor que antes.

Viu-se na Seção I: mais-valia e lucro, quanto à massa, eram idênticos. Todavia, a taxa de lucro se distinguiu, desde o início, da taxa de mais-valia, o que à primeira vista parece ser apenas outra forma de cálculo; o que, no entanto, uma vez que a taxa de lucro pode subir ou descer com taxa constante de mais-valia, e vice-versa, e na prática só interessa ao capitalista a taxa de lucro, obscurece e mistifica de antemão a verdadeira origem da mais-valia. Diferença de grandeza, no entanto, só havia entre taxa de mais-valia e taxa de lucro, não entre os próprios mais-valia e lucro. Como na taxa de lucro a mais-valia é relacionada com o capital total e referida a ele como sua medida, a própria mais-valia parece originar-se do capital total, parece provir por igual de todas as suas partes, de modo que, na concepção do lucro, a diferença orgânica entre capital constante e capital variável é apagada; de fato, portanto, nessa sua figura transformada de lucro, a própria mais-valia nega sua origem, tendo perdido seu caráter, e se tornado irreconhecível. Entretanto, até aí a diferença entre lucro e mais-valia referia-se apenas a uma mudança qualitativa, a uma mudança de forma, enquanto uma diferença real de grandeza existia, nessa primeira fase da transformação, apenas entre taxa de lucro e taxa de mais-valia, ainda não entre lucro e mais-valia.

A situação é outra tão logo se estabelece uma taxa geral de lucro e, por meio dela, um lucro médio, correspondente à grandeza dada do capital aplicado nas diversas esferas da produção.

Agora só por acaso a mais-valia realmente produzida numa esfera particular da produção, e portanto o lucro, coincide com o lucro contido no preço de venda da mercadoria. Em regra, lucro e mais-valia, e não apenas suas taxas, são agora grandezas realmente diferentes. Com dado grau de exploração do trabalho, a massa de mais-valia produzida numa esfera particular da produção é agora mais importante para o lucro total médio do capital social, portanto para a classe capitalista em geral, do que diretamente para o capitalista dentro de cada ramo particular da produção. Para ele só tem importância[24] na medida em que o *quantum* de mais-valia produzido em seu ramo intervém como codeterminante na regulação do lucro médio. Mas esse é um processo que se dá a suas costas, que ele não vê, não compreende e de fato não lhe interessa. A diferença real de grandeza entre lucro e mais-valia – não apenas entre taxa de lucro e taxa de mais-valia – nas esferas particulares da produção oculta agora inteiramente a verdadeira natureza e a origem do lucro não apenas ao capitalista, que nisso tem interesse especial em enganar-se, mas também ao trabalhador. Com a transformação dos valores em preços de produção, a própria base da determinação do valor é deslocada da vista. Finalmente: se, já na mera transformação da mais-valia em lucro, a parte de valor das mercadorias que constitui o lucro confronta a outra parte de valor, o preço de custo da mercadoria, de modo que aqui já desaparece para o capitalista a concepção do valor, porque ele tem diante de si não o trabalho total que custa a produção da mercadoria, mas apenas aquela parte do trabalho total que, na forma de meios de produção, vivos e mortos, ele pagou, aparecendo-lhe assim o lucro como algo exterior ao valor imanente da mercadoria – agora essa ideia fica plenamente confirmada, consolidada, ossificada, uma vez que o lucro adicionado ao preço de custo, considerando-se cada esfera particular da produção, não é determinado, de fato, pelos limites da formação de valor que se dá dentro dela mesma, mas é fixado de modo inteiramente externo.

A circunstância de que essa conexão interna é revelada aqui pela primeira vez; de que, como se verá no que segue e no Livro 4, a Economia até agora forçadamente abstraiu as diferenças entre mais-valia e lucro, taxa de mais-valia e taxa de lucro, para poder reter a determinação do valor como base, ou então renunciou a essa determinação do valor e, com ela, a toda fundamentação do procedimento científico, para ater-se às diferenças que se manifestam na aparência – essa confusão dos teóricos é a melhor prova de que o capitalista prático, preso à luta concorrencial e que de modo algum penetra através de suas formas aparentes, é necessariamente incapaz de reconhecer, atrás da aparência, a essência íntima e a configuração íntima desse processo.

Todas as leis expostas na Seção I, sobre a elevação e a queda da taxa de lucro, têm, de fato, a seguinte significação dupla:

1) Por um lado, elas são as leis da taxa geral de lucro. Em face das numerosas causas diferentes que, segundo o exposto, fazem a taxa de

lucro subir ou descer, dever-se-ia supor que a taxa geral de lucro tivesse de variar todos os dias. Mas o movimento numa esfera da produção compensará o que se dá noutra, as influências se cruzam e se paralisam. Investigaremos mais adiante para que lado, em última instância, as oscilações tendem; mas elas são lentas; a subitaneidade, a multiplicidade e a duração diversa das oscilações nas diferentes esferas da produção fazem com que se compensem em parte em sua sucessão no tempo, de modo que a uma alta de preço siga uma baixa e vice-versa, que permaneçam, pois, limitadas à escala local, isto é, à esfera particular da produção; e, finalmente, que as diversas oscilações locais se neutralizem mutuamente. Dentro de cada esfera particular da produção ocorrem variações, desvios da taxa geral de lucro que, por um lado, se compensam em determinado período de tempo e, por isso, não repercutem na taxa geral de lucro; e que, por outro, não repercutem nela porque são anuladas por outras oscilações locais simultâneas. Uma vez que a taxa geral de lucro é determinada não apenas pela taxa média de lucro em cada esfera, mas também pela distribuição do capital total entre as diversas esferas particulares, e como essa distribuição varia permanentemente, isso constitui outra causa permanente da variação na taxa geral de lucro – mas uma causa permanente que, por sua vez, em virtude da natureza ininterrupta e universal desse movimento, em grande parte paralisa a si mesma.

2) Dentro de cada esfera há uma margem de ação dada por uma época mais curta ou mais longa em que a taxa de lucro dessa esfera oscila, antes de essa oscilação, após altas e baixas, se consolidar suficientemente, para ganhar tempo a fim de influenciar a taxa geral de lucro e atingir, assim, uma significação mais que local. Dentro desses limites especiais e temporais valem, portanto, igualmente, as leis relativas à taxa de lucro desenvolvidas na Seção I deste livro.

A concepção teórica – com respeito à primeira transformação da mais-valia em lucro – de que cada parte do capital proporciona lucro uniformemente[25] expressa um fato prático. Qualquer que seja a composição do capital industrial, se ele põe em movimento um quarto de trabalho morto e três quartos de trabalho vivo ou três quartos de trabalho morto e um quarto de trabalho vivo, se num caso absorve mais-trabalho ou produz mais-valia três vezes mais do que no outro – com grau de exploração igual do trabalho e abstraindo diferenças individuais, que de qualquer modo desaparecem, porque em ambos os casos temos diante de nós apenas a composição média de toda a esfera da produção –, em ambos os casos ele proporciona a mesma quantidade de lucro. O capitalista individual (ou também o conjunto dos capitalistas em cada esfera particular da produção), cuja visão é limitada, acredita com razão que seu lucro não provém exclusivamente do trabalho empregado por ele ou em seu ramo.

Isso é inteiramente correto para seu lucro médio. Em que medida esse lucro é mediado pela exploração completa do trabalho pelo capital total, isto é, por todos os seus companheiros capitalistas, essa conexão constitui para ele um completo mistério, tanto mais quanto nem os teóricos burgueses, os economistas políticos, até agora o revelaram. Economia de trabalho – não apenas do trabalho necessário para fabricar determinado produto, mas também do número dos trabalhadores ocupados – e maior aplicação de trabalho morto (capital constante) aparece, do ponto de vista econômico, como operação inteiramente acertada e não parece de antemão afetar, de modo algum, a taxa geral de lucro e o lucro médio. Como poderia então o trabalho vivo ser a fonte exclusiva do lucro, uma vez que a diminuição da quantidade de trabalho necessária à produção não apenas parece não afetar o lucro, mas antes, pelo contrário, em certas circunstâncias, aparece como a fonte mais próxima de aumento do lucro, pelo menos para o capitalista individual?

Se, em dada esfera da produção, aumenta ou diminui a parte do preço de custo que representa o valor do capital constante, essa parte provém da circulação e entra de antemão aumentada ou diminuída no processo de produção da mercadoria. Se, por outro lado, o número de trabalhadores empregados produz, no mesmo prazo, mais ou menos que antes, se, portanto, com um número constante de trabalhadores o *quantum* de trabalho exigido para produzir determinada quantidade de mercadoria varia, então a parte do preço de custo que representa o valor do capital variável pode permanecer a mesma, portanto entrar com igual grandeza no preço de custo do produto total. Mas, sobre cada mercadoria individual, cuja soma perfaz o produto total, recai mais ou menos trabalho (pago e também, por conseguinte, não pago) e, portanto, parte maior ou menor do desembolso por esse trabalho, porção maior ou menor do salário. O salário total pago pelo capitalista continua o mesmo, mas é outro quando calculado para cada mercadoria unitária. Ocorreria, portanto, uma mudança nessa parte do preço de custo da mercadoria. Se então o preço de custo da mercadoria individual, em virtude dessas mudanças de valor, seja nela mesma, seja em seus elementos mercantis (ou também o preço de custo da soma das mercadorias produzidas por um capital de dada grandeza), aumenta ou cai; se o lucro médio é, por exemplo, de 10%, então ele permanecerá 10%; embora os 10%, considerada a mercadoria individual, representem uma grandeza muito diferente, conforme a variação de grandeza provocada pela variação de valor pressuposta, no preço de custo da mercadoria individual.[26]

Com respeito ao capital variável – e este é o mais importante, porque é a fonte da mais-valia e porque tudo o que oculta a sua relação com o enriquecimento do capitalista mistifica todo o sistema –, a coisa se torna mais grosseira, ou aparece ao capitalista assim: que um capital variável de 100 libras esterlinas represente, por exemplo, o salário semanal de 100 trabalhadores. Se estes, dada a jornada de trabalho, produzem um produto semanal de 200 unidades de mercadoria = 200 *M*, então 1 *M* custa – abstraindo a parte do preço de custo agregada pelo capital constante – como 100 libras esterlinas = 200 *M*,

$$1\,M = \frac{100 \text{ libras esterlinas}}{200} = 10 \text{ xelins.}$$

Suponhamos agora que ocorra uma variação na força produtiva do trabalho; que ela dobre, que o mesmo número de trabalhadores produza duas vezes 200 *M* no mesmo tempo em que antes produzia 200 *M*. Nesse caso (e na medida em que o preço de custo consista meramente em salário), como agora 100 libras esterlinas = 400 *M*,

$$1\,M = \frac{100 \text{ libras esterlinas}}{400} = 5 \text{ xelins.}$$

Se a força produtiva caísse à metade, o mesmo trabalho produziria apenas $\frac{200\,M}{2}$; e como 100 libras esterlinas = $\frac{200\,M}{2}$, então

$$1\,M = \frac{200 \text{ libras esterlinas}}{200} = 1 \text{ libra esterlina.}$$

As variações no tempo de trabalho exigido para produzir as mercadorias e, por conseguinte, em seu valor aparecem agora, com referência ao preço de custo e também, portanto, ao preço de produção, como distribuição diferente do mesmo salário entre mais ou menos mercadorias, conforme sejam produzidas no mesmo tempo de trabalho pelo mesmo salário mais ou menos mercadorias. O que o capitalista vê, portanto também o economista político, é que a parte do trabalho pago que recai sobre cada mercadoria unitária muda com a produtividade do trabalho, mudando assim também o valor de cada unidade; ele não vê que o mesmo ocorre com o trabalho não pago contido em cada unidade, tanto menos quanto o lucro médio só é determinado de fato pelo trabalho não pago absorvido em sua esfera da produção por casualidade. Apenas dessa forma grosseira e irracional transparece agora o fato de que o valor das mercadorias é determinado pelo trabalho nelas contido.

CAPÍTULO 10

EQUALIZAÇÃO DA TAXA GERAL DE LUCRO PELA CONCORRÊNCIA. PREÇOS DE MERCADO E VALORES DE MERCADO. SOBRELUCRO

Uma parte das esferas da produção possui uma composição média do capital nelas aplicado, isto é, uma composição que corresponde inteira ou aproximadamente à do capital social médio.

Nessas esferas, o preço de produção das mercadorias produzidas coincide inteira ou aproximadamente com seu valor expresso em dinheiro. Se não houvesse outra maneira de chegar ao limite matemático, seria por essa. A concorrência distribui o capital social entre as diversas esferas da produção de tal modo que os preços de produção em cada uma dessas esferas se formam segundo o modelo dos preços de produção nessas esferas de composição média, isto é $=p+pl'$ (preço de custo mais o produto da taxa média de lucro pelo preço de custo). Essa taxa média de lucro, porém, é apenas o lucro percentualmente calculado naquela esfera de composição média em que, portanto, o lucro coincide com a mais-valia. Assim, a taxa de lucro em todas as esferas da produção é a mesma, a saber, equalizada àquela das esferas de produção médias, em que domina a composição média do capital. Consequentemente, a soma dos lucros de todas as diversas esferas da produção deve ser igual à soma das mais-valias, e a soma dos preços de produção do produto social total igual à soma de seus valores. É claro, porém, que a equalização entre as esferas da produção de composição diferente tem de sempre tender a igualá-las às esferas de composição média, quer estas correspondam exatamente ou apenas aproximadamente à média social. Entre as que se aproximam mais ou menos há, por sua vez, uma tendência à equalização que se dirige à posição média ideal, isto é, não existente na realidade, uma tendência, pois, de normalizar-se em torno dela. Desse modo, domina necessariamente, portanto, a tendência de fazer dos preços de produção formas meramente transmutadas do valor ou de transformar os lucros em meras partes da mais-valia, mas que não se distribuem proporcionalmente à mais-valia que é produzida em cada esfera particular da produção, e sim em proporção à massa do capital empregado em cada esfera da produção, de modo que à massa de capital de igual grandeza, qualquer que seja sua composição, cabem parcelas iguais (partes alíquotas) de toda a mais-valia produzida pelo capital total da sociedade.

Para os capitais de composição média ou aproximadamente média, o preço de produção coincide, portanto, inteira ou aproximadamente com o valor, e o lucro, com a mais-valia por eles produzida. Todos os outros capitais, qualquer que seja sua composição, tendem, sob pressão da concorrência, a equalizar-se a estes. Mas, uma vez que os capitais de composição média são iguais ou aproximadamente iguais ao capital social médio, todos os capitais, qualquer que seja a mais-valia por eles produzida, tendem, em lugar dessa mais-valia, a realizar o lucro médio, mediante os preços de suas mercadorias, isto é, portanto, a realizar os preços de produção.

Por outro lado, pode-se dizer que, onde quer que se estabeleça um lucro médio, e portanto uma taxa geral de lucro – não importa a maneira com que se produziu esse resultado –, esse lucro médio só pode ser o lucro sobre o capital social médio, cuja soma é igual à soma das mais-valias, e que os preços produzidos pelo acréscimo desse lucro médio sobre os preços de custo só podem ser os valores transformados em preços de produção. Nada se alteraria se capitais em determinadas esferas da produção, por qualquer motivo, não fossem submetidos ao processo de equalização. O lucro médio seria então calculado sobre a parte do capital social que entra no processo de equalização. É claro que o lucro médio só pode ser a massa total de mais-valia, distribuída entre as massas de capital em cada esfera da produção, em proporção a suas grandezas. É todo o trabalho não pago realizado, e essa massa total se representa, do mesmo modo que o trabalho pago, morto e vivo, na massa total de mercadorias e dinheiro que cabe aos capitalistas.

A questão propriamente difícil é esta: como se opera essa equalização dos lucros numa taxa geral de lucro, uma vez que ela evidentemente é um resultado e não pode ser ponto de partida.

Antes de mais nada, é claro que uma avaliação dos valores das mercadorias, por exemplo em dinheiro, só pode ser resultado de seu intercâmbio e que, se pressupomos tal avaliação, temos de considerá-la como resultado do intercâmbio real de valor-mercadoria por valor-mercadoria. Mas como pode ter-se realizado esse intercâmbio das mercadorias por seus valores reais?

Suponhamos, primeiro, que todas as mercadorias nas diversas esferas da produção sejam vendidas por seus valores reais. O que ocorreria então? De acordo com o anteriormente desenvolvido, nas diversas esferas da produção reinariam taxas de lucro muito diferentes. *Prima facie*, são duas coisas totalmente diferentes se mercadorias são vendidas por seus valores (isto é, se são intercambiadas mutuamente, em proporção ao valor nelas contido, por seus preços-valores) ou se são vendidas a preços tais que sua venda proporcione lucros de igual grandeza para massas iguais dos capitais adiantados em sua respectiva produção.

O fato de capitais que põem em movimento quantidades desiguais de trabalho vivo produzirem quantidades desiguais de mais-valia supõe, pelo menos até certo ponto, que o grau de exploração do trabalho ou a taxa de mais-valia sejam os mesmos, ou que as diferenças existentes entre eles se considerem anuladas por razões reais ou imaginárias (convencionais) de compensação. Isso pressupõe concorrência entre os trabalhadores e equalização mediante sua constante migração de uma esfera da produção para outra. Tal taxa geral de mais-valia – considerada tendência, como todas as leis econômicas – é pressuposta por nós como simplificação teórica; na realidade, ela é pressuposto factual do modo de produção capitalista, embora mais ou menos travada por complicações práticas, que produzem diferenças locais mais ou menos significativas, como a legislação domiciliar (*settlement laws*)[I] do diarista agrícola na Inglaterra. Mas, na teoria, se pressupõe que as leis do modo de produção capitalista atuem em sua forma pura. Na realidade, há sempre aproximação; mas essa aproximação é tanto maior quanto mais o modo de produção capitalista estiver desenvolvido e quanto mais sua adulteração e seu entrelaçamento com restos de condições econômicas anteriores forem eliminados.

Toda a dificuldade provém do fato de que as mercadorias não são intercambiadas meramente como *mercadorias*, mas como *produtos de capitais* que reclamam uma participação na massa total de mais-valia, que é proporcional a sua grandeza ou que é igual, se forem de grandeza igual. E o preço total das mercadorias produzidas por dado capital em dado período de tempo deve satisfazer essa pretensão. O preço total dessas mercadorias, entretanto, é meramente a soma dos preços das mercadorias individuais que constituem o produto do capital.

O *punctum saliens* [ponto decisivo] se destacará melhor se concebermos a coisa assim: suponhamos que os trabalhadores mesmos estejam de posse de seus respectivos meios de produção e troquem suas mercadorias entre si. Nesse caso, as mercadorias não seriam produtos do capital. Conforme a natureza técnica dos trabalhos, o valor dos meios

I Em 1662, na Inglaterra, foram promulgadas leis que privaram os diaristas agrícolas do direito de escolher ou de mudar seu domicílio. Essas leis faziam parte da legislação de assistência aos pobres. Elas determinavam que os diaristas agrícolas e outros pobres tinham de voltar a seu lugar de nascimento, ou ao domicílio permanente, e ali ficar. A limitação da liberdade de resistência para a maioria da população rural criou condições que permitiram aos proprietários fundiários reduzir a remuneração a um mínimo. [N. E. A.]

de trabalho e dos materiais de trabalho empregados nos diversos ramos seria diferente; assim também, abstraindo o valor desigual dos meios de produção empregados, uma massa diferente dos mesmos seria exigida para dada massa de trabalho, conforme determinada mercadoria possa ser aprontada em uma hora, outra somente em um dia etc. Suponhamos ainda que esses trabalhadores, em média, trabalhem durante tempo igual, considerando-se as compensações oriundas de intensidade diversa etc. do trabalho. Dois trabalhadores teriam, então, nas mercadorias que são o produto de seu trabalho diário, primeiro, repostos seus desembolsos, os preços de custo dos meios de produção consumidos. Estes seriam diferentes conforme a natureza técnica dos respectivos ramos de trabalho. Segundo, ambos teriam criado a mesma quantidade de valor novo, a saber, a jornada de trabalho agregada aos meios de produção. Isso compreenderia seu salário somado à mais-valia, o mais-trabalho acima de suas necessidades imprescindíveis, mas cujo resultado pertenceria a eles mesmos. Se nos expressarmos em termos capitalistas, diremos que ambos receberiam o mesmo salário mais o mesmo lucro = o valor expresso, por exemplo, no produto de uma jornada de trabalho de dez horas. Mas, primeiro, os valores de suas mercadorias seriam diferentes. Na mercadoria I, por exemplo, estaria contida uma parcela maior de valor correspondente aos meios de produção empregados do que na mercadoria II, e, para introduzir já todas as diferenças possíveis, a mercadoria I absorveria mais trabalho vivo, exigiria, portanto, mais tempo de trabalho para sua feitura do que a mercadoria II. O valor dessas mercadorias I e II é, portanto, muito diferente. Do mesmo modo diferem as somas dos valores-mercadoria que representam o produto do trabalho realizado pelos trabalhadores I e II em dado tempo. As taxas de lucro também seriam bem diversas para I e II, se chamamos aqui de taxa de lucro a proporção entre a mais-valia e o valor total dos meios de produção investidos. Os meios de subsistência que I e II consomem diariamente durante a produção e que representam o salário constituirão aqui aquela parte dos meios de produção adiantados que ordinariamente chamamos de capital variável. Mas as mais-valias seriam, para tempo igual de trabalho, as mesmas para I e II, ou, mais precisamente, uma vez que I e II recebem cada qual o valor do produto de uma jornada de trabalho, recebendo, após a dedução do valor dos elementos "constantes" adiantados, valores iguais, dos quais parte pode ser considerada como reposição dos meios de subsistência consumidos na produção e parte como mais-valia que a excede. Se I tem mais despesas, estas são repostas pela maior parcela de valor de sua mercadoria, que repõe essa parte "constante", por isso ele tem de retransformar uma parte maior do valor total de seu produto nos elementos materiais dessa parte constante, enquanto II, que recebe menos, tem, em compensação, de retransformar menos. Nessas condições, a diferenciação da taxa de lucro seria, sob esse pressuposto, uma circunstância indiferente, do mesmo modo que hoje, para o trabalhador assalariado, é indiferente em que taxa de lucro se expressa o *quantum* de mais-valia que lhe foi extorquido, assim como, no comércio internacional, a diferenciação das taxas de lucro nas diversas nações é uma circunstância indiferente para seu intercâmbio de mercadorias.

O intercâmbio de mercadorias por seus valores, ou aproximadamente por seus valores, exige, pois, um grau muito mais baixo de desenvolvimento do que o intercâmbio aos preços de produção, para o qual determinado nível de desenvolvimento capitalista é necessário.

Qualquer que seja o modo como os preços das várias mercadorias são, de início, fixados ou regulados reciprocamente, a lei do valor domina seu movimento. Onde o tempo de trabalho exigido para produzi-las diminui, os preços caem; onde ele sobe, sobem os preços, com as demais circunstâncias constantes.

Abstraindo a dominação dos preços e do movimento dos preços pela lei do valor, é, pois, absolutamente adequado considerar os valores das mercadorias não só teórica, mas também historicamente, como o *prius* [predecessor] dos preços de produção. Isso vale para condições em que os meios de produção pertencem ao trabalhador, e essa condição se encontra tanto no mundo antigo como no moderno, no caso do camponês cultivador de sua própria terra e no do artesão. Isso está de acordo com o ponto de vista,[27] que expusemos antes,[I] de que o desenvolvimento dos produtos até se tornarem mercadorias surge do intercâmbio entre comunidades diversas, e não entre os membros de uma mesma comunidade. Isso vale tanto para essa condição primitiva como para as condições posteriores, baseadas na escravatura e na servidão, e ainda para a organização corporativa dos ofícios, enquanto os meios de produção fixados em cada ramo da produção só com dificuldade podem ser transferidos de uma esfera para outra e, portanto, as diversas esferas da produção se relacionam reciprocamente, dentro de certos limites, como se fossem países estrangeiros ou comunidades comunistas.

Para que os preços pelos quais se intercambiam mutuamente as mercadorias correspondam aproximadamente a seus valores, é necessário apenas que: 1) o intercâmbio das diversas mercadorias deixe de ser puramente casual ou apenas ocasional; 2) na medida em que consideramos a troca direta de mercadorias, essas mercadorias sejam produzidas, por ambas as partes, em quantidades proporcionais que correspondam aproximadamente às necessidades recíprocas, o que vem com a experiência

---

I K. Marx, *O capital*, Livro 1, op. cit., pp. 140–41. [N. E. B.]

recíproca do escoamento e, assim, nasce como resultado do próprio intercâmbio continuado; e 3) no que se refere à venda, nenhum monopólio natural ou artificial capacite uma das partes contratantes a vender acima do valor, ou a force a vender abaixo dele. Por monopólio casual entendemos o monopólio que surge, para o comprador ou vendedor, da situação casual da demanda e da oferta.

A suposição de que as mercadorias das diversas esferas da produção se vendem por seus valores só significa, naturalmente, que seu valor é o centro de gravitação em torno do qual giram seus preços e em relação ao qual suas contínuas altas e baixas se compensam. Além disso, haverá que distinguir um *valor de mercado* – do qual tratamos adiante – do valor individual das mercadorias isoladas, que são produzidas pelos diversos produtores. O valor individual de algumas dessas mercadorias estará abaixo do valor de mercado (isto é, sua produção exige menos tempo de trabalho do que o expresso pelo valor de mercado), o de outras estará acima dele. O valor de mercado deverá ser considerado, por um lado, como o valor médio das mercadorias produzidas numa esfera e, por outro, como valor individual das mercadorias produzidas nas condições médias da esfera e que constituem a grande massa dos produtos da mesma. É só em conjunturas extraordinárias que as mercadorias produzidas nas piores condições, ou nas condições mais favoráveis, regulam o valor de mercado que, por sua vez, constitui o centro de oscilações dos preços de mercado – os quais, porém, são os mesmos para mercadorias da mesma espécie. Se a oferta das mercadorias ao valor médio, portanto ao valor médio da massa que se encontra entre os dois extremos, satisfaz a demanda ordinária, as mercadorias cujo valor individual está abaixo do valor de mercado realizam uma mais-valia extraordinária ou um sobrelucro, enquanto aquelas cujo valor individual está acima do valor de mercado não podem realizar parte da mais-valia nelas contida.

Não adianta dizer que a venda das mercadorias produzidas nas piores condições demonstra que são imprescindíveis para cobrir a demanda. Se no caso em questão o preço fosse mais alto do que o valor médio de mercado, a demanda seria menor. A certos preços, uma espécie de mercadoria pode ocupar certo espaço no mercado; o espaço continua sendo o mesmo, com variação dos preços, se o preço maior coincide com quantidade menor de mercadorias e o preço menor com quantidade maior. Se a demanda, entretanto, for tão forte que ela não se contrai, se o preço é regulado pelo valor das mercadorias produzidas nas piores condições, então estas determinam o valor de mercado. Isso apenas é possível se a demanda supera a usual ou se a oferta cai abaixo da usual. Finalmente, se a massa das mercadorias produzidas excede a quantidade que, aos valores médios de mercado, pode ser vendida, então são as mercadorias produzidas nas melhores condições que regulam o valor de mercado. Elas podem, por exemplo, ser vendidas total ou aproximadamente por seu valor individual, podendo então ocorrer que as mercadorias produzidas nas piores condições nem sequer realizem seus preços de custo, enquanto as produzidas em condições médias realizem apenas parte da mais-valia nelas contida. O que dissemos aqui do valor de mercado vale para o preço de produção, tão logo este ocupe o lugar do valor de mercado. O preço de produção está regulado em cada esfera, sendo igualmente regulado de acordo com as circunstâncias específicas. Ele mesmo é, porém, por sua vez, o centro em torno do qual giram os preços cotidianos de mercado e em relação ao qual eles se compensam dentro de determinados períodos. (Ver Ricardo sobre a determinação do preço de produção pelos que trabalham nas piores condições.)[I]

Como quer que se regulem os preços, resulta que:

1) A lei do valor domina seu movimento, no sentido de que a diminuição ou o aumento do tempo de trabalho exigido para a produção faz caírem ou então subirem os preços de produção. É nesse sentido que Ricardo (que, sem dúvida, sente que seus preços de produção se desviam dos valores das mercadorias) diz que *the inquiry to which he wishes to draw the reader's attention, relates to the effect of the variations in the relative value of commodities, and not in their absolute value.*[II] 2) O lucro médio, que determina os preços de produção, sempre tem de ser aproximadamente igual ao *quantum* de mais-valia que cabe a dado capital como parte alíquota do capital total da sociedade. Suponhamos que a taxa geral de lucro, portanto o lucro médio, seja expressa num valor monetário mais alto do que o da mais-valia média real calculada por seu valor monetário. Quanto aos capitalistas, é indiferente se eles se cobram mutuamente 10 ou 15% de lucro. Nenhuma dessas percentagens cobre mais valor-mercadoria real do que a outra, uma vez que o exagero na expressão monetária é recíproco. Mas, no que se refere aos trabalhadores (supondo-se que eles recebam seu salário normal, não expressando, portanto, a elevação do lucro médio uma dedução real do salário, isto é, algo inteiramente distinto da mais-valia normal do capitalista), à elevação dos preços das mercadorias, provocada pela elevação do lucro médio, tem de corresponder uma elevação na expressão monetária do capital variável. Na realidade, tal elevação nominal geral da taxa de lucro e do lucro médio além da proporção

---

I D. Ricardo, *On the Principles of Political Economy, and Taxation*, 3ª ed. London, 1821, pp. 60-61. [N. E. A.]

II Ibid., p. 15. [N. E. A.] ["A investigação à qual deseja dirigir a atenção do leitor se refere ao efeito das variações no valor relativo das mercadorias, e não em valor absoluto". – N. T.]

dada pela relação entre a mais-valia real e o capital total adiantado não é possível sem provocar a elevação subsequente dos salários, assim como a elevação dos preços das mercadorias que constituem o capital constante. Do mesmo modo, inversamente, se há redução. Já que o valor total das mercadorias regula a mais-valia total, e esta, por sua vez, o nível do lucro médio, portanto da taxa geral de lucro – como lei geral ou como lei que domina as oscilações –, então a lei do valor regula os preços de produção.

O que a concorrência realiza, primeiramente, dentro de uma esfera é estabelecer um valor de mercado igual e um preço de mercado igual a partir dos diversos valores individuais das mercadorias. Mas só a concorrência dos capitais nas diversas esferas traz à luz o preço de produção que equaliza as taxas de lucro entre as diversas esferas. Nesse caso é necessário um grau mais elevado de desenvolvimento do modo de produção capitalista do que no anterior.

Para que mercadorias da mesma esfera da produção, da mesma espécie e aproximadamente da mesma qualidade sejam vendidas por seus valores, são necessárias duas coisas:

Primeiro. Os diferentes valores individuais devem estar equalizados em *um* valor social, o valor de mercado exposto acima, e isso requer uma concorrência entre os produtos da mesma espécie de mercadoria e, do mesmo modo, a existência de um mercado em que eles ofereçam conjuntamente suas mercadorias. Para que o preço de mercado de mercadorias idênticas, mas que são produzidas cada uma em condições individuais diversas, corresponda ao valor de mercado e não se desvie dele, nem por acréscimo nem por decréscimo, é mister que a pressão que os diferentes vendedores exercem uns sobre os outros seja suficientemente forte para lançar no mercado a massa de mercadorias que a necessidade social requer, isto é, a quantidade pela qual a sociedade é capaz de pagar o valor de mercado. Se a massa de produtos excedesse essa necessidade, as mercadorias teriam de ser vendidas abaixo de seu valor de mercado; e, inversamente, acima de seu valor de mercado, se a massa de produtos não fosse suficiente ou, o que é o mesmo, se a pressão da concorrência entre os vendedores não fosse suficientemente forte para obrigá-los a levarem ao mercado essa massa de mercadorias. Se o valor de mercado se alterasse, mudariam também as condições em que poderia ser vendida a massa total de mercadorias. Se o valor de mercado cai, amplia-se em média a necessidade social (que aqui sempre é necessidade solvente) e esta pode absorver, dentro de certos limites, massas maiores de mercadoria. Se o valor de mercado sobe, contrai-se a necessidade social dessa mercadoria e massas menores dela são absorvidas. Se, portanto, demanda e oferta regulam o preço de mercado, ou antes os desvios dos preços de mercado em relação ao valor de mercado, então, por outro lado, o valor de mercado regula a proporção entre demanda e oferta ou é o centro em torno do qual as flutuações da demanda e da oferta fazem oscilar os preços de mercado.

Se se observa a coisa mais de perto, verifica-se que as condições que valem para o valor de uma mercadoria individual aqui se reproduzem como condições para o valor da soma total de uma espécie. A produção capitalista é, de antemão, produção em massa, mas também outros modos de produção menos desenvolvidos – pelo menos no caso das mercadorias principais – concentram, acumulam e põem à venda no mercado, em grandes massas, nas mãos de relativamente poucos comerciantes, o produto coletivo, produzido em massas menores, de pequenos produtores, ainda que numerosos; como produto coletivo de todo um ramo da produção ou de um setor maior ou menor dele.

Note-se aqui de passagem que a "necessidade social", isto é, o que regula o princípio da demanda, é essencialmente condicionada pela relação das diversas classes entre si e por sua respectiva posição econômica, nomeadamente, portanto, primeiro, pela proporção entre a mais-valia total e o salário e, segundo, pela proporção entre as diversas partes em que a mais-valia se divide (lucro, juros, renda fundiária, impostos etc.); e assim se evidencia aqui também, mais uma vez, que absolutamente nada pode ser explicado pela relação entre demanda e oferta antes de a base sobre a qual essa relação atua estar desenvolvida.

Embora ambos, mercadoria e dinheiro, sejam unidades de valor de troca e valor de uso, já vimos (Livro 1, cap. 1, [parte] 3) como na compra e na venda ambas as determinações são polarizadas nos dois extremos, de modo que a mercadoria (vendedor) representa o valor de uso e o dinheiro (comprador), o valor de troca. Que a mercadoria tenha valor de uso, portanto satisfaça uma necessidade social, era um dos pressupostos da venda. O outro era que o *quantum* de trabalho contido na mercadoria represente trabalho socialmente necessário, que o valor individual (e, o que nessas condições é o mesmo, o preço de venda) da mercadoria coincida, portanto, com seu valor social.[28]

Apliquemos isso à massa de mercadorias que se encontra no mercado e que constitui o produto de toda uma esfera.

A questão é apresentada da maneira mais fácil se toda a massa de mercadorias, para começar, de *um mesmo* ramo da produção for concebida como *uma* mercadoria, e a soma dos preços das muitas mercadorias idênticas como reunida em *um* só preço. Então, o que foi dito da mercadoria isolada vale literalmente para a massa de mercadorias, que se encontra no mercado, de determinado ramo da produção. Que o valor individual da mercadoria corresponda a seu valor social está agora realizado ou mais determinado no sentido de que o *quantum* total contém o trabalho social necessário a sua produção e de que o valor dessa massa = seu valor de mercado.

Suponhamos agora que a grande massa dessas mercadorias se produza aproximadamente sob as mesmas condições sociais normais, de modo que esse valor seja ao mesmo tempo o valor individual das mercadorias individuais que constituem essa massa. Se, no entanto, uma parte relativamente pequena se produz sob condições inferiores e outra sob condições superiores, de modo que o valor individual de uma é maior e o da outra menor do que o valor médio da grande massa das mercadorias, mas esses dois extremos se compensam, de tal forma que o valor médio das mercadorias que as compõem seja igual ao valor das mercadorias pertencentes à massa intermediária, então o valor de mercado é determinado pelo valor das mercadorias produzidas sob condições médias.[29] O valor da massa total de mercadorias é igual à soma real dos valores de todas as mercadorias individuais tomadas em conjunto, tanto das produzidas sob condições médias como das que são produzidas sob condições inferiores ou superiores. Nesse caso, o valor de mercado ou o valor social da massa de mercadorias – o tempo de trabalho necessariamente nelas contido – é determinado pelo valor da grande massa intermediária.

Suponhamos, ao contrário, que a quantidade total das mercadorias em questão, trazidas ao mercado, permaneça a mesma, mas que o valor das mercadorias produzidas sob condições piores não se compense com o valor das produzidas sob condições melhores, de modo que a parte da massa produzida sob condições piores constitua uma grandeza relativamente significativa, em relação tanto à massa intermediária como ao outro extremo: então a massa produzida sob condições piores regula o valor de mercado ou o valor social.

Suponhamos, finalmente, que a massa de mercadorias produzida sob condições superiores às médias supere significativamente a produzida sob condições inferiores e constitua mesmo uma grandeza significativa em relação à massa produzida sob condições médias; então a parte produzida sob condições melhores regula o valor de mercado. Aqui se abstrai a saturação do mercado, caso em que é sempre a porção produzida sob condições melhores que regula o preço de mercado; mas aqui não estamos tratando do preço de mercado, na medida em que difere do valor de mercado, e sim das diversas determinações do próprio valor de mercado.[30]

De fato, considerando-se a coisa com todo o rigor (o que, naturalmente, ocorre na realidade apenas de maneira aproximada e com mil modificações), no caso I, o valor de mercado, regulado pelos valores médios, de toda a massa é igual à soma de seus valores individuais; embora, para as mercadorias produzidas nos extremos, esse valor se apresente como valor médio que lhes é imposto. Nesse caso, os que produzem no extremo pior têm de vender suas mercadorias abaixo do valor individual; os que produzem no extremo melhor vendem-nas acima desse valor.

No caso II as massas de valores individuais produzidas nos dois extremos não se compensam, mas a massa produzida sob condições piores decide. A rigor, o preço médio ou o valor de mercado de cada mercadoria individual ou de cada parte alíquota da massa total seria determinado, agora, pelo valor total da massa, que resultaria da adição dos valores das mercadorias produzidas nas diversas condições, e pela parte alíquota desse valor total que recaísse sobre cada uma das mercadorias. O valor de mercado assim obtido estaria acima do valor individual não apenas das mercadorias situadas no extremo favorável, mas também das pertencentes à faixa intermediária; estaria, porém, ainda abaixo do valor individual das mercadorias produzidas no extremo desfavorável. O quanto ele se aproxima deste, ou com ele finalmente coincide, depende inteiramente do volume que a massa de mercadorias produzida no extremo desfavorável ocupa na esfera em questão. Basta que a demanda prepondere um pouco para que o valor individual das mercadorias produzidas sob condições desfavoráveis regule o preço de mercado.

Se, finalmente, como no caso III, o *quantum* de mercadorias produzido no extremo mais favorável ocupa espaço maior, não apenas comparado com o outro extremo, mas também com as condições médias, então o valor de mercado cai abaixo do valor médio. O valor médio, calculado mediante a adição das somas de valor dos dois extremos e da faixa intermediária, está aqui abaixo do valor da faixa intermediária e se aproxima ou se afasta dele conforme o espaço relativo que o extremo favorável ocupa. Se a demanda é fraca em relação à oferta, a parte favoravelmente situada, qualquer que seja sua grandeza, ocupa violentamente mais espaço pela redução de seu preço a seu valor individual. Com esse valor individual das mercadorias produzidas sob condições melhores, o valor de mercado jamais pode coincidir, a não ser no caso de forte preponderância da oferta sobre a demanda.

Essa fixação do valor de mercado, aqui apresentada *abstratamente*, é mediada no mercado real pela concorrência entre os compradores, pressupondo-se que a demanda tenha exatamente a grandeza para absorver a massa de mercadorias por seu valor assim fixado. E assim chegamos ao outro ponto.

Segundo. Dizer que a mercadoria tem valor de uso significa apenas que ela satisfaz a uma necessidade social qualquer. Enquanto tratávamos exclusivamente das mercadorias individuais, podíamos pressupor que a necessidade dessa mercadoria determinada – já estando incluído no preço seu *quantum* – existia, sem nos ocuparmos com o *quantum* da necessidade a satisfazer. Esse *quantum* passa a ser, no entanto, um momento essencial tão logo se encontre, de um lado, o produto de todo um ramo da produção e, de outro, a necessidade social. Agora, torna-se necessário considerar a medida, isto é, o *quantum* dessa necessidade social.

Nas determinações acima expostas sobre o valor de mercado foi pressuposto que a massa das mercadorias produzidas permanece a mesma, que ela é dada; que só há variação da proporção dos componentes dessa massa, que são produzidos em condições diversas, e que, por isso, o valor de mercado da mesma massa de mercadorias se regula de modo diferente. Suponhamos que essa massa constitua o *quantum* normal da oferta, no que abstraímos a possibilidade de que parte das mercadorias produzidas pode ser retirada temporariamente do mercado. Se a demanda por essa massa continua sendo a usual, a mercadoria será vendida por seu valor de mercado, qualquer que seja dos três casos acima examinados o que regule esse valor de mercado. A massa de mercadorias não apenas satisfaz a uma necessidade, mas a satisfaz em sua extensão social. Se, entretanto, o *quantum* é menor ou maior do que a demanda por ele, ocorrem desvios do preço de mercado em relação ao valor de mercado. E o primeiro desvio é este: se o *quantum* é pequeno demais, é sempre a mercadoria produzida sob condições piores que regula o valor de mercado e, se é grande demais, é sempre a produzida sob condições melhores que o faz; portanto um dos extremos determina o valor de mercado, embora, pela mera proporção entre as massas que são produzidas sob as diferentes condições, outro resultado devesse ter lugar. Se a diferença entre a demanda e o *quantum* de produtos for ainda maior, o preço de mercado desviar-se-á ainda mais do valor de mercado, para cima ou para baixo. A diferença entre o *quantum* de mercadorias produzidas e o *quantum* em que as mercadorias são vendidas por seu valor de mercado pode, no entanto, decorrer de duas causas. Ou varia o próprio *quantum*, tornando-se demasiadamente pequeno ou grande, de modo que a reprodução ocorre em escala diversa da que regulava o valor de mercado dado. Nesse caso, mudou a oferta, embora a demanda ficasse a mesma, e, por isso, houve superprodução ou subprodução relativa. Ou, porém, a reprodução, isto é, a oferta, continua a mesma, mas a demanda caiu ou subiu, o que pode acontecer por diversas razões. Embora a grandeza absoluta da oferta permanecesse a mesma, sua grandeza relativa, sua grandeza comparada com ou medida pela necessidade mudou. O efeito é o mesmo do primeiro caso, apenas em sentido inverso. Finalmente: se mudanças nos dois lados têm lugar, em sentido inverso ou no mesmo sentido, mas não na mesma medida, se, portanto, numa palavra, têm lugar mudanças bilaterais, que modificam a proporção anterior entre os dois lados, o resultado final sempre tem de cair num dos dois casos acima observados.

A verdadeira dificuldade na determinação geral dos conceitos de demanda e oferta é que esta parece levar a uma tautologia. Consideremos primeiro a oferta, o produto que está no mercado ou pode ser fornecido para ele. Para não entrar em detalhes inteiramente inúteis, pensamos aqui na massa de reprodução anual em cada ramo industrial determinado, abstraindo a maior ou menor capacidade que diversas mercadorias possuem de serem retiradas do mercado e armazenadas para o consumo, digamos, do próximo ano. Essa reprodução anual expressa, em primeiro lugar, determinado *quantum*, medida ou número, conforme a massa de mercadorias seja medida como discreta ou contínua; não são apenas valores de uso que satisfazem a necessidades humanas, mas os valores de uso que se encontram no mercado em determinado volume. Segundo, porém, essa massa de mercadorias tem determinado valor de mercado, que pode ser expresso num múltiplo do valor de mercado da mercadoria ou da medida da mercadoria, que servem como unidades. Entre o volume quantitativo das mercadorias que se encontram no mercado e seu valor de mercado não existe, portanto, nenhuma relação necessária, uma vez que algumas mercadorias, por exemplo, possuem valor especificamente alto e outras valor especificamente baixo, de modo que dada soma de valor pode representar-se num *quantum* muito grande de uma mercadoria e num *quantum* muito pequeno de outra. Entre o *quantum* dos artigos que se encontram no mercado e o valor de mercado desses artigos só existe esta conexão: sobre dada base da produtividade do trabalho, a produção de determinado *quantum* de artigos exige em cada esfera particular da produção determinado *quantum* de tempo de trabalho social, embora essa proporção em diversas esferas da produção seja inteiramente diversa e não tenha nenhuma conexão íntima com a utilidade desses artigos ou com a natureza específica de seus valores de uso. Supondo as demais circunstâncias equivalentes: se o *quantum* a de uma espécie de mercadoria custa b tempo de trabalho, o *quantum* na custará nb tempo de trabalho. E mais: à medida que a sociedade quer satisfazer necessidades, e para tanto quer que seja produzido um artigo, tem de pagá-lo. De fato, como na produção de mercadorias está pressuposta a divisão do trabalho, a sociedade compra esses artigos, ao empregar em sua produção parte de seu tempo de trabalho disponível, compra-os, portanto, por determinado *quantum* do tempo de trabalho de que essa dada sociedade pode dispor. Aquela parte da sociedade à qual cabe, pela divisão do trabalho, empregar seu trabalho na produção desses determinados artigos tem de receber um equivalente em trabalho social, representado nos artigos que satisfazem a suas necessidades. Entretanto, não existe conexão necessária, mas apenas casual, entre o *quantum* total do trabalho social aplicado num artigo social, isto é, entre a parte alíquota de sua força de trabalho total que a sociedade emprega na produção desse artigo, portanto entre o volume que a produção desse artigo ocupa na produção total, por um lado, e o volume em que a sociedade exige satisfação da necessidade mediante aquele determinado artigo, por outro. Embora cada artigo individual ou cada *quantum* determinado de uma espécie de mercadoria possa conter apenas o trabalho social necessário a sua produção e, considerado desse ângulo, o valor de mercado de toda essa espécie de mercadoria represente apenas o trabalho necessário, ainda assim, se a mercadoria considerada foi produzida numa extensão que excede a necessidade social, parte do tempo de trabalho social foi desperdiçada e a massa de mercadorias representa então no mercado um *quantum* muito menor de trabalho social do que o realmente contido nela. (Apenas onde a produção está sob controle real e predeterminante da sociedade, esta estabelece a conexão entre a extensão de tempo do trabalho social empregado na produção de determinados artigos e a extensão da necessidade social a ser satisfeita por esses artigos.) Por isso, essas mercadorias têm de ser liquidadas abaixo de seu valor de mercado, parte delas até pode ficar totalmente invendável. – Dá-se o contrário, quando o volume do trabalho social empregado na produção de determinada espécie de mercadoria é pequeno demais para a extensão da necessidade social particular a ser satisfeita pelo produto. – Mas, se a extensão do trabalho social que é empregado na produção de determinado artigo corresponde à extensão da necessidade social a satisfazer, de modo que a massa produzida corresponda à escala usual da reprodução, com demanda constante, então a mercadoria será vendida por seu valor de mercado. O intercâmbio ou a venda das mercadorias por seu valor é o racional, a lei natural de seu equilíbrio; a partir dele se devem explicar os desvios, e não inversamente, a partir dos desvios explicar a própria lei.

Voltemo-nos para o outro lado, a demanda.

Mercadorias são compradas como meios de produção ou como meios de subsistência – não alterando em nada a coisa que algumas espécies de mercadoria possam servir a ambos os fins – para entrar no consumo produtivo ou individual. Há, portanto, demanda por elas por parte dos produtores (aqui capitalistas, pois se supõe que os meios de produção se convertam em capital) e dos consumidores. Ambas as circunstâncias parecem, antes de mais nada, pressupor do lado da demanda dado *quantum* de necessidades sociais, ao qual correspondem, do outro lado, determinadas quantidades de produção social nos diversos ramos da produção. Para que a indústria do algodão possa manter sua reprodução anual em determinado nível, então é preciso ter a quantia tradicional de algodão e, se houver uma ampliação anual da reprodução em virtude da acumulação de capital, mantendo-se constantes as demais circunstâncias, um *quantum* adicional de algodão. O mesmo ocorre com relação aos meios de subsistência. A classe trabalhadora tem de dispor novamente pelo menos do mesmo *quantum* de meios de subsistência necessários, embora talvez repartidos de maneira mais ou menos diferente entre as diversas espécies, se deve seguir no modo tradicional médio de vida, e, considerando o acréscimo anual da produção, de um *quantum* adicional. E o mesmo, com mais ou menos modificações, para as demais classes.

Parece haver, pois, do lado da demanda certa grandeza de determinada necessidade social, que exige, para sua satisfação, determinada quantidade de um artigo no mercado. Mas a determinação quantitativa dessa necessidade é completamente elástica e oscilante. Sua fixidez é mera aparência. Se os meios de subsistência fossem mais baratos ou os salários monetários mais altos, os trabalhadores comprariam mais e haveria maior "necessidade social" dessas espécies de mercadoria, abstraindo inteiramente os *paupers* etc., cuja "demanda" é ainda inferior a suas necessidades físicas mais elementares. Por outro lado, se o algodão, por exemplo, fosse mais barato, a demanda de algodão pelos capitalistas aumentaria, lançar-se-ia mais capital adicional na indústria algodoeira etc. A esse respeito nunca se deve esquecer que a demanda para consumo produtivo, conforme nosso pressuposto, é a demanda do capitalista e que o verdadeiro objetivo deste é a produção de mais-valia, de modo que somente para esse fim é que ele produz certa espécie de mercadoria. Entretanto isso não impede que, à medida que aparece no mercado como comprador, por exemplo, de algodão, ele represente a necessidade de algodão, do mesmo modo que ao vendedor é indiferente se o comprador do algodão o transforma em tecido de camisa ou em algodão-pólvora ou se pretende entupir com ele seus ouvidos e os de todo mundo. Mas, sem dúvida, isso exerce grande influência sobre a espécie de comprador que ele é. Sua necessidade de algodão é essencialmente modificada pela circunstância de que, na realidade, ela apenas encobre sua necessidade de fazer lucro. – Os limites dentro dos quais a necessidade de mercadorias representada no *mercado* – a demanda – difere quantitativamente da necessidade *social real* são naturalmente muito diferentes para mercadorias diferentes; refiro-me à diferença entre o *quantum* demandado de mercadorias e o *quantum* que seria demandado se fossem outros os preços em moeda das mercadorias ou as condições financeiras ou de vida dos compradores.

Nada é mais fácil do que compreender as desigualdades entre demanda e oferta e o desvio consequente dos preços de mercado em relação aos valores de mercado. A verdadeira dificuldade consiste em determinar o que se deve entender por coincidência entre demanda e oferta.

Demanda e oferta coincidem quando se encontram em tal relação que a massa de mercadorias de determinado ramo da produção pode ser vendida por seu valor de mercado, nem acima nem abaixo dele. Essa é a primeira coisa que ouvimos.

A segunda: quando as mercadorias são vendáveis por seu valor de mercado, demanda e oferta coincidem.

Quando demanda e oferta coincidem, deixam de atuar, e justamente por isso a mercadoria é vendida por seu valor de mercado. Quando duas forças atuam igualmente em sentidos opostos, elas se anulam, não atuam exteriormente, e fenômenos que ocorrem nessas condições têm de ser explicados por outras causas, e não pela intervenção dessas duas forças. Quando demanda e oferta se anulam reciprocamente, deixam de explicar qualquer coisa, não atuam sobre o valor de mercado e nos deixam no escuro quanto ao motivo de o valor de mercado se expressar justamente nessa soma de dinheiro e em nenhuma outra. As leis internas reais da produção capitalista não podem evidentemente ser explicadas pela ação recíproca de demanda e oferta (sem considerar a análise mais profunda, que não cabe aqui, dessas duas forças motrizes sociais), uma vez que essas leis só aparecem realizadas em sua forma pura quando demanda e oferta deixam de atuar, isto é, coincidem. Demanda e oferta de fato jamais coincidem, ou, se alguma vez coincidirem, é por mera casualidade; portanto, do ponto de vista científico, deve-se admitir esse evento como = 0, considerando-o como não ocorrido. Mas, na Economia Política, supõe-se que elas coincidem. Por quê? Para observar os fenômenos na figura que corresponde a sua lei, a seu conceito, isto é, para observá-los independentemente da aparência provocada pelo movimento de demanda e oferta. Por outro lado, para descobrir e, de certo modo, fixar a tendência real de seu movimento. Pois as desigualdades são de natureza antagônica e, uma vez que se sucedem continuamente, compensam-se reciprocamente devido a seus sentidos opostos, a sua contradição. Se, por conseguinte, oferta e demanda não coincidem em nenhum caso dado, suas desigualdades se sucedem de tal modo – e o resultado do desvio num sentido é provocar outro desvio em sentido oposto – que, observando-se o todo durante um período de tempo maior ou menor, oferta e demanda coincidem continuamente; mas apenas como média do movimento passado e apenas como movimento contínuo de sua contradição. Assim, os preços de mercado que se desviam dos valores de mercado, considerando sua média, se igualam aos valores de mercado, ao se anularem os desvios em relação aos últimos como mais e menos. E essa média não tem apenas importância teórica, mas também prática para o capital cujo investimento é calculado sobre as oscilações e compensações num período de tempo mais ou menos determinado.

A relação entre demanda e oferta explica, portanto, por um lado, somente os desvios dos preços de mercado em relação aos valores de mercado e, por outro, a tendência à anulação desses desvios, isto é, à anulação do efeito da relação entre demanda e oferta. (Não cabe considerar aqui as exceções constituídas por mercadorias que têm preços sem possuir valor.) Demanda e oferta podem executar a anulação do efeito provocado por sua desigualdade de forma bem diversa. Se, por exemplo, diminuir a demanda e, por conseguinte, o preço de mercado, isso pode levar a uma retirada de capital e, assim, a uma diminuição da oferta. Mas pode levar também a uma queda do próprio valor de mercado, por meio de invenções que reduzem o tempo de trabalho necessário, igualando-o assim ao preço de mercado. Inversamente: se aumenta a demanda e, por conseguinte, o preço de mercado supera o valor de mercado, isso pode fazer com que seja trazido a esse ramo da produção capital em excesso, aumentando-se a produção tanto que o preço de mercado caia abaixo do valor de mercado; ou, por outro lado, isso pode levar a uma elevação de preço que faz com que a própria demanda retroceda. Esse fato pode fazer também com que, neste ou naquele ramo da produção, o próprio valor de mercado suba, por períodos mais curtos ou mais longos, ao obrigar que parte dos produtos demandados seja produzida, durante esse tempo, sob condições piores.

Se a demanda e a oferta determinam o preço de mercado, por outro lado, o preço de mercado e – levando-se a análise mais longe – o valor de mercado determinam a demanda e a oferta. Quanto à demanda isso é evidente, uma vez que ela se move em sentido oposto ao preço, aumenta quando este cai e vice-versa. Mas isso vale também para a oferta. Pois os preços dos meios de produção que entram na mercadoria oferecida determinam a demanda por esses meios de produção e também, portanto, a oferta das mercadorias cuja oferta inclui a demanda por aqueles meios de produção. Os preços do algodão são determinantes para a oferta de tecidos de algodão.

A essa confusão – determinação dos preços por demanda e oferta e, ao mesmo tempo, determinação de demanda e oferta pelos preços – acresce que a demanda determina a oferta e, inversamente, a oferta a demanda, que a produção determina o mercado, e o mercado a produção.[31]

Até o economista vulgar (ver nota) compreende que, sem uma variação acarretada por circunstâncias externas, na oferta ou na necessidade, a relação entre ambas pode variar em virtude de uma variação no valor de mercado das mercadorias. Mesmo ele tem de admitir que, qualquer que seja o valor de mercado, demanda e oferta têm de se equalizar para descobri-lo. Isto é, a relação entre demanda e oferta não explica o valor de mercado, mas, pelo contrário, é este que explica as flutuações de demanda e oferta. O autor das *Observations* prossegue, depois da passagem acima citada na nota:

> "*This proportion,*" (entre demanda e oferta) "*however, if we still mean by 'demand' and 'natural price', what we meant just now, when referring to Adam Smith, must*

always be a proportion of equality: for it is only when the supply is equal to the effectual demand, that is, to that demand, which will pay neither more nor less than the natural price, that the natural price is in fact paid; consequently, there may be two very different natural prices, at different times, for the same commodity, and yet the proportion which the supply bears to the demand, be in both cases the same, namely the proportion of equality".[I]

Admite-se, pois, que, com dois *natural prices* [preços naturais] diferentes da mesma mercadoria, em épocas diferentes, a demanda e a oferta de cada vez podem coincidir e devem coincidir, se a mercadoria deve ser vendida por seu *natural price*. Como nas duas não há diferença na relação entre demanda e oferta, mas há bem uma diferença na grandeza do próprio *natural price*, é evidente que este se determina independentemente de demanda e oferta e, portanto, de modo algum pode ser determinado por estas.

Para que uma mercadoria seja vendida por seu valor de mercado, isto é, em proporção ao trabalho socialmente necessário nela contido, o *quantum* total de trabalho social que é empregado na massa total dessa espécie de mercadoria tem de corresponder ao *quantum* da necessidade social dela, isto é, da necessidade social solvente. A concorrência, as flutuações dos preços de mercado, as quais correspondem às flutuações da relação entre demanda e oferta, procuram constantemente reduzir a essa medida o *quantum* total de trabalho empregado em cada espécie de mercadoria.

Na relação entre demanda e oferta das mercadorias se repete, primeiro, a relação entre valor de uso e valor de troca, entre mercadoria e dinheiro, entre comprador e vendedor; segundo, a relação entre produtor e consumidor, embora ambos possam ser representados por terceiros, os comerciantes. No exame do vendedor e do comprador, basta confrontá-los individualmente para desenvolver a relação. Três pessoas bastam para a metamorfose completa da mercadoria e, portanto, para o todo da compra e da venda. A transforma sua mercadoria no dinheiro de B,

---

I "Essa proporção," (entre demanda e oferta) "entretanto, se ainda entendemos por 'demanda' e 'preço natural' o mesmo que entendemos há pouco, quando nos referimos a Adam Smith, tem de ser sempre uma proporção de igualdade, pois é apenas quando a oferta é igual à demanda efetiva, isto é, àquela demanda que pretende pagar nem mais nem menos que o preço natural, que o preço natural é de fato pago; por conseguinte pode haver dois preços naturais muito diferentes em épocas diferentes para a mesma mercadoria, e ainda assim a proporção que a oferta mantém com a demanda pode ser em ambos os casos a mesma, a saber, a proporção de igualdade." [N. T.]

a quem vende a mercadoria, e retransforma seu dinheiro novamente em mercadoria, que compra de C; todo o processo se passa entre os três. Ainda mais: na consideração do dinheiro foi suposto que as mercadorias se vendem por seu valor, pois não havia absolutamente motivo para considerar preços divergentes do valor, uma vez que se tratava apenas das mudanças de forma pelas quais a mercadoria passa ao tornar-se dinheiro e retransformar-se de dinheiro em mercadoria. Tão logo a mercadoria esteja ao todo vendida e com a receita se compre nova mercadoria, toda a metamorfose está diante de nós e para ela, considerada como tal, é indiferente se o preço da mercadoria está acima ou abaixo de seu valor. O valor da mercadoria como fundamento continua importante, porque o conceito de dinheiro só pode ser desenvolvido sobre esse fundamento, e o preço, de acordo com seu conceito geral, é de início apenas o valor em forma-dinheiro. Entretanto, na consideração do dinheiro como meio de circulação, está pressuposto que não se dá apenas *uma* metamorfose de uma mercadoria. O que se considera muito mais é o entrelaçamento social dessas metamorfoses. Só assim chegamos à circulação do dinheiro e ao desenvolvimento de sua função como meio de circulação. Mas, por mais importante que essa conexão seja para a conversão do dinheiro em meio de circulação e para sua figura, que em consequência disso se altera, é indiferente para a transação entre os compradores e vendedores individuais.

No caso de oferta e demanda entretanto, a oferta é igual à soma dos vendedores ou produtores de determinada espécie de mercadoria, e a demanda igual à soma dos compradores ou consumidores (individuais ou produtivos) da mesma espécie de mercadoria. E, mais precisamente, as somas atuam uma sobre a outra como unidades, como forças agregadas. O indivíduo atua aí apenas como parte de uma força social, como átomo da massa, e é nessa forma que a concorrência faz valer o caráter *social* da produção e do consumo.

O lado da concorrência, que é no momento o mais fraco, é ao mesmo tempo aquele em que o indivíduo atua independentemente da massa de seus competidores, e muitas vezes diretamente contra ela, e assim torna perceptível a dependência um do outro, enquanto o lado mais forte confronta sempre como unidade mais ou menos fechada o antagonista. Se para essa determinada espécie de mercadoria a demanda é maior que a oferta, cada comprador – dentro de certos limites – oferece mais que o outro e assim encarece para todos a mercadoria, elevando seu preço acima do valor de mercado, enquanto, por outro lado, os vendedores procuram vender coletivamente a um preço de mercado alto. Inversamente, se a oferta é maior que a demanda, um começa a liquidar mais barato, e os outros têm de segui-lo, enquanto seus compradores atuam coletivamente para comprimir o preço de mercado o mais possível abaixo do valor de mercado. O lado coletivo só interessa a cada um enquanto ganhar mais com ele do que contra ele. E o coletivismo cessa tão logo o lado em questão se torne o mais fraco, quando então cada indivíduo procura por sua própria conta arranjar-se o melhor possível. Além disso, se um produz mais barato e pode vender mais, apoderar-se de um espaço maior do mercado, vendendo abaixo do preço de mercado ou do valor de mercado corrente, ele o faz, e assim começa a ação que pouco a pouco força os outros a introduzirem o modo mais barato de produzir e que reduz o trabalho socialmente necessário a uma nova medida menor. Se um lado tem a supremacia, ganham todos que a ele pertencem; é como se todos tivessem de fazer valer um monopólio em comum. Se um lado é o mais fraco, cada um pode procurar por sua própria conta ser o mais forte (por exemplo, quem trabalha com menos custos de produção) ou, pelo menos, se sair o melhor possível, e nesse caso que seu vizinho vá para o diabo, embora sua atuação não afete somente a ele, mas também todos os seus compradores.[32]

Demanda e oferta pressupõem a transformação do valor em valor de mercado e, na medida em que ocorrem em base capitalista, na medida em que as mercadorias são produto do capital, elas pressupõem processos de produção capitalistas, portanto relações complicadas de modo bem diferente da mera compra e venda de mercadorias. Não se trata nesse caso da transformação formal do valor das mercadorias em preço, isto é, de uma simples alteração de forma; trata-se dos desvios quantitativos determinados dos preços de mercado em relação aos valores de mercado e ainda aos preços de produção. Na simples compra e venda basta que produtores de mercadorias se confrontem como tais. Demanda e oferta, levando-se a análise mais longe, pressupõem a existência das diversas classes e frações de classes que repartem entre si a *revenue* total da sociedade e a consomem entre si como *revenue*, que portanto constituem a demanda formada pela *revenue*; enquanto, por outro lado, para compreender a demanda e a oferta formada entre si pelos produtores como tais, é mister compreender a configuração geral do processo de produção capitalista.

Na produção capitalista, não se trata apenas de retirar da circulação, em troca da massa de valor nela lançada sob a forma-mercadoria, uma massa igual de valor sobre outra forma – seja de dinheiro ou de outra mercadoria –, mas sim de retirar, para o capital adiantado na produção, a mesma mais-valia ou lucro, como qualquer outro capital da mesma grandeza, ou *pro rata* à sua grandeza, qualquer que seja o ramo da produção em que esteja investido; trata-se, pois, de vender as mercadorias a preços que, pelo menos, proporcionem o lucro médio, isto é, aos preços de produção. Dessa forma, o capital se torna consciente de si mesmo, como uma *força social*, em que cada capitalista participa proporcionalmente à sua parcela no capital total da sociedade.

Primeiro, a produção capitalista é, em si mesma, indiferente ao valor de uso determinado e, em geral, à particularidade da mercadoria que ela produz. Em cada esfera da produção só lhe importa produzir mais-valia, apropriar-se, no produto do trabalho, de determinado *quantum* de trabalho não pago. E da mesma forma está na natureza do trabalho assalariado submetido ao capital que ele é indiferente ao caráter específico de seu trabalho e tem, conforme as necessidades do capital, de deixar-se transformar e lançar de uma esfera da produção para outra.

Segundo, uma esfera da produção é, de fato, agora tão boa ou tão ruim quanto a outra; cada uma delas proporciona o mesmo lucro e não teria finalidade se a mercadoria por ela produzida não satisfizesse a uma necessidade social de alguma espécie.

Mas, se as mercadorias se vendem por seus valores, então surgem, como foi desenvolvido, taxas de lucro muito diferentes nas diferentes esferas da produção, de acordo com a diferente composição orgânica das massas de capital nelas investidas. O capital, porém, retira-se de uma esfera com baixa taxa de lucro e se lança em outra, que proporciona lucro mais elevado. Mediante essa contínua emigração e imigração, numa palavra, mediante sua distribuição entre as diversas esferas, conforme suba ou desça a taxa de lucro, ele ocasiona tal relação entre oferta e demanda que o lucro médio nas diversas esferas da produção se torna o mesmo e, por isso, os valores se transformam em preços de produção. Essa equalização é alcançada mais ou menos pelo capital quanto mais desenvolvido estiver o capitalismo em dada sociedade nacional; isto é, quanto mais as condições do país em questão estiverem adaptadas ao modo de produção capitalista. Com o progresso da produção capitalista desenvolvem-se também suas condições, ela submete o conjunto das premissas sociais dentro das quais se opera o processo de produção a seu caráter específico e a suas leis imanentes.

A contínua equalização das contínuas desigualdades realiza-se tanto mais rapidamente 1) quanto mais móvel for o capital, isto é, quanto mais facilmente puder ser transferido de uma esfera e de um lugar para outro; 2) quanto mais rapidamente a força de trabalho puder ser lançada de uma esfera para outra e de um local de produção para outro. O item 1 pressupõe completa liberdade de comércio no interior da sociedade e eliminação de todos os monopólios, exceto os naturais, a saber, oriundos do próprio modo de produção capitalista. E, ainda, o desenvolvimento do sistema de crédito, que concentra a massa inorgânica do capital social disponível em face dos capitalistas individuais; finalmente, a subordinação das diversas esferas da produção a capitalistas. Esta última já está implícita no pressuposto quando se admite que se trata da transformação dos valores em preços de produção para todas as esferas da produção exploradas de modo capitalista; mas essa equalização esbarra em obstáculos maiores quando esferas da produção numerosas e amplas, operadas de modo não capitalista (por exemplo, a agricultura de pequenos camponeses), se interpõem entre as empresas capitalistas e se articulam com elas. Finalmente, supõe esse item grande densidade da população. – O item 2 pressupõe a abolição de todas as leis que impedem os trabalhadores de migrarem de uma esfera da produção para outra ou de uma sede local da produção para qualquer outra. Indiferença do trabalhador ao conteúdo de seu trabalho. Redução máxima possível do trabalho em todas as esferas da produção a trabalho simples. Eliminação de todos os preconceitos profissionais entre os trabalhadores. Finalmente e sobretudo, submissão do trabalhador ao modo de produção capitalista. Considerações adicionais sobre isso pertencem à investigação especial da concorrência.

Do exposto resulta que cada capitalista individual, bem como o conjunto dos capitalistas de cada esfera particular da produção, participa da exploração do conjunto da classe trabalhadora pelo capital total e do grau dessa exploração não apenas por simpatia geral da classe, mas também por interesse econômico direto, uma vez que, supondo-se dadas as demais circunstâncias, inclusive o valor do capital constante total adiantado, a taxa média de lucro depende do grau de exploração do trabalho total pelo capital total.

O lucro médio coincide com a mais-valia média que o capital produz para cada 100 e, com referência à mais-valia, o que acabamos de dizer é de antemão evidente. No caso do lucro médio, só se agrega o valor do capital adiantado como um dos momentos determinantes da taxa de lucro. De fato, o interesse especial que um capitalista, ou o capital de determinada esfera da produção, tem na exploração dos trabalhadores diretamente empregados por ele está limitado a obter, mediante um sobretrabalho excepcional, ou mediante redução do salário abaixo da média, ou ainda mediante produtividade excepcional do trabalho empregado, um lucro superior ao lucro médio. Abstraindo isso, um capitalista que em sua esfera da produção não empregasse nenhum capital variável, e portanto nenhum trabalhador (o que, na realidade, é um pressuposto exagerado), estaria tão interessado na exploração da classe trabalhadora pelo capital e derivaria seu lucro de mais-trabalho não pago da mesma forma que um capitalista que (novamente um pressuposto exagerado) empregasse apenas capital variável, despendendo, portanto, todo o seu capital em salários. O grau de exploração do trabalho depende, no entanto, dada a jornada de trabalho, da intensidade média do trabalho e, com dada intensidade, da duração da jornada de trabalho. Do grau de exploração do trabalho depende o nível da taxa de mais-valia, portanto, com dada massa total do capital variável, a grandeza da mais-valia e, por conseguinte, a grandeza do lucro. O interesse especial que o capital de uma esfera, em contraste com o capital total, tem na exploração dos trabalhadores especificamente empregados por ele o capitalista individual tem, em contraste com o capital de sua esfera, na exploração dos trabalhadores pessoalmente explorados por ele.

Por outro lado, cada esfera particular do capital e cada capitalista individual têm o mesmo interesse na produtividade do trabalho social empregado pelo capital total. Pois dela dependem duas coisas: primeiro, a massa dos valores de uso em que se expressa o lucro médio; e isso é duplamente importante, na medida em que este serve tanto como fundo de acumulação de novo capital quanto como fundo de *revenue* para usufruto. Segundo, o nível de valor do capital total adiantado (constante e variável) que, com dada grandeza de mais-valia ou do lucro de toda a classe capitalista, determina a taxa de lucro ou o lucro sobre determinado *quantum* de capital. A produtividade específica do trabalho numa esfera específica ou numa empresa individual, específica dessa esfera, só interessa aos capitalistas que participam diretamente dela na medida em que ela capacita a esfera individual, em face do capital total, ou o capitalista, em face de sua esfera, a realizar um lucro extra.

Temos aí, pois, a prova matematicamente exata de por que os capitalistas, por mais que em sua concorrência mútua se comportem como irmãos inimigos, de fato formam uma verdadeira maçonaria em confronto com o conjunto da classe trabalhadora.

O preço de produção inclui o lucro médio. Nós o denominamos preço de produção; na realidade, é o mesmo que Adam Smith chama de *natural price*, Ricardo de *price of production*, *cost of production* [preço de produção, custo de produção] e os fisiocratas, *prix nécessaire* [preço necessário] – mas nenhum deles desenvolveu a diferença entre preço de produção e valor –, porque a longo prazo ele é condição da oferta, da reprodução da mercadoria de cada esfera particular da produção.[33] Compreende-se também por que os mesmos economistas que se opõem à determinação do valor das mercadorias pelo tempo de trabalho, pelo *quantum* de trabalho nelas contido, sempre falam dos preços de produção como o centro em torno do qual oscilam os preços de mercado. Eles podem permitir-se isso porque o preço de produção é uma forma totalmente alienada e *prima facie* irracional do valor-mercadoria, uma forma tal como aparece na concorrência, portanto na consciência do capitalista vulgar e também, portanto, na dos economistas vulgares.

No desenvolvimento verificou-se como o valor de mercado (e tudo o que foi dito sobre ele vale também, com as restrições necessárias, para o preço de produção) encerra um sobrelucro para os que produzem nas melhores condições em cada esfera particular da produção. Excetuados os casos de crises e superprodução em geral, isso vale para todos os preços de mercado, por mais que possam se desviar dos valores de mercado ou dos preços de produção de mercado. Pois o preço de mercado implica que se pague o mesmo preço por mercadorias da mesma espécie, embora estas sejam produzidas em condições individuais muito diferentes e, por isso, possam ter preços de custo muito diferentes. (De sobrelucros, em consequência de monopólios no sentido usual, artificiais ou naturais não falamos aqui.)

Um sobrelucro pode, além disso, surgir ainda quando certas esferas da produção estão em condições de evitar a transformação dos valores de suas mercadorias em preços de produção e, por conseguinte, a redução de seus lucros ao lucro médio. Na seção sobre a renda fundiária teremos de considerar a configuração ulterior dessas duas formas do sobrelucro.

CAPÍTULO 11

EFEITOS DAS OSCILAÇÕES GERAIS DOS SALÁRIOS SOBRE OS PREÇOS DE PRODUÇÃO

Seja a composição média do capital social $80_c + 20_v$ e o lucro 20%. Nesse caso, a taxa de mais-valia é de 100%. Uma elevação geral dos salários, tudo o mais igual, é uma diminuição da taxa de mais-valia. Para o capital médio, lucro e mais-valia coincidem. Suponhamos que os salários aumentem em 25%. A mesma massa de trabalho que custava 20 para ser posta em movimento, custa agora 25. Temos então, em vez de $80_c + 20_v + 20_l$, um valor de rotação de $80_c + 25_v + 15_l$. O trabalho posto em movimento pelo capital variável produz, depois como antes, uma soma de valor de 40. Se v aumenta de 20 para 25, o excedente mv, ou então l, é apenas ainda = 15. O lucro de 15 sobre 105 é = $14\frac{2}{7}$%, e essa seria a nova taxa de lucro médio. Uma vez que o preço de produção das mercadorias produzidas pelo capital médio coincide com seu valor, o preço de produção dessas mercadorias não se teria alterado; a elevação dos salários teria levado a uma diminuição do lucro, mas a nenhuma variação no valor nem no preço das mercadorias.

Antes, quando o lucro médio era = 20%, o preço de produção das mercadorias produzidas num período de rotação era igual a seu preço de custo mais um lucro de 20% sobre esse preço de custo, portanto =

$$p + pl' = p + \frac{20\,p}{100},$$

sendo p uma grandeza variável, diferente conforme o valor dos meios de produção que entram nas mercadorias e a medida da depreciação que o capital fixo, empregado em sua produção, cede ao produto. Agora, o preço de produção seria

$$p + \frac{14\frac{2}{7}\,p}{100}.$$

Tomemos agora primeiramente um capital cuja composição seja inferior à composição original do capital social médio de $80_c + 20_v$ (que agora se transformou em $76\frac{4}{21}{}_c + 23\frac{17}{21}{}_v$); por exemplo, $50_c + 50_v$. Nesse caso, o preço de produção do produto anual, se admitirmos, para simplificar, que todo o capital fixo entrou como depreciação no produto anual e que o período de rotação é o mesmo do caso I, era de $50_c + 50_v + 20_l = 120$ antes da elevação dos salários. Um aumento do salário de 25%, para o mesmo *quantum* de trabalho posto em movimento, dá um aumento do capital variável de 50 para 62½. Se o produto anual fosse vendido pelo preço de produção anterior de 120, isso daria $50_c + 62\frac{1}{2}_v + 7\frac{1}{2}_l$, portanto uma taxa de lucro de 6⅔%. Mas a nova taxa média de lucro é de 14²⁄₇% e, uma vez que consideramos as demais circunstâncias constantes, esse capital de $50_c + 62\frac{1}{2}_v$ terá de gerar também esse lucro. Um capital de 112½ a uma taxa de lucro de 14²⁄₇% gera, porém, um lucro de 16¹⁄₁₄. O preço de produção das mercadorias assim produzidas é, portanto, agora de $50_c + 62\frac{1}{2}_v + 16\frac{1}{14}_l = 128\frac{8}{14}$. Em consequência do aumento dos salários de 25%, o preço de produção de igual quantidade da mesma mercadoria subiu de 120 para 128⁸⁄₁₄, ou seja, mais de 7%.

Tomemos agora, inversamente, uma esfera da produção como composição superior à do capital médio, por exemplo $92_c + 8_v$. O lucro médio original é aqui também = 20 e, se admitirmos novamente que todo o capital fixo entra no produto anual e que o período de rotação é o mesmo dos casos I e II, então o preço de produção da mercadoria será aqui também = 120.

Em consequência do aumento dos salários em 25%, o capital variável, para uma quantidade de trabalho constante, cresce de 8 para 10, o preço de custo das mercadorias, portanto, de 100 para 102, enquanto a taxa média de lucro cai de 20% para 14²⁄₇%. Mas 100 : 14²⁄₇ = 102 : 14⁴⁄₇. O lucro que agora recai sobre 102 é, portanto, de 14⁴⁄₇. E por isso o produto total se vende por $p + pl' = 102 + 14\frac{4}{7} = 116\frac{4}{7}$. O preço de produção caiu, pois, de 120 para 116⁴⁄₇, ou 3³⁄₇.

Em consequência do aumento dos salários em 25%, temos que:

1) em relação ao capital de composição social média, o preço de produção das mercadorias permaneceu inalterado;

2) em relação ao capital de composição inferior, o preço de produção das mercadorias subiu, embora não na mesma proporção em que diminuiu o lucro;

3) em relação ao capital de composição superior, o preço de produção das mercadorias caiu, embora também não na mesma proporção que o lucro.

Uma vez que o preço de produção das mercadorias do capital médio permaneceu o mesmo, igual ao valor do produto, permaneceu também a mesma a soma dos preços de produção dos produtos de todos os capitais, igual à soma dos valores produzidos pelo capital total; a elevação de um lado e a queda do outro se compensam, para o capital total, ao nível do capital médio da sociedade.

Se o preço de produção das mercadorias sobe no exemplo II e cai no III, esses efeitos opostos que a queda na taxa de mais-valia ou o aumento geral dos salários acarretam já indicam que não se pode tratar aqui de uma indenização no preço pelo aumento dos salários, visto que no III é impossível que a queda no preço de produção possa indenizar os capitalistas pela queda do lucro, bem como no II o aumento do preço não impede a queda do lucro. É que em ambos os casos, onde o lucro cai e onde ele sobe, o lucro é o mesmo do capital médio, onde o preço permanece inalterado. Tanto para II como para III, o lucro médio é o mesmo, tendo diminuído em $5\frac{5}{7}$ ou algo acima de 25%. Segue daí que, se o preço não subisse em II e não caísse em III, II venderia abaixo e III venderia acima do novo lucro médio diminuído. É evidente por si mesmo que, conforme se gastem 50%, 25% ou 10% do capital em trabalho, um aumento dos salários deve afetar de forma muito diferente quem despende $\frac{1}{10}$ e quem gasta $\frac{1}{4}$ ou $\frac{1}{2}$ de seu capital em salários. O aumento dos preços de produção, por um lado, e sua queda, por outro, conforme o capital esteja abaixo ou acima da composição média social, somente se efetivam mediante a equalização ao nível do novo lucro médio diminuído.

Como, então, uma queda geral do salário e uma correspondente elevação geral da taxa de lucro, portanto dos lucros médios, afetariam os preços de produção das mercadorias, que são produtos de capitais que se desviam em sentidos opostos da composição social média? Temos de inverter simplesmente a apresentação que acaba de ser feita para obter o resultado (que Ricardo não investiga).

I. Capital médio $= 80_c + 20_v = 100$; taxa de mais-valia $= 100\%$; preço de produção = valor-mercadoria $= 80_c + 20_v + 20_l = 120$; taxa de lucro $= 20\%$. Se os salários caírem um quarto, o mesmo capital constante será posto em movimento por 15_v, em vez de 20_v. Temos, portanto, valor-mercadoria $= 80_c + 15_v + 25_l = 120$. O *quantum* de trabalho produzido por v permanece inalterado, apenas o novo valor por ele criado é repartido de outro modo entre capitalista e trabalhador. A mais-valia subiu de 20 para 25, e a taxa de mais-valia de $\frac{20}{20}$ para $\frac{25}{15}$, portanto de 100% para $166\frac{2}{3}\%$. O lucro sobre 95 é agora $= 25$, sendo, portanto, a taxa de lucro sobre $100 = 26\frac{6}{19}$. A nova composição percentual do capital é agora $84\frac{4}{19}{}_c + 15\frac{15}{19}{}_v = 100$.

II. Composição inferior. Originalmente $50_c + 50_v$, como acima. Pela queda dos salários em $\frac{1}{4}$, v reduz-se a $37\frac{1}{2}$ e, com isso, o capital total adiantado reduz-se a $50_c + 37\frac{1}{2}{}_v = 87\frac{1}{2}$. Apliquemos a ele a nova taxa de lucro de $26\frac{6}{19}\%$, então: $100 : 26\frac{6}{19} = 87\frac{1}{2} : 23\frac{1}{38}$. A mesma massa de mercadorias que antes custava 120 custa agora $87\frac{1}{2} + 23\frac{1}{38} = 110\frac{10}{19}$; uma queda de preço de quase 10.

III. Composição superior. Originalmente $92_c + 8_v = 100$. A queda dos salários em $\frac{1}{4}$ faz cair 8_v para 6_v, e o capital total para 98. De acordo com isso: $100 : 26\frac{6}{19} = 98 : 25\frac{15}{19}$. O preço de produção da mercadoria, que antes era de $100 + 20 = 120$, é agora, após a queda do salário, $98 + 25\frac{15}{19} = 123\frac{15}{19}$; portanto, aumentou quase 4.

Vê-se, portanto, que simplesmente há que seguir o mesmo desenvolvimento que antes, mas em sentido inverso e com as modificações requeridas; que uma queda geral do salário tem por consequência uma elevação geral da mais-valia, da taxa de mais-valia e, com as demais circunstâncias constantes, da taxa de lucro, embora expressa em outra proporção; queda dos preços de produção para os produtos-mercadorias de capitais de composição inferior e preços de produção em elevação para os produtos-mercadorias de capitais de composição superior. Justamente o resultado inverso que resultou da alta geral do salário.[34] Pressupõe-se em ambos os casos – tanto elevação como queda do salário – que a jornada de trabalho permaneça a mesma, bem como os preços de todos os meios de subsistência necessários. A queda do salário é somente possível aqui se antes o salário estivesse acima do preço normal do trabalho ou se fosse deprimido abaixo dele. Como a coisa é modificada, se a elevação ou a queda do salário decorre de uma variação no valor e, portanto, no preço de produção das mercadorias que comumente entram no consumo do trabalhador, é o que se pesquisará em parte na seção sobre a renda fundiária. Entretanto, cabe observar aqui de uma vez por todas:

Se a elevação ou a queda do salário decorre de uma variação no valor dos meios de subsistência necessários, só pode ocorrer uma modificação no exposto acima à medida que as mercadorias cuja mudança de preço aumenta ou diminui o capital variável entram também como elementos constitutivos no capital constante e, portanto, não influem apenas no salário. Mas, na medida em que elas têm apenas esse último efeito, o desenvolvimento até agora contém tudo o que há para dizer.

Em todo este capítulo o estabelecimento da taxa geral de lucro, do lucro médio e, portanto, também a transformação dos valores em preços de produção estão pressupostos. A questão era apenas saber como uma elevação ou uma queda geral dos salários afeta os preços de produção das mercadorias, pressupostos como dados. Essa é uma pergunta secundária, comparada com os demais pontos importantes tratados nesta seção. Mas é a única questão aqui pertinente de que Ricardo trata, embora, como veremos, de maneira unilateral e defeituosa.

CAPÍTULO 12

OBSERVAÇÕES SUPLEMENTARES

I. CAUSAS QUE CONDICIONAM UMA MUDANÇA NO PREÇO DE PRODUÇÃO

O preço de produção de uma mercadoria pode variar por duas causas apenas:

Primeiro. A taxa geral de lucro se altera. Isso só é possível porque a própria taxa média de mais-valia se altera ou, permanecendo inalterada a taxa média de mais-valia, porque a proporção entre a soma das mais-valias apropriadas e a soma do capital social total adiantado se altera.

Na medida em que a mudança na taxa de mais-valia não repousa sobre um rebaixamento dos salários abaixo do nível normal ou sobre sua elevação acima desse nível – e movimentos dessa espécie devem ser considerados como meramente oscilatórios –, ela só pode ocorrer por ter caído ou subido o valor da força de trabalho; sendo um tão impossível como o outro sem alteração na produtividade do trabalho que produz meios de subsistência, portanto sem variação do valor das mercadorias que entram no consumo do trabalhador.

Ou se altera a proporção entre a soma da mais-valia apropriada e o capital total adiantado da sociedade. Uma vez que a variação aqui não parte da taxa de mais-valia, ela tem de provir do capital total, e precisamente de sua parte constante. A massa dessa parte, considerada do ponto de vista técnico, aumenta ou diminui proporcionalmente à força de trabalho comprada pelo capital variável, e a massa de seu valor cresce ou decresce com o crescimento ou decréscimo da própria massa; ela cresce e decresce, portanto, do mesmo modo em proporção à massa de valor do capital variável. Se o mesmo trabalho põe em movimento mais capital constante, então o trabalho torna-se mais produtivo. E vice-versa. Portanto, houve variação da produtividade do trabalho, e deve ter ocorrido variação do valor de certas mercadorias.

Para ambos os casos vale esta lei: se varia o preço de produção de uma mercadoria em consequência de uma variação da taxa geral de lucro, então seu próprio valor pode ter ficado inalterado. Mas deve ter ocorrido uma variação de valor em outras mercadorias.

Segundo. A taxa geral de lucro permanece inalterada. Então, o preço de produção de uma mercadoria só pode variar porque seu próprio valor se alterou; porque sua própria reprodução exige mais ou menos trabalho, seja porque variou a produtividade do trabalho que produz a própria mercadoria em sua forma final ou a do trabalho que produz as mercadorias, que entram em sua produção. Pode cair o preço de produção do fio de algodão porque se produz mais barato o algodão cru ou porque se tornou mais produtivo o trabalho de fiar, em virtude de um aperfeiçoamento da maquinaria.

O preço de produção, conforme já vimos, $=p+l$, igual ao preço de custo mais o lucro. Este, porém, é $=p+pl'$, sendo p, o preço de custo, uma grandeza indeterminada, que varia para diversas esferas da produção e em toda parte é igual ao valor do capital constante e do capital variável consumidos na produção da mercadoria, e l' a taxa média de lucro percentualmente calculada. Se $p=200$ e $l'=20\%$, o preço de produção $p+pl'=200+200\,{}^{20}\!/_{100}=200+40=240$. E claro que esse preço de produção pode permanecer o mesmo, embora mude o valor das mercadorias.

Todas as variações do preço de produção das mercadorias reduzem-se, em última instância, a uma variação de valor, mas nem todas as variações do valor das mercadorias têm de se expressar numa variação do preço de produção, uma vez que este é determinado não apenas pelo valor da mercadoria particular, mas pelo valor total de todas as mercadorias. A variação na mercadoria A pode ser compensada, portanto, por uma variação oposta na mercadoria B, de modo que a proporção geral fica a mesma.

II. PREÇO DE PRODUÇÃO DAS MERCADORIAS DE COMPOSIÇÃO MÉDIA

Viu-se como o desvio dos preços de produção dos valores se origina do seguinte:

1) que ao preço de custo de uma mercadoria se adiciona não a mais-valia nela contida, mas o lucro médio;

2) que o preço de produção de uma mercadoria, o qual desse modo se desvia do valor, entra como elemento no preço de custo de outras mercadorias, de modo que o preço de custo de uma mercadoria já pode conter um desvio do valor dos meios de produção consumidos nela, além do desvio que pode surgir para ela mesma em virtude da diferença entre lucro médio e mais-valia.

De acordo com isso, é possível, pois, que, mesmo no caso das mercadorias que são produzidas por capitais de composição média, o preço de custo possa desviar-se da soma de valor dos elementos, dos quais esse componente de seu preço de produção se compõe. Admita-se que a composição média seja 80_c+20_v. É possível então que nos capitais reais, que sejam assim compostos, 80_c seja maior ou menor que o valor de c, o capital constante, porque esse c se constitui de mercadorias cujo preço de produção se desvia de seu valor. Do mesmo modo, 20_v poderá desviar-se de seu valor se no consumo do salário entrarem mercadorias cujo preço de produção difira de seu valor, tendo o trabalhador, para recomprar essas mercadorias (para repô-las), de trabalhar mais ou menos tempo, de executar maior ou menor quantidade de trabalho necessário do que seria exigido se os preços de produção dos meios de subsistência necessários coincidissem com seus valores.

Essa possibilidade, entretanto, não altera em nada a correção das proporções formuladas para mercadorias de composição média. O *quantum* de lucro que cabe a essas mercadorias é igual ao *quantum* de mais-valia contido nelas mesmas. No capital acima, por exemplo, com a composição $80_c + 20_v$, o que importa para determinar a mais-valia não é se esses números expressam os verdadeiros valores, mas como se relacionam mutuamente; a saber, que $v = 1/5$ do capital total e $c = 4/5$. Se esse for o caso, a mais-valia produzida por v é, conforme suposto acima, igual ao lucro médio. Por outro lado, por ser ela igual ao lucro médio, o preço de produção = preço de custo + lucro $= p + l = p + mv$, praticamente equiparado ao valor da mercadoria. Isto é, uma elevação ou queda do salário deixa $p + l$ inalterado, nesse caso, do mesmo modo que deixaria inalterado o valor da mercadoria e acarretaria apenas um movimento correspondente inverso, aumento ou diminuição, do lado da taxa de lucro. Pois, se em virtude de uma elevação ou um rebaixamento do salário o preço das mercadorias aqui se alterasse, então a taxa de lucro nessas esferas de composição média se situaria acima ou abaixo de seu nível nas outras esferas. Apenas à medida que o preço permanece inalterado a esfera de composição média conserva seu nível de lucro igual ao das outras esferas. Ocorre com ela praticamente o mesmo que se os produtos dessa esfera se vendessem por seu valor real. Pois, se mercadorias são vendidas por seus valores reais, então é claro que, sendo constantes as demais circunstâncias, alta ou baixa do salário provoca alta ou baixa correspondente do lucro, mas nenhuma variação de valor das mercadorias, e que em qualquer circunstância alta ou baixa do salário não pode jamais afetar o valor das mercadorias, mas somente a grandeza da mais-valia.

III. MOTIVOS DE COMPENSAÇÃO PARA O CAPITALISTA

Foi dito que a concorrência equaliza as taxas de lucro das diversas esferas da produção à taxa média de lucro e, justamente assim, transforma os valores dos produtos dessas diversas esferas em preços de produção. E isso ocorre mediante a transferência contínua de capital de uma esfera para outra, em que momentaneamente o lucro está acima da média;

no que há que considerar as flutuações de lucro ligadas à variação de anos bons e ruins, como eles, em dado ramo industrial, dentro de uma época dada, se sucedem. Esse movimento ininterrupto de emigração e imigração do capital, que ocorre entre diversas esferas da produção, gera movimentos ascendentes e descendentes da taxa de lucro que mais ou menos se compensam mutuamente e, por isso, tendem a reduzir, por toda parte, a taxa de lucro ao mesmo nível comum e geral.

Esse movimento dos capitais é causado em primeira linha pela situação dos preços de mercado, que aqui fazem subir os lucros acima do nível geral da média e ali os fazem cair abaixo dele. Abstraímos, por enquanto, o capital comercial, com o qual ainda não temos nada a ver aqui e que, como revelam os repentinos paroxismos da especulação com certos artigos favoritos, pode retirar, com extraordinária rapidez, massas de capital de um ramo de negócio para lançá-las de maneira igualmente súbita noutro. Mas em cada esfera da produção propriamente dita – indústria, agricultura, mineração etc. – a transferência de capital de uma esfera para outra oferece dificuldades consideráveis, especialmente por causa do capital fixo existente. Além disso, a experiência mostra que, se um ramo industrial, por exemplo a indústria algodoeira, numa época proporciona lucros extraordinariamente altos, noutra época ele dá lucros muito baixos ou até prejuízo, de modo que, em certo ciclo de anos, o lucro médio é aproximadamente o mesmo dos outros ramos. E com essa experiência o capital logo aprende a calcular.

Mas o que a concorrência *não* mostra é a determinação de valor, que domina o movimento da produção; esses são os valores que estão atrás dos preços de produção e que, em última instância, os determinam. A concorrência mostra, ao contrário: 1) os lucros médios, que são independentes da composição orgânica do capital nas diversas esferas da produção, portanto também da massa do trabalho vivo apropriado por determinado capital em dada esfera de exploração; 2) elevação e queda dos preços de produção em consequência de variação do nível do salário – fenômeno que, à primeira vista, contradiz inteiramente a relação de valor das mercadorias; 3) flutuações dos preços de mercado, as quais reduzem, em dado período, o preço médio de mercado das mercadorias não ao *valor* de mercado, mas a um preço de produção de mercado que dele se desvia e difere muito. Todos esses fenômenos *parecem* contradizer tanto a determinação do valor pelo tempo de trabalho como a natureza da mais-valia consistente em mais-trabalho não pago. *Na concorrência aparece, pois, tudo invertido.* A figura acabada das relações econômicas, tal como se mostra na superfície, em sua existência real e, portanto, também nas concepções mediante as quais os portadores e os agentes dessas relações procuram se esclarecer sobre as mesmas, difere consideravelmente, sendo de fato o inverso, o oposto, de sua figura medular interna, essencial mas oculta, e do conceito que lhe corresponde.

Além disso: tão logo a produção capitalista atinja certo grau de desenvolvimento, a equalização das diversas taxas de lucro das esferas individuais numa taxa geral de lucro já não se opera mediante o jogo de atração e repulsão, em que os preços de mercado atraem ou repelem capital. Depois de os preços médios e de os preços de mercado que lhes correspondem terem se fixado por algum tempo, aparece na *consciência* dos capitalistas individuais que nessa equalização *determinadas diferenças* são compensadas, de modo que eles as incluem logo em seu cálculo recíproco. Na concepção dos capitalistas, elas vivem e são levadas em conta por eles como motivos de compensação.

A concepção fundamental no caso é o próprio lucro médio, a concepção de que capitais de igual grandeza em prazos iguais têm de proporcionar lucros iguais. Ela se baseia, por sua vez, na concepção de que o capital de cada esfera da produção tem de participar, *pro rata* de sua grandeza, na mais-valia total extorquida dos trabalhadores pelo capital total da sociedade; ou de que cada capital particular tem de ser considerado apenas como fração do capital total, cada capitalista, efetivamente, como acionista do empreendimento como um todo, o qual participa do lucro total *pro rata* da grandeza de sua parcela de capital.

Sobre essa concepção se apoia o cálculo do capitalista, por exemplo de que um capital que rota mais lentamente, porque a mercadoria permanece mais tempo no processo de produção ou tem de ser vendida em mercados distantes, almeja mesmo assim o lucro que por isso lhe escapa, compensando-se mediante acréscimo ao preço; ou então investimentos de capital expostos a perigos maiores, como na navegação, recebem uma compensação mediante acréscimo ao preço. Tão logo a produção capitalista esteja desenvolvida e com ela o sistema de seguro, o perigo é, de fato, igual para todas as esferas da produção (ver Corbet);[I] as mais arriscadas, entretanto, pagam o prêmio mais alto de seguro, recuperando-o no preço de suas mercadorias. Na prática, de tudo isso resulta que toda circunstância que torna um investimento – e todos eles valem como igualmente necessários, dentro de certos limites – menos lucrativo, e outro mais lucrativo, é levada em conta como motivo de compensação, válido de uma vez por todas, sem que seja sempre de novo necessária a atuação da concorrência para justificar tal motivo ou fator de cálculo. O capitalista só esquece – ou antes não vê, pois a concorrência não lhe revela – que todos esses motivos de compensação, que os capitalistas

I Thomas Corbet, *An Inquiry into the Causes and Modes of the Wealth of Individuals*. London, 1841, pp. 100–02. [N. E. A.]

fazem valer uns contra os outros no cálculo recíproco dos preços das mercadorias de diversos ramos da produção, se relacionam meramente ao fato de que todos eles, *pro rata* a seu capital, têm o mesmo direito ao despojo comum, a mais-valia total. *Parece*-lhes, muito mais, uma vez que o lucro embolsado por eles difere da mais-valia que extorquiram, que seus motivos de compensação não equalizam a participação na mais-valia total, mas *criam o próprio lucro*, ao provir este simplesmente do acréscimo, motivado assim ou assado, ao preço do custo das mercadorias.

De resto, aplica-se também ao lucro médio o que dissemos no capítulo 7, pp. 145–46, sobre as concepções do capitalista quanto à fonte de mais-valia. Aqui a coisa aparece apenas diferente na medida em que, com preço de mercado dado das mercadorias e dado o grau de exploração do trabalho, a economia nos preços de custo depende da habilidade individual, da atenção etc.

[illegible] fazem valer uns contra os outros no cálculo recíproco dos preços das mercadorias de diversos ramos da produção, se reduzem meramente ao fato de que todos eles, pro rata a seu capital, têm o mesmo direito ao despojo comum, à mais-valia total. [illegible], muito mais, uma vez que o lucro embolsado por eles difere da mais-valia que extorquiram, [illegible] que esses motivos de compensação [illegible] a participação na mais-valia total [illegible] simplesmente do acréscimo [illegible] ao preço de custo das mercadorias.

[illegible] o que dissemos no capítulo [illegible] sobre as concepções do capitalista quanto à fonte de mais-valia. [illegible] mercadoria em que, com preço [illegible] o ganho de exploração [illegible] da habilidade individual do [illegible]

SEÇÃO III

LEI DA QUEDA TENDENCIAL DA TAXA DE LUCRO

CAPÍTULO 13

A LEI ENQUANTO TAL

Com salário e jornada de trabalho dados, um capital variável, por exemplo de 100, representa determinado número de trabalhadores postos em movimento; é o índice desse número. Por exemplo, sejam 100 libras esterlinas o salário para 100 trabalhadores, digamos por uma semana. Se esses 100 trabalhadores executam a mesma quantidade tanto de trabalho necessário quanto de mais-trabalho, se, por conseguinte, eles trabalham diariamente tanto tempo para si próprios, isto é, para a reprodução de seu salário, quanto para o capitalista, isto é, para a produção de mais-valia, então seu produto-valor total seria = 200 libras esterlinas, e a mais-valia gerada por eles montaria a 100 libras esterlinas. A taxa de mais-valia $\frac{mv}{v}$ seria = 100%. Essa taxa de mais-valia se expressaria, contudo, como vimos, em taxas de lucro muito diferentes, de acordo com o diferente volume do capital constante *c* e, com isso, do capital total *C*, já que a taxa de lucro $= \frac{mv}{C}$. Sendo a taxa de mais-valia de 100%:

Se $c = 50$, $v = 100$, então l' é $= \frac{100}{150} = 66\tfrac{2}{3}\%$.

Se $c = 100$, $v = 100$, então l' é $= \frac{100}{200} = 50\%$.

Se $c = 200$, $v = 100$, então l' é $= \frac{100}{300} = 33\tfrac{1}{3}\%$.

Se $c = 300$, $v = 100$, então l' é $= \frac{100}{400} = 25\%$.

Se $c = 400$, $v = 100$, então l' é $= \frac{100}{500} = 20\%$.

A mesma taxa de mais-valia com grau constante de exploração do trabalho expressar-se-ia assim em uma taxa decrescente de lucro, porque com seu volume material cresce também, ainda que não na mesma proporção, o volume de valor do capital constante e, com isso, o do capital total.

Supondo-se agora, além disso, que essa mudança gradual na composição do capital não ocorra meramente em esferas isoladas da produção, mas mais ou menos em todas ou então nas esferas da produção decisivas, que ela implique, portanto, modificações na composição orgânica média do capital total pertencente a determinada sociedade, então esse crescimento paulatino do capital constante precisa, em relação ao capital variável, ter necessariamente por resultado *uma queda gradual na taxa de lucro geral*, com taxa constante de mais-valia ou grau constante de exploração do trabalho pelo capital. Ora, mostrou-se, entretanto, como lei do modo de produção capitalista, que, com seu desenvolvimento, ocorre um decréscimo relativo do capital variável em relação ao capital constante e, com isso, em relação ao capital total posto em movimento. Isso só quer dizer que o mesmo número de trabalhadores, a mesma quantidade de força de trabalho, tornada disponível por um capital variável de dado volume de valor, devido aos métodos de produção peculiares que se desenvolvem dentro da produção capitalista, põe em movimento, processa e consome produtivamente ao mesmo tempo uma massa sempre crescente de meios de trabalho, maquinaria e capital fixo de toda espécie, matérias-primas e materiais auxiliares – portanto também um capital constante de volume de valor sempre crescente. Esse progressivo decréscimo relativo do capital variável em relação ao capital constante, portanto em relação ao capital total, é idêntico à composição do capital social, em sua média, progressivamente mais elevada. É, igualmente, apenas outra expressão para o progressivo desenvolvimento da força produtiva social de trabalho, que se mostra exatamente no fato de que, por meio do crescente emprego de maquinaria e de capital fixo, de modo geral mais matérias-primas e materiais auxiliares são transformados pelo mesmo número de trabalhadores no mesmo tempo, ou seja, com menos trabalho, em produtos. Corresponde a esse crescente volume de valor do capital constante – embora ele só de longe represente o crescimento da massa real dos valores de uso, nos quais o capital constante consiste materialmente – um crescente barateamento do produto. Cada produto individual, considerado em si, contém uma soma menor de trabalho do que em estágios inferiores da produção, onde o capital desembolsado em trabalho está numa proporção incomparavelmente maior em relação ao desembolsado em meios de produção. A série construída hipoteticamente no começo expressa, portanto, a tendência real da produção capitalista. Esta, com o progressivo decréscimo relativo do capital variável em relação ao capital constante, gera uma composição orgânica crescentemente superior do capital total, cuja consequência imediata é que a taxa de mais-valia, com grau constante e até mesmo crescente de exploração do trabalho, se expressa numa taxa geral de lucro em queda contínua. (Há de se mostrar mais adiante[I] por que esse declínio não surge nessa forma absoluta, mas mais como tendência a uma queda progressiva.) A tendência progressiva da taxa geral de lucro a cair é, portanto, apenas *uma expressão peculiar ao modo de produção capitalista* para o desenvolvimento progressivo da força

I Ver, neste volume, cap. 14. [N. E. A.]

produtiva social do trabalho. Com isso não está dito que a taxa de lucro não possa cair transitoriamente por outras razões, mas está provado, a partir da essência do modo de produção capitalista, como uma necessidade óbvia, que em seu progresso a taxa média geral de mais-valia tem de expressar-se numa taxa geral de lucro em queda. Como a massa de trabalho vivo empregado diminui sempre em relação à massa de trabalho objetivado, posta por ele em movimento, isto é, o meio de produção consumido produtivamente, assim também a parte desse trabalho vivo que não é paga e que se objetiva em mais-valia tem de estar numa proporção sempre decrescente em relação ao volume de valor do capital total empregado. Essa relação da massa de mais-valia com o valor do capital total empregado constitui, porém, a taxa de lucro, que precisa, por isso, cair continuamente.

Por maior que seja a simplicidade com que a lei se apresente, depois do desenvolvido até aqui, tampouco toda a Economia até hoje, como se verá a partir de uma seção posterior,[I] conseguiu descobri-la. Ela via o fenômeno e se torturava com tentativas contraditórias para interpretá-lo. Dada, porém, a grande importância que essa lei tem para a produção capitalista, pode-se dizer que constitui o mistério em torno de cuja solução toda a Economia Política gira desde Adam Smith e que a diferença entre as diversas escolas desde Adam Smith consiste nas diferentes tentativas de solucioná-la. Se, porém, por outro lado, se considera que a Economia Política até agora certamente tateava em torno da diferença entre capital constante e capital variável, mas nunca soube formulá-la definidamente; que ela nunca apresentou a mais-valia separada do lucro e o lucro nunca em forma pura, separadamente de suas partes constantes autonomizadas entre si, como lucro industrial, lucro comercial, juros, renda fundiária; que ela nunca analisou a fundo a diversidade na composição orgânica do capital e, portanto, tampouco a formação da taxa geral de lucro – então deixa de ser enigmático que nunca lhe foi possível decifrar esse enigma.

Nós apresentamos propositadamente essa lei antes da decomposição do lucro em diferentes categorias autonomizadas entre si. A independência dessa apresentação da divisão do lucro em partes diferentes, que cabem a categorias diferentes de pessoas, prova de antemão a independência da lei, em sua generalidade, daquela divisão e das relações recíprocas das categorias de lucro originárias dela. O lucro do qual falamos aqui é apenas outro nome para a própria mais-valia, representada em relação ao capital total, em vez de sê-lo em relação ao capital variável, do qual se origina. A queda da taxa de lucro expressa, portanto, a proporção decrescente da própria mais-valia em face do capital total adiantado e,

---

I Refere-se a *Teorias da mais-valia*. [N. T.]

por isso, é independente de qualquer divisão que se faça dessa mais-valia em diferentes categorias.

Viu-se que, num estágio do desenvolvimento capitalista em que a composição do capital $c : v$ é 50 : 100, uma taxa de mais-valia de 100% se exprime numa taxa de lucro de 66⅔%, e que, num estágio mais elevado, em que $c : v$ é 400 : 100, a mesma taxa de mais-valia se expressa numa taxa de lucro de apenas 20%. O que é válido para diversos estágios de desenvolvimento num país vale para diferentes estágios de desenvolvimento existentes lado a lado, simultaneamente, em diferentes países. No país não desenvolvido, em que a primeira composição do capital constitui a média, a taxa de lucro geral seria = 66⅔%, enquanto no país do segundo estágio muito superior de desenvolvimento ela seria = 20%.

A diferença entre ambas as taxas de lucro nacionais poderia desaparecer e até mesmo se inverter pelo fato de que, no país menos desenvolvido, o trabalho seria mais improdutivo e, por isso, maior *quantum* de trabalho se representaria em menor *quantum* da mesma mercadoria, maior valor de troca em menos valor de uso, que portanto o trabalhador teria de empregar uma parte maior de seu tempo na reprodução de seus próprios meios de subsistência ou de seu valor e uma parte menor para a geração de mais-valia, fornecendo menos mais-trabalho, de modo que a taxa de mais-valia seria mais baixa. Caso, por exemplo, o trabalhador num país menos avançado trabalhasse ⅔ da jornada de trabalho para si mesmo e ⅓ para o capitalista, então, sob o pressuposto do exemplo acima, a mesma força de trabalho seria paga com 133⅓ e forneceria um excedente de apenas 66⅔. Ao capital variável de 133⅓ corresponderia um capital constante de 50. A taxa de mais-valia seria agora, portanto, 133⅓ : 66⅔ = 50%, e a taxa de lucro seria 183⅓ : 66⅔ ou cerca de 36½%.

Como até agora ainda não examinamos os diversos componentes em que o lucro se divide, e portanto eles ainda não existem para nós, há de se observar antecipadamente o seguinte, só para evitar mal-entendidos: na comparação entre países em diferentes estágios de desenvolvimento – sobretudo aqueles com produção capitalista desenvolvida e aqueles em que o trabalho ainda não esteja formalmente subsumido ao capital, embora o trabalhador seja na realidade explorado pelo capitalista (por exemplo, na Índia, onde o *ryot* atua como camponês autônomo, não estando ainda, portanto, sua produção enquanto tal subsumida ao capital, embora o usurário, sob a forma dos juros, possa extorquir não só todo o seu mais-trabalho, mas até mesmo – falando de maneira capitalista – parte de seu salário) – seria muito falso medir eventualmente o nível da taxa nacional de lucro pelo nível da taxa nacional de juros. Nesses juros está incluído todo o lucro e mais do que o lucro, em vez de, como em países de produção capitalista desenvolvida, expressar uma parte alíquota da mais-valia produzida ou especificamente do lucro. Por outro lado, aqui a taxa de juros é sobretudo determinada por relações (adiantamentos dos usurários aos grandes, os donos da renda fundiária) que nada têm a ver com o lucro, antes representam apenas em que proporção o usurário se apropria da renda fundiária.

Em países em diferentes estágios de desenvolvimento da produção capitalista, portanto com diferente composição orgânica do capital, a taxa de mais-valia (um dos fatores que determinam a taxa de lucro) pode estar mais alta no país em que a jornada de trabalho normal é mais curta do que naquele em que é mais longa. *Primeiro*: se a jornada de trabalho inglesa de 10 horas, devido a sua maior intensidade, for igual a uma jornada de trabalho austríaca de 14 horas, 5 horas de mais-trabalho lá, com igual divisão da jornada de trabalho, podem representar um valor mais elevado no mercado mundial do que 7 horas aqui. *Segundo*, lá, no entanto, uma parte maior da jornada de trabalho pode constituir mais-trabalho do que aqui.

A lei da taxa decrescente de lucro, em que se expressa uma taxa igual ou até mesmo ascendente de mais-valia, significa, em outras palavras: dado um *quantum* determinado do capital social médio, tomando-se por exemplo um capital de 100, representam-se numa parte sempre maior do mesmo os meios de trabalho e numa parte sempre menor o trabalho vivo. Como, portanto, a massa total de trabalho vivo agregado aos meios de produção cai em relação ao valor desses meios de produção, assim também caem o trabalho não pago e a parte de valor em que ela se representa, em relação ao valor do capital total adiantado. Ou: uma parte alíquota cada vez menor do capital total despendido se converte em trabalho vivo, e esse capital total absorve, portanto, em proporção à sua grandeza, sempre menos mais-trabalho, embora a proporção da parte não paga do trabalho empregado, em relação à parte paga do mesmo, possa simultaneamente crescer. O decréscimo proporcional do capital variável e o aumento do capital constante, embora ambas as partes cresçam absolutamente, é, como se disse, apenas outra expressão para a produtividade aumentada do trabalho.

Suponhamos que um capital de 100 consista em $80_c + 20_v$, o último = 20 trabalhadores. Que a taxa de mais-valia seja de 100%, isto é, que os trabalhadores trabalhem metade do dia para si e metade do dia para o capitalista. Que, num país menos desenvolvido, o capital seja $= 20_c + 80_v$ e este último seja = 80 trabalhadores. Mas esses trabalhadores precisam de ⅔ da jornada de trabalho para si e trabalham só ⅓ para o capitalista. Sendo todo o resto equiparado, os trabalhadores produzem no primeiro caso um valor de 40, no segundo de 120. O primeiro capital produz $80_c + 20_v + 20_{mv} = 120$: taxa de lucro = 20%; o segundo capital,

$20_c + 80_v + 40_{mv} = 140$: taxa de lucro = 40%. Ela é, portanto, no segundo caso, duas vezes maior que no primeiro, embora no primeiro caso a taxa de mais-valia = 100% seja o dobro daquela do segundo, em que ela é apenas de 50%. Em compensação, no entanto, no primeiro caso um capital de igual grandeza se apropria do mais-trabalho de apenas 20 trabalhadores e no segundo do de 80.

A lei da queda progressiva da taxa de lucro ou da diminuição relativa do mais-trabalho apropriado em comparação com a massa de trabalho objetivado posta em movimento pelo trabalho vivo não exclui, de maneira alguma, que a massa absoluta de trabalho posto em movimento e explorado pelo capital social cresça, que, portanto, a massa absoluta de mais-trabalho por ele apropriado também cresça, tampouco que os capitais que se encontram sob o comando dos capitalistas individuais comandem uma massa crescente de trabalho, e portanto de mais-trabalho, este último mesmo se o número de trabalhadores comandados por eles não crescer.

Se se toma dada população trabalhadora de, por exemplo, dois milhões, e se toma, além disso, como dadas, a duração e a intensidade da jornada de trabalho média, bem como o salário, e com isso a relação entre trabalho necessário e mais-trabalho, então o trabalho total desses dois milhões, assim como seu mais-trabalho, que se representa em mais-valia, produz sempre a mesma grandeza de valor. Mas, com a massa crescente de capital constante – fixo e circulante – que põe esse trabalho em movimento, cai a relação dessa grandeza de valor com o valor desse capital, que cresce com sua massa, ainda que não na mesma proporção. Essa relação, e portanto a taxa de lucro, cai, embora depois como antes a mesma massa de trabalho vivo seja comandada e a mesma massa de mais-trabalho seja absorvida pelo capital. A relação se modifica não porque a massa de trabalho vivo cai, mas porque a massa de trabalho já objetivado que ela põe em movimento sobe. A diminuição é relativa, não absoluta, e de fato nada tem a ver com a grandeza absoluta do trabalho e do mais-trabalho postos em movimento. A queda da taxa de lucro não nasce de uma diminuição absoluta, mas de uma diminuição relativa do componente variável do capital total, de sua diminuição comparada com o componente constante.

O mesmo, pois, que vale para dada massa de trabalho e de mais-trabalho vale para um número crescente de trabalhadores, portanto, sob os pressupostos dados, para uma massa crescente de trabalho comandado em geral e para sua parte não paga, o mais-trabalho, em especial. Se a população trabalhadora sobe de dois para três milhões, se o capital variável, que lhe é pago em salários, é igualmente primeiro de dois, agora de três milhões e o capital constante por sua vez sobe de

4 para 15 milhões, então, sob os pressupostos dados (jornada de trabalho constante e taxa de mais-valia constante), a massa de mais-trabalho, de mais-valia, cresce metade, em 50%, de 2 para 3 milhões. Não obstante, apesar desse crescimento da massa absoluta de mais-trabalho e, portanto, da mais-valia em 50%, a relação do capital variável com o constante iria cair de 2 : 4 para 3 : 15 e a relação de mais-valia com o capital total colocar-se-ia como segue (em milhões):

I. $4_c + 2_v + 2_{mv}$; $C = 6$, $l' = 33\frac{1}{3}\%$.
II. $15_c + 3_v + 3_{mv}$; $C = 18$, $l' = 16\frac{2}{3}\%$.

Enquanto a massa de mais-valia aumentou metade, a taxa de lucro caiu para metade da anterior. O lucro é, porém, apenas a mais-valia calculada sobre o capital social, e a massa de lucro, sua grandeza absoluta, é portanto, se considerada socialmente, igual à grandeza absoluta da mais-valia. A grandeza absoluta do lucro, sua massa total, teria, portanto, crescido em torno de 50%, apesar da enorme diminuição da proporção entre essa massa de lucro e o capital total adiantado ou apesar do enorme decréscimo na taxa geral de lucro. O número dos trabalhadores empregados pelo capital, portanto a massa absoluta de trabalho posta em movimento por ele, portanto a massa absoluta de mais-trabalho absorvida por ele, portanto a massa de mais-valia produzida por ele, portanto a massa absoluta de lucro produzida por ele, pode, por conseguinte, crescer, e crescer progressivamente, apesar da progressiva queda da taxa de lucro. Isso não apenas *pode* ser o caso. *Tem* de ser o caso – descontadas oscilações transitórias – na base da produção capitalista.

O processo de produção capitalista é essencialmente ao mesmo tempo processo de acumulação. Mostrou-se como, com o progresso da produção capitalista, a massa de valor, que precisa simplesmente ser reproduzida, conservada, aumenta e cresce, com a elevação da produtividade do trabalho, mesmo se a força de trabalho empregada permanece constante. Mas, com o desenvolvimento da força produtiva social de trabalho, cresce ainda mais a massa de valores de uso produzidos, dos quais os meios de produção constituem uma parte. E o trabalho adicional, por meio de cuja apropriação essa riqueza adicional pode ser retransformada em capital, não depende do valor, mas da massa desses meios de produção (inclusive os meios de subsistência), já que o trabalhador no processo de trabalho nada tem a ver com o valor, e sim com o valor de uso dos meios de produção. A própria acumulação, e a concentração de capital que ela implica, é, porém, em si mesma, um meio material de elevação da força produtiva. Nesse crescimento dos meios de produção está, porém, implícito o crescimento da população trabalhadora, a criação de uma população correspondente ao capital excedente e que, em linhas gerais, sempre sobrepasse suas necessidades, portanto uma superpopulação de trabalhadores. Um excedente momentâneo de capital excedente em relação à população trabalhadora por ele comandada teria duplo efeito. Por um lado, por meio da elevação de salário, atenuando por conseguinte as influências dizimadoras e aniquiladoras da descendência dos trabalhadores e facilitando os casamentos, ele iria aumentar paulatinamente a população trabalhadora; por outro lado, porém, por meio da aplicação dos métodos que geram a mais-valia relativa (introdução e aperfeiçoamento na maquinaria), ele geraria ainda muito mais rapidamente uma superpopulação relativa, artificial, que, por sua vez – já que na produção capitalista a miséria gera população –, seria de novo a incubadeira de um aumento realmente rápido do tamanho da população. Da natureza do processo capitalista de acumulação – que é apenas um momento do processo de produção capitalista – segue, portanto, por si, que a massa aumentada de meios de produção destinada a ser transformada em capital encontra sempre à mão uma população trabalhadora, correspondentemente elevada e mesmo excedente, explorável. Com o progresso do processo de produção e de acumulação, a massa de mais-trabalho apropriável e apropriado *tem* de crescer e, portanto, também a massa absoluta de lucro apropriado pelo capital social. Mas as mesmas leis da produção e da acumulação elevam, com a massa, o valor do capital constante em progressão crescente de modo mais rápido do que o da parte de capital variável convertida em trabalho vivo. As mesmas leis produzem, portanto, para o capital social, uma massa absoluta crescente de lucro e uma taxa decrescente de lucro.

Aqui se abstrai completamente o fato de que a mesma grandeza de valor, com o progresso da produção capitalista, seu correspondente desenvolvimento da força produtiva de trabalho social e multiplicação dos ramos da produção, portanto de produtos, representa uma massa continuamente crescente de valores de uso e de satisfações.

A marcha do desenvolvimento da produção e da acumulação capitalistas condiciona processos de trabalho em escala cada vez maior e, com isso, dimensões cada vez maiores, correspondentemente adiantamentos cada vez maiores de capital para cada estabelecimento individual. Crescente concentração dos capitais (acompanhada ao mesmo tempo, mas em menor medida, por um número crescente de capitalistas) é, pois, tanto uma de suas condições materiais como um dos resultados produzidos por ela mesma. Lado a lado, em interação com isso, transcorre a expropriação progressiva dos produtores mais ou menos diretos. Assim se entende, para os capitalistas individuais, que eles comandem exércitos cada vez maiores de trabalhadores (por mais que também para eles o capital variável caia em relação ao capital constante), que a massa de mais-valia por eles apropriada, portanto do lucro, cresça simultaneamente com a queda da taxa de lucro, e apesar dela. As mesmas causas que concentram massas de exércitos de trabalhadores sob o comando de capitalistas individuais são exatamente as que inflam a massa do capital fixo empregado, assim como a de matérias-primas e materiais auxiliares, em proporção crescente em face da massa do trabalho vivo empregado.

Além disso, basta mencionar aqui que, com dada população trabalhadora, se a taxa de mais-valia cresce, seja pelo prolongamento ou intensificação da jornada de trabalho, seja pelo rebaixamento de valor do salário devido ao desenvolvimento da força produtiva de trabalho, a massa de mais-valia, e portanto a massa absoluta de lucro, tem de crescer, apesar da diminuição relativa do capital variável em relação ao capital constante.

O mesmo desenvolvimento da força produtiva de trabalho social, as mesmas leis que se apresentam na queda relativa do capital variável em relação ao capital total e na acumulação assim acelerada, enquanto, por outro lado, a acumulação se torna, como repercussão, ponto de partida de desenvolvimento ulterior da força produtiva e de diminuição relativa ulterior do capital variável, o mesmo desenvolvimento se expressa – abstraindo oscilações temporárias – no crescente aumento da força de trabalho total empregada, no crescimento cada vez maior da massa absoluta de mais-valia e, portanto, do lucro.

Ora, sob que forma há de se apresentar essa lei dúplice, oriunda das mesmas causas, da diminuição da *taxa* de lucro e do simultâneo aumento da *massa* absoluta de lucro? Uma lei baseada em que, sob as condições dadas, a massa apropriada de mais-trabalho, e portanto de mais-valia, cresça e em que, considerando o capital total ou o capital individual como mera fração do capital total, lucro e mais-valia sejam grandezas idênticas?

Tomemos a parte alíquota do capital sobre a qual calculamos a taxa de lucro como 100, por exemplo. Esses 100 representam a composição média do capital total, digamos $80_c + 20_v$. Vimos na Seção II deste livro como a taxa média de lucros nos diversos ramos da produção é determinada não pela composição do capital específica de cada um, mas por sua composição social média. Com a diminuição relativa da parte variável em relação à parte constante, e por conseguinte em relação ao capital total de 100, se com grau de exploração do trabalho constante ou até mesmo com grau crescente, cai então a grandeza relativa da mais-valia, isto é, sua relação com o valor do capital total adiantado de 100. Mas não só essa grandeza relativa cai. A grandeza da mais-valia ou do lucro, absorvida pelo capital total de 100, cai de modo absoluto. Com taxa de mais-valia de 100%, um capital de $60_c + 40_v$ produz uma massa de mais-valia, e portanto uma massa de lucro, de 40; um capital de $70_c + 30_v$ produz uma massa de lucro de 30; com um capital de $80_c + 20_v$, o lucro cai para 20. Essa queda se refere à massa de mais-valia, e portanto do lucro, e segue assim que, uma vez que o capital total de 100 põe em geral menos trabalho vivo em movimento, ele põe, com grau de exploração constante, também menos mais-trabalho em movimento, portanto produz menos mais-valia. Tomando como unidade de medida qualquer parte alíquota do capital social, portanto do capital de composição social média, sobre a qual medimos a mais-valia – e isso ocorre em todos os cálculos de lucro –, o decréscimo relativo da mais-valia e seu decréscimo absoluto são de modo geral idênticos. A taxa de lucro cai, nos casos acima, de 40% para 30% e para 20%, pois de fato a massa de mais-valia produzida pelo mesmo capital, por conseguinte o lucro, cai de modo absoluto de 40 para 30 e para 20. Como a grandeza de valor do capital, sobre a qual a mais-valia é medida, está dada = 100, uma queda da mais-valia como proporção dessa grandeza constante só pode ser outra expressão para a diminuição da grandeza absoluta da mais-valia e do lucro. Isso é, de fato, uma tautologia. Que, no entanto, essa diminuição ocorra resulta, como foi demonstrado, da natureza do desenvolvimento do processo de produção capitalista.

Por outro lado, entretanto, as mesmas causas que produzem uma diminuição absoluta da mais-valia, e portanto do lucro sobre um capital dado, por conseguinte também da taxa de lucro calculada percentualmente, provocam um crescimento da massa absoluta de mais-valia, e portanto do lucro, apropriada pelo capital social (isto é, pelo conjunto dos capitalistas). Como deve se apresentar isso agora, como pode ao todo se apresentar ou que condições estão implícitas nessa contradição aparente?

Se cada parte alíquota = 100 do capital social, e portanto cada 100 de capital de composição social média é uma grandeza dada, e portanto para ela a diminuição da taxa de lucro coincide com a diminuição da grandeza absoluta do lucro, precisamente porque nesse caso o capital em relação ao qual ela é medida é uma grandeza constante, a grandeza do capital social total, assim como o capital que se encontra nas mãos de capitalistas individuais, é, pelo contrário, uma grandeza variável que, para corresponder às condições supostas, deve variar na proporção inversa à diminuição de sua parte variável.

Quando, no exemplo anterior, a composição percentual era de $60_c + 40_v$, a mais-valia ou o lucro sobre isso era de 40, e portanto a taxa de lucro era de 40%. Supondo-se que nesse estágio da composição o capital total tenha sido de um milhão. Então a mais-valia total, e portanto o lucro total, ascendia a 400 000. Ora, se depois a composição for = $80_c + 20_v$, então a mais-valia ou lucro, com grau constante de exploração do trabalho, será para cada 100=20. Como, porém, a mais-valia ou lucro, conforme já demonstrado, cresce em massa absoluta, apesar dessa taxa decrescente ou da geração decrescente de mais-valia para cada capital de 100, ela cresce, digamos, de 400 000 para 440 000, então isso só é possível pelo fato de que o capital total, que se constitui simultaneamente com essa nova composição, aumentou para 2 200 000. A massa de capital total posto em movimento subiu para 220%, enquanto a taxa de lucro caiu 50%. Caso o capital só tivesse dobrado, então com taxa de lucro de 20% ele só poderia ter gerado a mesma massa de mais-valia e de lucro que o antigo capital de 1 000 000 a 40%. Caso tivesse crescido menos que o dobro, então teria produzido menos mais-valia ou lucro do que o capital anterior de 1 000 000, o qual, com sua composição anterior, para elevar sua mais-valia de 400 000 para 440 000, só precisaria crescer de 1 000 000 para 1 100 000.

Aqui se mostra a lei já desenvolvida anteriormente[I] segundo a qual, com o decréscimo relativo do capital variável, portanto com o desenvolvimento da força produtiva social do trabalho, é necessária uma massa cada vez maior do capital total para pôr a mesma quantidade de força de trabalho em movimento e absorver a mesma massa de mais-trabalho. Por isso, na mesma proporção em que se desenvolve a produção capitalista, desenvolve-se a possibilidade de uma população trabalhadora relativamente supranumerária, não porque a força produtiva de trabalho social *diminui*, mas porque ela *aumenta*, portanto não por uma desproporção absoluta entre trabalho e meios de subsistência ou meios para a produção de tais meios de subsistência, e sim por uma desproporção que se origina da exploração capitalista do trabalho, pela desproporção entre o crescimento cada vez maior do capital e sua necessidade relativamente decrescente de uma população crescente.

Se a taxa de lucro cai 50%, ela cai pela metade. Se, por conseguinte, a massa de lucro deve permanecer a mesma, o capital deve duplicar. Para que a massa de lucro permaneça a mesma com taxa decrescente de lucro, o multiplicador, que indica o crescimento do capital total, tem de ser igual ao divisor, que indica a queda da taxa de lucro. Se a taxa de lucro cai de 40 para 20, o capital total precisa, inversamente, subir na proporção de 20:40 para que o resultado permaneça o mesmo. Se a taxa de lucro tivesse caído de 40 para 8, então o capital teria de crescer na proporção de 8:40, ou seja, quintuplicar. Um capital de 1 000 000 a 40% produz 400 000, e um capital de 5 000 000 a 8% produz igualmente 400 000. Isso vale para que o resultado permaneça o mesmo. Se, no entanto, ele deve crescer, então o capital deve crescer em proporção maior do que aquela

---

I K. Marx, *O capital*, Livro 1, op. cit., pp. 554–55 e 572. [N. E. B.]

em que cai a taxa de lucro. Em outras palavras: para que o componente variável do capital total não só permaneça o mesmo de modo absoluto, mas cresça absolutamente, embora sua percentagem enquanto parte do capital total caia, o capital total tem de crescer em proporção maior do que aquela em que cai a percentagem do capital variável. Ele tem de crescer tanto que, em sua nova composição, necessite não só da antiga parte variável do capital, mas ainda mais do que esta para a aquisição de força de trabalho. Se a parte variável de um capital = 100 cai de 40 para 20, então o capital total tem de subir para mais de 200, a fim de poder empregar um capital variável maior do que 40.

Mesmo se a massa explorada da população trabalhadora permanecesse constante e só a duração e a intensidade da jornada de trabalho aumentassem, ainda assim a massa de capital empregada teria de se elevar, já que ela tem de subir, até mesmo para empregar a mesma massa de trabalho sob as antigas condições de exploração com composição alterada de capital.

Portanto, o mesmo desenvolvimento da força produtiva social de trabalho se expressa no progresso do modo de produção capitalista, por um lado, numa tendência de queda progressiva da taxa de lucro e, por outro, em crescimento constante da massa absoluta de mais-valia ou do lucro apropriado; de forma que, no todo, ao decréscimo relativo do capital variável e do lucro corresponde um aumento absoluto de ambos. Esse efeito dúplice, como foi mostrado, só pode se apresentar num crescimento do capital total em progressão mais rápida do que aquela em que a taxa de lucro cai. Para empregar um capital variável acrescido em termos absolutos, com uma composição superior ou um aumento relativo mais intenso do capital constante, o capital total precisa crescer não só na proporção da composição superior, mas ainda de maneira mais rápida. Daí segue que, quanto mais o modo de produção capitalista se desenvolve, uma quantidade cada vez maior de capital se torna necessária para empregar a mesma força de trabalho, e ainda maior para uma força de trabalho crescente. A força produtiva crescente de trabalho gera, portanto, na base capitalista, necessariamente uma superpopulação trabalhadora permanente e aparente. Se o capital variável constitui apenas $\frac{1}{6}$ do capital total, em vez de, como antes, $\frac{1}{2}$, então, para empregar a mesma força de trabalho, o capital total precisa triplicar; se, porém, o dobro da força de trabalho deve ser empregada, então ele precisa sextuplicar.

A Economia, que até agora não soube explicar a lei da taxa decrescente de lucro, apresenta a massa crescente de lucro, o crescimento da grandeza absoluta do lucro, seja para o capitalista individual, seja para o capital social, como uma espécie de razão consoladora, que porém repousa também em meros lugares-comuns e possibilidades.

Que a massa de lucro seja determinada por dois fatores, primeiro, pela taxa de lucro e, segundo, pela massa de capital que é empregada a essa taxa de lucro, é apenas tautologia. Que, por conseguinte, seja possível que a massa de lucro possa crescer, apesar de simultaneamente a taxa de lucro cair, é apenas uma expressão dessa tautologia, não leva um passo adiante, já que é igualmente possível o capital crescer sem que cresça a massa de lucro, podendo até mesmo crescer enquanto ela cai. 100 a 25% dá 25, 400 a 5% dá apenas 20.[35] Se, porém, as mesmas causas que fazem cair a taxa de lucro estimulam a acumulação, isto é, a formação de capital adicional, e se todo capital adicional põe trabalho adicional em movimento e produz mais-valia adicional; se, por outro lado, a mera queda da taxa de lucro implica o fato de que o capital constante cresceu, e com ele todo o antigo capital, então todo esse processo deixa de ser misterioso. Mais tarde[I] ver-se-á a que falsificações intencionais de cálculo se apela para escamotear a possibilidade do aumento da massa de lucro simultaneamente à diminuição da taxa de lucro.

Mostramos como as mesmas causas que produzem uma queda tendencial da taxa geral de lucro condicionam uma acumulação acelerada do capital e, portanto, crescimento da grandeza absoluta ou da massa total de mais-trabalho por ele apropriado (mais-valia, lucro). Como tudo na concorrência, e portanto na consciência dos agentes da concorrência, se apresenta invertido, assim também acontece com essa lei, quero dizer, com essa correlação íntima e necessária entre duas coisas que aparentam contradizer-se. É visível que, dentro das proporções acima desenvolvidas, um capitalista que disponha de grande capital obtém maior massa de lucro do que um pequeno capitalista que aparentemente obtém lucros elevados. O exame mais superficial da concorrência mostra, além disso, que, sob certas circunstâncias, quando o capitalista maior deseja ganhar espaço no mercado e suprimir os capitalistas menores, como em tempos de crise, ele usa isso na prática, isto é, ele baixa propositadamente sua taxa de lucro para eliminar os menores da arena. Também o capital comercial, notadamente, sobre o qual se verão mais tarde pormenores, exibe fenômenos que permitem ver a queda do lucro como consequência da ampliação do negócio e, com isso, do capital. Daremos a expressão propriamente científica dessa concepção errônea mais tarde. Considerações superficiais como essas resultam da comparação das taxas de lucro que são obtidas em ramos particulares de atividades, conforme estiverem submetidos ao regime da livre concorrência ou do monopólio. Toda essa concepção chã, como ela vive na cabeça dos agentes da concorrência, encontra-se em nosso Roscher, a saber, que

---

I Referência a *Teorias da mais-valia.* [N. T.]

essa diminuição da taxa de lucro seria "mais sensata e mais humanitária".[I] A diminuição da taxa de lucro aparece aqui como *consequência* do aumento do capital e do cálculo, a isso ligado, dos capitalistas de que, com uma taxa menor de lucro, a massa de lucro por eles embolsada viria a ser maior. Tudo isso (exceto em Adam Smith, do qual trataremos mais tarde)[II] repousa em uma completa falta de conceitos sobre aquilo que a taxa de lucro geral é ao todo e na ideia simplória de que os preços sejam de fato determinados por adição de uma cota de lucro mais ou menos arbitrária sobre o verdadeiro valor das mercadorias. Por simplórias que essas ideias sejam, elas mesmas assim se originam necessariamente do modo invertido em que as leis imanentes da produção capitalista se apresentam dentro da concorrência.

A lei segundo a qual a queda da taxa de lucro causada pelo desenvolvimento da força produtiva é acompanhada por um aumento na massa de lucro também se exprime no fato de que a queda do preço das mercadorias produzidas pelo capital é acompanhada por um aumento relativo das massas de lucro contidas nelas e realizadas mediante sua venda.

Já que o desenvolvimento da força produtiva e a composição superior do capital, que lhe corresponde, põem um *quantum* cada vez maior de meios de produção em movimento por um *quantum* cada vez menor de trabalho, cada parte alíquota do produto total, cada mercadoria individual ou cada medida individual determinada de mercadoria da massa total produzida absorve menos trabalho vivo e, além disso, contém menos trabalho objetivado, tanto na depreciação do capital fixo empregado quanto nas matérias-primas e nos materiais auxiliares utilizados. Cada mercadoria individual contém, portanto, uma soma menor de trabalho objetivado nos meios de produção e de trabalho novo agregado durante a produção. Por isso cai o preço da mercadoria individual. A massa de lucro que está contida na mercadoria individual pode, apesar disso, aumentar, se a taxa de mais-valia absoluta ou relativa cresce. Ela contém menos trabalho novo agregado, mas a parte não paga do mesmo cresce em relação à parte paga. Esse é, porém, o caso apenas dentro de determinados limites. Com a diminuição absoluta enormemente incrementada no curso do desenvolvimento da produção, da soma de trabalho vivo, recém-agregado à mercadoria individual, também diminuirá absolutamente a massa de

I Wilhelm Roscher, *Die Grundlagen der Nationalökonomie*, 3ª ed. Stuttgart/Augsburg, 1858, § 108, p. 192. [N. E. A.]

II Referência a *Teorias da mais-valia.* [N. T.]

trabalho não pago nela contido, por mais que tenha crescido relativamente, a saber, em proporção à parte paga. A massa de lucro sobre cada mercadoria individual irá diminuir muito com o desenvolvimento da força produtiva de trabalho, apesar do crescimento da taxa de mais-valia; e essa diminuição, exatamente como a queda da taxa de lucro, só é retida pelo barateamento dos elementos do capital constante e pelas demais circunstâncias apresentadas na Seção I deste livro, que elevam a taxa de lucro com uma taxa de mais-valia dada e mesmo em queda.

Que o preço das mercadorias individuais, cuja soma consiste no produto total do capital, caia quer dizer apenas que dado *quantum* de trabalho se realiza numa massa maior de mercadorias, contendo, portanto, cada mercadoria individual menos trabalho do que antes. É esse o caso, mesmo quando o preço de uma das partes do capital constante, da matéria-prima etc. sobe. Com exceção de casos isolados (por exemplo, se a força produtiva de trabalho barateia uniformemente todos os elementos do capital constante, bem como do variável), a taxa de lucro, apesar da taxa de mais-valia mais elevada, irá cair: 1) porque mesmo uma parte não paga maior da soma total menor do trabalho recém-agregado é menor do que o era uma parte alíquota não paga menor da soma total maior e 2) porque a composição superior do capital nas mercadorias individuais se expressa no fato de que a parte de valor das mesmas, em que se representa trabalho recém-agregado em geral, cai em relação à parte de valor que se representa em matéria-prima, material auxiliar e depreciação do capital fixo. Essa variação na proporção dos distintos componentes do preço da mercadoria individual, a diminuição da parte do preço em que se representa trabalho vivo recém-agregado e o aumento das partes do preço em que se representa trabalho objetivado anteriormente – é a forma em que se expressa, no preço da mercadoria individual, a diminuição do capital variável em relação ao constante. Assim como essa diminuição é absoluta para dada medida do capital, por exemplo 100, também é absoluta para cada mercadoria individual enquanto parte alíquota do capital reproduzido. Mesmo assim, a taxa de lucro, se calculada apenas sobre os elementos de preço da mercadoria individual, apresentar-se-ia de um modo diferente do que ela realmente é. E isso pela seguinte razão:

{A taxa de lucro é calculada sobre o capital total empregado, mas para determinado tempo, de fato para um ano. A relação entre a mais-valia ou lucro feito e realizado em um ano e o capital total, calculado percentualmente, é a taxa de lucro. Ela não é, portanto, necessariamente igual a uma taxa de lucro para cujo cálculo a base não é o ano, mas o período de rotação do capital em questão; só quando esse capital rota exatamente uma vez por ano é que ambas coincidem.

Por outro lado, o lucro feito ao longo de um ano é apenas a soma dos lucros sobre as mercadorias produzidas e vendidas no decorrer desse mesmo ano. Se agora calculamos o lucro sobre o preço de custo das mercadorias, então obtemos uma taxa de lucro $=\frac{l}{p}$, em que l é o lucro realizado no decorrer do ano e p é a soma dos preços de custo das mercadorias produzidas e vendidas no mesmo período de tempo. É evidente que essa taxa de lucro $\frac{l}{p}$ só pode coincidir com a verdadeira taxa de lucro $\frac{l}{C}$, massa de lucro dividida pelo capital total, se $p=C$, ou seja, se o capital rota exatamente uma vez por ano.

Tomemos três situações diferentes de um capital industrial.

I. O capital de 8000 libras esterlinas produz e vende anualmente 5000 unidades de mercadoria, por 30 xelins a unidade, tendo, portanto, uma rotação anual de 7500 libras esterlinas. Sobre cada unidade de mercadoria ele faz um lucro de 10 xelins = 2500 libras esterlinas ao ano. Em cada unidade estão contidos, portanto, 20 xelins de adiantamento de capital e 10 xelins de lucro, assim a taxa de lucro por unidade é $\frac{10}{20}=50\%$. Da soma rotada de 7500 libras esterlinas, 5000 libras esterlinas correspondem ao adiantamento de capital e 2500 libras esterlinas ao lucro; taxa de lucro sobre a rotação, $\frac{l}{p}$, também = 50%. No entanto, calculada sobre o capital total, a taxa de lucro $\frac{l}{C}=\frac{2500}{8000}=31\frac{1}{4}\%$.

II. Suponhamos que o capital suba para 10000 libras esterlinas. Em decorrência da força produtiva de trabalho aumentada, está capacitado a produzir anualmente 10000 unidades. Ele as vende com 4 xelins de lucro, portanto por 24 xelins a unidade de mercadoria ao preço de custo de 20 xelins cada uma. Então o preço do produto anual é = 12000 libras esterlinas, das quais 10000 libras esterlinas de adiantamento de capital e 2000 libras esterlinas de lucro, $\frac{l}{p}$ é $=\frac{4}{20}$ por unidade, para a rotação anual $=\frac{2000}{10000}$, portanto ambas as vezes = 20%, e, como o capital total é igual à soma dos preços de custo, ou seja, 10000 libras esterlinas, então dessa vez também $\frac{l}{C}$, a taxa de lucro real, é = 20%.

III. Suponhamos que o capital aumente, com uma força produtiva de trabalho sempre crescente, para 15000 libras esterlinas e produza agora, anualmente, 30000 unidades de mercadoria ao preço de custo de 13 xelins cada, que são vendidas com 2 xelins de lucro, portanto a 15 xelins por unidade. Rotação anual = 30000 × 15 xelins = 22500 libras esterlinas, das quais 19500 de adiantamento de capital e 3000 libras esterlinas de lucro, $\frac{l}{p}$ é, portanto, $=\frac{2}{13}=\frac{3000}{19500}=15\frac{5}{13}\%$. Por outro lado, $\frac{l}{C}=\frac{3000}{15000}=20\%$.

Vemos, portanto: só no caso II, onde o valor do capital rotado é igual ao capital total, a taxa de lucro sobre a unidade de mercadoria ou sobre a soma de rotação é a mesma que a taxa de lucro calculada sobre o capital total. No caso I, onde a soma de rotação é menor do que o capital total, a taxa de lucro, calculada sobre o preço de custo da mercadoria, é mais elevada; no caso III, onde o capital total é menor do que a soma de rotação, ela é inferior à taxa de lucro real, calculada sobre o capital total. Isso é válido de modo geral.

Na prática comercial, a rotação é comumente calculada de modo inexato. Supõe-se que o capital tenha rotado uma vez, assim que a soma dos preços realizados das mercadorias alcance a soma do capital total empregado. Mas o *capital* só pode completar uma rotação inteira quando a soma dos *preços de custo* das mercadorias realizadas se torna igual à soma do capital total. – F. E.}

Também aqui se verifica novamente como é importante, na produção capitalista, não considerar a mercadoria individual ou o produto-mercadoria de um período de tempo qualquer isoladamente para si, como mercadoria, mas como produto do capital adiantado e em relação com o capital total que produz essa mercadoria.

Embora, pois, a *taxa* de lucro tenha de ser calculada mediante a mensuração da massa de mais-valia produzida e realizada, não só em relação à parte de capital consumida, que reaparece nas mercadorias, mas em relação a essa parte mais a parte de capital não consumida, porém empregada e que continua a servir na produção, ainda assim a *massa* de lucro só pode mesmo ser igual à massa de lucro ou de mais-valia contida nas próprias mercadorias e a ser realizada mediante sua venda.

Se a produtividade da indústria aumenta, então o preço da mercadoria individual cai. Nela está contido menos trabalho, menos trabalho pago e menos não pago. Suponhamos que o mesmo trabalho produza, por exemplo, o triplo de produto; então ⅔ a menos de trabalho cabe ao produto individual. E, como o lucro só pode constituir parte dessa massa de trabalho contida na mercadoria individual, a massa de lucro por mercadoria individual tem de diminuir, e isso mesmo quando, dentro de certos limites, a taxa de mais-valia sobe. Em todos os casos, a massa de lucro sobre o produto total não cai abaixo da massa de lucro original desde que o capital empregue a mesma massa de trabalhadores que anteriormente, com o mesmo grau de exploração. (Isso também pode acontecer quando são empregados menos trabalhadores com grau mais elevado de exploração.) Pois, na mesma proporção em que a massa de lucro sobre o produto individual decresce, cresce o número dos produtos. A massa de lucro continua a mesma, só que ela se distribui de outro modo sobre a soma das mercadorias; isso também não muda nada na repartição do *quantum* de valor, produzido pelo trabalho recém-agregado, entre capitalistas e trabalhadores. A massa de lucro só pode subir, com emprego da mesma massa de trabalho, se o mais-trabalho não pago aumenta ou, com grau constante de exploração do trabalho, se o número de trabalhadores aumenta. Ou se ambas as coisas atuam conjuntamente. Em todos esses casos – que pressupõem, no entanto, de acordo com o pressuposto, o crescimento do capital constante em relação ao capital variável e uma grandeza crescente do capital total empregado – a mercadoria individual contém menos massa de lucro e a taxa de lucro cai, mesmo quando calculada sobre a mercadoria individual; dado *quantum* de trabalho adicional se representa em maior *quantum* de mercadorias; o preço da mercadoria individual cai. Considerada abstratamente, com a queda do preço da mercadoria individual em decorrência de força produtiva aumentada, e portanto com o aumento simultâneo do número dessas mercadorias mais baratas, a taxa de lucro pode permanecer a mesma, por exemplo se o aumento da força produtiva atua de modo uniforme e simultâneo sobre todas as partes componentes das mercadorias, de modo que o preço total da mercadoria caia na mesma proporção em que aumentou a produtividade do trabalho e, por outro lado, a relação recíproca dos diversos componentes do preço da mercadoria permaneça a mesma. A taxa de lucro poderia até mesmo subir se à elevação da taxa de mais-valia estivesse ligada uma diminuição significativa de valor dos elementos do capital constante, nomeadamente do fixo. Mas, na realidade, a taxa de lucro, como já se viu, irá cair a longo prazo. Em nenhum caso a queda de preço da mercadoria individual permite tirar por si só uma conclusão sobre a taxa de lucro. Tudo depende de quão grande é a soma total do capital que participa de sua produção. Se, por exemplo, o preço de uma vara de tecido cai de 3 xelins para $1\frac{2}{3}$ xelim; se se sabe que, antes da queda do preço, havia nela $1\frac{2}{3}$ xelim de capital constante, fio etc., $\frac{2}{3}$ de xelim de salário e $\frac{2}{3}$ de xelim de lucro, enquanto depois da queda de preço há 1 xelim de capital constante, $\frac{1}{3}$ de xelim de salário e $\frac{1}{3}$ de xelim de lucro, então não se sabe se a taxa de lucro permaneceu a mesma. Isso depende de se e quanto o capital total adiantado cresceu e quantas varas a mais ele produz num tempo dado.

O fenômeno que se origina da natureza do modo de produção capitalista, de que, com produtividade crescente do trabalho, o preço da mercadoria individual ou de dada cota de mercadorias cai, o número de mercadorias sobe, a massa de lucro sobre a mercadoria individual e a taxa de lucro sobre a soma de mercadorias caem, a massa de lucro, porém, sobre a soma total das mercadorias sobe – esse fenômeno na superfície só apresenta: queda da massa de lucro sobre a mercadoria individual, queda de seu preço, crescimento da massa de lucro sobre o número total aumentado das mercadorias que o capital total da sociedade ou o capitalista individual produz. Isso é, então, interpretado como se o capitalista, por sua livre vontade, adicionasse menos lucro à mercadoria individual, compensando-se, porém, pelo número maior de mercadorias que ele produz. Essa visão baseia-se na concepção de lucro sobre a alienação (*profit upon alienation*),[I] que, por sua vez, foi abstraída da concepção do capital comercial.

Anteriormente, nas Seções IV e VII do Livro 1, viu-se que a massa de mercadorias que cresce com a força produtiva de trabalho e com o barateamento da mercadoria individual enquanto tal (na medida em que essas mercadorias não entram de modo determinante no preço da força de trabalho) não afeta a proporção entre trabalho pago e não pago na mercadoria individual, apesar do preço em queda.

Como na concorrência tudo se apresenta de modo falso, a saber, invertido, o capitalista individual pode imaginar: 1) que ele rebaixa seu lucro sobre a mercadoria individual mediante sua diminuição de preço, mas faz um lucro maior por causa da massa maior de mercadorias que vende; 2) que ele fixa o preço das mercadorias individuais e que determina, por multiplicação, o preço do produto total, enquanto o processo original é o da divisão (ver Livro 1, cap. 10, p. 314), e a multiplicação só é correta em segunda instância, pressupondo-se aquela divisão. O economista vulgar de fato apenas traduz as estranhas concepções dos capitalistas, perturbados pela concorrência, para uma linguagem aparentemente mais teórica, generalizante, e se esforça em construir a correção dessas concepções.

De fato, a queda dos preços das mercadorias e a elevação da massa de lucro sobre a massa aumentada das mercadorias barateadas é apenas outra expressão da lei da taxa decrescente de lucro com massa simultaneamente crescente de lucro.

A investigação sobre até que ponto uma taxa decrescente de lucro pode coincidir com preços crescentes cabe tão pouco aqui quanto o ponto aventado anteriormente, com a mais-valia relativa, no Livro 1, p. 314. O capitalista que emprega modos de produção mais aperfeiçoados, mas ainda não generalizados, vende abaixo do preço de mercado, mas acima de seu preço de produção individual; assim, a taxa de lucro sobe para ele até que a concorrência tenha equalizado isso; um período de equalização em cujo transcurso se dá o segundo requisito, o crescimento do capital desembolsado; conforme o alcance desse crescimento, o capitalista estará agora apto a ocupar, sob as novas condições, parte da massa trabalhadora antes ocupada, talvez até toda a massa trabalhadora ou uma maior, portanto de produzir a mesma massa de lucro ou uma maior.

I Lucro sobre a alienação: uma formulação de James Steuart que Marx cita e analisa em *Teorias da mais-valia*. [N. E. A.]

CAPÍTULO 14

CAUSAS CONTRARIANTES

Se se considera o enorme desenvolvimento das forças produtivas do trabalho social, ainda que somente nos últimos 30 anos, em comparação com todos os períodos anteriores, se se considera particularmente a enorme massa de capital fixo que, além da maquinaria propriamente dita, entra na totalidade do processo de produção social, então, no lugar da dificuldade que até agora ocupou os economistas, isto é, explicar a queda da taxa de lucro, aparece a dificuldade inversa, ou seja, explicar por que essa queda não é maior ou mais rápida. Deve haver influências contrariantes em jogo, que cruzam e superam os efeitos da lei geral, dando-lhe apenas o caráter de uma tendência, motivo pelo qual também designamos a queda da taxa geral de lucro como uma queda tendencial. As mais genéricas dessas causas são as seguintes:

I. ELEVAÇÃO DO GRAU DE EXPLORAÇÃO DO TRABALHO

O grau de exploração do trabalho, a apropriação de mais-trabalho e de mais-valia, é elevado particularmente por meio de prolongamento da jornada de trabalho e intensificação do trabalho. Esses dois pontos estão detalhadamente desenvolvidos no Livro 1, na parte da produção da mais-valia absoluta e relativa. Há muitos momentos da intensificação do trabalho que implicam um crescimento do capital constante em relação ao variável, portanto queda da taxa de lucro, como quando um trabalhador tem de supervisionar maior volume de maquinaria. Aqui – como na maioria dos procedimentos que servem à produção da mais-valia relativa – as mesmas causas que acarretam crescimento na taxa de mais-valia podem implicar queda na massa de mais-valia, considerando dadas as grandezas do capital total empregado. Mas há outros momentos da intensificação, por exemplo velocidade acelerada da maquinaria, que, ao mesmo tempo, consomem mais matéria-prima, mas, no que tange ao capital fixo, desgastam, é certo, mais rapidamente a maquinaria, não afetando, entretanto, de modo algum, a relação de seu valor com o preço do trabalho que ela põe em movimento. Especificamente, porém, o prolongamento da jornada de trabalho, essa invenção da indústria moderna, aumenta a massa de mais-trabalho apropriado sem modificar essencialmente a relação entre a força de trabalho empregada e o capital constante que ela põe em movimento e, de fato, antes diminui relativamente esta última. Ademais, já foi provado – e constitui o segredo propriamente dito da queda tendencial da taxa de lucro – que os procedimentos para a geração de mais-valia relativa resultam, em suma, no seguinte: por um lado, transformar o máximo possível de dada massa de trabalho em mais-valia e, por outro, em relação ao capital adiantado, empregar em geral o mínimo possível de trabalho; de modo que as mesmas razões que permitem elevar o grau de exploração do trabalho impedem que, com o mesmo capital total, se explore tanto trabalho quanto antes. Essas são as tendências conflitantes, que, enquanto provocam uma elevação na taxa de mais-valia, ao mesmo tempo acarretam uma queda da massa de mais-valia gerada por dado capital, e portanto da taxa de lucro. Do mesmo modo, é preciso aventar aqui a introdução em massa do trabalho feminino e infantil, na medida em que toda a família deve fornecer ao capital uma massa de mais-trabalho maior do que antes, mesmo que a soma total do salário que lhe é dado cresça, o que de forma alguma é o caso geral. – Tudo o que promove a produção de mais-valia relativa mediante mera melhoria dos métodos, como na agricultura, com grandeza inalterada do capital empregado, tem o mesmo efeito. Aqui é certo que o capital constante empregado não sobe em relação ao variável, na medida em que consideramos este último como índice da força de trabalho ocupada, mas sobe a massa do produto em relação à força de trabalho empregada. O mesmo ocorre quando a força produtiva do trabalho (não importa se seu produto entra no consumo dos trabalhadores ou nos elementos do capital constante) é libertada de empecilhos de intercâmbio, de limitações arbitrárias ou que com o tempo se tornaram perturbadoras, de maneira geral, de entraves de toda espécie, sem que por isso a relação entre capital variável e constante seja de imediato afetada.

Poderia ser colocada a questão se entre as causas que inibem a queda da taxa de lucro, ainda que em última instância sempre a acelerem, também se incluem as elevações da mais-valia acima do nível geral, que são temporárias mas sempre recorrentes, que surgem ora neste, ora naquele ramo da produção, em benefício do capitalista que utiliza invenções etc. antes de terem se generalizado. Essa pergunta deve ser respondida afirmativamente.

A massa de mais-valia que um capital de grandeza dada gera é o produto de dois fatores: a taxa de mais-valia multiplicada pelo número de trabalhadores que são ocupados a essa taxa dada. Ela depende, pois, com dada taxa de mais-valia, do número de trabalhadores e, com dado número de trabalhadores, da taxa de mais-valia, portanto em geral da relação compósita da grandeza absoluta do capital variável e da taxa de mais-valia. Agora se mostrou que, em média, as mesmas causas que elevam a taxa de mais-valia relativa reduzem a massa da força de trabalho empregada. Está, porém, claro que aqui entra um a mais ou um a menos, conforme a proporção determinada em que transcorre esse movimento antitético, e que a tendência à diminuição da taxa de lucro passa a ser especialmente enfraquecida pela elevação da taxa de mais-valia absoluta, oriunda do prolongamento da jornada de trabalho.

No caso da taxa de lucro, descobriu-se de modo geral que, ao descenso da taxa, devido à massa crescente de capital total empregado, corresponde o aumento da massa de lucro. Considerando todo o capital variável da sociedade, a mais-valia gerada por ele é igual ao lucro gerado. Ao lado da massa absoluta cresceu também a taxa de mais-valia; aquela, porque a massa de força de trabalho empregada pela sociedade cresceu; esta, porque o grau de exploração desse trabalho cresceu. Mas, em relação a um capital de grandeza dada, por exemplo de 100, a taxa de mais-valia pode crescer, enquanto em média a massa cai; porque a taxa é determinada pela proporção em que a parte variável de capital se valoriza, a massa, no entanto, é determinada pela parte proporcional do capital total constituído pelo capital variável.

A elevação da taxa de mais-valia – já que especificamente ela também ocorre sob circunstâncias em que, como mencionado acima, não ocorre nenhum aumento do capital constante nem aumento em relação ao variável – é um fator por meio do qual a massa de mais-valia, e portanto também a taxa de lucro, é codeterminada. Essa elevação não suprime a lei geral. Mas faz com que ela atue mais como tendência, isto é, como uma lei cuja realização absoluta passa a ser impedida, retardada, enfraquecida por circunstâncias contrariantes. Como, porém, as mesmas causas que elevam a taxa de mais-valia (mesmo o prolongamento do tempo de trabalho é um resultado da grande indústria) tendem a diminuir a força de trabalho empregada por dado capital, as mesmas causas tendem a diminuir a taxa de lucro e a retardar o movimento dessa diminuição. Se a um trabalhador é imposto o trabalho que, racionalmente, só dois podem executar, e se isso ocorre sob circunstâncias em que este pode substituir três, então esse trabalhador há de fornecer tanto mais-trabalho quanto dois antes, e nessa medida a taxa de mais-valia sobe. Mas ele não fornecerá tanto quanto antes três forneciam, e com isso a massa de mais-valia cai. Sua queda é, porém, compensada ou restringida pela elevação da taxa de mais-valia. Se toda a população é ocupada a essa taxa mais elevada de mais-valia, então a massa de mais-valia sobe, embora a população permaneça a mesma. Sobe ainda mais com população crescente; e, embora isso esteja ligado a uma queda relativa do número de trabalhadores ocupados em relação à grandeza do capital total, essa queda será, no entanto, moderada ou detida pela taxa mais elevada de mais-valia.

Antes de abandonarmos este ponto, é preciso acentuar mais uma vez que, com dada grandeza de capital, a *taxa* de mais-valia pode crescer, embora sua *massa* caia, e vice-versa. A massa de mais-valia é igual à taxa multiplicada pelo número de trabalhadores; mas a taxa nunca é calculada sobre o capital total, e sim apenas sobre o capital variável, de fato só sobre uma jornada de trabalho de cada vez. Por outro lado, com dada grandeza de valor-capital, a *taxa de lucro* nunca pode subir ou cair sem que a *massa de mais-valia* igualmente suba ou caia.

II. COMPRESSÃO DO SALÁRIO ABAIXO DE SEU VALOR

Isso só se cita aqui empiricamente, já que, de fato, como várias outras coisas que deveriam ser mencionadas aqui, nada tem a ver com a análise geral do capital, mas pertence à exposição sobre a concorrência, que não é tratada nesta obra. Mesmo assim, é uma das causas mais significativas de contenção da tendência à queda da taxa de lucro.

III. BARATEAMENTO DOS ELEMENTOS DO CAPITAL CONSTANTE

Tudo o que foi dito na Seção I deste livro sobre as causas que elevam a taxa de lucro, com taxa constante de mais-valia ou independentemente da taxa de mais-valia, cabe aqui. Portanto, especialmente que, considerando o capital total, o valor do capital constante não cresce na mesma proporção que seu volume material. Por exemplo, a massa de algodão que um fiandeiro europeu individual processa numa fábrica moderna cresceu em proporção colossal em comparação com o que antigamente um fiandeiro europeu processava com a roca. Mas o valor do algodão processado não cresceu na mesma proporção que sua massa. Assim também com as máquinas e demais capitais fixos. Em suma, o mesmo desenvolvimento que eleva a massa do capital constante em relação ao variável diminui, em decorrência da força produtiva de trabalho aumentada, o valor de seus elementos e impede, portanto, que o valor do capital constante, embora crescendo continuamente, cresça na mesma proporção que seu volume material, ou seja, que o volume material dos meios de produção postos em movimento pela mesma quantidade de força de trabalho. Em casos isolados, a massa dos elementos do capital constante pode até aumentar, enquanto seu valor permanece igual ou até mesmo cai.

Com o que foi dito se vincula a desvalorização do capital existente (isto é, de seus elementos materiais), dada com o desenvolvimento da indústria. Também ela é uma das causas em atuação constante e que pode conter a queda da taxa de lucro, embora possa, sob certas circunstâncias, restringir a massa de lucro por meio da restrição da massa de capital que proporciona lucros. Aqui se mostra novamente que as mesmas causas que geram a tendência à queda da taxa de lucro também moderam a realização dessa tendência.

IV. SUPERPOPULAÇÃO RELATIVA

Sua geração é inseparável do e acelerada pelo desenvolvimento da força produtiva de trabalho, que se expressa na diminuição da taxa de lucro. A superpopulação relativa se manifesta de forma tanto mais notável num país quanto mais o modo de produção capitalista esteja desenvolvido nele. Por sua vez, ela é a causa, por um lado, de em muitos ramos da produção a subordinação mais ou menos incompleta do trabalho ao capital continuar, e continuar por mais tempo do que corresponderia, à primeira vista, ao estágio geral do desenvolvimento; isso é consequência da barateza e da quantidade de trabalhadores assalariados disponíveis ou liberados e da maior resistência que alguns ramos da produção, por sua natureza, contrapõem à transformação de trabalho manual em trabalho mecanizado. Por outro lado, abrem-se novos ramos da produção, sobretudo para consumo de luxo, que tomam como base precisamente essa população relativa, liberada frequentemente pelo predomínio do capital constante em outros ramos da produção, os quais, por sua vez, repousam no predomínio do elemento constituído pelo trabalho vivo e só pouco a pouco percorrem o mesmo caminho que os outros ramos da produção. Em ambos os casos, o capital variável constitui uma proporção significativa do capital total e o salário está abaixo da média, de modo que tanto a taxa de mais-valia quanto a massa de mais-valia são extraordinariamente altas nesses ramos da produção. Como a taxa geral de lucro é constituída mediante a equalização das taxas de lucro nos ramos da produção específicos, aqui, mais uma vez, a mesma causa que gera a tendência decrescente da taxa de lucro faz surgir um contrapeso a essa tendência, que paralisa mais ou menos seu efeito.

V. COMÉRCIO EXTERIOR

À medida que o comércio exterior barateia em parte os elementos do capital constante, em parte os meios de subsistência necessários em que o capital variável se converte, ele atua de forma a fazer crescer a taxa de lucro, ao elevar a taxa de mais-valia e ao reduzir o valor do capital constante. Ele atua em geral nesse sentido ao permitir a ampliação da escala da produção. Assim ele acelera, por um lado, a acumulação, por outro, também o descenso do capital variável em relação ao capital constante e, com isso, a queda da taxa de lucro. Da mesma maneira, a ampliação do comércio exterior, embora tenha sido na infância do modo de produção capitalista sua base, tornou-se, em seu progresso, pela necessidade intrínseca desse modo de produção, por sua necessidade de mercado sempre mais amplo, seu próprio produto. Aqui se manifesta novamente a mesma duplicidade do efeito. (Ricardo deixou completamente de notar esse lado do comércio exterior.)[I]

Outra questão – que por sua especialidade se encontra propriamente além do limite de nossa investigação – é a seguinte: é a taxa geral de lucro elevada pela taxa de lucro mais alta, feita pelo capital investido no comércio exterior e, especialmente, no comércio colonial?

Capitais investidos no comércio exterior podem proporcionar taxa de lucro mais elevada porque aqui, em primeiro lugar, se concorre com mercadorias que são produzidas por outros países com menores facilidades de produção, de forma que o país mais adiantado vende suas mercadorias acima de seu valor, embora mais barato do que os países concorrentes. À medida que o trabalho do país mais adiantado é valorizado aqui como trabalho de peso específico mais elevado, a taxa de lucro sobe, pois o trabalho que não é pago como qualitativamente mais elevado é vendido como tal. A mesma relação pode ocorrer no caso do país para onde são enviadas mercadorias e do qual são adquiridas mercadorias; que este, a saber, dê mais trabalho objetivado *in natura* do que recebe e que, não obstante, obtenha assim a mercadoria a preço mais baixo do que ele mesmo poderia produzir. Exatamente como o fabricante que usa uma nova invenção antes de sua generalização, vendendo mais barato do que seus concorrentes, e mesmo assim vende acima do valor individual de sua mercadoria, ou seja, aproveita como mais-trabalho a força produtiva de trabalho especificamente mais elevada por ele empregada. Ele realiza, dessa forma, um sobrelucro. Por outro lado, no que tange aos capitais investidos em colônias etc., eles podem proporcionar taxas de lucro mais elevadas porque lá, em geral, por causa do menor desenvolvimento, a taxa de lucro é mais alta, assim como é mais alta a exploração do trabalho graças ao emprego de escravos, cules etc. Por que, então, as taxas de lucro mais elevadas que os capitais investidos em certos ramos proporcionam desse modo e remetem para o país de origem não entram, se não há, ademais, monopólios que o impeçam, na equalização da taxa

---

I D. Ricardo, *On the Principles of Political Economy, and Taxation*, 3ª ed. London, 1821, cap. 7. [N. E. A.]

geral de lucro, aumentando-a *pro tanto*, não dá para entender.[36] Não dá para entender isso especificamente se aqueles ramos de aplicação de capital estão sob as leis da livre concorrência. O que Ricardo, no entanto, imagina é especificamente o seguinte: com o preço mais alto alcançado no estrangeiro, compram-se lá mercadorias que são enviadas para casa como retorno; essas mercadorias são, portanto, vendidas no mercado interno, e, por conseguinte, isso no máximo pode configurar uma vantagem extraordinária temporária dessas esferas favorecidas da produção sobre outras. Essa diferença desaparece assim que se abstrai a forma-dinheiro. O país favorecido recebe mais trabalho de volta em troca de menos trabalho, embora essa diferença, esse a mais, assim como no intercâmbio entre trabalho e capital de modo geral, seja embolsada por certa classe. Na medida em que, portanto, a taxa de lucro é mais elevada porque ela é de modo geral mais elevada no país colonial, no caso de condições naturais favoráveis do mesmo, isso pode ocorrer juntamente com preços mais baixos das mercadorias. Ocorre equalização, porém não equalização ao antigo nível, como pensa Ricardo.

O mesmo comércio exterior, porém, desenvolve no interior o modo de produção capitalista, e com isso a diminuição do capital variável em relação ao constante, e produz, por outro lado, superprodução em relação ao exterior, tendo por conseguinte, no decurso posterior, também o efeito contrário.

E assim se mostrou, de modo geral, que as mesmas causas que acarretam a queda da taxa geral de lucro provocam efeitos contrários, que inibem, retardam e, em parte, paralisam essa queda. Eles não anulam a lei, mas debilitam seu efeito. Sem isso, seria incompreensível não a queda da taxa geral de lucro, mas, pelo contrário, a relativa lentidão dessa queda. Assim, a lei só opera como tendência cujos efeitos só se manifestam de forma contundente sob determinadas circunstâncias e no decorrer de períodos prolongados.

Antes de prosseguir queremos, para evitar mal-entendidos, repetir duas proposições já desenvolvidas várias vezes.

Primeira: o mesmo processo que gera o barateamento das mercadorias no curso do desenvolvimento do modo de produção capitalista gera uma alteração na composição orgânica do capital social, empregado para a produção das mercadorias, e em decorrência disso a queda da taxa de lucro. É preciso, portanto, não identificar a diminuição do custo relativo da mercadoria individual, também da parte desse custo que contém a depreciação da maquinaria, com o valor ascendente do capital constante – comparativamente com o variável –, embora, inversamente, toda diminuição do custo relativo do capital constante, com volume constante ou crescente de seus elementos materiais, atue sobre a elevação da taxa de lucro, ou seja, sobre a diminuição *pro tanto* do valor do capital constante, em comparação com o capital variável empregado em proporções decrescentes.

Segunda: a circunstância de que, nas mercadorias individuais, cuja totalidade consiste no produto do capital, o trabalho vivo adicionalmente contido esteja numa proporção decrescente em relação aos materiais de trabalho nelas contidos e aos meios de trabalho nelas consumidos; a circunstância, portanto, de que um *quantum* sempre decrescente de trabalho vivo adicional esteja objetivado nelas porque, com o desenvolvimento da força de produção social, menos trabalho é requerido para sua produção – essa circunstância não afeta a proporção em que o trabalho vivo, contido na mercadoria, se divide em trabalho pago e não pago. Pelo contrário. Embora o *quantum* total de trabalho vivo adicional nelas contido caia, a parte não paga cresce em relação à parte paga, mediante um decréscimo absoluto ou proporcional da parte paga; pois o mesmo modo de produção que diminui a massa total do trabalho vivo adicional em uma mercadoria é acompanhado pela elevação da mais-valia absoluta e relativa. O decréscimo tendencial da taxa de lucro está ligado a uma elevação tendencial da taxa de mais-valia, portanto do grau de exploração do trabalho. Nada mais absurdo do que explicar a queda da taxa de lucro a partir de uma elevação da taxa de salário, embora também isso possa excepcionalmente ser o caso. Só a compreensão das relações que constituem a taxa de lucro possibilita à estatística efetuar análises reais sobre a taxa de salário em diferentes épocas e países. A taxa de lucro não cai porque o trabalho se torna mais improdutivo, mas porque se torna mais produtivo. Ambas, elevação da taxa de mais-valia e queda da taxa de lucro, são apenas formas específicas em que se expressa de maneira capitalista a crescente produtividade do trabalho.

VI. AUMENTO DO CAPITAL POR AÇÕES

Aos cinco pontos acima ainda se pode acrescentar o seguinte, sem, porém, nos aprofundar por enquanto. Uma parte do capital, com o progresso da produção capitalista, que anda lado a lado com a acumulação acelerada, só se calcula e emprega como capital portador de juros. Não no sentido de que cada capitalista que empresta capital se contenta com os juros, enquanto o capitalista industrial embolsa o lucro do empresário. Isso em nada afeta o nível da taxa geral de lucro, pois para esta o lucro é = juros + lucro de toda espécie + renda fundiária, cuja distribuição entre essas categorias específicas lhe é indiferente. Mas no sentido de que esses capitais, embora investidos em grandes empresas produtivas,

só proporcionam, depois da dedução de todos os custos, juros grandes 1
ou pequenos, os assim chamados dividendos. Por exemplo, em estradas de ferro. Eles não entram, portanto, na equalização da taxa geral de lucro, já que proporcionam uma taxa de lucro menor do que a média. Caso entrassem, esta então cairia muito mais. Do ponto de vista teórico, pode-se incluí-los no cálculo e então se obtém uma taxa de lucro menor do
que a que existe aparentemente e que é na realidade determinante para 7
os capitalistas, já que exatamente nessas empresas o capital constante é máximo em relação ao variável.

CAPÍTULO 15

DESDOBRAMENTO DAS CONTRADIÇÕES INTERNAS DA LEI

I. GENERALIDADES

Vimos na Seção I deste livro que a taxa de lucro expressa a taxa de mais-valia sempre mais baixa do que ela é. Agora vimos que mesmo uma taxa de mais-valia em elevação tem a tendência de se expressar numa taxa de lucro em queda. A taxa de lucro só seria igual à taxa de mais-valia se $c=0$, isto é, se o capital total fosse desembolsado em salários. Uma taxa de lucro em queda só expressa uma taxa de mais-valia em queda se a proporção entre o valor do capital constante e a quantidade de força de trabalho, que o põe em movimento, permanece inalterada ou se esta última aumenta em relação ao valor do capital constante.

Ricardo, a pretexto de examinar a taxa de lucro, examina de fato só a taxa de mais-valia, e esta só sob o pressuposto de que a jornada de trabalho é uma grandeza intensiva e extensivamente constante.

Queda da taxa de lucro e acumulação acelerada são, nessa medida, apenas expressões diferentes do mesmo processo, já que ambas expressam o desenvolvimento da força produtiva. A acumulação, por sua vez, acelera a queda da taxa de lucro, na medida em que com ela está dada a concentração dos trabalhos em larga escala e, com isso, uma composição mais elevada do capital. Por outro lado, a queda da taxa de lucro acelera novamente a concentração do capital e sua centralização mediante a desapropriação dos pequenos capitalistas, mediante a expropriação do resto dos produtores diretos, entre os quais ainda haja algo a expropriar. Por meio disso, por outro lado, a acumulação é acelerada em sua massa, embora caia, com a taxa de lucro, a taxa de acumulação.

Por outro lado, na medida em que a taxa de valorização do capital total, a taxa de lucro, é o aguilhão da produção capitalista (assim como a valorização do capital é sua única finalidade), sua queda retarda a formação de novos capitais autônomos e, assim, aparece como ameaça para o desenvolvimento do processo de produção capitalista; ela promove superprodução, especulação, crises, capital supérfluo, ao lado de população supérflua. Portanto, os economistas que, como Ricardo, consideram o modo de produção capitalista como absoluto sentem aqui que esse modo de produção cria uma barreira para si mesmo e, portanto, atribuem essa barreira não à produção, mas à Natureza (na doutrina da renda). O importante, porém, em seu horror ante a taxa de lucro em queda, é a sensação de que o modo de produção capitalista encontra no desenvolvimento das forças produtivas uma barreira que nada tem a ver com a produção da riqueza enquanto tal; e essa barreira popular testemunha a limitação e o caráter tão somente histórico e transitório do modo de produção capitalista; testemunha que ele não é um modo de produção absoluto para a produção da riqueza, mas que, antes, entra em conflito com seu desenvolvimento em certo estágio.

Ricardo e sua escola consideram, é verdade, apenas o lucro industrial, no qual os juros estão incluídos. Mas também a taxa de renda fundiária tem tendência declinante, embora sua massa absoluta cresça e ela também possa crescer proporcionalmente em relação ao lucro industrial. (Ver Ed[ward] West, que desenvolveu, *antes* de Ricardo, a lei da renda fundiária.) Consideremos o capital social total C e denominemos l_1 o lucro industrial remanescente após a dedução de juros e renda fundiária, j os juros e r a renda fundiária, então

$$\frac{mv}{C} = \frac{l}{C} = \frac{l_1 + j + r}{C} = \frac{l_1}{C} + \frac{j}{C} + \frac{r}{C}.$$

Vimos que, embora no processo de desenvolvimento da produção capitalista mv, a soma total da mais-valia, cresça sempre, ainda assim $\frac{mv}{C}$ igualmente diminui sempre, porque C cresce ainda mais rapidamente do que mv. Não há, portanto, nenhuma contradição em que l_1, j e r possam, cada um por si, crescer sempre, enquanto tanto $\frac{mv}{C} = \frac{l}{C}$ quanto $\frac{l_1}{C}$, $\frac{j}{C}$ e $\frac{r}{C}$ tornam-se, cada um por si, sempre menores, ou l_1 cresça em relação a j, r em relação a l_1 ou também em relação a l_1 e j. Com mais-valia total ou lucro $mv = l$ em aumento, mas ao mesmo tempo a taxa de lucro $\frac{mv}{C} = \frac{l}{C}$ em queda, a relação de grandeza das partes l_1, j e r nas quais $mv = l$ se decompõe pode variar à vontade, dentro dos limites dados pela soma total mv, sem que por isso a grandeza de mv ou de $\frac{mv}{C}$ seja afetada.

A variação recíproca de l_1, j e r é apenas uma distribuição diferente de mv sob distintas rubricas. Por isso também $\frac{l_1}{C}$, $\frac{j}{C}$ ou $\frac{r}{C}$, a taxa de lucro industrial individual, a taxa de juros e a relação entre a renda e o capital total, podem aumentar um em relação ao outro, embora $\frac{mv}{C}$, a taxa geral de lucro, caia; somente continua sendo condição que a soma das três seja $= \frac{mv}{C}$. Se a taxa de lucro cai de 50% para 25%, se, por exemplo, a composição de capital, com uma taxa de mais-valia = 100%, se altera de $50_c + 50_v$ para $75_c + 25_v$, então, no primeiro caso, um capital de 1000 dará um lucro de 500 e, no segundo, um capital de 4000 dará um lucro de 1000, mv ou l terá dobrado, mas l' terá caído pela metade. E, se, dos 50% anteriores, 20 eram lucro, 10 eram juros e 20 eram renda, então

$\frac{l_1}{C}=20\%$, $\frac{j}{C}=10\%$, $\frac{r}{C}=20\%$. Se, ao transformar-se a taxa em 25%, as proporções permanecerem as mesmas, então $\frac{l_1}{C}=10\%$, $\frac{j}{C}=5\%$ e $\frac{r}{C}=10\%$. Se, no entanto, $\frac{l_1}{C}$ caísse agora para 8% e $\frac{j}{C}$ para 4%, então $\frac{r}{C}$ subiria para 13%. A grandeza proporcional de *r* teria aumentado em relação a l_1 e *j*, mas, mesmo assim, *l'* teria permanecido constante. Sob ambos os pressupostos, a soma de l_1, *j* e *r* teria aumentado, já que ela é produzida por meio de um capital quatro vezes maior. Aliás, o pressuposto de Ricardo, de que originalmente o lucro industrial (mais juros) embolsa toda a mais-valia, é histórica e conceitualmente falso. É, antes, apenas o progresso da produção capitalista que 1) dá aos capitalistas industriais e comerciais todo o lucro em primeira mão, para a posterior distribuição, e 2) reduz a renda ao excedente sobre o lucro. Nessa base capitalista volta a crescer a renda, que é parte do lucro (isto é, da mais-valia, considerada como produto do capital total), mas não a parte específica do produto que o capitalista embolsa.

A criação de mais-valia encontra, suposta a existência dos meios de produção necessários, isto é, suficiente acumulação de capital, apenas uma barreira, a população trabalhadora, se está dada a taxa de mais-valia, portanto o grau de exploração do trabalho; apenas uma barreira, o grau de exploração do trabalho, se está dada a população trabalhadora. E o processo de produção capitalista consiste essencialmente na produção de mais-valia, representada no mais-produto ou na parte alíquota das mercadorias produzidas em que trabalho não pago está objetivado. Nunca se deve esquecer que a produção dessa mais-valia – e a retransformação de parte da mesma em capital, ou a acumulação, constitui parte integrante dessa produção de mais-valia – é o objetivo imediato e o motivo determinante da produção capitalista. Nunca se deve apresentá-la, portanto, como algo que ela não é, ou seja, como produção que tem por finalidade imediata a satisfação ou a criação de meios de satisfação para os capitalistas. Ao fazer isso, abstrai-se completamente seu caráter específico, que se apresenta em toda a sua configuração medular interior.

A obtenção dessa mais-valia constitui o processo direto de produção que, como foi dito, tem apenas as barreiras indicadas acima. Assim que o *quantum* de mais-trabalho extraível estiver objetivado em mercadorias, a mais-valia está produzida. Mas com essa produção de mais-valia está concluído apenas o primeiro ato do processo de produção capitalista, o processo direto de produção. O capital absorveu tanto e tanto de trabalho não pago. Com o desenvolvimento do processo, que se expressa na queda da taxa de lucro, a massa de mais-valia assim produzida se infla enormemente. Agora vem o segundo ato do processo. O conjunto da massa de mercadorias, o produto total, tanto a parte que substitui o capital constante e o variável quanto a que representa a mais-valia, precisa ser vendido. Se isso não acontece ou só acontece em parte ou só a preços que estão abaixo dos preços de produção, então o trabalhador é certamente explorado, mas sua exploração não se realiza enquanto tal para o capitalista, podendo estar ligada a uma realização nula ou parcial da mais-valia extorquida, e mesmo a uma perda parcial ou total de seu capital. As condições de exploração direta e as de sua realização não são idênticas. Divergem não só no tempo e no espaço, mas também conceitualmente. Umas estão limitadas pela força produtiva da sociedade, outras pela proporcionalidade dos diferentes ramos da produção e pela capacidade de consumo da sociedade. Esta última não é, porém, determinada pela força absoluta de produção nem pela capacidade absoluta de consumo; mas pela capacidade de consumo com base nas relações antagônicas de distribuição, que reduzem o consumo da grande massa da sociedade a um mínimo só modificável dentro de limites mais ou menos estreitos. Além disso, ela está limitada pelo impulso à acumulação, pelo impulso à ampliação do capital e à produção de mais-valia em escala mais ampla. Isso é lei para a produção capitalista, dada pelas contínuas revoluções nos próprios métodos de produção, pela desvalorização sempre vinculada a elas do capital disponível, pela luta concorrencial geral e pela necessidade de melhorar a produção e de ampliar sua escala, meramente como meio de manutenção e sob pena de ruína. Por isso, o mercado precisa ser constantemente ampliado, de forma que suas conexões e as condições que as regulam assumam sempre mais a figura de uma lei natural independente dos produtores, tornando-se sempre mais incontroláveis. A contradição interna procura compensar-se pela expansão do campo externo da produção. Quanto mais, porém, se desenvolve a força produtiva, tanto mais ela entra em conflito com a estreita base sobre a qual repousam as relações de consumo. Sobre essa base contraditória não há, de modo algum, nenhuma contradição no fato de que excesso de capital esteja ligado com crescente excesso de população; pois, mesmo que se juntassem ambos, a massa de mais-valia produzida iria aumentar, aumentando com isso a contradição entre as condições em que essa mais-valia é produzida e as condições em que é realizada.

Dada determinada taxa de lucro, a massa de lucro depende sempre da grandeza do capital adiantado. Mas a acumulação é, então, determinada pela fração dessa massa que é retransformada em capital. Essa fração, no entanto, sendo igual ao lucro *minus* a *revenue* consumida pelo capitalista, dependerá não apenas do valor dessa massa, mas também da barateza das mercadorias que o capitalista pode comprar com ele: as mercadorias que entram, em seu consumo, em sua *revenue*, e as que entram em seu capital constante. (O salário é aqui pressuposto como dado.)

A massa de capital que o trabalhador põe em movimento e cujo valor ele, mediante seu trabalho, conserva e faz reaparecer no produto é completamente diferente do valor que ele agrega. Se a massa do capital é = 1000 e o trabalho agregado = 100, então o capital reproduzido = 1100. Se a massa é = 100 e o trabalho agregado = 20, então o capital reproduzido = 120. A taxa de lucro é, no primeiro caso, = 10%, no segundo, = 20%. E, mesmo assim, com 100 pode ser acumulado mais do que com 20. E assim segue o fluxo do capital (abstraindo sua desvalorização pela elevação da força produtiva) ou sua acumulação em proporção à pujança que ele já possui, não em proporção ao nível da taxa de lucro. Uma alta taxa de lucro, na medida em que ela repousa sobre uma alta taxa de mais-valia, é possível, se a jornada de trabalho for muito longa, embora o trabalho seja improdutivo; ela é possível porque as necessidades dos trabalhadores são muito exíguas, sendo por isso o salário médio muito baixo, embora o trabalho seja improdutivo. Ao baixo nível de salário há de corresponder a falta de energia dos trabalhadores. O capital, por isso, acumula-se lentamente, apesar da alta taxa de lucro. A população se estagna e o tempo de trabalho, que o produto custa, é grande, embora o salário pago ao trabalhador seja pequeno.

A taxa de lucro cai não porque o trabalhador seja menos explorado, mas porque, em relação ao capital empregado, utiliza-se em geral menos trabalho.

Se, como se mostrou, uma taxa de lucro em queda coincide com o aumento da massa de lucro, então uma parte maior do produto anual do trabalho será apropriada pelo capitalista sob a categoria de capital (como reposição de capital consumido) e uma parte proporcionalmente menor sob a categoria de lucro. Por isso a fantasia do reverendo Chalmers[I] de que, quanto menor a massa de produto anual que os capitalistas desembolsam como capital, tanto maiores os lucros que eles engolem; no que a Igreja estatal os auxilia, para cuidar do consumo, em vez da capitalização, de grande parte do mais-produto. O reverendo confunde causa com efeito. Aliás, a massa de lucro cresce, também com taxa menor, com a grandeza do capital desembolsado. Isso condiciona, no entanto, ao mesmo tempo, concentração de capital, já que agora as condições de produção obrigam o emprego de capital em massa. Condiciona igualmente a centralização do mesmo, isto é, que os pequenos capitalistas sejam engolidos pelos grandes e que os primeiros sejam descapitalizados. Trata-se mais uma vez – só que elevada à segunda potência – da separação entre condições de trabalho e produtores, aos quais ainda pertencem esses pequenos

---

I Thomas Chalmers, *On Political Economy in Connexion with the Moral State and Moral Prospects of Society*, 2ª ed. Glasgow, 1832, p. 88. [N. E. A.]

capitalistas, já que entre eles o trabalho próprio ainda desempenha um papel; o trabalho do capitalista está, de modo geral, em proporção inversa à grandeza de seu capital, ou seja, ao grau em que ele é capitalista. É essa separação entre condições de trabalho aqui e produtores lá que forma o conceito de capital: inaugura-se com a acumulação primitiva (Livro 1, cap. 24), aparece depois como processo constante na acumulação e concentração de capital e, por fim, expressa-se aqui como centralização de capitais já existentes em poucas mãos e como descapitalização de muitos (nisso é que agora se transforma a expropriação). Esse processo levaria em breve a produção capitalista ao colapso, se tendências contrárias não atuassem constantemente, com efeito descentralizador, ao lado da força centrípeta.

II. CONFLITO ENTRE EXPANSÃO DA PRODUÇÃO E VALORIZAÇÃO

O desenvolvimento da força produtiva social do trabalho se mostra duplamente: primeiro, na grandeza das forças produtivas já produzidas, na extensão de valor e na extensão da massa das condições de produção, sob as quais a nova produção tem lugar, e na grandeza absoluta do capital produtivo já acumulado; segundo, na relativa exiguidade da parte do capital desembolsada em salários em face do capital total, ou seja, na relativa exiguidade do trabalho vivo que é exigida para a reprodução e valorização de dado capital, para a produção em massa. Isso pressupõe ao mesmo tempo concentração de capital.

Em relação à força de trabalho empregada, o desenvolvimento da força produtiva mostra-se de novo duplamente: primeiro, no aumento do mais-trabalho, ou seja, na redução do tempo de trabalho que é exigido para a reprodução da força de trabalho. Segundo, na diminuição da quantidade de força de trabalho (número de trabalhadores) que é empregada em geral para pôr em movimento dado capital.

Ambos os movimentos não só correm paralelos, mas se condicionam reciprocamente, são fenômenos em que a mesma lei se expressa. Entretanto, influem, em sentido oposto, sobre a taxa de lucro. A massa total de lucro é igual à massa total de mais-valia, sendo a taxa de lucro =

$$\frac{mv}{C} = \frac{\text{mais-valia}}{\text{capital total adiantado}}.$$

Mas a mais-valia, enquanto montante total, é determinada primeiro por sua taxa, segundo, porém, pela massa de trabalho simultaneamente empregada ou, o que é o mesmo, pela grandeza do capital variável. Por um lado, aumenta um dos fatores, a taxa de mais-valia; por outro, cai (de modo proporcional ou absoluto) o outro fator, o número de trabalhadores. À medida que o desenvolvimento da força produtiva diminui a parte paga do trabalho empregado, ele eleva a mais-valia por elevar sua taxa; à medida que, no entanto, diminui a massa total do trabalho empregado por dado capital, ele diminui o fator numérico pelo qual a taxa de mais-valia é multiplicada para se obter sua massa. Dois trabalhadores que trabalhem 12 horas por dia não podem fornecer a mesma massa de mais-valia que 24, cada um trabalhando apenas 2 horas, mesmo que eles pudessem viver de brisa e, por isso, não tivessem de trabalhar para si próprios. Nesse sentido, a compensação do número reduzido de trabalhadores pela elevação do grau de exploração do trabalho tem certas limitações insuperáveis; ela pode, por conseguinte, inibir a queda da taxa de lucro, mas não anulá-la.

Com o desenvolvimento do modo de produção capitalista cai, portanto, a taxa de lucro, enquanto sua massa sobe com a massa crescente do capital empregado. Dada a taxa, a massa absoluta em que o capital cresce depende de sua grandeza existente. Mas, por outro lado, dada essa grandeza, a proporção em que cresce, a taxa de seu crescimento, depende da taxa de lucro. Diretamente, a elevação da força produtiva (que, além disso, como foi aventado, sempre anda lado a lado com a desvalorização do capital existente) só pode aumentar a grandeza de valor do capital se ela, mediante a elevação da taxa de lucro, aumenta a parte de valor do produto anual que é retransformada em capital. Na medida em que a força produtiva de trabalho entra em consideração, isso só pode acontecer (pois essa força produtiva não tem diretamente nada a ver com o *valor* do capital existente) se, por meio disso, a mais-valia relativa é elevada ou o valor do capital constante é diminuído, portanto são barateadas as mercadorias que entram na reprodução da força de trabalho ou nos elementos do capital constante. Ambos os casos implicam, porém, desvalorização do capital existente e ambos ocorrem paralelamente à diminuição do capital variável em face do capital constante. Ambos condicionam a queda da taxa de lucro e ambos a retardam. Além disso, à medida que uma taxa de lucro mais elevada ocasiona uma demanda mais elevada de trabalho, ela afeta o aumento da população trabalhadora e, com isso, do material explorável, o qual faz com que o capital seja capital.

Mas, indiretamente, o desenvolvimento da força produtiva de trabalho contribui para o aumento do valor-capital existente, ao aumentar a massa e a diversidade dos valores de uso em que o mesmo valor de troca se representa e que constituem o substrato material, os elementos materiais do capital, os objetos materiais nos quais consiste diretamente o capital constante e, ao menos indiretamente, o capital variável. Com o mesmo capital e o mesmo trabalho, mais coisas que podem ser transformadas em capital são produzidas, abstraindo-se seu valor de troca. Coisas que possam servir para absorver trabalho adicional, portanto também mais-trabalho adicional, e assim formar capital adicional. A massa de trabalho que o capital pode comandar depende não de seu valor, mas da massa das matérias-primas e dos materiais auxiliares, da maquinaria e dos elementos do capital fixo, dos meios de subsistência dos quais ele é composto, qualquer que seja seu valor. Ao crescer, assim, a massa de trabalho empregada, portanto também o mais-trabalho, cresce o valor do capital reproduzido e da mais-valia que lhe foi recém-agregada.

Esses dois momentos, compreendidos no processo de acumulação, não devem ser, porém, examinados na calma justaposição em que Ricardo os considera; eles implicam uma contradição que se anuncia em tendências e fenômenos contraditórios. Os agentes antagônicos atuam simultaneamente uns contra os outros.

Simultaneamente com os estímulos para o aumento real da população trabalhadora, oriundos do aumento da parte do produto social total que atua como capital, atuam os agentes que criam uma superpopulação apenas relativa.

Simultaneamente com a queda da taxa de lucro cresce a massa dos capitais e, lado a lado com ela, transcorre uma desvalorização do capital existente, que retém essa queda e dá à acumulação de valor-capital impulso acelerador.

Simultaneamente com o desenvolvimento da força produtiva desenvolve-se a composição superior do capital, a diminuição relativa da parte variável em relação à constante.

Essas distintas influências se fazem valer ora justapostas no espaço, ora sucessivamente no tempo; periodicamente o conflito entre os agentes antagônicos se desafoga em crises. As crises são sempre apenas soluções momentâneas violentas das contradições existentes, irrupções violentas que restabelecem momentaneamente o equilíbrio perturbado.

A contradição, expressa de forma bem genérica, consiste em que o modo de produção capitalista implica uma tendência ao desenvolvimento absoluto das forças produtivas, abstraindo o valor e a mais-valia nele incluídos, também abstraindo as relações sociais, dentro das quais transcorre a produção capitalista; por outro lado, ela tem por meta a manutenção do valor-capital existente e sua valorização no grau mais elevado (ou seja, crescimento sempre acelerado desse valor). Seu caráter específico está orientado para o valor-capital existente, como meio para a máxima valorização possível desse valor. Os métodos pelos quais ela alcança isso implicam: diminuição da taxa de lucro, desvalorização do capital existente e desenvolvimento das forças produtivas do trabalho à custa das forças produtivas já produzidas.

A desvalorização periódica do capital existente, que é um meio imanente ao modo de produção capitalista para conter a queda da taxa de lucro e acelerar a acumulação de valor-capital pela formação de novo capital, perturba as condições dadas, em que se efetuam o processo de circulação e de reprodução do capital, e por isso é acompanhada por paralisações súbitas e crises do processo de produção.

A diminuição relativa do capital variável em relação ao constante, que transcorre lado a lado com o desenvolvimento das forças produtivas, constitui um aguilhão para o crescimento da população trabalhadora, enquanto cria continuamente uma superpopulação artificial. A acumulação de capital, considerada quanto ao valor, é retardada pela taxa de lucro em queda, para acelerar ainda mais a acumulação de valor de uso, enquanto esta, por sua vez, põe a acumulação quanto ao valor em movimento acelerado.

A produção capitalista procura constantemente superar essas barreiras que lhe são imanentes, mas só as supera por meios que lhe antepõem novamente essas barreiras e em escala mais poderosa.

A *verdadeira barreira* da produção capitalista é o *próprio capital*, isto é: que o capital e sua autovalorização apareçam como ponto de partida e ponto de chegada, como motivo e finalidade da produção; que a produção seja apenas produção para o *capital*, e não, inversamente, que os meios de produção sejam meros meios para uma estruturação cada vez mais ampla do processo vital para a *sociedade* dos produtores. As barreiras entre as quais unicamente podem mover-se a manutenção e a valorização do valor-capital, que repousam sobre a expropriação e pauperização da grande massa dos produtores, essas barreiras entram, portanto, constantemente em contradição com os métodos de produção que o capital precisa empregar para seu objetivo e que se dirigem a um aumento ilimitado da produção, à produção como uma finalidade em si mesma, a um desenvolvimento incondicional das forças produtivas sociais de trabalho. O meio – desenvolvimento incondicional das forças produtivas sociais de trabalho – entra em contínuo conflito com o objetivo limitado, a valorização do capital existente. Se, por conseguinte, o modo de produção capitalista é um meio histórico para desenvolver a força produtiva material e para criar o mercado mundial que lhe corresponde, ele é simultaneamente a contradição constante entre essa sua tarefa histórica e as relações sociais de produção que lhe correspondem.

III. EXCESSO DE CAPITAL COM EXCESSO DE POPULAÇÃO

Com a queda da taxa de lucro, cresce o mínimo de capital que o capitalista individual precisa ter em mãos para o emprego produtivo do trabalho: mínimo necessário tanto para sua exploração em geral quanto para que o tempo de trabalho empregado seja o tempo de trabalho necessário à produção das mercadorias, para que não ultrapasse a média do tempo de trabalho socialmente necessário à produção das mercadorias. E simultaneamente cresce a concentração, pois, além de certos limites, um capital grande com pequena taxa de lucro acumula mais rapidamente do que um capital pequeno com taxa grande. Essa concentração crescente provoca, por sua vez, em certo nível, nova queda da taxa de lucro. A massa dos pequenos capitais fragmentados é, em virtude disso, forçada a enveredar pela trilha da aventura: especulação, fraude creditícia, fraude acionária, crises. A assim chamada pletora do capital se refere sempre essencialmente à pletora do capital para o qual a queda da taxa de lucro não é compensada por sua massa – e esse é sempre o caso das ramificações recentes, em vias de formação, do capital – ou à pletora que esses capitais, incapazes por si de ação própria, põem à disposição dos dirigentes dos grandes ramos de negócios na forma de crédito. Essa pletora do capital surge das mesmas circunstâncias que provocam uma superpopulação relativa e, por isso, é um fenômeno complementar desta última, embora ambas estejam em polos antitéticos, capital desocupado de um lado e população trabalhadora desocupada do outro.

Superprodução de capital, não de mercadorias individuais – embora a superprodução de capital sempre implique superprodução de mercadorias –, significa, por isso, apenas superacumulação de capital. Para entender o que é essa superacumulação (o exame mais detalhado dela é feito mais adiante), basta supô-la absoluta. Quando a superprodução de capital seria absoluta? Mais exatamente, uma superprodução que não se estendesse a este ou àquele ou a um par de setores significativos da produção, mas que fosse absoluta em seu volume mesmo, que, portanto, incluísse todos os setores da produção?

Haveria superprodução absoluta de capital assim que o capital adicional, para os fins da produção capitalista, fosse = 0. A finalidade da produção capitalista, porém, é a valorização do capital, isto é, apropriação de mais-trabalho, produção de mais-valia, de lucro. Se, portanto, o capital tivesse crescido proporcionalmente à população trabalhadora, de forma tal que nem o tempo absoluto de trabalho fornecido por essa população nem o tempo relativo de mais-trabalho pudessem ser ampliados (isso, de qualquer maneira, não seria factível com demanda por trabalho tão intensa, a ponto de haver uma tendência à elevação dos salários); se, portanto, o capital acrescido só produzisse tanta massa de valor ou até menos do que antes de seu crescimento, então ocorreria uma superprodução absoluta do capital; isto é, o capital acrescido $C+\Delta C$ não produziria lucro maior, nem mesmo menos lucro, do que o capital C antes de receber o acréscimo ΔC. Em ambos os casos, ocorreria também uma queda forte e súbita na taxa geral de lucro, desta vez, porém, por causa de uma variação na composição do capital, que não seria devida ao desenvolvimento da força produtiva, mas sim a uma elevação no valor monetário do capital variável (por causa dos salários mais elevados) e ao decréscimo correspondente da produção de mais-trabalho para o trabalho necessário.

Na realidade, a coisa se apresentaria de modo tal que parte do capital se encontraria total ou parcialmente em alqueive (porque teria primeiro de deslocar de sua posição o capital já em funcionamento para se valorizar ao todo) e parte, por causa da pressão do capital desocupado ou semiocupado, valorizar-se-ia a uma taxa mais baixa de lucro. Nesse contexto, seria indiferente se parte do capital adicional ocupasse o lugar do antigo e este passasse, assim, a ocupar um lugar no capital adicional. Teríamos sempre, de um lado, a soma antiga de capital e, do outro, a adicional. A queda da taxa de lucro seria, dessa vez, acompanhada por um decréscimo absoluto da massa de lucro, já que, sob nossos pressupostos, a massa da força de trabalho empregada não poderia ser aumentada nem a taxa de mais-valia poderia ser elevada, também não podendo, portanto, ser aumentada a massa de mais-valia. E a massa diminuída de lucro teria de ser calculada sobre um capital total aumentado. – Mas, supondo-se também que o capital ocupado continuasse a se valorizar à taxa antiga de lucro, a massa de lucro permaneceria, pois, a mesma, no entanto continuaria a ser calculada ainda sobre um capital total aumentado, e também isso implica uma queda da taxa de lucro. Se um capital total de 1 000 proporcionava um lucro de 100 e, após o seu aumento para 1 500, proporciona igualmente apenas 100, então, no segundo caso, 1 000 só proporciona 66⅔. A valorização do capital antigo teria diminuído de modo absoluto. O capital = 1 000 não proporcionaria, sob as novas circunstâncias, mais do que antes um capital = 666⅔.

Mas está claro que essa desvalorização factual do capital antigo não poderia ocorrer sem luta, que o capital adicional ΔC não poderia funcionar como capital sem luta. A taxa de lucro não cairia por causa da concorrência devida à superprodução de capital. Mas, pelo contrário, porque a taxa de lucro diminuída e a superprodução de capital se originam das mesmas circunstâncias, agora se desencadearia a luta concorrencial. A parte de ΔC que se encontraria nas mãos dos capitalistas antigos em funcionamento seria deixada por eles mais ou menos em alqueive, para não desvalorizar seu próprio capital original e não estreitar seu lugar dentro do campo de produção, ou eles iriam empregá-la para, mesmo com perdas momentâneas, transferir a colocação em alqueive do capital adicional aos novos intrusos e, em geral, a seus concorrentes.

A parte de ΔC que se encontrasse em novas mãos procuraria ocupar seu lugar à custa do capital antigo e conseguiria, parcialmente, ao pôr em alqueive parte do capital antigo, obrigando-o a ceder-lhe o lugar antigo e até a ocupar o lugar do capital adicional só parcialmente ocupado ou desocupado.

Em qualquer circunstância, parte do antigo capital teria de ser inativada em sua qualidade de capital, já que deveria funcionar como capital, valorizando-se como tal. Que parte essa colocação em alqueive atingiria especificamente seria decidido pela luta concorrencial. Enquanto vai tudo bem, a concorrência, como se verificou na equalização da taxa geral de lucro, age como irmandade prática da classe capitalista, de forma que esta se reparte coletivamente na proporção da grandeza do que cada um empenhou, o despojo coletivo. Quando já não se trata de repartição do lucro, mas do prejuízo, cada um procura diminuir tanto quanto possível seu *quantum* do mesmo e empurrá-lo ao outro. O prejuízo é inevitável para a classe. Quanto, porém, cada um tem de suportar, até que ponto tem de acabar participando dele, torna-se uma questão de poder e de astúcia, transformando-se então a concorrência numa luta entre irmãos inimigos. A antítese entre o interesse de cada capitalista individual e o da classe capitalista se faz valer então, assim como antes a identidade desses interesses se impunha praticamente mediante a concorrência.

Como se resolveria novamente esse conflito e se restabeleceriam as condições correspondentes ao movimento "sadio" da produção capitalista? A forma da resolução já está contida na mera formulação do conflito de cuja resolução se trata. Ela implica uma colocação em alqueive e até mesmo um aniquilamento parcial de capital, num montante de valor de todo o capital adicional ΔC ou então de parte dele. Embora, como já se verifica na apresentação do conflito, a distribuição desse prejuízo não se estende, de modo algum, de maneira uniforme aos diferentes capitais particulares, mas se decide numa luta concorrencial em que, conforme as vantagens especiais ou as posições já conquistadas, o prejuízo se reparte de forma muito desigual e muito diferenciada, de modo que um capital é colocado em alqueive, outro é aniquilado, um terceiro apenas sofre prejuízo relativo ou desvalorização transitória.

Mas, sob quaisquer circunstâncias, o equilíbrio se estabeleceria por colocação em alqueive ou mesmo aniquilamento de capital em maior ou menor volume. Isso se estenderia em parte à substância material do capital; isto é, parte dos meios de produção, capital fixo e circulante, não funcionaria, não atuaria como capital: parte dos empreendimentos iniciados seria desativada. Embora, por esse lado, o tempo ataque e deteriore todos os meios de produção (excetuado o solo), aqui ocorreria, devido à paralisação, uma destruição real muito maior de meios de produção. Por esse lado, o efeito principal seria, no entanto, que esses meios de produção deixariam de ser ativos como meios de produção; uma paralisação, mais breve ou mais longa, de sua função enquanto meio de produção.

A destruição principal, e com caráter mais agudo, ocorreria em relação ao capital, na medida em que ele possui atributo de valor, em relação aos *valores*-capital. A parte do valor-capital que só se encontra em forma de direitos sobre futuras participações na mais-valia, no lucro – de fato meros títulos de dívida sobre a produção em diversas modalidades –, se desvaloriza imediatamente com a queda das receitas sobre as quais está calculada. Parte do ouro e da prata permanece em alqueive, não funciona como capital. Parte das mercadorias que se encontram no mercado só pode efetuar seu processo de circulação e de reprodução mediante enorme contração de seus preços, portanto mediante desvalorização do capital que ela representa. Do mesmo modo, os elementos do capital fixo são mais ou menos desvalorizados. A isso se acrescenta que determinadas relações pressupostas de preço condicionam o processo de reprodução, e este, devido à queda geral de preços, entra em estagnação e confusão, portanto. Essa perturbação e estagnação paralisam a função do dinheiro como meio de pagamento, dada simultaneamente com o desenvolvimento do capital e baseada naquelas relações pressupostas de preços: interrompem em cem lugares a cadeia das obrigações de pagamento em prazos determinados; são ainda intensificadas pelo colapso consequente do sistema de crédito, desenvolvido simultaneamente com o capital, e levam assim a crises violentas e agudas, súbitas desvalorizações forçadas e estagnação e perturbação reais do processo de reprodução e, com isso, a uma diminuição real da reprodução.

Mas, ao mesmo tempo, outros agentes teriam entrado no jogo. A paralisação da produção teria colocado parte da classe trabalhadora em alqueive, deixando, desse modo, a parte ocupada numa situação em que teria de aceitar uma redução do salário, mesmo abaixo da média; uma operação que, para o capital, tem o mesmo efeito que se, com salário médio, tivesse sido elevada a mais-valia relativa ou absoluta. O período de prosperidade teria favorecido os casamentos entre os trabalhadores e diminuído a dizimação da descendência, circunstâncias que – por mais que incluam um aumento real da população – não incluem nenhum aumento da população que realmente trabalha, mas afetam a relação entre trabalhadores e capital, como se o número de trabalhadores realmente em funcionamento tivesse aumentado. A queda do preço e a luta da concorrência teriam, por outro lado, estimulado cada capitalista a reduzir o valor individual de seu produto total – mediante utilização de máquinas novas, métodos novos e aperfeiçoados de trabalho, novas combinações – abaixo de seu valor geral, ou seja, a elevar a força produtiva de dado *quantum* de trabalho, a reduzir a proporção do capital variável em relação ao constante e, com isso, a liberar trabalhadores, em suma, a criar uma superpopulação artificial. Além disso, a desvalorização dos elementos do capital constante seria em si um elemento que implicaria a elevação da taxa de lucro. A massa de capital constante empregado em relação ao variável teria crescido, mas o valor dessa massa poderia ter caído. A paralisação da produção ocorrida teria preparado uma ampliação posterior da produção dentro dos limites capitalistas.

E assim o ciclo seria novamente percorrido. Parte do capital que, pela paralisação funcional, foi desvalorizada recobraria seu antigo valor. Ademais, com condições de produção ampliada, com um mercado ampliado e com força produtiva mais elevada, o mesmo círculo vicioso seria novamente percorrido.

No entanto, mesmo sob o pressuposto extremado, a superprodução absoluta de capital não é uma superprodução absoluta em geral, uma superprodução absoluta de meios de produção. É apenas uma superprodução de meios de produção, na medida em que estes *funcionam como capital* e, por isso, devem, em relação ao valor inflado em função de sua massa inflada, implicar uma valorização desse valor, gerar um valor adicional.

Seria, porém, apesar disso, superprodução, porque o capital seria incapaz de explorar o trabalho num grau de exploração que é condicionado pelo desenvolvimento "sadio", "normal", do processo de produção capitalista, num grau de exploração que, ao menos, aumenta a massa de lucro com a massa crescente de capital empregado; que, portanto, exclui que a taxa de lucro caia na mesma proporção em que o capital cresce ou até que a taxa de lucro caia mais rapidamente do que o capital cresce.

Superprodução de capital significa apenas superprodução de meios de produção – meios de trabalho e de subsistência – que podem funcionar como capital, ou seja, que podem ser empregados para a exploração do trabalho em dado grau de exploração, e a queda desse grau de exploração abaixo de dado ponto provoca perturbações e paralisações do processo de produção capitalista, crises, destruição de capital. Não há nenhuma contradição em ser essa superprodução de capital acompanhada por uma superpopulação relativa mais ou menos grande. As mesmas circunstâncias que elevaram a força produtiva do trabalho, aumentaram a massa dos produtos-mercadorias, ampliaram os mercados, aceleraram a acumulação de capital, tanto em massa quanto em valor, e reduziram a taxa de lucro, essas mesmas circunstâncias geraram uma superpopulação relativa e a geram continuamente, uma superpopulação de trabalhadores que não é empregada pelo capital excedente por causa do baixo grau de exploração do trabalho, único grau em que ela poderia ser empregada, ao menos por causa da baixa taxa de lucro que ela, com o grau dado de exploração, proporcionaria.

Se se envia capital para o exterior, isso não ocorre porque ele não poderia ser empregado no próprio país. Ocorre porque ele pode ser empregado no exterior a uma taxa de lucro mais elevada. Esse capital é, porém, um capital absolutamente excedente para a população trabalhadora ocupada e para o dado país em geral. Ele existe como tal ao lado da população excedente relativa, e esse é um exemplo de como ambos existem um ao lado do outro e se condicionam reciprocamente.

Por outro lado, a queda da taxa de lucro ligada à acumulação provoca necessariamente uma luta concorrencial. A compensação da queda da taxa de lucro pela massa crescente de lucro só vale para o capital total da sociedade e para os grandes capitalistas, completamente instalados. O novo capital adicional, que funciona automaticamente, não encontra a sua disposição tais condições compensadoras; ele tem primeiro de conquistá-las, e, assim, a queda da taxa de lucro provoca a luta concorrencial entre os capitais, e não vice-versa. Essa luta concorrencial é, no entanto, acompanhada pela elevação transitória do salário e, além disso, por uma diminuição temporária da taxa de lucro daí decorrente. O mesmo se verifica na superprodução de mercadorias, na saturação dos mercados. Como não é a satisfação das necessidades, mas a produção de lucro, a finalidade do capital, e como ele só atinge essa finalidade por métodos que organizam a massa da produção de acordo com a escala da produção, e não vice-versa, então tem de surgir constantemente um conflito entre as dimensões limitadas do consumo em base capitalista e uma produção que constantemente tende a superar essa barreira imanente. De resto, o capital consiste em mercadorias e, por isso, a superprodução de capital implica a de mercadorias. Daí o estranho fenômeno de que os mesmos economistas que negam a superprodução de mercadorias admitem a de capital. Quando se diz que não ocorre superprodução geral, mas desproporção dentro dos distintos ramos da produção, isso quer dizer apenas que, dentro da produção capitalista, a proporcionalidade dos ramos individuais da produção se apresenta como processo constante a partir da desproporcionalidade, pelo fato de que aqui a conexão da produção total se impõe como lei cega dos agentes de produção, não como lei compreendida e, por isso, denominada por sua razão associada, submetendo o processo de produção a seu controle coletivo. Com isso, ademais, se exige que países em que o modo de produção capitalista não esteja desenvolvido consumam e produzam num grau que é adequado aos países do modo de produção capitalista. Quando se diz que a superprodução é apenas relativa, isso está inteiramente correto; mas todo o modo de produção capitalista é apenas um modo de produção relativo, cujas barreiras não são absolutas, mas que, para ele, em sua base, são absolutas. Como poderia, se assim não fosse, faltar demanda das mesmas mercadorias das quais a massa do povo carece e como seria possível ter de procurar essa demanda no exterior, em mercados distantes, para poder pagar aos trabalhadores em casa a média dos meios de subsistência necessários? Porque apenas nesse contexto específico, capitalista, o produto excedente ganha uma forma em que seu possuidor só pode colocá-lo à disposição do consumo assim que se retransforma em capital para ele. Finalmente, quando se diz que os capitalistas só teriam de intercambiar entre si e comer suas mercadorias, todo o caráter da produção capitalista é esquecido e se esquece de que se trata da valorização do capital, não de seu consumo. Em suma, todas as objeções contra as manifestações palpáveis da superprodução (manifestações que não se preocupam com essas objeções) se resumem na ideia de que as barreiras à produção *capitalista* não são barreiras à *produção em geral* e, portanto, também não são barreiras a esse modo específico de produção, o modo capitalista. A contradição desse modo de produção capitalista consiste, porém, exatamente em sua tendência ao desenvolvimento absoluto das *forças* produtivas, que entra constantemente em conflito com as *condições* específicas da produção, em que o capital se move e em que unicamente se pode mover.

Não se produzem em demasia meios de subsistência em relação à população existente. Pelo contrário. Produzem-se muito poucos para bastar à massa da população de forma decente e humana.

Não se produzem meios de produção demais para ocupar a parte da população capaz de trabalhar. Pelo contrário. Primeiro, produz-se uma parte demasiado grande da população, que efetivamente não é capaz de trabalhar, que por suas circunstâncias depende da exploração do trabalho de outros ou de trabalhos que só dentro de um modo de produção miserável podem valer como tais. Segundo, não são produzidos meios de produção suficientes para que toda a população capaz de trabalhar trabalhe sob circunstâncias mais produtivas, que, portanto, seu tempo absoluto de trabalho seja encurtado pela massa e eficácia do capital constante empregado durante o tempo de trabalho.

Mas periodicamente são produzidos meios de trabalho e meios de subsistência em demasia para fazê-los funcionar como meios de exploração dos trabalhadores a certa taxa de lucro. São produzidas mercadorias em demasia para poder realizar o valor nelas contido e a mais-valia encerrada nele, sob as condições de distribuição e de consumo dadas pela produção capitalista, e para poder retransformá-la em novo capital, isto é, levar a cabo esse processo sem explosões sempre recorrentes.

Não se produz demasiada riqueza. Mas periodicamente se produz demasiada riqueza em suas formas capitalistas, antitéticas.

A barreira ao modo de produção capitalista se manifesta:

1) No fato de que o desenvolvimento da força produtiva de trabalho gera, na queda da taxa de lucro, uma lei que em certo ponto se opõe com a maior hostilidade a seu próprio desenvolvimento, tendo de ser, portanto, constantemente superada por meio de crises.

2) No fato de que a apropriação de trabalho não pago, e a proporção desse trabalho não pago para o trabalho objetivado em geral, ou, expresso de forma capitalista, que o lucro e a proporção desse lucro para o capital aplicado, portanto certo nível da taxa de lucro, decide sobre ampliação ou limitação da produção, em vez de fazê-lo a relação entre a produção e as necessidades sociais, as necessidades de seres humanos socialmente desenvolvidos. Por isso surgem barreiras para ela já num grau de ampliação da produção que, ao contrário, sob o outro pressuposto, apareceria como sumamente insuficiente. Ela para não onde a satisfação das necessidades a obriga, mas onde determina a produção e a realização de lucro.

Caindo a taxa de lucro, então, por um lado, o capital é posto em ação para que o capitalista individual, mediante métodos melhores etc., reduza o valor individual de suas mercadorias isoladas abaixo de seu valor social médio e, assim, com dado preço de mercado, faça um lucro extra; por outro lado, fraude e favorecimento geral da fraude mediante tentativas apaixonadas com novos métodos de produção, novos investimentos de capital, novas aventuras, para assegurar algum lucro extra que seja independente da média geral e esteja acima dela.

A taxa de lucro, ou seja, o acréscimo proporcional de capital, é sobretudo importante para todas as ramificações novas do capital que se agrupam de maneira autônoma. E, assim que a formação de capital caísse exclusivamente nas mãos de alguns poucos grandes capitais completados, para os quais a massa de lucro compensa a taxa, o fogo vivificador da produção estaria extinto. Ela adormeceria. A taxa de lucro é a força impulsionadora da produção capitalista, e só se produz o que pode ser produzido com lucro e à medida que o possa. Daí o temor dos economistas ingleses em relação à diminuição da taxa de lucro. Que a mera possibilidade inquiete Ricardo mostra exatamente seu profundo entendimento das condições da produção capitalista. O que se lhe censura é que ele, despreocupado com os "seres humanos", ao examinar a produção capitalista, só teria olhos para o desenvolvimento das forças produtivas – adquirido com não importa que sacrifício em humanos e *valores*-capital –, isso é exatamente o que é significativo nele. O desenvolvimento das forças produtivas do trabalho social é a tarefa e justificativa histórica do capital. Precisamente com isso ele cria, sem que esteja consciente, as condições materiais de uma forma de produção superior. O que inquieta Ricardo é que a taxa de lucro, o acicate da produção capitalista e condição, bem como impulsionador, da acumulação, venha a ser posta em perigo pelo próprio desenvolvimento da produção. E a relação quantitativa aqui é tudo. De fato há algo mais profundo na base, de que ele apenas suspeita. Verifica-se aqui, no plano puramente econômico, isto é, do ponto de vista burguês, dentro dos limites do juízo capitalista, do ponto de vista da própria produção capitalista, sua limitação, sua relatividade, que ela não é nenhum modo de produção absoluto, mas apenas histórico, um modo de produção correspondente a certa época, limitada, de desenvolvimento das condições materiais de produção.

IV. OBSERVAÇÕES SUPLEMENTARES

Como o desenvolvimento da força produtiva de trabalho é muito desigual em diferentes ramos da indústria, e desigual não só quanto ao grau, mas sucedendo frequentemente em sentido oposto, então se verifica que a massa de lucro médio (= mais-valia) tem de estar muito abaixo do nível que, de acordo com o desenvolvimento da força produtiva nos ramos industriais mais avançados, seria de esperar. Que o desenvolvimento da força produtiva nos diferentes ramos industriais transcorra não só em proporções muito diferentes, mas com frequência em sentido oposto, origina-se não só da anarquia da concorrência e da peculiaridade do modo de produção burguês. A produtividade do trabalho também está ligada a condições naturais, que frequentemente se tornam menos férteis na mesma proporção em que a produtividade – na medida em que ela depende de condições sociais – aumenta. Daí o movimento antitético nessas diferentes esferas, progresso aqui, retrocesso acolá. Pense-se, por exemplo, na mera influência das estações do ano, de que depende a quantidade da maior parte de todas as matérias-primas, esgotamento das matas, das minas de carvão e de ferro etc.

Se a parte circulante do capital constante, as matérias-primas etc., cresce sempre, em termos de massa, proporcionalmente à força produtiva do trabalho, não é esse o caso do capital fixo, prédios, maquinaria, instalações para iluminação, aquecimento etc. Embora com a crescente massa corpórea a máquina fique absolutamente mais cara, ela se torna relativamente mais barata. Se cinco trabalhadores produzem dez vezes mais mercadoria do que antes, nem por isso decuplica o dispêndio de capital fixo; embora o valor dessa parte do capital constante cresça com o desenvolvimento da força produtiva, ele não cresce nem de longe na mesma proporção. Várias vezes já foi destacada a diferença entre os modos como a proporção do capital constante para o variável se expressa na queda da taxa de lucro, e como a mesma proporção se apresenta, com o desenvolvimento da produtividade do trabalho, com relação à mercadoria individual e a seu preço.

{O valor da mercadoria é determinado pelo tempo de trabalho total, pretérito e vivo, que nela entra. A elevação da produtividade do trabalho consiste exatamente em que a participação do trabalho vivo diminui enquanto a do trabalho pretérito é aumentada, mas de tal modo que a soma total do trabalho contido na mercadoria diminui; portanto o trabalho vivo decresce mais do que o trabalho pretérito cresce. O trabalho pretérito corporificado no valor de uma mercadoria – a parte constante de capital – consiste na depreciação do capital constante e fixo e em capital circulante que entrou por completo na mercadoria – matérias-primas e materiais auxiliares. A parte do valor que se origina de matérias-primas e materiais auxiliares deve reduzir-se com a [elevação da][I] produtividade do trabalho, porque essa produtividade, com relação a essas matérias, se revela precisamente no fato de seu valor ter caído. Pelo contrário, o característico da crescente força produtiva do trabalho é exatamente que a parte fixa do capital constante experimente um aumento muito forte e, com isso, também a parte de valor do mesmo que, pela depreciação, se transfere às mercadorias. Para que, pois, um novo método de produção se comprove como elevação real da produtividade, tem de transferir à mercadoria individual uma parte do valor adicional menor, pela depreciação de capital fixo, do que a parte de valor dedutível que é poupada em decorrência da diminuição de trabalho vivo; numa palavra, deve diminuir o valor da mercadoria. Ele é obviamente obrigado a isso, mesmo quando, como decorre em casos individuais, além da parte de depreciação adicional do capital fixo, uma parte de valor adicional, pelo aumento ou encarecimento de matérias-primas ou materiais auxiliares, entra na formação de valor da mercadoria. Todos os aumentos de valor têm de ser mais do que compensados pela diminuição de valor que decorre da redução do trabalho vivo.

Essa diminuição do *quantum* de trabalho total que entra na mercadoria parece, de acordo com isso, ser a marca essencial de força produtiva de trabalho aumentada, não importa sob quais condições sociais se produza. Numa sociedade em que os produtores regulam sua produção de acordo com um plano previamente formulado, até mesmo na produção simples de mercadorias, a produtividade do trabalho também seria necessariamente medida de acordo com essa escala. Mas como se passa isso na produção capitalista?

Suponhamos que determinado ramo da produção capitalista produza a peça normal de sua mercadoria sob as seguintes condições: a

I Colchetes da edição alemã. [N. E. B.]

depreciação do capital fixo ascende a ½ xelim ou marco por peça; como matérias-primas e materiais auxiliares entram 17½ xelins; como salários, 2 xelins, e, com uma taxa de mais-valia de 100%, a mais-valia sobe a 2 xelins. Valor total = 22 xelins ou marcos. Para simplificar, supomos que, nesse ramo da produção, o capital tenha a composição média do capital social, que, portanto, o preço de produção da mercadoria coincida com seu valor e o lucro do capitalista com a mais-valia produzida. Então o preço de custo da mercadoria é = ½ + 17½ + 2 = 20 xelins, sendo a taxa média de lucro $\frac{2}{20}$ = 10% e o preço de produção da peça de mercadoria igual a seu valor = 22 xelins ou marcos.

Suponhamos que se invente uma máquina que reduza à metade o trabalho vivo exigido para cada peça, mas, em compensação, triplique a parte de valor constituída pela depreciação do capital fixo. Então a coisa se apresenta assim: depreciação = 1½ xelim, matérias-primas e materiais auxiliares, como antes, 17½ xelins, salário 1 xelim, mais-valia 1 xelim, ao todo 21 xelins ou marcos. Agora a mercadoria caiu 1 xelim de valor; a nova máquina elevou decisivamente a força produtiva do trabalho. Para o capitalista, porém, a coisa se apresenta assim: seu preço de custo é agora de 1½ xelim de depreciação, 17½ xelins de matérias-primas e materiais auxiliares, 1 xelim de salário, ao todo 20 xelins, como antes. Já que a taxa de lucro não se modifica logo devido à nova máquina, ele precisa receber 10% acima do preço de custo, perfazendo 2 xelins; o preço de produção continua, portanto, inalterado = 22 xelins, mas 1 xelim acima do valor. Para uma sociedade que produz sob condições capitalistas, a mercadoria *não* barateou, a nova máquina *não* é uma melhoria. O capitalista não tem, portanto, interesse em introduzir a nova máquina. E como ele, mediante sua introdução, tornaria simplesmente sem valor sua maquinaria atual, ainda não depreciada, a transformaria em mero ferro-velho, e portanto sofreria um prejuízo positivo, ele se precavê muito de cometer tal asneira, para ele utópica.

Portanto, para o capital, a lei da força produtiva de trabalho aumentada não vale em todas as condições. Para o capital, essa força produtiva é aumentada não quando se poupa trabalho vivo de modo geral, mas só quando se poupa mais na parte *paga* do trabalho vivo do que é acrescentado em trabalho pretérito, como já foi referido resumidamente no Livro 1, cap. 13, [parte] 2, pp. 369–70. Aqui o modo de produção capitalista cai em nova contradição. Sua missão histórica é o desenvolvimento, inescrupuloso, impulsionado em progressão geométrica, da produtividade do trabalho humano. Ele se torna infiel a essa missão assim que, como aqui, se contrapõe ao desenvolvimento da produtividade, refreando-o. Com isso, só comprova novamente que se torna senil e que, cada vez mais, sobrevive a si mesmo.}[37]

Na concorrência, o mínimo crescente de capital que, com o aumento da força produtiva, se torna necessário para a operação exitosa de um negócio industrial autônomo aparece assim: tão logo o equipamento novo e mais custoso tenha sido introduzido genericamente, capitais menores passam a ser excluídos dessa atividade no futuro. Só ao se iniciar o uso de invenções mecânicas nas diferentes esferas da produção é que capitais menores podem funcionar aqui autonomamente. Por outro lado, empresas muito grandes, com proporção extraordinariamente alta de capital constante, como estradas de ferro, não proporcionam a taxa média de lucro, mas apenas parte dela, um juro. Senão a taxa geral de lucro cairia ainda mais. Por outro lado, uma grande conjunção de capital, em forma de ações, também encontra aqui um campo direto de aplicação.

Crescimento do capital, portanto acumulação de capital, só implica diminuição da taxa de lucro na medida em que, com esse crescimento, ocorram as alterações, acima consideradas, na relação entre os componentes orgânicos do capital. No entanto, apesar dos constantes revolucionamentos diários do modo de produção, ora esta, ora aquela parte maior ou menor do capital total continua a acumular por certos períodos de tempo, com base em dada relação média daqueles componentes, de maneira que, com seu crescimento, não ocorre nenhuma variação orgânica, portanto também não ocorrem as causas da queda da taxa de lucro. Esse aumento contínuo de capital, portanto também ampliação da produção, com base no velho método de produção, que prossegue tranquilamente enquanto, ao lado, os novos métodos já vão sendo introduzidos, é por sua vez uma causa de por que a taxa de lucro não diminui na mesma medida em que o capital total da sociedade cresce.

O aumento do número absoluto de trabalhadores, apesar da diminuição relativa do capital variável, despendido em salários, não ocorre em todos os ramos da produção e não ocorre de maneira uniforme em todos. Na agricultura, a diminuição do elemento do trabalho vivo pode ser absoluta.

Além do mais, é apenas uma necessidade do modo de produção capitalista que o número de assalariados aumente de maneira absoluta, apesar de sua diminuição relativa. Para ele, forças de trabalho já se tornam supérfluas assim que não for necessário ocupá-las diariamente por 12–15 horas. Um desenvolvimento das forças produtivas que diminuísse o número absoluto dos trabalhadores, isto é, que capacitasse toda a nação a efetuar sua produção total num período de tempo menor, provocaria revolução, porque colocaria fora de circulação a maior parte da população. Aqui aparece novamente a barreira específica da produção capitalista e vê-se que ela não é, de maneira alguma, uma forma absoluta do desenvolvimento das forças produtivas e da geração de riqueza, mas que, pelo contrário, em certo ponto entra em colisão com esse desenvolvimento. Essa colisão aparece parcialmente em crises periódicas, que decorrem da transformação em redundante ora desta, ora daquela parte da população trabalhadora, em seu antigo modo de ocupação. Sua barreira é o tempo excedente dos trabalhadores. O tempo excedente absoluto que a sociedade ganha não lhe interessa. O desenvolvimento da força produtiva só lhe é importante à medida que aumenta o tempo de mais-trabalho da classe trabalhadora, e não à medida que diminui o tempo de trabalho para a produção material de modo geral; assim, move-se na antítese.

Viu-se que a acumulação crescente de capital implica concentração crescente do mesmo. Assim cresce o poder do capital, a autonomização, personificada no capitalista, das condições sociais da produção em face dos produtores reais. O capital se revela cada vez mais como poder social, cujo funcionário é o capitalista, e já não está em nenhuma relação possível com o que o trabalho de um indivíduo isolado pode criar – mas, como poder social alienado, autonomizado, que como coisa, e como poder do capitalista mediante essa coisa, confronta a sociedade. A contradição entre o poder social geral, que o capital está se tornando, e o poder privado dos capitalistas individuais sobre essas condições sociais de produção torna-se cada vez mais gritante e implica a dissolução dessa relação, ao implicar ao mesmo tempo a reelaboração das condições de produção para torná-las condições de produção gerais, coletivas, sociais. Essa reelaboração é dada pelo desenvolvimento das forças produtivas sob a produção capitalista e pela maneira como esse desenvolvimento se efetua.

Nenhum capitalista emprega, por livre e espontânea vontade, um novo método de produção, por mais produtivo que seja ou por mais que aumente a taxa de mais-valia, caso este reduza a taxa de lucro. Mas cada um desses novos métodos de produção barateia as mercadorias. Ele as vende, portanto, originalmente acima de seu preço de produção, talvez acima de seu valor. Embolsa a diferença entre seus custos de produção e o preço de mercado das demais mercadorias, produzidas a custos de produção mais elevados. Pode fazê-lo porque a média do tempo de trabalho socialmente exigido para a produção dessas mercadorias é maior do que o tempo de trabalho exigido pelo novo método de produção. Seu procedimento de produção está acima da média do social. Mas a concorrência generaliza-o e submete-o à lei geral. Então se inicia o descenso da taxa de lucro – talvez primeiro nessa esfera da produção, depois se equaliza com as outras –, o que é totalmente independente da vontade dos capitalistas.

Quanto a esse ponto, é preciso observar ainda que essa mesma lei também predomina nas esferas da produção cujo produto não entra direta nem indiretamente no consumo do trabalhador ou nas condições de produção de seus meios de subsistência; portanto, também nas esferas de produção em que nenhum barateamento das mercadorias pode aumentar a mais-valia relativa nem baratear a força de trabalho. (Em todo caso, o barateamento do capital constante em todos esses ramos pode elevar a taxa de lucro, com exploração constante do trabalhador.) Assim que o novo método de produção começa a se difundir e, com isso, efetivamente se fornece a prova de que essas mercadorias podem ser produzidas mais barato, os capitalistas, que trabalham sob as condições antigas de produção, têm de vender seu produto abaixo de seu preço integral de produção, porque o valor dessa mercadoria caiu, estando o tempo de trabalho necessitado por eles para a produção acima do tempo social. Numa palavra – isto aparece como efeito da concorrência –, eles também precisam introduzir o novo método de produção, em que a proporção do capital variável para o constante está diminuída.

Todas as circunstâncias que fazem com que o emprego da maquinaria barateie o preço das mercadorias produzidas com ela sempre se reduzem, em primeiro lugar, à diminuição do *quantum* de trabalho que é absorvido por uma mercadoria individual; em segundo lugar, porém, à diminuição da parte de depreciação da maquinaria cujo valor entra na mercadoria individual. Quanto menos rápida é a depreciação da maquinaria, por tanto mais mercadorias ela se distribui e tanto mais trabalho vivo ela substitui até o término de sua reprodução. Em ambos os casos, *quantum* e valor do capital constante fixo aumentam em relação ao capital variável.

"All other things being equal, the power of a nation to save from its profits varies with the rate of profits, is great when they are high, less, when low; but as the rate of profit declines, all other things do not remain equal. [...] *A low rate of profits is ordinarily accompanied by a rapid rate of accumulation, relatively to the numbers of the people, as in England* [...] *a high rate of profit by as lower rate of accumulation, relatively to the numbers of the people."*[I] Exemplos: Polônia,

---

I "Com as demais circunstâncias iguais, o poder de uma nação em poupar a partir de seus lucros varia com a taxa de lucro: é grande quando o lucro é grande, menor quando é baixo; mas, quando a taxa de lucro declina, as demais coisas não continuam iguais. [...] Uma taxa baixa de lucro é comumente acompanhada por uma taxa rápida de acumulação, em relação ao tamanho da população, como na Inglaterra [...] e uma taxa elevada de lucro, por uma taxa de acumulação tão mais baixa em relação ao tamanho da população." [N. T.]

Rússia, Índia etc. (Richard Jones, *An Introductory Lecture on Pol. Econ.* London, 1833, pp. 50 ss.)

Jones destaca corretamente que, apesar da taxa de lucro em queda, aumentam os *inducements and faculties to accumulate* [induções e capacidades de acumular]. Primeiro, por causa da crescente superpopulação relativa. Segundo, porque, com a crescente produtividade do trabalho, cresce a massa dos valores de uso representados pelo mesmo valor de troca, portanto dos elementos materiais do capital. Terceiro, porque os ramos da produção se multiplicam. Quarto, pelo desenvolvimento do sistema de crédito, das sociedades por ações etc. e pela facilidade que isso dá de transformar dinheiro em capital sem se tornar pessoalmente um capitalista industrial. Quinto, crescimento das necessidades e do afã de enriquecer. Sexto, crescente investimento em massa de capital fixo etc.

Três fatos principais da produção capitalista:

1) Concentração dos meios de produção em poucas mãos, pelo que eles deixam de aparecer como propriedade dos trabalhadores imediatos e, pelo contrário, se transformam em potências sociais da produção. Ainda que inicialmente como propriedade privada dos capitalistas. Estes são *trustes* [curadores] da sociedade burguesa, mas embolsam todos os frutos dessa curadoria.

2) Organização do próprio trabalho como social: mediante cooperação, divisão do trabalho e ligação do trabalho com a ciência natural.

Em ambos os sentidos, o modo de produção capitalista supera a propriedade privada e o trabalho privado, ainda que em formas antitéticas.

3) Estabelecimento do mercado mundial.

A enorme força produtiva, em relação à população, que se desenvolve dentro do modo de produção capitalista e, ainda que não na mesma proporção, o crescimento dos valores-capital (não só seu substrato material), que crescem muito mais depressa do que a população, contradizem a base cada vez mais estreita em relação à riqueza crescente, para a qual opera essa enorme força produtiva, e as condições de valorização desse capital em expansão. Daí as crises.

SEÇÃO IV

TRANSFORMAÇÃO DE CAPITAL-MERCADORIA E CAPITAL MONETÁRIO EM CAPITAL DE COMÉRCIO DE MERCADORIAS E CAPITAL DE COMÉRCIO DE DINHEIRO (CAPITAL COMERCIAL)

CAPÍTULO 16

O CAPITAL DE COMÉRCIO DE MERCADORIAS

O capital comercial ou de comércio divide-se em duas formas ou subespécies, capital de comércio de mercadorias e capital de comércio de dinheiro, que agora passaremos a caracterizar mais de perto, na medida em que é necessário para a análise do capital em sua estrutura medular. E isso é tanto mais necessário quando a Economia moderna, mesmo em seus melhores representantes, mistura o capital comercial diretamente com o capital industrial e, de fato, negligencia por completo suas peculiaridades características.

—

O movimento do capital-mercadoria foi analisado no Livro 2 [pp. 88-99]. Considerando-se o capital total da sociedade, parte dele, embora sempre composta por outros elementos e inclusive de grandeza variável, encontra-se sempre como mercadoria no mercado, para passar a dinheiro; outra parte se encontra como dinheiro no mercado, para passar a mercadoria. Ele [o capital total] sempre se encontra empenhado no movimento dessa passagem, dessa metamorfose formal. À medida que essa função do capital, que se encontra no processo de circulação, passa a ser autonomizada como função específica de um capital específico, fixando-se, como uma função adjudicada pela divisão do trabalho, a uma espécie particular de capitalistas, o capital-mercadoria torna-se capital de comércio de mercadorias ou capital comercial.[I]

Discutiu-se (Livro 2, cap. 6, "Os custos de circulação", [partes] 2 e 3) até onde indústria dos transportes, armazenamento e distribuição das mercadorias – numa forma em que podem ser distribuídas – devem ser considerados como processos de produção que persistem dentro do

I No título da Seção IV, traduziu-se como capital comercial a expressão *kaufmännisches Kapital*, literalmente "capital de negociante". Nesta frase, capital comercial é tradução literal de *kommerziellen Kapital*. Conforme o contexto, não é difícil compreender quando capital comercial corresponde ao genérico de capital de comércio (de mercadorias *e* de dinheiro) – como no título da Seção IV e na primeira frase do capítulo 16 – e quando é sinônimo de capital de comércio de mercadorias – como nesta frase. Mais adiante, o próprio Marx usa *kaufmännisches Kapital* também como sinônimo de capital de comércio de mercadorias. [N. T.]

processo de circulação. Esses incidentes da circulação do capital-mercadoria são, em parte, confundidos com as funções peculiares do capital comercial ou de comércio de mercadorias; em parte se encontram ligados, na prática, às funções específicas peculiares deste, embora, com o desenvolvimento da divisão social do trabalho, a função do capital comercial também se destaque de modo puro, ou seja, separada daquelas funções reais e autonomizada delas. Para nosso propósito, em que se trata de determinar a diferença específica dessa figura particular do capital, é preciso, portanto, abstrair aquelas funções. Na medida em que o capital que funciona apenas no processo de circulação, especialmente o capital de comércio de mercadorias, combina em parte aquelas funções com as suas, ele não se mostra em sua forma pura. Depois de despojado e distanciado daquelas funções, temos a forma pura do mesmo.

Viu-se que a existência do capital como capital-mercadoria e a metamorfose que ele percorre dentro da esfera da circulação, no mercado, como capital-mercadoria – uma metamorfose que se resolve em compra e venda, transformação de capital-mercadoria em capital monetário e de capital monetário em capital-mercadoria –, constituem uma fase do processo de reprodução do capital industrial, portanto de seu processo total de produção; mas que, ao mesmo tempo, nessa sua função de capital de circulação, se diferencia de si mesmo como capital produtivo. São duas formas separadas, diferenciadas, de existência do mesmo capital. Parte do capital total social encontra-se continuamente nessa forma de existência como capital de circulação no mercado, empenhado no processo dessa metamorfose, embora, para cada capital individual, sua existência como capital-mercadoria e sua metamorfose enquanto tal apenas constituam um ponto de passagem em constante desaparecimento e constantemente renovado, um estágio de passagem da continuidade de seu processo de produção. Por isso os elementos do capital-mercadoria que se encontram no mercado variam constantemente. São constantemente retirados do mercado de mercadorias e são devolvidos com a mesma constância como novo produto do processo de produção.

O capital de comércio de mercadorias é, pois, apenas a forma transmutada de parte desse capital de circulação, constantemente presente no mercado, presente no processo de metamorfose e sempre envolvido pela esfera da circulação. Dizemos parte porque parte da compra e venda de mercadorias transcorre com constância diretamente entre os próprios capitalistas industriais. Dessa parte nós fizemos completa abstração na presente pesquisa, já que ela em nada contribui para a definição conceitual nem para a intelecção da natureza específica do capital comercial e, por outro lado, para o nosso propósito, já foi exposta exaustivamente no Livro 2.

O comerciante de mercadorias, enquanto capitalista em geral, aparece primeiro no mercado como representante de certa soma de dinheiro que ele adianta como capitalista, ou seja, que quer transformar de x (valor original da soma) em $x+\Delta x$ (essa soma mais o lucro sobre ela). Mas para ele, não só como capitalista em geral, mas especialmente como comerciante de mercadorias, é evidente que seu capital precisa originalmente aparecer na forma de capital monetário no mercado, pois ele não produz mercadorias, apenas comercia com elas, intermedeia seu movimento e, para comerciar com elas, precisa primeiro comprá-las, tendo de ser, portanto, possuidor de capital monetário.

Suponhamos que um comerciante de mercadorias possua 3000 libras esterlinas, que ele valoriza como capital de comércio. Com essas 3000 libras esterlinas compra, por exemplo, 30000 varas de linho do fabricante de linho, por 2 xelins a vara. Ele vende essas 30000 varas. Se a taxa média de lucro anual = 10%, e ele, depois da dedução de todos os custos acessórios, faz um lucro anual de 10%, então ao término do ano terá transformado as 3000 libras esterlinas em 3300 libras esterlinas. Como faz esse lucro é uma questão de que só trataremos mais tarde. Aqui queremos examinar inicialmente a mera forma do movimento de seu capital. Ele compra linho constantemente com as 3000 libras esterlinas e vende constantemente esse linho; repete constantemente essa operação de comprar para vender, *D–M–D'*, a forma simples do capital, já que está inteiramente cativo do processo de circulação, sem ser interrompido pelo intervalo do processo de produção, que está situado fora de seu próprio movimento e função.

Qual é, então, a relação entre esse capital de comércio de mercadorias e o capital-mercadoria como mera forma de existência do capital industrial? No que tange ao fabricante de linho, com o dinheiro do comerciante ele realizou o valor de seu linho, a primeira fase da metamorfose de seu capital-mercadoria, cuja transformação em dinheiro ele efetuou, podendo agora, com as demais circunstâncias constantes, retransformar o dinheiro em fio, carvão, salários etc. ou em meios de subsistência etc. para o consumo de sua *revenue*; portanto, abstraindo o gasto de *revenue*, pode prosseguir no processo de reprodução.

Mas, embora para ele, o produtor de linho, sua metamorfose em dinheiro, sua venda, tenha ocorrido, ela ainda não ocorreu para o próprio linho. Este se encontra, depois como antes, no mercado como capital-mercadoria, com a determinação de efetuar sua primeira metamorfose: ser vendido. Com esse linho aconteceu apenas uma mudança na pessoa de seu possuidor. De acordo com sua própria determinação, de acordo com sua posição no processo, ele continua a ser, depois como antes, capital-mercadoria, mercadoria vendável; só que agora está nas mãos do comerciante, em vez de, como antes, nas do produtor. A função de vendê-la, intermediar a primeira fase de sua metamorfose, foi tomada do produtor pelo comerciante e transformada em seu negócio específico, enquanto antes era uma função que cabia ao produtor executar, depois de ter cumprido a função de produzi-la.

Suponhamos que o comerciante não consiga vender as 30 000 varas durante o intervalo de que o produtor de linho precisa para lançar novamente ao mercado 30 000 varas no valor de 3 000 libras esterlinas. O comerciante não pode comprá-las novamente, pois ainda tem as 30 000 varas não vendidas em depósito e estas ainda não se retransformaram para ele em capital monetário. Ocorre então uma parada, uma interrupção da reprodução. O produtor de linho poderia, em todo caso, ter à disposição capital monetário adicional, que ele, independentemente da venda das 30 000 varas, estaria capacitado a transformar em capital produtivo e, assim, levar avante o processo de produção. Mas essa suposição nada altera na questão. Na medida em que o capital investido nas 30 000 varas entra em consideração, seu processo de reprodução está e continua interrompido. Aqui se mostra, portanto, realmente, de modo palpável, que as operações do comerciante são apenas as operações que precisam ser executadas de modo geral, para transformar em dinheiro o capital-mercadoria do produtor, as operações que intermedeiam as funções do capital-mercadoria no processo de circulação e de reprodução. Se, em vez de um comerciante independente, um mero comissionado do produtor tivesse de se ocupar exclusivamente com essa venda e, além disso, com a compra, essa conexão não teria ficado nem por um instante oculta.

Portanto, o capital de comércio de mercadorias é apenas o capital-mercadoria do produtor, que tem de efetuar o processo de sua transformação em dinheiro, executar sua função de capital-mercadoria no mercado, só que essa função, em vez de aparecer como operação secundária do produtor, aparece agora como operação exclusiva de um gênero especial de capitalistas, o comerciante de mercadorias, tornando-se autônoma como negócio de um investimento especial de capital.

Ademais, isso também se mostra na forma específica da circulação do capital de comércio de mercadorias. O comerciante compra a mercadoria e depois a vende: *D–M–D'*. Na circulação simples de mercadorias ou mesmo na circulação de mercadorias como ela aparece enquanto processo de circulação do capital industrial, *M'–D–M*, a circulação é intermediada pelo fato de que cada peça monetária muda duas vezes de mãos. O produtor de linho vende sua mercadoria, o linho, transforma-a em dinheiro; o dinheiro do comprador passa para suas mãos. Com esse mesmo dinheiro compra fio, carvão, trabalho etc., gasta novamente o mesmo dinheiro para retransformar o valor do linho nas mercadorias que constituem os elementos de produção do linho. A mercadoria que compra não é a mesma mercadoria, não é mercadoria da mesma espécie da que vende. Ele vendeu produtos e comprou meios de produção. Mas a situação é outra no movimento do capital comercial. Com as 3000 libras esterlinas, o comerciante de linho compra 30000 varas de linho; vende as mesmas 30000 varas de linho, para retirar de volta da circulação o capital monetário (3000 libras esterlinas, além do lucro). Portanto, aqui mudam duas vezes de lugar não as mesmas peças monetárias, mas a mesma mercadoria: passa das mãos do vendedor para as do comprador e das mãos do comprador, que agora se tornou vendedor, para as de outro comprador. É vendida duas vezes e pode ser vendida ainda mais vezes pela intromissão de uma série de comerciantes; e, exatamente por meio dessa venda repetida, a dupla mudança de lugar da mesma mercadoria, o dinheiro adiantado na compra da mercadoria é recuperado pelo primeiro comprador, é intermediado o refluxo do mesmo para ele. No caso *M'–D–M*, a dupla troca de posição do mesmo dinheiro intermedeia o fato de que uma mercadoria seja alienada em uma figura e apropriada em outra figura. No outro caso, *D–M–D'*, a dupla mudança de lugar da mesma mercadoria intermedeia o fato de que o dinheiro adiantado é novamente retirado de volta da circulação. Exatamente nisso se revela que a mercadoria ainda não está definitivamente vendida assim que passa das mãos do produtor para as do comerciante; é que este apenas leva adiante a operação da venda – ou a mediação da função do capital-mercadoria. Revela-se ao mesmo tempo que, porém, o que para o capitalista produtivo é *M–D*, mera função de seu capital em sua figura transitória de capital-mercadoria, para o comerciante é *D–M–D'*, uma valorização específica do capital monetário por ele adiantado. Uma fase da metamorfose da mercadoria se revela aqui, com relação ao comerciante, como *D–M–D'*, portanto como evolução de uma espécie própria de capital.

O comerciante vende definitivamente a mercadoria, portanto o linho, ao consumidor, seja esse um consumidor produtivo (por exemplo um branqueador) ou um consumidor individual, que utiliza o linho para seu uso privado. Por meio disso, o capital adiantado volta para ele (com lucro), podendo assim recomeçar a operação. Se na compra de linho o dinheiro só tivesse operado como meio de pagamento, de modo que ele só tivesse de pagar seis semanas depois de receber a mercadoria, e se tivesse vendido antes desse tempo, então poderia pagar o produtor de linho sem ter, ele mesmo, adiantado capital monetário. Se não o tivesse vendido, então teria de adiantar as 3000 libras esterlinas no vencimento, em vez de fazê-lo por ocasião da entrega do linho; e se ele, devido a uma queda dos preços de mercado, o tivesse vendido abaixo do preço de compra, então teria de repor a parte faltante com seu próprio capital.

O que dá, então, ao capital de comércio de mercadorias o caráter de um capital que funciona autonomamente, enquanto nas mãos do produtor que vende por conta própria ele só aparece como uma forma particular de seu capital numa fase particular de seu processo de reprodução, durante sua permanência na esfera da circulação?

Primeiro: o fato de o capital-mercadoria, nas mãos de um agente distinto de seu produtor, efetivar sua transformação definitiva em dinheiro, portanto sua primeira metamorfose, sua função que lhe advém no mercado *qua* [enquanto] capital-mercadoria, e de essa função de capital-mercadoria ser mediada pela operação do comerciante, por seu comprar e vender, de tal modo que essa operação se estrutura como um negócio próprio, separado das demais funções do capital industrial e, portanto, autonomizado. É uma forma particular da divisão social do trabalho, e, desse modo, parte da função que teria de ser executada numa fase particular do processo de reprodução do capital, aqui da circulação, aparece como função exclusiva de um agente de circulação próprio, distinto do produtor. Mas, com isso, esse negócio particular ainda não apareceria, de modo algum, como função de um capital particular, distinto do capital industrial empenhado em seu processo de reprodução e autonomizado em face dele; de fato, não aparece enquanto tal onde o comércio de mercadorias é efetuado por meros caixeiros-viajantes ou por outros agentes diretos do capitalista industrial. Portanto, é preciso que ainda advenha um segundo momento.

Segundo: isso se dá pelo fato de o agente autônomo de circulação, o comerciante, adiantar capital monetário (próprio ou emprestado) nessa posição. O que para o capital industrial, que se encontra em seu processo de reprodução, apresenta-se simplesmente como *M–D*, transformação do capital-mercadoria em capital monetário ou mera venda, apresenta-se para o comerciante como *D–M–D'*, compra e venda da mesma mercadoria e, portanto, refluxo do capital monetário, que na compra dele se afasta e que a ele retorna pela venda.

É sempre *M–D*, a transformação do capital-mercadoria em capital monetário, que, para o comerciante, se apresenta como *D–M–D*, na medida em que ele adianta capital na compra da mercadoria do produtor; sempre a primeira metamorfose do capital-mercadoria, embora para um produtor ou para o capital industrial que se encontra em seu processo de reprodução o mesmo ato possa se apresentar como *D–M*, retransformação do dinheiro em mercadoria (meios de produção), ou como segunda fase da metamorfose. Para os produtores de linho, *M–D* era a primeira metamorfose, transformação do capital-mercadoria em capital monetário. Esse ato se apresenta para o comerciante como *D–M*, metamorfose de seu capital monetário em capital-mercadoria. Se, agora, ele vende o linho ao branqueador, isso representa *D–M* para o branqueador, transformação de capital monetário em capital produtivo ou a segunda metamorfose de seu capital-mercadoria; para o comerciante, porém, *M–D*, a venda do linho por ele comprado. De fato, só agora o capital-mercadoria que o fabricante de linho fabricou está definitivamente vendido, ou esse *D–M–D* do comerciante representa apenas um processo mediador para *M–D* entre dois produtores. Suponhamos que o fabricante de linho compre, com parte do valor do linho vendido, fio de um comerciante de fio. Então isso é para ele *D–M*. Mas, para o comerciante que vende o fio, é *M–D*, revenda do fio; e, em relação ao próprio fio, como capital-mercadoria, é apenas sua venda definitiva, com a qual ele passa da esfera da circulação para a esfera do consumo; *M–D* é a conclusão definitiva de sua primeira metamorfose. Se o comerciante, portanto, compra do capitalista industrial ou vende a ele, seu *D–M–D*, o ciclo do capital industrial, sempre expressa apenas o que, com relação ao próprio capital-mercadoria, enquanto forma de transição do capital industrial que se reproduz, é apenas *M–D*, meramente a execução de sua primeira metamorfose. O *D–M* do capital comercial é simultaneamente *M–D* apenas para o capitalista industrial, mas não para o capital-mercadoria produzido por este: só é a passagem do capital-mercadoria das mãos do industrial para as do agente de circulação; só o *M–D* do capital comercial é *M–D* definitivo do capital-mercadoria em funcionamento. *D–M–D* são apenas dois *M–D* do mesmo capital-mercadoria, duas vendas sucessivas do mesmo que só medeiam sua venda última e definitiva.

O capital-mercadoria assume, portanto, no capital de comércio de mercadorias, a figura de uma espécie autônoma de capital, pelo fato de o comerciante adiantar capital monetário que só se valoriza como capital, só funciona como capital, ao se ocupar exclusivamente em mediar a metamorfose do capital-mercadoria, sua função como capital-mercadoria, isto é, sua transformação em dinheiro, e ele o faz mediante constante compra e venda de mercadorias. Essa é sua operação exclusiva; essa atividade mediadora do processo de circulação do capital industrial é a função exclusiva do capital monetário com que o comerciante opera. Por meio dessa função ele transforma seu dinheiro em capital monetário, apresenta seu *D* como *D–M–D'* e, pelo mesmo processo, transforma o capital-mercadoria em capital de comércio de mercadorias.

O capital de comércio de mercadorias, na medida em que e enquanto existe na forma de capital-mercadoria – considerando-se o processo de reprodução do capital social total –, é evidentemente apenas a parte do capital industrial que ainda se encontra no mercado, empenhada no processo de sua metamorfose, que agora existe e funciona como capital-mercadoria. É, portanto, apenas o capital *monetário* adiantado pelo comerciante e que é destinado exclusivamente à compra e venda, que, portanto, só assume a forma de capital-mercadoria e de capital monetário, nunca a de capital produtivo, e sempre permanece restrito à esfera da circulação do capital – só esse capital monetário deve ser considerado, agora, com relação a todo o processo de reprodução do capital.

Assim que o produtor, o fabricante de linho, vende suas 30000 varas ao comerciante por 3000 libras esterlinas, compra com o dinheiro obtido os meios de produção necessários, e seu capital entra de novo no processo de produção; seu processo de produção continua, prossegue ininterruptamente. Para ele, a transformação de sua mercadoria em dinheiro ocorreu. Mas para o próprio linho, como vimos, a transformação ainda não ocorreu. Ele ainda não está retransformado definitivamente em dinheiro, ainda não entrou como valor de uso, seja no consumo produtivo, seja no individual. O comerciante de linho representa agora no mercado o mesmo capital-mercadoria que o produtor de linho nele originalmente representava. Para este, o processo de metamorfose está abreviado, mas tão somente para prosseguir nas mãos do comerciante.

Se o produtor de linho tivesse de esperar até que seu linho realmente deixasse de ser mercadoria, até que passasse ao último comprador, o consumidor produtivo ou individual, seu processo de reprodução estaria interrompido. Ou, para não interrompê-lo, teria de restringir suas operações, teria de transformar uma parte menor de seu linho em fio, carvão, trabalho etc., em suma, nos elementos do capital produtivo, e guardar uma parte maior dele consigo como reserva monetária para que, enquanto parte de seu capital se encontrasse no mercado como mercadoria, parte pudesse continuar o processo de produção, de tal modo que, quando esta entrasse no mercado como mercadoria, aquela fluísse de volta em forma-dinheiro. Essa divisão de seu capital não é eliminada pela intromissão do comerciante. Mas, sem a última, a parte do capital de circulação, existente em forma de reserva monetária, teria de ser sempre maior em relação à parte ocupada em forma de capital produtivo, e a escala da reprodução teria de ser correspondentemente restringida. Em vez disso, o produtor pode agora aplicar constantemente uma parte maior de seu capital no processo de produção propriamente dito e uma parte menor como reserva monetária.

Em compensação, outra parte do capital social se encontra agora, porém, na forma de capital comercial, constantemente dentro da esfera da circulação. Ele é sempre apenas empregado para comprar e vender mercadorias. Assim, parece ter ocorrido somente uma troca das pessoas que têm esse capital nas mãos.

Se o comerciante, em vez de comprar linho por 3000 libras esterlinas com a intenção de revendê-lo, aplicasse essas 3000 libras esterlinas produtivamente, então o capital produtivo da sociedade seria aumentado. Em todo caso, o produtor de linho teria de reter uma parte mais significativa de seu capital como reserva monetária, assim como o comerciante, agora transformado em capitalista industrial. Por outro lado, se o comerciante continua comerciante, então o produtor poupa tempo na venda, o qual ele pode empregar na supervisão do processo de produção, enquanto o comerciante precisa empregar todo o seu tempo em vender.

Caso o capital comercial não ultrapasse suas proporções necessárias, deve-se supor:

1) que, em decorrência da divisão do trabalho, o capital que se ocupa exclusivamente com a compra e a venda (e faz parte dele, além do dinheiro para a compra de mercadorias, o dinheiro que precisa ser gasto no trabalho necessário à operação do negócio comercial, no capital constante do comerciante, edifícios para depósitos, transporte etc.) seja menor do que seria se o capitalista industrial tivesse de operar ele mesmo toda a parte comercial de seu negócio;

2) que, pelo fato de o comerciante se ocupar exclusivamente com esse negócio, não só a mercadoria é transformada mais cedo em dinheiro para o produtor, mas o próprio capital-mercadoria completa mais rapidamente sua metamorfose do que o faria nas mãos do produtor;

3) que, considerando todo o capital comercial em relação ao capital industrial, uma rotação do capital comercial possa representar não só as rotações de muitos capitais em uma esfera da produção, mas as rotações de certo número de capitais em diferentes esferas da produção. O primeiro caso ocorre quando, por exemplo, o comerciante de linho, depois de ter comprado e revendido com suas 3000 libras esterlinas o produto de um produtor de linho, antes de o mesmo produtor lançar novamente no mercado o mesmo *quantum* de mercadorias, compra e revende o produto de outro ou de vários produtores de linho, mediando assim as rotações de diferentes capitais na mesma esfera da produção. O segundo ocorre quando o comerciante, por exemplo, após a venda do linho, compra agora seda, portanto medeia a rotação de um capital em outra esfera da produção.

De modo geral, é preciso notar: a rotação do capital industrial é limitada não só pelo tempo de circulação, mas também pelo tempo de produção. A rotação do capital comercial, na medida em que só comercia com determinada espécie de mercadoria, está limitada não só pela rotação de um capital industrial, mas pela de todos os capitais industriais no mesmo ramo da produção. Depois que o comerciante comprou e vendeu o linho de um, ele pode comprar e vender o de outro, antes de o primeiro lançar novamente uma mercadoria no mercado. Portanto, o mesmo capital comercial pode mediar, sucessivamente, as diferentes rotações dos capitais investidos num ramo da produção; de tal modo que sua rotação não é idêntica às rotações de um único capital industrial e, por isso, não repõe meramente aquela reserva monetária que esse capitalista industrial individual teria de ter *in petto* [em segredo]. A rotação do capital comercial numa esfera da produção é naturalmente limitada por sua produção total. Mas não é limitada pelos limites da produção ou pelo tempo de rotação do capital individual na mesma esfera, na medida em que esse tempo de rotação é dado pelo tempo de produção. Suponhamos que A forneça uma mercadoria que precisa de três meses para ser produzida. Depois de o comerciante tê-la comprado e vendido, digamos em um mês, ele pode comprar e vender o mesmo produto de outro produtor. Ou depois que, por exemplo, ele vende o cereal de um arrendatário, pode com o mesmo dinheiro comprar e vender o do segundo etc. A rotação de seu capital está limitada pela quantidade de cereais que ele, em dado período, por exemplo em um ano, pode sucessivamente comprar e vender, enquanto a rotação do capital do arrendatário, sem considerar o tempo de circulação, está limitada pelo tempo de produção, que dura um ano.

A rotação do mesmo capital comercial pode, porém, mediar igualmente bem as rotações de capitais em diferentes ramos da produção.

Na medida em que o mesmo capital comercial em diferentes rotações serve para transformar diferentes capitais-mercadorias sucessivamente em dinheiro, comprando-os e vendendo-os em série, desempenha, enquanto capital monetário, a mesma função em face do capital-mercadoria que, de modo geral, o dinheiro executa, pelo número de suas rotações em dado período, em face das mercadorias.

A rotação do capital comercial não é idêntica à rotação ou à reprodução única de um capital industrial de igual grandeza; é antes igual à soma das rotações de certo número de tais capitais, seja na mesma, seja em diferentes esferas da produção. Quanto mais rapidamente o capital comercial rota, tanto menor a parte do capital monetário total que figura como capital comercial; quanto mais lentamente ele rota, tanto maior essa parte. Quanto menos desenvolvida a produção, tanto maior a soma de capital comercial em relação à soma das mercadorias lançadas de modo geral na circulação; mas tanto menor é ele em termos absolutos ou em comparação com condições mais desenvolvidas. E vice-versa. Em tais condições não desenvolvidas, a maior parte do capital monetário propriamente dito encontra-se nas mãos dos comerciantes, cuja fortuna constitui, assim, ante os outros, a fortuna monetária.

A velocidade de circulação do capital monetário adiantado pelo comerciante depende: 1) da velocidade com que o processo de produção se renova e com que os diferentes processos de produção se encadeiam; 2) da velocidade de consumo.

Não é necessário que o capital comercial percorra a rotação acima considerada, comprando mercadoria no montante de todo o seu valor e depois a vendendo. O comerciante efetua simultaneamente os dois movimentos. Seu capital divide-se, então, em duas partes. Uma consiste em capital-mercadoria e a outra em capital monetário. Ele compra aqui e, com isso, transforma seu dinheiro em mercadoria. Vende acolá e, com isso, transforma outra parte do capital-mercadoria em dinheiro. De um lado, seu capital flui de volta para ele como capital monetário, enquanto, de outro, aflui-lhe capital-mercadoria. Quanto maior a parte que existe em uma forma, tanto menor a que existe em outra. Isso se alterna e se compensa. Se o emprego do dinheiro como meio de circulação se combina com seu emprego como meio de pagamento e com o sistema de crédito que assim se desenvolve, então diminui ainda mais a parte de capital monetário do capital comercial em relação à grandeza das transações que esse capital comercial leva a cabo. Se compro vinho por 1 000 libras esterlinas com vencimento em 3 meses e vendo o vinho à vista antes do transcurso dos três meses, então não é preciso adiantar para essa transação um centavo. Nesse caso, também é de uma clareza meridiana que o capital monetário, que aqui figura como capital comercial, é apenas o próprio capital industrial em sua forma de capital monetário, em seu refluxo para si na forma de dinheiro. (Que o produtor que vendeu 1 000 libras esterlinas de mercadoria com vencimento em 3 meses possa descontar a letra de câmbio, isto é, o título de dívida, junto ao banqueiro nada altera a coisa e nada tem a ver com o capital do comerciante de mercadorias.) Se os preços de mercado da mercadoria caíssem nesse ínterim, talvez 1/10, então o comerciante, além de não ter nenhum lucro, só receberia ao todo 2 700 libras esterlinas de volta, em vez de 3 000. Ele teria de acrescentar 300 libras esterlinas para pagar. Essas 300 libras esterlinas só funcionariam como reserva para compensar a diferença de preço. Mas o mesmo é válido para o produtor. Se ele próprio tivesse vendido a preços em queda, então igualmente teria perdido 300 libras esterlinas e não poderia recomeçar a produção na mesma escala sem capital de reserva.

O comerciante de linho compra 3 000 libras esterlinas de linho do fabricante; dessas 3 000 libras esterlinas, este paga, por exemplo, 2 000 para comprar fio; ele compra esse fio do comerciante de fio. O dinheiro com que o fabricante paga o comerciante de fio não é o dinheiro do comerciante de fio, pois este recebeu em troca mercadoria no montante dessa soma. É forma-dinheiro de seu próprio capital. Nas mãos do comerciante de fio, essas 2 000 libras esterlinas aparecem agora como capital monetário que refluiu: mas até que ponto elas são isso, enquanto distintas dessas 2 000 libras esterlinas, enquanto forma-dinheiro abandonada pelo linho e forma-dinheiro adotada pelo fio? Se o comerciante de fio comprou a crédito e vendeu à vista antes do término de seu prazo de pagamento, então nessas 2 000 libras esterlinas não há um só tostão de capital comercial, enquanto distinto da forma-dinheiro que o próprio capital industrial adota em seu processo de circulação. O capital de comércio de mercadorias, na medida em que não é, portanto, mera forma do capital industrial que se encontra na figura de capital-mercadoria ou capital monetário nas mãos do comerciante, é apenas parte do capital monetário que pertence ao próprio comerciante e que é circulada na compra e venda de mercadorias. Essa parte representa, em escala reduzida, a parte do capital adiantada para a produção que sempre teria de se encontrar como reserva monetária, meio de compra, nas mãos do industrial e sempre teria de circular como seu capital monetário. Essa parte se encontra agora, reduzida, nas mãos de capitalistas comerciais; enquanto tal, sempre funcionando no processo de circulação. É a parte do capital total que, abstraindo gastos de *revenue*, precisa circular constantemente como meio de compra no mercado, para manter em andamento a continuidade do processo de reprodução. É tanto menor, em relação ao capital total, quanto mais rápido for o processo de reprodução e quanto mais desenvolvida a função do dinheiro como meio de pagamento, isto é, o sistema de crédito.[38]

O capital comercial é apenas capital funcionando dentro da esfera da circulação. O processo de circulação é uma fase do processo de reprodução como um todo. Mas no processo de circulação não é produzido valor, portanto tampouco mais-valia. Ocorrem apenas mudanças de forma da mesma massa de valor. De fato só ocorre metamorfose das mercadorias que, enquanto tal, nada tem a ver com criação de valor ou alteração de valor. Se na venda da mercadoria produzida é realizada mais-valia, isso ocorre porque esta já existe nela; por isso, no segundo ato, no novo intercâmbio de capital monetário por mercadoria (elementos da produção), não é realizada nenhuma mais-valia pelo comprador, mas apenas é introduzida, pelo intercâmbio do dinheiro por meios de produção e força de trabalho, a produção de mais-valia. Pelo contrário. Na medida em que essas metamorfoses custam tempo de circulação – tempo durante o qual o capital nada produz, portanto tampouco mais-valia –, este é limitação da criação de valor, e a mais-valia exprimir-se-á como taxa de lucro exatamente na proporção inversa da duração do tempo de circulação. O capital comercial não cria, portanto, nem valor nem mais-valia, isto é, não diretamente. À medida que contribui para encurtar o tempo de circulação, pode ajudar a aumentar indiretamente a mais-valia produzida pelo capitalista industrial. À medida que ajuda a ampliar o mercado e medeia a divisão do trabalho entre os capitais, portanto capacita o capital a trabalhar em escala mais ampla, sua função promove a produtividade do capital industrial e sua acumulação. À medida que encurta o tempo de circulação, eleva a proporção de mais-valia para o capital adiantado, portanto a taxa de lucro. À medida que reduz a parte do capital confinada como capital monetário na esfera da circulação, faz aumentar a parte do capital diretamente empregada na produção.

CAPÍTULO 17

O LUCRO COMERCIAL

Viu-se no Livro 2 [pp. 120-24] que as funções puras do capital na esfera da circulação – as operações que o capitalista industrial tem de efetuar para, primeiro, realizar o valor de suas mercadorias e, segundo, retransformar esse valor nos elementos de produção da mercadoria, as operações para a mediação das metamorfoses do capital-mercadoria *M'–D–M*, portanto os atos de venda e compra – não geram valor nem mais-valia. Pelo contrário, verificou-se que o tempo exigido para tanto, objetivamente em relação às mercadorias e subjetivamente em relação aos capitalistas, gera limites para a formação de valor e de mais-valia. O que tem validez por si na metamorfose do capital-mercadoria não é, naturalmente, de nenhum modo alterado pelo fato de parte do mesmo assumir a figura de capital de comércio de mercadorias ou de as operações pelas quais a metamorfose do capital-mercadoria é mediada aparecerem como o negócio particular de um setor particular de capitalistas ou como função exclusiva de parte do capital monetário. Se o vender e o comprar de mercadorias – e a isso se reduz a metamorfose do capital-mercadoria *M'–D–M* – pelos próprios capitalistas industriais não são operações geradoras de valor ou de mais-valia, é impossível que se tornem pelo fato de, em vez de serem executadas por estas, serem-no por outras pessoas. Se, além disso, a parte do capital social total que precisa constantemente estar disponível com o capital monetário para que o processo de reprodução não seja interrompido pelo processo de circulação, mas seja contínuo – se esse capital monetário não produz nem valor nem mais-valia, então ele não pode adquirir esses atributos pelo fato de, em vez de ser constantemente jogado na circulação pelo capitalista industrial, sê-lo por outro setor de capitalistas, para executar as mesmas funções. Até que ponto o capital mercantil pode ser indiretamente produtivo já foi indicado e será depois ainda mais discutido.

Por conseguinte, o capital de comércio de mercadorias – despojado de todas as funções heterogêneas, como armazenagem, expedição, transporte, distribuição, varejo, que possam estar ligadas a ele, e limitado a sua verdadeira função de comprar para vender – não produz valor nem mais-valia, mas apenas medeia sua realização e, com isso, ao mesmo tempo, o intercâmbio real de mercadorias, sua passagem de uma mão para a outra, o metabolismo social. Ainda assim, como a fase de circulação do capital industrial constitui uma fase do processo de reprodução tanto quanto a produção, o capital que funciona autonomamente no processo de circulação tem de proporcionar o lucro médio anual tanto quanto o capital que funciona nos diferentes ramos da produção. Se o capital comercial proporcionasse um lucro médio percentual mais elevado do que o capital industrial, então parte do capital industrial se transformaria em capital comercial. Se proporcionasse um lucro médio mais baixo, então ocorreria o processo inverso. Parte do capital comercial se transformaria em capital industrial. Nenhum gênero de capital tem maior facilidade de alterar sua determinação, sua função, do que o capital comercial.

Como o capital comercial não gera ele mesmo mais-valia, então está claro que a mais-valia que lhe cabe na forma de lucro médio constitui parte da mais-valia gerada pelo capital produtivo total. Mas a questão agora é a seguinte: Como o capital comercial se apodera da parte que lhe cabe da mais-valia ou do lucro gerado pelo capital produtivo?

É mera aparência que o lucro mercantil seja apenas acréscimo, elevação nominal do preço das mercadorias acima de seu valor.

É claro que o comerciante só pode tirar seu lucro do preço das mercadorias por ele vendidas e, ainda mais, que esse lucro, que obtém na venda de suas mercadorias, deve ser igual à diferença entre seu preço de compra e seu preço de venda, igual ao excedente do último sobre o primeiro.

É possível que, após a compra da mercadoria e antes de sua venda, nela entrem custos adicionais (custos de circulação) e é igualmente possível que não seja esse o caso. Se tais custos entram, então é claro que o excedente do preço de venda sobre o preço de compra não representa apenas lucro. Para simplificar a investigação, vamos supor inicialmente que tais custos não entrem.

Para o capitalista industrial, a diferença entre o preço de venda e o preço de compra de suas mercadorias é igual à diferença entre seu preço de produção e seu preço de custo ou, se considerarmos o capital social total, é igual à diferença entre o valor das mercadorias e seu preço de custo para os capitalistas, o que, por sua vez, novamente se reduz à diferença entre o *quantum* total de trabalho nelas objetivado e o *quantum* de trabalho pago nelas objetivado. Antes de as mercadorias compradas pelo capitalista industrial serem novamente lançadas de volta ao mercado como mercadorias vendáveis, passam pelo processo de produção em que o componente de seu preço a ser posteriormente realizado como lucro será primeiro produzido. Mas para o comerciante de mercadorias a situação é outra. As mercadorias estão em suas mãos apenas enquanto se encontram no processo de circulação. Ele apenas dá continuidade a sua venda, iniciada pelo capitalista produtivo, à realização de seu preço, e não as deixa, portanto, passar por qualquer processo intermediário em que possam de novo absorver mais-valia. Enquanto o capitalista industrial na circulação apenas realiza a mais-valia ou o lucro já produzido, o comerciante deve, em troca, na e pela circulação, não só realizar, mas primeiro fazer seu lucro. Isso só parece ser possível se vender as mercadorias, vendidas a ele pelo capitalista industrial, a seus preços de produção ou, se considerarmos o capital-mercadoria total, a seus valores acima de seus preços de produção, fazendo um acréscimo nominal a seus preços, portanto considerando o capital-mercadoria total, vendendo-as acima de seu valor e pondo no bolso esse excedente de seu valor nominal sobre seu valor real, numa palavra, vendendo-as mais caro.

Essa forma de acréscimo é muito simples de entender: por exemplo, uma vara de linho custa 2 xelins. Se devo obter 10% de lucro na revenda, então tenho de acrescer $\frac{1}{10}$ sobre o preço, portanto vender a vara por 2 xelins e $2\frac{2}{5}$ pence. A diferença entre seu preço de produção real e seu preço de venda é, então, = $2\frac{2}{5}$ pence, e isso, sobre os 2 xelins, é um lucro de 10%. De fato, vendo então a vara ao comprador por um preço que realmente é o preço de $1\frac{1}{10}$ vara. Ou, o que dá no mesmo: é exatamente como se eu vendesse ao comprador somente $\frac{10}{11}$ de vara por 2 xelins e ficasse com $\frac{1}{11}$ de vara para mim. De fato, com $2\frac{2}{5}$ pence posso recomprar $\frac{1}{11}$ de vara, calculando-se o preço da vara a 2 xelins e $2\frac{2}{5}$ pence. Isso seria apenas um rodeio para participar da mais-valia e do mais-produto mediante elevação nominal das mercadorias.

Essa é a realização do lucro mercantil mediante acréscimo ao preço das mercadorias, tal como se nos oferece inicialmente na aparência. E, de fato, toda a concepção da origem do lucro a partir de uma elevação nominal do preço das mercadorias ou a partir da venda das mesmas acima de seu valor surgiu da observação do capital mercantil.

Examinando mais de perto, logo se verifica, contudo, que isso é mera aparência. E que, pressuposto o modo de produção capitalista como o dominante, o lucro comercial não se realiza dessa forma. (Aqui se trata sempre apenas da média, não de casos isolados.) Por que supomos que o comerciante de mercadorias só pode realizar um lucro de, digamos, 10% sobre suas mercadorias, ao vendê-las 10% acima de seus preços de produção? Porque admitimos que o produtor dessas mercadorias, o capitalista industrial (que, como personificação do capital industrial, sempre figura ante o mundo externo como "produtor"), vendeu-as ao comerciante por seu preço de produção. Se os preços de compra das mercadorias pagos pelo comerciante de mercadorias são iguais a seus preços de produção, em última instância iguais a seus valores, de tal modo que, portanto, o preço de produção, em última instância o valor das mercadorias, representa o preço de custo para o comerciante, então, de fato, o excedente de seu preço de venda sobre seu preço de compra – e só essa diferença constitui a fonte de seu lucro – tem de ser um excedente de seu preço mercantil sobre seu preço de produção e, em última instância, o comerciante precisa vender todas as mercadorias acima de seus valores. Mas por que se admitiu que o capitalista industrial vende ao comerciante as mercadorias por seus preços de produção? Ou, muito mais, o que foi pressuposto nessa admissão? Que o capital mercantil (aqui só trataremos do mesmo enquanto capital de comércio de mercadorias) não entra na formação da taxa geral de lucro. Partimos necessariamente desse pressuposto na apresentação da taxa geral de lucro porque, naquele momento, o capital mercantil enquanto tal ainda não existia para nós e, em segundo lugar, porque o lucro médio, portanto a taxa geral de lucro, de início tinha de ser desenvolvido necessariamente como equalização dos lucros ou da mais-valia, realmente produzidos pelos capitais industriais das diferentes esferas da produção. No caso do capital comercial, no entanto, temos de tratar de um capital que participa do lucro sem participar de sua produção. Agora é necessário, pois, complementar a exposição anterior.

Suponhamos que o capital industrial total adiantado durante o ano seja $=720_c+180_v+900$ (digamos milhões de libras esterlinas) e $mv'=100\%$. O produto, portanto, $=720_c+180_v+180_{mv}$. Denominemos esse produto ou capital-mercadoria *M*, então seu valor ou preço de produção (já que ambos coincidem para o conjunto das mercadorias) é $=1080$ e a taxa de lucro para o capital total de $900=20\%$. Esses 20% são, de acordo com o desenvolvido anteriormente, a taxa média de lucro, já que a mais-valia não é aqui calculada sobre este ou aquele capital de composição particular, mas sobre o capital industrial total com sua composição média. Portanto, $M=1080$ e a taxa de lucro $=20\%$. Agora queremos, porém, supor que, além dessas 900 libras esterlinas de capital industrial, ainda se adicionem 100 libras esterlinas de capital comercial, que tem *pro rata* a sua grandeza a mesma participação no lucro que aquele. De acordo com o pressuposto, ele é $1/10$ do capital total de 1000. Participa, portanto, com $1/10$ na mais-valia total de 180 e, assim, recebe um lucro à taxa de 18%. Portanto o lucro a ser dividido entre os outros $9/10$ do capital total é ainda $=162$ ou, sobre o capital de 900, igualmente de 18%. O preço pelo qual *M* é vendido pelos possuidores do capital industrial de 900 aos comerciantes é $=720_c+180_v+162_{mv}=1062$. Se o comerciante acresce a seu capital de 100 o lucro médio de 18%, então vende as mercadorias por $1062+18=1080$, isto é, por seu preço de produção ou, considerando-se o capital-mercadoria total, por seu valor, embora faça seu lucro apenas na circulação e por meio dela e só mediante o excedente de seu preço de venda sobre seu preço de compra. Mas, mesmo assim, não vende as mercadorias acima de seu valor ou acima de seu preço de produção, precisamente porque as comprou abaixo de seu valor ou abaixo de seu preço de produção do capitalista industrial.

Na formação da taxa geral de lucro, o capital comercial entra de modo determinante *pro rata* à parte que ele constitui do capital total. Se, no caso mencionado, é dito: a taxa média de lucro é = 18%, então ela seria = 20% se $\frac{1}{10}$ do capital total não fosse capital comercial e, por causa disso, a taxa de lucro geral não tivesse sido reduzida em $\frac{1}{10}$. Com isso surge também uma determinação mais precisa e mais restritiva do preço de produção. Por preço de produção deve entender-se, depois como antes, o preço de mercadoria = seus custos (o valor do capital constante + capital variável, nela contidos) + o lucro médio sobre eles. Mas esse lucro médio é agora determinado de outro modo. É determinado pelo lucro total que o capital produtivo total gera; mas não é calculado sobre esse capital produtivo total, de tal modo que se este, como acima, = 900 e o lucro = 180, a taxa média de lucro seria $= \frac{180}{900} = 20\%$, mas calculado sobre o capital produtivo total + capital comercial, de tal modo que, se há 900 de capital produtivo e 100 de capital comercial, a taxa média de lucro é $= \frac{180}{1000} = 18\%$. O preço de produção é, portanto = c (custos) + 18, em vez de = $c + 20$. Na taxa média de lucro já está calculada a parte do lucro total que cabe ao capital comercial. O valor real ou preço de produção do capital-mercadoria total é, portanto, $= c + l + h$ (em que h é o lucro comercial). O preço de produção ou o preço pelo qual o capitalista industrial vende enquanto tal é, portanto, menor do que o preço de produção real da mercadoria; ou, se considerarmos o conjunto das mercadorias, então os preços pelos quais a classe dos capitalistas industriais as vende são menores do que seus valores. Assim, no caso acima: 900 (custos) + 18% sobre 900 ou 900 + 162 = 1 062. Ao vender, agora, por 118 a mercadoria que lhe custa 100, o comerciante acresce, certamente, 18%; mas, como a mercadoria que comprou por 100 vale 118, não a vende, por causa disso, acima de seu valor. Queremos conservar a expressão “preço de produção” no sentido mais preciso acima desenvolvido. Então fica claro que o lucro do capitalista industrial é igual ao excedente do preço de produção da mercadoria sobre seu preço de custo e que, em contraste com esse lucro industrial, o lucro comercial é igual ao excedente do preço de venda sobre o preço de produção da mercadoria, que é seu preço de compra para o comerciante; que, porém, o preço real da mercadoria é = seu preço de produção + o lucro mercantil (comercial). Assim como o capital industrial só realiza lucro que já está contido no valor da mercadoria como mais-valia, também o capital comercial apenas o realiza porque toda a mais-valia ou todo o lucro ainda não está realizado no preço da mercadoria realizado pelo capital industrial.[39] O preço de venda do comerciante está, assim, acima do preço de compra não porque aquele esteja acima, mas porque este está abaixo do valor total.

O capital comercial entra, portanto, na equalização da mais-valia de acordo com o lucro médio, embora não na produção dessa mais-valia. Por isso a taxa geral do lucro já contém a dedução da mais-valia que cabe ao capital comercial, ou seja, a dedução do lucro do capital industrial.

Do que foi dito até aqui segue:

1) Quanto maior o capital comercial em relação ao capital industrial, tanto menor a taxa de lucro industrial e vice-versa.

2) Se na Seção I se mostrou que a taxa de lucro sempre expressa uma taxa menor do que a taxa de mais-valia real, isto é, sempre expressa de modo demasiado diminuto o grau de exploração do trabalho, por exemplo, no caso acima, $720_c + 180_v + 180_{mv}$, uma taxa de mais-valia de 100% como sendo uma taxa de lucro de apenas 20%, então essa proporção diverge ainda mais à medida que agora a própria taxa média de lucro, incluindo-se no cálculo a parcela que cabe ao capital comercial, aparece ainda mais uma vez menor, aqui, como 18% em vez de 20%. A taxa média de lucro do capitalista que explora diretamente expressa, portanto, a taxa de lucro como sendo menor do que realmente é.

Com as demais circunstâncias supostas constantes, o volume relativo do capital comercial (o do pequeno negociante, um gênero híbrido, constitui exceção) estará em proporção inversa à velocidade de sua rotação, portanto em proporção inversa à energia do processo de reprodução em geral. No decorrer da análise científica, a formação da taxa geral de lucro aparece como partindo dos capitais industriais e de sua concorrência, sendo somente mais tarde corrigida, complementada e modificada pela ingerência do capital comercial. No andamento do desenvolvimento histórico, a coisa se dá exatamente às avessas. É o capital comercial que primeiro determina os preços das mercadorias mais ou menos pelos valores, e é na esfera da circulação mediadora do processo de reprodução que primeiro se forma uma taxa geral de lucro. O lucro comercial determina originalmente o lucro industrial. Só no momento em que o processo de produção capitalista se impõe e o produtor se torna, ele mesmo, comerciante é que o lucro mercantil se reduz à parte alíquota da mais-valia total que cabe ao capital comercial, como parte alíquota do capital total ocupado no processo de reprodução social.

Na equalização complementar dos lucros pela ingerência do capital comercial, mostrou-se que no valor da mercadoria nenhum elemento adicional entra por meio do capital monetário do comerciante, que o acréscimo do preço, mediante o qual o comerciante faz seu lucro, é apenas igual à parte de valor da mercadoria que o capital produtivo não calculou, deixou de fora no preço de produção da mercadoria. Passa-se, pois, com esse capital monetário, o mesmo que com o capital fixo do capitalista industrial, na medida em que não é consumido e, por isso, seu valor não constitui um elemento do valor da mercadoria. A saber: em seu preço de compra do capital-mercadoria, ele substitui o preço de produção dele $= D$, em dinheiro. Seu preço de venda, como foi desenvolvido anteriormente, é $= D + \Delta D$, expressando ΔD o acréscimo ao preço da mercadoria, determinado pela taxa geral de lucro. Caso venda, pois, a mercadoria, então lhe reflui, além de ΔD, o capital monetário original que adiantou ao comprar as mercadorias. Mais uma vez se manifesta o fato de que seu capital monetário é apenas o capital-mercadoria do capitalista industrial, transformado em capital monetário, que tão pouco pode afetar a grandeza de valor desse capital-mercadoria, como se este último fosse vendido, em vez de ao comerciante, diretamente ao consumidor final. Ele meramente antecipa de fato o pagamento que este faria. Isso só está, no entanto, correto se, como até agora tem sido suposto, o comerciante não tem despesas diversas ou se, fora o capital monetário que ele tem de adiantar para comprar a mercadoria do produtor, não precisa adiantar nenhum outro capital circulante ou fixo no processo de metamorfose das mercadorias, na compra e venda. No entanto, isso não é assim, como se viu no exame dos custos de circulação (Livro 2, cap. 6). E esses custos de circulação se apresentam, em parte, como custos que o comerciante tem a reclamar de outros agentes de circulação e, em parte, como custos que decorrem diretamente de seu negócio específico.

Qualquer que seja a natureza desses custos de circulação, quer se originem do negócio puramente comercial enquanto tal, portanto pertençam aos custos específicos de circulação do comerciante, quer representem itens que se originem de processos de produção suplementares que advêm dentro do processo de circulação, como expedição, transporte, armazenagem etc.: pressupõem, por parte do comerciante, além do capital monetário adiantado à compra de mercadorias, sempre um capital adicional, que foi adiantado na compra e no pagamento desses meios de circulação. À medida que esse elemento de custo consiste em capital circulante, entra totalmente no preço de venda das mercadorias, à medida que consiste em capital fixo, entra, na escala de sua depreciação, como elemento adicional no preço de venda das mercadorias; mas como um elemento que constitui um valor nominal, mesmo quando não constitui nenhuma agregação real de valor da mercadoria, como os custos de circulação puramente comerciais. Quer circulante, quer fixo, todo esse capital adicional entra na formação da taxa geral de lucro.

Os custos de circulação puramente comerciais (portanto com exclusão dos custos para expedição, transporte, armazenagem etc.) se reduzem aos custos necessários para realizar o valor da mercadoria, para transformá-lo seja de mercadoria em dinheiro, seja de dinheiro em mercadoria, para mediar seu intercâmbio. Nisso se abstraem completamente eventuais processos de produção que continuam durante o ato de circulação e dos quais o empreendimento comercial pode existir totalmente separado; como de fato, por exemplo, a indústria real dos transportes e a expedição podem ser ramos industriais completamente distintos do comércio, e na realidade o são, também as mercadorias para comprar e vender podem ser armazenadas nas docas e em outros espaços públicos, e os custos decorrentes, imputados por terceiros ao comerciante à medida que este tem de adiantá-los. Tudo isso se encontra no comércio por atacado propriamente dito, onde o capital comercial aparece do modo mais puro e menos amalgamado com outras funções. O empresário de transportes, o dirigente de ferrovia, o armador não são "comerciantes". Os custos que aqui consideramos são os custos de comprar e vender. Já se observou anteriormente que eles se reduzem ao cálculo, à contabilidade, ao esforço de venda, à correspondência etc. O capital constante exigido para isso consiste em escritório, papel, correio etc. Os outros custos se reduzem a capital variável, que é adiantado para empregar trabalhadores mercantis assalariados. (Despesas de expedição, custos de transporte, adiantamentos de taxas alfandegárias etc. – pode-se considerar em parte que o comerciante os adianta na compra das mercadorias e que, por isso, entram para ele no preço de compra.)

Todos esses custos são efetuados não na produção do valor de uso das mercadorias, mas na realização de seu valor; são custos puros de circulação. Não entram no processo direto de produção, mas no processo de circulação, portanto no processo de reprodução como um todo.

A única parte desses custos que aqui nos interessa é a investida no capital variável. (Além disso, seria preciso examinar: primeiro, como a lei de que só trabalho necessário entra no valor da mercadoria se faz valer no processo de circulação; segundo, como a acumulação aparece no capital comercial; terceiro, como o capital comercial funciona no processo real de reprodução como um todo da sociedade.)

Esses custos decorrem da forma econômica do produto como mercadoria.

Se o tempo de trabalho que os próprios capitalistas industriais perdem para vender diretamente uns aos outros suas mercadorias – portanto, falando objetivamente, o tempo de circulação das mercadorias – não acrescenta valor algum a essas mercadorias, então é claro que esse tempo de trabalho não adquire nenhum outro caráter por caber ao comerciante em vez de ao capitalista industrial. A transformação de mercadoria (produto) em dinheiro e de dinheiro em mercadoria (meios de produção) é função necessária do capital industrial e, portanto, operação necessária do capitalista, que, de fato, é apenas o capital personificado, dotado de consciência e de vontade própria. Mas essas funções não aumentam o valor nem geram mais-valia. O comerciante, ao efetuar essas operações ou ao continuar mediando as funções do capital na esfera da circulação, depois de o capitalista produtivo ter cessado de fazer isso, apenas substitui o capitalista industrial. O tempo de trabalho que essas operações custam é aplicado em operações necessárias no processo de reprodução do capital, mas não agrega valor. Se o comerciante não executasse essas operações (portanto também não empregasse o tempo exigido para isso), então não empregaria seu capital como agente de circulação do capital industrial; ele não daria continuidade à função interrompida do capitalista industrial e, portanto, não poderia participar como capitalista *pro rata* a seu capital adiantado na massa de lucro que é produzida pela classe capitalista industrial. Para poder participar na massa de mais-valia, para valorizar seu adiantamento como capital, o capitalista comercial não precisa empregar trabalhadores assalariados. Se seu negócio e seu capital são pequenos, ele próprio pode ser o único trabalhador que emprega. E pago pela parte do lucro que lhe advém da diferença entre o preço de compra das mercadorias e o preço real de produção.

Por outro lado, sendo pequeno o volume do capital adiantado pelo comerciante, pode ser que o lucro que ele realiza não seja maior, ou seja até mesmo menor, do que o salário de um dos trabalhadores assalariados qualificados mais bem pagos. De fato, ao lado dele funcionam agentes comerciais diretos do capitalista produtivo – compradores, vendedores, viajantes – que têm rendimento igual ou maior, seja na forma de salário, seja na forma de participação no lucro (percentagem, comissão) feita sobre cada venda. No primeiro caso, o comerciante embolsa o lucro mercantil como capitalista autônomo; no outro, parte do lucro é paga ao caixeiro, o assalariado do capitalista industrial, seja na forma de salário, seja na forma de participação proporcional no lucro do capitalista industrial, de quem é agente direto, e nesse caso seu patrão embolsa tanto o lucro comercial quanto o industrial. Mas nos dois casos, embora ao próprio agente de circulação sua receita possa aparecer como mero salário, como pagamento pelo trabalho por ele executado, e, quando assim não aparece, o volume de seu lucro possa se igualar apenas ao salário de um trabalhador mais bem pago, sua receita se origina apenas do lucro mercantil. Isso decorre do fato de seu trabalho não ser trabalho gerador de valor.

O prolongamento do processo de circulação representa para o capitalista industrial: 1) pessoalmente, perda de tempo, na medida em que o impede de executar ele mesmo sua função como dirigente do processo de produção; 2) permanência mais prolongada de seu produto, em forma-dinheiro ou forma-mercadoria, no processo de circulação, portanto num processo em que ele não se valoriza e em que o processo de produção direto é interrompido. Se este não deve ser interrompido, então a produção precisa ser restringida ou é preciso adiantar capital monetário adicional, para que o processo de produção continue sempre na mesma escala. Disso resulta de cada vez que com o capital anterior se faz lucro menor ou que é preciso adiantar capital monetário adicional para fazer o lucro de antes. Tudo isso permanece igual quando, no lugar do capitalista industrial, aparece o comerciante. Em vez de aquele empregar mais tempo no processo de circulação, emprega-o o comerciante; em vez de ele ter de adiantar capital adicional para a circulação, o comerciante o adianta; ou, o que dá no mesmo: em vez de uma parte maior do capital industrial rodar constantemente pelo processo de circulação, é o capital do comerciante que fica inteiramente preso nele; e, em vez de o capitalista industrial fazer menos lucro, ele precisa ceder parte de seu lucro ao comerciante. Na medida em que o capitalista comercial permanece nos limites em que é necessário, a diferença é somente que, por meio dessa divisão da função do capital, menos tempo é exclusivamente empregado no processo de circulação, menos capital adicional é adiantado para ele e a perda no lucro total, que se mostra na figura do lucro mercantil, é menor. Se, no exemplo acima, $720_c + 180_v + 180_{mv}$ ao lado de um capital comercial de 100 deixa ao capitalista industrial um lucro de 162 ou de 18%, causando portanto uma dedução de 18, então o capital adicional necessário, sem essa autonomização, talvez montasse a 200 e teríamos então, como adiantamento total dos capitalistas industriais, 1100 em vez de 900, portanto uma taxa de lucro de apenas $16\frac{4}{11}$% sobre uma mais-valia de 180.

Se o capitalista industrial, que é seu próprio comerciante, além do capital adicional com que compra mercadoria nova antes de seu produto que se encontra na circulação estar retransformado em dinheiro, adiantou ainda capital (custos de escritório e salário para trabalhadores do comércio) para a realização do valor de seu capital-mercadoria, portanto para o processo de circulação, então esses capitais constituem certamente capital adicional, mas não mais-valia. Precisam ser repostos a partir do valor das mercadorias, pois parte do valor dessas mercadorias precisa converter-se de novo nesses custos de circulação; mas, por meio disso, não se forma mais-valia adicional. Em relação ao capital total da sociedade, isso acaba levando efetivamente a que parte do mesmo seja exigida para operações secundárias que não entram no processo de valorização, e essa parte do capital social tem de ser constantemente reproduzida para essas finalidades. Para o capitalista individual e para toda a classe capitalista industrial, a taxa de lucro é diminuída por causa disso, um resultado que segue de qualquer acréscimo de capital adicional, na medida em que isso é exigível para colocar em movimento a mesma massa de capital variável.

À medida que esses custos adicionais vinculados ao próprio negócio de circulação são agora tomados do capitalista industrial pelo comercial, essa diminuição da taxa de lucro também ocorre, só que em menor grau e por outras vias. A coisa se apresenta agora de tal modo que o comerciante adianta mais capital do que seria necessário se esses custos não existissem, e o lucro sobre esse capital adicional eleva a soma do lucro mercantil, portanto o capital comercial entra com volume maior na equalização da taxa média de lucro com o capital industrial; por conseguinte, o lucro médio cai. Se, no exemplo acima, além dos 100 de capital comercial ainda são adiantados 50 de capital adicional para os custos em questão, então a mais-valia total de 180 agora se repartirá sobre um capital produtivo de 900 mais um capital comercial de 150; em conjunto = 1050. A taxa média de lucro cai, portanto, para $17\frac{1}{7}$%. O capitalista industrial vende as mercadorias ao comerciante por $900 + 154\frac{2}{7} = 1054\frac{2}{7}$, e o comerciante vende-as por 1130 (1080 + 50 por custos que ele precisa repor). No restante, é preciso admitir que, à divisão entre capital comercial e capital industrial, está ligada a centralização dos custos comerciais, portanto a diminuição desses custos.

Agora se pergunta: qual é a situação dos trabalhadores assalariados do comércio que o capitalista comercial, aqui o comerciante de mercadorias, ocupa?

De um lado, tal trabalhador comercial é um trabalhador assalariado como qualquer outro. Primeiro, na medida em que o trabalho é comprado com o capital variável do comerciante, e não com o dinheiro gasto como *revenue*, sendo, portanto, comprado não para o serviço privado, mas para fins de autovalorização do capital adiantado nisso. Segundo, à medida que o valor de sua força de trabalho, e portanto de seu salário, é determinado, como no caso dos demais trabalhadores assalariados, pelos custos de produção e de reprodução de sua força de trabalho específica, não pelo produto de seu trabalho.

Mas entre ele e os trabalhadores diretamente ocupados pelo capital industrial deve ocorrer a mesma diferença que ocorre entre o capital industrial e o capital comercial e, portanto, entre o capitalista industrial e o comerciante. Já que o comerciante, como mero agente de circulação, não produz valor nem mais-valia (pois o valor adicional que ele agrega às mercadorias mediante seus custos se reduz a um acréscimo, a um valor preexistente, embora aqui se imponha a questão: como recebe ele, como conserva esse valor de seu capital constante?), então é impossível também que os trabalhadores mercantis por ele ocupados nas mesmas funções criem diretamente mais-valia para ele. Aqui, como no caso dos trabalhadores produtivos, supomos que o salário seja determinado pelo valor da força de trabalho, que, portanto, o comerciante não se enriquece mediante dedução dos salários, de modo que, em seu cálculo de custos, não estabelece um adiantamento por trabalho que ele só pagou em parte: em outras palavras, que não se enriquece logrando seus caixeiros etc.

O que acarreta dificuldades em relação aos trabalhadores assalariados mercantis não é, de modo algum, explicar como eles produzem lucro diretamente para seu empregador, embora não produzam diretamente mais-valia (da qual o lucro é apenas uma forma transmutada). Essa questão já está, de fato, resolvida pela análise geral do lucro mercantil. Exatamente como o capital industrial faz lucro ao vender o trabalho contido nas mercadorias e realizado, pelo qual não pagou nenhum equivalente, assim o capital mercantil o faz ao não pagar inteiramente ao capital produtivo o trabalho não pago que está contido na mercadoria (na mercadoria, na medida em que o capital gasto em sua produção funciona como parte alíquota do capital industrial total), enquanto, ao vender as mercadorias, faz pagar essa parte ainda contida nas mercadorias e não paga por ele. A relação do capital comercial com a mais-valia é diferente da do capital industrial. Este último produz a mais-valia mediante apropriação direta de trabalho alheio não pago. O primeiro se apropria de uma parte dessa mais-valia ao fazer com que essa parte seja transferida pelo capital industrial a ele.

Só mediante sua função de realização dos valores é que o capital comercial funciona no processo de reprodução como capital, e portanto participa como capital funcionante da mais-valia gerada pelo capital total. A massa de seu lucro depende, para o comerciante individual, da massa de capital que pode empregar nesse processo, e pode empregar tanto mais dele em comprar e vender quanto maior o trabalho não pago de seus caixeiros. O capitalista comercial faz com que a própria função por força da qual seu dinheiro é capital seja, em grande parte, executada por seus trabalhadores. O trabalho não pago desses caixeiros, embora não crie mais-valia, cria-lhe apropriação de mais-valia, o que, para esse capital, enquanto resultado, dá exatamente no mesmo; esse trabalho é, portanto, para ele, fonte de lucro. Senão o negócio comercial jamais poderia ser operado em larga escala, de modo capitalista.

Assim como o trabalho não pago do trabalhador cria diretamente mais-valia para o capital produtivo, o trabalho não pago do trabalhador assalariado comercial cria para o capital comercial uma participação naquela mais-valia.

A dificuldade é esta: como o tempo de trabalho e o trabalho do próprio comerciante não criam valor, embora lhe criem participação na mais-valia já gerada, qual é a situação do capital variável que ele despende na compra de força de trabalho comercial? Esse capital variável deve ser incluído como desembolso de custos no capital comercial adiantado? Se não, isso parece contradizer a lei da equalização da taxa de lucro; que capitalista iria adiantar 150 se só pudesse computar 100 como capital adiantado? Se sim, então parece contradizer a essência do capital comercial, já que essa espécie de capital não funciona como capital por colocar em movimento, como o capital industrial, trabalho alheio, mas por ela mesma trabalhar, isto é, por efetuar as funções de comprar e vender, e exatamente por isso e por meio disso transfere para si parte da mais-valia gerada pelo capital industrial.

(É preciso, portanto, investigar os seguintes pontos: o capital variável do comerciante; a lei do trabalho necessário na circulação; como o trabalho do comerciante conserva o valor de seu capital constante; o papel do capital comercial no processo de reprodução como um todo; finalmente, a duplicação em capital-mercadoria e capital monetário, por um lado, e em capital de comércio de mercadorias e capital de comércio de dinheiro, por outro.)

Se cada comerciante só possuísse tanto capital quanto pessoalmente fosse capaz de rotar mediante seu próprio trabalho, então ocorreria uma infindável fragmentação do capital comercial; essa fragmentação teria de crescer na mesma medida em que o capital produtivo, com o desenvolvimento do modo de produção capitalista, produz em maior escala e opera com maiores massas. Por conseguinte, cresceria a desproporção entre ambos. Na mesma medida em que o capital se centralizaria na esfera da produção, ele se descentralizaria na esfera da circulação. O negócio puramente comercial do capitalista industrial e, com isso, seus gastos puramente comerciais se ampliariam assim infindavelmente, ao ter de tratar de cada vez com 1 000 comerciantes, em vez de com 100. Com isso, grande parte da vantagem da autonomização do capital comercial perder-se-ia; além dos custos puramente comerciais, cresceriam também os outros custos de circulação: classificação, expedição etc. Isso no que concerne ao capital industrial. Consideremos agora o capital comercial. Primeiro no que tange aos trabalhos puramente comerciais. Não custa mais tempo calcular com números grandes do que com pequenos. Custa dez vezes mais tempo fazer 10 compras de 100 libras esterlinas do que *uma* compra de 1 000 libras esterlinas. Custa dez vezes mais correspondência, papel, selos corresponder-se com 10 pequenos comerciantes do que com *um* grande. A limitada divisão do trabalho na oficina comercial, onde um cuida dos livros, outro do caixa, um terceiro da correspondência, este compra, aquele vende, este viaja etc., poupa tempo de trabalho em enormes quantidades, de tal modo que o número de trabalhadores comerciais empregados no comércio atacadista não guarda nenhuma proporção com a grandeza relativa do negócio. Esse é o caso pelo qual, no comércio, muito mais do que na indústria, a mesma função, quer operada em grande ou em pequena escala, custa igual tempo de trabalho. Por isso a concentração no negócio comercial aparece historicamente mais cedo do que na oficina industrial. Quanto aos gastos de capital constante, 100 pequenos escritórios custam infinitamente mais do que um grande, 100 pequenos depósitos mais do que um grande etc. Os custos de transporte, que entram ao menos como custos a serem adiantados no negócio, crescem com a fragmentação.

O capitalista industrial teria de despender mais trabalho e maiores custos de circulação na parte comercial de seu negócio. O mesmo capital comercial, se repartido por muitos pequenos comerciantes, exigiria, por causa dessa fragmentação, muito mais trabalhadores para a mediação de suas funções e, além disso, maior capital comercial seria requerido para rotar o mesmo capital-mercadoria.

Chamemos de B todo capital comercial diretamente investido em compra e venda de mercadorias e de b o correspondente capital variável desembolsado no pagamento de trabalhadores auxiliares do comércio; então $B+b$ é menor do que o capital comercial total B teria de ser se cada comerciante se virasse sem ajudantes, se, portanto, parte não estivesse investida em b. No entanto, ainda não resolvemos a dificuldade.

O preço de venda das mercadorias precisa ser suficiente 1) para pagar o lucro médio sobre $B+b$. Isso já se explica pelo fato de $B+b$ ser, sobretudo, uma abreviação do B original, representando um capital comercial menor do que seria necessário sem b. Mas esse preço de venda precisa ser suficiente 2) para repor, além do lucro que agora aparece adicionalmente sobre b, o salário pago, o capital variável do próprio comerciante, $=b$. Este último constitui a dificuldade. Constitui b um novo componente do preço ou é apenas parte do lucro feito com $B+b$ que só aparece como salário em relação ao trabalhador mercantil e em relação ao próprio comerciante como mera reposição de seu capital variável? No último caso, o lucro feito pelo comerciante sobre seu capital adiantado $B+b$ seria apenas igual ao lucro que cabe a B de acordo com a taxa geral, mais b, sendo que este último ele paga na forma de salário, mas em si mesmo não proporciona lucro.

A questão depende, de fato, de encontrar os limites (no sentido matemático) de b. Queremos primeiro fixar exatamente a dificuldade. Chamemos o capital diretamente desembolsado na compra e venda de mercadorias de B; o capital constante que é gasto nessa função (os custos materiais do comércio) de K; e o capital variável que o comerciante desembolsa de b.

A reposição de *B* não oferece nenhuma dificuldade. É, para o comerciante, apenas o preço realizado de compra ou, para o fabricante, o preço de produção. Esse preço é pago pelo comerciante, e ele recebe *B* de volta na revenda, como parte de seu preço de venda; além desse *B*, o lucro sobre *B*, como explicado anteriormente. Por exemplo, a mercadoria custa 100 libras esterlinas. Digamos que o lucro sobre esse valor seja de 10%. Então a mercadoria é vendida por 110. A mercadoria já custava antes 100; o capital comercial só lhe agrega 10.

Tomemos, além disso, *K*: este é no máximo de igual grandeza, mas de fato menor, do que a parte do capital constante que o produtor consumiria na compra e venda; ele constituiria, porém, um adendo ao capital constante de que ele necessita diretamente na produção. Não obstante, essa parte precisa ser reposta constantemente a partir do preço da mercadoria ou, o que dá no mesmo, parte correspondente da mercadoria precisa ser constantemente desembolsada nessa forma – considerando-se o capital total da sociedade –, precisa ser constantemente reproduzida nessa forma. Essa parte do capital constante adiantado, tanto quanto toda a massa do mesmo que está investida diretamente na produção, atuaria também restritivamente sobre a taxa de lucro. Na medida em que o capitalista industrial cede a parte comercial de seu negócio para o comerciante, não precisa adiantar essa parte do capital. Em lugar dele, o comerciante a adianta. Nessa medida, isso é apenas nominal; o comerciante nem produz nem reproduz o capital constante por ele consumido (os custos materiais do comércio). A produção do mesmo aparece como um negócio próprio ou ao menos como parte do negócio de certos capitalistas industriais que, assim, desempenham o mesmo papel que aqueles que fornecem o capital constante aos que produzem meios de subsistência. O comerciante recebe, primeiro a reposição desse capital e, segundo, o lucro sobre ele. Mediante ambos ocorre, portanto, uma diminuição do lucro para o capitalista industrial. Mas, devido à concentração e economia ligadas à divisão do trabalho, em grau menor do que se ele mesmo tivesse de adiantar esse capital. A redução da taxa de lucro é menor porque o capital assim adiantado é menor.

Até agora o preço de venda consiste em $B+K+$ o lucro sobre $B+K$. Essa parte do preço não oferece nenhuma dificuldade de acordo com o visto até aqui. Mas agora vem *b*, ou capital variável, adiantado pelo comerciante.

O preço de venda torna-se, em virtude disso, $B+K+b+$ o lucro sobre $B+K$, $+$ o lucro sobre *b*.

B apenas repõe o preço de compra, mas, além do lucro sobre *B*, não agrega nenhuma parcela a esse preço. *K* não só agrega o lucro sobre *K*, mas o próprio *K*; porém, $K+$ lucro sobre *K*, a parte dos custos de circulação adiantada em forma de capital constante + o lucro médio correspondente, seria maior nas mãos do capitalista industrial do que nas do capitalista comercial. A diminuição do lucro médio aparece na seguinte forma: calculado o lucro médio pleno – depois da dedução de $B+K$ do capital industrial adiantado –, a dedução do lucro médio sobre $B+K$ é paga, no entanto, ao comerciante, de modo que essa dedução aparece como lucro de um capital específico, do capital comercial.

Mas a situação é outra no caso de b + o lucro sobre b ou, no caso dado, como se supõe que a taxa de lucro é = 10%, com $b + \frac{1}{10}b$. E aqui reside a efetiva dificuldade.

O que o comerciante compra com b é, de acordo com o pressuposto, meramente trabalho comercial, portanto trabalho necessário para mediar as funções de circulação do capital, *M–D* e *D–M*. Mas o trabalho comercial é o trabalho geralmente necessário para que um capital funcione como capital comercial, para que medeie a transformação de mercadoria em dinheiro e de dinheiro em mercadoria. É trabalho que realiza valores, mas não cria valores. E só à medida que um capital executa essas funções – portanto, que um capitalista executa essas operações, esse trabalho com seu capital – esse capital funciona como capital comercial e participa na regulação da taxa geral de lucro, isto é, retira seus dividendos do lucro total. Mas em (b + lucro sobre b) parece, primeiro, que é pago o trabalho (pois dá no mesmo se o capitalista industrial o paga ao comerciante pelo próprio trabalho dele ou pelo do funcionário pago pelo comerciante) e, em um segundo momento, o lucro sobre o pagamento desse trabalho, que o próprio comerciante teria de fazer. O capital comercial recebe, primeiro, o reembolso de b e, segundo, o lucro sobre ele; isso se origina do fato de que ele primeiro faz que seja pago o trabalho por meio do qual funciona como capital *comercial* e, segundo, faz que seja pago o lucro, por funcionar como *capital*, isto é, por executar o trabalho que lhe é pago no lucro como capital ativo. Esta é, portanto, a questão a ser resolvida.

Suponhamos $B = 100$, $b = 10$ e a taxa de lucro = 10%. Fazemos $K = 0$ para não levar em conta de novo inutilmente esse elemento já liquidado do preço de compra, cujo lugar não é aqui. Então o preço de venda seria $B + l + b + l$ ($= B + Bl' + b + bl'$, sendo l' a taxa de lucro) $= 100 + 10 + 10 + 1 = 121$.

Mas, se b não fosse desembolsado em salários pelo comerciante – já que b só é pago por trabalho comercial, portanto por trabalho necessário à realização do valor do capital-mercadoria que o capital industrial lança no mercado –, então a coisa ficaria assim: para comprar ou vender por $B = 100$, o comerciante despenderia seu tempo, e vamos supor que esse é o único tempo do qual dispõe. O trabalho comercial, que é representado por b ou 10, se fosse pago não por salário, mas por lucro, pressuporia outro capital comercial = 100, já que este, a 10%, é $= b = 10$. Esse segundo

$B=100$ não entraria adicionalmente no preço da mercadoria, mas sim os 10%. Duas operações de 100 cada uma, $=200$, comprariam, pois, mercadoria por $200+20=220$.

Como o capital comercial é apenas uma forma autonomizada de parte do capital industrial que funciona no processo de circulação, todas as questões relativas a ele têm de ser resolvidas colocando-se inicialmente o problema na forma em que os fenômenos peculiares do capital comercial ainda não aparecem autonomamente, mas em conexão direta com o capital industrial, como ramo dele. Como escritório, diferentemente da oficina, o capital comercial funciona continuamente no processo de circulação. Aqui se deve, então, investigar inicialmente o *b* agora em questão: no escritório do próprio capitalista industrial.

Desde o começo, esse escritório é sempre infimamente pequeno em face da oficina industrial. No restante, está claro: à medida que a escala de produção se amplia, multiplicam-se as operações comerciais que constantemente precisam ser efetuadas para a circulação do capital industrial, tanto para vender o produto existente na figura de capital-mercadoria quanto para transformar o dinheiro obtido de novo em meios de produção e contabilizar tudo. Cálculo de preço, contabilidade, controle de caixa, correspondência: tudo isso se encontra aqui. Quanto mais desenvolvida a escala de produção, tanto maiores, ainda que de modo algum proporcionalmente, são as operações comerciais do capital industrial, portanto também o trabalho e os demais custos de circulação para a realização do valor e da mais-valia. Assim se torna necessário empregar trabalhadores assalariados comerciais, que constituem o escritório propriamente dito. O gasto com os mesmos, embora feito em forma de salário, diferencia-se do capital variável, que é gasto na compra de trabalho produtivo: multiplica os gastos do capitalista industrial, a massa do capital a ser adiantado, sem multiplicar diretamente a mais-valia. Pois é um gasto, pago por trabalho, que só é empregado na realização de valores já criados. Como qualquer outro gasto dessa espécie, também este diminui a taxa de lucro, porque o capital adiantado cresce, mas não a mais-valia. Se a mais-valia mv permanece constante, mas o capital adiantado C aumenta para $C+\Delta C$, então, em lugar da taxa de lucro $\frac{mv}{C}$, aparece a taxa de lucro menor $\frac{mv}{C+\Delta C}$. O capitalista industrial procura, portanto, limitar esses custos de circulação, assim como suas despesas com capital constante, ao mínimo. O capital industrial não se relaciona, pois, do mesmo modo com seus trabalhadores assalariados comerciais e com seus trabalhadores assalariados produtivos. Quantos mais destes últimos forem empregados, com as demais circunstâncias constantes, tanto mais ampla a produção, tanto maior a mais-valia ou lucro. E o inverso, em caso contrário. Quanto maior a escala da produção e quanto maior o valor, e por conseguinte a mais-valia, a serem realizados, quanto maior, portanto, o capital-mercadoria produzido, tanto mais crescem em termos absolutos, ainda que não em termos relativos, os custos de escritório, estimulando uma espécie de divisão do trabalho. O quanto o lucro é o pressuposto desses gastos mostra-se, entre outras coisas, no fato de que, com o crescimento do salário comercial, frequentemente parte dele passa a ser paga como percentagem dos lucros. É da natureza da coisa que um trabalho que consista apenas nas operações mediadoras, que estão ligadas em parte com o cálculo dos valores, em parte com a sua realização, em parte com a retransformação do dinheiro realizado em meios de produção cujo volume depende, portanto, da grandeza dos valores produzidos e a serem realizados, que tal trabalho não atue como causa, como o trabalho diretamente produtivo, mas como consequência das respectivas grandezas e massas desses valores. A situação de outros custos de circulação é semelhante. Para medir, pesar, empacotar, transportar muito, é preciso dispor de muito; a quantidade de trabalho de acondicionamento e transporte etc. depende da massa das mercadorias, que são o objeto de sua atividade, e não vice-versa.

O trabalhador comercial não produz diretamente mais-valia. Mas o preço de seu trabalho é determinado pelo valor de sua força de trabalho, portanto por seus custos de produção, ao passo que o exercício dessa força de trabalho enquanto tensão, dispêndio de força e desgaste, como no caso de qualquer outro trabalhador assalariado, não é de modo algum limitado pelo valor de sua força de trabalho. Seu salário não guarda, portanto, nenhuma relação necessária com a massa do lucro que ele ajuda o capitalista a realizar. O que custa ao capitalista e o que lhe rende são grandezas diferentes. Rende-lhe não por produzir diretamente mais-valia, mas ao ajudá-lo a diminuir os custos da realização de mais-valia, à medida que ele executa trabalho em parte não pago. O trabalhador comercial propriamente dito pertence à classe mais bem paga dos trabalhadores assalariados, aqueles cujo trabalho é trabalho qualificado, estando acima do trabalho médio. No entanto, o salário tem a tendência a cair, mesmo em relação ao trabalho médio, com o progresso do modo de produção capitalista. Em parte pela divisão do trabalho dentro do escritório; por isso se pode produzir apenas desenvolvimento unilateral da capacidade de trabalho, e os custos dessa produção nada custam ao capitalista, pois a habilidade do trabalhador se desenvolve mediante a própria função e tanto mais rapidamente quanto mais unilateral se torna a divisão do trabalho. Em segundo lugar, porque a formação preparatória, os conhecimentos comerciais e linguísticos etc. são reproduzidos, com o progresso da ciência e da educação popular, de maneira cada vez mais rápida, fácil, geral e barata, quanto mais o modo de produção capitalista orienta os métodos pedagógicos etc. para a prática. A generalização do ensino popular permite recrutar essa espécie entre classes que antes estavam excluídas, acostumadas a um modo de vida pior. Ademais, ela aumenta o afluxo e, com isso, a concorrência. Com algumas exceções, com o avanço da produção capitalista, desvaloriza-se a força de trabalho dessa gente; seu salário cai, enquanto sua capacidade de trabalho aumenta. O capitalista aumenta o número desses trabalhadores quando há mais valor e lucro a serem realizados. O aumento desse trabalho é sempre efeito, jamais causa do aumento da mais-valia.[39][a]

Ocorre, portanto, uma duplicação. Por um lado, as funções enquanto capital-mercadoria e capital monetário (determinado, portanto, mais amplamente como capital comercial) são determinações formais gerais do capital industrial. Por outro lado, capitais específicos, portanto também séries específicas de capitalistas, atuam com exclusividade nessas funções; e, assim, essas funções tornam-se esferas específicas da valorização do capital.

As funções comerciais e os custos de circulação só se encontram autonomizados para o capital mercantil. O lado voltado para a circulação do capital industrial não só existe em seu ser constante, como capital-mercadoria e capital monetário, mas também no escritório ao lado da oficina. Mas ele se autonomiza para o capital mercantil. Para este, o escritório constitui sua única oficina. A parte do capital empregada na forma de custos de circulação aparece, no caso do grande comerciante, como sendo muito maior do que no do industrial, porque, além do escritório comercial próprio, que está ligado a cada oficina industrial, a parte do capital que teria de ser aplicada assim por toda a classe dos capitalistas industriais está concentrada nas mãos de alguns comerciantes, que, assim como providenciam o prosseguimento das funções de circulação, providenciam também o prosseguimento dos custos de circulação delas derivado.

Ao capital industrial, os custos de circulação parecem ser e são falsos custos. Ao comerciante, eles aparecem como fonte de lucro, que – pressupondo-se a taxa geral de lucro – é proporcional à grandeza desses custos. O dispêndio a ser feito nesses custos de circulação é, por isso, para o capital mercantil, um investimento produtivo. Portanto, também o trabalho comercial que compra é, para ele, diretamente produtivo.

CAPÍTULO 18

A ROTAÇÃO DO CAPITAL COMERCIAL. OS PREÇOS

A rotação do capital industrial é a unidade de seu tempo de produção e de circulação e, por isso, abrange todo o processo de produção. A rotação do capital comercial, no entanto, como de fato ele é apenas o movimento autonomizado do capital-mercadoria, representa somente a primeira fase da metamorfose da mercadoria, *M–D*, como movimento de um capital específico que reflui para si mesmo; *D–M*, *M–D* no sentido comercial, como rotação do capital mercantil. O comerciante compra, transforma seu dinheiro em mercadoria, depois vende, transforma a mesma mercadoria novamente em dinheiro e assim por diante, em repetição constante. Dentro da circulação, a metamorfose do capital industrial sempre se apresenta como M_1–*D*–M_2; o dinheiro obtido a partir da venda de M_1 da mercadoria produzida é empregado para comprar M_2, novos meios de produção; esse é o verdadeiro intercâmbio de M_1 e M_2, e o mesmo dinheiro troca, assim, duas vezes de mãos. Seu movimento medeia o intercâmbio de duas mercadorias de espécies diferentes, M_1 e M_2. Mas, no caso do comerciante, em *D–M–D'* a mesma mercadoria muda, inversamente, duas vezes de mãos; ela apenas medeia o refluxo do dinheiro para ele.

Se, por exemplo, o capital comercial é de 100 libras esterlinas e o comerciante compra mercadoria por essas 100 libras esterlinas, depois vende essa mercadoria por 110 libras esterlinas, então esse seu capital de 100 fez uma rotação, e o número de rotações por ano depende de quantas vezes esse movimento *D–M–D'* é repetido no ano.

Aqui abstraímos completamente os custos que possam estar contidos na diferença entre preço de compra e preço de venda, já que esses custos nada alteram na forma que aqui inicialmente temos de considerar.

O número de rotações de dado capital comercial é aqui, portanto, completamente análogo à repetição dos giros do dinheiro como mero meio de circulação. Assim como o mesmo táler que gira dez vezes compra dez vezes seu valor em mercadorias, assim o mesmo capital monetário do comerciante, por exemplo 100 [libras esterlinas], se ele gira dez vezes, compra dez vezes seu valor em mercadorias ou realiza um capital-mercadoria total de valor decuplicado = 1 000. A diferença, porém, é a seguinte: no giro do dinheiro como meio de circulação, é a mesma peça monetária que corre por diferentes mãos, portanto efetua a mesma função repetidamente e, assim, pela velocidade da circulação, substitui a massa de peças monetárias circulantes. Mas, no caso do comerciante, é o mesmo capital monetário, não importa de quais peças monetárias ele seja composto, é o mesmo valor monetário que repetidamente compra e vende capital-mercadoria no montante de seu valor e, por isso, reflui repetidamente para as mesmas mãos como $D+\Delta D$, voltando a seu ponto de partida como valor somado à mais-valia. Isso caracteriza sua rotação como rotação de capital. Ele retira constantemente da circulação mais dinheiro do que lança nela. É, aliás, evidente por si que, com rotação acelerada do capital comercial (onde também a função do dinheiro como meio de pagamento prepondera com um sistema desenvolvido de crédito), também a mesma massa de dinheiro circula com maior rapidez.

A rotação repetida do capital de comércio de mercadorias nunca expressa, porém, outra coisa além da repetição de compras e vendas; enquanto a repetida rotação do capital industrial expressa a periodicidade e a renovação do processo de reprodução como um todo (em que o processo de consumo está incluído). Isso aparece, no entanto, para o capital comercial apenas como condição externa. O capital industrial tem de lançar constantemente mercadorias no mercado e retirá-las novamente dele para que a rotação rápida do capital comercial continue possível. Se o processo de reprodução é em geral lento, assim o é a rotação do capital comercial. É certo que o capital comercial medeia a rotação do capital produtivo; mas só enquanto reduz o tempo de circulação do mesmo. Não atua diretamente sobre o tempo de produção, que constitui igualmente uma barreira para o tempo de rotação do capital industrial. Essa é a primeira limitação para a rotação do capital comercial. Em segundo lugar, porém, abstraindo-se a barreira constituída pelo consumo reprodutivo, essa rotação é finalmente limitada pela velocidade e pelo volume do consumo individual total, já que toda a parte do capital-mercadoria que entra no fundo de consumo depende disso.

Acontece, porém (abstraindo-se completamente as rotações dentro do mundo comercial, onde um comerciante sempre vende a mesma mercadoria a outro e onde essa espécie de circulação pode parecer muito florescente em épocas de especulação), que o capital comercial reduz, primeiro, a fase $M–D$ para o capital produtivo. Em segundo lugar, com o moderno sistema de crédito, o capital comercial dispõe de grande parte do capital monetário total da sociedade, de modo que pode repetir suas compras antes de ter vendido definitivamente o que já foi comprado; no que é indiferente se nosso comerciante vende diretamente ao último consumidor ou se entre ambos estão 12 outros comerciantes. Com a enorme elasticidade do processo de reprodução, que pode ser constantemente impelido para além de qualquer barreira dada, o comerciante não encontra nenhuma barreira na própria produção ou apenas uma muito elástica. Além da separação de $M–D$ e $D–M$, que segue da natureza da mercadoria, cria-se aqui, portanto, uma demanda fictícia. Apesar de sua autonomização, o movimento do capital comercial é apenas o movimento do capital industrial dentro da esfera da circulação. Mas, por força de sua autonomização, ele se movimenta, dentro de certos limites, independentemente das barreiras do processo de reprodução, por isso o impele para além de suas próprias barreiras. A dependência interna e a autonomia externa impelem o capital comercial até um ponto em que a conexão interna é restabelecida à força, mediante uma crise.

Daí o fenômeno que ocorre nas crises, de que estas não se manifestam nem irrompem primeiro no comércio varejista, que trata do consumo imediato, mas nas esferas do comércio atacadista e dos bancos, que colocam à disposição deste o capital monetário da sociedade.

O fabricante pode realmente vender ao exportador e este novamente a seus clientes estrangeiros, o importador pode vender suas matérias-primas ao fabricante, este, seus produtos ao atacadista etc. Mas em algum ponto isolado invisível a mercadoria jaz sem estar vendida; ou, noutra ocasião, todos os produtores e intermediários acabam pouco a pouco com estoques excessivos. O consumo costuma se encontrar, então, em sua máxima florescência, em parte porque um capitalista industrial põe uma série de outros em movimento, em parte porque os trabalhadores por eles ocupados, plenamente ocupados, têm mais para gastar do que habitualmente. Com a receita dos capitalistas, aumenta igualmente sua despesa. Além disso, como vimos (Livro 2, Seção III), há uma circulação contínua entre capitais constantes (mesmo abstraindo a acumulação acelerada) que, em primeira instância, é independente do consumo individual, na medida em que jamais entra nele; no entanto, é definitivamente limitada por ele, pois a produção de capital constante jamais ocorre por si mesma, porque mais dele é necessitado nas esferas da produção cujos produtos entram no consumo individual. Isso pode, no entanto, seguir tranquilamente seu curso por certo tempo, excitado pela demanda prospectiva, e, nesses ramos, os negócios de comerciantes e industriais prosseguem com muita vivacidade. A crise irrompe assim que os refluxos dos comerciantes, que vendem a distância (ou cujos estoques tenham-se acumulado também no país), se tornem tão lentos e escassos que os bancos urjam o pagamento ou que as letras de câmbio contra as mercadorias compradas vençam antes que a revenda tenha ocorrido. Então começam as vendas forçadas, vendas para pagar. E com isso vem o colapso, que subitamente põe fim à aparente prosperidade.

Mas a alienação e a irracionalidade da rotação do capital comercial são ainda maiores porque a rotação do mesmo capital comercial pode mediar simultânea ou sucessivamente as rotações de capitais produtivos muito diferentes.

A rotação do capital comercial pode mediar, no entanto, não só rotações de diferentes capitais industriais, mas também a fase oposta da metamorfose do capital-mercadoria. O comerciante compra, por exemplo, o linho do fabricante e o vende ao branqueador. Aqui a rotação do mesmo capital comercial – de fato o mesmo *M–D*, a realização do linho – representa, por conseguinte, duas fases opostas para dois capitais industriais diferentes. Na medida em que o comerciante vende em geral para o consumo produtivo, seu *M–D* representa sempre o *D–M* de um capital industrial, e seu *D–M* sempre o *M–D* de outro capital industrial.

Se, como ocorre neste capítulo, omitimos *K*, os custos de circulação, a parte do capital que o comerciante adianta além da soma desembolsada na compra das mercadorias, então naturalmente também *ΔK* é excluído, o lucro adicional que ele faz sobre esse capital adicional. Esse é o modo estritamente lógico e matematicamente correto de considerar isso, quando se trata de ver como lucro e rotação do capital comercial afetam os preços.

Se o preço de produção de 1 libra de açúcar é 1 libra esterlina, então o comerciante poderia, com 100 libras esterlinas, comprar 100 libras de açúcar. Se compra e vende no transcurso do ano esse *quantum* e se a taxa média anual de lucro é de 15%, então ele acresceria 15 libras esterlinas a 100 libras esterlinas e 3 xelins a 1 libra esterlina, o preço de produção de 1 libra. Venderia, portanto, a libra de açúcar por 1 libra esterlina e 3 xelins. Se o preço de produção de 1 libra de açúcar caísse para 1 xelim, então o comerciante compraria com 100 libras esterlinas 2 000 libras e venderia a libra por 1 xelim e $1\frac{4}{5}$ pence. Depois como antes, o lucro anual do capital desembolsado de 100 libras esterlinas no negócio do açúcar seria = 15 libras esterlinas. Só que, num caso, ele precisa vender 100 libras, no outro, 2 000 libras. O nível, alto ou baixo, do preço de produção nada teria a ver com a taxa de lucro; mas esse nível seria decisivo para o tamanho da parte alíquota do preço de venda de cada libra-peso de açúcar que se resolve em lucro comercial; isto é, o acréscimo de preço que o comerciante pratica sobre determinado *quantum* de mercadoria (produto). Se o preço de produção de uma mercadoria é baixo, também o é a soma que o comerciante adianta em seu preço de compra, isto é, para determinada massa da mesma, e, portanto, com dada taxa de lucro, o montante de lucro que ele concretiza sobre esse dado *quantum* de mercadoria mais barata; ou, o que dá no mesmo, pode comprar, com dado capital, por exemplo de 100, uma grande massa dessas mercadorias baratas, e o lucro total de 15, que faz sobre os 100, se reparte em pequenas frações sobre cada unidade dessa massa de mercadorias. E vice-versa. Isso depende completamente da maior ou menor produtividade do capital industrial, com cujas mercadorias comercia. Excluindo-se casos em que o comerciante seja monopolista e, ao mesmo tempo, monopolize a produção, como, em sua época, a Companhia Holandesa das Índias Orientais,[I] nada pode ser mais absurdo do que a concepção corrente de que depende do comerciante se quer vender muita mercadoria com pouco lucro ou pouca mercadoria com muito lucro. Os dois limites para seu preço de venda são: por um lado, o preço de produção da mercadoria, sobre o qual não dispõe; por outro lado, a taxa média de lucro, sobre a qual tampouco dispõe. A única coisa sobre a qual tem de decidir, sobre a qual, porém, a grandeza de seu capital disponível e outras circunstâncias influem, é se vai comerciar mercadorias mais caras ou mais baratas. Por isso, sua escolha depende completamente do grau de desenvolvimento do modo de produção capitalista – e não das preferências do comerciante. Só uma companhia meramente comercial, como a antiga Companhia Holandesa das Índias Orientais, que tinha o monopólio da produção, podia imaginar que daria continuidade, sob condições totalmente diversas, a um método que, no máximo, correspondia aos primórdios da produção capitalista.[40]

O que mantém de pé esse preconceito popular – que, como todas as concepções falsas sobre lucro etc., se origina da visão do mero comércio e do preconceito comercial – são, entre outras, as seguintes circunstâncias:

Primeira: fenômenos da concorrência, mas que só afetam a repartição do lucro mercantil entre os comerciantes individuais, possuidores de parcela do capital comercial total; se, por exemplo, um vende mais barato para eliminar de campo seus adversários.

Segunda: um economista do calibre do Prof. Roscher ainda pode, em Leipzig, imaginar que foram razões "de sensatez e humanidade" que produziram a alteração nos preços de venda e que esta não foi mesmo um resultado de revolucionamento do modo de produção.[II]

I A Companhia Holandesa das Índias Orientais foi fundada em 1602. Ela obteve do governo holandês o monopólio do comércio com as Índias Orientais, mas teve de lutar continuamente contra a concorrência portuguesa e inglesa. A Companhia foi uma ferramenta importante da burguesia neerlandesa para a criação de um império colonial próprio na Indonésia. Seus lucros desempenharam papel significativo na acumulação primitiva do capital nos Países Baixos. No fim do século XVII começou a decadência da Companhia. Repetidas revoltas da população oprimida, que foram cruelmente esmagadas, despovoamento progressivo do país, altos gastos com as guarnições crescentes e retrocesso geral do antigo poder e da significação política da Holanda levaram finalmente ao colapso da Companhia Holandesa das Índias Orientais; em 1789 ela foi dissolvida. [N. E. A.]

II W. Roscher, *Die Grundlagen der Nationalökonomie*, 3ª ed. Stuttgart/ Augsburg, 1858, p. 192. [N. E. A.]

Terceira: caso os preços de produção caiam em decorrência de elevação da força produtiva do trabalho, caindo também os preços de venda, então a demanda sobe, com frequência, ainda mais rapidamente do que a oferta e, com ela, os preços de mercado, de modo que os preços de venda proporcionam mais do que o lucro médio.

Quarta: um comerciante pode baixar o preço de venda (o que sempre é apenas redução do lucro habitual que ele acresce ao preço) para rotar um capital maior mais rapidamente em seu negócio. Tudo isso são coisas que só importam à concorrência entre os próprios comerciantes.

Já se demonstrou no Livro 1 [pp. 468-76] que o nível alto ou baixo dos preços das mercadorias não determina a massa de mais-valia que dado capital produz nem a taxa de mais-valia; embora, conforme o *quantum* relativo de mercadoria que dado *quantum* de trabalho produz, o preço da mercadoria individual – e com isso também a parte de mais-valia desse preço – seja maior ou menor. Os preços de cada *quantum* de mercadoria são determinados, na medida em que correspondem aos valores, pelo *quantum* total de trabalho objetivado nessas mercadorias. Caso se objetive pouco trabalho em muita mercadoria, então o preço da mercadoria individual é baixo, e é pequena a mais-valia nela contida. De que modo o trabalho corporificado numa mercadoria se divide em trabalho pago e não pago, qual o *quantum* desse preço que representa a mais-valia, nada tem a ver com esse *quantum* total de trabalho, portanto nem com o preço da mercadoria. A taxa de mais-valia não depende, porém, da grandeza absoluta da mais-valia contida no preço da mercadoria individual, mas de sua grandeza relativa, de sua relação com o salário que está contido na mesma mercadoria. A taxa pode, pois, ser grande, embora a grandeza absoluta da mais-valia para cada mercadoria individual seja pequena. Essa grandeza absoluta da mais-valia em cada mercadoria individual depende, em primeira instância, da produtividade do trabalho e, só em segunda instância, de sua divisão em pago e não pago.

Ora, no caso do preço de venda comercial, o preço de produção é um dado exterior.

O alto nível dos preços comerciais das mercadorias em tempos passados devia-se: 1) ao alto nível dos preços de produção, isto é, à improdutividade do trabalho; 2) à falta de uma taxa geral de lucro, ao capital comercial apoderar-se de uma cota de mais-valia muito mais elevada do que lhe teria correspondido, caso houvesse uma mobilidade geral dos capitais. A cessação desse estado de coisas é, em ambos os aspectos, resultado do desenvolvimento do modo de produção capitalista.

As rotações do capital comercial são mais longas ou mais curtas, seu número por ano é, portanto, maior ou menor em diferentes ramos de comércio. Dentro do mesmo ramo comercial, a rotação é mais rápida ou mais lenta em diferentes fases do ciclo econômico. Não obstante, ocorre um número médio de rotações, que se encontra pela experiência.

Já se viu que a rotação do capital comercial é diferente da do capital industrial. Isso decorre da natureza da coisa; uma fase isolada na rotação do capital industrial aparece como rotação completa de um capital comercial próprio ou de parte do mesmo. Ela também está em outra relação com a determinação do lucro e do preço.

No caso do capital industrial, a rotação expressa, por um lado, a periodicidade da reprodução e, por isso, depende dela a massa das mercadorias que, em determinado período, são lançadas no mercado. Por outro lado, o tempo de circulação constitui um limite, na verdade um limite elástico, que atua de modo mais ou menos restritivo sobre a formação de valor e de mais-valia, porque afeta o volume do processo de produção. Por isso, a rotação intervém determinando, não como elemento positivo, mas restritivo, a massa de mais-valia anualmente produzida e, portanto, a formação da taxa geral de lucro. Por outro lado, a taxa média de lucro é uma grandeza dada para o capital comercial. Ele não atua diretamente na criação do lucro ou da mais-valia e só intervém como determinante da formação da taxa geral de lucro à medida que, conforme a parte que constitui do capital total, retira seus dividendos da massa do lucro produzido pelo capital industrial.

Quanto maior o número de rotações de um capital industrial, sob as condições desenvolvidas no Livro 2, Seção II, tanto maior é a massa de lucro que ele forma. Por meio do estabelecimento da taxa geral de lucro, por certo o lucro total é repartido entre os diferentes capitais não conforme a proporção em que participam diretamente em sua produção, mas de acordo com as partes alíquotas que constituem do capital total, ou seja, na proporção de sua grandeza. Isso nada muda, no entanto, a essência da coisa. Quanto maior o número de rotações do capital industrial total, tanto maior a massa de lucro, a massa de mais-valia anualmente produzida e, portanto, com as demais circunstâncias iguais, a taxa de lucro. Outro é o caso do capital comercial. Para este, a taxa de lucro é uma grandeza dada, determinada, por um lado, pela massa de lucro produzida pelo capital industrial e, por outro, pela grandeza relativa do capital comercial total, por sua relação quantitativa com a soma do capital adiantado nos processos de produção e de circulação. O número de suas rotações atua, em todo caso, de modo determinante sobre sua relação com o capital total ou sobre a grandeza relativa do capital comercial, necessário à circulação, sendo claro que a grandeza absoluta do capital comercial necessário e da velocidade de rotação do mesmo estão em proporção inversa; sua grandeza relativa ou a parcela que constitui do capital total é dada, porém, por sua grandeza absoluta, com as demais circunstâncias constantes. Se o capital total é 10 000, então, caso o capital comercial seja 1/10 do mesmo, ele é = 1 000; se o capital total é 1 000, então 1/10 do mesmo = 100. Nessa medida, sua grandeza absoluta é diferente, embora sua grandeza relativa continue a mesma, diferenciando-se de acordo com a grandeza do capital total. Mas aqui admitimos sua grandeza relativa, digamos 1/10 do capital total, como dada. Essa sua própria grandeza relativa é determinada, por sua vez, pela rotação. Com rotação rápida, sua grandeza absoluta é, por exemplo = 1 000 libras esterlinas no primeiro caso, = 100 no segundo, portanto sua grandeza relativa = 1/10. Com rotação mais lenta, sua grandeza absoluta é, digamos, = 2 000 no primeiro caso e = 200 no segundo. Portanto, sua grandeza relativa aumentou de 1/10 para 1/5 do capital total. Circunstâncias que abreviam a rotação média do capital comercial, por exemplo o desenvolvimento dos meios de transporte, diminuem *pro rata* a grandeza absoluta do capital comercial e elevam, assim, a taxa geral de lucro. E vice-versa. O modo de produção capitalista desenvolvido, se comparado com condições antigas, atua duplamente sobre o capital comercial; o mesmo *quantum* de mercadorias passa a ser rotado com massa menor de capital comercial realmente funcionante; devido à rotação mais rápida do capital comercial e à maior velocidade do processo de reprodução, sobre a qual aquele se baseia, diminui a proporção do capital comercial para o capital industrial. Por outro lado: com o desenvolvimento do modo de produção capitalista, toda produção se torna produção de mercadorias e, por isso, todo produto cai nas mãos dos agentes da circulação; ao que acresce o fato de que, no caso de modo de produção mais antigo, que produzia em pequena escala – abstraindo-se a massa de produtos consumidos diretamente *in natura* pelo próprio produtor e a massa de serviços efetuados *in natura* –, uma parte muito grande dos produtores vendia sua mercadoria diretamente aos consumidores ou trabalhava por encomenda pessoal dos mesmos. Embora, por conseguinte, em modos de produção anteriores, o capital comercial seja proporcionalmente maior em relação ao capital-mercadoria que rota, é:

1) menor em termos absolutos, porque uma parte desproporcionalmente menor do produto total é produzida como mercadoria, tem de entrar como capital-mercadoria na circulação e cai nas mãos dos comerciantes; é menor porque o capital-mercadoria é menor. É, porém, ao mesmo tempo proporcionalmente maior, não só por causa da maior lentidão de sua rotação, mas em relação à massa de mercadorias que rota. É maior porque o preço dessa massa de mercadorias, portanto também o capital comercial a ser adiantado sobre ela, em decorrência da menor produtividade do trabalho, é maior do que na produção capitalista; por isso, o mesmo valor se apresenta numa massa menor de mercadorias.

2) Não só é produzida maior massa de mercadorias com base no modo de produção capitalista (no que é preciso levar em conta o valor mais reduzido dessa massa de mercadorias), mas a mesma massa de produto, por exemplo, de cereais, constitui massa maior de mercadorias, isto é, uma parte cada vez maior dela entra no comércio. Em decorrência disso, cresce não só a massa de capital comercial, mas de modo geral todo o capital que é investido na circulação, por exemplo na navegação, em ferrovias, telégrafos etc.

3) Mas, e este é um ponto de vista cujo desenvolvimento cabe na "concorrência dos capitais": o capital comercial que não funciona, ou que só o faz pela metade, cresce com o progresso do modo de produção capitalista, com a facilidade de se inserir no comércio varejista, com a especulação e o excesso de capital liberado.

Mas, pressupondo-se como dada a grandeza relativa do capital comercial em relação ao capital total, a diversidade das rotações em diferentes ramos comerciais não influi na grandeza do lucro total que cabe ao capital comercial nem sobre a taxa geral de lucro. O lucro do comerciante é determinado não pela massa do capital-mercadoria que ele rota, mas pela grandeza do capital monetário que adianta para a mediação dessa rotação. Se a taxa geral de lucro por ano é 15% e o comerciante adianta 100 libras esterlinas, então, se seu capital rota uma vez por ano, ele venderá sua mercadoria por 115. Se seu capital rota cinco vezes ao ano, então venderá um capital-mercadoria com preço de compra de 100, cinco vezes ao ano, por 103, portanto no ano todo venderá um capital-mercadoria de 500 por 515. Isso proporciona, porém, sobre seu capital adiantado de 100, depois como antes, um lucro anual de 15. Se não fosse esse o caso, então o capital comercial daria, em relação ao número de suas rotações, lucro muito mais elevado do que o capital industrial, o que contradiz a lei da taxa geral de lucro.

O número de rotações do capital comercial em diferentes ramos comerciais afeta, pois, diretamente, os preços mercantis das mercadorias. O acréscimo mercantil do preço, da parte alíquota do lucro mercantil de dado capital, a qual grava o preço de produção da mercadoria individual, está em proporção inversa ao número de rotações ou à velocidade de rotação dos capitais comerciais em diferentes ramos de negócios. Se um capital comercial rota cinco vezes ao ano, então agrega ao capital-mercadoria, de igual valor, apenas ⅕ do aditamento que outro capital mercantil, que pode rotar apenas uma vez ao ano, agrega a um capital-mercadoria de igual valor.

A forma pela qual os preços de venda são afetados pelo tempo médio de rotação dos capitais em diferentes ramos comerciais reduz-se a que, em proporção a essa velocidade de rotação, a mesma massa de lucro – que, com dada grandeza do capital comercial, é determinada pela taxa geral de lucro anual, sendo, portanto, determinada independentemente do caráter especial da operação comercial desse capital – se reparte de maneira diversa sobre massas mercantis de mesmo valor; agrega, por exemplo, com cinco rotações ao ano, $^{15}/_{5} = 3\%$, ao passo que com uma rotação ao ano agrega 15%.

A mesma percentagem de lucro comercial em diferentes ramos comerciais eleva, portanto, conforme a relação de seus tempos de rotação, os preços de venda das mercadorias em percentagens completamente diversas, calculadas sobre o valor dessas mercadorias.

No caso do capital industrial, no entanto, o tempo de rotação não influi de maneira alguma sobre a grandeza de valor das mercadorias individuais produzidas, embora afete a massa de valores e de mais-valia produzidos por dado capital em dado tempo, porque afeta a massa de trabalho explorado. Isso, no entanto, se oculta e parece ser diferente assim que se consideram os preços de produção, mas só porque os preços de produção das diferentes mercadorias, de acordo com leis anteriormente desenvolvidas, divergem de seus valores. Caso se considere o processo de produção como um todo, a massa de mercadorias produzida pelo capital industrial total, então se verifica logo que a lei geral é confirmada.

Portanto, enquanto um exame mais acurado da influência do tempo de rotação sobre a formação de valor no caso do capital industrial nos reconduz à lei geral e à base da Economia Política, no sentido de que os valores das mercadorias são determinados pelo tempo de trabalho nelas contido, a influência das rotações do capital comercial sobre os preços mercantis revela fenômenos que, sem uma ampla análise dos termos intermediários, parecem pressupor uma determinação puramente arbitrária dos preços; ou, mais precisamente, uma determinação decorrente do fato de que o capital estaria firmemente decidido a obter determinado *quantum* de lucro por ano. Parece, em virtude dessa influência das rotações, como se o processo de circulação enquanto tal determinasse os preços das mercadorias, independentemente, dentro de certos limites, do processo de produção. Todas as concepções superficiais e errôneas do processo de reprodução como um todo são tomadas do exame do capital comercial e das representações que seus movimentos peculiares provocam na cabeça dos agentes de circulação.

Se, como o leitor certamente reconheceu, para seu pesar, a análise das reais conexões íntimas do processo de produção capitalista é uma coisa muito complicada e um trabalho muito circunstanciado; se é uma tarefa da ciência reduzir o movimento visível e apenas aparente ao movimento real interno, então é evidente que, na cabeça dos agentes capitalistas da produção e da circulação, têm de se constituir representações sobre as leis da produção que divergem completamente dessas leis e que são apenas a expressão consciente do movimento aparente. As representações de um comerciante, de um especulador da Bolsa, de um banqueiro, são necessariamente invertidas por completo. As dos fabricantes são falsificadas pelos atos da circulação, aos quais seu capital está submetido, e pela equalização da taxa geral de lucro.[41] A concorrência desempenha necessariamente nessas cabeças também papel completamente invertido. Sendo dados os limites do valor e da mais-valia, então é fácil entender como a concorrência dos capitais transforma os valores em preços de produção e, mais ainda, em preços mercantis, e a mais-valia em lucro médio. Mas sem esses limites é absolutamente incompreensível por que a concorrência reduz a taxa geral de lucro a este em vez de àquele limite, a 15% em vez de a 1500%. Pode reduzi-la, no máximo, a *um* nível, mas não há absolutamente nenhum elemento nela para determinar por si esse nível.

Da perspectiva do capital comercial, a própria rotação aparece, portanto, como determinadora de preço. Por outro lado, enquanto a velocidade de rotação do capital industrial, à medida que capacita dado capital à exploração de mais ou de menos trabalho, influi de modo determinante e restritivo sobre a massa de lucro, e portanto sobre a taxa geral de lucro, para o capital mercantil a taxa de lucro é dada externamente, a conexão intrínseca da mesma com a formação de mais-valia fica completamente apagada. Se o mesmo capital industrial, com as demais circunstâncias constantes e especialmente com a mesma composição orgânica, rota quatro vezes ao ano, em vez de duas vezes, ele produz o dobro de mais-valia, e portanto de lucro; e isso se mostra palpavelmente assim que e enquanto esse capital possui o monopólio do modo mais aperfeiçoado de produção, que lhe permite essa aceleração de rotação. A diversidade de tempo de rotação em diferentes ramos comerciais aparece invertidamente no fato de que o lucro, que é feito sobre a rotação de determinado capital-mercadoria, está em proporção inversa ao número de rotações do capital monetário, que rota esses capitais-mercadorias. *Small profits and quick returns* [lucros pequenos e retornos rápidos] aparece especificamente ao *shopkeeper* [lojista] como um princípio que ele segue por princípio.

É, aliás, óbvio que essa lei das rotações do capital comercial em cada ramo de comércio, e fazendo abstração da alternância de rotações mais rápidas ou mais lentas, que se compensam mutuamente, só vale para a média das rotações feitas por todo o capital comercial investido nesse ramo. O capital de A, que opera no mesmo ramo que B, pode efetuar mais ou menos rotações do que a média. Nesse caso, os outros efetuam menos ou mais. Isso em nada altera a rotação da massa total de capital comercial investida nesse ramo. Mas é decisivamente importante para o comerciante ou varejista individual. Ele faz nesse caso um mais-lucro,

exatamente como capitalistas industriais o fazem quando produzem 1
sob condições mais favoráveis do que as condições médias. Se a concorrência o força a tanto, então ele pode vender mais barato do que seus comparsas, sem reduzir seu lucro abaixo da média. Se as condições que o capacitam a efetuar uma rotação mais rápida são, elas mesmas, condições compráveis, por exemplo localização dos pontos de venda, então pode pagar uma renda extra por isso, ou seja, parte de seu sobrelucro se 7
transforma em renda fundiária.

CAPÍTULO 19

O CAPITAL DE COMÉRCIO DE DINHEIRO

Os movimentos puramente técnicos que o dinheiro realiza no processo de circulação do capital industrial e, como podemos acrescentar agora, do capital de comércio de mercadorias (já que este assume parte do movimento de circulação do capital industrial como seu movimento próprio e particular) – esses movimentos, autonomizados como função de um capital específico que os executa, e só eles, como operações que lhe são peculiares, transformam esse capital em capital de comércio de dinheiro. Parte do capital industrial, e mais exatamente também do capital de comércio de mercadorias, não só existiria continuamente em forma-dinheiro, como capital monetário em geral, mas também como capital monetário que está envolvido nessas funções teóricas. Do capital total se separa agora e se autonomiza determinada parte em forma de capital monetário, cuja função capitalista consiste exclusivamente em executar essas operações para o conjunto da classe dos capitalistas industriais e comerciais. Assim como no caso do capital de comércio de mercadorias, parte do capital industrial, existente no processo de circulação na forma de capital monetário, se separa e executa essas operações do processo de reprodução para todo o capital restante. Os movimentos desse capital monetário são, portanto, por sua vez, apenas movimentos de uma parte autonomizada do capital industrial empenhado em seu processo de reprodução.

Só quando e na medida em que capital é investido de novo – o que também é o caso na acumulação – aparece capital em forma-dinheiro como ponto de partida e final do movimento. Mas, para cada capital que uma vez se encontre em seu processo, ponto de partida assim como ponto final aparecem apenas como ponto de passagem. Na medida em que o capital industrial tem, a partir da saída da esfera da produção até a reentrada na mesma, de realizar a metamorfose *M'–D–M*, *D* é, de fato, como já se mostrou na circulação simples de mercadorias, apenas o resultado final de uma das fases da metamorfose, para vir a ser o ponto de partida da fase oposta, que a complementa. E, embora para o capital comercial o *M–D* do capital industrial sempre se apresente como *D–M–D*, também para ele, assim que esteja engajado, o processo real é continuamente *M–D–M*. O capital comercial realiza, porém, ao mesmo tempo os atos *M–D* e *D–M*. Isto é, não só *um* capital se encontra no estágio *M–D* enquanto o outro se encontra no estágio *D–M*, mas o mesmo capital compra constantemente e vende constantemente ao mesmo tempo por causa da continuidade do processo de produção; ele se encontra continuamente ao mesmo tempo em ambos os estágios. Enquanto parte do mesmo se transforma em dinheiro para mais tarde se retransformar em mercadoria, parte se transforma simultaneamente em mercadoria para se retransformar em dinheiro.

Se o dinheiro funciona aqui como meio de circulação ou como meio de pagamento, depende da forma da troca de mercadorias. Em ambos os casos, o capitalista precisa pagar dinheiro constantemente a muitas pessoas e constantemente receber dinheiro em pagamento de muitas pessoas. Essa operação meramente técnica de pagar dinheiro e de cobrar dinheiro constitui um trabalho em si que, na medida em que o dinheiro funciona como meio de pagamento, torna necessários cálculos de balanço, atos de compensação. Esse trabalho é um custo de circulação, não um trabalho criador de valor. Ele é abreviado por ser efetuado por uma categoria específica de agentes ou capitalistas, que o faz para todo o resto da classe capitalista.

Determinada parte do capital tem de constantemente existir como tesouro, capital monetário potencial: reserva de meios de compra, reserva de meios de pagamento, capital desocupado que, em forma-dinheiro, espera sua aplicação; e parte do capital reflui constantemente nessa forma. Isso torna necessário, além de cobrar, pagar e contabilizar a guarda do tesouro, o que, por sua vez, constitui uma operação específica. É, pois, de fato, a constante dissolução do tesouro em meios de circulação e meios de pagamento e sua nova formação a partir do dinheiro obtido de vendas e de pagamentos vencidos; esse movimento constante da parte do capital existente como dinheiro, separada da própria função-capital, essa operação puramente técnica, é o que ocasiona trabalho e custos especiais – custos de circulação.

A divisão do trabalho tem por consequência que essas operações técnicas, condicionadas pelas funções do capital, sejam executadas, na medida do possível, para toda a classe capitalista por uma categoria de agentes ou de capitalistas, como funções exclusivas ou que se concentram em suas mãos. Aqui, como no caso do capital comercial, há uma divisão do trabalho em duplo sentido. Torna-se um negócio específico e, porque é executado como negócio específico para o mecanismo monetário da classe toda, passa a ser concentrado, exercido em larga escala; e então ocorre novamente uma divisão do trabalho dentro desse negócio específico, tanto por divisão em diferentes ramos, independentes entre si, quanto pelo aperfeiçoamento da oficina dentro desses ramos (grandes escritórios, numerosos contadores e caixas, extensa divisão do trabalho). Pagamento de dinheiro, cobrança, acerto dos balanços, operação de contas-correntes, guarda do dinheiro etc., separados dos atos pelos quais essas operações técnicas se tornam necessárias, convertem o capital adiantado nessas funções em capital de comércio de dinheiro.

As diferentes operações, de cuja autonomização em atividades específicas se origina o comércio de dinheiro, resultam das diferentes determinações do próprio dinheiro e de suas funções, que, portanto, também o capital na forma de capital monetário tem de realizar.

Fiz notar anteriormente como o sistema monetário em geral se desenvolve originalmente no intercâmbio de produtos entre comunidades diferentes.[42]

O comércio de dinheiro, o comércio com a mercadoria-dinheiro, desenvolve-se, portanto, primeiro a partir do comércio internacional. Assim que passam a existir diferentes moedas nacionais, os comerciantes que compram em países estrangeiros precisam converter sua moeda nacional em moeda local, e vice-versa, ou então converter diferentes moedas em prata ou ouro puros, não cunhados, como dinheiro mundial. Daí o negócio do câmbio, que deve ser considerado como um dos fundamentos naturalmente desenvolvidos do moderno comércio de dinheiro.[43] Dele se desenvolvem bancos de câmbio, nos quais prata (ou ouro) funciona como dinheiro mundial – agora como dinheiro bancário ou dinheiro comercial –, em contraste com a moeda corrente. O negócio cambial, enquanto mera ordem de pagamento para viajantes, do cambista de um país para outros, já havia se desenvolvido em Roma e na Grécia a partir do negócio cambial propriamente dito.

O comércio com ouro e prata enquanto mercadorias (matérias-primas para a confecção de artigos de luxo) constitui a base naturalmente desenvolvida do comércio de barras (*bullion trade*) ou do comércio que medeia as funções do dinheiro como moeda mundial. Essas funções, como foi explicado anteriormente (Livro 1, cap. 3, [parte] 3, c), são duplas: correr de lá para cá entre as diferentes esferas nacionais da circulação para a compensação dos pagamentos internacionais e nos casos das migrações do capital colocado a juros; além disso, movimentação dos metais nobres pelo mercado mundial, a partir das fontes de produção destes, e distribuição da oferta entre as diversas esferas nacionais da circulação. Na Inglaterra, durante a maior parte do século XVII, os ourives ainda atuavam como banqueiros. Omitimos aqui completamente o modo como continuou se desenvolvendo a compensação dos pagamentos internacionais no negócio cambial etc., assim como tudo o que se refere a negócios com títulos, em suma, todas as formas particulares do sistema de crédito, que aqui ainda não nos importam.

Enquanto dinheiro mundial, a moeda nacional se despoja de seu caráter local; uma moeda nacional se expressa em outra e, assim, todas se reduzem a seu conteúdo em ouro ou prata, enquanto estes dois últimos, como as duas mercadorias que circulam como moeda mundial, são redutíveis a sua relação recíproca de valor, que muda constantemente. Dessa intermediação o comerciante de dinheiro faz seu negócio específico. Negócio cambial e comércio de barras são as formas mais primitivas do comércio de dinheiro e se originam da dupla função do dinheiro: como moeda nacional e como dinheiro mundial.

Do processo de produção capitalista, assim como do comércio em geral – mesmo com o modo pré-capitalista de produção –, resulta:

Primeiro, a acumulação de dinheiro como tesouro, isto é, agora, daquela parte do capital que sempre tem de existir em forma-dinheiro, como fundo de reserva de meios de pagamento e de compra. Essa é a primeira forma do tesouro, como ele reaparece no modo de produção capitalista e se constitui em geral no desenvolvimento do capital comercial, ao menos para este. Isso vale tanto para a circulação interna quanto para a internacional. Esse tesouro está em fluxo constante, é constantemente lançado na circulação e retorna constantemente dela. A segunda forma do tesouro é a do capital em alqueive, momentaneamente desocupado em forma-dinheiro, à qual também pertence o capital monetário recém-acumulado, ainda não investido. As funções que esse entesouramento enquanto tal torna necessárias são, em primeira instância, sua guarda, contabilização etc.

Segundo, a isso estão ligados, porém, gastos de dinheiro ao comprar, recebimentos ao vender, pagar e receber pagamentos, compensação dos pagamentos etc. Tudo isso o comerciante de dinheiro executa inicialmente como simples *caixa* para os comerciantes e capitalistas industriais.[44]

Completamente desenvolvido está o comércio de dinheiro, e isso desde seus primórdios, assim que a suas funções restantes se combina a de conceder e receber empréstimos e a do comércio de crédito. Isso será tratado na seção seguinte, com o capital portador de juros.

O próprio comércio de barras, a transferência de ouro ou prata de um país a outro, é apenas o resultado do comércio de mercadorias, determinado pelo câmbio, que expressa a situação dos pagamentos internacionais e da taxa de juros em diferentes mercados. O comerciante de barras enquanto tal apenas medeia resultados.

No exame do dinheiro, de como se desenvolvem seus movimentos e determinações formais a partir da circulação simples de mercadorias, viu-se (Livro 1, cap. 3) como o movimento da massa de dinheiro que circula como meio de compra e meio de pagamento é determinado pela metamorfose das mercadorias, pelo volume e velocidade da mesma, que, como agora sabemos, é apenas um momento do processo de reprodução como um todo. No que tange à obtenção do material monetário – ouro e prata – a partir de suas fontes de produção, ela se resolve no intercâmbio direto de mercadorias, no intercâmbio de ouro e prata enquanto mercadoria por outra mercadoria, sendo, portanto, ele mesmo igualmente um momento do intercâmbio de mercadorias, assim como a obtenção de ferro ou de outros metais. Mas, no que tange ao movimento dos metais nobres no mercado mundial (aqui, abstraímos esse movimento na medida em que expressa transferência de capital por empréstimo, transferência que também ocorre na forma de capital-mercadoria), ele está completamente determinado pelo intercâmbio internacional de mercadorias, assim como o movimento do dinheiro como meio de compra e de pagamento em cada país o está pelo intercâmbio de mercadorias dentro dele. As emigrações e imigrações dos metais nobres de uma esfera da circulação nacional a outra, na medida em que são causadas apenas por desvalorização da moeda nacional ou por padrão metálico duplo, são alheias à circulação monetária enquanto tal e constituem mera correção de desvios arbitrariamente provocados pelo Estado. Por fim, no que tange à formação de tesouros, na medida em que representa fundos de reserva de meios de compra ou de pagamento, seja para o comércio interno ou externo, e igualmente na medida em que é mera forma de capital momentaneamente em alqueive, em ambos os casos é apenas um sedimento necessário do processo de circulação.

Assim como toda a circulação monetária é, em seu volume, em suas formas e em seus movimentos, mero resultado da circulação de mercadorias, que, do ponto de vista capitalista, representa apenas o processo de circulação do capital (e nisso está implícito o intercâmbio de capital por *revenue* e de *revenue* por *revenue*, na medida em que o dispêndio de *revenue* se realiza no varejo), então é óbvio que o comércio de dinheiro não medeia apenas o mero resultado e o modo como se manifesta a circulação de mercadorias: a circulação monetária. Essa circulação de dinheiro, como um momento da circulação de mercadorias, está dada para ele. O que ele medeia são suas operações técnicas, que ele concentra, abrevia e simplifica. O comércio de dinheiro não forma os tesouros, mas fornece os meios técnicos para que esse entesouramento – na medida em que é voluntário (portanto não expresse capital desocupado ou perturbação do processo de reprodução) – seja reduzido a seu mínimo econômico, pelo fato de que os fundos de reserva para meios de compra e de pagamento, se administrados para toda a classe capitalista, não precisam ser tão grandes quanto precisariam sê-lo se o fossem por cada capitalista em particular. O comércio de dinheiro não compra os metais nobres, mas apenas medeia sua distribuição assim que o comércio de mercadorias os compra. O comércio de dinheiro facilita a compensação dos saldos, na medida em que o dinheiro funciona como meio de pagamento, e diminui, por meio do mecanismo artificial dessas compensações, a massa monetária exigida para isso; mas não determina a conexão nem o volume dos pagamentos recíprocos. As letras de câmbio e os cheques, por exemplo, que são intercambiados mutuamente nos bancos e *Clearing houses* [câmaras de compensação], representam negócios inteiramente independentes e são resultado de operações dadas, tratando-se apenas de uma melhor compensação técnica desses resultados. Na medida em que o dinheiro circula como meio de compra, o volume e o número das compras e vendas são totalmente independentes do comércio de dinheiro. Este só pode abreviar as operações técnicas que as acompanham e, por esse meio, diminuir a massa de dinheiro em espécie necessária para sua rotação.

O comércio de dinheiro em sua forma pura, na qual aqui o consideramos, isto é, separado do sistema de crédito, só tem a ver, portanto, com a técnica de um momento da circulação de mercadorias, a saber, da circulação monetária, e com as diversas funções do dinheiro daí decorrentes.

Isso distingue essencialmente o comércio de dinheiro do comércio de mercadorias, que medeia a metamorfose da mercadoria e o intercâmbio de mercadorias ou que, inclusive, faz esse processo do capital-mercadoria aparecer como processo de um capital distinto do capital industrial. Por isso, se o capital de comércio de mercadorias exibe uma forma própria de circulação, *D–M–D*, na qual a mercadoria troca duas vezes de lugar e com isso o dinheiro reflui, em oposição a *M–D–M*, em que o dinheiro muda duas vezes de mãos e com isso medeia o intercâmbio de mercadorias, não é possível demonstrar uma forma igualmente específica para o capital de comércio de dinheiro.

Na medida em que, nessa mediação técnica da circulação monetária, capital monetário é adiantado por uma categoria específica de capitalistas – um capital que representa, em escala reduzida, o capital adicional que os comerciantes e capitalistas industriais teriam, em outras condições, de adiantar eles mesmos para essas finalidades –, também está presente aqui a forma geral do capital *D–D'*. Mediante o adiantamento de *D*, gera-se $D+\Delta D$ para quem o adianta. Mas a medição de *D–D'* refere-se aqui não aos momentos materiais, e sim aos momentos técnicos da metamorfose.

É evidente que a massa de capital monetário com a qual tratam os comerciantes de dinheiro é o capital monetário dos comerciantes e industrialistas que se encontra em circulação, e que as operações que eles efetuam são apenas as operações daqueles a quem servem de intermediários.

É igualmente claro que seu lucro é apenas uma dedução da mais-valia, uma vez que só tem a ver com valores já realizados (mesmo que realizados apenas em forma de títulos de crédito).

Assim como no comércio de mercadorias, aqui ocorre duplicação de função, pois parte das operações técnicas, ligadas à circulação monetária, tem de ser executada pelos próprios comerciantes de mercadorias e produtores de mercadorias.

CAPÍTULO 20

CONSIDERAÇÕES HISTÓRICAS SOBRE O CAPITAL COMERCIAL

A forma particular da acumulação monetária do capital de comércio de mercadorias e do de comércio de dinheiro só será examinada na próxima seção.

Do até aqui desenvolvido resulta óbvio que nada pode ser mais absurdo do que considerar o capital comercial, seja na forma de capital de comércio de mercadorias, seja na de capital de comércio de dinheiro, como uma espécie particular do capital industrial, análoga a mineração, agricultura, pecuária, manufatura, indústria dos transportes etc., como ramificações dadas pela divisão social do trabalho e, portanto, esferas particulares de investimento do capital industrial. Já a simples observação de que cada capital industrial, enquanto se encontra na fase de circulação de seu processo de reprodução, executa como capital-mercadoria e capital monetário exatamente as mesmas funções que aparecem como funções exclusivas do capital comercial em suas duas formas deveria tornar impossível essa concepção grosseira. No capital de comércio de mercadorias e no capital de comércio de dinheiro, as diferenças entre o capital industrial enquanto capital produtivo e o mesmo capital na esfera da circulação são, pelo contrário, autonomizadas pelo fato de que as formas e funções determinadas que o capital assume aqui temporariamente aparecem como formas e funções autônomas de uma parte desligada do capital, estando presas exclusivamente a ela. Forma transmutada do capital industrial e diferenças materiais, decorrentes da natureza dos diferentes ramos industriais, entre capitais produtivos em diferentes investimentos produtivos são coisas profundamente diferentes.

Além da brutalidade com que o economista considera em geral as diferenças formais, que, de fato, só lhe interessam pelo lado material, há duas coisas ainda subjacentes nessa confusão do economista vulgar. Primeiro, sua incapacidade em explicar o lucro mercantil em sua peculiaridade; segundo, seu esforço apologético para derivar, como figuras que surgem necessariamente do processo de produção enquanto tal, as formas do capital-mercadoria e do capital monetário e, mais adiante, do capital de comércio de mercadorias e do capital de comércio de dinheiro, que surgem da forma específica do modo de produção capitalista – forma que, antes de tudo, pressupõe circulação de mercadorias, e portanto circulação monetária, como sua base.

Se capital de comércio de mercadorias e capital de comércio de dinheiro não se distinguem de cultivo de cereais mais do que este se distingue da pecuária e da manufatura, então é claro como o sol que produção e produção capitalista são de modo geral idênticas e que, particularmente, também a distribuição dos produtos sociais entre os membros da sociedade, seja para o consumo produtivo, seja para o consumo individual, tem de ser eternamente mediada por comerciantes e banqueiros, assim como o consumo de carne tem de sê-lo pela pecuária e o de roupas por sua fabricação.[45]

Os grandes economistas, como Smith, Ricardo etc., por considerarem a forma fundamental do capital, o capital enquanto capital industrial, e o capital de circulação (capital monetário e capital-mercadoria) de fato apenas na medida em que ele constitui uma fase no processo de reprodução de cada capital, ficam perplexos ante o capital mercantil como uma espécie própria. As proposições diretamente derivadas do exame do capital industrial sobre formação de valor, lucro etc. não se ajustam diretamente ao capital comercial. Por isso, deixam-no de fato completamente de lado e aventam-se apenas como uma espécie do capital industrial. Onde tratam especificamente dele, como Ricardo no caso do comércio exterior, procuram demonstrar que ele não cria valor (e, em consequência, nem mais-valia). Mas o que vale para o comércio exterior vale para o interior.

Até agora examinamos o capital comercial do ponto de vista e dentro dos limites do modo de produção capitalista. No entanto, não só o comércio, mas também o capital comercial é mais antigo do que o modo de produção capitalista: de fato, ele é o modo de existência livre historicamente mais antigo do capital.

Como já se viu que o comércio de dinheiro e o capital nele adiantado precisam apenas, para seu desenvolvimento, da existência do comércio atacadista e, além disso, do capital de comércio de mercadorias, então é só com este último que nos ocuparemos aqui.

Pelo fato de o capital comercial estar preso à esfera da circulação e sua função consistir exclusivamente em mediar o intercâmbio de mercadorias, então, para sua existência – abstraindo-se formas não desenvolvidas, que se originam do comércio de trocas diretas –, não são necessárias quaisquer outras condições que as da circulação simples de mercadorias e de dinheiro. Ou esta última é muito mais a condição de *sua* existência. Seja qual for o modo de produção com base no qual se tenham produzido os produtos que ingressam como mercadorias na circulação – se com base na comunidade primitiva, ou na produção escravagista, ou na pequena produção camponesa e pequeno-burguesa, ou na capitalista –, isso em nada altera seu caráter enquanto mercadorias, e enquanto mercadorias eles têm de realizar o processo de intercâmbio e as alterações de forma que o acompanham. Os extremos, os quais o capital medeia, são dados para ele exatamente como são dados para o dinheiro e para o movimento do dinheiro. A única coisa necessária é que esses extremos existam como mercadorias, quer a produção seja agora em todo o seu volume de produção de mercadorias, quer apenas o excedente dos produtores economicamente autônomos, além de suas necessidades diretas, satisfeitas por sua produção, seja lançado ao mercado. O capital comercial medeia apenas o movimento desses extremos, das mercadorias, enquanto pressupostos que lhe são dados.

A extensão em que a produção entra no comércio, em que passa pelas mãos dos comerciantes, depende do modo de produção e alcança seu máximo no pleno desenvolvimento da produção capitalista, em que o produto é produzido somente como mercadoria, não como meio direto de subsistência. Por outro lado, na base de cada modo de produção, o comércio promove a geração de produto excedente, destinado a entrar no intercâmbio, para aumentar a satisfação ou os tesouros dos produtores (termo sob o qual se devem entender os donos dos produtos); dá, portanto, à produção caráter cada vez mais orientado para o valor de troca.

A metamorfose das mercadorias, seu movimento, consiste: 1) materialmente, no intercâmbio de diferentes mercadorias entre si; 2) formalmente, na transformação da mercadoria em dinheiro, venda, e na transformação do dinheiro em mercadoria, compra. E nessas funções, intercâmbio de mercadorias por compra e venda, resolve-se a função do capital comercial. Ele medeia, portanto, somente o intercâmbio de mercadorias, que, no entanto, não deve ser entendido de antemão apenas como intercâmbio de mercadorias entre os produtos diretos. Na relação de escravidão, na relação de servidão, na relação de tributação (na medida em que comunidades primitivas entram em consideração), o escravocrata, o senhor feudal, o Estado recebedor de tributos, sendo proprietário, é portanto o vendedor do produto. O comerciante compra e vende para muitos. Em suas mãos concentram-se compras e vendas, pelo que, em consequência, deixam de estar ligadas à necessidade direta do comprador (como comerciante).

Qualquer que seja, porém, a organização social das esferas da produção, cujo intercâmbio de mercadorias o comerciante medeia, sua fortuna existe sempre como fortuna monetária e seu dinheiro funciona sempre como capital. Sua forma é sempre *D–M–D'*; dinheiro, a forma autônoma do valor de troca, como o ponto de partida, e o aumento do valor de troca como o fim autônomo. O próprio intercâmbio de mercadorias e as operações que o medeiam – separados da produção e efetuados por não-produtores – são mero meio de multiplicar não só a riqueza, mas a riqueza em sua forma social geral, como valor de troca. O motivo impulsionador e a finalidade determinante são transformar *D* em $D+\Delta D$; os atos *D–M* e *M–D'*, que medeiam o ato *D–D'*, aparecem apenas como momentos de transição dessa transformação de *D* em $D+\Delta D$. Esse *D–M–D'* como movimento característico do capital comercial distingue-se de *M–D–M*, o comércio de mercadorias entre os próprios produtores, que está voltado para o intercâmbio de valores de uso como finalidade última.

Quanto menos desenvolvida a produção, tanto mais a fortuna monetária concentrar-se-á nas mãos dos comerciantes ou aparecerá como forma específica da fortuna comercial.

Dentro do modo de produção capitalista – isto é, assim que o capital se apoderou da própria produção e lhe deu uma forma completamente alterada e específica – o capital comercial aparece apenas como capital em uma função *específica*. Em todos os modos anteriores de produção – e tanto mais quanto mais a produção é produção direta dos meios de subsistência do produtor – o capital comercial aparece como sendo a função *par excellence* do capital.

Portanto, não há a menor dificuldade em reconhecer por que o capital comercial aparece como a forma histórica do capital, muito antes de o capital ter submetido a si a própria produção. Sua existência e seu desenvolvimento a certo nível são, em si, pressuposto histórico para o desenvolvimento do modo de produção capitalista: 1) como condição prévia da concentração de fortuna monetária; e 2) porque o modo de produção capitalista pressupõe produção para o comércio, venda por atacado, e não ao cliente individual, portanto também um comerciante, que não compra para satisfazer a suas necessidades pessoais, mas que concentra em seu ato de compra os atos de compra de muitos. Por outro lado, todo o desenvolvimento do capital comercial atua no sentido de dar à produção caráter cada vez mais voltado para o valor de troca, de transformar os produtos cada vez mais em mercadorias. Mesmo assim, considerado em si, seu desenvolvimento, como veremos logo adiante, é insuficiente para mediar e explicar a passagem de um modo de produção para o outro.

Dentro da produção capitalista, o capital comercial é degradado de sua antiga existência autônoma a um momento específico do investimento de capital em geral, e a equalização dos lucros reduz sua taxa de lucro à média geral. Ele funciona ainda como agente do capital produtivo. As condições sociais específicas, que se formam com o desenvolvimento do capital comercial, já não são determinantes aqui; pelo contrário, onde este predomina, preponderam condições arcaicas. Isso é válido até dentro do mesmo país, onde, por exemplo, as cidades puramente comerciais constituem analogias com condições passadas completamente distintas das cidades fabris.[46]

Um desenvolvimento autônomo e preponderante do capital enquanto capital comercial equivale à não subordinação da produção ao capital, portanto ao desenvolvimento do capital com base em uma forma de produção que lhe é estranha e independente dele. O desenvolvimento autônomo do capital comercial é inversamente proporcional ao desenvolvimento econômico geral da sociedade.

A fortuna comercial autônoma, como forma dominante do capital, é a autonomização do processo de circulação contra seus extremos, e esses extremos são os próprios produtores que intercambiam. Esses extremos permanecem autônomos contra o processo de circulação, e esse processo contra eles. O produto aqui se torna mercadoria pelo comércio. É o comércio que aqui desenvolve a configuração dos produtos que se tornam mercadorias; não é a mercadoria produzida que, com seu movimento, forma o comércio. Capital enquanto capital aparece aqui inicialmente no processo de circulação. Nesse processo o dinheiro se desenvolve, tornando-se capital. Na circulação, o produto se desenvolve inicialmente como valor de troca, como mercadoria e dinheiro. O capital pode formar-se no processo de circulação, e tem de formar-se nele, antes de aprender a dominar seus extremos, as diferentes esferas da produção, entre as quais medeia a circulação. Circulação monetária e de mercadorias pode mediar esferas da produção com as mais diversas organizações, que, por sua estrutura interna, ainda estão orientadas principalmente para a produção de valor de uso. Essa autonomização do processo de circulação, no qual as esferas da produção estão ligadas entre si por um terceiro fator, expressa duas coisas. Por um lado, que a circulação ainda não se apoderou da produção, mas se relaciona com ela como pressuposto dado. Por outro, que o processo de produção ainda não absorveu em si a circulação como mero momento. Na produção capitalista, no entanto, ocorrem ambas as coisas. O processo de produção repousa completamente na circulação, e a circulação é mero momento, uma fase transitória da produção, apenas a realização do produto produzido como mercadoria de seus elementos de produção, produzidos como mercadorias. A forma do capital que provém diretamente da circulação – o capital comercial – aparece aqui apenas como uma das formas do capital em seu movimento de reprodução.

A lei de que o desenvolvimento autônomo do capital comercial é inversamente proporcional ao grau de desenvolvimento da produção capitalista aparece principalmente na história do comércio intermediário (*carrying trade*), como entre os venezianos, genoveses, holandeses etc., portanto onde o principal lucro é obtido não pela exploração dos produtos do próprio país, mas pela mediação de intercâmbio dos produtos de comunidades não desenvolvidas, tanto comercialmente quanto nos demais aspectos econômicos, e pela exploração de ambos os países produtores.[47] Aqui o capital comercial está puro, separado dos extremos, das esferas da produção que medeia. Essa é a fonte principal de sua formação. Mas esse monopólio do comércio intermediário decai, e com isso esse mesmo comércio, na mesma proporção em que avança o desenvolvimento econômico dos povos que ele explorava por ambos os lados e cujo não-desenvolvimento era a base de sua existência. No caso do comércio intermediário, isso não aparece apenas como decadência de um ramo comercial específico, mas também como decadência da supremacia de povos puramente comerciais e de sua riqueza comercial de modo geral, que repousava sobre a base desse comércio de intermediação. Essa é apenas uma forma específica em que se expressa a subordinação do capital comercial ao industrial com o progresso do desenvolvimento da produção capitalista. Aliás, quanto ao modo como o capital comercial opera onde ele domina diretamente a produção, um exemplo marcante é oferecido não só pela economia colonial em geral (o assim chamado sistema colonial), mas, de modo todo especial, pela economia da antiga Companhia da Índias Orientais.

Como o movimento do capital é *D–M–D'*, o lucro do comerciante é obtido, primeiro, por atos que transcorrem apenas dentro do processo de circulação, sendo, portanto, efetuados nos dois atos da compra e da venda; e, segundo, é realizado no último ato, na venda. É, portanto, lucro de alienação, *profit upon alienation.*[I] *Prima facie*, o lucro comercial puro e independente parece impossível enquanto produtos forem vendidos por seus valores. Comprar barato para vender caro é a lei do comércio. Portanto, não o intercâmbio de equivalentes. O conceito de valor está implícito nisso na medida em que as diferentes mercadorias são todas valores e, por isso, dinheiro; pela qualidade, são igualmente expressões do trabalho social. Mas não são grandezas de valor iguais. A relação quantitativa em que produtos são intercambiados é de início totalmente acidental. Assumem forma-mercadoria na medida em que são intercambiáveis ao todo, isto é, expressões de um mesmo terceiro fator. O intercâmbio continuado e a reprodução mais regular para o intercâmbio vão abolindo cada vez mais essa acidentalidade. Inicialmente, porém, não para os produtores e consumidores, mas para o intermediário entre ambos, o comerciante, que compara os preços monetários e embolsa a diferença. Mediante seu próprio movimento ele estabelece a equivalência.

I Ver nota I do cap. 13, p. 233. [N. T.]

O capital mercantil, no começo, é apenas o movimento mediador entre extremos que ele não domina e entre pressupostos que ele não cria.

Assim como da mera forma de circulação mercantil, *M–D–M*, o dinheiro não surge apenas como medida de valor e meio de circulação, mas como forma absoluta de mercadoria e, com isso, da riqueza, como tesouro, convertendo-se sua conservação e seu crescimento como dinheiro numa finalidade em si, da mesma maneira, da mera forma de circulação do capital comercial, *D–M–D'*, surge o dinheiro, o tesouro, como algo que se conserva e se multiplica pela mera alienação.

Os povos comerciantes da Antiguidade existiam como os deuses de Epicuro nos intermúndios ou, ainda mais, como os judeus nos poros da sociedade polonesa. O comércio das primeiras cidades comerciais e dos povos comerciantes autônomos, formidavelmente desenvolvidos, baseava-se, enquanto comércio intermediário puro, na barbárie dos povos produtores, entre os quais faziam o papel de intermediários.

Nos primórdios da sociedade capitalista, o comércio domina a indústria; na sociedade moderna se dá o inverso. O comércio naturalmente repercute mais ou menos sobre as comunidades entre as quais ele é praticado; submete a produção cada vez mais ao valor de troca ao tornar as satisfações e a subsistência mais dependentes da venda do que do uso direto do produto. Dissolve dessa maneira as antigas relações. Aumenta a circulação monetária. Já não se apodera apenas do excedente da produção, mas rói pouco a pouco esta última e torna ramos inteiros da produção dependentes dele. Não obstante, esse efeito dissolvente depende muito da natureza da comunidade produtora.

Enquanto o capital comercial medeia o intercâmbio de produtos de comunidades não desenvolvidas, o lucro comercial aparece não só em vantagens excessivas e safadezas, mas em grande parte se origina delas. Abstraindo o fato de explorarem a diferença entre os preços de produção de diferentes países (e, nesse aspecto, têm por efeito a equalização e fixação dos valores das mercadorias), aqueles modos de produção pressupõem que o capital comercial se aproprie de uma parte majoritária do mais-produto, em parte como intermediador entre comunidades cuja produção ainda está essencialmente voltada para o valor de uso e para cuja organização econômica a venda da parte do produto que entra em geral em circulação, portanto em geral a venda dos produtos por seu valor, é de menor importância; em parte porque, naqueles antigos modos de produção, os principais proprietários do mais-produto com os quais o comerciante transaciona – o escravagista, o senhor feudal, o Estado (por exemplo, o déspota oriental) – representam a riqueza de fruição, à qual o comerciante coloca armadilhas, como já o vislumbrara corretamente Adam Smith na passagem citada sobre a época feudal. O capital comercial, quando em dominação preponderante, representa por toda parte, portanto, um sistema de pilhagem,[48] de modo que seu desenvolvimento nos povos comerciantes, tanto da Antiguidade como da época mais recente, está diretamente ligado a pilhagem violenta, pirataria, roubo de escravos, subjugação nas colônias; assim em Cartago e Roma, posteriormente com venezianos, portugueses, holandeses etc.

O desenvolvimento do comércio e do capital comercial leva por toda parte a orientação da produção para o valor da troca, aumenta seu volume, diversifica-a e cosmopolitiza-a, desenvolve o dinheiro tornando-o dinheiro mundial. O comércio age por isso em todas as partes mais ou menos como solvente sobre as organizações preexistentes da produção, que, em todas as suas diferentes formas, se encontram principalmente voltadas para o valor de uso. Até que medida, porém, ele provoca a dissolução do antigo modo de produção depende, inicialmente, de sua solidez e articulação interna. E para onde esse processo de dissolução conduz, ou seja, que novo modo de produção entra no lugar do antigo, não depende do comércio, mas do caráter do próprio modo antigo de produção. No mundo antigo, o efeito do comércio e o desenvolvimento do capital comercial resultavam sempre em economia escravagista; conforme o ponto de partida, também na transformação de um sistema escravocrata patriarcal, voltado para a produção direta de meios de subsistência, num sistema voltado para a produção de mais-valia. No mundo moderno, no entanto, ele desemboca no modo de produção capitalista. Deduz-se daí que esses resultados foram condicionados ainda por outras circunstâncias muito diferentes do que pelo desenvolvimento do capital comercial.

Está na natureza da coisa que, assim que a indústria urbana enquanto tal se separa da agrícola, seus produtos são de antemão mercadorias e sua venda necessita, portanto, da mediação do comércio. Que o comércio se apoie no desenvolvimento urbano e que, por outro lado, este último esteja condicionado pelo comércio é, nessa medida, evidente. No entanto, aqui depende por completo de outras circunstâncias até que ponto o desenvolvimento industrial anda lado a lado com aquele. A Roma Antiga, já na época republicana tardia, desenvolve o capital comercial num grau mais elevado do que ele jamais alcançara antes no mundo antigo sem nenhum progresso do desenvolvimento dos ofícios; enquanto em Corinto e em outras cidades gregas da Europa e da Ásia Menor um artesanato desenvolvido acompanha o desenvolvimento do comércio. Por outro lado, em direta antítese ao desenvolvimento urbano e a suas condições, o espírito comercial e o desenvolvimento do capital comercial são com frequência próprios de povos não sedentários, nômades.

Não há nenhuma dúvida – e precisamente esse fato gerou concepções completamente falsas – de que, nos séculos XVI e XVII, as grandes revoluções que transcorreram no comércio com os descobrimentos geográficos,[I] e que rapidamente elevaram o desenvolvimento do capital comercial, constituem um momento principal na promoção da passagem do modo de produção feudal para o capitalista. A súbita expansão do mercado mundial, a multiplicação das mercadorias em circulação, a rivalidade entre as nações europeias pela posse dos produtos asiáticos e dos tesouros americanos, o sistema colonial contribuíram essencialmente para quebrar as barreiras feudais da produção. No entanto, o modo de produção moderno se desenvolveu em seu primeiro período, o período manufatureiro, somente onde as condições para tanto haviam sido geradas durante a Idade Média. Compare-se, por exemplo, a Holanda com Portugal.[49] E, se, no século XVI e em parte ainda no século XVII, a súbita expansão do comércio e a criação de um novo mercado mundial exerceram influência preponderante sobre o ocaso do modo de produção antigo e a ascensão capitalista, então isso aconteceu, pelo contrário, com base no modo de produção capitalista, uma vez criado. O próprio mercado mundial constitui a base desse modo de produção. Por outro lado, a necessidade imanente ao mesmo, no sentido de produzir em escala cada vez maior, leva à constante expansão do mercado mundial, de tal modo que aqui não é o comércio que revoluciona a indústria, mas é a indústria que constantemente revoluciona o comércio. Também o predomínio comercial está agora ligado à maior ou menor preponderância das condições da grande indústria. Comparem-se, por exemplo, Inglaterra e Holanda. A história da decadência da Holanda como nação comercial dominante é a história da subordinação do capital comercial ao capital industrial. Os obstáculos que a solidez e a estruturação interna dos modos de produção nacionais pré-capitalistas opõem à ação dissolvente do comércio mostram-se de modo marcante no intercâmbio dos ingleses com a Índia e a China. A base ampla do modo de produção é aqui formada pela unidade de pequena agricultura com indústria caseira, ao que na Índia ainda se acrescenta a forma das comunidades aldeãs, baseadas na propriedade comum do solo, que, aliás, também na China era a forma original. Na Índia, os ingleses aplicaram ao mesmo tempo seu poder político e econômico direto, como dominadores e arrendatários da terra, para fazer saltar essas pequenas comunidades econômicas.[50] Se seu comércio atua aqui revolucionariamente sobre o modo de produção, só o faz à medida

I O descobrimento das ilhas das Índias Ocidentais e do continente americano, assim como do caminho marítimo para a Índia, ocasionou um deslocamento completo das vias comerciais. As cidades comerciais do norte da Itália (Gênova e Veneza, entre outras) perderam sua importância. Por outro lado, Portugal, Holanda, Espanha e Inglaterra começaram, favorecidos por sua localização junto ao oceano Atlântico, a desempenhar o principal papel no comércio mundial. [N. E. A.]

que, por causa do baixo preço de suas mercadorias, aniquila a fiação e a tecelagem, que constituem uma antiquíssima parte integrante dessa unidade de produção industrial-agrícola, e, assim, rompem as comunidades. Mesmo aqui, só conseguem levar a cabo esse processo de dissolução paulatinamente. Ainda menos na China, onde o poder político direto não vem em sua ajuda. A grande economia e a poupança de tempo que decorrem da ligação entre agricultura e manufatura oferecem aqui a mais pertinaz resistência aos produtos da grande indústria, em cujo preço entram os *faux frais* do processo de circulação, que os penetra por toda parte. Em antítese ao comércio inglês, o comércio russo deixa, no entanto, intocada a base econômica da produção asiática.[51]

A transição a partir do modo de produção feudal se efetua duplamente. O produtor se torna comerciante e capitalista, em antítese à economia natural agrícola e ao artesanato, baseado em corporações, da indústria urbana medieval. Esse é o caminho realmente revolucionador. Ou, então, o comerciante se apodera diretamente da produção. Por mais que esta última via atue historicamente como transição – como, por exemplo, o *clothier* [comerciante de tecidos] inglês do século XVII, que submete os tecelões, os quais, no entanto, são autônomos, a seu controle, vendendo-lhes sua lã e comprando-lhes o tecido –, tanto menos ela, em si e por si, leva ao revolucionamento do antigo modo de produção, pois, antes, o conserva e o mantém como seu pressuposto. Assim, por exemplo, ainda até a metade desse século o fabricante na indústria francesa da seda ou na indústria inglesa de meias e de rendas era em grande medida apenas nominalmente fabricante, na realidade mero comerciante que deixava os tecelões continuarem a trabalhar em seu velho modo fragmentário e só exercia o domínio do comerciante, para o qual, de fato, eles trabalhavam.[52] Esse modo obstrui por toda parte o avanço do verdadeiro modo de produção capitalista e desaparece com seu desenvolvimento. Sem revolucionar o modo de produção, só piora a situação dos produtores diretos, os transforma em meros assalariados e proletários sob condições piores do que os diretamente subsumidos ao capital e se apropria do seu mais-trabalho com base no antigo modo de produção. Algo modificada, essa mesma condição existe em parte da fabricação de móveis operada artesanalmente. Especialmente na Tower Hamlets[I] ela é praticada em escala muito ampla. Toda a produção está dividida em muitos ramos de negócios independentes entre si. Um negócio produz apenas cadeiras, o outro apenas mesas, o terceiro apenas armários etc. Mas esses negócios são operados, de modo mais ou menos artesanal, por um pequeno mestre com poucos oficiais. Mesmo assim, a produção é ampla para que possam trabalhar diretamente para clientes

I Bairros da parte oriental de Londres. [N. E. A.]

privados. Seus compradores são os donos das lojas de móveis. Aos sábados o mestre se dirige a eles e vende seu produto, ocasião em que se regateia sobre o preço tanto quanto na casa de penhores sobre o adiantamento por esta ou aquela peça. Esses mestres precisam da venda semanal já para poder comprar novamente matéria-prima e pagar salários na semana seguinte. Nessas circunstâncias, eles são propriamente apenas intermediários entre o comerciante e seus próprios trabalhadores. O comerciante é o capitalista propriamente dito, que embolsa a maior parte da mais-valia.[53] Ocorre de modo similar a passagem à manufatura dos ramos que antigamente eram operados artesanalmente ou como ramos secundários da indústria rural. Conforme o desenvolvimento técnico que tenha esse pequeno estabelecimento autônomo – onde ele mesmo já emprega máquinas que permitem operação artesanal –, também ocorre transição para a grande indústria; a máquina, em vez de ser movida a mão, é movida a vapor; tal como ocorre ultimamente, por exemplo, na fabricação inglesa de meias.

Ocorre, portanto, tríplice transição: *primeiro*, o comerciante se torna diretamente industrial; esse é o caso dos ofícios voltados para o comércio, especificamente em indústrias de luxo, que são introduzidos pelos comerciantes, junto com as matérias-primas e os trabalhadores, do exterior, como no século XV, de Constantinopla para a Itália. *Segundo*, o comerciante converte os pequenos mestres em seus intermediários (*middlemen*) ou também compra diretamente do produtor autônomo; ele o deixa nominalmente autônomo e deixa seu modo de produção inalterado. *Terceiro*, o industrial se torna comerciante e produz diretamente em larga escala para o comércio.

Na Idade Média, o comerciante é apenas, como o diz corretamente Poppe,[I] um "*Verleger*"[II] das mercadorias produzidas, seja pelos artesãos das corporações, seja pelos camponeses. O comerciante torna-se industrial ou, ainda mais, faz com que a pequena indústria artesanal, especialmente a rural, trabalhe para ele. Por outro lado, o produtor se torna comerciante. Em vez de, por exemplo, o mestre-tecelão receber pouco a pouco em pequenas porções sua lã do comerciante e trabalhar com seus oficiais para ele, compra, ele próprio, lã ou fio e vende seu tecido ao comerciante. Os elementos da produção entram no processo de produção como mercadorias compradas por ele mesmo. E, em vez de produzir para o comerciante individual ou para determinados clientes,

---

I Johann Heinrich Moritz von Poppe, *Geschichte der Technologie seit der Wiederherstellung der Wissenschaften bis an das Ende des achtzehnten Jahrhunderts*, v. I. Göttingen, 1807, p. 70. [N. E. A.]

II *Verleger* era um comerciante que adquiria antecipadamente mercadorias, adiantando fundos para sua produção. [N. T.]

o tecelão de panos produz agora para o mundo comercial. O produtor é, ele próprio, comerciante. O capital comercial executa agora apenas o processo de circulação. Originalmente, o comércio era pressuposto para a transformação do ofício corporativo e rural-caseiro e da agricultura feudal em empresas capitalistas. Ele desenvolve o produto tornando-o mercadoria, em parte ao lhe criar um mercado, em parte ao oferecer novos equivalentes das mercadorias e novas matérias-primas e materiais auxiliares à produção, inaugurando assim ramos da produção que, de antemão, estão baseados no comércio, tanto na produção para o mercado interno e para o mercado mundial quanto em condições de produção que se originam no mercado mundial. Assim que a manufatura se fortalece de alguma maneira, e ainda mais a grande indústria, ela cria, de sua parte, o mercado e o conquista por meio de suas mercadorias. Agora o comércio se torna servidor da produção industrial, para a qual a constante expansão do mercado é condição vital. Uma produção em massa cada vez mais extensa inunda o mercado existente e trabalha, portanto, sempre na ampliação desse mercado, na ruptura de suas barreiras. O que limita essa produção em massa não é o comércio (na medida em que este expressa apenas a demanda existente), mas a grandeza do capital em funcionamento e a força produtiva de trabalho desenvolvida. O capitalista industrial tem constantemente o mercado mundial ante os olhos, compara, e tem de comparar constantemente, seus próprios preços de custo com os preços de mercado não só do próprio país, mas do mundo inteiro. No período anterior, essa comparação cabia quase exclusivamente aos comerciantes e, assim, assegurava ao capital comercial o domínio sobre o industrial.

O primeiro tratamento teórico do modo de produção moderno – o sistema mercantilista – partiu necessariamente dos fenômenos superficiais do processo de circulação, como eles estão autonomizados no movimento do capital comercial, e por isso captou apenas a aparência. Em parte porque o capital comercial é o primeiro modo de existência livre do capital em geral. Em parte por causa da influência preponderante que exerce no primeiro período de revolucionamento da produção feudal, no período de surgimento da produção moderna. A verdadeira ciência da Economia moderna só começa onde o exame teórico passa do processo de circulação para o processo de produção. O capital portador de juros também é, certamente, uma forma antiquíssima do capital. Por que, porém, o mercantilismo não parte dele, mas, pelo contrário, o trata polemicamente, veremos mais tarde.

SEÇÃO V

DIVISÃO DO LUCRO EM JURO E LUCRO DO EMPRESÁRIO. O CAPITAL PORTADOR DE JUROS

CAPÍTULO 21

O CAPITAL PORTADOR DE JUROS

Ao considerar pela primeira vez a taxa geral ou média de lucro (Seção II deste livro) ainda não tínhamos esta última diante de nós em sua figura definitiva, pois a equalização aparecia apenas como equalização dos capitais industriais investidos nas diversas esferas. Isso foi completado na seção anterior, em que a participação do capital comercial nessa equalização e o lucro mercantil foram discutidos. A taxa geral de lucro e o lucro médio se apresentavam, então, em limites mais estreitos do que antes. No prosseguimento da exposição, não se deve perder de vista que, daqui por diante, ao falar da taxa geral de lucro ou do lucro médio, nos referimos à última versão, isto é, à figura definitiva da taxa média. Uma vez que esta é agora a mesma para o capital industrial e para o mercantil, já não é necessário, na medida em que se trata somente desse lucro médio, fazer distinção entre lucro industrial e lucro comercial. Quer o capital seja investido industrialmente na esfera da produção, quer mercantilmente na esfera da circulação, ele proporciona *pro rata* a sua grandeza o mesmo lucro médio anual.

Dinheiro – considerado aqui como expressão autônoma de uma soma de valor, exista ela de fato em dinheiro ou em mercadorias – pode, na base da produção capitalista, ser transformado em capital e, em virtude dessa transformação, passar de um valor dado para um valor que se valoriza a si mesmo, que se multiplica. Produz lucro, isto é, capacita o capitalista a extrair dos trabalhadores determinado *quantum* de trabalho não pago, mais-produto e mais-valia e apropriar-se dele. Assim adquire, além do valor de uso que possui como dinheiro, um valor de uso adicional, a saber, o de funcionar como capital. Seu valor de uso consiste aqui justamente no lucro que, uma vez transformado em capital, produz. Nessa qualidade de capital possível, de meio para a produção de lucro, torna-se mercadoria, mas uma mercadoria *sui generis*. Ou, o que dá no mesmo, o capital enquanto capital se torna mercadoria.[54]

Suponhamos que a taxa média anual de lucro seja de 20%. Uma máquina no valor de 100 libras esterlinas, empregada como capital em condições médias e com a proporção média de inteligência e atividade adequada, proporciona então um lucro de 20 libras esterlinas. Assim, uma pessoa que dispõe de 100 libras esterlinas tem em suas mãos o poder de fazer de 100 libras esterlinas 120, ou de produzir um lucro de 20 libras esterlinas. Tem nas mãos um capital possível de 100 libras esterlinas. Se essa pessoa deixa as 100 libras esterlinas por um ano com outra, que realmente as emprega como capital, dá a esta o poder de produzir 20 libras esterlinas de lucro, mais-valia que nada lhe custa, pela qual não paga equivalente. Se ao final do ano essa pessoa pagar ao proprietário das 100 libras esterlinas uma soma de talvez 5 libras esterlinas, isto é, parte do lucro produzido, então paga com isso o valor de uso das 100 libras esterlinas, o valor de uso de sua função-capital, a função de produzir 20 libras esterlinas de lucro. A parte do lucro que lhe paga chama-se juro, o que portanto nada mais é que um nome particular, uma rubrica particular para uma parte do lucro, a qual o capital em funcionamento, em vez de pôr no próprio bolso, tem de pagar ao proprietário do capital.

É claro que a posse das 100 libras esterlinas dá a seu proprietário o poder de atrair para si o juro, certa parte do lucro produzido por seu capital. Se não desse as 100 libras esterlinas ao outro, este não poderia produzir o lucro, nem funcionar ao todo como capitalista, com relação a essas 100 libras esterlinas.[55]

Falar aqui de justiça natural, como o faz Gilbart (ver nota), é um contrassenso. A justiça das transações que se efetuam entre os agentes da produção baseia-se na circunstância de se originarem das relações de produção como consequência natural. As formas jurídicas em que essas transações econômicas aparecem como atos de vontade dos participantes, como expressões de sua vontade comum e como contratos cuja execução pode ser imposta à parte individual por meio do Estado não podem, como simples formas, determinar esse conteúdo. Elas apenas o expressam. Esse conteúdo é justo contanto que corresponda ao modo de produção, que lhe seja adequado. É injusto assim que o contradisser. A escravatura, na base do modo de produção capitalista, é injusta; da mesma maneira a fraude na qualidade da mercadoria.

As 100 libras esterlinas produzem o lucro de 20 libras esterlinas pelo fato de funcionarem como capital, seja industrial ou mercantil. Mas a condição *sine qua non* dessa função enquanto capital é que sejam despendidas como capital, que o dinheiro seja desembolsado na compra de meios de produção (no caso do capital industrial) ou de mercadoria (no caso do capital mercantil). Mas, para ser gasto, é mister que esteja aí. Se A, o proprietário das 100 libras esterlinas, as gastasse para seu consumo privado ou as guardasse consigo como tesouro, não poderiam ser gastas como capital por B, o capitalista funcionante. B não despende seu capital, e sim o de A; mas não pode despender o capital de A sem contar com a vontade de A. Na realidade, é A, pois, quem originalmente gasta as 100 libras esterlinas como capital, embora toda a sua função de capitalista se reduza a esse gasto das 100 libras esterlinas como capital. No que se refere a essas 100 libras esterlinas, B só funciona como capitalista porque A lhe deixa as 100 libras esterlinas e assim as gasta como capital.

Antes de mais nada, observemos a circulação peculiar do capital portador de juros. Teremos então de examinar em segunda instância a maneira especial como é vendida essa mercadoria, a saber, como é emprestada em vez de ser entregue de uma vez por todas.

O ponto de partida é o dinheiro que A adianta a B. Isso pode ocorrer com ou sem garantia; a primeira forma, entretanto, é a mais antiga, executados os adiantamentos sobre mercadorias ou títulos de dívida, como letras de câmbio, ações etc. Essas formas particulares não nos interessam aqui. Tratamos aqui do capital portador de juros em sua forma ordinária.

Nas mãos de B, o dinheiro é realmente transformado em capital, percorre o movimento *D–M–D'* para voltar a A como *D'*, como $D+\Delta D$, em que ΔD representa o juro. Para simplificar, abstraímos aqui, por enquanto, o caso em que o capital permanece por tempo mais longo nas mãos de B e os juros são pagos periodicamente.

O movimento é, portanto:

D–D–M–D'–D'.

O que aparece aqui duplicado é 1) o dispêndio do dinheiro como capital e 2) seu refluxo como capital realizado, como *D'* ou $D+\Delta D$.

No movimento do capital comercial *D–M–D'*, a mesma mercadoria muda duas vezes ou – se um comerciante vende a outro – mais vezes de mãos; mas cada uma dessas mudanças de lugar da mesma mercadoria indica uma metamorfose, compra ou venda da mercadoria, por mais vezes que esse processo possa se repetir até sua queda definitiva no consumo.

Em *M–D–M*, por outro lado, ocorre dupla mudança de lugar do mesmo dinheiro, mas isso indica a metamorfose completa da mercadoria, que primeiro se transforma em dinheiro e, em seguida, de dinheiro em outra mercadoria.

No caso do capital portador de juros, ao contrário, a primeira mudança de lugar de *D* de modo algum constitui um momento seja da metamorfose de mercadorias, seja da reprodução do capital. Isso ele só se torna no segundo dispêndio, nas mãos do capitalista funcionante, que com ele comercia ou o transforma em capital produtivo. A primeira mudança de lugar de *D* expressa aqui apenas sua transferência ou remessa de A a B; uma transferência que costuma realizar-se sob certas formas e garantias jurídicas.

A esse duplo dispêndio do dinheiro como capital, em que o primeiro é simples transferência de A para B, corresponde seu duplo refluxo. Como *D'* ou $D+\Delta D$, reflui do movimento para o capitalista funcionante B. Este o transfere então novamente para A, mas ao mesmo tempo com parte do lucro, como capital realizado, como $D+\Delta D$, em que ΔD não é igual ao lucro inteiro, mas é apenas parte do lucro, o juro. Para B reflui apenas como o que este despendeu, como capital funcionante, mas como propriedade de A. Para que seu refluxo seja completo, B tem de transferi-lo novamente para A. Mas, além da soma de capital, B tem de entregar a A parte do lucro obtido com essa soma de capital sob o nome de juro, pois A só lhe deu o dinheiro como capital, isto é, como valor que não apenas se conserva no movimento, mas cria mais-valia para seu proprietário. Permanece nas mãos de B apenas enquanto é capital funcionante. E com seu refluxo – no fim do prazo estipulado – deixa de funcionar como capital. Como capital não mais funcionante, tem de ser devolvido a A, que não cessou de ser o proprietário jurídico do mesmo.

A forma de empréstimo que é peculiar dessa mercadoria – o capital como mercadoria –, que ocorre aliás também noutras transações, em vez da forma de venda, já resulta da determinação de o capital aparecer aqui como mercadoria ou de o dinheiro como capital tornar-se mercadoria.

Mas neste ponto temos de distinguir.

Vimos (Livro 2, cap. 1), e relembremos aqui brevemente, que o capital, no processo de circulação, funciona como capital-mercadoria e capital monetário. Mas, em ambas as formas, não é capital como tal que se torna mercadoria.

Tão logo o capital produtivo se tenha transformado em capital-mercadoria, tem de ser lançado no mercado e ser vendido como mercadoria. Aqui funciona simplesmente como mercadoria. O capitalista aparece apenas como vendedor de mercadoria, bem como o comprador apenas como comprador de mercadoria. Como mercadoria, o produto tem de realizar seu valor no processo de circulação, mediante sua venda, e assumir sua figura transmutada como dinheiro. Por isso, é totalmente indiferente se essa mercadoria é comprada por um consumidor, como meio de subsistência, ou por um capitalista, como meio de produção, como componente de capital. No ato de circulação, o capital-mercadoria funciona como mercadoria, e não como capital. É capital-mercadoria: 1) porque já está prenhe de mais-valia, sendo a realização de seu valor ao mesmo tempo realização de mais-valia; mas isso em nada altera sua simples existência como mercadoria, como produto de determinado preço; 2) porque essa sua função de mercadoria é um momento de seu processo de reprodução como capital e, portanto, seu movimento como mercadoria, por ser apenas movimento parcial desse processo, é ao mesmo tempo seu movimento como capital; ele não se torna isso, entretanto, pelo próprio ato de venda, mas pela conexão desse ato com o movimento completo dessa soma determinada de valor como capital.

Do mesmo modo, como capital monetário ele funciona apenas como dinheiro, isto é, como meio de compra de mercadorias (os elementos de produção). Que esse dinheiro seja aqui ao mesmo tempo capital monetário, uma forma do capital, não decorre do ato de compra, da função real que aqui exerce como dinheiro, mas da conexão desse ato com o movimento completo do capital, pois esse ato que realiza como dinheiro inaugura o processo de produção capitalista.

Mas, na medida em que estão funcionando realmente, desempenhando realmente seu papel no processo, o capital-mercadoria atua aqui apenas como mercadoria e o capital monetário apenas como dinheiro. Em nenhum momento isolado da metamorfose, considerado por si, o capitalista vende a mercadoria como *capital* ao comprador, embora para ele esta represente capital, ou aliena o dinheiro como capital ao vendedor. Em ambos os casos, ele aliena a mercadoria simplesmente como mercadoria e o dinheiro simplesmente como dinheiro, como meio de compra de mercadorias.

É só na conexão de todo o procedimento, no momento em que o ponto de partida aparece ao mesmo tempo como o ponto de retorno, em *D–D'* ou *M–M'*, que o capital se apresenta no processo de circulação como capital (enquanto, no processo de produção, ele se apresenta como capital mediante a subordinação do trabalhador ao capitalista e a produção de mais-valia). Nesse momento de retorno, entretanto, a mediação desapareceu. O que há é *D'* ou $D+\Delta D$ (quer a soma de valor aumentada de ΔD exista na forma de dinheiro, ou de mercadoria, ou de elementos de produção), uma soma de dinheiro igual à soma originalmente adiantada mais um excedente sobre ela, a mais-valia realizada. E justamente nesse ponto de retorno, em que o capital existe como capital realizado, como valor valorizado, nessa forma – na medida em que esse ponto seja fixado como ponto de repouso, imaginário ou real – o capital jamais entra em circulação, mas aparece muito mais como retirado da circulação, como resultado de todo o processo. Tão logo seja novamente gasto, nunca é alienado a um terceiro como *capital*, mas é vendido a ele como simples mercadoria ou lhe é entregue como simples dinheiro por mercadoria. Em seu processo de circulação, nunca aparece como capital, mas apenas como mercadoria ou dinheiro, e esta é aqui sua única existência *para outros*. Mercadoria e dinheiro aqui são capital não na medida em que mercadoria se transforma em dinheiro e dinheiro em mercadoria, não em suas relações reais com o comprador ou vendedor, mas apenas em suas relações ideais, ou com o próprio capitalista (do ponto de vista subjetivo) ou como momentos do processo de reprodução (do ponto de vista objetivo). O capital existe como capital, em seu movimento real, não no processo de circulação, mas somente no processo de produção, no processo de exploração da força de trabalho.

A coisa é diferente com o capital portador de juros, e justamente essa diferença constitui seu caráter específico. O possuidor de dinheiro que quer valorizar seu dinheiro como capital portador de juros aliena-o a um terceiro, lança-o na circulação, torna-o mercadoria *como capital*; não só como capital para si mesmo, mas também para outros; não é meramente capital para aquele que o aliena, mas é entregue ao terceiro de antemão como capital, como valor que possui o valor de uso de criar mais-valia, lucro; como valor que se conserva no movimento e, depois de ter funcionado, retorna para quem originalmente o despendeu, nesse caso o possuidor de dinheiro; portanto se afasta dele apenas por um período, passa da posse de seu proprietário apenas temporariamente à posse do capitalista funcionante, não é dado em pagamento nem vendido, mas apenas emprestado; só é alienado sob a condição, primeiro, de voltar, após determinado prazo, a seu ponto de partida e, segundo, de voltar como capital realizado, tendo realizado seu valor de uso de produzir mais-valia.

Mercadoria que é emprestada como capital é emprestada, conforme sua natureza, como capital fixo ou circulante. O dinheiro pode ser emprestado nas duas formas; como capital fixo, por exemplo, quando é reembolsado na forma de renda vitalícia, de modo que com o juro reflui sempre uma porção do capital. Certas mercadorias, pela natureza de seu valor de uso, só podem ser emprestadas como capital fixo, como casas, navios, máquinas etc. Mas todo capital emprestado, qualquer que seja sua forma e como quer que o reembolso seja modificado pela natureza de seu valor de uso, é sempre apenas uma forma particular do capital monetário. Pois o que se empresta aqui é sempre determinada soma de dinheiro e sobre essa soma é calculado o juro. Se o que se empresta não é dinheiro nem capital circulante, será reembolsado à maneira como reflui o capital fixo. O emprestador recebe periodicamente juros e uma parte do valor consumido do próprio capital fixo, um equivalente do desgaste periódico. E ao final do prazo a parte não consumida do capital fixo emprestado retorna *in natura*. Se o capital emprestado é capital circulante, então volta ao prestamista à maneira como reflui o capital circulante.

A *maneira* de refluxo é determinada de cada vez, pois, pelo ciclo real do capital que se reproduz e de suas modalidades particulares. Mas, para o capital emprestado, o refluxo assume a *forma* de reembolso porque o adiantamento, a alienação do mesmo, tem a forma de empréstimo.

Neste capítulo tratamos do capital monetário propriamente dito, do qual se derivam as outras formas do capital emprestado.

O capital emprestado reflui duplamente; no processo de reprodução, retorna ao capitalista funcionante e, em seguida, repete-se o retorno mais uma vez como transferência ao prestamista, ao capitalista monetário, como reembolso ao verdadeiro proprietário, o ponto de partida jurídico.

No processo real de circulação, o capital aparece sempre apenas como mercadoria ou dinheiro, e seu movimento se resolve numa série de compras e vendas. Em suma, o processo de circulação se resolve na metamorfose da mercadoria. A coisa é diferente quando consideramos o processo de reprodução em sua totalidade. Se partimos do dinheiro (e é o mesmo se partimos da mercadoria, pois neste caso partimos de seu valor, considerando-a *sub specie* [sob a figura] de dinheiro), então uma soma de dinheiro é gasta, e ela, após determinado período, retorna com um incremento. A reposição da soma de dinheiro adiantada retorna somada a uma mais-valia. Ela se conservou e multiplicou ao percorrer certo movimento circular. Mas o dinheiro, na medida em que é emprestado como capital, é precisamente emprestado como essa soma de dinheiro que se conserva e se multiplica, que após certo período retorna com um acréscimo e pode sempre de novo passar pelo mesmo processo. Não é gasto como dinheiro nem como mercadoria, portanto não é trocado por mercadoria, se é adiantado como dinheiro, nem se vende por dinheiro, se é adiantado como mercadoria; é despendido como capital. A relação consigo mesmo, na qual se representa o capital, quando se encara o processo de produção capitalista como um todo e uma unidade, e na qual o capital aparece como dinheiro que gera dinheiro, simplesmente lhe é incorporada aqui sem o movimento intermediário, como seu caráter, sua determinação. E nessa determinação ele é alienado, quando emprestado como capital monetário.

Uma concepção singular do papel do capital monetário é a de Proudhon (*Gratuité du crédit. Discussion entre F. M. Bastiat e M. Proudhon*. Paris, 1850). Para Proudhon, emprestar parece um mal porque não é vender. Emprestar a juros

> *est la faculté de vendre toujours de nouveau le même objet, et d'en recevoir toujours de nouveau le prix sans jamais céder la propriété de ce qu'on vend.*[I] (p. 9)

O objeto, dinheiro, casa etc. não muda de proprietário, como na compra e venda. Proudhon não entende que, ao ceder-se o dinheiro na forma de capital portador de juros, não se recebe nenhum equivalente em troca. Em todo ato de compra e venda, na medida em que ocorrem ao todo

---

I "é a faculdade de vender sempre de novo o mesmo objeto, recebendo sempre de novo o preço, sem jamais ceder a propriedade do que vende." [N. T.] A passagem citada é de Charles-François Chevé, um redator do jornal *La Voix du Peuple* e autor da primeira carta do livro *Gratuité du Crédit. Discussion entre M. Fr. Bastiat et M. Proudhon.* Paris, 1850. [N. E. A.]

processos de troca, é verdade que o objeto é entregue. Cede-se sempre a propriedade do objeto vendido. Mas não se entrega o valor. Na venda, a mercadoria é entregue, mas não seu valor, o qual é devolvido na forma de dinheiro ou, o que é aqui apenas outra forma, na de títulos de dívida ou de ordens de pagamento. Na compra, o dinheiro é entregue, mas não seu valor, o qual é reposto na forma de mercadoria. Durante todo o processo de reprodução, o capitalista mantém em suas mãos o mesmo valor (abstraindo a mais-valia), apenas em formas diversas.

Na medida em que ocorre intercâmbio, isto é, intercâmbio de objetos, não há mudança de valor. O mesmo capitalista mantém sempre o mesmo valor em suas mãos. Mas, na medida em que mais-valia é produzida pelo capitalista, não ocorre intercâmbio; tão logo ocorra intercâmbio, a mais-valia já está contida nas mercadorias. Tão logo consideremos não os atos isolados de intercâmbio, mas o ciclo completo do capital, *D–M–D'*, vemos que, constantemente, determinada soma de valor é adiantada, e essa soma de valor somada a mais-valia ou lucro é retirada da circulação. A mediação desse processo, no entanto, não é visível nos meros atos de troca. E é justamente desse processo de *D* como capital, sobre o qual repousa o juro do capitalista monetário prestamista, que o juro se origina.

> "De fato", diz Proudhon, "o chapeleiro que vende chapéus [...] recebe o valor deles, nem mais nem menos. Mas o capitalista que empresta [...] não recebe apenas seu capital de volta integralmente; recebe mais que o capital, mais do que lança no intercâmbio; recebe, além do capital, um juro." (p. 69)

O chapeleiro representa aqui o capitalista produtivo, em oposição àquele que empresta. Evidentemente, Proudhon não descobriu o segredo de como o capitalista produtivo pode vender mercadoria por seu valor (para sua versão, aqui a equalização em preços de produção não importa) e justamente por isso obter lucro, além do capital que lança no intercâmbio. Suponhamos que o preço de produção de 100 chapéus seja = 115 libras esterlinas e que esse preço de produção seja por acaso igual ao valor dos chapéus, sendo, portanto, o capital que produz os chapéus de composição social média. Se o lucro é de 15%, então o chapeleiro realiza um lucro de 15 libras esterlinas por vender as mercadorias por seu valor de 115. A ele só custam 100 libras esterlinas. Se produziu com seu próprio capital, então embolsa o excedente de 15 libras esterlinas por inteiro; se produziu com capital emprestado, tem de ceder talvez 5 libras esterlinas como juros. Isso em nada altera o valor dos chapéus, mas apenas a distribuição da mais-valia já contida nesse valor entre pessoas diferentes. Já que, portanto, o valor dos chapéus não é afetado pelo pagamento de juros, é um absurdo quando Proudhon diz:

> Uma vez que no comércio o juro do capital se adiciona ao salário do trabalhador, para compor o preço da mercadoria, então é impossível que o trabalhador possa comprar de volta o produto de seu próprio trabalho. *Vivre en travaillant* [Viver do próprio trabalho] é um princípio que, sob o domínio do juro, encerra uma contradição. (p. 105)[56]

Quão pouco Proudhon compreendeu a natureza do capital mostra a frase seguinte, em que ele descreve o movimento do capital em geral como um movimento peculiar ao capital portador de juros:

> *Comme, par l'accumulation des intérêts, le capital-argent, d'échange en échange, revient toujours à sa source, il s'ensuit que la relocation toujours faite par la même main, profite toujours au même personnage.*[I] [p. 154]

Que é então que continua enigmático para ele no movimento peculiar do capital portador de juros? As categorias: comprar, preço, entregar objetos, e a forma direta em que aparece aqui a mais-valia; em suma, o fenômeno de que aqui o capital enquanto capital se tornou mercadoria, que, portanto, a venda se transformou em empréstimo, o preço em participação no lucro.

O retorno do capital a seu ponto de partida é, em geral, o movimento característico do capital em seu ciclo completo. Isso não distingue, pois, apenas o capital portador de juros. O que o distingue é a forma externa, dissociada do ciclo mediador do retorno. O capitalista prestamista entrega seu capital, transfere-o ao capitalista industrial, sem receber um equivalente. Sua entrega não constitui ato algum do processo real de circulação do capital, mas apenas encaminha esse ciclo, a ser realizado pelo capitalista industrial. Essa primeira mudança de lugar do dinheiro não expressa ato algum da metamorfose, nem compra nem venda. A propriedade não é cedida, porque não ocorre intercâmbio, não se recebe equivalente. O retorno do dinheiro, das mãos do capitalista industrial às mãos do capitalista prestamista, apenas completa o primeiro ato de entrega do capital. Adiantado na forma-dinheiro, o capital retorna, pelo processo de circulação, ao capitalista industrial novamente na forma-dinheiro. Mas, uma vez que o capital não lhe pertencia no momento do dispêndio, não pode pertencer-lhe quando retorna. É impossível que o trânsito pelo processo de reprodução possa transformar esse capital em sua propriedade. Tem, pois, de devolvê-lo ao prestamista. O primeiro

---

I "Como, pela acumulação dos juros, o capital monetário, de troca em troca, retorna sempre a sua fonte, segue-se que o reempréstimo, sempre feito pelas mesmas mãos, sempre aproveita a mesma personagem." [N. T.]

dispêndio, que transfere o capital das mãos do prestamista para as do mutuário, é uma transação jurídica, que nada tem a ver com o processo real de reprodução, mas apenas o encaminha. O reembolso, que transfere novamente o capital refluído das mãos do mutuário para as do prestamista, é uma segunda transação jurídica, o complemento da primeira; uma encaminha o processo real, a outra é um ato posterior a esse processo. Ponto de partida e ponto de retorno, entrega e restituição do capital emprestado, aparecem assim como movimentos arbitrários, mediados por transações jurídicas e que ocorrem antes e depois do movimento real do capital, que nada têm a ver com o próprio. Para este, seria indiferente se o capital pertencesse de antemão ao capitalista industrial e, por isso, simplesmente refluísse para ele como sua propriedade.

No primeiro ato introdutório, o prestamista entrega seu capital ao mutuário. No segundo ato, posterior e final, o mutuário devolve o capital ao prestamista. Na medida em que só se considera a transação entre ambos – abstraindo, por enquanto, o juro –, na medida em que se trata, portanto, apenas do movimento do próprio capital emprestado entre prestamista e mutuário, esses dois atos (separados por um período mais ou menos longo, durante o qual se efetua o movimento real de produção do capital) abrangem a totalidade daquele movimento. E este movimento, entregar sob a condição de restituir, é, em geral, o movimento de emprestar e tomar emprestado, dessa forma específica da alienação apenas condicional de dinheiro ou mercadoria.

O movimento característico do capital em geral, o retorno do dinheiro ao capitalista, o retorno do capital a seu ponto de partida, recebe no capital portador de juros uma figura totalmente externa, separada do movimento real de que é forma. A entrega seu dinheiro não como dinheiro, mas como capital. Não há transformação alguma do capital. Este apenas muda de mãos. Sua verdadeira transformação em capital só se dá nas mãos de B. Mas, para A, tornou-se capital em virtude da simples entrega a B. O refluxo real do capital do processo de produção e de circulação só ocorre para B. Mas, para A, o refluxo se verifica na mesma forma que a alienação. O capital retorna das mãos de B às de A. Entrega, empréstimo de dinheiro por certo prazo e recuperação com juros (mais-valia) é a forma toda do movimento que cabe ao capital portador de juros como tal. O movimento real do dinheiro emprestado como capital é uma operação situada além das transações entre prestamistas e mutuários. Nestas, essa mediação é apagada, invisível, não está diretamente implícita. Como mercadoria de natureza peculiar, o capital possui também um modo peculiar de alienação. O retorno não se expressa aqui, portanto, como consequência e resultado de determinada série de atos econômicos, mas como consequência de um acordo jurídico especial entre comprador e vendedor. O prazo do refluxo depende do decurso do processo de reprodução; no caso do capital portador de juros, seu retorno como capital *parece* depender do simples acordo entre prestamista e mutuário. De modo que o refluxo do capital, com respeito a essa transação, já não aparece como resultado determinado pelo processo de produção, mas como se o capital emprestado nunca tivesse perdido a forma de dinheiro. Sem dúvida, essas transações são efetivamente determinadas pelos refluxos reais. Mas isso não aparece na própria transação. Também na prática, nem sempre é o caso. Se o refluxo real não se efetua no tempo devido, o mutuário tem de verificar com que outras fontes conta para cumprir suas obrigações com o prestamista. A mera *forma* do capital-dinheiro que é gasto como soma A e que retorna como soma $A + \frac{1}{x}A$, em determinado prazo, sem nenhuma outra mediação além desse intervalo intermediário de tempo – é apenas a forma irracional do movimento real de capital.

No movimento real de capital, o retorno é um momento do processo de circulação. Primeiro, o dinheiro é transformado em meios de produção; o processo de produção transforma-o em mercadoria; mediante a venda da mercadoria, é retransformado em dinheiro e, nessa forma, retorna às mãos do capitalista, que no início adiantara o capital em forma-dinheiro. Mas, no caso do capital portador de juros, o retorno, bem como a entrega, são apenas resultado de uma transação jurídica entre o proprietário do capital e uma segunda pessoa. Vemos somente entrega e reembolso. Tudo o que ocorre de permeio é apagado.

Mas porque o dinheiro, adiantado como capital, tem o atributo de retornar a quem o adianta, a quem o despende como capital, porque *D–M–D′* é a forma imanente do movimento de capital, justamente por isso pode o proprietário do dinheiro emprestá-lo enquanto capital, como algo que possui o atributo de retornar a seu ponto de partida, de se conservar no movimento que perfaz, enquanto valor, e de se multiplicar. E entrega-o como capital porque, depois de empregado como capital, reflui para seu ponto de partida, podendo ser restituído pelo mutuário, após determinado tempo, justamente porque reflui para ele mesmo.

O empréstimo de dinheiro como capital – sua entrega sob a condição de ser restituído após certo tempo – tem, portanto, como pressuposto, que o dinheiro seja realmente empregado como capital, que reflua realmente para seu ponto de partida. O verdadeiro movimento circulatório do dinheiro como capital é, portanto, pressuposto da transação jurídica, pela qual o mutuário tem de devolver o dinheiro ao prestamista. Se o mutuário desembolsa o dinheiro como capital é problema dele. O prestamista o empresta como capital, e como tal tem de exercer as funções de capital, que implicam o ciclo do capital monetário até seu refluxo, em forma-dinheiro, para o ponto de partida.

Os atos de circulação *D–M* e *M–D'*, nos quais a soma de valor funciona como dinheiro ou como mercadoria, são apenas processos mediadores, momentos isolados de seu movimento completo. Como capital, ela perfaz o movimento total *D–D'*. É adiantada como dinheiro ou soma de valor em qualquer forma e retorna como soma de valor. O prestamista do dinheiro não o gasta na compra de mercadoria, ou, se a soma de valor existe em mercadoria, não a vende por dinheiro, mas adianta-a como capital, como *D–D'*, como valor que em determinado prazo retorna a seu ponto de partida. Em vez de comprar ou vender, empresta. Esse empréstimo é, pois, a forma adequada de aliená-la como *capital*, em vez de como dinheiro ou mercadoria. De onde não segue de modo algum que emprestar não possa também ser uma forma para transações que nada têm a ver com o processo capitalista de reprodução.

Até aqui examinamos apenas o movimento do *capital* emprestado entre seu proprietário e o capitalista industrial. Agora temos de investigar o *juro*.

O prestamista despende seu dinheiro como capital; a soma de valor que aliena a outro é capital e, por isso, reflui para ele. O mero refluxo para ele não seria refluxo da soma de valor emprestada *enquanto capital*, mas mera restituição de uma soma de valor emprestada. Para refluir como capital, a soma de valor adiantada deve não só se conservar em movimento, mas ter-se valorizado, aumentado sua grandeza de valor, portanto retornar, com mais-valia, como $D+\Delta D$, e esse ΔD é aqui o juro ou a parte do lucro médio que não permanece nas mãos do capitalista funcionante, mas cabe ao capitalista monetário.

Que o dinheiro é alienado por ele como capital significa que deve ser-lhe devolvido como $D+\Delta D$. Mais tarde, deve ser examinada ainda, em particular, a forma em que, durante o prazo estipulado, refluem periodicamente juros, mas sem o capital, cuja restituição só se efetua ao fim de um período mais longo.

O que o capitalista monetário dá ao mutuário, o capitalista industrial? O que, de fato, ele lhe aliena? Só o ato da alienação faz do empréstimo do dinheiro alienação do dinheiro como capital, isto é, alienação do capital como mercadoria.

É somente por meio do ato dessa alienação que o capital é entregue pelo prestamista de dinheiro como mercadoria, ou a mercadoria de que ele dispõe é entregue a um terceiro como capital.

O que é alienado numa venda ordinária? Não o valor da mercadoria vendida, pois este apenas muda de forma. Existe idealmente como preço na mercadoria, antes de passar realmente para as mãos do vendedor na forma de dinheiro. O mesmo valor e a mesma grandeza de valor mudam aqui apenas de forma. Uma vez existem em forma-mercadoria, outra vez em forma-dinheiro. O que é realmente alienado pelo vendedor e, por isso, também passa ao consumo individual ou produtivo do comprador, é o valor de uso da mercadoria, a mercadoria como valor de uso.

Qual é então o valor de uso que o capitalista monetário aliena durante o prazo do empréstimo e cede ao capitalista produtivo, o mutuário? É o valor de uso que o dinheiro adquire pelo fato de poder ser transformado em capital, de poder funcionar como capital e assim produzir em seu movimento determinada mais-valia, o lucro médio (o que está acima ou abaixo deste aparece aqui como fortuito), além de conservar sua grandeza original de valor. No caso das demais mercadorias consome-se, em última instância, o valor de uso, e com isso desaparece a substância da mercadoria, e com ela seu valor. A mercadoria capital, ao contrário, tem a peculiaridade de que, pelo consumo de seu valor de uso, seu valor e seu valor de uso não só são conservados, mas multiplicados.

É esse valor de uso do dinheiro como capital – a capacidade de produzir o lucro médio – que o capitalista monetário aliena ao capitalista industrial pelo período em que cede a este a disposição sobre o capital emprestado.

O dinheiro assim emprestado tem, nessa medida, certa analogia com a força de trabalho em sua posição em face do capitalista industrial. Só que o último paga o valor da força de trabalho, enquanto simplesmente restitui o valor do capital emprestado. O valor de uso da força de trabalho, para o capitalista industrial, consiste em: produzir, por seu consumo, mais valor (o lucro) do que ela mesma possui e custa. Esse excedente de valor é seu valor de uso para o capitalista industrial. E assim o valor de uso do capital monetário emprestado aparece igualmente como sua faculdade de criar e multiplicar valor.

O capitalista monetário aliena, de fato, um valor de uso e, por isso, o que ele entrega é entregue como mercadoria. E nessa medida é completa a analogia com a mercadoria enquanto tal. Primeiro, é um valor que passa de uma mão para outra. No caso da mercadoria simples, da mercadoria enquanto tal, o mesmo valor permanece nas mãos do comprador e do vendedor, só que em forma diferente; ambos possuem o mesmo valor, depois como antes, que alienaram, um em forma-mercadoria, o outro em forma-dinheiro. A diferença consiste em que, no caso do empréstimo, o capitalista monetário é o único que entrega valor nessa transação; mas ele o preserva mediante a restituição futura. No caso do empréstimo, valor é recebido apenas por uma parte, já que apenas uma das partes entrega valor. – Segundo, o valor de uso real é alienado por uma parte e é recebido e consumido pela outra. Mas, diferentemente da mercadoria comum, esse mesmo valor de uso é valor, a saber, o excedente da grandeza de valor que resulta do uso do dinheiro como capital acima de sua grandeza de valor original. O lucro é esse valor de uso.

O valor de uso do dinheiro emprestado consiste em: poder funcionar como capital e produzir, como tal, sob circunstâncias médias, o lucro médio.[57]

O que o capitalista industrial paga, pois, e o que é, portanto, o preço do capital emprestado?

> "*That which men pay as interest for the use of what they borrow*" é, segundo Massie, "*a part of the profit it is capable of producing.*"[I/58]

O que o comprador de uma mercadoria comum compra é seu valor de uso; o que paga é seu valor. O que o mutuário do dinheiro compra é também seu valor de uso como capital; mas o que paga? Certamente não é, como no caso das outras mercadorias, o preço ou o valor. Entre prestamista e mutuário não se dá, como entre comprador e vendedor, uma mudança de forma do valor, de modo que esse valor existe uma vez na forma de dinheiro, outra vez na forma de mercadoria. A igualdade entre o valor entregue e o valor recuperado se mostra aqui de maneira inteiramente diversa. A soma de valor, o dinheiro, é entregue sem equivalente e após certo tempo é devolvida. O prestamista continua sempre proprietário do mesmo valor, mesmo depois de este ter passado de suas mãos para as do mutuário. No intercâmbio simples de mercadorias, o dinheiro está sempre do lado do comprador; mas, no empréstimo, o dinheiro está do lado do vendedor. Este é quem entrega o dinheiro por certo tempo, e o comprador do capital é quem o recebe como mercadoria. Mas isso só é possível na medida em que o dinheiro funcione como capital e, portanto, seja adiantado. O mutuário toma o dinheiro emprestado como capital, como valor que se valoriza. Mas ele só é capital em si, como todo capital em seu ponto de partida, no momento de seu adiantamento. Só mediante seu emprego ele se valoriza, se realiza como capital. Mas é como capital *realizado* que o mutuário tem de devolvê-lo, portanto como valor acrescido de mais-valia (juro); e esta última só pode ser parte do lucro por ele realizado. Apenas parte, não tudo. Pois o valor de uso, para o mutuário, consiste em que esse capital lhe produza lucro. Caso contrário, não teria ocorrido nenhuma alienação de valor de uso por parte do prestamista. Por outro lado, o lucro todo não pode ficar com o mutuário. Pois, se ficasse, ele nada pagaria pela alienação do valor

---

I "O que se paga como juro pelo uso daquilo que se toma emprestado" é, segundo Massie, "parte do lucro que ele é capaz de produzir." [N. T.]

de uso e devolveria ao prestamista o dinheiro adiantado apenas como simples dinheiro, não como capital, como capital realizado, pois só é capital realizado como $D+\Delta D$.

Ambos, o prestamista e o mutuário, despendem a mesma soma de dinheiro como capital. Mas só nas mãos do último ela funciona como capital. O lucro não se duplica pela dupla existência da mesma soma de dinheiro como capital para duas pessoas. Esta só pode funcionar como capital para ambas mediante repartição de lucro. A parte que cabe ao prestamista chama-se juro.

Segundo nosso pressuposto, toda a transação se realiza entre duas espécies de capitalista, o capitalista monetário e o capitalista industrial ou mercantil.

Nunca se deve esquecer de que aqui o capital enquanto capital é mercadoria ou a mercadoria de que se trata é capital. Todas as relações que aqui aparecem seriam, portanto, irracionais do ponto de vista da mercadoria simples, ou também do ponto de vista do capital, na medida em que funciona em seu processo de reprodução como capital-mercadoria. Emprestar e tomar emprestado, em vez de vender e comprar, é aqui uma diferença que decorre da natureza específica da mercadoria-capital. Do mesmo modo que o que se paga aqui é juro, em vez de preço da mercadoria. Se se quiser chamar o juro de preço do capital monetário, então essa é uma forma irracional de preço, completamente em contradição com o conceito do preço da mercadoria.[59] O preço se reduz aqui a sua forma puramente abstrata e sem conteúdo, ou seja, ele é determinada soma de dinheiro paga por qualquer coisa que, de uma maneira ou de outra, figura como valor de uso; enquanto, segundo seu conceito, o preço é igual ao valor expresso em dinheiro desse valor de uso.

Juro como preço de capital é de antemão uma expressão totalmente irracional. Aqui uma mercadoria tem duplo valor: primeiro, um valor e, depois, um preço distinto desse valor, enquanto o preço é a expressão monetária do valor. O capital monetário de início é apenas uma soma de dinheiro ou o valor de determinada massa de mercadorias fixado como soma de dinheiro. Se uma mercadoria for emprestada como capital, então ela é apenas a forma disfarçada de uma soma de dinheiro. Pois o que se empresta como capital não são tantas libras de algodão, mas tanto de dinheiro que existe na forma de algodão, como valor deste. O preço do capital refere-se, portanto, a ele como soma de dinheiro, embora não como *currency*, segundo pensa o Sr. Torrens (ver nota 59, acima). Como pode, então, uma soma de valor ter um preço além de seu próprio preço, além do preço que está expresso em sua própria forma-dinheiro? Pois o preço é o valor da mercadoria (e isso vale também para o preço de mercado, que difere do valor não pela qualidade, mas somente pela quantidade, relacionando-se apenas à grandeza de valor), em contraste com seu valor de uso. Um preço que é qualitativamente diverso do valor é uma contradição absurda.[60]

O capital se manifesta como capital mediante sua valorização; o grau de sua valorização expressa o grau quantitativo em que se realiza como capital. A mais-valia, ou o lucro, por ele produzida – sua taxa ou nível – só pode ser medida comparando-o com o valor do capital adiantado. A maior ou menor valorização do capital portador de juros só é mensurável comparando o montante dos juros, a parte que lhe cabe do lucro total, com o valor do capital adiantado. Por conseguinte, se o preço expressa o valor da mercadoria, o juro expressa a valorização do capital monetário e aparece por isso como o preço que se paga pela mesma ao prestamista. Resulta daí quão absurdo é de antemão querer aplicar diretamente a isso as simples relações do intercâmbio, mediado por dinheiro, de compra e venda, como o faz Proudhon. O pressuposto fundamental é justamente o de que o dinheiro funcione como capital e, portanto, como capital em si, como capital potencial, possa ser remetido a outra pessoa.

Como mercadoria, o capital, entretanto, aparece aqui na medida em que é oferecido no mercado e o valor de uso do dinheiro é realmente alienado como capital. E seu valor de uso, porém, é produzir lucro. O valor do dinheiro ou das mercadorias como capital não é determinado pelo valor que possuem como dinheiro ou como mercadorias, mas pelo *quantum* de mais-valia que produzem para seu possuidor. O produto do capital é o lucro. Na base da produção capitalista é apenas aplicação diferente do dinheiro, se ele é despendido como dinheiro ou se é adiantado como capital. O dinheiro, ou a mercadoria, é em si capital potencial, do mesmo modo que a força de trabalho é capital potencial. Pois 1) o dinheiro pode ser transformado em elementos de produção e é, como tal, mera expressão abstrata dos mesmos, sua existência como valor, e 2) os elementos materiais da riqueza possuem o atributo de já ser capital potencial, uma vez que a antítese que os complementa, o que faz deles capital – o trabalho assalariado –, existe na base da produção capitalista.

A determinação social antagônica da riqueza material – seu antagonismo ao trabalho enquanto trabalho assalariado – já está, independentemente do processo de produção, expressa na propriedade de capital enquanto tal. Esse momento agora, separado do próprio processo de produção capitalista, do qual é resultado constante, e, como resultado constante, é pressuposto constante, se expressa no fato de que o dinheiro, assim como a mercadoria, são em si, latentemente, potencialmente, capital, podendo ser vendidos como capital e, nessa forma, constituem comando sobre trabalho alheio, dando direito à apropriação de trabalho alheio e sendo, por isso, valor que se valoriza. Aparece aqui também claramente que essa relação constitui o título e o meio para a apropriação de trabalho alheio, e não qualquer trabalho oferecido como contrapartida por parte do capitalista.

O capital aparece como mercadoria, além disso, na medida em que a divisão do lucro em juro e lucro propriamente dito é regulada pela demanda e oferta, isto é, pela concorrência, inteiramente como os preços de mercado das mercadorias. A diferença, porém, se evidencia tão patentemente quanto a analogia. Se demanda e oferta se cobrem, o preço de mercado da mercadoria corresponde a seu preço de produção, isto é, seu preço aparece então regulado pelas leis internas da produção capitalista, independentemente da concorrência, uma vez que as flutuações de demanda e oferta explicam apenas os desvios dos preços de mercado em relação aos preços de produção – desvios que se compensam mutuamente, de modo que, em certos períodos mais longos, os preços médios de mercado são iguais aos preços de produção. Tão logo se cubram, essas forças cessam de atuar, anulam-se mutuamente, e a lei geral de determinação dos preços se revela também como lei do caso particular; o preço de mercado corresponde então em sua existência imediata, e não apenas como média do movimento dos preços de mercado, ao preço de produção, que se regula pelas leis imanentes do próprio modo de produção. O mesmo ocorre com o salário. Se demanda e oferta se cobrem, anula-se o efeito de ambas e o salário é igual ao valor da força de trabalho. Mas é diferente o que se dá com o juro do capital monetário. A concorrência não determina aqui os desvios da lei, mas não existe lei alguma da repartição além da ditada pela concorrência, porque, como veremos ainda, não existe uma taxa "natural" de juros. Entende-se por taxa natural de juros a taxa fixada pela livre concorrência. Não há limites "naturais" da taxa de juros. Onde a concorrência não se limita a determinar os desvios e as flutuações, quando, pois, no equilíbrio de suas forças contrapostas cessa toda determinação em geral, o que se trata de determinar é em si e para si não regulado por lei e arbitrário. Mais sobre isso no capítulo seguinte.

No caso do capital portador de juros, tudo aparece como externo: o adiantamento do capital como mera transferência do mesmo do prestamista ao mutuário; o refluxo do capital realizado, como mera retransferência, ou reembolso, com juros, do mutuário ao prestamista. O mesmo se aplica à determinação, imanente ao modo de produção capitalista, de que a taxa de lucro não é apenas determinada pela relação entre o lucro obtido em uma rotação isolada e o valor-capital adiantado, mas também pela duração do próprio período de rotação, portanto como lucro que o capital industrial proporciona em determinados períodos de tempo. Também isso aparece no caso do capital portador de juros de maneira inteiramente externa, pagando-se ao prestamista determinado juro por determinado período de tempo.

Com sua perspicácia habitual a respeito da conexão interna das coisas, diz o romântico Adam Müller (*Elemente der Staatskunst* [v. III]. Berlin, 1809, p. 138):

> Na determinação do preço das coisas, não se pergunta pelo tempo; na determinação do juro, o tempo entra principalmente em conta.

Ele não vê como o tempo de produção e o tempo de circulação entram na determinação do preço das mercadorias e como, justamente por isso, a taxa de lucro é determinada para cada período de rotação do capital, mas que mediante a determinação do lucro para um tempo dado precisamente o juro é determinado. A profundidade de seu pensamento consiste aqui, como sempre, em ver apenas as nuvens de pó na superfície e proclamar pretensiosamente essa poeira como algo misterioso e significativo.

CAPÍTULO 22

REPARTIÇÃO DO LUCRO. TAXA DE JUROS. TAXA "NATURAL" DE JUROS

O objeto deste capítulo, bem como os demais fenômenos do crédito a serem posteriormente tratados, não podem ser examinados aqui em pormenor. A concorrência entre prestamistas e mutuários e as flutuações mais curtas do mercado de dinheiro daí resultantes estão fora do âmbito de nossa observação. O circuito percorrido pela taxa de juros durante o ciclo industrial supõe, para sua representação, a representação desse ciclo mesmo, a qual também não pode ser dada aqui. O mesmo vale para a equalização aproximada, maior ou menor, da taxa de juros no mercado mundial. Aqui temos de desenvolver apenas a figura autônoma do capital portador de juros e a autonomização do juro perante o lucro.

Uma vez que o juro é meramente parte do lucro, que, segundo nosso pressuposto, tem de ser paga pelo capitalista industrial ao capitalista monetário, aparece como limite máximo do juro o próprio lucro, sendo, nesse caso, a parte que caberia ao capitalista funcionante = 0. Abstraindo casos isolados, em que o juro pode efetivamente ser superior ao lucro, mas então não podendo ser pago a partir do lucro, poder-se-ia talvez considerar como limite máximo do juro o lucro todo menos a parte do mesmo a ser desenvolvida adiante e que se resolve em salários de superintendência (*wages of superintendence*). O limite mínimo do juro é totalmente indeterminável. Ele pode descer a qualquer nível que se queira. Nesse caso, surgem sempre circunstâncias contrariantes que o elevam acima desse mínimo relativo.

> "A relação entre a soma paga pelo uso de um capital e esse capital mesmo expressa a taxa de juros, medida em dinheiro." – "A taxa de juros depende 1) da taxa de lucro; 2) da proporção em que o lucro total é dividido entre prestamista e mutuário." (*Economist*, 22 jan. 1853) "Uma vez que aquilo que se paga como juro pelo uso do que se toma emprestado é uma parte do lucro que o empréstimo é capaz de produzir, então esse juro tem de ser sempre regulado por aquele lucro." (Massie, [*An Essay on the Governing Causes of the Natural Rate of Interest*,] op. cit., p. 49)

Suponhamos primeiro que exista uma proporção fixa entre o lucro total e a parte do mesmo que tem de ser paga como juro ao capitalista monetário.

Então é claro que o juro subirá ou cairá como o lucro total e este é determinado pela taxa geral de lucro e suas flutuações. Se, por exemplo, a taxa média de lucro fosse = 20% e o juro = ¼ do lucro, então a taxa de juros seria = 5%; se aquela taxa fosse 16%, então o juro seria = 4%. Com uma taxa de lucro de 20%, o juro poderia subir para 8% e o capitalista industrial faria ainda o mesmo lucro que com uma taxa de lucro de 16% e uma taxa de juros de 4%, a saber, 12%. Se o juro subisse apenas para 6 ou 7%, ele ficaria sempre com uma parte ainda maior do lucro. Se o juro fosse igual a uma cota constante do lucro médio, seguir-se-ia que, quanto maior a taxa geral de lucro, tanto maior a diferença absoluta entre o lucro total e o juro, tanto maior, portanto, a parte do lucro total que cabe ao capitalista funcionante, e vice-versa. Suponhamos que o juro seja = ⅕ do lucro médio. ⅕ de 10 = 2; a diferença entre o lucro total e o juro = 8. ⅕ de 20 = 4; diferença = 20 − 4 = 16; ⅕ de 25 = 5; diferença = 25 − 5 = 20; ⅕ de 30 = 6; diferença = 30 − 6 = 24; ⅕ de 35 = 7; diferença = 35 − 7 = 28. As diversas taxas de juros de 4, 5, 6, 7% expressariam, nesse caso, sempre ⅕ ou 20% do lucro total. Assim, se as taxas de lucro são diferentes, taxas diversas de juros podem expressar as mesmas partes alíquotas do lucro total, ou a mesma parcela percentual do lucro total. Com tal proporção constante do juro, o lucro industrial (a diferença entre o lucro total e o juro) seria tanto maior quanto maior fosse a taxa geral de lucro, e vice-versa.

Com as demais circunstâncias constantes, isto é, supondo mais ou menos constante a relação entre juro e lucro total, o capitalista funcionante estará capacitado e disposto a pagar juros mais altos ou mais baixos em proporção direta ao nível da taxa de lucro.[61] Uma vez que, conforme vimos, o nível da taxa de lucro está em razão inversa ao desenvolvimento da produção capitalista, então segue que a taxa de juros mais alta ou mais baixa num país está na mesma razão inversa ao nível do desenvolvimento industrial, à medida que especificamente a diversidade da taxa de juros expresse realmente a diversidade das taxas de lucro. Veremos mais tarde que isso nem sempre é necessariamente o caso. Nesse sentido, pode-se dizer que o juro é regulado pelo lucro ou, mais precisamente, pela taxa geral de lucro. E esse modo de regulação vale até mesmo para sua média.

Em todo caso, a taxa média de lucro deve ser considerada o limite máximo definitivamente determinante do juro.

Em seguida observaremos mais de perto a circunstância de que o juro deve ser relacionado com o lucro médio. Onde um todo dado, como o lucro, deve ser repartido entre dois, o que importa naturalmente, em primeiro lugar, é a grandeza do todo a ser repartido, e esta, a grandeza do lucro, é determinada por sua taxa média. Supondo-se como dada a taxa geral de lucro, e portanto a grandeza do lucro para um capital de grandeza dada, digamos = 100, as variações do juro estarão evidentemente em proporção inversa às da parte do lucro que fica com o capital funcionante, mas que trabalha com capital emprestado. E as circunstâncias que determinam a grandeza do lucro a ser repartido, do produto-valor do trabalho não pago, são muito diversas daquelas que determinam sua repartição entre essas duas espécies de capitalista e muitas vezes atuam em direções inteiramente opostas.[62]

Quando se observam os ciclos de rotação em que se move a indústria moderna – estado de repouso, animação crescente, prosperidade, superprodução, colapso, estagnação, estado de repouso etc., ciclos cuja análise ulterior está fora da área de observação –, vê-se que na maioria dos casos um nível baixo de juro corresponde aos períodos de prosperidade ou de lucros extraordinários, a subida do juro, à linha separatória entre a prosperidade e sua inversão, e o máximo do juro até o nível extremo da usura, à crise.[63] A partir do verão de 1843 começou decididamente a prosperidade; a taxa de juros, que na primavera de 1842 ainda era de 4½%, caiu na primavera e no verão de 1843 para 2%[64] e em setembro para 1½% (Gilbart, [*A Practical Treatise on Banking*, I, 5ª ed. London, 1849,] p. 166); em seguida, durante a crise de 1847, ela subiu para 8% e mais.

É possível, em todo caso, que juro baixo coincida com estagnação, e juro em ascensão moderada, com animação crescente.

A taxa de juros atinge seu nível mais extremo durante as crises, quando se tem de tomar dinheiro emprestado para pagar a qualquer custo. Uma vez que à subida do juro corresponde uma queda de preço dos títulos, isso constitui ao mesmo tempo uma excelente oportunidade para pessoas com capital monetário disponível se apropriarem, a preços ridículos, desses papéis portadores de juros, que, no curso normal das coisas, necessariamente recuperarão seu preço médio tão logo a taxa de juros volte a cair.[65]

Mas existe também a tendência à queda da taxa de juros, totalmente independente das flutuações da taxa de lucro. E, na verdade, por duas causas principais:

> I. "Mesmo quando supomos que nunca se tome capital emprestado a não ser para investimentos produtivos, ainda assim é possível que a taxa de juros varie sem qualquer variação na taxa do lucro bruto. Pois, na medida em que um povo progride no desenvolvimento da riqueza, surge e cresce cada vez mais uma classe de pessoas que, em virtude do trabalho de seus antepassados, está de posse de fundos de cujos simples juros ela pode viver. Muitos, mesmo aqueles que na juventude e na maturidade participaram ativamente nos negócios, se retiram para viver na velhice tranquilamente dos juros das somas acumuladas. Essas duas classes tendem a aumentar

com a riqueza crescente do país, pois os que já começam com um capital médio conseguem mais facilmente uma fortuna independente que os que começam com pouco. Em países velhos e ricos, a parte do capital nacional cujos proprietários não querem empregar pessoalmente constitui proporção maior de todo o capital produtivo da sociedade do que nos países recém-povoados e pobres. Como é numerosa a classe dos *rentiers* [rentistas] na Inglaterra! Na medida em que cresce a classe dos *rentiers*, cresce também a dos prestamistas de capital, pois ambas são a mesma". (Ramsay, *Essay on the Distribution of Wealth*, pp. 201–02)

II. O desenvolvimento do sistema de crédito e a disponibilidade assim sempre crescente, mediada pelos banqueiros, por parte dos industriais e dos comerciantes, de todas as poupanças monetárias e de todas as classes da sociedade, e a concentração progressiva dessas poupanças em massas que podem atuar como capital monetário têm de pressionar também a taxa de juros. Mais sobre isso adiante.

Quanto à determinação da taxa de juros, diz Ramsay que ela

> depende em parte da taxa de lucro bruto, em parte da proporção em que este se reparte entre juro e lucro do empresário (*profits of enterprise*). Essa proporção depende da concorrência entre prestamistas e mutuários de capital; essa concorrência é influenciada, mas não regulada exclusivamente pela taxa esperada de lucro bruto.[66] A concorrência não é regulada exclusivamente por esta porque, por um lado, muitos tomam dinheiro emprestado sem qualquer intenção de investi-lo produtivamente e porque, por outro, a grandeza de todo o capital que pode ser emprestado varia com a riqueza do país, independentemente de qualquer variação do lucro bruto. (Ramsay, [*Essay on the Distribution of Wealth*,] op. cit., pp. 206–07)

Para se encontrar a taxa média de juros é preciso calcular 1) a média das taxas de juros durante as variações nos grandes ciclos industriais e 2) a taxa de juros naqueles investimentos em que o capital é emprestado a prazo mais longo.

A taxa média de juros predominante num país – em contraste com as taxas de mercado sempre flutuantes – não é de modo algum determinável por qualquer lei. Não existe nenhuma taxa natural de juros no sentido em que os economistas falam de uma taxa natural de lucro ou de uma taxa natural de salário. A esse respeito, Massie já observa com toda a razão (p. 49):

> *The only thing which any man can be in doubt about on this occasion, is, what proportion of these profits do of right belong to the borrower, and that to the*

> *lender; and this there is no other method of determining than by the opinions of borrowers and lenders in general; for right and wrong, in this respect, are only what common consent makes so.*[I]

A coincidência da demanda e oferta – supondo-se como dada a taxa média de lucro – não significa aqui absolutamente nada. Onde quer que se recorra a essa fórmula (o que então é correto na prática), ela serve como fórmula para encontrar a regra fundamental (os limites reguladores ou as grandezas delimitantes), que independe da concorrência e que antes a determina; ela serve nomeadamente como fórmula àqueles que estão presos à prática da concorrência, a seus fenômenos e às representações que se desenvolvem a partir daquelas, para chegarem a uma representação, ainda que também superficial, de uma conexão interna das relações econômicas, que se apresenta dentro da concorrência. É um método para chegar, partindo das variações que acompanham a concorrência, aos limites dessas variações. Esse não é o caso da taxa média de juros. Não há razão alguma para que as condições médias de concorrência, o equilíbrio entre prestamista e mutuário, deem ao prestamista uma taxa de juros de 3, 4, 5% etc. sobre seu capital, ou determinada participação percentual de 20 ou 50% no lucro bruto. Nos casos em que a concorrência como tal decide, a determinação em si e para si é casual, unicamente empírica, e somente a pedantaria ou a fantasia podem querer fazer dessa casualidade algo necessário.[67] Nada mais divertido, nos relatórios parlamentares de 1857 e 1858 sobre a legislação bancária e a crise comercial, do que ouvir os diretores do Banco da Inglaterra, os banqueiros londrinos, os banqueiros provincianos e os teóricos profissionais tagarelarem sobre a "*real rate produced*" [taxa realmente produzida], sem conseguirem ir além de lugares-comuns, como, por exemplo, o de que "o preço pago por capital emprestável deveria variar com a oferta desse capital", que "alta taxa de juros e baixa taxa de lucro não podem coexistir permanentemente" e outras banalidades desse gênero.[68] Costume, tradição legal etc. contribuem tanto quanto a própria concorrência para a determinação da taxa média de juros, na medida em que esta existe não apenas como um número médio, mas como grandeza efetiva. Uma taxa média de juros tem de ser adotada como norma legal em muitos litígios onde há juros a calcular. E, se se pergunta por que os limites

---

I "A única coisa que qualquer um pode pôr em dúvida, nesse caso, é qual proporção desses lucros pertence por direito ao prestamista, e qual ao mutuário; e não há outro método de determinar isso senão pelas opiniões dos prestamistas e mutuários em geral; pois o que é certo e o que é errado a esse respeito é exclusivamente o que assim torna o consenso geral." [N. T.]

da taxa média de juros não podem ser derivados de leis gerais, então a resposta está simplesmente na natureza do juro. Ele é apenas parte do lucro médio. O mesmo capital aparece com dupla determinação – como capital emprestável nas mãos do prestamista e como capital industrial ou comercial nas mãos do capitalista funcionante. Mas ele funciona uma vez só e produz o próprio lucro uma vez só. No processo de produção mesmo, o caráter do capital como emprestável não desempenha papel algum. A maneira como as duas pessoas que têm direito ao lucro o dividem entre si é, em si e para si, um fato puramente empírico, pertencente ao reino do acaso, do mesmo modo que a repartição das parcelas percentuais do lucro comum de uma empresa societária entre os diversos sócios. Na repartição entre mais-valia e salário, na qual se baseia essencialmente a determinação da taxa de lucro, atuam de modo determinante dois elementos inteiramente diversos, força de trabalho e capital; são funções de duas variáveis independentes que se fixam limites mutuamente; e de sua *diferença qualitativa* surge a *repartição quantitativa* do valor produzido. Ver-se-á, mais tarde, que o mesmo se dá com a repartição da mais-valia entre renda e lucro. No caso do juro, não acontece nada desse gênero. Aí, a *distinção qualitativa* surge, como logo veremos, ao contrário, da *repartição puramente quantitativa* da mesma soma de mais-valia.

Do que foi desenvolvido até agora resulta que não existe taxa "natural" de juros. Mas, se, de um lado, em contraste com a taxa geral de lucro, a taxa média de juros, ou média das taxas de juros – diferentemente das taxas de mercado sempre flutuantes do juro –, não é determinável, em seus limites, por alguma lei geral, porque se trata apenas da repartição do lucro entre dois possuidores do capital sob títulos diferentes; aparece inversamente a taxa de juros, seja a média, seja a taxa de mercado de cada momento, em tudo diferente de uma grandeza uniforme, determinada e tangível, como é o caso com a taxa geral de lucro.[69]

A taxa de juros se relaciona com a taxa de lucro da mesma maneira que o preço de mercado da mercadoria com seu valor. Na medida em que a taxa de juros é determinada pela taxa de lucro, ela o é sempre pela taxa geral de lucro, e não pelas taxas específicas de lucro que possam imperar em ramos industriais particulares, menos ainda pelo lucro extra que o capitalista individual possa obter numa esfera particular de negócios.[70] A taxa geral de lucro reaparece, portanto, realmente como fato dado, na taxa de juros, embora esta última não seja uma expressão pura ou fiel da primeira.

É certo, sem dúvida, que a própria taxa de juros é constantemente diferente, conforme as classes das garantias dadas pelos mutuários e a duração do empréstimo; mas, para cada uma dessas classes, num momento dado ela é uniforme. Essa diferença não prejudica, portanto, a figura fixa e uniforme da taxa de juros.[71]

A taxa média de juros aparece em cada país por longos períodos como grandeza constante porque a taxa geral de lucro – apesar da variação constante das taxas particulares de lucro, em que, porém, a variação numa esfera é compensada pela oposta na outra – só varia em épocas maiores. E sua constância relativa se manifesta justamente nesse caráter mais ou menos constante da taxa média de juros (*average rate or common rate of interest*).

No que tange à taxa de mercado sempre flutuante de juros, ela em cada momento é dada como grandeza fixa, com o preço de mercado das mercadorias, porque no mercado monetário todo o capital emprestável como massa total se confronta constantemente com o capital funcionante, de modo que a relação entre a oferta de capital emprestável, de um lado, e a demanda por ele, de outro, decide o nível de mercado do juro em cada momento. Esse é tanto mais o caso quanto mais o desenvolvimento e a concentração consequente do sistema de crédito derem ao capital emprestável caráter social geral e o lançarem ao mercado monetário de uma vez, ao mesmo tempo. A taxa geral de lucro, ao contrário, só existe constantemente como tendência, como movimento de equalização das taxas particulares de lucro. A concorrência entre os capitalistas – que é em si esse movimento de equalização – consiste aqui no fato de que estes retiram gradualmente capital das esferas em que o lucro fica durante períodos maiores abaixo da média e, do mesmo modo, encaminham gradualmente capital às esferas em que o lucro fica acima da média; ou também de que capital adicional se reparte pouco a pouco em proporções diversas entre essas esferas. Trata-se de variação constante da oferta e da retirada de capital, em face dessas diversas esferas, e jamais de ação simultânea, em massa, como na determinação da taxa de juros.

Viu-se que o capital portador de juros, embora categoria absolutamente diferente da mercadoria, torna-se uma mercadoria *sui generis* e, por isso, o juro torna-se seu preço, o qual, como o preço de mercado da mercadoria comum, é fixado em cada momento pela demanda e oferta. A taxa de mercado de juros, embora sempre flutuante, aparece em cada momento dado tão constantemente fixada e uniforme como, em cada momento, o preço de mercado da mercadoria. Os capitalistas monetários oferecem essa mercadoria, e os capitalistas funcionantes compram-na, constituem a demanda por ela. Isso não ocorre na equalização da taxa geral de lucro. Se numa esfera os preços das mercadorias estão abaixo ou acima do preço de produção (no que se abstraem as flutuações próprias de cada negócio, relacionadas às diversas fases do ciclo industrial), então ocorre equalização mediante expansão ou contração da produção, isto é, ampliação ou redução das massas de mercadoria lançadas ao mercado pelos capitais industriais mediante imigração ou emigração de capital em relação às esferas particulares da produção. É pela equalização assim acarretada dos preços médios de mercado das mercadorias aos preços de produção que se corrigem os desvios das taxas particulares de lucro em relação à taxa geral ou média de lucro. Esse processo nunca aparece nem pode aparecer de maneira que o capital industrial ou mercantil *como tal* seja mercadoria perante um comprador, como o capital portador de juros. À medida que aparece, isso se dá apenas nas flutuações e equalizações dos preços de mercado das mercadorias aos preços de produção; não como fixação direta do lucro médio. A taxa geral de lucro é determinada, na realidade, 1) pela mais-valia que o capital total produz, 2) pela relação entre essa mais-valia e o valor do capital total, e 3) pela concorrência, mas apenas na medida em que esta é movimento por meio do qual os capitais investidos em esferas particulares da produção procuram extrair dividendos iguais dessa mais-valia, proporcionalmente a suas grandezas relativas. A taxa geral de lucro haure de fato sua determinação de causas inteiramente diversas e muito mais complicadas que a taxa de mercado de juros, a qual é determinada direta e imediatamente pela relação entre demanda e oferta, por isso não é um fato dado e tangível como a taxa de juros. As taxas particulares de lucro nas diversas esferas da produção são, elas mesmas, mais ou menos incertas; mas, na medida em que aparecem, não é sua uniformidade, mas sua diversidade que aparece. A própria taxa geral de lucro, entretanto, aparece apenas como limite mínimo do lucro, e não como figura empírica, diretamente visível, da taxa real de lucro.

Ao salientar essa diferença entre a taxa de juros e a taxa de lucro, abstraímos as duas circunstâncias seguintes, que favorecem a consolidação da taxa de juros: 1) a preexistência histórica do capital portador de juros e a existência de uma taxa geral de juros legada tradicionalmente; 2) a influência imediata muito maior que o mercado mundial, independentemente das condições de produção de um país, exerce sobre a fixação da taxa de juros, comparada com sua influência sobre a taxa de lucro.

O lucro médio não aparece como fato imediatamente dado, mas só como resultado final, a ser encontrado pela investigação, da equalização de flutuações opostas. Bem diferente é o caso da taxa de juros. Esta, em sua validade geral, pelo menos local, é um fato diariamente fixado, um fato que até serve ao capital industrial e mercantil como pressuposto e parcela no cálculo de suas operações. Torna-se uma capacidade geral de cada soma de dinheiro de 100 libras esterlinas proporcionar 2, 3, 4, 5%. Os boletins meteorológicos não registram a situação barométrica e termométrica com maior precisão que os boletins da Bolsa a situação da taxa de juros, não para este ou aquele capital, mas para todo o capital que se encontra no mercado monetário, isto é, o capital emprestável em geral.

No mercado monetário confrontam-se apenas prestamistas e mutuários. A mercadoria tem a mesma forma, dinheiro. Todas as formas especiais do capital, conforme seu investimento em esferas particulares da produção ou da circulação, estão aqui apagadas. O capital existe aqui na figura indiferenciada, igual a si mesma, do valor autônomo, do dinheiro. A concorrência entre as esferas particulares cessa aqui; todas elas são confundidas como mutuários de dinheiro, e o capital as confronta todas também na forma em que ele é indiferente à maneira especial de seu emprego. Como aquilo que o capital industrial só aparenta no movimento e na concorrência entre as esferas particulares, como *capital comum em si de uma classe*, ele surge aqui de fato, com toda força, na demanda e oferta de capital. Por outro lado, o capital monetário possui no mercado monetário realmente a figura em que se reparte, como elemento comum, indiferente a sua aplicação particular, entre as diversas esferas, entre a classe capitalista, conforme as necessidades de produção de cada esfera particular. Acresce que, com o desenvolvimento da grande indústria, o capital monetário, à medida que aparece no mercado, é cada vez menos representado pelo capitalista individual, pelo proprietário desta ou daquela fração do capital existente no mercado, mas surge como massa concentrada, organizada que, de maneira bem diversa da produção real, se encontra sob controle do banqueiro, que representa o capital social. De modo que, quanto à forma da demanda, ao capital emprestável se contrapõe a força de uma classe, assim como, quanto à oferta, ele mesmo surge *en masse* [em conjunto] como capital emprestável.

Essas são algumas das razões por que a taxa geral de lucro aparece como imagem nebulosa e evanescente, ao lado da taxa de juros determinada, a qual é certo que, quanto a sua grandeza, flutua, mas, como flutua uniformemente para todos os mutuários, sempre os confronta como taxa fixa, dada. Assim como as variações de valor do dinheiro não o impedem de ter o mesmo valor perante todas as mercadorias. Assim como os preços de mercado das mercadorias flutuam diariamente, o que não os impede de ser diariamente cotados nos boletins. Assim como a taxa de juros que também é regularmente cotada como "preço do dinheiro". Ela o é porque aqui o próprio capital é oferecido, em forma-dinheiro, como mercadoria; a fixação de seu preço é, portanto, fixação de seu preço de mercado, como ocorre com as demais mercadorias; a taxa de juros se apresenta, portanto, sempre como taxa geral de juros, como tanto por tanto dinheiro, como quantitativamente determinada. A taxa de lucro, ao contrário, até dentro da mesma esfera, com preços de mercado da mercadoria iguais, pode ser diferente conforme as diferentes condições em que os capitais individuais produzem a mesma mercadoria; pois a taxa de lucro do capital individual é determinada não pelo preço de

mercado da mercadoria, mas pela diferença entre preço de mercado e 1
preço de custo. E essas diferentes taxas de lucro só podem equalizar-se, primeiro, dentro da mesma esfera e, em seguida, entre as diversas esferas, mediante flutuações constantes.

7

(Nota para posterior elaboração.) Uma forma particular do crédito: sabe-se que, quando o dinheiro funciona como meio de pagamento, e não como meio de compra, a mercadoria é alienada, mas somente mais tarde seu valor é realizado. Se o pagamento se efetua somente depois que a mercadoria é vendida de novo, então essa venda aparece não como consequência da compra, mas é por meio da venda que se realiza a compra.
Ou a venda torna-se um meio da compra. – Segundo: títulos de dívida, 14
letras etc. tornam-se meios de pagamento para o credor. – Terceiro: a compensação dos títulos de dívida substitui o dinheiro.

CAPÍTULO 23

JURO E GANHO EMPRESARIAL

O juro, conforme vimos nos dois capítulos precedentes, aparece originalmente, é originalmente e continua sendo, na realidade, apenas parte do lucro, isto é, da mais-valia que o capitalista funcionante, industrial ou comerciante, na medida em que não emprega seu próprio capital, mas capital emprestado, tem de pagar ao proprietário e prestamista desse capital. Se emprega somente capital próprio, não há essa repartição do lucro; este lhe pertence por inteiro. De fato, na medida em que os proprietários do capital o empregam, eles mesmos, no processo de reprodução, não concorrem para a determinação da taxa de juros, e nisso já se revela como a categoria do juro – impossível sem a determinação de uma taxa de juros – é estranha ao movimento do capital industrial em si.

> *The rate of interest may be defined to be that proportional sum which the lender is content to receive, and the borrower to pay, for a year or for any longer or shorter period for the use of a certain amount of moneyed capital* [...] *when the owner of capital employs it actively in reproduction, he does not come under the head of those capitalists, the proportion of whom, to the number of borrowers,* determines *the rate of interest.*[I] (T. Tooke, *Hist. of Price*, II. London, 1838, pp. 355–56)

Na realidade, é somente a separação dos capitalistas em capitalistas monetários e capitalistas industriais que converte parte do lucro em juros e cria, em geral, a categoria do juro; e é apenas a concorrência entre essas duas espécies de capitalistas que cria a taxa de juros.

Enquanto o capital funciona no processo da reprodução – mesmo se supondo que pertença ao próprio capitalista industrial, de modo que não tenha de devolvê-lo a nenhum prestamista –, o capitalista como particular não tem a sua disposição esse mesmo capital, mas apenas o lucro, que ele pode despender como *revenue*. Enquanto seu capital funciona como capital, ele pertence ao processo de reprodução, está

I “A taxa de juros pode ser definida como aquela soma proporcional que o prestamista se contenta em receber, e o mutuário em pagar, pelo uso de certo montante de capital monetário, durante 1 ano ou um período mais longo ou mais curto [...] quando o proprietário do capital o emprega ativamente na reprodução, ele não entra na categoria daqueles capitalistas cuja proporção para com o número dos mutuários determina a taxa de juros.” [N. T.]

imobilizado nele. O capitalista, sem dúvida, é seu proprietário, mas essa propriedade não o capacita, enquanto o emprega como capital para a exploração de trabalho, a dispor dele de outra maneira. O mesmo acontece com o capitalista monetário. Enquanto seu capital está emprestado e atua, portanto, como capital monetário, proporciona-lhe juro, parte do lucro, mas ele não pode dispor da soma principal. Isso se evidencia tão logo o tenha emprestado por, digamos, um ano ou vários e receba juros em certos prazos sem restituição do capital. Mas mesmo a restituição aqui não faz diferença. Se o capital lhe é restituído, tem de emprestá-lo sempre de novo, enquanto precisar ter o efeito de capital – no caso, de capital monetário – para ele. Enquanto se encontra em suas mãos, não proporciona juros e não atua como capital; e, enquanto proporciona juros e atua como capital, não se encontra em suas mãos. Daí a possibilidade de emprestar capital por tempo perpétuo. As seguintes observações de Tooke contra Bosanquet são, por isso, inteiramente falsas. Ele cita Bosanquet (*Metallic, Paper, and Credit Currency*, p. 73):

> Se a taxa de juros fosse rebaixada a 1%, o capital emprestado estaria quase na mesma linha (*on a par*) que o próprio capital.

Sobre isso, Tooke faz a seguinte glosa marginal:

> Que um capital emprestado a essa taxa ou até a uma taxa mais baixa esteja quase na mesma linha que o capital próprio é uma afirmação tão estranha que não mereceria atenção séria se não procedesse de um escritor tão inteligente e tão bem informado sobre certos pontos do tema. Não viu ou considera pouco significante a circunstância de que seu pressuposto implica a condição de restituição? (T. Tooke, *An Inquiry into the Currency Principle*. 2ª ed. London, 1844, p. 80)

Se o juro fosse = 0, o capitalista industrial que tomou capital emprestado estaria equiparado ao que opera com capital próprio. Ambos embolsariam o mesmo lucro médio, e enquanto capital, emprestado ou próprio, este só atua à medida que produz lucro. A condição de restrição nada alteraria nisso. Quanto mais a taxa de juros se aproximar de zero, caindo, por exemplo, a 1%, tanto mais o capital emprestado é colocado no mesmo pé que o capital próprio. Enquanto o capital monetário tiver de existir como capital monetário, tem de ser emprestado sempre de novo e à taxa vigente de juros, digamos de 1%, e sempre de novo à mesma classe de capitalistas industriais e mercantis. Enquanto estes funcionarem como capitalistas, a diferença entre o que opera com capital emprestado e o que opera com capital próprio consiste apenas em que um tem de pagar juros e o outro não; um embolsa o lucro l todo, e o outro embolsa $l - j$, o lucro menos o juro; quanto mais j se aproxima de zero, tanto mais $l - j = l$, tanto mais ambos os capitais ficam no mesmo pé. Um tem de restituir o capital e tomá-lo emprestado novamente; mas o outro, enquanto seu capital tiver de funcionar, tem de adiantá-lo também, sempre de novo, ao processo de produção e não pode dispor dele independentemente desse processo. A única diferença que ainda resta é a óbvia, de que um é proprietário de seu capital e o outro não.

A pergunta que surge então é a seguinte: como essa divisão puramente quantitativa do lucro em lucro líquido e juro se transforma em qualitativa? Em outras palavras, como explicar que também o capitalista que emprega apenas capital próprio e nenhum emprestado classifique parte de seu lucro bruto na categoria particular de juro e, como tal, calcule-a separadamente? E que, portanto, ainda mais, todo capital, emprestado ou não, é distinguido como portador de juros de si mesmo, proporcionando lucro líquido?

Reconhece-se que nem toda eventual divisão quantitativa do lucro se transforma, desse modo, em qualitativa. Alguns capitalistas industriais, por exemplo, associam-se para operar um negócio e distribuem então entre si o lucro de acordo com convenções juridicamente estabelecidas. Outros operam seu negócio, cada um por si, sem *associé*. Estes últimos não calculam seu lucro sob duas categorias, uma parte como lucro individual e a outra como lucro da companhia, para os sócios inexistentes. Nesse caso, pois, a divisão quantitativa não se transforma em qualitativa. Ela ocorre onde casualmente o proprietário consiste em várias pessoas jurídicas; ela não ocorre onde esse não é o caso.

Para corresponder à pergunta, temos de nos deter mais algum tempo no verdadeiro ponto de partida da formação do juro; isto é, temos de partir do pressuposto de que o capitalista monetário e o capitalista produtivo se confrontam realmente não apenas como pessoas juridicamente diversas, mas como pessoas que desempenham papéis totalmente diferentes no processo de reprodução, ou em cujas mãos o mesmo capital efetua de fato um movimento duplo e completamente distinto. Um apenas o empresta, o outro o emprega de forma produtiva.

Para o capitalista produtivo que trabalha com capital emprestado, o lucro bruto se decompõe em duas partes; o juro que tem de pagar ao prestamista e o excedente sobre o juro, que constitui sua própria participação no lucro. Se a taxa geral de lucro está dada, esta última parte é determinada pela taxa de juros; se a taxa de juros está dada, ela é determinada pela taxa geral de lucro. E mais, como quer que o lucro bruto, a grandeza de valor real do lucro total, se desvie, em cada caso isolado, do lucro médio: a parte que pertence ao capitalista funcionante é determinada pelo juro, pois este é fixado pela taxa geral de juros (excetuadas estipulações jurídicas especiais) e pressuposto antecipadamente, antes de começar o processo de produção, portanto antes de o resultado deste, o lucro bruto, ter sido alcançado. Vimos que o produto propriamente dito, específico, do capital é a mais-valia, ou, mais precisamente, o lucro. Porém, para o capitalista que trabalha com capital emprestado, não é o lucro, mas o lucro menos o juro, a parte do lucro que lhe resta depois de pagar o juro. Essa parte do lucro aparece-lhe, pois, necessariamente como produto do capital à medida que este funciona; e assim é realmente para ele, pois somente representa o capital em funcionamento. E sua personificação, à medida que este funciona, e funciona à medida que é investido lucrativamente na indústria ou no comércio e empregado por seu aplicador nas operações prescritas pelo ramo de negócios em questão. Em contraste com o juro que ele tem de pagar ao prestamista, a partir do lucro bruto, a parte restante, que lhe cabe, do lucro, toma, portanto, necessariamente a forma de lucro industrial, ou comercial, ou então, para designá-lo com uma expressão alemã que abrange ambos, a figura de *Unternehmergewinn* [ganho empresarial]. Se o lucro bruto é igual ao lucro médio, então a grandeza desse ganho empresarial é determinada exclusivamente pela taxa de juros. Se o lucro bruto se desvia do lucro médio, então a diferença entre o mesmo e o lucro médio (depois de deduzir de ambos os lados o juro) é determinada por todas as conjunturas que causam um desvio temporário, seja da taxa de lucro numa esfera particular da produção em relação à taxa geral de lucro, seja do lucro que um capitalista individual faz em determinada esfera, em relação ao lucro médio dessa esfera particular. Via-se, entretanto, que a taxa de lucro, dentro do próprio processo de produção, depende não apenas da mais-valia, mas de muitas outras circunstâncias: dos preços de compra dos meios de produção, de métodos produtivos acima da média, da economia de capital constante etc. E, abstraindo o preço de produção, ela depende de conjunturas particulares e, ao fechar cada transação individual, da maior ou menor astúcia e diligência do capitalista, se, e em que medida, este comprar ou vender acima ou abaixo do preço de produção, se se apropriar portanto, dentro do processo de circulação, de uma parte maior ou menor da mais-valia total. Em todo caso, porém, a divisão quantitativa do lucro bruto se transforma aqui em qualitativa, e isso tanto mais quanto a própria divisão quantitativa depende *do que* há para dividir, de como o capitalista ativo manipula o capital e do lucro bruto que, como capital funcionante, isto é, em virtude de suas funções como capitalista ativo, ele lhe proporciona. O capitalista funcionante é pressuposto aqui como não proprietário do capital. A propriedade do capital é representada perante ele pelo prestamista, o capitalista monetário. O juro que paga a este aparece, portanto, como aquela parte do lucro bruto que cabe à propriedade do capital como tal. Em contraste com isso, a parte do lucro que cabe ao capitalista ativo aparece agora como ganho empresarial oriundo exclusivamente das operações ou funções que ele efetua com o capital no processo de reprodução, especialmente, pois, das funções que como empresário ele exerce na indústria ou no comércio. Em face dele, o juro aparece, portanto, como mero fruto da propriedade do capital, do capital em si, abstraído o processo de reprodução do capital, na medida em que ele não "trabalha", não funciona; enquanto o ganho empresarial lhe aparece como fruto exclusivo das funções que ele desempenha com o capital, fruto do movimento e do processamento do capital, o que lhe aparece agora como sua própria atividade, em oposição à inatividade e à não participação do capitalista monetário no processo de produção. Essa separação qualitativa entre as duas partes do lucro bruto, pela qual o juro é fruto do capital em si, da propriedade do capital, abstraído o processo de produção, e o ganho empresarial é fruto do capital processante, que atua no processo de produção, portanto do papel ativo que o aplicador do capital desempenha no processo de reprodução – essa separação qualitativa não é de modo algum concepção meramente subjetiva do capitalista monetário aqui e do capitalista industrial lá. Ela repousa sobre um fato objetivo, pois o juro flui para o capitalista monetário, o prestamista, que é mero proprietário do capital, que representa, portanto, a mera propriedade do capital antes e fora do processo de produção; e o ganho empresarial flui para o capitalista meramente funcionante, que é não-proprietário do capital.

Tanto para o capitalista industrial, na medida em que trabalha com capital emprestado, como para o capitalista monetário, na medida em que não emprega ele mesmo seu capital, a divisão meramente quantitativa do lucro bruto entre duas pessoas diferentes, que possuem ambas títulos jurídicos distintos sobre o mesmo capital, e por isso sobre o lucro por este produzido, converte-se com isso numa divisão qualitativa. Parte do lucro aparece agora como fruto que, em si e para si, cabe ao capital em *uma* determinação como juro; parte aparece como fruto específico do capital numa determinação oposta, portanto como ganho empresarial; uma como mero fruto da propriedade do capital, a outra como fruto do mero funcionar com o capital, como fruto do capital como processante ou das funções que o capitalista ativo exerce. E essa ossificação e autonomização das duas partes do lucro bruto contra si, como se se originassem de duas fontes essencialmente diversas, tem de se consolidar para o conjunto da classe capitalista e para o capital total. E, na verdade, sem que importe se o capital empregado pelo capitalista ativo seja emprestado ou não, se o capital pertencente ao capitalista monetário seja aplicado por ele mesmo ou não. O lucro de todo capital, portanto também o lucro médio baseado na equalização dos capitais entre si, se decompõe ou é dividido em duas partes qualitativamente diversas, autônomas e independentes entre si, juro e ganho empresarial, ambas determinadas por leis específicas. O capitalista que trabalha com capital próprio, assim como o que trabalha com emprestado, reparte seu lucro bruto em juro, que lhe cabe como proprietário, como prestamista de capital a si mesmo, e em ganho empresarial, que lhe cabe como capitalista ativo, funcionante. Assim, para essa divisão, enquanto qualitativa, torna-se indiferente se o capitalista tem realmente de repartir com outro ou não. O aplicador do capital, mesmo que trabalhe com capital próprio, decompõe-se em duas pessoas, o mero proprietário do capital e o aplicador do capital; seu capital mesmo, com relação às categorias de lucro que proporciona, se decompõe em *propriedade* do capital, capital *fora* do processo de produção, que proporciona juro em si, e capital *dentro* do processo de produção, que como processante proporciona ganho empresarial.

O juro se consolida, portanto, de tal modo que ele agora não aparece como divisão do lucro bruto, indiferente à produção e que só ocorre ocasionalmente, quando o industrial trabalha com capital alheio. Também quando ele trabalha com capital próprio, seu lucro se divide em juro e ganho empresarial. Assim, a divisão meramente quantitativa se torna qualitativa; ela tem lugar independentemente da circunstância casual de o industrial ser proprietário de seu capital ou não. Não são apenas cotas do lucro, repartidas por pessoas diferentes, mas duas categorias distintas do mesmo, que se relacionam de maneira diversa com o capital, portanto se relacionam com determinações diferentes do capital.

Revelam-se agora muito simplesmente as razões de por que, tão logo essa divisão do lucro bruto em juro e ganho empresarial se tenha tornado qualitativa, ela recebe esse caráter de divisão qualitativa para o capital total e para o conjunto da classe dos capitalistas.

Primeiro isso já segue da simples circunstância empírica de que a maioria dos capitalistas industriais, ainda que em proporções numéricas diferentes, trabalha com capital próprio e emprestado, variando em diversos períodos a proporção entre capital próprio e emprestado.

Segundo: a transformação de parte do lucro bruto na forma de juro transforma a outra parte em ganho empresarial. Este último é, de fato, apenas a forma antitética assumida pelo excedente do lucro bruto sobre o juro, tão logo este exista como categoria própria. Toda a investigação de como o lucro bruto se diferencia em juro e ganho empresarial se resolve simplesmente na investigação de como parte do lucro bruto geralmente se ossifica e autonomiza como juro. Historicamente, porém, o capital portador de juros existe como forma acabada e tradicional, portanto o juro como subforma acabada da mais-valia produzida pelo capital, muito antes de existirem o modo de produção capitalista e as concepções de capital e lucro que lhe correspondem. Por isso, na imaginação popular, o capital monetário, o capital portador de juros, continua sendo capital como tal, capital *par excellence*. Por isso, por outro lado, a concepção dominante até os tempos de Massie, de ser o dinheiro como tal o que é pago no juro. A circunstância de capital emprestado proporcionar juro, seja ele realmente empregado como capital ou não – também quando ele é apenas emprestado para consumo –, consolida a concepção da autonomia dessa forma do capital. A melhor prova da autonomia com que, nos primeiros períodos do modo de produção capitalista, o juro aparece perante o lucro, e o capital portador de juros perante o capital industrial, é que só em meados do século XVIII foi descoberto (primeiro por Massie e em seguida por Hume)[I] o fato de que o juro é mera parte do lucro bruto e que foi necessário, ao todo, descobrir isso.

Terceiro: se o capitalista trabalha com capital próprio ou emprestado, em nada altera a circunstância de que a classe dos capitalistas monetários se lhe confronta como espécie particular de capitalista, o capital monetário como espécie autônoma de capital e o juro como forma autônoma da mais-valia, correspondente a esse capital específico.

Considerado *qualitativamente*, o juro é mais-valia que a mera propriedade do capital proporciona, que o capital em si proporciona, embora seu proprietário fique fora do processo de reprodução, que, portanto, o capital proporciona separado de seu processo.

Considerada *quantitativamente*, a parte do lucro que constitui o juro não aparece relacionada com o capital industrial e comercial como tal, mas com o capital monetário, e a taxa dessa parte da mais-valia, a taxa de juros, consolida essa relação. Pois, primeiro, a taxa de juros – apesar de sua dependência da taxa geral de lucro – é determinada de maneira autônoma e, segundo, ela aparece, como o preço de mercado das mercadorias, em face da taxa intangível de lucro, como relação que, com toda a variação, é sólida, uniforme e sempre dada. Se todo capital estivesse nas mãos dos capitalistas industriais, então não existiriam juros nem taxa de juros. A forma autônoma assumida pela divisão quantitativa do lucro bruto gera a qualitativa. Se o capitalista industrial se compara com o capitalista monetário, o que o distingue deste é apenas o ganho empresarial, como excedente do lucro bruto sobre o juro médio, que em virtude da taxa de juros aparece como grandeza empiricamente dada. E, se, por outro lado, ele se compara com o

---

I Joseph Massie, *An Essay on the Governing Causes of the Natural Rate of Interest*. London, 1750. David Hume, "Of Interest", in *Essays and Treatises on Several Subjects*, v. I. London, 1764. (Ver também K. Marx, *Theorien über den Mehrwert*, parte I.) [N. E. A.]

capitalista industrial que opera com capital próprio em vez de emprestado, este se distingue dele apenas como capitalista monetário, ao embolsar ele mesmo o juro, em vez de pagá-lo a outro. Por ambos os lados, a parte do lucro bruto distinta do juro aparece-lhe como ganho empresarial, e o próprio juro como mais-valia que o capital proporciona em si e para si e que, portanto, também proporcionaria sem aplicação produtiva.

Para o capitalista individual isso é praticamente correto. Ele tem a escolha quanto a seu capital, quer este já exista no ponto de partida como capital monetário, quer tenha de ser transformado ainda em capital monetário, se deseja emprestá-lo como capital portador de juros ou se prefere ele mesmo valorizá-lo como capital produtivo. Tomado em geral, quer dizer, aplicado a todo o capital social, como fazem alguns economistas vulgares, que até o enunciam como causa de lucro, é naturalmente disparate. A transformação de todo o capital em capital monetário, sem haver pessoas que comprem e valorizem os meios de produção, em cuja forma existe todo o capital, abstraindo a parte relativamente pequena deste, existente em dinheiro – isso naturalmente é um absurdo. Nisso está contido o absurdo ainda maior de que, sobre a base do modo de produção, o capital proporcionaria juros sem funcionar como capital produtivo, isto é, sem criar mais-valia, da qual o juro é apenas parte; de que o modo de produção capitalista seguiria seu curso sem a produção capitalista. Se parte indevidamente grande dos capitalistas quisesse transformar seu capital em capital monetário, a consequência seria uma imensa desvalorização do capital monetário e uma imensa queda da taxa de juros; muitos se veriam imediatamente impossibilitados de viver de seus juros e, portanto, forçados a retransformar-se em capitalistas industriais. Mas, como foi dito, para o capitalista individual esse é um fato. Por isso, ele considera necessariamente, mesmo quando opera com capital próprio, a parte de seu lucro médio que é igual ao juro médio como fruto de seu capital como tal, abstraído o processo de produção; e, em contraste com essa parte autonomizada no juro, ele considera o excedente do lucro bruto sobre ela como mero ganho empresarial.

Quarto: {Lacuna no manuscrito.}

Mostrou-se, pois, que a parte do lucro que o capitalista funcionante tem de pagar ao mero proprietário do capital emprestado se transforma na forma autônoma para parte do lucro que, sob o nome de juro, todo capital como tal, seja ele emprestado ou não, proporciona. A grandeza dessa parte depende do nível da taxa média de juros. Sua origem revela-se apenas na circunstância de que o capitalista funcionante, na medida em que é proprietário de seu capital, não participa – pelo menos não ativamente – na determinação da taxa de juros. A repartição puramente quantitativa do lucro entre duas pessoas que têm títulos jurídicos diversos sobre ele transformou-se numa repartição qualitativa, que parece provir da natureza do capital e do próprio lucro. Pois, conforme se viu, tão logo parte do lucro assume em geral a forma de juro, a diferença entre o lucro médio e o juro, ou a parte excedente do lucro sobre o juro, transforma-se numa forma antitética ao juro, na do ganho empresarial. Essas duas formas, juro e ganho empresarial, somente existem em sua antítese. Ambas não estão, pois, relacionadas à mais-valia, da qual são apenas partes fixadas em categorias, rubricas ou nomes diversos, mas estão relacionadas uma à outra. Porque parte do lucro se transforma em juro, parte aparece como ganho empresarial.

Por lucro entendemos aqui sempre o lucro médio, pois os desvios, seja do lucro individual, seja do lucro em diversas esferas da produção – portanto as variações numa ou noutra direção na distribuição do lucro médio ou da mais-valia, causadas pela luta concorrencial e por outras circunstâncias –, nos são aqui inteiramente indiferentes. Isso vale em geral para toda essa investigação.

O juro é então o lucro líquido, como o designa Ramsay, que a propriedade do capital como tal proporciona, seja ao mero prestamista que fica fora do processo de reprodução, seja ao proprietário que emprega seu próprio capital produtivamente. Mas também a este ele proporciona esse lucro líquido, não enquanto capitalista funcionante, mas na medida em que é capitalista monetário, prestamista a si mesmo de seu próprio capital portador de juros, como capitalista funcionante. Assim como a transformação de dinheiro e de valor em geral em capital é o resultado perene, sua existência como capital é o pressuposto perene do processo de produção capitalista. Por sua capacidade de transformar-se em meios de produção, ele comanda constantemente trabalho não pago e transforma, por isso, o processo de produção e de circulação das mercadorias na produção de mais-valia para seu proprietário. O juro é, portanto, apenas expressão do fato de que o valor em geral – o trabalho objetivado em sua forma social geral –, o valor que no processo real de produção assume a figura de meios de produção, confronta como poder autônomo a força de trabalho viva, sendo o meio de apropriar-se de trabalho não pago; e de que ele é esse poder ao confrontar o trabalhador como propriedade alheia. Por outro lado, porém, na forma do juro, essa antítese ao trabalho assalariado está apagada; pois o capital portador de juros como tal tem como sua antítese não o trabalho assalariado, mas o capital funcionante; o capitalista prestamista como tal confronta diretamente o capitalista realmente funcionante no processo de reprodução, e não o trabalhador assalariado que, exatamente na base da produção capitalista, é expropriado dos meios de produção. O capital portador de juros é o capital *enquanto propriedade* em confronto com o capital *enquanto função*. Mas, à medida que o capital não funciona, ele não explora os trabalhadores nem entra em antagonismo com o trabalho.

Por outro lado, o ganho empresarial não constitui antítese ao trabalho assalariado, mas apenas ao juro.

Primeiro, suposto o lucro médio como dado, a taxa do ganho empresarial não é determinada pelo salário, mas pela taxa de juros. Ela é alta ou baixa em razão inversa desta.[72]

Segundo, o capitalista funcionante deriva seu direito ao ganho empresarial, portanto o próprio ganho empresarial, não de sua propriedade do capital, mas da função do capital em antítese à determinação em que somente existe como propriedade inerte. Isso se manifesta como a antítese diretamente existente, tão logo ele opere com capital emprestado, em que o juro e o ganho empresarial cabem a duas pessoas diferentes. O ganho empresarial provém da função do capital no processo de reprodução, portanto em consequência das operações, da atividade, por meio do que o capitalista funcionante realiza essas funções do capital industrial e mercantil. Mas ser representante do capital funcionante não constitui uma sinecura, como a representação do capital portador de juros. Sobre a base da produção capitalista, o capitalista dirige tanto o processo de produção como o processo de circulação. A exploração do trabalho produtivo custa esforço, quer ele mesmo a execute, quer ele a faça executar por outros, em seu nome. Em antítese ao juro, seu ganho empresarial se apresenta a ele, portanto, como independente da propriedade de capital, muito mais como resultado de suas funções enquanto não-proprietário, enquanto... *trabalhador*.

Desenvolve-se, portanto, necessariamente, em sua cachola, a concepção de que seu ganho empresarial – longe de constituir qualquer antítese ao trabalho assalariado e de ser apenas trabalho alheio não pago – é muito mais *salário* mesmo, salário de superintendência, *wages of superintendence of labour*, salário mais alto que o do trabalhador assalariado comum, 1) porque é trabalho mais complicado e 2) porque ele mesmo se paga o salário. Que sua função como capitalista consista em produzir mais-valia, isto é, trabalho não pago, e precisamente nas condições mais econômicas, fica completamente esquecido em face da antítese de que o juro cabe ao capitalista, mesmo quando não exerce nenhuma função enquanto capitalista, mas sendo mero proprietário do capital; e que o ganho empresarial, ao contrário, cabe ao capitalista funcionante, mesmo quando é não-proprietário do capital com o qual funciona. Em face da forma antitética das duas partes em que se decompõe o lucro, isto é, a mais-valia, perde-se de vista que ambas são meramente partes da mais-valia e que sua divisão em nada pode alterar sua natureza, sua origem e as condições de sua existência.

No processo de reprodução, o capitalista funcionante representa o capital como propriedade alheia em face dos trabalhadores assalariados, e o capitalista monetário, sendo representado pelo capitalista funcionante, toma parte na exploração do trabalho. O fato de que apenas como representante dos meios de produção em face dos trabalhadores o capitalista ativo pode exercer a função de fazer os trabalhadores trabalharem para ele ou de fazer os meios de produção funcionarem como capital é esquecido em face da antítese da função do capital dentro do processo de reprodução e da mera propriedade do capital fora do processo de reprodução.

De fato, na forma que ambas as partes do lucro, isto é, da mais-valia, assumem como juro e ganho empresarial não está expressa relação alguma com o trabalho, porque essa relação existe apenas entre este e o lucro, ou melhor, a mais-valia, como a soma, o todo, a unidade dessas duas partes. A relação em que o lucro é dividido e os diversos títulos jurídicos sob os quais essa divisão ocorre pressupõem o lucro como acabado, pressupõem sua existência. Por isso, se o capitalista é proprietário do capital com que opera, então embolsa todo o lucro ou mais-valia; para o trabalhador, é inteiramente indiferente que ele faça isso ou tenha de pagar uma parte a uma terceira pessoa, proprietária jurídica. Os motivos da repartição do lucro entre duas espécies de capitalista transformam-se assim sub-repticiamente nos motivos da existência do lucro, da mais-valia a repartir, que o capital como tal, abstraindo qualquer divisão posterior, retira do processo de reprodução. Da circunstância de que o juro confronta o ganho empresarial, e o ganho empresarial, o juro, de que ambos se confrontam mutuamente, mas não com o trabalho, segue que ganho empresarial mais juro, isto é, o lucro e, por conseguinte, a mais-valia, baseiam-se em quê? Na forma antitética de suas duas partes! O lucro, porém, é produzido antes de sua divisão ser feita e antes de se poder tomá-la em consideração.

O capital portador de juros só se afirma como tal à medida que o dinheiro emprestado é realmente transformado em capital e se produz um excedente, do qual o juro é uma parte. Só que isso não anula o fato de, independentemente do processo de produção, o portar juros se ter incorporado a ele como atributo. Do mesmo modo, a força de trabalho somente afirma sua potência criadora de valor quando é ativada e realizada no processo de trabalho; mas isso não exclui que ela em si, potencialmente, como capacidade, seja a atividade criadora de valor e, como tal, não provenha primeiro do processo, mas antes seja pressuposta dele. É como capacidade de criar valor que ela é comprada. É possível que alguém a compre sem fazê-la trabalhar produtivamente; por exemplo, para fins puramente pessoais, para servi-lo etc. Assim é com o capital. É problema do mutuário se ele o consome como capital, pondo realmente em ação o atributo que lhe é inerente, de produzir mais-valia. O que ele paga é, em ambos os casos, a mais-valia que, em si, potencialmente, está contida na mercadoria capital.

Examinemos agora mais de perto o ganho empresarial.

Ao ser fixado o momento da determinação social específica do capital no modo de produção capitalista – a propriedade do capital, que tem o atributo de exercer comando sobre o trabalho de outros –, aparecendo, portanto, o juro como a parte da mais-valia que o capital produz nessa condição, a outra parte da mais-valia – o ganho empresarial – aparece necessariamente como algo que não provém do capital enquanto capital, mas do processo de produção, separado de sua determinação social específica, que já obteve na expressão juro de capital seu modo particular de existência. Separado do capital, porém, o processo de produção é processo de trabalho em geral. O capitalista industrial, enquanto diferenciado do proprietário do capital, aparece, portanto, não como capital funcionante, mas como funcionário também abstraído do capital, como simples portador do processo de trabalho em geral, como trabalhador, precisamente como trabalhador assalariado.

O juro em si expressa justamente a existência das condições de trabalho como capital, em sua antítese social ao trabalho e em sua transformação em poderes pessoais, em face do trabalho e sobre o trabalho. Ele representa a mera propriedade de capital como meio de apropriar-se de produtos do trabalho alheio. Mas representa esse caráter do capital como algo que lhe cabe fora do processo de produção e que não é, de modo algum, resultado da determinação especificamente capitalista desse mesmo processo de produção. Ele o representa não em antítese direta ao trabalho, mas invertido, sem relação com o trabalho e como mera relação de um capitalista com outro. Portanto, como uma determinação externa e indiferente à relação do capital com o trabalho. No juro, portanto, na figura particular do lucro, o caráter antitético do capital encontra expressão autônoma, encontra-a de maneira tal que essa antítese é inteiramente extinta no juro, sendo inteiramente abstraída dele. O juro é uma relação entre dois capitalistas, e não entre capitalista e trabalhador.

Por outro lado, essa forma do juro dá à outra parte do lucro a forma qualitativa do ganho empresarial e, ainda, de salário de superintendência. As funções particulares que o capitalista como tal tem de exercer e que lhe cabem em contraste e em antítese com os trabalhadores são apresentadas como meras funções de trabalho. Ele cria mais-valia não porque trabalha *como capitalista*, mas porque, abstraída sua qualidade de capitalista, ele *também* trabalha. Essa parte da mais-valia já não é mais-valia, pois, mas seu contrário, equivalente de trabalho efetuado. Uma vez que o caráter alienado do capital, sua antítese com o trabalho, é deslocado para além do processo real de exploração, a saber, para o capital portador de juros, o próprio processo de exploração aparece como mero processo de trabalho, em que o capitalista funcionante apenas efetua outro trabalho que o do trabalhador. De modo que o trabalho de explorar e o trabalho explorado são, ambos como trabalho, idênticos. O trabalho de explorar é tão trabalho quanto o trabalho que é explorado. Ao juro cabe a forma social do capital, mas expressa numa forma neutra e indiferente; ao ganho empresarial cabe a função econômica do capital, mas abstraída do caráter determinado, capitalista, dessa função.

Passa-se aí na consciência do capitalista inteiramente o mesmo que no caso dos motivos de compensação, na equalização do lucro médio, referidos na Seção II deste livro. Esses motivos de compensação, que entram como fatores determinantes na distribuição da mais-valia, invertem-se, na mentalidade capitalista, em motivos do surgimento e justificativas (subjetivas) do próprio lucro.

A concepção do ganho empresarial como salário de superintendência do trabalho, que surge de sua antítese com o juro, encontra mais apoio no fato de que parte do lucro pode ser separada, e se separa realmente, como salário ou, antes, pelo contrário, de que parte do salário, na base do modo de produção capitalista, aparece como parte integrante do lucro. Essa parte, conforme Adam Smith já tinha verificado corretamente, apresenta-se de maneira pura, autônoma e totalmente separada, por um lado, do lucro (como soma de juro e ganho empresarial) e, por outro, daquela parte do lucro que, depois da dedução do juro, sobra como o chamado ganho empresarial – no ordenado do dirigente naqueles ramos de negócios cuja extensão etc. permitem uma divisão de trabalho suficiente para autorizar um salário especial para um dirigente.

O trabalho de superintendência e direção surge necessariamente em todo lugar onde o processo direto de produção tem a figura de um processo socialmente combinado e não se apresenta como trabalho isolado de produtores autônomos.[73] Mas ele possui dupla natureza.

Por um lado, em todos os trabalhos em que cooperam muitos indivíduos, a conexão e a unidade do processo se apresentam necessariamente numa vontade que comanda e em funções que se referem não aos trabalhos parciais, mas a toda a atividade da oficina, como é o caso do regente de uma orquestra. Esse é um trabalho produtivo, que tem de ser executado em todo modo combinado de produção.

Por outro lado – abstraindo inteiramente o setor comercial –, esse trabalho de superintendência surge necessariamente em todos os modos de produção que se baseiam na síntese entre o trabalhador, como produtor direto, e o proprietário dos meios de produção. Quanto maior essa antítese, tanto mais importante o papel desempenhado por esse trabalho de superintendência. Ele atinge, por isso, o máximo no sistema escravagista.[74] Mas é também indispensável no modo de produção capitalista, porque aqui o processo de produção é, ao mesmo tempo, processo de consumo da força de trabalho pelo capitalista. Exatamente como em estados despóticos, o trabalho de supervisão e ingerência do governo para todos os lados compreende ambas as coisas: tanto a execução das tarefas comuns, que derivam da natureza de toda a comunidade, como as funções específicas, que provêm da antítese entre o governo e a massa populacional.

Nos escritores antigos, que tinham diante de si o sistema escravagista, os dois lados do trabalho de superintendência se encontravam na teoria – como era então o caso na prática – tão inseparavelmente juntos como nos economistas modernos, que consideram o modo de produção capitalista como o modo de produção absoluto. Por outro lado, como logo mostrarei com um exemplo, os apologistas do sistema escravagista moderno sabem usar o trabalho de superintendência como justificativa da escravatura, como os outros economistas o usam como razão de ser do sistema de trabalho assalariado.

O *villicus* ao tempo de Catão:

> "À frente da exploração agrícola escrava (*familia rustica*) estava o administrador (*villicus*, de *villa* [quinta]) que cobra e paga, compra e vende, recebe as instruções do senhor e, na ausência deste, ordena e pune. [...] O administrador gozava, naturalmente, de mais liberdade que os demais escravos; os livros de Mago[I] aconselham permitir-lhe casar, ter filhos e possuir caixa próprio, e Catão recomenda casá-lo com a administradora; ele era o único que podia ter a expectativa, no caso de boa conduta, de obter do senhor a liberdade. De resto, todos constituíam uma comunidade doméstica. [...] Cada escravo, inclusive o próprio administrador, recebia, em determinados prazos e por taxas fixas, por conta do senhor, os meios de suprir suas necessidades. [...] A quantidade se regia pelo trabalho, razão por que o administrador, por exemplo, cujo trabalho era mais leve que o dos escravos, recebia medida menor que estes". (Mommsen, *Römische Geschichte*, I, 2ª ed. 1856, pp. 809–10)

I Obra do escritor cartaginês Mago sobre a agricultura, especialmente sobre a economia de plantação com base na escravatura, que florescia em Cartago. A época de seu aparecimento é desconhecida. Após a destruição de Cartago, essa obra, por ordem do Senado romano, foi traduzida para o latim e recomendada oficialmente como modelo da organização racional da agricultura romana. [N. E. A.]

Aristóteles:

"Ὁ γὰρ δεσπότης οὐκ ἐν τῷ κτᾶσθαι τοὺς δούλους, ἀλλ' ἐν τῷ χρῆσθαι δούλοις (pois o senhor – o capitalista – não opera como tal na aquisição dos escravos – a propriedade de capital que dá o poder de comprar trabalho –, mas na utilização dos escravos – no emprego de trabalhadores, hoje assalariados, no processo de produção). Ἔστι δ' αὕτη ἡ ἐπιστήμη οὐδὲν μέγα ἔχουσα οὐδὲ σεμνόν· (Mas nessa ciência nada há de grande nem de sublime;) ἃ γὰρ τὸν δοῦλον ἐπίστασθαι δεῖ ποιεῖν, ἐκεῖνον δεῖ ταῦτα ἐπίστασθαι ἐπιτάττειν. (ou seja, o que o escravo tem de saber executar aquele deve saber ordenar.) Διὸ ὅσοις ἐξουσία μὴ αὐτοὺς κακοπαθεῖν, ἐπίτροπος λαμβάνει ταύτην τὴν τιμήν, αὐτοὶ δὲ πολιτεύονται ἢ φιλοσοφοῦσιν. (Onde os próprios senhores não têm necessidade de se molestar com isso, o superintendente assume essa honra, e eles se dedicam aos negócios do Estado ou à Filosofia)". (Aristóteles, *Respubl.*, Bekker, Livro 1, 7)

A dominação tanto na área política como na economia impõe aos detentores do poder as funções de mandar, quer dizer, na área econômica, que eles têm de saber consumir a força de trabalho – diz Aristóteles, com palavras secas, e acrescenta que não se pode fazer muito caso desse trabalho de superintendência, razão por que o senhor, tão logo tenha fortuna suficiente, cede a "honra" dessa trabalheira a um superintendente.

O trabalho de direção e superintendência, na medida em que não é uma função derivada da natureza de todo trabalho social combinado, mas decorre da oposição entre o proprietário dos meios de produção e o proprietário da mera força de trabalho – seja esta última comprada junto com o próprio trabalhador, como no sistema escravagista, seja o próprio trabalhador quem vende a força de trabalho, aparecendo portanto o processo de produção, ao mesmo tempo, como processo de consumo de sua força de trabalho pelo capital –, essa função decorrente da servidão do produtor direto já foi usada muitas vezes para justificar essa relação mesma, e a exploração, a apropriação de trabalho alheio não pago, foi apresentada, com a mesma frequência, como salário devido ao proprietário do capital. Mas ninguém melhor o fez que um defensor da escravidão nos Estados Unidos, um advogado chamado O'Conor, num *meeting* em Nova York, em 19 de dezembro de 1859, sob o lema: "Justiça para o Sul".

"*Now, gentlemen*" [Então, senhores], dizia ele, sob grandes aplausos, "a própria Natureza destinou o negro a essa condição de servidão. Ele tem a força e é robusto para o trabalho; mas a Natureza, que lhe deu essa força, negou-lhe tanto a inteligência para governar como a vontade de trabalhar." (Aplausos.) "Ambas lhe estão negadas! E a mesma Natureza, que o privou da vontade de

> trabalhar, deu-lhe um senhor para impor-lhe essa vontade e fazer dele, no clima para o qual foi criado, um servo útil, tanto a si mesmo como ao senhor que o governa. Afirmo que não constitui injustiça deixar o negro na situação em que o colocou a Natureza; dar-lhe um senhor que o governa; e nenhum de seus direitos lhe é roubado quando se o força a trabalhar e a fornecer a seu senhor uma justa indenização pelo trabalho e pelos talentos que este emprega para governá-lo e fazê-lo útil a si mesmo e à sociedade."[I]

Ora, então, também o trabalhador assalariado, como o escravo, precisa ter um senhor, para fazê-lo trabalhar e para governá-lo. E, pressupondo-se essa relação de dominação e servidão, parece estar em ordem que o trabalhador assalariado seja forçado a produzir o próprio salário e, ainda por cima, o salário da supervisão, uma compensação pelo trabalho de dominação e de controle sobre ele, "e a fornecer a seu senhor uma justa indenização pelo trabalho e pelos talentos que este emprega para governá-lo e fazê-lo útil a si mesmo e à sociedade".

O trabalho de supervisão e condução, na medida em que provém do caráter contraditório, da dominação do capital sobre o trabalho, e, por isso, é comum a todos os modos de produção baseados na antítese de classe, inclusive o sistema capitalista, está direta e inseparavelmente amalgamado, também no sistema capitalista, com as funções produtivas que todo trabalho social combinado de indivíduos singulares impõe como trabalho específico. O salário de um *epitropos*[II] ou *régisseur*, como era denominado na França feudal, separa-se totalmente do lucro e assume também a forma de salário por trabalho qualificado tão logo o negócio seja operado em escala suficiente para pagar tal dirigente

---

I *New York Daily Tribune*, 20 dez. 1859. – Jornal americano, publicado entre 1841 e 1924. Nos anos 1840 e 1850, o jornal assumiu uma atitude progressista e lutou contra a escravidão. A colaboração de Marx nesse jornal começou em agosto de 1851; grande número de artigos para o *New York Daily Tribune* foi escrito por Engels, a pedido de Marx. No período em que a reação ressurgiu na Europa, Marx e Engels se serviram desse jornal americano progressista, divulgado amplamente, para denunciar, com base em fatos, os defeitos da sociedade capitalista e para descobrir as contradições irreconciliáveis inerentes a ela, assim como para apontar o caráter limitado da democracia burguesa.

Em março de 1862, durante a Guerra Civil nos Estados Unidos, a colaboração de Marx no jornal se encerrou. O reforço dos partidários de um compromisso com os Estados escravagistas na redação do jornal, além do abandono de sua posição progressista, desempenhou um papel significativo no rompimento das relações entre o *New York Daily Tribune* e Marx. [N. E. A.]

II Feitor, na Grécia Antiga. [N. T.]

(*manager*), ainda que isso não leve nossos capitalistas industriais a "dedicar-se aos negócios de Estado ou à Filosofia".

Que "a alma de nosso sistema industrial" não são os capitalistas industriais, mas os *managers* industriais, já tinha sido observado pelo Sr. Ure.[75] No que se refere à parte mercantil do negócio, já dissemos o necessário na seção anterior.

A própria produção capitalista chegou ao ponto em que o trabalho de direção superior, totalmente separado da propriedade do capital, anda pela rua. Tornou-se, portanto, inútil que esse trabalho de direção superior seja exercido pelo capitalista. Um regente não precisa absolutamente ser proprietário dos instrumentos da orquestra, nem faz parte de sua função de dirigente que ele tenha algo a ver com o "salário" dos demais músicos. As fábricas cooperativas fornecem a prova de que o capitalista como funcionário da produção tornou-se tão supérfluo quanto ele mesmo, no auge de seu desenvolvimento, considera supérfluo o latifundiário. Na medida em que o trabalho do capitalista não surge do processo de produção como meramente capitalista, portanto [não] termina por si mesmo com o capital; na medida em que não se limita à função de explorar trabalho alheio; na medida em que, portanto, decorre da forma do trabalho como trabalho social, da combinação e cooperação de muitos para alcançar um resultado comum, ele é tão independente do capital quanto essa forma mesma depois de romper o invólucro capitalista. Dizer que esse trabalho, como trabalho capitalista, como função do capitalista, é necessário significa apenas que o vulgo não é capaz de imaginar as formas desenvolvidas no seio do modo de produção capitalista separadas e libertas de seu caráter capitalista antitético. Em face do capitalista monetário, o capitalista industrial é trabalhador, mas trabalhador enquanto capitalista, isto é, enquanto explorador de trabalho alheio. O salário que ele reclama e recebe por esse trabalho é exatamente igual à quantidade de trabalho alheio de que se apropria e depende diretamente, na medida em que ele se encarrega do esforço necessário à exploração, do grau de exploração desse trabalho, e não do grau do esforço que essa exploração lhe custa e que, pagando uma remuneração moderada, pode descarregar num dirigente. Após cada crise, pode-se ver, nos distritos fabris ingleses, um bom número de ex-fabricantes que supervisionam, por salário modesto, as fábricas que antes lhes pertenciam, mas agora como dirigentes dos novos proprietários, muitas vezes seus credores.[76]

O salário de direção, tanto para o dirigente industrial como para o mercantil, aparece totalmente separado do ganho empresarial, tanto nas fábricas cooperativas dos trabalhadores como nas empresas capitalistas por ações. A separação entre o salário de direção e o ganho empresarial, que aparece como fortuita nos demais casos, é aqui constante. Na fábrica cooperativa desaparece o caráter antitético do trabalho de superintendência, ao ser o dirigente pago pelos trabalhadores, em vez de representar o capital em face deles. As empresas por ações em geral – desenvolvidas com o sistema de crédito – têm a tendência a separar cada vez mais esse trabalho de direção como função da propriedade do capital, seja próprio ou emprestado; exatamente do mesmo modo que, com o desenvolvimento da sociedade burguesa, as funções jurídicas e administrativas se separam da propriedade fundiária, da qual eram atributos na época feudal. Mas, uma vez que, por um lado, o capitalista funcionante confronta o mero proprietário do capital, o capitalista monetário, e com o desenvolvimento do crédito esse mesmo capital monetário assume caráter social, sendo concentrado em bancos e emprestado por estes, e não por seus proprietários diretos; uma vez que, por outro lado, o mero dirigente, que não possui o capital a título algum, nem por empréstimo nem de qualquer outra maneira, exerce todas as funções reais que cabem ao capitalista funcionante como tal, fica apenas o funcionário e desaparece o capitalista como pessoa supérflua do processo de produção.

Nos balanços públicos[77] das fábricas cooperativas na Inglaterra, vê-se que – depois da dedução do salário do dirigente, o qual constitui uma parte do capital variável gasto, exatamente como o salário dos demais trabalhadores – o lucro era maior que o lucro médio, embora ocasionalmente elas pagassem juros muito mais altos que os fabricantes particulares. A causa do lucro mais alto foi, em todos esses casos, maior economia no emprego do capital constante. Mas o que nos interessa, nesse caso, é que aqui o lucro médio (= juro + ganho empresarial) se apresenta factual e tangivelmente como grandeza totalmente independente do salário de administração. Uma vez que o lucro aqui era maior que o lucro médio, o ganho empresarial era também maior do que o ordinário.

O mesmo *factum* se observa em algumas empresas capitalistas por ações, por exemplo os bancos por ações (*joint stock banks*). Em 1863, o London and Westminster Bank pagou um dividendo anual de 30%, o Union Bank of London e outros pagaram 15%. Do lucro bruto saem aqui, além do salário dos dirigentes, os juros pagos pelos depósitos. O lucro elevado explica-se aqui pela diminuta proporção do capital realizado em relação aos depósitos. Por exemplo, no London and Westminster Bank, em 1863: capital realizado 1 000 000 de libras esterlinas; depósitos 14 540 275 libras esterlinas; no Union Bank of London, em 1863: capital realizado 600 000 libras esterlinas; depósitos 12 384 173 libras esterlinas.

A confusão do ganho empresarial com o salário de superintendência ou administração surgiu originalmente da forma antitética assumida pelo excedente do lucro sobre o juro, em antítese ao juro. Prosseguiu desenvolvendo-se em virtude do propósito apologético de apresentar o lucro não como mais-valia, isto é, como trabalho não pago, mas como salário do próprio capitalista por trabalho efetuado. A isso se contrapôs, por parte dos socialistas, a exigência de que se reduzisse de fato o lucro ao que teoricamente se pretendia que fosse, a saber, a mero salário de superintendência. E essa exigência se opunha ao embelezamento teórico de maneira tanto mais desagradável quanto mais esse salário de superintendência encontrava, por um lado, seu nível determinado e seu preço de mercado determinado, como qualquer outro salário, com a formação de uma classe numerosa de dirigentes industriais e comerciais;[78] e, por outro lado, quanto mais ele caía, como todo salário por trabalho qualificado, com o desenvolvimento geral que rebaixa os custos de produção da força de trabalho com escolaridade específica.[79] Com o desenvolvimento da cooperação, por parte dos trabalhadores, das empresas por ações, por parte da burguesia, até o último pretexto para confundir o ganho empresarial com o salário de administração perdeu sua base, e o lucro apareceu também na prática como o que era inegavelmente na teoria, como mera mais-valia, valor pelo qual não se paga equivalente algum, trabalho realizado não pago; de modo que o capitalista funcionante realmente explora o trabalho, e o fruto de sua exploração, quando trabalha com capital emprestado, se divide em juros e ganho empresarial, excedente do lucro sobre o juro.

Com base na produção capitalista, desenvolveu-se nas empresas por ações novo embuste com o salário de administração, surgindo ao lado e acima do dirigente real certo número de conselhos de administração e fiscais, para os quais, na realidade, administração e fiscalização servem de mero pretexto para espoliarem os acionistas e se enriquecerem. Sobre isso, encontram-se detalhes muito interessantes em: *The City or the Physiology of London Business; with Sketches on 'Change, and the Coffee Houses*. London, 1845.

> O que banqueiros e comerciantes ganham por participar na direção de oito ou nove diferentes companhias pode-se ver pelo seguinte exemplo: o balanço particular do Sr. Timothy Abraham Curtis, apresentado ao tribunal de bancarrotas por ocasião de sua falência, mostrava uma renda de 800–900 libras esterlinas por ano, sob a rubrica: diretorias. Como o Sr. Curtis foi diretor do Banco da Inglaterra e da Companhia das Índias Orientais, cada sociedade por ações se considerava feliz se pudesse ganhá-lo como diretor. (pp. 81–82)

A remuneração dos diretores de tais sociedades, para cada reunião semanal, é de pelo menos um guinéu (21 marcos). Os procedimentos perante o tribunal de bancarrotas mostram que esse salário de superintendência está, em regra, na razão inversa da supervisão realmente exercida por esses diretores nominais.

CAPÍTULO 24

ALIENAÇÃO DA RELAÇÃO DE CAPITAL NA FORMA DO CAPITAL PORTADOR DE JUROS

No capital portador de juros, a relação de capital atinge sua forma mais alienada e mais fetichista. Temos aí *D–D'*, dinheiro que gera mais dinheiro, valor que valoriza a si mesmo, sem o processo que medeia os dois extremos. No capital comercial, *D–M–D'*, existe pelo menos a forma geral do movimento capitalista, embora se mantenha apenas na esfera da circulação, portanto o lucro aparece como mero lucro de alienação; mas, ainda assim, apresenta-se como produto de uma *relação* social, e não como produto de uma mera *coisa*. A forma do capital comercial representa ainda, apesar de tudo, um processo, a unidade de fases opostas, um movimento que se decompõe em dois procedimentos opostos, em compra e venda de mercadorias. Isso está apagado em *D–D'*, a forma do capital portador de juros. Se, por exemplo, o capitalista empresta 1000 libras esterlinas, e a taxa de juros é de 5%, então o valor de 1000 libras esterlinas, como capital, é por 1 ano $= C + Cj'$, sendo C o capital e j' a taxa de juros, portanto aqui $5\% = \frac{5}{100} = \frac{1}{20}$, $1\,000 + 1\,000 \times \frac{1}{20} = 1\,050$ libras esterlinas. O valor de 1000 libras esterlinas como capital é $= 1\,050$ libras esterlinas, isto é, o capital não é uma grandeza simples. É *relação* de grandezas, relação da soma principal, como valor dado, consigo mesma como valor que se valoriza, como soma principal que produziu mais-valia. E, conforme se viu, o capital se apresenta enquanto tal, como esse valor que se valoriza diretamente, para todos os capitalistas ativos, quer eles funcionem com capital próprio ou emprestado.

D–D': temos aqui o ponto de partida original do capital, o dinheiro na fórmula *D–M–D'* reduzida aos dois extremos *D–D'*, em que $D' = D + \Delta D$, dinheiro que cria mais dinheiro. É a fórmula original e geral do capital, condensada num *résumé* sem sentido. É o capital acabado, unidade do processo de produção e do processo de circulação, proporcionando, portanto, em determinado tempo, determinada mais-valia. Na forma do capital portador de juros isso aparece diretamente, sem mediação pelo processo de produção e pelo processo de circulação. O capital aparece como fonte misteriosa, autocriadora do juro, de seu próprio incremento. A *coisa* (dinheiro, mercadoria, valor) já é capital como mera coisa, e o capital aparece como simples coisa; o resultado do processo de reprodução como um todo aparece como atributo que cabe por si a uma coisa; depende do possuidor do dinheiro, isto é, da mercadoria em sua forma sempre intercambiável, se ele quer despendê-lo como dinheiro ou alugá-lo como capital. Na forma do capital portador de juros, portanto, esse fetiche automático está elaborado em sua pureza, valor que valoriza a si mesmo, dinheiro que gera dinheiro, e ele não traz nenhuma marca de seu nascimento. A relação social está consumada como relação de uma coisa, o dinheiro, consigo mesma. Em vez da transformação real do dinheiro em capital, aqui se mostra apenas sua forma sem conteúdo. Como no caso da força de trabalho, o valor de uso do dinheiro torna-se aqui o de criar valor, valor maior que o contido nele mesmo. O dinheiro como tal já é potencialmente valor que se valoriza, e como tal é emprestado, o que constitui a forma de venda dessa mercadoria peculiar. Torna-se assim atributo do dinheiro criar valor, proporcionar juros, assim como a de uma pereira é dar peras. E, como tal coisa portadora de juros, o prestamista de dinheiro vende seu dinheiro. Mas isso não é tudo. O capital realmente funcionante se apresenta, conforme se viu, de tal modo que proporciona o juro não como capital funcionante, mas como capital em si, como capital monetário.

Distorce-se também isto: enquanto o juro é apenas parte do lucro, isto é, da mais-valia que o capitalista funcionante extorque do trabalhador, o juro aparece agora, ao contrário, como o fruto próprio do capital, como o original, e o lucro, agora na forma de ganho empresarial, como mero acessório aditivo que lhe advém no processo de reprodução. Aqui se conclui a figura fetichista do capital e a concepção do fetiche do capital. Em *D–D'* temos a forma irracional do capital, a inversão e reificação das relações de produção em sua potência mais elevada: a figura portadora de juros, a figura simples do capital, na qual este é pressuposto de seu próprio processo de reprodução; a capacidade do dinheiro, ou da mercadoria, de valorizar seu próprio valor, independentemente da reprodução – a mistificação do capital em sua forma mais crua.

Para a Economia vulgar, que pretende apresentar o capital como fonte autônoma do valor, da criação de valor, essa forma é naturalmente um achado, uma forma em que a fonte do lucro já não é reconhecível e em que o resultado do processo de produção capitalista adquire existência autônoma, separada do próprio processo.

É somente no capital monetário que o capital se tornou mercadoria, cuja qualidade de valorizar a si mesma tem um preço fixo, cotado na taxa de juros de cada momento.

Como capital portador de juros, precisamente em sua forma direta como capital monetário portador de juros (as outras formas do capital portador de juros, que não nos interessam aqui, são por sua vez derivadas dessa forma e a pressupõem), o capital recebe sua forma pura de fetiche, *D–D'*, como sujeito, como coisa vendável. *Primeiro*, devido a sua existência perene como dinheiro, uma forma em que todas as determinações do mesmo estão apagadas e seus elementos reais se tornam invisíveis. Dinheiro é justamente a forma em que a diferença entre as mercadorias como valores de uso está apagada e, por conseguinte, também as diferenças entre os capitais industriais que consistem nessas mercadorias e suas condições de produção; é a forma em que valor – e aqui capital – existe como valor de troca autônomo. No processo de reprodução do capital, a forma-dinheiro é evanescente, um mero momento de transição. No mercado monetário, ao contrário, o capital existe sempre nessa forma. – *Segundo*, a mais-valia produzida por ele, aqui novamente na forma de dinheiro, lhe aparece como algo que lhe cabe como tal. Gerar dinheiro (τόκος [juro; nascituro]) parece tão próprio ao capital nessa forma de capital monetário quanto o crescer às árvores.

No capital portador de juros, o movimento do capital é contraído; o processo intermediário é omitido e, assim, um capital = 1000 é fixado como uma coisa que, em si, é = 1000 e, em determinado período, se transforma em 1100, como o vinho na adega após certo tempo também melhora seu valor de uso. O capital é agora coisa, mas como coisa capital. O dinheiro tem agora amor no corpo.[I] Tão logo esteja emprestado ou também investido no processo de reprodução (desde que proporcione ao capitalista funcionante, como seu proprietário, juros separadamente do ganho empresarial), acresce-lhe o juro, esteja dormindo ou acordado, em casa ou em viagem, de dia ou de noite. Realiza-se assim no capital monetário portador de juros (e todo capital, quanto a sua expressão de valor, é capital monetário ou vale agora como expressão do capital monetário) o desejo impiedoso do entesourador.

É esse enraizamento do juro do capital monetário como numa coisa (como aparece aqui a produção da mais-valia pelo capital) que tanto ocupa Lutero em sua briga ingênua contra a usura. Depois de expor que se poderia exigir juro quando, por não se efetuar a restituição no prazo determinado, resultam despesas para o prestamista, que por sua parte está obrigado a pagar, ou quando, pelo mesmo motivo, este perde um lucro que poderia ter realizado pela compra, por exemplo, de uma horta, ele prossegue:

> Agora que te os emprestei (os 100 florins), fazes-me um gêmeo do *Schadewacht*,[II] ao não poder pagar aqui nem comprar ali, e assim tenho de sofrer

---

I O dinheiro tem agora "amor no corpo" [*Lieb' im Leibe*]. Citação do *Fausto I* de Goethe. Estrofe de uma canção de bebedores sobre uma rata que, tendo sido envenenada, sentia-se tão comprimida como se tivesse amor no corpo. [N. T.]

II Significa literalmente "vigia prejuízo", símbolo do usurário. Fazer um gêmeo do *Schadewacht* tem o sentido de causar duplo prejuízo. [N. T.]

> prejuízo por ambas as partes; isso se chama de *duplex interesse, damnis emergentis et lucri cessantis* [duplo prejuízo, pela perda sofrida e pelo lucro cessante] [...] depois de ouvirem que Hans sofreu prejuízo, por ter emprestado cem florins, e exige a justa indenização, acorrem para acrescentar a cada cem florins estes dois *Schadewacht*, a saber, a perda por não poder pagar e a compra impossibilitada da horta, como se estivessem *naturalmente enraizados* nos cem florins *aqueles dois Schadewacht*; desse modo, onde houver cem florins, emprestam-nos e calculam sobre eles aqueles dois *Schadewacht* que, no entanto, não sofreram. [...] Por isso, és um usurário quando te indenizas com o dinheiro de teu próximo por um prejuízo imaginado, que ninguém te causou e também não podes provar nem calcular. Tal prejuízo é o que os juristas chamam de *non verum sed phantasticum interesse* [prejuízo não real, mas imaginado]. É um prejuízo que cada um inventa para si [...] não vale dizer que poderiam ocorrer prejuízos por não ter podido pagar nem comprar. Senão haveria o que se chama de *ex contingente necessarium* [fazer do acaso uma necessidade], fazer do que não é aquilo que deveria ser, fazer do que é incerto uma coisa absolutamente certa. Não deveria tal usura devorar o mundo em poucos anos? [...] é uma desgraça fortuita o que sucede ao prestamista que não depende mais de sua vontade, e ele precisa recuperar-se; mas, no comércio, é o avesso e até o reverso: ali se procuram e imaginam prejuízos à custa do próximo necessitado, quer-se nutrir e enriquecer com isso, levar uma vida ociosa e folgada, ostentando-se e banqueteando-se por conta do trabalho de outros, sem preocupações, perigos e prejuízos; sento atrás da estufa e deixo meus cem florins trabalharem para mim no campo, e, por ser dinheiro emprestado, mantenho-o seguro no bolso, sem perigos e preocupações, meu caro, quem não gostaria disso? (M. Luther [Martinho Lutero], *An die Pfarrherrn wider den Wucher zu predigen etc.* Wittenberg, 1540)[I]

A concepção do capital como valor que reproduz a si mesmo e se multiplica na reprodução, em virtude de sua propriedade inata de ser um valor que dura e cresce eternamente – portanto, por força da qualidade oculta dos escolásticos –, levou às fabulosas ideias do Dr. Price, que deixam muito para trás as fantasias dos alquimistas; ideias em que Pitt acreditava seriamente e das quais fez, em suas leis sobre o *sinking fund*,[II] os pilares de sua administração financeira.

I Ver, neste volume, p. 341, nota 56 (p. 878). [N. T.]

II Sobre o fundo de amortização da dívida pública (*sinking fund*) de Pitt, Marx fala mais pormenorizadamente no artigo “Das Budget des Herrn Disraeli” [O orçamento do Sr. Disraeli]. [N. E. A.]

> O dinheiro que porta juros compostos cresce, a princípio, lentamente; mas, uma vez que a taxa de crescimento se acelera continuamente, após algum tempo ela se torna tão rápida que escarnece de todo poder de imaginação. Um pêni emprestado no dia do nascimento de nosso Salvador, a juros compostos de 5%, já teria alcançado agora uma soma maior que a que estaria contida em 150 milhões de globos terrestres, todos de ouro sólido. Mas, emprestado a juros simples, só teria aumentado, no mesmo período, para 7 xelins e 4½ pence. Até agora, nosso governo preferiu melhorar suas finanças por esse último caminho, em vez de pelo primeiro.[80]

Voa ainda mais alto em suas *Observations on Reversionary Payments etc.* London, 1772:

> "1 xelim, investido no dia do nascimento de nosso Salvador," (provavelmente no templo de Jerusalém) "a juros compostos de 6%, teria alcançado uma soma maior que a que poderia conter todo o sistema solar, se transformado numa esfera de diâmetro igual ao da órbita de Saturno". – "Por isso, um Estado nunca necessita encontrar-se em dificuldades; pois com as menores poupanças ele pode pagar a maior dívida em tempo tão curto quanto possa requerer seu interesse." (pp. XIII-XIV)

Que bela introdução teórica à dívida pública inglesa!

Price foi simplesmente ofuscado pela imensidade do número que resulta da progressão geométrica. Como ele considerava o capital, sem preocupação com as condições de reprodução e de trabalho, como um autômato que funciona por si mesmo, como mero número que se multiplica (exatamente como Malthus via o ser humano em sua progressão geométrica),[I] ele poderia presumir ter descoberto a lei de seu crescimento, com a fórmula $s=c=(1+j)^n$, em que s = soma de capital + juros compostos, c = capital adiantado, j = taxa de juros (expressa em partes alíquotas de 100) e n = a série de anos em que se passa o processo.

Pitt leva a mistificação de Dr. Price inteiramente a sério. Em 1786, a Câmara dos Comuns resolvera que 1 milhão de libras esterlinas deveria ser levantado para utilidade pública. Segundo Price, em quem Pritt acreditava, não havia nada melhor, naturalmente, que tributar o povo, para "acumular" a soma assim obtida e fazer sumir, como por feitiçaria, a dívida pública mediante o mistério dos juros compostos. Àquela

I Thomas Robert Malthus, *An Essay on the Principle of Population, as it Affects the Future Improvement of Society, with Remarks on the Speculations of Mr. Godwin, M. Condorcet, and other Writers*. London, 1798, pp. 25–26. [N. E. A.]

1 resolução da Câmara dos Comuns logo se seguiu uma lei, de iniciativa de Pitt, que ordenou a acumulação de 250 000 libras esterlinas,

> até que, com as rendas vitalícias vencidas, o fundo tenha crescido até 4 000 000 de libras esterlinas por ano. (*Act 26 George* III, cap. 31)[I]

7 Em seu discurso de 1792, em que propôs aumentar a soma destinada ao fundo de amortização, Pitt mencionou, entre as causas da supremacia comercial da Inglaterra, máquinas, crédito etc., mas como

> causa mais extensa e mais duradoura a acumulação. Esse princípio estaria completamente desenvolvido e suficientemente explicado na obra de Smith, esse gênio [...] essa acumulação dos capitais se efetua pondo-se de lado pelo
> 14 menos uma parte do lucro anual para aumentar a soma principal, que, no ano seguinte, tem de ser empregada da mesma maneira e, assim, daria um lucro contínuo.

Mediante o Dr. Price, Pitt transforma assim a teoria da acumulação de Smith no enriquecimento de um povo pela acumulação de dívidas e chega à aprazível progressão, até o infinito, dos empréstimos, emprés-
21 timos para pagar empréstimos.

Já em Josias Child, o pai do sistema bancário moderno, encontramos que

> 100 libras esterlinas, a juros compostos de 10%, em 70 anos, produziriam 102 400 libras esterlinas. (*Traité sur le commerce* etc. *par J. Child, traduit etc.* Amsterdam e Berlin, 1754, p. 115. Escrito em 1669.)

28 A maneira irrefletida com que a concepção do Dr. Price se insinua na Economia moderna revela-se na seguinte passagem do *Economist*:

> *Capital, with compound interest on every portion of capital saved, is so all-engrossing that all the wealth in the world from which income is derived, has long ago become the interest of capital* [...] *all rent is now the payment of interest on*
> 35 *capital previously invested in the land.*[II] (*Economist*, 19 jul. 1851)

I Lei 31 do 26º ano do reinado de George III. Referência a: "An Act for Vesting Certain Sums in Commissioners, at the End of Every Quarter of a Year, to Be by Them Applied to the Reduction of the National Debt. (Anno vicesimo sexto Georgii III regis.)" [N. E. A.]

II "Capital, com juros compostos sobre toda porção do capital poupado, tem
42 tanto poder de captação que toda a riqueza do mundo da qual se deriva renda

Em sua qualidade de capital portador de juros, pertence ao capital toda riqueza que em geral possa ser produzida, e tudo o que recebeu até agora é apenas prestação a seu apetite *all-engrossing* [que tudo capta]. Conforme suas leis inatas, pertence-lhe todo o sobretrabalho que a humanidade possa fornecer. Moloch.

Por fim, o seguinte galimatias do "romântico" Müller:

> "O enorme crescimento dos juros compostos do Dr. Price, ou das forças humanas que aceleram a si mesmas, pressupõe, para que ele possa produzir esses enormes efeitos, uma ordem indivisa ou ininterrupta, uniforme, por vários séculos. Tão logo o capital é dividido, cortado em vários rebentos, que seguem crescendo, começa novamente todo o processo de acumulação de forças. A natureza distribuiu a progressão da força por uma órbita de cerca de 20 a 25 anos, que cabem, em média, a cada trabalhador individual (!). Após decorrido esse período, o trabalhador deixa sua carreira e precisa então transferir o capital obtido pelos juros compostos no trabalho a um novo trabalhador, repartindo-o, na maioria dos casos, entre vários trabalhadores ou crianças. Estes têm de aprender a vivificar e a aplicar o capital que lhes coube, antes de poderem extrair dele juros compostos propriamente ditos. Além disso, uma quantidade enorme do capital que a sociedade burguesa ganha, mesmo nas comunidades mais dinâmicas, é acumulada gradualmente por longos anos e não empregada para a expansão imediata do trabalho. Antes pelo contrário, depois de juntada uma soma considerável, ela é transferida a outro indivíduo, a um trabalhador, a um banco, Estado, sob a designação de empréstimo, e quem o recebe, ao pôr o capital em verdadeiro movimento, retira dele juros compostos e pode facilmente se empenhar em pagar juros simples a quem o cede. Finalmente, contra essas progressões imensas, em que as forças humanas e seu produto poderiam multiplicar-se, caso vigorasse somente a lei da produção ou da parcimônia, reage a lei do consumo, da avidez e da dissipação". (A. Müller, [*Elemente der Staatskunst*,] III, op. cit., pp. 147–49)

É impossível reunir mais disparates delirantes em poucas linhas. Para não mencionar a cômica confusão entre trabalhador e capitalista, valor da força de trabalho e juro do capital etc., a diminuição dos juros compostos deve ser explicada pela circunstância de que o capital é "emprestado", proporcionando, "então, juros compostos". O procedimento de nosso Müller é característico do romantismo, em todos os campos. Seu conteúdo consiste em preconceitos cotidianos, tomados da aparência

---

tornou-se já há muito tempo juro de capital [...] toda renda é agora pagamento de juros sobre capital anteriormente investido na terra." [N. T.]

mais superficial das coisas. Esse conteúdo falso e trivial deve, então, ser "elevado" e poetizado mediante uma terminologia mistificadora.

O processo de acumulação do capital pode ser concebido como acumulação de juros compostos apenas na medida em que a parte do lucro (da mais-valia) que é retransformada em capital, isto é, que serve para absorver novo mais-trabalho, pode ser denominada juro. Mas:

1) Abstraindo todas as perturbações casuais, no curso do processo de reprodução, grande parte do capital existente é mais ou menos desvalorizada, porque o valor das mercadorias é determinado não pelo tempo de trabalho que sua produção custou originalmente, mas pelo tempo de trabalho que custa sua reprodução, e este diminui constantemente em consequência do desenvolvimento da força produtiva social do trabalho. Num nível mais alto de desenvolvimento da produtividade social, todo capital existente aparece, portanto, como resultado não de um longo processo de poupança de capital, mas como resultado de um período de reprodução relativamente curto.[81]

2) Como foi provado na Seção III deste livro, a taxa de lucro diminui em proporção ao aumento da acumulação do capital e à força produtiva em elevação do trabalho social que lhe corresponde, que se expressa justamente na diminuição relativa cada vez maior da parte variável do capital, em relação à constante. Para produzir a mesma taxa de lucro, quando se decuplica o capital constante posto em movimento por um trabalhador, o tempo de mais-trabalho teria de decuplicar-se, e logo nem toda a jornada de trabalho nem as 24 horas do dia bastariam para isso, mesmo que o capital se apoderasse dele inteiramente. A ideia de que a taxa de lucro não diminui, entretanto, forma a base de progressão de Price e, em geral, do *all-engrossing capital, with compound interest* [capital que tudo capta, com juros compostos].[82]

A identidade da mais-valia com o mais-trabalho impõe um limite qualitativo à acumulação do capital: a *jornada de trabalho total*, o desenvolvimento existente, a cada momento, das forças produtivas e da população, o qual limita o número das jornadas de trabalho simultaneamente exploráveis. Se, ao contrário, a mais-valia é concebida na forma irracional do juro, o limite é apenas quantitativo e escarnece de qualquer fantasia.

No capital portador de juros está, no entanto, completada a encenação do fetiche do capital, a encenação que atribui ao produto acumulado do trabalho, e ainda fixado na forma de dinheiro, o poder de produzir, em virtude de uma qualidade inata e secreta, como um puro autômato, em progressão geométrica, mais-valia, de modo que esse produto acumulado do trabalho, conforme pensa o *Economist*, já há muito tempo descontou toda a riqueza do mundo, para todo o sempre, como algo que lhe pertence e lhe cabe de direito. O produto do trabalho passado, o próprio trabalho passado, em si e para si, está prenhe de uma porção de mais-trabalho vivo, presente ou futuro. Sabe-se, entretanto, que na realidade a conservação, e nessa medida a reprodução do valor dos produtos de trabalho passado, é *apenas* o resultado de seu contato com o trabalho vivo; e segundo: que o comando dos produtos de trabalho passado sobre o mais-trabalho vivo dura exatamente apenas enquanto durar a relação de capital, a relação social determinada em que o trabalho passado confronta de maneira autônoma e avassaladora o trabalho vivo.

1 CAPÍTULO 25

CRÉDITO E CAPITAL FICTÍCIO

7 A análise aprofundada do sistema de crédito e dos instrumentos que ele cria para si (dinheiro de crédito etc.) está fora de nosso plano. Há que salientar aqui apenas alguns poucos pontos, necessários para caracterizar o modo de produção capitalista em geral. Trataremos somente do crédito comercial e bancário. A conexão entre seu desenvolvimento e o do crédito público fica fora da área examinada.

Mostrei anteriormente (Livro 1, cap. 3, [parte] 3, b) como, a partir da
4 circulação simples de mercadorias, se forma a função do dinheiro como meio de pagamento e, com isso, uma relação de credor e devedor entre produtores de mercadorias e comerciantes de mercadorias. Com o desenvolvimento do comércio e do modo de produção capitalista, que somente produz com vista à circulação, essa base naturalmente desenvolvida do sistema de crédito é ampliada, generalizada e aperfeiçoada. O dinheiro funciona aqui, em geral, apenas como meio de pagamento, isto é, a mer-
1 cadoria é vendida não contra dinheiro, mas contra uma promessa escrita de pagamento em determinado prazo. Para maior brevidade, podemos reunir todas essas promessas de pagamento na categoria geral de letras de câmbio. Até o dia de vencimento e pagamento, essas letras de câmbio circulam, por sua vez, como meio de pagamento; e elas constituem o dinheiro comercial propriamente dito. À medida que, por fim, elas se anulam mutuamente por compensação entre crédito e débito, funcionam
8 absolutamente como dinheiro, pois então não ocorre uma transformação final em dinheiro. Assim como esses adiantamentos recíprocos dos produtores e comerciantes entre si constituem a base propriamente dita do crédito, seu instrumento de circulação, a letra de câmbio, forma a base do dinheiro de crédito propriamente dito, das cédulas bancárias etc. Baseiam-se não na circulação monetária, seja de dinheiro metálico, seja de papel-moeda estatal, mas na circulação de letras de câmbio.

5 W. Leatham (banqueiro de Yorkshire), *Letters on the Currency*, 2ª ed. London, 1840:

> "Verifico que o montante total das letras de câmbio para todo o ano de 1839 era de 528 493 842 libras esterlinas" (ele estima as letras de câmbio estrangeiras em aproximadamente 1/7 do todo) "e o montante das letras de câmbio em circulação simultânea, no mesmo ano, de 132 123 460 libras esterlinas". (pp. 55-56)

2 "As letras de câmbio são um componente da circulação que é de montante

maior que os demais em conjunto." (pp. 3–4) – "Essa enorme superestrutura de letras de câmbio repousa (!) sobre a base constituída pelo montante das cédulas bancárias e do ouro; e quando, no curso dos acontecimentos, essa base se estreita demais, sua solidez e mesmo sua existência correm perigo." (p. 8) – "Estimando a circulação toda" {ele se refere às cédulas bancárias} "e o montante das obrigações de todos os bancos pelos quais pagamento imediato pode ser demandado, encontro uma soma de 153 milhões, cuja transformação em ouro pode ser exigida por lei, e em contraposição 14 milhões em ouro para satisfazer essa exigência." (p. 11) – "As letras de câmbio não podem ser postas sob controle, a não ser que se impeça a abundância de dinheiro e a baixa taxa de juros ou de desconto que produz parte delas e encoraja essa grande e perigosa expansão. É impossível decidir quantas delas provêm de negócios reais, por exemplo de compras e vendas reais, e que parte é feita artificialmente (*fictitious*) e consiste apenas em promissórias, isto é, letras que são emitidas para recolher letras circulantes antes do vencimento e criar assim, pela produção de meros meios de circulação, capital fingido.[I] Em tempos de dinheiro abundante e barato, sei que isso acontece em enorme grau." (pp. 43–44)

J. W. Bosanquet, *Metallic, Paper, and Credit Currency*, London, 1842:

"O montante médio dos pagamentos liquidados a cada dia útil na Clearing House" {onde os banqueiros londrinos compensam reciprocamente os cheques recebidos e as letras de câmbio vencidas} "ultrapassa 3 milhões de libras esterlinas, e a reserva diária de dinheiro necessária para esse fim é de pouco mais de 200 000 libras esterlinas". (p. 86) {No ano de 1889, a rotação completa da Clearing House importou em 7,618¾ bilhões de libras esterlinas ou, arredondando para 300 os dias úteis, em média em 25½ milhões por dia. – F. E.} "Letras de câmbio são indubitavelmente meios de circulação (*currency*), independentes do dinheiro, à medida que transferem propriedade de mão em mão, por meio de endosso." (pp. 92–93) "Em média, pode-se admitir que cada letra de câmbio em circulação seja endossada duas vezes e que, portanto, em média, cada letra de câmbio liquide dois pagamentos antes de vencer. De acordo com isso, parece que somente por meio do endosso as letras de câmbio medeiam uma transferência de propriedade no valor de duas vezes 528 milhões, ou 1,056 bilhão de libras esterlinas, mais de 3 milhões por dia, no decurso do ano de 1839. É certo, portanto, que letras de câmbio e depósitos bancários em conjunto, pela transferência de propriedade de mão em mão e

---

I Marx usa aqui *fingiertes Kapital* (capital fingido), e não *fiktives Kapital* (capital fictício), como seria a tradução literal de *fictitious capital*, provavelmente porque quis reservar essa expressão para um conceito mais amplo. [N. T.]

> sem ajuda de dinheiro, exercem funções monetárias por um montante diário de pelo menos 18 milhões de libras esterlinas." (p. 93)

Tooke diz sobre o crédito em geral:

> O crédito, em sua expressão mais simples, é a confiança, bem ou mal fundada, que leva alguém a confiar a outro certo montante de capital, em dinheiro ou em mercadorias avaliadas em determinado valor monetário, cuja importância é sempre pagável após o decurso de determinado prazo. Onde o capital é emprestado em dinheiro, isto é, em cédulas bancárias, num crédito em espécie ou numa ordem sobre um correspondente, é feito um acréscimo de tantos por cento sobre o montante a ser repago pelo uso do capital. No caso de mercadorias, cujo valor monetário é fixado entre as partes e cuja transferência constitui uma venda, a soma fixada que deve ser paga inclui uma indenização pelo uso do capital e pelo risco assumido até o dia do vencimento. Obrigações escritas de pagamento para determinadas datas de vencimento são dadas por esses créditos, na maioria dos casos. E essas obrigações ou notas promissórias transferíveis constituem o meio pelo qual, na maioria dos casos, os prestamistas – quando encontram a oportunidade de empregar seu capital, na forma de dinheiro ou de mercadorias, antes do vencimento dessas letras – estão em condições de tomar emprestado ou de comprar mais barato, ao ter seu próprio crédito fortalecido pelo do segundo nome sobre a letra de câmbio. (*Inquiry into the Currency Principle*, p. 87)

Ch. Coquelin, "Du crédit et des banques dans l'industrie". *Revue des Deux Mondes*, 1842, t. 31 [p. 797]:

> Em cada país, a maioria das transações de crédito efetua-se no próprio círculo das relações industriais, [...] o produtor da matéria-prima adianta-se ao fabricante que a processa e recebe dele uma nota promissória com vencimento fixo. O fabricante, depois de executar sua parte do trabalho, adianta, por sua vez, em condições semelhantes, seu produto a outro fabricante, que tem de continuar a processá-lo, e desse modo o crédito se estende sempre mais, de um para o outro, até o consumidor. O atacadista faz adiantamentos de mercadoria ao varejista, enquanto ele mesmo os recebe do fabricante ou do comissário. Cada um toma emprestado com uma mão e empresta com a outra, às vezes dinheiro, mas muito mais frequentemente produtos. Assim se realiza, nas relações industriais, um intercâmbio incessante de adiantamentos, que se combinam e se cruzam em todas as direções. Justamente na multiplicação e no crescimento desses adiantamentos recíprocos consiste o desenvolvimento do crédito, e aqui está a verdadeira sede de seu poder.

O outro lado do sistema de crédito se liga ao desenvolvimento do comércio de dinheiro, o qual, na produção capitalista, acompanha naturalmente o desenvolvimento do comércio de mercadorias. Vimos na seção anterior (capítulo 19) como se concentram nas mãos dos comerciantes de dinheiro a guarda dos fundos de reserva dos homens de negócios, as operações técnicas de cobrança e pagamento, as de pagamentos internacionais e, com isso, o comércio de barras. Em correspondência com esse comércio de dinheiro, desenvolve-se o outro aspecto do sistema de crédito, a administração do capital portador de juros ou do capital monetário, como função particular dos comerciantes de dinheiro. Tomar dinheiro emprestado e emprestá-lo torna-se seu negócio especial. Aparecem como intermediários entre o verdadeiro prestamista e o mutuário de capital monetário. Em termos gerais, o negócio bancário, sob esse aspecto, consiste em concentrar em suas mãos o capital monetário emprestável em grandes massas, de modo que, em vez do prestamista individual, são os banqueiros, como representantes de todos os prestamistas de dinheiro, que confrontam os capitalistas industriais e comerciais. Tornam-se os administradores gerais do capital monetário. Por outro lado, eles concentram, perante todos os prestamistas, os mutuários, ao tomar emprestado para todo o mundo comercial. Um banco representa, por um lado, a centralização do capital monetário, dos prestamistas, e do outro a centralização dos mutuários. Seu lucro consiste, em geral, em tomar emprestado a juros mais baixos do que aqueles a que empresta.

O capital emprestável de que dispõem os bancos aflui-lhes de múltiplos modos. Primeiro, concentra-se em suas mãos, por serem os cobradores dos capitalistas industriais, o capital monetário que todo produtor ou comerciante mantém como fundo de reserva ou que lhe aflui como pagamento. Esses fundos se transformam assim em capital monetário emprestável. Desse modo, o fundo de reserva do mundo do comércio, por concentrar-se num fundo comum, é limitado ao mínimo necessário, e parte do capital monetário, a qual de outro modo ficaria ociosa como fundo de reserva, é emprestada, funciona como capital portador de juros. Segundo, seu capital emprestável é constituído dos depósitos dos capitalistas monetários, que lhes cedem a tarefa de emprestá-los. Com o desenvolvimento do sistema bancário e, nomeadamente, tão logo os bancos paguem juros por depósitos, as poupanças de dinheiro e o dinheiro momentaneamente desocupado de todas as classes são depositados neles. Pequenas somas, cada uma por si incapaz de atuar como capital monetário, são unificadas em grandes massas e constituem assim um poder monetário. Essa reunião de pequenas somas, como efeito particular do sistema bancário, deve ser distinguida de sua mediação entre os capitalistas monetários propriamente ditos e os mutuários. Finalmente também as *revenues*, que devem ser consumidas apenas gradualmente, são depositadas nos bancos.

Os empréstimos (tratamos aqui apenas do crédito comercial propriamente dito) realizam-se por meio do desconto de letras de câmbio – conversão destas em dinheiro antes de seu vencimento – e por meio de adiantamentos em várias formas: adiantamentos diretos com base no crédito pessoal, adiantamentos pignoratícios sobre papéis portadores de juros, títulos da dívida pública, ações de todas as espécies, mas nomeadamente adiantamentos sobre conhecimentos de embarque, *dock warrants* [certificados de mercadorias armazenadas] e outros certificados de propriedade sobre mercadorias, saques acima dos depósitos etc.

O crédito que o banqueiro abre pode ser dado de várias formas, por exemplo letras de câmbio contra outros bancos, cheques contra eles, aberturas de crédito da mesma espécie, finalmente, no caso de bancos emissores, nas próprias cédulas bancárias do banco. A cédula bancária é apenas uma letra de câmbio contra o banqueiro, pagável ao portador a qualquer momento e pela qual o banqueiro substitui a letra de câmbio particular. Esta última forma de crédito salta aos olhos do leigo como especialmente importante, primeiro, porque essa espécie de dinheiro de crédito sai da mera circulação comercial para a circulação geral e funciona aqui como dinheiro; também porque, na maioria dos países, os bancos principais, que emitem notas, como estranhas misturas de banco nacional e banco particular, têm de fato atrás de si o crédito nacional, e suas notas são meio de pagamento mais ou menos legal, e porque aqui se torna visível que aquilo com que o banqueiro negocia é o próprio crédito, uma vez que a cédula bancária representa apenas um signo circulante de crédito. Mas o banqueiro negocia também com o crédito em todas as outras formas, mesmo quando adianta dinheiro em espécie depositado com ele. Na realidade, a cédula bancária constitui apenas a moeda do comércio atacadista, e o que pesa para os bancos, como coisa de importância, é sempre o depósito. A melhor prova disso fornecem os bancos escoceses.

As instituições especiais de crédito, como as formas especiais dos próprios bancos, já não precisam, para nosso fim, ser examinadas.

> "Os banqueiros têm duplo negócio: [...] 1) coletar capital daqueles que não têm aplicação imediata para ele e distribuí-lo e transferi-lo a outros que possam utilizá-lo. 2) Receber depósitos de rendas de seus clientes e pagar-lhes a importância, conforme necessitam dela para despesas de consumo. O primeiro é circulação de *capital*, o segundo, circulação de *dinheiro* (*currency*)." – "Um é concentração de capital, por um lado, e distribuição do mesmo, por outro; o outro é administração da circulação para os objetivos locais dos arredores." – Tooke, *Inquiry into the Currency Principle*, pp. 36–37.

Voltaremos a essa passagem no capítulo 28.

Reports of Committees, v. VIII, *Commercial Distress*, v. II, Parte I, 1847–48, "Minutes of Evidence". – (Daqui em diante citado como *Commercial Distress*, 1847–48.) Nos anos [18]40, nos descontos de letras de câmbio em Londres, aceitavam-se, em inúmeros casos, em vez de cédulas bancárias, letras de câmbio de um banco contra outro, a 21 dias de prazo. (Depoimento de J. Pease, banqueiro provinciano, n. 4636 e 4645.) Segundo o mesmo relatório, os banqueiros, tão logo escasseava o dinheiro, costumavam dar tais letras de câmbio regularmente em pagamento a seus clientes. Se quem as recebia queria cédulas bancárias, tinha de descontar de novo essas letras de câmbio. Para os bancos, isso equivalia ao privilégio de fazer dinheiro. Os Srs. Jones Loyd and Co. pagavam assim "desde tempos imemoriais", tão logo rareava o dinheiro e a taxa de juros excedia 5%. O cliente ficava contente em receber essas *banker's bills*, pois as letras de câmbio de Jones Loyd and Co. eram mais facilmente descontáveis que as suas próprias; também passavam muitas vezes por 20 a 30 mãos (Ibid., n. 902–05, 992).

Todas essas formas servem para tornar transferível a exigência de pagamento.

> "Quase não há nenhuma forma em que o crédito pode ser moldado na qual não tenha de exercer, de vez em quando, função monetária; seja essa forma uma cédula bancária, uma letra de câmbio ou um cheque, o processo é essencialmente o mesmo e o resultado é essencialmente o mesmo." – Fullarton, *On the Regulation of Currencies.*, 2ª ed. London, 1845, p. 38 – "Cédulas bancárias são o dinheiro miúdo do crédito." (p. 51)

O trecho a seguir é de J. W. Gilbart, *The History and Principles of Banking*. London, 1834:

> "O capital de um banco consiste em duas partes, o capital investido (*invested capital*) e o capital bancário (*banking capital*), tomado de empréstimo" (p. 117)
> "O capital bancário ou capital emprestado é obtido por três vias: 1) recebimento de depósitos; 2) emissão de cédulas bancárias próprias; 3) emissão de letras de câmbio. Se alguém quer emprestar-me gratuitamente 100 libras esterlinas, e eu empresto essas 100 libras esterlinas a outro a juros de 4%, ganharei com esse negócio, no decurso do ano, 4 libras esterlinas. Do mesmo modo, se alguém quer tomar minha promessa de pagamento" (*I promise to pay* é a fórmula usual das cédulas bancárias inglesas) "e devolve-a no fim do ano, pagando-me 4%, como se lhe tivesse emprestado 100 libras esterlinas, ganharei com esse negócio 4 libras esterlinas; e, ainda, se alguém numa cidade provincial me entrega 100 libras esterlinas com a condição de pagar

esse montante 21 dias mais tarde a uma terceira pessoa em Londres, todo juro que posso entrementes obter com o dinheiro será meu lucro. Eis um resumo objetivo das operações de um banco e da maneira como se cria capital bancário por meio de depósitos, cédulas bancárias e letras de câmbio." (p. 117) "Os lucros de um banqueiro são geralmente proporcionais ao montante de seu capital bancário ou emprestado. Para verificar-se o lucro real de um banco, deve-se deduzir do lucro bruto o juro sobre o capital investido. O resto é o lucro bancário." (p. 118) "*Os adiantamentos de um banqueiro a seus clientes são feitos com o dinheiro de outras pessoas*." (p. 146) "Precisamente os banqueiros que não emitem cédulas bancárias criam capital bancário descontando letras de câmbio. Eles multiplicam seus depósitos por meio de operações de desconto. Os banqueiros de Londres somente descontam para aquelas casas que mantêm com eles uma conta de depósito." (p. 119) "Uma firma que desconta em seu banco letras de câmbio e que pagou juros sobre a importância total dessas letras tem de deixar nas mãos do banco pelo menos parte dessa importância, sem receber juros por ela. Dessa maneira, o banqueiro recebe sobre o dinheiro adiantado uma taxa de juros mais alta que a corrente e cria para si um capital bancário por meio do saldo que permanece em suas mãos." (p. 120)

Economia dos fundos de reserva, depósitos, cheques:

"Os bancos de depósito economizam, mediante a transferência dos créditos, o uso do meio circulante e liquidam transações de grande importância com somas pequenas de dinheiro real. O dinheiro assim liberado é empregado pelo banqueiro em adiantamentos a seus clientes por meio de descontos etc. Por isso, a transferência dos créditos aumenta a eficácia do sistema de depósitos". (p. 123) "É indiferente que dois clientes que negociam entre si mantenham suas contas com o mesmo banqueiro ou com diversos. Pois os banqueiros trocam entre si os cheques na Clearing House. Mediante a transferência, o sistema de depósitos poderia expandir-se a tal grau que deslocaria totalmente o uso do dinheiro metálico. Se cada um mantivesse no banco uma conta de depósito e fizesse todos os seus pagamentos por meio de cheques, então esses cheques seriam o único meio circulante. Nesse caso seria necessário pressupor que os banqueiros teriam o dinheiro em suas mãos, pois de outro modo os cheques não teriam valor." (p. 124)

A centralização da circulação local nas mãos dos bancos é mediada: 1) por sucursais. Os bancos provinciais têm sucursais nas cidades menores de sua área; os bancos de Londres, nos diversos bairros da cidade; e 2) por agências.

"Cada banco provincial tem um agente em Londres para pagar ali suas notas ou letras de câmbio e receber dinheiro que é pago por habitantes de Londres em favor de pessoas que moram na província." (p. 127) "Cada banqueiro recolhe as notas de outro, mas não as gasta de novo. Em toda cidade maior eles se encontram uma ou duas vezes por semana e trocam entre si as notas. O saldo é pago mediante ordem sobre Londres." (p. 134) "A finalidade dos bancos é facilitar os negócios. Tudo o que facilita os negócios facilita também a especulação. Em muitos casos, negócio e especulação se entrelaçam tão estreitamente que é difícil dizer onde termina o negócio e começa a especulação. [...] Onde quer que haja bancos, o capital é obtido mais facilmente e mais barato. A barateza do capital favorece a especulação, assim como a barateza da carne e da cerveja favorece a voracidade e a embriaguez." (pp. 137–38) "Como os bancos emissores de cédulas bancárias próprias pagam sempre com essas cédulas, então pode parecer que fazem seu negócio de desconto exclusivamente com o capital assim obtido, mas isso não acontece. Um banqueiro pode muito bem pagar com suas próprias notas todas as letras de câmbio por ele descontadas e, ainda assim, 9/10 das letras em sua posse podem representar capital real. Pois, embora tenha dado por essas letras apenas seu próprio papel-moeda, este não precisa permanecer em circulação até que vençam as letras. As letras podem ter de circular três meses e as notas podem estar de volta em três dias." (p. 172) "Exceder a cobertura da conta, por parte dos clientes, é uma prática comercial regular. É, de fato, a finalidade com que se garante um crédito em espécie. [...] Créditos em espécie são garantidos não apenas pela garantia pessoal, mas também pelo depósito de títulos." (pp. 174–75) "Capital adiantado com o penhor de mercadorias tem o mesmo efeito como se adiantado no desconto de letras de câmbio. Se alguém toma 100 libras esterlinas emprestadas com a garantia de suas mercadorias, é o mesmo que se as tivesse vendido por uma letra de câmbio de 100 libras esterlinas e a tivesse descontado com o banqueiro. O adiantamento, porém, capacita-o a reter suas mercadorias até uma situação melhor no mercado e a evitar sacrifícios que, de outro modo, teria de fazer a fim de obter dinheiro para finalidades urgentes." (pp. 180–81)

The Currency Theory Reviewed etc., pp. 62–63:

"É inegavelmente certo que as 1000 libras esterlinas que hoje deposito com A serão novamente despendidas amanhã para constituir um depósito com B. Depois de amanhã, podem ser despendidas por B, constituindo um depósito com C, e assim por diante, até o infinito. As mesmas 1000 libras esterlinas em dinheiro podem, portanto, mediante uma série de transferências, multiplicar-se para formar uma soma absolutamente indeterminável de depósitos. Assim, é possível que *nove décimos de todos os depósitos na Inglaterra não tenham existência alguma além dos registros nos livros dos banqueiros*, dos quais cada um

> é responsável pela parte que lhe corresponde. [...] Assim, na Escócia, onde o dinheiro circulante" {e, ainda por cima, quase todo de papel-moeda!} "nunca ultrapassa 3 milhões de libras esterlinas, os depósitos atingem 27 milhões. Enquanto não ocorre uma exigência geral e repentina de restituição dos depósitos (*a run on the banks* [uma corrida para os bancos]), as mesmas 1000 libras esterlinas, viajando para trás, podem cancelar, com a mesma facilidade, uma soma igualmente indeterminável. Uma vez que as mesmas 1000 libras esterlinas com que hoje cancelo minha dívida com um comerciante podem amanhã cancelar a dívida deste com outro comerciante, e depois de amanhã a deste terceiro com o banco, e assim infindavelmente; as mesmas 1000 libras esterlinas podem ir de mão em mão, de banco em banco, e cancelar qualquer soma imaginável de depósitos".

{Vimos que já em 1834 Gilbart sabia que:

> Tudo o que facilita o negócio facilita também a especulação, e, em muitos casos, ambos se entrelaçam tão estreitamente que é difícil dizer onde termina o negócio e onde começa a especulação.

Quanto maior a facilidade com que se podem obter adiantamentos sobre mercadorias não vendidas, tanto mais esses adiantamentos são tomados e tanto maior a tentação de fabricar mercadorias ou lançar as já fabricadas em mercados distantes, somente para obter sobre elas, de início, adiantamentos em dinheiro. A história do comércio inglês de 1845-47 dá um exemplo contundente de como todo o mundo dos negócios de um país pode ser tomado por tal embuste, e de como isso acaba. Vemos aí o que o crédito pode fazer. Para esclarecer os exemplos seguintes, fazemos antes algumas breves observações.

No fim de 1842, a pressão que, desde 1837, pesava quase ininterruptamente sobre a indústria inglesa começou a ceder. Nos dois anos seguintes, aumentou ainda mais a demanda externa de produtos industriais ingleses; os anos 1845-46 marcaram o período da maior prosperidade. Em 1843, a Guerra do Ópio[I] abrira a China ao comércio inglês. O novo mercado ofe-

---

I Após a abolição do monopólio da Companhia das Índias Orientais sobre o comércio com a China (1833), os comerciantes privados ingleses começaram a conquistar o mercado chinês. Para isso lhes serviria qualquer meio. A primeira Guerra do Ópio (1839-42), que foi uma guerra de agressão da Inglaterra contra a China, deveria abrir o mercado chinês ao comércio inglês. Com ela começou a transformação da China num país semicolonial. A Inglaterra tentou, desde o começo do século XIX, por meio do contrabando do ópio produzido na Índia, equilibrar sua balança comercial passiva com a China; defrontou-se, entretanto,

receu novo pretexto para a expansão, que já estava em plena marcha, a saber, da indústria algodoeira. "Como podemos chegar a produzir demais? Temos 300 milhões de pessoas para vestir", dizia então ao autor destas linhas um fabricante em Manchester. Mas todos os edifícios de fábricas, máquinas a vapor e de fiação e teares recém-instalados não eram suficientes para absorver a mais-valia que afluía em massa de Lancashire. Com a mesma paixão com que se aumentava a produção construíam-se ferrovias; aqui a sede de especulação dos fabricantes e comerciantes encontrou pela primeira vez satisfação, e isso desde o verão de 1844. Subscreviam-se ações, tantas quantas fosse possível, isto é, até onde bastasse o dinheiro para os primeiros pagamentos; quanto ao resto, depois se veria! Quando vieram os demais pagamentos – segundo a questão 1059, C. D., 1848–57, importava em 75 milhões de libras esterlinas o capital investido em ferrovias em 1846–47 –, tornou-se necessário recorrer ao crédito, e, na maioria dos casos, também o verdadeiro negócio da firma teve de ser sangrado.

E esse verdadeiro negócio, em regra, também já estava sobrecarregado. Os atraentes lucros altos tinham levado a operações bem mais extensas que as justificadas pelos recursos líquidos disponíveis. Mas o crédito estava aí mesmo, fácil de obter e ainda por cima barato. A taxa de desconto dos bancos estava baixa: 1¾–2¾% em 1844, abaixo de 3% até outubro de 1845, subindo então, por pouco tempo, até 5% (fevereiro de 1846), depois caindo de novo até 3¼% em dezembro de 1846. O Banco da Inglaterra tinha em seus porões uma reserva de ouro num montante nunca visto. Todas as cotações domésticas da Bolsa estavam tão altas como jamais estiveram. Por que deixar passar a bela oportunidade, por que não velejar a todo pano? Por que não mandar para os mercados estrangeiros, sequiosos de manufaturas inglesas, todas as mercadorias que se pudessem fabricar? E por que o próprio fabricante não embolsaria o duplo lucro, obtido com a venda do fio e do tecido no Extremo Oriente e com a venda, na Inglaterra, da carga de retorno recebida em troca?

---

com a resistência das autoridades chinesas, que, em 1839, confiscaram e mandaram queimar todas as cargas de ópio a bordo dos navios estrangeiros em Cantão. Esse foi o motivo da guerra, em que a China foi vencida. Os ingleses aproveitaram essa derrota da retrógrada China feudal e lhe ditaram o rapace tratado de paz de Nanquim (agosto de 1842). O tratado de Nanquim fixou a abertura para o comércio inglês de cinco portos chineses (Cantão, Amoy [Xiamen], Fucheu, Liampó e Xangai), a entrega de Hong Kong à Inglaterra "pela eternidade" e o pagamento de altas contribuições. Segundo o protocolo adicional do tratado de Nanquim, a China teve também de reconhecer aos estrangeiros o direito de extraterritorialidade. [N. E. A.]

Assim surgiu o sistema das consignações em massa, contra adiantamentos, para a Índia e a China, o qual logo se converteu num sistema de consignações meramente para obter adiantamentos, conforme se descreve detalhadamente nas notas a seguir, e que tinha necessariamente de acabar numa saturação em massa dos mercados e num colapso.

Esse colapso eclodiu em consequência da má colheita de 1846. A Inglaterra e especialmente a Irlanda precisavam de enormes suprimentos de alimentos, nomeadamente cereais e batatas. Mas os países fornecedores podiam ser pagos apenas em ínfimas proporções com produtos industriais ingleses; era necessário pagar com metais preciosos; ouro no valor de pelo menos 9 milhões foi para o exterior. Desse ouro, não menos de 7½ milhões saiu do tesouro em espécie do Banco da Inglaterra, cuja liberdade de movimento no mercado monetário ficou por isso sensivelmente restringida; os demais bancos, cujas reservas estavam depositadas no Banco da Inglaterra, sendo, na realidade, idênticas às reservas desse banco, tinham igualmente de reduzir suas disponibilidades monetárias; a corrente dos pagamentos, que fluía rápida e facilmente, começou a estancar, primeiro aqui e ali, depois de maneira geral. O desconto bancário, em janeiro ainda de 3–3½%, subiu em abril, quando rebentou o primeiro pânico, para 7%; então veio, no verão, de novo uma pequena melhoria transitória (6,5, 6%), mas, quando a nova colheita também malogrou, o pânico eclodiu novamente e com mais violência. O desconto mínimo oficial do Banco da Inglaterra subiu a 7% em outubro e a 10% em novembro, isto é, a grande maioria das letras de câmbio só era descontável a juros usurários colossais ou não o era ao todo; a paralisação geral dos pagamentos levou à falência de uma série de casas de primeira grandeza e de muitas médias e pequenas; o próprio Banco [da Inglaterra] esteve em perigo de falir em virtude das limitações que lhe foram impostas pela astuta lei bancária de 1844[I] – então

---

I Para superar as dificuldades na troca de cédulas bancárias por ouro, o governo inglês, por iniciativa de Robert Peel, promulgou em 1844 uma lei sobre a reforma do Banco da Inglaterra. Essa lei previa a divisão do banco em dois departamentos completamente independentes, com dois fundos separados em espécie: o Banking Department (departamento bancário), que realizava operações puramente bancárias, e o Issue Department (departamento de emissão), que emitia as cédulas bancárias. Essas notas deviam possuir uma sólida cobertura na forma de um fundo especial em ouro, que devia sempre estar disponível. O gasto de cédulas bancárias não cobertas por ouro foi limitado a 14 milhões de libras esterlinas. A quantidade de cédulas bancárias que se achavam em circulação dependia de fato, entretanto, contrariando a lei bancária de 1844, não do fundo de cobertura, mas da demanda na esfera da circulação. Durante as crises econômicas, em que a escassez de dinheiro era especialmente grande, o governo inglês suspendeu

o governo cedeu à pressão geral e suspendeu, em 25 de outubro, a lei bancária, afastando assim as absurdas algemas legais impostas ao Banco. Agora este podia, sem restrições, pôr em circulação sua reserva de cédulas; uma vez que o crédito dessas cédulas bancárias era de fato garantido pelo crédito da nação, e portanto estava inabalado, sobreveio imediatamente o alívio decisivo da escassez de dinheiro; naturalmente, faliram ainda muitas firmas, grandes e pequenas, desesperadamente encalacradas, mas o ponto culminante da crise estava superado, o desconto bancário caiu de novo a 5%, e já no curso de 1848 se preparou aquela atividade renovada dos negócios, que quebrou o ímpeto dos movimentos revolucionários do continente em 1849 e acarretou, nos anos 50, uma prosperidade industrial até então nunca vista, mas também o colapso de 1857. – F. E.}

I. Sobre a colossal desvalorização dos títulos públicos e das ações, durante a crise de 1847, informa uma ata publicada em 1848 pela Câmara dos Lordes. Segundo esse documento, a desvalorização em 23 de outubro de 1847, comparada com o nível de fevereiro do mesmo ano, foi a seguinte:

títulos públicos ingleses	£ 93 824 217
ações de docas e canais	£ 1 358 288
ações ferroviárias	£ 19 579 820
SOMA:	£ 114 762 325

II. Sobre a fraude no comércio com as Índias Orientais, em que não se sacavam mais letras de câmbio por se terem comprado mercadorias, mas se compravam mercadorias para se poderem sacar letras descontáveis, conversíveis em dinheiro, lê-se em *The Manchester Guardian*[I] de 24 de novembro de 1847:

A, em Londres, manda comprar, mediante B, mercadorias do fabricante C em Manchester, para serem enviadas por navio a D nas Índias Orientais. B paga a C com letras de câmbio de seis meses, emitidas por C sobre B. B, por sua vez, se cobre emitindo letras de seis meses sobre A. Uma vez embarcada a mercadoria, A saca, contra o conhecimento de embarque enviado pelo correio, letras de seis meses sobre D.

> Comprador e expedidor estão ambos de posse de fundos muitos meses antes de pagarem realmente as mercadorias; e habitualmente essas letras, ao vence-

---

temporariamente a lei de 1844 e elevou a soma de cédulas bancárias não cobertas por ouro. (Ver também o capítulo 34, "O *currency principle* e a legislação bancária inglesa de 1844".) [N. E. A.]

I Jornal inglês, órgão dos livre-cambistas, mais tarde órgão do Partido Liberal; publicado desde 1821 em Manchester. [N. E. A.]

rem, eram renovadas sob o pretexto de dar tempo ao refluxo num negócio de tão longo prazo. Infelizmente, porém, as perdas de tal negócio não levavam a sua contração, mas justamente a sua expansão. Quanto mais pobres ficavam os participantes, tanto maior sua necessidade de comprar, para encontrar assim, em novos adiantamentos, um substituto do capital perdido nas especulações anteriores. As compras já não eram reguladas pela demanda e oferta, elas se tornaram a parte mais importante das operações financeiras de uma firma encalacrada. Mas isso é apenas um dos lados. O que ocorria aqui com a exportação de mercadorias manufaturadas sucedia no além-mar com a compra e o embarque dos produtos. Casas da Índia que dispunham de crédito suficiente para ter suas letras de câmbio descontadas compravam açúcar, índigo, seda ou algodão – não porque os preços de compra, comparados com as últimas cotações de Londres, prometessem um lucro, mas porque as letras anteriores sobre a casa de Londres logo venceriam e tinham de ser cobertas. O que seria mais simples do que comprar uma carga de açúcar, pagá-la com letras de câmbio de dez meses sobre a casa de Londres e mandar os conhecimentos de embarque para Londres, pelo correio internacional? Menos de dois meses depois, os conhecimentos de embarque dessas mercadorias que mal acabavam de ser embarcadas – e, com isso, as próprias mercadorias – eram empenhados em Lombard Street,[I] e a casa de Londres obtinha dinheiro, oito meses antes do vencimento das letras emitidas sobre elas. E tudo isso fluía sem interrupções nem dificuldades, enquanto as casas de desconto dispunham de dinheiro em abundância para adiantá-lo sobre conhecimentos de embarque e *dock warrants* e para descontar, até montantes ilimitados, as letras de câmbio de casas da Índia sobre as 'boas' firmas de Mincing Lane.[II]

{Esse procedimento fraudulento se manteve em voga enquanto as mercadorias, para chegar à Índia ou vir dela, tinham de contornar o cabo da Boa Esperança em navios veleiros. Quando passaram a ser transportadas pelo canal de Suez e por navios a vapor, esse método de fabricar capital fictício ficou privado de sua base: a longa duração da viagem das mercadorias. E, desde que o telégrafo começou a informar, no mesmo dia, o comerciante inglês sobre a situação do mercado indiano, e o comerciante indiano sobre a do mercado inglês, esse método se tornou completamente impraticável. – F. E.}

III. O seguinte é tomado do relatório já citado, *Commercial Distress*, 1847–48:

I Rua na City de Londres onde se localizam os mais importantes bancos e empresas comerciais da Inglaterra. [N. E. A.]

II Rua em Londres, centro do comércio atacadista de mercadorias das colônias. [N. E. A.]

> Na última semana de abril de 1847, o Banco da Inglaterra avisa o Royal Bank of Liverpool que daí em diante reduziria à metade seu negócio de desconto com este último. Essa comunicação teve efeitos muito ruins porque ultimamente os pagamentos em Liverpool se efetuavam muito mais em letras de câmbio do que em dinheiro; e porque os comerciantes, que normalmente levavam ao banco muito dinheiro em espécie para pagar com ele seus aceites, nos últimos tempos somente podiam trazer letras de câmbio que, por sua vez, tinham recebido por seu algodão e por outros produtos. Isso havia aumentado muito, e em consequência também as dificuldades nos negócios. Os aceites que o banco tinha de pagar aos comerciantes eram, na maioria dos casos, emitidos no exterior e tinham sido, até então, o mais das vezes, compensados pelo pagamento recebido pelos produtos. As letras de câmbio que os comerciantes traziam agora, em vez de dinheiro em espécie, eram letras de câmbio de prazos diferentes e espécies diferentes, sendo um número considerável delas letras bancárias de três meses da data de emissão, mas a grande massa eram letras sobre algodão. Essas letras de câmbio, quando letras bancárias, eram aceitas por banqueiros de Londres e, nos demais casos, por comerciantes de toda espécie no comércio brasileiro, americano, canadense, das Índias Ocidentais etc. [...] Os comerciantes não emitiam uns contra os outros, mas os clientes do interior que tinham comprado produtos em Liverpool cobriam-nos com letras sobre bancos londrinos ou com letras sobre outras casas em Londres ou com letras sobre outra pessoa qualquer. O aviso do Banco da Inglaterra acarretou redução do prazo das letras contra produtos estrangeiros vendidos, o qual frequentemente excedia três meses. (pp. 26–27)

O período de prosperidade de 1844–47 na Inglaterra esteve vinculado, conforme descrito acima, com a primeira grande fraude ferroviária. Quanto ao efeito dela sobre os negócios em geral, o relatório citado diz o seguinte:

> “Em abril de 1847, quase todas as casas comerciais tinham começado a mais ou menos esfomear seus negócios (*to starve their business*) ao investir parte de seu capital comercial em ferrovias”. (pp. 41–42) – “Tomaram-se também empréstimos a juros altos, de 8%, por exemplo, sobre ações ferroviárias, com particulares, banqueiros e companhias de seguros.” (pp. 66–67) “Esses adiantamentos tão grandes dessas casas comerciais às ferrovias as levaram a tomar capital demais aos bancos, mediante desconto de letras de câmbio, para com ele continuar seu próprio negócio.” (p. 67) – (Pergunta:) “O senhor diria que os pagamentos relativos às subscrições de ações ferroviárias contribuíram muito para a pressão que dominou” {o mercado de dinheiro} “em abril e outubro” {de 1847}? (Resposta:) “Creio que não contribuíram quase nada para a pressão em abril. Na minha opinião, até abril e talvez até o verão, fortaleceram mais do que enfraqueceram os banqueiros. Pois o emprego real do dinheiro não

se realizava, de modo algum, tão rapidamente quanto os pagamentos; consequentemente, a maioria dos bancos tinha em suas mãos, no começo do ano, um montante bastante grande de fundos ferroviários." {Isso é confirmado por numerosos depoimentos de banqueiros no C. D., 1848–57.} "Esse montante diminuiu gradualmente no verão, e em 31 de dezembro era substancialmente menor. Uma causa da pressão em outubro foi a diminuição gradual dos fundos bancários nas mãos dos bancos; entre 22 de abril e 31 de dezembro, os saldos ferroviários em nossas mãos diminuíram em um terço. Esse efeito os pagamentos relativos às subscrições ferroviárias tiveram em toda a Grã-Bretanha; pouco a pouco eles drenaram os depósitos dos bancos." (pp. 43–44)

Analogamente, Samuel Gurney (chefe da mal-afamada firma Overend, Gurney & Co.) diz:

> Em 1846 houve demanda consideravelmente maior por capital para as ferrovias, mas isso não elevou as taxas de juros. Houve uma condensação de pequenas somas para formar massas maiores, e essas grandes massas foram utilizadas em nosso mercado, de modo que, no todo, o efeito foi o de lançar mais dinheiro no mercado de dinheiro da City, e não tanto o de retirá-lo dele. [p. 159]

A. Hodgson, diretor do Liverpool Joint Stock Bank, mostra o quanto letras de câmbio podem constituir a reserva dos banqueiros:

> Era nosso costume manter no mínimo 9/10 de todos os nossos depósitos e todo o dinheiro que recebíamos de outras pessoas em carteira, em letras de câmbio que vencem dia a dia [...] em tal medida que, durante o período da crise, o resultado das letras diariamente vencidas era quase igual ao montante das exigências de pagamento que nos eram feitas diariamente. (p. 53)

Letra especulativa:

> N. 5092. "Por quem eram principalmente aceitas as letras" (contra algodão vendido)? {R. Gardner, o fabricante algodoeiro mais citado nessa obra:} "Por corretores de mercadorias; um comerciante compra algodão, entrega-o a um corretor, saca letras sobre este e faz com que as letras sejam descontadas." – N. 5094. "E essas letras vão aos bancos de Liverpool e são descontadas lá? – Sim, e também em outros lugares. [...] Se não tivesse havido essa acomodação, que foi autorizada principalmente pelos bancos de Liverpool, o algodão, no ano passado, teria sido, na minha opinião, 1½ ou 2 pence mais barato por libra-peso." – N. 600. "O senhor disse que uma enorme quantidade de letras de câmbio teria circulado, emitidas por especuladores sobre corretores de

algodão em Liverpool; o mesmo vale também para seus adiantamentos sobre letras contra outros produtos coloniais além de algodão?" – {A. Hodgson, banqueiro em Liverpool:} "Refere-se a todas as espécies de produtos coloniais, mas especialmente ao algodão." – N. 601. "O senhor, como banqueiro, procura manter-se afastado dessa espécie de letras? – De modo algum; consideramo-las letras perfeitamente legítimas, quando mantidas em quantidade moderada [...]. Letras dessa espécie são frequentemente renovadas."

Fraude no mercado das Índias Orientais e da China em 1847. – Charles Turner (chefe de uma das mais importantes firmas das Índias Orientais em Liverpool):

> "Todos nós conhecemos as ocorrências em relação aos negócios com as Ilhas Maurício e a negócios semelhantes. Os corretores estavam acostumados a fazer adiantamentos sobre mercadorias não apenas após sua chegada, para cobrir as letras sacadas contra essas mercadorias, o que está inteiramente em ordem, e adiantamentos contra conhecimentos de embarque [...] mas também adiantamentos sobre o produto antes de ser embarcado, e em alguns casos antes de ser fabricado. Eu, por exemplo, tinha comprado em Calcutá, numa ocasião especial, letras por 6 000–7 000 libras esterlinas; o produto dessas letras foi enviado às Ilhas Maurício para ajudar a plantar açúcar; as letras vieram para a Inglaterra e mais da metade delas foi protestada; então, quando finalmente chegaram os embarques de açúcar com os quais essas letras deveriam ser pagas, verificou-se que esse açúcar já fora penhorado a terceiras pessoas antes de ser embarcado e, na realidade, quase antes de ser fervido". (p. 78) "As mercadorias destinadas ao mercado das Índias Orientais têm agora de ser pagas em espécie ao fabricante; mas isso não quer dizer muito, pois, se o comprador tem algum crédito em Londres, ele saca sobre Londres e desconta a letra em Londres, onde o desconto agora está baixo; paga ao fabricante com o dinheiro assim obtido [...] passam-se pelo menos doze meses até que um embarcador de mercadorias possa obter seu retorno de lá [...] uma pessoa com 10 000 ou 15 000 libras esterlinas que entrasse no comércio indiano abriria um crédito considerável numa casa londrina; ela daria 1% a essa casa e sacaria sobre ela, sob a condição de que o produto da venda das mercadorias enviadas para a Índia fosse enviado a essa casa londrina; entretanto, ambas as partes concordam tacitamente que a casa londrina não teria de fazer adiantamento algum em espécie; isto é, as letras são prolongadas até que cheguem as cargas de retorno. As letras foram descontadas em Liverpool, Manchester e Londres, e algumas delas estão em poder de bancos escoceses." (p. 79) – N. 786. "Há uma casa que faliu recentemente em Londres; ao examinar os livros, descobriu-se o seguinte: aqui está uma firma em Manchester e outra em Calcutá; elas abriram um

crédito de 200 000 libras esterlinas na casa londrina; isto é, os amigos das negociatas dessa firma de Manchester, que enviaram para a casa em Calcutá mercadorias em consignação, de Glasgow e Manchester, sacaram letras sobre a casa londrina até o montante de 200 000 libras esterlinas; foi combinado, ao mesmo tempo, que a firma de Calcutá sacaria também no montante de 200 000 libras esterlinas sobre a casa londrina; essas letras foram vendidas em Calcutá e, com o produto, outras letras foram compradas e enviadas para Londres, para capacitar a casa de lá a pagar as primeiras letras, sacadas por Glasgow e Manchester. Assim, somente por esse negócio, letras no montante de 600 000 libras esterlinas foram postas no mundo." – N. 971. "Atualmente, quando uma casa em Calcutá compra uma carga" {para a Inglaterra} "e a paga com as próprias letras sacadas sobre seu correspondente em Londres, e os conhecimentos de embarque são enviados para cá, então esses conhecimentos são imediatamente utilizáveis por ela para obter adiantamentos em Lombard Street; eles têm, portanto, oito meses de prazo em que podem utilizar o dinheiro antes de seus correspondentes terem de pagar as letras."

IV. Em 1848, uma comissão secreta da Câmara dos Lordes esteve reunida para investigar as causas da crise de 1847. Os depoimentos prestados perante essa comissão, entretanto, só foram publicados em 1857 ("Minutes of Evidence, Taken before the Secret Committee of the H. of L. Appointed to Inquire into the Causes of Distress etc.", 1857; aqui citado como C. D., 1848–57). Aqui, o Sr. Lister, diretor do Union Bank of Liverpool, declarou entre outras coisas:

2 444. "Na primavera de 1847 houve uma expansão indevida do crédito [...] porque homens de negócios transferiram seu capital do próprio negócio para as ferrovias e, ainda assim, quiseram continuar seu negócio na mesma extensão de antes. No início, cada um deles pensou provavelmente que pudesse vender as ações ferroviárias com lucro e assim repor o dinheiro no negócio. Talvez tenha verificado que isso não era possível e assim tomou crédito em seu negócio onde antes pagara à vista. Daí surgiu uma expansão de crédito."

2 500. "Essas letras, sobre as quais os bancos que as tinham tomado sofreram prejuízos, eram letras principalmente contra cereal ou contra algodão? [...] Eram letras contra produtos de todas as espécies, cereais, algodão e açúcar e produtos de toda espécie. Não houve então quase nada, excetuando talvez óleo, que não baixasse de preço." – 2 506. "Um corretor que aceita uma letra não a aceita sem estar suficientemente coberto, inclusive contra uma queda de preço da mercadoria que serve de cobertura."

2 512. "Contra produtos sacam-se duas espécies de letras de câmbio. À primeira espécie pertence à letra original, sacada de além-mar sobre o importador. [...] As letras assim sacadas contra produtos frequentemente

> vencem antes de os produtos chegarem. Por isso, quando a mercadoria chega, o comerciante não tem capital suficiente, tem de penhorá-la ao corretor até que possa vendê-la. Então, uma letra da outra espécie é imediatamente sacada pelo comerciante de Liverpool sobre o corretor, garantida por aquela mercadoria [...] é então problema do banqueiro assegurar-se com o corretor se este tem a mercadoria e até quanto adiantou sobre ela. Ele tem de convencer-se de que o corretor tem cobertura para, em caso de perda, se recuperar."
>
> 2516. "Recebemos também letras do exterior. [...] Alguém compra além-mar uma letra sobre a Inglaterra e a envia a uma casa na Inglaterra; não podemos ver pela própria letra se foi sacada de maneira sensata ou insensata, se representa produtos ou vento."
>
> 2533. "O senhor disse que produtos estrangeiros de quase todas as espécies foram vendidos com grandes perdas. O senhor acredita que isso se deveu à especulação injustificada com esses produtos? – Isso decorreu de uma importação muito grande, sem haver consumo correspondente para escoá-la. Aparentemente, houve considerável diminuição do consumo." – 2534. "Em outubro [...] os produtos eram quase invendáveis."

Como no ponto culminante do colapso desenvolve-se um *sauve qui peut* [salve-se quem puder] geral revela-nos, no mesmo relatório, um perito de primeiro escalão, o digno e esperto quacre Samuel Gurney, da Overend, Gurney & Co.:

> 1262. "Quando reina o pânico, o homem de negócios não se pergunta a que taxa pode investir suas cédulas bancárias ou se perderá 1 ou 2% na venda de seus títulos do Tesouro ou de seus papéis de 3%. Se está sob a influência do pânico, não se preocupa com ganho ou perda; põe-se a salvo, e o resto do mundo pode fazer o que quiser."

v. Sobre a saturação recíproca de dois mercados, o Sr. Alexander, comerciante nos negócios com as Índias Orientais, declara perante a comissão da Câmara dos Comuns sobre as leis bancárias de 1857 (citada como B. C., 1857):

> 4330. "Atualmente, se gasto 6 xelins em Manchester, recebo 5 xelins de volta na Índia; se gasto 6 xelins na Índia, recebo 5 xelins de volta em Londres."

De modo que o mercado indiano foi saturado pela Inglaterra, e o mercado inglês pela Índia, na mesma medida. E essa era a situação no verão de 1857, apenas dez anos após a amarga experiência de 1847!

CAPÍTULO 26

ACUMULAÇÃO DE CAPITAL MONETÁRIO, SUA INFLUÊNCIA SOBRE A TAXA DE JUROS

> Na Inglaterra há constante acumulação de riqueza adicional, que tem a tendência a assumir finalmente a forma-dinheiro. Mas, depois do desejo de ganhar dinheiro, o desejo mais premente é o de livrar-se dele de novo, mediante qualquer espécie de investimento que traga juros ou lucro; pois o dinheiro como tal nada proporciona. Se, portanto, simultaneamente com esse constante afluxo de capital excedente, não há expansão gradual e suficiente do campo de aplicação para ele, estaremos necessariamente expostos a acumulações periódicas de dinheiro à procura de aplicação, as quais, conforme as circunstâncias, serão mais ou menos importantes. Durante uma longa série de anos, a dívida pública era o grande meio de absorção da riqueza excedente da Inglaterra. Depois que ela atingiu o máximo, em 1816, e já não opera como absorvente, todo ano uma soma de pelo menos 27 milhões procurava outra oportunidade de investimento. Além disso, ocorriam diversos pagamentos de retorno de capital. [...] Empreendimentos que, para sua realização, necessitam de muito capital e que periodicamente escoam o excedente do capital desocupado [...] são absolutamente necessários, pelo menos em nosso país, para absorver as acumulações periódicas da riqueza excedente da sociedade que não encontram lugar nos ramos habituais de investimento. (*The Currency Theory Reviewed*. London, 1845, pp. 32-34)

A respeito do ano de 1845, lemos na mesma obra:

> Dentro de um período muito curto, os preços, a partir do ponto mais baixo da depressão, saltaram para cima [...] a dívida pública a três por cento está quase ao par [...], o ouro nos porões do Banco da Inglaterra excede qualquer montante antes lá armazenado. Ações de todas as espécies estão a preços que, quase em cada caso, não têm precedentes, e a taxa de juros caiu tanto que é quase só nominal. [...] Tudo isso é prova de que existe agora novamente forte acumulação de riqueza desocupada na Inglaterra, que estamos diante de um novo período de febre especulativa. (Ibid., p. 36)

"Embora a importação de ouro não seja um sinal seguro de ganho no comércio externo, ainda assim parte dessa importação de ouro representa *prima facie*, em ausência de outra explicação, tal lucro." (J. G. Hubbard, *The Currency and the Country*. London, 1843, pp. 40–41) "Suponhamos que, num período de negócios sempre prósperos, de preços remuneradores e de circulação monetária bem provida, uma má colheita ocasione exportação de ouro no valor de 5 milhões e importação de cereal no mesmo montante. A circulação" {deve ser, como logo se verá, não meios de circulação, mas capital monetário desocupado. – F. E.} "diminui no mesmo montante. Os particulares poderão possuir ainda a mesma quantidade de meios de circulação, mas os depósitos dos comerciantes em seus bancos, os saldos dos bancos com seus corretores de dinheiro e as reservas em suas caixas estarão todos reduzidos, e a consequência imediata dessa redução no montante do capital desocupado será um aumento da taxa de juros, digamos de 4 para 6%. Como a situação dos negócios é sadia, a confiança não será abalada, mas o crédito será avaliado em nível mais alto." (Ibid., p. 42) "Se caem os preços das mercadorias em geral, o dinheiro excedente flui de volta aos bancos sob a forma de depósitos aumentados, a abundância de capital desocupado abaixa a taxa de juros a um mínimo, e esse estado de coisas dura até que preços mais altos ou maior animação dos negócios façam entrar em serviço o dinheiro adormecido ou até que este seja absorvido mediante investimento em títulos estrangeiros ou mercadorias estrangeiras." (p. 68)

Os seguintes extratos são também tomados do relatório parlamentar *Commercial Distress*, 1847–48. – Em consequência da má colheita e da fome de 1846–47, tornou-se necessária grande importação de alimentos.

> Daí grande excedente de importação sobre a exportação. [...] Daí considerável retirada de dinheiro dos bancos e aumento da afluência aos corretores de desconto por parte de pessoas que tinham letras a descontar; os corretores começaram a examinar mais cuidadosamente as letras. A acomodação até então autorizada foi muito seriamente restringida e houve falências entre casas fracas. Aqueles que confiaram inteiramente no crédito quebraram. Isso aumentou a inquietação que já se sentia antes; banqueiros e outros perceberam que já não podiam, com a mesma segurança de antes, contar com a conversão de suas letras e de outros títulos em cédulas bancárias para cumprir suas obrigações; limitaram mais ainda a acomodação e muitas vezes a recusavam redondamente; em muitos casos guardavam à chave suas cédulas bancárias para cobertura futura de suas próprias obrigações; preferiam não entregá-las ao todo. A inquietação e a confusão aumentaram diariamente, e sem a carta de Lorde John Russell dar-se-ia a bancarrota geral. (pp. 74–75)

A carta de Russell suspendeu a lei bancária. O antes mencionado Charles Turner declara:

Algumas casas tinham grandes recursos, mas não tinham liquidez. Todo o seu capital estava imobilizado em terras nas Ilhas Maurício ou em fábricas de índigo ou de açúcar. Depois de terem contraído obrigações de 500 000–600 000 libras esterlinas, não dispunham de meios líquidos para pagar as letras correspondentes, e finalmente se mostrou que somente podiam pagar suas letras por meio de seu crédito e até onde este chegasse. (p. 81)

O mencionado S. Gurney:

[1664.] "Presentemente" (1848) "reina uma limitação das transações e grande excesso de dinheiro." – N. 1763. "Não acredito que foi a falta de capital que fez subir tanto a taxa de juros; foi o alarme (*the alarm*), a dificuldade de obter cédulas bancárias."

Em 1847, a Inglaterra pagou pelo menos 9 milhões de libras esterlinas em ouro ao exterior por alimentos importados. Destes, 7½ milhões do Banco da Inglaterra e 1½ [milhão] de outras fontes. (p. 301.) – Morris, presidente do Banco da Inglaterra:

Em 23 de outubro de 1847, os fundos públicos e as ações dos canais e das ferrovias já estavam depreciados em 114 752 225 libras esterlinas. (p. 312)

O mesmo Morris, interrogado por Lorde G. Bentinck:

[3846.] Não é de seu conhecimento que todo capital investido em papéis e produtos de todas as espécies estava desvalorizado da mesma maneira, que matérias-primas, algodão, seda e lã foram enviados para o continente aos mesmos preços rebaixados e que açúcar, café e chá foram liquidados em vendas forçadas? – Era inevitável que a nação fizesse um sacrifício considerável para conter a evasão de ouro causada pela enorme importação de alimentos. – O senhor não acredita que teria sido melhor tocar nos 8 milhões de libras esterlinas, depositados nos cofres do Banco, em vez de procurar recuperar o ouro com tanto sacrifício? – *Não acredito.*

Agora o comentário sobre esse heroísmo. Disraeli interroga o Sr. W. Cotton, diretor e antigo presidente do Banco da Inglaterra.

"Quais foram os dividendos que os acionistas do Banco receberam em 1844? – Foram de 7% pelo ano. – E os dividendos por 1847? – 9%. – O Banco paga o imposto de renda por seus acionistas no ano em curso? – Sim, paga. – Ele fez isso também em 1844? – Não.[83] – Então, essa lei bancária" (de 1844) "funcionou muito no interesse dos acionistas. [...] O resultado é que, pois, desde a introdução da nova lei, os dividendos dos acionistas subiram de 7% para 9% e, além disso, o imposto de renda é agora pago pelo Banco, enquanto antes tinha de ser pago pelos acionistas? – *Isso está inteiramente correto.*" (N. 4356–4361)

Sobre o entesouramento nos bancos durante a crise de 1847, diz o Sr. Pease, um banqueiro provincial:

> 4605. "Uma vez que o Banco estava necessitado de aumentar cada vez mais a taxa de juros, generalizaram-se os receios; os bancos provinciais aumentaram os montantes de dinheiro em seu poder e também os de notas bancárias; e muitos de nós, que costumávamos manter apenas algumas centenas de libras esterlinas em ouro ou cédulas bancárias, começamos logo a armazenar milhares em cofres e escrivaninhas, pois reinava grande incerteza com respeito aos descontos e à capacidade de circulação de letras no mercado; e assim sucedeu um entesouramento geral."

Um membro da comissão observa:

> 4691. "Por conseguinte, qualquer que tenha sido a causa durante os últimos 12 anos, o resultado foi, em todo caso, mais favorável ao judeu e ao negociante de dinheiro do que à classe produtiva em geral."

Tooke revela quanto o negociante de dinheiro explora uma época de crise:

> Em 1847, na indústria metalúrgica de Warwickshire e Staffordshire, muitas encomendas de mercadorias foram recusadas porque a taxa de juros que o fabricante tinha de pagar para descontar suas letras teria devorado mais que todo o seu lucro. (N. 5451)

Tomemos agora outro relatório parlamentar já citado antes, o *Report of Select Committee on Bank Acts, Comunicated from the Commons to the Lords, 1857* (citado a seguir como B. C., 1857). Nele, o Sr. Norman, diretor do Banco da Inglaterra e um dos luminares principais entre os adeptos do *currency principle*,[I] é interrogado como segue:

I Teoria monetária muito difundida na Inglaterra, na primeira metade do século XIX, que se baseava na teoria quantitativa do dinheiro. Os representantes da teoria quantitativa afirmam que os preços das mercadorias são determinados pela quantidade de dinheiro que se encontra em circulação. Os representantes do *currency principle* queriam imitar as leis da circulação metálica. Calculavam a *currency* (meios de circulação) como composta do dinheiro metálico e das cédulas bancárias. Acreditavam alcançar uma circulação monetária estável mediante

> 3635. "O senhor disse que, em sua opinião, a taxa de juros não depende da massa das cédulas bancárias, mas da demanda e oferta de capital. O senhor quer dizer o que entende por capital, além de cédulas bancárias e dinheiro metálico? – Creio que a definição ordinária de capital é: mercadorias ou serviços, utilizados na produção." – 3636. "O senhor inclui na palavra capital todas as mercadorias quando fala da taxa de juros? – Todas as mercadorias utilizadas na produção." – 3637. "O senhor inclui tudo isso quando fala da taxa de juros? – Sim. Suponhamos que um fabricante de algodão precise de algodão para sua fábrica; o mais provável é que, para obtê-lo, receba um adiantamento de seu banqueiro e, com as cédulas bancárias assim recebidas, vá a Liverpool e compre. Do que ele realmente precisa é de algodão; não precisa das cédulas bancárias ou do ouro, exceto como meios de obter o algodão. Ou precisa de meios para pagar seus trabalhadores; então novamente toma emprestadas notas de banco e paga os salários de seus trabalhadores com essas notas; e os trabalhadores, por sua vez, precisam de alimento e moradia, e o dinheiro é o meio de pagá-los." – 3638. "Mas pelo dinheiro se pagam juros? – Certamente, em primeira instância; mas tememos outro caso. Suponhamos que ele compre o algodão a crédito, sem buscar um adiantamento no Banco; então, a diferença entre o preço com pagamento em espécie e o preço a crédito, no vencimento, é a medida do juro. Haveria juro mesmo se não existisse dinheiro algum."

Esse palavrório complacente é perfeitamente digno desse pilar do *currency principle*. Primeiro, a descoberta genial de que cédulas bancárias ou ouro são meios de comprar alguma coisa e de que ninguém os toma de empréstimo por eles mesmos. E daí deve seguir que a taxa de juros é regulada por quê? Pela demanda e oferta de mercadorias, das quais só se sabia até agora que regulam os preços de mercado das mercadorias. Com preços de mercado constantes das mercadorias, entretanto, são compatíveis taxas de juros bem diversas. – Mas agora segue a astúcia. Quanto à observação correta: "Mas pelo dinheiro paga-se juro", a qual implica naturalmente a pergunta: Que tem o juro recebido pelo banqueiro, que não comercia ao todo com mercadorias, a ver com essas mercadorias? E não recebem dinheiro à mesma taxa de juros os fabricantes que gastam esse dinheiro em mercados inteiramente diversos, em mercados, portanto, onde reina uma proporção totalmente diferente entre demanda

---

a cobertura total por ouro das cédulas bancárias; a emissão deveria ser regulada de acordo com a importação e exportação de metal precioso. As tentativas do governo inglês de apoiar-se nessa teoria (lei bancária de 1844) não tiveram nenhum sucesso e apenas confirmaram a falta de solidez científica dessa teoria e sua inutilidade para objetivos práticos. (Ver o capítulo 34, "O *currency principle* e a legislação bancária inglesa de 1844".) [N. E. A.]

e oferta das mercadorias empregadas na produção? – A essa pergunta esse celebrado gênio responde que, se o fabricante compra algodão a crédito, "a diferença entre o preço com pagamento em espécie e o preço a crédito, no vencimento, é a medida do juro". Ao contrário. A taxa vigente de juros, cuja regulação o gênio Norman deveria explicar, é a medida da diferença entre o preço com pagamento em espécie e o preço a crédito até o vencimento. Primeiro, o algodão tem de ser vendido por seu preço com pagamento em espécie, e este é determinado pelo preço de mercado, o qual, por sua vez, é regulado pela situação da demanda e da oferta. Digamos que o preço seja = 1000 libras esterlinas. Com isso, o negócio entre o fabricante e o corretor de algodão está acertado no que se refere à compra e venda. Agora um segundo negócio se soma a esse. É entre prestamista e mutuário. O valor de 1000 libras esterlinas é adiantado ao fabricante em algodão, e ao cabo de, digamos, três meses ele tem de restituí-lo em dinheiro. E os juros sobre 1000 libras esterlinas por três meses, determinados pela taxa de mercado de juros, constituem então o adicional ao preço à vista e acima deste. O preço do algodão é determinado por demanda e oferta. Mas o preço do adiantamento do valor do algodão, das 1000 libras esterlinas por três meses, é determinado pela taxa de juros. E o fato de que o próprio algodão é assim transformado em capital monetário prova ao Sr. Norman que o juro existiria mesmo se não houvesse dinheiro ao todo. Se não houvesse dinheiro algum, não existiria, em todo caso, uma taxa geral de juros.

Há aí, em primeiro lugar, a concepção vulgar do capital como "mercadorias utilizadas na produção". À medida que essas mercadorias figurem como capital, seu valor se expressa como *capital*, em contraste com seu valor como *mercadoria*, no lucro que é feito por seu emprego produtivo ou mercantil. E a taxa de lucro tem necessariamente sempre algo a ver com o preço de mercado das mercadorias compradas e com sua demanda e oferta, mas é determinada ainda por circunstâncias totalmente diversas. Que a taxa de juros em geral tem seu limite na taxa de lucro não há dúvida. Mas o que o Sr. Norman deve dizer-nos é justamente como é determinado esse limite. E ele é determinado pela demanda e oferta de capital monetário, *em contraste* com as outras formas de capital. Poder-se-ia agora prosseguir perguntando: Como demanda e oferta de capital monetário são determinadas? Não há dúvida de que existe uma ligação tácita entre a oferta de capital material e a oferta de capital monetário; do mesmo modo, de que a demanda por capital monetário pelos capitalistas industriais é determinada pelas circunstâncias da produção real. Mas, em vez de nos elucidar a esse respeito, Norman nos debita a sabedoria de que a demanda de capital monetário não é idêntica à demanda de dinheiro como tal; e essa sabedoria somente porque nele, em Overstone e nos outros profetas do *currency principle* está sempre presente a má consciência de que estão empenhados, por meio de ingerências legislativas artificiais, em fazer capital do meio de circulação, aumentando a taxa de juros.

Vejamos agora Lorde Overstone, aliás Samuel Jones Loyd, tendo de explicar por que toma 10% por seu "dinheiro" pelo fato de o "capital" no país ser tão raro.

> 3653. "As flutuações na taxa de juros provêm de uma de duas causas: de uma alteração no valor do capital"

(excelente! Valor do capital, em termos gerais, é justamente a taxa de juros! A alteração na taxa de juros surge aqui, pois, de uma alteração na taxa de juros. O "valor do capital" nunca foi concebido teoricamente, conforme já expusemos de outra maneira. Ou então: se o Sr. Overstone entende por valor do capital a taxa de lucro, o profundo pensador volta à ideia de que a taxa de juros é regulada pela taxa de lucro!)

> "ou de uma alteração no montante de dinheiro existente no país. Todas as grandes flutuações da taxa de juros, grandes quanto à duração ou à extensão da flutuação, podem ser claramente deduzidas de alterações no valor do capital. Não pode haver ilustrações práticas mais certeiras desse fato que a alta da taxa de juros em 1847 e novamente nos últimos dois anos (1855-56); as flutuações menores da taxa de juros, que provêm de uma variação no montante de dinheiro existente, são pequenas tanto em sua extensão quanto em sua duração. São frequentes e, quanto mais frequentes, tanto mais eficazes para seu fim."

Quer dizer, para enriquecer os banqueiros *à la* Overstone. O amigo Samuel Gurney se expressa de maneira muito ingênua a esse respeito, perante o Committee of Lords, C. D., 1848[-57]:

> 1324. "O senhor é de opinião de que as grandes flutuações da taxa de juros, ocorridas no ano passado, foram ou não vantajosas para os banqueiros e negociantes de dinheiro? – Acho que foram vantajosas para os negociantes de dinheiro. Todas as flutuações nos negócios são vantajosas para quem está bem informado (*to the knowing man*)." – 1325. "O banqueiro não deveria acabar perdendo, com a alta da taxa de juros, em virtude do empobrecimento de seus melhores clientes? – Não, não acho que esse efeito se produza em grau apreciável."

Voilà ce que parler veut dire [Eis o que significa falar].

Voltaremos ainda a tratar da influência que o montante de dinheiro existente exerce sobre a taxa de juros. Mas é preciso observar agora que

Overstone comete novo quiproquó. Em 1847, a demanda por capital monetário (antes de outubro não havia preocupação com a escassez de dinheiro, ou com a "quantidade de dinheiro existente", como ele a denominou acima) aumentou por diversas razões. Encarecimento dos cereais, preços em elevação do algodão, impossibilidade de vender o açúcar, em consequência da superprodução, especulação ferroviária e colapso, saturação dos mercados estrangeiros com artigos de algodão, exportações forçadas e importações forçadas para e da Índia, referidas acima, meramente a fim de sacar letras de câmbio. Todas essas coisas, a superprodução na indústria, bem como a subprodução na agricultura, portanto causas muito diversas, produziram um aumento da demanda de capital monetário, isto é, de crédito e dinheiro. A demanda aumentada de capital monetário teve suas causas na marcha do próprio processo de produção. Mas, qualquer que fosse a causa, era a demanda de capital *monetário* que fazia subir a taxa de juros, o valor do capital monetário. Se Overstone quer dizer que o valor do capital monetário subiu *porque* subiu, então isso é uma tautologia. Mas, se por "valor do capital" entende aqui a alta da taxa de lucro como causa da alta da taxa de juros, então a coisa logo se revelará como falsa. A demanda de capital monetário e, portanto, o "valor do capital" podem aumentar, embora o lucro caia; tão logo a oferta relativa de capital monetário cai, sobe seu "valor". O que Overstone quer demonstrar é que a crise de 1847 e a alta taxa de juros, que a acompanhou, nada tinham a ver com a "quantidade de dinheiro existente", isto é, com as disposições da lei bancária de 1844, por ele inspirada; apesar de que, na realidade, ela tinha a ver com isso, na medida em que o temor de esgotamento da reserva bancária – uma criação de Overstone – acrescentou à crise de 1847-48 um pânico monetário. Mas esse não é o ponto em questão. Havia carência de capital monetário, causada pelo volume excessivo das operações, comparado com os meios disponíveis, e precipitada pela perturbação do processo de reprodução, em consequência da colheita malograda, do investimento excessivo em ferrovias, da superprodução, nomeadamente de artigos de algodão, dos negócios fraudulentos com a Índia e a China, da especulação, das importações excessivas de açúcar etc. O que faltou às pessoas que tinham comprado cereal a 120 xelins por *quarter*, quando este caiu a 60 xelins, eram os 60 xelins que pagaram a mais e o crédito correspondente em adiantamento pignoratício sobre o cereal. Não era, de modo algum, a escassez de cédulas bancárias que as impedia de converter seu cereal em dinheiro ao preço antigo de 120 xelins. O mesmo ocorreu com as que tinham importado açúcar em excesso, e este depois se tornou quase invendável. O mesmo ocorreu com os senhores que imobilizaram seu capital circulante (*floating capital*) em ferrovias e que tinham confiado a reposição do mesmo em seu negócio “legítimo”, no crédito. Tudo isso se expressa, para Overstone, numa “percepção moral do valor acrescido de seu dinheiro” (*a moral sense of the enhanced value of his money*). Mas a esse valor acrescido do capital monetário correspondia, por outra parte, diretamente, o valor monetário decrescido do capital real (capital-mercadoria e capital produtivo). O valor do capital numa forma subia porque o valor do capital na outra forma caía. Overstone, porém, procura identificar esses dois valores de espécies diversas de capital num único valor do capital em geral, e precisamente pelo fato de que ele confronta ambos com uma escassez de meios de circulação, de dinheiro existente. O mesmo montante de capital monetário pode, no entanto, ser emprestado com massas bem diferentes de meios de circulação.

Tomemos agora seu exemplo de 1847. A taxa oficial de juros bancários era: em janeiro, 3–3½%. Fevereiro, 4–4½%. Março, mais frequentemente 4%. Abril (pânico) 4–7½%. Maio, 5–5½%. Junho, no todo, 5%. Julho, 5%. Agosto, 5–5½%. Setembro, 5%, com pequenas variações de 5¼, 5½, 6%. Outubro, 5, 5½, 7%. Novembro, 7–10%. Dezembro, 7–5%. – Nesse caso, o juro subiu porque os lucros diminuíram e os valores monetários das mercadorias caíram enormemente. Se, portanto, Overstone diz aqui que a taxa de juros em 1847 subiu porque subiu o valor do capital, somente pode entender aqui por valor do capital o valor do capital monetário, e o valor do capital monetário é justamente a taxa de juros e nada mais. Mais tarde, entretanto, a raposa deixa aparecer o rabo,[I] e o valor do capital é identificado com a taxa de lucro.

No que se refere à alta taxa de juros que foi paga em 1856, Overstone não sabia, de fato, que ela era em parte um sintoma da ascensão dessa espécie de cavalheiros do crédito que sugam os juros não do lucro, mas a partir do capital alheio; ele afirmava, apenas poucos meses antes da crise de 1857, que “os negócios andavam totalmente sadios”.

Ele depõe ainda:

> 3722. “A ideia de que o lucro do negócio é destruído pelo aumento da taxa de juros é altamente errônea. Primeiro, uma alta da taxa de juros raramente dura muito; segundo, se é de longa duração e significativa, ela constitui realmente um aumento do valor do capital, e por que aumenta o valor do capital? Porque aumentou a taxa de lucro”.

Aqui chegamos a saber afinal o sentido de “valor do capital”. De resto, a taxa de lucro pode ficar alta por muito tempo, enquanto cai o ganho

---

I Expressão popular alemã; significa: alguém revela seu verdadeiro interesse ou caráter. [N. T.]

empresarial e sobe a taxa de juros, de modo que o juro devora a maior parte do lucro.

> 3724. "A alta da taxa de juros foi uma consequência da enorme expansão dos negócios em nosso país e da grande elevação da taxa de lucro; e, quando se formulam queixas de que a elevada taxa de juros destrói ambas as coisas que têm sido sua própria causa, então isso é um absurdo lógico, do qual não se sabe o que se deve dizer."

Isso é tão lógico como se ele dissesse: a taxa elevada de lucro foi a consequência da alta dos preços das mercadorias por especulação, e, quando se formulam queixas de que a alta dos preços destrói sua própria causa, a saber, a especulação, então isso é um absurdo lógico etc. Que uma coisa possa finalmente destruir sua própria causa é um absurdo lógico somente para o usurário enamorado da alta taxa de juros. A grandeza dos romanos foi a causa de suas conquistas, e suas conquistas destruíram sua grandeza. A riqueza é a causa do luxo, e o luxo atua de maneira destrutiva sobre a riqueza. Que espertalhão! Nada caracteriza melhor a idiotice do mundo burguês atual que o respeito que infundiu a toda a Inglaterra a "lógica" desse milionário, desse *dung-hill aristocrat* [arrivista]. De resto, se uma alta taxa de lucro e a expansão dos negócios podem ser causas de uma alta taxa de juros, nem por isso, de nenhum modo, uma alta taxa de juros é causa de lucro alto. E a questão é justamente se esse juro alto (como se verificou realmente na crise) não perdurou ou mesmo se só chegou ao ponto culminante depois de a alta taxa de lucro já ter, há muito tempo, seguido o caminho de toda carne.

> 3718. "No que se refere a uma grande elevação da taxa de desconto, essa é uma circunstância que decorre por inteiro do valor acrescido do capital, e a causa desse valor acrescido do capital, acredito, pode ser descoberta por qualquer um, com perfeita clareza. Já mencionei o fato de que, nos 13 anos em que esteve em vigor essa lei bancária, o comércio da Inglaterra cresceu de 45 para 120 milhões de libras esterlinas. Que cada um reflita sobre todas as ocorrências que esse resumido dado numérico implica; que se considere a enorme demanda por capital que um acréscimo tão gigantesco do comércio acarreta e que se considere, ao mesmo tempo, que a fonte natural da oferta para essa grande demanda, a saber, a poupança anual do país, foi consumida, nos últimos três ou quatro anos, pela despesa não lucrativa para fins de guerra. Confesso estar surpreso por a taxa de juros não estar ainda muito mais alta; ou, em outras palavras, estou surpreso pela carência de capital, em virtude dessas operações gigantescas, não ser muito mais intensa do que a encontrada pelos senhores."

Que maravilhosa barafunda de palavras a de nosso lógico da usura! Aqui está ele novamente com seu valor acrescido do capital! Ele parece imaginar que, de um lado, se davam essa enorme expansão do processo de produção e, portanto, acumulação de capital real e, de outro, existia um "capital", pelo qual surgiu "enorme demanda", para levar a cabo esse acréscimo gigantesco do comércio! Esse acréscimo gigantesco da produção não foi em si mesmo o aumento do capital e, se criou demanda, não criou ao mesmo tempo também oferta e ao mesmo tempo também oferta aumentada de capital monetário? Se a taxa de juros subiu muito, foi apenas porque a demanda de capital monetário cresceu ainda mais rapidamente que a oferta, o que, em outras palavras, se reduz ao fato de que, com a expansão da produção industrial, sua operação na base do sistema de crédito se expandiu. Em outras palavras, a expansão industrial real causou uma demanda acrescida por "acomodação", e essa última demanda é evidentemente o que nosso banqueiro entende por "enorme demanda de capital". Não foi, certamente, a expansão da mera *demanda* de capital que elevou o comércio de exportação de 45 para 120 milhões. E o que entende Overstone além disso quando afirma que as poupanças anuais do país, devoradas pela Guerra da Crimeia, constituem a fonte natural da oferta para essa grande demanda? Primeiro, como acumulou a Inglaterra de 1792–1815, que foi uma guerra inteiramente diferente da pequena Guerra da Crimeia? Segundo, se a fonte natural secou, de que fonte fluiu então o capital? Como se sabe, a Inglaterra não tomou adiantamento de nações estrangeiras. Mas, se ao lado da fonte natural existe ainda uma artificial, um método dos mais desejáveis para uma nação seria utilizar a fonte natural na guerra e a fonte artificial nos negócios. Mas, se apenas existia o antigo capital monetário, pôde ele duplicar sua eficiência por meio de elevada taxa de juros? O Sr. Overstone acredita evidentemente que as poupanças anuais do país (as quais, entretanto, nesse caso, foram alegadamente consumidas) se transformam meramente em capital monetário. Mas, se não ocorresse acumulação real, isto é, acréscimo da produção e multiplicação dos meios de produção, de que adiantaria a acumulação de títulos de dívida em forma-dinheiro sobre essa produção?

Overstone confunde o aumento do "valor do capital" que se segue a uma alta taxa de lucro com o aumento que se segue à demanda acrescida de capital monetário. Essa demanda pode subir por causas que são totalmente independentes da taxa de lucro. Ele mesmo dá o exemplo de que, em 1847, ela subiu em consequência da desvalorização do capital real. Conforme lhe convém, ele relaciona o valor do capital ao capital real ou ao capital monetário.

A improbidade de nosso lorde bancário, juntamente com seu estreito ponto de vista de banqueiro, que ele extrema didaticamente, revela-se mais no seguinte:

3728. (Pergunta:) "O senhor disse que, em sua opinião, a taxa de desconto não tem significado essencial para o comerciante; poderia ter a bondade de dizer-nos o que considera a taxa ordinária de lucro?"

Responder a isso, declara o Sr. Overstone, é "impossível".

3729. "Suponhamos que a taxa média de lucro seja de 7–10%; então, uma mudança na taxa de desconto de 2 para 7 ou 8% deve afetar substancialmente a taxa de lucro, não é?"

(A própria pergunta confunde a taxa de ganho empresarial e a taxa de lucro e não vê que a taxa de lucro é a fonte comum do juro e do ganho empresarial. A taxa de juros pode deixar intacta a taxa de lucro, mas não o ganho empresarial. Resposta de Overstone:)

> Em primeiro lugar, os homens de negócios não pagarão uma taxa de desconto que reduza essencialmente seu lucro; eles preferirão interromper seu negócio.

(Sem dúvida, se podem fazê-lo sem se arruinarem. Enquanto seu lucro é alto, eles pagam o desconto porque querem e, quando é baixo, porque são forçados.)

> "Que significa desconto? Por que alguém desconta uma letra? [...] Porque deseja obter um capital maior";

(*halte-là* [alto lá]! porque deseja antecipar o refluxo em dinheiro de seu capital imobilizado e evitar a paralisação de seu negócio. Porque tem de cobrir pagamentos que vencem. Ele só almeja capital acrescido quando o negócio vai bem ou quando especula com capital alheio, mesmo enquanto vai mal. O desconto não é, de modo algum, apenas um meio de expandir o negócio.)

> E por que deseja obter o comando de capital maior? Porque quer empregar esse capital; e por que quer empregar esse capital? Porque é lucrativo; mas não seria lucrativo para ele se o desconto devorasse seu lucro.

Esse lógico presunçoso pressupõe que letras são somente descontadas para expandir o negócio, e que o negócio é expandido porque é lucrativo. O primeiro pressuposto é falso. O homem de negócios comum desconta para antecipar a forma-dinheiro de seu capital e, assim, manter em marcha o processo de reprodução; não para expandir o negócio ou levantar capital adicional, mas para compensar o crédito que dá pelo crédito que toma. E, se ele quer expandir seu negócio por meio de crédito, pouco lhe adiantará o desconto de letras, pois este é meramente uma conversão do capital monetário que já está em suas mãos de uma forma em outra; preferirá fazer um empréstimo fixo a longo prazo. O cavalheiro do crédito há de, no entanto, deixar descontar suas promissórias para expandir seu negócio, para cobrir um negócio podre pelo outro; não para fazer lucro, mas para obter a posse de capital alheio.

Depois de identificar assim o desconto com o empréstimo de capital adicional (em vez de com a transformação de letras, que representam capital, em dinheiro em espécie), o Sr. Overstone se retira logo que lhe apertam os cravelhos.

> 3730. (Pergunta:) "Os comerciantes, uma vez engajados no negócio, não precisam continuar suas operações por certo tempo, apesar de uma elevação temporária da taxa de juros?" – (Overstone:) "Não há dúvida de que, numa transação isolada qualquer, se alguém pode obter disponibilidade sobre capital a uma taxa de juros baixa, em vez de a uma taxa de juros alta, considerando o problema desse ponto de vista limitado, isso é agradável para ele."

Em contraste, trata-se de um ponto de vista ilimitado quando o Sr. Overstone de repente entende por "capital" apenas seu capital de banqueiro e, por isso, considera a pessoa que desconta letras com ele uma pessoa sem capital, porque seu capital existe em forma-mercadoria ou porque a forma-dinheiro de seu capital é uma letra, que o Sr. Overstone converte em outra forma-dinheiro.

> 3732. "Com referência à lei bancária de 1844, o senhor pode informar a proporção aproximada entre a taxa de juros e as reservas de ouro do Banco; é certo que, quando o ouro no Banco importava em 9 ou 10 milhões, a taxa de juros era de 6 ou 7% e, quando importava em 16 milhões, a taxa de juros era de 3 a 4%?"

(O interrogador quer forçá-lo a explicar a taxa de juros, na medida em que é influenciada pela quantidade de ouro existente no banco, a partir da taxa de juros, na medida em que é influenciada pelo valor do capital.)

> Não digo que esse seja o caso [...], mas, se é assim, temos, em minha opinião, de adotar medidas ainda mais rigorosas que as de 1844; pois, se fosse verdade que quanto maior a reserva de ouro, tanto mais baixa a taxa de juros, então deveríamos pôr mãos à obra, de acordo com esse modo de ver, e aumentar a reserva de ouro até uma importância ilimitada, baixando assim o juro a zero.

O interrogador Cayley, sem se comover com essa piada de mau gosto, prossegue:

> 3733. "Se fosse assim, supondo que se devolvessem ao Banco 5 milhões em ouro, então a reserva de ouro importaria, no curso dos próximos seis meses, em cerca de 16 milhões, e, admitindo que a taxa de juros caísse assim a 3–4%, como se poderia afirmar então que a queda da taxa de juros ter-se-ia originado de um grande decréscimo nos negócios? – Eu disse que a elevação recente da taxa de juros, e não a queda da taxa de juros, está estreitamente enlaçada com a grande expansão dos negócios."

Mas o que Cayley diz é isto: Se o aumento da taxa de juros, juntamente com a contração da reserva de ouro, é sinal de expansão dos negócios, então a queda da taxa de juros, juntamente com a expansão da reserva de ouro, tem de ser sinal de decréscimo dos negócios. Para isso Overstone não tem resposta.

> 3736. {Pergunta.} "Observo que o senhor" (no texto está sempre *Your Lordship*) "disse que o dinheiro é o instrumento para obter capital."

(Esse é exatamente o erro, concebê-lo como instrumentos; ele é *forma* do capital.)

> "Ao diminuir a reserva de ouro" {do Banco da Inglaterra} "a grande dificuldade não consiste, ao contrário, em que os *capitalistas* não podem conseguir dinheiro?" – {Overstone:} "Não, não são os capitalistas, são os não-capitalistas que procuram obter dinheiro; e por que procuram obter dinheiro? [...] Porque, mediante o dinheiro, conseguem o comando sobre o capital do capitalista, para conduzir o negócio de pessoas que não são capitalistas."

Declara aí redondamente que fabricantes e comerciantes não são capitalistas e que o capital do capitalista é apenas capital monetário.

> 3737. "Então, as pessoas que sacam letras de câmbio não são capitalistas? – As pessoas que sacam letras de câmbio possivelmente são capitalistas e possivelmente não o são."

Daqui ele não se move.

Perguntam-lhe, então, se as letras dos comerciantes não representam as mercadorias que eles venderam ou embarcaram. Ele nega que essas letras representem o valor das mercadorias da mesma maneira que a cédula bancária representa o ouro. (3740, 3741) Isso é algo desavergonhado.

3742. "Não é o objetivo do comerciante obter dinheiro? – Não; obter dinheiro não é o objetivo quando se saca uma letra; obter dinheiro é o objetivo quando se desconta uma letra."

Sacar letras é transformação de mercadoria numa forma de dinheiro de crédito, do mesmo modo que descontar letras é transformação desse dinheiro de crédito em outro, a saber, em cédulas bancárias. Em todo caso, Overstone admite aqui que o objetivo do desconto é obter dinheiro. Antes ele só deixou descontar não para transformar capital de uma forma em outra, mas para obter capital adicional.

3743. "Qual é o grande desejo dos homens de negócios, sob a pressão de um pânico tal como o que, segundo seu depoimento, ocorreu em 1825, 1837 e 1839: procuram eles entrar na posse de capital ou de meios legais de pagamento? – Eles pretendem obter o comando sobre o capital para continuarem seus negócios."

Sua meta é obter meios de pagamento para si próprios por títulos que estão vencendo, por causa da carência de crédito que surgiu e a fim de não terem de liquidar suas mercadorias abaixo do preço. Se não possuem capital algum, então eles obtêm, com os meios de pagamento, naturalmente, capital ao mesmo tempo, porque obtêm valor sem equivalente. A demanda de dinheiro enquanto tal consiste sempre apenas do desejo de converter valor da forma de mercadoria ou título de dívida na forma de dinheiro. Daí, também abstraindo as crises, a grande diferença entre tomada de capital e desconto, o qual meramente encaminha a transformação de créditos monetários de uma forma na outra, ou em dinheiro real.

{Eu – o editor – permito-me inserir aqui uma observação.

Tanto para Norman como para Loyd-Overstone, o banqueiro é sempre alguém que "adianta capital", e seu cliente é quem lhe pede "capital". Assim, diz Overstone, é aquele que faz descontar letras por ele "porque deseja conseguir *capital*" (3729), e é agradável para a mesma pessoa se "pode obter *disponibilidade sobre capital* a uma taxa de juros baixa" (3730). "Dinheiro é o instrumento para obter *capital*" (3736), e, numa situação de pânico, o grande desejo do mundo dos negócios é "obter o comando sobre *capital*" (3743). Apesar de toda a confusão de Loyd-Overstone a respeito do que é capital, ainda assim fica claro que ele designa aquilo que o banqueiro dá ao cliente de negócios como capital, portanto um capital que o cliente não possuía antes, que lhe é adiantado e que é adicional àquele de que até agora o cliente dispunha.

O banqueiro se acostumou tanto a figurar como distribuidor – na forma do empréstimo – do capital social disponível em forma-dinheiro que cada função em que entrega dinheiro lhe parece empréstimo. Todo dinheiro que entrega em pagamento lhe parece com um adiantamento. Se o dinheiro é diretamente desembolsado em empréstimo, isso é literalmente correto. Se é investido no desconto de letras, então é para ele, de fato, adiantamento até o vencimento da letra. Assim, solidifica-se em sua cabeça a concepção de que ele não pode fazer pagamentos que não sejam adiantamentos. E, a saber, adiantamentos não meramente no sentido de que todo investimento de dinheiro, objetivando juro ou a feitura de lucro, pode ser considerado economicamente como um adiantamento que o referido possuidor do dinheiro, em sua qualidade de particular, faz a si mesmo, em sua qualidade de empresário. Mas adiantamentos no sentido definido de que o banqueiro entrega por empréstimo ao cliente uma soma que aumenta em outro tanto o capital de que este último dispõe.

É essa concepção que, transferida do escritório do banqueiro para a Economia Política, criou a controvérsia desconcertante sobre se aquilo que o banqueiro põe à disposição de seus clientes, em dinheiro em espécie, é capital ou meramente dinheiro, meio de circulação, *currency*. Para resolver essa controvérsia – simples, no fundo –, temos de nos colocar no ponto de vista do cliente do Banco. Depende do que ele solicita e recebe.

Se o Banco concebe ao cliente de negócios um empréstimo baseado simplesmente em seu crédito pessoal, sem garantia de sua parte, então a coisa está clara. Ele recebe, sem dúvida, um adiantamento de determinada grandeza de valor como adição a seu capital até então empregado. Recebe-o em forma-dinheiro; portanto, não apenas dinheiro, mas também *capital* monetário.

Se recebe o adiantamento contra caução de títulos etc., então é adiantamento no sentido de que se lhe pagou dinheiro sob a condição de que será restituído. Mas não adiantamento de capital. Pois os títulos também representam capital, e de montante maior que o adiantamento. O recebedor obtém, portanto, menos valor-capital do que o que dá em penhor; para ele, isso não constitui de modo algum aquisição de capital adicional. Ele faz o negócio não porque precisa de capital – já o possui em seus títulos –, mas porque precisa de dinheiro. Aqui se apresenta, portanto, adiantamento de *dinheiro*, e não de capital.

Se o adiantamento é feito mediante o desconto de letras, então desaparece também a *forma* de adiantamento. Apresentam-se puramente compra e venda. A letra, por endosso, passa à propriedade do Banco, o dinheiro, ao contrário, à propriedade do cliente; de restituição de sua parte nem se cogita. Se o cliente compra dinheiro em espécie com uma letra ou com semelhante instrumento de crédito, isso não é nem mais nem menos um adiantamento do que se tivesse comprado o dinheiro em espécie com sua outra mercadoria, algodão, ferro, cereal etc. E no que menos se pode falar, nesse caso, é de um adiantamento de *capital*. Cada compra e venda entre comerciante e comerciante constitui uma transferência de capital. Mas um adiantamento só ocorre onde a transferência de capital não é recíproca, mas unilateral e por um prazo. Adiantamento de capital mediante desconto de letras só pode ocorrer, portanto, onde a letra é uma promissória, que não representa nenhuma mercadoria vendida, e tal letra nenhum banqueiro aceita tão logo reconheça nela o que ela é. No negócio regular de desconto, o cliente de banco não recebe, pois, adiantamento algum, nem em capital nem em dinheiro, mas recebe dinheiro por mercadoria vendida.

Os casos em que o cliente solicita e obtém capital do Banco distinguem-se, pois, claramente daqueles em que obtém meramente dinheiro adiantado ou o compra do Banco. E, uma vez que o Sr. Loyd-Overstone apenas em ocasiões raríssimas costumava adiantar seus fundos sem cobertura (ele era o banqueiro de minha firma em Manchester), é também claro que suas belas descrições das massas de capital que os magnânimos banqueiros adiantam aos capitalistas carentes de capital são apenas uma tremenda impostura.

Aliás, no capítulo 32, Marx diz essencialmente o mesmo: "A demanda de meios de pagamento é mera demanda de *conversibilidade em dinheiro*, na medida em que os comerciantes e produtores possam oferecer boas garantias; é demanda de *capital monetário* na medida em que esse não é o caso, na medida em que, portanto, um adiantamento de meios de pagamento lhes proporciona não apenas a *forma-dinheiro*, mas também o equivalente que lhes falta, seja qual for sua forma, para pagar". – E ainda no capítulo 32: "Com um sistema desenvolvido de crédito, em que o dinheiro se concentra nas mãos dos bancos, são estes que, *pelo menos nominalmente*, o adiantam. Esse adiantamento se refere somente ao dinheiro que se encontra em circulação. É adiantamento de *circulação*, e não adiantamento dos capitais postos em circulação". – Também o Sr. Chapman, que deve sabê-lo, confirma a concepção acima do negócio de desconto, B. C., 1857:

> "O banqueiro tem a letra, o banqueiro *comprou a letra*". Dep[oimento] pergunta 5139.

No capítulo 28 voltaremos, aliás, mais uma vez, a esse assunto. – F. E.}

> 3744. "O senhor poderia ter a bondade de descrever o que entende realmente pelo termo 'capital'? – {Resposta de Overstone:} Capital consiste em diversas mercadorias por meio das quais se mantém o negócio em marcha (*capital consists of various commodities by the means of which trade is carried on*); há

> capital fixo e há capital circulante. Seus navios, suas docas, seus estaleiros são capital fixo; seus alimentos, suas roupas etc. são capital circulante."
>
> 3745. "O escoamento do ouro para o exterior tem consequências prejudiciais para a Inglaterra? – Não, se dermos a essa palavra um sentido racional."

(Agora vem a velha teoria monetária de Ricardo.)

> "No estado natural das coisas, o dinheiro do mundo se distribui entre os diversos países em certas proporções; essas proporções são de tal espécie que, com tal distribuição," {do dinheiro} "o tráfico entre um país qualquer, por um lado, e os demais países do mundo, por outro, é mero tráfico de escambo; mas há influências perturbadoras que, de tempos em tempos, afetam essa distribuição, e, quando surgem essas influências, parte do dinheiro de dado país escoa para outros países." – 3746. "O senhor emprega agora o termo: dinheiro. Se o entendi bem antes, o senhor chamava isso uma perda de capital. – O que chamei de perda de capital?" – 3747. "O escoamento de ouro. – Não, isso eu não disse. Se o senhor trata o ouro como capital, então sem dúvida é uma perda de capital; é entrega de certa proporção do metal precioso em que consiste o dinheiro do mundo." – 3748. "O senhor não disse antes que uma alteração na taxa de desconto é mera indicação de uma alteração no valor do capital? – Sim, eu disse." – 3749. "E que a taxa de desconto varia em geral com a reserva de ouro no Banco da Inglaterra? – Sim; mas eu já disse que as flutuações da taxa de juros que decorrem de uma alteração na quantidade de dinheiro" (portanto, por isso ele entende aqui a quantidade de ouro real) "num país são muito pequenas [...]."
>
> 3750. "O senhor quer dizer então que um decréscimo de capital ocorreu quando teve lugar uma alta prolongada, mas temporária, da taxa de desconto acima do nível usual? – Decréscimo em certo sentido da palavra. A proporção entre o capital e a demanda dele se alterou; possivelmente, porém, por aumento da demanda, e não pela diminuição da quantidade de capital."

(Mas há pouco capital era = dinheiro ou ouro, e ainda um pouco antes o aumento da taxa de juros era explicado pela alta taxa de lucro, que decorria da expansão, e não da restrição, dos negócios ou do capital.)

> 3751. "Que capital é esse que o senhor tem especialmente em vista? – Isso depende inteiramente do tipo de capital de que cada indivíduo necessita. É o capital de que a nação dispõe, para continuar seus negócios, e, quando esses negócios duplicam, há necessariamente grande acréscimo na demanda de capital com que se deve continuá-los."

(Esse banqueiro finório duplica primeiro os negócios e, em seguida, a demanda de capital com que eles devem ser duplicados. Vê apenas o cliente que solicita do Sr. Loyd um capital maior, a fim de duplicar seu negócio.)

> "O capital é como qualquer outra mercadoria" (mas o capital, segundo o Sr. Loyd, é apenas a totalidade das mercadorias); "varia seu preço" (as mercadorias variam duas vezes, pois, de preço, uma vez *qua* [em sua qualidade de] mercadorias e outra vez *qua* capital) "conforme demanda e oferta."

> 3752. "As flutuações da taxa de desconto estão geralmente relacionadas com as flutuações da quantidade de ouro nos cofres do Banco. É a esse capital que o senhor se refere? – Não." – 3753. "O senhor poderia dar um exemplo em que se tenha acumulado, no Banco da Inglaterra, grande reserva de capital e em que, simultaneamente, a taxa de desconto estava alta? – No Banco da Inglaterra não se acumula capital, mas dinheiro." – 3754. "O senhor disse que a taxa de juros depende da quantidade de capital; o senhor teria a gentileza de indicar a que capital se refere e o senhor pode dar um exemplo em que houve no Banco grande reserva de ouro e, ao mesmo tempo, em que a taxa de juros estava alta? – É muito provável" (atenção!) "que a acumulação de ouro no banco possa coincidir com uma baixa taxa de juros, porque um período de menor demanda de capital" (isto é, capital monetário; o período do qual se fala aqui, 1844 e 1845, foram tempos de prosperidade) "é um período durante o qual se pode acumular, naturalmente, o meio ou instrumento que possibilita comando sobre capital." – 3755. "O senhor acredita, pois, que não existe conexão alguma entre a taxa de desconto e a massa de ouro nos cofres do Banco? – Pode existir uma conexão, mas nenhuma conexão de princípio" (sua lei bancária de 1844, no entanto, estabelece como princípio que o Banco da Inglaterra regule a taxa de juros pela massa de ouro em seu poder); "eles podem ocorrer ao mesmo tempo (*there may be a coincidence of time*)." – 3758. "Então o senhor pretende dizer que a dificuldade para os comerciantes deste país, em tempos de dinheiro escasso, em virtude da alta taxa de desconto, consiste em obter capital, e não em obter dinheiro? – O senhor confunde duas coisas que não relaciono dessa forma; a dificuldade consiste em obter capital e a dificuldade está igualmente em obter dinheiro. [...] A dificuldade em obter dinheiro e a dificuldade em obter capital são a mesma dificuldade, considerada em dois estágios diferentes de seu curso."

Aí o peixe está de novo enredado. A primeira dificuldade consiste em descontar uma letra ou obter um adiantamento sobre penhor de mercadorias. É dificuldade de transformar capital, ou um signo de valor comercial que representa capital, em dinheiro. E essa dificuldade se expressa, entre outras coisas, na alta taxa de juros. Mas, tão logo o dinheiro é obtido, em que consiste a segunda dificuldade? Quando se trata apenas de pagar, encontra alguém dificuldade em desfazer-se de seu dinheiro? E, quando se trata de comprar, quem já encontrou, em tempos de crise, dificuldades em comprar? E supondo também que isso se referisse ao caso especial de um encarecimento do cereal, do algodão etc., essa dificuldade só poderia manifestar-se não no valor do capital monetário, isto é, na taxa de juros, mas no preço da mercadoria; e essa dificuldade é ultrapassada pela circunstância de nosso homem ter agora dinheiro para comprá-la.

> 3760. "Mas uma taxa mais elevada de desconto é, apesar de tudo, uma dificuldade maior para obter dinheiro? – É dificuldade multiplicada de obter dinheiro, mas não é o dinheiro, cuja posse importa; é apenas a forma" (e essa forma traz lucro ao bolso do banqueiro) "em que se apresenta a dificuldade acrescida de obter capital nas relações complicadas de um Estado civilizado."

> 3763. {Resposta de Overstone:} "O banqueiro é o intermediário que, de um lado, recebe depósitos e, de outro, emprega esses depósitos, ao confiá-los, *sob a forma de capital*, às mãos de pessoas que etc."

Aqui temos finalmente o que *ele* entende por capital. Ele transforma o dinheiro em capital ao "confiá-lo", ou, em palavras menos eufêmicas, emprestando-o a juros.

Depois que o Sr. Overstone disse que alteração na taxa de desconto não tem conexão essencial com alteração no montante da reserva de ouro do Banco ou na quantidade de dinheiro existente, havendo entre ambas, no máximo, conexão na simultaneidade, ele repete:

> 3805. "Quando o dinheiro diminui no país por escoamento, então aumenta seu valor, e o Banco da Inglaterra tem de adaptar-se a essa alteração no valor do dinheiro."

(Portanto, no valor do dinheiro *enquanto capital*, em outras palavras, na taxa de juros, pois o valor do dinheiro *enquanto dinheiro*, comparado com as mercadorias, permanece o mesmo.)

> "O que se expressa tecnicamente dizendo que ele eleva a taxa de juros."
> 3819. "Nunca confundo as duas coisas."

A saber, dinheiro e capital, e pela simples razão de ele nunca os distinguir.

> 3834. "A soma muito grande que" (por cereal, em 1847) "teve de ser paga para o sustento vital necessário do país e que, *de fato*, *era capital*."

3841. "As flutuações na taxa de desconto têm indubitavelmente uma relação muito próxima com o estado da reserva de ouro," {do Banco da Inglaterra} "pois o estado da reserva é o indicador do acréscimo ou decréscimo do montante de dinheiro disponível no país; e, na proporção em que aumenta ou diminui a quantidade de dinheiro no país, cai ou sobe o valor do dinheiro, e a taxa bancária de desconto adapta-se a essa variação."

Admite aqui, pois, o que negava de uma vez por todas no n. 3755.

3842. "Há uma conexão estreita entre ambas."

A saber, entre a quantidade de ouro no *issue department* e a reserva de notas no *banking department*. Explica aqui a variação na taxa de juros pela variação na quantidade de dinheiro. Mas o que ele diz é falso. A reserva pode diminuir porque o dinheiro circulante no país aumenta. Esse é o caso quando o público toma mais notas e as reservas metálicas não diminuem. Mas então sobe a taxa de juros, porque, de acordo com a lei de 1844, o capital bancário do Banco da Inglaterra está limitado. Entretanto, disso ele não pode falar, porque, em consequência dessa lei, os dois *departments* do Banco nada têm em comum.

3859. "Uma alta taxa de lucro produzirá sempre uma grande demanda de capital; uma grande demanda de capital aumentará seu valor."

Eis aí finalmente a conexão entre uma taxa de lucro alta e a demanda de capital, tal como Overstone a imagina. Uma alta taxa de lucro reinava, por exemplo, em 1844–45, na indústria algodoeira, porque, com forte demanda de artigos de algodão, o algodão cru estava barato e se manteve barato. O valor do capital (e numa passagem anterior Overstone chama de capital aquilo de que cada um precisa em seu negócio), portanto aqui o valor do algodão cru, não aumentou para o fabricante. A alta taxa de lucro pode ter motivado alguns fabricantes de algodão a tomarem dinheiro emprestado para ampliar seus negócios. Assim aumentou sua demanda de capital *monetário*, e de nada mais.

3889. "Ouro pode ser dinheiro ou também não, exatamente como papel pode ser uma cédula bancária ou também não."

3896. "Se bem o entendi, o senhor abandona a proposição que empregou em 1840: que as flutuações nas notas circulantes do Banco da Inglaterra devem orientar-se pelas flutuações no montante da reserva de ouro? – Abandono-a na medida em que, [...] segundo o estado atual de nossos conhecimentos,

> temos de acrescentar às notas circulantes ainda aquelas notas que se encontram na reserva bancária do Banco da Inglaterra."

Isso é superlativo. A determinação arbitrária de que o Banco faça tantas notas de papel quanto ele tenha ouro em reserva e mais 14 milhões condiciona naturalmente que sua emissão de notas flutue com as flutuações da reserva de ouro. Mas, uma vez que "o estado atual de nossos conhecimentos" mostrou claramente que a massa de notas que o Banco pode fabricar de acordo com isso (e que o *issue department* transfere ao *banking department*), que circula entre os dois departamentos do Banco da Inglaterra, que flutua com as flutuações da reserva de ouro, não determina as flutuações da circulação das cédulas bancárias fora dos muros do Banco da Inglaterra, segue-se que a última, a circulação real, torna-se agora indiferente à administração do Banco e que a circulação entre os dois departamentos do Banco, cuja diferença da real se revela na reserva, torna-se a única decisiva. Para o mundo exterior ela só tem importância porque a reserva indica até que ponto o Banco se aproxima do teto legal de emissão e quanto os clientes do Banco ainda podem obter do *banking department*.

Da *mala fides* [má-fé] de Overstone, o seguinte exemplo brilhante:

> 4243. "Oscila, em sua opinião, a quantidade de capital, de um mês para outro, em tal grau que seu valor se altera da maneira que vimos nos últimos anos nas flutuações da taxa de desconto? – A proporção entre demanda e oferta de capital pode indubitavelmente flutuar mesmo em curtos períodos de tempo. [...] Se a França anunciar amanhã que pretende tomar um empréstimo muito grande, isso provocará, sem dúvida, grande mudança imediata *no valor do dinheiro, isto é, no valor do capital* na Inglaterra."
>
> 4245. "Se a França anunciar que precisa repentinamente, para um fim qualquer, de 30 milhões em mercadorias, então surgirá uma grande demanda de *capital*, para usar a expressão mais científica e mais simples."
>
> 4246. "O *capital* que a França poderia desejar comprar com seu empréstimo é *uma* coisa; o *dinheiro* com que a França compra isso é *outra* coisa: é o *dinheiro* que muda seu valor ou não? – Voltamos à velha questão, a qual, acredito, é mais apropriada para o gabinete de estudos de um erudito do que para esta sala de comissão."

Com essas palavras, ele se retira, mas não para o gabinete de estudos.[84]

CAPÍTULO 27

O PAPEL DO CRÉDITO NA PRODUÇÃO CAPITALISTA

As observações gerais que até agora o sistema de crédito nos levou a fazer foram as seguintes:

I. Necessidade da formação do mesmo para mediar a equalização da taxa de lucro ou o movimento dessa equalização, sobre a qual repousa toda a produção capitalista.

II. Diminuição dos custos de circulação.

1) Um dos custos principais de circulação é o próprio dinheiro, enquanto valor em si. Ele é economizado mediante o crédito de três maneiras:

A. Ao cair totalmente fora de grande parte das transações.

B. Ao acelerar a circulação do meio circulante.[85] Isso em parte coincide com o que se diz em 2. De um lado, a aceleração é técnica, isto é, permanecendo constantes o volume e a quantidade das transações de mercadorias que realmente medeiam o consumo, uma massa menor de dinheiro ou de signos monetários efetua o mesmo serviço. Isso está ligado à técnica do sistema bancário. Por outro lado, o crédito acelera a velocidade da metamorfose das mercadorias e, com isso, a velocidade da circulação monetária.

C. Substituição de dinheiro de ouro por papel.

2) Aceleração, por meio do crédito, das distintas fases de circulação ou da metamorfose das mercadorias e também da metamorfose do capital e, com isso, aceleração do processo de reprodução em geral. (Por outro lado, o crédito permite manter por mais tempo separados os atos de compra e de venda, servindo por isso de base para a especulação.) Contração dos fundos de reserva, o que se pode considerar sob dois aspectos: por um lado, como decréscimo do meio circulante e, por outro, como limitação da parte do capital que tem sempre de existir em forma-dinheiro.[86]

III. Formação de sociedades por ações. Com isso:

1) Enorme expansão da escala de produção e das empresas, que era impossível para capitais isolados. Tais empresas, que eram governamentais, tornam-se ao mesmo tempo sociais.

2) O capital, que em si repousa sobre um modo social de produção e pressupõe uma concentração social de meios de produção e forças de trabalho, recebe aqui diretamente a forma de capital social (capital de indivíduos diretamente associados) em antítese ao capital privado, e suas empresas se apresentam como empresas sociais em antítese às

empresas privadas. É a superação[I] do capital como propriedade privada, dentro dos limites do próprio modo de produção capitalista.

3) Transformação do capitalista realmente funcionante em mero dirigente, administrador de capital alheio, e dos proprietários de capital em meros proprietários, simples capitalistas monetários. Mesmo se os dividendos que recebem incluem o juro e o ganho empresarial, isto é, o lucro total (pois o ordenado do dirigente é ou deve ser mero salário por certa espécie de trabalho qualificado, cujo preço é regulado no mercado de trabalho, como o de qualquer outro trabalho), esse lucro total passa a ser recebido somente na forma de juro, isto é, como mera recompensa à propriedade do capital, a qual agora é separada por completo da função no processo real de reprodução, do mesmo modo que essa função, na pessoa do dirigente, é separada da propriedade do capital. O lucro se apresenta assim (e não mais apenas uma parte do mesmo, o juro, que extrai sua justificação do lucro do mutuário) como simples apropriação de mais-trabalho alheio, oriundo da transformação dos meios de produção em capital, isto é, de sua alienação em face dos produtores reais, de sua antítese como propriedade alheia a todos os indivíduos realmente ativos na produção, do dirigente até o último dos diaristas. Nas sociedades por ações, a função é separada da propriedade de capital, portanto também o trabalho está separado por completo da propriedade dos meios de produção e do mais-trabalho. Esse resultado do máximo desenvolvimento da produção capitalista é um ponto de passagem necessário para a retransformação do capital em propriedade dos produtores, porém não mais como propriedade privada de produtores individuais, mas como propriedade dos produtores associados, como propriedade diretamente social. É, por outro lado, ponto de passagem para a transformação de todas as funções do processo de reprodução até agora ainda vinculadas à propriedade do capital em meras funções dos produtores associados, em funções sociais.

Antes de prosseguirmos há que observar ainda o seguinte, que é economicamente importante: uma vez que o lucro assume aqui puramente a forma de juro, tais empresas são ainda viáveis quando meramente proporcionam juros, e esse é um dos motivos que freiam a queda da taxa geral de lucro, pois essas empresas, onde o capital constante constitui proporção tão enorme em relação ao variável, não entram necessariamente na equalização da taxa geral de lucro.

{Desde que Marx escreveu as linhas acima, desenvolveram-se, como é notório, novas formas de empresa industrial, que representam a segunda

---

I Marx usa aqui o termo *Aufhebung*, que significa ao mesmo tempo "superação" e "preservação", e é nesse sentido dialético que o termo deve ser entendido: a propriedade privada é ao mesmo tempo superada e preservada. [N. T.]

e terceira potência da sociedade por ações. A rapidez diariamente crescente, com que se pode atualmente aumentar a produção em todos os domínios da grande indústria, confronta com a lentidão sempre maior da expansão do mercado para essa produção ampliada. O que aquela produz em meses este quase não pode absorver em anos. E acresce a política de proteção aduaneira, mediante a qual cada nação industrial se fecha contra as demais e principalmente contra a Inglaterra, aumentando ainda, de modo artificial, a capacidade interna de produção. As consequências são superprodução crônica geral, preços deprimidos, lucros em baixa e até mesmo em completa desaparição; em suma, a há tanto tempo enaltecida liberdade de concorrência chegou ao fim de seu latim e tem ela mesma de anunciar sua evidente e escandalosa bancarrota. E, precisamente pelo fato de em cada país os grandes industriais de determinado ramo se juntarem num cartel, para regular a produção. Uma comissão estabelece o *quantum* a ser produzido para cada estabelecimento e reparte em última instância as encomendas que entram. Em casos isolados, chegou-se temporariamente a cartéis internacionais, como o formado pela produção siderúrgica inglesa e alemã. Mas também essa forma de socialização da produção ainda não bastava. A antítese entre os interesses das distintas firmas rompia-se com demasiada frequência e restabelecia a concorrência. Assim se chegou, em ramos isolados, em que o nível da produção o permitia, a concentrar toda a produção desse ramo de negócios em *uma* grande sociedade por ações com direção unitária. Na América isso já se realizou várias vezes; na Europa, o maior exemplo é até agora o United Alkali Trust, que colocou nas mãos de uma única firma toda a produção britânica de álcalis. Os antigos proprietários das diversas plantas individuais – mais de trinta – receberam em ações o valor estimado de seus investimentos totais, ao todo cerca de 5 milhões de libras esterlinas, que constituem o capital fixo do truste. A direção técnica continua nas mesmas mãos, mas a direção comercial está nas mãos da diretoria-geral. O capital circulante (*floating capital*) no montante aproximado de um milhão de libras esterlinas foi oferecido à subscrição pública. O capital total atinge, portanto, 6 milhões de libras esterlinas. Assim, nesse ramo, que constitui a base de toda a indústria química, na Inglaterra o monopólio substitui a concorrência e prepara da maneira mais alentadora a futura expropriação pelo conjunto da sociedade, pela nação. – F. E.}

Essa é a superação [*Aufhebung*] do modo de produção capitalista dentro do próprio modo de produção capitalista e, portanto, uma contradição que supera a si mesma e que *prima facie* se apresenta como simples ponto de passagem para uma nova forma de produção. Como tal contradição, ela se apresenta também na aparência. Em certas esferas, estabelece o monopólio e provoca, portanto, a intervenção do Estado.

Reproduz uma nova aristocracia financeira, uma nova espécie de parasitas na figura de fazedores de projetos, fundadores e diretores meramente nominais; todo um sistema de embuste e de fraude no tocante à incorporação de sociedades, lançamentos de ações e comércio de ações. É produção privada, sem o controle da propriedade privada.

IV. Abstraindo o sistema de ações – que é uma superação da indústria privada capitalista na base do próprio sistema capitalista e que, à medida que se expande e se apodera de novos ramos da produção, destrói a indústria privada –, o crédito oferece ao capitalista individual, ou àquele que passa por tal, uma disposição, dentro de certos limites, absoluta de capital alheio e propriedade alheia e, em consequência, de trabalho alheio.[87] Disposição sobre capital social, não próprio, dá-lhe disposição sobre trabalho social. O próprio capital, que se possui realmente ou na opinião pública, passa a ser apenas a base para a superestrutura do crédito. Isso é válido sobretudo para o comércio atacadista, por cujas mãos passa a maior parte do produto social. Todos os padrões de medida, todas as bases explicativas ainda mais ou menos justificadas nos limites do modo de produção capitalista, desaparecem aqui. O que o comerciante atacadista especulador arrisca é propriedade social, não *dele*. Do mesmo modo, torna-se absurda a frase sobre a origem do capital, a partir da poupança, pois aquele exige justamente que *outros* poupem para ele. {Como, recentemente, a França toda juntou poupanças de 1,5 bilhão de francos para a fraude do canal do Panamá.[I] Toda a fraude do canal do Panamá está aqui precisamente descrita, 20 anos antes de ter ocorrido. – F. E.} A outra frase sobre a abstinência é desmentida frontalmente por seu luxo, que se torna também ele mesmo um meio de crédito. Concepções que numa fase menos desenvolvida da produção capitalista ainda tinham sentido tornam-se aqui totalmente sem sentido. O sucesso e o insucesso levam aqui simultaneamente à centralização dos capitais e, portanto, à

I Um caso fraudulento em que estavam envolvidas pessoas da alta política francesa, funcionários, bem como a imprensa. O engenheiro e homem de negócios Ferdinand de Lesseps fundou na França em 1879 uma sociedade por ações que deveria financiar a abertura projetada através do istmo do Panamá. No fim de 1888, a sociedade quebrou; isso levou à ruína grandes massas de pequenos acionistas e a numerosas falências. Mais tarde, em 1892, tornou-se público que, para ocultar a verdadeira situação financeira, a sociedade, abusando dos recursos pagos pelos acionistas, tinha subornado com grandes somas, entre outros, os ex-primeiros-ministros da França Freycinet, Rouvier e Floquet, assim como outras pessoas altamente colocadas. O escândalo do Panamá foi encoberto pela justiça burguesa. Ela limitou-se a condenar o cabeça da sociedade, Lesseps, além de pessoas de segundo escalão. [N. E. A.]

expropriação na escala mais alta. A expropriação estende-se aqui dos produtores diretos até os próprios pequenos e médios capitalistas. Essa expropriação constitui o ponto de partida do modo de produção capitalista; sua realização é seu objetivo; trata-se em última instância de expropriar todos os indivíduos de seus meios de produção, os quais, com o desenvolvimento da produção social, deixam de ser meios da produção privada e produtos da produção privada e só podem ser meios de produção nas mãos dos produtores associados, por conseguinte sua propriedade social, como já são seu produto social. Essa expropriação apresenta-se, porém, no interior do próprio sistema capitalista como figura antitética, como apropriação da propriedade social por poucos; e o crédito dá a esses poucos cada vez mais o caráter de aventureiros puros. Uma vez que a propriedade existe aqui na forma de ação, seu movimento e sua transferência tornam-se resultado puro do jogo da Bolsa, em que os pequenos peixes são devorados pelos tubarões e as ovelhas pelos lobos da Bolsa. No sistema de ações existe já antítese à antiga forma, em que meios sociais de produção surgem como propriedade individual; mas a transformação na forma da ação permanece ainda presa às barreiras capitalistas; e, portanto, em vez de ultrapassar a antítese entre o caráter social da riqueza e a riqueza privada, só a desenvolve numa nova configuração.

As fábricas cooperativas dos próprios trabalhadores são, dentro da antiga forma, a primeira ruptura da forma antiga, embora naturalmente, em sua organização real, por toda parte reproduzam e tenham de reproduzir todos os defeitos do sistema existente. Mas a antítese entre capital e trabalho dentro das mesmas está superada [*aufgehoben*], ainda que inicialmente apenas na forma em que os trabalhadores, como associação, sejam seus próprios capitalistas, isto é, apliquem os meios de produção para valorizar seu próprio trabalho. Elas demonstram como, em certo nível de desenvolvimento das forças produtivas materiais e de suas correspondentes formas sociais de produção, se desenvolve e forma naturalmente um modo de produção, um novo modo de produção. Sem o sistema fabril oriundo do modo de produção capitalista, não poderia desenvolver-se a fábrica cooperativa, tampouco o poderia sem o sistema de crédito oriundo desse mesmo modo de produção. Esse sistema de crédito, que constitui a base principal para a transformação paulatina das empresas capitalistas privadas em sociedades capitalistas por ações, proporciona também os meios para a expansão paulatina das empresas cooperativas em escala mais ou menos nacional. As empresas capitalistas por ações, tanto quanto as fábricas cooperativas, devem ser consideradas formas de transição do modo de produção capitalista ao modo associado, só que, num caso, a antítese é abolida negativamente e, no outro, positivamente.

Até agora temos considerado o desenvolvimento do sistema de crédito – e a superação latente, contida nele, da propriedade do capital – com relação principalmente ao capital industrial. Nos próximos capítulos consideraremos o crédito em relação ao capital portador de juros como tal, tanto seu efeito sobre esse capital como a forma que ele então assume; e nessa ocasião cabem, de modo geral, ainda algumas observações especificamente econômicas.

Antes, porém, ainda isto:

Se o sistema de crédito aparece como a alavanca principal da superprodução e da superespeculação no comércio, é só porque o processo de reprodução, que é elástico por sua natureza, é forçado aqui até seus limites extremos, e é forçado precisamente porque grande parte do capital social é aplicada por não-proprietários do mesmo, que procedem, por isso, de maneira bem diversa do proprietário, o qual avalia receosamente os limites de seu capital privado, à medida que ele mesmo funciona. Com isso ressalta apenas que a valorização do capital, fundada no caráter antitético da produção capitalista, permite o desenvolvimento real, livre, somente até certo ponto, portanto constitui na realidade um entrave e limite imanentes à produção, que são rompidos pelo sistema de crédito de maneira incessante.[88] O sistema de crédito acelera, portanto, o desenvolvimento material das forças produtivas e a formação do mercado mundial, os quais, enquanto bases materiais da nova forma de produção, devem ser desenvolvidos até certo nível como tarefa histórica do modo de produção capitalista. Ao mesmo tempo, o crédito acelera as erupções violentas dessa contradição, as crises e, com isso, os elementos da dissolução do antigo modo de produção.

As características dúplices imanentes ao sistema de créditos: por um lado, desenvolver a mola propulsora da produção capitalista, o enriquecimento pela exploração do trabalho alheio, num sistema mais puro e colossal de jogo e fraude, e limitar cada vez mais o número dos poucos que exploram a riqueza social; por outro lado, porém, constituir a forma de passagem para um novo modo de produção – essa duplicidade é que dá aos principais arautos do crédito, de Law a Isaak Péreire [Isaac Pereire], o agradável caráter híbrido de embusteiros e profetas.

CAPÍTULO 28

MEIOS DE CIRCULAÇÃO E CAPITAL. A CONCEPÇÃO DE TOOKE E FULLARTON

A distinção entre circulação e capital, tal como a fazem Tooke,[89] Wilson e outros, na qual as diferenças entre meios de circulação, como dinheiro, como capital monetário em geral e como capital portador de juros (*moneyed capital*, no sentido inglês), aparecem completamente baralhadas, desemboca em duas espécies.

O meio de circulação, por um lado, circula como *moeda* (dinheiro), à medida que medeia o *dispêndio de revenue*, isto é, o tráfico entre os consumidores individuais e os varejistas, categoria em que devem ser compreendidos todos os comerciantes que vendem aos consumidores – aos consumidores individuais, em contraste com os consumidores produtivos ou produtores. Aqui, o dinheiro circula na função de moeda, embora constantemente *reponha capital.* Certa parte do dinheiro num país está sempre consagrada a essa função, embora essa parte consista em peças monetárias que mudem continuamente. Por outro lado, à medida que o dinheiro medeia a *transferência de capital*, seja como meio de compra (meio de circulação), seja como meio de pagamento, ele é *capital.* Não é, portanto, nem uma função de meio de compra nem a de meio de pagamento que o distinguem da moeda, pois também entre comerciante e comerciante pode funcionar como meio de compra, à medida que compram um do outro à vista, e também entre comerciante e consumidor ele pode figurar como meio de pagamento, à medida que se concede crédito e a *revenue* se consome primeiro e se paga depois. A diferença consiste, pois, em que, no segundo caso, esse dinheiro repõe capital não apenas para uma das partes, o vendedor, mas também é despendido, adiantado como capital, pela outra parte, o comprador. A diferença, portanto, na realidade é entre a *forma-dinheiro da revenue* e a *forma-dinheiro do capital*, mas não a diferença entre circulação e capital, pois como mediador entre comerciantes, assim como mediador entre consumidores e comerciantes, *circula* uma porção quantitativamente determinada de dinheiro e, consequentemente, é *circulação* em *ambas* as funções na mesma medida. Na concepção de Tooke entram confusões de várias espécies:

1) pela confusão das determinações funcionais;

2) pela intromissão da questão sobre a quantidade de dinheiro que circula nas duas funções em conjunto;

3) pela intromissão da questão das proporções relativas das quantidades de meios de circulação que circulam em ambas as funções e, portanto, em ambas as esferas do processo de reprodução, entre si.

Ad 1. A confusão das determinações funcionais, de que o dinheiro, numa forma, é circulação (*currency*) e, na outra forma, capital. À medida que o dinheiro serve numa ou noutra função, seja a de realizar *revenue*, seja a de transferir capital, ele funciona na compra e venda ou nos pagamentos como meio de compra ou meio de pagamento e, no sentido mais amplo da palavra, como meio de circulação. A determinação ulterior que assume nos cálculos de quem o gasta ou recebe, representando-o como capital ou *revenue*, não altera isso em absolutamente nada, o que se evidencia de dois modos. Embora as espécies de dinheiro que circulam nas duas esferas sejam diferentes, a mesma peça monetária, por exemplo, uma nota de cinco libras esterlinas, passa de uma esfera para a outra e exerce alternadamente ambas as funções; o que já é inevitável pelo fato de o varejista somente poder dar a seu capital a forma-dinheiro na forma de moeda que recebe de seus compradores. Pode-se admitir que a moeda divisionária propriamente dita tem o centro de gravidade de sua circulação na área do comércio a varejo; o varejista precisa dela constantemente para o troco e recebe-a constantemente em pagamento de seus fregueses. Mas recebe também dinheiro, isto é, moedas feitas do metal que constitui a medida do valor na Inglaterra, portanto, peças de 1 libra esterlina e mesmo cédulas bancárias, a saber, notas de valores baixos, por exemplo de 5 a 10 libras esterlinas. Todo dia ou toda semana deposita no banco essas peças de ouro e notas, além das moedas divisionárias sobrantes, e paga assim, mediante ordens de pagamento sobre seu depósito bancário, suas compras. Mas as mesmas peças de ouro e notas são novamente retiradas por todo o público, em sua qualidade de consumidor, direta ou indiretamente, dos bancos, de maneira também constante, como forma-dinheiro de sua *revenue* (os fabricantes, por exemplo, retiram dinheiro miúdo para pagar salários), e refluem continuamente para os varejistas, para os quais realizam de novo parte de seu capital, mas ao mesmo tempo também de sua *revenue*. Essa última circunstância é importante, sendo totalmente ignorada por Tooke. Apenas no momento em que é gasto enquanto capital monetário no começo do processo de reprodução (Livro 2, Seção I) é que o valor-capital existe como tal, em sua forma pura. Pois a mercadoria produzida contém não apenas capital, mas também mais-valia; ela não é apenas capital em si, mas também capital que já se formou, capital junto com a fonte de *revenue* que lhe está incorporada. O que o varejista cede pelo dinheiro que lhe reflui, sua mercadoria, é para ele, portanto, capital mais lucro, capital mais *revenue*.

Mas, além disso, ao refluir ao varejista, o dinheiro circulante reconstitui a forma-dinheiro de seu capital.

Transformar a diferença entre a circulação enquanto circulação de *revenue* e enquanto circulação de capital numa diferença entre circulação e capital é, portanto, completamente errado. Essa terminologia decorre, em Tooke, da circunstância de que ele se coloca simplesmente do ponto de vista do banqueiro que emite suas próprias cédulas bancárias. O montante de suas notas, que está constantemente nas mãos do público (embora constituído sempre por notas diferentes) e que funciona como meio de circulação, nada lhe custa além do papel de impressão. São títulos de dívidas (letras de câmbio) circulantes sacados sobre ele mesmo, mas que lhe rendem dinheiro e servem, assim, como meio de valorização de seu capital. Mas são algo distinto de seu capital, seja este próprio ou emprestado. Por isso surge para ele uma diferença especial entre circulação e capital, a qual, entretanto, nada tem a ver com as definições conceituais como tais, e menos ainda com as elaboradas por Tooke.

A determinação diversa – se funciona como forma-dinheiro da *revenue* ou do capital – de início em nada altera o caráter do dinheiro como meio de circulação; ele conserva esse caráter ao exercer uma ou outra função. É verdade que o dinheiro, quando se apresenta como forma-dinheiro da *revenue*, funciona mais como meio de circulação propriamente dito (moeda, meio de compra), em virtude da fragmentação dessas compras e vendas, e porque a maioria dos que despendem *revenue*, os trabalhadores, pode comprar relativamente pouco a crédito; enquanto no tráfico do mundo comercial, onde o meio de circulação é forma-dinheiro do capital, em parte por causa da concentração, em parte porque aí predomina o sistema de crédito, o dinheiro funciona principalmente como meio de pagamento. Mas a diferença entre o dinheiro como meio de pagamento e o dinheiro como meio de compra (meio de circulação) é inerente ao próprio dinheiro; não é uma diferença entre dinheiro e capital. Pelo fato de, no comércio a varejo, circularem mais cobre e prata e, no atacado, mais ouro, a diferença entre prata e cobre, por um lado, e ouro, por outro, não é idêntica à diferença entre circulação e capital.

Ad 2. Intromissão da questão sobre a quantidade de dinheiro que circula nas duas funções em conjunto: na medida em que o dinheiro circula, seja como meio de compra, seja como meio de pagamento – não importando em qual das duas esferas e independentemente de sua função de realizar *revenue* ou capital –, valem para a quantidade de sua massa circulante as leis anteriormente desenvolvidas no exame da circulação simples de mercadorias (Livro 1, cap. 3, [parte] 2, b). O nível da velocidade da circulação, portanto o número de repetições da mesma função de meio de compra e meio de pagamento, pelas mesmas peças monetárias em dado período de tempo, a massa das compras e vendas simultâneas, dos respectivos pagamentos, a soma dos preços das mercadorias circulantes, finalmente os saldos a serem pagos no mesmo período de tempo determinam em ambos os casos a massa de dinheiro circulante, de *currency*. Se o dinheiro que assim funciona representa, para quem o paga ou recebe, capital ou *revenue*, é indiferente e em absolutamente nada altera a coisa. Sua massa é simplesmente por sua função de meio de compra e meio de pagamento.

Ad 3. Sobre a questão das proporções relativas das quantidades de meios de circulação que circulam em ambas as funções e, portanto, em ambas as esferas do processo de reprodução. Ambas as esferas da circulação estão em íntima conexão, pois, por um lado, a massa das *revenues* a despender expressa o volume do consumo e, por outro, a grandeza das massas de capital, que circulam na produção e no comércio, expressa o volume e a velocidade do processo de reprodução. Apesar disso, as mesmas circunstâncias atuam de maneira diversa, e até em sentido oposto, sobre as quantidades das massas de dinheiro que circulam em ambas as funções ou esferas, ou sobre as quantidades da circulação, como o expressam os ingleses em forma bancária. E isso constitui outro motivo da absurda distinção de Tooke entre circulação e capital. A circunstância de que os senhores da teoria da *currency*[I] confundem duas coisas díspares não constitui, de modo algum, razão para apresentá-las como conceituadamente diferentes.

Em tempos de prosperidade, grande expansão, aceleração e energia do processo de reprodução, os trabalhadores estão plenamente ocupados. Na maioria dos casos, ocorre também uma elevação dos salários, que compensa de certo modo a queda dos mesmos abaixo do nível médio nos outros períodos do ciclo comercial. Ao mesmo tempo, aumentam consideravelmente as *revenues* dos capitalistas. O consumo sobe em geral. Os preços das mercadorias sobem também de maneira regular, pelo menos em diversos ramos decisivos dos negócios. Em consequência disso cresce o *quantum* de dinheiro em circulação, pelo menos dentro de certos limites, pois a maior velocidade da circulação opõe, por sua vez, limites ao crescimento da massa do meio circulante. Uma vez que a parte da *revenue* social que consiste em salário é originalmente adiantada pelo capitalista industrial na forma de capital variável e sempre em forma-dinheiro, ele precisa, em tempos de prosperidade, de mais dinheiro para sua circulação. Mas não podemos contar isso duas vezes: uma vez como dinheiro necessário à circulação do capital variável e outra vez como dinheiro necessário à circulação da *revenue* dos trabalhadores.

I Ver nota I, pp. 410–11. [N. E. B.]

O dinheiro pago aos trabalhadores como salário é despendido no comércio a varejo e retorna assim mais ou menos toda semana aos bancos como depósitos dos varejistas, depois de ter mediado todos os tipos de negócios intermediários, em circuitos menores. Em tempos de prosperidade, o refluxo do dinheiro se desenrola sem fricções para os capitalistas industriais e, por isso, sua necessidade de acomodação monetária não aumenta por terem de pagar mais salários, por precisarem de mais dinheiro para a circulação de seu capital variável.

O resultado geral é que, em períodos de prosperidade, a massa dos meios de circulação que serve para o dispêndio da *revenue* aumenta de maneira decisiva.

No que se refere à circulação necessária à transferência de capital, portanto que ocorre apenas entre os próprios capitalistas, esse período de bons negócios é, ao mesmo tempo, o período do crédito mais elástico e mais fácil. A velocidade da circulação entre capitalista e capitalista é diretamente regulada pelo crédito, e a massa de meios de circulação exigida para saldar os pagamentos e mesmo para as compras à vista diminui, portanto, proporcionalmente. Ela pode expandir-se em termos absolutos, mas em qualquer circunstância ela diminui relativamente, comparada com a expansão do processo de reprodução. Por um lado, liquidam-se maiores pagamentos em massa sem nenhuma interferência de dinheiro; por outro, em virtude da grande vivacidade do processo, predomina um movimento mais rápido das mesmas quantidades de dinheiro, tanto como meio de compra quanto como de pagamento. A mesma massa de dinheiro medeia o refluxo de um número maior de capitais individuais.

Em seu todo, a circulação de dinheiro aparece, nesses períodos, como cheia (*full*), embora a parte II (transferência de capital) se contraia, pelo menos relativamente, enquanto a parte I (dispêndio de *revenue*) se expande em termos absolutos.

Os refluxos expressam a retransformação do capital-mercadoria em dinheiro, *D–M–D'*, conforme se viu na análise do processo de reprodução, Livro 2, Seção I. O crédito torna o refluxo em forma-dinheiro independente do momento do refluxo real, seja para o capitalista industrial, seja para o comerciante. Cada um deles vende a crédito; sua mercadoria é alienada, portanto, antes de retransformar-se para eles em dinheiro, portanto antes de ter refluído para ele mesmo em forma-dinheiro. Por outro lado, ele compra a crédito e, assim, o valor de sua mercadoria se retransformou para ele, seja em capital produtivo, seja em capital-mercadoria, ainda antes de esse valor ter sido realmente transformado em dinheiro, antes de o preço da mercadoria vencer e ser pago. Em tais períodos de prosperidade, o refluxo se dá facilmente e sem fricções. O varejista paga com segurança ao atacadista, este ao fabricante, este ao importador da matéria-prima etc. A aparência de refluxos rápidos e seguros continua mantendo-se por algum tempo, depois de essas condições deixarem de ser reais, em virtude do crédito posto em marcha, pelo fato de os refluxos do crédito representarem os reais. Os bancos começam a farejar o perigo tão logo seus clientes pagam mais com letras do que com dinheiro. Veja o depoimento acima, do diretor do Banco de Liverpool.[I]

Cabe aqui inserir o que observei anteriormente: "Em épocas em que predomina o crédito, a velocidade da circulação de dinheiro aumenta mais rapidamente que os preços das mercadorias; enquanto que, com crédito em decréscimo, os preços das mercadorias caem mais lentamente que a velocidade da circulação" (*Zur Kritik d. pol. Oekon.*, 1859, pp. 83–84).

Nos períodos de crise ocorre o inverso. A circulação I se contrai, os preços caem, assim como os salários; o número dos trabalhadores ocupados se contrai, a massa das transações diminui. Na circulação II, ao contrário, ao diminuir o crédito, cresce a necessidade de acomodação monetária, um ponto que logo examinaremos mais de perto.

Não há a menor dúvida de que, ao diminuir o crédito, o que coincide com a paralisação do processo de reprodução, a massa de circulação que é exigida por I, o dispêndio das *revenues*, diminui, enquanto a exigida por II, a transferência de capital, aumenta. Mas cabe investigar até que ponto essa proposição é idêntica à apresentada por Fullarton e outros:

> Uma demanda de capital de empréstimo e uma demanda de meios de circulação adicionais são coisas completamente distintas e não ocorrem juntas com frequência.[90]

Para começar, é claro que, no primeiro dos dois casos acima, em tempo de prosperidade, em que a massa do meio circulante tem de crescer, a demanda portanto cresce. Mas é igualmente claro que, quando um fabricante retira de seus haveres no banco maior quantidade de ouro ou de cédulas bancárias, porque precisa despender mais capital em forma-dinheiro, o que cresce por isso não é sua demanda de capital, mas apenas sua demanda dessa forma específica em que ele despende seu capital. A demanda se refere somente à forma técnica em que lança seu capital na circulação. Do mesmo modo que, por exemplo, com desenvolvimento diferente do sistema de crédito, o mesmo capital variável, a mesma quantidade de salários, exige num país quantidade maior de meios de circulação que noutro; na Inglaterra, por exemplo, mais que na Escócia, na Alemanha mais que na Inglaterra. Assim como na agricultura o mesmo

---

I Ver, neste volume, pp. 405–06. [N. E. B.]

capital ativo no processo de reprodução exige, nas diferentes estações, quantidades diversas de dinheiro para exercer sua função.

Mas a antítese, como Fullarton a coloca, não é exata. Não é, de modo algum, a forte demanda de empréstimo que, conforme ele diz, distingue o período de paralisação do de prosperidade, mas a facilidade em períodos de prosperidade e a dificuldade, quando sobrevém a paralisação, com que se satisfaz essa demanda. É justamente o enorme desenvolvimento do sistema de crédito durante a época de prosperidade, e portanto também o enorme aumento da demanda de capital de empréstimo e a solicitude com que, em tais períodos, a oferta se põe à disposição dela, que produz a escassez de crédito no período de paralisação. Não é, portanto, a diferença na grandeza da demanda de empréstimos o que caracteriza os dois períodos.

Conforme já observamos antes, o que distingue os dois períodos é, em primeiro lugar, que, no período de prosperidade, predomina a demanda de meios de circulação entre consumidores e comerciantes e, no de recessão, a demanda de meios de circulação entre capitalistas. No período de paralisação dos negócios, a primeira decresce e a segunda cresce.

O que, no entanto, chama a atenção de Fullarton e de outros como decisivamente importante é o fenômeno de que, nos períodos em que as *securities* [títulos] – os penhores e as letras de câmbio – aumentam nas mãos do Banco da Inglaterra, a sua circulação de notas diminui e vice-versa. O nível das *securities* expressa, porém, o volume da acomodação monetária, das letras descontadas e dos adiantamentos sobre títulos negociáveis. Assim, Fullarton diz na passagem citada acima, nota 90:[I] os títulos (*securities*) em poder do Banco da Inglaterra variam, na maioria dos casos, no sentido oposto de sua circulação de notas, e isso confirma a proposição, há muito tempo sustentada pelos bancos privados, de que nenhum banco pode aumentar sua emissão de notas além de certo montante, determinado pelas necessidades de seu público; se ele quer fazer adiantamentos acima desse montante, tem de fazê-los a partir de seu capital, portanto ou converter títulos em dinheiro ou empregar para esse fim entradas de dinheiro que, de outro modo, teria investido em títulos.

Revela-se aqui também o que Fullarton entende por capital. O que significa aqui capital? Que o banco não pode prosseguir fazendo adiantamentos com suas próprias cédulas bancárias, promessas de pagamento que naturalmente nada lhe custam. Mas com o que ele faz, então, adiantamentos? Com o produto da venda de *securities in reserve* [títulos em reserva], isto é, títulos públicos, ações e outros papéis portadores de juros.

I Ver, neste volume, p. 440, nota 90 (p. 884). [N. E. B.]

Mas em troca de que ele vende esses papéis? Em troca de dinheiro, ouro, cédulas bancárias, à medida que estas últimas sejam meios legais de pagamento, como as do Banco da Inglaterra. O que adianta é, pois, sob todas as circunstâncias, dinheiro. Esse dinheiro, porém, constitui agora uma parte do seu capital. Se ele adianta ouro, isso é palpável. Se notas, então essas notas representam agora capital, pois o banco alienou por elas um valor real, os papéis portadores de juros. No caso dos bancos privados, as notas que recebem pela venda de títulos somente podem ser, em sua maioria, notas do Banco da Inglaterra ou suas próprias, pois outras dificilmente seriam aceitas em pagamento de títulos. Tratando-se, porém, do próprio Banco da Inglaterra, suas notas que recebe de volta custam-lhe então capital, isto é, papéis portadores de juros. Além disso, ele retira assim da circulação suas próprias notas. Se emite novamente essas notas ou, em lugar de suas notas, novas no mesmo montante, então elas representam agora, portanto, capital. E elas representam capital precisamente tanto quando empregadas em adiantamentos a capitalistas como quando aplicadas, mais tarde, ao diminuir a demanda de acomodação monetária, em novos investimentos em títulos. Sob todas essas circunstâncias, a palavra capital emprega-se aqui somente no sentido do banqueiro, em que significa que o banqueiro é forçado a emprestar mais do que seu mero crédito.

Como se sabe, o Banco da Inglaterra faz todos os seus adiantamentos em suas próprias notas. Se, agora, apesar disso, pela regra, a circulação de notas do Banco diminui na mesma proporção em que aumentam as letras descontadas e os penhores em suas mãos, portanto os adiantamentos feitos por ele, o que acontece com as notas postas em circulação, como refluem elas ao Banco?

Em primeiro lugar, quando a demanda de acomodação monetária decorre de um balanço de pagamentos nacional desfavorável, portanto ela medeia um escoamento de ouro, a coisa é muito simples. As letras são então descontadas em cédulas bancárias. As cédulas bancárias são trocadas no próprio Banco, no *issue department*, por ouro, e o ouro é exportado. É como se o Banco pagasse diretamente em ouro, sem interferência de notas, logo ao descontar as letras. Tal demanda ascendente, que em certos casos atinge 7 a 10 milhões de libras esterlinas, não acrescenta, naturalmente, à circulação interna do país nem mesmo uma só nota de cinco libras. Quando se diz que o Banco, nesse caso, adianta capital, e não meios de circulação, isso tem duplo sentido. Primeiro, que ele não adianta crédito, mas valor real, parte de seu próprio capital ou do capital nele depositado. Segundo, que adianta dinheiro não para a circulação interna, mas para a circulação internacional, dinheiro mundial; para esse fim, é sempre necessário que o dinheiro exista em sua forma de tesouro, em sua corporeidade metálica; na forma em que não é só forma do valor, mas é ele mesmo igual ao valor de que é forma-dinheiro. Embora esse ouro represente capital tanto para o Banco quanto para o comerciante exportador de ouro, capital de banqueiro ou capital comercial, a demanda dele não surge enquanto capital, mas enquanto forma absoluta do capital monetário. Ela surge justamente no momento em que os mercados externos estão abarrotados de capital-mercadoria inglês irrealizável. O que se procura não é capital como *capital*, mas capital como *dinheiro*, na forma em que o dinheiro é mercadoria geral do mercado mundial; e essa é sua forma original enquanto metal precioso. As drenagens de ouro não são, portanto, como dizem Fullarton, Tooke etc., *a mere question of capital* [uma mera questão de capital]. Mas *a question of money* [uma questão de dinheiro], ainda que numa função específica. Que não seja uma questão de circulação *interna*, como afirmam os senhores da teoria da *currency*, absolutamente não demonstra, como opinam Fullarton e outros, que se trata de uma *mere question of capital*. É *a question of money* sob a forma em que o dinheiro constitui um meio internacional de pagamento.

> "*Whether that capital*" (o preço de compra de milhões de *quarters* de trigo estrangeiro, após o malogro da colheita interna) "*is transmitted in merchandize or in specie, is a point which in no way affects the nature of the transaction.*"[I] (Fullarton, [*On the Regulation of Currencies*,] op. cit., p. 131)

Mas isso afeta consideravelmente a questão de se ocorre ou não drenagem de ouro. O capital é transferido na forma de metal precioso porque não pode ser transferido ao todo, ou apenas com enormes perdas, na forma de mercadorias. O medo que o moderno sistema bancário tem da drenagem de ouro ultrapassa tudo o que o sistema monetário, para o qual o metal precioso é a única riqueza verdadeira, jamais sonhou. Tomemos, por exemplo, o seguinte depoimento do presidente do Banco da Inglaterra, Morris, perante a comissão parlamentar sobre a crise de 1847–48:

> 3846. (Pergunta:) "Quando falo da desvalorização de estoques (*stocks*) e de capital fixo, não sabe o senhor que todo capital investido em estoques e produtos de todas as espécies estava desvalorizado da mesma maneira; que algodão em rama, seda crua e lã crua foram enviados para o continente aos mesmos preços rebaixados e que açúcar, café e chá foram vendidos com grandes sacrifícios como vendas forçadas? – Era inevitável que a nação fizesse

I "Se esse capital" [...] "é transferido em mercadoria ou em espécie é um ponto que não afeta, de modo algum, a natureza da transação." [N. T.]

um considerável sacrifício para enfrentar a *drenagem de ouro* que teve lugar em consequência da enorme importação de alimentos." – 3848. "O senhor não acha que teria sido melhor lançar mão dos 8 milhões de libras esterlinas, que estavam guardados nos cofres do Banco, em vez de procurar recuperar o ouro com tanto sacrifício? – Não, *não sou dessa opinião*."

É o ouro que vale aqui como a única riqueza verdadeira.

A descoberta de Tooke, citada por Fullarton, de que

> "*with only one or two exceptions, and those admitting of satisfactory explanation, every remarkable fall of the exchange, followed by a drain of gold, that has occured during the last half century, has been coincident throughout with a comparatively low state of the circulating medium, and vice versa*"[I] (Fullarton, [*On the Regulation of Currencies*, op. cit.,] p. 121),

demonstra que essas drenagens de ouro ocorrem, na maioria das vezes, após um período de excitação e especulação, constituindo

> *a signal of a collapse already commenced* [...] *an indication of overstocked markets, of a cessation of the foreign demand for our reproductions, of delayed returns, and, as the necessary sequel of all these, of commercial discredit, manufactories shut up, artisans starving, and a general stagnation of industry and enterprise.*[II] (p. 129)

Isso constitui naturalmente, ao mesmo tempo, a melhor refutação da afirmação dos adeptos da teoria da *currency*, segundo a qual

> *a full circulation drives out bullion and a low circulation attracts it.*[III]

Ao contrário, embora haja em geral uma forte reserva de ouro no Banco da Inglaterra nos períodos de prosperidade, esse tesouro se forma sempre nos períodos de desânimo e estagnação que seguem à tempestade.

I "com apenas uma ou duas exceções, que podem ser explicadas de maneira satisfatória, toda queda notável da taxa de câmbio, seguida de uma drenagem de ouro que ocorreu no último meio século coincidiu sempre com um nível relativamente baixo do meio de circulação e vice-versa." [N. T.]

II "um sinal de um colapso já iniciado [...] uma indicação de mercados saturados, de cessação da demanda estrangeira de nossos produtos, de refluxos atrasados e, como sequela necessária de tudo isso, de descrédito comercial, de fechamentos de fábricas, de artesãos passando fome e de uma estagnação geral da indústria e dos negócios." [N. T.]

III "uma circulação cheia expele o ouro e uma circulação baixa o atrai." [N. T.]

Toda a sabedoria, no que diz respeito às drenagens de ouro, reduz-se, portanto, ao seguinte: a demanda de meios *internacionais* de circulação e de pagamento difere da demanda de meios *internos* de circulação e de pagamento (razão por que segue por si mesmo que "*the existence of a drain does not necessarily imply any diminution of the internal demand for circulation*",[I] como diz Fullarton, [*On the Regulation of Currencies*, op. cit.,] p. 112); que o envio para fora de metais preciosos, seu lançamento na circulação internacional, não é idêntico ao lançamento de notas ou moeda na circulação interna. De resto, já mostrei antes[II] que o movimento do tesouro, que é concentrado como fundo de reserva para pagamentos internacionais, em si e para si, nada tem a ver com o movimento do dinheiro como meio de circulação. Surge, no entanto, uma complicação pela circunstância de que as diversas funções do tesouro, que desenvolvi a partir da natureza do dinheiro – sua função de fundo de reserva para meios de pagamento, para pagamentos vencidos dentro do país; de fundo de reserva do meio de circulação; por fim, de fundo de reserva do dinheiro mundial –, todas elas são atribuídas a um único fundo de reserva; donde também segue que, em certas circunstâncias, uma drenagem de ouro do Banco para o interior do país possa se combinar com a drenagem ao exterior. Mas surge ainda outra complicação pela outra função, que arbitrariamente se atribui a esse tesouro, a de servir de fundo de garantia para a conversibilidade de cédulas bancárias em países em que o sistema de crédito e o dinheiro de crédito estão desenvolvidos. A tudo isso acresce, por fim, 1) a concentração do fundo nacional de reserva num único banco principal, e 2) sua redução ao mínimo possível. Daí a queixa de Fullarton (p. 143):

> *One cannot contemplate the perfect silence and facility with which variations of the exchange usually pass off in continental countries, compared with the state of feverish disquiet and alarm always produced in England whenever the treasure in the bank seems to be at all approaching to exhaustion, without being struck with the great advantage in this respect which a metallic currency possesses.*[III]

I "a existência de uma drenagem não implica necessariamente nenhuma diminuição da demanda interna de circulação." [N. T.]

II Ver K. Marx, *O capital*, Livro 1, op. cit., pp. 179–80. [N. E. B.]

III "Não é possível contemplar o perfeito silêncio e facilidade com que passam ordinariamente as variações da taxa de câmbio, nos países do continente, em comparação com a inquietação febril e o alarme que se produzem sempre na Inglaterra toda vez que o tesouro do Banco parece aproximar-se da exaustão, sem ficar impressionado com a grande vantagem a esse respeito que uma circulação metálica possui." [N. T.]

Abstraindo, agora, a drenagem de ouro, como pode um banco que emite cédulas bancárias, o Banco da Inglaterra, por exemplo, aumentar o montante da acomodação monetária por ele concedida sem aumentar sua emissão de notas?

Todas as notas existentes fora dos muros do Banco, que circulem ou estejam adormecidas em tesouros particulares, no que tange ao Banco, estão em circulação, isto é, fora de sua posse. Se, portanto, o Banco expande seus descontos e créditos pignoratícios, os adiantamentos sobre *securities*, as cédulas bancárias despendidas para isso têm de refluir para ele, pois de outro modo elas aumentam o montante da circulação, o que precisamente não deve ser o caso. Esse refluxo pode dar-se de duas maneiras.

Primeiro: o Banco paga a A contra títulos; A paga com isso letras vencidas a B, e B deposita as notas no Banco. Termina assim a circulação dessas notas, mas o empréstimo persiste.

> ("*The loan remains, and the currency, if not wanted, finds its way back to the issuer*").[I] (Fullarton, [*On the Regulation of Currencies*, op. cit.,] p. 97)

As notas que o Banco adiantou a A voltaram agora para ele; por outro lado, o Banco é credor de A ou do sacado na letra descontada por A e devedor de B pela soma de valor expressa nessas notas, e B dispõe assim de parte correspondente do capital do Banco.

Segundo: A paga a B, e o próprio B, ou C, a quem B transferiu as notas, em pagamento, paga com essas notas letras vencidas ao Banco, direta ou indiretamente. Nesse ponto, o Banco foi pago com suas próprias notas. Com isso a transação está completa (faltando somente o repagamento de A ao Banco).

Até que ponto deve-se considerar o adiantamento do Banco a A como adiantamento de capital ou como mero adiantamento de meios de pagamento?[91]

{Isso dependerá da natureza do próprio adiantamento. Há que considerar aqui três casos.

Primeiro caso. – A recebe do Banco as somas adiantadas com base em seu crédito pessoal, sem dar cobertura alguma. Nesse caso, ele recebeu não somente meios de pagamento, como adiantamento, mas também indubitavelmente um novo capital, que pode empregar e valorizar até a devolução em seu negócio como capital adicional.

Segundo caso. – A empenhou ao Banco títulos, obrigações da dívida pública ou ações e, sobre estes, recebeu um adiantamento em dinheiro,

---

I "O empréstimo persiste, e o meio de circulação, se não é demandado, encontra seu caminho de volta ao emitente." [N. T.]

digamos, de dois terços do valor do dia. Nesse caso, recebeu os meios de pagamento de que necessitava, mas nenhum capital adicional, uma vez que entregou ao Banco um valor-capital maior que aquele que dele recebeu. Mas esse valor-capital maior, por um lado, não era utilizável para suas necessidades momentâneas – meios de pagamento –, porque se encontrava investido em determinada forma portadora de juros; por outro lado, A tinha suas razões para não transformá-lo diretamente mediante venda em meios de pagamento. Seus títulos estavam destinados, entre outras finalidades, a servir de capital de reserva e, como tal, A os fez entrar em funcionamento. Realizou-se, portanto, entre A e o Banco, uma transferência de capital, temporária e recíproca, de modo que A não recebeu capital adicional (pelo contrário!), mas os meios de pagamento de que necessitava. Por outro lado, para o Banco, o negócio consistiu numa imobilização temporária de capital monetário em forma de empréstimo, uma transformação de capital monetário de uma forma em outra, e essa transformação é precisamente a função essencial do negócio bancário.

Terceiro caso. – A fez descontar uma letra no Banco e, em troca, após deduzir o desconto, recebeu a importância em espécie. Nesse caso, ele vendeu ao Banco um capital monetário em forma não líquida pela importância de valor em forma líquida; a letra ainda não vencida por moeda em espécie. Essa letra é agora propriedade do Banco. Nisso nada se altera pela circunstância de que, no caso de falta de pagamento, o último endossante A seja responsável perante o Banco pela importância; essa responsabilidade ele a divide com os outros endossantes e com o emitente, contra os quais, por sua vez, tem o direito de se ressarcir. Aqui não há adiantamento algum, mas compra e venda inteiramente ordinárias. Por isso, A também nada tem a repagar ao Banco, que se ressarce cobrando a letra no vencimento. Também aqui houve uma transferência mútua de capital entre A e o Banco, exatamente igual à que se opera na compra e venda de qualquer outra mercadoria, e precisamente por isso A não obteve capital adicional algum. De que ele precisava, e obteve, era de meios de pagamento; e os obteve pelo fato de o Banco ter transformado uma das formas de seu capital monetário – a letra – em outra – o dinheiro.

Por isso, de adiantamento real de capital pode-se falar somente no primeiro caso. No segundo e terceiro casos, no máximo apenas no sentido de que em cada investimento de capital se "adianta capital". Nesse sentido, o Banco adianta capital monetário a A; mas, para A, é *capital* monetário no máximo no sentido de que é parte de seu capital em geral. E ele o requer e utiliza não especialmente como capital, mas especialmente como meio de pagamento. Senão, toda venda ordinária de mercadoria, pela qual se obtém meios de pagamento, teria de ser considerada um adiantamento recebido de capital. – F. E.}

Para o banco particular emissor de notas há a diferença de que, caso suas notas não permaneçam na circulação local nem lhe voltem na forma de depósitos ou de pagamento de letras vencidas, essas notas caem em mãos de pessoas às quais ele tem de pagar, para resgatá-las, ouro ou notas do Banco da Inglaterra. Assim, nesse caso, o adiantamento de suas notas representa, de fato, adiantamento de notas do Banco da Inglaterra ou, o que para ele é o mesmo, de ouro, portanto parte de seu capital bancário. O mesmo se aplica ao caso em que o próprio Banco da Inglaterra, ou qualquer outro banco que esteja subordinado a um limite máximo legal de emissão de notas, tenha de vender títulos a fim de retirar da circulação as suas próprias notas e depois despendê-las de novo em adiantamentos; aqui suas próprias notas representam parte de seu capital bancário mobilizado.

Mesmo se a circulação fosse apenas metálica, seriam possíveis simultaneamente 1) drenagem de ouro que esvaziaria o tesouro {aqui se pensa evidentemente numa drenagem de ouro que, pelo menos em parte, vá para o exterior. – F. E.} e 2) uma vez que o Banco exigiria ouro principalmente apenas para saldar pagamentos (liquidação de transações anteriores), seu adiantamento sobre títulos poderia crescer muito, mas ele lhe retornaria em forma de depósitos ou de repagamento de letras vencidas; de modo que, por um lado, ao aumentar os títulos no *portefeuille* [carteira] do Banco, seu tesouro total diminuiria e, por outro lado, a mesma soma que o Banco antes retinha como proprietário ele reteria agora como devedor de seus depositantes e, por fim, a massa total do meio circulante diminuiria.

Até aqui está pressuposto que os adiantamentos se fazem em notas, portanto acarretam um aumento ao menos momentâneo, mesmo que venha a desaparecer novamente em seguida, da emissão de notas. Isso, porém, não é necessário. Em vez da nota de papel, o Banco pode abrir a A um crédito nos livros, ocasião em que esse seu devedor se torna seu depositante imaginário. A paga seus credores com cheques sobre o Banco, e o recebedor desses cheques os entrega em pagamento a seu banqueiro, que os intercambia na Clearing House pelos cheques emitidos sobre ele. Nesse caso, não ocorre nenhuma interferência de notas e toda a transação se limita a que um crédito, que o Banco tem, é saldado com um cheque sobre ele mesmo, e sua compensação real consiste no crédito que possui sobre A. Nesse caso, o Banco adiantou-lhe parte de seu capital bancário, porque se tratava de seu próprio título de dívida.

À medida que essa demanda de acomodação monetária é demanda de capital, ela o é apenas de capital monetário; capital do ponto de vista do banqueiro, isto é, de ouro – havendo drenagem de ouro para o exterior – ou de notas do Banco Nacional, as quais o banco privado só pode obter mediante compra contra um equivalente, que portanto representa capital para ele. Ou, finalmente, se trata de títulos portadores de juros, de títulos da dívida pública, ações etc., que é mister vender para atrair a si ouro ou notas. Mas esses papéis, quando títulos públicos, são capital apenas para quem os comprou, para quem representam seu preço de compra, o capital neles investido; em si, eles não são capital, mas meros títulos de dívida; quando hipotecas, são meros direitos sobre a renda fundiária futura e, quando ações comuns, são meros títulos de propriedade, que dão direito à percepção de mais-valia futura. Todas essas coisas não são capital real, não constituem componentes do capital e em si não são também valores. Pode-se também transformar, mediante transações semelhantes, dinheiro que pertence ao banco em depósito, de modo que ele passa de proprietário a devedor do mesmo, retendo-o sob outro título de posse. Isso, por mais importante que seja para ele, não traz alteração alguma à massa do capital em reserva no país, nem mesmo do capital monetário. Capital figura aqui, pois, apenas como capital monetário e, se não existe em forma-dinheiro real, figura como mero título de capital. Isso é muito importante, uma vez que raridade e demanda premente de capital *bancário* são confundidas com um decréscimo de capital *real* que, em tais casos, ao contrário, existe em forma de meios de produção e de produtos em excesso e pressiona os mercados.

Explica-se, portanto, muito simplesmente como cresce a massa dos títulos retidos pelo banco na forma de cobertura e como, portanto, o banco pode satisfazer a crescente demanda de acomodação monetária, com massa total dos meios de circulação constante ou em diminuição. E precisamente essa massa total é mantida, em tempos de escassez de dinheiro, em seus limites de dois modos: 1) por drenagem de ouro; 2) por demanda de dinheiro como mero meio de pagamento, quando as notas despendidas refluem logo ou quando, mediante crédito aberto nos livros, as transações se realizam sem nenhum dispêndio de notas; quando, portanto, uma mera transação de crédito medeia os pagamentos, cuja liquidação é o único objetivo do negócio. A peculiaridade do dinheiro é que, quando funciona meramente para saldar pagamentos (e, em épocas de crise, buscam-se adiantamentos para pagar, não para comprar; para liquidar negócios anteriores, não para iniciar novos), sua circulação é apenas evanescente, mesmo na medida em que o acerto não se realize por meio de mera operação de crédito, sem nenhuma interferência do dinheiro; que, portanto, em caso de grande afluência por acomodação monetária, pode ter lugar uma enorme massa dessas transações, sem ampliar a circulação. O mero fato, porém, de que a circulação do Banco da Inglaterra se mantenha estável e inclusive diminua, simultaneamente com uma forte acomodação monetária, proporcionada por ele, não comprova *prima facie* de modo algum, como supõem Fullarton e Tooke, entre outros (em consequência de seu erro, segundo o qual acomodação monetária seria idêntica a tomada de *capital on loan* [capital de empréstimo], de capital adicional), que a circulação do dinheiro (das cédulas bancárias), em sua função de meio de pagamento, não aumenta nem se expande. Já que a circulação das cédulas como meios de compra diminui em tempos de paralisação dos negócios, quando se requer uma forte acomodação monetária, sua circulação como meio de pagamento pode aumentar, e a soma total da circulação, a soma das notas que funcionam como meios de compra e de pagamento, pode ainda assim ficar estável ou até diminuir. A circulação, como meio de pagamento, de cédulas bancárias que refluem imediatamente ao banco emissor, aos olhos daqueles economistas, não é considerada circulação.

Se a circulação enquanto meios de pagamento aumentasse em grau maior que a circulação enquanto meios de compra diminui, então toda a circulação total cresceria, embora o dinheiro que funciona como meio de compra se reduzisse consideravelmente em sua massa. E isso ocorre realmente em certos momentos da crise, notadamente quando se dá o colapso total do crédito, quando não somente as mercadorias e títulos tornam-se invendáveis, mas também as letras se tornam impossíveis de serem descontadas e nada mais vale a não ser pagamento à vista ou, como o comerciante diz: dinheiro na mão. Como Fullarton e outros não compreendem que a circulação das notas como meios de pagamento é a característica desses tempos de carência de dinheiro, eles tratam esse fenômeno como fortuito.

> "*With respect again to those examples of eager competition for the possession of banknotes, which characterise seasons of panic and which may sometimes, as at the close of 1825, lead to a sudden, though only temporary, enlargement of the issues, even while the efflux of bullion is still going on, these, I apprehend, are not to be regarded as among the natural or necessary concomitants of a low exchange; the demand in such cases is not for circulation*" (deveria dizer, circulação como meio de compra) "*but for hoarding, a demand on the part of alarmed bankers and capitalists which arises generally in the last act of the crisis*" (portanto, como reserva de meios de pagamento) "*after a long continuation of the drain, and is the precursor of its termination.*"[I] (Fullarton, [*On the Regulation of Currencies*, op. cit.,] p. 130)

I "Com referência novamente àqueles exemplos de competição voraz pela posse de cédulas bancárias, que caracteriza épocas de pânico e que às vezes pode conduzir, como ocorreu ao final de 1825, a um aumento súbito, embora temporário, das emissões, mesmo enquanto a drenagem de ouro persiste, eu entendo que eles não podem ser considerados como fatos concomitantes naturais e necessários de um câmbio baixo; em tais casos, a demanda não é de circulação" [...] "mas de entesouramento, uma demanda por parte dos banqueiros e capitalistas

Já se discutiu, ao se examinar o dinheiro como meio de pagamento (Livro 1, cap. 3, [parte] 3, b), como o dinheiro, ao haver interrupção violenta da cadeia de pagamentos, muda de uma forma meramente ideal para uma forma material e, ao mesmo tempo, absoluta de valor perante as mercadorias. Alguns exemplos disso foram dados nas notas 100 e 101.[I] Essa mesma interrupção é em parte efeito, em parte causa do abalo do crédito e das circunstâncias que o acompanham: saturação dos mercados, desvalorização das mercadorias, interrupção da produção etc.

Está claro, porém, que Fullarton transforma a diferença entre dinheiro como meio de compra e dinheiro como meio de pagamento na falsa diferença entre *currency* e capital. Nisso está subjacente mais uma vez a estrita concepção que o banqueiro tem da circulação.

Poder-se-ia ainda perguntar: o que falta então em tais tempos de escassez, capital ou dinheiro em sua determinação de meio de pagamento? E essa é, sabidamente, uma controvérsia.

De início, tão logo a escassez se manifesta na drenagem de ouro, é claro que o que se requer é o meio de pagamento internacional. Mas dinheiro, em sua determinação de meio de pagamento internacional, é ouro em sua realidade metálica, como substância que tem, ela mesma, valor, massa de valor. É ao mesmo tempo capital, mas não como capital-mercadoria, e sim como capital monetário, capital não na forma de mercadoria, mas na forma de dinheiro (e precisamente dinheiro no sentido eminente da palavra, como mercadoria genérica do mercado mundial). Não se apresenta aqui antítese entre demanda de dinheiro como meio de pagamento e demanda de capital. A antítese se encontra entre capital em sua forma como dinheiro e em sua forma como mercadoria; e a forma em que é requerido aqui, a única em que pode funcionar, é sua forma-dinheiro.

Abstraindo essa demanda de ouro (ou prata), não pode ser dito que em tais tempos de crise haja escassez em alguma maneira de capital. Sob circunstâncias extraordinárias, tais como encarecimento do cereal, escassez de algodão etc., pode ser o caso; mas esses não são, de modo algum, acompanhantes necessários ou regulares de tais tempos; e a existência dessa espécie de escassez de capital não pode, por isso, de antemão ser inferida da circunstância de haver afluência premente por acomodação monetária. Ao contrário. Os mercados estão saturados, inundados de capital-mercadoria. Em todo caso, não é falta de capital-*mercadoria* que causa a escassez. Mais tarde voltaremos a essa questão.

---

alarmados, a qual surge geralmente no último ato da crise" [...] "após uma longa continuação da drenagem e é precursora de seu término." [N. T.]

I Ver K. Marx, *O capital*, Livro 1, op. cit., p. 177, notas 100 e 101 (p. 695). [N. E. B.]

CAPÍTULO 29

PARTES CONSTITUTIVAS DO CAPITAL BANCÁRIO

É necessário agora examinar mais de perto em que consiste o capital bancário.

Acabamos de ver que Fullarton, entre outros, transforma a diferença entre o dinheiro como meio de circulação e o dinheiro como meio de pagamento (e também como dinheiro mundial, à medida que se trata da exportação de ouro) numa diferença entre circulação (*currency*) e capital. O papel peculiar que o capital desempenha aqui faz com que, com a mesma insistência com que a Economia esclarecida procurava inculcar a ideia de que dinheiro não é capital, essa Economia de banqueiros trate de inculcar que, na realidade, o dinheiro é o capital *par excellence*.

Em nossas investigações subsequentes mostraremos que aqui o capital monetário é confundido com *moneyed capital*, no sentido de capital portador de juros, enquanto, no sentido anterior, o capital monetário é sempre apenas uma forma transitória do capital, diferenciada das outras formas do capital, do capital-mercadoria e do capital produtivo.

O capital bancário se compõe de 1) dinheiro em espécie, ouro ou notas e 2) títulos. Estes podem ser divididos, por sua vez, em duas partes: títulos comerciais, letras de câmbio, que são flutuantes, vencem de tempo em tempo e cujo desconto constitui o verdadeiro negócio do banqueiro; e títulos de valor, como títulos públicos, títulos do Tesouro, ações de todas as espécies, em suma, títulos portadores de juros, mas que se distinguem essencialmente das letras de câmbio. Entre eles também podem ser incluídas as hipotecas. O capital composto desses elementos materiais divide-se, por sua vez, no capital de investimento do próprio banqueiro e nos depósitos que formam seu *banking capital* ou capital emprestado. Nos bancos com emissão de notas acrescentam-se ainda as notas. Deixaremos de lado, por enquanto, os depósitos e as notas. Isto é claro: as partes constitutivas do capital bancário – dinheiro, letras de câmbio, títulos depositados – em nada se alteram se esses diferentes elementos representarem seu próprio capital ou depósitos, isto é, o capital de outras pessoas. A mesma divisão permaneceria tanto se ele operasse seu negócio unicamente com capital próprio como se o fizesse unicamente com capital depositado com ele.

A forma de capital portador de juros faz com que cada *revenue* monetária determinada e regular apareça como juro de um capital, quer provenha de um capital ou não. Primeiro, o rendimento monetário é convertido em juro e, com o juro, acha-se então o capital de que se origina. Do mesmo modo, com o capital portador de juros cada soma de valor aparece como capital, desde que não seja despendida como *revenue*; a saber, como soma principal (*principal*) em antítese ao juro possível ou real que pode proporcionar.

A coisa é simples: suponhamos que a taxa média de juros seja de 5% ao ano. Uma soma de 500 libras esterlinas, se transformada em capital portador de juros, proporcionaria, portanto, anualmente, 25 libras esterlinas. Considera-se, assim, toda receita fixa anual de 25 libras esterlinas como juro de um capital de 500 libras esterlinas. Isso, entretanto, é e permanece sendo uma representação puramente ilusória, excetuado o caso em que a fonte das 25 libras esterlinas – seja esta um simples título de propriedade, seja um crédito ou um elemento real de produção, como, por exemplo, uma propriedade fundiária – seja diretamente transferível ou assuma uma forma em que se torne transferível. Tomemos como exemplos a dívida pública e o salário.

O Estado tem de pagar anualmente a seus credores certo *quantum* de juros pelo capital emprestado. O credor, nesse caso, não pode pedir do devedor o reembolso, mas apenas vender o crédito, ou seja, seu título de propriedade sobre ele. O próprio capital foi consumido, despendido pelo Estado. Ele já não existe. O que o credor do Estado possui é 1) um título de dívida contra o Estado, digamos de 100 libras esterlinas; 2) esse título de dívida lhe dá direito sobre as receitas anuais do Estado, isto é, sobre o produto anual dos impostos, em determinado montante, digamos de 5 libras esterlinas ou 5%; 3) ele pode vender esse título de dívida de 100 libras esterlinas quando quiser a outras pessoas. Se a taxa de juros for de 5%, pressupondo-se ainda a garantia do Estado, o proprietário A pode, em regra, vender o título de dívida por 100 libras esterlinas a B; pois para B dá no mesmo emprestar 100 libras esterlinas a 5% ao ano ou assegurar para si, mediante o pagamento de 100 libras esterlinas, um tributo anual do Estado no montante de 5 libras esterlinas. Mas, em todos esses casos, o capital, do qual o pagamento feito pelo Estado é considerado um fruto (juro), permanece capital ilusório, fictício. A soma que foi emprestada ao Estado já não existe ao todo. Ela em geral jamais se destinou a ser despendida, investida como capital, e apenas por seu investimento como capital ela teria podido converter-se num valor que se conserva. Para o credor original A, a parte que lhe cabe dos impostos anuais representa o juro de seu capital, do mesmo modo que, para o usurário, representa a parte que lhe cabe do patrimônio do pródigo, embora em ambos os casos a soma emprestada de dinheiro não tenha sido despendida como capital. A possibilidade de vender o título de dívida contra o Estado representa para A o refluxo possível da soma principal. Quanto a

B, de seu ponto de vista particular, seu capital está investido como capital portador de juros. Virtualmente, ele apenas apareceu no lugar de A, cujo crédito contra o Estado ele comprou. Por mais que essas transações se multipliquem, o capital da dívida pública permanece puramente fictício e, a partir do momento em que os títulos de dívida se tornam invendáveis, desaparece a aparência desse capital. Não obstante, como logo veremos, esse capital fictício tem seu próprio movimento.

Em antítese ao capital da dívida pública, em que um déficit aparece como capital – sendo o capital portador de juros, em geral, a matriz de todas as formas aloucadas, de modo que, por exemplo, na concepção do banqueiro, dívidas podem aparecer como mercadorias –, queremos agora considerar a força de trabalho. Nesse caso, concebe-se o salário como juro e, por conseguinte, a força de trabalho como o capital que proporciona esse juro. Se, por exemplo, o salário de um ano = 50 libras esterlinas e a taxa de juros é de 5%, então a força de trabalho anual equivale a um capital de 1 000 libras esterlinas. A loucura da concepção capitalista atinge aí seu ápice: em vez de explicar a valorização do capital pela exploração da força de trabalho, é, ao contrário, a produtividade da força de trabalho que é explicada pela circunstância de que a própria força de trabalho é esta coisa mística, capital portador de juros. Na segunda metade do século XVII (por exemplo, em Petty), essa era uma concepção favorita, mas ainda hoje ela é utilizada com toda seriedade, em parte por economistas vulgares, em parte e principalmente por estatísticos alemães.[1] Infelizmente, duas circunstâncias que contrariam desagradavelmente essa concepção irracional aparecem aqui: primeiro, o trabalhador tem de trabalhar para obter esse juro e, segundo, não pode converter, por meio de transferência, o valor-capital de sua força de trabalho em moeda corrente. Pelo contrário, o valor anual de sua força de trabalho é igual a seu salário médio anual, e o que ele tem de repor mediante seu trabalho a seu comprador é esse próprio valor mais a mais-valia, a valorização da mesma. No sistema escravista, o trabalhador tem um valor-capital, seu preço de compra. E, quando é alugado, o locatário tem de pagar o juro do preço de compra e, por cima, de repor a depreciação anual do capital.

A formação do capital fictício chama-se capitalização. Cada receita que se repete regularmente é capitalizada, por ser calculada na base da taxa média de juros, como importância que um capital, emprestado a essa taxa de juros, proporcionaria; se, por exemplo, a receita anual = 100 libras esterlinas e a taxa de juros = 5%, então as 100 libras esterlinas seriam o juro anual de 2 000 libras esterlinas, e essas 2 000 libras esterlinas são agora consideradas o valor-capital do título jurídico de propriedade sobre as 100 libras esterlinas anuais. Para quem compra esse título de propriedade, a receita anual de 100 libras esterlinas representa então, de fato, os juros de seu capital investido a 5%. Toda a conexão com o processo real de valorização do capital se perde assim até o último vestígio, e a concepção do capital como autômato que se valoriza por si mesmo se consolida.

Mesmo lá onde o certificado da dívida – o título – não representa, como no caso das dívidas públicas, um capital puramente ilusório, o valor-capital desse papel é puramente ilusório. Viu-se acima como o sistema de crédito gera capital associado. Os papéis são considerados títulos de propriedade que representam esse capital. As ações de companhias ferroviárias, de mineração, de navegação etc. representam capital real, a saber, o capital investido e que funciona nessas empresas, ou a soma de dinheiro que é adiantada pelos sócios para ser despendida em tais empresas como capital. Do que não se exclui, de modo algum, a possibilidade de que representem mera fraude. Mas esse capital não existe duplamente, uma vez como valor-capital dos títulos de propriedade, das ações, e outra vez como capital realmente investido ou a investir naquelas empresas. Ele existe apenas nessa última forma, e a ação nada mais é que um título de propriedade, *pro rata*, sobre a mais-valia a realizar por aquele capital. A pode vender esse título a B, e B a C. Essas transações em nada alteram a natureza da coisa. A ou B transformou então seu título em capital, mas C transformou seu capital em mero título de propriedade sobre a mais-valia a ser esperada do capital acionário.

O movimento autônomo do valor desses títulos de propriedade, não apenas dos títulos da dívida pública, mas também das ações, confirma a aparência, como se eles constituíssem capital real ao lado do capital ou do direito ao qual possivelmente deem título. É que se tornam mercadorias cujo preço tem um movimento e uma fixação peculiares. Seu valor de mercado obtém uma definição diferente do seu valor nominal, sem que se altere o valor do capital real (embora se altere a valorização). Por um lado, seu valor de mercado flutua com o montante e a segurança dos rendimentos, aos quais conferem título legal. Se o valor nominal de uma ação, isto é, a soma recebida, que a ação originalmente representa, é de 100 libras esterlinas e se a empresa, em vez de 5%, proporciona 10%, seu valor de mercado, com as demais circunstâncias constantes e com uma taxa de juros de 5%, sobe para 200 libras esterlinas, pois capitalizada a 5% a ação representa um capital fictício de 200 libras esterlinas. Quem a compra por 200 libras esterlinas obtém desse investimento de capital uma *revenue* de 5%. Ocorre o contrário quando diminui o rendimento da empresa. O valor de mercado desses papéis é em parte especulativo, pois não é determinado apenas pela receita real, mas também pela esperada, calculada por antecipação. Mas, pressuposta a valorização do capital real como constante ou, onde não existe capital, como no caso das dívidas públicas, pressuposto o rendimento anual como fixado legalmente e também antecipado com suficiente segurança, então o preço desses títulos sobe e cai na razão inversa da taxa de juros. Se a taxa de juros sobe de 5% para 10%, então um título que assegura um rendimento de 5 libras esterlinas representa apenas um capital de 50 libras esterlinas. Se a taxa de juros cai para 2½%, então o mesmo título representa um capital de 200 libras esterlinas. Seu valor sempre é apenas o rendimento capitalizado, isto é, o rendimento calculado sobre um capital ilusório, com base na taxa de juros vigente. Em tempos de aperto no mercado de dinheiro, o preço desses títulos cairá de maneira dupla; primeiro, porque a taxa de juros sobe e, segundo, porque são lançados em massa ao mercado, para serem realizados em dinheiro. Essa queda de preço ocorre independentemente da circunstância de o rendimento que esses papéis asseguram a seu possuidor ser constante, como no caso dos títulos de dívida pública, ou de a valorização do capital real que eles representam, como no caso das empresas industriais, ser possivelmente atingida pela perturbação do processo de reprodução. Neste último caso, acrescenta-se à desvalorização mencionada ainda uma outra. Passada a tempestade, esses papéis voltam a subir ao nível anterior, à medida que não representem empresas falidas ou fraudulentas. Sua desvalorização na crise atua como meio poderoso para a centralização das fortunas em dinheiro.[2]

Na medida em que a desvalorização ou valorização desses papéis é independente do movimento de valor do capital real que eles representam, a riqueza de uma nação é exatamente do mesmo tamanho, tanto antes quanto depois da desvalorização ou valorização.

> Em 23 de outubro de 1847, os fundos públicos e as ações dos canais e das ferrovias já estavam desvalorizados num montante de 114 752 225 libras esterlinas. (Morris, presidente do Banco da Inglaterra, depoimento no relatório sobre *Commercial Distress*, 1847-48 [n. 3800])

Na medida em que sua desvalorização não exprimia uma paralisação real da produção e do tráfego em ferrovias e canais, ou o abandono de empreendimentos iniciados, ou o desperdício de capital em empresas positivamente sem valor, a nação não empobreceu nem um centavo pelo estouro dessas bolhas de sabão de capital monetário nominal.

Todos esses papéis representam de fato apenas direitos acumulados, títulos jurídicos sobre produção futura, cujo valor monetário ou valor-capital pode ou não representar capital algum, como no caso da dívida pública, ou ser regulado independentemente do valor do capital real que representam.

Em todos os países de produção capitalista existe uma massa enorme do assim chamado capital portador de juros, ou *moneyed capital*, nessa forma. E por acumulação do capital monetário em grande parte deve ser entendida apenas a acumulação desses direitos sobre a produção, acumulação do preço de mercado, do valor-capital ilusório desses direitos.

Parte do capital bancário é, pois, investida nesses assim chamados papéis portadores de juros. Ela mesma constitui parte do capital de reserva que não funciona no negócio bancário real. A parte mais importante consiste em letras de câmbio, isto é, promessas de pagamento de capitalistas industriais ou comerciantes. Para o prestamista de dinheiro, essas letras de câmbio são papéis portadores de juros: ao comprá-las, ele deduz o juro pelo tempo que falta até o vencimento. Isso é o que se chama descontar. A grandeza da dedução da soma que a letra de câmbio representa depende, pois, da taxa de juros em cada momento. –

A última parte do capital do banqueiro, por fim, consiste em sua reserva monetária em ouro ou notas. Os depósitos, quando não comprometidos por prazo maior, estão sempre à disposição dos depositantes. Encontram-se em flutuação constante. Mas, quando retirados por uns, são repostos por outros, de modo que, em tempos de negócios normais, o montante médio geral flutua pouco.

Os fundos de reserva dos bancos, em países de produção capitalista desenvolvida, expressam sempre, em média, a grandeza do dinheiro existente como tesouro, e parte desse tesouro consiste, por sua vez, em papéis, meros direitos sobre ouro, mas que não constituem valores em si. A maior parte do capital bancário é, portanto, puramente fictícia e consiste em títulos de dívidas (letras de câmbio), títulos públicos (que representam capital passado) e ações (direitos sobre rendimento futuro). Não se deve esquecer que o valor monetário do capital que esses papéis nas caixas-fortes do banqueiro representam – mesmo na medida em que são direitos sobre rendimentos seguros (como no caso dos títulos públicos) ou na medida em que são títulos de propriedade de capital real (como no caso das ações) – é completamente fictício e é regulado de modo a se desviar do valor do capital real que, pelo menos parcialmente, representam; ou, onde representam mero direito a rendimentos, e não capital, o direito ao mesmo rendimento se expressa num montante sempre variável de capital monetário fictício. Além disso, esse capital fictício do banqueiro, em grande parte, não representa seu próprio capital, mas o do público, que o deposita com ele, com ou sem juros.

Os depósitos são sempre feitos em dinheiro, em ouro ou notas, ou em direitos sobre estes. Excetuado o fundo de reserva, que conforme as necessidades da circulação real se contrai ou se expande, esses depósitos se encontram, na realidade, sempre nas mãos, de um lado, dos capitalistas industriais e comerciantes, cujas letras de câmbio são descontadas com eles ou aos quais são feitos adiantamentos com eles; de outro lado, nas mãos de negociantes de títulos (corretores da Bolsa), ou nas mãos de particulares que vendem seus títulos, ou nas mãos do governo (no caso de títulos do Tesouro e de novos empréstimos). Os próprios depósitos desempenham duplo papel. Por um lado, como acabamos de expor, são emprestados como capital portador de juros e, portanto, não se encontram nas caixas dos bancos, mas figuram apenas em sua contabilidade como crédito dos depositantes. Por outro lado, funcionam como meros registros contábeis, à medida que os créditos recíprocos dos depositantes se equalizam mediante cheques sobre seus depósitos e são compensados entre si; nisso é inteiramente indiferente se os depósitos se encontram junto ao mesmo banqueiro, de modo que este compense as diversas contas mutuamente, ou se isso se dá em bancos diferentes, que trocam os cheques entre si e apenas pagam as diferenças.

Com o desenvolvimento do capital portador de juros e do sistema de crédito, todo capital parece duplicar e às vezes triplicar pelo modo diverso em que o mesmo capital ou simplesmente o mesmo título de dívida aparece, em diferentes mãos, sob diversas formas.[3] A maior parte desse "capital monetário" é puramente fictícia. Todos os depósitos, excetuado o fundo de reserva, são apenas créditos contra o banqueiro, mas nunca existem em depósito. À medida que servem para operações de compensação, funcionam como capital para os banqueiros, depois de estes os terem emprestado. Eles pagam entre si os direitos recíprocos sobre os depósitos não existentes mediante compensação mútua desses créditos.

A. Smith, com respeito ao papel que o capital desempenha nos empréstimos de dinheiro, diz:

> Mesmo nos negócios monetários, no entanto, o dinheiro é, por assim dizer, apenas a adjudicação que transfere de uma mão para outra os capitais para os quais seus proprietários não têm aplicação. Esses capitais podem exceder em quase qualquer proporção o montante de dinheiro que serve de instrumento para sua transferência; as mesmas peças monetárias servem sucessivamente tanto para muitos empréstimos diferentes quanto para muitas compras diferentes. Por exemplo, A empresta a W 1000 libras esterlinas, com as quais W compra imediatamente de B mercadorias por 1000 libras esterlinas. Como B, ele mesmo, não tem aplicação para o dinheiro, ele empresta as mesmas peças monetárias a X, com as quais X imediatamente compra mercadorias por 1000 libras esterlinas de C. Da mesma maneira e pelo mesmo motivo, C empresta o dinheiro a Y, que compra com ele mercadorias de D. Assim, as mesmas peças de ouro ou de papel podem, no decorrer de poucos dias, servir para mediar três empréstimos diferentes e três compras diferentes, dos quais cada um é igual ao valor do montante total dessas peças. O que os três homens de dinheiro A, B e C transferiram aos três mutuários W, X e Y é o poder

> de fazer essas compras. Nesse poder consiste tanto o valor quanto a utilidade desses empréstimos. O capital emprestado pelos três homens de dinheiro é igual ao valor das mercadorias que com ele podem ser compradas e é três vezes maior que o valor do dinheiro com que se efetuam as compras. Apesar disso, todos esses empréstimos podem ser completamente seguros, pois as mercadorias compradas pelos diferentes devedores com eles são empregadas de tal maneira que, no devido tempo, dão um retorno de valor igual em ouro ou papel-moeda, inclusive um lucro. E, do mesmo modo que as mesmas peças monetárias podem servir para a mediação de empréstimos diferentes até três ou mesmo trinta vezes seu valor, elas podem servir, sucessivamente, de novo como meio de restituição. (Livro 2, cap. 4)[I]

Assim como a mesma peça monetária pode efetuar diferentes compras, conforme a velocidade de sua circulação, ela pode servir igualmente para realizar diferentes empréstimos, pois as compras fazem-na passar de uma mão para outra, e o empréstimo é apenas uma transferência de uma mão para outra, que não é mediada por nenhuma compra. Para cada um dos vendedores, o dinheiro representa a forma transmutada de sua mercadoria; hoje em dia, em que todo valor é expresso como valor-capital, ele representa nos diversos empréstimos, sucessivamente, diferentes capitais, o que constitui apenas outra maneira de expressar a proposição anterior de que ele pode realizar, sucessivamente, diferentes valores-mercadorias. Ao mesmo tempo, serve como meio de circulação para transferir os capitais materiais de uma mão para outra. Nos empréstimos, não passa de uma mão para outra como meio de circulação. Enquanto permanece nas mãos do prestamista, não é meio de circulação, mas existência de valor de seu capital. E é nessa forma que ele o transfere, via empréstimo, a um terceiro. Se A tivesse emprestado o dinheiro a B, e B a C, sem a mediação das compras, o mesmo dinheiro não representaria três capitais, mas apenas um, somente *um* valor-capital. Quantos capitais ele realmente representa depende de quantas vezes funciona como forma-valor de diferentes capitais-mercadorias.

O mesmo que A. Smith diz dos empréstimos em geral aplica-se aos depósitos, que são apenas um nome específico para os empréstimos que o público faz aos banqueiros. As mesmas peças monetárias podem servir como instrumento para um número qualquer de depósitos.

> É inquestionavelmente verdadeiro que as 1000 libras esterlinas que alguém hoje deposita com A são despendidas de novo amanhã para formar

---

I A. Smith, *An Inquiry into the Nature and Causes of the Wealth of Nations*. Aberdeen/London, 1848, p. 236. [N. E. A.]

um depósito com B. No dia seguinte, desembolsadas por B, podem formar um depósito com C, e assim por diante, até o infinito. As mesmas 1000 libras esterlinas em dinheiro podem, por isso, mediante uma série de transferências, multiplicar-se numa soma absolutamente indeterminável de depósitos. É possível, portanto, que $9/10$ de todos os depósitos do Reino Unido não tenham outra existência além de seu registro nos livros dos banqueiros, os quais, por sua vez, têm de prestar conta deles. [...] Assim, por exemplo, na Escócia, onde a circulação monetária jamais excedeu 3 milhões de libras esterlinas, os depósitos no entanto atingem 27 milhões. Se não houver uma corrida geral aos bancos pelos depósitos, as mesmas 1000 libras esterlinas, voltando pelo caminho de que vieram, podem liquidar, com a mesma facilidade, uma soma igualmente indeterminável. Uma vez que as mesmas 1000 libras esterlinas com as quais, hoje, alguém liquida uma dívida com um negociante podem, amanhã, liquidar a dívida deste com o comerciante e, no dia seguinte, a dívida do comerciante com o banco, e assim por diante, sem fim; do mesmo modo, as mesmas 1000 libras esterlinas podem passar de mão em mão e de banco em banco, saldando qualquer soma imaginável de depósitos. (*The Currency Theory Reviewed*, pp. 62–63)

Como nesse sistema de crédito tudo se duplica e triplica e se transforma em mera quimera, isso também se aplica ao "fundo de reserva", onde por fim se supunha agarrar algo sólido.

Ouçamos de novo o Sr. Morris, presidente do Banco da Inglaterra:

> As reservas dos bancos particulares encontram-se nas mãos do Banco da Inglaterra, na forma de depósitos. A primeira consequência de uma exportação de ouro parece afetar apenas o Banco da Inglaterra; mas atingiria também as reservas dos outros bancos, pois é a retirada de parte da reserva que eles possuem em nosso Banco. Do mesmo modo, afetaria as reservas de todos os bancos provinciais. (*Commercial Distress*, 1847–48 [n. 3639, 3642])

Finalmente, os fundos de reserva se reduzem, pois, na realidade, ao fundo de reserva do Banco da Inglaterra.[4] Mas também esse fundo de reserva, por sua vez, tem existência dupla. O fundo de reserva do *banking department* é igual ao excesso de notas, que o banco está autorizado a emitir, sobre as notas que estão em circulação. O máximo legal das notas a serem emitidas é = 14 milhões (pelo qual não se exige reserva metálica; é aproximadamente o montante da dívida do Estado ao Banco) mais o montante de reservas de metais preciosos do Banco. Se, portanto, essas reservas = 14 milhões de libras esterlinas, então o Banco pode emitir em notas 28 milhões de libras esterlinas, e, se destas, 20 milhões circulam, então o fundo de reserva do *banking department* = 8 milhões. Esses 8 milhões em notas constituem então, legalmente, o capital do banqueiro, do qual o Banco tem de dispor e, ao mesmo tempo, o fundo de reserva para seus depósitos. Se ocorrer uma exportação de ouro que reduza a reserva metálica em 6 milhões – pelo que o mesmo montante em notas tem de ser destruído –, a reserva do *banking department* cairia de 8 para 2 milhões. Por um lado, o Banco elevaria então consideravelmente sua taxa de juros, por outro, os bancos que nele têm depósitos e os outros depositantes veriam diminuir consideravelmente o fundo de reserva para seus próprios créditos no Banco. Em 1857, os quatro maiores bancos por ações de Londres ameaçaram, se o Banco da Inglaterra não conseguisse uma "carta do governo" suspendendo[5] a lei bancária de 1844, retirar seus depósitos, com o que o *banking department* estaria falido. Assim, o *banking department* pode falir, como em 1847, enquanto no *issue department* estão quantos milhões se queiram (por exemplo, 8 milhões em 1847), como garantia da conversibilidade das notas em circulação. Mas isso é, por sua vez, uma ilusão.

> "Grande parte dos depósitos, para a qual os próprios banqueiros não têm demanda imediata, passa às mãos dos *bill-brokers*" (literalmente corretores de letras de câmbio, virtualmente meio banqueiros), "que entregam ao banqueiro em troca, como garantia por seu adiantamento, letras de câmbio comerciais que eles já descontaram para pessoas de Londres e das províncias. O *bill-broker* é responsável perante o banqueiro pelo reembolso desse *money at call*" {dinheiro imediatamente reembolsável quando solicitado}; "e esses negócios são de tal magnitude que o Sr. Neave, o atual presidente do Banco" {da Inglaterra}, "diz, em seu depoimento: 'Sabemos que um *broker* tinha 5 milhões e temos razões para supor que outro tinha entre 8 e 10 milhões; um tinha 4, outro 3½, um terceiro mais de 8. Falo de depósitos com os *brokers*'." (*Report of Committee on Bank Acts*, 1857–58. p. v, § n. 8)

> "Os *bill-brokers* de Londres [...] realizavam seus enormes negócios sem nenhuma reserva em espécie; confiavam nas entradas pelas letras que se venciam sucessivamente ou, em caso de necessidade, em seu poder de obter adiantamentos do Banco da Inglaterra contra depósito das letras por eles descontadas." [Ibid., p. VIII, § 17] – "Duas firmas de *bill-brokers* em Londres suspenderam seus pagamentos em 1847; ambas retomaram os negócios mais tarde. Em 1857, suspenderam-nos novamente. Em 1847, o passivo de uma das firmas era, em números redondos, de 2 683 000 libras esterlinas, para um capital de 180 000 libras esterlinas; seu passivo em 1857 era = 5 300 000 milhões de libras esterlinas, enquanto o capital provavelmente não ultrapassava um quarto do que fora em 1847. O passivo da outra firma esteve das duas vezes entre 3 e 4 milhões, para um capital de não mais de 45 000 libras esterlinas." (Ibid., p. XXI, § 52)

CAPÍTULO 30

CAPITAL MONETÁRIO E CAPITAL REAL I

Os únicos problemas difíceis de que nos aproximamos agora, em conexão com o sistema de crédito, são os seguintes:

Primeiro: A acumulação do capital monetário propriamente dito. Até que ponto é e até que ponto não é indicadora de acumulação real de capital, isto é, de reprodução em escala ampliada? A assim chamada pletora do capital, uma expressão que sempre se aplica somente ao capital portador de juros, isto é, ao capital monetário, é apenas uma maneira especial de expressar a superprodução industrial ou ela constitui um fenômeno particular ao lado dela? Coincide essa pletora, essa superoferta de capital monetário, com a existência de massas de dinheiro estagnadas (barras, moedas de ouro e cédulas bancárias), de modo que esse excesso de dinheiro real é expressão e forma de manifestação daquela pletora de capital de empréstimo?

E *segundo*: Até que ponto o aperto monetário, isto é, a escassez de capital de empréstimo, expressa uma escassez de capital real (capital-mercadoria e capital produtivo)? Até que ponto ele coincide, por outro lado, com a escassez de dinheiro enquanto tal, escassez de meios de circulação?

Na medida em que observamos a forma peculiar da acumulação do capital monetário e da riqueza monetária em geral, até agora, ela se reduziu à acumulação de direitos da propriedade sobre o trabalho. A acumulação do capital da dívida pública significa, conforme se mostrou, apenas a multiplicação de uma classe de credores do Estado autorizados a retirar antecipadamente para si certas somas do montante dos impostos.[6] Nesses fatos, de que até uma acumulação de dívidas pode aparecer como acumulação de capital, revela-se o ápice da distorção que tem lugar no sistema de crédito. Esses certificados de dívida, que são emitidos sobre o capital originalmente emprestado e há muito despendido, essas duplicatas de papel de capital extinto, funcionam como capital para seus proprietários na medida em que são mercadorias vendáveis e, por isso, podem ser retransformados em capital.

Os títulos de propriedade sobre empresas por ações, ferrovias, minas etc. são, de fato, conforme igualmente vimos, títulos sobre capital real. Entretanto, não dão possibilidade de dispor desse capital. Ele não pode ser retirado. Apenas dão direitos a uma parte da mais-valia a ser produzida pelo mesmo. Mas esses títulos se tornam também duplicatas de papel do capital real, como se o conhecimento de carga recebesse um valor além do da carga e simultaneamente com ela. Tornam-se representantes nominais de capitais inexistentes. Pois o capital real existe a seu lado e não muda ao todo de mãos pelo fato de essas duplicatas mudarem de mãos. Tornam-se formas do capital portador de juros não apenas por assegurar certos rendimentos, mas também porque, pela venda, pode ser conseguido seu reembolso como valores-capitais. Na medida em que a acumulação desses papéis expressa a acumulação de ferrovias, minas, navios etc., ela expressa a ampliação do processo real de reprodução, do mesmo modo que a ampliação de uma relação de impostos sobre, por exemplo, bens móveis indica a expansão desses bens. Mas, como duplicatas que, em si mesmas, são negociáveis como mercadorias e, por isso, circulam como valores-capitais, elas são ilusórias e seu montante de valor pode cair ou subir de modo inteiramente independente do movimento de valor do capital real, sobre o qual são títulos. O montante de seu valor, isto é, sua cotação na Bolsa, tem necessariamente a tendência a subir com a queda da taxa de juros, na medida em que esta, independentemente dos movimentos peculiares do capital monetário, é simples consequência da queda tendencial da taxa de lucro; de modo que essa riqueza imaginária, de acordo com a expressão de valor de cada uma de suas partes alíquotas de determinado valor nominal original, só por essa razão se expande com o desenvolvimento da produção capitalista.[7]

Ganhar e perder pelas flutuações de preço desses títulos de propriedade, bem como sua centralização nas mãos dos reis das ferrovias etc., torna-se virtualmente mais e mais resultado do jogo, que toma o lugar do trabalho, como modo original de adquirir propriedade do capital, e também o lugar da violência direta. Essa espécie de riqueza monetária imaginária não apenas constitui uma parte muito considerável da riqueza monetária dos particulares, mas também do capital dos banqueiros, conforme já mencionamos.

Poder-se-ia também entender por acumulação do capital monetário – mencionamos isto só de passagem para liquidá-lo rapidamente – a acumulação da riqueza nas mãos dos banqueiros (prestamistas de dinheiro por profissão), como mediadores entre os capitalistas monetários privados, por um lado, e o Estado, os municípios e os mutuários reprodutores, por outro; pelo fato de que toda a enorme expansão do sistema de crédito, todo o crédito em geral, é explorada por eles como se fosse seu capital privado. Esses sujeitos possuem o capital e a receita sempre em forma-dinheiro ou em direitos diretos sobre dinheiro. A acumulação da fortuna dessa classe pode efetuar-se em direção bem diversa da acumulação real; demonstra, porém, em todo caso, que essa classe embolsa boa parte desta última.

Para examinar a questão em pauta em limites mais estreitos: títulos da dívida pública, assim como ações e outros títulos de todas as espécies, são esferas de investimento para capital emprestável, para capital destinado a se tornar portador de juros. São formas de emprestá-lo. Mas não são, eles mesmos, o capital de empréstimo que é investido neles. Por outro lado, na medida em que o crédito desempenha um papel direto no processo de reprodução: do que o industrial ou o comerciante precisa, quando quer que se lhe descontem letras ou se lhe conceda um empréstimo, não é de ações nem de títulos públicos. Ele precisa é de dinheiro. Ele empenha ou vende, portanto, aqueles títulos se não puder arrumar o dinheiro de outro modo. É a acumulação *desse* capital de empréstimo que temos de examinar aqui, e especialmente a do capital monetário emprestável. Não se trata aqui de empréstimos de casas, máquinas ou outro capital fixo. Não se trata também dos adiantamentos que os industriais e comerciantes fazem entre si em mercadorias, dentro do círculo do processo de reprodução; embora tenhamos de examinar antes esse ponto mais de perto; trata-se exclusivamente dos empréstimos em dinheiro que são feitos pelos banqueiros, como intermediários, aos industriais e comerciantes.

Comecemos, pois, com a análise do crédito comercial, isto é, do crédito que os capitalistas ocupados na reprodução se concedem mutuamente. Ele constitui a base do sistema de crédito. Seu representante é a letra de câmbio, certificado de dívida com prazo determinado de vencimento, *document of deferred payment* [documento de pagamento diferido]. Cada um dá crédito com uma mão e recebe crédito com a outra. Abstraiamos, por enquanto, do crédito bancário, que constitui outro momento essencialmente diferente. À medida que essas letras circulam entre os próprios comerciantes de novo como meio de pagamento, mediante endosso de um para outro, mas em que o desconto não interfere, trata-se somente de uma transferência do título de crédito de A para B e não altera absolutamente nada no contexto. Apenas coloca uma pessoa no lugar de outra. E, mesmo nesse caso, a liquidação pode efetuar-se sem interferência de dinheiro. O fiandeiro A, por exemplo, tem de pagar uma letra ao corretor de algodão B, e este ao importador C. Se agora C também exporta fio, o que frequentemente acontece, pode comprar fio de A com letras, e o fiandeiro A pode cobrir o corretor B mediante a própria letra deste, recebida de C em pagamento, havendo, no máximo, um saldo em dinheiro a ser pago. Toda a transação medeia, então, apenas o intercâmbio de algodão e fio. O exportador representa apenas o fiandeiro; o corretor, o plantador de algodão.

No circuito desse crédito puramente comercial, cabe agora observar duas coisas:

Primeira: A liquidação desses débitos recíprocos depende do refluxo do capital, isto é, de *M–D*, que está simplesmente diferido. Se o fiandeiro recebeu uma letra do fabricante de chita, então o fabricante de chita só pode pagar se a chita que tem no mercado, no entretempo, tiver sido vendida. Se o especulador de cereais deu uma letra de câmbio a seu agente, então o agente pode pagar o dinheiro, se entrementes o cereal tiver sido vendido ao preço esperado. Esses pagamentos dependem, portanto, da fluidez da reprodução, isto é, dos processos de produção e de consumo. Mas, uma vez que os créditos são mútuos, a capacidade de pagar de um depende ao mesmo tempo da capacidade de pagar do outro; pois, ao emitir a letra, aquele pode ter contado ou com o refluxo do capital em seu próprio negócio ou com o refluxo no negócio de um terceiro, que no entretempo tem de lhe pagar uma letra. Abstraindo da perspectiva de refluxos, o pagamento somente pode se tornar possível por meio de capital de reserva de que disponha o emissor da letra para poder cumprir seus compromissos no caso de se retardarem os refluxos.

Segunda: Esse sistema de crédito não elimina a necessidade de pagamentos monetários em espécie. Por um lado, grande parte das despesas deve sempre ser paga em espécie: salários, impostos etc. Por outro lado, pode ocorrer, por exemplo, que B, que recebeu uma letra de C em lugar do pagamento, tenha, antes que essa letra vença, de pagar a D uma letra vencida e, para isso, precisa de dinheiro em espécie. Um ciclo tão perfeito de reprodução como o suposto acima, do plantador de algodão até o fiandeiro de algodão e vice-versa, só pode constituir uma exceção e não pode deixar de ser sempre interrompido em muitos pontos. Ao examinar o processo de reprodução (Livro 2, Seção III), vimos que os produtores do capital constante intercambiam, em parte, capital constante entre si. Por isso, as letras de câmbio podem se compensar mais ou menos. O mesmo acontece na linha ascendente da produção, em que o corretor de algodão tem de sacar sobre o fiandeiro, o fiandeiro sobre o fabricante de chita, este sobre o exportador e este sobre o importador (talvez, novamente, de algodão). Mas não ocorre, ao mesmo tempo, um ciclo das transações e, portanto, reversão da linha de créditos. O crédito, por exemplo, do fiandeiro contra o tecelão não é liquidado pelo crédito do fornecedor de carvão contra o construtor de máquinas; o fiandeiro, em seu negócio, nunca tem de conceder créditos compensatórios ao construtor de máquinas, pois seu produto, o fio, jamais entra como elemento no processo de reprodução deste. Tais créditos têm de ser, portanto, saldados em dinheiro.

Os limites desse crédito comercial, considerado em si, são 1) a riqueza dos industriais e comerciantes, isto é, sua disponibilidade de capital de reserva, no caso de retardo dos refluxos; 2) esses próprios refluxos. Estes podem retardar-se temporariamente, ou os preços das mercadorias podem cair, no entretempo, ou a mercadoria pode momentaneamente se tornar invendável, caso haja paralisação dos mercados. Quanto maior o prazo de vencimento das letras de câmbio, tanto maior tem de ser o capital de reserva e tanto maior é a possibilidade de uma diminuição ou retardamento do refluxo por queda de preço ou saturação dos mercados. E, além disso, os retornos serão tanto mais inseguros quanto mais a transação originária tiver sido condicionada pela especulação sobre alta ou baixa dos preços das mercadorias. É claro, entretanto, que, com o desenvolvimento da força produtiva do trabalho e, por conseguinte, da produção em grande escala, 1) os mercados se expandem e se afastam do local de produção, 2) por isso, os créditos têm de prolongar-se e, portanto, 3) o elemento especulativo deve dominar cada vez mais as transações. A produção em grande escala e para mercados distantes lança o produto total nas mãos do comércio; mas é impossível que o capital da nação se duplique, de modo que o comércio seja em si capaz de comprar e revender, com capital próprio, todo o produto nacional. O crédito é aqui, portanto, indispensável; crédito que cresce, em volume, ao crescer o montante de valor da produção e, em duração, com o distanciamento cada vez maior dos mercados. Ocorre aqui efeito recíproco. O desenvolvimento do processo de produção amplia o crédito, e o crédito leva à expansão das operações industriais e mercantis.

Se observamos esse crédito separado do crédito do banqueiro, então é claro que ele cresce com o volume do próprio capital industrial. Capital de empréstimo e capital industrial são aqui idênticos; os capitais emprestados são capitais-mercadorias, destinados ao consumo individual final ou à reposição dos elementos constantes do capital produtivo. O que aparece aqui, pois, como capital emprestado é sempre capital que se encontra em determinada fase do processo de reprodução, mas que passa, mediante compra e venda, de uma mão para outra, enquanto o equivalente dele é pago [pelo] comprador apenas mais tarde, no prazo estipulado. O algodão, por exemplo, passa contra letra de câmbio às mãos do fiandeiro, o fio, contra letra, às mãos do fabricante de chita, a chita, contra letra, às mãos do comerciante, das mãos deste, contra letra, para as do exportador, das mãos do exportador, contra letra, para as de um comerciante na Índia, que a vende para comprar índigo etc. Durante essa passagem de uma mão para outra, o algodão realiza sua transformação em chita, a chita é finalmente transportada para a Índia e trocada por índigo, que é embarcado para a Europa e ali entra, novamente, no processo de reprodução. As diferentes fases do processo de reprodução são aqui mediadas pelo crédito sem que o fiandeiro tenha pago o algodão, o fabricante de chita, o fio, o comerciante, a chita etc. Nos primeiros atos do processo, a mercadoria, o algodão, passa por suas diferentes fases de produção, e essa passagem é mediada pelo crédito. Mas, tão logo o algodão tenha recebido na produção sua última forma como mercadoria, o mesmo capital-mercadoria passa apenas pelas mãos de diversos comerciantes, que medeiam o transporte ao mercado distante, sendo que o último vende-a finalmente ao consumidor e, em troca, compra outra mercadoria que entra ou no consumo ou no processo de reprodução. Há que distinguir aqui, pois, duas etapas: na primeira, o crédito medeia as fases sucessivas reais na produção do mesmo artigo; na segunda, simplesmente a passagem das mãos de um comerciante às de outro, que inclui o transporte, isto é, o ato *M–D*. Mas, também aqui, a mercadoria sempre se encontra ao menos no ato de circulação, portanto numa fase do processo de reprodução.

O que consequentemente é aqui emprestado nunca é capital desocupado, mas capital que, nas mãos de seu possuidor, tem de mudar sua forma, que existe numa forma em que para ele é simples capital-mercadoria, isto é, capital que tem de ser retransformado e especificamente, ao menos de início, convertido em dinheiro. É, portanto, a metamorfose da mercadoria que aqui é mediada pelo crédito; não apenas *M–D*, mas também *D–M* e o processo real de produção. Muito crédito dentro do ciclo reprodutivo – abstraindo-se do crédito do banqueiro – não significa muito capital desocupado, que é oferecido para empréstimo e procura investimento lucrativo, mas: grande ocupação de capital no processo de reprodução. O crédito medeia aqui, portanto, 1) à medida que se consideram os capitalistas industriais, a transição do capital industrial de uma fase a outra, a conexão entre as esferas da produção que se pertencem e se encaixam umas nas outras; 2) à medida que se consideram os comerciantes, o transporte e a passagem das mercadorias de uma mão para outra até sua venda definitiva por dinheiro ou seu intercâmbio por outra mercadoria.

O máximo de crédito é aqui igual à mais plena ocupação do capital industrial, isto é, à ativação extrema de sua força de reprodução, sem preocupação com os limites do consumo. Esses limites do consumo são ampliados pela própria ativação do processo de reprodução; esta aumenta, por um lado, o consumo de *revenue* por trabalhadores e capitalistas e, por outro, é idêntica à ativação do consumo produtivo.

Enquanto o processo de reprodução mantém a fluidez, assegurando com isso o refluxo do capital, esse crédito perdura e se expande, e sua expansão se baseia na expansão do próprio processo de reprodução. Tão logo ocorre uma estagnação, em consequência de refluxos retardados, mercados saturados ou preços em queda, há excesso de capital industrial, mas numa forma em que não pode desempenhar sua função. Massas de capital-mercadoria, mas invendáveis. Massas de capital fixo, mas, em virtude da paralisação da reprodução, em grande parte desocupadas. O crédito contrai-se 1) porque esse capital está desocupado, isto é, paralisado numa das fases de sua reprodução, porque não pode completar sua metamorfose; 2) porque a confiança na fluidez do processo de reprodução está quebrada; 3) porque a demanda por esse crédito comercial diminui. O fiandeiro que reduz sua produção e tem grande estoque de fio não vendido não precisa comprar algodão a crédito; o comerciante não precisa comprar mercadorias a crédito, porque as que tem são mais que suficientes.

Se, portanto, ocorre uma perturbação nessa expansão ou simplesmente na ativação normal do processo de reprodução, então com isso também o crédito escasseia; fica mais difícil obter mercadorias a crédito. Mas é particularmente a exigência de pagamento em espécie e a precaução na venda a crédito o que caracteriza a fase do ciclo industrial após a crise. Na própria crise, quando todos têm de vender e não podem vender e ainda assim são obrigados a vender para pagar, a massa, não do capital desocupado, à procura de aplicação, mas do capital travado no processo de reprodução, é justamente então a maior, quando também é maior a escassez de crédito (e, por isso, a taxa de desconto, no crédito do banqueiro, está no máximo). O capital já desembolsado está então de fato desocupado em massa, porque o processo de reprodução está paralisado. Fábricas ficam paradas, matérias-primas se amontoam, produtos acabados abarrotam, como mercadorias, o mercado. Nada mais falso, portanto, que atribuir tal situação à falta de capital produtivo. Exatamente então tem lugar excesso de capital produtivo, em parte com relação à escala normal, mas momentaneamente contraída, da reprodução, em parte com relação ao consumo paralisado.

Imaginemos toda a sociedade composta apenas de capitalistas industriais e trabalhadores assalariados. Abstraiamos, além disso, as flutuações de preços, que impedem grandes porções do capital total de se repor em suas proporções médias e que, em virtude da interdependência geral de todo o processo de reprodução, como nomeadamente o crédito o desenvolve, têm sempre de provocar paralisações temporárias gerais. Abstraiamos igualmente os pseudonegócios e as transações especulativas, que o sistema de crédito estimula. Então, uma crise somente seria explicável por desproporção da produção nos diversos ramos e por uma desproporção do consumo dos próprios capitalistas para com sua acumulação. Mas, como as coisas são, a reposição dos capitais investidos na produção depende, em grande parte, da capacidade de consumo das classes não produtivas; enquanto a capacidade de consumo dos trabalhadores está limitada em parte pelas leis de salário, em parte pela circunstância de só serem empregados enquanto puderem ser empregados com lucro para a classe capitalista. A razão última de todas as crises reais é sempre a pobreza e a restrição ao consumo das massas em face do impulso da produção capitalista para desenvolver as forças produtivas como se apenas a capacidade absoluta de consumo da sociedade constituísse seu limite.

Só se pode falar de escassez real de capital produtivo, pelo menos nas nações capitalistas desenvolvidas, no caso de malogro geral de colheitas, seja dos alimentos principais, seja das matérias-primas industriais mais importantes.

Mas agora a esse crédito comercial se soma o crédito monetário propriamente dito. Os adiantamentos dos industriais e comerciantes entre si se combinam com os adiantamentos de dinheiro a eles por parte dos banqueiros e dos prestamistas de dinheiro. No desconto das letras de câmbio, o adiantamento é apenas nominal. Um fabricante vende seu produto contra letra e desconta essa letra num *bill-broker*. Na realidade, este adianta apenas o crédito de seu banqueiro, que, por sua vez, lhe adianta o capital monetário de seus depositantes, constituídos pelos próprios industriais e comerciantes, mas também por trabalhadores (por meio de caixas econômicas), pelos que usufruem rendas fundiárias e demais classes improdutivas. Assim, para cada fabricante ou comerciante individual se contornam tanto a necessidade de um forte capital de reserva quanto a dependência dos refluxos reais. Por outro lado, porém, em parte devido à simples emissão de letras frias, em parte devido a negócios de mercadorias realizados somente com a finalidade de fabricar letras, todo o processo se complica tanto que a aparência de negócios sólidos e de refluxos rápidos pode subsistir tranquilamente depois que os refluxos, na realidade, já tiverem sido há muito feitos à custa, em parte, de prestamistas defraudados e, em parte, de produtores defraudados. Por isso, os negócios parecem quase exageradamente sadios justamente antes da crise. A melhor prova disso fornecem, por exemplo, os *Reports on Bank Acts* de 1857 e 1858, em que todos os diretores de bancos, comerciantes, em suma, todos os peritos convocados, Lorde Overstone à frente deles, se felicitavam mutuamente pelo florescimento e saúde dos negócios – exatamente um mês antes de rebentar a crise de agosto de 1857. E curiosamente Tooke, em sua *History of Prices*, passa outra vez por essa ilusão, como historiador, a cada crise. Os negócios estão sempre fundamentalmente sadios e a campanha em pleno avanço, até que subitamente ocorre o colapso.

Voltamos agora à acumulação do capital monetário.

Nem todo aumento do capital monetário emprestável indica acumulação real de capital ou ampliação do processo de reprodução. Isso se torna mais claramente visível na fase do ciclo industrial que segue imediatamente após a crise ser ultrapassada, quando grandes massas de capital de empréstimo estão sem aplicação. Em tais momentos, em que o processo de produção está restrito (a produção nos distritos industriais ingleses reduziu em um terço após a crise de 1847), em que os preços das mercadorias atingem seu nível mais baixo, em que o espírito empresarial está paralisado, o nível da taxa de juros é baixo, o que, aqui, não indica nada além do aumento do capital emprestável justamente pela contração e paralisação do capital industrial. Que menos meios de circulação são necessários com queda dos preços das mercadorias, transações diminuídas e contração do capital desembolsado em salários; que, por outro lado, após a liquidação das dívidas ao estrangeiro, em parte por exportação de ouro e em parte por falências, dinheiro adicional para a função de dinheiro mundial não é necessário; e que, finalmente, o volume do negócio de desconto de letras diminui com o número e os montantes dessas próprias letras – tudo isso é evidente. A demanda por capital monetário emprestável, seja para meio de circulação, seja para meio de pagamento (não se fala ainda de novos investimentos de capital), diminui, portanto, e ele se torna com isso relativamente abundante. Mas a oferta de capital monetário emprestável, nessas circunstâncias, também aumenta positivamente, como se verá mais tarde.

Assim, após a crise de 1847, reinava "restrição das transações e grande excedente de dinheiro" (*Comm. Distress*, 1847-48. Dep[oimento] n. 1664). A taxa de juros era muito baixa em virtude da "destruição quase completa do comércio e da ausência quase total de possibilidades de investir dinheiro". (Ibid., p. 45. Depoimento de Hodgson, diretor do Royal Bank of Liverpool.) Podem-se ver os disparates que esses senhores (e Hodgson ainda é um dos melhores) inventam para explicar isso na seguinte passagem:

> "O aperto" (de 1847) "surgiu de uma diminuição real do capital monetário no país, causada, em parte, pela necessidade de pagar as importações de todas as regiões do mundo em ouro e, em parte, pela transformação de capital de circulação (*floating capital*) em capital fixo". (Ibid., p. 63)

Como a transformação de capital de circulação em fixo deve diminuir o capital monetário do país não dá para ver, uma vez que, por exemplo, no caso das ferrovias – em que mais se imobilizava capital, na época –, não se usam ouro nem papel em viadutos e vias, e o dinheiro para as ações ferroviárias, na medida em que era depositado simplesmente em pagamento, funcionava como qualquer outro dinheiro depositado nos bancos e mesmo aumentava momentaneamente, como já mostramos acima, o capital monetário emprestável; e, na medida em que era desembolsado realmente na construção, rolava pelo país como meio de compra e de pagamento. Apenas na medida em que capital fixo não é artigo exportável, portanto que, com a impossibilidade de exportação, desaparece também o capital disponível, arrumado mediante os retornos por artigos exportados, portanto também os retornos em espécie ou em barras, só nessa medida o capital monetário poderia ser afetado. Mas também artigos ingleses de exportação estavam estocados em massa como invendáveis nos mercados externos. Para os comerciantes e fabricantes de Manchester etc., que imobilizaram parte de seu capital operacional normal em ações ferroviárias e, por isso, dependiam de capital de empréstimo para operar seus negócios, seu *floating capital* fixara-se, de fato, e por isso tinham de arcar com as consequências. Mas teria ocorrido o mesmo se tivessem investido o capital pertencente a seu negócio, e retirado deste, em vez de em ferrovias, por exemplo, em minas, cujo produto, por sua vez, é *floating capital*, ferro, carvão, cobre etc. – A diminuição real do capital monetário disponível devida a más colheitas, importação de cereais e exportação de ouro era naturalmente um acontecimento que nada tinha a ver com a fraude ferroviária.

> "Quase todas as casas comerciais tinham começado a esfomear mais ou menos seus empreendimentos para investir o dinheiro em ferrovias." [Ibid., p. 42] – "Os adiantamentos tão extensos que foram concedidos às ferrovias pelas casas comerciais induziram estas a apoiar-se demasiadamente nos bancos, por meio de desconto de letras, para continuar operando assim seus negócios comerciais." (O mesmo Hodgson, ibid., p. 67) "Em Manchester houve perdas imensas pela especulação com ferrovias." (R. Gardner, já citado no Livro 1, cap. 13, [parte] 3, c, e em outras partes desta obra, depoimento n. 4884, ibid.)

Uma das principais causas da crise de 1847 foi a colossal saturação dos mercados e a fraude ilimitada no comércio de mercadorias das Índias Orientais. Mas outras circunstâncias também levaram à falência casas muito ricas desse ramo:

> Possuíam recursos abundantes, mas não era possível torná-los líquidos. Todo o seu capital estava imobilizado em propriedades fundiárias nas Ilhas Maurício ou em fábricas de índigo e açúcar. Quando então contraíram obrigações que atingiam 500 000–600 000 libras esterlinas, eles não tinham recursos líquidos para pagar suas letras, e finalmente se evidenciou que, para pagá-las, tinham de fiar-se totalmente em seu crédito. (C. Turner, grande comerciante das Índias Orientais em Liverpool, n. 730, ibid.)

Ainda Gardner (n. 4872, ibid.):

> "Imediatamente após o tratado chinês, apresentaram-se ao país perspectivas tão amplas de uma imensa expansão do comércio com a China que muitas grandes fábricas foram construídas expressamente para esse negócio, a fim de fabricar tecidos de algodão, que tinham saída principalmente no mercado chinês, e elas se somaram a todas as nossas fábricas já existentes". – 4874. "Como decorreu esse negócio? – De maneira tão ruinosa que desafia qualquer descrição; não acredito que, de todos os embarques feitos para a China em 1844 e 1845, tenham jamais retornado mais de ⅔ do montante; como o chá é o artigo principal de exportação chinesa e como nos ofereceram expectativas tão grandes, nós fabricantes contávamos seguramente com uma grande redução das taxas aduaneiras sobre o chá."

E agora vem, expresso com ingenuidade, o credo característico do fabricante inglês:

> Nosso comércio com um mercado externo não está limitado pela capacidade deste em comprar as mercadorias, mas é limitado aqui no país por nossa capacidade de consumir os produtos que recebemos em troca de nossos produtos industriais.

(Os países relativamente pobres com que a Inglaterra comercia podem naturalmente pagar por qualquer quantidade possível de manufaturas inglesas e consumi-las, mas infelizmente a rica Inglaterra não pode digerir os produtos recebidos em troca.)

> 4876. "No início, enviei algumas mercadorias para o exterior que foram vendidas com cerca de 15% de prejuízo, com a firme convicção de que o preço a que os meus agentes poderiam comprar chá, na revenda aqui, daria um lucro tão grande que cobriria esse prejuízo; mas, em vez de ter lucro, perdi às vezes 25 e até 50%." – 4877. "Exportavam os fabricantes por conta própria? – Principalmente; os comerciantes, parece, logo perceberam que do negócio nada se obteria e animaram os fabricantes a fazer consignações em vez de eles mesmos participarem dele."

Em 1857, ao contrário, os prejuízos e falências recaíram principalmente sobre os comerciantes, pois dessa vez os fabricantes lhes cederam a tarefa de inundar os mercados estrangeiros "por conta própria".

Uma expansão do capital monetário que decorre da circunstância de que, em consequência da expansão do sistema bancário (ver mais adiante o exemplo de Ipswich, onde no curso de poucos anos, imediatamente antes de 1857, os depósitos dos arrendatários se quadruplicaram), aquilo que antes era tesouro particular ou reserva monetária transforma-se sempre, por determinado tempo, em capital emprestável, expressa tão pouco um aumento do capital produtivo quanto os depósitos crescentes nos bancos por ações de Londres, tão logo estes começaram a pagar juros sobre depósitos. Enquanto a escala de produção permanece a mesma, essa expansão leva apenas à abundância do capital monetário emprestável em face do capital produtivo. Daí taxa baixa de juros.

Se o processo de reprodução alcançou novamente a fase de prosperidade que precede à de ativação excessiva, então o crédito comercial alcança uma extensão muito grande, que, de fato, volta a ter como base "sadia" refluxos obtidos com facilidade e produção ampliada. Nessa situação, a taxa de juros ainda continua baixa, ainda que suba acima de seu mínimo. Na realidade, esse é o *único* momento em que se pode dizer que taxa de juros baixa e, por isso, abundância relativa de capital emprestável coincidem com expansão real do capital industrial. A facilidade e a regularidade dos refluxos, combinadas com um crédito comercial extenso, asseguram a oferta de capital de empréstimo, apesar da demanda aumentada, e impedem que o nível da taxa de juros suba. Por outro lado, só agora entram em cena, em grau perceptível, os cavalheiros que trabalham sem capital de reserva ou mesmo sem capital ao todo e, por isso, operam totalmente na base do crédito monetário. Acresce agora também a grande expansão do capital fixo em todas as formas e a abertura em massa de novas empresas de grande alcance. O juro sobe agora a seu nível médio. Volta a alcançar seu nível máximo tão logo a nova crise arrebenta, o crédito cessa subitamente, os pagamentos interrompem-se, o processo de reprodução é paralisado e, com as exceções anteriormente mencionadas, surge, ao lado da carência quase absoluta de capital de empréstimo, abundância de capital industrial desocupado.

Ao todo, o movimento do capital de empréstimo, como ele se exprime na taxa de juros, ocorre em direção oposta à do capital industrial. A fase em que a taxa de juros – baixa, mas superior ao nível mínimo – coincide com a "melhoria" e a confiança crescente, subsequentes à crise, e especialmente a fase em que ela alcança seu nível médio, o meio equidistante do mínimo e do máximo, só esses dois momentos expressam a coincidência entre capital de empréstimo abundante e grande expansão do capital industrial. Mas, no começo do ciclo industrial, a taxa de juros baixa coincide com a contração do capital industrial, e, no fim do ciclo, a taxa de juros alta coincide com a superabundância de capital industrial.

A taxa de juros baixa, que acompanha a "melhoria", expressa o fato de que o crédito comercial precisa do crédito bancário apenas em pequena medida, por se apoiar ainda sobre seus próprios pés.

Esse ciclo industrial é de tal natureza que o mesmo ciclo, uma vez dado o primeiro impulso, tem de reproduzir-se periodicamente.[8] Na situação de distensão, a produção cai abaixo do nível que atingiu no ciclo anterior e para o qual se criou agora a base técnica. Na prosperidade – no período médio –, ela continua a desenvolver-se sobre essa base. No período de superprodução e de fraude, ela ativa as forças produtivas ao máximo, até ultrapassar os limites capitalistas do processo de produção.

Que no período de crise faltem meios de pagamento é evidente por si mesmo. A conversibilidade das letras de câmbio substitui a própria metamorfose das mercadorias, e tanto mais precisamente nesse período quanto mais parte das casas comerciais trabalha meramente a crédito. Uma legislação bancária ignorante e errada, como a de 1844–45, pode agravar essa crise monetária. Mas nenhuma espécie de legislação bancária pode eliminar a crise.

Num sistema de produção em que toda a conexão do processo de reprodução repousa sobre o crédito, quando o crédito subitamente cessa e apenas o pagamento em espécie passa a valer, tem de sobrevir evidentemente uma crise, uma corrida violenta aos meios de pagamento. À primeira vista, a crise toda se apresenta, portanto, apenas como crise de crédito e crise monetária. E, de fato, trata-se apenas da conversibilidade das letras em dinheiro. Mas essas letras representam, em sua maioria, compras e vendas reais, cuja extensão, que ultrapassa de longe as necessidades sociais, está, em última instância, na base de toda a crise. Ao lado disso, entretanto, uma enorme quantidade dessas letras representa negócios meramente fraudulentos que agora vêm à luz do dia e estouram; além de especulações feitas com capital alheio, mas fracassadas; e, finalmente, capitais-mercadorias desvalorizados ou até invendáveis ou refluxos que jamais podem entrar. Todo esse sistema artificial de expansão forçada do processo de reprodução não pode naturalmente ser curado pelo fato de um banco, por exemplo o Banco da Inglaterra, dar a todos os caloteiros, em seu papel, o capital que lhes falta e comprar todas as mercadorias desvalorizadas por seus antigos valores nominais. De resto, tudo aparece aqui invertido, pois nesse mundo de papel o preço real e seus momentos reais nunca aparecem, mas apenas barras, dinheiro metálico, notas, letras de câmbio, títulos. Essa inversão aparece sobretudo nos centros em que se concentra todo o negócio monetário do país, como Londres: o processo integral se torna incompreensível; mas bem menos nos centros de produção.

De resto, quanto à superabundância de capital industrial, que se manifesta nas crises, há que observar: o capital-mercadoria é em si ao mesmo tempo capital monetário, isto é, determinada soma de valor expressa no preço da mercadoria. Como valor de uso, é determinado *quantum* de determinados objetos úteis, existente em excesso no momento da crise. Mas, como capital monetário em si, como capital monetário potencial, está sujeito a constante expansão e contração. Na véspera da crise e dentro da mesma, o capital-mercadoria, em sua qualidade de capital monetário potencial, está contraído. Representa para seu possuidor e para os credores deste (e como garantia de letras e empréstimos) menos capital monetário que ao tempo em que foi comprado e em que se efetuaram os descontos e os negócios pignoratícios baseados nele. Se deve ser esse o sentido da afirmação de que o capital monetário de um país em tempos de crise fica diminuído, então isso é idêntico à proposição de que caíram os preços das mercadorias. Tal colapso dos preços de resto apenas compensa sua inchação anterior.

As receitas das classes improdutivas e dos que vivem de rendas fixas permanecem em sua maior parte estacionárias durante a inchação dos preços, que sempre vai de mãos dadas com a superprodução e a superespeculação. Sua capacidade de consumo diminui, portanto, proporcionalmente e, com isso, a sua capacidade de repor da reprodução total a parte que *normaliter* [normalmente] teria de entrar em seu consumo. Mesmo quando sua demanda permanece nominalmente a mesma, ela diminui, na realidade.

Com relação à importação e à exportação, cabe observar que todos os países, um após o outro, são envolvidos na crise, revelando-se então que todos eles, com poucas exceções, exportaram e importaram demais, que, portanto, o *balanço de pagamentos se tornou desfavorável para todos* e que, de fato, o problema não está no balanço de pagamentos. A Inglaterra, por exemplo, sofre pela drenagem de ouro. Ela importou excessivamente. Mas, ao mesmo tempo, todos os outros países estão sobrecarregados de mercadorias inglesas. Portanto, também importaram excessivamente ou foram excessivamente importados. (Em todo caso, aparece uma diferença entre o país que exporta a crédito e os que não exportam ou pouco exportam a crédito. Estes últimos importam, então, a crédito; e esse só não é o caso quando a mercadoria é enviada para lá em consignação.) A crise pode arrebentar primeiro na Inglaterra, no país que dá mais crédito e toma o mínimo, porque o balanço de pagamentos, o balanço dos pagamentos vencidos que têm de ser imediatamente liquidados, é *desfavorável a ela*, embora o balanço comercial geral *lhe seja favorável*. Isso se explica em parte pelo crédito que concede, em parte pela massa de capitais emprestados ao exterior, de modo que uma massa de refluxos em mercadorias, além dos retornos comerciais propriamente ditos, fluem para ela. (Às vezes, porém, a crise também arrebenta primeiro na América, o país que mais toma crédito comercial e de capital da Inglaterra.) A queda da Inglaterra, encaminhada e acompanhada pela drenagem de ouro, salda o balanço de pagamentos da Inglaterra, em parte pela bancarrota de seus importadores (voltaremos a isso mais adiante), em parte pela expulsão de uma parcela de seu capital-mercadoria a preços baixos ao exterior, em parte pela venda de títulos estrangeiros, pela compra de títulos ingleses etc. Chega então a vez de outro país. O balanço de pagamentos lhe era momentaneamente favorável, mas agora o prazo que, em tempos normais, existe entre o balanço de pagamentos e o balanço comercial desaparece ou se encurta, em virtude da crise; todos os pagamentos devem ser liquidados de uma vez. A mesma coisa se repete aqui. A Inglaterra tem agora refluxo de ouro; o outro país, drenagem de ouro. O que num país aparece como excesso de importação aparece no outro como excesso de exportação e vice-versa. Mas houve importação excessiva e exportação excessiva em todos os países (não estamos falando aqui de colheitas malogradas etc., mas de crise geral); isto é, superprodução, promovida pelo crédito e pela inchação geral dos preços, que a acompanha.

Em 1857 arrebentou a crise nos Estados Unidos. Seguiu-se drenagem de ouro da Inglaterra para a América. Mas, tão logo a inchação na América estourou, sucedeu crise na Inglaterra e drenagem de ouro da América para a Inglaterra. A mesma coisa se deu entre a Inglaterra e o continente. O balanço de pagamentos, em tempos de crise geral, é desfavorável a cada nação, pelo menos a cada nação comercialmente desenvolvida, mas sempre a uma após a outra, como num fogo de fila,[I] tão logo chega sua vez de pagar; e a crise, uma vez arrebentada, por exemplo, na Inglaterra, comprime a série desses prazos num período muito curto. Revela-se então que todas essas nações, ao mesmo tempo, exportaram excessivamente (portanto, superproduziram) e importaram excessivamente (portanto, supercomerciaram), que em todas os preços foram inflados e o crédito foi ampliado em demasia. E em todas sucede o mesmo colapso. O fenômeno da drenagem de ouro alcança então a todas sucessivamente e demonstra, justamente por sua generalidade, 1) que a drenagem de ouro é mero fenômeno da crise, e não sua causa; 2) que a sequência em que ela sucede nas diversas nações apenas indica quando, na série, chegou sua vez de ajustar suas contas com os céus, quando nelas chegou o momento de crise e nelas irrompem os elementos latentes da mesma.

É característico dos escritores econômicos ingleses – e a literatura econômica digna de ser mencionada desde 1830 se reduz principalmente à literatura sobre *currency*, crédito, crises – considerar a exportação de

I Tática de combate em que uma fileira após outra de soldados faz fogo. [N. T.]

metais preciosos, apesar da variação das taxas de câmbio, em tempos de crise, somente do ponto de vista da Inglaterra, como um fenômeno puramente nacional, fechando resolutamente os olhos perante o fato de que, quando seu Banco [da Inglaterra], em tempos de crise, eleva a taxa de juros, os demais bancos europeus fazem o mesmo e que, se hoje ressoa o grito de socorro em seu país por causa da drenagem de ouro, ele amanhã ecoará na América e depois de amanhã na Alemanha e na França.

> Em 1847 "a Inglaterra tinha de liquidar suas obrigações correntes" (em sua maior parte, por cereais). "Infelizmente, elas foram liquidadas em grande parte por meio de bancarrotas." (A rica Inglaterra se aliviou por meio de bancarrotas perante o continente e a América.) "Mas, na medida em que não foram liquidadas por meio de bancarrotas, elas foram satisfeitas mediante a exportação de metais preciosos." (*Report of Committee on Bank Acts*, 1857)

Na medida, pois, em que a crise na Inglaterra é agravada pela legislação bancária, essa legislação é um meio para, em tempos de fome, depenar as nações exportadoras de cereais, primeiro de seu cereal e, segundo, do dinheiro por seu cereal. Uma proibição da exportação de cereais, em tais tempos, constitui, para países que por sua vez sofrem mais ou menos de carestia, um meio muito racional contra esse plano do Banco da Inglaterra de "liquidar obrigações" pela importação de cereais "por meio de bancarrotas". Nessas condições, é muito melhor que os produtores de cereais e os especuladores percam parte de seu lucro em benefício do país do que todo o seu capital em benefício da Inglaterra.

Do exposto segue que o capital-mercadoria perde, em tempos de crise e de paralisação dos negócios, em grande parte seu atributo de representar capital monetário potencial. O mesmo se aplica ao capital fictício, aos papéis portadores de juros, na medida em que estes mesmos circulam na Bolsa como capitais monetários. Com o juro em ascensão cai seu preço. Ele cai, além disso, pela escassez geral de crédito, a qual obriga seus proprietários a lançá-los em massa no mercado, para arranjar dinheiro. Ele cai, finalmente, no caso das ações, em parte pela diminuição das *revenues* a que dão direito, em parte devido ao caráter fraudulento dos empreendimentos que com tanta frequência representam. Esse capital monetário fictício fica nas crises enormemente reduzido, e com ele o poder de seus proprietários de levantar dinheiro sobre ele no mercado. A diminuição do nome monetário desses títulos no boletim da Bolsa nada tem a ver com o capital real que representam, mas muito com a solvência de seus proprietários.

CAPÍTULO 31

CAPITAL MONETÁRIO E CAPITAL REAL II (CONTINUAÇÃO)

Ainda não terminamos a questão de até que ponto a acumulação do capital na forma de capital monetário emprestável coincide com a acumulação real, a expansão do processo de reprodução.

A transformação de dinheiro em capital monetário emprestável é uma história muito mais simples que a transformação de dinheiro em capital produtivo. Mas temos de distinguir aí duas coisas:

1. a mera transformação de dinheiro em capital de empréstimo;
2. a transformação de capital ou *revenue* em dinheiro, que é transformado em capital de empréstimo.

É somente esse último caso que pode abranger uma acumulação positiva do capital de empréstimo, conexa com a acumulação real do capital industrial.

1. TRANSFORMAÇÃO DE DINHEIRO EM CAPITAL DE EMPRÉSTIMO

Já vimos que pode haver uma acumulação, uma superabundância de capital de empréstimo, que apenas se relaciona com a acumulação produtiva na medida em que está em razão inversa a esta. Esse é o caso em duas fases do ciclo industrial: primeiro, no momento em que o capital industrial se contrai em suas duas formas, a de capital produtivo e a de capital-mercadoria, portanto no começo do ciclo, após a crise; e, segundo, no momento em que começa a melhoria, mas quando o crédito comercial ainda solicita pouco o crédito bancário. No primeiro caso, o capital monetário, que antes estava aplicado na produção e no comércio, aparece como capital de empréstimo desocupado; no segundo caso, aparece empregado em escala crescente, mas a uma taxa de juros muito baixa, pois agora é o capitalista industrial e comercial que dita as condições ao capitalista monetário. A abundância de capital de empréstimo expressa, no primeiro caso, uma estagnação do capital industrial e, no segundo, uma independência relativa do crédito comercial em relação ao crédito bancário, baseada na fluidez do retorno, nos prazos curtos de crédito e na preponderância das operações com capital próprio. Os especuladores que contam com capital de crédito alheio ainda não

1 entraram em campo; as pessoas que operam com capital próprio ainda estão muito longe de operações aproximadamente puras de crédito. Na primeira fase, a pletora de capital de empréstimo é justamente o contrário da acumulação real. Na segunda fase, ela coincide com expansão renovada do processo de reprodução, acompanha-a, mas não é causa dela. A abundância de capital de empréstimo já vai diminuindo, já é
7 apenas relativa, se comparada com a demanda. Em ambos os casos, a expansão do processo real de acumulação é estimulada porque o juro baixo, que coincide, no primeiro caso, com preços baixos e, no segundo, com preços em elevação lenta, aumenta a parte do lucro que se converte em ganho empresarial. Isso ocorre ainda mais ao elevar-se o juro a seu nível médio, durante o ápice da prosperidade, quando na verdade ele subiu, mas não na proporção do lucro.

4 Vimos, por outro lado, que pode haver acumulação do capital de empréstimo sem qualquer acumulação real, por meios meramente técnicos, como expansão e concentração do sistema bancário, economia nas reservas de circulação ou também no fundo de reserva dos meios de pagamentos particulares, que dessa maneira são sempre transformados, por prazos curtos, em capital de empréstimo. Embora esse capital de empréstimo, que por isso também é chamado de capital flutuante
1 (*floating capital*), mantenha a forma de capital de empréstimo sempre apenas por períodos curtos (assim como deve ser descontado apenas por períodos curtos), ele flui e reflui constantemente. Se um o retira, então outro o repõe. A massa do capital monetário emprestável (não falamos aqui ao todo de empréstimos por anos, mas apenas de empréstimos a curto prazo, garantidos por letras e depósitos) cresce, assim, na realidade, de maneira totalmente independente da acumulação real.

8

> B. C., 1857. Pergunta 501. "Que entende o senhor por *floating capital*?" (Sr. Weguelin, presidente do Banco da Inglaterra:) "É capital aplicável em empréstimos de dinheiro a curto prazo [...] (502) notas do Banco da Inglaterra [...] dos bancos provinciais e o montante do dinheiro existente no país." – {Pergunta:} "Segundo as informações a que teve acesso a Comissão, não lhe parece que, se o senhor entende por *floating capital* a circulação ativa" {quer dizer, as
> 5 notas do Banco da Inglaterra}, "nessa circulação ativa ocorram flutuações muito consideráveis?" (Mas faz uma diferença muito grande por quem a circulação ativa é adiantada, se pelo prestamista ou pelo próprio capitalista reprodutivo. – Resposta de Weguelin:) "Incluo no *floating capital* as reservas dos banqueiros, nas quais há flutuações consideráveis".

Quer dizer, portanto, que flutuações consideráveis ocorrem naquela
2 parte dos depósitos, a qual os banqueiros não emprestaram novamente,

mas figura como reserva deles, bem como, em grande parte, reserva do Banco da Inglaterra, no qual está depositada. Por fim, o mesmo senhor diz: *floating capital* é – *bullion*, isto é, barras e dinheiro metálico (503). É realmente maravilhoso como, nessa algaravia do crédito no mercado monetário, todas as categorias da Economia Política assumem um outro sentido e uma outra forma. A expressão *floating capital* lá exprime *circulating capital*, o que naturalmente é algo bem diferente, e *money* é *capital*, e *bullion* é *capital*, e cédulas bancárias são *circulation*, e capital é *a commodity* [uma mercadoria], e dívidas são *commodities*, e *fixed capital* [capital fixo] é dinheiro que está investido em papéis dificilmente vendáveis!

> "Os bancos por ações de Londres [...] aumentaram seus depósitos de 8 850 774 libras esterlinas em 1847 para 43 100 724 libras esterlinas em 1857. [...] As provas e depoimentos apresentados à comissão permitem a conclusão de que, desse enorme montante, uma grande parte deriva de fontes que antes não eram utilizáveis para esse fim; e de que o costume de abrir uma conta junto a um banqueiro e depositar dinheiro com ele estendeu-se a numerosas classes, as quais antes não empregavam seu capital (!) dessa maneira. O Sr. Rodwell, presidente da Associação dos Bancos Provinciais Particulares" {em contraste com os bancos por ações} "e delegado por ela para depor perante a comissão, informa que, na região de Ipswich, esse costume quadruplicou recentemente entre os arrendatários e pequenos comerciantes daquele distrito; que quase todos os arrendatários, mesmo aqueles que pagam apenas 50 libras esterlinas de arrendamento por ano, mantêm agora depósitos nos bancos. A massa desses depósitos encontra naturalmente sua via ao emprego nos negócios e gravita especialmente para Londres, o centro da atividade comercial, onde encontra primeiro emprego no desconto de letras e em outros adiantamentos aos clientes dos banqueiros de Londres. Uma grande parte, porém, para a qual os próprios banqueiros não têm demanda imediata, vai para as mãos dos *bill-brokers*, que em troca dão aos banqueiros letras comerciais que já tinham descontado uma vez para pessoas em Londres e nas províncias." (B. C., 1858, p. [V, §] 8)

O banqueiro, ao fazer adiantamentos ao *bill-broker* sobre as letras que esse *bill-broker* já havia descontado uma vez, redesconta-as, de fato, outra vez; mas, na realidade, porém, muitas dessas letras já foram redescontadas pelo *bill-broker*, e, com o mesmo dinheiro com que o banqueiro redesconta as letras do *bill-broker*, este redesconta novas letras. Para onde isso leva:

> Extensos créditos fictícios foram criados por letras frias e créditos a descoberto, o que foi muito facilitado pela prática dos bancos por ações das

> províncias, que descontavam tais letras e em seguida faziam-nas redescontar por *bill-brokers* no mercado londrino com base somente no crédito do banco, sem preocupação com a qualidade restante das letras. (Ibid., [p. XXI, § 54].)

A respeito desse redesconto e do apoio que esse aumento puramente técnico do capital monetário emprestável dá a fraudes creditícias, o seguinte trecho do *Economist* é interessante:

> "Durante muitos anos, o capital" (isto é, o capital monetário emprestável) "acumulou-se em alguns distritos do país mais rapidamente do que podia ser empregado, enquanto em outros os meios de investi-lo cresceram com maior rapidez que o próprio capital. Assim, enquanto os banqueiros nos distritos agrícolas não encontravam oportunidade de investir seus depósitos de maneira lucrativa e segura em sua própria região, os dos distritos industriais e das cidades comerciais encontravam demanda de capital maior do que podiam oferecer. O efeito dessas situações diferentes nos diversos distritos levou, nos últimos anos, ao estabelecimento e à expansão enormemente rápida de uma nova classe de casas ocupadas com a distribuição do capital, as quais, embora geralmente chamadas de *bill-brokers*, são na realidade banqueiros na maior escala possível. O negócio dessas casas consiste em receber, por determinados períodos estipulados e a determinados juros estipulados, o capital excedente dos bancos nos distritos em que não pode ser empregado, bem como os recursos temporariamente em alqueive de sociedades por ações e de grandes casas comerciais, para adiantar esse dinheiro, a uma taxa de juros mais alta, aos bancos dos distritos em que há maior demanda de capital; fazem isso, em regra, redescontando as letras de seus clientes. [...] Assim, Lombard Street tornou-se o grande centro onde o capital é transferido da parte do país na qual não pode ser empregado utilmente a uma outra onde há demanda dele; e isso tanto para as diversas partes do país quanto para indivíduos em situação semelhante. Originalmente, esses negócios se limitavam quase exclusivamente a dar e receber empréstimos com garantia bancária. Mas, na medida em que o capital do país crescia rapidamente e era cada vez mais economizado pelo estabelecimento de novos bancos, os fundos à disposição dessas casas de descontos tornavam-se tão grandes que passaram a fazer adiantamentos, primeiro, sobre *dock warrants* (certificados de depósito sobre mercadorias nas docas) e, depois, também sobre conhecimentos de carga, que representavam produtos que nem sequer tinham chegado, embora às vezes, ainda que não regularmente, já tivessem sido sacadas letras sobre eles contra o corretor de mercadorias. Essa prática logo modificou todo o caráter dos negócios ingleses. As facilidades assim oferecidas por Lombard Street davam aos corretores de mercadorias de Mincing Lane uma posição muito fortalecida; estes, por sua vez, transferiam todas essas vantagens aos

comerciantes importadores; e estes últimos tomavam de tal modo parte nelas que, enquanto há 25 anos a tomada de crédito sobre conhecimentos de carga ou sobre *dock warrants* teria arruinado o crédito de um comerciante, essa prática, nos últimos anos, generalizou-se tanto que pode ser considerada como regra, e não, como há 25 anos, como uma rara exceção. Esse sistema ampliou-se tanto que grandes somas foram levantadas em Lombard Street sobre letras sacadas contra colheitas ainda em crescimento de remotas colônias. A consequência dessas facilidades foi que os comerciantes importadores ampliaram seus negócios no exterior e imobilizaram seu capital flutuante (*floating*), com que até então conduziram seus negócios, no mais reprovável dos investimentos, em plantações coloniais, sobre as quais pouco ou nenhum controle podiam exercer. Vemos assim o encadeamento direto dos créditos. O capital do país, que é coletado em nossos distritos agrícolas, é depositado em pequenas quantidades nos bancos rurais e centralizado em Lombard Street, para ser empregado. Mas ele só se tornou utilizável, primeiro, para ampliar os negócios em nossos distritos mineiros e industriais, mediante o redesconto de letras aos bancos locais; mas, depois, também, para a concessão de maiores facilidades aos importadores de produtos estrangeiros, por meio de adiantamentos sobre *dock warrants* e conhecimentos de carga, por meio do que o capital comercial 'legítimo' de casas engajadas no comércio externo e colonial foi liberado e assim pôde ser utilizado nos investimentos mais reprováveis em plantações no além-mar". (*Economist*, 1847, p. 1334)

Esse é o "belo" entrelaçamento dos créditos. O depositante rural imagina que deposita seu dinheiro unicamente com seu banqueiro e imagina ainda que, quando o banqueiro faz empréstimos, estes são para pessoas particulares dele conhecidas. Não tem a menor suspeita de que esse banqueiro põe seu depósito à disposição de um *bill-broker* de Londres, sobre cujas operações ambos não têm o menor controle.

Já vimos como grandes empreendimentos públicos, a construção de ferrovias, por exemplo, podem momentaneamente multiplicar o capital de empréstimo pelo fato de as somas pagas ficarem durante certo tempo sempre disponíveis nas mãos dos bancos, até que ocorra sua aplicação real.

A massa do capital de empréstimo difere, além disso, totalmente da quantidade da circulação. Por quantidade da circulação entendemos aqui a soma de todas as cédulas bancárias e todo o dinheiro metálico, inclusive as barras de metais preciosos existentes e circulantes num país. Uma parte dessa quantidade constitui a reserva dos bancos, cujo volume varia constantemente.

"Em 12 de novembro de 1857" (a data da suspensão da lei bancária de 1844) "a reserva total do Banco da Inglaterra, incluída a de todas as filiais, era apenas de 580 751 libras esterlinas; ao mesmo tempo, a soma dos depósitos importava em 22½ milhões de libras esterlinas, dos quais cerca de 6½ milhões pertenciam aos banqueiros de Londres." (B. A., 1858, p. LVII)

As variações da taxa de juros (abstraindo das correntes em períodos longos e das diferenças da taxa de juros de diversos países; as primeiras são condicionadas por variações da taxa geral de lucro, as segundas por diferenças nas taxas de lucro e no desenvolvimento do crédito) dependem da oferta do capital de empréstimo (todas as demais circunstâncias, o estado da confiança etc., supostas constantes), isto é, do capital que é emprestado em forma de dinheiro, dinheiro metálico e notas; em contraste com o capital industrial, que como tal, em forma-mercadoria, é emprestado, mediante o crédito comercial, entre os próprios agentes da reprodução.

Mas, apesar disso, a massa desse capital monetário emprestável é diferente e independente da massa de dinheiro em circulação.

Se, por exemplo, 20 libras esterlinas fossem emprestadas cinco vezes por dia, então um capital monetário de 100 libras esterlinas seria emprestado, e isso implicaria, ao mesmo tempo, que essas 20 libras esterlinas teriam funcionado, além disso, pelo menos quatro vezes como meio de compra ou de pagamento; pois, se fosse sem mediação de compra e pagamento, de modo que não tivesse representado pelo menos quatro vezes a forma transmutada do capital (inclusive de mercadoria, compreendida a de força de trabalho), não constituiria um capital de 100 libras esterlinas, mas apenas cinco créditos de 20 libras esterlinas cada um.

Em países de crédito desenvolvido, podemos admitir que todo o capital monetário disponível para ser emprestado existe na forma de depósitos nos bancos e nas mãos dos prestamistas. Isso vale, pelo menos, para o negócio em geral. Além disso, em tempos de negócios prósperos, antes de se desencadear a especulação propriamente dita, com crédito fácil e confiança crescente, a maior parte das funções da circulação efetua-se por meio de simples transferência de créditos, sem intervenção de dinheiro metálico ou de papel.

A mera possibilidade de grandes importâncias depositadas, com um *quantum* relativamente pequeno de meios de circulação, depende unicamente:

1. do número das compras e pagamentos efetuados pela mesma peça monetária;

2. do número de seus giros, nos quais retorna aos bancos como depósito, de modo que sua função repetida de meio de compra e de

pagamento é mediada pela sua transformação renovada em depósito. Por exemplo, um varejista deposita semanalmente com o banqueiro 100 libras esterlinas em dinheiro; o banqueiro paga com elas parte do depósito do fabricante; este paga com elas os trabalhadores; estes pagam com elas o varejista, o qual as deposita novamente no banco. As 100 libras esterlinas depositadas pelo varejista serviram, pois, primeiro, para pagar um depósito ao fabricante, segundo, para pagar os trabalhadores, terceiro, para pagar o próprio varejista, quarto, para depositar uma nova parte do capital monetário do mesmo varejista; pois, assim, ao fim de 20 semanas, se ele mesmo não tivesse de sacar contra esse dinheiro, teria depositado, com as mesmas 100 libras esterlinas, 2 000 libras esterlinas com o banqueiro.

Em que medida esse capital monetário fica desocupado apenas os fluxos de saída e entrada nos fundos de reserva dos bancos revelam. Daí o Sr. Weguelin, em 1857, presidente do Banco da Inglaterra, concluir que o ouro que se encontra no Banco da Inglaterra é o "único" capital de reserva:

> 1258. "Na minha opinião, a taxa de desconto é de fato determinada pelo montante de capital desocupado que existe no país. O montante do capital desocupado é representado pela reserva do Banco da Inglaterra, que, de fato, é uma reserva de ouro. Por conseguinte, quando o ouro é sacado, isso diminui o montante do capital desocupado no país e aumenta, por isso, o valor da parte remanescente". – 1364. [Newmarch:] "A reserva de ouro do Banco da Inglaterra é, na verdade, a reserva central ou o tesouro em espécie, na base do qual se efetuam todos os negócios do país. [...] É sobre esse tesouro ou esse reservatório que recaem sempre os efeitos das taxas de câmbio estrangeiras." (*Report on Bank Acts*, 1857)

Para a acumulação do capital real, isto é, do capital produtivo e do capital-mercadoria, a estatística da exportação e importação oferece uma medida. Esta revela sempre que, para o período de desenvolvimento da indústria inglesa (1815-70) que se move em ciclos decenais, o máximo da última fase de prosperidade *antes* da crise reaparece sempre como mínimo da fase subsequente de prosperidade, para ascender em seguida a um novo máximo muito mais elevado.

O valor real ou declarado dos produtos exportados pela Grã-Bretanha e Irlanda no ano de prosperidade de 1824 foi de 40 396 300 libras esterlinas. O montante das exportações cai então, com a crise de 1825, abaixo dessa soma e oscila entre 35 e 39 milhões por ano. Com a volta da prosperidade em 1834 ele sobe acima do nível mais alto anterior, chegando a 41 649 191 libras esterlinas, e alcança em 1836 o novo máximo, de 53 368 571 libras esterlinas. Em 1837, cai novamente a 42 milhões, de modo que o novo mínimo já está acima do antigo máximo e oscila em seguida entre 50 e 53 milhões. A volta da prosperidade eleva o montante das exportações, em 1844, a 58½ milhões, que ultrapassa de longe o máximo de 1836. Em 1845, ele atinge 60 111 082 libras esterlinas; cai então, em 1846, a mais de 57 milhões, em 1847 chega a quase 59 milhões, em 1848, a quase 53 milhões; sobe, em 1849, a 63½ milhões, em 1853, a quase 99 milhões, em 1854, a 97 milhões, em 1855, a 94½ milhões, em 1856, a quase 116 milhões e atinge o máximo de 122 milhões em 1857. Em 1858, cai a 116 milhões, porém sobe, já em 1859, a 130 milhões, a quase 136 milhões em 1860, em 1861 chega apenas a 125 milhões (aqui, mais uma vez, o novo mínimo é mais elevado do que o máximo anterior) e, em 1863, a 146½ milhões.

Poder-se-ia comprovar também o mesmo, naturalmente, para as importações, que indicam a expansão do mercado; aqui nos ocupamos apenas com a escala da produção. {Isso vale para a Inglaterra evidentemente apenas na época de seu monopólio industrial efetivo; mas vale em geral para o conjunto dos países com grande indústria moderna, enquanto o mercado mundial ainda se expandir. – F. E.}

2. TRANSFORMAÇÃO DE CAPITAL OU *REVENUE* EM DINHEIRO, QUE É TRANSFORMADO EM CAPITAL DE EMPRÉSTIMO

Examinamos aqui a acumulação do capital monetário, na medida em que não é expressão nem de uma paralisação do fluxo do crédito comercial nem de economia, seja dos meios que efetivamente estão em circulação, seja do capital de reserva dos agentes ocupados na reprodução.

Além desses dois casos, pode haver acumulação de capital monetário em virtude de um afluxo extraordinário de ouro, como ocorreu em 1852 e 1853, em consequência das novas minas de ouro da Austrália e da Califórnia. Esse ouro foi depositado no Banco da Inglaterra. Os depositantes tomaram em troca notas, que não voltaram a depositar diretamente com banqueiros. Em virtude disso aumentou extraordinariamente o meio circulante (Depoimento de Weguelin, B. C., 1857, n. 1329). O Banco procurou valorizar esses depósitos mediante a redução do desconto a 2%. A massa de ouro acumulada no Banco subiu, durante seis meses de 1853, a 22–23 milhões.

A acumulação de todos os capitalistas que emprestam dinheiro realiza-se, é óbvio, sempre diretamente na forma-dinheiro, enquanto vimos que a acumulação real dos capitalistas industriais se dá mediante a multiplicação dos elementos do próprio capital reprodutivo. O desenvolvimento do sistema de crédito e a enorme concentração do negócio de empréstimos monetários nas mãos de grandes bancos já têm em si e para si de acelerar, portanto, a acumulação do capital emprestável, como forma distinta da acumulação real. Esse desenvolvimento rápido do capital de empréstimo é, portanto, um resultado da acumulação real, pois é a consequência do desenvolvimento do processo de reprodução, e o lucro, que constitui a fonte da acumulação desses capitalistas monetários, é apenas uma dedução da mais-valia extraída pelos reprodutivos (ao mesmo tempo, apropriação de parte do juro de poupanças *alheias*). O capital de empréstimo acumula-se à custa dos capitalistas industriais e comerciais ao mesmo tempo. Vimos como, nas fases desfavoráveis do ciclo industrial, a taxa de juros pode subir tanto que, para ramos isolados de negócios, especialmente desfavorecidos, chega a devorar temporariamente o lucro inteiro. Ao mesmo tempo caem os preços dos títulos da dívida pública e dos outros títulos. Esse é o momento em que os capitalistas monetários compram em massa esses papéis desvalorizados, que nas fases posteriores voltam logo a subir a seu nível normal e acima dele. Então eles são vendidos e assim uma parte do capital monetário do público é apropriada. A parte que não é vendida proporciona juros mais altos, porque foi comprada abaixo do preço. Mas todo o lucro que os capitalistas monetários fazem e que retransformam em capital eles o transformam, antes de mais nada, em capital monetário emprestável. A acumulação deste último, enquanto distinta da acumulação real, embora seja seu rebento, já segue, portanto, quando consideramos apenas os próprios capitalistas monetários, banqueiros etc., como acumulação dessa classe especial de capitalistas. E ela tem de crescer cada vez que o sistema de crédito se expande, assim como acompanha a ampliação real do processo de reprodução.

Se a taxa de juros está baixa, então essa depreciação do capital monetário recai principalmente sobre os depositantes, não sobre os bancos. Antes do desenvolvimento dos bancos por ações, ¾ de todos os depósitos na Inglaterra estavam nos bancos sem dar juros. Atualmente, onde se paga juros por eles, estes estão pelo menos 1% abaixo da taxa corrente de juros.

Quanto à acumulação de dinheiro das demais classes de capitalistas, abstraímos a parte que é investida em papéis portadores de juros e acumulada nessa forma. Consideramos meramente a parte que é lançada no mercado como capital monetário emprestável.

Temos aí, primeiro, a parte do lucro que não é despendida como *revenue*, e sim destinada à acumulação, mas para a qual os capitalistas industriais não têm, no momento, emprego em seu próprio negócio.

Esse lucro existe diretamente no capital-mercadoria, de cujo valor ele constitui uma parte e com o qual é realizado em dinheiro. Se ele não é retransformado nos elementos de produção do capital-mercadoria (abstraímos, por enquanto, o comerciante, do qual trataremos à parte), ele tem de permanecer, por algum tempo, na forma de dinheiro. Essa massa aumenta com a massa do próprio capital, mesmo com taxa decrescente de lucro. A parte que deve ser gasta como *revenue* é consumida pouco a pouco, mas constitui, no entretempo, como depósito, capital de empréstimo com o banqueiro. Portanto, mesmo o crescimento da parte do lucro, despendida como *revenue*, se expressa numa acumulação gradual, que constantemente se repete, de capital de empréstimo. E o mesmo ocorre com a outra parte, destinada à acumulação. Com o desenvolvimento do sistema de crédito e de sua organização, até o aumento da *revenue*, isto é, do consumo dos capitalistas industriais e comerciais, se exprime como acumulação de capital de empréstimo. E isso vale para todas as *revenues*, à medida que se consomem pouco a pouco, portanto para a renda fundiária, o salário em suas formas superiores, as receitas das classes improdutivas etc. Todos eles assumem, por certo tempo, a forma de *revenue* monetária, sendo, por isso, transformáveis em depósitos e, consequentemente, em capital de empréstimo. Pode-se dizer de toda *revenue*, seja ela destinada ao consumo ou à acumulação, desde que exista numa forma-dinheiro qualquer, que ela é uma parte de valor do capital-mercadoria transformada em dinheiro e, por isso, é expressão e resultado da acumulação real, mas não do próprio capital produtivo. Quando um fiandeiro troca seu fio por algodão, ele troca por dinheiro, no entanto, a parte que constitui *revenue*, então a existência real de seu capital industrial é o fio, que passa às mãos do tecelão ou também, eventualmente, do consumidor particular, sendo o fio mais especificamente a existência – seja para reprodução, seja para consumo – tanto do valor-capital quanto da mais-valia que está nele contida. A grandeza da mais-valia transformada em dinheiro depende da grandeza da mais-valia metida no fio. Mas, tão logo ela tenha sido transformada em dinheiro, esse dinheiro é apenas a existência de valor dessa mais-valia. E, como tal, torna-se momento do capital de empréstimo. Para isso basta que se transforme em depósito, caso não tenha sido já emprestado pelo seu proprietário mesmo. Para retransformar-se em capital produtivo, é mister, por outro lado, que tenha atingido certo limite mínimo.

CAPÍTULO 32

CAPITAL MONETÁRIO E CAPITAL REAL III (FIM)

A massa do dinheiro a ser retransformada desse modo em capital é resultado do enorme processo de reprodução, mas, considerada *de per si*, como capital monetário emprestável, não é, ela mesma, massa de capital reprodutivo.

O mais importante do desenvolvido até agora é que a expansão da parte da *revenue*, a qual é destinada ao consumo (no que se abstrai o trabalhador, pois *revenue* = capital variável), apresenta-se, logo, como acumulação de capital monetário. Tem início, portanto, um momento na acumulação do capital monetário que é essencialmente diferente da acumulação real do capital industrial; pois a parte do produto anual destinada ao consumo não se torna de modo algum capital. Uma parte dela *repõe* capital, isto é, o capital constante dos produtores de meios de consumo, mas, na medida em que se transforma realmente em capital, ela existe na forma natural da *revenue* dos produtores desse capital constante. O mesmo dinheiro, que representa a *revenue*, que serve como simples mediador do consumo, transforma-se regularmente, por algum tempo, em capital monetário emprestável. Na medida em que esse dinheiro representa salário, ele é, ao mesmo tempo, a forma-dinheiro do capital variável; e, na medida em que repõe o capital constante dos produtores de meios de consumo, é a forma-dinheiro que seu capital constante momentaneamente assume e serve para comprar os elementos naturais de seu capital constante a ser reposto. Nem em uma nem na outra forma expressa, *de per si*, acumulação, embora sua massa cresça com o volume do processo de reprodução. Mas exerce temporariamente a função de dinheiro emprestável, portanto de capital monetário. Sob esse aspecto, a acumulação do capital monetário tem de refletir sempre uma acumulação de capital maior que a existente na realidade, pelo fato de a expansão do consumo individual, por ser mediada por dinheiro, aparecer como acumulação de capital monetário, porque ela fornece a forma-dinheiro para a acumulação real, para o dinheiro que inaugura novos investimentos de capital.

A acumulação do capital monetário emprestável nada mais expressa, pois, em parte, que o fato de todo o dinheiro no qual o capital industrial no processo de sua circulação se transforma assumir a forma não de dinheiro que os capitalistas reprodutivos *adiantam*, mas de dinheiro que eles *tomam emprestado*; de modo que, na realidade, o adiantamento de dinheiro, que tem de ocorrer no processo de reprodução, aparece como adiantamento de dinheiro emprestado. Na realidade, na base do crédito comercial, um empresta ao outro o dinheiro de que precisa no processo de reprodução. Mas isso assume agora a forma de que o banqueiro, ao qual uma parte dos reprodutivos o empresta, empresta-o à outra parte dos reprodutivos, no que então o banqueiro aparece como o dispensador de bênçãos; ao mesmo tempo, a disposição sobre esse capital cai inteiramente nas mãos dos banqueiros, como intermediários.

Resta agora mencionar ainda algumas formas especiais de acumulação de capital monetário. Libera-se capital, por exemplo, pela queda do preço dos elementos de produção, das matérias-primas etc. Se o industrial não pode expandir imediatamente seu processo de reprodução, então uma parte de seu capital monetário é expulsa da circulação como supérflua e se converte em capital monetário emprestável. Em segundo lugar, porém, libera-se capital em forma-dinheiro, especificamente do comerciante, tão logo ocorram interrupções nos negócios. Se o comerciante concluiu uma série de negócios e, em virtude de tais interrupções, só pode iniciar a nova série mais tarde, então o dinheiro realizado representa para ele apenas um tesouro, capital excedente. Mas, ao mesmo tempo, representa diretamente acumulação de capital monetário emprestável. No primeiro caso, a acumulação do capital monetário expressa repetição do processo de reprodução em condições mais favoráveis, liberação real de uma parte do capital anteriormente imobilizado, possibilidade, portanto, de expandir o processo de reprodução com os mesmos recursos monetários. No outro caso, pelo contrário, expressa a mera interrupção do fluxo das transações. Mas em ambos os casos o dinheiro se transforma em capital monetário emprestável, representa acumulação do mesmo, atua igualmente sobre o mercado monetário e a taxa de juros, apesar de exprimir favorecimento aqui e inibição lá do processo real de acumulação. Finalmente, efetua-se acumulação de capital monetário pelo número de pessoas que já fizeram seu pé-de-meia e se retiram da reprodução. Quanto maiores os lucros feitos no curso do ciclo industrial, tanto maior seu número. Aqui, a acumulação do capital monetário emprestável expressa, por um lado, acumulação real (conforme seu volume relativo); por outro lado, ela exprime meramente a magnitude da transformação de capitalistas industriais em meros capitalistas monetários.

No que tange à outra parte do lucro, que não se destina a ser consumida como *revenue*, ela só se converte em capital monetário se não pode ser empregada imediatamente na ampliação do negócio na esfera de produção em que foi feita. Isso pode ser devido a duas causas. Ou porque essa esfera está saturada de capital. Ou porque a acumulação, para poder funcionar como capital, tem de ter atingido certo volume, conforme a magnitude do investimento de novo capital nesse negócio específico. Transforma-se, pois, inicialmente, em capital monetário emprestável e serve à expansão da produção em outras esferas. Supostas constantes todas as demais circunstâncias, a massa do lucro destinado à retransformação em capital dependerá da massa do lucro feito e, portanto, da expansão do próprio processo de reprodução. Mas, se essa nova acumulação encontra dificuldades para ser aplicada, por falta de esferas de investimento, havendo, pois, saturação dos ramos de produção e oferta excessiva de capital de empréstimo, essa pletora de capital monetário emprestável mostra unicamente os limites da produção *capitalista*. A fraude creditícia subsequente demonstra que não existe obstáculo positivo à aplicação desse capital excedente. Ela revela, porém, um obstáculo em virtude das leis de sua valorização, em virtude dos limites em que o capital pode valorizar-se como capital. Pletora de capital monetário como tal, não expressa necessariamente superprodução, tampouco falta de esferas de utilização para o capital.

A acumulação de capital de empréstimo consiste simplesmente em que o dinheiro se precipita como dinheiro emprestável. Esse processo difere muito da transformação efetiva em capital; é apenas a acumulação de dinheiro numa forma em que pode ser transformado em capital. Mas essa acumulação, como foi demonstrado, pode expressar momentos que são bem diversos da acumulação real. Com ampliação constante da acumulação real, essa acumulação ampliada de capital monetário pode, em parte, ser resultado dela, em parte, resultado de momentos que a acompanham, mas que são totalmente distintos dela e, em parte, finalmente, também resultado de paralisações da acumulação real. Uma vez que a acumulação de capital de empréstimo é inchada por tais momentos independentes da acumulação real, mas que a acompanham, tem de haver constantemente, em certas fases do ciclo, pletora de capital monetário, e essa pletora tem de se desenvolver com o aperfeiçoamento do crédito. E simultaneamente com ela tem de desenvolver-se a necessidade de impelir o processo de produção além de seus limites capitalistas: supercomércio, superprodução e supercrédito. Ao mesmo tempo, isso tem sempre de ocorrer em formas que provocam uma reação.

No que tange à acumulação de capital monetário oriundo de renda fundiária, salário etc., é inútil tratar dela aqui. Apenas este momento deve ser salientado: a tarefa da verdadeira poupança e abstinência (por entesouradores), à medida que fornece elementos da acumulação, é deixada, em virtude da divisão do trabalho que decorre do progresso da produção capitalista, àqueles que recebem o mínimo desses elementos e muitas vezes ainda perdem sua poupança, como os trabalhadores nas falências dos bancos. Por um lado, o capital do capitalista industrial não é "poupado" por ele mesmo, mas ele dispõe, na proporção da grandeza de seu capital, de poupanças alheias; por outro lado, o capitalista monetário faz das poupanças alheias seu capital e do crédito que os capitalistas reprodutivos se dão mutuamente, e que lhes dá o público, sua fonte privada de enriquecimento. A última ilusão do sistema capitalista, a de que o capital é fruto de trabalho próprio e de poupança própria, é com isso liquidada. Não só o lucro consiste na apropriação de trabalho alheio, mas o capital com que esse trabalho alheio é posto em movimento e explorado consiste em propriedade alheia, que o capitalista monetário põe à disposição do capitalista industrial e pelo qual, por sua vez, explora este último.

Resta fazer algumas observações sobre o capital de crédito.

Quantas vezes a mesma peça monetária pode figurar como capital de empréstimo depende, conforme já foi desenvolvido acima:

1. de quantas vezes ele realiza em venda ou pagamento valores-mercadorias, portanto transfere capital, e, além disso, de quantas vezes realiza *revenue*. Quantas vezes ele passa para outras mãos como valor realizado, seja de capital ou de *revenue*, depende, portanto, evidentemente, do volume e da massa das transações reais;

2. isso depende da economia dos pagamentos e do desenvolvimento e organização do sistema de crédito;

3. finalmente, do encadeamento e da velocidade de ação dos créditos, de modo que o dinheiro, quando num ponto se precipita como depósito, noutro sai imediatamente como empréstimo.

Mesmo se supondo que a forma em que existe o capital de empréstimo seja meramente a de dinheiro real, ouro ou prata, da mercadoria cuja matéria serve de medida dos valores, ainda assim uma grande parte desse capital monetário é sempre necessariamente apenas fictícia, isto é, títulos sobre valores, inteiramente do mesmo modo que os signos de valor, o dinheiro. Na medida em que o dinheiro funciona na circulação do capital, ele constitui, na verdade, por um momento, capital monetário; não se transforma, contudo, em capital monetário emprestável, mas ou é intercambiado pelos elementos do capital produtivo ou, ao realizar-se a *revenue*, é desembolsado como meio de circulação e, portanto, não pode se transformar em capital de empréstimo para seu possuidor. Mas, na medida em que se transforma em capital de empréstimo e o mesmo dinheiro representa repetidamente capital de empréstimo, é claro que somente em *um* ponto existe como dinheiro metálico; em todos os demais pontos ele existe apenas na forma de direito a capital. A acumulação desses direitos, segundo o pressuposto, deriva da acumulação real, isto é, da transformação do valor do capital-mercadoria etc. em dinheiro; não obstante, a acumulação desses direitos ou títulos difere, como tal, tanto da acumulação real, da qual deriva, quanto da acumulação futura (do novo processo de produção), que é mediada pelo empréstimo do dinheiro.

Prima facie, o capital de empréstimo existe sempre na forma de dinheiro[9] e, mais tarde, como direito a dinheiro, pelo fato de o dinheiro no qual ele existia originalmente agora se encontrar nas mãos do mutuário na forma real de dinheiro. Para o emprestador, ele se transformou em direito a dinheiro, em um título de propriedade. A mesma massa de dinheiro pode, por isso, representar massas bem diversas de capital monetário. Mero dinheiro, represente ele capital realizado ou *revenue* realizada, torna-se capital de empréstimo mediante o mero ato de emprestar, mediante sua transformação em depósito, se consideramos a forma geral com sistema desenvolvido de crédito. O depósito é capital monetário para o depositante. Mas, nas mãos do banqueiro, pode ser apenas capital monetário potencial, que se acha em alqueive em seu cofre em vez de estar no de seu proprietário.[10]

Com o crescimento da riqueza material, cresce a classe dos capitalistas monetários; multiplicam-se, por um lado, o número e a riqueza dos capitalistas que se retiram, dos *rentiers*; e, segundo, o desenvolvimento do sistema de crédito é incentivado e, com isso, o número dos banqueiros, prestamistas, financistas etc. aumenta. – Com o desenvolvimento do capital monetário disponível, desenvolve-se a massa dos papéis portadores de juros, dos títulos públicos, das ações etc., conforme já foi desenvolvido antes. Mas com isso aumenta, ao mesmo tempo, a demanda por capital monetário disponível, em virtude de os *jobbers* [corretores] que realizam negócios especulativos com esses títulos terem um papel fundamental no mercado monetário. Se todas as compras e vendas desses títulos fossem expressão unicamente de investimentos reais de capital, seria correto dizer que não poderiam influir sobre a demanda por capital de empréstimo, pelo fato de que A, quando vende seu papel, retira tanto dinheiro quanto B coloca no papel. Entretanto, mesmo então, uma vez que o papel na verdade existe, mas não o capital (pelo menos não como capital monetário) que ele originalmente representa, cria-se sempre, portanto, nova demanda de tal capital monetário. Mas, em todo caso, trata-se de capital monetário de que antes dispunha B e de que agora dispõe A.

B. A., 1857, n. 4886: "O senhor considera uma descrição correta das causas que determinam a taxa de desconto se digo que ela é regulada pela quantidade do capital existente no mercado, que é aplicável no desconto de letras comerciais, distintas de outros tipos de títulos?" – {Chapman:} "Não; acho que a taxa de juros é afetada por todos os títulos facilmente conversíveis (*all convertible securities of a current character*); seria errado limitar a questão simplesmente

> ao desconto de letras, pois quando há grande demanda de dinheiro contra" {depósitos de} "*consols*" [consolidados][I] ou mesmo letras do Tesouro, como ocorreu recentemente com intensidade e a uma taxa de juros muito mais alta que a comercial, seria absurdo dizer que nosso mundo comercial não é afetado por isso; ele é afetado de maneira muito decisiva." – 4890. "Quando títulos bons e correntes, reconhecidos como tal pelos banqueiros, encontram-se no mercado e os proprietários querem tomar dinheiro sobre eles, então isso terá certamente influência sobre as letras comerciais; não posso esperar, por exemplo, que alguém me dê seu dinheiro a 5% sobre letras comerciais se, ao mesmo tempo, pode emprestar esse dinheiro a 6% sobre *consols* etc.; isso nos afeta da mesma maneira; ninguém pode me pedir que desconte suas letras a 5½%, se posso emprestar meu dinheiro a 6%." – 4892. "De pessoas que compram, como investimentos fixos de capital, títulos no valor de 2000 libras esterlinas, 5000 libras esterlinas ou 10000 libras esterlinas, não falamos como se influíssem substancialmente no mercado monetário. Se o senhor me pergunta a respeito da taxa de juros sobre" {o depósito de} "*consols*, então falo de pessoas que fazem negócios no montante de centenas de milhares, dos assim chamados *jobbers*, que subscrevem ou compram no mercado grandes quantias de empréstimos públicos e que têm então de reter esses papéis até que possam desfazer-se deles com lucro; essas pessoas têm, para esse fim, de tomar dinheiro emprestado."

Com o desenvolvimento do sistema de crédito criam-se grandes mercados monetários concentrados, como Londres, que, ao mesmo tempo, são os principais centros do comércio com esses papéis. Os banqueiros põem o capital monetário do público, em grandes massas, à disposição dessa ralé de comerciantes, e assim prolifera essa ninhada de jogadores.

> "Dinheiro na Bolsa de Valores é geralmente mais barato que em qualquer outro lugar", diz, em 1848, o então presidente do Banco da Inglaterra,[II] perante o comitê secreto [da Câmara] dos Lordes. (C. D., 1848, *printed* 1857, n. 219)

Ao examinar o capital portador de juros, já expusemos que o juro médio para uma série maior de anos, com as demais circunstâncias constantes, é determinado pela taxa média de lucro, não do ganho empresarial, que nada mais é que o lucro menos o juro.[III]

Que também para as variações dos juros comerciais – dos juros que, para descontos e empréstimos dentro do mundo do comércio, são

---

I Títulos da dívida pública. [N. T.]

II James Morris. [N. E. A.]

III Ver, neste volume, cap. 22, pp. 351–60. [N. E. B.]

calculados por aquele que empresta dinheiro – surge uma fase no decorrer do ciclo industrial em que a taxa de juros ultrapassa seu mínimo e alcança o nível médio (que ela mais tarde ultrapassa) e em que esse movimento resulta da alta dos lucros, também isso já foi aventado e ainda será mais examinado adiante.

Entretanto, cabe fazer aqui duas observações:

Primeira: quando a taxa de juros se mantém alta durante um tempo mais longo (estamos falando aqui da taxa de juros em dado país, como a Inglaterra, onde a taxa média de juros é dada para um período mais longo e se manifesta também no juro pago por empréstimos a longo prazo, o que se pode chamar de juro privado), isso demonstra *prima facie* que, durante esse tempo, a taxa de lucro é alta, mas não prova necessariamente que é alta a taxa do ganho empresarial. Essa última diferença desaparece mais ou menos para os capitalistas que operam principalmente com capital próprio; eles realizam a alta taxa de lucro, uma vez que pagam o juro a si mesmos. A possibilidade de alta taxa de juros por mais tempo – não estamos falando aqui da fase de aperto propriamente dito – é dada quando a taxa de lucro é elevada. É possível, porém, que essa alta taxa de lucro, após deduzida a alta taxa de juros, apenas deixe uma taxa baixa de ganho empresarial. Esta última pode contrair-se, enquanto perdura a alta taxa de lucro. Isso é possível porque os empreendimentos, uma vez iniciados, têm de ser continuados. Nessa fase opera-se consideravelmente com mero capital de crédito (capital alheio); e a alta taxa de lucro pode, em alguns casos, ser especulativa, prospectiva. Uma taxa de juros elevada pode ser paga com taxa de lucro elevada, mas com ganho empresarial decrescente. Ela pode ser paga – e isso é parcialmente o caso em épocas de especulação – não a partir do lucro, mas a partir do próprio capital alheio emprestado, e isso pode perdurar por algum tempo.

Segunda: asseverar que a demanda de capital monetário e, por conseguinte, a taxa de juros aumentam por ser alta a taxa de lucro não é idêntico à assertiva de que a demanda de capital industrial aumenta e, por isso, é elevada a taxa de juros.

Em tempos de crise, a demanda de capital de empréstimos, assim como a taxa de juros, atinge seu máximo; a taxa de lucro, assim como a demanda de capital industrial, praticamente desaparece. Nesses tempos, cada um toma dinheiro emprestado somente para pagar, para saldar obrigações já contraídas. Ao contrário, em tempos de reanimação, após a crise, procura-se capital de empréstimo para comprar e para transformar o capital monetário em capital produtivo ou comercial. Então, quem o procura é ou o capitalista industrial ou o comerciante. O capitalista industrial despende-o em meios de produção e em força de trabalho.

A demanda crescente por força de trabalho em si nunca pode ser causa duma taxa de juros crescente, na medida em que esta é determinada pela taxa de lucro. Salário mais alto nunca é causa de lucro mais alto, embora, considerando fases particulares do ciclo industrial, possa ser uma de suas consequências.

Pode aumentar a demanda de força de trabalho porque a exploração de trabalho se dá em condições especialmente favoráveis, mas a demanda crescente de força de trabalho e, em consequência, por capital variável, em si e para si, não aumenta o lucro, mas o reduz *pro tanto*. Não obstante, pode aumentar, com isso, a demanda de capital variável e, portanto, também a demanda de capital monetário, e isso pode elevar a taxa de juros. O preço de mercado da força de trabalho sobe então acima de sua média, um número de trabalhadores superior à média é empregado e, ao mesmo tempo, sobe a taxa de juros porque, nessas condições, sobe a demanda de capital monetário. A demanda crescente de força de trabalho encarece essa mercadoria, como ocorre com qualquer outra, eleva seu preço, mas não o lucro, que repousa principalmente na barateza relativa justamente dessa mercadoria. Mas, ao mesmo tempo – nas circunstâncias supostas –, eleva a taxa de juros, porque aumenta a demanda de capital monetário. Se o capitalista monetário, em vez de emprestar dinheiro, se transformasse em capitalista industrial, a circunstância de ele ter de pagar o trabalho mais caro, em si e para si, não elevaria seu lucro, mas o diminuiria *pro tanto*. A conjuntura das circunstâncias pode ser tal que, apesar disso, seu lucro suba, mas nunca porque paga mais caro pelo trabalho. Essa última circunstância, porém, à medida que aumenta a demanda de capital monetário, é suficiente para fazer subir a taxa de juros. Se, por qualquer causa, aumentasse o salário, em conjunturas de resto desfavoráveis, então o aumento do salário reduziria a taxa de lucro, mas elevaria a taxa de juros na medida em que aumentaria a demanda de capital monetário.

Abstraindo o trabalho, o que Overstone chama de "demanda de capital" consiste apenas em demanda de mercadoria. A demanda de mercadorias eleva seu preço, seja porque ela sobe acima da média, seja porque a oferta cai abaixo da média. Se o capitalista industrial ou o comerciante tem de pagar agora, por exemplo, 150 libras esterlinas pela mesma quantidade de mercadorias pela qual antes pagava 100 libras esterlinas, ele teria de tomar emprestadas 150 libras esterlinas, em lugar das 100 libras esterlinas de antes, e, com o juro de 5%, teria de pagar 7½ libras esterlinas, em lugar das 5 libras esterlinas de antes. A massa de juros que ele teria de pagar aumentaria porque a massa do capital emprestado aumentaria.

Todo o intento do Sr. Overstone consiste em apresentar os interesses do capital de empréstimo e do capital industrial como idênticos, enquanto sua lei bancária tem justamente em vista explorar a diferença entre esses interesses em benefício do capital monetário.

É possível que a demanda de mercadorias, no caso de que sua oferta tenha caído abaixo da média, não absorva mais capital monetário que antes. É a mesma a soma a pagar ou talvez ela seja menor, pelo seu valor total, mas pela mesma soma recebe-se um *quantum* menor de valores de uso. Nesse caso, a demanda de capital monetário emprestável permanecerá a mesma, a taxa de juros não subirá, portanto, embora tenham subido a demanda da mercadoria em relação à sua oferta e, por isso, o preço da mercadoria. A taxa de juros só pode ser afetada quando cresce a demanda total por capital de empréstimo, e esse, sob os pressupostos acima, não é o caso.

Mas a oferta de um artigo pode também cair abaixo da média, como no caso de má colheita de cereais, algodão etc., e a demanda de capital de empréstimo pode crescer, porque se especula com elevação ainda maior dos preços, e o meio mais direto de fazê-lo subir consiste em retirar temporariamente do mercado uma parte da oferta. Mas, para pagar a mercadoria comprada sem vendê-la, arranja-se dinheiro por meio de "operações com letras" comerciais. Nesse caso, cresce a demanda de capital de empréstimo, e a taxa de juros pode subir em virtude dessa tentativa de impedir artificialmente que a mercadoria seja oferecida no mercado. A taxa de juros mais alta expressa então uma diminuição artificial da oferta de capital-mercadoria.

Por outro lado, pode crescer a demanda de um artigo porque cresceu sua oferta e o artigo se vende abaixo de seu preço médio.

Nesse caso, a demanda de capital de empréstimo pode ficar a mesma ou até cair, porque com a mesma soma de dinheiro obtêm-se mais mercadorias. Mas poderia haver também estocamento especulativo, em parte para se aproveitar do momento favorável para fins de produção, em parte na expectativa de futura elevação do preço. Nesse caso, a demanda por capital de empréstimo poderia crescer e a taxa de juros mais elevada seria assim expressão de um investimento de capital no estocamento excedente de elementos do capital produtivo. Só estamos considerando aqui a demanda por capital de empréstimo à medida que é influenciada pela demanda e oferta de capital-mercadoria. Já foi discutido antes como a situação variável do processo de reprodução nas fases do ciclo industrial atua sobre a oferta de capital de empréstimo. A afirmação trivial de que a taxa de juros de mercado é determinada pela demanda e oferta de capital (de empréstimo) é misturada por Overstone, de maneira astuta, com sua própria suposição de que o capital de empréstimo é idêntico ao capital em geral; desse modo, ele procura fazer do usurário o único capitalista e de seu capital, o único capital.

Em tempos de aperto, a demanda por capital de empréstimo é demanda de meios de pagamento e nada mais; de modo nenhum é demanda por dinheiro como meio de compra. Nesse caso, a taxa de juros pode subir muito, não importando se capital real – capital-mercadoria ou capital produtivo – exista em excesso ou seja escasso. A demanda de meios de pagamento é mera demanda de conversibilidade em *dinheiro*, na medida em que os comerciantes e produtores possam oferecer boas garantias; é demanda de *capital monetário* na medida em que esse não é o caso, na medida em que, portanto, um adiantamento de meios de pagamento lhes proporciona não apenas a *forma-dinheiro*, mas também o *equivalente* que lhes falta, seja qual for sua forma, para pagar. Esse é o ponto em que ambos os lados da teoria corrente, na apreciação das crises, têm e não têm razão. Os que dizem que existe mera escassez de meios de pagamento ou estão pensando apenas nos possuidores de garantias *bona fide* ou são tolos que acham que um banco tem o dever e o poder de transformar, por meio de pedaços de papel, todos os caloteiros falidos em capitalistas sólidos e solventes. Os que dizem que existe mera escassez de capital ou recorrem a meras disputas verbais, uma vez que nessas épocas há massas de capital *inconversível* em consequência de superimportação e de superprodução, ou se referem meramente aos que cavalgam o crédito, que agora estão colocados realmente numa situação em que não recebem mais capital alheio para operar com ele e, portanto, exigem que o banco não apenas lhes ajude a pagar o capital perdido, mas também os capacite a prosseguir na fraude.

É fundamental para a produção capitalista que o dinheiro se confronte com a mercadoria como forma autônoma do valor ou que o valor de troca tenha de receber forma autônoma no dinheiro, e isso só é possível pelo fato de que determinada mercadoria se torna o material em cujo valor todas as outras mercadorias se medem, tornando-se precisamente por isso a mercadoria geral, a mercadoria *par excellence*, em antítese a todas as demais mercadorias. Isso tem de manifestar-se de dois modos e nomeadamente em nações com capitalismo desenvolvido, que substituem o dinheiro em grande medida, de um lado, por operações de crédito e, por outro, por dinheiro de crédito. Em tempos de aperto, em que o crédito se contrai ou cessa por inteiro, o dinheiro surge repentinamente, como único meio de pagamento e a verdadeira existência do valor, em confronto absoluto com as mercadorias. Daí a desvalorização geral das mercadorias, a dificuldade e até a impossibilidade de transformá-las em dinheiro, isto é, em sua própria forma puramente fantástica. Em segundo lugar, porém: o próprio dinheiro de crédito só é dinheiro na medida em que, no montante de seu valor nominal, representa absolutamente o dinheiro real. Com a drenagem de ouro torna-se problemática sua conversibilidade em dinheiro, isto é, sua identidade com ouro real. Daí medidas coercitivas, elevação da taxa de juros etc., para assegurar as condições dessa conversibilidade. Isso pode ser levado mais ou menos ao extremo por uma legislação errada, baseada em falsas teorias monetárias e imposta à nação pelo interesse dos traficantes de dinheiro, dos Overstone e consortes. O fundamento, porém, é dado com o fundamento do próprio modo de produção. Uma desvalorização do dinheiro de crédito (sem falar de uma desmonetização, afinal apenas imaginária, do mesmo) abalaria todas as relações existentes. Sacrifica-se, portanto, o valor das mercadorias para assegurar a existência fantástica e autônoma desse valor no dinheiro. Como valor monetário, ele fica assegurado apenas enquanto estiver assegurado o dinheiro. Por alguns poucos milhões de dinheiro têm de ser, portanto, levados ao sacrifício muitos milhões de mercadorias. Isso é inevitável na produção capitalista e constitui uma de suas belezas. Nos modos de produção anteriores não ocorre isso, pois na base estreita sobre a qual se movem não chegam a desenvolver-se nem o crédito nem o dinheiro de crédito. Enquanto o caráter *social* do trabalho aparecer como *existência monetária* da mercadoria e, por isso, como uma *coisa* fora da produção real, as crises monetárias, independentemente de crises reais ou como seu agravante, são inevitáveis. Por outro lado, é claro que, enquanto o crédito de um banco não está abalado, ele mitiga, nesses casos, o pânico mediante o aumento do dinheiro de crédito e o intensifica mediante a retirada do mesmo. Toda a história da indústria moderna mostra que o metal, na realidade, só seria necessário para saldar o comércio internacional, quando seu equilíbrio estivesse momentaneamente perturbado, se a produção interna estivesse organizada. Que o interior agora já não precisa de dinheiro metálico demonstra a suspensão dos pagamentos em espécie pelos assim chamados bancos nacionais, à qual se recorre como único recurso em todos os casos extremos.

No caso de dois indivíduos, seria ridículo dizer que, em seu relacionamento recíproco, o balanço de pagamentos seja desfavorável a ambos. Se são reciprocamente devedor e credor um do outro, é claro que, quando seus créditos não se compensam, um tem de ser devedor do outro pelo que resta. Às nações isso não se aplica, de modo algum. É que esse não é o caso reconhecido por todos os economistas na afirmação de que o balanço de pagamentos pode ser favorável ou desfavorável a uma nação, embora sua balança comercial tenha finalmente de se compensar. O balanço de pagamentos se distingue do balanço comercial por ser um balanço comercial que vence em determinado prazo. O que fazem as crises é condensar a diferença entre o balanço de pagamentos e o balanço comercial num curto período; e as circunstâncias determinadas que se desenvolvem na nação em que há crise, na qual, portanto, os pagamentos vencem agora – essas circunstâncias já trazem consigo tal contração do prazo de compensação. Primeiro, o envio ao exterior de metais preciosos; em seguida, a liquidação das mercadorias consignadas, a exportação de mercadorias para liquidá-las ou para conseguir dentro do país adiantamentos monetários sobre elas, a elevação da taxa de juros, o cancelamento dos créditos, a queda dos papéis de crédito, a liquidação de títulos estrangeiros, a atração de capital estrangeiro para investimento nesses títulos desvalorizados e, finalmente, a bancarrota, que compensa uma massa de créditos. Nesses casos, ainda se envia muitas vezes metal para o país em que rebentou a crise, porque as letras de câmbio sobre ele se tornam inseguras, sendo o pagamento em metal, portanto, o mais seguro. Acresce ainda a circunstância de que, com relação à Ásia, todas as nações capitalistas são, na maioria das vezes, ao mesmo tempo, direta ou indiretamente, suas devedoras. Tão logo essas diversas circunstâncias façam a outra nação envolvida sentir seu pleno efeito, também nela ocorre exportação de ouro e prata, em suma, os pagamentos vencem e os mesmos fenômenos se repetem.

No caso do crédito comercial, o juro como diferença entre o preço a crédito e o preço à vista só entra no preço das mercadorias se as letras de câmbio tiverem prazo superior ao costumeiro. De outro modo, não. E isso se explica pelo fato de que cada um toma esse crédito com uma mão e o dá com a outra. {Isso não está de acordo com minha experiência. – F. E.} Na medida, porém, em que o desconto entra aqui nessa forma, ele não é regulado por esse crédito comercial, mas pelo mercado monetário.

Se demanda e oferta de capital monetário, as quais determinam a taxa de juros, fossem idênticas a demanda e oferta de capital real, como sustenta Overstone, conforme se consideram diversas mercadorias ou a mesma mercadoria em diferentes estágios (matéria-prima, produtos semiacabados e acabados o juro deveria ser alto e baixo ao mesmo tempo. Em 1844 a taxa de juros do Banco da Inglaterra flutuou entre 4% (de janeiro a setembro) e 2½ e 3% de novembro até o fim do ano. Em 1845, foi de 2½, 2¾, 3%, de janeiro a outubro, e entre 3 e 5% nos últimos meses do ano. O preço médio do algodão do tipo *fair* Orleans foi de 6¼ pence em 1844 e de 4⅞ pence em 1845. Em 3 de março de 1844, o estoque de algodão em Liverpool foi de 627 042 fardos, em 3 de março de 1845, de 733 800 fardos. A julgar pelo preço baixo do algodão, a taxa de juros em 1845 devia ser baixa, como realmente foi durante a maior parte daquele ano. Mas, a julgar pelo fio, ele deveria ter sido alto, pois os preços foram altos relativamente e os lucros, absolutamente. Com o algodão de 4 pence a libra, podia-se fabricar, em 1845, com 4 pence de custo de fiação, um fio (bom *secunda mule twist* n. 40) que custava, portanto, 8 pence ao fiandeiro e que este podia vender, em setembro e outubro de 1845, por 10½ ou 11½ pence a libra-peso (ver depoimento de Wylie mais adiante).

A questão toda pode ser decidida da maneira seguinte:

Demanda e oferta de capital de empréstimo seriam idênticas a demanda e oferta de capital em geral (embora essa última afirmação seja absurda; para o industrial ou comerciante, a mercadoria é uma forma de seu capital, mas ele nunca requer capital como tal, e sim sempre apenas essa mercadoria específica, comprando e pagando como mercadoria, cereal ou algodão, independentemente do papel que ela tenha de desempenhar no ciclo de seu capital), se não houvesse prestamistas de dinheiro e em seu lugar os capitalistas que emprestam estivessem de posse de maquinaria, matérias-primas etc. e as emprestassem ou alugassem, como agora se faz com casas, aos capitalistas industriais que, eles mesmos, são proprietários de uma parte desses objetos. Nessas circunstâncias, a oferta de capital de empréstimo seria idêntica à oferta de elementos de produção para o capitalista industrial e de mercadorias para o comerciante. Mas é claro que então a repartição do lucro entre prestamista e mutuário, antes de mais nada, dependeria inteiramente da proporção em que esse capital é emprestado e é propriedade de quem o emprega.

Segundo o Sr. Weguelin (B. A., 1857), a taxa de juros é determinada "pela massa de capital desocupado" (252); é "apenas um índice da massa do capital desocupado, em busca de investimento" (271); mais tarde, chama esse capital desocupado de *floating capital* (485) e entende por tal "notas do Banco da Inglaterra e outros meios de circulação no país; por exemplo, as notas dos bancos provinciais e a moeda existente no país [...] incluo também no *floating capital* as reservas dos bancos" (502, 503) e, mais tarde, também ouro em barras (503). O mesmo Weguelin diz que o Banco da Inglaterra tem grande influência sobre a taxa de juros em épocas "em que nós" (o Banco da Inglaterra) "temos de fato em nossas mãos a maior parte do capital desocupado" (1198), enquanto, pelos depoimentos acima citados do Sr. Overstone, o Banco da Inglaterra "não é lugar para capital". Weguelin diz ainda:

> Em minha opinião, a taxa de desconto é regulada pela quantidade do capital desocupado no país. A quantidade do capital desocupado está representada pela reserva do Banco da Inglaterra, que de fato é uma reserva metálica. Se, portanto, a reserva metálica é reduzida, isso reduz a quantidade do capital desocupado no país e aumenta, portanto, o valor do resto que ainda existe (1258)

J. Stuart Mill diz (2 102):

> O Banco é obrigado, para manter solvente seu *banking department*, a fazer tudo o que puder para preencher a reserva desse departamento; por isso, tão logo perceba que há um vazamento, ele precisa se assegurar uma reserva e ou limitar seus descontos ou vender papéis de crédito.

A reserva, considerando-se o *banking department*, é reserva só para os depósitos. Segundo os Overstone, o *banking department* deve operar apenas como banqueiro, sem levar em consideração a emissão "automática" de notas. Mas, em tempos de verdadeiro aperto, a instituição, independentemente da reserva do *banking department*, a qual consiste apenas em notas, vigia com rigor a reserva metálica e tem de fazê-lo se não quiser falir. Pois, à medida que diminui a reserva metálica, diminui também a reserva de cédulas bancárias, e ninguém deveria saber disso melhor que o Sr. Overstone, que tão sabiamente estabeleceu isso mediante sua lei bancária de 1844.

CAPÍTULO 33

O MEIO DE CIRCULAÇÃO SOB O SISTEMA DE CRÉDITO

> O grande regulador da velocidade da circulação é o crédito. Daí se explica por que um aperto agudo no mercado monetário coincide geralmente com uma circulação repleta. (*The Currency Theory Reviewed*. p. 65)

Isso deve ser entendido em dois sentidos. Por um lado, todos os métodos para poupar meios de circulação baseiam-se no crédito. Por outro lado, porém: tome, por exemplo, uma nota de 500 libras esterlinas. A entrega-a hoje em pagamento de uma letra de câmbio a B; B deposita-a, no mesmo dia, com seu banqueiro; este desconta, ainda no mesmo dia, uma letra com ela para C; C paga com ela seu banco, o banco a adianta ao *bill-broker* etc. A velocidade com que a nota circula aqui, servindo para compras e pagamentos, é mediada pela velocidade com que sempre retorna a alguém na forma de depósito e com que se transfere a outra pessoa na forma de empréstimo. A mera economia do meio de circulação aparece desenvolvida ao máximo na Clearing House, no mero intercâmbio de letras vencidas e na função predominante do dinheiro como meio de pagamento para compensação somente de saldos. Mas a existência dessas letras baseia-se, por sua vez, novamente no crédito que os industriais e comerciantes se concedem mutuamente. Se esse crédito diminui, então diminui o número das letras, especialmente das de longo prazo, e também, portanto, a eficácia desse método de compensação. E essa economia, que consiste na eliminação do dinheiro das transações e que repousa inteiramente sobre a função do dinheiro como meio de pagamento, a qual, por sua vez, repousa sobre o crédito, só pode ser (abstraída a técnica mais ou menos desenvolvida de concentrar esses pagamentos) de duas espécies: créditos recíprocos, representados por letras ou cheques, compensam com o mesmo banqueiro, que nada faz além de transferir o crédito da conta de um para a de outro; ou os diversos banqueiros compensam-nos entre si.[11] A concentração de 8–10 milhões em letras nas mãos de um *bill-broker*, como, por exemplo, a firma Overend, Gurney & Co., era um dos meios principais para expandir localmente a escala dessa compensação. Mediante essa economia, a eficácia do meio de circulação é elevada, na medida em que um *quantum* menor dele é exigido para a mera liquidação do saldo. Por outro lado, a velocidade do dinheiro que gira como meio de circulação (por meio da qual ele também é economizado) depende inteiramente do fluxo das compras e vendas, ou seja, do encadeamento dos pagamentos, à medida que se efetuem sucessivamente em dinheiro. Mas o crédito medeia e aumenta assim a velocidade da circulação. A peça monetária individual pode, por exemplo, efetuar apenas cinco ciclos, permanecendo mais tempo em cada mão – como mero meio de circulação, sem interferência do crédito –, se A, seu possuidor original, comprar de B, B de C, C de D, D de E, E de F e, portanto, sua passagem de uma mão para outra for mediada somente por compras e vendas reais. Mas, se B deposita o dinheiro recebido em pagamento de A com o seu banqueiro e este o despende no desconto de uma letra de C, este compra de D, D o deposita com seu banqueiro, este o empresta a E, que compra de F, então mesmo sua velocidade como mero meio de circulação (meio de compra) é mediada por várias operações de crédito: o depósito de B com seu banqueiro e o desconto deste para C, o depósito de D com seu banqueiro e o desconto deste para E; portanto, quatro operações de crédito. Sem essas operações de crédito, a mesma peça monetária não teria efetuado cinco compras sucessivas no dado período de tempo. O fato de que mudou de mãos sem mediação de compra e venda real – como depósito e pelo desconto – acelerou aí sua mudança de mãos na série de transações reais.

Mostrou-se antes como a mesma cédula bancária pode constituir depósitos com diversos banqueiros. Do mesmo modo, ela pode constituir depósitos diversos com o mesmo banqueiro. Este desconta, com a nota depositada por A, a letra de B, B paga a C, C deposita a mesma nota com o mesmo banqueiro que a desembolsou.

Ao se examinar a circulação simples de dinheiro (Livro 1, cap. 3, [parte] 2), já foi demonstrado que a massa de dinheiro realmente circulante, supondo-se dadas a velocidade da circulação e a economia dos pagamentos, é determinada pelos preços das mercadorias e pela massa das transações. A mesma lei rege a circulação de notas.

No quadro seguinte, constam para cada ano os montantes médios anuais das notas do Banco da Inglaterra, na medida em que estes se encontravam nas mãos do público, especificamente os montantes das notas de 5 e 10 libras esterlinas, das notas de 20–100 libras esterlinas e das notas mais altas de 200–1 000 libras esterlinas; assim como a percentagem que cada uma dessas rubricas representa na circulação total. As importâncias são dadas em milhares, sendo omitidas as últimas três casas.

Ano	Notas de £ 5-10		Notas de £ 20-100		Notas de £ 200-1 000		Total
	£	%	£	%	£	%	£
1844	9263	45,7	5735	28,3	5253	26,0	20241
1845	9698	46,9	6082	29,3	4942	23,8	20722
1846	9918	48,9	5778	28,5	4590	22,6	20286
1847	9591	50,1	5498	28,7	4066	21,2	19155
1848	8732	48,3	5046	27,9	4307	23,8	18085
1849	8692	47,2	5234	28,5	4477	24,3	18403
1850	9164	47,2	5587	28,8	4646	24,0	19398
1851	9362	48,1	5554	28,5	4557	23,4	19473
1852	9839	45,0	6161	28,2	5856	26,8	21856
1853	10699	47,3	6393	28,2	5541	24,5	22653
1854	10565	51,0	5910	28,5	4234	20,5	20709
1855	10628	53,6	5706	28,9	3459	17,5	19793
1856	10680	54,4	5645	28,7	3323	16,9	19648
1857	10659	54,7	5567	28,6	3241	16,7	19467

(B. A., 1858, p. XXVI)

A soma total das cédulas bancárias em circulação diminuiu, portanto, positivamente entre 1844 e 1857, embora o tráfego comercial, conforme demonstra a exportação e a importação, tenha mais que duplicado. As cédulas bancárias menores, de 5 e 10 libras esterlinas, aumentaram, conforme mostra a tabela, de 9263000 libras esterlinas em 1844 para 10659000 libras esterlinas em 1857. E isso ocorreu simultaneamente com o forte aumento da circulação de ouro que se deu justamente naquela época. Em contraposição, houve uma diminuição das notas de maiores montantes (de 200 a 1000 libras esterlinas) de 5856000 libras esterlinas em 1852 para 3241000 libras esterlinas em 1857. Decréscimo, portanto, de mais de 2½ milhões de libras esterlinas. Isso é explicado do seguinte modo:

> Em 8 de junho de 1854, os banqueiros particulares de Londres permitiram aos bancos por ações participar da instituição da Clearing House e, logo em seguida, estabeleceu-se o *clearing* final no Banco da Inglaterra. Os saldos diários são liquidados por meio de transferências lançadas nas contas que os diversos bancos mantêm no Banco da Inglaterra. Com a introdução desse sistema tornaram-se supérfluas as notas elevadas que os bancos antes utilizavam para ajustar suas contas recíprocas. (B. A., 1858, p. V)

Até que ponto o emprego do dinheiro no comércio atacadista foi reduzido a um mínimo é mostrado no quadro que reproduzimos no Livro 1, cap. 3, nota 103 [p. 178 (p. 696)] e que foi fornecido à B. A. por Morrison,

Dillon & Co., uma das maiores casas de Londres, em que um varejista pode comprar todo seu estoque de mercadorias de qualquer espécie.

De acordo com o depoimento de W. Newmarch perante a [comissão bancária] B. A., 1857, n. 1741, houve ainda outras circunstâncias que contribuíram para a economia de meios de circulação: a tarifa postal de 1 pêni para as cartas, as ferrovias, os telégrafos, em uma palavra, o aperfeiçoamento dos meios de comunicação; de modo que a Inglaterra pode agora fazer negócios de cinco a seis vezes maiores com aproximadamente a mesma circulação de cédulas bancárias. Mas isso se deveria também essencialmente à eliminação da circulação das notas de mais de 10 libras esterlinas. Isso lhe parece uma explicação natural do fato de que na Escócia e na Irlanda, onde circulam também notas de 1 libra, a circulação de notas aumentou em aproximadamente 31% (1747). A circulação total de cédulas bancárias no Reino Unido, incluídas as notas de 1 libra, seria de 39 milhões de libras esterlinas. (1749) A circulação de ouro = 70 milhões de libras esterlinas. (1750) Na Escócia, a circulação de notas, em 1834, era de 3 120 000 libras esterlinas; 1844 – 3 020 000 libras esterlinas; 1854 – 4 050 000 libras esterlinas. (1752)

Já daí fica evidente que não está de modo algum nas mãos dos bancos emissores de cédulas aumentar o número das cédulas em circulação enquanto essas cédulas forem a qualquer momento conversíveis em dinheiro. {Não se trata aqui de papel-moeda inconversível; cédulas bancárias inconversíveis somente se podem tornar meio de circulação geral onde são efetivamente apoiadas pelo crédito do Estado, como, por exemplo, atualmente na Rússia. Isso as coloca sob as leis do papel-moeda estatal inconversível, as quais já foram expostas (Livro 1, cap. 3, [parte] 2, c: "A moeda. O signo do valor"). – F. E.}

A quantidade das notas em circulação é regulada pelas necessidades de circulação, e toda nota supérflua retorna imediatamente a seu emissor. Como na Inglaterra apenas as notas do Banco da Inglaterra circulam em geral como meio legal de pagamento, podemos desconsiderar aqui a circulação insignificante e puramente local de notas dos bancos provinciais.

Perante a B. A., 1858, o Sr. Neave, presidente do Banco da Inglaterra, declara:

> N. 947. (Pergunta:) "Quaisquer que sejam as medidas que o senhor tome, o montante de notas nas mãos do público, diz o senhor, permanece o mesmo; isto é, 20 milhões de libras esterlinas aproximadamente? – Em tempos normais, as necessidades do público parecem exigir cerca de 20 milhões. Em certas épocas do ano, que se repetem periodicamente, sobem em 1 ou 1½ milhão. Se o público precisar de mais, pode sempre obtê-lo, conforme

> disse, no Banco da Inglaterra". – 948. "O senhor disse que, durante o pânico, o público não queria permitir-lhe diminuir o montante de notas; o senhor quer justificar isso? – Em tempos de pânico, o público, segundo me parece, tem plenos poderes para obter notas; e naturalmente, enquanto o banco tem uma obrigação, o público pode usar essa obrigação para retirar as notas do banco." – 949. "Parece, pois, que a qualquer momento são exigidos cerca de 20 milhões de libras esterlinas em notas do Banco da Inglaterra? – 20 milhões de notas nas mãos do público; isso varia. São 18½, 19, 20 milhões etc.; mas em média o senhor pode falar de 19–20 milhões."

Depoimento de Thomas Tooke perante a comissão da Câmara dos Lordes sobre Commercial Distress (C. D., 1848–57), n. 3094:

> O Banco não tem poder para aumentar, por sua própria vontade, o montante das notas nas mãos do público; ele tem o poder para diminuir o montante das notas nas mãos do público, mas apenas mediante uma operação muito violenta.

J. C. Wright, há 30 anos banqueiro em Nottingham, depois de expor detalhadamente a impossibilidade de os bancos provinciais manterem em circulação mais notas do que o público precisa e quer, declara sobre as notas do Banco da Inglaterra (C. D., 1848–57), n. 2844:

> "Não sei de nenhum limite" (à emissão de notas) "para o Banco da Inglaterra, mas todo excesso da circulação passa para os depósitos, assumindo assim outra forma".

O mesmo se aplica à Escócia, onde quase só circula papel, uma vez que tanto lá como na Irlanda são permitidas também notas de 1 libra e "*the Scotch hate gold*" [os escoceses odeiam ouro]. Kennedy, dirigente de um banco escocês, explica que os bancos nem mesmo podem diminuir sua circulação de notas e é

> de opinião que, enquanto as transações internas requerem notas ou ouro para se efetuar, os banqueiros têm de fornecer tantos meios de circulação quantos forem requeridos por essas transações – seja por exigência de seus depositantes ou por outro motivo. [...] Os bancos escoceses podem limitar seus negócios, mas não podem exercer controle sobre sua emissão de notas. (Ibid., n. 3446, 3448)

Analogamente, Anderson, diretor do Union Bank of Scotland, ibid., n. 3578:

> "O sistema do intercâmbio recíproco de notas" {entre os bancos escoceses} "impede uma emissão excessiva de notas por um banco individual? – Sim, temos porém um meio mais eficaz que o intercâmbio de notas" (que, na realidade, nada tem a ver com isso, mas assegura às notas de cada banco a capacidade de circular em toda a Escócia) "e esse é o costume geral na Escócia de manter uma conta bancária; qualquer pessoa que tem algum dinheiro tem também conta num banco e deposita nele diariamente todo o dinheiro de que não precisa imediatamente para si mesma, de modo que, ao fim de cada dia útil, todo o dinheiro está nos bancos, exceto o que cada uma tem no bolso".

O mesmo se aplica à Irlanda, vejam-se os depoimentos do presidente do Banco da Irlanda, MacDonnell, e do dirigente do Provincial Bank of Ireland, Murray, perante a mesma comissão.

Igualmente independente da vontade do Banco da Inglaterra é a circulação de notas do volume da reserva de ouro nos porões do Banco, que assegura a conversibilidade dessas notas.

> Em 18 de setembro de 1846, a circulação de notas do Banco da Inglaterra era de 20 900 000 libras esterlinas, e sua reserva metálica de 16 273 000 libras esterlinas; em 5 de abril de 1847, a circulação era de 20 815 000 libras esterlinas e a reserva metálica de 10 246 000 libras esterlinas. Assim, apesar da exportação de 6 milhões de libras esterlinas de metal precioso, não houve contração da circulação. (J. G. Kinnear, *The Crisis and the Currency*. L[on]do[n], 1847, p. 5)

É claro, entretanto, que isso só se aplica sob as condições hoje reinantes na Inglaterra, e mesmo ali apenas à medida que a legislação não dispuser de outra maneira sobre a proporção entre a emissão de notas e a reserva metálica.

São, portanto, somente as necessidades dos próprios negócios que exercem influência sobre a quantidade do dinheiro em circulação – notas e ouro. Antes de mais nada, há a considerar aí as flutuações periódicas que se repetem todos os anos, qualquer que seja a situação geral dos negócios, de modo que, há 20 anos,

> em determinado mês, a circulação está alta, noutro, baixa e, em determinado terceiro mês, ocorre um nível médio. (Newmarch, B. A., 1857, n. 1650)

Assim, todos os anos, no mês de agosto, alguns milhões, na maior parte em ouro, passam do Banco da Inglaterra para a circulação interna, a fim de pagar os custos da colheita; como se trata principalmente de pagamento de salários, as cédulas bancárias, aqui da Inglaterra, são menos utilizáveis. Até o fim do ano, esse dinheiro do Banco terá refluído novamente. Na Escócia, em vez de *sovereigns*,[I] quase só existem notas de uma libra; aqui a circulação de notas se expande por isso na situação correspondente, e precisamente duas vezes por ano, em maio e novembro, de 3 para 4 milhões; 14 dias depois já começa o refluxo, em um mês ele está quase concluído (Anderson, [C. D., 1848–57,] op. cit., n. 3595–600).

A circulação de cédulas do Banco da Inglaterra também experimenta trimestralmente uma flutuação momentânea, em virtude do pagamento trimestral dos "dividendos", isto é, dos juros da dívida pública, pelo qual, primeiro, cédulas bancárias são retiradas da circulação e, em seguida, são lançadas de novo ao público; mas elas refluem logo de novo. Weguelin (B. A., 1857, n. 38) declara ser de 2½ milhões a flutuação na circulação de notas assim ocasionada. Em contraposição, o Sr. Chapman, da conhecida firma Overend, Gurney & Co., estima que a perturbação assim causada no mercado monetário é muito maior.

> Se o senhor retira de circulação 6 ou 7 milhões para impostos, a fim de pagar com eles os dividendos, então deve haver alguém que, no entretempo, põe esse montante à disposição. (B. A., 1857, n. 5196)

Muito mais importantes e duráveis são as flutuações na quantidade do meio circulante, que correspondem às diversas fases do ciclo industrial. Ouçamos o que diz a respeito outro *associé* daquela firma, o venerável quacre Samuel Gurney (C. D., 1848–57, n. 2645):

> "No fim de outubro" (1847) "20 800 000 libras esterlinas em notas estavam nas mãos do público. Naquele momento havia grande dificuldade em conseguir cédulas bancárias no mercado de dinheiro. Isso decorreu do receio geral de não poder obtê-las em virtude da limitação imposta pela lei bancária de 1844. Atualmente" (março de 1848) "o montante das cédulas bancárias nas mãos do público [...] é de 17 700 000 libras esterlinas, mas, como não há agora nenhum alarme comercial, isso é muito mais do que se precisa. Não há nenhum banqueiro ou negociante de dinheiro em Londres que não tenha mais cédulas bancárias do que pode empregar". – 2650. "O montante das cédulas bancárias [...] que existe fora da custódia do Banco da Inglaterra constitui um indicador totalmente insuficiente da situação ativa da circulação, se não se considera, igualmente, ao mesmo tempo [...] a situação do mundo comercial e do crédito." – 2651. "A sensação de que, com o montante atual de meios de circulação nas mãos do público, temos um excesso decorre em grande parte de nossa situação atual de grande estagnação. Com preços altos e negócios animados, 17 700 000 libras esterlinas nos causariam uma sensação de escassez."

I Soberano: moeda no valor de uma libra esterlina. [N. E. B.]

{Enquanto a situação dos negócios for tal que os refluxos pelos adiantamentos feitos se deem regularmente e que, portanto, o crédito permaneça inabalado, a expansão e a contração da circulação se regerão simplesmente pelas necessidades dos industriais e comerciantes. Uma vez que, pelo menos na Inglaterra, não se considera o ouro para o comércio atacadista, e a circulação de ouro, abstraídas flutuações sazonais, pode ser encarada como uma grandeza relativamente constante durante longo tempo, então a circulação de notas do Banco da Inglaterra constitui um indicador bastante exato dessas mudanças. Na época de calmaria, passada a crise, a circulação se reduz ao mínimo; com a revitalização da demanda, surge uma necessidade dos meios de circulação maior, que se eleva com a prosperidade crescente; a quantidade dos meios de circulação atinge o máximo nos períodos de supertensão e de superespeculação – então rebenta a crise e, da noite para o dia, as cédulas bancárias, que ontem ainda eram tão abundantes, desaparecem do mercado e, com elas, os descontadores de letras, os que concedem adiantamentos sobre papéis de crédito, os compradores de mercadorias. O Banco da Inglaterra deve ajudar – mas também suas forças logo se esgotam, a lei bancária de 1844 obriga-o a restringir sua circulação de notas justamente no momento em que todo mundo clama por cédulas bancárias, em que os possuidores de mercadorias não podem vender e, ainda assim, devem pagar, estando dispostos a fazer qualquer sacrifício desde que obtenham cédulas bancárias.

> "Durante o alarme", diz o banqueiro Wright, mencionado acima, [C. D., 1848–57,] op. cit., n. 2930, "o país precisa de duas vezes mais meios de circulação que em tempos normais, pois o meio de circulação é entesourado por banqueiros e outros."

Tão logo rebenta a crise, trata-se tão somente de meios de pagamento. Mas, uma vez que cada um depende do outro para obter esses meios de pagamento e ninguém sabe se o outro será capaz de pagar no dia do vencimento, começa uma verdadeira correria atrás dos meios de pagamento existentes no mercado, isto é, das cédulas bancárias. Cada um entesoura tantas quantas pode conseguir, e desse modo desaparecem as notas da circulação no mesmo dia em que mais se precisa delas. Samuel Gurney (C. D., 1848–57, n. 1116) declara o montante de cédulas bancárias guardadas a sete chaves no momento de pânico, para outubro de 1847, como sendo de 4–5 milhões de libras esterlinas. – F. E.}

A esse respeito é especialmente interessante o interrogatório do *associé* de Gurney, o já mencionado Chapman, perante a B. A. de 1857. Apresento aqui o conteúdo principal do mesmo no contexto, embora sejam tratados alguns pontos nele que só examinaremos mais tarde.

O Sr. Chapman depõe como segue.

> 4963. "Não vacilo em dizer que não me parece correto que o mercado de dinheiro fique submetido ao poder de qualquer capitalista individual (como há alguns em Londres) que possa produzir enorme escassez de dinheiro e um aperto nos momentos em que a circulação está justamente num nível muito baixo. [...] Isso é possível [...] há mais de um capitalista que pode retirar do meio de circulação 1 ou 2 milhões de libras esterlinas em notas, desde que assim atinja algum objetivo."

4965. Um grande especulador pode vender 1 ou 2 milhões de consolidados e assim retirar o dinheiro do mercado. Algo semelhante ocorreu há muito pouco tempo, "produzindo um aperto extremamente violento".

4967. As notas são então, no entanto, improdutivas.

> Mas isso não é nada se serve para atingir um grande objetivo; seu grande objetivo é derrubar os preços dos fundos, produzir escassez monetária: fazer isso está totalmente em seu poder.

Um exemplo: certa manhã, havia grande demanda de dinheiro na Bolsa de fundos; ninguém sabia a causa; alguém propôs a Chapman que lhe emprestasse 50 000 libras esterlinas a 7%. Chapman surpreendeu-se, pois sua taxa de juros estava muito mais baixa; ele aceitou a proposta. Logo depois, a mesma pessoa voltou, tomou mais 50 000 libras esterlinas a 7½%, em seguida, 100 000 a 8% e ainda queria mais a 8½%. Mas então o próprio Chapman ficou com medo. Verificou-se depois que considerável soma de dinheiro fora subitamente retirada do mercado. Mas, diz Chapman,

> ainda assim, emprestei considerável soma a 8%; e fiquei com medo de ir mais longe; não sabia o que viria depois.

Nunca se deve esquecer que, embora existam nas mãos do público, segundo se diz, de forma relativamente constante, de 19 a 20 milhões em notas, ainda assim, por um lado, a parte dessas notas que efetivamente circula e, por outro, aquela que fica desocupada como reserva nos bancos variam uma em relação à outra de maneira constante e considerável. Se essa reserva é grande, sendo, portanto, baixa a circulação real, isso significa, do ponto de vista do mercado de dinheiro, que a circulação está repleta (*the circulation is full, money is plentiful*); se a reserva é pequena, estando, portanto, repleta a circulação real, o mercado de dinheiro denomina-a baixa (*the circulation is low, money is scarce*), ou seja, é baixa a parte que constitui capital de empréstimo desocupado. Expansão ou contração reais da circulação, independentes das fases do ciclo industrial – mas de modo que o montante de que precisa o público permaneça o mesmo –, somente ocorrem por motivos técnicos, por exemplo, nos momentos em que vence o prazo de pagamento dos impostos ou dos juros da dívida pública. Por ocasião do pagamento dos impostos, notas e ouro fluem para o Banco da Inglaterra em quantidade superior à normal e contraem de fato a circulação, sem considerar a necessidade da mesma. Acontece o contrário quando se pagam os dividendos da dívida pública. No primeiro caso, tomam-se empréstimos ao Banco, a fim de se obterem meios de circulação. No segundo, cai a taxa de juros nos bancos particulares em virtude do aumento momentâneo de suas reservas. Isso nada tem a ver com a massa absoluta dos meios de circulação, mas apenas com a firma bancária, que põe a girar esses meios e para quem esse processo se apresenta como alienação de capital de empréstimo e que, por isso, embolsa o lucro daí resultante.

Num caso, há apenas *déplacement* [deslocamento] temporário do meio circulante, que o Banco da Inglaterra compensa fazendo adiantamentos a curto prazo e a juros baixos pouco antes do vencimento dos impostos trimestrais e dos dividendos também trimestrais; essas notas supranumerárias assim gastas preenchem, pois, primeiro a lacuna causada pelo pagamento dos impostos, enquanto que seu retorno ao Banco, logo em seguida, traz de volta o excedente de notas que o pagamento dos dividendos lançou ao público.

No outro caso, a circulação baixa ou repleta é sempre apenas uma outra repartição da mesma massa de meios de circulação em circulação ativa e depósitos, isto é, instrumento de empréstimos.

Por outro lado, quando, por exemplo, mediante afluxo de ouro ao Banco da Inglaterra, aumenta o número de notas gastas à base dele, estas ajudam a atividade de desconto fora do Banco e refluem em pagamento de empréstimos, de modo que a massa absoluta das notas circulantes aumenta apenas momentaneamente.

Se a circulação está repleta, em virtude da expansão dos negócios (o que também é possível com preços relativamente baixos), a taxa de juros pode estar relativamente alta em virtude da demanda por capital de empréstimo decorrente de lucros em elevação e aumento de novos investimentos. Se está baixa, por causa da contração dos negócios ou também por causa da grande fluidez do crédito, então a taxa de juros pode ser baixa mesmo os preços estando altos. (Ver Hubbard.)

A quantidade absoluta da circulação somente atua de maneira determinante sobre a taxa de juros em tempos de aperto. Ou a demanda por circulação repleta reflete aqui unicamente a demanda por meios de entesouramento (abstraindo da velocidade reduzida com que circula o dinheiro e com que as mesmas peças de dinheiro idênticas se convertem constantemente em capital de empréstimo), em virtude da falta de crédito, como ocorreu em 1847, quando a suspensão da lei bancária não ocasionou expansão alguma da circulação, mas bastou para trazer as notas entesouradas à luz e lançá-las na circulação. Ou, conforme as circunstâncias, mais meios de circulação podem realmente ser exigidos, como sucedeu em 1857, quando, após a suspensão da lei bancária, a circulação efetivamente aumentou por algum tempo.

Fora isso, a massa absoluta da circulação não influi sobre a taxa de juros, uma vez que – supondo-se constantes a economia e a velocidade da circulação – ela é determinada, em primeiro lugar, pelos preços das mercadorias e pela massa das transações (em que, na maioria das vezes, um momento paralisa o efeito do outro) e, finalmente, pelo nível do crédito, enquanto de modo algum determina inversamente este último; e, em segundo lugar, uma vez que preços de mercadorias e juros não se encontram em correlação necessária.

Durante a vigência do Bank Restriction Act[I] (1797–1820), ocorreu um excesso de *currency*, sendo a taxa de juros constantemente muito mais alta do que após a retomada dos pagamentos em espécie. Mais tarde, ela voltou a cair rapidamente, com a restrição da emissão de notas e a subida da taxa de câmbio. Em 1822, 1823 e 1832, a circulação geral era baixa, e baixa também a taxa de juros. Em 1824, 1825 e 1836, a circulação era alta, e a taxa de juros subiu. No verão de 1830, a circulação era alta e a taxa de juros baixa. Desde as descobertas das minas de ouro, expandiu-se a circulação de dinheiro em toda a Europa, e a taxa de juros subiu. A taxa de juros não depende, pois, da quantidade do dinheiro circulante.

A diferença entre emissão de meios de circulação e empréstimo de capital revela-se melhor no processo real de produção. Ao examiná-lo (Livro 2, Seção III), vimos como se intercambiam os diversos componentes da produção. O capital variável, por exemplo, consiste materialmente nos meios de subsistência dos trabalhadores, numa parte de seu próprio produto. Foi-lhes pago, porém, parceladamente em dinheiro. Este tem de ser adiantado pelo capitalista, e depende muito da organização do sistema de crédito se ele, na próxima semana, pode pagar mais uma vez o novo capital variável com o dinheiro antigo, que desembolsou na semana anterior. O mesmo ocorre nos atos de intercâmbio entre os diversos

I Em maio de 1797, o governo inglês promulgou uma lei que decretou um curso forçado para cédulas bancárias e proibiu ao Banco da Inglaterra a conversão das cédulas bancárias em ouro. Em 1819, essa restrição foi novamente revogada por lei, e até 1821 a conversão de cédulas bancárias em ouro foi retomada plenamente. [N. E. A.]

componentes de um capital social total, por exemplo entre os meios de consumo e os meios de produção de meios de consumo. O dinheiro para sua circulação tem de ser adiantado, conforme vimos, por um ou ambos os participantes no intercâmbio. Permanece então em circulação, mas, depois de completado o intercâmbio, sempre retorna a quem o adiantou, uma vez que foi adiantado além do capital industrial realmente empregado por ele (ver Livro 2, cap. 20). Com um sistema desenvolvido de crédito, em que o dinheiro se concentra nas mãos dos bancos, são estes que, pelo menos nominalmente, o adiantam. Esse adiantamento se refere somente ao dinheiro que se encontra em circulação. É adiantamento de circulação, e não adiantamento dos capitais postos em circulação.

Chapman:

> 5062. "Pode haver épocas em que as cédulas bancárias nas mãos do público constituem um montante muito grande e, no entanto, é impossível consegui-las."

Dinheiro existe também durante o pânico; mas cada qual toma cuidado para não transformá-lo em capital emprestável, em dinheiro emprestável; cada qual o reserva para reais necessidades de pagamento.

> 5099. "Os bancos nos distritos rurais enviam seus excedentes desocupados para o senhor e outras firmas de Londres? – Exatamente." – 5100. "Por outro lado, os distritos fabris de Lancashire e Yorkshire descontam letras com o senhor para suas necessidades comerciais? – Exatamente." – 5101. "Desse modo, o dinheiro excedente de uma região do país se torna utilizável para as demandas de uma outra região? – Isso mesmo."

Chapman diz que o costume dos bancos de investir seu capital monetário excedente, a curto prazo, na compra de consolidados e títulos do Tesouro diminuiu muito nos últimos tempos, desde que se tornou um hábito emprestar esse dinheiro *at call* (de um dia para o outro, exigível a qualquer momento). Ele mesmo considera a compra desses papéis altamente inadequada para seu negócio. Por isso, prefere investir em boas letras, parte das quais vence diariamente, de modo que sempre sabe com quanto dinheiro líquido pode contar todos os dias (5101–05).

Mesmo o aumento da exportação apresenta-se mais ou menos para cada país, mas sobretudo para o país que concede créditos, como demanda crescente no mercado interno de dinheiro, mas que só se faz sentir como tal nos tempos de aperto. Em épocas em que as exportações aumentam, letras a longo prazo são, em regra, sacadas contra consignações de manufaturas britânicas por fabricantes sobre o comerciante exportador (5126).

5127. “Não é frequente o caso de que exista um acordo no sentido de que essas letras sejam renovadas de tempos em tempos?” – {Chapman.} “Essa é uma coisa que ocultam de nós; nós não admitiríamos uma letra dessa espécie. [...] É certo que isso pode ocorrer, mas sobre tal assunto nada posso dizer.” (O inocente Chapman.) – 5129. “Quando há grande aumento das exportações, como o de 20 milhões de libras esterlinas só no ano passado, isso não leva, por si mesmo, a uma grande demanda de capital para o desconto de letras que representam essas exportações? – Sem dúvida.” – 5130. “Uma vez que a Inglaterra, em regra, dá crédito ao exterior para todas as suas exportações, isso não requereria a absorção de um capital adicional correspondente durante o tempo que perdura? – A Inglaterra dá um crédito imenso; mas, em contrapartida, toma crédito para suas matérias-primas. Da América, sempre sacam sobre nós a 60 dias e, de outras regiões, a 90 dias. Por outro lado, concedemos crédito; quando enviamos mercadorias para a Alemanha, damos 2 ou 3 meses.”

Wilson pergunta a Chapman (5131) se contra essas matérias-primas e mercadorias coloniais importadas não se sacam letras sobre a Inglaterra no momento de embarcá-las, e se essas letras não chegam junto com os conhecimentos de embarque. Chapman crê que sim, mas nada sabe desses negócios “comerciais”, recomendando que se perguntasse a pessoas mais bem informadas. – Nas exportações para a América, diz Chapman, “as mercadorias estão simbolizadas no trânsito” [5133]; essa algaravia significa que o exportador inglês saca sobre as mercadorias letras de quatro meses contra uma das grandes firmas bancárias americanas em Londres, firma essa que recebe cobertura da América.

5136. “Os negócios com os países muito distantes não são conduzidos, em regra, pelo comerciante, o qual espera por seu capital até que se vendam as mercadorias? – Pode haver casas que dispõem de grande riqueza privada, capazes de investir seu próprio capital sem tomar adiantamentos sobre as mercadorias; mas essas mercadorias, na maioria das vezes, são transformadas em adiantamentos por meio dos aceites de firmas bem conhecidas.” – 5137. “Essas casas estão estabelecidas [...] em Londres, Liverpool e outros lugares.” – 5138. “Não faz diferença, pois, que o fabricante tenha de dar seu próprio dinheiro ou que consiga um comerciante de Liverpool ou Londres que o adiante; continua sempre um adiantamento feito na Inglaterra? – Exatamente. O fabricante só em poucos casos tem algo a ver com isso” (em 1847, porém, em quase todos os casos). “Um comerciante em manufaturados, por exemplo, em Manchester, compra mercadorias e as embarca por meio de uma firma respeitável em Londres; tão logo a firma de Londres esteja convencida de que tudo está embalado como foi acordado, ele saca sobre a casa de Londres letras de seis meses contra essas mercadorias que estão indo para a Índia, para a China ou para onde quer que seja; então intervém o mundo bancário e lhe desconta essas letras; de modo que, no momento em que tem de pagar essas mercadorias, tem à disposição o dinheiro, graças ao desconto daquelas letras." 5139. "Mas, mesmo que aquele tenha o dinheiro, ainda assim o banqueiro teve de adiantá-lo? – *O banqueiro tem a letra; o banqueiro comprou a letra*; ele emprega dessa forma seu capital bancário, isto é, no desconto de letras comerciais."

{Portanto, Chapman também considera o desconto de letras não como adiantamento, mas como compra de mercadorias. – F. E.}

5140. "Mas isso constitui sempre parte das exigências feitas ao mercado de dinheiro de Londres? – Sem dúvida; essa é a ocupação essencial do mercado de dinheiro e do Banco da Inglaterra. O Banco da Inglaterra fica tão contente quanto nós em receber essas letras, ele sabe que são um bom investimento." – 5141. "Do modo como o negócio da exportação cresce, cresce também a demanda no mercado de dinheiro? À medida que cresce a prosperidade no país, participamos (os Chapman) dela." – 5142. "Quando, pois, esses diversos campos de investimento de capital se expandem subitamente, então a consequência natural é a subida da taxa de juros? – Não há dúvida."

Em 5143, Chapman "não conseguia compreender bem que, com nossas grandes exportações, tenhamos tanto emprego para o ouro".

Em 5144, pergunta o venerável Wilson:

"Não pode ser que damos maiores créditos sobre nossas exportações do que tomamos sobre nossas importações? – Eu mesmo tenho minhas dúvidas sobre esse ponto. Se alguém aceitar letras contra suas mercadorias de Manchester enviadas para a Índia, então não pode aceitar por menos de 10 meses. Com toda a certeza, temos de pagar à América pelo seu algodão algum tempo antes de a Índia nos pagar; mas examinar o efeito disso é um ponto bastante delicado". – 5145. "Se nós, como no ano passado, tivemos um aumento das exportações de artigos manufaturados de 20 milhões de libras esterlinas, então devemos ter tido antes um acréscimo muito considerável da importação de matérias-primas" (e, já dessa maneira, a superexportação é idêntica à superimportação e a superprodução ao supercomércio) "para produzir essa quantidade acrescida de mercadorias? – Sem dúvida." – [5146.] "Tivemos certamente de pagar um saldo considerável; isto é, durante esse tempo, o balanço deve ter sido desfavorável para nós, mas, a longo prazo, a taxa de câmbio[I] com a América nos é favorável e já há muito tempo temos recebido da América quantidades consideráveis de metal precioso."

I "Intercâmbio"; no original inglês: *The exchanges.* [N. T.]

Em 5148, Wilson pergunta ao arquiusurário Chapman se não considera seus juros elevados um sinal de grande prosperidade e de lucros altos. Chapman, visivelmente surpreendido pela ingenuidade desse sicofanta, responde naturalmente que sim, mas é bastante sincero para fazer a seguinte reserva:

> "Há alguns que não podem fazer outra coisa; têm obrigações a cumprir e têm de cumpri-las, seja isso lucrativo ou não; mas, se perdurasse" {a alta taxa de juros} "indicaria prosperidade".

Ambos esquecem que ela pode indicar também, como foi o caso em 1857, que os cavaleiros andantes do crédito semeiam insegurança no país, podendo pagar juros altos porque os pagam do bolso alheio (mas contribuindo assim para determinar a taxa de juros para todos), enquanto vivem à larga na base de lucros antecipados. Ao mesmo tempo, justamente isso pode proporcionar aos fabricantes etc. um negócio realmente muito lucrativo. Os retornos se tornam, devido ao sistema de adiantamentos, completamente enganosos. Isso explica também o seguinte, o que, no que se refere ao Banco da Inglaterra, não precisa de nenhuma explicação, pois ele, com alta taxa de juros, desconta mais baixo que os outros.

> 5156. "Creio poder dizer", diz Chapman, "que nossas somas de desconto no atual momento, em que tivemos taxa alta de juros há tanto tempo, estão em seu máximo."

(Isso foi dito por Chapman em 21 de julho de 1857, poucos meses antes do colapso.)

> 5157. "Em 1852" (quando o juro estava baixo) "elas nem de longe eram tão grandes."

Porque de fato os negócios estavam então ainda muito mais sadios.

> 5159. "Se houvesse grande enchente de dinheiro no mercado [...] e o desconto bancário fosse baixo, teríamos um decréscimo de letras. [...] Em 1852, estávamos numa fase completamente diversa. As exportações e importações do país, naquele tempo, não eram nada comparadas com as de hoje." – 5161. "Sob essa alta taxa de desconto, nossos descontos são de mesma grandeza que em 1854" (quando a taxa de juros era de 5–5½%).

É altamente divertido, no depoimento de Chapman, como essa gente considera de fato o dinheiro do público propriedade sua e acredita ter direito à conversibilidade contínua das letras que desconta. É grande a ingenuidade das perguntas e respostas. Torna-se dever da legislação fazer com que sempre sejam conversíveis as letras aceitas pelas grandes casas e prover que o Banco da Inglaterra, em todas as circunstâncias, as redesconte para os *bill-brokers*. E ainda assim em 1857 faliram três desses *bill-brokers* com dívidas de cerca de 8 milhões e capital próprio ínfimo em relação a essas dívidas.

> 5177. "O senhor quer dizer com isso que, em sua opinião, eles" (os aceites de Barings ou Loyds) "devem ser obrigatoriamente descontáveis do mesmo modo que agora uma nota do Banco da Inglaterra é obrigatoriamente conversível em ouro? – Sou da opinião de que seria profundamente lamentável se não fossem descontáveis; seria uma situação muito extraordinária que alguém tivesse de suspender os pagamentos porque possui aceites de Smith, Payne & Co. e não pode descontá-los." – 5178. "O aceite de Barings não constitui uma obrigação de pagar determinada soma de dinheiro quando a letra vence? – Isso é inteiramente correto; mas os senhores Barings, quando assumem tal obrigação, como qualquer outro comerciante quando assume tal obrigação, nem em sonho pensam que terão de pagá-la com *sovereigns*; eles contam com poder pagá-la na Clearing House." – 5180. "Então o senhor acha que deve inventar uma espécie de maquinaria por meio da qual o público tenha direito a receber dinheiro antes de a letra vencer pelo fato de alguma outra pessoa ter de descontá-la? – Não, não pelo aceitante; mas, se o senhor quer com isso dizer que não devemos ter a possibilidade de que nos descontem letras comerciais, então temos de modificar toda a constituição das coisas." – 5182. "O senhor acha, pois, que ela" {a letra comercial} "deveria ser conversível em dinheiro, do mesmo modo que uma nota do Banco da Inglaterra tem de ser conversível em ouro? – Decididamente, em certas circunstâncias." – 5184. "O senhor acha, portanto, que as disposições da *currency* deveriam ser formuladas de tal modo que uma letra comercial de solidez incontestável seria em qualquer momento conversível em dinheiro com a mesma facilidade que uma cédula bancária? – Acho." – 5185. "O senhor não chega ao ponto de dizer que o Banco da Inglaterra, ou qualquer outro indivíduo, deva ser obrigado pela lei a convertê-la em dinheiro? – Chego, em todo caso, ao ponto de dizer que, se fizermos uma lei para regular a *currency*, deveremos introduzir dispositivos que impeçam a possibilidade de ocorrer a inconversibilidade das letras comerciais do país, à medida que essas letras sejam incontestavelmente sólidas e legítimas."

Essa é conversibilidade da letra comercial frente à conversibilidade da cédula bancária.

5190. "Os negociantes de dinheiro do país representam, de fato, somente o público" –

como o Sr. Chapman, mais tarde, perante o tribunal no caso Davidson. Ver as Great City Frauds [As Grandes Fraudes da City].[I]

5196. "Ao fim de cada trimestre" (quando se pagam os dividendos) "é [...] absolutamente necessário que recorramos ao Banco da Inglaterra. Se o senhor retira da circulação 6 ou 7 milhões de receita pública em antecipação dos dividendos, tem de haver alguém que, no entretempo, coloque esse montante à disposição."

(Nesse caso, trata-se, portanto, de suprimento de dinheiro, e não de capital ou capital de empréstimo.)

5169. "Todo aquele que conhece nosso mundo comercial deve saber que, quando nos encontramos numa situação em que os títulos do Tesouro se tornam invendáveis, em que as obrigações da Companhia das Índias Orientais se tornam completamente inúteis, em que as melhores letras comerciais não podem ser descontadas, tem de reinar grande preocupação entre aqueles cujo negócio os coloca na situação de fazer pagamentos à vista mediante simples ordem, no meio de circulação corrente, e esse é o caso de todos os banqueiros. A consequência disso é que todo mundo duplica suas reservas. Agora veja o senhor qual o efeito em todo o país se cada banqueiro de província, dos quais há cerca de 500, tiver de encarregar seu correspondente em Londres de remeter-lhe 5000 libras esterlinas em cédulas bancárias. Mesmo tomando por média uma soma tão pequena, o que já é completamente absurdo, chegamos a 2½ milhões de libras esterlinas que são retiradas da circulação. Como elas devem ser repostas?"

Por outro lado, os capitalistas privados etc. que possuem dinheiro não querem cedê-lo a juro algum, pois dizem, segundo Chapman:

5195. "Preferimos não receber quaisquer juros a ficar em dúvida se poderemos receber o dinheiro ou caso precisemos dele."

5173. "Nosso sistema é este: temos obrigações no montante de 300 milhões de libras esterlinas, cujo pagamento em moeda corrente do país pode ser exigido

---

I Marx se refere ao escrito de Seton Laing, *New Series of the Great City Frauds of Cole, Davidson & Gordon*, o qual versa sobre o processo contra Davidson e outros, por amplas fraudes com letras de câmbio. [N. E. A.]

num único momento dado; e essa moeda corrente do país, se a empregamos toda para esse fim, atinge 23 milhões de libras esterlinas ou quanto quer que seja; não é essa uma situação que em qualquer momento pode nos lançar em convulsões?"

Daí, nas crises, a súbita mudança do sistema de crédito para o sistema monetário.

Abstraindo o pânico interno nas crises, só se pode falar de quantidade de dinheiro no que se refere ao metal, ao dinheiro mundial. E justamente isso Chapman exclui, ele fala apenas de 23 milhões em *notas de banco*.

O mesmo Chapman:

5218. "A causa original das perturbações no mercado de dinheiro" {em abril e, mais tarde, em outubro de 1847} "era, sem dúvida, a quantidade de dinheiro exigível para regular as taxas de câmbio, em virtude das importações extraordinárias do ano".

Primeiro, esse tesouro de dinheiro do mercado mundial estava reduzido, naquela época, a seu mínimo. Segundo, servia ao mesmo tempo como garantia à conversibilidade do dinheiro de crédito, das cédulas bancárias. Ele reunia assim duas funções completamente diversas, ambas decorrentes da natureza do dinheiro, uma vez que o dinheiro real é sempre dinheiro do mercado mundial e o dinheiro de crédito sempre repousa sobre o dinheiro do mercado mundial.

Em 1847, sem a suspensão da lei bancária de 1844, "as Clearing Houses não teriam podido liquidar seus negócios" (5221).

Que Chapman ainda assim pressentia a crise iminente:

5236. "Há certas situações do mercado de dinheiro (e a atual não está muito longe delas) em que dinheiro é muito difícil de conseguir, e tem-se de recorrer aos bancos".

5239. "Quanto às somas que retiramos do Banco na sexta, no sábado e na segunda-feira, dias 19, 20 e 22 de outubro de 1847, teríamos estado gratíssimos se na quarta-feira seguinte tivéssemos podido recuperar as letras; o dinheiro refluiu instantaneamente para nós tão logo o pânico passou."

É que na terça-feira, 23 de outubro, foi suspensa a lei bancária, e com isso a crise foi detida.

Em 5274, Chapman acha que as letras sobre Londres simultaneamente em curso importam em 100–120 milhões de libras esterlinas. Essa soma não abrange as letras locais sobre localidades nas províncias.

5287. "Enquanto em outubro de 1856 o montante de notas nas mãos do público subiu para 21155000 libras esterlinas, era contudo extremamente difícil conseguir dinheiro; embora o público tivesse nas mãos tanto dinheiro, não lhes podíamos pôr os dedos."

Essa situação era a consequência da preocupação resultante do aperto em que se encontrava por algum tempo (março de 1856) o Eastern Bank. 5290. Uma vez passado o pânico,

todos os banqueiros, que fazem seu lucro com o juro começam logo a empregar seu dinheiro.

5302. Chapman explica a inquietação, ao diminuírem as reservas bancárias, não pelo medo com respeito aos depósitos, mas porque todos aqueles que subitamente podem ser obrigados a pagar grandes somas de dinheiro sabem muito bem que o aperto no mercado de dinheiro pode compeli-los a recorrer ao banco, como última fonte de auxílio; e,

quando o banco tem uma reserva muito pequena, ele não fica contente em nos receber, antes pelo contrário.

Aliás, é uma beleza como a reserva enquanto grandeza factual desaparece. Os banqueiros retêm um mínimo para seus negócios correntes, parte em suas mãos, parte no Banco da Inglaterra. Os *bill-brokers* retêm o "dinheiro bancário solto do país" sem reserva. E o Banco da Inglaterra possui, contra suas obrigações em depósitos, apenas a reserva dos banqueiros e de outros, além dos *public deposits* [depósitos estatais] etc., que deixa cair ao nível mais baixo, por exemplo até a 2 milhões. Além desses 2 milhões em papel, todo esse embuste não possui, portanto, em épocas de aperto (e este diminui a reserva, porque as notas que entram contra metal retirado têm de ser anuladas), absolutamente nenhuma outra reserva além do tesouro metálico, por isso cada decréscimo deste último, pela drenagem de ouro, agrava a crise.

5306. "Se não houvesse dinheiro para fazer as compensações na Clearing House, vejo que nada mais nos restaria senão nos reunirmos e fazermos nossos pagamentos em letras de primeira categoria, letras sobre o Tesouro, sobre Smith, Payne & Co. etc." – 5307. "Então, se o governo deixasse de prover os senhores com meios de circulação, os senhores criariam um para si mesmos? – Que podemos fazer? O público chega e nos toma o meio de circulação das mãos; ele não existe." – 5308. "O senhor faria em Londres, portanto, apenas o que se faz todos os dias em Manchester? – Sim."

É muito boa a resposta de Chapman à pergunta feita por Cayley (homem de Birmingham da escola de Attwood)[I] com referência à concepção de Overstone sobre o capital:

> 5315. "Foi declarado perante a Comissão que, num aperto como o de 1847, não se procura dinheiro, mas capital; qual é a opinião do senhor sobre isso? – Não o entendo; só operamos com dinheiro; não entendo o que o senhor quer dizer com isso." – 5316. "Se entende por isso" (por capital comercial) "a quantidade de dinheiro que lhe pertence que alguém tem em seu negócio, se o senhor chama isso de capital, então essa soma constitui, na maioria das vezes, parte muito pequena do dinheiro com que opera em seu negócio, em virtude do crédito que lhe dá o público" – por intermédio dos Chapmans.
>
> 5339. "É por falta de riqueza que suspendemos nossos pagamentos em espécie? – De maneira nenhuma; [...] nós não temos carência nenhuma de riqueza, mas nos movemos dentro de um sistema altamente artificial e, se temos uma demanda imensamente ameaçadora (*superincumbent*) por nosso meio de circulação, podem sobrevir circunstâncias que nos impedem de obter esse meio de circulação. Deve por isso ser paralisada toda a atividade comercial do país? Devemos cerrar todos os acessos a empregos e atividades?" – 5338. "Se fôssemos colocados diante da questão a respeito do que queremos, manter os pagamentos em dinheiro ou a indústria do país, sei muito bem qual dos dois eu deixaria cair."

I Escola de Attwood ou *little shilling men* ("homens do xelim pequeno") de Birmingham – Na primeira metade do século XIX, eles propagavam a doutrina de uma medida monetária ideal e consideravam, em conformidade com isso, o dinheiro meramente como entidade de cálculo. Os representantes dessa escola, os irmãos Thomas e Mathias Attwood, Spooner e outros, apresentaram um projeto sobre a baixa do conteúdo de ouro da unidade monetária, na Inglaterra, que foi denominado como "projeto do xelim pequeno". Daí se originou a denominação da própria escola. Ao mesmo tempo, "os homens do xelim pequeno" se voltaram contra as medidas do governo que visavam ao rebaixamento da massa de dinheiro em circulação. Eles defendiam a ideia de que a aplicação de sua teoria contribuiria por meio de um aumento artificial dos preços para reanimar a indústria e assegurar a prosperidade geral do país. Na realidade, no entanto, a proposta desvalorização do dinheiro podia servir simplesmente para amortizar as dívidas do Estado e dos grandes empresários, que eram os principais tomadores dos mais diferentes créditos.

Sobre os "homens do xelim pequeno", Marx fala também em seu trabalho *Zur Kritik der politischen Oekonomie.* [N. E. A.]

Quanto ao entesouramento de cédulas bancárias "com o propósito de agravar o aperto e de tirar proveito das consequências" (5358), ele diz que isso pode acontecer muito facilmente. Bastariam para isso três grandes bancos.

> 5383. "Deve ser de seu conhecimento, como homem familiarizado com os grandes negócios de nossa metrópole, que capitalistas utilizam essas crises para fazer lucros enormes com a ruína daqueles que são vítimas das mesmas? – Não há a menor dúvida a esse respeito."

E podemos acreditar no Sr. Chapman, embora ele, por fim, na tentativa de "fazer lucros enormes com a ruína das vítimas", tenha se ferrado comercialmente. Pois, enquanto seu *associé* Gurney diz: toda mudança nos negócios é vantajosa para quem está bem informado, Chapman diz:

> Uma parte da sociedade nada sabe da outra; veja-se, por exemplo, o fabricante que exporta para o continente ou importa sua matéria-prima; ele nada sabe do outro que negocia com barras de ouro. (5046)

E assim sucedeu que, um belo dia, Gurney e Chapman, os próprios, não "estavam bem informados" e acabaram numa infame bancarrota.

Já vimos acima que emissão de cédulas não significa em todos os casos adiantamento de capital. O depoimento seguinte de Tooke perante a Comissão de *Commercial Distress* da Câmara dos Lordes, em 1848, demonstra apenas que adiantamento de capital, mesmo quando efetuado pelo Banco mediante a emissão de notas novas, não significa logo um aumento da quantidade das notas em circulação:

> 3099. "O senhor acredita que o Banco da Inglaterra possa, por exemplo, aumentar significativamente seus adiantamentos sem que isso leve ao aumento da emissão de notas? – Há abundância de fatos que demonstram isso. Um dos exemplos mais contundentes foi em 1835, quando o Banco utilizou os depósitos das Índias Ocidentais e o empréstimo da Companhia das Índias Orientais para aumentar os adiantamentos ao público; ao mesmo tempo, o montante de notas nas mãos do público realmente diminuiu um pouco. [...] Algo semelhante foi observado em 1846, no momento em que se fizeram no Banco os depósitos ferroviários; os títulos" (em desconto e em depósito) "subiram a cerca de 30 milhões, enquanto não houve nenhum efeito perceptível sobre o montante de notas nas mãos do público".

Mas, ao lado das cédulas bancárias, o comércio atacadista dispõe de um segundo meio de circulação, muito mais importante para ele: as letras de câmbio. O Sr. Chapman nos mostrou quão importante é para a marcha regular dos negócios que boas letras sejam aceitas em pagamento por toda parte e em todas as circunstâncias: "*Gilt nicht mehr der Tausves Jontof, was soll gelten, Zeter, Zeter!*" [Se não vale mais o *Tausves-Jontof*, que é que deve valer? Lamento. Lamento!].[I]

Como se relacionam entre si esses dois meios de circulação? Gilbart diz a esse respeito:

> A limitação do montante da circulação de notas faz aumentar regularmente a circulação de letras. As letras são de duas espécies – letras comerciais e letras bancárias – [...] se o dinheiro escasseia, dizem os prestamistas: 'Saque sobre nós, e nós aceitaremos', e, quando um banqueiro provincial desconta uma letra para um cliente, não lhe dá dinheiro em espécie, mas seu próprio saque a 21 dias sobre seu agente de Londres. Essas letras servem de meio de circulação. (J. W. Gilbart, *An Inquiry into the Causes of the Pressure etc.*, p. 31)

Isso é confirmado, de forma um tanto modificada, por Newmarch, B. A., 1857, n. 1426:

> Não existe conexão alguma entre as flutuações no montante das letras em circulação e as no montante das cédulas bancárias em circulação [...] o único resultado bastante regular é [...] que, tão logo ocorre o menor aperto no mercado de dinheiro, como indica uma alta da taxa de desconto, aumenta consideravelmente o volume da circulação de letras e vice-versa.

Mas as letras sacadas em tais momentos não são, de modo algum, apenas as letras bancárias a curto prazo, mencionadas por Gilbart. Ao contrário, na maioria das vezes são letras de acomodação que nem representam um negócio real ou negócios apenas iniciados para se poderem sacar letras sobre eles; de ambos os casos demos exemplos suficientes. Daí diz o *Economist* (Wilson), comparando a segurança de tais letras com a das cédulas bancárias:

> Cédulas bancárias pagáveis à vista nunca podem ser mantidas fora em excesso, porque o excedente refluiria sempre ao banco para ser trocado, enquanto letras a dois meses podem ser emitidas com grande excesso, uma vez que não há meio de controlar a emissão até que vençam, quando talvez já estejam repostas por outras. Que uma nação admita a segurança da circulação de letras pagáveis em data futura e, por outro lado, levante objeções contra a circulação de papel-moeda, pagável à vista, é para nós totalmente incompreensível. (*Economist*, 1847, p. 575)

I Heinrich Heine, "Disputation". [N. E. A.]

A quantidade das letras em circulação, como a das cédulas bancárias, só é determinada, pois, pelas necessidades da circulação; em épocas normais, nos anos cinquenta, circulavam no Reino Unido, além de 39 milhões em cédulas bancárias, cerca de 300 milhões em letras de câmbio, dos quais 100–120 milhões somente em Londres. O volume da circulação de letras não exerce influência sobre o volume da circulação de notas e só sofre influência da última em épocas de escassez de dinheiro, quando aumenta a quantidade das letras e sua qualidade piora. Finalmente, no momento da crise, falha completamente a circulação de letras; ninguém tem uso para promessas de pagamentos, pois cada qual só quer pagamentos em espécie; apenas a cédula bancária mantém, pelo menos até agora na Inglaterra, a capacidade de circular, pois a nação, com toda a sua riqueza, dá apoio ao Banco da Inglaterra.

Vimos como mesmo o Sr. Chapman, que em 1857 era ele mesmo magnata do mercado monetário, queixa-se amargamente de que haja em Londres alguns grandes capitalistas monetários suficientemente fortes para lançar na desordem, em momento dado, todo o mercado de dinheiro, esfolando assim de maneira mais infame os operadores monetários menores. Assim haveria vários desses grandes tubarões, que poderiam agravar consideravelmente um aperto ao vender consolidados no valor de 1–2 milhões e retirar do mercado, por esse meio, montante igual de cédulas bancárias (e, ao mesmo tempo, de capital de empréstimo disponível). Para transformar, mediante a mesma manobra, um aperto num pânico, bastaria a ação conjunta de três grandes bancos.

A maior potência de capital em Londres é naturalmente o Banco da Inglaterra, o qual, entretanto, em virtude de sua posição de instituto semiestatal, fica impossibilitado de manifestar seu poder de maneira tão brutal. Não obstante, ele também conhece os meios e vias – sobretudo desde a lei bancária de 1844 – de tirar sua casquinha.

O Banco da Inglaterra tem um capital de 14 553 000 libras esterlinas e, fora disso, dispõe de um "resto", isto é, lucros não distribuídos, de cerca de 3 milhões de libras esterlinas, além de todo o dinheiro que o governo recebe, como impostos etc., e que tem de ser depositado no Banco até que seja utilizado. Se adicionarmos ainda a soma dos outros depósitos (em épocas normais, aproximadamente 30 milhões de libras esterlinas) e das cédulas bancárias emitidas a descoberto, considerar-se-á bastante moderada a estimativa de Newmarch quando diz (B. A., 1857, n. 1889):

> "Eu me convenci de que a soma total dos fundos continuamente empregados no mercado monetário" {de Londres} "pode ser estimada em cerca de 120 milhões de libras esterlinas; e desses 120 milhões o Banco da Inglaterra dispõe de parte considerável, entre 15–20%".

Na medida em que o Banco emite notas que não são cobertas pela reserva metálica guardada em seus cofres, ele cria signos de valor que constituem para ele não apenas meios de circulação, mas também capital adicional, ainda que fictício, no valor nominal dessas notas sem cobertura. E esse capital adicional proporciona-lhe lucro adicional. – Em B. A., 1857, Wilson pergunta a Newmarch:

> 1563. "A circulação das cédulas bancárias próprias de um banco, isto é, o montante que em média fica nas mãos do público, constitui um aditamento ao capital efetivo daquele banco, não é? – Certamente." – 1564. "Então, todo o lucro que o banco retira dessa circulação é lucro derivado do crédito, e não de um capital que ele realmente possui? – Certamente."

O mesmo se aplica naturalmente aos bancos particulares emissores de notas. Em suas respostas n. 1866–68, Newmarch considera dois terços de todas as cédulas bancárias por estes emitidos (para o outro terço, esses bancos têm de manter reservas metálicas) como "criação do mesmo tanto de capital", pois se economiza dinheiro metálico nesse montante. O lucro do banqueiro pode por isso não ser maior que o lucro de outros capitalistas. Permanece o fato de que ele retira o lucro dessa poupança nacional de dinheiro metálico. Que uma poupança nacional apareça como lucro particular não choca em nada o economista burguês, uma vez que o lucro em geral é apropriação do trabalho nacional. Há absurdo maior do que, por exemplo, o Banco da Inglaterra, cujas notas só têm crédito devido ao Estado e que, entre 1797 e 1817, se faz pagar na forma de juros por empréstimos pelo Estado, portanto pelo público, em razão do poder que o Estado lhe confere de transformar as mesmas notas de papel em dinheiro e em seguida emprestá-las ao Estado?

Aliás, os bancos dispõem ainda de outros meios de criar capital. Segundo o mesmo Newmarch, os bancos provinciais, conforme já mencionamos acima, têm o hábito de enviar seus fundos excedentes (isto é, notas do Banco da Inglaterra) para *bill-brokers* de Londres, que em troca lhes devolvem letras descontadas. Com essas letras, os bancos servem a seus clientes, pois para eles é regra não reemitir as letras recebidas de seus clientes locais, para que as operações comerciais desses clientes não se tornem conhecidas em sua vizinhança. Essas letras recebidas de Londres não apenas servem para serem emitidas para clientes, que devem fazer pagamentos diretamente em Londres, caso estes não prefiram que o banco emita um saque próprio sobre Londres; servem também para efetuar pagamentos na província, pois o endosso do banqueiro lhes assegura o crédito local. Assim, por exemplo, em Lancashire, foram retiradas de circulação todas as notas próprias dos bancos locais e uma grande parte das notas do Banco da Inglaterra (ibid., n. 1568–74).

Vemos como aqui, pois, os bancos criam crédito e capital: 1) pela emissão de cédulas bancárias próprias; 2) pela emissão de ordens de pagamento sobre Londres com prazo de até 21 dias, mas que lhes são imediatamente pagas em espécie na emissão; 3) pelo pagamento com letras descontadas, cuja capacidade de crédito foi estabelecida, antes de mais nada e essencialmente – pelo menos no respectivo distrito local –, pelo endosso do banco.

O poder do Banco da Inglaterra manifesta-se em sua regulação da taxa de mercado dos juros. Em épocas de normalidade dos negócios, pode ocorrer que o Banco da Inglaterra não possa impedir uma drenagem moderada de ouro de sua reserva metálica, mediante o aumento da taxa de desconto,[12] porque a necessidade de meios de pagamento é satisfeita pelos bancos particulares e por ações e pelos *bill-brokers*, que ganharam consideravelmente nos últimos trinta anos em poder de capital. Nesse caso, é preciso recorrer a outros meios. Mas, para momentos críticos, vale ainda o que o banqueiro Glyn (do Glyn, Mills, Currie & Co.) declarou perante a Comissão de C. D., 1848–57:

> 1709. "Em tempos de grande aperto no país, o Banco da Inglaterra comanda a taxa de juros." – 1710. "Em épocas de aperto extraordinário, [...] quando os descontos dos banqueiros particulares ou dos *brokers* são relativamente restringidos, eles recaem sobre o Banco da Inglaterra, e este tem então o poder de fixar a taxa de mercado dos juros".

Em todo caso, como instituição pública sob proteção estatal e com privilégios estatais, ele não pode explorar esse seu poder tão inescrupulosamente como o fazem os negócios particulares. Por isso, também Hubbard declara perante a comissão bancária, B. A., 1857:

> 2844. (Pergunta:) "Não é o caso que, quando a taxa de desconto atinge o máximo, quem serve mais barato é o Banco da Inglaterra e, quando atinge o mínimo, são os *bill-broker* os mais baratos?" – (Hubbard:) "Esse será sempre o caso, pois o Banco da Inglaterra nunca desce tanto quanto seus concorrentes e, quando a taxa atinge o máximo, ele nunca sobe tanto."

Não obstante, é uma decorrência grave no mundo dos negócios quando o Banco, em época de aperto, aperta os cintos, segundo a expressão corrente, isto é, eleva a taxa de juros, que já está acima da média ainda mais.

> "Tão logo o Banco da Inglaterra aperta os cintos, cessam todas as compras destinadas à exportação [...] os exportadores esperam até que a depressão dos preços tenha atingido o ponto mais baixo e só então, e não antes, fazem as compras. Mas, quando esse ponto é atingido, o câmbio já está de novo regulado – o ouro cessa de ser exportado antes de ser atingido esse ponto mais baixo da depressão. Compras de mercadorias destinadas à exportação possivelmente podem trazer de volta parte do ouro enviado para o exterior, mas elas chegam tarde demais para impedir a drenagem." (J. W. Gilbart, *An Inquiry into the Causes of the Pressure on the Money Market*. London, 1840, p. 35) "Um outro efeito da regulação do meio de circulação por intermédio da taxa de câmbio estrangeira é que, em tempos de aperto, aquela leva a uma enorme taxa de juros." (Ibid., p. 40) "Os custos que decorrem do restabelecimento da taxa de câmbio recaem sobre a indústria produtiva do país, enquanto, no decurso desse processo, o lucro do Banco da Inglaterra é positivamente aumentado, porque ele conduz seu negócio com montante menor de metais preciosos." (Ibid., p. 52)

Mas, conforme diz o amigo Samuel Gurney,

> essas grandes flutuações na taxa de juros são vantajosas para os banqueiros e operadores monetários – todas as flutuações nos negócios são vantajosas para quem está bem informado.

E, mesmo que os Gurney colham o melhor da inescrupulosa exploração da situação precária dos negócios, enquanto o Banco da Inglaterra não se pode permitir tal liberdade, para este também resultam daí belos lucros – para não falar dos lucros particulares que caem por si no regaço dos senhores diretores, em virtude de sua oportunidade excepcional de se informar sobre a situação geral dos negócios. Segundo dados apresentados perante a comissão da Câmara dos Lordes em 1817, ao serem retomados os pagamentos em espécie, esses lucros do Banco da Inglaterra, para todo o período de 1797–1817, foram os seguintes:

Bonuses and increased dividends	7 451 136
New stock divided among proprietors	7 276 500
Increased value of capital[I]	14 553 000
TOTAL	29 280 636

I Na sequência: "Bonificações e acréscimos de dividendos" // "Novas ações distribuídas entre os acionistas" // "Acréscimo do valor do capital". [N. T.]

sobre um capital de 11 642 400 libras esterlinas em 19 anos (D. Hardcastle, *Banks and Bankers*, 2ª ed. London, 1843, p. 120). Se estimarmos segundo o mesmo princípio o lucro total do Banco da Irlanda, que também suspendeu os pagamentos em espécie em 1797, obteremos o seguinte resultado:

Dividends as by returns due 1821	4 736 085
Declared bonus	1 225 000
Increased assets	1 214 800
Increased value of capital[I]	4 185 000
TOTAL	11 360 885

sobre um capital de 3 milhões de libras esterlinas (ibid., pp. 363–64).

E ainda se fala de centralização! O sistema de crédito, que tem seu núcleo nos pretensos bancos nacionais e nos grandes prestamistas e usurários a seu redor, constitui uma centralização enorme e dá a essa classe de parasitas um poder fabuloso não só de dizimar periodicamente os capitalistas industriais, mas de intervir da maneira mais perigosa na produção real – e esse bando nada entende da produção e nada tem a ver com ela. As leis de 1844 e 1845 são provas do poder crescente desses bandidos, aos quais se juntam os financistas e os *stock-jobbers*.

Se há ainda alguém que põe em dúvida que esses respeitáveis bandidos exploram a produção nacional e internacional somente no interesse da produção e dos próprios explorados, acabará certamente convencido do contrário pelo seguinte excurso sobre a alta dignidade moral do banqueiro:

> Os estabelecimentos bancários são instituições religiosas e morais. Quantas vezes o medo de ser observado pelo olhar vigilante e de reprovação de seu banqueiro fez o jovem comerciante afastar-se da companhia de amigos turbulentos e dissolutos? Quanta ânsia tem ele de manter o respeito do banqueiro, de parecer sempre respeitável! O franzir da testa do banqueiro tem sobre ele maior influência que as prédicas morais dos amigos. Não treme ele de cair na suspeita de ter cometido um engano ou ter feito a menor declaração incorreta, temendo que daí possam surgir suspeitas e, por isso, seu crédito bancário seja restringido ou eliminado?! O conselho do banqueiro é para ele mais importante que o do religioso. (G. M. Bell, diretor de um banco escocês. *The Philosophy of Joint Stock Banking*. London, 1840, pp. 46–47)

I Na sequência: "Dividendos vencíveis em 1821" // "Bonificações declaradas" // "Acréscimo do ativo" // "Acréscimo do valor do capital". [N. T.]

CAPÍTULO 34

O *CURRENCY PRINCIPLE* E A LEGISLAÇÃO BANCÁRIA INGLESA DE 1844

{Numa obra anterior[13] foi examinada a teoria de Ricardo sobre o valor do dinheiro em relação aos preços das mercadorias; por isso, podemos limitar-nos aqui ao indispensável. Segundo Ricardo, o valor do dinheiro – metálico – é determinado pelo tempo de trabalho nele objetivado, mas apenas enquanto a quantidade de dinheiro guarda proporção adequada com a quantidade e o preço das mercadorias a serem vendidas. Se a quantidade de dinheiro sobe acima dessa proporção, então diminui seu valor e aumentam os preços das mercadorias; se cai abaixo da proporção adequada, então aumenta seu valor e caem os preços das mercadorias – com as demais circunstâncias constantes. No primeiro caso, o país onde há esse excedente de ouro vai exportar o ouro que caiu abaixo de seu valor e importar mercadorias; no segundo caso, o ouro há de fluir para os países onde está cotado acima de seu valor, enquanto as mercadorias depreciadas fluirão de lá para outros mercados, onde possam alcançar preços normais. Uma vez que, sob esses pressupostos, "o próprio ouro, seja em moeda, seja em barras, pode tornar-se signo de valor com um valor metálico maior ou menor que o seu próprio, compreende-se que eventualmente cédulas bancárias conversíveis em circulação compartam da mesma sorte. Embora as cédulas bancárias sejam conversíveis, portanto seu valor real corresponda ao nominal, a massa total do dinheiro em circulação, ouro e notas (*the aggregate currency consisting of metal and of convertible notes*), pode apreciar-se ou depreciar-se conforme, pelas razões antes expostas, sua quantidade total suba acima ou caia abaixo do nível determinado pelo valor de troca das mercadorias em circulação e pelo valor metálico do ouro. [...] Essa depreciação, não do papel perante o ouro, mas do ouro e do papel em conjunto ou da massa total de meios de circulação de um país, é uma das descobertas principais de Ricardo, a qual Lorde Overstone & Cia. forçaram a seu serviço, fazendo dela o princípio fundamental da legislação bancária de Sir Robert Peel de 1844 a 1845" (ibid., p. 155).

Não precisamos repetir aqui a prova apresentada no mesmo lugar da falsidade dessa teoria ricardiana. Interessa-nos apenas a maneira como as teses de Ricardo foram processadas pela escola dos teóricos bancários, a qual ditou as referidas leis bancárias de Peel.

"As crises comerciais do século XIX, nomeadamente as grandes crises de 1825 e 1836, não provocaram nenhum desenvolvimento ulterior da teoria monetária de Ricardo, mas uma nova aplicação da mesma. Não eram mais fenômenos isolados como em Hume a depreciação dos metais preciosos nos séculos XVI e XVII ou como em Ricardo a depreciação do papel-moeda no século XVIII e no começo do XIX, mas os grandes temporais no mercado mundial, em que se descarrega o conflito entre todos os elementos do processo burguês de produção, cuja origem e prevenção foram procuradas dentro da esfera mais superficial e mais abstrata desse processo, a esfera da circulação monetária. O pressuposto propriamente teórico do qual parte a escola dos artistas da meteorologia econômica não consiste, na realidade, em nada além do dogma de que Ricardo descobriu as leis da circulação puramente metálica. O que lhes restava a fazer era submeter a circulação do crédito ou das cédulas bancárias a essas leis.

"O fenômeno mais geral e mais evidente das crises comerciais é uma queda repentina e geral dos preços das mercadorias, após uma alta prolongada e geral dos mesmos. A queda geral dos preços das mercadorias pode ser expressa como alta do valor relativo do dinheiro, em comparação com todas as mercadorias, e a alta geral dos preços, ao revés, como queda do valor relativo do dinheiro. Em ambas as expressões o fenômeno é anunciado, não explicado. [...] A fraseologia diferente deixa o problema tão inalterado como o faria sua tradução do alemão para o inglês. Por isso, a teoria monetária de Ricardo foi extraordinariamente oportuna, pois dá a uma tautologia a aparência de uma relação causal. Donde vem a queda geral periódica dos preços das mercadorias? Da alta periódica do valor relativo do dinheiro. E, inversamente, donde vem a alta geral periódica dos preços das mercadorias? Da queda periódica no valor relativo do dinheiro. Poder-se-ia dizer, com a mesma razão, que alta e baixa periódicas dos preços provêm de sua alta e baixa periódicas. [...] Uma vez admitida a conversão da tautologia numa relação causal, tudo o mais segue-se com facilidade. A alta dos preços das mercadorias decorre da queda do valor do dinheiro. A queda do valor do dinheiro, porém, conforme sabemos de Ricardo, da circulação excessiva, isto é, de que a massa do dinheiro em circulação sobe acima do nível determinado por seu próprio valor imanente e pelos valores imanentes das mercadorias. O mesmo inversamente: a queda geral dos preços das mercadorias provém da alta do valor do dinheiro acima de seu valor imanente, em consequência de uma circulação insuficiente. Os preços sobem e caem, portanto, periodicamente porque periodicamente circula dinheiro de mais ou de menos. Se, porém, for eventualmente provado que a alta dos preços coincidiu com uma circulação reduzida de dinheiro, e a queda dos preços com uma circulação aumentada, pode-se não obstante afirmar que, em consequência de um decréscimo ou acréscimo qualquer da massa de mercadorias em circulação, ainda que de todo indemonstrável estatisticamente, a quantidade do dinheiro em circulação foi aumentada ou diminuída, se não em termos absolutos, em termos relativos. Vimos então que, segundo Ricardo, essas flutuações gerais dos preços têm de ocorrer também numa circulação puramente metálica, mas se compensam mediante sua alternância quando, por exemplo, uma circulação insuficiente provoca a queda dos preços das mercadorias, a queda dos preços das mercadorias provoca exportação das mercadorias, mas essa exportação provoca importação de ouro para o país, e esse influxo de dinheiro provoca novamente alta dos preços das mercadorias. O contrário se dá com uma circulação excessiva, em que se importam mercadorias e se exporta ouro. Como, apesar dessas flutuações gerais dos preços, decorrentes da natureza da própria circulação metálica ricardiana, sua forma impetuosa e violenta, sua forma de crise, pertence aos períodos do sistema de crédito desenvolvido, fica evidente que a emissão de cédulas bancárias não se regula exatamente segundo as leis da circulação metálica. A circulação metálica tem seu remédio na importação e exportação dos metais preciosos, que entram imediatamente em circulação como moeda e assim, mediante sua entrada ou saída, fazem cair ou subir os preços das mercadorias. O mesmo efeito sobre os preços das mercadorias deve agora ser artificialmente produzido pelos bancos, mediante a imitação das leis da circulação metálica. Se dinheiro flui do exterior, então isso é uma demonstração de que a circulação é insuficiente, de que o valor do dinheiro é alto demais e de que são baixos demais os preços das mercadorias e de que, por conseguinte, cédulas bancárias devem ser lançadas na circulação, na proporção do novo ouro importado. Ao contrário, elas devem ser retiradas da circulação na proporção em que o ouro sai do país. Em outras palavras, a emissão de cédulas bancárias deve ser regulada de acordo com a importação e a exportação dos metais preciosos ou de acordo com a taxa de câmbio. O falso pressuposto de Ricardo de que o ouro é apenas moeda, de que, portanto, todo o ouro importado aumenta a quantidade de dinheiro em circulação e, por isso, faz subir os preços e de que todo o ouro exportado diminui a moeda e, por isso, faz cair os preços, esse pressuposto teórico torna-se aqui *o experimento prático de fazer circular tanta moeda quanto de ouro estiver disponível a cada momento dado*. Lorde Overstone (o banqueiro Jones Loyd), coronel Torrens, Norman, Clay, Arbuthnot e uma série de outros autores, conhecidos na Inglaterra sob o nome da escola do *currency principle*, não apenas predicaram essa doutrina, mas também fizeram dela, mediante as leis bancárias de Sir R. Peel, de 1844 e 1845, a base da legislação bancária inglesa e escocesa. Seu ignominioso fiasco, tanto teórico como prático, após experimentos realizados na mais vasta escala nacional, só pode ser exposto no estudo do crédito" ([K. Marx, *Zur Kritik der politischen Ökonomie*,] op. cit., pp. 165–68).

A crítica dessa escola foi feita por Thomas Tooke, James Wilson (no *Economist* de 1844–47) e John Fullarton. Mas quão defeituosamente também eles analisavam a natureza do ouro e quão pouca clareza eles tinham acerca da relação entre dinheiro e capital já vimos em várias oportunidades, nomeadamente no capítulo 28 deste livro. Aqui então ainda algo relacionado aos debates da comissão da Câmara dos Comuns de 1857 sobre as leis bancárias de Peel (B. C., 1857). – F. E.}

J. G. Hubbard, antigo presidente do Banco d[a] I[nglaterra], declara:

> 2400. "O efeito da exportação de ouro não se relaciona, em absoluto, com os preços das mercadorias. Pelo contrário, de modo muito significativo, no entanto, sobre os preços dos papéis de crédito, pois, na medida em que varia a taxa de juros, o valor das mercadorias que incorporam esses juros é afetado necessariamente de modo substancial."

Ele apresenta dois quadros, relativos aos anos de 1834–43 e 1845–56, que demonstram que o movimento dos preços de quinze dos mais importantes artigos comerciais foi completamente independente do fluxo para fora e para dentro do ouro e da taxa de juros. Ao contrário, provam existir conexão íntima entre o fluxo para fora e para dentro do ouro, que na realidade é "o representante de nosso capital em busca de aplicação", e a taxa de juros.

> [2402]. "Em 1847, um montante muito grande de papéis de crédito americanos foi transferido de volta para a América, do mesmo modo que papéis de crédito russos, para a Rússia, e outros papéis continentais, para os países de onde provêm nossas importações de cereais."

Os 15 artigos principais em que se baseia a seguinte tabela de Hubbard são: algodão, fio de algodão, tecido de algodão, lã, pano de lã, linho, tecido de linho, índigo, ferro fundido, folha de flandres, cobre, sebo, açúcar, café, seda.

I. 1834–43

Data	Reserva metálica do banco (£)	Taxa de mercado do desconto	Dos 15 artigos principais tiveram os preços		
			em alta	em baixa	constantes
1 mar. 1834	9 104 000	2¾%	–	–	–
1 mar. 1835	6 274 000	3¾%	7	7	1
1 mar. 1836	7 918 000	3¼%	11	3	1
1 mar. 1837	4 077 000	5%	5	9	1
1 mar. 1838	10 471 000	2¾%	4	11	–
1 set. 1839	2 684 000	6%	8	5	2
1 jun. 1840	4 571 000	4¾%	5	9	1
1 dez. 1840	3 642 000	5¾%	7	6	2
1 dez. 1841	4 873 000	5%	3	12	–
1 dez. 1842	10 603 000	2½%	2	13	–
1 jun. 1843	11 566 000	2¼%	1	14	–

II. 1844–53

Data	Reserva metálica do banco (£)	Taxa de mercado do desconto	Dos 15 artigos principais tiveram os preços		
			em alta	em baixa	constantes
1 mar. 1844	16 162 000	2¼%	–	–	–
1 dez. 1845	13 237 000	4½%	11	4	–
1 set. 1846	16 366 000	3%	7	8	–
1 set. 1847	9 140 000	6%	6	6	3
1 mar. 1850	17 126 000	2½%	5	9	1
1 jun. 1851	13 705 000	3%	2	11	2
1 set. 1852	21 853 000	1¾%	9	5	1
1 dez. 1853	15 093 000	5%	14	–	1

Sobre isso Hubbard faz a glosa:

> Como nos anos de 1834–43, também nos de 1844–53 as flutuações no ouro do Banco foram, em cada caso, acompanhadas por acréscimo ou decréscimo do valor emprestável do dinheiro adiantado mediante desconto; por outro lado, as variações nos preços das mercadorias dentro do país mostraram-se completamente independentes da massa da circulação como ela aparece nas flutuações de ouro do Banco da Inglaterra. (*Bank Acts Report*, 1857, II, pp. 290–91)

Já que a demanda e a oferta de mercadorias regulam seus preços de mercado, fica claro aqui quanto errou Overstone ao identificar a demanda por capital monetário emprestável (ou, antes, os desvios da oferta do mesmo), tal como ela se expressa na taxa de desconto, com a demanda por "capital" real. A afirmação de que os preços das mercadorias são regulados pelas flutuações no montante de *currency* oculta-se agora por trás da frase de que as flutuações na taxa de desconto expressam flutuações na demanda de capital físico real, em contraste com o capital monetário. Vimos como tanto Norman quanto Overstone de fato afirmaram isso perante a mesma comissão, e a que pobres subterfúgios nomeadamente o último teve de recorrer até que finalmente encalhasse por completo (capítulo 26). É na verdade a velha escapatória de que as mudanças na massa do ouro existente, ao aumentarem ou diminuírem a quantidade do meio de circulação no país, teriam de fazer subir ou cair, dentro do mesmo país, os preços das mercadorias. Se o ouro é exportado, segundo essa teoria da *currency*, os preços das mercadorias têm de subir no país para onde vai o ouro e, com isso, o valor das exportações do país exportador de ouro no mercado do país que importa ouro; o valor das exportações deste último no mercado do primeiro, ao contrário, cairia enquanto ele subiria no país de sua origem, para onde vai o ouro. Mas, na realidade, a diminuição da quantidade de ouro apenas aumenta a taxa de juros, enquanto seu aumento a reduz; e, se essas flutuações da taxa de juros não fossem levadas em conta na fixação dos preços de custo ou na determinação da demanda e da oferta, então elas deixariam os preços das mercadorias inteiramente intocados.

No mesmo relatório, N. Alexander, chefe de uma grande casa no comércio com a Índia, pronuncia-se de maneira seguinte sobre a forte saída de prata para a Índia e a China, em meados dos anos [18]50, devida em parte à Guerra Civil Chinesa[I] que impedia a venda de tecidos ingleses

I Em 1851, desencadeou-se na China um movimento de libertação antifeudal, o qual logo assumiu o caráter de uma grande guerra camponesa. O movimento, que se iniciou ao Sul, na província Quancim, ampliou-se sobre as províncias centrais e atingiu quase toda a região do baixo e médio Yang-Tsé. No decorrer das lutas, os rebeldes estabeleceram o "Reino Celestial da Grande Justiça" ("Taiping-Tianguo"), com centro em Nanquim. Os taipineses destruíram os senhores feudais manchus, que reinavam em toda a China, conseguiram a revogação dos impostos e liquidaram a grande propriedade feudal. Dado que a rebelião se voltou também contra o clero budista e os conventos – sustentáculos da dinastia Manchu (Qing) –, ela assumiu a aparência religiosa característica de um movimento camponês no Leste.

A revolução de Taiping, a qual assentou os fundamentos para a luta das amplas massas do povo chinês contra a ordem feudal e contra os conquistadores estrangeiros, não estava, entretanto, em condições de liquidar o modo feudal de produção.

na China, em parte à enfermidade dos bichos-da-seda na Europa, que restringiu consideravelmente a sericicultura na Itália e na França:

> 4337. "A drenagem é para a China ou para a Índia? – Enviam a prata para a Índia e, com boa parte, dela compram ópio, o qual vai todo para a China, a fim de constituir fundos para a compra de seda; e a situação dos mercados na Índia" (apesar da acumulação de prata lá) "torna mais lucrativo para o comerciante enviar para lá prata do que tecidos ou outros produtos industriais ingleses." – 4338. "Não houve uma grande drenagem da França, em virtude da qual nós obtivemos a prata? – Sim, muito grande." – 4344. "Em vez de importar seda da França e da Itália, mandamos para lá, em grandes quantidades, tanto a de Bengala como a chinesa."

Enviou-se, pois, para a Ásia, prata – o metal monetário dessa parte do mundo –, em vez de mercadorias, não por terem subido os preços dessas mercadorias no país que as produz (a Inglaterra), mas por terem caído – em virtude de superimportação – no país que as importou; embora a Inglaterra tivesse de obter essa prata da França e de pagá-la em parte com ouro. Segundo a teoria da *currency*, com essas importações os preços teriam de cair na Inglaterra e subir na Índia e na China.

Um outro exemplo. Perante a comissão da Câmara dos Lordes (C. D., 1848–57), Wylie, um dos mais importantes comerciantes de Liverpool, depõe o seguinte:

> 1994. "No fim de 1845 não havia negócio tão remunerador e que proporcionasse lucros tão altos" {como a fiação de algodão}. "O estoque de algodão era grande, algodão bom e utilizável podia ser adquirido a 4 pence a libra-peso e, com tal algodão, podia ser fiado *secunda mule twist* n. 40 de boa qualidade com uma despesa também de 4 pence, de modo que a despesa total para o fiandeiro era de 8 pence. Venderam-se grandes quantidades desse fio em setembro e outubro de 1845 e fecharam-se contratos igualmente grandes de fornecimento, a 10½ e 11½ pence a libra-peso, e em alguns casos os fiandeiros realizaram lucros iguais ao preço de compra do algodão." – 1996. "O negócio continuou remunerador até o início de 1846." – 2000. "Em 3 de março de 1844,

---

No Estado de Taiping, formou-se uma camada superior feudal própria, que fez um acordo com a classe dominante. Essa foi uma das causas da derrota do movimento.

O golpe principal contra a revolução foi dado pela intervenção aberta de Inglaterra, Estados Unidos e França (inicialmente, as grandes potências apoiaram a dinastia de Manchu com pretensões à "neutralidade"), cujas forças armadas, conjuntamente com as tropas dos senhores feudais chineses, submeteram, em 1864, o levante de Taiping. [N. E. A.]

> o estoque de algodão" {627 042 fardos} "ultrapassava o dobro do que é hoje" {301 070 fardos em 7 de março de 1848} "e ainda assim o preço por libra-peso era 1¼ pence mais caro" {6¼ pence contra 5 pence}. "Ao mesmo tempo, fio – *secunda mule twist* n. 40 de boa qualidade – caiu de 11½-12 pence para 9½ pence em outubro e para 7¾ pence no fim de dezembro de 1847; vendeu-se fio ao preço do algodão do qual foi fiado." (Ibid., n. 2 021-23)

Isso mostra a sabedoria interesseira de Overstone de que o dinheiro deve ser "caro" porque o capital é "raro". Em 3 de março de 1844, a taxa bancária de juros era de 3%; em outubro e novembro de 1847, subia para 8 e 9% e, em 7 de março de 1848, era ainda de 4%. Os preços do algodão, mediante a total paralisação das vendas e do pânico, com sua correspondente alta de juros, foram derrubados muito abaixo do preço correspondente à situação de sua oferta. A consequência disso foi, por um lado, enorme decréscimo da importação em 1848 e, por outro, diminuição da produção na América; por isso, nova elevação dos preços do algodão em 1849. Segundo Overstone, as mercadorias eram demasiadamente caras por haver no país demasiado dinheiro.

> 2 002. "A recente piora na situação da indústria algodoeira não se deve à escassez de matéria-prima, pois o preço é mais baixo, embora o estoque de algodão em rama tenha diminuído consideravelmente."

Mas, em Overstone, há agradável confusão entre o preço, isto é, o valor da mercadoria e o valor do dinheiro, ou seja, a taxa de juros. Na resposta à pergunta 2 026, Wylie dá seu julgamento geral sobre a teoria da *currency*, pela qual Cardwell e Sir Charles Wood, em maio de 1847, "sustentaram a necessidade de pôr em prática a lei bancária de 1844 em toda a sua integridade".

> Esses princípios parecem ser de uma espécie que daria ao dinheiro um valor artificialmente alto e a todas as mercadorias um valor artificialmente baixo e ruinoso.

Ele acrescenta, quanto aos efeitos dessa lei bancária sobre os negócios em geral:

> "Já que as letras para quatro meses, que são os saques regulares das cidades fabris sobre comerciantes e banqueiros contra mercadorias compradas e destinadas aos Estados Unidos, só podiam ser descontadas com grandes sacrifícios, a execução de encomendas ficou obstruída em grande escala até a circular do governo de 25 de outubro" {suspensão da lei bancária}, "quando essas letras a quatro meses voltaram a ser descontáveis". (2 097)

Portanto, também nas províncias, a suspensão dessa lei bancária operou como alívio.

> 2102. "Em outubro passado" {1847} "quase todos os compradores americanos que adquirem mercadorias aqui logo reduziram tanto quanto possível suas encomendas; e, quando a notícia do encarecimento do dinheiro chegou à América, cessaram todas as novas encomendas." – 2134. "Cereal e açúcar eram casos especiais. O mercado de cereais foi afetado pelas perspectivas da colheita, e o do açúcar foi afetado pelos enormes estoques e pelas importações." – 2163. "De nossas obrigações de pagamento para com a América [...] muitas foram liquidadas por meio de vendas forçadas de mercadorias consignadas, e muitas, receio, foram anuladas pela bancarrota aqui." – 2196. "Se bem me lembro, em nossa Bolsa de Valores chegou-se *a pagar até 70% de juros em outubro de 1847*."

{A crise de 1837, com suas prolongadas sequelas, à qual se acrescentou uma completa crise adicional em 1842, e a cegueira interessada dos industriais e comerciantes, que simplesmente não queriam ver superprodução alguma – pois esta era, segundo a Economia vulgar, um absurdo e uma impossibilidade! – causaram finalmente nas cabeças aquela confusão que permitiu à escola da *currency* pôr seu dogma em prática em escala nacional. A legislação bancária de 1844-45 passou.

A lei bancária de 1844 divide o Banco da Inglaterra num departamento de emissão de notas e num departamento bancário. O primeiro recebe garantias – em sua maior parte da dívida pública – de 14 milhões e toda a reserva metálica, da qual ¼ no máximo pode ser de prata, emitindo um montante de notas que equivale à soma de ambas. À medida que elas não estejam nas mãos do público, encontram-se no departamento bancário e constituem, juntamente com a pequena quantidade de moedas, necessária para o uso cotidiano (cerca de 1 milhão), a reserva sempre disponível desse departamento. O departamento de emissão dá ao público ouro por notas e notas por ouro; das demais transações com o público trata o departamento bancário. Os bancos privados da Inglaterra e do País de Gales, autorizados em 1844 a emitir notas próprias, conservam esse direito, mas sua emissão de notas é contingenciada; se um desses bancos deixa de emitir notas próprias, o Banco da Inglaterra pode aumentar seu montante a descoberto de notas em ⅔ da cota disponível; por esta, o mesmo se elevou, até 1892, de 14 milhões de libras esterlinas para 16½ milhões (exatamente 16450000).

Para cada cinco libras esterlinas em ouro que saem do tesouro do Banco, uma nota de cinco libras esterlinas retorna ao departamento de emissão e é destruída; para cada cinco *sovereigns* que afluem ao tesouro, uma nova nota de cinco libras entra na circulação. Assim a circulação ideal de papel de Overstone, que se rege exatamente pelas leis da circulação metálica, é executada na prática e, segundo as afirmações dos partidários da teoria da *currency*, as crises ficam para sempre impossibilitadas.

Na realidade, porém, a divisão do Banco em dois departamentos independentes despojou a direção da possibilidade de dispor, em momentos decisivos, livremente de todos os seus recursos, de modo que podiam ocorrer casos em que o departamento bancário estava à beira da falência enquanto o departamento de despesas possuía intatos vários milhões em ouro e ainda seus 14 milhões de fundos de reserva. E isso era ainda mais fácil de acontecer pelo fato de em quase toda crise ocorrer uma fase em que se dá uma forte drenagem de ouro para o exterior, a qual tem de ser coberta principalmente pela reserva metálica do Banco. Para cada cinco libras que então fluem para o exterior, retira-se da circulação interna uma nota de cinco libras, reduzindo-se portanto a quantidade de meios de circulação justamente no momento em que mais se precisa deles e com maior premência. A lei bancária de 1844 incita, portanto, diretamente todo o mundo comercial a formar, em tempo, quando a crise se inicia, um tesouro de reserva de cédulas bancárias, portanto a acelerar e a agravar a crise; em virtude desse aumento artificial, que se efetua no momento decisivo, da demanda por acomodação monetária, isto é, por meios de pagamento, ao mesmo tempo que se restringe a oferta dos mesmos, a lei bancária impulsiona a taxa de juros a uma altura até então inaudita; assim, em vez de eliminar as crises, ela antes as eleva até o ponto em que se quebra ou todo o mundo industrial ou a lei bancária. Duas vezes, em 25 de outubro de 1847 e em 12 de novembro de 1857, a crise atingiu essa altura; então, o governo liberou o Banco da restrição de sua emissão de notas ao suspender a lei de 1844, e isso foi suficiente, nas duas ocasiões, para vencer a crise. Em 1847, bastou a certeza de que agora se podiam novamente obter cédulas bancárias contra garantias de primeira ordem para trazer entesourados em notas os 4–5 milhões de novo à luz do dia e à circulação; em 1857, notas no valor de quase 1 milhão além do montante legal foram emitidas, mas apenas por muito pouco tempo.

Cabe mencionar também que a legislação de 1844 ainda mostra as marcas da recordação dos primeiros vinte anos do século, da época da suspensão dos pagamentos em espécie pelo Banco e da desvalorização das notas. O temor de que as cédulas bancárias possam perder seu crédito ainda é bem perceptível; um temor muito desnecessário, pois já em 1825 o gasto de uma antiga reserva de notas de uma libra, posta fora de circulação, superou a crise, demonstrando assim que o crédito das notas se mantinha inabalado, mesmo na época de mais generalizada e mais intensa desconfiança. Isso é totalmente compreensível; pois, na realidade, toda a nação com seu crédito está por trás desses signos de valor. – F. E.}

Ouçamos agora alguns depoimentos sobre os efeitos da lei bancária. J. S. Mill acredita que a lei bancária de 1844 conteve a superespeculação. Esse homem sábio falou afortunadamente em 12 de junho de 1857. Quatro meses depois, rebentou a crise. Ele literalmente felicitou os "diretores de banco e o público comercial em geral" por

> compreenderem bem melhor que antes a natureza de uma crise comercial e os grandes prejuízos que causariam a si mesmos e ao público se apoiassem a superespeculação. (B. C., 1857, n. 2031)

O sábio Mill opina que, quando notas de 1 libra são emitidas

> como adiantamento aos fabricantes, entre outros, que pagam salários, [...] as notas podem chegar às mãos de outros, que as despendem para fins de consumo, e nesse caso as notas em si mesmas constituem uma demanda de mercadorias e podem temporariamente tender a promover uma alta de preços. [n. 2066]

O Sr. Mill supõe, portanto, que os fabricantes pagarão salários mais altos por pagá-los em papel em vez de ouro? Ou acredita que, se o fabricante recebe seu adiantamento em notas de 100 libras e as troca por ouro, então esses salários constituiriam demanda menor do que se fossem logo pagos em notas de 1 libra? Será que não sabe que, por exemplo, em certos distritos mineiros, os salários eram pagos em notas dos bancos locais, de modo que vários trabalhadores receberam em conjunto uma nota de 5 libras? Isso aumenta sua demanda? Ou será que os banqueiros iriam adiantar dinheiro aos fabricantes mais facilmente e em maior quantidade com notas pequenas em vez de grandes?

{Esse estranho medo que Mill sente das notas de uma libra seria inexplicável, se toda a sua obra sobre Economia Política não mostrasse um ecleticismo que não recua diante de contradição alguma. Por um lado, dá razão a Tooke em muitas coisas, contra Overstone, por outro, acredita na determinação dos preços das mercadorias pela quantidade de dinheiro existente. Ele não está, pois, de modo nenhum convencido de que, para cada nota de uma libra emitida – com todas as demais circunstâncias constantes –, um *sovereign* se encaminha ao tesouro do Banco; ele receia que a massa dos meios de circulação possa ser aumentada e assim se depreciar, isto é, elevar os preços das mercadorias. É isso e mais nada que se esconde atrás de sua preocupação citada acima. – F. E.}

Sobre a bipartição do Banco e a precaução excessiva para garantir o resgaste das cédulas bancárias, declara Tooke perante a comissão (C. D., 1848–57):

As grandes flutuações da taxa de juros em 1847, comparadas com as de 1837 e 1839, seriam devidas apenas à divisão do Banco em dois *departments* (3010). – A segurança das cédulas bancárias não foi afetada em 1825 nem em 1837 e 1839 (3015). – A demanda por ouro em 1825 objetivava apenas preencher o espaço vazio surgido em virtude do descrédito completo das notas de 1 libra dos bancos provinciais; esse espaço vazio só podia ser preenchido com ouro até que o Banco da Inglaterra também emitisse notas de 1 libra (3022). – Em novembro e dezembro de 1825, não existia a menor demanda por ouro para exportação (3023).

No que tange ao descrédito do Banco no interior e no exterior, uma suspensão dos pagamentos de dividendos e depósitos teria consequências muito mais graves que uma suspensão do pagamento das cédulas bancárias. (3028)

3035. "Não diria o senhor que qualquer conjuntura que, em última instância, ameaçasse a conversibilidade das cédulas bancárias poderia gerar, num momento de aperto comercial, novas e sérias dificuldades? – De jeito nenhum."

No decorrer de 1847 "uma emissão aumentada de notas teria talvez contribuído para encher de novo a reserva de ouro do Banco, como em 1825". (3058)

Perante a comissão bancária, B. A., em 1857, Newmarch declara:

1357. "O primeiro efeito danoso [...] dessa divisão" (do Banco) "em dois departamentos e da bipartição da reserva de ouro, que dela necessariamente resultou, foi o de que o negócio bancário do Banco da Inglaterra, portanto todo aquele ramo de suas operações que o põe em contato mais direto com o comércio do país, foi levado adiante só com metade do montante da reserva anterior. Em consequência dessa divisão da reserva, chegou-se a uma situação na qual sempre que a reserva do departamento bancário se reduzisse, ainda que em mínima extensão, o Banco era forçado a elevar sua taxa de desconto. Essa redução da reserva causou, portanto, uma série de modificações bruscas na taxa de desconto." – 1358. "Desde 1844" (até junho de 1857) "houve umas 60 dessas modificações, enquanto antes de 1844, no mesmo período, mal chegaram a uma dúzia."

De interesse especial é também o depoimento de Palmer, desde 1811 diretor e por certo tempo presidente do Banco da Inglaterra, perante a comissão da Câmara dos Lordes, C. D., 1848–57:

828. "Em dezembro de 1825 só restavam ao Banco aproximadamente 1 100 000 libras esterlinas em ouro. Naquele período ele teria inevitavelmente de ter

falido ao todo, se essa lei" (de 1844) "então existisse. Em dezembro emitiu, creio, 5 ou 6 milhões de notas numa semana, e isso aliviou consideravelmente o pânico então existente".

825. "O primeiro período" (desde julho de 1825) "em que a legislação bancária atual teria fracassado, se o Banco tivesse tentado levar a cabo as transações em curso, foi em 28 de fevereiro de 1837; havia então em poder do Banco de 3 900 000 a 4 milhões de libras esterlinas, e ele só teria ficado com uma reserva de 650 000 libras esterlinas. Um outro período é em 1839 e durou de 9 de julho até 5 de dezembro." – 826. "Qual era o montante da reserva nesse caso? A reserva consistia num déficit de 200 000 libras esterlinas ao todo (*the reserve was minus altogether 200 000 pound sterling*) em 5 de setembro. Em 5 de novembro ela subiu para cerca de 1 a 1½ milhão." – 830. "A lei de 1844 teria impedido o Banco de dar apoio ao comércio com a América em 1837." – 831. "Três das principais firmas americanas faliram. [...] Quase toda firma no comércio com a América estava sem crédito, e, se naquele momento o Banco não tivesse prestado ajuda, não acredito que mais do que 1 ou 2 firmas teriam podido manter-se." – 836. "O aperto de 1837 não pode comparar-se com o de 1847. O de 1837 limitou-se principalmente ao comércio com a América." – 838. (No começo de junho de 1837, foi debatida na direção do Banco a questão de como sair do aperto.) "No que alguns senhores defenderam a opinião de que [...] o princípio correto seria elevar a taxa de juros, o que faria cair o preço das mercadorias; em suma, encarecer o dinheiro e baratear as mercadorias, por meio do que o pagamento ao estrangeiro seria realizado (*by which the foreign payment would be accomplished*)." – 906. "A introdução de uma restrição artificial dos poderes do Banco pela lei de 1844, em lugar do limite antigo e natural de seu poder, do montante real de sua reserva metálica, gera um agravamento artificial dos negócios e, com isso, um efeito sobre os preços das mercadorias que seria totalmente desnecessário sem essa lei." – 968. "Sob a vigência da lei de 1844, não se pode reduzir, em condições normais, a reserva metálica do Banco essencialmente a menos de 9½ milhões. Isso causaria uma pressão sobre os preços e sobre o crédito que teria de ocasionar tal reviravolta na taxa de câmbio estrangeira que elevaria a importação de ouro e, com esta, aumentaria o montante de ouro no departamento de emissão." – 996. "Sob a atual restrição, o senhor" {o Banco} "não tem disponibilidade de prata, que é necessária em períodos em que se precisa de prata para atuar sobre o câmbio estrangeiro." – 999. "Qual era o objetivo da prescrição que limita a reserva de prata do Banco a ⅕ de sua reserva metálica? – A essa pergunta não posso responder."

O objetivo era encarecer o dinheiro: exatamente como, desconsiderando a teoria da *currency*, a separação entre os dois departamentos bancários e a obrigação dos bancos da Escócia e da Irlanda para manterem ouro em reserva no caso da emissão de notas acima de certo limite. Surgiu assim uma descentralização do tesouro metálico nacional, a qual reduzia sua capacidade de corrigir taxas de câmbio desfavoráveis. Redundam em elevação da taxa de juros todas estas disposições: a de que o Banco da Inglaterra não pode emitir notas acima de 14 milhões, a não ser contra reserva de ouro; a de que o departamento bancário deve ser administrado como banco comum, deprimindo a taxa de juros em épocas de abundância de dinheiro, elevando-a em tempos de aperto; a limitação da reserva de prata, o meio principal de retificar a taxa de câmbio com o continente e com a Ásia; as prescrições referentes aos bancos escoceses e irlandeses, que nunca precisam de ouro para as exportações e agora são obrigados a mantê-lo sob o pretexto de uma conversibilidade, a qual na realidade é puramente ilusória, de suas notas. A realidade é que a lei de 1844 provocou pela primeira vez uma corrida ao ouro dos bancos escoceses em 1857. A nova legislação bancária tampouco faz distinção alguma entre o fluxo de ouro para o estrangeiro e para o interior do país, embora os efeitos sejam evidentemente muito diversos. Daí as constantes flutuações violentas na taxa de mercado dos juros. Referindo-se à prata, Palmer diz duas vezes, em 992 e 994, que o Banco só pode comprar prata por notas quando a taxa de câmbio é favorável à Inglaterra, sendo a prata, portanto, supérflua; pois:

> 1003. "O único motivo pelo qual uma parte considerável da reserva metálica pode ser mantida em prata é o de facilitar pagamentos ao estrangeiro durante o tempo em que a taxa de câmbio é desfavorável à Inglaterra." – 1004. "A prata é uma mercadoria que, por ser dinheiro em todas as demais partes do mundo, é a mais adequada [...] para esse fim" {pagamentos ao estrangeiro}. "Só os Estados Unidos aceitaram, nos últimos tempos, exclusivamente ouro."

De acordo com sua opinião, o Banco não precisaria, em épocas de aperto, enquanto taxas de câmbio desfavoráveis não atraíssem o ouro para o estrangeiro, elevar a taxa de juros acima do nível antigo de 5%. Não fosse a lei de 1844, ele poderia descontar então sem dificuldade todas as letras de primeira classe (*first class bill*) que lhe fossem apresentadas (1018 a 1020). Mas, com a lei de 1844 e na situação em que estava o Banco em outubro de 1847,

> não havia taxa de juros que o Banco pudesse cobrar de firmas com crédito que elas não teriam pagado com boa vontade para dar sequência a seus pagamentos. [1022]

E essa taxa de juros era justamente o objetivo da lei.

> 1029. "Eu tenho de fazer uma grande distinção entre o efeito da taxa de juros sobre a demanda estrangeira" {por metais preciosos} "e uma elevação da taxa de juros para refrear uma corrida ao Banco durante um período de escassez interna de crédito." – 1023. "Antes da lei de 1844, quando o câmbio era favorável à Inglaterra e no país reinava inquietação, até positivo pânico, não se estabeleciam limites à emissão de notas, pela qual, tão somente, poderia ser aliviada essa situação de aperto."

Assim se expressa um homem que durante 39 anos teve assento na direção do Banco da Inglaterra. Ouçamos agora um banqueiro particular, Twells, desde 1801 *associé* de Spooner, Attwoods & Co. Ele é o único entre todas as testemunhas perante a comissão B. C., 1857, que nos permite lançar um olhar à situação real do país e que vê a crise aproximar-se. De resto, trata-se de uma espécie de *little-shilling-man* de Birmingham, sendo seus *associés* os irmãos Attwood, fundadores dessa escola. (Ver *Zur Kritik der pol. Oek.*, p. 59.) Ele declara:

> 4488. "Como repercutiu, em sua opinião, a lei de 1844? – Se lhe respondesse como banqueiro, diria que ela repercutiu notavelmente bem, pois proporcionou aos banqueiros e capitalistas {monetários} de toda espécie uma rica colheita. Mas ela repercutiu muito mal para o homem de negócios honesto e laborioso, que precisa de estabilidade da taxa de desconto, de modo que possa fazer seus *arrangements* [planos] com confiança [...] ela tornou o empréstimo de dinheiro um negócio altamente lucrativo." – 4489. "Ela" {a lei bancária} "capacita os bancos por ações de Londres a pagar de 20 a 22% aos acionistas? – Recentemente, um pagava 18%, e outro, creio, 20%; eles têm toda motivação para defender decididamente a lei." – 4490. "Pequenos negociantes e comerciantes respeitáveis, que não têm grande capital [...] ela os aperta muito [...]. O único meio que tenho para saber disso é ver a massa surpreendente de aceites que não são pagos. Esses aceites são sempre pequenos, entre 20–100 libras esterlinas, muitos deles não são pagos e retornam com falta de pagamento para todas as partes do país, e isso é sempre sinal de depressão entre os pequenos comerciantes."

Em 4494 ele declara que os negócios atualmente não são lucrativos. Suas observações seguintes são importantes, porque ele via a existência latente da crise quando nenhum dos outros a pressentia.

> 4494. "Os preços em Mincing Lane ainda se mantêm bastante, mas nada se vende, nada se pode vender a preço algum; a gente se mantém no preço nominal."

4495. Ele conta um caso: um francês manda para um corretor em Mincing Lane mercadorias no valor de 3000 libras esterlinas para vendê-las a certo preço. O corretor não pode realizar o preço, o francês não pode vender abaixo do preço. A mercadoria fica sem ser vendida, mas o francês precisa de dinheiro. O corretor adianta-lhe, portanto, 1000 libras esterlinas, de maneira que o francês saca sobre o corretor, com a garantia das mercadorias, uma letra de 1000 libras esterlinas a três meses. Ao cabo dos três meses, a letra vence, mas as mercadorias continuam invendáveis. O corretor tem então de pagar a letra e, embora tenha cobertura para 3000 libras esterlinas, não pode torná-la líquida e fica em dificuldades. Assim, um arrasta o outro para baixo.

> 4496. "No que tange às grandes exportações [...] quando os negócios dentro do país estão deprimidos, então isso também provoca necessariamente grandes exportações." – 4497. "Acredita o senhor que o consumo interno diminuiu? – *Em proporções muito consideráveis* [...] *enormes* [...] os varejistas são aí a melhor autoridade." – 4498. "E, mesmo assim, as importações são muito grandes; isso não indica grande consumo? – Exatamente, *caso consigam vender*; mas muitos armazéns estão cheios dessas coisas; no exemplo que acabei de apresentar foram importadas por 3000 libras esterlinas mercadorias que são invendáveis."

> 4514. "O senhor diria que, quando o dinheiro está caro, o capital está barato? – Exatamente."

O homem não participa, pois, de modo algum da opinião de Overstone, segundo a qual taxa de juros alta é o mesmo que capital caro.

Como se fazem os negócios atualmente:

> 4516. "[...] Outros velejam a todo pano, fazem enormes negócios em exportações e importações, muito além do que permite seu capital; sobre isso não pode haver a menor dúvida. Essa gente pode ser bem-sucedida; mediante algum golpe de sorte, pode fazer grandes fortunas e pagar tudo. Esse é, em grande medida, o sistema pelo qual se faz hoje uma parte considerável dos negócios. Essa gente se dispõe a perder 20, 30 e 40% num embarque; o próximo negócio pode lhes trazer de volta essa perda. Se um negócio após o outro falha, então estão quebrados; e esse é justamente o caso que observamos muitas vezes nos últimos tempos; casas comerciais faliram sem deixar um xelim no ativo".

> 4791. "A taxa mais baixa de juros" {durante os últimos 10 anos} "atua certamente contra os banqueiros, mas dificilmente eu poderia explicar aos senhores, sem lhes apresentar os livros de contabilidade, quão mais alto é o lucro atual" {deles mesmos} "em comparação com antes. Quando a taxa de juros está baixa, em consequência da emissão excessiva de notas, temos depósitos consideráveis; quando a taxa de juros está alta, isso nos traz lucro

> direto." – 4794. "Quando é possível obter dinheiro a taxa moderada de juros, temos mais demanda por ele; emprestamos mais; ele opera desse modo" {em favor de nós, os banqueiros}. "Quando a taxa de juros sobe, recebemos mais do que é justo; recebemos mais do que deveríamos."

Vimos que o crédito das cédulas do Banco da Inglaterra é considerado por todos os peritos como inabalável. Não obstante, a lei bancária imobiliza 9–10 milhões em ouro para sua conversibilidade de forma absoluta. A santidade e intangibilidade do tesouro é assim posta em prática de modo inteiramente diferente da dos antigos entesouradores. W. Brown (Liverpool) declara, em C. D., 1847–57, n. 2311:

> "Em relação ao proveito que esse dinheiro então trouxe" (a reserva metálica no departamento de emissão) "poder-se-ia do mesmo modo tê-lo lançado ao mar; não se podia empregar nem a menor parte dele sem violar a lei do Parlamento".

O empresário da construção E. Capps, já mencionado antes e de cujo depoimento retiramos a descrição do moderno sistema de construção de Londres (Livro 2, cap. 12), resume seu ponto de vista sobre a lei bancária de 1844 da seguinte maneira (B. A., 1857):

> 5508. "O senhor é, pois, em geral, de opinião de que o sistema atual" (da legislação bancária) "é uma instituição bem hábil para fazer com que os lucros da indústria fluam periodicamente para a bolsa do usurário? – Essa é a minha opinião. Sei que no negócio de construção ela operou assim".

Conforme já mencionamos, os bancos escoceses foram forçados pela lei bancária de 1845 a adotar um sistema que se assemelha ao inglês. Foi lhes imposta a obrigação, para a sua emissão de notas acima do montante fixado para cada banco, de manter ouro em reserva. No que tange ao efeito que isso teve, apresentamos aqui alguns depoimentos perante a comissão bancária, B. C., 1857.

Kennedy, diretor de um banco escocês:

> 3375. "Havia na Escócia algo que se pudesse chamar de circulação de ouro antes da introdução da lei de 1845? – Nada disso." – 3376. "Surgiu depois uma circulação adicional de ouro? – De modo algum; a gente não quer ter ouro (*the people dislike gold*)." – 3450. As aproximadamente 900000 libras esterlinas em ouro que os bancos escoceses têm de manter desde 1845 são, em sua opinião, apenas prejudiciais e "absorvem sem lucro uma parte equivalente ao capital da Escócia".

E ainda Anderson, diretor do Union Bank of Scotland:

> 3558. "A única demanda forte por ouro que ocorreu no Banco da Inglaterra por parte dos bancos escoceses ocorreu em virtude das taxas de câmbio estrangeiras? – Isso mesmo; e essa demanda não é diminuída pela circunstância de mantermos ouro em Edimburgo." – 3590. "Enquanto tivermos o mesmo montante de papéis de crédito depositados no Banco da Inglaterra" (ou nos bancos particulares da Inglaterra), "teremos o mesmo poder de antes para provocar uma drenagem de ouro no Banco da Inglaterra."

Por fim, ainda um artigo do *Economist* (Wilson):

> Os bancos escoceses mantêm montantes desocupados em espécie com seus agentes em Londres; e estes os mantêm no Banco da Inglaterra. Isso dá aos bancos escoceses, dentro dos limites desses montantes, comando sobre a reserva metálica do Banco, e aqui ela está sempre no lugar onde se precisa dela, quando há que fazer pagamentos ao exterior.

Esse sistema foi perturbado pela lei de 1845:

> Em decorrência da lei de 1845 para a Escócia, houve nos últimos tempos grande drenagem de moedas de ouro do Banco da Inglaterra para enfrentar uma demanda meramente hipotética na Escócia, que talvez nunca ocorra [...]. Desde então, há regularmente uma importante soma imobilizada na Escócia, e outra soma considerável está constantemente em viagem de ida e volta entre Londres e a Escócia. Se chega um período em que um banqueiro escocês espera que a demanda por suas notas aumente, enviam-lhe de Londres uma caixa de ouro; passado esse período, a mesma caixa volta para Londres, na maioria das vezes sem ter sido aberta. (*Economist*, 23 out. 1847)

{E o que diz de tudo isso o pai da lei bancária, o banqueiro Samuel Jones Loyd, aliás Lorde Overstone?

Já em 1848 repetiu, perante a Comissão C. D., da Câmara dos Lordes, que

> "aperto monetário e taxa alta de juros, causados por escassez de capital suficiente, não podem ser aliviados por emissão acrescida de cédulas bancárias" (1514),

embora a simples *permissão* de aumentar a emissão de notas, pela circular do governo de 25 de outubro de 1847, bastasse para quebrar a ponta da crise.

Insiste em que

> a alta taxa de juros e a depressão da indústria fabril foram consequências necessárias do decréscimo do capital *material*, aplicável a fins industriais e comerciais. (1604)

E, ainda assim, a depressão da indústria fabril consistia, havia meses, em que o excesso de capital-mercadoria material abarrotava os depósitos e era justamente invendável e em que, por isso mesmo, o capital produtivo material estava total ou parcialmente em alqueive, para não produzir ainda mais capital-mercadoria invendável.

E, perante a Comissão Bancária de 1857, ele diz:

> Graças à observação estrita e pronta dos princípios da lei de 1844, tudo correu de maneira regular e fácil, o sistema monetário está seguro e inabalado, a prosperidade do país é incontroversa, a confiança pública na lei de 1844 ganha força diariamente. Se a comissão ainda deseja mais provas práticas da sanidade dos princípios sobre os quais descansa essa lei, e das consequências benéficas asseguradas por ela, a resposta verdadeira e suficiente é esta: olhem em torno; observem a situação atual dos negócios em nosso país; observem a satisfação do povo; observem a riqueza e a prosperidade de todas as classes da sociedade; e então, após feito isso, a comissão terá condições de decidir se quer impedir que continue em vigor uma lei sob a qual se atingiram tais êxitos. (B. C., 1857, n. 4189)

A esse ditirambo, que Overstone entoou perante a Comissão em 14 de julho, respondeu a antístrofe em 12 de novembro do mesmo ano, a carta à direção do Banco na qual o governo suspendia a miraculosa lei de 1844, para salvar o que ainda podia ser salvo. – F. E.}

CAPÍTULO 35

METAL PRECIOSO E TAXA DE CÂMBIO

I. O MOVIMENTO DA RESERVA DE OURO

Com relação à acumulação de cédulas em tempos de aperto, cabe observar que se repete aí o entesouramento com metais preciosos tal como acontece nas circunstâncias mais primitivas da sociedade em épocas intranquilas. A lei de 1844 é interessante quanto a seus efeitos porque quer transformar todo o metal precioso existente no país em meios de circulação; ela procura equiparar a drenagem de ouro à contração do meio de circulação, e o afluxo de ouro à expansão do meio de circulação. Com isso, estabeleceu-se experimentalmente a prova do contrário. Com uma única exceção que logo mencionaremos, a massa das notas circulantes do Banco da Inglaterra, desde 1844, nunca atingiu o máximo que o Banco estava autorizado a emitir. E a crise de 1857 provou, por outro lado, que em certas circunstâncias esse máximo não basta. De 13 a 30 de novembro de 1857, circularam em média por dia 488830 libras esterlinas acima do máximo (B. A., 1858, p. XI). O máximo legal era então de 14475000 libras esterlinas mais o montante da reserva metálica nos porões do Banco.

Quanto ao fluxo de metais preciosos para fora e para dentro, cabe observar:

Primeiro se deve distinguir entre as idas e voltas do metal dentro da região que não produz ouro e prata, por um lado, e a corrente de ouro e prata de suas fontes de produção para os diversos outros países e a distribuição desse metal adicional entre os últimos.

Antes que as minas de ouro na Rússia, na Califórnia e na Austrália exercessem seu efeito, a oferta desde o começo deste século apenas bastava para repor as moedas desgastadas, para as necessidades costumeiras como material de luxo e para a exportação de prata para Ásia.

A partir daquela época, entretanto, com o comércio asiático da América e da Europa, cresceu extraordinariamente a exportação de prata para a Ásia. A prata exportada da Europa foi em grande parte substituída pelo ouro adicional. Além disso, uma parte da nova oferta de ouro foi absorvida pela circulação monetária interna. Calcula-se que até 1857 entraram adicionalmente na circulação interna da Inglaterra 30 milhões em ouro.[14] Aumentou assim a partir de 1844, o nível médio das reservas metálicas de todos os bancos centrais da Europa e da América do Norte. O crescimento da circulação monetária interna fez com que, após o pânico, no período subsequente de estagnação, a reserva bancária aumentasse já mais rapidamente em virtude da massa acrescida de moeda de ouro, repelida pela circulação interna e imobilizada. Por fim, desde as novas descobertas de ouro, aumentou o consumo de metal precioso para artigos de luxo, em virtude do acréscimo da riqueza.

Segundo. Entre os países que não produzem ouro e prata, o metal precioso flui constantemente para fora e para dentro; o mesmo país o importa incessantemente e o exporta também incessantemente. É apenas a predominância do movimento num sentido ou noutro que decide se há por fim drenagem ou afluxo, pois os movimentos meramente oscilatórios e muitas vezes paralelos neutralizam-se em grande parte. Mas, em vista desse resultado, deixa-se de perceber a constância e o curso geralmente paralelo de ambos os movimentos. Concebe-se sempre a coisa como se a importação a mais ou a exportação a mais de metal precioso fosse apenas efeito e expressão da proporção entre importação e exportação de mercadorias, enquanto ela, ao mesmo tempo, é expressão da relação entre importação e exportação do próprio metal precioso, independentes do comércio de mercadorias.

Terceiro. A predominância da importação sobre a exportação, e vice-versa, mede-se no todo, no acréscimo ou no decréscimo da reserva metálica nos bancos centrais. Até que ponto esse indicador é mais ou menos exato depende naturalmente, antes de mais nada, do grau em que o sistema bancário está centralizado no todo. Pois disso depende em que medida o metal precioso armazenado no assim chamado banco nacional representa em geral a reserva metálica nacional. Mas, supondo-se que esse seja o caso, o indicador não é exato, porque em certas circunstâncias a importação adicional é absorvida pela circulação interna e pelo emprego de luxo crescente de ouro e prata; além disso, porém, porque, sem importação adicional, poderia ocorrer retirada de moeda de ouro para a circulação interna, diminuindo assim a reserva metálica, sem haver acréscimo simultâneo da exportação.

Quarto. Uma exportação de metal assume a configuração de drenagem (*drain*) quando o movimento de decréscimo perdura por mais tempo, de modo que o decréscimo se apresenta como tendência do movimento e deprime a reserva metálica do banco consideravelmente abaixo de seu nível médio, até o mínimo médio dessa reserva. Este último é fixado de maneira mais ou menos arbitrária, pois é determinado pela legislação relativa à cobertura do pagamento em espécie das notas etc. em cada caso de modo diferente. Sobre os limites quantitativos que tal drenagem pode atingir na Inglaterra, diz Newmarch perante a comissão B. A. 1857, Dep[oimento] n. 1494:

> Julgando pela experiência, é muito pouco provável que a drenagem de metal, em consequência de qualquer flutuação no comércio exterior, ultrapasse 3 ou 4 milhões de libras esterlinas.

Em 1847, o nível mais baixo da reserva de ouro do Banco da Inglaterra, em 23 de outubro, comparado com o nível de 26 de dezembro de 1846, apresentou um decréscimo de 5 198 156 libras esterlinas e, comparado com o nível mais alto de 1846 (29 de agosto), um decréscimo de 6 453 748 libras esterlinas.

Quinto. A determinação da reserva metálica do assim chamado banco nacional, uma determinação que de modo algum regula sozinha a grandeza dessa reserva, pois ela pode crescer pela mera paralisação dos negócios internos e externos, é tríplice: 1) fundo de reserva para pagamentos internacionais, numa palavra, fundo de reserva de dinheiro mundial; 2) fundo de reserva para a circulação metálica interna, que ora se expande, ora se contrai; 3) algo que está ligado à função bancária e nada tem a ver com as funções do dinheiro como mero dinheiro: fundo de reserva para pagamentos de depósitos e para conversibilidade de notas. A reserva pode também ser afetada, portanto, por condições que atingem cada uma dessas três funções; como fundo internacional, pelo balanço de pagamentos, quaisquer que sejam as causas que o determinem e qualquer que seja sua relação com a balança comercial; como fundo de reserva da circulação metálica interna, pela sua expansão ou contração. A terceira função, a de fundo de garantia, não determina, é verdade, o movimento autônomo da reserva metálica, mas tem duplo efeito. Se são emitidas notas que substituem o dinheiro metálico (portanto, também moedas de prata em países onde a prata é a medida de valor) na circulação interna, elimina-se a função sob 2 do fundo de reserva. E uma parte do metal precioso, que servia para isso, emigra permanentemente ao exterior. Nesse caso, não ocorre retirada de moeda metálica para a circulação interna e, com isso, é eliminado, ao mesmo tempo, o reforço temporário da reserva metálica mediante a imobilização de uma parte do metal amoedado circulante. Além disso: se um mínimo da reserva metálica para o pagamento de depósitos e a conversibilidade de notas tem de ser mantido sob todas as circunstâncias, então isso afeta de forma específica os efeitos de um fluxo de ouro para fora ou para dentro; ele atua sobre a parte de reserva, que o banco sob todas as circunstâncias é obrigado a manter, ou sobre aquela de que, noutra ocasião, ele procura se desfazer, por inútil. Com circulação puramente metálica e sistema bancário concentrado, o banco teria também de considerar sua reserva metálica como garantia para o pagamento de seus depósitos e, com uma drenagem de metal, poderá ocorrer o mesmo pânico que em 1857, em Hamburgo.

Sexto. Com exceção talvez de 1837, a verdadeira crise sempre rebentava apenas após a mudança das taxas de câmbio, isto é, tão logo a importação de metal precioso voltava a predominar sobre a exportação.

Em 1825, sobreveio o verdadeiro colapso, depois que a drenagem de ouro cessou. Em 1839, ocorreu drenagem de ouro sem que o colapso viesse. Em 1847, a drenagem de ouro cessou em abril, e o colapso veio em outubro. Em 1857, a drenagem de ouro ao exterior tinha cessado desde o começo de novembro, e só mais tarde naquele mês veio o colapso.

Com nitidez incomum isso se apresenta na crise de 1847, em que a drenagem de ouro já havia cessado em abril, depois de ter provocado uma crise preliminar relativamente benigna, e só em outubro rebentou a verdadeira crise dos negócios.

Os seguintes depoimentos foram prestados perante o Secret Committee of the House of Lords on Commercial Distress, em 1848; os depoimentos (*evidence*) foram impressos somente em 1857 (citados também como C. D., 1848-57).

Depoimento de Tooke:

> "Em abril de 1847, surgiu um aperto, que a rigor equivalia a um pânico, mas de duração comparativamente curta e não acompanhado por falências comerciais de alguma importância. Em outubro, o aperto foi bem mais intenso do que qualquer momento em abril, ocorrendo número quase inaudito de bancarrotas comerciais". (2 996) – "Em abril, as taxas de câmbio, sobretudo com a América, nos compeliram a exportar quantidade considerável de ouro, para pagar um volume extraordinariamente grande de importações; só com um esforço extremamente violento conseguiu o Banco paralisar a drenagem de ouro e elevar o câmbio." (2 997) – "Em outubro, as taxas de câmbio eram favoráveis à Inglaterra." (2 998) – "A reviravolta nas taxas de câmbio começou na terceira semana de abril." (3 000) – "Elas flutuaram em julho e agosto; desde o começo de agosto, eram sempre favoráveis à Inglaterra." (3 001) – "A drenagem de ouro em agosto decorreu da demanda por circulação interna." [3 003]

J. Morris, presidente do Banco da Inglaterra: Embora as taxas de câmbio tenham, desde agosto de 1847, se mostrado favoráveis à Inglaterra, tendo havido por isso importação de ouro, mesmo assim diminuiu a reserva metálica do Banco.

> "2 200 000 libras esterlinas saíram pelo país em virtude da demanda interna." (137) – Isso se explica, por um lado, pela ocupação acrescida de trabalhadores nas construções ferroviárias e, por outro, "pelo desejo dos banqueiros de possuir em épocas de crise uma reserva própria de ouro." (147)

Palmer, ex-presidente e desde 1811 diretor do Banco da Inglaterra:

> 684. "Durante todo o período, de meados de abril de 1847 até o dia da suspensão da lei bancária de 1844, a taxa de câmbio era favorável à Inglaterra."

A drenagem de metal, que em abril de 1847 provocou um pânico monetário autônomo, nesse caso como em todos, é apenas precursora da crise e já se inverteu antes que esta rebentasse. Em 1839, com forte pressão dos negócios, houve drenagem muito forte de metal – por cereais etc. –, mas sem crise e pânico monetário.

Sétimo. Tão logo as crises gerais se tenham extinguido, o ouro e a prata voltam a repartir-se – abstraindo o afluxo de novo metal precioso dos países produtores – nas mesmas proporções em que existiam como tesouro particular dos diversos países no estado de seu equilíbrio. Mantendo-se constantes as demais circunstâncias, a sua grandeza relativa será determinada em cada país pelo papel deste no mercado mundial. O metal precioso flui do país que dele tem mais que a porção normal para outro país; esses movimentos de entrada e saída apenas restabelecem sua distribuição originária entre os diversos tesouros nacionais. Essa redistribuição é mediada, entretanto, pelo efeito de várias circunstâncias que serão mencionadas no exame das taxas de câmbio. Uma vez restabelecida a distribuição normal e ultrapassado esse ponto, há primeiro crescimento e em seguida novamente drenagem. {Essa última frase se aplica evidentemente apenas à Inglaterra, como centro do mercado mundial de dinheiro. – F. E.}

Oitavo. As drenagens de metais são, na maioria das vezes, sintoma de uma mudança na situação do comércio exterior, e essa mudança, por sua vez, é um presságio de que as condições amadurecem de novo para uma crise.[15]

Nono. O balanço de pagamento pode ser favorável à Ásia e desfavorável à Europa e à América.[16]

A importação de metal precioso ocorre sobretudo em dois momentos. Por um lado, na primeira fase de taxa de juros baixa que segue à crise e expressa a redução da produção; e depois, na segunda fase, em que a taxa de juros sobe, mas não atingiu ainda seu nível médio. Essa é a fase em que os retornos se operam facilmente, o crédito comercial é grande e, por isso, a demanda por capital de empréstimo não cresce proporcionalmente à expansão da produção. Em ambas as fases, em que capital de empréstimo é relativamente abundante, o afluxo excedente de capital, que existe na forma de ouro e prata, portanto numa forma em que só pode funcionar, antes de mais nada, como capital de empréstimo, deve influir consideravelmente sobre a taxa de juros e, assim, sobre a tônica de todos os negócios.

Por outro lado: drenagem, grande exportação contínua de metal precioso surge tão logo as receitas não fluam mais, os mercados estejam saturados e a prosperidade aparente só se mantenha por meio do crédito; tão logo, portanto, já haja uma demanda muito acrescida por capital de empréstimo e, por isso, a taxa de juros já tenha atingido pelo menos seu nível médio. Nessas condições, que se refletem justamente na drenagem de metal precioso, reforça-se consideravelmente o efeito da retirada contínua de capital numa forma em que existe diretamente como capital monetário emprestável. Isso deve influir diretamente sobre a taxa de juros. Mas a alta da taxa de juros, em vez de restringir as operações de crédito, amplia-as e leva à superutilização de todos os seus recursos. Esse período precede, por isso, o colapso.

Pergunta-se a Newmarch (B. A., 1857):

> 1520. "O montante das letras em circulação aumenta, pois, com a taxa de juros? – Assim parece." – 1522. "Em épocas tranquilas, normais, o livro-razão é o verdadeiro instrumento do intercâmbio; mas, quando surgem dificuldades, quando, por exemplo, em circunstâncias como as que mencionei, a taxa de desconto do Banco é elevada [...], então as transações se reduzem naturalmente à emissão de letras; essas letras não apenas são mais adequadas, como prova legal do negócio concluído, mas também se prestam melhor à finalidade de fazer novas compras e, acima de tudo, são convenientes como meio de crédito para obter capital."

Acresce que, tão logo o Banco, em circunstâncias algo ameaçadoras, eleva a taxa de desconto – com o que ao mesmo tempo se dá a probabilidade de o Banco submeter a uma restrição o prazo das letras a serem descontadas por ele –, surge o receio de que as coisas prossigam num crescendo. Cada um, e em primeiro lugar o aproveitador do crédito, procura portanto descontar o futuro e ter à sua disposição, em dado momento, tantos meios de crédito quanto lhe for possível. As razões que acabam de ser expostas resultam, portanto, de que a mera quantidade do metal precioso, seja do importado, seja do exportado, não atua como tal, mas atua, primeiro, pelo caráter específico do metal precioso como capital em forma-dinheiro e, segundo, como a pena que, acrescentada à carga no prato da balança, basta para fazer o prato oscilante descer definitivamente para um lado; atua por intervir em circunstâncias em que qualquer excesso numa ou noutra direção é decisivo. Sem essas razões, seria totalmente incompreensível que uma saída de ouro de, digamos, 5-8 milhões de libras esterlinas, e esse é o máximo até agora verificado, pudesse exercer qualquer efeito significativo; essa quantia ínfima a mais ou a menos de capital, a qual aparece como algo insignificante mesmo em face dos 70 milhões de libras esterlinas em ouro que em média circulam na Inglaterra, constitui, na realidade, numa produção com o volume da inglesa, uma grandeza evanescente.[17] Mas é precisamente o desenvolvimento do sistema de crédito e bancário que, por um lado, tende a forçar todo o capital monetário ao serviço da produção (ou, o que dá no mesmo, a transformar toda a receita monetária em capital) e que, por outro lado, em certa fase do ciclo, reduz a reserva metálica a um mínimo em que não pode mais exercer as funções que lhe cabem – é esse sistema de crédito e bancário desenvolvido que gera essa hipersensibilidade de todo o organismo. Em níveis menos desenvolvidos da produção, a contração ou expansão do tesouro, comparadas com seu nível médio, são algo relativamente indiferente. Do mesmo modo, até uma drenagem muito considerável de ouro tem relativamente pouco efeito, desde que não suceda no período crítico do ciclo industrial.

Na explicação dada abstraem-se os casos em que a drenagem de metal ocorre em consequência de más colheitas etc. Aí a forte e repentina perturbação do equilíbrio da produção, cuja expressão é a drenagem, torna desnecessária qualquer explicação adicional sobre o seu efeito. Esse efeito é tanto maior quanto mais tal perturbação suceda num período em que a produção funcione sob alta pressão.

Mostramos ainda a função da reserva metálica como garantia da conversibilidade das cédulas bancárias e como eixo de todo o sistema de crédito. O banco central é o eixo do sistema de crédito. E a reserva metálica é, por sua vez, o eixo do banco.[18] A transformação do sistema de crédito em sistema monetário é necessária, como já expus no Livro 1, capítulo 3, ao tratar do meio de pagamento. Que os maiores sacrifícios de riqueza real são necessários para manter nos momentos críticos a base metálica é admitido por Tooke tanto quanto por Loyd-Overstone. A controvérsia gira somente em torno de um mais ou menos e em torno do tratamento mais ou menos racional do inevitável.[19] Certo *quantum* de metal, insignificante em comparação com a produção total, é reconhecido como eixo do sistema. Daí abstraída a exemplificação horripilante desse seu caráter como eixo nas crises, o belo dualismo teórico. Enquanto trata *ex professo* "do capital", a Economia esclarecida olha o ouro e a prata com o maior desprezo, como sendo, na realidade, a forma mais indiferente e mais inútil do capital. Tão logo ela trata do sistema bancário, tudo isso se inverte, e o ouro e a prata tornam-se o capital *par excellence*, para cuja conservação devem ser sacrificadas todas as demais formas de capital e trabalho. Mas por meio de que se distinguem o ouro e a prata das outras configurações da riqueza? Não é pela grandeza do valor, pois esta é determinada pela quantidade do trabalho neles objetivado, e sim como encarnações autônomas, expressões do caráter *social* da riqueza. {A riqueza da sociedade existe apenas como riqueza de indivíduos, que são seus proprietários particulares. Ela só se afirma como riqueza social pela circunstância de esses indivíduos, para satisfazer suas necessidades, intercambiarem entre si os valores de uso qualitativamente diversos. Na produção capitalista, só podem fazer isso por intermédio do dinheiro. Assim, só por intermédio do dinheiro realiza-se a riqueza do indivíduo como riqueza social; no dinheiro, nessa coisa, corporifica-se a natureza social dessa riqueza. – F. E.} Essa sua existência social aparece, pois, como algo do além, como coisa, objeto, mercadoria, ao lado e à margem dos elementos reais da riqueza social. Enquanto a produção flui, isso é esquecido. O crédito, como forma igualmente social da riqueza, expulsa o dinheiro e usurpa seu lugar. É a confiança no caráter social da produção que faz com que a forma-dinheiro dos produtos apareça como algo evanescente e ideal, como mera representação. Mas, tão logo o crédito é abalado – e essa fase sobrevém sempre, necessariamente, no ciclo da indústria moderna –, pretende-se que toda a riqueza real seja efetiva e subitamente transformada em dinheiro, em ouro e prata, uma existência louca, mas que necessariamente emana do próprio sistema. E todo o ouro e prata que devem bastar para essas exigências imensas limita-se a alguns poucos milhões nos porões do Banco.[20] Nos efeitos da drenagem de ouro se destaca, portanto, de modo contundente, a circunstância de que a produção como produção social não está submetida realmente ao controle social, na forma de que a forma social da riqueza existe como uma *coisa* fora dela. O sistema capitalista tem isso de fato em comum com sistemas anteriores de produção, na medida em que se baseiam no comércio de mercadorias e no intercâmbio privado. Mas só nele aparece na forma mais contundente e mais grotesca de contradição e do contrassenso absurdos, porque 1) no sistema capitalista a produção que visa ao valor direto de uso para o consumo dos próprios produtores é superada do modo mais completo, existindo a riqueza, portanto, apenas como processo social, que se expressa como entrelaçamento de produção e circulação; 2) porque, com o desenvolvimento do sistema de crédito, a produção capitalista procura constantemente superar essa barreira metálica, esse limite ao mesmo tempo material e fantástico da riqueza e de seu movimento, mas acaba sempre quebrando a cabeça contra esse obstáculo.

Na crise surge a exigência de que todas as letras, papéis de crédito e mercadorias sejam conversíveis, de uma vez e simultaneamente em dinheiro bancário, e todo esse dinheiro novamente em ouro.

II. A TAXA DE CÂMBIO

{O barômetro do movimento internacional dos metais monetários é reconhecidamente a taxa de câmbio. Se a Inglaterra tem mais pagamentos a fazer à Alemanha do que a Alemanha à Inglaterra, então em Londres o preço do marco, expresso em libras esterlinas, sobe, caindo em Hamburgo e Berlim o preço da libra esterlina, expresso em marco. Se essa preponderância de obrigações de pagamento da Inglaterra à Alemanha não for reequilibrada novamente, por exemplo mediante compras maiores da Alemanha na Inglaterra, então o preço da libra esterlina para câmbio em marcos sobre a Alemanha tem de subir a ponto de valer a pena enviar metal – moedas ou barras de ouro – como pagamento da Inglaterra para a Alemanha, e não títulos cambiais. Esse é o decorrer típico das coisas.

Se essa exportação de metais preciosos aumenta em volume e em duração, a reserva bancária inglesa será atingida e o mercado monetário inglês, à frente o Banco da Inglaterra, terá de adotar medidas protetoras. Estas consistem essencialmente, conforme já vimos, em elevar a taxa de juros. Com a saída significativa de ouro, o mercado monetário fica, em regra, apertado, isto é, a demanda por capital de empréstimo em forma-dinheiro predomina consideravelmente sobre a oferta, resultando daí, por si mesma, taxa de juros mais elevada; a taxa de desconto decretada pelo Banco da Inglaterra corresponde à situação real e se impõe ao mercado. Mas também há casos em que a saída de metal decorre de outros fatores que as combinações habituais dos negócios (por exemplo, empréstimos feitos por Estados estrangeiros, investimentos de capital no exterior etc.) e em que a situação do mercado monetário de Londres como tal não justifica, de modo algum, uma elevação eficaz da taxa de juros; o Banco da Inglaterra tem então, por meio de grandes empréstimos no "mercado aberto", primeiro de, como se diz, "tornar o dinheiro raro" a fim de criar assim artificialmente a situação que justifica ou torna necessária a elevação da taxa de juros; uma manobra que se torna ano a ano mais difícil para ele. – F. E.}

Como essa elevação da taxa de juros atua sobre a taxa de câmbio é mostrado nos seguintes depoimentos perante a comissão de legislação bancária da Câmara dos Comuns, em 1857 (citada como B. A. ou B. C., 1857).

John Stuart Mill:

2176. "Quando os negócios se tornam difíceis [...] ocorre uma queda considerável no preço dos papéis de crédito [...] estrangeiros mandam comprar aqui na Inglaterra ações ferroviárias, ou proprietários ingleses de ações ferroviárias estrangeiras vendem-nas no exterior [...] evita-se nessa proporção a transferência de ouro". – 2182. "Uma grande e rica classe de banqueiros e comerciantes em papéis de crédito, por meio da qual costuma efetuar-se a equalização da taxa de juros e a equalização da pressão comercial (*pressure*) entre os diversos países [...], está sempre à espreita para comprar papéis de crédito, que prometem elevação de preço [...] para eles, o lugar adequado para efetuar compras será o país que está enviando ouro para o exterior." – 2183. "Esses investimentos de capital ocorreram em escala considerável, em 1847, sendo suficientes para diminuir a drenagem de ouro."

J. G. Hubbard, ex-presidente e, desde 1838, membro da direção do Banco da Inglaterra:

2545. "Há grandes quantidades de papéis de crédito europeus [...] que têm uma circulação europeia em todos os diversos mercados monetários, e esses papéis, tão logo caiam num desses mercados de 1 ou 2%, são imediatamente comprados para remessa aos mercados onde seu valor ainda se manteve". – 2565. "Países estrangeiros não devem somas consideráveis aos comerciantes da Inglaterra? – [...] Muito consideráveis." – 2566. "A cobrança dessas dívidas bastaria, pois, sozinha, para explicar uma acumulação bem grande de capital na Inglaterra? – No ano de 1847, restabelecemos finalmente nossa posição, ao efetuarmos o cancelamento de tantos e tantos milhões que a América e a Rússia deviam à Inglaterra."

{A Inglaterra devia justamente aos mesmos países "tantos e tantos milhões" por compra de cereais e não deixou escapar a oportunidade de "cancelá-los" também, em grande parte, por meio da bancarrota dos devedores ingleses. Ver o relatório sobre as leis bancárias de 1857, capítulo 30 deste livro.}[I]

2572. "Em 1847, o câmbio entre a Inglaterra e São Petersburgo era muito alto. Quando foi promulgada a carta do governo que autorizou o banco a emitir cédulas bancárias sem se ater ao limite prescrito de 14 milhões" {acima da reserva de ouro} "foi imposta a condição de que o desconto deveria ser mantido em 8%. Naquele momento e com aquela taxa de desconto, era um negócio lucrativo enviar ouro de São Petersburgo para Londres e, quando chegasse, emprestá-lo a 8% até o vencimento das letras de três meses, sacadas contra o ouro vendido." – 2573. "Em todas as operações com ouro há muitos pontos a tomar em consideração; importam a taxa de câmbio e a taxa de juros, na qual se pode investir o dinheiro até o vencimento da letra" {sacada contra o ouro}.

I Ver, neste volume, p. 477. [N. E. B.]

A taxa de câmbio com a Ásia

Os seguintes pontos são importantes, em primeiro lugar, porque mostram como a Inglaterra, quando a taxa de câmbio com a Ásia lhe é desfavorável, tem necessariamente de socorrer-se em outros países, cujas importações da Ásia são pagas por intermediação inglesa. Em segundo lugar, porém, porque o Sr. Wilson faz de novo aí a tola tentativa de identificar os efeitos da exportação de metal precioso sobre as taxas de câmbio com os efeitos duma exportação de capital em geral sobre esse câmbio; ambos, no caso, em que se trata de exportação, não enquanto meios de pagamentos e de compra, mas para investimento de capital. Antes de mais nada é evidente que, se tantos e tantos milhões de libras esterlinas em metais preciosos ou em trilhos de ferro são enviados à Índia para serem investidos lá em ferrovias, ambos constituem apenas formas diferentes de transferir o mesmo montante de capital de um país para outro; e precisamente uma transferência que não entra na contabilidade dos negócios mercantis comuns e pela qual o país exportador não espera outro refluxo além da futura *revenue* anual oriunda das receitas dessas ferrovias. Se essa exportação se efetua sob a forma de metal precioso, ela terá, por ser de metal precioso e, dessa forma, capital monetário imediatamente emprestável e base de todo o sistema monetário, influência direta não em todas as circunstâncias necessariamente, mas naquelas acima desenvolvidas, sobre o mercado de dinheiro e, portanto, sobre a taxa de juros do país que exporta esse metal precioso. Do mesmo modo, influi diretamente sobre a taxa de câmbio. É que só se envia metal precioso porque e na medida em que as letras, por exemplo, sobre a Índia, que são oferecidas no mercado monetário de Londres, não bastam para fazer essas remessas extras. Há, portanto, uma demanda por letras sobre a Índia que ultrapassa a oferta, e assim o câmbio se torna momentaneamente desfavorável à Inglaterra, não porque ela está endividada com a Índia, mas por ter de mandar para a Índia somas extraordinárias. Em prazo mais longo, tal remessa de metal precioso para a Índia deve levar ao aumento da demanda hindu por mercadorias inglesas, porque ela aumenta indiretamente a capacidade de consumo de mercadorias europeias por parte da Índia. Se, ao contrário, o capital é enviado sob a forma de trilhos etc., não pode ter influência alguma sobre a taxa de câmbio, pois a Índia não tem de pagar por essas mercadorias. Justamente por isso não tem de ter influência sobre o mercado monetário. Wilson procura provar tal influência pela circunstância de que tal gasto extra provocaria uma demanda extra por acomodação monetária e, assim, influiria sobre a taxa de juros. Esse pode ser o caso; mas afirmar que tem de ocorrer em todas as circunstâncias é totalmente errôneo. Para onde quer que os trilhos sejam enviados e fixados, se em solo inglês ou hindu, nada mais representam que determinada expansão da produção inglesa em determinada esfera. Afirmar que não pode haver expansão da produção, inclusive em limites muito amplos, sem provocar elevação da taxa de juros é tolice. Pode aumentar a acomodação monetária, isto é, a soma dos negócios em que entram operações de créditos; mas essas operações podem crescer com a dada taxa de juros constante. Esse foi realmente o caso durante a mania ferroviária na Inglaterra nos anos [18]40. A taxa de juros não subiu. E é evidente que, à medida que se considera capital real, isto é, nesse caso, mercadorias, o efeito sobre o mercado monetário é inteiramente o mesmo, sejam essas mercadorias destinadas ao exterior ou ao consumo interno. Só poderia fazer diferença se os investimentos de capital da Inglaterra no exterior exercessem influência restritiva sobre sua exportação comercial – a exportação que tem de ser paga, trazendo, portanto, um refluxo – ou à medida que esses investimentos de capital constituíssem em geral sintoma de superexpansão do crédito e início de operações fraudulentas.

No que segue, Wilson pergunta e Newmarch responde.

> 1786. "O senhor disse antes, com referência à demanda por prata destinada à Ásia Oriental, que, em sua opinião, a taxa de câmbio com a Índia seria favorável à Inglaterra, apesar dos envios contínuos de consideráveis tesouros metálicos para a Ásia Oriental; o senhor tem motivos para isso? – Certamente [...]. Acho que o valor real das exportações do Reino Unido para a Índia, em 1851, importava em 7420000 libras esterlinas; há a acrescentar aí o montante das letras da India House, isto é, dos fundos que a Companhia das Índias Orientais saca da Índia para suas próprias despesas. Esses saques montavam, naquele ano, a 3200000 libras esterlinas; de modo que a exportação total do Reino Unido para a Índia importava em 10620000 libras esterlinas. Em 1855 [...] o valor real das exportações de mercadorias tinha subido para 10350000 libras esterlinas; os saques da India House atingiram 3700000 libras esterlinas; a exportação total, portanto, foi de 14050000 libras esterlinas. Quanto a 1851, creio que não dispomos de meios de averiguar o valor real das importações de mercadorias da Índia para a Inglaterra; mas existem para 1854 e 1855. Em 1855, o valor total real das importações de mercadorias da Índia para a Inglaterra era de 12670000 libras esterlinas, e essa soma, comparada com as 14050000 libras esterlinas, deixa um saldo a favor da Inglaterra, no comércio direto entre ambos os países, de 1380000 libras esterlinas."

Em seguida, Wilson observa que a taxa de câmbio é também atingida pelo comércio indireto. Assim, por exemplo, as exportações da Índia para a Austrália e a América do Norte são cobertas por saques sobre Londres e, por isso, atuam sobre a taxa de câmbio exatamente como se as mercadorias fossem enviadas diretamente da Índia para a Inglaterra. Além disso, consideradas a Índia e a China em conjunto, então o balanço seria desfavorável à Inglaterra, uma vez que a China tem continuamente de fazer pagamentos consideráveis à Índia, pela compra de ópio, e a Inglaterra tem de fazer pagamentos à China, e por esse rodeio os montantes vão à Índia (1787, 1788).

1791. Wilson pergunta se o efeito sobre a taxa de câmbio não será o mesmo, caso o capital "saia na forma de trilhos de ferro e locomotivas ou na forma de dinheiro metálico". Newmarch responde com pleno acerto: os 12 milhões de libras esterlinas, enviados nos últimos anos à Índia para a construção de ferrovias, serviram para adquirir uma renda anual, que a Índia tem de pagar à Inglaterra em prazos regulares.

> No que se refere ao efeito imediato sobre o mercado de metal precioso, o investimento dos 12 milhões de libras esterlinas só pôde exercê-lo na medida em que foi necessário expedir metal para investimento real em dinheiro.
>
> 1797. (Weguelin pergunta:) "Se não sucede refluxo por esse ferro" (os trilhos), "como se pode dizer que ele influi sobre a taxa de câmbio? – Não acredito que a parte do desembolso, que é enviada para fora na forma de mercadorias, afete o nível da taxa de câmbio [...] o nível do câmbio entre dois países é afetado, pode-se dizer, exclusivamente pela quantidade das obrigações ou letras que são oferecidas num país, comparada com a quantidade que é oferecida no outro país, em troca; essa é a teoria racional da taxa de câmbio. No que tange à remessa dos 12 milhões, esses 12 milhões foram em primeiro lugar subscritos aqui; se o negócio fosse de natureza que todos os 12 milhões se depositassem em dinheiro metálico em Calcutá, Bombaim [Mumbai] e Madras [Chenai] [...] essa súbita demanda atuaria de maneira violenta sobre o preço da prata e sobre a taxa de câmbio, como aconteceria se a Companhia das Índias Orientais anunciasse amanhã o aumento do montante de seus saques de 3 para 12 milhões. Mas a metade desses 12 milhões é desembolsada [...] na compra de mercadorias na Inglaterra [...] trilhos de ferro, madeira e outros materiais [...] é um desembolso de capital inglês na própria Inglaterra, para determinada espécie de mercadorias que são enviadas para a Índia, e aí acaba a coisa." – 1798. (Weguelin:) "Mas a produção dessas mercadorias de ferro e madeira, necessárias às ferrovias, provoca forte consumo de mercadorias estrangeiras, e este poderia afetar a taxa de câmbio, não é verdade? – Certamente."

Em seguida, Wilson opina que o ferro em grande parte representaria trabalho, e o salário pago por esse trabalho representaria em grande parte mercadorias importadas (1799), e prossegue perguntando:

> 1801. "Mas, falando de modo bem geral: se as mercadorias produzidas por intermédio do consumo dessas mercadorias importadas são exportadas em tais condições que não obtemos retorno algum por elas, seja em produtos, seja de outro modo; não teria isso o efeito de fazer o câmbio desfavorável para nós? – Esse princípio é exatamente o que ocorreu na Inglaterra durante a época dos grandes investimentos em ferrovias" {1845}. Durante três, quatro ou cinco anos seguidos, investiram-se em ferrovias 30 milhões de libras esterlinas, e quase tudo em salários. Durante três anos elas mantiveram, na construção de ferrovias, locomotivas, vagões e estações, um maior número de pessoas que em todos os distritos fabris em conjunto. Essas pessoas [...] despendiam seus salários na compra de chá, açúcar, bebidas alcoólicas e outras mercadorias estrangeiras; essas mercadorias tinham de ser importadas; mas é certo que, durante o tempo em que se realizou esse grande dispêndio, não houve perturbação substancial na taxa de câmbio entre a Inglaterra e outros países. Não ocorreu drenagem de metal precioso, mas antes, ao contrário, um afluxo".

1802. Wilson insiste em que, com balanço comercial equilibrado e um câmbio ao par entre a Inglaterra e a Índia, o envio extra de ferro e locomotivas "tem de afetar a taxa de câmbio com a Índia". Newmarch não pode concordar com isso, enquanto os trilhos forem exportados como investimento de capital e a Índia não tenha de pagá-los de uma forma ou outra; ele acrescenta:

> Concordo com o princípio de que nenhum país possa ter, ao longo do tempo, uma taxa de câmbio desfavorável com todos os países com que comercia; uma taxa de câmbio desfavorável com um país produz necessariamente uma taxa favorável com outro.

Wilson retruca-lhe com a trivialidade:

> 1803. "Mas uma transferência de capital não seria a mesma, caso fosse enviada desta ou daquela forma? – Na medida em que se considera a dívida contraída, sim." – 1804. "Se o senhor, portanto, remete metal precioso ou mercadorias, o efeito da construção de ferrovias na Índia sobre o mercado de capital aqui seria, portanto, o mesmo e aumentaria tanto o valor do capital como se toda a remessa fosse feita em metal precioso?"

Se os preços do ferro não subiram, isso em todo caso foi uma prova de que não aumentara o "valor" do "capital" investido em trilhos. É do valor do capital monetário, da taxa de juros, que se trata. Wilson quer identificar o capital monetário com o capital em geral. O fato simples é, primeiro, que na Inglaterra subscreveram-se 12 milhões para ferrovias indianas. Essa é uma coisa que nada tem a ver diretamente com a taxa de câmbio, e a destinação dos 12 milhões é, para o mercado monetário, igualmente indiferente. Se o mercado monetário está em situação favorável, essa subscrição não precisa produzir efeito algum, assim como as subscrições das ferrovias inglesas em 1844 e 1845 não atingiram o mercado monetário. Se o mercado monetário já está em alguma medida apertado, a taxa de juros poderia em todo caso ser atingida por elas, mas apenas no sentido de uma alta, e isso, segundo a teoria de Wilson, deveria influenciar favoravelmente o câmbio para a Inglaterra, isto é, refrear a tendência à exportação de metal precioso; se não para a Índia, pelo menos para outros lugares. O Sr. Wilson pula de uma coisa para outra. Na pergunta 1802, a taxa de câmbio deveria ser afetada; na de n. 1804, deveria ser o "valor do capital", duas coisas bastante diversas. A taxa de juros pode atuar sobre a taxa de câmbio, e o câmbio pode atuar sobre a taxa de juros, mas, com câmbio variável, a taxa de juros pode ser constante, e com taxa variável de juros o câmbio pode ser constante. Não entra na cabeça de Wilson que, na remessa de capital para o exterior, a mera forma em que é remetido faça tal diferença no efeito que produz, isto é, que a diferença de forma do capital tenha essa importância, sobretudo quando se trata de sua forma-dinheiro, o que contradiz muito a Economia esclarecida. Newmarch responde a Wilson de maneira unilateral, pois não lhe chama a atenção por ter pulado de repente e sem razão da taxa de câmbio para a taxa de juros. Newmarch responde àquela pergunta 1804 de maneira incerta e hesitante:

> "Sem dúvida, se é preciso levantar 12 milhões, é secundário, quando se considera a taxa geral de juros, se esses 12 milhões são remetidos em metal precioso ou materiais. Creio, entretanto" (bela transição, essa palavra entretanto, para agora dizer diretamente o contrário), "que isso não é inteiramente secundário" (é secundário, porém, entretanto, não é secundário), "porque, num caso, os 6 milhões de libras esterlinas refluiriam imediatamente; no outro caso, não refluiriam com tanta rapidez. Por isso, faria alguma" (que precisão!) "diferença se os 6 milhões fossem desembolsados aqui no país ou enviados, em sua totalidade, ao exterior".

Isso quer dizer que os 6 milhões refluiriam imediatamente? À medida que os 6 milhões de libras esterlinas são desembolsados na Inglaterra, existem na forma de trilhos, locomotivas etc., que são enviados para a Índia, de onde não voltam, e seu valor só retorna por meio de amortização, portanto, muito lentamente, enquanto os 6 milhões em metal precioso talvez retornem muito rapidamente *in natura*. Na medida em que os 6 milhões são despendidos em salários, foram consumidos; mas o dinheiro em que foram adiantados circula no país, depois como antes, ou constitui reserva. O mesmo vale para os lucros dos fabricantes de trilhos e para parte dos 6 milhões que repõe seu capital constante. Newmarch só emprega, portanto, a frase ambígua sobre o retorno para não dizer diretamente: O dinheiro ficou no país e, na medida em que funciona como capital monetário emprestável, a diferença para o mercado monetário (abstraindo da possibilidade de que a circulação possa ter engolido mais dinheiro metálico) consiste apenas em que ele é desembolsado por conta de A em vez de B. Investimento dessa espécie, em que o capital é transferido para países estrangeiros em mercadorias, e não em metal precioso, só pode atuar sobre a taxa de câmbio (a saber, não com o país em que é investido) na medida em que a produção dessas mercadorias exportadas exige importações extras de outras mercadorias estrangeiras. A produção não se destina então a liquidar essas importações extras. O mesmo ocorre, porém, em toda exportação a crédito, sendo indiferente se é como investimento de capital ou como operação comercial comum. Além disso, essa importação extra pode provocar, por repercussão, demanda extra por mercadorias inglesas, da parte, por exemplo, das colônias ou dos Estados Unidos.

Antes [n. 1786] Newmarch dissera que, em virtude dos saques da Companhia das Índias Orientais, as exportações da Inglaterra para a Índia seriam maiores que as importações. Sir Charles Wood o reinquire acerca desse ponto. Esse excedente das exportações inglesas para a Índia sobre as importações da Índia é, de fato, realizado mediante uma importação da Índia pela qual a Inglaterra não paga nenhum equivalente: os saques da Companhia das Índias Orientais (hoje do governo das Índias Orientais) se reduzem a um tributo imposto à Índia. Em 1855, por exemplo, as importações da Inglaterra oriundas da Índia foram de 12 670 000 libras esterlinas; as exportações inglesas à Índia foram de 10 350 000 libras esterlinas; saldo a favor da Índia, 2 250 000 libras esterlinas.

> "Se a situação se esgotasse nisso, essas 2 250 000 libras esterlinas teriam de ser remetidas, de alguma forma, para a Índia. Mas então surgem as exigências da India House. A India House anuncia que está em condições de emitir saques sobre as diversas presidências indianas, no montante de 3 250 000 libras esterlinas." (Esse montante foi coletado para as despesas londrinas da Companhia das Índias Orientais e para os dividendos a serem pagos aos acionistas.) "E isso não apenas liquida o saldo de 2 250 000 libras esterlinas, surgido por via do comércio, mas proporciona ainda um excedente de um milhão." (1917)

1922. (Wood:) "Então, o efeito desses saques da India House não é o de aumentar as exportações para a Índia, mas sim de reduzi-las *pro tanto*?"

(Deveria dizer, de reduzir a necessidade de cobrir as importações da Índia com exportações para lá, no mesmo montante.) O Sr. Newmarch explica isso pelo fato de os ingleses, em troca dessas 3700000 libras esterlinas, importarem "bom governo" para a Índia (1925). Com acerto e ironia, Wood, que como ministro para a Índia conhecia muito bem a espécie de "bom governo" importada pelos ingleses, diz (1926):

> Então, a exportação que, conforme o senhor diz, é causada pelos saques da India House é uma exportação de bom governo, e não de mercadorias.

Uma vez que a Inglaterra exporta muito "desse modo", como "bom governo" e investimentos de capital em países estrangeiros – recebendo, portanto, importações que são completamente independentes da marcha normal dos negócios, tributos em parte por "bom governo" exportado, em parte como *revenue* do capital investido nas colônias e em outros lugares, tributos pelos quais não precisa pagar equivalente –, então é claro que a taxa de câmbio não é afetada se a Inglaterra simplesmente consome esses tributos, sem nenhuma exportação em troca; é claro também que o câmbio não será afetado se se voltar a investir esses tributos não na Inglaterra, mas, produtiva ou improdutivamente, no exterior; quando se enviam, por exemplo, munições em troca à Crimeia. Além disso, na medida em que as importações do exterior entram na *revenue* da Inglaterra – é mister, naturalmente, que sejam pagas, ou como tributo, quando não há necessidade de um equivalente, ou mediante intercâmbio contra esses tributos não pagos, ou na marcha normal do comércio –, a Inglaterra pode consumi-las ou voltar a investi-las como capital. Nem um nem outro atingem a taxa de câmbio, e isso o sábio Wilson deixa de ver. Se é produto nacional ou estrangeiro que constitui uma parte da *revenue*, em que o último caso só pressupõe intercâmbio de produtos nacionais por estrangeiros – o consumo dessa *revenue*, produtivo ou improdutivo, em nada altera a taxa de câmbio, ainda que influa na escala de produção. De acordo com isso devemos avaliar o seguinte.

1934. Wilson pergunta-lhe como a remessa de suprimentos bélicos para a Crimeia afetaria a taxa de câmbio com a Turquia. Newmarch responde:

> Não vejo como a simples remessa de suprimentos bélicos afetaria necessariamente a taxa de câmbio, mas o envio de metal precioso afetaria o câmbio com certeza.

Distingue aí, portanto, capital na forma-dinheiro de outro capital. Mas Wilson pergunta agora:

> 1935. "Quando o senhor realiza uma exportação em grande escala de um artigo qualquer, para o qual não há uma importação correspondente,"

(o Sr. Wilson esquece que, em relação à Inglaterra, ocorrem importações muito significativas, sem ter jamais havido exportações correspondentes, exceto na forma de "bom governo" ou de capital de investimento anteriormente exportado; em todo caso, importações que não entram no movimento regular do comércio. Mas essas importações serão novamente intercambiadas, por exemplo por produtos americanos, e que os produtos americanos sejam exportados sem haver importações correspondentes em nada altera o fato de que o valor dessas importações pode ser consumido sem um fluxo equivalente para o exterior; foram recebidos sem contrapartida de exportação e, por isso, podem também ser consumidas sem entrar na balança comercial)

> assim o senhor paga a dívida externa que o senhor contraiu pela importação.

(Mas, se o senhor já pagou previamente essa importação, por exemplo mediante o crédito dado ao exterior, não se contrai por ela dívida alguma, e a questão nada tem a ver com a balança internacional; ela se reduz a desembolso produtivo ou improdutivo, não importando se os produtos consumidos são nacionais ou estrangeiros.)

> E, portanto, por meio dessa transação, o senhor afeta a taxa de câmbio, pelo fato de a dívida externa não ser paga, porque sua exportação não tem importação correspondente. – Isso é exato no que se refere aos países em geral.

A exposição de Wilson resulta em que toda exportação sem importação correspondente é, ao mesmo tempo, importação sem exportação correspondente; porque na produção do artigo exportado entram mercadorias estrangeiras, portanto importadas. O pressuposto é que cada exportação desse gênero se baseia numa importação não paga ou a gera – portanto, dívida externa. Isso é falso, mesmo abstraindo das duas circunstâncias de que a Inglaterra 1) tem importações gratuitas, pelas quais não paga um equivalente; por exemplo, parte de suas importações da Índia. Ela pode intercambiá-las por importações americanas, exportando as últimas sem importação em contrapartida; em todo caso, no que se refere ao valor, apenas terá exportado o que nada lhe custou. E 2) pode ter pagado importações, por exemplo americanas, que constituem capital adicional; se ela as consome improdutivamente, por exemplo em munições de guerra, isso não constitui dívida alguma para com a América e não afeta a taxa de câmbio com a América. Newmarch contradiz-se em 1934 e 1935, e Wood chama sua atenção em 1938:

> "Se nenhuma parte das mercadorias empregadas na produção dos artigos que exportamos, sem que haja refluxo" (despesas de guerra), "provém do país para onde são enviados esses artigos, como isso afeta a taxa de câmbio com esse país? Supondo que o comércio com a Turquia esteja em estado normal de equilíbrio; como a taxa de câmbio entre a Inglaterra e a Turquia é afetada pela exportação de suprimentos de guerra para a Crimeia?"

Aí Newmarch perde sua equanimidade; esquece que já respondera acertadamente à mesma pergunta simples no n. 1934 e diz:

> Parece-me que esgotamos o problema prático e chegamos agora a uma região muito sublime de discussão metafísica.

{Wilson tem ainda outra versão de sua afirmação de que a taxa de câmbio é afetada por toda transferência de capital de um país para outro, sem que importe se na forma de metal precioso ou na de mercadorias. Wilson sabe naturalmente que a taxa de câmbio é afetada pela taxa de juros, especialmente pela proporção entre as taxas de juros vigentes nos dois países cuja taxa de câmbio recíproca está em questão. Se puder agora provar que excedente de capital em geral, portanto, antes de mais nada, de mercadorias de toda espécie, inclusive de metal precioso, exerce um efeito codeterminante sobre a taxa de juros, ele já estará um passo mais próximo de seu objetivo; a transferência de uma parte considerável desse capital para outro país modificará, então, a taxa de juros em ambos os países, precisamente em sentido oposto, e, com isso, em segunda instância, também a taxa de câmbio entre ambos os países. – F. E.}

Em 1847, ele diz no *Economist*, então por ele redigido, p. 574:

> "É claro que tal excedente de capital, indicado por grandes estoques de todas as espécies, inclusive de metal precioso, levará necessariamente não apenas à baixa dos preços das mercadorias em geral, mas também à redução da taxa de juros pelo emprego de capital (1). Se temos à mão um estoque de mercadorias suficiente para servir o país nos próximos dois anos, o comando sobre essas mercadorias, por determinado período, é obtido a uma taxa muito mais baixa do que se o estoque mal bastasse para dois meses (2). Todos os empréstimos

> de dinheiro, qualquer que seja sua forma, nada mais são que transferências do comando sobre mercadorias de uma pessoa para outra. Se há mercadorias em abundância, a taxa de juros deve ser baixa, e, se elas são escassas, ela tem de ser alta (3). Quando as mercadorias se tornam abundantes, aumenta o número dos vendedores em relação ao dos compradores e, à medida que a quantidade delas ultrapasse as necessidades do consumo imediato, uma parte cada vez maior tem de ser guardada para utilização futura. Nessas circunstâncias, um possuidor de mercadorias vai vender em piores condições, por pagamento futuro ou a crédito, do que se estivesse certo de que todo o seu estoque seria vendido em poucas semanas" (4).

Quanto à assertiva (1) cabe observar que pode ocorrer forte *afluxo* de metal precioso simultaneamente com *contração* da produção, como sempre acontece no período após as crises. Na fase seguinte pode afluir metal precioso de países que produzem predominantemente metal precioso; a importação das outras mercadorias é geralmente compensada nesse período pela exportação. Nessas duas fases, a taxa de juros é baixa e só sobe lentamente; já vimos por quê. Essa taxa baixa de juros pôde ser explicada, em todos os lugares, sem intervenção de quaisquer "grandes estoques de todas as espécies". E como se efetuaria essa intervenção? O preço baixo do algodão, por exemplo, possibilita grandes lucros aos fiandeiros etc. E por que então a taxa de juros é baixa? Por certo, não por ser alto o lucro que pode ser obtido com capital emprestado. Mas unicamente porque, nas circunstâncias dadas, a demanda por capital de empréstimo não aumenta proporcionalmente a esse lucro; portanto, o capital de empréstimo tem outro movimento que o capital industrial. O que o *Economist* quer provar é justamente o contrário: que seu movimento seria idêntico ao movimento do capital industrial.

Quanto à assertiva (2), se reduzirmos o pressuposto absurdo de um estoque com dois anos de antecedência até que se torne possível dar-lhe sentido, supõe a saturação do mercado de mercadorias. Isso causaria uma queda dos preços. Pagar-se-ia menos por um fardo de algodão. Daí não se segue, de maneira alguma, que o dinheiro para comprar um fardo de algodão poderia ser obtido mais barato. Isso depende da situação no mercado monetário. Se pode ser tomado mais barato é apenas porque o crédito comercial está em tal situação que necessita recorrer menos ao crédito bancário que habitualmente. As mercadorias que saturam o mercado são meios de subsistência ou meios de produção. O preço baixo de ambos aumenta o lucro do capitalista industrial. Por que ele baixaria o juro, a não ser em virtude da antítese, em vez da identidade, entre abundância de capital industrial e demanda de acomodação monetária? As circunstâncias são tais que o comerciante e o industrial podem conceder-se créditos recíprocos com maior facilidade; por causa dessa maior facilidade do crédito comercial, tanto o industrial quanto o comerciante precisam menos do crédito bancário; por isso, a taxa de juros pode ser baixa. Essa taxa baixa de juros nada tem a ver com o afluxo de metal precioso, embora ambos possam correr paralelamente, e tem as mesmas causas que podem produzir os preços baixos dos artigos de importação, assim como o excedente do metal precioso importado. Se o mercado de importação estivesse realmente saturado, isso provaria que a demanda por mercadorias importadas diminuiu, o que seria inexplicável com preços baixos, a não ser como consequência de contração da produção industrial dentro do país; mas isso, por sua vez, seria inexplicável com importações excessivas a preços baixos. Só absurdos para demonstrar que queda dos preços = queda dos juros. Ambos podem ocorrer paralelamente, ao mesmo tempo. Mas então como expressão da antítese dos sentidos, em que se realizam o movimento do capital industrial e o movimento do capital monetário emprestável, e não como expressão de sua identidade.

Quanto à assertiva (3), por que a taxa de juros deve ser baixa quando há excedente de mercadorias, não dá para entender mesmo após essa exposição adicional. Se as mercadorias são baratas, preciso, para comprar determinado *quantum*, digamos de 1 000 libras esterlinas, em vez de 2 000, como antes. Mas é possível também que invista agora 2 000 libras esterlinas e compre com elas o dobro da quantidade anterior de mercadorias, ampliando meu negócio mediante adiantamento do mesmo capital, que talvez tenha de tomar emprestado. Compro agora, como antes, por 2 000 libras esterlinas. Minha demanda no mercado monetário continua, pois, a mesma, ainda que minha demanda no mercado de mercadorias suba com a queda dos preços das mercadorias. Mas, se esta última cair, isto é, se a produção não se ampliar com a queda dos preços das mercadorias, o que contrariaria todas as leis do *Economist*, a demanda de capital monetário emprestável diminuiria, embora o lucro aumentasse; mas esse lucro em aumento criaria demanda por capital de empréstimo. Aliás, o baixo nível dos preços das mercadorias pode provir de três causas. Primeiro de falta de demanda. Nesse caso, a taxa de juros é baixa porque a produção está paralisada, e não porque as mercadorias são baratas, pois essa barateza é apenas expressão daquela paralisação. Ou porque a oferta é excessiva em relação à demanda. Esse pode ser o caso, devido à saturação dos mercados etc., a qual leva à crise, podendo coincidir, durante a própria crise, com alta taxa de juros; ou pode ser o caso porque o valor das mercadorias caiu, de modo que a mesma demanda pode ser satisfeita a preços mais baixos. Mas por que, neste último caso, a taxa de juros deve baixar? Será porque o lucro aumenta? Se fosse porque se precisa de menos capital monetário para obter o mesmo capital produtivo ou capital-mercadoria, isso provaria apenas que lucro e juro se mantêm em razão inversa. Em todo caso, a assertiva geral do *Economist* é falsa. Preços baixos em dinheiro das mercadorias e baixa taxa de juros não estão necessariamente relacionados. Se não fosse assim, nos países mais pobres, nos quais os preços dos produtos são os mais baixos em dinheiro, a taxa de juros também seria a mais baixa, e nos países mais ricos, em que os preços monetários dos produtos agrícolas são os mais altos, a taxa de juros também seria a mais alta. De modo geral, o *Economist* admite: se o valor do dinheiro cai, isso não exerce influência sobre a taxa de juros. 100 libras esterlinas proporcionam, depois como antes, 105 libras esterlinas; se as 100 libras valem menos, acontece o mesmo com as 5 de juros. A proporção não é afetada pelo aumento do valor ou pela depreciação da soma original. Considerado como valor, determinado *quantum* de mercadorias é igual a certa soma de dinheiro. Se seu valor aumenta, então ele será igual a uma soma maior de dinheiro; e vice-versa, se ele cai. Se é = 2 000, então 5% = 100; se é = 1 000, então 5% = 50. Mas isso em nada altera a taxa de juros. O racional na coisa é apenas que mais acomodação monetária é requerida quando se precisa de 2 000 libras esterlinas para vender o mesmo *quantum* de mercadorias do que quando se precisa de apenas 1 000 libras esterlinas. Mas isso mostra aqui apenas que existe razão inversa entre lucro e juro. Pois o lucro aumenta com a barateza dos elementos do capital constante e do variável, e o juro cai. Mas o contrário também pode ser o caso, e é muitas vezes o caso. O algodão, por exemplo, pode ser barato por não haver demanda por fio e tecido; ele pode ser relativamente caro porque grande lucro na indústria algodoeira gera grande demanda por ele. Por outro lado, o lucro dos industriais pode ser alto justamente porque o preço do algodão está baixo. A lista de Hubbard demonstra que a taxa de juros e os preços das mercadorias efetuam movimentos totalmente independentes entre si; ao passo que os movimentos da taxa de juros se ajustam exatamente aos movimentos da reserva metálica e da taxa de câmbio.

> "Por isso, se há abundância de mercadorias, a taxa de juros tem de ser baixa",

diz o *Economist*. Justamente o contrário ocorre nas crises; as mercadorias são excessivas, inconversíveis em dinheiro, e, por isso, a taxa de juros é alta; em outra fase do ciclo há grande demanda por mercadorias e, por conseguinte, retornos fáceis, mas, ao mesmo tempo, sobem os preços das mercadorias e, em virtude dos retornos fáceis, a taxa de juros é baixa. "Se elas" (as mercadorias) "são raras, a taxa de juros tem de ser alta." Outra vez ocorre o contrário nas épocas em que cessa a tensão, após a crise. Mercadorias são raras, em termos absolutos, sem levar em conta a demanda; e a taxa de juros é baixa.

Quanto à assertiva (4), é bastante claro que, com o mercado saturado, um possuidor de mercadorias se desfará delas – desde que possa vendê-las ao todo – a preços mais baixos do que o faria perante a perspectiva de esgotamento rápido dos estoques existentes. É menos claro, porém, por que a taxa de juros deva cair devido a isso.

Se o mercado está saturado de mercadorias importadas, então a taxa de juros pode subir em virtude da demanda aumentada por capital de empréstimo por parte dos proprietários, para não serem obrigados a lançar as mercadorias ao mercado. E ela pode cair, porque a fluidez do crédito comercial mantém relativamente baixa a demanda por crédito bancário.

O *Economist* menciona o rápido efeito, em 1847, sobre o câmbio, da elevação da taxa de juros e de outras pressões sobre o mercado monetário. Mas não se deve esquecer que, apesar da alteração do câmbio, o ouro continuou sendo drenado até fim de abril; o rumo só mudou no começo de maio.

Em 1º de janeiro de 1847, a reserva metálica do Banco era de 15 066 691 libras esterlinas; a taxa de juros, 3½%; câmbio a três meses sobre Paris, 25,75; sobre Hamburgo, 13,10; sobre Amsterdã, 12,3¼. Em 5 de março, a reserva metálica tinha caído para 11 595 535 libras esterlinas; o desconto tinha subido para 4%; a taxa de câmbio sobre Paris tinha caído para 25,67½; sobre Hamburgo, para 13,9¼; sobre Amsterdã, para 12,2½. A drenagem de ouro continua; ver a seguinte tabela:

Data 1847	Reserva metálica do Banco da Inglaterra (£)	Mercado monetário	Taxa máxima de câmbio a três meses		
			Paris	Hamburgo	Amsterdã
20 mar.	11 231 630	Desconto bancário a 4%	25,67½	13,09¾	12,2½
3 abr.	10 246 410	Desconto bancário a 5%	25,80	13,10	12,3½
10 abr.	9 867 053	Grande escassez de dinheiro	25,90	13,10⅓	12,4½
17 abr.	9 329 841	Desconto bancário a 5½%	26,02½	13,10¾	12,5½
24 abr.	9 213 890	Pressão	26,05	13,12	12,6
1º maio	9 337 716	Pressão crescente	26,15	13,12¾	12,6½
8 maio	9 588 759	Pressão máxima	26,27½	13,15½	12,7¾

Em 1847, a exportação total de metal precioso da Inglaterra foi de 8 602 597 libras esterlinas.

Delas foram para os Estados Unidos	£ 3 226 411
" " " a França	£ 2 479 892
" " " as cidades hanseáticas	£ 958 781
" " " a Holanda	£ 247 743

Apesar da mudança do câmbio, no fim de março, a drenagem de ouro prossegue ainda por um mês inteiro; provavelmente para os Estados Unidos.

> "Vemos aí" (diz o *Economist*, 1847, p. 954) "quão rápido e decisivo foi o efeito da alta da taxa de juros e do subsequente aperto monetário na correção de um câmbio desfavorável e na reversão do fluxo do ouro, de modo que ele voltou de novo à Inglaterra. O efeito foi conseguido de modo inteiramente independente do balanço de pagamentos. Uma taxa de juros maior gerou um preço menor dos papéis de crédito, tanto ingleses quanto estrangeiros, e motivou grandes compras dos mesmos por conta do exterior. Isso aumentou a soma das letras emitidas na Inglaterra, enquanto, por outro lado, com alta taxa de juros, a dificuldade de obter dinheiro era tão grande que a demanda por essas letras caiu, enquanto sua soma aumentava. Pela mesma razão, ocorreu que encomendas de mercadorias estrangeiras foram anuladas e investimentos de capital inglês em papéis de crédito estrangeiro foram realizados, e o dinheiro foi trazido à Inglaterra para ser investido. Assim, por exemplo, lemos no *Rio de Janeiro Price Current* de 10 de maio: 'A taxa de câmbio' {sobre a Inglaterra} 'experimentou novo retrocesso causado principalmente por uma pressão sobre o mercado por remessas correspondentes a grandes vendas de fundos públicos' {brasileiros} 'feitas por conta inglesa'. Capital inglês, que estava investido no exterior em diversos papéis de crédito quando a taxa de juros aqui estava muito baixa, foi assim trazido de volta, quando a taxa de juros subiu."

Balança comercial da Inglaterra

Só a Índia tem de pagar 5 milhões de tributos, por "bom governo", juros e dividendos de capital britânico etc., no que não se incluem as somas anualmente enviadas para a mãe-pátria em parte pelos funcionários, como poupança de seus ordenados, em parte por comerciantes ingleses, como parte de seus lucros, a fim de serem investidas na Inglaterra. Pelas mesmas razões, todas as colônias britânicas têm de fazer continuamente grandes remessas. A maioria dos bancos na Austrália, nas Índias Ocidentais e no Canadá foi fundada com capital britânico; os dividendos são pagáveis na Inglaterra. Do mesmo modo, a Inglaterra possui muitos títulos públicos estrangeiros, europeus, norte-americanos e sul-americanos, dos quais tem juros a receber. Acresce ainda sua participação em ferrovias, canais, minas etc. estrangeiros, com os correspondentes dividendos. As remessas por todos esses itens são feitas quase exclusivamente em produtos, para além do valor das exportações inglesas. O que, por outro lado, sai da Inglaterra para o exterior, para possuidores de papéis de crédito ingleses e para o consumo de ingleses residentes no exterior é comparativamente insignificante.

A questão, à medida que atinge a balança comercial e a taxa de câmbio, é

> em cada momento dado uma questão de tempo. Em regra [...] a Inglaterra dá créditos a longo prazo para suas exportações, enquanto as importações são pagas à vista. Em certos momentos, essa diferença de *usance* [hábito] exerce um efeito significativo sobre o câmbio. Em épocas em que nossas exportações aumentam em proporções consideráveis, como em 1850, uma expansão contínua do investimento de capital inglês tem de estar em andamento [...] assim, as remessas de 1850 podem ser feitas pelas mercadorias exportadas em 1849. Mas, se as exportações de 1850 ultrapassam em 6 milhões as de 1849, o efeito prático tem de ser que mais dinheiro é enviado para fora do país, naquela quantia, do que o que reflui no mesmo ano; e dessa maneira produz-se um efeito sobre o câmbio e a taxa de juros. Quando, ao contrário, uma crise deprime nossos negócios e se restringem muito nossas exportações, as remessas vencidas, relativas às exportações maiores efetuadas nos anos anteriores, excedem consideravelmente o valor de nossas importações; o câmbio reverte consequentemente a nosso favor, o capital acumula-se rapidamente dentro do país e a taxa de juros cai. (*Economist*, 11 jan. 1851)

A taxa de câmbio estrangeira pode mudar

1) em virtude do balanço momentâneo de pagamentos, quaisquer que sejam as causas que o determinem: puramente mercantis, investimentos de capital no exterior ou despesas públicas, em guerras etc., à medida que pagamentos em dinheiro no exterior são feitos;

2) em virtude da depreciação do dinheiro de um país, seja esse dinheiro metálico ou papel-moeda. Isso é puramente nominal. Se 1 libra esterlina passasse a representar apenas metade do dinheiro que antes, seria naturalmente cotada a 12½ francos, em vez de 25;

3) quando se trata do câmbio entre países, dos quais um emprega prata e o outro ouro como "dinheiro", a taxa de câmbio depende das flutuações relativas de valor desses dois metais, uma vez que essas flutuações sem dúvida alteram a paridade entre ambos. Um exemplo desse caso foram as taxas de câmbio de 1850; elas foram desfavoráveis à Inglaterra, embora sua exportação aumentasse em proporções enormes; mas, apesar disso,

não houve drenagem de ouro. Era consequência da alta momentânea do valor da prata em relação ao valor do ouro (ver *Economist*, 30 nov. 1850).

A paridade da taxa de câmbio para 1 libra esterlina é: com Paris, 25 francos e 20 cêntimos; com Hamburgo, 13 marcos-banco e 10½ xelins; com Amsterdã, 11 florins e 97 cents. Na proporção em que a taxa de câmbio com Paris ultrapassa 25,20, ela se torna mais favorável ao inglês que deve à França ou ao comprador de mercadorias francesas. Em ambos os casos, ele precisa de menos libras esterlinas para atingir seu objetivo. – Em países mais afastados, onde não é fácil obter metal precioso, quando as letras são escassas e insuficientes para as remessas a serem feitas à Inglaterra, a consequência natural é a subida dos preços daqueles produtos que normalmente são embarcados à Inglaterra, pelo fato de surgir agora uma maior demanda por eles, a fim de mandá-los para a Inglaterra, em vez de letras; esse é frequentemente o caso na Índia.

Uma taxa de câmbio desfavorável e mesmo uma drenagem de ouro podem ocorrer quando na Inglaterra reinam grande abundância de dinheiro, taxa baixa de juros e preço alto dos papéis de crédito.

No decorrer de 1848, a Inglaterra recebeu grandes quantidades de prata da Índia, pois boas letras eram escassas e as medíocres não eram bem aceitas, em virtude da crise de 1847 e da grande falta de crédito nos negócios com a Índia. Toda essa prata, mal chegada, tomou logo o caminho para o continente, onde a revolução provocou entesouramento em todos os cantos. A mesma prata fez, em 1850, em grande parte, a viagem de volta à Índia, pois a situação da taxa de câmbio tornava essa operação agora lucrativa.

O sistema monetário é essencialmente católico; o sistema de crédito, essencialmente protestante. *The Scotch hate gold* [Os escoceses odeiam ouro]. Como papel, a existência monetária das mercadorias tem uma existência apenas social. É a *fé* que salva. A fé no valor monetário como espírito imanente das mercadorias, a fé no modo de produção e sua ordem predestinada, a fé nos agentes individuais da produção como meras personificações do capital que se valoriza a si mesmo. Mas, assim como o protestantismo não se emancipa dos fundamentos do catolicismo, tampouco o sistema de crédito o faz da base do sistema monetário.

CAPÍTULO 36

O PERÍODO PRÉ-CAPITALISTA

O capital portador de juros, ou capital usurário, como podemos denominá-lo em sua forma antiga, pertence, com seu irmão gêmeo, o capital comercial, às formas antediluvianas do capital, que por longo tempo precedem o modo de produção capitalista e se encontram nas mais diversas formações econômicas da sociedade.

A existência do capital usurário nada exige, a não ser que pelo menos uma parte dos produtos se transforme em mercadorias e que o dinheiro com o comércio de mercadorias tenha se desenvolvido em suas diversas funções.

O desenvolvimento do capital usurário se une ao do capital mercantil, em especial ao do capital do comércio de dinheiro. Na Roma Antiga, nos últimos tempos da República, onde a manufatura estava muito abaixo do desenvolvimento médio da Antiguidade, o capital comercial, o capital de comércio de dinheiro e o capital usurário – dentro da forma antiga – estavam desenvolvidos em seu grau mais elevado.

Já vimos como com o dinheiro se verifica necessariamente o entesouramento. O entesourador profissional, entretanto, só se torna importante quando se transforma em usurário.

O comerciante toma dinheiro emprestado para fazer lucro com o dinheiro, para empregá-lo como capital, isto é, para despendê-lo. Também nas formas mais antigas, o prestamista de dinheiro o confronta, tal como ao capitalista moderno. Essa relação específica foi também percebida pelas universidades católicas.

> As universidades de Alcalá, de Salamanca, de Ingolstadt, de Friburgo em Brisgóvia, de Mogúncia, Colônia e Trier reconheceram sucessivamente a legitimidade dos juros para empréstimos comerciais. As cinco primeiras aprovações foram depositadas nos arquivos do Consulado da Cidade de Lyon e impressas no apêndice ao *Traité de l'usure et des interêts* [Tratado de usura e juros]. Lyon: Bruyset-Ponthus. (M. Augier, *Le crédit public etc.* Paris, 1842, p. 206)

Em todas as formas nas quais a economia escravista (não a patriarcal, mas como nas épocas gregas e romanas posteriores) existe como meio de enriquecimento, em que o dinheiro é, mediante a compra de escravos, terra etc., meio de apropriar-se de trabalho alheio, o dinheiro torna-se portador de juros, justamente porque pode ser investido assim, sendo valorizável como capital.

Entretanto, duas são as formas características em que o capital usurário existe nas épocas anteriores ao modo de produção capitalista. Insisto, formas características. As mesmas formas repetem-se na base da produção capitalista, mas meramente como formas subordinadas. Já não são mais aqui as formas que determinam o caráter do capital portador de juros. Essas duas formas são: *primeiro*, a usura mediante empréstimos de dinheiro aos grandes dilapidadores, essencialmente aos proprietários fundiários; *segundo*, a usura mediante empréstimos de dinheiro aos pequenos produtores, que se encontram de posse de suas próprias condições de trabalho, entre os quais está incluído o artesão, mas de modo bem específico o camponês, já que em geral, em condições pré-capitalistas, na medida em que admite pequenos produtores isolados e autônomos, a classe camponesa tem que constituir a grande maioria.

Ambas, tanto a ruína dos ricos proprietários fundiários pela usura como o esgotamento dos pequenos produtores, conduzem à formação e à concentração de grandes capitais monetários. Porém, a extensão em que esse processo supera o modo de produção antigo, como ocorreu na Europa moderna, colocando em seu lugar o modo de produção capitalista, depende integralmente do nível de desenvolvimento histórico e das circunstâncias aí presentes.

O capital usurário como forma característica do capital portador de juros corresponde ao predomínio da pequena produção, dos camponeses que trabalham para si mesmos e dos pequenos mestres-artesãos. Onde ao trabalhador se contrapõem, como ocorre sob o modo de produção capitalista desenvolvido, as condições de trabalho e o produto do trabalho enquanto capital, ele não tem de tomar dinheiro emprestado como produtor. Quando toma, isso ocorre como na casa de penhores, por necessidade pessoal premente. Em contrapartida, quando o trabalhador é proprietário, real ou nominal, de suas condições de trabalho e de seu produto, ele se defronta como produtor em relação ao capital de quem empresta dinheiro, que se confronta com ele como capital usurário. Newman expressa esse fato com trivialidade quando diz que o banqueiro é respeitado enquanto o usurário é odiado e desprezado, porque aquele empresta aos ricos e este aos pobres (F. W. Newman, *Lectures on Pol. Econom.* London, 1851, p. 44). Ele não vê que aqui se interpõe a diferença entre dois modos sociais de produção e as ordens sociais correspondentes, não se resolvendo a questão com a oposição entre pobres e ricos. Antes pelo contrário, a usura que espolia os pequenos produtores pobres anda de mãos dadas com a usura que espolia os proprietários fundiários ricos. Uma vez que a usura dos patrícios romanos arruinou inteiramente os plebeus romanos, os pequenos agricultores, essa forma de exploração teve um fim e a economia escravista pura tomou o lugar da produção pequeno-burguesa.

Sob a forma de juro, o usurário pode aqui devorar todo o excedente, deixando apenas os meios de subsistência mais necessários (o montante que mais tarde constituirá o salário) aos produtores (o que mais tarde reaparece como lucro e renda fundiária), sendo por isso extrema falta de bom gosto comparar a grandeza *desse* juro, que, excetuando-se o que cabe ao Estado, abrange *toda* a mais-valia, com a magnitude da taxa de juros moderna, em que o juro, pelo menos o normal, só constitui uma parte dessa mais-valia. Esquece-se aí que o assalariado produz e cede ao capitalista, o qual o emprega, lucro, juro e renda fundiária, em suma, toda a mais-valia. Carey faz essa comparação absurda para mostrar como é vantajoso para os trabalhadores o desenvolvimento do capital e a queda da taxa de juros que o acompanha. Se, além disso, não contente em espremer de sua vítima o mais-trabalho, o usurário adquire pouco a pouco os títulos de propriedade de suas próprias condições de trabalho, da terra, casa etc., e se ocupa constantemente em expropriá-lo, então fica de novo esquecido, diante disso, de que essa expropriação plena das condições de trabalho sofrida pelo trabalhador não é um resultado a que tenda o modo de produção capitalista, e sim o pressuposto já acabado de onde ele parte. O escravo do salário, do mesmo modo que o verdadeiro escravo, está excluído, devido à sua posição, da possibilidade de se tornar escravo pela dívida, ao menos em sua qualidade de produtor: de qualquer modo, ele só pode se tornar assim em seu atributo de consumidor. O capital usurário, sob essa forma na qual efetivamente se apropria de todo o mais-trabalho dos produtores diretos sem alterar o modo de produção; na qual a propriedade, ou a posse, pelos produtores das condições de trabalho – e de seu sistema correspondente de produção isolada em pequena escala – constitui um pressuposto essencial; em que, portanto, o capital não subordina diretamente o trabalho e, assim, não o confronta como capital industrial: esse capital usurário deixa na miséria esse modo de produção, deixa aleijadas as formas produtivas em vez de desenvolvê-las e, ao mesmo tempo, eterniza essas lamentáveis condições em que não se desenvolve, como na produção capitalista, a produtividade social do trabalho à custa do próprio trabalho.

Assim, a usura atua, por um lado, minando e destruindo a riqueza antiga e feudal e a propriedade antiga e feudal. Por outro lado, mina e arruína a produção dos pequenos camponeses e dos pequenos burgueses, em suma todas as formas em que o produtor aparece ainda como proprietário de seus meios de produção. No modo de produção capitalista desenvolvido, o trabalhador não é proprietário das condições de produção, da terra que cultiva, das matérias-primas que elabora etc. Essa alienação das condições de produção sofrida pelo produtor corresponde aqui, porém, a um revolucionamento real do próprio modo de produção. Os trabalhadores isolados são reunidos em grandes oficinas para atividades divididas e articuladas; a ferramenta torna-se máquina. O próprio modo de produção não mais permite aquela dispersão ligada à pequena propriedade dos instrumentos de produção nem o isolamento dos próprios trabalhadores. Na produção capitalista, a usura não pode mais separar as condições de produção do produtor, pois eles já estão separados.

A usura centraliza fortunas em dinheiro onde os meios de produção estão dispersos. Ela não altera o modo de produção, mas o suga como parasita e o torna miserável. Ela o esgota, enerva e força a reprodução a prosseguir em condições cada vez mais lastimáveis. Daí, portanto, o ódio popular contra a usura, mais intensamente no mundo antigo, onde a propriedade dos meios de produção pelo produtor era ao mesmo tempo a base das relações políticas da autonomia do cidadão.

À medida que a escravidão domina, ou à medida que o mais-produto é consumido pelo senhor feudal e seu séquito, e o dono de escravos ou o senhor feudal sucumbem à usura, o modo de produção permanece também o mesmo; apenas se torna mais duro para o trabalhador. O dono de escravos ou o senhor feudal endividados espoliam mais, porque são mais espoliados. Ou finalmente cedem lugar ao usurário, o qual se torna ele próprio proprietário fundiário ou dono de escravos, como os cavaleiros da Roma Antiga. No lugar do antigo explorador, cuja exploração tinha um caráter mais ou menos patriarcal, porque em grande parte era um meio de poder político, apresenta-se um arrivista duro, ávido de dinheiro. Mas o modo de produção como tal não se altera.

A usura só atua de maneira revolucionária em todos os modos de produção pré-capitalistas ao destruir e dissolver as formas de propriedade sobre cuja base sólida e constante reprodução se funda, na mesma forma, a articulação política. Em formações asiáticas, a usura pode perdurar por longo tempo sem provocar mais do que a decadência econômica e a corrupção política. Só onde e quando existem as demais condições do modo de produção capitalista, a usura aparece como um dos meios de constituição do novo modo de produção, por um lado, pela ruína do senhor feudal e da pequena produção e, por outro lado, pela centralização das condições de trabalho, convertendo-as em capital.

Na Idade Média, não imperava em nenhum país uma taxa geral de juros. A Igreja proibia todas as transações com juro de antemão. Leis e tribunais garantiam apenas precariamente os empréstimos. Tanto mais alta era a taxa de juros em casos isolados. A escassa circulação monetária e a necessidade de efetuar a maior parte dos pagamentos em espécie forçavam a tomada de dinheiro, tanto mais quanto menos a negociação com letras de câmbio estivesse desenvolvida. Reinava grande disparidade tanto nas taxas de juros quanto no conceito de usura. No tempo de Carlos Magno, considerava-se como usura quando alguém tomava a 100%. Em 1344, em

Lindau, no lago de Constança, cidadãos da localidade tomavam a 216⅔%. Em Zurique, o Conselho fixou o juro legal em 43⅓%. Na Itália, às vezes era obrigatório pagar 40%, embora, do século XII ao XIV, a taxa costumeira não ultrapassasse 20%. Verona estabeleceu 12½% como juro legal. O Imperador Frederico II fixou 10%, mas isso apenas para os judeus. Para os cristãos ele não quis falar. No século XIII, 10% já era habitual na Alemanha renana (Hüllmann, *Geschichte des Städtewesens*, II, pp. 55-57).

O capital usurário possui o modo de exploração do capital sem seu modo de produção. Essa relação repete-se também dentro da economia burguesa em ramos de indústrias atrasados ou naqueles que resistem à passagem para o moderno modo de produção. Se queremos, por exemplo, comparar a taxa inglesa de juros com a indiana, não se deve tomar a taxa do Banco da Inglaterra, mas, por exemplo, a dos que emprestam pequenas máquinas aos pequenos produtores da indústria doméstica.

A usura é, frente à riqueza consumidora, historicamente importante como um processo próprio de surgimento do capital. O capital usurário e a fortuna comercial medeiam a formação de uma fortuna monetária independente da propriedade da terra. Quanto menos se desenvolve o caráter do produto como mercadoria, quanto menos o valor de troca se apodera da produção em toda sua amplitude e profundidade, tanto mais o dinheiro aparece como a verdadeira riqueza enquanto tal, como a riqueza geral, em contraposição a seu modo limitado de representação em valores de uso. Nisso se baseia o entesouramento. O dinheiro, fazendo-se abstração do dinheiro mundial e do tesouro, é literalmente a forma do meio de pagamento, em que ele aparece como forma absoluta de mercadoria. E é nomeadamente de sua função de meio de pagamento que se desenvolve o juro e, com isso, o capital monetário. O que a riqueza dilapidadora e corruptora quer é dinheiro enquanto dinheiro, dinheiro como meio para comprar tudo. (Também para pagar as dívidas.) O pequeno produtor precisa de dinheiro sobretudo para pagar. (A transformação dos serviços e contribuições *in natura* aos senhores da terra e ao Estado em renda monetária e impostos monetários desempenha aqui um grande papel.) Em ambos os casos o dinheiro torna-se necessário enquanto dinheiro. Por outro lado, o entesouramento só se torna real e realiza seu sonho na usura. O que se pede ao proprietário de tesouro não é capital, e sim dinheiro enquanto dinheiro; mas, por meio dos juros, ele transforma para si esse tesouro monetário em capital – em um meio pelo qual ele se apodera total ou parcialmente do mais-trabalho, assim como de uma parte das próprias condições de produção, mesmo que permaneçam nominalmente diante dele como propriedade alheia. A usura vive aparentemente nos poros da produção, como os deuses nos intermúndios de Epicuro. Dinheiro é tanto mais difícil de se obter quanto menos a forma-mercadoria é a forma geral do produto. Por isso o usurário não conhece outra limitação além da capacidade de pagar ou da capacidade de resistir dos que precisam de dinheiro. Enquanto meio de compra, na produção pequeno-camponesa ou pequeno-burguesa, o dinheiro é requerido, sobretudo, como meio de compra quando as condições de produção são perdidas pelo trabalhador (que nesse modo de produção continua sendo predominantemente seu proprietário) devido a acasos ou comoções extraordinárias ou quando não são ao menos repostas no curso normal de reprodução. Víveres e matérias-primas constituem parte essencial dessas condições de produção. Seu encarecimento pode tornar impossível sua reposição a partir da receita do produto, assim como uma mera má colheita pode impedir o camponês de repor *in natura* suas sementes. As mesmas guerras mediante as quais os patrícios romanos arruinavam os plebeus, obrigando-os a prestar serviço militar, o que os impedia de reproduzir suas condições de trabalho, empobrecendo-os portanto (e o empobrecimento, a mutilação ou a perda das condições de reprodução é aqui a forma predominante), enchiam os celeiros e porões dos primeiros com o cobre saqueado, o dinheiro de então. Em vez de darem diretamente aos plebeus as mercadorias de que estes necessitavam, cereais, cavalos, gado, emprestavam-lhes esse cobre, para eles mesmos inútil, e aproveitavam a situação para extorquir enormes juros usurários, por meio dos quais tornavam os plebeus seus escravos por dívidas. Sob Carlos Magno, os camponeses francos foram também arruinados por guerras, não lhes restando outra alternativa que a de passarem da condição de devedores para a de servos. No Império Romano, sabe-se que com frequência a fome acarretava a venda dos filhos e até a venda de si mesmo, pessoas livres, como escravos aos mais ricos. É o bastante no que se refere aos momentos gerais de inflexão. Considerada individualmente, para o pequeno produtor, a conservação ou a perda das condições de produção depende de mil contingências fortuitas, e cada uma dessas contingências ou perdas representa empobrecimento e torna-se um ponto onde pode assentar-se o parasita da usura. Ao pequeno produtor basta que lhe morra uma vaca para tornar-se incapaz de reiniciar sua produção na escala anterior. E com isso sucumbe à usura e, uma vez sucumbido, jamais tornará a ficar livre.

A função do dinheiro como meio de pagamento, entretanto, é o verdadeiro, o grande e peculiar terreno da usura. Toda prestação de dinheiro que vemos em determinado prazo, juro fundiário, tributo, imposto etc., acarreta a necessidade de um pagamento em dinheiro. Por isso, desde a Roma Antiga até os tempos modernos, a usura em grande escala se tem ligado aos arrendatários de impostos, *fermiers généraux* [arrendatários gerais], *receiveurs généraux* [coletores de impostos]. Depois se desenvolve, com o comércio e a generalização da produção de mercadorias, a dissociação temporal de compra e pagamento. O dinheiro tem de ser entregue em determinado prazo. Como isso pode conduzir as circunstâncias em que capitalista monetário e usurário ainda hoje se confundem é demonstrado pelas modernas crises monetárias. Mas a própria usura torna-se o principal meio de desenvolver ainda mais a necessidade de dinheiro como meio de pagamento, ao afundar mais e mais o produtor em dívidas e destruir seus meios habituais de pagamentos, tornando impossível, mediante a própria carga de juros, sua reprodução regular. A usura brota aqui do dinheiro como meio de pagamento e amplia essa função do dinheiro, seu terreno mais apropriado.

O desenvolvimento do sistema de crédito se completa como reação contra a usura. Mas não se deve interpretar isso de maneira falsa, e de modo nenhum no sentido dos escritores antigos, dos Padres da Igreja, de Lutero ou dos socialistas mais antigos. Isso significa nada mais nada menos que a subordinação do capital portador de juros às condições e necessidades do modo de produção capitalista.

Em geral, o capital portador de juros no moderno sistema de crédito adapta-se às condições da produção capitalista. A usura como tal não apenas subsiste nos povos de produção capitalista desenvolvida, mas ainda é liberada das barreiras que lhe opunha toda a legislação mais antiga. O capital portador de juros mantém a forma de capital usurário em face de pessoas e classes ou em condições nas quais os empréstimos não se efetuam ou não se podem efetuar no sentido do modo de produção capitalista; onde se empresta por necessidade individual, como na casa de penhores; onde se empresta à riqueza fruidora para dissipação; ou onde o produtor é produtor não capitalista, pequeno camponês, artesão etc., portanto, como produtor direto, possuidor de suas próprias condições de produção; enfim, quando o próprio produtor capitalista opera em escala tão pequena que se aproxima daquele produtor que trabalha para si mesmo.

O que distingue o capital portador de juros, na medida em que este constitui um elemento essencial do modo de produção capitalista, do capital usurário não é, de modo algum, a natureza ou o caráter desse capital. São apenas as condições modificadas em que funciona e, portanto, também a figura totalmente transformada do mutuário que confronta o prestamista de dinheiro. Mesmo quando um homem sem fortuna obtém crédito como industrial ou comerciante, isso se dá por haver a confiança de que atuará como capitalista, se apropriará de trabalho não pago com o capital emprestado. O crédito lhe é dado como capitalista potencial. E essa circunstância, tão admirada pelos economistas apologéticos, de que um homem sem fortuna, porém com energia, solidez, capacidade e conhecimento dos negócios, possa transformar-se em capitalista – já que em geral no modo de produção capitalista aprecia-se de modo mais ou menos correto o valor comercial de cada um –, por mais que faça entrar constantemente em campo, em confronto com os capitalistas individuais já existentes, uma série não bem-vinda de novos cavaleiros da fortuna, robustece o domínio do próprio capital, amplia-lhe a base e lhe permite recrutar sempre novas forças das camadas inferiores da sociedade. Exatamente como a circunstância de que a Igreja Católica, na Idade Média, formava sua hierarquia com as melhores cabeças do povo, sem considerar posição, nascimento e fortuna, o que foi um dos principais meios de consolidar o domínio do clero e de oprimir os leigos. Quanto mais uma classe dominante é capaz de acolher em seus quadros os homens mais valiosos das classes dominadas, tanto mais sólido e perigoso é seu domínio.

Em vez de anatematizar o capital produtor de juros em geral, é, ao contrário, de seu reconhecimento explícito que partem os iniciadores do moderno sistema de crédito.

Não falamos aqui das reações contra a usura, que procuravam proteger dela os pobres, como as de *monts-de-piété*[I] (em 1350, em Sarlins, no Franco-Condado, mais tarde em Perúgia e Savona, na Itália, em 1400 e 1479). São apenas dignas de nota porque evidenciam a ironia da História, de como desejos piedosos se convertem em seu oposto quando realizados. A classe trabalhadora inglesa, segundo uma estimativa moderada, paga 100% às casas de penhores, essas sucessoras dos *monts-de-piété*.[21] Tampouco nos referimos às fantasias sobre o crédito de um Dr. Hugh Chamberleyne [Chamberlen] ou John Briscoe, por exemplo, que na última década do século XVII procuravam, por meio de um banco rural com papel-moeda baseado na propriedade fundiária, emancipar a aristocracia inglesa da usura.[22]

As associações de crédito, que se formavam em Veneza e Gênova nos séculos XII e XIV, surgiram da necessidade de o comércio marítimo e o comércio por atacado nele baseado se libertarem do domínio da usura anacrônica e dos monopolizadores do comércio do dinheiro. Se os bancos propriamente ditos que foram fundados nessas cidades-repúblicas se apresentavam ao mesmo tempo como instituições de crédito público, das quais o Estado recebia adiantamentos por conta de impostos a arrecadar, não se deve esquecer que os comerciantes que formavam aquelas associações eram as pessoas mais importantes de tais Estados e estavam interessados em libertar da usura tanto seu governo quanto a si mesmos[23] e, ao mesmo tempo, em submeter o Estado em maior medida e de modo mais seguro. Quando da fundação do Banco da Inglaterra, portanto, os *tories* objetaram:

I Casas de montepio – surgidas nos séculos XIV, XV e XVI na Itália e na França, na luta contra a usura. Seus fundadores pretendiam estabelecê-las como instituições caritativas, que concederiam pequenos créditos sobre penhores aos pobres, a fim de protegê-los contra a usura. Na prática, porém, essa intenção se transformou em seu contrário, e os próprios *monts-de-piété* faziam negócios usurários. [N. E. A.]

> Os bancos são instituições republicanas. Bancos florescentes existem em Veneza, Gênova, Amsterdã e Hamburgo. Mas quem já teria ouvido falar de um banco da França ou da Espanha?

O Banco de Amsterdã (1609) marca tão pouco quanto o de Hamburgo (1619) uma época no desenvolvimento do moderno sistema de créditos. Ele era um puro banco de depósitos. Os vales que o banco emitia eram, na realidade, apenas recibos pelo metal precioso depositado em forma amoedada e não amoedada, só circulando com o endosso de seus receptores. Mas na Holanda, com o comércio e a manufatura, desenvolveram-se o crédito comercial e o comércio monetário, tendo o capital gerador de juros, pelo andamento do próprio desenvolvimento, sido subordinado ao capital industrial e comercial. Isso já se revelava no reduzido nível da taxa de juros. No século XVII, a Holanda era considerada, no entanto, o país-modelo do desenvolvimento econômico, como a Inglaterra hoje. Lá, o monopólio da antiquada usura, que se baseava na pobreza, foi deixado de lado por si mesmo.

Durante todo o século XVIII ressoa – e este é o sentido da legislação –, apoiado no exemplo da Holanda, o grito pelo rebaixamento forçado da taxa de juros, a fim de subordinar o capital portador de juros ao capital comercial e industrial, e não o contrário. O principal porta-voz é Sir Josiah Child, o pai dos banqueiros privados ingleses normais. Clama contra o monopólio dos usurários, assim como os alfaiates da confecção em massa Moses & Son se proclamavam paladinos contra o monopólio dos "alfaiates privados". Esse Josiah Child é ao mesmo tempo o pai da especulação em Bolsa na Inglaterra. Assim, esse autocrata da Companhia das Índias Orientais defende seu monopólio em nome da liberdade de comércio. E diz contra Thomas Manley (*Interest of Money Mistaken*):[I]

> "Como campeão do receoso e trêmulo bando de usurários, monta sua bateria principal no ponto que declarei ser o mais fraco [...] ele nega precisamente que a taxa reduzida de juros seja a causa da riqueza e assegura que é apenas sua consequência". (*Traités sur le commerce etc.*, 1669. Amsterdam/Berlin, 1754. [p. 120]) "Se o que enriquece um país é o comércio, e se a redução da taxa de juros aumenta o comércio, então uma baixa do juro ou restrição da usura é uma causa primária frutífera da riqueza de uma nação. Não é absolutamente absurdo dizer que a mesma coisa pode ao mesmo tempo em certas circunstâncias ser causa e noutras, efeito." (Ibid., p. 155) "O ovo é a causa da galinha e a galinha a causa do ovo. A redução do juro pode causar um aumento da

---

I Não pode ser comprovado que Thomas Manley seja o autor do escrito anônimo *Interest of Money Mistaken*, publicado em 1668, em Londres. [N. E. A.]

> riqueza, e o aumento da riqueza pode causar uma redução ainda maior do juro." (Ibid., p. 156) "Eu sou o defensor da indústria[I] e meu adversário defende a preguiça e a ociosidade." (p. 179)

Essa luta violenta contra a usura, essa exigência de subordinar o capital portador de juros ao capital industrial, é apenas o prenúncio das criações orgânicas, que produzem essas condições da produção capitalista no moderno sistema bancário, o qual, por uma parte, despoja o capital usurário de seu monopólio, ao concentrar todas as reservas monetárias ociosas e lançá-las no mercado monetário, e, por outra parte, restringe o monopólio dos próprios metais preciosos, pela criação do dinheiro de crédito.

Do mesmo modo que aqui em Child, encontrar-se-ão em todas as obras sobre o sistema bancário na Inglaterra no último terço do século XVII e no começo do XVIII a oposição à usura, exigindo-se emancipar o comércio e a indústria, assim como o Estado, da usura. Ao mesmo tempo, colossais ilusões sobre os efeitos miraculosos do crédito, da abolição do monopólio dos metais preciosos, da sua substituição por papel etc. O escocês William Paterson, fundador do Banco da Inglaterra e do Banco da Escócia, é definitivamente Law, o Primeiro.[II]

Contra o Banco da Inglaterra "todos os ourives e penhoristas levantaram uivos de fúria" (Macaulay, *History of England*, IV, p. 499).

> "Durante os primeiros dez anos o Banco teve de lutar com grandes dificuldades; grande hostilidade externa; suas notas só eram aceitas muito abaixo do valor nominal. [...] Os ourives" (em cujas mãos o comércio dos metais preciosos servia de base a um negócio bancário primitivo) "teciam fortes intrigas contra o Banco, porque este reduzia seu negócio, seu desconto era deprimido e suas transações com o governo tinham passado às mãos desse oponente." (J. Francis, [*History of the Bank of England, its Times and Traditions*,] op. cit., p. 73)

I No original em inglês, "*industry*", provavelmente no sentido de operosidade. [N. T.]

II Alusão ao banqueiro e economista inglês John Law, que procurava pôr em prática sua ideia completamente absurda de que o Estado poderia aumentar a riqueza do país mediante a emissão de cédulas bancárias a descoberto. Em 1716, fundou um banco privado em Paris, o qual no fim de 1718 foi transformado num banco estatal. O banco de Law emitia ilimitadamente papel-moeda e, ao mesmo tempo, retinha o dinheiro metálico. Daí se desenvolveram uma próspera fraude na Bolsa e uma especulação em proporções até então desconhecidas, até que, em 1720, o banco estatal e, com ele, o "sistema" de Law acabaram numa falência completa. Law fugiu para o exterior. [N. E. A.]

Já antes de fundar-se o Banco da Inglaterra, surgiu em 1683 o plano de um banco nacional de crédito, tendo, entre outros, o objetivo de:

> possibilitar aos comerciantes, quando possuíam uma quantidade considerável de mercadorias, depositarem-nas com a assistência do Banco, receberem um crédito sobre seus estoques imobilizados, ocuparem seus empregados e aumentarem os negócios até que encontrassem bom mercado, em vez de venderem com prejuízos.[I]

Após muitos esforços, esse Bank of Credit foi estabelecido em Devonshire House, Bishopsgate Street. Emprestava a industriais e comerciantes, com a garantia de mercadorias depositadas, ¾ do valor das mesmas em letras de câmbio. Para tornar essas letras capazes de circular, em cada ramo de negócio reuniu-se certo número de pessoas numa sociedade, e todo sócio que possuísse tais letras obteria em troca delas mercadoria com a mesma facilidade como se oferecesse pagamento à vista. O Banco não fez negócios florescentes. O mecanismo era por demais complicado, e os riscos de depreciação das mercadorias demasiadamente grandes.

Se nos ativermos ao conteúdo real daquelas obras, que acompanham e promovem, no plano teórico, a formação do moderno sistema de crédito na Inglaterra, nada mais encontraremos nelas do que a exigência de subordinação do capital portador de juros e, em geral, dos meios de produção suscetíveis de empréstimo ao modo de produção capitalista, como uma de suas condições. Se nos ativermos à simples fraseologia, muitas vezes nos espantaremos devido à concordância, até nas expressões, com as ilusões dos saint-simonistas acerca dos bancos e do crédito.

Do mesmo modo que, para os fisiocratas, o *cultivateur* não significa o verdadeiro lavrador, mas o grande arrendatário, para St. Simon, e ainda mais correntemente para seus discípulos, o *travailleur* não é o trabalhador, mas o capitalista industrial e comercial.

> *Un travailleur a besoin d'aides, de seconds, d'*ouvriers*; il les cherche intelligents, habiles, dévoués; il met a l'œuvre, et leurs travaux son productifs.*[II] ([Enfantin,] *Religion saint-simonienne: Économie politique et politique*. Paris, 1831, p. 104)

I John Francis, *History of the Bank of England, its Times and Traditions*, v. I. London, 1848, pp. 39-40. [N. E. A.]

II "Um trabalhador precisa de ajudantes, de auxiliares, de *operários*; ele os quer inteligentes, hábeis, devotados; põe-nos em atividade, e seus trabalhos são produtivos." [N. T.]

Jamais se deve esquecer que somente em sua última obra, *Nouveau christianisme*, Saint-Simon se apresenta como porta-voz da classe trabalhadora e declara que a emancipação desta é o objetivo final de seus esforços. Todas as suas obras anteriores, na realidade, não passam de glorificação da moderna sociedade burguesa contra a feudal, ou dos industriais e banqueiros contra os marechais e juristas maquinadores de leis da era napoleônica. Que diferença comparadas com as obras de Owen da mesma época![24] E também para os sucessores de Saint-Simon, como o prova a passagem citada, o capitalista industrial continua sendo o *travailleur par excellence*. Se se leem seus escritos criticamente, não há por que se admirar de que a realização de seus sonhos de crédito e bancários se tenha efetivado no Crédit Mobilier,[I] fundado pelo ex-saint-simonista Émile Pereire, uma forma que só poderia alcançar predominância num país como a França, onde nem o sistema de crédito nem a grande indústria atingiram um moderno nível de desenvolvimento. Na Inglaterra e América, isso não teria sido possível. – Nas passagens seguintes da *Doctrine de St.-Simon. Exposition. Première Année. 1828–29*, 3ª ed., Paris, 1831, já se esconde o germe do Crédit Mobilier. É claro que o banqueiro pode emprestar mais barato que o capitalista e o usurário privado. Para esses banqueiros, portanto, é

> possível arranjar para os industriais instrumentos bem mais baratos, isto é, a *juros mais baixos*, do que poderiam fazê-lo os proprietários fundiários

I Société Générale du Crédit Mobilier, banco francês por ações fundado pelos irmãos Pereire e reconhecido legalmente pelo decreto de 18 de novembro de 1852. O objetivo principal do Crédit Mobilier era a intermediação de créditos e a fundação de indústrias e outras empresas. O banco participou amplamente na construção de estradas de ferro na França, Áustria, Hungria, Suíça, Espanha e Rússia. Sua maior fonte de receita era a especulação na Bolsa com títulos de valor das sociedades por ações fundadas por ele. Pela emissão de suas ações, que eram garantidas apenas pelos títulos de outras empresas em seu poder, o banco tinha meios que empregava na compra de ações das mais diferentes sociedades. Desse modo, uma única posse tornava-se fonte de um capital fictício de duplo volume; na forma de açõses da empresa referida e na forma de ações do Crédit Mobilier, que financiava essa empresa e comprava suas ações. O banco esteve estreitamente ligado ao governo de Napoleão III e gozava de sua proteção. Em 1867 sucedeu sua bancarrota e em 1871 sua liquidação. As causas pelas quais o Crédit Mobilier apareceu como empresa financeira de novo tipo, nos anos 1850, estavam nas peculiaridades do período da reação, marcado por desenfreada agiotagem e especulações na Bolsa. Após o exemplo do Crédit Mobilier, foram fundadas instituições semelhantes em alguns outros países da Europa central. A verdadeira natureza do Crédit Mobilier foi desvendada por Marx em uma série de artigos que foram publicados no *New York Daily Tribune*. [N. E. A.]

> e os capitalistas, que mais facilmente podem se enganar na escolha dos mutuários (p. 202)

Mas os próprios autores acrescentam em nota:

> A vantagem que deveria resultar da mediação dos banqueiros entre ociosos e *travailleurs* é frequentemente contrabalançada, e mesmo destruída, pela oportunidade que nossa sociedade desorganizada oferece ao egoísmo, de se manifestar nas diversas formas de fraude e de charlatanismo; os banqueiros se intrometem muitas vezes entre os *travailleurs* e os ociosos, a fim de explorá-los em prejuízo da sociedade.

Travailleur significa aqui *capitaliste industriel*. Aliás, é falso considerar os meios de que dispõe o moderno sistema bancário como sendo apenas os meios dos ociosos. Primeiro, trata-se da parte do capital que os industriais e comerciantes mantêm momentaneamente desocupada na forma-dinheiro, como reserva monetária ou capital a investir; capital ocioso, portanto, mas não capital dos ociosos. Segundo, da parte das *revenues* e poupanças de todos, a qual se destina permanentemente ou transitoriamente à acumulação. E ambas são essenciais ao caráter do sistema bancário.

Mas nunca se deve esquecer, primeiro, de que o dinheiro – na forma de metais preciosos – constitui a base da qual o sistema de crédito, pela própria natureza, *nunca* se pode desprender. Segundo, de que o sistema de crédito pressupõe que o monopólio dos meios sociais de produção (na forma de capital e propriedade fundiária) esteja nas mãos de particulares, do que ele próprio é, por um lado, uma forma imanente do modo de produção capitalista e, por outro, uma força motriz de seu desenvolvimento para sua forma mais alta possível – e sua última.

O sistema bancário é, pela organização formal e pela centralização, conforme já foi expresso em 1697, em *Some Thoughts of the Interest of England*, o produto mais artificial e mais refinado a que pode chegar em geral o modo de produção capitalista. Daí o enorme poder que uma instituição como o Banco da Inglaterra tem sobre o comércio e a indústria, embora o movimento real destes permaneça totalmente fora de seu âmbito, conduzindo-se em relação a ele de maneira passiva. Sem dúvida, com ele está dada a forma de uma contabilidade e distribuição gerais dos meios de produção em escala social, mas apenas a forma. Vimos que o lucro médio do capitalista individual, ou de cada capital particular, é determinado não pelo mais-trabalho de que esse capital se apropria em primeira mão, mas pelo *quantum* de mais-trabalho total de que o capital total se apropria e do qual cada capital particular, apenas enquanto parcela proporcional do capital total, retira seus dividendos. Esse caráter social do capital só é mediado e realizado completamente pelo pleno desenvolvimento do sistema de crédito e do sistema bancário. Por outro lado, isso vai mais longe. Põe à disposição dos capitalistas industriais e comerciais todo o capital disponível e mesmo potencial, ainda não engajado ativamente, da sociedade, de modo que nem o prestamista nem o empregador desse capital são seus proprietários ou produtores. Supera assim o caráter privado do capital e, por isso, contém em si, mas apenas em si, a abolição do próprio capital. Devido ao sistema bancário, a distribuição do capital é retirada das mãos dos capitalistas particulares e dos usurários como um negócio especial, como função social. Mas, ao mesmo tempo, o banco e o crédito tornam-se assim o meio mais poderoso de impelir a produção capitalista para além de seus próprios limites e um dos veículos mais eficazes das crises e da fraude.

O sistema bancário mostra, além disso, mediante a substituição do dinheiro por diversas formas de crédito circulante, que o dinheiro, na realidade, nada mais é que uma expressão particular do caráter social do trabalho e de seus produtos, mas que, em antítese à base da produção privada, sempre tem de se apresentar, em última instância, como uma coisa, como mercadoria particular ao lado de outras mercadorias.

Por fim, não há a menor dúvida de que o sistema de crédito servirá como poderosa alavanca durante a transição do modo de produção capitalista para o modo de produção do trabalho associado; mas apenas como um elemento em conexão com outros grandes revolucionamentos orgânicos do próprio modo de produção. Em contrapartida, as ilusões acerca do poder miraculoso do sistema de crédito e bancário, no sentido socialista, surgem do desconhecimento completo do modo de produção capitalista e do sistema de crédito como uma de suas formas. Tão logo os meios de produção deixem de se converter em capital (o que implica também a superação da propriedade fundiária privada), o crédito como tal não terá mais sentido algum, o que, aliás, até os saint-simonistas reconhecem. Por outro lado, enquanto perdurar o modo de produção capitalista, o capital portador de juros perdurará como uma de suas formas, constituindo de fato a base de seu sistema de crédito. Somente Proudhon, esse escritor sensacionalista, que pretendia manter a produção de mercadorias e superar o dinheiro,[25] foi capaz de imaginar a monstruosidade de um *crédit gratuit*,[I] pretensa realização dos desejos piedosos correspondentes ao ponto de vista pequeno-burguês.

I Proudhon desenvolveu a teoria do *crédit gratuit* (crédito gratuito) em sua obra *Gratuité du crédit. Discussion entre M. Fr. Bastaiat et M. Proudhon*. Paris, 1850. [N. E. A.]

Em *Religion saint-simonienne: Économie [politique] et politique*, lê-se à p. 45:

> O crédito tem a finalidade, numa sociedade em que uns possuem os instrumentos da indústria sem ter a capacidade ou a vontade de empregá-los e onde outras pessoas industriosas não possuem instrumentos de trabalho, de transferir esses instrumentos, da maneira mais fácil possível, das mãos dos primeiros, seus possuidores, para as dos outros, que sabem utilizá-los. Observemos que, segundo essa definição, o crédito é uma consequência da maneira em que a *propriedade* está constituída.

O crédito desaparece, portanto, com essa constituição da propriedade. Lê-se mais adiante, p. 98: Os bancos atuais

> consideram-se destinados a dar sequência ao movimento desencadeado pelos negócios em que não intervieram, mas não a impulsioná-los eles mesmos; em outras palavras, em relação aos *travailleurs*, aos quais adiantam capital, os bancos desempenham o papel de capitalistas.

Na ideia de que os próprios bancos devem assumir a direção e distinguir-se

> pelo número e pela utilidade dos estabelecimentos que comanditam e dos trabalhos que estimulam (p. 101)

o *crédit mobilier* está latente. Do mesmo modo, Constantin Pecqueur pede que os bancos (o que os saint-simonistas chamam de *système général des banques*) "governem a produção". Em geral, Pecqueur é essencialmente saint-simonista, embora muito mais radical. Ele quer que

> "o estabelecimento de crédito [...] governe todo o movimento da produção nacional". – "Tentai criar um estabelecimento nacional de crédito, que adiante meios ao talento e ao mérito não proprietários, sem interligar esses mutuários entre si forçosamente através duma estreita solidariedade na produção e no consumo, mas, ao contrário, de modo que eles mesmos determinem seus intercâmbios e suas produções. Por esse caminho conseguireis apenas o que já agora os bancos privados conseguem, a anarquia, a desproporção entre produção e consumo, a súbita ruína de uns e o súbito enriquecimento de outros; desse modo, vosso estabelecimento nunca irá além de produzir uma soma de prosperidade para uns, a qual equivale à soma de ruína suportada pelos outros. [...] Tereis somente dado aos trabalhadores assalariados, que foram apoiados por vós com adiantamentos, os meios de estes realizarem entre si a mesma concorrência que existe agora

entre seus patrões capitalistas." (C. Pecqueur, *Théorie nouvelle d'économie soc. et pol.* Paris, 1842, pp. 433–34)

Vimos que o capital comercial e o capital portador de juros são as formas mais antigas do capital. Mas está na natureza da coisa que o capital portador de juros representa, na imaginação popular, a forma do capital *par excellence*. No capital comercial ocorre uma atividade mediadora, seja ela considerada logro, trabalho ou qualquer outra coisa. No capital portador de juros, ao contrário, apresenta-se o caráter autorreprodutor do capital, o valor que se valoriza, a produção de mais-valia como qualidade oculta, em estado puro. Vem daí também que mesmo uma parte dos economistas políticos, particularmente nos países em que o capital industrial ainda não está plenamente desenvolvido, como na França, aferra-se a ele como forma fundamental do capital e concebe a renda da terra, por exemplo, como uma outra forma dela; já daí predomina também a forma de empréstimo. Dessa maneira, desconhece-se completamente a articulação interna do modo de produção capitalista e não se vê que a terra, da mesma forma que o capital, é apenas emprestada a capitalistas. Em vez de dinheiro podem também ser emprestados, naturalmente, meios de produção *in natura*, como máquinas, edifícios de negócios etc. Eles representam então determinada soma de dinheiro, e o fato de que, além do juro, se paga uma parcela para a depreciação decorre do valor de uso, da forma natural específica desses elementos do capital. O decisivo é, novamente, se são emprestados ao produtor direto, o que pressupõe a inexistência do modo de produção capitalista, pelo menos na esfera em que isso ocorre; ou se são emprestados ao capitalista industrial, o que é precisamente o pressuposto na base do modo de produção capitalista. Ainda mais impróprio e absurdo é incluir aí o empréstimo de casas etc. para o consumo individual. Que a classe trabalhadora também seja fraudada dessa forma, e de maneira escandalosa, é um fato claro; mas o mesmo é feito pelo varejista que lhe fornece os meios de subsistência. Essa é uma exploração secundária, que corre paralela com a original, a qual se dá diretamente no próprio processo de produção. A distinção entre vender e emprestar é aqui completamente indiferente e formal, o que, conforme já mostramos, só parece essencial aos que desconhecem por completo a conexão real.

Tanto a usura como o comércio exploram um modo de produção dado, não o criam, relacionam-se com ele de fora. A usura procura conservá-lo diretamente para poder explorá-lo sempre de novo, é conservadora, apenas o torna mais miserável. Quanto menos os elementos de produção entram no processo de produção como mercadorias, e como mercadorias dele saem, tanto mais sua gênese a partir do dinheiro aparece como ato particular. Quanto mais insignificante o papel que a circulação desempenha na reprodução social, tanto mais floresce a usura.

Que a fortuna monetária se desenvolve como fortuna específica significa, com referência ao capital usurário, que ele possui todos os seus créditos na forma de créditos monetários. Ele se desenvolve tanto mais num país quanto mais a massa da produção se limita a prestações *in natura*, isto é, a valores de uso.

Na medida em que a usura acarreta um duplo resultado: primeiro, especialmente, constituir no lado do estamento comercial uma fortuna monetária autônoma e, segundo, apropriar-se das condições de trabalho, isto é, arruinar os possuidores das condições de trabalho antigas, ela é uma poderosa alavanca para a formação dos pressupostos do capital industrial.

Os juros da Idade Média

> Na Idade Média, a população era puramente agrícola. Nessas condições, e sob o governo feudal, só podia haver pouco intercâmbio e, por conseguinte, pouco lucro. Daí as leis contra a usura na Idade Média serem justificadas. Além disso, num país agrícola raras vezes alguém chega à situação de tomar dinheiro emprestado, a não ser quando cai na pobreza e na miséria [...] Henrique VIII limita o juro a 10%; Jaime I a 8; Charles II a 6; Ana a 5%. [...] Naquela época, os prestamistas eram monopolistas, se não de direito, pelo menos de fato, e por isso era necessário submetê-los a restrições, como aos outros monopolistas. [...] Em nossa época, a taxa de lucro regula a taxa de juros, naquela época, a taxa de juros regulava a taxa de lucro. Quando o prestamista impunha ao comerciante uma alta taxa de juros o comerciante tinha de acrescentar ao preço de suas mercadorias uma taxa de lucro mais alta. Portanto, uma grande soma de dinheiro era tirada das bolsas de compradores para ser posta nas dos prestamistas. (Gilbart, *History and Princ. of Banking*, pp. 164–65)

> Dizem-me que agora, em todas as feiras de Leipzig, se tomam 10 florins anualmente, isto é, 30 para cada cem;[I] alguns acrescentam a feira de Neuenburg, de modo que se chega a 40 para cada cem; se é assim, não sei. Com os diabos,

---

I Trata-se aqui de um empréstimo de 100 florins, com a condição de se pagarem os juros em três parcelas na feira de Leipzig. Antigamente se realizavam em Leipzig três feiras comerciais anualmente: no Ano-Novo, na Páscoa e na festa de São Miguel. [N. E. A.]

aonde chegaremos, afinal, seguindo esse caminho? [...] Quem possui agora em Leipzig 100 florins toma por ano 40; isso significa devorar num ano um camponês ou um burguês. Se possui 1 000 florins, toma por ano 400; isso significa devorar num ano um cavalheiro ou um nobre rico. Se possui 10 000, toma por ano 4 000; isso significa devorar num ano um conde rico. Se possui 100 000, como deve ser o caso dos grandes comerciantes, toma por ano 40 000; isso significa devorar por ano um grande príncipe rico. Se possui 1 000 000, toma por ano 400 000; isso significa devorar num ano um grande rei. E não corre com isso nenhum perigo, nem para o corpo nem para seus bens, não trabalha, está sentado junto à lareira, assando maçãs; assim, um ladrão de cadeira pode ficar sentado em casa e devorar um mundo inteiro em dez anos. (De *An die Pfarrherrn wider den Wucher zu predigen*, do ano 1540. Obras de Lutero, Wittenberg, 1589. Parte 6 [p. 312])

Há 15 anos escrevi contra a usura, que já atingira uma extensão tão ampla que eu deixei de esperar qualquer melhora. Desde então, tornou-se tão presunçosa que não quer mais ser vício, pecado ou opróbrio, mas se faz glorificar como virtude e honra, como se fizesse um grande bem às pessoas e lhes prestasse serviços cristãos. De que adiantam conselhos, uma vez que o opróbrio se tornou honra, e o vício, virtude. (*An die Pfarrherrn wider den Wucher zu predigen*. Wittenberg, 1540)

Judeus, lombardos, usurários e sanguessugas eram nossos primeiros banqueiros, nossos primitivos traficantes em dinheiro, cujo caráter podemos chamar de quase infame. [...] A eles juntaram-se então os ourives de Londres. Em conjunto [...] nossos banqueiros primitivos eram [...] uma súcia muito má, usurários vorazes, sanguessugas de coração de pedra. (D. Hardcastle, *Banks and Bankers*, 2ª ed. London, 1843, pp. 19–20)

"O exemplo dado por Veneza" (do estabelecimento de um banco) "foi assim rapidamente imitado; todas as cidades marítimas e, em geral, todas as cidades que adquiriam renome por sua independência e seu comércio fundaram seus primeiros bancos. O retorno dos seus navios, pelo qual se tinha frequentemente de esperar muito tempo, levou inevitavelmente ao hábito de conceder crédito, que se reforçou ainda mais com a descoberta da América e o comércio subsequente para lá." (Este é um ponto fundamental.) "O carregamento dos navios impunha a tomada de grandes empréstimos, o que já ocorria na Antiguidade em Atenas e na Grécia. Em 1308, a cidade hanseática de Bruges possuía uma Câmara de Seguros." (M. Augier, [*Du credit public et de son histoire depuis les temps anciens jusqu'a nos jours*,] op. cit., pp. 202–03)

Até que ponto os empréstimos aos proprietários da terra e, em geral, aos que fruem da riqueza predominavam, mesmo na Inglaterra, no último terço do século XVII, antes de desenvolver-se o moderno sistema de crédito, pode-se ver, entre outras obras, nas de Sir Dudley North, um dos mais notáveis comerciantes ingleses e, além disso, um dos mais importantes economistas teóricos de sua época:

> Nem um décimo sequer do dinheiro empregado a juros, em nosso país, é concedido a homens de negócios para que efetuem seus negócios; a maior parte se empresta para ser despendida em artigos de luxo e por pessoas que, embora grandes proprietários de terra, gastam seu dinheiro mais rapidamente do que suas propriedades o fazem entrar; e, como não querem a venda de suas terras, preferem hipotecá-las. (*Discourses upon Trade*. London, 1691, pp. 6, 7)

No século XVIII, na Polônia:

> Varsóvia fazia grandes negócios com letras, mas que tinham por base e por objetivo, principalmente, a usura de seus banqueiros. Para conseguir dinheiro, que podiam emprestar aos grandes senhores esbanjadores a 8 e mais por cento, buscavam e encontravam fora do país crédito de letras descobertas, isto é, que não se baseava em comércio algum de mercadorias, mas que o sacado estrangeiro aceitava pacientemente enquanto não falhavam as remessas obtidas com letras frias. Com a falência de um Tepper e de outros banqueiros muito respeitáveis de Varsóvia, eles foram punidos pesadamente. (J. G. Busch, *Theoretisch-praktische Darstellung der Handlung etc.*, v. II, 3ª ed. Hamburg, 1808, pp. 232–33)

Vantagens para a Igreja da proibição do juro

> A Igreja proibira que juros fossem recebidos, mas não a VENDA da propriedade para se enfrentarem necessidades urgentes; nem sequer cedê-la, por determinado tempo, até o reembolso da dívida, ao prestamista de dinheiro, a fim de que este a tivesse como garantia, mas também de que, durante a posse, pudesse, em seu uso, gozar de um substituto do dinheiro que emprestara. [...] A própria Igreja ou as comunas e *pia corpora* [corporações piedosas] pertencentes a ela tiravam grande proveito disso, sobretudo na época das Cruzadas. Isso levou uma grande parte da riqueza nacional para a chamada 'mão morta', uma vez que os judeus não podiam praticar tal usura, sendo impossível ocultar a posse de uma garantia tão sólida. [...] Sem a proibição dos juros, as igrejas e os conventos jamais poderiam ter ficado tão ricos. (Ibid., p. 55)

SEÇÃO VI

METAMORFOSE DO SOBRELUCRO EM RENDA FUNDIÁRIA

CAPÍTULO 37

PRELIMINARES

A análise da propriedade fundiária em suas diferentes formas históricas está além dos limites desta obra. Nós só nos ocupamos com ela à medida que parte da mais-valia gerada pelo capital recai no proprietário da terra. Supomos, portanto, que a agricultura, exatamente como a manufatura, está dominada pelo modo de produção capitalista, isto é, que a exploração da agricultura é feita por capitalistas, que de início só se diferenciam dos demais capitalistas pelo setor em que seu capital está investido e pelo trabalho assalariado mobilizado por esse capital. Para nós, o arrendatário produz trigo etc. como o fabricante produz fio ou máquinas. A suposição de que o modo de produção capitalista se assenhoreou da agricultura implica que ele domina todas as esferas da produção e da sociedade civil; que, portanto, também suas condições, como livre concorrência dos capitais, transferibilidade deles de uma esfera da produção para outra, nível igual do lucro médio etc., encontram-se presentes em toda a sua plenitude. A forma de propriedade fundiária por nós examinada é uma forma histórica específica, a forma *transmutada*, por influência do capital e do modo de produção capitalista, seja da propriedade fundiária feudal, seja da agricultura de subsistência do camponês, na qual a *posse* da terra aparece como uma das condições de produção para o produtor direto e a *propriedade* da terra como a condição mais vantajosa, como condição do florescimento de *seu* modo de produção. Se o modo de produção capitalista pressupõe, de maneira geral, a expropriação das condições de trabalho aos trabalhadores, da mesma forma pressupõe, na agricultura, a expropriação do solo aos trabalhadores rurais e a subordinação destes a um capitalista, que exerce a agricultura para obter lucro. Para nossa exposição é, portanto, uma objeção irrelevante que se recorde que existiram ou que existem ainda outras formas de propriedade fundiária e de agricultura. Isso só pode afetar os economistas que tratam o modo de produção capitalista na agricultura e sua correspondente forma de propriedade fundiária não como categorias históricas, mas como categorias eternas.

Para nós, a abordagem da moderna forma de propriedade fundiária é necessária porque, de modo geral, se trata de considerar determinadas relações de produção e de intercâmbio que se originam do investimento do capital na economia agrícola. Sem isso, a análise desta não seria completa. Limitamo-nos, portanto, exclusivamente ao investimento de capital na agricultura propriamente dita, ou seja, na produção dos principais produtos de origem vegetal dos quais vive uma população. Podemos dizer trigo, porque este é o alimento básico dos povos modernos desenvolvidos capitalistamente. (Ou, em vez de agricultura, mineração, pois as leis são as mesmas.)

Um dos grandes méritos de A. Smith é ter exposto de que maneira a renda fundiária gerada pelo capital empregado para a produção de outros produtos agrícolas, como linho, corantes vegetais, criação autônoma de gado etc., é determinada pela renda fundiária gerada pelo capital investido na produção do principal meio de alimentação.[I] De fato, depois dele não se fez nenhum progresso nesse sentido. As restrições ou acréscimos que lhe poderíamos fazer pertencem a um estudo autônomo da propriedade fundiária, não a este. Por isso, quanto à propriedade fundiária, à medida que não se refira à terra destinada à produção de trigo, não falaremos *ex professo*, mas faremos referências ocasionais com fins ilustrativos.

Para completar, é preciso notar que, aqui, por terra também se entende água etc., à medida que tenha um proprietário e se apresente como acessório do solo.

A propriedade fundiária pressupõe que certas pessoas têm o monopólio de dispor de determinadas porções do globo terrestre como esferas exclusivas de sua vontade privada, com exclusão de todas as outras.[26] Isso pressuposto, trata-se agora de expor o valor econômico, ou seja, a valorização desse monopólio na base da produção capitalista. O poder jurídico dessas pessoas de usar e abusar de porções do globo terrestre em nada contribui para isso. A utilização dessas porções depende inteiramente de condições econômicas que são independentes da vontade desses proprietários. A própria concepção jurídica quer dizer apenas que o proprietário fundiário pode proceder com o solo assim como o respectivo dono com as mercadorias; e esta concepção – a concepção jurídica da livre propriedade do solo – só ingressa, no mundo antigo, à época da dissolução da ordem social orgânica e, no mundo moderno, com o desenvolvimento da produção capitalista. Na Ásia, ela foi introduzida pelos europeus apenas em algumas regiões. Na seção sobre a acumulação primitiva (Livro 1, cap. 24), viu-se como esse modo de produção pressupõe, por um lado, que os produtores diretos se libertem da condição de meros acessórios do solo (na forma de vassalos, servos, escravos etc.) e, por outro, a expropriação à massa do povo de sua base fundiária. Nessa medida, o monopólio da propriedade fundiária é um pressuposto

---

I A. Smith, *An Inquiry into the Nature and Causes of the Wealth of Nations*. London: Aberdeen, 1848, pp. 105–06. (Ver também K. Marx, *Theorien über den Mehrwert*. Berlin: Dietz Verlag, 1968. MEW, v. 26, Parte II, pp. 350–52.) [N.E.A.]

histórico e continua sendo o fundamento permanente do modo de produção capitalista, bem como de todos os modos de produção anteriores que se baseiam, de uma maneira ou de outra, na exploração das massas. Mas a forma em que o incipiente modo de produção capitalista encontra a propriedade fundiária não lhe é adequada. Só ele mesmo cria a forma que lhe é adequada, por meio da subordinação da agricultura ao capital; com isso, então, a propriedade fundiária feudal, a propriedade do clã ou a pequena propriedade camponesa combinada com as terras comunais são também transformadas na forma econômica adequada a esse modo de produção, por mais diversas que sejam suas formas jurídicas. Um dos grandes resultados do modo de produção capitalista é que, por um lado, transforma a agricultura, de um procedimento meramente empírico e mecânico tradicional da parte menos desenvolvida da sociedade a um emprego científico consciente da agronomia, desde que isso seja possível sob as condições da propriedade privada;[27] dissocia inteiramente a propriedade fundiária das relações de dominação e servilismo feudais e ainda separa por completo o solo, enquanto condição de trabalho, da propriedade fundiária e do senhor da terra, para o qual a terra representa apenas um tributo em dinheiro que, por meio de seu monopólio, ele arrecada do capitalista industrial, o arrendatário. Os vínculos se rompem a tal ponto que o proprietário fundiário pode passar toda a vida em Constantinopla enquanto sua propriedade fundiária se encontra na Escócia. Assim, a propriedade fundiária recebe sua forma puramente econômica, eliminando todos os seus antigos ornamentos e amálgamas políticos e sociais, em suma, todos aqueles ingredientes tradicionais que os próprios capitalistas industriais, bem como seus porta-vozes teóricos, denunciam, como veremos mais tarde, no fragor de sua luta contra a propriedade fundiária, como sendo uma excrescência inútil e absurda. A racionalização da agricultura, por um lado, permitindo que esta possa, afinal, ser exercida socialmente, e a redução da propriedade fundiária *ad absurdum*, por outro, são esses os grandes méritos do modo de produção capitalista. Como seus demais progressos históricos, também esse foi obtido de início mediante a total pauperização dos produtores diretos.

Antes de passarmos para o assunto propriamente dito, ainda são necessárias algumas observações para evitar mal-entendidos.

O pressuposto no modo de produção capitalista, portanto, é o seguinte: os verdadeiros agricultores são assalariados, empregados por um capitalista, o arrendatário, que exerce a agricultura apenas como um campo específico de exploração do capital, como investimento de seu capital numa esfera específica da produção. Esse capitalista-arrendatário paga ao proprietário da terra, ao proprietário do solo explorado por ele, em prazos determinados, por exemplo anualmente, uma soma em dinheiro fixada contratualmente (assim como o prestatário paga juros determinados pelo capital monetário) pela permissão de aplicar seu capital nesse campo específico de produção. Essa soma de dinheiro se denomina renda fundiária, não importando se é paga por terras cultiváveis, terreno de construção, minas, pesqueiros, matas etc. Ela é paga por todo o tempo durante o qual o dono da terra emprestou ou alugou o solo ao arrendatário. A renda fundiária é aqui, portanto, a forma em que a propriedade fundiária se realiza economicamente, se valoriza. Além disso, temos aqui reunidas e confrontadas as três classes que constituem o quadro da sociedade moderna: trabalhador assalariado, capitalista industrial, proprietário fundiário.

O capital pode ser fixado na terra, incorporado a ela, em caráter mais transitório, como no caso de melhorias de natureza química, adubação etc., e em caráter mais permanente, como no caso de canais de drenagem, obras de irrigação, nivelamento, prédios administrativos etc. Em outra obra denominei *terre-capital* a esse capital incorporado à terra.[28] Pertence à categoria de capital fixo. Os juros pelo capital incorporado à terra e as melhorias que ela assim recebe como instrumento de produção podem constituir parte da renda que é paga pelo arrendatário ao dono da terra,[29] mas não constituem a renda fundiária propriamente dita, paga pelo uso do solo enquanto tal, quer ele se encontre em estado natural, quer seja cultivado. Numa análise sistemática da propriedade fundiária, o que está fora de nossos planos, essa parte dos rendimentos do proprietário fundiário teria de ser apresentada detalhadamente. Aqui bastam algumas palavras a esse respeito. Os investimentos de capital de caráter mais transitório requeridos na agricultura pelos processos comuns de produção são feitos, sem exceção, pelo arrendatário. Esses investimentos – como o próprio cultivo de modo geral, quando efetuado ao menos um pouco racionalmente, não se reduzindo, portanto, ao esgotamento brutal do solo, como o faziam, por exemplo, os antigos senhores escravocratas norte-americanos; contra isso os senhores proprietários fundiários se asseguram por contrato – ajudam a melhorar o solo,[30] aumentam sua produção e transformam a terra de simples matéria em terra-capital. Um campo cultivado tem mais valor que um não cultivado que tenha a mesma qualidade natural. Os investimentos de capital fixo de caráter mais permanente, consumíveis a longo prazo, incorporados à terra, também são feitos em grande parte, e em certas esferas muitas vezes exclusivamente, pelo arrendatário. Assim que, no entanto, estiver concluído o período de arrendamento fixado por contrato – e esta é uma das razões pelas quais, com o desenvolvimento da produção capitalista, o proprietário da terra procura encurtar ao máximo o período de arrendamento –, as melhorias incorporadas ao solo passam a pertencer ao dono deste, como acidente inseparável da substância, o solo. Ao novo contrato de arrendamento que conclui, o proprietário fundiário acrescenta à renda propriamente dita os juros pelo capital incorporado ao solo, quer ele o alugue ao arrendatário que fez as melhorias, quer o faça a outro arrendatário. Assim, sua renda aumenta; ou o valor da terra, se ele quiser vendê-la, é agora maior – logo veremos como seu preço é determinado. Ele não vende apenas a terra, mas a terra melhorada, o capital incorporado à terra e que não lhe custou nada. Esse é um dos segredos – abstraindo-se completamente do movimento da renda fundiária propriamente dita – do enriquecimento crescente dos proprietários fundiários, do contínuo incremento de suas rendas e do valor monetário cada vez maior de suas terras com o avanço do desenvolvimento econômico. Assim, embolsam o resultado do desenvolvimento social efetuado sem o concurso deles: *fruges consumere nati* [nascido para comer os frutos].[I] Esse é, porém, um dos maiores empecilhos ao desenvolvimento racional da agricultura, pois o arrendatário evita todas as melhorias e gastos cujo retorno integral não pode ser esperado durante o prazo do arrendamento; e encontramos essa circunstância continuamente denunciada como tal obstáculo, tanto no século passado, por James Anderson,[II] o verdadeiro descobridor da moderna teoria da renda, arrendatário prático e ao mesmo tempo importante agrônomo de sua época, quanto em nossos dias, por parte dos adversários do regime de propriedade da terra atualmente vigente na Inglaterra.

A. A. Walton, em sua *History of the Landed Tenures of Great Britain and Ireland*, London, 1865, pp. 96–97, diz sobre isso:

> "Todos os esforços das numerosas associações agrícolas em nosso país não podem produzir nenhum resultado muito importante ou apreciável no avanço real dos aperfeiçoamentos agrícolas enquanto tais melhorias significam, num grau muito mais elevado, um aumento no valor da propriedade e no registro de rendas do proprietário do que uma melhoria na situação do arrendatário ou do trabalhador rural. Os arrendatários, de modo geral, sabem tão bem quanto os proprietários das terras ou seus administradores, ou até mesmo o presidente da Associação Agrícola, que boa drenagem, bastante adubo e boa administração, combinados com maior emprego de trabalho, para limpar completamente a terra e revolvê-la, hão de produzir excelentes resultados, melhorando o solo e aumentando a produção. Mas tudo isso requer, no entanto, um gasto considerável, e os arrendatários também sabem que, por

---

I Horácio, *Epístolas*. Livro 1, epístola 2, 27. [N.E.A.]

II Sobre a teoria da renda de Anderson, ver K. Marx, *Theorien über den Mehrwert*, op. cit., pp. 103–05, 110–14 e 134–39. [N.E.A.]

> mais que melhorem a terra ou aumentem seu valor, é o proprietário quem, a longo prazo, colherá o principal benefício disso, em rendas aumentadas e no maior valor das terras. [...] Eles são suficientemente espertos para perceber o que esses oradores" (proprietários das terras e seus administradores falando em festividades agrícolas), "por algum mero descuido, costumam omitir – que a parte do leão em quaisquer melhorias que possam introduzir certamente acabará indo parar nos bolsos dos donos das terras. [...] Por mais que o arrendatário anterior tenha melhorado a fazenda, seu sucessor sempre notará que o proprietário fundiário aumenta o arrendamento na proporção do valor acrescido da terra em virtude dessas melhorias".

Na agricultura propriamente dita, esse processo ainda não aparece tão claramente quanto na utilização do solo como terreno para construção. A parte preponderante do solo que, na Inglaterra, se destina a fins imobiliários não é vendida como *freehold* [propriedade alodial], mas alugada pelo proprietário por 99 anos ou, se possível, por menos tempo. Depois de transcorrido esse período as construções revertem, com o próprio solo, para o proprietário deste.

> "Eles" {os arrendatários} "são obrigados a entregar a casa ao expirar o contrato, em boas condições de uso, para o grande proprietário, após terem pagado uma renda fundiária exorbitante até esse momento. Assim que o contrato de locação expira, o agente ou supervisor aparece, examina sua casa, providencia para que você a deixe em boas condições e então toma posse dela, anexando-a aos domínios de seu senhor. O fato é que, se se permitir que esse sistema continue em pleno vigor por longo tempo ainda, então a totalidade das propriedades de casas no reino estará nas mãos dos grandes senhores fundiários, além da própria terra. Todo o West End de Londres, ao norte e ao sul do Temple Bar,[I] pertence a cerca de meia dúzia de grandes senhores de terras, proporcionando-lhes rendas fabulosas, e os contratos que ainda não expiraram estão vencendo rapidamente. O mesmo pode ser dito em maior ou menor grau de qualquer cidade do reino. Mas esse sistema voraz de exclusão e monopólio não para aí. A quase totalidade do sistema de docas em nossas cidades portuárias está, pelo mesmo sistema de usurpação, nas mãos dos grandes leviatãs da terra." (Ibid., pp. 92–93)

Nessas circunstâncias, é claro que, se o censo da Inglaterra e do País de Gales de 1861 indica, numa população total de 20 066 224 habitantes, 36 032 proprietários de casas, a proporção de proprietários em relação

I Portão fortificado, entre a Fleet Street e a praia, que ligava a City com Westminster. Foi demolido em 1879. [N.E.A.]

ao número de casas e de habitantes assumiria aspecto completamente diverso se os grandes proprietários fossem colocados de um lado e os pequenos de outro.

Esse exemplo relativo à propriedade de construções é importante 1) porque mostra claramente a diferença entre a renda fundiária propriamente dita e os juros do capital fixo incorporado ao solo e que pode constituir um acréscimo à renda fundiária. Os juros das construções, bem como os do capital incorporado pelo arrendatário ao solo, no caso da agricultura, recaem sobre o capitalista industrial, sobre o especulador imobiliário ou sobre o arrendatário durante a vigência do contrato de arrendamento e, em si e por si, não têm nada a ver com a renda fundiária que precisa ser paga anualmente, em determinadas datas, pela utilização do solo; 2) porque mostra como o capital alheio incorporado à terra passa, com esta, finalmente às mãos do proprietário fundiário e, assim, os juros por esse capital aumentam sua renda.

Alguns autores, em parte como porta-vozes da propriedade fundiária contra os ataques dos economistas burgueses, em parte devido a sua aspiração de transformar o sistema de produção capitalista num sistema de "harmonias" ao invés de contradições, como, por exemplo, Carey, procuraram apresentar a renda fundiária, a expressão econômica específica da propriedade fundiária, como sendo idêntica aos juros. Ou seja, com isso estaria extinta a antítese entre proprietários fundiários e capitalistas. O método inverso foi empregado no começo da produção capitalista. Naquela época, na concepção popular, a propriedade fundiária ainda era considerada como a forma primitiva e responsável da propriedade privada, enquanto os juros do capital eram difamados como usura. Dudley North, Locke etc. apresentaram, por isso, os juros do capital como uma forma análoga à renda fundiária, exatamente como Turgot tentava justificar os juros a partir da existência da renda fundiária. – Esses novos autores esquecem – fazendo-se total abstração do fato de que a renda fundiária pode existir e existe de modo puro, sem acréscimo de nenhum juro pelo capital incorporado ao solo – que, dessa maneira, o proprietário da terra não só recebe juros do capital alheio e que nada lhe custa, mas, além disso, recebe ainda grátis o capital alheio. A justificativa da propriedade fundiária, como a de todas as outras formas de propriedades de determinado modo de produção, é que o próprio modo de produção é uma necessidade histórica transitória, portanto também as relações de produção e as relações de troca dele decorrentes. Todavia, como veremos mais tarde, a propriedade fundiária diferencia-se das demais espécies de propriedade pelo fato de que, em certo nível de desenvolvimento, ela aparece como supérflua e prejudicial, mesmo da perspectiva do modo de produção capitalista.

Existe outra forma em que a renda fundiária pode ser confundida com os juros, não se reconhecendo assim seu caráter específico. A renda fundiária se apresenta como certa soma de dinheiro que o proprietário da terra recebe anualmente mediante o arrendamento de um pedaço do globo terrestre. Vimos como toda receita determinada de dinheiro pode ser capitalizada, isto é, pode ser considerada como os juros de um capital imaginário. Se, por exemplo, a taxa média de juros é de 5%, então uma renda fundiária anual de 200 libras esterlinas também pode ser, portanto, considerada como juros de um capital de 4000 libras esterlinas. A renda fundiária assim capitalizada constitui o preço de compra ou valor do solo, uma categoria que, *prima facie*, é irracional, exatamente como o preço do trabalho, já que a terra não é produto do trabalho, não tendo, portanto, nenhum valor. Por outro lado, atrás dessa forma irracional se esconde uma relação real de produção. Se um capitalista compra por 4000 libras esterlinas terras que lhe dão uma renda anual de 200 libras esterlinas, então ele recebe, das 4000 libras esterlinas, juros anuais médios de 5%, exatamente como se ele tivesse investido esse capital em papéis que rendessem juros ou se tivesse emprestado diretamente a juros de 5%. É a valorização de um capital de 4000 libras esterlinas a 5%. Nessa hipótese, em 20 anos ele teria reposto novamente o preço de compra de sua propriedade por meio dos rendimentos dela oriundos. Por isso, na Inglaterra, se calcula o preço de compra de terras com base em tantos ou tantos *years' purchase*,[I] o que é apenas outra forma de expressar a capitalização da renda fundiária. É, de fato, o preço de compra não do solo, mas da renda fundiária que ele proporciona, calculada de acordo com a taxa média de juros. Essa capitalização da renda pressupõe, no entanto, a renda, enquanto a renda não pode ser, inversamente, deduzida nem explicada a partir de sua própria capitalização. Sua existência, independente da venda, é aqui o pressuposto do qual se parte.

Daí se deduz que, pressupondo-se a renda fundiária como uma grandeza constante, o preço das terras pode subir ou descer na razão inversa da subida ou queda da taxa de juros. Caso a taxa de juros corrente caísse de 5 para 4%, então uma renda fundiária anual de 200 libras esterlinas representaria a valorização anual de um capital de 5000 libras esterlinas, em vez de 4000 libras esterlinas, e assim o preço da mesma fração de terra teria subido de 4000 para 5000 libras esterlinas, ou de 20 *years' purchase* para 25. E vice-versa. Essa é uma dinâmica do preço da terra que independe da dinâmica da própria renda fundiária e que só é regulada por meio da taxa de juros. Como vimos, no entanto, que a taxa de lucro tem, com o progresso do desenvolvimento social, uma tendência

I Renda de (determinado número de) anos. [N.T.]

à queda, assim como a taxa de juros, à medida que é regulada pela taxa de lucro; que, além disso, mesmo abstraindo da taxa de lucro, a taxa de juros tem uma tendência à queda devido ao crescimento do capital monetário emprestável, daí decorre que o preço da terra tem uma tendência ascendente, independente mesmo do movimento da renda fundiária e do preço dos produtos da terra, do qual a renda constitui uma parte.

Confundir a própria renda fundiária com juros, forma que ela assume para o comprador da terra – confusão que repousa sobre o total desconhecimento da natureza da renda fundiária –, acaba levando aos mais curiosos paralogismos. Já que, em todos os países antigos, a propriedade fundiária é considerada uma forma particularmente nobre de propriedade e a compra dela, além disso, um investimento especialmente seguro de capital, então a taxa de juros, pela qual se compra a renda fundiária, é geralmente mais baixa do que em outros investimentos de capital feitos a longo prazo, de tal modo que, por exemplo, o comprador de terras só recebe 4% sobre o preço de compra, enquanto, para o mesmo capital, ele normalmente receberia 5% ou, o que acaba dando na mesma, ele paga mais capital pela renda fundiária do que pagaria em outros investimentos pelo mesmo rendimento anual. O Sr. Thiers, em seu texto – aliás, péssimo do começo ao fim – sobre *La propriété* (reprodução de seu discurso contra Proudhon proferido em 1848 na Assembleia Nacional Francesa),[I] conclui daí que a renda fundiária é baixa, enquanto isso só demonstra que o preço de compra dela é alto.

A circunstância de a renda fundiária capitalizada se apresentar como preço ou valor da terra, e de a terra, por conseguinte, ser comprada e vendida como qualquer outra mercadoria, é considerada por alguns apologetas como justificativa para a propriedade fundiária, já que o comprador teria pago por ela, como por qualquer outra mercadoria, um equivalente, e a maior parte das propriedades fundiárias teria mudado de mãos desse modo. A mesma justificativa valeria também para a escravidão à medida que, para o senhor que pagou dinheiro pelo escravo, o rendimento do trabalho deste representa apenas os juros do capital investido em sua compra. Querer deduzir da compra e venda da renda fundiária a justificativa de sua existência significa justificar sua existência a partir de sua existência.

Por mais importante que seja a análise científica da renda fundiária – isto é, a forma autônoma, especificamente econômica, da propriedade fundiária na base do modo de produção capitalista –, examiná-la pura e

---

I O discurso de Thiers, de 26 de julho de 1848, contra a proposta de Proudhon apresentada na Comissão de Finanças da Assembleia Nacional Francesa, está publicado no *Compte rendu des séances de l'Assemblée Nationale*, v. 2. Paris, 1849, pp. 666–71. [N.E.A.]

livre de todos os acréscimos que a falsificam e obnubilam, é igualmente importante, por outro lado, conhecer os elementos dos quais se originam essas turvações da teoria, para o entendimento dos efeitos práticos da propriedade fundiária e mesmo para a compreensão teórica de uma série de fatos que contradizem o conceito e a natureza da renda fundiária, mas, mesmo assim, aparecem como modos de existência dela.

Na prática, naturalmente, aparece como renda fundiária tudo o que é pago em forma de dinheiro de arrendamento pelo arrendatário ao dono da terra em troca da permissão de cultivar o solo. Quaisquer que sejam os componentes desse tributo, quaisquer que sejam as fontes das quais provenha, ele tem em comum com a renda fundiária propriamente dita o fato de que o monopólio sobre uma fração do globo terrestre permite ao assim chamado proprietário de terras elevar o tributo, impor a taxação. Esse tributo tem em comum com a renda fundiária propriamente dita o fato de determinar o preço da terra, que, como se mostrou acima, é apenas a receita capitalizada do arrendamento do solo.

Já se viu que os juros pelo capital incorporado ao solo podem constituir um dos tais componentes estranhos da renda fundiária, um componente que, com o progresso do desenvolvimento econômico, precisa constituir um adicional sempre crescente à renda total de um país. Mas, abstraindo-se desses juros, é possível que, por baixo desse dinheiro de arrendamento, em parte se esconda, e em certos casos inclusive de modo completo e absoluto – isto é, no caso da ausência total da renda fundiária propriamente dita e, portanto, de uma falta real de valor do solo –, uma dedução, seja do lucro médio, seja do salário normal, ou de ambos ao mesmo tempo. Essa parte do lucro ou do salário assume aqui a figura da renda fundiária, porque, ao invés de recair para o capitalista industrial ou para o assalariado, como seria normal, é paga em forma de dinheiro de arrendamento ao proprietário da terra. Economicamente falando, nem uma parte nem a outra constituem renda fundiária: mas na prática constitui o rendimento do proprietário da terra uma valorização econômica de seu monopólio, exatamente do mesmo modo que a verdadeira renda fundiária, influindo sobre o preço da terra de maneira tão determinante quanto a renda.

Não falamos aqui das condições em que a renda fundiária – o modo de propriedade fundiária correspondente ao modo de produção capitalista – existe formalmente sem que exista o próprio modo de produção capitalista, sem que o próprio arrendatário seja um capitalista industrial ou que seu modo de cultivar seja capitalista. Esse é, por exemplo, o caso na *Irlanda*. O arrendatário aí é, em regra, um pequeno camponês. O que ele paga ao proprietário da terra como arrendamento não só absorve com frequência parte de seu lucro, isto é, seu próprio mais-trabalho, sobre o qual ele tem direito como dono de seu próprio instrumento de trabalho, mas também parte do salário normal que, em outras condições, ele receberia pela mesma quantidade de trabalho. Além disso, o proprietário da terra, que não faz nada para melhorar o solo, expropria-o de seu pequeno capital que ele, em grande parte mediante seu próprio trabalho, incorpora ao solo, exatamente como faria um usurário sob condições semelhantes. Só que o usurário ao menos arrisca o próprio capital nessa operação. Esse roubo continuado constitui o objeto da controvérsia quanto à legislação agrária irlandesa, que essencialmente se resume em que o dono da terra que rescinde o contrato de arrendamento deveria ser obrigado a indenizar o arrendatário pelas melhorias introduzidas por ele no solo ou pelo capital incorporado ao solo.[I] A isso, Palmerston costumava responder cinicamente:

> A Câmara dos Comuns é uma câmara de proprietários rurais.

Tampouco falaremos das condições excepcionais em que, mesmo em países de produção capitalista, o proprietário rural pode exigir um arrendamento elevado, que não esteja em nenhuma correlação com o produto do solo, como, por exemplo, nos distritos industriais ingleses, o aluguel de pequenos terrenos a trabalhadores de fábrica, seja para pequenos quintais, seja para o cultivo diletante nas horas de folga (*Reports of Inspectors of Factories*).

Falemos da renda agrícola em países de produção capitalista desenvolvida. Entre os arrendatários ingleses, por exemplo, encontra-se certo número de pequenos capitalistas que, por educação, formação escolar, tradição, concorrência e outras circunstâncias, estão destinados e obrigados a investir seu capital na agricultura como arrendatários. São obrigados a se contentar com menos do que o lucro médio e a entregar parte disso sob a forma de renda aos proprietários de terras. Essa é a única condição sob a qual lhes é permitido investir seu capital na terra, na agricultura. Já que, por toda parte, os proprietários de terras exercem influência significativa, na Inglaterra até mesmo preponderante, sobre a legislação, essa influência pode ser usada para enganar toda a classe dos arrendatários.

I A luta entre proprietários de terras e arrendatários terminou em 1853 com a aprovação da "lei de indenização dos arrendatários" (Irlanda) pela Câmara dos Comuns. Essa lei contém uma cláusula segundo a qual o arrendatário deveria receber, ao final de seu período de arrendamento, uma indenização em dinheiro pelas melhorias introduzidas no solo. Marx escreve detalhadamente sobre isso no artigo "Die indische Frage: Das irische Pachtrecht" [A questão hindu: O direito irlandês de arrendamento] (MEW, v. 9, pp. 157–63). [N.E.A.]

As leis dos cereais de 1815, por exemplo – um imposto sobre o pão confessadamente aplicado ao país para assegurar aos ociosos proprietários de terras a continuidade de suas rendas, enormemente aumentadas durante a guerra antijacobina –, tiveram por certo, se não se levarem em conta anos isolados excepcionalmente frutíferos, como consequência manter os preços dos produtos agrícolas acima do nível a que teriam caído no caso de uma livre importação de cereal. Mas não tiveram por resultado manter os preços no nível decretado como normal, pelos proprietários de terras legisladores, para constituírem as barreiras legais à importação de cereais estrangeiros. Sob a ilusão desses preços normais, foram, no entanto, celebrados os contratos de arrendamento. Assim que se desfez essa ilusão, criou-se uma nova lei com novos preços normais, que, como os antigos, eram apenas a expressão impotente da cobiçada fantasia dos proprietários de terras. Desse modo, os arrendatários foram espoliados de 1815 até os anos 30. Daí proveio, durante todo esse período, o tema constante da *agricultural distress* [dificuldade da agricultura]. Daí ter havido, durante esse período, a expropriação e a ruína de toda uma geração de arrendatários e sua substituição por nova classe de capitalistas.[31]

Um fato muito mais genérico e importante, porém, é a redução do salário dos trabalhadores agrícolas propriamente ditos abaixo de seu nível médio normal, de modo que uma parcela dele é subtraída ao trabalhador, passando a fazer parte do dinheiro do arrendamento, e assim, sob a máscara da renda fundiária, retorna para o proprietário da terra, e não para o trabalhador. Isso ocorre em geral na Inglaterra e na Escócia, por exemplo, com exceção de alguns condados bem situados. Os trabalhos sobre o nível salarial[I] pelas comissões parlamentares de inquérito, instauradas na Inglaterra antes da introdução das leis dos cereais – trabalhos que até hoje constituem a contribuição mais valiosa, e quase totalmente inexplorada, à história dos salários no século XIX e que, ao mesmo tempo, são um vergonhoso monumento erigido pela aristocracia e pela burguesia inglesas para si mesmas –, demonstraram sobejamente, acima de qualquer dúvida, que as elevadas taxas de renda e a correspondente elevação do preço das terras durante a guerra antijacobina deviam-se, em parte, tão somente à dedução no salário

I *Report from the Select Committee on Petitions Relating to the Corn Laws of the Kingdom: Together with the Minutes of Evidence, and an Appendix of Accounts.* Ordered, by the House of Commons, to be printed, 26 July 1814.

Reports Respecting Grain, and the Corn Laws: viz: First and Second Reports from the Lords Committees, Appointed to Enquire into the State of the Growth, Commerce, and Consumption of Grain, and all Laws Relating Thereto; [...] Ordered by the House of Commons, to be printed, 23 November 1814. [N.E.A.]

e sua redução abaixo até mesmo do mínimo fisicamente necessário; em outras palavras, à passagem de parte do salário normal para as mãos dos proprietários de terras. Diversas circunstâncias, entre elas a depreciação do dinheiro, a manipulação das Leis dos Pobres nos distritos agrícolas[I] etc., tinham possibilitado essas operações, ao mesmo tempo que as receitas dos arrendatários cresciam enormemente e os proprietários de terras enriqueciam fabulosamente. Ora, um dos principais argumentos, tanto do arrendatário quanto do proprietário da terra, em favor das leis alfandegárias dos cereais era o de que seria fisicamente impossível baixar ainda mais o salário do diarista agrícola. Essa circunstância não se modificou essencialmente, e na Inglaterra, como em todos os países europeus, parte do salário normal entra na renda fundiária. Quando o Conde de Shaftesbury, então Lorde Ashley, um dos aristocratas filantropos, profundamente comovido com a situação dos trabalhadores fabris ingleses, tornou-se seu porta-voz parlamentar durante a agitação em prol da jornada de dez horas, os porta-vozes dos industriais publicaram, por vingança, uma estatística sobre o salário dos trabalhadores agrícolas nas aldeias pertencentes a ele (ver Livro 1, cap. 23, [parte] 5, e: O proletariado agrícola britânico), a qual mostrava claramente como uma parte da renda fundiária desse filantropo se constituía tão somente do roubo que seus arrendatários executavam para ele no salário dos trabalhadores agrícolas. Essa publicação é também interessante porque os fatos nela contidos podem audazmente se colocar ao lado dos piores fatos revelados pelas comissões de 1814 e 1815. Sempre que as circunstâncias obrigam a uma elevação momentânea do salário dos diaristas agrícolas, ecoa também o grito dos arrendatários de que uma elevação do salário a seu nível normal, como ocorre em outros ramos industriais, é impossível e acabará por arruiná-los se não houver redução simultânea da renda fundiária. Nisso está contida, portanto, a confissão de que, sob o nome de renda fundiária, está sendo feita uma dedução no salário pelos arrendatários, a qual é transferida para os proprietários de terras. De 1849 a 1859, por exemplo, o salário dos trabalhadores agrícolas subiu na Inglaterra devido à combinação de importantes circunstâncias, como: êxodo da Irlanda, que cortou o fornecimento de trabalhadores agrícolas de lá; extraordinária absorção de população agrícola pela indústria; demanda bélica de soldados; extraordinária emigração para a Austrália e para os Estados Unidos (Califórnia), e outras circunstâncias que não precisam ser aventadas detalhadamente aqui. Ao mesmo tempo, com exceção das colheitas desfavoráveis de 1854-56, os preços médios dos

I K. Marx, *O capital*, Livro 1, op. cit., p. 597. [N.E.B.]

cereais caíram em mais de 16% durante esse período. Os arrendatários clamavam por uma redução das vendas. Tiveram êxito em alguns casos, mas no geral fracassaram com essa exigência. Recorreram à redução dos custos de produção, entre outros meios pela introdução maciça do vapor locomotor e de nova maquinaria que, em parte, substituiu os cavalos, suprimindo-os da atividade econômica, mas, em parte, através da liberação de diaristas agrícolas, deu origem a uma superpopulação artificial, acarretando nova queda do salário. E isso aconteceu apesar da diminuição geral relativa da população agrícola durante esse decênio em comparação com o crescimento da população total e apesar da diminuição absoluta da população agrícola em alguns distritos puramente agrícolas.[32] Fawcett, então catedrático de Economia Política em Cambridge (e falecido em 1884 como diretor-geral dos Correios), afirmava no Congresso de Ciências Sociais, em 12 de outubro de 1865:

> Os diaristas agrícolas começaram a emigrar e os arrendatários a se queixar de que eles não teriam condições de pagar rendas tão elevadas quanto as que estavam acostumados a pagar porque o trabalho tornara-se mais caro devido à emigração.

Aqui, portanto, a renda fundiária elevada é diretamente identificada com salários baixos. E, à medida que o nível do preço da terra está condicionado por essa circunstância aumentativa, a elevação do valor da terra é identificada com desvalorização do trabalho, alta do preço da terra com baixa do preço do trabalho.

O mesmo é válido para a França.

> O preço do arrendamento sobe porque, por um lado, sobem os preços do pão, do vinho, da carne, das verduras e das frutas e, por outro, o preço do trabalho permanece inalterado. Se pessoas mais idosas confrontarem as contas de seus pais, o que nos faz retroceder cerca de 100 anos, descobrirão que, naquela época, o preço de uma jornada de trabalho na França rural era exatamente o mesmo de hoje. O preço da carne triplicou desde então. [...] Quem é a vítima dessa mudança radical? O rico, o proprietário da terra arrendada, ou o pobre que a trabalha? [...] A elevação do arrendamento é prova de calamidade pública. (*Du mécanisme de la société en France et en Angleterre*. Par M. Rubichon. 2ª ed. Paris, 1837, p. 101)

Exemplos de renda como decorrência da dedução feita, por um lado, no lucro médio e, por outro, no salário médio:

O supracitado Morton,[I] agente imobiliário e engenheiro agrônomo, diz que em muitas regiões ter-se-ia feito a observação de que a renda para grandes arrendamentos é mais baixa do que para pequenos porque

> a concorrência entre estes últimos é habitualmente maior do que entre os primeiros e porque pequenos arrendatários, que raramente estão em condições de se lançar em qualquer outro negócio que não seja a agricultura, muitas vezes se dispõem a pagar uma renda que eles mesmos sabem ser elevada demais, pressionados pela necessidade de encontrar um negócio que lhes seja mais conveniente. (John L. Morton, *The Resourses of Estates*. London, 1858, p. 116)

Essa diferença deve, no entanto, desaparecer pouco a pouco na Inglaterra, e para isso, segundo sua opinião, muito contribui a emigração exatamente entre a classe dos pequenos arrendatários. Esse mesmo Morton dá um exemplo em que, claramente, uma dedução no salário do próprio arrendatário, e com maior certeza ainda no das pessoas que ele emprega, entra na renda fundiária. Isso ocorre com arrendamentos com menos de 70–80 acres (30–34 hectares) e que não podem sustentar arados de tração dupla.

> Se o arrendatário não trabalha com suas próprias mãos tão diligentemente quanto qualquer outro trabalhador, não pode subsistir em seu arrendamento. Se deixa a execução do trabalho por conta de seus empregados e se limita a supervisioná-los, então muito em breve provavelmente descobrirá que não está em condições de pagar a renda. (Ibid., p. 118)

Morton conclui daí que, a menos que os arrendatários da região sejam muito pobres, os arrendamentos não devem ter mais de 70 acres, de modo que o arrendatário possa manter de dois a três cavalos.

Extraordinária a sabedoria do Sr. Léonce de Lavergne, *membre* de l'Institut et de la Société Centrale d'Agriculture. Em sua *Économie rurale de l'Angleterre* (citada de acordo com a tradução inglesa, London, 1855), ele faz a seguinte comparação dos resultados anuais da criação de gado, que na França trabalha e na Inglaterra não, porque é substituído por cavalos (p. 42):

I O trabalho aqui citado é de John Lockhart Morton, enquanto que antes John C. Morton havia sido mencionado. [N.E.A.]

França		*Inglaterra*	
Leite	£ 4 milhões	Leite	£ 16 milhões
Carne	£ 16 milhões	Carne	– milhões
Trabalho	£ 8 milhões	Trabalho	£ 20 milhões
	£ 28 milhões		£ 36 milhões

Mas nesse caso se destaca o produto mais elevado porque, segundo os próprios dados do autor, o leite na Inglaterra é outro tanto mais caro do que na França, enquanto para a carne ele supõe os mesmos valores (p. 35); portanto, a produção inglesa de leite é reduzida para 8 milhões de libras esterlinas e o produto total para 28 milhões de libras esterlinas, como na França. É, de fato, um tanto forçado quando o Sr. Lavergne inclui simultaneamente em seus cálculos a massa de produtos e as diferenças de preços, de tal modo que, se a Inglaterra produz certos artigos a um preço mais alto do que a França – o que, no máximo, significa lucro maior para arrendatários e proprietários de terras –, isso aparece como uma vantagem da agricultura inglesa.

Que o Sr. Lavergne, além de conhecer os êxitos econômicos da agricultura inglesa, também acredite nos preconceitos dos arrendatários e dos proprietários de terras ingleses, é o que demonstra à p. 48:

> Em geral há uma grande desvantagem vinculada aos cereais [...], eles esgotam o solo em que são plantados.

O Sr. Lavergne, além de acreditar que outras plantas não façam isso, crê que as plantas forrageiras e as raízes comestíveis enriqueçam o solo:

> Plantas forrageiras extraem os principais elementos de seu crescimento da atmosfera, enquanto devolvem mais ao solo do que dele retiram; ajudam, por conseguinte, de dois modos, tanto diretamente quanto por sua transformação em adubo animal, a reparar os danos causados pelos cereais e por outras culturas que esgotam a terra; por isso, é um princípio básico ao menos alterná-las com essas culturas; nisso é que consiste a *Norfolk rotation*. (pp. 50-51)

Não é de admirar que o Sr. Lavergne, que crê nesses contos de fadas do espírito rural inglês, também acredite que, desde a derrogação das leis aduaneiras dos cereais, o salário do diarista agrícola inglês tenha perdido sua antiga anormalidade. Ver o que dissemos anteriormente sobre isso no Livro 1, cap. 23, [parte] 5, pp. 596-614. Ouçamos ainda, porém, o discurso do Sr. John Bright proferido em Birmingham a 13 de dezembro de 1865. Depois de ter falado dos 5 milhões de famílias que nem sequer estão representados no Parlamento, continuou:

> Entre eles há 1 milhão, ou até mais de 1 milhão, no Reino Unido que está classificado na infeliz lista dos pobres. Há outro milhão logo acima do pauperismo, mas sempre à beira do perigo de também se tornar pobre. As condições e perspectivas deste não são mais favoráveis do que as daquele. Considerem agora os estratos inferiores e ignorantes dessa parcela da comunidade. Considerem sua condição abjeta, sua pobreza, seu sofrimento, sua absoluta falta de esperança. Mesmo nos Estados Unidos, nos estados do Sul, durante o predomínio da escravidão, cada negro acreditava que mais cedo ou mais tarde chegaria seu dia de júbilo. Mas para essas pessoas, para essa massa das camadas mais baixas de nosso país, não há – estou aqui para afirmar isso – a crença em melhoria alguma, nem mesmo uma aspiração nesse sentido. Vocês leram, há pouco, nos jornais uma notícia sobre John Cross, um diarista agrícola em Dorsetshire? Ele trabalhava 6 dias por semana, tinha excelente recomendação da parte de seu empregador, para o qual havia trabalhado 24 anos a 8 xelins por semana. John Cross tinha de sustentar com esse salário uma família de 7 filhos em sua choupana. Para aquecer sua esposa adoentada e uma criança de peito, ele pegou – legalmente falando, creio que roubou – um feixe de lenha no valor de 6 pence. Por esse delito, foi julgado pelos juízes de paz e sentenciado a 14 ou 20 dias de prisão. Posso afirmar que há vários milhares de casos como o de John Cross pelo país, especialmente no Sul, e que a situação deles é tal que até agora o melhor investigador não foi capaz de desvendar o mistério de como eles conseguem manter corpo e alma juntos. Lancem agora seus olhares por todo o país e observem esses 5 milhões de famílias e a desesperada situação dessa camada. Será que não é verdade que a massa da nação excluída do direito ao voto labuta sem cessar, praticamente sem conhecer descanso? Comparem-na com a classe dominante – mas, se eu fizer isso, serei acusado de comunismo [...] mas comparem essa grande nação, que se mata trabalhando e não tem direito ao voto, com a parte que pode ser considerada como a das classes dominantes. Vejam sua riqueza, sua ostentação, seu luxo. Observem seu cansaço – pois também entre elas há cansaço, mas é o cansaço da sociedade – e vejam como correm de um lugar para outro, como se o único afazer fosse descobrir novos prazeres. (*Morning Star*, 14 dez. 1865)

No que segue se demonstra como mais-trabalho e, portanto, mais-produto são em geral confundidos com renda fundiária, esta, ao menos na base do modo de produção capitalista, parte do mais-produto especificamente determinada quantitativa e qualitativamente. A base natural do mais-trabalho em geral, isto é, a condição natural sem a qual ele não é possível, é a de que a Natureza – seja em produtos da terra, vegetais ou animais, seja em pesqueiros etc. – concede os meios de subsistência necessários mediante o emprego de um tempo de trabalho que não consome toda a jornada. Essa produtividade natural do trabalho agrícola (que aqui inclui o simples trabalho de coleta, caça, pesca, criação de gado) é a base de todo o mais-trabalho, assim como todo e qualquer trabalho é primeiro e originalmente voltado para a apropriação e produção de alimentos. (Nos climas frios, o animal fornece ao mesmo tempo sua pele para aquecer; além disso, cavernas para morar etc.)

A mesma confusão entre mais-produto e renda fundiária se encontra expressa de outro modo pelo Sr. Dove.[I] Originalmente, trabalho agrícola e trabalho industrial não se encontram separados; o segundo se agrega ao primeiro. O mais-trabalho e o mais-produto da tribo, da comunidade doméstica ou da família abrangem tanto o trabalho agrícola quanto o industrial. Ambos correm paralelos. Caça, pesca, agricultura são impossíveis sem instrumentos adequados. Tecer, fiar etc. são primeiro efetuados como trabalhos agrícolas acessórios.

Demonstramos anteriormente que, assim como o trabalho do trabalhador individual se divide em trabalho necessário e mais-trabalho, pode-se também dividir o trabalho total da classe trabalhadora de tal modo que a parte que produz a totalidade dos meios de subsistência para a classe trabalhadora (inclusive os meios de produção exigidos para isso) executa o trabalho necessário à sociedade toda. O trabalho executado pela parte restante da classe trabalhadora pode ser considerado como mais-trabalho. Porém o trabalho necessário não inclui de maneira alguma apenas trabalho agrícola, mas também o trabalho que produz os demais produtos que necessariamente entram no consumo médio do trabalhador. Do ponto de vista social, uns realizam apenas trabalho necessário porque outros realizam apenas mais-trabalho, e vice-versa. Isso é somente divisão de trabalho entre eles. O mesmo ocorre com a divisão de trabalho entre trabalhadores agrícolas e trabalhadores industriais em geral. Ao caráter puramente industrial do trabalho, de um lado, corresponde o puramente agrícola, do outro. Esse trabalho puramente agrícola não é de nenhum modo natural, mas ele mesmo um produto – e de fato um produto muito moderno, que não se encontra por toda parte – do desenvolvimento social e corresponde a uma fase bem determinada de produção. Assim como parte do trabalho agrícola se objetiva em produtos que servem apenas para o luxo ou constituem matérias-primas para a indústria, mas de modo algum entram na alimentação, e muito menos na alimentação

I Patrick Edward Dove, *The Elements of Political Science*. Edinburgh, 1854, pp. 264 e 273. [N.E.A.]

das massas, assim também, por outro lado, parte do trabalho industrial é objetivada em produtos que constituem os meios de consumo necessários tanto aos trabalhadores agrícolas quanto aos não agrícolas. É um erro considerar esse trabalho industrial – do ponto de vista social – como mais-trabalho. Em parte ele é tão necessário quanto a parte necessária do trabalho agrícola. Também é apenas uma forma autonomizada de parte do trabalho industrial que antes era naturalmente ligada ao trabalho agrícola, uma complementação recíproca necessária do trabalho puramente agrícola e que agora está separada dele. (Considerando a questão apenas do ponto de vista material, 500 tecelões mecânicos, por exemplo, produzem tecido excedente num grau muito mais elevado, ou seja, produzem mais do que é necessário para sua própria indumentária.)

Por fim, ao examinar as formas de manifestação da renda fundiária, ou seja, o arrendamento que é pago a título de renda fundiária ao proprietário da terra pela utilização do solo, seja para fins produtivos, seja para fins consumptivos, cabe registrar que o preço das coisas que não têm por si nenhum valor, ou seja, que não são produto de trabalho, como a terra, ou que ao menos não podem ser reproduzidas mediante trabalho, como antiguidades, obras de arte de determinados mestres etc., pode ser determinado por combinações casuais. Para vender uma coisa, é preciso apenas que seja monopolizável e alienável.

Há três erros principais que é preciso evitar ao abordar a renda fundiária, pois turvam a análise.

1) A confusão entre diferentes formas de renda, correspondentes a fases diversas de desenvolvimento do processo de produção social.

Qualquer que seja a forma específica de renda, todos os seus tipos têm em comum que a apropriação da renda é a forma econômica em que a propriedade fundiária se realiza e que a renda fundiária pressupõe, por sua vez, uma propriedade fundiária, a propriedade de determinados indivíduos sobre determinadas frações do globo terrestre; é indiferente que o proprietário seja a pessoa que representa a comunidade, como na Ásia, no Egito etc., ou que essa propriedade fundiária seja apenas um tributo acidental de propriedade de determinadas pessoas sobre as pessoas dos produtores diretos, como no sistema escravocrata ou de servidão, ou que seja pura propriedade privada de não-produtores sobre a Natureza, mero título de propriedade sobre o solo ou, por fim, que seja uma relação com o solo, a qual, como no caso de colonos e pequenos proprietários camponeses, parece encontrar-se diretamente compreendida – no sistema de trabalho isolado e socialmente não desenvolvido – na apropriação e produção dos produtos de determinadas frações de terra pelos produtores diretos.

Esse *denominador comum* das diferentes formas de renda – ser a realização econômica da propriedade fundiária, a ficção jurídica por força da qual diversos indivíduos detêm de modo exclusivo determinadas partes do globo terrestre – faz com que se esqueçam as diferenças.

2) Toda renda fundiária é mais-valia, produto de mais-trabalho. Ela é diretamente mais-produto mesmo em sua forma menos desenvolvida, a renda em espécie. Daí o erro de que a renda correspondente ao modo de produção capitalista, que sempre é excedente sobre o lucro, ou seja, sobre parte do valor da mercadoria que consiste, ela mesma, em mais-valia (mais-trabalho) – que essa parte especial e específica da mais-valia seja explicada ao se explicarem as condições gerais de existência da mais-valia e do lucro. Essas condições são: os produtores diretos devem trabalhar além do tempo que é necessário para a reprodução de sua própria força de trabalho, para sua própria reprodução. Devem executar mais-trabalho em geral. Essa é a condição subjetiva. Mas a objetiva é que também *possam* executar mais-trabalho; que as condições naturais sejam tais que *parte* de seu tempo de trabalho disponível baste para sua reprodução e manutenção como produtores, que a produção de seus meios de subsistência necessários não consuma toda a sua força de trabalho. A fertilidade da Natureza constitui aqui uma limitação, um ponto de partida, uma base. Por outro lado, o desenvolvimento da força produtiva social constitui outra. Examinando ainda mais de perto, já que a produção dos meios de subsistência constitui absolutamente a condição primordial de sua vida e de toda a produção em geral, o trabalho empregado nessa produção, portanto o trabalho agrícola no sentido econômico mais amplo, precisa ser suficientemente rendoso para que todo o tempo de trabalho disponível não seja absorvido na produção de recursos alimentícios para os produtores diretos; isto é, que seja possível o mais-trabalho agrícola. Indo além, que o trabalho agrícola total – trabalho necessário e mais-trabalho – de parte da sociedade seja suficiente para gerar os alimentos necessários para toda a sociedade, portanto também para os trabalhadores não agrícolas; que, portanto, deve ser possível essa grande divisão de trabalho entre agricultores e trabalhadores industriais, e igualmente a divisão entre agricultores que produzem alimentos e os que produzem matérias-primas. Embora o trabalho dos produtores diretos de alimentos se decomponha em si mesmo em trabalho necessário e mais-trabalho, em relação à sociedade ele só representa o trabalho necessário exigido para a produção dos meios de subsistência. O mesmo ocorre, aliás, em toda divisão do trabalho dentro da sociedade, diferenciando-se da

divisão do trabalho dentro de uma empresa em particular. É o trabalho necessário para a produção de determinados artigos – para satisfazer a necessidade específica da sociedade desses artigos. Se essa divisão é proporcional, os produtos dos diferentes grupos são vendidos por seus valores (num estágio posterior de desenvolvimento, por seus preços de produção) ou então por preços que são modificações desses valores, talvez preços de produção, determinados por leis gerais. De fato, é a lei do valor tal como ela se impõe não às mercadorias ou aos artigos individuais, mas aos produtos totais originados em cada uma das esferas específicas da produção social, autonomizadas pela divisão do trabalho; de modo que não só se emprega sobre cada mercadoria individual apenas o tempo de trabalho necessário, mas também nos diferentes grupos tão somente o *quantum* proporcional necessário do tempo de trabalho social total. Pois a condição continua a ser o valor de uso. Mas, se o valor de uso de uma mercadoria isolada depende de ela em si e por si satisfazer uma necessidade, então, na massa do produto social, depende de ela satisfazer, de maneira adequada, uma necessidade social quantitativamente determinada para cada espécie particular de produto, e de o trabalho, por conseguinte, estar proporcionalmente dividido em relação a essas necessidades nas diferentes esferas da produção, quantitativamente circunscritas. (Levar em consideração esse ponto ao tratar da divisão do capital nas diversas esferas da produção.) A necessidade social, ou seja, o valor de uso elevado à potência social, aparece aqui como fator determinante da cota do tempo total de trabalho social que recai para as diversas esferas específicas da produção. É, porém, apenas a mesma lei que já se mostra na mercadoria isolada, ou seja: que seu valor de uso é pressuposto de seu valor de troca, portanto de seu valor. Esse ponto só tem a ver com a relação entre trabalho necessário e mais-trabalho à medida que, ao violar essa proporção, não podem ser realizados o valor da mercadoria nem, portanto, a mais-valia contida nela. Por exemplo, suponhamos que se tenha produzido, proporcionalmente, tecido de algodão em excesso, embora nesse produto total de tecido só se realize o tempo de trabalho necessário para isso nas condições dadas. Mas, de modo geral, gastou-se trabalho social demais nesse ramo específico, ou seja, parte do produto é inútil. Por isso, a totalidade só se vende como se tivesse sido produzida na proporção necessária. Essa limitação quantitativa das cotas do tempo de trabalho social utilizáveis nas diferentes esferas da produção específicas é apenas expressão mais desenvolvida da lei do valor em geral, embora o tempo de trabalho necessário assuma aqui outro sentido. Apenas um tanto dele é necessário para satisfazer as necessidades sociais. A limitação que ocorre aqui se deve ao valor de uso. Sob as condições de produção dadas, a sociedade só pode utilizar determinado x de seu tempo de trabalho total nessa espécie particular de produto. Mas as condições subjetivas e objetivas de mais-trabalho e mais-valia de modo geral nada têm a ver com a forma particular, seja do lucro, seja da renda. São válidas para a mais-valia enquanto tal, qualquer que seja a forma específica que venha a adotar. Por isso, não explicam a renda fundiária.

3) Exatamente no caso da valorização econômica da propriedade fundiária, do desenvolvimento da renda fundiária, aparece como característica peculiar o fato de o montante dessa renda não ser, de modo algum, determinado pela intervenção de seu receptor, mas pelo desenvolvimento do trabalho social, que não depende dele e do qual ele não participa. Por isso, algo pode ser facilmente compreendido como peculiaridade da renda (e do produto agrícola em geral) e, na base da produção de mercadorias, ou melhor, da produção capitalista (que em seu conjunto é produção de mercadorias), ser comum a todos os ramos da produção e a todos os seus produtos.

O nível da renda fundiária (e com ele o valor da terra) desenvolve-se ao longo do desenvolvimento social como resultado do trabalho social total. Por um lado, crescem com isso o mercado e a demanda de produtos da terra; por outro, imediatamente cresce a própria demanda de terras, como condição de produção competitiva para todos os possíveis ramos da produção, mesmo os não agrícolas. Além disso, a renda, e com ela o valor da terra, para falar só da renda agrícola propriamente dita, desenvolve-se com o mercado para o produto da terra e, por conseguinte, com o crescimento da população não agrícola; com sua necessidade e sua demanda, em parte de recursos alimentares, em parte de matérias-primas. É da natureza do modo de produção capitalista que ele continuamente diminua a população agrícola em relação à não agrícola, porque na indústria (em sentido estrito) o crescimento do capital constante em relação ao variável está ligado ao crescimento absoluto, apesar da diminuição relativa, do capital variável; enquanto na agricultura diminui em termos absolutos o capital variável exigido para a exploração de determinado pedaço de terra, só podendo, portanto, crescer à medida que novas terras são cultivadas, isso, porém, pressupõe por sua vez crescimento ainda maior da população não agrícola.

De fato, nós aqui não estamos perante um fenômeno característico da agricultura e de seus produtos. Pelo contrário, na base da produção de mercadorias e de sua forma absoluta, da produção capitalista, o mesmo é válido para todos os outros ramos da produção e produtos.

Esses produtos são mercadorias, valores de uso que possuem um valor de troca, e um valor realizável, valor de troca transformável em dinheiro só na medida em que outras mercadorias constituem um equivalente para eles, em que outros produtos se confrontam com eles como mercadorias e como valores; portanto, só na medida em que não são produzidos como meios imediatos de subsistência para seus próprios produtores, mas como mercadorias, como produtos que só se tornam valores de uso mediante transformação em valor de troca (dinheiro), mediante sua alienação. O mercado para essas mercadorias se desenvolve por meio da divisão social do trabalho; a separação dos trabalhos produtivos transforma seus respectivos produtos reciprocamente em mercadorias, em equivalentes entre si, faz com que se sirvam mutuamente como mercado. Isso não é uma peculiaridade típica dos produtos agrícolas.

A renda só pode se desenvolver como renda monetária com base na produção de mercadorias, ou melhor, na produção capitalista, e ela se desenvolve na mesma medida em que a produção agrícola se torna produção de mercadorias; portanto, na mesma medida em que a produção não agrícola se torna autônoma em relação a ela, pois na mesma medida o produto agrícola se torna mercadoria, valor de troca e valor. Na mesma medida em que, com a produção capitalista, se desenvolve a produção de mercadorias e, por conseguinte, a produção de valor, desenvolve-se a produção de mais-valia e de mais-produto. Mas, na mesma medida em que esta última se desenvolve, desenvolve-se a capacidade da propriedade fundiária no sentido de captar, mediante seu monopólio sobre a terra, uma parte crescente dessa mais-valia. O capitalista é ainda um agente que atua no desenvolvimento dessa mais-valia e desse mais-produto. O proprietário da terra só tem de apropriar-se do mais-produto e da mais-valia que cresce em sua colaboração. Isso é característica peculiar à sua posição; não, porém, o fato de o valor dos produtos da terra, e por isso o valor das terras, sempre crescer na medida em que seu mercado se amplia, a demanda cresce e, com ela, o mundo de mercadorias que se defronta com o produto da terra, portanto, em outras palavras, a massa dos produtores não agrícolas de mercadorias e da produção não agrícola de mercadorias. Porém, como isso ocorre sem sua colaboração, em seu caso aparece como algo específico que massa de valor, massa da mais-valia e transformação de parte dessa mais-valia em renda fundiária de algum modo dependam do processo social de produção, do desenvolvimento da produção de mercadorias. Por isso, Dove, por exemplo, quer deduzir daí a renda. Ele diz que a renda não depende da massa do produto agrícola, mas de seu valor;[I] este depende, contudo, da massa e da produtividade da população agrícola. Porém, isto vale em relação a qualquer outro produto, só se desenvolver como mercadoria em parte com a massa, em parte com a multiplicidade de outras mercadorias

---

I Ibid., p. 279. [N.E.A.]

que constituem equivalentes para ele. Isso já foi mostrado na representação geral do valor.[1] Por um lado, a capacidade de troca de um produto depende de modo geral da multiplicidade das mercadorias que existem além dele. Por outro, disso depende em particular a massa em que ele mesmo pode ser produzido como mercadoria.

Nenhum produtor, nem o industrial nem o agrícola, considerado isoladamente, produz valor ou mercadoria. Seu produto só se torna valor e mercadoria em determinado contexto social. Primeiro, à medida que aparece como representação de trabalho social, portanto seu próprio tempo de trabalho como parte do tempo de trabalho social em geral; segundo, esse caráter social de seu trabalho aparece como caráter social impresso em seu produto, por meio do caráter monetário e da permutabilidade geral determinada pelo preço.

Se, portanto, por um lado, em vez de se explicar a renda, explica-se a mais-valia ou, numa versão ainda mais simplória, o mais-produto em geral, por outro lado se comete aqui o engano de atribuir com exclusividade aos produtos agrícolas um caráter que corresponde a todos os produtos enquanto mercadorias e valores. Isso é ainda mais superficial quando se volta da determinação geral do valor para a *realização* de determinado valor-mercadoria. Toda mercadoria só pode realizar seu valor no processo de circulação, e se ela o realiza e até que ponto o realiza depende das condições do mercado.

Não é, portanto, típico da renda fundiária que os produtos agrícolas se desenvolvam tornando-se valores e que evoluam como valores, ou seja, que eles como mercadorias se defrontem com as outras mercadorias e que os produtos não agrícolas se defrontem com eles como mercadorias, ou que eles se desenvolvam como expressões específicas do trabalho social. O peculiar é que, com as condições em que os produtos agrícolas se desenvolvem como valores (mercadorias) e com as condições da realização de seus valores, também se desenvolve o poder do proprietário da terra no sentido de se apropriar de uma parte crescente desses valores produzidos sem sua colaboração, e uma parte crescente da mais-valia se transforma em renda fundiária.

---

1 Ver K. Marx, *O capital*, Livro 1, op. cit., p. 141. [N.E.B.]

CAPÍTULO 38

RENDA DIFERENCIAL: GENERALIDADES

Ao analisar a renda fundiária, partimos do pressuposto de que produtos que pagam tal renda, nos quais parte da mais-valia, logo parte do preço total, resolve-se em renda – para nossos fins basta levar em conta produtos agrícolas ou produtos da mineração –, portanto produtos da terra ou produtos da mineração, são vendidos, como todas as outras mercadorias, por seus preços de produção. Ou seja, seus preços de venda são iguais a seus elementos de custo (ao valor do capital constante e do capital variável consumidos) mais um lucro, determinado pela taxa geral de lucro, calculada sobre o capital total adiantado, consumido e não consumido. Supomos, portanto, que os preços médios de venda desses produtos são iguais a seus preços de produção. Pergunta-se então como, nessa hipótese, pode desenvolver-se uma renda fundiária, ou seja, como parte do lucro pode transformar-se em renda fundiária e, por isso, parte do preço da mercadoria recair para o proprietário da terra.

A fim de demonstrar o caráter geral dessa forma da renda fundiária, suponhamos que as fábricas num país sejam impulsionadas preponderantemente por máquinas a vapor, enquanto a minoria o seja por quedas-d'água naturais. Suponhamos que o preço de produção naqueles ramos industriais seja de 115 para uma massa de mercadorias em que um capital de 100 seja consumido. Os 15% de lucro são calculados não só sobre o capital consumido de 100, mas também sobre o capital total que é empregado na produção desse valor-mercadoria. Esse preço de produção, como discutido anteriormente, não é determinado pelo preço de custo individual de cada industrial que produz individualmente, mas pelo preço de custo médio da mercadoria nas condições médias do mercado em toda a esfera da produção. É, de fato, o preço de produção de mercado: o preço médio de mercado, por diferença de suas oscilações. É da própria estrutura do preço de mercado e, além disso, da estrutura do preço regulador de mercado ou do preço de produção de mercado que a natureza do valor das mercadorias se coloque, que ela se determine não individualmente por meio do tempo de trabalho necessário para a produção de determinado *quantum* de mercadorias ou de mercadorias individuais, para determinado produtor individual, mas por meio do tempo de trabalho socialmente necessário: por meio do tempo de trabalho exigido para, nas condições sociais médias de produção, produzir o *quantum* total socialmente necessário das espécies de mercadorias encontráveis no mercado.

Já que as proporções numéricas determinadas são aqui completamente indiferentes, admitamos, além disso, que o preço de custo nas fábricas movidas por força hidráulica seja apenas de 90, em vez de 100. Já que o preço de produção da massa dessas mercadorias que regula o mercado é = 115, com um lucro de 15%, então os fabricantes que movem suas máquinas com força hidráulica também venderão por 115, isto é, pelo preço médio regulador do preço de mercado. O lucro deles será, por isso, de 25 em vez de 15; o preço de produção regulador lhes permitirá obter um sobrelucro de 10%, não porque venderão sua mercadoria acima do preço de produção, mas porque a venderão pelo preço de produção, porque suas mercadorias serão produzidas ou seu capital operará sob condições excepcionalmente favoráveis, condições que estarão acima do nível médio dominante nessa esfera.

Duas coisas se mostram em seguida:

Primeira: O sobrelucro dos produtores que empregam como força motriz as quedas-d'água naturais comporta-se inicialmente como todo sobrelucro (já desenvolvemos essa categoria ao tratar dos preços de produção) que não é resultado ocasional de transações efetuadas no processo de circulação, de oscilações ocasionais dos preços de mercado. Esse sobrelucro é, portanto, também igual à diferença entre o preço individual de produção desses produtores favorecidos e o preço social geral, o preço de produção, regulador do mercado, de toda essa esfera da produção. Essa diferença é igual ao excedente do preço geral de produção da mercadoria sobre seu preço individual de produção. Os dois limites reguladores desse excedente são, por um lado, o preço individual de custo, por conseguinte o preço individual de produção, e, por outro, o preço geral de produção. O valor da mercadoria produzida com a queda-d'água é menor porque, para sua produção, é necessário menor *quantum* total de trabalho, ou seja, menos trabalho em forma objetivada entra como parte do capital constante. O trabalho aqui empregado é mais produtivo, sua força produtiva individual é maior do que a do trabalho empregado na maioria das fábricas da mesma espécie. Sua força produtiva maior se revela no fato de que, para produzir a mesma massa de mercadorias, precisa de menor *quantum* de trabalho objetivado do que as outras; além disso, necessita de um *quantum* mais reduzido de trabalho vivo, já que a roda hidráulica não precisa ser aquecida. Essa maior força produtiva individual do trabalho empregado diminui o valor, mas também o preço de custo e, com isso, o preço de produção da mercadoria. Para o industrial, isso se coloca de tal modo que o preço de custo da mercadoria é menor. Ele precisa pagar menos trabalho objetivado e também menos salário para menos força viva de trabalho empregada. Já que o preço de custo da mercadoria é menor, também é menor seu preço individual de produção. Para ele, o preço de custo é de 90 em vez de 100. Portanto, em vez de 115, seu preço individual de produção também seria apenas de 103½ (100 : 115 = 90 : 103½). A diferença entre seu preço individual de produção e o preço geral é limitada pela diferença entre seu preço individual de custo e o preço geral. Essa é uma das grandezas que formam os limites para seu sobrelucro. A outra grandeza é o preço geral de produção, no qual a taxa geral de lucro entra como um dos fatores reguladores. Caso o carvão se tornasse mais barato, diminuiria a diferença entre seu preço individual de custo e o preço geral e, portanto, seu sobrelucro. Caso ele tivesse de vender a mercadoria por seu valor individual ou pelo preço de produção determinado por seu valor individual, a diferença desapareceria. Esta é, por um lado, o resultado do fato de a mercadoria ser vendida por seu preço geral de mercado, pelo preço em que a concorrência compensa os preços individuais; por outro lado, do fato de a maior força produtiva individual do trabalho mobilizado por ele não beneficiar os trabalhadores, mas, como toda força produtiva do trabalho, seu empregador: de que ele se apresenta como força produtiva do capital.

Já que uma das limitações desse sobrelucro é o nível do preço geral de produção, do qual o nível da taxa geral de lucro é um dos fatores, então ele só pode originar-se da diferença entre o preço geral e o preço individual de produção, portanto da diferença entre a taxa individual de lucro e a geral. Um excedente sobre essa diferença supõe a venda do produto acima do preço de produção regulado pelo mercado, e não por esse mesmo preço.

Segunda: Até agora, o sobrelucro do fabricante que emprega a queda-d'água natural como força motriz, em vez do vapor, não se diferencia de modo algum de todo o resto do sobrelucro. Todo sobrelucro normal, isto é, não provocado por operações fortuitas de venda ou por oscilações do preço de mercado, é determinado pela diferença entre o preço individual de produção das mercadorias desse capital específico e o preço geral de produção, que usualmente regula os preços de mercado das mercadorias do capital dessa esfera da produção, ou seja, os preços de mercado das mercadorias do capital total investido nessa esfera da produção.

Mas agora vem a diferença.

A que circunstância, no caso em pauta, o fabricante deve seu sobrelucro, o excedente que pessoalmente lhe é dado pelo preço de produção regulado pela taxa geral de lucro?

Em primeira instância, a uma força natural, a força motriz da queda-d'água, que se encontra na Natureza e que não tem custo, como o carvão, o qual transforma água em vapor, é ele próprio produto do trabalho e tem, portanto, valor, precisa ser pago com um equivalente. Ela é um agente natural de produção, em sua criação não entra nenhum trabalho.

Mas isso não é tudo. O fabricante que trabalha com a máquina a vapor também emprega forças naturais que nada lhe custam, mas que tornam o trabalho mais produtivo e, à medida que barateiam a produção dos meios de subsistência para os trabalhadores, elevam a mais-valia e, por conseguinte, o lucro; são, portanto, monopolizadas pelo capital tanto quanto as forças naturais sociais do trabalho que se originam de cooperação, divisão do trabalho etc. O fabricante paga o carvão, mas não a capacidade da água de modificar seu estado físico, de passar a vapor, nem a elasticidade do vapor etc. Essa monopolização das forças naturais, ou melhor, o incremento da força de trabalho acarretado por elas, é comum a todo capital que trabalha com máquinas a vapor. Ele pode elevar a parte do produto do trabalho que representa mais-valia em relação à parte que se transforma em salários. À medida que o faz, eleva a taxa geral de lucro, mas não acarreta nenhum sobrelucro, que consiste exatamente no excedente do lucro individual sobre o lucro médio. Que o emprego de uma força da Natureza, da queda-d'água, acarrete aqui sobrelucro não pode originar-se tão somente do fato de a maior força produtiva do trabalho aqui se dever ao emprego de uma força natural. Outras circunstâncias modificadoras são necessárias.

Inversamente. O mero emprego de forças da Natureza na indústria pode ter efeitos sobre o nível da taxa geral de lucro, pois atua sobre o *quantum* de trabalho exigido para a produção dos meios de subsistência necessários. Não acarreta, porém, em si e por si, nenhum grande desvio da taxa geral de lucro, e é exatamente dela que aqui se trata. Além disso: o sobrelucro, que em outros casos um capital individual realiza numa esfera específica da produção – pois as variações das taxas de lucro entre as esferas da produção específicas nivelam-se continuamente à taxa média de lucro –, se origina, fazendo-se abstração das variações puramente ocasionais, de uma redução do preço de custo, portanto dos custos de produção. Essa redução é devida à circunstância de se empregar capital em massas maiores do que as médias, o que diminui os *faux frais* da produção, enquanto as causas gerais da elevação da força produtiva do trabalho (cooperação, divisão do trabalho etc.) podem atuar em grau mais elevado, com maior intensidade, porque sobre campo mais amplo de trabalho; ou, porém, à circunstância de, fazendo abstração do volume do capital em funcionamento, serem empregados melhores métodos de trabalho, novas invenções, máquinas aperfeiçoadas, segredos químicos de fabricação etc., em suma, meios de produção e métodos de produção que estão acima do nível médio. A diminuição do preço de custo e o sobrelucro que daí decorre originam-se da maneira como o capital ativo é investido. Originam-se ou do fato de ele estar concentrado em massas excepcionalmente grandes em uma só mão – circunstância que é neutralizada assim que massas de capital de igual grandeza são aplicadas em média – ou do fato de o capital de determinada grandeza funcionar de maneira especialmente produtiva – circunstância que desaparece assim que o método excepcional de produção se generaliza ou é superado por outro, ainda mais desenvolvido.

A causa do sobrelucro se origina aqui, portanto, do próprio capital (incluindo nisso o trabalho mobilizado por ele); seja de uma diferença na magnitude do capital empregado, seja de emprego adequado do mesmo; e em si e por si nada impede que todo o capital seja investido do mesmo modo na mesma esfera da produção. A concorrência entre os capitais tende, pelo contrário, a eliminar cada vez mais essas diferenças; a determinação do valor pelo tempo de trabalho socialmente necessário se impõe no barateamento das mercadorias e na coação para produzir as mercadorias sob as mesmas condições favoráveis. Mas as coisas são diferentes com o sobrelucro do fabricante que emprega a queda-d'água. A maior força produtiva do trabalho por ele empregado não se origina do capital ou do próprio trabalho, nem da mera aplicação de uma força natural, diferente do capital e do trabalho, mas incorporada ao capital. Origina-se da maior força produtiva natural do trabalho, ligada ao aproveitamento de uma força natural, mas não de uma força natural que está à disposição de todo o capital na mesma esfera da produção, por exemplo, a elasticidade do vapor, cuja utilização não é, portanto, óbvia em todos os casos em que, em geral, se invista capital nessa esfera. Mas de uma força natural monopolizável que, como a queda-d'água, só está à disposição daqueles que dispõem de certos trechos do globo terrestre e seus anexos. Não depende nem um pouco do capital suscitar essa condição natural de maior força produtiva do trabalho, da maneira que qualquer capital pode transformar água em vapor. Ela só se encontra em certos locais da Natureza e, onde não se encontra, não é produtível mediante determinados investimentos de capital. Não está presa a produtos que possam ser feitos pelo trabalho, como máquinas, carvão etc., mas a determinadas condições naturais de determinadas partes da terra. Quanto ao emprego dessa força da Natureza, a parcela de fabricantes que possui quedas-d'água exclui a parcela que não as possui, pois a terra é limitada, e ainda mais a terra dotada de força hidráulica. Isso não exclui que, embora a massa das quedas-d'água naturais num país seja limitada, a massa da força hidráulica utilizável pela indústria possa ser aumentada. A queda-d'água pode ser canalizada artificialmente para explorar por completo sua força motriz; conforme o caso, a roda hidráulica pode ser aperfeiçoada para aproveitar o máximo possível da força hidráulica; onde a roda hidráulica não serve para o caudal, turbinas podem ser empregadas etc. A posse dessa força natural constitui um monopólio na mão de seu possuidor, uma condição de maior força produtiva do capital investido e que não pode ser produzida pelo processo de produção do próprio capital;[33] essa força da Natureza, que assim é monopolizável, sempre está ligada à terra. Tal força natural não pertence às condições gerais da esfera da produção em questão, nem às suas condições que podem ser estabelecidas de modo geral.

Imaginemos agora as quedas-d'água, com o solo a que pertencem, nas mãos de pessoas que são consideradas proprietárias dessa parte do globo terrestre, como proprietários fundiários, e que resolvam excluir o investimento do capital na queda-d'água e sua utilização pelo capital. Elas podem permitir ou negar a utilização. Mas o capital não pode criar por si a queda-d'água. O sobrelucro que se origina dessa utilização da queda-d'água não se origina, portanto, do capital, mas do emprego de uma força natural monopolizável e monopolizada pelo capital. Nessas circunstâncias, o sobrelucro se transforma em renda fundiária, isto é, recai para o proprietário da queda-d'água. Caso o fabricante pague a este 10 libras esterlinas anualmente por sua queda-d'água, então seu lucro atinge 15 libras esterlinas; 15% sobre as 100 libras esterlinas, que perfazem então seus custos de produção: e ele está tão bem ou talvez até melhor que todos os outros capitalistas de sua esfera de produção que trabalham com vapor. Nada se alteraria na questão se o próprio capitalista se apropriasse da queda-d'água. Ele continuaria a receber o sobrelucro de 10 libras esterlinas, não como capitalista, mas como proprietário da queda-d'água, e exatamente porque esse excedente não se origina de seu capital enquanto tal, mas da circunstância de dispor de uma força natural separável de seu capital, monopolizável, limitada em seu volume, é que se transforma em renda fundiária.

Primeiro: Está claro que essa renda é sempre renda diferencial, pois ela não entra de modo determinante no preço geral de produção da mercadoria, mas o pressupõe. Ela sempre se origina da diferença entre o preço individual de produção do capital individual, do qual a força natural monopolizada está à disposição, e o preço geral de produção do capital investido na esfera de produção em questão.

Segundo: Essa renda fundiária não se origina da elevação absoluta da força produtiva do capital empregado, ou do trabalho apropriado por ele, que, em geral, só pode diminuir o valor das mercadorias; mas se origina da maior fertilidade relativa de determinados capitais individuais, investidos numa esfera da produção, se comparados com os investimentos de capital que estão excluídos dessas condições excepcionalmente favoráveis da força produtiva geradas pela Natureza. Se, por exemplo, a utilização do vapor, embora o carvão tenha valor e a força hidráulica não, garantisse vantagens superiores, excluídas na utilização da força hidráulica e que mais que as compensassem, então a força hidráulica não seria utilizada e não poderia gerar nenhum sobrelucro e, portanto, nenhuma renda.

Terceiro: A força natural não é a fonte do sobrelucro, apenas base natural dele, pois é a base natural da força produtiva do trabalho excepcionalmente mais elevada. Assim, o valor de uso é sobretudo portador do valor de troca, mas não sua causa. O mesmo valor de uso, caso pudesse ser obtido sem trabalho, não teria nenhum valor de troca, mas continuaria a ter sua utilidade natural como valor de uso. Por outro lado, no entanto, uma coisa não tem nenhum valor de troca sem ter valor de uso, portanto sem tal portador natural do trabalho. Se os diferentes valores não se equalizassem em preços de produção, assim como os diferentes preços individuais de produção em um preço geral, um preço de produção regulador do mercado, então a mera elevação da força produtiva do trabalho, pelo uso da queda-d'água, apenas abaixaria o preço das mercadorias produzidas com a queda-d'água, sem elevar a parcela de lucro existente nessas mercadorias, exatamente como, por outro lado, essa maior força produtiva do trabalho nem sequer seria transformada em mais-valia caso o capital não se apropriasse da força produtiva, natural e social, do trabalho empregado, como se fosse sua.

Quarto: A propriedade fundiária sobre a queda-d'água não tem em si e por si nada a ver com a criação da parte da mais-valia (do lucro) e, daí, do preço da mercadoria em geral que é produzida com a ajuda da queda-d'água. Esse sobrelucro existiria mesmo que não existisse nenhuma propriedade fundiária, se, por exemplo, as terras a que a queda-d'água pertencesse fossem utilizadas pelo fabricante como terras sem dono. A propriedade fundiária não gera, portanto, a parte do valor que as transforma em sobrelucro, apenas dá condições ao proprietário da terra, ao proprietário da queda-d'água, de atrair esse sobrelucro do bolso do fabricante para o seu. É a causa não da criação desse sobrelucro, mas de sua metamorfose para a forma da renda fundiária, e portanto da apropriação dessa parte do lucro, ou do preço da mercadoria, pelo proprietário da terra ou da queda-d'água.

Quinto: Está claro que o preço da queda-d'água, por conseguinte o preço que o proprietário da terra receberia caso a vendesse a outra pessoa ou mesmo ao próprio fabricante, não entra de início no preço de produção das mercadorias, embora entre no preço individual de custo do fabricante, pois a renda se origina aqui do preço de produção – regulado independentemente da queda-d'água – das mercadorias da mesma espécie produzidas com máquinas a vapor. Além disso, no entanto, esse preço da queda-d'água é sobretudo uma expressão irracional, atrás da qual se esconde uma relação econômica real. A queda-d'água, como a terra em geral, como toda força da Natureza, não tem nenhum valor porque não representa nenhum trabalho nela objetivado e, por isso, nenhum preço, que, normalmente, é apenas o valor expresso em dinheiro. Onde não há valor, nada, *eo ipso* [por isso mesmo], pode ser expresso em dinheiro. Esse preço é apenas renda capitalizada. A propriedade fundiária capacita o proprietário a se apoderar da diferença entre o lucro individual e o lucro médio; o lucro assim apoderado, que se renova anualmente, pode ser capitalizado e aparece, então, como preço da própria força natural. Se o sobrelucro que o fabricante obtém pela utilização da queda-d'água é de 10 libras esterlinas ao ano e os juros médios são de 5%, então essas 10 libras esterlinas representam anualmente os juros de um capital de 200 libras esterlinas; e essa capitalização das 10 libras esterlinas anuais, que a queda-d'água permite a seu proprietário receber do fabricante, aparece então como valor-capital da própria queda-d'água. Que esta não tenha valor em si mesma, e sim que seu preço seja mero reflexo do sobrelucro obtido, calculado capitalistamente, revela-se logo no fato de que o preço de 200 libras esterlinas representa tão somente o produto do sobrelucro de 10 libras esterlinas em 20 anos, enquanto, permanecendo iguais as demais circunstâncias, a mesma queda-d'água permite a seu proprietário apoderar-se anualmente dessas 10 libras esterlinas por tempo indeterminado, 30, 100, *x* anos; ao passo que, por outro lado, se um novo método de produção, não aplicável à força hidráulica, baixasse o preço de custo das mercadorias produzidas com a máquina a vapor de 100 para 90 libras esterlinas, desapareceria o sobrelucro e, com ele, a renda e, com esta, o preço da queda-d'água.

Depois de termos assim estabelecido o conceito geral da renda diferencial, passemos agora a examiná-lo na agricultura propriamente dita. O que for dito sobre ela vale em geral também para a mineração.

CAPÍTULO 39

PRIMEIRA FORMA DA RENDA DIFERENCIAL (RENDA DIFERENCIAL I)

Ricardo está completamente certo na seguinte proposição:

> "*Rent*" (isto é, renda diferencial: ele supõe que não haja nenhuma outra renda exceto a renda diferencial) "*is always the difference between the produce obtained by the employment of two equal quantities of capital and labour*".[I] (*Principles*, p. 59)

"Sobre a mesma quantidade de terras" é o que ele deveria ter acrescentado, à medida que se trata de renda fundiária, e não de sobrelucro em geral.

Em outras palavras: sobrelucro, quando criado normalmente, e não por eventos ocasionais no processo de circulação, sempre é produzido como diferença entre o produto de duas quantidades iguais de capital e trabalho, e esse sobrelucro se transforma em renda fundiária se duas quantidades iguais de capital e trabalho são empregadas com resultados desiguais em duas superfícies iguais. Não é, aliás, de modo algum absolutamente necessário que esse sobrelucro se origine dos resultados desiguais de quantidades iguais de capital empregado. Nos diferentes investimentos também podem ser utilizados capitais de grandeza desigual; é isso o que ocorre na maioria dos casos; mas partes iguais, portanto, por exemplo, 100 libras esterlinas de cada, dão resultados desiguais; ou seja, a taxa de lucro é diferente. Esse é o pressuposto geral para a existência do sobrelucro em uma esfera qualquer de investimento de capital em geral. O segundo é a metamorfose desse sobrelucro em renda fundiária (sobretudo em renda como forma diferente do lucro); é preciso examinar sempre quando, como, sob quais circunstâncias ocorre essa metamorfose.

Ricardo também está certo em relação à seguinte observação, desde que se restrinja à renda diferencial:

> *Whatever diminishes the inequality in the produce obtained on the same or on new land, tends to lower rent; and whatever increases that inequality, necessarily produces an opposite effect, and tends to raise it.*[II] (p. 74)

I "Renda é sempre a diferença entre o produto obtido mediante o emprego de duas quantidades iguais de capital e trabalho." [N.T.]

II "O que quer que diminua a desigualdade do produto obtido na mesma terra

Entre essas causas estão, porém, não só as genéricas (fertilidade e localização), mas 1) a distribuição de impostos, conforme atue de maneira uniforme ou não; este último é sempre o caso quando, como na Inglaterra, ela não está centralizada e quando os impostos incidem sobre o solo, e não sobre a renda; 2) as desigualdades que decorrem do desenvolvimento diferente da agricultura em diferentes regiões do país, à medida que esse ramo de atividade, por causa de seu caráter tradicional, se nivela com maior dificuldade do que a manufatura; e 3) a desigualdade em que o capital está distribuído entre os arrendatários. Já que a tomada de posse da agricultura pelo modo de produção capitalista, a transformação dos camponeses que trabalham por conta própria em assalariados, é, de fato, a última conquista desse modo de produção, essas desigualdades são aqui, por conseguinte, maiores do que em qualquer outro ramo de atividade.

Depois dessas observações preliminares, quero apresentar primeiro um breve sumário das peculiaridades de minha exposição em contraposição à de Ricardo etc.

Consideremos, primeiro, os resultados desiguais de quantidades iguais de capital aplicado a terras diferentes mas de mesmo tamanho; ou, sendo o tamanho desigual, calculando-se os resultados sobre superfícies de igual grandeza.

As duas causas gerais, independentes do capital, desses resultados desiguais são: 1) a *fertilidade* (quanto a este primeiro ponto, é preciso discutir o que se entende por fertilidade natural das terras e quais os fatores envolvidos); 2) a *localização* das terras. Este último ponto é decisivo no caso das colônias, sobretudo para a ordem sequencial em que as terras possam vir a ser cultivadas. Além disso, está claro que estas duas diferentes razões da renda diferencial, fertilidade e localização, podem atuar em sentidos antitéticos. Um terreno pode estar muito bem localizado e ser bem pouco fértil, e vice-versa. Essa circunstância é importante, pois nos esclarece por que no arroteamento do solo de determinado país tanto se pode avançar das terras piores para as melhores quanto o inverso. Por fim, fica claro que o progresso da produção social atua sobretudo, por um lado, de forma niveladora sobre a localização como causa da renda diferencial ao criar mercados locais e ao melhorar a localização, estabelecendo meios de comunicação e de transporte; por outro lado, as diferenças entre as

---

ou em uma nova tem a tendência de baixar a renda; e o que quer que aumente essa desigualdade gera necessariamente efeito contrário, tendendo a elevá-la." [N.T.]

localizações das terras se acentuam pela separação entre agricultura e manufatura e pela formação de grandes centros de produção, por um lado, bem como pelo relativo isolamento do campo, por outro.

Deixemos, inicialmente, fora de cogitação este ponto, a localização, e consideremos apenas a fertilidade natural. Abstraindo de fatores climáticos etc., a diferença da fertilidade natural consiste na diferença da composição química da superfície da terra, ou seja, em seu diferente teor de elementos nutritivos para as plantas. No entanto, supondo uma composição química igual e, nesse sentido, igual fertilidade natural de duas superfícies de terra, a fertilidade verdadeira, efetiva, será diferente conforme essas substâncias nutritivas se encontrem numa forma em que sejam mais ou menos assimiláveis, imediatamente utilizáveis para a alimentação das plantas. Dependerá, portanto, em parte do desenvolvimento químico, em parte do desenvolvimento mecânico da agricultura saber até que ponto será possível, em terras naturalmente férteis por igual, tornar disponível a mesma fertilidade natural. A fertilidade, embora atributo objetivo do solo, implica sempre uma relação econômica, uma relação com o estágio de desenvolvimento químico e mecânico da agricultura, modificando-a, por conseguinte, com esse estágio de desenvolvimento. Seja em decorrência de recursos químicos (por exemplo, o emprego de determinados adubos líquidos em terreno argiloso duro ou mesmo a queima de terreno argiloso pesado) ou de meios mecânicos (por exemplo, arados especiais para solos pesados), podem ser eliminados os obstáculos que tornavam menos rendosos de fato terrenos de igual fertilidade (também a drenagem deve contar-se entre esses meios). Ou mesmo a sequência no cultivo das espécies de solo pode alterar-se desse modo, como foi, por exemplo, o caso dos terrenos arenosos leves e dos terrenos argilosos pesados em certo período de desenvolvimento da agricultura inglesa. Isso mostra, por sua vez, como historicamente – no transcurso sucessivo do cultivo, tanto pode passar-se de terras mais férteis para terras menos férteis quanto o contrário. O mesmo pode ocorrer mediante melhorias artificialmente introduzidas na composição do solo ou pela mera alteração no método agrícola. Por fim, o mesmo resultado pode provir de modificações na hierarquia das espécies de solo devido às condições diferentes do subsolo, assim que este também for incorporado à área de cultivo e ao estrato agrário. Isso é condicionado em parte pelo emprego de novos métodos agrícolas (como o cultivo de plantas forrageiras), em parte por meios mecânicos, que fazem o subsolo se tornar superfície ou se misturar com ela ou que cultivam o subsolo sem revolvê-lo.

Todas essas influências sobre fertilidade diferencial de terras distintas acabam fazendo com que, para a fertilidade econômica, o estágio de desenvolvimento da força produtiva do trabalho, aqui a capacidade da agricultura de tornar explorável de imediato a fertilidade natural do solo – capacidade que varia nos diferentes estágios de desenvolvimento –, seja um fator da assim chamada fertilidade natural do solo, tanto quanto sua composição química e seus demais atributos naturais.

Pressupomos, portanto, certo estágio de desenvolvimento da agricultura. Além disso, pressupomos que a hierarquia das espécies de solo é calculada em função desse estágio de desenvolvimento, como naturalmente sempre é o caso para investimentos simultâneos de capital em diferentes terras. A renda diferencial, então, pode apresentar-se numa sequência ascendente ou descendente, pois, embora a sequência seja dada para a totalidade das terras realmente cultivadas, sempre ocorreu um movimento sucessivo em que ela foi formada.

Suponhamos 4 espécies de solo: A, B, C, D. Suponhamos, além disso, que o preço de 1 *quarter* de trigo seja=3 libras esterlinas ou 60 xelins. Já que a renda é mera renda diferencial, esse preço de 60 xelins por *quarter* para o pior solo é igual ao custo de produção, isto é, igual ao capital mais o lucro médio.

Que A seja esse solo pior e que, por um desembolso de 50 xelins, ele dê 1 *quarter*=60 xelins, portanto 10 xelins de lucro, ou 20%.

Digamos que B dê, pelo mesmo desembolso, 2 *quarters*=120 xelins. Isso significaria 70 xelins de lucro ou um sobrelucro de 60 xelins.

Digamos que C dê, pelo mesmo desembolso, 3 *quarters*=180 xelins; lucro total=130 xelins; sobrelucro=120 xelins.

Digamos que D dê 4 *quarters*=240 xelins=180 xelins de sobrelucro.

Teríamos então a seguinte sequência:

TABELA I

Tipo de solo	Produto		Capital adiantado	Lucro		Renda	
	Quarters	Xelins		*Quarters*	Xelins	*Quarters*	Xelins
A	1	60	50	⅙	10	–	–
B	2	120	50	1⅙	70	1	60
C	3	180	50	2⅙	130	2	120
D	4	240	50	3⅙	190	3	180
TOTAL	10	600				6	360

As respectivas rendas foram: para D=190 xelins−10 xelins, ou a diferença entre D e A; para C=130−10 xelins, ou a diferença entre C e A; para B=70 xelins−10 xelins, ou a diferença entre B e A; e a renda total para B, C, D=6 *quarters*=360 xelins, igual à soma das diferenças entre D e A, C e A, B e A.

Essa sequência, que representa dado produto em dada condição, pode apresentar-se, considerando-se abstratamente (e nós já demos as razões pelas quais isso também pode ocorrer de fato), numa sequência declinante (descendo de D a A, do solo fértil ao solo cada vez mais estéril), bem como numa sequência ascendente (elevando-se de A a D, do solo relativamente estéril para o solo cada vez mais fértil), por fim alternadamente, ora declinante, ora ascendente, por exemplo de D para C, de C para A, de A para B.

O processo na sequência declinante era o seguinte: o preço do *quarter* aumentou paulatinamente de, digamos, 15 xelins para 60. Quando os 4 *quarters* produzidos por D (no lugar dos quais é possível imaginar milhões) já não bastavam, o preço do trigo subiu tanto que pôde ser obtido o suprimento que faltava de C. Ou seja, o preço teve de ser elevado para 20 xelins por *quarter*. Assim que o preço do trigo subiu para 30 xelins por *quarter*, B pôde passar a ser cultivado; assim que subiu para 60, A pôde ser cultivado, sem que o capital aí investido tivesse de se contentar com uma taxa de lucro menor do que 20%. Dessa forma, constituiu-se uma renda para D, primeiro de 5 xelins por *quarter*=20 xelins para os 4 *quarters* que produziu; a seguir de 15 xelins por *quarter*=60 xelins; depois de 45 xelins por *quarter*=180 xelins por 4 *quarters*.

Se a taxa de lucro de D também era originalmente=20%, então seu lucro total sobre os 4 *quarters* era igualmente de apenas 10 xelins, o que representava, porém, mais grão com o preço do grão a 15 xelins do que com o preço a 60 xelins. Já que, porém, o grão entra na reprodução da força de trabalho e de cada *quarter*, parte precisa repor salários e parte capital constante, então, nessa hipótese, a mais-valia era mais elevada e, portanto, permanecendo iguais as demais circunstâncias, também o era a taxa de lucro. (Examinar em particular e mais detalhadamente a questão acerca da taxa de lucro.)

Se, pelo contrário, a sequência fosse invertida e o processo começasse por A, então, assim que novas terras agrícolas tivessem de ser cultivadas, o preço do *quarter* ultrapassaria primeiro 60 xelins; já que, no entanto, o fornecimento necessário de 2 *quarters* seria dado por B, o preço cairia novamente para 60 xelins; embora B produza o *quarter* por 30 xelins, vende-o, porém, por 60, pois sua oferta basta exatamente para cobrir a demanda. Assim se formou uma renda, primeiro, de 60 xelins para B e, do mesmo modo, para C e D; sempre se pressupondo que, embora ambos forneçam relativamente o *quarter* por seu valor real, por 20 e por 15 xelins, o preço de mercado permanece 60 xelins porque a oferta de 1 *quarter* que A fornece continua a ser necessária para atender à necessidade total. Nesse caso, a elevação da demanda acima das necessidades satisfeitas primeiro por A, depois por A e B, não teria acarretado que B, C e D pudessem ser sucessivamente cultivados, mas sobretudo que o campo de cultivo tivesse sido ampliado e que, por acaso, as terras férteis só mais tarde caíssem dentro de seu âmbito.

Na primeira sequência, com o aumento do preço, a renda subiria e a taxa de lucro cairia. Esse decréscimo poderia ser paralisado total ou parcialmente mediante circunstâncias contrárias; sobre esse ponto, é preciso entrar posteriormente em detalhes. Não se deve esquecer que a taxa geral de lucro não é determinada de modo uniforme pela mais-valia em *todas* as esferas da produção. Não é o lucro agrícola que determina o lucro industrial, mas o contrário. Sobre isso, no entanto, mais adiante.

Na segunda sequência, a taxa de lucro sobre o capital desembolsado continuaria a mesma; o montante do lucro se representaria em menos grão; mas o preço relativo do grão teria subido se comparado com o de outras mercadorias. Só que o aumento do lucro, onde isso ocorresse, em vez de ir para os bolsos do arrendatário industrial e se apresentar no lucro crescente, separar-se-ia do lucro na forma de renda. Mas o preço do grão, sob o pressuposto estabelecido, permaneceria estacionário.

O desenvolvimento e o crescimento da renda diferencial continuariam os mesmos tanto no caso de preços constantes quanto no de ascendentes, e isso tanto na progressão contínua do solo pior para o melhor quanto na regressão contínua do solo melhor para o pior.

Até aqui supusemos 1) que o preço sobe numa sequência, permanecendo estacionário na outra, e 2) que constantemente se passa do solo melhor para o pior ou, inversamente, do pior para o melhor.

Suponhamos que a demanda de cereal aumente dos 10 *quarters* iniciais para 17; além disso, que o solo pior A venha a ser suprimido por outro solo A, que, com os custos de produção de 60 xelins (50 xelins de custos mais 10 xelins para 20% de lucro), fornece 1⅓ *quarter*, cujo preço de produção por *quarter* é, portanto, = 45 xelins; ou também que, como consequência de um cultivo racional contínuo, o antigo solo A tenha melhorado ou que, mantendo-se constantes os custos, ele tenha sido cultivado de modo mais produtivo, por exemplo mediante introdução de trevo etc., de tal modo que seu produto, com o mesmo investimento de capital, sobe para 1⅓ *quarter*. Suponhamos, além disso, que os tipos de solo B, C, D continuem a fornecer o mesmo produto, mas que tenham sido cultivados novos tipos de solo, por exemplo, A', com fertilidade entre A e B; além disso, B', B", com uma fertilidade entre B e C; nesse caso, ocorreriam os seguintes fenômenos.

Primeiro: O preço de produção do *quarter* de trigo ou seu preço regulador de mercado teria caído de 60 para 45 xelins, ou cerca de 25%.

Segundo: Ter-se-ia avançado simultaneamente do solo mais fértil para o menos fértil e do menos fértil para o mais fértil. O solo A' é mais fértil do que A, mas menos fértil do que os até então cultivados B, C, D; e B' e B" são mais férteis do que A, A' e B, mas menos férteis do que C e D. Portanto, a sequência teria ocorrido em zigue-zagues: não se teria avançado para um solo absolutamente estéril em relação a A etc., mas para um relativamente estéril se comparado com os tipos de solo até então mais férteis C e D; por outro lado, não se teria prosseguido até um solo absolutamente fértil, mas até um relativamente fértil em relação ao até então menos fértil A, ou então A e B.

Terceiro: A renda de B teria caído; assim também a renda de C e D; mas a renda total em grãos teria subido de 6 *quarters* para 7⅔; a extensão das terras cultivadas e geradoras de renda teria aumentado, e a massa do produto teria subido de 10 para 17 *quarters*. O lucro, embora permaneça idêntico para A, teria aumentado se expresso em grãos; mas a própria taxa de lucro poderia ter subido, por causa da mais-valia relativa. Nesse caso, por causa do barateamento dos meios de subsistência, teria baixado o salário, portanto o dispêndio em capital variável, portanto também o dispêndio total. Em dinheiro, a renda total teria caído de 360 xelins para 345.

Formulemos aqui a nova sequência:

TABELA II

Tipo de solo	Produto		Capital adiantado	Lucro		Renda		Preço de produção por *quarter*
	Quarters	Xelins		*Quarters*	Xelins	*Quarters*	Xelins	
A	1⅓	60	50	2/9	10	–	–	45 xelins
A'	1⅔	75	50	5/9	25	⅓	15	36 "
B	2	90	50	8/9	40	⅔	30	30 "
B'	2⅓	105	50	1 2/9	55	1	45	25 5/7 "
B"	2⅔	120	50	1 5/9	70	1⅓	60	22½ "
C	3	135	50	1 8/9	85	1⅔	75	20 "
D	4	180	50	2 8/9	130	2⅔	120	15 "
TOTAL	17					7⅔	345	

Por fim, se os tipos de solo A, B, C e D continuassem a ser cultivados, mas sua capacidade de rendimento se elevasse de tal modo que A, em vez de 1, tivesse produzido 2 *quarters*; B, em vez de 2, 4; C, em vez de 3, 7; e D, em vez de 4, 10, sendo que, por conseguinte, as mesmas causas tivessem atuado de maneira diversa sobre os diferentes tipos de solo, então a produção total teria subido de 10 para 23 *quarters*. Suponhamos que, devido ao aumento da população e à queda do preço, a demanda tivesse absorvido esses 23 *quarters*, então obteríamos o seguinte resultado:

TABELA III

Tipo de solo	Produto		Investimento de capital	Preço de produção por *quarter*	Lucro		Renda	
	Quarters	Xelins			*Quarters*	Xelins	*Quarters*	Xelins
A	2	60	50	30	1/3	10	0	0
B	4	120	50	15	2 1/3	70	2	60
C	7	210	50	8 4/7	5 1/3	160	5	150
D	10	300	50	6	8 1/3	250	8	240
TOTAL	23						15	450

As relações numéricas são aqui, como nas demais tabelas, arbitrárias, mas os pressupostos são completamente racionais.

O primeiro e principal pressuposto é que a melhoria na agricultura transcorre de maneira não uniforme sobre diferentes tipos de solo, atuando mais sobre os tipos melhores de solo, C e D, do que sobre A e B. A experiência mostrou que, em regra, isso ocorre assim, embora o contrário possa acontecer. Caso a melhoria influa mais sobre o solo pior do que sobre o melhor, então a renda sobre este último cai ao invés de subir. – Com o aumento absoluto da fertilidade de todos os tipos de solo, pressupõe-se também na tabela, ao mesmo tempo, o aumento da maior fertilidade relativa nos tipos melhores de solo, C e D, portanto aumento da diferença do produto com um mesmo investimento de capital e, daí, crescimento da renda diferencial.

O segundo pressuposto é que o crescente produto total é acompanhado pela necessidade total. *Primeiro*, não é preciso pensar que o crescimento ocorre subitamente, mas pouco a pouco, até que seja estabelecida a sequência III. *Segundo*, é falso que o consumo de meios de subsistência necessários não cresça com seu barateamento. A revogação das leis dos cereais na Inglaterra (ver Newman)[I] demonstrou o contrário, e a concepção antitética só surgiu porque grandes e súbitas diferenças nas colheitas, devidas apenas às condições climáticas, provocam ora queda desproporcional, ora elevação desproporcional nos preços dos cereais. Se, aqui, o súbito e fugaz barateamento não tem tempo de exercer todo o seu efeito sobre a expansão do consumo, ocorre o contrário quando o barateamento decorre da queda do próprio preço regulador da produção, sendo, portanto, duradouro. *Terceiro*, parte do cereal pode ser consumida como aguardente ou cerveja. E o consumo crescente desses dois artigos não está confinado, de maneira alguma, a limites estreitos. *Quarto*, a questão depende em parte do crescimento da população, em parte de o país poder ser exportador de cereais, como a Inglaterra ainda o era até depois da metade do século XVIII, de modo que a necessidade

I F. W. Newman, *Lectures on Political Economy*. London, 1851, p. 158. [N.E.A.]

não é regulada pelos limites do consumo meramente nacional. *Por fim*, o aumento e o barateamento da produção de trigo podem ter por consequência que, em lugar da aveia ou do centeio, o trigo se converta no principal meio de alimentação da massa populacional, o que já é suficiente para aumentar seu mercado, assim como pode acontecer o contrário, quando há produção decrescente e preços crescentes. – Portanto, com esses pressupostos e assumindo-se as relações de preços, a sequência III dá como resultado que o preço por *quarter* cai de 60 para 30 xelins, portanto em 50%, e que a produção, se comparada com a sequência I, cresce de 10 para 23 *quarters*, portanto em 130%; que a renda sobre o solo B permanece estacionária, elevando-se em C em 25% e em D em 33⅓% e que a renda total sobe de 18 para 22½ libras esterlinas, portanto 25%.

Da comparação entre as três tabelas (nas quais a sequência I deve ser considerada de dois modos, subindo de A a D e descendo de D a A), que se podem considerar como gradações dadas em determinado estado da sociedade – por exemplo, coexistindo em três países diferentes – ou como se sucedendo em diferentes períodos do desenvolvimento do mesmo país, acaba resultando:

1) A sequência, uma vez concluída – qualquer que tenha sido o andamento de seu processo de formação –, sempre aparece de tal maneira que acaba sendo descendente; pois, para a consideração da renda, sempre se partirá primeiramente do solo que dá o máximo da renda para, por último, chegar àquele que não dá nenhuma renda.

2) O preço de produção do solo pior e que não dá nenhuma renda é sempre o preço regulador de mercado, embora este, na Tabela I, quando se formou em sequência ascendente, só permaneça estacionário por se cultivarem terras cada vez melhores. Nesse caso, o preço do grão produzido no solo melhor é regulador à medida que o *quantum* produzido por ele determina até que ponto o solo A permanece regulador. Caso B, C e D produzissem além da necessidade, então A deixaria de ser regulador. É isso o que Storch tem em mente quando sustenta que o melhor tipo de solo é o regulador.[I] Desse modo, o preço dos cereais norte-americanos regula o dos ingleses.

3) A renda diferencial se origina do grau de desenvolvimento da cultura em todo estágio dado, resultando de dada diferença na fertilidade natural do tipo de solo (aqui ainda abstraindo da localização); portanto da área limitada de terras melhores e da circunstância de que capitais

---

I Heinrich Friedrich von Storch, *Cours d'Économie Politique, ou Exposition des principes qui déterminent la prospérité des nations*, v. 2. São Petersburgo, 1815, pp. 78–79. (Ver também K. Marx, *Theorien über den Mehrwert.* Berlin: Dietz Verlag, 1968. MEW, v. 26, Parte II, pp. 89 e 283.) [N.E.A.]

iguais precisam ser investidos em tipos desiguais de solo e de que, portanto, para um mesmo capital resultam produtos desiguais.

4) A existência de uma renda diferencial e de uma renda diferencial graduada pode transcorrer tanto em escala decrescente, com a passagem do solo melhor para o pior, quanto às avessas, indo do pior para o melhor, ou em zigue-zague, em direções alternadas. (A sequência I pode constituir-se pelo avanço tanto de D para A quanto de A para D. A sequência II abrange movimentos de ambas as espécies.)

5) De acordo com seu modo de formação, a renda diferencial pode constituir-se com o preço do produto do solo sendo estacionário, crescente ou decrescente. No caso do preço decrescente, a produção total e a renda total podem subir e a renda pode formar-se em terras até então não rentáveis, mesmo que o pior solo, A, seja suprimido por solo melhor ou que ele mesmo se torne melhor, e isso ainda que a renda recaia sobre outros tipos melhores de terra e até sobre os melhores (Tabela II); esse processo também pode estar relacionado com uma queda da renda total (em dinheiro). Por fim, no caso de preços decrescentes, que se devem a uma melhoria geral do cultivo, de tal modo que o produto e o preço do produto do solo pior diminuam, a renda pode permanecer inalterada ou cair em alguns dos tipos de solo bons, mas crescer nos melhores tipos. A renda diferencial de cada solo, em comparação com o solo pior, depende, no entanto, do preço, por exemplo, do *quarter* de trigo, se a diferença da massa de produtos é dada. Mas, se o preço é dado, ela depende da magnitude da diferença na massa de produtos, e, no caso de fertilidade absoluta crescente de todos os solos, aumenta relativamente mais a dos melhores tipos de terra do que a dos piores, crescendo com isso também a magnitude dessa diferença. Assim (Tabela I), para um preço de 60 xelins, a renda D está determinada por seu produto diferencial em relação a A, portanto pelo excedente de 3 *quarters*; por isso, a renda é = 3 × 60 = 180 xelins. Mas na Tabela III, onde o preço é = 30 xelins, ela é determinada pela massa do produto excedente de D sobre A = 8 *quarters*, mas 8 × 30 = 240 xelins.

Com isso, desaparece o primeiro pressuposto falso da renda diferencial, o qual ainda prepondera em West, Malthus e Ricardo: essa renda pressupõe um avanço necessário para solos cada vez piores ou fertilidade sempre decrescente da agricultura.[I] Como vimos, ela pode ocorrer com

---

I Edward West, *Essay on the Application of Capital to Land with Observations Shewing the Impolicy of Any Great Restriction of the Importation of Corn*. London, 1815. Thomas Malthus, *Principles of Political Economy Considered with a View to Their Practical Application*, 2ª ed. London, 1836. Id., *An Inquiry into the Nature and Progress of Rent, and the Principles by Which it is Regulated*. London, 1815. D. Ricardo, *On the Principles of Political Economy, and Taxation*, 3ª ed. London, 1821, capítulo 2. [N.E.A.]

o avanço para solos cada vez melhores; pode ocorrer quando um solo melhor assume a posição inferior ocupada antes pelo pior solo; pode estar ligada a um progresso crescente na agricultura. Sua condição é tão somente a desigualdade dos tipos de solo. À medida que o desenvolvimento da produtividade entra em cogitação, ela supõe que a elevação da fertilidade absoluta da área cultivada total não anula essa desigualdade, mas a aumenta, deixa-a estacionária ou apenas a diminui.

Do começo até a metade do século XVIII, prevaleceu na Inglaterra, apesar do preço decrescente do ouro ou da prata, uma queda contínua dos preços dos cereais ao lado de um crescimento simultâneo (caso se considere o período todo) da renda fundiária, da renda total, da área de terras cultivadas, da produção agrícola e da população. Isso corresponde à Tabela I, combinada com a Tabela II em linha ascendente, mas de tal modo que o pior solo A acaba sendo melhorado ou se deixa de cultivar cereal nele, o que, no entanto, não significa que não seja utilizado para outras finalidades agrícolas ou industriais.

Do começo do século XIX (registrar a data mais exata) até 1815, houve elevação contínua dos preços dos cereais, com aumento contínuo da renda fundiária, da totalidade dessa renda, da extensão das terras cultivadas, da produção agrícola e da população. Isso corresponde à Tabela I em linha descendente. (Aqui é preciso introduzir uma citação sobre o cultivo de terras piores naquela época.)

À época de Petty e Davenant, os agricultores e os proprietários de terras se queixavam das melhorias e dos arroteamentos; caindo a renda nas terras melhores, há elevação da renda total mediante expansão do solo gerador de renda.

(Quanto a esses três pontos, agregar depois outras citações; assim também sobre a diferença na fertilidade das diversas partes cultivadas do solo de um país.)

Na questão da renda diferencial, é preciso observar sobretudo que o valor de mercado está acima do preço total de produção de massa de produtos. Consideremos, por exemplo, a Tabela I. Os 10 *quarters* de produto total são vendidos por 600 xelins porque o preço de mercado é determinado pelo preço de produção de A, que chega a 60 xelins por *quarter*. Mas o verdadeiro preço de produção é:

A	1 *quarter*	=	60 xelins;		1 *quarter*=60 xelins.
B	2 *quarters*	=	60 xelins;		1 *quarter*=30 xelins.
C	3 *quarters*	=	60 xelins;		1 *quarter*=20 xelins.
D	4 *quarters*	=	60 xelins;		1 *quarter*=15 xelins.
	10 *quarters*	=	240 xelins;	Média	1 *quarter*=24 xelins

O verdadeiro preço de produção dos 10 *quarters* é de 240 xelins; são vendidos por 600, 250% mais caros. O verdadeiro preço médio para 1 *quarter* é de 24 xelins; o preço de mercado é de 60 xelins, igualmente 250% mais caro.

Essa é a determinação pelo valor de mercado, como ele se impõe na base do modo de produção capitalista por meio da concorrência, que gera falso valor social. Isso se origina da lei do valor de mercado, à qual os produtos da terra estão sujeitos. A determinação do valor de mercado dos produtos, portanto também dos produtos da terra, é um ato social, apesar de ser um ato executado de maneira socialmente inconsciente e não intencional, que necessariamente se baseia no valor de troca do produto, não no solo e nas diferenças de sua fertilidade. Caso se imagine superada a forma capitalista da sociedade e a sociedade organizada como uma associação consciente e planejada, então os 10 *quarters* representariam um *quantum* de tempo de trabalho autônomo igual ao que está contido em 240 xelins. A sociedade não iria, portanto, comprar esse produto da terra por 2½ vezes o verdadeiro tempo de trabalho nele subjacente; a base de uma classe de proprietários de terras desapareceria. Isso teria exatamente o mesmo efeito que um barateamento do produto em igual montante por meio de importação do estrangeiro. Assim, enquanto é certo dizer que – mantido o modo atual de produção, mas pressupondo-se que a renda diferencial recaia para o Estado – os preços dos produtos agrícolas, permanecendo idênticas as demais circunstâncias, continuariam iguais, é falso dizer que o valor dos produtos continuaria igual em caso de substituição da produção capitalista pela associação. A identidade do preço de mercado para mercadorias da mesma espécie é a maneira pela qual o caráter social do valor se impõe na base do modo de produção capitalista e, em geral, da produção fundada na troca de mercadorias entre *indivíduos*. O que a sociedade, considerada como consumidora, paga demais pelos produtos agrícolas, o que constitui um déficit na realização de seu tempo de trabalho em produção agrária, constitui agora o superávit para uma parcela da sociedade, os proprietários de terra.

Uma segunda circunstância, importante para o que terá de ser exposto no próximo capítulo, em II, é a seguinte:

Não se trata apenas da renda por acre ou por hectare, sobretudo não só da diferença entre preço de produção e preço de mercado, ou entre preço individual e preço geral de produção por acre, mas também depende de quantos acres de cada tipo de solo estão sendo cultivados. A importância só afeta aqui de modo imediato a magnitude da renda, ou seja, da renda total de toda a superfície cultivada; serve-nos, contudo, ao mesmo tempo como transição para o desenvolvimento da elevação da *taxa da renda*, embora não aumentem os preços nem as diferenças na fertilidade relativa dos tipos de solo ao diminuírem os preços. Tínhamos acima:

TABELA I

Tipo de solo	Acres	Custos de produção	Produto	Renda em grãos	Renda em dinheiro
A	1	£ 3	1 *quarter*	0	0
B	1	£ 3	2 *quarters*	1 *quarter*	£ 3
C	1	£ 3	3 "	2 *quarters*	£ 6
D	1	£ 3	4 "	3 "	£ 9
TOTAL	4		10 *quarters*	6 *quarters*	£ 18

Suponhamos agora que o número de acres cultivados se duplique em cada tipo, então teremos:

TABELA I*a*

Tipo de solo	Acres	Custos de produção	Produto	Renda em grãos	Renda em dinheiro
A	2	£ 6	2 *quarters*	0	0
B	2	£ 6	4 "	2 *quarters*	£ 6
C	2	£ 6	6 "	4 "	£ 12
D	2	£ 6	8 "	6 "	£ 18
TOTAL	8		20 *quarters*	12 *quarters*	£ 36

Suponhamos ainda dois outros casos: o primeiro, em que a produção se expande em dois tipos inferiores de solo, portanto do seguinte modo:

TABELA I*b*

Tipo de solo	Acres	Custos de produção		Produto	Renda em grãos	Renda em dinheiro
		Por acre	Total			
A	4	£ 3	£ 12	4 *quarters*	0	0
B	4	£ 3	£ 12	8 "	4 *quarters*	£ 12
C	2	£ 3	£ 6	6 "	4 "	£ 12
D	2	£ 3	£ 6	8 "	6 "	£ 18
TOTAL	12		£ 36	26 *quarters*	14 *quarters*	£ 42

e finalmente uma ampliação desigual da produção e da área cultivada nos quatro tipos de solo:

TABELA I*C*

Tipo de solo	Acres	Custos de produção		Produto	Renda em grãos	Renda em dinheiro
		Por acre	Total			
A	1	£ 3	£ 3	1 *quarter*	0	0
B	2	£ 3	£ 6	4 *quarters*	2 *quarters*	£ 6
C	5	£ 3	£ 15	15 "	10 "	£ 30
D	4	£ 3	£ 12	16 "	12 "	£ 36
TOTAL	12		£ 36	36 *quarters*	24 *quarters*	£ 72

Em primeira instância, em todos esses casos, I, I*a*, I*b* e I*c*, a renda por acre permanece a mesma, pois, de fato, o resultado da mesma massa de capital por acre do mesmo tipo de solo permaneceu inalterado; só se supõe o que sucede em qualquer país em cada instante dado, ou seja, que os diferentes tipos de solo participam em determinadas proporções na totalidade do solo cultivado; e o que sempre ocorre em dois países quando comparados entre si ou no mesmo país em diferentes épocas, ou seja, que varia a proporção em que se distribui entre esses tipos de solo a área total cultivada.

Se comparamos I*a* com I, vemos que, se o cultivo dos quatro tipos de terra cresce na mesma proporção, com a duplicação dos acres cultivados se duplica a produção total, assim como a renda em grãos e em dinheiro.

Caso, porém, comparemos sucessivamente I*b* e I*c* com I, vemos então que nos dois casos ocorre uma triplicação da área submetida ao cultivo. Em ambos os casos esta sobe de 4 acres para 12, mas em I*b* os tipos A e B – dos quais A não proporciona nenhuma renda e B proporciona renda diferencial mínima – têm maior participação no crescimento, ou seja, dos 8 novos acres cultivados, 3 correspondem a A e 3 a B, com um total de 6, enquanto a C e a D corresponde apenas 1 acre a cada, juntos 2. Em outras palavras: ¾ do crescimento recaem sobre A e B, e só ¼ sobre C e D. Isso pressuposto, em I*b*, comparado com I, a uma extensão triplicada do cultivo não corresponde um produto triplicado, já que o produto não se eleva de 10 para 30, mas para 26. Por outro lado, já que uma importante parte do crescimento ocorreu em A, que não proporciona nenhuma renda, e já que, do incremento das terras melhores, a parte principal coube a B, então a renda em grãos aumenta apenas de 6 para 14 *quarters*, e a renda em dinheiro de 18 para 42 libras esterlinas.

Caso comparemos, no entanto, I*c* com I, onde o solo que não dá renda não cresce em extensão e o de renda mínima cresce bem pouco, enquanto o crescimento principal recai sobre C e D, então achamos que, com a triplicação da área cultivada, a produção cresceu de 10 para 36 *quarters*, portanto mais do que o triplo; a renda em grãos, de 6 para 24 *quarters*, ou seja, o quádruplo; e assim também a renda em dinheiro, de 18 para 72 libras esterlinas.

Pela natureza das coisas, em todos esses casos o preço do produto agrícola permanece estacionário; em todos eles cresce a renda total com a expansão da cultura, desde que esta não ocorra exclusivamente sobre o solo pior, que não dá nenhuma renda. Mas esse crescimento é diversificado. À proporção que a expansão ocorre nos tipos melhores de solo, e portanto a massa de produtos cresce não apenas na proporção da expansão da área cultivada, mas mais rapidamente, cresce a renda em grãos e em dinheiro. À proporção que o solo pior e os tipos de solo que lhe estão próximos participam preferencialmente na expansão (no que se supõe que o solo seja um tipo constante), a renda total não aumenta de modo proporcional à expansão da cultura. Portanto, dados dois países em que o solo A, que não dá nenhuma renda, tenha as mesmas características, a renda total está na razão inversa da parte alíquota representada pelo pior solo e pelos de tipo inferior na área total cultivada e, por isso, na razão inversa da massa do produto, havendo igual investimento de capital em superfícies totais de igual grandeza. A relação entre a quantidade do pior solo cultivado e a do melhor, dentro da área total cultivada de dado país, influi, pois, de maneira inversa sobre a renda total a como a relação entre a qualidade do pior solo cultivado e a do melhor e ótimo influi sobre a renda por acre, e, por isso, permanecendo iguais as demais circunstâncias, também sobre a renda total. A confusão entre esses dois momentos deu origem a objeções errôneas contra a renda diferencial.

A renda total cresce, portanto, pela simples expansão do cultivo e pelo concomitante investimento ampliado de capital e trabalho na terra.

Mas o ponto mais importante é este: embora, de acordo com o pressuposto, permaneça a mesma relação entre as rendas dos diferentes tipos de solo, calculadas por acre, e por conseguinte a taxa de renda calculada em função do capital investido em cada acre, ainda se mostra o seguinte: se comparamos I*a* com I – caso em que o número de acres cultivados aumentou proporcionalmente, assim como o investimento de capital neles –, verificamos que a produção total cresceu proporcionalmente à expansão da área cultivada, ou seja, ambas duplicaram, e o mesmo ocorreu com a renda total. Subiu de 18 para 36 libras esterlinas, exatamente como o número de acres de 4 para 8.

Se consideramos a superfície total de 4 acres, então a renda total é de 18 libras esterlinas, sendo, portanto, a renda média, incluindo-se o solo que não dá nenhuma renda, de 4½ libras esterlinas. Assim poderia calcular, por exemplo, um proprietário de terras ao qual pertencessem todos os 4 acres; e assim se calcula estatisticamente a renda média de um país. A renda total de 18 libras esterlinas resulta do emprego de um capital de 10 libras esterlinas. À relação entre esses dois números é que chamamos de taxa de renda; aqui ela é, portanto, de 180%.

A mesma taxa de renda é obtida em I*a*, onde são cultivados 8 acres em vez de 4, mas todos os tipos de solo participam na mesma proporção do incremento. A renda total de 36 libras esterlinas representa, para 8 acres e 20 libras esterlinas de capital investido, uma renda média de 4½ libras esterlinas por acre e uma taxa de renda de 180%.

Se considerarmos, no entanto, I*b*, onde o incremento ocorreu principalmente nos dois tipos inferiores de solo, então teremos uma renda de 42 libras esterlinas para 12 acres, portanto uma renda média de 3½ libras esterlinas por acre. O capital total investido é de 30 libras esterlinas e, portanto, a taxa de renda = 140%. A renda média por acre diminuiu 1 libra esterlina, e a taxa de renda caiu de 180 para 140%. Com o crescimento da renda total de 18 libras esterlinas para 42 libras esterlinas ocorre, portanto, uma queda na renda média, quer se calcule por acre, quer em relação ao capital; a produção também cresce, mas esse crescimento não é proporcional. Isso ocorre embora a renda permaneça a mesma em todos os tipos de solo, calculada tanto por acre quanto em relação ao capital investido. Sua causa é que ¾ do incremento caem sobre o solo A, que não dá nenhuma renda, e sobre o solo B, que dá apenas a renda mínima.

Se no caso I*b* a expansão total tivesse ocorrido somente no solo A, então teríamos 9 acres em A, 1 em B, 1 em C e 1 em D. A renda total continuaria a ser de 18 libras esterlinas, e a renda média por acre, para os 12 acres, seria portanto de 1½ libra esterlina; e 18 libras esterlinas de renda para 30 libras esterlinas de capital empregado dariam, portanto, uma taxa de renda de 60%. A renda média, calculada tanto por acre quanto sobre o capital empregado, teria diminuído muito, e a renda total não teria aumentado.

Comparemos, por fim, I*c* com I e I*b*. Comparada com I, a área cultivada triplicou, e assim também o capital desembolsado. A renda total é de 72 libras esterlinas sobre 12 acres, portanto 6 libras esterlinas por acre contra 4½ libras esterlinas no caso I. A taxa de renda sobre o capital desembolsado (72 libras esterlinas : 30 libras esterlinas) é de 240% em vez de 180%. O produto total subiu de 10 para 36 acres.

Comparado com I*b*, onde o número total de acres cultivados, o capital empregado e as diferenças entre os tipos de solo cultivados são os mesmos, mas a distribuição é diferente, o produto é de 36 *quarters* em vez de 26 *quarters*, a renda média por acre é de 6 libras esterlinas em vez de 3½ e a taxa de renda em relação ao capital total adiantado de igual grandeza é de 240% em vez de 140%.

Tanto faz considerar as diversas situações na Tabela I*a*, I*b* e I*c* como situações coexistentes em diferentes países ou como situações sucessivas no mesmo país, pois dessa exposição resulta: sendo estacionário o preço do cereal por permanecer constante a colheita do solo pior, sem renda; sendo a mesma a diferença de fertilidade entre os diversos tipos de solo cultivados; sendo de igual grandeza o produto respectivo e, portanto, de igual grandeza o investimento de capital em iguais partes alíquotas (acres) da superfície cultivada em cada tipo de solo; sendo, portanto, constante a relação entre as rendas por acre em cada tipo de solo e sendo igual a taxa de renda do capital investido em cada parte do solo do mesmo tipo: *primeiro*, a renda total sempre cresce com a expansão da superfície cultivada e, por conseguinte, com o aumento do investimento de capital, com exceção do caso em que todo o incremento recai sobre o solo que não dá renda. *Segundo*, tanto a renda média por acre (renda total dividida pelo número total de acres cultivados) quanto a taxa média de renda (renda total dividida pelo capital total desembolsado) podem variar significativamente; e ambas efetivamente no mesmo sentido, mas por sua vez, entre si, em proporções diferentes. Se não se levar em conta o caso em que o crescimento só ocorre no solo A, que não dá renda, então resulta que a renda média por acre e a taxa média de renda do capital investido na agricultura dependem das participações proporcionais dos diferentes tipos de solo na área cultivada total; ou, o que dá no mesmo, da distribuição de capital total empregado nos tipos de solo de diferente fertilidade. Quer muita ou pouca terra seja cultivada, portanto (com exceção do caso em que o crescimento só ocorre em A) a renda total seja maior ou menor, continua a mesma a renda média por acre ou a taxa de renda média sobre o capital empregado enquanto as proporções da participação dos diferentes tipos de solo na superfície total permanecem constantes. Apesar da elevação, e mesmo da elevação significativa, da renda total, devida à expansão do cultivo e ao crescente investimento de capital, a renda média por acre e a taxa média de renda sobre o capital caem, se a expansão das terras que não dão rendas ou tão somente uma pequena renda diferencial é maior do que a das melhores, que dão rendas mais elevadas. Inversamente, a renda média por acre e a taxa média de renda sobre o capital aumentam à medida que as terras melhores constituem uma parcela relativamente maior da superfície total, havendo por isso maior investimento de capital sobre elas.

Caso se considere, portanto, a renda média por acre ou por hectare da totalidade do solo cultivado, como em geral ocorre em obras estatísticas, quando se comparam diferentes países na mesma época ou diferentes épocas no mesmo país, então se constata que o nível médio da renda por acre e, por conseguinte, também a renda total correspondem, em certas proporções (ainda que de nenhum modo iguais, embora avancem mais rapidamente), não à relativa, mas sim à absoluta fertilidade da agricultura em um país, ou seja, à massa de produtos que em média fornece para uma mesma superfície. Pois, quanto maior a participação dos tipos melhores de solo na superfície total, tanto maior será a massa dos produtos para igual investimento de capital e para áreas de terras de igual dimensão, e tanto maior será a renda média por acre. E vice-versa. Assim, a renda não parece ser determinada pela proporção da fertilidade diferencial, mas pela fertilidade absoluta, invalidando-se assim a lei da renda diferencial. Por isso, certos fenômenos são negados ou se procura explicá-los pelas diferenças existentes nos preços médios dos cereais e na fertilidade diferencial das terras cultivadas, fenômenos que simplesmente têm sua razão de ser no fato de que a relação da renda total tanto com a área total do solo cultivado como com o capital total investido no solo – em caso de igual fertilidade do solo que não dê renda e, por conseguinte, de iguais preços de produção e em caso de igual diferença entre os diversos tipos de solo – não é determinada somente pela renda por acre ou pela taxa de renda sobre o capital, mas também pelo número relativo de acres de cada tipo de solo no número total de acres cultivados; ou, o que dá na mesma, pela distribuição do capital total empregado entre os diversos tipos de solo. Estranhamente, essa circunstância não foi vista até agora. De qualquer modo, mostra-se, e isso é importante para o desenvolvimento de nossa investigação, que o nível relativo da renda média por acre e a taxa média de renda ou a relação entre a renda total e o capital total investido na terra podem, devido à simples expansão do cultivo, aumentar ou diminuir em caso de preços constantes, diferença constante na fertilidade das terras cultivadas e renda constante por acre ou, então, taxa de renda constante do capital investido por acre em qualquer tipo de solo que realmente dê renda, ou seja, em todo capital que realmente gere renda.

É preciso fazer ainda os seguintes adendos, que em parte servem também para II, com referência à forma de renda diferencial considerada sob I.

Primeiro. Viu-se como a renda média por acre ou a taxa média de renda do capital pode elevar-se devido a expansão do cultivo, preços estacionários e fertilidade diferencial constante das terras cultivadas. Assim que se tenha tomado posse de todas as terras de um país e assim que o investimento de capital no solo, o cultivo e a população tenham alcançado determinado nível – circunstâncias todas pressupostas quando o modo de produção capitalista se torna dominante e também se apodera da agricultura –, o preço dos diversos tipos de solo não cultivados (só se pressupondo a renda diferencial) é determinado pelo preço das terras cultivadas da mesma qualidade e localização equivalente. O preço é o mesmo – depois de deduzidos os custos advindos do arroteamento –, embora esse solo não gere nenhuma renda. O preço do solo é efetivamente apenas renda capitalizada. Mas também nas terras cultivadas somente são pagas rendas futuras no preço, por exemplo, paga-se antecipadamente de uma só vez a renda de vinte anos quando a taxa de juros vigente é de 5%. Assim que a terra é vendida, ela é vendida como geradora de renda, e o caráter prospectivo da renda (aqui examinada como fruto da terra, o que ela é apenas na aparência) não diferencia o solo não cultivado do solo cultivado. O preço das terras não cultivadas, bem como sua renda, cuja fórmula condensada ele representa, é apenas ilusório enquanto não se utilizam realmente as terras. Mas assim ele é determinado *a priori* e assim é realizado, tão logo se encontrem compradores. Por isso, se a renda média real de um país é determinada por sua renda média anual real e sua relação com a área total cultivada, então o preço da parcela não cultivada de terras é determinado pelo preço da cultivada e, por isso, é apenas reflexo do investimento de capital, e de seus resultados, nas terras cultivadas. Já que, com exceção do solo pior, todos os tipos de solo geram renda (e essa renda, que examinaremos em II, aumenta com a massa do capital e com a correspondente intensidade do cultivo), forma-se assim o preço nominal das partes do solo não cultivadas, tornando-se elas, desse modo, mercadoria, fonte de riqueza para seus proprietários. Isso explica ao mesmo tempo por que aumenta o preço do solo de todo o território, mesmo o do não cultivado. (Opdyke.) A especulação com terras, por exemplo nos Estados Unidos, baseia-se apenas nesse reflexo, que o capital e o trabalho lançam sobre o solo não cultivado.

Segundo. O avanço na expansão do solo cultivado em geral ocorre para um solo pior ou então para os diferentes tipos de solo dados em diferentes proporções, conforme se encontrem disponíveis. O avanço na direção do solo pior nunca ocorre naturalmente por livre escolha, mas só pode ser – pressupondo-se o modo de produção capitalista – decorrência de preços ascendentes e, em qualquer modo de produção, tão somente consequência da necessidade. Isso, no entanto, não é incondicional. Pode-se preferir um solo pior a um relativamente melhor por causa da localização, que é decisiva em toda a expansão do cultivo em países jovens; mas também porque, embora a formação geológica de certo trecho se conte entre as mais férteis no todo, em particular ela é constituída, no entanto, de alguns trechos melhores, uma mistura de solos piores e melhores, portanto o solo pior precisa ser cultivado já devido a sua conexão com o melhor. Se o solo pior se intercala no superior, então este lhe dá a vantagem da localização em relação às terras mais férteis que não estão em conexão com as já submetidas ao cultivo ou a ponto de serem cultivadas.

Assim, Michigan foi um dos primeiros estados do Oeste a exportar cereais. De modo geral, seu solo é pobre. Mas sua vizinhança em relação ao estado de Nova York e seus meios de comunicação aquáticos através dos lagos e do canal de Erie deram-lhe prioridade inicial sobre os estados mais férteis por natureza, situados mais a oeste. O exemplo desse estado, em comparação com o de Nova York, mostra-nos também a transição do solo melhor para o pior. O solo do estado de Nova York, particularmente o da parte ocidental, é incomparavelmente mais fértil, sobretudo para o cultivo do trigo. Mediante cultivo exaustivo, esse solo fértil tornou-se estéril, e o solo de Michigan, então, aparece como sendo mais fértil.

> Em 1838, em Buffalo, foi embarcada farinha de trigo para o Oeste, fornecida principalmente pela região tritícola de Nova York e Alto Canadá. Agora, após apenas 12 anos, enormes provisões de trigo e farinha são trazidas do Oeste, através do lago Erie e do canal de Erie, e embarcadas para o Leste em Buffalo e no vizinho porto de Blackrock. A exportação de trigo e farinha foi especialmente estimulada pela crise europeia de alimentos de 1847. Devido a isso, o trigo se tornou mais barato na região oeste de Nova York, e seu cultivo menos remunerativo; como consequência, os fazendeiros de Nova York se voltaram mais para a criação de gado, produção de leite, plantação de frutas etc., ramos em que, em sua opinião, o Noroeste não teria condições de concorrer diretamente com eles. (J[ames] W[eir] Johnston, *Notes on North America*. London, 1851, I, pp. 222-23)

Terceiro. É uma hipótese falsa a de que o solo nas colônias e, sobretudo, em países jovens, que podem exportar grãos por preços mais baixos, seja por isso necessariamente de maior fertilidade natural. O cereal aí não apenas é vendido abaixo de seu valor, mas abaixo de seu preço de produção, isto é, abaixo do preço de produção determinado pela taxa média de lucro dos países mais antigos.

Se, como diz Johnston (p. 223),

> estamos habituados a associar a esses Estados novos, dos quais chegam anualmente carregamentos tão grandes de trigo, a concepção de grande fertilidade natural e de territórios ilimitados de terras ricas,

isso depende, em primeira instância, de condições econômicas. A população toda de tal região, como, por exemplo, Michigan, está de início ocupada quase exclusivamente com a agricultura, sobretudo a de produtos em massa, os únicos que pode trocar por mercadorias industriais e produtos tropicais. Todo o seu produto excedente aparece, por isso, na forma de grãos. Isso distingue, de antemão, os Estados coloniais criados com base no moderno mercado mundial em face dos antigos e, especialmente, dos da época antiga. Recebem já prontos, através do mercado mundial, produtos que, sob outras circunstâncias, eles próprios teriam de produzir: vestuário, ferramentas etc. Só com base nisso é que os Estados do Sul da União puderam fazer do algodão seu produto principal. A divisão do trabalho no mercado mundial permite-lhes isso. Se, ao se levar em consideração sua juventude e a densidade relativamente baixa de sua população, *parecem* produzir um produto excedente muito grande, isso não se deve à fertilidade do solo nem à fertilidade do trabalho, mas à forma unilateral de seu trabalho e, portanto, do produto excedente em que este se objetiva.

Mas, além disso, uma terra arável relativamente menos fértil, que, porém, se cultive pela primeira vez e ainda não tenha sido atingida por nenhuma cultura, caso as condições climáticas não sejam totalmente desfavoráveis, terá acumulado – ao menos nas camadas superiores – tantas substâncias nutritivas, facilmente assimiláveis, para as plantas, que essa terra dará, por longo tempo, colheitas sem adubação, e isso com um cultivo muito superficial. As extensas campinas do Oeste têm a vantagem de quase não exigirem custos de arroteamento, pois a Natureza já as fez cultiváveis.[33][a] Em regiões menos férteis desse tipo, o excedente se origina não da alta fertilidade do solo, portanto da produtividade por acre, mas da quantidade de acres que são cultivados de maneira superficial, já que esse solo não custa nada ao colono ou, comparando-se com terras mais antigas, custa apenas uma ninharia. Por exemplo, onde existe o contrato da parceria, como em certas partes de Nova York, Michigan, Canadá etc. Uma família cultiva superficialmente, digamos, 100 acres, e, embora o produto por acre não seja grande, o produto de 100 acres garante um excedente significativo para a venda. A isso se acrescenta ainda a pecuária quase sem custos nos campos naturais, dispensando pastagens artificiais. O fator decisivo aqui não é a qualidade do solo, mas sua quantidade. A possibilidade desse cultivo esgota-se naturalmente de modo mais ou menos rápido na razão inversa da fertilidade do novo solo e na razão direta da exportação de seu produto.

> E, mesmo assim, tal país dará excelentes primeiras colheitas, mesmo de trigo; quem esgotar a nata do solo poderá enviar para o mercado um abundante excedente de trigo. (Ibid., p. 224)

Em países de cultura mais antiga, as relações de propriedade, o preço do solo inculto determinado pelo preço do solo cultivado etc. tornam impossível uma economia extensiva dessa espécie.

Que tal solo, conforme Ricardo imagina, deva ser muito fértil ou que, ainda, só sejam cultivados tipos de solo de igual fertilidade percebe-se a partir do seguinte: no estado de Michigan foram semeados com trigo, em 1848, 465 900 acres e produzidos 4 739 300 *bushels* ou, em média, 10⅕ *bushels* por acre; isso dá, depois de descontado o grão da semeadura, menos de 9 *bushels* por acre. Dos 29 condados do estado, 2 produziram em média 7 *bushels*, 3–8, 2–9, 7–10, 6–11, 3–12, 4–13 *bushels* e apenas um 16 e outro 18 *bushels* por acre (ibid., p. 225).

Para o cultivo prático, maior fertilidade do solo coincide com maior utilização imediata dessa fertilidade. Esta pode, no caso de um solo pobre por natureza, ser maior do que em um rico por natureza; é, porém, o tipo de solo para o qual o colono vai apelar inicialmente e, no caso de carência de capital, precisa apelar.

Finalmente: a expansão do cultivo para áreas maiores – fazendo-se abstração do caso anteriormente tratado, no qual é preciso recorrer ao solo pior do que o até então cultivado –, para os diferentes tipos de solo de A a D, por exemplo o cultivo de áreas maiores de B e C, não pressupõe de modo algum a elevação prévia dos preços dos cereais, como tampouco a ampliação anual da fiação do algodão exige elevação contínua dos preços do fio. Embora significativa elevação ou a queda dos preços de mercado influam sobre o volume da produção, também os preços médios, que não atuam no sentido de inibir nem de incentivar a produção, provocam continuamente na agricultura (como em todos os outros ramos da produção que sejam operados de modo capitalista) aquela superprodução relativa que, em si, é idêntica à acumulação e que, em outro modo de produção, passa a ser causada diretamente pelo aumento da população e, nas colônias, pela imigração continuada. A necessidade cresce constantemente e, com base nessa previsão, investe-se sem cessar novo capital em nova terra, embora, conforme as circunstâncias, para diferentes produtos agrícolas. É a formação de novos capitais que, em si e por si, acarreta isso. Mas, no que tange ao capitalista individual, ele mede o volume de sua produção pelo volume de seu capital disponível, à medida que ainda pode supervisioná-lo. O que tem em mente é ocupar tanto espaço quanto possível no mercado. Caso haja superprodução, então lança a culpa não em si, mas em seus concorrentes. O capitalista individual pode ampliar sua produção tanto se apropriando de parte alíquota maior de certo mercado quanto ampliando ele mesmo o mercado.

CAPÍTULO 40

SEGUNDA FORMA DA RENDA DIFERENCIAL (RENDA DIFERENCIAL II)

Até aqui só consideramos a renda diferencial como resultado da produtividade diferente de iguais investimentos de capital em superfícies iguais de fertilidade diferente, de tal modo que a renda diferencial era determinada pela diferença entre o rendimento do capital investido no solo pior, sem renda, e o do capital investido em solo melhor. Tínhamos então os investimentos de capital lado a lado em diferentes superfícies, de tal modo que todo novo investimento de capital correspondia a um cultivo mais extenso do solo, a uma ampliação da superfície cultivada. Mas, por fim, a renda diferencial era, por si, apenas o resultado da produtividade diferente de capitais iguais investidos no solo. Poderá agora fazer alguma diferença se massas de capitais com produtividade diferente forem investidas sucessivamente no mesmo terreno ou lado a lado em
1 terrenos diferentes, pressupondo-se que os resultados sejam os mesmos?

Não se deve negar de antemão que, no que tange à formação de sobrelucro, tanto faz se 3 libras esterlinas de custos de produção investidas no acre de A rendem 1 *quarter* e, desse modo, 3 libras esterlinas são o preço de produção e o preço regulador de mercado para 1 *quarter*, enquanto 3 libras esterlinas de custos de produção sobre o acre de B produzem 2 *quarters* e, com isso, um sobrelucro de 3 libras esterlinas, assim como 3 libras esterli-
8 nas de custos de produção por acre de C dão 3 *quarters* e 6 libras esterlinas de sobrelucro e, finalmente, 3 libras esterlinas de custos de produção por acre de D rendem 4 *quarters* e 9 libras esterlinas de sobrelucro; ou se o mesmo resultado é obtido se essas 12 libras esterlinas de custos de produção, ou 10 libras esterlinas de capital, são investidas com os mesmos êxitos e na mesma sequência em um mesmo acre. É toda vez um capital de 10 libras esterlinas, cujas partes de valor de 2½ libras esterlinas cada uma são suces-
5 sivamente investidas – quer sobre 4 acres contíguos de fertilidade diversa ou seguidamente sobre um único e mesmo acre; devido a seu diferente produto, uma parte não rende nenhum sobrelucro, enquanto as outras partes dão um sobrelucro correspondente à diferença de seu rendimento acima daquele primeiro investimento que não dá renda.

Os sobrelucros e as diferentes taxas de sobrelucro para diferentes partes de valor do capital passam a ser formados de modo uniforme
2 em ambos os casos. E a renda é apenas a forma desse sobrelucro, que

constitui sua substância. Mas, de qualquer maneira, no segundo método surgem dificuldades para a transformação do sobrelucro em renda, para essa alteração de forma, que inclui a transferência dos sobrelucros do arrendatário capitalista para o proprietário da terra. Daí a teimosa resistência dos arrendatários ingleses contra uma estatística oficial da agricultura. Daí a luta entre eles e os proprietários de terras quanto à verificação dos resultados reais de seus investimentos de capital (Morton). Ou seja, no caso de arrendamento das terras, a renda é fixada e, de acordo com isso, os sobrelucros oriundos dos sucessivos investimentos de capital vão para o bolso do arrendatário enquanto perdurar o contrato de arrendamento. Daí a luta dos arrendatários por contratos de arrendamento longos e, por outro lado, o aumento dos contratos encerráveis a cada ano (*tenancies at will*) devido ao maior poder dos senhores das terras.

Por isso, de antemão está claro: se, para a lei da formação dos sobrelucros, em nada altera que capitais iguais sejam investidos lado a lado com resultados desiguais sobre extensões de terra iguais ou que o sejam sucessivamente sobre o mesmo pedaço de terra, isso faz, no entanto, diferença significativa para a metamorfose dos sobrelucros em rendas fundiárias. Este último método insere tal metamorfose em limites, por um lado, mais estreitos e, por outro, mais oscilantes. Por isso, em países de cultura intensiva (e, economicamente, entendemos por cultura intensiva a concentração de capital sobre a mesma fração de terra ao invés de sua distribuição sobre trechos de terra contíguos), a atividade do taxador se torna uma profissão muito importante, complicada e difícil, como o mostra Morton em sua obra *Resources of Estates*. No caso de melhorias permanentes do solo, expirando o prazo do contrato de arrendamento, a fertilidade diferencial do solo artificialmente elevada coincide com sua fertilidade diferencial natural e, por isso, coincide a taxação da renda com a fertilidade diferente entre distintos tipos de solo em geral. Pelo contrário, à medida que a formação de sobrelucro é determinada pelo nível do capital de giro, quando este chega a certo grau de grandeza o nível de renda passa a ser calculado com base na renda média do país, cuidando-se de que o novo arrendatário disponha de capital suficiente para prosseguir o cultivo do mesmo modo intensivo.

Ao considerar a renda diferencial II, ainda é necessário destacar os seguintes pontos:

Primeiro: Sua base e seu ponto de partida, não só histórico, mas à medida que afeta seu movimento em cada momento dado, é a renda diferencial I, ou seja, o cultivo simultâneo, contíguo, de tipos de solo de diferente fertilidade e localização; portanto, o emprego simultâneo, contíguo, de componentes diferentes do capital agrícola total em terrenos de qualidade diferente.

Do ponto de vista histórico, isso é evidente por si mesmo. Nas colônias, os colonos precisam investir pouco capital; os principais agentes da produção são o trabalho e a terra. Cada chefe de família trata de procurar, para si e para os seus, um campo de ocupação autônomo, situado junto ao dos demais colonos. Esse já deveria ser, em suma, o caso na agricultura propriamente dita, mesmo em modos de produção pré-capitalistas. Na criação de ovinos e na pecuária em geral enquanto ramos autônomos de produção, ocorre exploração mais ou menos comunitária do solo, e de início ela é extensiva. O modo de produção capitalista parte de modos mais antigos de produção, em que os meios de produção são, de fato ou de direito, propriedade do agricultor, em suma, da exploração artesanal da agricultura. Segundo a natureza da questão, aos poucos se desenvolve a concentração dos meios de produção e sua metamorfose em capital, em contrapartida aos produtores diretos transformados em trabalhadores assalariados. À medida que o modo de produção capitalista surge aí de maneira característica, isso ocorre inicialmente sobretudo na criação de ovinos e de gado; em seguida, porém, não na concentração do capital sobre uma extensão de terras relativamente pequena, mas na produção em larga escala, de tal forma que se poupa na manutenção de cavalos e em outros custos de produção; de fato, porém, não pelo investimento de mais capital sobre o mesmo solo. Além disso, faz parte das próprias leis naturais do cultivo da terra que, atingido certo nível da cultura e o seu correspondente esgotamento do solo, o capital – aqui ao mesmo tempo significando meios de produção já produzidos – torna-se o elemento decisivo da cultura agrária. Enquanto a terra cultivada constituir uma extensão relativamente pequena em comparação à não cultivada e a força da terra ainda não estiver esgotada (e este é o caso quando prevalecem a criação de gado e a produção de carne no período anterior à preponderância da agricultura propriamente dita e das plantas alimentícias), o novo e incipiente modo de produção opor-se-á à produção camponesa especialmente pela extensão do solo, que passa a ser cultivada por conta de *um* capitalista, portanto, mais uma vez, pelo emprego extensivo do capital em uma superfície de terreno maior. Por conseguinte, cabe sustentar desde o começo que a renda diferencial I é a base histórica da qual se parte. Por outro lado, o movimento da renda diferencial II só se produz, em qualquer instante dado, num setor que constitui, por sua vez, o fundamento diversificado da renda diferencial I.

Segundo: Na renda diferencial na forma II, acrescentam-se à diversidade da fertilidade as diferenças na distribuição do capital (e na capacidade de crédito) entre os arrendatários. Na manufatura propriamente dita, logo se forma para cada ramo de atividade um mínimo próprio do volume de negócios e, de acordo com isso, um mínimo de capital, abaixo do qual não se pode operar com êxito uma empresa individual. Assim também, em cada ramo de negócios, forma-se um nível médio normal de capital, acima desse mínimo, de que a massa dos produtores precisa dispor e efetivamente dispõe. O capital que estiver acima disso pode produzir lucro extra; o que estiver abaixo não produz o lucro médio. O modo de produção capitalista abrange a agricultura de maneira lenta e desigual, como se pode ver na Inglaterra, o país clássico quanto ao modo de produção capitalista na agricultura. À medida que não existe nenhuma livre importação de grãos ou que seu efeito é pequeno porque seu volume é limitado, então os produtores que trabalham no solo ruim, isto é, com condições menos favoráveis do que as condições médias de produção, determinam o preço de mercado. Encontra-se em suas mãos grande parte do capital total empregado na agricultura e que de modo geral está à disposição deles.

É verdade, por exemplo, que o camponês emprega muito trabalho em sua pequena parcela de terra. Mas é um trabalho isolado e despojado das condições objetivas, tanto sociais quanto materiais, da produtividade, privado delas.

Essa circunstância faz com que os arrendatários realmente capitalistas sejam capazes de se apropriar de parte do sobrelucro; isso deixaria de ocorrer, ao menos à medida que este ponto entra em consideração, se o modo de produção capitalista fosse tão bem desenvolvido na agricultura quanto na manufatura.

Consideremos por enquanto apenas a formação do sobrelucro no caso da renda diferencial II, sem nos preocupar ainda com as condições sob as quais pode ocorrer a transformação desse sobrelucro em renda fundiária.

Então fica claro que a renda diferencial II é apenas uma expressão diferente da renda diferencial I, mas coincidindo intrinsecamente com ela. A fertilidade diversa dos distintos tipos de solo tem influência no caso da renda diferencial I apenas na medida em que faz com que capitais investidos no solo deem resultados ou produtos desiguais, considerados pela grandeza igual dos capitais ou por sua grandeza proporcional. Que essa desigualdade ocorra para capitais diferentes, investidos sucessivamente na mesma fração de terra, ou para aqueles que foram empregados em trechos vários de distintos tipos de terra não altera em nada a diferença da fertilidade ou de seu produto e, portanto, a formação da renda diferencial para as partes de capital investidas de modo mais rentável. Continua a ser o solo que, para igual investimento de capital, mostra fertilidade diferente, só que aqui o mesmo solo faz, para um capital sucessivamente investido em diferentes parcelas, o que no caso I diferentes tipos de solo fazem para diferentes parcelas idênticas do capital social neles investidas.

Se o mesmo capital de 10 libras esterlinas que, na Tabela I,[I] na figura de capitais autônomos de 2½ libras esterlinas cada um, é investido por diferentes arrendatários sobre um acre de cada um dos quatro tipos de solo, A, B, C e D, estiver investido sucessivamente, em vez disso, sobre um único acre de D, de tal modo que o primeiro investimento dê 4 *quarters*, o segundo 3, o terceiro 2 e o último 1 (ou também na sequência inversa), então o preço de um *quarter*=3 libras esterlinas, fornecido pela parte do capital menos rentável, não daria nenhuma renda diferencial, mas determinaria o preço de produção enquanto fosse necessário fornecimento de trigo cujo preço de produção ficasse em 3 libras esterlinas. E, já que, conforme a hipótese estabelecida, produz-se de modo capitalista e, portanto, o preço de 3 libras esterlinas inclui o lucro médio que um capital de 2½ libras esterlinas gera em geral, então as três outras porções de 2½ libras esterlinas gerarão sobrelucro de acordo com a diferença desse produto, já que esse produto não passa a ser vendido a seu preço de produção, mas ao preço de produção do investimento menos rentável de 2½ libras esterlinas; um investimento que não dê rendas e no qual o preço do produto seja regulado de acordo com a lei geral dos preços de produção. A formação dos sobrelucros seria a mesma que na Tabela I.

Aqui se mostra novamente que a renda diferencial II pressupõe a renda diferencial I. Aqui se supõe que 1 *quarter* é o mínimo de produto que um capital de 2½ libras esterlinas rende, isto é, sua renda no pior tipo de solo; portanto, o arrendatário do tipo de solo D emprega, além das 2½ libras esterlinas que lhe dão 4 *quarters* pelos quais ele paga 3 *quarters* de renda diferencial, 2½ libras esterlinas que só lhe dão 1 *quarter*, como o mesmo capital investido no pior solo A. Nesse caso estaria esse investimento de capital que não dá renda, já que só seria retirado dele o lucro médio. Não haveria nenhum sobrelucro aí para se transformar em renda. Por outro lado, no entanto, também esse produto decrescente do segundo investimento de capital em D não teria nenhum efeito sobre a taxa de lucro. Seria o mesmo como se 2½ libras esterlinas tivessem sido recém-investidas em mais outro acre do tipo de solo A, circunstância que, de nenhuma maneira, afeta o sobrelucro, nem portanto a renda diferencial dos tipos de solo A, B, C e D. Para o arrendatário, esse investimento adicional de 2½ libras esterlinas em D teria sido exatamente tão vantajoso quanto, de acordo com a hipótese, o investimento das 2½ libras esterlinas originais no acre D, embora este renda 4 *quarters*. Se, além disso, ao fazer dois outros investimentos de capital, cada um de 2½ libras

I Ver, neste volume, p. 660. [N.E.B.]

esterlinas, o primeiro lhe dá 3 *quarters* e o segundo 2 *quarters* de produto adicional, então teria novamente ocorrido diminuição caso se comparasse com o resultado do primeiro investimento de 2½ libras esterlinas em D, que deu 4 *quarters* e, portanto, um sobrelucro de 3 *quarters*. Todavia, isso seria apenas uma exceção na elevação do sobrelucro e não afetaria nem o lucro médio nem o preço regulador de produção. Só ocorreria, porém, se a produção adicional, que rende esse sobrelucro decrescente, tornasse supérflua a produção de A e, com isso, colocasse o acre A fora de cultivo. Nesse campo, a decrescente fertilidade do investimento adicional de capital no acre A estaria ligada a uma queda no preço de produção, por exemplo de 3 libras esterlinas para 1½ libra esterlina, se o acre B se tornasse o solo sem rendimento, regulador do preço de mercado.

O produto de D seria agora = 4 + 1 + 3 + 2 = 10 *quarters*, enquanto antes ele era = 4 *quarters*. O preço do *quarter* regulado por B teria, porém, caído para 1½ libra esterlina. A diferença entre D e B seria = 10 − 2 = 8 *quarters* para 1½ libra esterlina por *quarter* = 12 libras esterlinas, enquanto antes a renda monetária de D era = 9 libras esterlinas. É preciso notar isso. Calculando-se por acre, o nível da renda teria subido em 33⅓%, apesar da taxa declinante do sobrelucro sobre os dois capitais adicionais de 2½ libras esterlinas cada um.

Aí se pode ver a que combinações complicadas a renda diferencial, de modo genérico, dá ensejo, em particular quando se juntam as formas II e I, enquanto, por exemplo, Ricardo a aborda de modo bem unilateral e como uma coisa simples. Tem-se, por exemplo, como acima, uma queda do preço regulador de mercado e, ao mesmo tempo, um crescimento de renda nas terras mais férteis, de tal maneira que tanto cresce o produto absoluto quanto o sobreproduto. (No caso da renda diferencial I em linha descendente, o sobreproduto relativo pode crescer, e com ele a renda por acre, embora o sobreproduto por acre permaneça constante ou até mesmo decresça.) Mas, ao mesmo tempo, decresce a produtividade dos investimentos sucessivos de capital no mesmo solo, embora grande parte deles recaia sobre as terras mais férteis. Considerando-se a questão de certo ponto de vista – em relação tanto ao produto quanto aos preços de produção –, a produtividade do trabalho cresceu. Considerando-a de outro ponto de vista, ela diminuiu, pois decresce a taxa do sobrelucro e o sobreproduto por acre para os diferentes investimentos de capital no mesmo solo.

A renda diferencial II, no caso de uma decrescente produtividade dos sucessivos investimentos de capital, só estaria necessariamente ligada a um aumento dos preços de produção e a um decréscimo absoluto da produtividade se esses investimentos de capital só pudessem ocorrer no pior solo A. Se o acre de A, que com um investimento de capital de 2½ libras esterlinas rendeu 1 *quarter* ao preço de produção de 3 libras esterlinas, caso se invistam mais 2½ libras esterlinas, perfazendo portanto um investimento total de 5 libras esterlinas, só produzir 1½ *quarter*, então o preço de produção desse 1½ *quarter*=6 libras esterlinas, portanto 1 *quarter*=4 libras esterlinas. Toda diminuição da produtividade em caso de investimento crescente de capital representaria aqui diminuição relativa do produto por acre, enquanto, nos tipos melhores de solo, representaria apenas uma diminuição do sobreproduto excedente.

Mas a natureza das coisas faz com que, com o desenvolvimento da cultura intensiva, isto é, com sucessivos investimentos de capital no mesmo solo, isso aconteça, preferencialmente ou em grau mais elevado, nos melhores tipos de solo. (Não falamos nas melhorias permanentes, mediante as quais solos até então inúteis são transformados em solos utilizáveis.) A fecundidade decrescente dos sucessivos investimentos de capital deve, por conseguinte, atuar principalmente do modo descrito. O solo melhor é escolhido por oferecer maior perspectiva de o capital aí investido ser rentável, pois contém a maioria dos elementos naturais da fertilidade, e trata-se tão somente de torná-los úteis.

Quando, depois da revogação das leis dos cereais, o cultivo se intensificou na Inglaterra, uma enorme massa de terras anteriormente destinadas ao cultivo do trigo passou a ser utilizada para outras finalidades, ou seja, para a criação de gado, enquanto as zonas de terras férteis mais apropriadas para o trigo foram drenadas e sofreram outros melhoramentos: assim, o capital para o cultivo do trigo foi concentrado num território mais restrito.

Nesse caso – e todas as possíveis sobretaxas existentes entre o sobrelucro máximo das melhores terras e o produto do solo A que não gera renda coincidem aqui não com o aumento relativo, mas com o aumento absoluto do sobreproduto por acre –, o sobrelucro (eventualmente renda) recém-constituído não representa parte do antigo lucro médio transformado em renda (parte do produto em que o lucro médio anteriormente se configurava), mas sobrelucro adicional que, a partir dessa forma, se transformava em renda.

Por outro lado, só no caso em que a demanda de cereal crescesse a tal ponto que o preço de mercado subisse acima do preço de produção de A e, por isso, em A, B ou qualquer outro tipo de solo o sobreproduto só pudesse ser fornecido por um preço superior a 3 libras esterlinas, só nesse caso a uma diminuição dos resultados de um investimento adicional de capital em qualquer um dos tipos, A, B, C ou D, estaria ligada uma elevação do preço de produção e do preço regulador de mercado. Caso isso continuasse por um período mais longo sem levar ao cultivo do solo adicional A (ao menos com a qualidade A) ou outros efeitos de uma oferta mais barata, se permanecessem iguais as demais circunstâncias, então o salário aumentaria devido ao encarecimento do pão e, proporcionalmente, a taxa de lucro cairia. Nesse caso, seria indiferente a maior demanda ser satisfeita mediante utilização de solo pior do que A ou mediante investimentos adicionais de capital, não importa sobre qual dos quatro tipos de solo. A renda diferencial se elevaria enquanto a taxa de lucro cairia.

Ricardo rotulou como caso único e normal, reduzindo a ele toda a formação da renda diferencial II, esse caso em que a fecundidade decrescente dos capitais posteriormente adicionados a tipos de solos que já estão sendo cultivados pode levar a um aumento do preço de produção, à queda da taxa de lucro e à formação de renda diferencial mais elevada, já que, nas condições dadas, esta se elevaria em todos os tipos de solo como se um solo pior do que A estivesse regulando o preço de mercado.

Esse também seria o caso se apenas o tipo de solo A fosse cultivado e sucessivos investimentos de capital nele não estivessem ligados a um crescimento proporcional do produto.

Portanto, aqui, no caso da renda diferencial II, perde-se completamente de vista a renda diferencial I.

Com exceção desse caso, em que a oferta dos tipos de solo cultivados não basta ou, então, o preço de mercado está continuamente acima do preço de produção até que um novo solo adicional, pior, passe a ser cultivado, ou até que o produto total do capital adicional investido nos diferentes tipos de solo só possa ser fornecido por um preço de produção mais elevado do que o até então vigente – com exceção desse caso, a diminuição proporcional na produtividade dos capitais adicionais deixa intatos o preço regulador de produção e a taxa de lucro. De resto, mais três outros casos são possíveis:

a) Se o capital adicional em algum dos tipos de solo, A, B, C ou D, somente gera a taxa de lucro determinada pelo preço de produção de A, então não se forma nenhum sobrelucro, portanto nenhuma possível renda; exatamente da mesma maneira que se mais solo A tivesse sido adicionalmente cultivado.

b) Se o capital adicional gera produto mais elevado, então obviamente se forma novo sobrelucro (renda potencial) caso o preço regulador permaneça o mesmo. Esse não é necessariamente o caso, ou melhor, não o é em particular, se essa produção adicional faz com que o solo A fique fora do cultivo e, com isso, também fora da série de tipos de solo concorrentes. Nessa circunstância, cai o preço de produção regulador. A taxa de lucro aumentaria se a isso estivesse ligada uma queda do salário ou se o produto mais barato entrasse como elemento no capital constante. Se a produtividade mais elevada do capital adicional tivesse ocorrido nos melhores tipos de solo, C e D, o nível da produtividade mais elevada e a massa dos capitais recém-acrescidos determinariam até que ponto a formação de um sobrelucro maior (portanto de renda aumentada) estaria ligada com a queda do preço e a elevação da taxa de lucro. Esta pode subir mesmo sem queda salarial, mediante o barateamento dos elementos do capital constante.

c) Se o investimento adicional de capital ocorre com um sobrelucro decrescente, mas de tal modo que seu produto deixa um excedente acima do produto do mesmo capital investido no solo A, então, se a oferta acrescida não faz com que o solo A fique sem ser cultivado, ocorre, sob todas as circunstâncias, uma nova formação de sobrelucros, que pode dar-se ao mesmo tempo sobre D, C, B e A. Se, ao contrário, o pior solo, A, é suprimido em termos de cultivo, então o preço de produção regulador cai, e depende da relação entre o preço diminuído de 1 *quarter* e o maior número dos *quarters* constituidores do sobrelucro se sobe ou desce o sobrelucro expresso em dinheiro e, por conseguinte, a renda diferencial. Mas, de qualquer maneira, aqui se revela a circunstância extraordinária de que, ao contrário do que parece à primeira vista, com sobrelucros decrescentes de sucessivos investimentos de capital, o preço de produção pode cair ao invés de ter de elevar-se.

Esses investimentos adicionais de capital com rendimentos excedentes decrescentes correspondem inteiramente ao caso em que, em tipos de solo cuja fertilidade estivesse entre A e B, B e C, C e D, por exemplo, fossem investidos quatro novos capitais autônomos de 2½ libras esterlinas cada um e que, respectivamente, produzissem 1½, 2⅓, 2⅔ e 3 *quarters*. Em todos esses tipos de solo, para todos os quatro capitais adicionais, formar-se-iam sobrelucros, rendas potenciais, embora a taxa de sobrelucro tivesse diminuído se comparada com o mesmo investimento de capital feito em solo cada vez melhor. E seria completamente indiferente se esses quatro capitais fossem investidos em D ou divididos entre D e A.

Chegamos agora a uma diferença essencial entre as duas formas de renda diferencial.

Permanecendo constante o preço de produção e idênticas as diferenças, na renda diferencial I pode aumentar, com a renda total, a renda média por acre ou a taxa média de renda sobre o capital; mas a média é tão somente uma abstração. O verdadeiro nível de renda por acre ou calculado sobre o capital continua a ser aqui o mesmo.

Por outro lado, sob os mesmos pressupostos, o nível de renda, calculado por acre, pode subir, embora a taxa de renda, calculada sobre o capital, permaneça a mesma.

Suponhamos que a produção duplique pelo fato de em A, B, C e D serem investidas, em cada, 5 libras esterlinas em vez de 2½, portanto um total de 20 libras esterlinas em vez de 10, permanecendo idêntica a fertilidade relativa. Seria exatamente o mesmo se de cada um desses tipos de solo fossem cultivados 2 acres em vez de 1, e isso a custos constantes. A taxa de lucro permaneceria a mesma e, assim, também sua relação com o sobrelucro ou a renda. Se, porém, agora A desse 2 *quarters*, B 4, C 6 e D 8, então, já que esse aumento não é devido ao dobro de fertilidade com capital constante, mas à fertilidade proporcional constante com duplicação do capital, o preço de produção continuaria a ser de 3 libras esterlinas por *quarter*. O lucro teria duplicado em todos os quatro tipos de solo, mas porque dobrou o capital investido. A renda teria duplicado na mesma proporção: seria de 2 *quarters* em vez de 1 para B, de 4 em vez de 2 para C e de 6 em vez de 3 para D; e, de acordo com isso, a renda em dinheiro para B, C e D seria respectivamente de 6 libras esterlinas, 12 libras esterlinas e 18 libras esterlinas. Como o produto por acre, ter-se-ia duplicado a renda em dinheiro por acre, portanto também o preço da terra em que essa renda em dinheiro seria capitalizada. Calculando-se assim, o nível da renda em grãos e em dinheiro sobe, e portanto o preço da terra, pois a escala em que ele é calculado, o acre, é uma extensão de terra de grandeza constante. Enquanto taxa de renda calculada sobre o capital investido, pelo contrário, não ocorreu nenhuma alteração no nível proporcional da renda. A renda total de 36 está para o capital desembolsado de 20 assim como a renda total de 18 estava para o capital desembolsado de 10. O mesmo vale para a relação entre a renda em dinheiro de cada tipo de solo e o capital nele investido; assim, por exemplo, em C, 12 libras esterlinas de renda estão para 5 libras esterlinas de capital como antes 6 libras esterlinas de renda estavam para 2½ libras esterlinas de capital. Aqui não surgem novas diferenças entre os capitais desembolsados, mas novos sobrelucros, apenas porque o capital adicional passa a ser investido em um dos tipos de solo que dão renda ou em todos eles, com o mesmo produto proporcional. Se o duplo investimento só ocorresse, por exemplo, em C, então a renda diferencial, calculada sobre o capital, entre C, B e D continuaria a ser a mesma, pois, se seu montante em C duplica, duplica também o capital investido.

Disso se deduz que, permanecendo constantes o preço de produção, a taxa de lucro e as diferenças (e portanto a taxa de sobrelucro ou de renda, calculada sobre o capital), pode crescer o nível da renda em produto e em dinheiro por acre e, por conseguinte, o preço da terra.

O mesmo pode ocorrer no caso de taxas decrescentes de sobrelucro, e portanto de renda, ou seja, no caso de produtividade decrescente dos investimentos adicionais de capital que ainda gerem renda. Se os segundos investimentos de capital de 2½ libras esterlinas não tivessem duplicado o produto, mas B só rendesse 3½ *quarters*, C 5 e D 7, então a renda diferencial de B para as segundas 2½ libras esterlinas de capital seria apenas de ½ *quarter* em vez de 1; de C, 1 em vez de 2; e de D, 2 em vez de 3. As relações entre renda e capital para os dois investimentos sucessivos se apresentariam do seguinte modo:

	Primeiro investimento			Segundo investimento	
	Renda	Capital		Renda	Capital
B:	£ 3	£ 2½	B:	£ 1½	£ 2½
C:	£ 6	£ 2½	C:	£ 3	£ 2½
D:	£ 9	£ 2½	D:	£ 6	£ 2½

Apesar dessa taxa reduzida da produtividade relativa do capital, e portanto do sobrelucro, calculada sobre o capital, a renda em grãos e em dinheiro teria subido, para B, de 1 para 1½ *quarter* (de 3 para 4½ libras esterlinas), para C, de 2 para 3 *quarters* (de 6 para 9 libras esterlinas) e, para D, de 3 para 5 *quarters* (de 9 para 15 libras esterlinas). Nesse caso, as diferenças para os capitais adicionais, se comparados com o capital investido em A, teriam diminuído, o preço de produção teria permanecido o mesmo, mas a renda por acre, e por conseguinte o preço da terra por acre, teria subido.

As combinações da renda diferencial II, que pressupõe como sua base a renda diferencial I, são agora as seguintes.

CAPÍTULO 41

A RENDA DIFERENCIAL II – PRIMEIRO CASO: PREÇO DE PRODUÇÃO CONSTANTE

Esse pressuposto implica que o preço de mercado continue a ser regulado, como sempre, pelo capital investido em A, o pior solo.

I. Se o capital adicional investido em qualquer um dos tipos, B, C ou D, de solo que produzam renda só produz tanto quanto o mesmo capital investido no solo A, ou seja, se, ao preço regulador de produção, só produz o lucro médio, portanto nenhum sobrelucro, então o efeito sobre a renda é igual a zero. Tudo continua na mesma. Tanto faz que seja agregada à superfície até então cultivada uma quantidade qualquer de acres do pior dos solos, o da qualidade A.

II. Os capitais adicionais produzem, em cada um dos diversos tipos de solo, produtos adicionais proporcionais a sua magnitude; ou seja, o volume da produção cresce de acordo com a fertilidade específica de cada um dos tipos de solo, em proporção à magnitude do capital adicional. No capítulo 39, partimos da seguinte Tabela I:

TABELA I

Tipo de solo	Acres	Capital	Lucro	Custos de produção	Produto	Preço de venda	Rendimento	Renda		Taxa de sobrelucro
		£	£	£	*Quarters*	£	£	*Quarters*	£	
A	1	2½	½	3	1	3	3	0	0	0
B	1	2½	½	3	2	3	6	1	3	120%
C	1	2½	½	3	3	3	9	2	6	240%
D	1	2½	½	3	4	3	12	3	9	360%
TOTAL	4	10		12	10		30	6	18	

Esta se transformou agora em:

TABELA II

Tipo de solo	Acres	Capital	Lucro	Custos de produção	Produto	Preço de venda	Rendimento	Renda		Taxa de sobrelucro
		£	£	£	*Quarters*	£	£	*Quarters*	£	
A	1	2½+2½ = 5	1	6	2	3	6	0	0	
B	1	2½+2½ = 5	1	6	4	3	12	2	6	120%
C	1	2½+2½ = 5	1	6	6	3	18	4	12	240%
D	1	2½+2½ = 5	1	6	8	3	24	6	18	360%
	4	20			20		60	12	36	

Aqui não é necessário, como na tabela, que o investimento de capital duplique em todos os tipos de solo. A lei é a mesma, bastando que, não importa em qual proporção, seja empregado capital adicional em um ou em vários tipos de solo geradores de renda. É necessário apenas que, em cada tipo de solo, a produção aumente na mesma proporção que o capital. A renda sobe aqui apenas devido a maior investimento de capital na terra e em proporção a esse aumento de capital. Esse aumento do produto e da renda devido a maior investimento de capital e em proporção a ele é, no que diz respeito ao *quantum* do produto e da renda, exatamente o mesmo que se obteria se a superfície cultivada das terras de igual qualidade e geradoras de renda tivesse aumentado e, com o mesmo investimento de capital, como antes nos mesmos tipos de solo, tivesse sido cultivada. No caso da Tabela II, por exemplo, o resultado permaneceria o mesmo se o capital adicional de 2½ libras esterlinas por acre fosse investido num segundo acre de B, C e D.

Além disso, essa hipótese não supõe nenhum emprego frutífero do capital, mas apenas emprego de mais capital na mesma superfície com o mesmo êxito de antes.

Aqui, todas as relações proporcionais permanecem as mesmas. De qualquer maneira, caso se considerem não as diferenças proporcionais, mas as puramente matemáticas, a renda diferencial pode modificar-se nos diferentes tipos de solo. Suponhamos, por exemplo, que capital adicional só tenha sido investido em B e D. Então, a diferença entre D e A é = 7 *quarters*, sendo antes = 3; a entre B e A = 3 *quarters*, antes = 1; a entre C e B = −1, antes = +1 etc. Mas essa diferença aritmética, decisiva no caso da renda diferencial I à medida que nela se expressa a diferença na produtividade para igual investimento de capital, é aqui completamente indiferente, pois é apenas consequência de investimentos adicionais de capital ou de não investimentos adicionais de capital, permanecendo constante a diferença para cada parcela igual de capital aplicada nas diversas terras.

III. Os capitais adicionais acarretam produto excedente e formam, por conseguinte, sobrelucros, mas a taxas decrescentes, não na proporção de seu incremento.

TABELA III

Tipo de solo	Acres	Capital	Lucro	Custos de produção	Produto	Preço de venda	Rendimento	Renda		Taxa de sobrelucro
		£	£	£	*Quarters*	£	£	*Quarters*	£	
A	1	2½	½	3	1	3	3	0	0	0
B	1	2½+2½=5	1	6	2+1½ = 3½	3	10½	1½	4½	90%
C	1	2½+2½=5	1	6	3+2 = 5	3	15	3	9	180%
D	1	2½+2½=5	1	6	4+3½ = 7½	3	22½	5½	16½	330%
		17½	3½	21	17		51	10	30	

Nessa terceira suposição, é de novo indiferente que os segundos investimentos adicionais de capital recaiam, ou não, de modo uniforme ou não uniforme sobre os diferentes tipos de solo; que a produção decrescente de sobrelucro transcorra em proporções uniformes ou não; que os investimentos adicionais de capital recaiam todos sobre o mesmo tipo de solo, gerador de renda, ou que se distribuam, de maneira uniforme ou não, sobre solos geradores de renda de qualidade diversificada. Todas essas circunstâncias são indiferentes para a lei a ser desenvolvida. O único pressuposto é o de que investimentos adicionais de capital em qualquer um dos tipos de solo geradores de renda redundem em sobrelucro, mas em proporção decrescente em relação à escala do aumento de capital. Os limites desse decréscimo estão, nos exemplos da tabela acima, entre 4 *quarters*=12 libras esterlinas, o produto do primeiro investimento de capital em D, o melhor solo, e 1 *quarter*=3 libras esterlinas, o produto do mesmo investimento de capital em A, o pior solo. O produto do melhor solo, no caso do investimento do capital I, constitui o limite máximo, enquanto o produto do pior solo, A, que não gera renda e não dá nenhum sobrelucro com o mesmo investimento de capital, constitui o limite mínimo do produto que os sucessivos investimentos de capital em qualquer um dos tipos de solo geradores de sobrelucro dão, no caso de produtividade decrescente desses sucessivos investimentos. Como a hipótese II corresponde ao caso em que à superfície cultivada sejam acrescidos novos trechos de igual qualidade dos tipos melhores de solo, que a quantidade de qualquer um dos tipos de solo cultivados aumente, assim também a hipótese III corresponde ao caso em que trechos adicionais de terra, cujos graus de fertilidade se distribuem entre D e A, entre as terras melhores e as terras piores, sejam cultivados. Caso os sucessivos investimentos de capital ocorram exclusivamente no solo D, então podem abranger as diferenças existentes entre D e A, entre D e C, assim como entre D e B. Caso ocorram todos no solo C, então apenas diferenças entre C e A ou, no caso, B; se em B, então apenas diferenças entre B e A.

Mas a lei é: a renda cresce de modo absoluto nesses tipos de solo, mesmo que não cresça na proporção do capital adicional investido.

A taxa de sobrelucro diminui, quer se considere o capital adicional, quer a totalidade do capital investido na terra; mas a magnitude absoluta do sobrelucro aumenta, exatamente como a taxa decrescente de lucro do capital em geral tende a estar ligada à massa crescente absoluta do lucro. Assim, o sobrelucro médio do capital investido em B é=90% sobre o capital, enquanto no primeiro investimento de capital ele era=120%. Mas o sobrelucro total aumenta de 1 *quarter* para 1½ *quarter* e de 3 para 4½ libras esterlinas. Considerada em si – e não em relação à magnitude duplicada do capital adiantado –, a renda total cresceu em termos absolutos. As diferenças das rendas dos tipos diversos de solo e suas relações entre si podem alterar-se aqui; mas essa mudança na diferença é consequência, não causa, do aumento das rendas umas em relação às outras.

IV. O caso em que os investimentos adicionais de capital nos tipos melhores de solo geram um produto maior do que os investimentos originais não exige análise detalhada. É óbvio que nessa hipótese aumentem as rendas por acre, e isso em proporção maior do que o capital adicional, não importando em que tipo de solo ocorreu seu investimento. O investimento adicional de capital, aqui, está ligado a melhorias. Na hipótese se inclui o caso em que um acréscimo de pouco capital produz o mesmo efeito maior que um acréscimo anterior de mais capital. Esse caso não é idêntico ao anterior, e essa diferença é importante em todos os investimentos de capital. Se, por exemplo, 100 dão um lucro de 10 e, investidos de determinada forma, 200 dão um lucro de 40, então o lucro subiu de 10% para 20% e, nessa medida, é o mesmo que 50, empregados de maneira mais efetiva, fornecerem um lucro de 10 em vez de 5. Supomos aqui que o lucro esteja ligado a um aumento proporcional do produto. Mas a diferença é que em um caso o capital precisa duplicar, enquanto no outro acarreta o dobro do efeito com o capital anterior. Não é absolutamente o mesmo se eu 1) com metade desse trabalho vivo e objetivado produzo o mesmo produto que produzia antes, ou 2) com o mesmo trabalho, o dobro do produto anterior, ou 3) com o dobro do trabalho, o quádruplo do produto anterior. No primeiro caso, trabalho – em forma viva ou objetivada – fica liberado, podendo ser empregado de outro modo; cresce a capacidade de dispor de trabalho e de capital. A liberação de capital (e trabalho) é em si um aumento da riqueza; ela tem exatamente o mesmo efeito como se esse capital adicional tivesse sido alcançado por meio de acumulação, poupando, porém, o trabalho da acumulação.

Suponhamos que um capital de 100 tenha produzido um produto de 10 metros. Que nos 100 estejam incluídos tanto capital constante quanto trabalho vivo e lucro. Assim, o metro custa 10. Se, agora, com o mesmo capital de 100, posso produzir 20 metros, então o metro custa 5. Se, no entanto, com capital de 50 posso produzir 10 metros, então o metro também custa 5, liberando-se um capital de 50, à medida que o antigo abastecimento de mercadorias seja suficiente. Se preciso investir um capital de 200 para produzir 40 metros, então o metro igualmente custa 5. A determinação do valor ou do preço não permite reconhecer aqui nenhuma diferença, tampouco a massa de produtos proporcional ao adiantamento de capital. Mas, no primeiro caso, libera-se capital; no segundo caso, poupa-se capital adicional, à medida que seria necessário haver cerca do dobro da produção; no terceiro caso, o produto aumentado só pode ser obtido à medida que aumenta o capital adiantado, embora não na mesma proporção que se o produto aumentado tivesse de ser fornecido pela antiga força produtiva. (Pertence à Seção I.)

Do ponto de vista da produção capitalista, e não considerando a elevação da mais-valia, mas a diminuição do preço de custo – e economia de custos também no elemento formador da mais-valia, o trabalho, presta esse serviço ao capitalista e constitui lucro para ele enquanto o preço de produção regulador permanecer o mesmo –, o emprego de capital constante é sempre mais barato do que o de variável. Isso pressupõe, de fato, o desenvolvimento do crédito e a abundância de capital de empréstimo, correspondentes ao modo de produção capitalista. Por um lado, eu emprego 100 libras esterlinas de capital constante adicional se 100 libras esterlinas são o produto de 5 trabalhadores durante o ano; por outro, 100 libras esterlinas de capital variável. Se a taxa de mais-valia é = 100%, então o valor que os 5 trabalhadores geraram é = 200 libras esterlinas; o valor de 100 libras esterlinas de capital constante, ao contrário, é = 100 libras esterlinas, e como capital talvez = 105 libras esterlinas, se a taxa de juros é = 5%. As mesmas somas de dinheiro, conforme sejam adiantadas para a produção como grandeza de valor do capital constante ou do capital variável, expressam valores muito diferentes caso se considere seu produto. Além disso, no que diz respeito aos custos das mercadorias da perspectiva do capitalista, ocorre ainda a diferença de que, das 100 libras esterlinas de capital constante, se este estiver investido em capital fixo, só o desgaste entra no valor da mercadoria, enquanto as 100 libras esterlinas para salários precisam ser completamente reproduzidas nele.

No caso de colonos e pequenos produtores autônomos em geral, que não podem dispor de capital ou apenas o podem a juros demasiado elevados, a parte do produto que representa o salário é sua *revenue*, enquanto para o capitalista é adiantamento de capital. Por isso aqueles consideram esse dispêndio de trabalho como condição prévia inevitável para o rendimento do trabalho, do qual se trata em primeiro lugar. Mas, no que tange ao trabalho excedente do pequeno produtor, depois de descontado o trabalho necessário, ele se realiza de qualquer modo num produto excedente; e, assim que o vende ou pode empregá-lo ele mesmo, passa a considerar isso como algo que não lhe custou nada, por não ser trabalho objetivado. Tão somente este é que lhe aparece, ao ser despendido, como alienação de riqueza. Ele procura, naturalmente, vender tão caro quanto possível; mas mesmo a venda abaixo do valor e do preço de produção capitalista é considerada por ele ainda como lucro, à medida que esse lucro não é antecipado pelo endividamento, hipoteca etc. Para o capitalista, pelo contrário, o dispêndio tanto de capital variável quanto de capital constante é adiantamento de capital. O adiantamento relativamente maior de capital constante, permanecendo iguais as demais circunstâncias, diminui o preço de custo, e de fato também o valor das mercadorias. Por conseguinte, embora o lucro surja apenas do mais-trabalho, portanto apenas do emprego de capital variável, ao capitalista individual ainda pode, contudo, parecer que o trabalho vivo seja o elemento de seus custos de produção mais caro e que mais pode ser reduzido a um mínimo. Esta é apenas uma forma capitalistamente distorcida de um fato real, a de que o emprego proporcionalmente maior de trabalho pretérito, em comparação com trabalho vivo, significa maior produtividade do trabalho social e maior riqueza social. Tudo é tão falso e, assim, se apresenta de cabeça para baixo, do ponto de vista da concorrência. –

Pressupondo-se preços de produção constantes, os investimentos adicionais de capital podem ser feitos em solos melhores, com produtividade idêntica, crescente ou decrescente, ou seja, podem ser feitos em solos a partir de B. De acordo com nosso pressuposto, em A isso só seria possível no caso de produtividade constante, onde a terra, então, continuaria a não gerar renda ou também quando a produtividade aumentasse; uma parte do capital investido no solo A geraria renda, então, e a outra não. Mas, de acordo com a hipótese, seria impossível haver força produtiva decrescente para A, pois o preço de produção não permaneceria constante, mas subiria. Porém, sob todas essas circunstâncias, ou seja, se o sobreproduto que os investimentos adicionais geram for proporcional a sua grandeza, ou se ficar acima ou abaixo dessa proporção – isto é, se em consequência a taxa de sobrelucro do capital permanecer constante, aumentar ou diminuir em caso de crescimento deste último –, o sobreproduto e o correspondente sobrelucro por acre crescem, portanto também eventualmente a renda, a renda em grãos e em dinheiro. O crescimento na mera massa de sobrelucro ou na renda calculada por acre, isto é, o incremento da massa calculado segundo uma unidade constante – o que quer dizer, nesse caso, segundo uma quantidade determinada de terra, de acres ou de hectares –, expressa-se como uma proporção crescente. Por isso, o nível da renda, calculado por acre, cresce nessas condições simplesmente devido ao aumento do capital investido no solo. E isso ocorre no caso de preços constantes de produção, não importando que a produtividade do capital adicional seja constante, decrescente ou crescente. Essas duas últimas circunstâncias modificam a extensão em que cresce o nível da renda por acre, mas não o fato desse próprio crescimento. Esse é um fenômeno peculiar à renda diferencial II e que a distingue da renda diferencial I. Se os investimentos adicionais de capital, em vez de serem feitos sucessivamente no mesmo solo, tivessem sido feitos em solos adicionais contíguos, da mesma qualidade, então a massa da renda total teria crescido e, como foi mostrado anteriormente, também teria crescido a renda média da superfície total cultivada, mas não o nível da renda por acre. Permanecendo constante o resultado, à medida que entram em cogitação a massa e o valor da produção total e do sobreproduto, a concentração de capital sobre menor superfície de terra desenvolve o nível da renda por acre, enquanto, sob as mesmas condições, sua distribuição sobre uma superfície mais ampla não acarreta esse efeito, ainda que as demais circunstâncias permaneçam constantes. Quanto mais se desenvolve, no entanto, o modo de produção capitalista, tanto mais se desenvolve também a concentração de capital na mesma superfície de terra, tanto mais se eleva, portanto, a renda calculada por acre. Por isso, em dois países cujos preços de produção fossem idênticos, em que as diferenças entre os tipos de solo também fossem idênticas e a mesma massa de capital fosse investida, mas num deles mais na forma de investimentos sucessivos em uma superfície limitada enquanto no outro mais na forma de investimentos coordenados em superfícies mais amplas, a renda por acre, e com ela o preço do solo, seria mais elevada no primeiro e mais baixa no segundo, embora a massa da renda fosse igual em ambos os países. A diferença no nível da renda não seria, portanto, explicável aqui a partir da diferença na fertilidade natural dos tipos de solo, de acordo com a quantidade de trabalho empregado, mas exclusivamente a partir da maneira diferente de se investir o capital.

Se aqui falamos de sobreproduto, deve-se entender, com isso, sempre a parte alíquota do produto em que o sobrelucro se apresenta. Fora isso, entendemos por mais-produto ou sobreproduto a parte do produto em que a mais-valia total se apresenta ou, também, em alguns casos, aquela parte em que o lucro médio se apresenta. O significado específico que a palavra adquire para o capital gerador de renda dá origem a equívocos, como mostramos anteriormente.

CAPÍTULO 42

A RENDA DIFERENCIAL II – SEGUNDO CASO: PREÇO DE PRODUÇÃO DECRESCENTE

O preço de produção pode cair se os investimentos adicionais de capital ocorrem com uma taxa de produtividade constante, decrescente ou crescente.

I. PRODUTIVIDADE CONSTANTE DO INVESTIMENTO ADICIONAL DE CAPITAL

Isso supõe, portanto, que nos diferentes tipos de solo, de acordo com sua qualidade específica, o produto cresça na mesma medida que o capital neles investido. Isso implica, para diferenças constantes dos tipos de solo, um crescimento do sobreproduto proporcional ao crescimento do investimento de capital. Esse caso exclui, portanto, todo investimento adicional de capital no solo A que afete a renda diferencial. Neste, a taxa de sobrelucro é = 0; esta permanece, portanto, = 0, já que se supõe que a força produtiva do capital adicional e, por conseguinte, a taxa de sobrelucro permaneçam constantes.

Nessa hipótese, o preço regulador de produção só pode, porém, cair, porque, em vez do preço de produção de A, torna-se regulador o preço do próximo solo melhor, o solo B, ou de modo geral qualquer um dos solos melhores do que A; o capital passa, então, a ser retirado de A ou também de A e B, se o preço de produção do solo C se tornar o regulador, ficando, assim, fora da concorrência todos os tipos de solo produtores de trigo que sejam inferiores. A condição para isso, sob os pressupostos dados, é que o produto adicional dos investimentos adicionais de capital satisfaça a demanda, tornando, daí, a produção do solo inferior A etc. supérflua para completar a oferta.

Consideremos a Tabela II, por exemplo, mas de tal modo que, em vez de 20 *quarters*, 18 satisfaçam a demanda. A desapareceria; B, e com ele o preço de produção de 30 xelins por *quarter*, tornar-se-ia o regulador. A renda diferencial assume então a seguinte forma:

TABELA IV

Tipo de solo	Acres	Capital	Lucro	Custos de produção	Produto	Preço de venda	Rendimento	Renda		Taxa de sobrelucro
		£	£	£	*Quarters*	£	£	Em grãos (*quarters*)	Em dinheiro (£)	
B	1	5	1	6	4	1½	6	0	0	0
C	1	5	1	6	6	1½	9	2	3	60%
D	1	5	1	6	8	1½	12	4	6	120%
TOTAL	3	15	3	18	18		27	6	9	

Portanto, a renda total, se comparada com a da Tabela II, teria caído de 30 para 9 libras esterlinas e, em grãos, de 12 para 6 *quarters*, mas a produção total só 2 *quarters*, de 20 para 18. A taxa de sobrelucro, calculada sobre o capital, teria caído para um terço, de 180 para 60%. À queda do preço de produção corresponde aqui, portanto, diminuição da renda em grãos e em dinheiro.

Comparando-se com a Tabela I, só ocorre diminuição da renda em dinheiro; a renda em grãos é, em ambos os casos, de 6 *quarters*, só que em um caso estes são = 18 libras esterlinas, no outro = 9 libras esterlinas. Para o solo C, comparando-se com a Tabela I, a renda em grãos permaneceu a mesma. De fato, por meio disso, constituiu-se nova renda diferencial, pois a produção adicional, obtida mediante capital adicional, que atua uniformemente, colocou fora do mercado o produto de A e, com isso, eliminou o solo A enquanto agente de produção concorrente; nessa nova renda diferencial I, o solo melhor B desempenha o mesmo papel que anteriormente o solo pior A. Desaparece, assim, por um lado, a renda de B; por outro, de acordo com os pressupostos, nada foi modificado nas diferenças entre B, C e D devido ao investimento de capital adicional. Por isso, a parte do produto que se transforma em renda desaparece.

Se o resultado acima – a satisfação da demanda com exclusão de A – fosse acarretado pelo investimento em C ou em D, ou em ambos, de mais que o dobro do capital, então a questão se estruturaria de outro modo. Por exemplo, se o terceiro investimento de capital é feito em C:

TABELA IV*a*

Tipo de solo	Acres	Capital	Lucro	Custos de produção	Produto	Preço de venda	Rendimento	Renda		Taxa de sobrelucro
		£	£	£	*Quarters*	£	£	*Quarters*	£	
B	1	5	1	6	4	1½	6	0	0	0
C	1	7½	1½	9	9	1½	13½	3	4½	60%
D	1	5	1	6	8	1½	12	4	6	120%
TOTAL	3	17½	3½	21	21		31½	7	10½	

Em comparação com a Tabela IV, aqui o produto em C aumentou de 6 para 9 *quarters*, o sobreproduto de 2 para 3 *quarters*, a renda em dinheiro de 3 para 4½ libras esterlinas. Em comparação com a Tabela II, onde era de 12 libras esterlinas, e com a Tabela I, onde era de 6 libras esterlinas, a renda em dinheiro, no entanto, caiu. A renda total em grãos = 7 *quarters* caiu se comparada com a Tabela II (12 *quarters*), subindo em relação à Tabela I (6 *quarters*); em dinheiro (10½ libras esterlinas) caiu em relação a ambas (18 e 36 libras esterlinas).

Se o terceiro investimento de capital de 2½ libras esterlinas tivesse sido feito no solo B, isso teria alterado a massa da produção, mas não teria afetado a renda, já que, de acordo com os pressupostos, os sucessivos investimentos de capital não acarretam nenhuma diferença no mesmo tipo de solo, e o solo B não gera renda alguma.

Suponhamos, pelo contrário, que o terceiro investimento de capital tenha ocorrido em D, e não em C, então temos:

TABELA IV*b*

Tipo de solo	Acres	Capital	Lucro	Custos de produção	Produto	Preço de venda	Rendimento	Renda		Taxa de sobrelucro
		£	£	£	*Quarters*	£	£	*Quarters*	£	
B	1	5	1	6	4	1½	6	0	0	0
C	1	5	1	6	6	1½	9	2	3	60%
D	1	7½	1½	9	12	1½	18	6	9	120%
TOTAL	3	17½	3½	21	22		33	8	12	

Aqui, o produto total é de 22 *quarters*, mais que o dobro do da Tabela I, embora o capital adiantado seja apenas de 17½ libras esterlinas contra 10 libras esterlinas, não sendo, portanto, sequer o dobro dele. Além disso, o produto total é maior em 2 *quarters* do que o da Tabela II, embora nesta o capital adiantado seja maior, isto é, 20 libras esterlinas.

Em relação à Tabela I, no solo D a renda em grãos cresceu de 3 para 6 *quarters*, enquanto a renda em dinheiro permaneceu a mesma: 9 libras esterlinas. Em relação à Tabela II, a renda de D em grãos permaneceu a mesma, 6 *quarters*, mas a renda em dinheiro caiu de 18 para 9 libras esterlinas.

Considerando-se as rendas totais, a renda em grãos de IV*b* é = 8 *quarters*, maior do que a de I = 6 *quarters* e do que a de IV*a* = 7 *quarters*; é, no entanto, menor do que a de II = 12 *quarters*. A renda em dinheiro de IV*b* = 12 libras esterlinas é maior do que a de IV*a* = 10½ libras esterlinas e menor do que a da Tabela I = 18 libras esterlinas e do que a de II = 36 libras esterlinas.

Para que a renda total, sob as condições da Tabela IV*b* (com a eliminação da renda de B) seja igual à da Tabela I, precisamos ter ainda um sobrelucro de 6 libras esterlinas, portanto 4 *quarters* a 1½ libra esterlina, que é o novo preço de produção. Temos, então, novamente uma renda total de 18 libras esterlinas, como na Tabela I. O volume do capital adicional necessário para isso variará, conforme o investirmos em C ou em D ou o distribuirmos entre ambos.

Em C, 5 libras esterlinas de capital dão 2 *quarters* de sobreproduto, portanto 10 libras esterlinas de capital adicional darão 4 *quarters* de sobreproduto adicional. Em D, 5 libras esterlinas de capital adicional seriam suficientes para produzir os 4 *quarters* de renda adicional em grãos sob as condições aqui pressupostas de que a produtividade dos investimentos adicionais de capital permaneça a mesma. De acordo com isso, resultariam os seguintes quadros:

TABELA IV*c*

Tipo de solo	Acres	Capital	Lucro	Custos de produção	Produto	Preço de venda	Rendimento	Renda		Taxa de sobrelucro
		£	£	£	*Quarters*	£	£	*Quarters*	£	
B	1	5	1	6	4	1½	6	0	0	0
C	1	15	3	18	18	1½	27	6	9	60%
D	1	7½	1½	9	12	1½	18	6	9	120%
TOTAL	3	27½	5½	33	34		51	12	18	

TABELA IV*d*

Tipo de solo	Acres	Capital	Lucro	Custos de produção	Produto	Preço de venda	Rendimento	Renda		Taxa de sobrelucro
		£	£	£	*Quarters*	£	£	*Quarters*	£	
B	1	5	1	6	4	1½	6	0	0	0
C	1	5	1	6	6	1½	9	2	3	60%
D	1	12½	2½	15	20	1½	30	10	15	120%
TOTAL	3	22½	4½	27	30		45	12	18	

A renda total em dinheiro seria exatamente metade do que era na Tabela II, em que os capitais adicionais foram investidos com preços de produção constantes.

O mais importante é comparar as tabelas acima com a Tabela I.

Verificamos que, enquanto o preço de produção caiu pela metade, de 60 para 30 xelins por *quarter*, a renda total em dinheiro permaneceu a mesma, = 18 libras esterlinas, e, de acordo com isso, a renda em grãos duplicou, ou seja, foi de 6 para 12 *quarters*. Em B, a renda desapareceu; em C, a renda em dinheiro subiu pela metade em IV*c*, mas caiu pela metade em IV*d*; em D, ela permaneceu a mesma em IV*c*, = 9 libras esterlinas, mas subiu de 9 para 15 libras esterlinas em IV*d*. A produção subiu de 10 para 34 *quarters* em IV*c* e para 30 *quarters* em IV*d*; o lucro subiu de 2 para 5½ libras esterlinas em IV*c* e 4½ em IV*d*. O investimento total de capital subiu, num caso, de 10 para 27½ libras esterlinas e, no outro, de 10 para 22½ libras esterlinas, em ambos os casos, portanto, mais do que o dobro. A taxa de renda, a renda calculada sobre o capital adiantado, é, em todas as Tabelas de IV até IV*d*, a mesma para cada tipo de solo, o que já estava incluído no fato de a taxa de produtividade de ambos os investimentos sucessivos de capital em cada tipo de solo ser considerada como sendo a mesma. Em relação à Tabela I, no entanto, para a média de todos os tipos de solo, bem como para cada um deles, ela caiu. Em I, era em média = 180%, em IV*c* é $= \frac{18}{27½} \times 100 = 65\,{}^{5}\!/_{11}\%$ e em IV*d* $= \frac{18}{22½} \times 100 = 80\%$. A renda média em dinheiro por acre subiu. Anteriormente, em I, sua média, para os 4 acres, era de 4½ libras esterlinas por acre e, agora, em IV*c* e IV*d*, para os 3 acres, é de 6 libras esterlinas por acre. Sua média, no solo gerador de renda, era anteriormente de 6 libras esterlinas e agora é de 9 libras esterlinas por acre. Portanto, o valor em dinheiro da renda por acre subiu e, agora, representa o dobro do produto em grãos anterior; mas os 12 *quarters* de renda em grãos são agora menos do que metade do produto total de 34 ou mesmo de 30 *quarters*, enquanto na Tabela I os 6 *quarters* constituem 3/5 do produto total de 10 *quarters*. Portanto, embora a renda, considerada como parte alíquota do produto total, tenha caído, e tenha também caído quando calculada sobre o capital desembolsado, seu valor monetário, calculado por acre, subiu, e ainda mais seu valor-produto. Tomemos o solo D na Tabela IV*d*, na qual os custos de produção = 15 libras esterlinas, das quais o capital desembolsado = 12½ libras esterlinas; a renda em dinheiro = 15 libras esterlinas. Na Tabela I, os custos de produção no mesmo solo D eram = 3 libras esterlinas, o capital desembolsado = 2½ libras esterlinas, a renda em dinheiro = 9 libras esterlinas, sendo esta, portanto, o triplo dos custos de produção e quase o quádruplo do capital. Na Tabela IV*d*, para D, a renda em dinheiro é de 15 libras esterlinas, exatamente igual aos custos de produção e apenas 1/5 maior do que o capital. Mesmo assim, a renda em dinheiro por acre é 2/3 maior, 15 em vez de 9 libras esterlinas. Em I, a renda em grãos de 3 *quarters* é = 3/4 do produto total de 4 *quarters*; em IV*d*, com 10 *quarters*, é metade do produto total (20 *quarters*) do acre de D. Isso mostra como o valor em dinheiro e o valor em grãos da renda por acre podem subir, embora constituam uma parte alíquota menor do rendimento total e tenham caído em relação ao capital adiantado.

O valor do produto total em I é = 30 libras esterlinas, a renda = 18 libras esterlinas, mais do que a metade disso. O valor do produto total de IV*d* é = 45 libras esterlinas, das quais 18 libras esterlinas a renda, menos do que a metade.

Ora, a razão pela qual, apesar da queda de preço de 1½ libra esterlina por *quarter*, portanto cerca de 50%, e apesar da redução do solo concorrente de 4 para 3 acres, a renda total em dinheiro permanece a mesma e a renda em grãos duplica, enquanto, calculando-se por acre, a renda em grãos e a renda em dinheiro sobem, reside no fato de mais *quarters* de sobreproduto passarem a ser produzidos. O preço do cereal cai em 50%, o sobreproduto cresce em 100%. Mas, para chegar a esse resultado, a produção total precisa, sob nossas condições, triplicar e o investimento de capital nas melhores terras precisa mais que duplicar. Em que proporção este último cresce depende, em primeira instância, de como os investimentos adicionais de capital se distribuem entre os tipos melhores de solo, pressupondo-se sempre que a produtividade do capital investido em cada tipo de solo cresça proporcionalmente a sua magnitude.

Se a queda do preço de produção fosse menor, então seria necessário menos capital adicional para produzir a mesma renda em dinheiro. Caso a oferta necessária para colocar A fora de cultivo – e isso não depende apenas do produto de A por acre, mas também da participação proporcional que A passa a ter em toda a superfície cultivada –, caso, portanto, a oferta necessária para tanto fosse maior, portanto também a massa exigida de capital adicional em um solo melhor do que A, então, se as demais condições permanecessem constantes, a renda em dinheiro e a renda em grãos teriam crescido ainda mais, embora ambas desaparecessem no solo B.

Se o capital eliminado de A tivesse sido = 5 libras esterlinas, então, nesse caso, as tabelas a serem comparadas seriam: II e IV*d*. O produto total teria aumentado de 20 para 30 *quarters*. A renda em dinheiro só seria a metade, 18 libras esterlinas, em vez de 36 libras esterlinas; a renda em grãos seria a mesma = 12 *quarters*.

Se em D pudesse ser produzido um produto total de 44 *quarters* = 66 libras esterlinas com um capital = 27½ libras esterlinas – correspondente à antiga proporção estabelecida para D, de 4 *quarters* para 2½ libras esterlinas de capital –, então a renda total voltaria ao nível II e a tabela seria a seguinte:

Tipo de solo	Capital	Produto	Renda em grãos	Renda em dinheiro
	£	*Quarters*	*Quarters*	£
B	5	4	0	0
C	5	6	2	3
D	27½	44	22	33
TOTAL	37½	54	24	36

A produção total seria de 54 *quarters*, contra 20 *quarters* na Tabela II, e a renda em dinheiro seria a mesma, = 36 libras esterlinas. Mas o capital total seria de 37½ libras esterlinas, enquanto na Tabela II era = 20. O capital total adiantado teria quase duplicado, enquanto a produção quase triplicaria; a renda em grãos teria duplicado, e a renda em dinheiro teria permanecido a mesma. Se, portanto, devido ao investimento de capital monetário adicional, permanecendo constante a produtividade, o preço cair nos tipos melhores de solo geradores de renda, ou seja, em todos os solos acima de A, então o capital total tem a tendência de não crescer na mesma proporção da produção e da renda em grãos, de tal modo que, pelo crescimento da renda em grãos, pode ser novamente compensada a perda na renda em dinheiro devido ao preço declinante. A mesma lei se mostra também no fato de o capital adiantado precisar ser maior na mesma proporção em que ele é investido mais em C do que em D, no solo que dá menos renda do que no que proporciona mais. É simplesmente o seguinte: para que a renda em dinheiro permaneça a mesma ou suba, precisa ser produzido determinado *quantum* adicional de sobreproduto, e isso exige tanto menos capital quanto maior for a fertilidade das terras que fornecem o sobreproduto. Se fosse ainda maior a diferença entre B e C, C e D, então seria necessário ainda menos capital adicional. A proporção determinada depende: 1) da proporção em que o preço cai, portanto da diferença entre B, o solo que agora não gera renda, e A, o solo que antes não gerava renda; 2) da proporção das diferenças entre os melhores tipos de terra de B em diante; 3) da massa do capital adicional recém-investido; e 4) de sua distribuição entre os diferentes tipos de solo.

De fato, vê-se que a lei expressa apenas o desenvolvimento no primeiro caso; que, se o preço de produção está dado, qualquer que seja sua magnitude, a renda pode aumentar devido a um investimento adicional de capital. Pois, como consequência da eliminação de A, agora está dada uma nova renda diferencial I com B como o solo pior e 1½ libra esterlina por *quarter* como o novo preço de produção. Isso vale tanto para as Tabelas IV quanto para a Tabela II. É a mesma lei, só que se toma como ponto de partida o solo B em lugar do solo A, e o preço de produção de 1½ libra esterlina em vez do de 3 libras esterlinas.

Esta é aqui a única importância da questão: à medida que era necessário determinado *x* de capital adicional para subtrair ao solo o capital de A e satisfazer a oferta sem ele, verifica-se que isso pode estar acompanhado de uma renda por acre constante, crescente ou decrescente, se não em todas as terras, ao menos em algumas, na média das terras cultivadas. Vimos que a renda em grãos e a renda em dinheiro não se comportam da mesma maneira. Todavia, só por tradição, a renda em grãos ainda desempenha algum papel na economia. Exatamente tão bem poder-se-ia comprovar que, por exemplo, um fabricante pode comprar, com seu lucro de 5 libras esterlinas, muito mais de seu próprio fio do que anteriormente com um lucro de 10 libras esterlinas. Mas isso mostra, no entanto, que os senhores proprietários de terra, se eles são ao mesmo tempo donos ou sócios de manufaturas, refinarias de açúcar, destilarias de produtos alcoólicos etc., ainda podem ganhar muito como produtores de suas próprias matérias-primas no caso de uma queda da renda em dinheiro.[34]

II. TAXA DECRESCENTE DE PRODUTIVIDADE DOS CAPITAIS ADICIONAIS

Isso não acarreta nada novo já que, também aqui, como no caso há pouco considerado, o preço de produção só pode cair se, mediante investimentos adicionais de capital em tipos de solo melhores do que A, o produto de A se tornar supérfluo e, em consequência, retirar-se capital de A ou A passar a ser empregado para a produção de outro produto. Esse caso já foi exaustivamente analisado antes. Mostrou-se que, nele, a renda em grãos e a renda em dinheiro por acre podem crescer, diminuir ou permanecer constantes.

Para maior facilidade de comparação, reproduziremos aqui primeiro a:

TABELA I

Tipo de solo	Acres	Capital	Lucro	Custos de produção por *quarter*	Produto	Renda em grãos	Renda em dinheiro	Taxa de sobrelucro
		£	£	£	*Quarters*	*Quarters*	£	
A	1	2½	½	3	1	0	0	0
B	1	2½	½	1½	2	1	3	120%
C	1	2½	½	1	3	2	6	240%
D	1	2½	½	¾	4	3	9	360%
TOTAL	4	10			10	6	18	180% em média

Suponhamos agora que a quantidade de 16 *quarters*, fornecida por B, C e D com uma taxa decrescente de produtividade, baste para colocar A fora de cultivo, então a Tabela III transforma-se na seguinte:

TABELA V

Tipo de solo	Acres	Investimento de capital	Lucro	Produto	Preço de venda	Rendimento	Renda em grãos	Renda em dinheiro	Taxa de sobrelucro
	£	£	*Quarters*	£	£		*Quarters*	£	
B	1	2½+2½	1	2+1½ = 3½	$1\frac{5}{7}$	6	0	0	0
C	1	2½+2½	1	3+2 = 5	$1\frac{5}{7}$	$8\frac{4}{7}$	1½	$2\frac{4}{7}$	$51\frac{3}{7}$%
D	1	2½+2½	1	4+3½ = 7½	$1\frac{5}{7}$	$12\frac{6}{7}$	4	$6\frac{6}{7}$	$137\frac{1}{7}$%
TOTAL	3	15		16		$27\frac{3}{7}$	5½	$9\frac{5}{7}$	$94\frac{2}{7}$%[I] em média

Aqui, com taxa decrescente de produtividade dos capitais adicionais e com diminuição diversa nos diferentes tipos de solo, o preço regulador de produção caiu de 3 libras esterlinas para $1\frac{5}{7}$ libra esterlina. O investimento de capital subiu pela metade, de 10 para 15 libras esterlinas.

I Aqui e nas tabelas seguintes, Engels só calcula a média dos tipos de solo que produzam renda; média de B – D = $62\frac{6}{7}$%. [N.E.A.]

A renda em dinheiro caiu quase pela metade, de 18 para $9\frac{3}{7}$ libras esterlinas, mas a renda em grãos só caiu em $\frac{1}{12}$, de 6 *quarters* para $5\frac{1}{2}$. O produto total subiu de 10 para 16, ou 60%. A renda em grãos é mais do que um terço do produto total. O capital adiantado está para a renda em dinheiro assim como 15 : $9\frac{3}{7}$, enquanto a proporção anterior era de 10 : 18.

III. TAXA CRESCENTE DE PRODUTIVIDADE DOS CAPITAIS ADICIONAIS

Esse caso só se diferencia da variante I no começo deste capítulo, na qual o preço de produção diminui com a taxa constante de produtividade, pelo fato de isso ocorrer aqui mais depressa quando dado produto adicional é necessário para eliminar o solo A.

Tanto no caso de diminuição quanto no de aumento da produtividade dos investimentos adicionais de capital, isso pode repercutir de modo desigual, conforme os investimentos estiverem distribuídos nos diversos tipos de solo. À medida que esse efeito variado compense ou acentue as diferenças, a renda diferencial dos tipos melhores de solo, e com isso também a renda total, aumentará ou diminuirá, tal como já ocorreu na renda diferencial I. De resto, tudo depende da magnitude da superfície do terreno e do capital eliminados com A, além do adiantamento relativo de capital que é necessário no caso de produtividade crescente a fim de fornecer o produto adicional destinado a satisfazer a demanda.

O único ponto que aqui vale a pena analisar e que nos faz voltar à investigação da maneira como esse lucro diferencial se transforma em renda diferencial é o seguinte:

No primeiro caso, em que o preço de produção permanece o mesmo, o capital adicional investido, por exemplo, no solo A, é indiferente para a renda diferencial em si, já que o solo A continua a não dar nenhuma renda, e o preço de seu produto permanece constante e continua a regular o mercado.

No segundo caso, variante I, em que o preço de produção cai enquanto a taxa de produtividade permanece constante, o solo A é necessariamente eliminado, e ainda mais na variante II (preço de produção decrescente, com taxa de produtividade decrescente), já que, do contrário, o capital adicional investido no solo A teria de elevar o preço de produção. Mas aqui, na variante III do segundo caso, em que o preço de produção cai porque a produtividade do capital adicional sobe, esse capital adicional pode, sob certas circunstâncias, ser investido tanto no solo A quanto nos tipos melhores de solo.

Suponhamos que um capital adicional de 2½ libras esterlinas seja investido em A, produzindo-se 1⅕ em vez de 1 *quarter*.

TABELA VI

Tipo de solo	Acres	Capital	Lucro	Custos de produção	Produto	Preço de venda	Rendimento	Renda		Taxa de sobrelucro
		£	£	£	*Quarters*	£	£	*Quarters*	£	
A	1	2½+2½ = 5	1	6	1+1⅕ = 2⅕	$2\frac{8}{11}$	6	0	0	0
B	1	2½+2½ = 5	1	6	2+2⅖ = 4⅖	$2\frac{8}{11}$	12	2⅕	6	120%
C	1	2½+2½ = 5	1	6	3+3⅗ = 6⅗	$2\frac{8}{11}$	18	4⅖	12	240%
D	1	2½+2½ = 5	1	6	4+4⅘ = 8⅘	$2\frac{8}{11}$	24	6⅗	18	360%
	4	20	4	24	22		60	13⅕	36	240%

Essa tabela precisa ser confrontada não apenas com a Tabela básica I, mas também com a Tabela II, em que o duplo investimento de capital está ligado a uma produtividade constante, proporcional ao investimento feito.

De acordo com o pressuposto, o preço de produção regulador cai. Caso permanecesse constante = 3 libras esterlinas, então o pior solo A, que anteriormente não dava nenhuma renda, começaria agora a produzir renda com um investimento de capital de apenas 2½ libras esterlinas, sem que um solo pior passasse a ser cultivado; e isso se deveria ao fato de que a produtividade nele teria aumentado, mas só para parte do capital, e não para o capital original. As primeiras 3 libras esterlinas de custos de produção produzem 1 *quarter*; as segundas, 1⅕ *quarter*; mas o produto todo de 2⅕ *quarters* passa a ser agora vendido por seu preço médio. Já que a taxa de produtividade cresce com o investimento adicional de capital, isso implica uma melhoria. Esta pode consistir no emprego de mais capital por acre (mais adubo, mais trabalho mecânico etc.) ou na possibilidade de, em princípio só com esse capital adicional, fazer-se investimento diverso, mais produtivo. Em ambos os casos, com um gasto de 5 libras esterlinas por acre foi obtido um produto de 2⅕ *quarters*, enquanto com um investimento de metade desse capital, 2½ libras esterlinas, só foi obtido um produto de 1 *quarter*. O produto do solo A, fazendo-se abstração das condições transitórias de mercado, só poderia continuar a ser vendido por um preço de produção mais elevado, em vez de pelo novo preço médio, enquanto uma significativa superfície de solo A continuasse a ser cultivada com um capital de apenas 2½ libras esterlinas por acre. Mas assim que a nova proporção de 5 libras esterlinas de capital por acre se generalizasse – e, com ela, o cultivo mais aperfeiçoado – o preço de produção regulador teria de cair para $2\frac{8}{11}$ libras esterlinas. A diferença entre as duas porções de capital desapareceria e, então, 1 acre de A que fosse cultivado apenas com 2½ libras esterlinas tornar-se-ia, de fato, anormal, não sendo cultivado de acordo com as novas condições de produção. Já não haveria diferença entre o rendimento de diferentes porções de capital aplicados no mesmo acre, mas entre investimento suficiente e insuficiente de capital por acre. Disso se depreende, *primeiro*, que capital insuficiente nas mãos de grande número de arrendatários (precisam ser em grande número, pois em pequeno número seriam obrigados a vender abaixo de seus preços de produção) atua exatamente como a diferenciação dos próprios tipos de solo em escala decrescente. A maneira pior de cultivo em solo pior aumenta a renda no melhor; num solo de qualidade igualmente inferior, porém mais bem cultivado, pode inclusive gerar uma renda que normalmente não produziria. Vê-se, *segundo*, como a renda diferencial oriunda de sucessivos investimentos de capital na mesma superfície total, na realidade, transforma-se numa média em que os efeitos dos diferentes investimentos de capital já não são reconhecíveis nem diferenciáveis e, por isso, não geram renda no solo pior, mas 1) fazem do preço médio do rendimento total, digamos para 1 acre de A, o novo preço regulador, e 2) se apresentam como mudança no *quantum* total de capital por acre que é exigido, sob as novas condições, para o cultivo suficiente do solo e em que se encontram indiscernivelmente fundidos tanto os sucessivos investimentos individuais de capital quanto seus respectivos efeitos. Exatamente o mesmo ocorre com as distintas rendas diferenciais dos melhores tipos de solo. Em cada caso, elas passam a ser determinadas pela diferença entre o produto médio do solo em questão e o produto do solo pior, com investimento de capital mais elevado e que agora se tornou normal.

Nenhum solo produz sem investimento de capital. Portanto, mesmo na renda diferencial simples, na renda diferencial I; quando se diz que 1 acre de A, do solo que regula o preço de produção, dá certo *quantum* de produto por tal preço e que os tipos melhores de solo, B, C, D, dão tanto de produto diferencial e, por isso, com esse preço regulador, dão tanto de renda em dinheiro, sempre se está supondo que seja empregado determinado capital, considerado como normal sob as condições de produção dadas. Exatamente como na indústria é exigido, para cada ramo de atividade, determinado mínimo de capital para poder produzir as mercadorias por seu preço de produção.

Se, devido aos sucessivos investimentos de capital no mesmo solo, produzem-se melhorias e esse mínimo se modifica, isso ocorre paulatinamente. Enquanto certo número de acres, por exemplo de A, não receberem esse capital adicional de giro, a renda nos acres de A mais bem cultivados será gerada pelo preço de produção mantido constante, elevando-se a renda de todos os tipos melhores de solo: B, C e D. Assim que, no entanto, o novo método de cultivo se impõe a ponto de tornar-se normal, o preço de produção cai; a renda das melhores terras cai novamente e a parte do solo A, que agora não possui o capital de giro médio, tem de vender abaixo de seu preço individual de produção, portanto abaixo do lucro médio.

Isso também ocorre no caso de o preço de produção cair, mesmo havendo produtividade decrescente do capital adicional, assim que, devido ao maior investimento de capital, o produto total necessário passa a ser fornecido pelos tipos melhores de solo e, portanto, por exemplo, o capital de giro é retirado de A e, por causa disso, A já não concorre na produção desse produto determinado, por exemplo trigo. O *quantum* de capital que ora passa a ser em média investido no melhor solo B, o novo solo regulador, é considerado agora normal; e, caso se fale da fertilidade diversificada das terras, supõe-se que seja empregado esse novo *quantum* normal de capital por acre.

Por outro lado, está claro que esse investimento médio de capital, por exemplo, de 8 libras esterlinas por acre na Inglaterra antes de 1848 e de 12 libras esterlinas depois de 1848, constitua o padrão ao se efetuarem os contratos de arrendamento. Para o arrendatário que gasta mais, o sobrelucro durante a vigência do contrato não se transforma em renda. Que isso ocorra depois de expirar o contrato dependerá da concorrência entre arrendatários que estiverem em condições de fazer o mesmo adiantamento extra. Aqui não se está falando de melhorias permanentes do solo, que continuam, no caso de um dispêndio igual ou até mesmo decrescente de capital, a assegurar a produção mais elevada. Estas, embora produto do capital, atuam exatamente como diferenças naturais na qualidade do solo.

Vê-se, portanto, que na renda diferencial II entra em consideração um fator que não se apresenta na renda diferencial I enquanto tal, já que esta pode continuar existindo independentemente de qualquer mudança no investimento normal de capital por acre. É, por um lado, a confusão dos resultados de diferentes investimentos de capital no solo regulador A, cujo produto aparece agora como produto médio normal por acre. Por outro lado, é a mudança no mínimo normal, ou na magnitude média do investimento de capital por acre, de tal modo que essa mudança se apresenta como atributo do solo. É, por fim, a diferença na espécie de metamorfose do sobrelucro em renda.

Comparada com as Tabelas I e II, a Tabela VI mostra, além disso, que, em relação à I, a renda em grãos mais do que duplicou, e aumentou em 1⅕ *quarter* em relação à II; enquanto em relação à I a renda em dinheiro duplicou, em relação à II ela não se modificou. Ela teria aumentado significativamente se (permanecendo iguais os demais pressupostos) o acréscimo de capital tivesse recaído nos melhores tipos de solo ou se, por outro lado, o efeito do capital adicional investido em A tivesse sido menor e, portanto, o preço médio regulador do *quarter* de A fosse mais elevado.

Se a elevação da fertilidade por adição de capital atuasse de modo diverso nos diferentes tipos de solo, então isso acarretaria modificação de suas rendas diferenciais.

De qualquer modo, está demonstrado que, havendo queda no preço de produção devido a uma taxa crescente de produtividade dos investimentos adicionais de capital – quando, portanto, essa produtividade cresce numa proporção maior do que o adiantamento de capital –, a renda por acre, no caso de haver o dobro do investimento de capital, não só pode duplicar, mas até mesmo mais que duplicar. Ela também pode cair, porém, se o preço de produção cair muito mais no solo A, devido a uma produtividade que cresça mais rapidamente.

Suponhamos que os investimentos adicionais de capital, por exemplo em B e C, não aumentem a produtividade na mesma proporção quanto em A, de tal modo que, para B e C diminuírem as diferenças proporcionais e o crescimento do produto não compensar o preço decrescente, então, ao contrário do caso na Tabela II, a renda aumentaria em D e diminuiria em B e C.

TABELA VI*a*

Tipo de solo	Acres	Capital	Lucro	Produto por acre	Preço de venda	Rendimento	Renda em grãos	Renda em dinheiro
		£	£	*Quarters*	£	£	*Quarters*	£
A	1	2½+2½ = 5	1	1 + 3 = 4	1½	6	0	0
B	1	2½+2½ = 5	1	2 + 2½ = 4½	1½	6¾	½	¾
C	1	2½+2½ = 5	1	3 + 5 = 8	1½	12	4	6
D	1	2½+2½ = 5	1	4 + 12 = 16	1½	24	12	18
TOTAL	4	20		32½			16½	24¾

Por fim, a renda em dinheiro aumentaria se, havendo a mesma elevação proporcional da fertilidade, fosse investido mais capital adicional nas terras melhores do que em A ou se os investimentos adicionais de capital atuassem sobre as terras melhores com taxa crescente de produtividade. Em ambos os casos as diferenças cresceriam.

A renda em dinheiro diminui quando as melhorias, em decorrência de investimento adicional de capital, diminuem, no todo ou em parte, as diferenças, tendo mais efeito sobre A do que sobre B e C. Diminui tanto mais quanto menor a elevação da produtividade das terras melhores. Dependendo da proporção da desigualdade no efeito, a renda em grãos aumenta, diminui ou permanece estacionária.

A renda em dinheiro aumenta, e o mesmo ocorre com a renda em grãos, se, no caso de diferença proporcional constante na fertilidade adicional dos diferentes tipos de solo, mais capital é investido nos solos geradores de renda do que no solo A, que não gera renda, e mais no solo de renda alta do que no de renda mais baixa, ou se a fertilidade, sendo igual o capital adicional, aumenta mais no solo melhor do que no solo A, e isso na mesma proporção em que esse aumento da fertilidade é maior nos tipos superiores de solo do que nos inferiores.

Mas, sob todas as circunstâncias, a renda aumenta relativamente se a força produtiva mais elevada é decorrência de um acréscimo de capital, e não simplesmente de fertilidade maior com investimento constante de capital. Esse é o ponto de vista absoluto que mostra que aqui, como em todos os casos anteriores, a renda e a renda acrescida por acre (assim como, no caso da renda diferencial I, em toda a superfície cultivada – o nível da renda total média) são consequência de maior investimento de capital no solo, quer isso transcorra com taxa constante de produtividade, no caso de preços constantes ou decrescentes, ou com taxa decrescente de produtividade, no caso de preços constantes ou decrescentes, ou com taxa crescente de produtividade, no caso de preços decrescentes. Pois nossa hipótese – preço constante com taxa constante, decrescente ou crescente da produtividade do capital adicional, e preço decrescente com taxa constante, decrescente ou crescente de produtividade – se resolve em: taxa constante de produtividade do capital adicional com preço constante ou decrescente, taxa decrescente de produtividade com preço constante ou decrescente, taxa crescente de produtividade com preço constante e decrescente. Embora em todos esses casos a renda possa permanecer estacionária ou cair, diminuiria ainda mais se o emprego adicional de capital, permanecendo constantes as demais circunstâncias, não fosse condição da fertilidade mais elevada. O acréscimo de capital, então, é sempre a causa do aumento relativo da renda, embora ela tenha diminuído em termos absolutos.

CAPÍTULO 43

A RENDA DIFERENCIAL II – TERCEIRO CASO: PREÇO DE PRODUÇÃO CRESCENTE. RESULTADOS

{Um preço de produção crescente pressupõe que diminua a produtividade da qualidade inferior de solo, que não gera nenhuma renda. Só quando as 2½ libras esterlinas investidas em A produzem menos do que 1 *quarter* ou as 5 libras esterlinas produzem menos do que 2 *quarters* ou um solo ainda pior do que A tem de ser cultivado, então o preço de produção considerado regulador pode ser superior a 3 libras esterlinas por *quarter*.

Para produtividade constante ou mesmo crescente do segundo investimento de capital, isso só seria possível se a produtividade do primeiro investimento de capital de 2½ libras esterlinas tivesse diminuído. Esse caso ocorre com bastante frequência. Se, por exemplo, com uma aração superficial, a camada superior esgotada pela exploração antiga dá rendimentos decrescentes e, então, os estratos inferiores elevados à superfície mediante lavra mais profunda geram de novo rendimentos superiores aos anteriores devido ao tratamento mais racional. Mas esse caso especial não cabe, a rigor, aqui. A queda da produtividade do *primeiro* investimento de capital de 2½ libras esterlinas acarreta, para os tipos melhores de solo, mesmo se se supõe que as condições aí sejam análogas, uma queda da renda diferencial I; mas aqui consideramos apenas a renda diferencial II. Já que, no entanto, o presente caso especial não pode ocorrer sem que a renda diferencial II já esteja pressuposta como existente e, de fato, represente o efeito retroativo de uma modificação da renda diferencial I sobre a II, daremos um exemplo disso.

A renda em dinheiro, assim como o rendimento em dinheiro, são os mesmos que na Tabela II. O preço de produção regulador mais elevado substitui exatamente o que desapareceu na quantidade do produto; já que ambos variam na proporção inversa, é evidente que o produto de ambos permanece o mesmo.

TABELA VII

Tipo de solo	Acres	Investimento de capital	Lucro	Custos de produção	Produto	Preço de venda	Rendimento	Renda em grãos	Renda em dinheiro	Taxa de renda
		£	£	£	*Quarters*	£	£	*Quarters*	£	
A	1	2½+2½	1	6	½ + 1¼ = 1¾	3³⁄₇	6	0	0	0
B	1	2½+2½	1	6	1 + 2½ = 3½	3³⁄₇	12	1¾	6	120%
C	1	2½+2½	1	6	1½ + 3¾ = 5¼	3³⁄₇	18	3⅓	12	240%
D	1	2½+2½	1	6	2 + 5 = 7	3³⁄₇	24	5¼	18	360%
		20			17½		60	10½	36	240%

No caso acima supusemos que a força produtiva do segundo investimento de capital fosse mais elevada do que a produtividade original do primeiro investimento. Nada se altera se, para o segundo investimento, supusermos apenas a mesma produtividade que, originalmente, correspondia ao primeiro, como na tabela seguinte:

TABELA VIII

Tipo de solo	Acres	Investimento de capital	Lucro	Custos de produção	Produto	Preço de venda	Rendimento	Renda		Taxa de sobrelucro
								em grãos	em dinheiro	
		£	£	£	*Quarters*	£	£	*Quarters*	£	
A	1	2½+2½= 5	1	6	½+1= 1½	4	6	0	0	0
B	1	2½+2½= 5	1	6	1 +2= 3	4	12	1½	6	120%
C	1	2½+2½= 5	1	6	1½+3= 4½	4	18	3	12	240%
D	1	2½+2½= 5	1	6	2 +4= 6	4	24	4½	18	360%
		20			15		60	9	36	240%

Também aqui o preço de produção que aumenta na mesma proporção faz com que a diminuição na produtividade, tanto para o rendimento quanto para a renda em dinheiro, seja plenamente compensada.

O terceiro caso só aparece puro quando há produtividade decrescente do segundo investimento de capital, enquanto a do primeiro permanece constante, como sempre supusemos para o primeiro e o segundo casos. Aqui, a renda diferencial I não é afetada e a modificação só ocorre com a parte originária da renda diferencial II. Daremos dois exemplos: no primeiro, digamos que a produtividade do segundo investimento de capital seja reduzida à metade; no segundo, a ¼.

TABELA IX

Tipo de solo	Acres	Investimento de capital	Lucro	Custos de produção	Produto	Preço de venda	Rendimento	Renda em grãos	Renda em dinheiro	Taxa de renda
		£	£	£	*Quarters*	£	£	*Quarters*	£	
A	1	2½+2½= 5	1	6	1+ ½= 1½	4	6	0	0	0
B	1	2½+2½= 5	1	6	2+1 = 3	4	12	1½	6	120%
C	1	2½+2½= 5	1	6	3+1½= 4½	4	18	3	12	240%
D	1	2½+2½= 5	1	6	4+2 = 6	4	24	4½	18	360%
		20			15		60	9	36	240%

A Tabela IX é igual à Tabela VIII, só que a diminuição da produtividade na VIII recai no primeiro investimento de capital, enquanto na IX recai no segundo.

TABELA X

Tipo de solo	Acres	Investimento de capital	Lucro	Custos de produção	Produto	Preço de venda	Rendimento	Renda em grãos	Renda em dinheiro	Taxa de renda
		£	£	£	*Quarters*	£	£	*Quarters*	£	
A	1	2½+2½= 5	1	6	1+ ¼= 1¼	4⅘	6	0	0	0
B	1	2½+2½= 5	1	6	2+ ½= 2½	4⅘	12	1¼	6	120%
C	1	2½+2½= 5	1	6	3+ ¾= 3¾	4⅘	18	2½	12	240%
D	1	2½+2½= 5	1	6	4+1 = 5	4⅘	24	3¾	18	360%
		20		24	12½		60	7½	36	240%

Também nessa tabela o rendimento total, a renda em dinheiro e a taxa de renda permanecem os mesmos que nas Tabelas II, VII e VIII, porque outra vez o produto e o preço de venda variaram em proporção inversa, mas o investimento de capital permaneceu o mesmo.

Mas o que ocorre no outro caso possível, quando o preço de produção aumenta, isto é, se um solo inferior, cujo cultivo não era lucrativo até agora, passa a ser cultivado?

Suponhamos que tal solo, que denominaremos *a*, entrasse na concorrência. Então o solo A, até agora não gerador de renda, passaria a dar renda e, então, as Tabelas VII, VIII e X assumiriam a seguinte forma:

TABELA VII*a*

Tipo de solo	Acres	Capital	Lucro	Custos de produção	Produto	Preço de venda	Rendimento	Renda		Elevação da renda
		£	£	£	*Quarters*	£	£	*Quarters*	£	
a	1	5	1	6	1½	4	6	0	0	0
A	1	2½+2½	1	6	½+1¼= 1¾	4	7	¼	1	1
B	1	2½+2½	1	6	1 +2½= 3½	4	14	2	8	1+7
C	1	2½+2½	1	6	1½+3¾= 5¼	4	21	3¾	15	1+2×7
D	1	2½+2½	1	6	2 +5 = 7	4	28	5½	22	1+3×7
				30	19		76	11½	46	

TABELA VIII*a*

Tipo de solo	Acres	Capital	Lucro	Custos de produção	Produto	Preço de venda	Rendimento	Renda		Elevação da renda
		£	£	£	*Quarters*	£	£	*Quarters*	£	
a	1	5	1	6	1¼	4⅘	6	0	0	0
A	1	2½+2½	1	6	½+1= 1½	4⅘	7⅕	¼	1⅕	1⅕
B	1	2½ +2½	1	6	1 +2= 3	4⅘	14⅖	1¾	8⅖	1⅕+7⅕
C	1	2½+2½	1	6	1½+3= 4½	4⅘	21⅗	3¼	15⅗	1⅕+2×7⅕
D	1	2½ +2½	1	6	2 +4= 6	4⅘	28⅘	4¾	22⅘	1⅕ +3×7⅕
	5			30	16¼		78	10	48	

TABELA X*a*

Tipo de solo	Acres	Capital	Lucro	Custos de produção	Produto	Preço de venda	Rendimento	Renda		Elevação da renda
		£	£	£	*Quarters*	£	£	*Quarters*	£	
a	1	5	1	6	1⅛	5⅓	6	0	0	0
A	1	2½+2½	1	6	1+ ⅛= 1⅛	5⅓	6⅔	⅛	⅔	⅔
B	1	2½+2½	1	6	2+ ½= 2½	5⅓	13⅓	1⅜	7⅓	⅔+6⅔
C	1	2½+2½	1	6	3+ ¾= 3¾	5⅓	20	2⅝	14	⅔+2 ×6⅔
D	1	2½+2½	1	6	4+1 = 5	5⅓	26⅔	3⅞	20⅔	⅔+3 ×6⅔
				30	13⅝		72⅔	8	42⅔	

Por meio da introdução do solo *a* origina-se uma nova renda diferencial I; nessa nova base se desenvolve, então, a renda diferencial II em forma modificada. O solo *a* tem fertilidade diferente em cada uma das três tabelas acima; a série das fertilidades proporcionalmente ascendentes só começa com A. De acordo com isso se comporta também a série das rendas ascendentes. A renda do solo que dá a renda mais baixa, e que antes não gerava nenhuma renda, constitui uma constante que simplesmente é adicionada a todas as rendas mais elevadas; só depois de descontar essa constante aparece, no caso das rendas mais elevadas, claramente a série das diferenças e seu paralelismo com a série das fertilidades dos tipos de solo. Em todas as tabelas, as fertilidades se comportam, de A até D, como 1 : 2 : 3 : 4 e, de acordo com isso, as rendas:

em VII*a* como $1 : 1+7 : 1+2\times7 : 1+3\times7$,
em VIII*a* como $1^1/_5 : 1^1/_5+7^1/_5 : 1^1/_5+2\times7^1/_5 : 1^1/_5+3\times7^1/_5$,
em X*a* como $^2/_3 : ^2/_3+6^2/_3 : ^2/_3+2\times6^2/_3 : ^2/_3+3\times6^2/_3$.

Em suma: se a renda de $A=n$ e se a renda do solo de fertilidade imediatamente superior é $=n+m$, a série então será $n : n+m : n+2m : n+3m$ etc. – F. E.}

{Já que o terceiro caso precedente não estava elaborado no manuscrito – só o título consta nele –, coube ao Editor a tarefa de complementar isso tão bem quanto possível, como se vê acima. Resta-lhe, no entanto, a tarefa de tirar as conclusões gerais resultantes de toda a investigação realizada até aqui sobre a renda diferencial II em seus três casos principais e nove casos subsidiários. Mas os exemplos dados no manuscrito são pouco adequados para esse fim. Em primeiro lugar, comparam terrenos cujos rendimentos, para superfícies de igual grandeza, guardam entre si a relação de 1 : 2 : 3 : 4; diferenças que de antemão resultam exageradas e que, no decorrer das hipóteses e cálculos que se desenvolvem nessa base, levam a relações numéricas totalmente forçadas. Em segundo lugar, suscitam uma impressão por inteiro errada. Se, para graus de fertilidade que guardam entre si uma relação de 1: 2 : 3 : 4 etc., resultam rendas na série 0 : 1: 2 : 3 etc., sente-se logo a tentação de deduzir a segunda série da primeira e de explicar a duplicação, triplicação etc. das rendas a partir da duplicação, triplicação etc. dos rendimentos totais. Mas isso seria completamente errôneo. As rendas também guardam entre si a proporção 0 : 1 : 2 : 3 : 4, mesmo quando os graus de fertilidade guardam entre si a relação $n : n+1 : n+2 : n+3 : n+4$;

as rendas não guardam entre si a mesma proporção que os *graus* de fertilidade, mas a das *diferenças* de fertilidade, calculando-se a partir do solo sem rendas como o ponto zero.

As tabelas do original tiveram de ser apresentadas para esclarecimento do texto. Mas, a fim de alcançar um fundamento ilustrativo para os resultados da investigação dados a seguir, fornecerei, na sequência, uma nova série de tabelas, em que os rendimentos estão indicados em *bushels* (⅛ de *quarter* ou 36,35 litros) e xelins (= marcos).

A primeira tabela (XI) corresponde à antiga Tabela I. Ela dá os rendimentos e as rendas para cinco tipos de solo, A–E, num *primeiro* investimento de capital de 50 xelins, que, com 10 xelins de lucros, ascende a 60 xelins de custos totais de produção do acre. Os rendimentos em grãos estão fixados em nível baixo: 10, 12, 14, 16, 18 *bushels* por acre. O preço de produção regulador é de 6 xelins por *bushel.*

As 13 tabelas seguintes correspondem aos três casos de renda diferencial II tratados neste capítulo e nos dois anteriores, com um investimento *adicional* de capital no mesmo solo de 50 xelins por acre, com um preço de produção constante, crescente ou decrescente. Cada um desses casos volta a ser apresentado tal como se configura no caso de produtividade 1) constante, 2) decrescente, 3) crescente do segundo investimento de capital em relação ao primeiro. Disso resultam algumas variantes que precisam ser ilustradas de modo especial.

No caso I: preço de produção constante, temos:

Variante 1: produtividade constante do segundo investimento de capital (Tabela XII).

Variante 2: produtividade decrescente. Esta pode ocorrer apenas quando não se efetua um segundo investimento no solo A, de tal modo que
a) tampouco o solo B proporcione alguma renda (Tabela XIII), ou
b) o solo B não se torne completamente sem renda (Tabela XIV).

Variante 3: produtividade crescente (Tabela XV). Esse caso também exclui um segundo investimento de capital no solo A.

No caso II: preço de produção decrescente, temos:

Variante 1: produtividade constante do segundo investimento de capital (Tabela XVI).

Variante 2: produtividade decrescente (Tabela XVII). Essas duas variantes implicam que o solo A fique fora da concorrência e que o solo B se torne não rentável e regule o preço de produção.

Variante 3: produtividade crescente (Tabela XVIII). Aqui o solo A permanece o regulador.

No caso III: preço de produção crescente, há duas modalidades possíveis: o solo A pode permanecer sem renda e continuar a regular o preço ou uma qualidade de solo inferior a A entra na concorrência e regula o preço, com o que, então, A gera renda.

Primeira modalidade: o solo A continua a ser regulador.
Variante 1: produtividade constante do segundo investimento (Tabela XIX). De acordo com os pressupostos, isso só é possível se diminui a produtividade do primeiro investimento.
Variante 2: produtividade decrescente do segundo investimento (Tabela XX); isso não exclui a produtividade constante do primeiro investimento.
Variante 3: produtividade crescente do segundo investimento (Tabela XXI); isso implica novamente produtividade decrescente do primeiro investimento.

Segunda modalidade: uma qualidade inferior de solo (denominada *a*) entra na concorrência; o solo A gera renda.
Variante 1: produtividade constante do segundo investimento (Tabela XXII).
Variante 2: produtividade decrescente (Tabela XXIII).
Variante 3: produtividade crescente (Tabela XXIV).

Essas três variantes se ajustam às condições gerais do problema e não requerem nenhuma observação.

Seguem agora as tabelas:

TABELA XI

Tipo de solo	Custos de produção	Produto	Preço de venda	Rendimento	Renda	Elevação da renda
	Xelins	*Bushels*	Xelins	Xelins	Xelins	
A	60	10	6	60	0	0
B	60	12	6	72	12	12
C	60	14	6	84	24	2×12
D	60	16	6	96	36	3×12
E	60	18	6	108	48	4×12
					120	10×12

Com um segundo investimento de capital no mesmo solo.

CASO I: permanecendo constante o preço de produção.

Variante 1: produtividade constante do segundo investimento de capital.

TABELA XII

Tipo de solo	Custos de produção	Produto	Preço de venda	Rendimento	Renda	Elevação da renda
	Xelins	*Bushels*	Xelins	Xelins	Xelins	
A	60+60=120	10+10=20	6	120	0	0
B	60+60=120	12+12=24	6	144	24	24
C	60+60=120	14+14=28	6	168	48	2×24
D	60+60=120	16+16=32	6	192	72	3×24
E	60+60=120	18+18=36	6	216	96	4×24
					240	10×24

Variante 2: produtividade decrescente do segundo investimento de capital; no solo A, nenhum segundo investimento.

1) Se o solo B se torna irrentável.

TABELA XIII

Tipo de solo	Custos de produção	Produto	Preço de venda	Rendimento	Renda	Elevação da renda
	Xelins	*Bushels*	Xelins	Xelins	Xelins	
A	60	10	6	60	0	0
B	60+60=120	12+ 8 =20	6	120	0	0
C	60+60=120	14+ 9⅓ =23⅓	6	140	20	20
D	60+60=120	16+10⅔=26⅔	6	160	40	2×20
E	60+60=120	18+12 =30	6	180	60	3×20
					120	6×20

2) Se o solo B não se torna completamente irrentável.

TABELA XIV

Tipo de solo	Custos de produção	Produto	Preço de venda	Rendimento	Renda	Elevação da renda
	Xelins	*Bushels*	Xelins	Xelins	Xelins	
A	60	10	6	60	0	0
B	60+60=120	12+ 9 =21	6	126	6	6
C	60+60=120	14+10½=24½	6	147	27	6+21
D	60+60=120	16+12 =28	6	168	48	6+2×21
E	60+60=120	18+13½=31½	6	189	69	6+3×21
					150	4×6+6×21

Variante 3: produtividade crescente do segundo investimento de capital; no solo A, também aqui nenhum segundo investimento.

TABELA XV

Tipo de solo	Custos de produção	Produto	Preço de venda	Rendimento	Renda	Elevação da renda
	Xelins	*Bushels*	Xelins	Xelins	Xelins	
A	60	10	6	60	0	0
B	60+60=120	12+15 =27	6	162	42	42
C	60+60=120	14+17½=31½	6	189	69	42+27
D	60+60=120	16+20 =36	6	216	96	42+2×27
E	60+60=120	18+22½=40½	6	243	123	42+3×27
					330	4×42+6×27

CASO II: preço de produção decrescente.

Variante 1: produtividade constante do segundo investimento de capital. O solo A fica fora da concorrência, o solo B se torna irrentável.

TABELA XVI

Tipo de solo	Custos de produção	Produto	Preço de venda	Rendimento	Renda	Elevação da renda
	Xelins	*Bushels*	Xelins	Xelins	Xelins	
B	60+60=120	12+12=24	5	120	0	0
C	60+60=120	14+14=28	5	140	20	20
D	60+60=120	16+16=32	5	160	40	2×20
E	60+60=120	18+18=36	5	180	60	3×20
					120	6×20

Variante 2: produtividade decrescente do segundo investimento de capital; o solo A fica fora da concorrência, o solo B se torna irrentável.

TABELA XVII

Tipo de solo	Custos de produção	Produto	Preço de venda	Rendimento	Renda	Elevação da renda
	Xelins	*Bushels*	Xelins	Xelins	Xelins	
B	60+60=120	12+ 9 =21	5⁵⁄₇	120	0	0
C	60+60=120	14+10½=24½	5⁵⁄₇	140	20	20
D	60+60=120	16+12 =28	5⁵⁄₇	160	40	2×20
E	60+60=120	18+13½=31½	5⁵⁄₇	180	60	3×20
					120	6×20

Variante 3: produtividade crescente do segundo investimento de capital; o solo A permanece na concorrência. O solo B dá renda.

TABELA XVIII

Tipo de solo	Custos de produção	Produto	Preço de venda	Rendimento	Renda	Elevação da renda
	Xelins	*Bushels*	Xelins	Xelins	Xelins	
A	60+60=120	10+15=25	$4\frac{4}{5}$	120	0	0
B	60+60=120	12+18=30	$4\frac{4}{5}$	144	24	24
C	60+60=120	14+21=35	$4\frac{4}{5}$	168	48	2×24
D	60+60=120	16+24=40	$4\frac{4}{5}$	192	72	3×24
E	60+60=120	18+27=45	$4\frac{4}{5}$	216	96	4×24
					240	10×24

CASO III: preço de produção crescente.

1) O solo A continua irrentável e regulador do preço.

Variante 1: produtividade constante do segundo investimento de capital, o que implica produtividade decrescente do primeiro investimento.

TABELA XIX

Tipo de solo	Custos de produção	Produto	Preço de venda	Rendimento	Renda	Elevação da renda
	Xelins	*Bushels*	Xelins	Xelins	Xelins	
A	60+60=120	7½+10=17½	$6\frac{6}{7}$	120	0	0
B	60+60=120	9 +12=21	$6\frac{6}{7}$	144	24	24
C	60+60=120	10½+14=24½	$6\frac{6}{7}$	168	48	2×24
D	60+60=120	12 +16=28	$6\frac{6}{7}$	192	72	3×24
E	60+60=120	13½+18=31½	$6\frac{6}{7}$	216	96	4×24
					240	10×24

Variante 2: produtividade decrescente do segundo investimento de capital, o que não exclui produtividade constante do primeiro.

TABELA XX

Tipo de solo	Custos de produção	Produto	Preço de venda	Rendimento	Renda	Elevação da renda
	Xelins	*Bushels*	Xelins	Xelins	Xelins	
A	60+60=120	10+5=15	8	120	0	0
B	60+60=120	12+6=18	8	144	24	24
C	60+60=120	14+7=21	8	168	48	2×24
D	60+60=120	16+8=24	8	192	72	3×24
E	60+60=120	18+9=27	8	216	96	4×24
					240	10×24

Variante 3: produtividade crescente do segundo investimento de capital, o que acarreta, conforme os pressupostos, produtividade decrescente do primeiro investimento.

TABELA XXI

Tipo de solo	Custos de produção	Produto	Preço de venda	Rendimento	Renda	Elevação da renda
	Xelins	*Bushels*	Xelins	Xelins	Xelins	
A	60+60=120	5+12½=17½	$6\frac{6}{7}$	120	0	0
B	60+60=120	6+15 =21	$6\frac{6}{7}$	144	24	24
C	60+60=120	7+17½=24½	$6\frac{6}{7}$	168	48	2× 24
D	60+60=120	8+20 =28	$6\frac{6}{7}$	192	72	3× 24
E	60+60=120	9+22½=31½	$6\frac{6}{7}$	216	96	4× 24
					240	10× 24

2) Um solo inferior (denominado *a*) se torna regulador do preço, e o solo A, então, dá renda. Isso permite a todas as variantes produtividade constante do segundo investimento.

Variante 1: produtividade constante do segundo investimento de capital.

TABELA XXII

Tipo de solo	Custos de produção	Produto	Preço de venda	Rendimento	Renda	Elevação da renda
	Xelins	*Bushels*	Xelins	Xelins	Xelins	
a	120	16	7½	120	0	0
A	60+60=120	10+10=20	7½	150	30	30
B	60+60=120	12+12=24	7½	180	60	2× 30
C	60+60=120	14+14=28	7½	210	90	3× 30
D	60+60=120	16+16=32	7½	240	120	4× 30
E	60+60=120	18+18=36	7½	270	150	5× 30
					450	15× 30

Variante 2: produtividade decrescente do segundo investimento de capital.

TABELA XXIII

Tipo de solo	Custos de produção	Produto	Preço de venda	Rendimento	Renda	Elevação da renda
	Xelins	*Bushels*	Xelins	Xelins	Xelins	
a	120	15	8	120	0	0
A	60+60=120	10+ 7½=17½	8	140	20	20
B	60+60=120	12+ 9 =21	8	168	48	20+28
C	60+60=120	14+10½=24½	8	196	76	20+2×28
D	60+60=120	16+12 =28	8	224	104	20+3×28
E	60+60=120	18+13½=31½	8	252	132	20+4×28
					380	5×20+10×28

Variante 3: produtividade crescente do segundo investimento de capital.

TABELA XXIV

Tipo de solo	Custos de produção	Produto	Preço de venda	Rendimento	Renda	Elevação da renda
	Xelins	*Bushels*	Xelins	Xelins	Xelins	
a	120	16	7½	120	0	0
A	60+60=120	10+12½=22½	7½	168¾	48¾	15+33¾
B	60+60=120	12+15 =27	7½	202½	82½	15+2×33¾
C	60+60=120	14+17½=31½	7½	236¼	116¼	15+3×33¾
D	60+60=120	16+20 =36	7½	270	150	15+4×33¾
E	60+60=120	18+22½=40½	7½	303¾	183¾	15+5×33¾
					581¼	5×15+15×33¾

Ora, essas tabelas levam às seguintes conclusões:

Inicialmente, que a série das rendas se comporta exatamente como a série das diferenças de fertilidade, tomando-se como ponto zero o solo regulador, que não dá renda. As diferenças de rendimento, e não os rendimentos absolutos, são determinantes para a renda. Quer os diferentes tipos de solo deem 1, 2, 3, 4, 5 *bushels*, quer deem 11, 12, 13, 14, 15 *bushels* por acre, as rendas são, em ambos os casos, sucessivamente, 0, 1, 2, 3, 4 *bushels* ou seu equivalente em dinheiro.

Muito mais importante, porém, é o resultado em relação aos rendimentos totais da renda no caso de investimento repetido de capital no mesmo solo.

Em cinco dos treze casos examinados, com o investimento de capital *duplica-se* também a soma total das rendas; em vez de 10×12 xelins, ela se torna=10×24 xelins=240 xelins. Esses casos são os seguintes:

Caso I, preço constante, variante 1: elevação constante da produção (Tabela XII).

Caso II, preço decrescente, variante 3: elevação crescente da produção (Tabela XVIII).

Caso III, preço crescente, primeira modalidade, em que o solo A permanece o regulador em todas as três variantes (Tabelas XIX, XX, XXI).

Em quatro casos, a renda *mais do que duplica*, ou seja:

Caso I, variante 3, preço constante, mais incremento constante da produção (Tabela XV). O total das rendas sobe para 330 xelins.

Caso III, segunda modalidade, em que o solo A dá renda em todas as três variantes (Tabela XXII, renda=15×30=450 xelins; Tabela XXIII, renda=5×20+10×28=380 xelins; Tabela XXIV, renda=5×15+15×33¾=581¼ xelins).

Num caso a renda *aumenta*, mas não para o dobro do volume da renda que decorre do primeiro investimento de capital:

Caso I, preço constante, variante 2; produtividade decrescente do segundo investimento sob condições em que B não se torna completamente irrentável (Tabela XIV, renda = 4 × 6 + 6 × 21 = 150 xelins).

Por fim, só em três casos a renda total conserva, num segundo investimento de capital, para todos os tipos de solo em conjunto, o mesmo nível do primeiro investimento (Tabela XI); são os casos em que o solo A é posto fora da concorrência e o solo B se torna regulador e, com isso, irrentável. Portanto, a renda de B não só desaparece, mas também é deduzida de cada um dos membros subsequentes da série de rendas; isso condiciona o resultado. Esses casos são:

Caso I, variante 2, as condições são tais que o solo A é eliminado (Tabela XIII). A soma das rendas é 6 × 20, portanto = 10 × 12 = 120, como na Tabela XI.

Caso II, variante 1 e 2. Aqui, de acordo com os pressupostos, o solo A é necessariamente excluído (Tabelas XVI e XVII) e a soma das rendas é novamente 6 × 20 = 10 × 12 = 120 xelins.

Isso significa, portanto: na grande maioria de todos os casos possíveis, a renda sobe, tanto por acre do solo gerador de renda quanto inclusive em sua soma total, devido ao maior investimento de capital no solo. Só em 3 dos treze casos examinados sua soma total permanece inalterada. São os casos em que o solo de qualidade inferior, que até agora não dava renda e regulava o preço, fica fora da concorrência, assumindo seu lugar o de qualidade imediatamente superior, que, portanto, se torna irrentável. Mas também nesses casos sobem as rendas nos tipos melhores de solo em relação às devidas ao primeiro investimento de capital; se a renda de C cai de 24 para 20, então a de D e a de E sobem de 36 e 48 para 40 e 60 xelins.

Uma queda das rendas totais abaixo do nível que têm no primeiro investimento de capital (Tabela XI) só seria possível se, além do solo A, também o solo B ficasse fora da concorrência e o solo C se tornasse o regulador e irrentável.

Portanto, quanto mais capital é investido no solo, quanto maior for o desenvolvimento da agricultura e da civilização em geral num país, tanto mais se elevam as rendas por acre, assim como a soma total das rendas, tanto mais gigantesco se torna o tributo que a sociedade paga, na forma de sobrelucros, aos grandes proprietários rurais – isso enquanto todos os tipos de solo que tenham sido incorporados ao cultivo continuarem em condições de competir.

Essa lei explica a maravilhosa vitalidade da classe dos grandes proprietários de terras. Nenhuma classe social vive tão prodigamente, nenhuma pretende ter, como essa, direito a um tradicional luxo "adequado à sua posição social", não importa de onde venha o dinheiro para isso, nenhuma acumula tão despreocupadamente dívidas e mais dívidas. E, mesmo assim, ela sempre fica de pé de novo – graças ao capital de outras pessoas investido no solo e que lhe dá rendas totalmente desproporcionais aos lucros que o capitalista extrai dele.

Mas a mesma lei explica também por que essa vitalidade do grande proprietário de terra se esgota pouco a pouco.

Quando as leis dos cereais inglesas foram derrogadas em 1846, os fabricantes ingleses acreditavam terem, por meio disso, levado à miséria a aristocracia rural. Ao contrário, esta ficou ainda mais rica. Como ocorreu isso? Muito simples. Em primeiro lugar, a partir desse momento foi exigido por contrato que os arrendatários desembolsassem 12 em vez de 8 libras esterlinas por acre anualmente e, em segundo lugar, os senhores proprietários, fortemente representados na Câmara dos Comuns, concederam a si próprios uma grande subvenção governamental para a drenagem e outras melhorias permanentes em suas terras. Já que não ocorreu nenhuma supressão total do solo pior, mas no máximo o emprego, também na maioria dos casos apenas temporário, em outras finalidades, as rendas subiram na proporção do maior investimento de capital, e a situação da aristocracia rural ficou ainda melhor.

Mas tudo é efêmero. Os vapores transoceânicos e as estradas de ferro norte-americanas, sul-americanas e indianas permitiram que territórios peculiares concorressem nos mercados europeus de cereais. Ali estavam, por um lado, as pradarias norte-americanas, os pampas argentinos, as estepes, predispostos pela própria Natureza para o arado, terras virgens que ofereciam ricos rendimentos durante anos, mesmo no caso de serem cultivadas de modo primitivo e sem adubos. E aí estavam as terras das comunidades comunistas russas e indianas, que tinham de vender parte de seu produto, e parte sempre crescente, a fim de obterem dinheiro para os impostos que lhes eram arrancados pelo desapiedado despotismo do Estado – com bastante frequência mediante tortura. Esses produtos eram vendidos sem consideração quanto aos custos de produção, vendidos pelo preço que o comerciante oferecia ao camponês, pois este precisava absolutamente do dinheiro no prazo do pagamento dos impostos. E contra essa concorrência – tanto a do solo das estepes virgens quanto a do camponês russo ou indiano espremido no torniquete dos impostos – o arrendatário e o camponês europeus não podiam florescer tendo as antigas rendas. Na Europa, parte do solo ficou definitivamente fora da concorrência para o cultivo de cereais, por toda a parte caíram as rendas; nosso segundo caso, variante 2: preço decrescente e produtividade decrescente dos investimentos adicionais de capital, tornou-se a regra para a Europa, e daí as lamentações dos agricultores, desde a Escócia até a Itália e do sul da França até a Prússia oriental. Felizmente, nem todas as terras de estepes passaram a ser cultivadas; ainda há o suficiente para arruinar toda grande propriedade fundiária europeia e, ainda por cima, a pequena. – F. E.}

As rubricas sob as quais a renda deve ser tratada são as seguintes:

A) Renda diferencial.
  1) Conceito de renda diferencial. Ilustração com a força hidráulica. Transição para a renda agrícola propriamente dita.
  2) Renda diferencial I, originando-se da diferente fertilidade dos diferentes solos.
  3) Renda diferencial II, originando-se de sucessivos investimentos de capital no mesmo solo. Deve examinar-se a renda diferencial II
    a) com preço de produção constante;
    b) com preço de produção decrescente;
    c) com preço de produção crescente.
  E além disso
    d) a metamorfose do sobrelucro em renda.
  4) Influência dessa renda sobre a taxa de lucro.
B) Renda absoluta.
C) Preço da terra.
D) Considerações finais sobre a renda fundiária.

Como resultado geral do exame da renda diferencial em geral se depreende o seguinte:

Primeiro: A formação de sobrelucros pode transcorrer por diversas vias. Por um lado, na base da renda diferencial I, ou seja, na base do investimento de todo o capital agrícola em uma área que consista em tipos de solo de diferentes fertilidades. Além disso, na base da renda diferencial II, da diferente produtividade diferencial de sucessivos investimentos de capital no mesmo solo, ou seja, maior produtividade, por exemplo, em *quarters* de trigo, do que a que se obteria com o mesmo investimento de capital num solo inferior, irrentável, mas regulador do preço de produção. Mas, seja lá como for que surjam sobrelucros, sua transformação em renda, portanto sua transferência do arrendatário aos senhores fundiários, sempre pressupõe como condição prévia que os diferentes preços de produção individuais reais (ou seja, independentes do preço de produção geral, regulador do mercado), que possuem os produtos parciais dos sucessivos investimentos individuais de capital, tenham sido reduzidos a um preço de produção médio individual. O excedente do preço de produção geral, regulador do produto de 1 acre, acima desse preço de produção médio individual forma e mede a renda por acre. No caso da renda diferencial I, os resultados diferenciais são em si e por si indiferenciáveis, pois ocorrem em terrenos distintos, situados em forma separada e contígua, com investimento de capital por acre considerado normal e seu correspondente cultivo normal. No caso da renda diferencial II, precisam primeiro ser tornados diferenciáveis; precisam ser, de fato, retransformados na renda diferencial I, e isso só pode ocorrer do referido modo. Tomemos, por exemplo, a Tabela III, à p. 662.

Para o primeiro investimento de capital, de 2½ libras esterlinas, o solo B dá 2 *quarters* por acre e, para o segundo, de igual magnitude, 1½ *quarter*. Não é possível verificar nesses 3½ *quarters* que cresceram no mesmo solo o que deles é produto do investimento de capital I e o que é do investimento de capital II. São, na realidade, o produto do capital total de 5 libras esterlinas; e o fato é apenas que um capital de 2½ libras esterlinas deu 2 *quarters* e um de 5 libras esterlinas não deu 4, mas 3½. O caso seria exatamente o mesmo se as 5 libras esterlinas rendessem 4 *quarters*, de tal modo que os rendimentos de ambos os investimentos de capital fossem iguais ou também rendessem 5 *quarters*, de maneira que o segundo investimento de capital redundasse num excedente de 1 *quarter*. O preço de produção dos primeiros 2 *quarters* é de 1½ libra esterlina por *quarter* e o do segundo 1½ *quarter* é de 2 libras esterlinas por *quarter*. Por isso, os 3½ *quarters* juntos custam 6 libras esterlinas. Esse é o preço de produção individual do produto total e constitui em média 1 libra esterlina e $14\frac{2}{7}$ xelins por *quarter*, arredondando, digamos, 1¾ libra esterlina. No caso do preço de produção geral de 3 libras esterlinas determinado pelo solo A, isso dá um sobrelucro de 1¼ libra esterlina por *quarter* e, portanto, para 3½ *quarters*, ao todo 4⅜ libras esterlinas. No caso do preço de produção médio de B, isso representa cerca de 1½ *quarter*. O sobrelucro de B se representa, portanto, em parte alíquota do produto de B, nesse 1½ *quarter*, que forma a renda expressa em grãos e que, de acordo com o preço de produção geral, se vende por 4½ libras esterlinas. Mas, inversamente, o produto excedente de 1 acre de B sobre 1 acre de A não é, sem mais nem menos, uma representação de sobrelucro, e por conseguinte sobreproduto. De acordo com os pressupostos, o acre B produz 3½ *quarters*, o acre A só 1 *quarter*. O produto excedente em B é, portanto, de 2½ *quarters*, mas o sobreproduto é apenas de 1½ *quarter*, pois em B está aplicado o dobro do capital que em A e, por isso, os custos de produção são aqui o dobro. Se em A ocorresse igualmente um investimento de 5 libras esterlinas e a taxa de produtividade permanecesse a mesma, então o produto seria 2 *quarters* em vez de 1 e poder-se-ia verificar que o verdadeiro sobreproduto é encontrado pela comparação não de 3½ e 1, mas de 3½ e 2; que, portanto, não é de 2½, mas apenas de 1½ *quarter*. Mas se, além disso, B investisse uma terceira porção de capital de 2½ libras esterlinas que só desse 1 *quarter* e que, portanto, esse *quarter* custasse 3 libras esterlinas, como em A, então seu preço de venda de 3 libras esterlinas só cobriria os custos de produção, só renderia o lucro médio, mas nenhum sobrelucro, por conseguinte nada que pudesse transformar-se em renda. O produto por acre de um tipo qualquer de solo, comparado com o produto por acre do solo A, não indica se é produto de igual investimento de capital ou de investimento maior, nem se o produto adicional só cobre o preço de produção ou se obedece à maior produtividade do capital adicional.

Segundo: Havendo taxa decrescente de produtividade dos investimentos adicionais de capital – cujo limite, à medida que a nova formação de sobrelucro entra em consideração, é aquele investimento de capital que cobre apenas os custos de produção, ou seja, que produz o *quarter* com o mesmo investimento de capital num acre do solo A, portanto, de acordo com o pressuposto, a 3 libras esterlinas –, decorre do que foi desenvolvido há pouco: que o limite, em que o investimento total de capital no acre de B não formaria mais nenhuma renda, é aquele em que o preço de produção médio individual do produto por acre de B se nivelaria ao preço de produção por acre de A.

Se B apenas acrescenta investimentos de capital que pagam o preço de produção, não constituindo nenhum sobrelucro, portanto nenhuma nova renda, então isso eleva o preço de produção médio individual por *quarter*, mas não afeta o sobrelucro oriundo dos investimentos anteriores de capital, nem eventualmente a renda. Pois o preço de produção médio permanece sempre abaixo do de A e, se o excedente de preço por *quarter* diminui, o número dos *quarters* aumenta na mesma proporção, de tal modo que o excedente total do preço permanece constante.

No caso suposto, os dois primeiros investimentos de capital de 5 libras esterlinas produzem em B 3½ *quarters*, portanto, de acordo com o pressuposto, 1½ *quarter* de renda = 4½ libras esterlinas. Se é acrescentado um terceiro investimento de capital de 2½ libras esterlinas, mas que só produz 1 *quarter* adicional, então o preço total de produção (inclusive 20% de lucro) dos 4½ *quarters* é = 9 libras esterlinas, por conseguinte o preço médio por *quarter* é = 2 libras esterlinas. Assim, o preço de produção médio por *quarter* em B subiu de $1\frac{5}{7}$ libra esterlina para 2 libras esterlinas, caindo, portanto, o sobrelucro por *quarter*, comparado com o preço regulador de A, de $1\frac{2}{7}$ para 1 libra esterlina. Mas $1 \times 4\frac{1}{2} = 4\frac{1}{2}$ libras esterlinas, exatamente como antes $1\frac{2}{7} \times 3\frac{1}{2} = 4\frac{1}{2}$ libras esterlinas.

Suponhamos que ainda fossem feitos um quarto e um quinto investimentos adicionais de capital de 2½ libras esterlinas em B, que só produziria o *quarter* por seu preço de produção geral, então o produto total por acre seria agora de 6½ *quarters* e os custos de produção seriam de 15 libras esterlinas. O preço de produção médio por *quarter* para B teria subido novamente de 2 para $2\frac{4}{13}$ libras esterlinas e o sobrelucro por *quarter*, se comparado com o preço de produção regulador de A, teria caído novamente de 1 libra esterlina para $\frac{9}{13}$ de libra esterlina. Mas esses $\frac{9}{13}$ de libra esterlina teriam de ser agora calculados sobre 6½ *quarters* em vez de sobre 4½. E $\frac{9}{13} \times 6\frac{1}{2} = 1 \times 4\frac{1}{2} = 4\frac{1}{2}$ libras esterlinas.

Daí decorre, inicialmente, que, nessas circunstâncias, não é necessária nenhuma elevação do preço de produção regulador para possibilitar investimentos adicionais de capital nos tipos de solo que geram renda, mesmo até o ponto em que o capital adicional para completamente de fornecer sobrelucro, proporcionando apenas o lucro médio. Além disso, decorre que aqui a soma do sobrelucro por acre permanece a mesma, por mais que diminua o sobrelucro por *quarter*; essa diminuição é sempre compensada por um correspondente aumento do número de *quarters* produzidos por acre. Para que o preço de produção médio se nivele ao preço de produção geral (que, aqui, suba para 3 libras esterlinas no solo B), teriam de ser aplicados capitais adicionais cujo produto tenha preço de produção mais elevado do que o regulador, de 3 libras esterlinas. Mas veremos que apenas isso não basta para nivelar o preço de produção médio por *quarter* de B ao preço de produção geral de 3 libras esterlinas.

Suponhamos que no solo B tenham sido produzidos:

1) 3½ *quarters*, como antes a um preço de produção de 6 libras esterlinas; portanto, dois investimentos de capital, cada um deles de 2½ libras esterlinas, proporcionando ambos sobrelucros, mas de nível decrescente.

2) 1 *quarter* a 3 libras esterlinas; um investimento de capital em que o preço de produção individual seria igual ao preço de produção regulador.

3) 1 *quarter* a 4 libras esterlinas; um investimento de capital em que o preço de produção individual é $33\frac{1}{3}\%$ mais elevado do que o preço regulador.

Teríamos, então, 5½ *quarters* por acre a 13 libras esterlinas, com um investimento de capital de $10\frac{7}{10}$ libras esterlinas, quatro vezes o investimento de capital original, mas sem atingir três vezes o produto do primeiro investimento de capital.

5½ *quarters* a 13 libras esterlinas dão $2\frac{4}{11}$ libras esterlinas de preço de produção médio por *quarter*, portanto, a um preço de produção regulador de 3 libras esterlinas, um excedente de $\frac{7}{11}$ de libra esterlina por *quarter* que pode transformar-se em renda. 5½ *quarters* para vender ao preço regulador de 3 libras esterlinas dão 16½ libras esterlinas. Depois de descontados os custos de produção de 13 libras esterlinas, restam 3½ libras esterlinas de sobrelucro ou renda, que com base no preço de produção médio atual do *quarter* para B, portanto a $2\frac{4}{11}$ libras esterlinas por *quarter*, representam $1\frac{25}{52}$ *quarter*. A renda em dinheiro teria caído 1 libra esterlina, a renda em grãos cerca de ½ *quarter*, mas, apesar de o quarto investimento adicional de capital em B não proporcionar nenhum sobrelucro, e sim menos do que o lucro médio, continuam a existir sobrelucro e renda. Suponhamos que, além do investimento de capital 3, também o investimento 2 produza acima do preço de produção regulador, então a produção total é: 3½ *quarters* a 6 libras esterlinas + 2 *quarters* a 8 libras esterlinas, ao todo 5½ *quarters* a 14 libras esterlinas de custos de produção. O preço de produção médio por *quarter* seria de $2\frac{6}{11}$ libras esterlinas e deixaria um excedente de $\frac{5}{11}$ de libra esterlina. Os 5½ *quarters*, vendidos a 3 libras esterlinas, dão 16½ libras esterlinas; deduzindo destas as 14 libras esterlinas de custos de produção, restam 2½ libras esterlinas de renda. Isso, ao preço de produção médio atual em B, daria $\frac{55}{56}$ de *quarter*. Portanto, sempre há renda, embora menor do que antes.

De qualquer modo, isso nos mostra que nas melhores terras, com investimentos adicionais de capital, cujo produto custa mais do que o preço de produção regulador, a renda, ao menos dentro dos limites da prática permitida, não pode desaparecer, mas apenas diminuir, e isso em relação, por um lado, à parte alíquota que esse capital menos produtivo representa no investimento total de capital e, por outro, à diminuição de sua fertilidade. O preço médio de seu produto estaria sempre abaixo do preço regulador e, por isso, sempre permitiria um sobrelucro transformável em renda.

Suponhamos agora que o preço médio do *quarter* de B coincida com o preço de produção geral, devido a quatro investimentos sucessivos de capital (2½, 2½, 5 e 5 libras esterlinas) com produtividade decrescente.

	Capital	Lucro	Rendimento	Custos de produção		Preço de venda	Rendimento	Excedente para a renda	
				por *quarter*	totais				
	£	£	*Quarters*	£	£	£	£	*Quarters*	£
1.	2½	½	2	1½	3	3	6	1	3
2.	2½	½	1½	2	3	3	4½	½	1½
3.	5	1	1½	4	6	3	4½	– ½	– 1½
4.	5	1	1	6	6	3	3	– 1	– 3
	15	3	6		18		18	0	0

O arrendatário vende aqui cada *quarter* por seu preço individual de produção, e por conseguinte o número total dos *quarters* por seu preço médio de produção por *quarter*, que coincide com o preço regulador de 3 libras esterlinas. De seu capital de 15 libras esterlinas, ele continua a obter um lucro de 20% = 3 libras esterlinas. Mas a renda desapareceu. Onde foi parar o excedente nessa equiparação do preço de produção individual de cada *quarter* com o preço de produção geral?

O sobrelucro sobre as primeiras 2½ libras esterlinas era de 3 libras esterlinas; sobre as segundas 2½ libras esterlinas era de 1½ libra esterlina; ao todo, o sobrelucro sobre ⅓ do capital adiantado, portanto sobre 5 libras esterlinas = 4½ libras esterlinas = 90%.

No investimento de capital 3, além de as 5 libras esterlinas não proporcionarem nenhum sobrelucro, seu produto de 1½ *quarter*, vendido ao preço de produção geral, dá um déficit de 1½ libra esterlina. Por fim, no caso do investimento de capital 4, igualmente de 5 libras esterlinas, seu produto de 1 *quarter*, vendido ao preço de produção geral, dá um déficit de 3 libras esterlinas. Os dois investimentos de capital reunidos redundam, portanto, num déficit de 4½ libras esterlinas, igual ao sobrelucro de 4½ libras esterlinas resultante dos investimentos de capital 1 e 2.

Os sobrelucros e os déficits se compensam. Por isso, a renda desaparece. De fato, isso só é possível porque os elementos da mais-valia que geravam sobrelucro ou renda entram agora na formação do lucro médio. O arrendatário obtém esse lucro médio de 3 libras esterlinas sobre 15 libras esterlinas, ou de 20%, à custa da renda.

A nivelação do preço de produção médio individual de B para constituir o preço de produção geral de A, regulador do preço de mercado, pressupõe que a diferença pela qual o preço individual do produto dos primeiros investimentos de capital está abaixo do preço regulador passa a ser cada vez mais compensada, e por fim nivelada, pela diferença pela qual o produto dos investimentos de capital posteriores chega a ficar acima do preço regulador. O que aparece como sobrelucro, enquanto o produto dos primeiros investimentos de capital passa a ser vendido separadamente, converte-se assim pouco a pouco em parte de seu preço de produção médio e, com isso, entra na formação do lucro médio, até que, por fim, acaba sendo completamente absorvido por este.

Se, em vez de investir 15 libras esterlinas de capital em B, fossem investidas apenas 5 libras esterlinas em B e os 2½ *quarters* adicionais da última tabela fossem produzidos pelo cultivo de 2½ novos acres de A, com um investimento de capital de 2½ libras esterlinas por acre, então o capital adicional investido seria somente de 6¼ libras esterlinas, portanto o investimento total em A e B para a produção desses 6 *quarters* seria de apenas 11¼ libras esterlinas, em vez de 15 libras esterlinas, e os custos totais de produção dos mesmos, inclusive lucro, seriam de 13½ libras esterlinas. Os 6 *quarters* continuariam a ser vendidos ao todo por 18 libras esterlinas, mas o desembolso de capital teria diminuído em 3¾ libras esterlinas e a renda de B ascenderia, como antes, a 4½ libras esterlinas por acre. A coisa seria diferente se, para a produção dos 2½ *quarters*, fosse necessário recorrer a terras piores do que A, a terras A_{-1}, A_{-2}, de tal modo que o preço de produção por *quarter* de 1½ *quarter* no solo A_{-1} = 4 libras esterlinas e para o último *quarter* em A_{-2} = 6 libras esterlinas. Nesse caso, 6 libras esterlinas tornar-se-iam o preço de produção regulador por *quarter*. Os 3½ *quarters* de B seriam vendidos a 21 libras esterlinas em vez de a 10½ libras esterlinas, o que daria uma renda de 15 em vez de 4½ libras esterlinas e, em grãos, de 2½ *quarters* em vez de 1½ *quarter*. Da mesma maneira, o *quarter* de A geraria agora uma renda de 3 libras esterlinas = ½ *quarter*.

Antes de adentrarmos mais nesse ponto, ainda uma observação.

O preço médio de *quarter* de B se nivela, coincide com o preço geral de produção de 3 libras esterlinas por *quarter*, regulado por A, assim que a parte do capital total que produz o 1½ *quarter* excedente passa a ser compensada pela parte do capital total que produz o déficit de 1½ *quarter*. A rapidez com que se alcança essa nivelação, ou o montante de capital de força produtiva deficitária a ser investido para isso em B, depende – pressupondo-se como sendo dada a sobreprodutividade dos primeiros investimentos de capital – da relativa subprodutividade dos capitais investidos posteriormente, em comparação com um investimento de capital de mesma magnitude no solo pior, regulador, A, ou do preço de produção individual de seu produto, comparado com o preço regulador.

Do que foi até aqui exposto, depreende-se inicialmente:

Primeiro: Enquanto os capitais adicionais são investidos no mesmo solo com sobreprodutividade, ainda que seja decrescente, a renda absoluta em grãos e em dinheiro por acre cresce, embora diminua relativamente se comparada com o capital adiantado (portanto a taxa de sobrelucro ou da renda). O limite passa a ser constituído aqui por aquele capital adicional que só gera o lucro médio ou para cujo produto o preço de produção individual coincide com o preço geral. Nessas circunstâncias, o preço de produção permanece o mesmo, desde que a maior oferta não torne supérflua a produção dos tipos piores de solo. Mesmo no caso de preços decrescentes, esses capitais adicionais, dentro de certos limites, podem ainda produzir sobrelucro, ainda que seja menor.

Segundo: O investimento de capital adicional que só produz o lucro médio, cuja sobreprodutividade é, portanto = 0, não altera nada no nível do sobrelucro formado e, por conseguinte, da renda. O preço médio individual do *quarter* aumenta, com isso, nos tipos melhores de solo; o excedente por *quarter* diminui, mas aumenta o número dos *quarters* que produzem esse excedente diminuído, de tal modo que o produto permanece o mesmo.

Terceiro: Investimentos adicionais de capital, em cujo produto o preço de produção individual está acima do preço regulador, nos quais, portanto, a sobreprodutividade não é apenas = 0, mas é menor do que zero, um déficit, ou seja, menor do que a produtividade de iguais investimentos de capital no solo regulador A, levam o preço médio individual do produto total do solo melhor cada vez mais perto do preço de produção geral, diminuindo, portanto, cada vez mais a diferença entre ambos, que constitui o sobrelucro ou a renda. Cada vez mais entra na formação do lucro médio o que constituía sobrelucro ou renda. Mas, mesmo assim, o capital total investido no acre de B continua a gerar sobrelucro, embora de modo decrescente com a massa crescente do capital de produtividade deficitária e com o grau dessa subprodutividade. A renda por acre, sendo crescente o capital e aumentando cada vez mais a produção, cai, aqui, de modo absoluto, e isso não só, como no segundo caso, relativamente em conexão com a magnitude crescente do capital investido.

A renda só pode extinguir-se assim que o preço de produção médio individual do produto total coincide, no melhor solo B, com o preço regulador, e, portanto, todo o sobrelucro dos primeiros investimentos mais produtivos é consumido na formação do lucro médio.

O limite mínimo da queda da renda por acre é o ponto em que ela desaparece. Esse ponto, todavia, não surge assim que os investimentos adicionais de capital produzem com subprodutividade, mas assim que o investimento adicional das partes subprodutivas do capital se torna tão grande que seu efeito anula a produtividade excedente dos primeiros investimentos de capital, e a produtividade do capital total investido se torna igual à do capital em A, e o preço médio individual do *quarter* em B se iguala ao do *quarter* em A.

Também nesse caso o preço de produção regulador permaneceria o mesmo, 3 libras esterlinas por *quarter*, embora a renda tivesse desaparecido. Só depois desse ponto o preço de produção teria de crescer em decorrência do aumento, seja do grau de subprodutividade, seja da magnitude do capital adicional da mesma subprodutividade. Se, por exemplo, na tabela acima, à p. 703, fossem produzidos no mesmo solo 2½ *quarters* em vez de 1½ *quarter* a 4 libras esterlinas por *quarter*, teríamos ao todo 7 *quarters* a 22 libras esterlinas de custos de produção; o *quarter* custaria 3⅐ libras esterlinas, portanto ⅐ acima do preço de produção geral, que deveria elevar-se.

Poder-se-ia ainda por muito tempo empregar capital adicional com subprodutividade e até mesmo com subprodutividade crescente, até que o preço médio individual do *quarter* nas terras melhores se tornasse igual ao preço de produção geral, até que o excedente deste último sobre o primeiro tivesse desaparecido completamente e, com isso, o sobrelucro e a renda.

E, mesmo nesse caso, com a extinção da renda nos tipos melhores de solo, o preço médio individual de seu produto coincidiria finalmente com o preço de produção geral, não sendo, portanto, ainda necessária nenhuma elevação desse preço.

No exemplo acima, produzir-se-iam no melhor solo B, que, no entanto, está no nível mais baixo na série dos tipos melhores de solo, dos tipos geradores de renda, 3½ *quarters* com capital de 5 libras esterlinas com sobreprodutividade e 2½ *quarters* com capital de 10 libras esterlinas com subprodutividade, no total 6 *quarters*; portanto, $\frac{5}{12}$ desse total são produzidos com as últimas parcelas do capital, investidas com subprodutividade. E só nesse ponto o preço de produção médio individual dos 6 *quarters* sobe para 3 libras esterlinas por *quarter*, coincidindo, portanto, com o preço de produção geral.

No entanto, de acordo com a lei da propriedade fundiária, os últimos 2½ *quarters* não poderiam ter sido produzidos desse modo, exceto quando pudessem ser produzidos em 2½ novos acres do tipo de solo A. O caso em que o capital adicional é ainda produzido ao preço de produção geral teria constituído o limite. Além desse limite, o investimento de capital adicional no mesmo solo teria de parar.

Se o arrendatário tem de pagar 4½ libras esterlinas de renda pelos dois primeiros investimentos de capital, então deve continuar a pagá-las, e todo investimento de capital que produzir o *quarter* abaixo de 3 libras esterlinas acarretar-lhe-á uma diminuição em seu lucro. Com isso, fica impedida a nivelação do preço médio individual no caso de subprodutividade.

Tomemos esse caso do exemplo anterior, em que o preço de produção do solo A, de 3 libras esterlinas por *quarter*, regula o preço de B.

Capital	Lucro	Custos de produção	Rendimento	Custos de produção por *quarter*	Preço de venda		Sobrelucro	Perdas
					por *quarter*	total		
£	£	£	*Quarters*	£	£	£	£	£
2½	½	3	2	1½	3	6	3	–
2½	½	3	1½	2	3	4½	1½	–
5	1	6	1½	4	3	4½	–	1½
5	1	6	1	6	3	3	–	3
15	3	18				18	4½	4½

Os custos de produção de 3½ *quarters* nos dois primeiros investimentos de capital são, igualmente, de 3 libras esterlinas por *quarter* para o arrendatário, já que ele tem de pagar uma renda de 4½ libras esterlinas; portanto, a diferença entre seu preço de produção individual e o preço de produção geral acaba não entrando em seu bolso. Para ele, por conseguinte, o excedente do preço do produto dos dois primeiros investimentos de capital não pode servir para compensar o déficit no caso dos produtos do terceiro e do quarto investimentos de capital.

O 1½ *quarter* do investimento de capital 3 custa ao arrendatário, incluindo-se o lucro, 6 libras esterlinas; mas ele só pode, caso o preço regulador seja de 3 libras esterlinas por *quarter*, vendê-lo por 4½ libras esterlinas. Além de perder todo o lucro, perderia ainda ½ libra esterlina ou 10% do capital investido de 5 libras esterlinas. A perda em termos de lucro e capital no caso do investimento 3 ascenderia, para ele, a 1½ libra esterlina e, no caso do investimento de capital 4, a 3 libras esterlinas: ao todo 4½ libras esterlinas, exatamente tanto quanto atinge a renda dos melhores investimentos de capital, cujo preço de produção individual, no entanto, exatamente por isso, não pode entrar como compensação no preço de produção médio individual do produto total de B, pois seu excedente é pago como venda a terceiro.

Se para a demanda fosse necessário produzir o 1½ *quarter* adicional com o terceiro investimento de capital, então o preço regulador de mercado deveria subir para 4 libras esterlinas por *quarter*. Devido a essa alta do preço regulador de mercado, a renda de B subiria com o primeiro e o segundo investimentos e em A se formaria uma nova renda.

Embora a renda diferencial seja apenas uma metamorfose formal do sobrelucro em renda, a propriedade fundiária possibilitando aqui apenas ao proprietário transferir para si o sobrelucro do arrendatário, mostra-se, no entanto, que os sucessivos investimentos de capital na mesma área de terra ou, o que dá na mesma, o aumento do capital investido na mesma área, com taxa decrescente de produtividade do capital e preço regulador constante, encontra muito antes seu limite, na realidade uma barreira mais ou menos artificial, em consequência da metamorfose simplesmente formal de sobrelucro em renda fundiária, que é decorrência da propriedade fundiária. A elevação do preço de produção geral, que aqui se torna necessária dentro de limites mais estreitos que os habituais, não é, nesse caso, apenas o motivo do aumento da renda diferencial, mas a existência da renda diferencial enquanto renda é, ao mesmo tempo, razão do aumento prévio e mais rápido do preço de produção geral, para, assim, assegurar a oferta acrescida do produto, que se tornou necessária.

Além disso, é preciso observar:

Por adição de capital no solo B, o preço regulador não poderia subir, como acima, para 4 libras esterlinas, se o solo A, mediante segundo investimento de capital, fornecesse o produto adicional por menos de 4 libras esterlinas ou se um novo solo pior do que A, cujo preço de produção estivesse acima de 3 mas abaixo de 4 libras esterlinas, entrasse na concorrência. Vê-se assim como a renda diferencial I e a renda diferencial II, enquanto a primeira é base da segunda, constituem ao mesmo tempo limites entre si, de acordo com os quais são feitos ora investimentos sucessivos de capital na mesma área de terra, ora investimentos contíguos de capital em novos solos adicionais. Da mesma maneira se limitam reciprocamente em outros casos, quando, por exemplo, chega a vez de explorar solos melhores.

CAPÍTULO 44

RENDA DIFERENCIAL MESMO NO PIOR SOLO CULTIVADO

Suponhamos que a demanda de grãos seja crescente e que a oferta só possa ser satisfeita pelos sucessivos investimentos de capital com subprodutividade em terras geradoras de renda ou pelos investimentos adicionais de capital, igualmente com produtividade decrescente, no solo A ou pelo investimento de capital em novas terras de qualidade inferior a A. Tomemos o solo B como representante das terras geradoras de renda.

O investimento adicional de capital exige um aumento do preço de mercado acima do preço de produção regulador de 3 libras esterlinas por *quarter*, para possibilitar a produção adicional de 1 *quarter* (que nesse caso pode representar 1 milhão de *quarters*, do mesmo modo que 1 acre 1 milhão de acres) em B. Em C, D etc., os tipos de solo de renda mais elevada, pode então surgir mais-produto, mas só com sobreforça produtiva decrescente; pressupomos, no entanto, que esse *quarter* seja necessário para satisfazer a demanda. Caso esse *quarter* possa ser produzido mais barato pelo investimento adicional de capital em B do que por igual capital adicional em A, ou pela degeneração do solo A_{-1}, que só pode, por exemplo, produzir o *quarter* a 4 libras esterlinas, enquanto o capital adicional em A já poderia produzi-lo a 3¾ libras esterlinas, então o capital adicional em B regularia o preço de mercado.

Suponhamos que A tenha produzido, como até agora, 1 *quarter* a 3 libras esterlinas. E que B igualmente, como até agora, tenha produzido 3½ *quarters* ao preço de produção individual de, ao todo, 6 libras esterlinas. Se for necessário em B um adicional de 4 libras esterlinas de custos de produção (inclusive lucro) para produzir mais 1 *quarter*, enquanto em A ele poderia ter sido produzido a 3¾ libras esterlinas, então ele será produzido, obviamente, em A, e não em B. Suponhamos que ele pudesse ser produzido em B com 3½ libras esterlinas de custos adicionais de produção. Nesse caso, 3½ libras esterlinas seriam o preço regulador da produção total. B passaria a vender seu produto, agora de 4½ *quarters*, por 15¾ libras esterlinas. Disso se deduziriam os custos de produção dos primeiros 3½ *quarters*, 6 libras esterlinas, e os do último *quarter*, 3½ libras esterlinas, ao todo 9½ libras esterlinas. Então resta um sobrelucro para renda = 6¼ libras esterlinas, contra apenas 4½ libras esterlinas anteriores. Nesse caso, o acre de A também geraria uma renda de ½ libra esterlina; mas não o pior solo A, e sim o melhor solo B regularia o preço de produção de 3½ libras esterlinas. Supomos naturalmente aqui que novo solo com a qualidade e a mesma posição favorável do solo A até então cultivado não seja acessível, mas que seria necessário um segundo investimento de capital na área já cultivada de A, com um custo maior de produção, ou se teria de apelar para um solo ainda pior, A_{-1}. Assim que, mediante sucessivos investimentos de capital, entra em vigor a renda diferencial II, os limites do processo ascendente de produção podem ser regulados pelos solos melhores, e o solo pior, base da renda diferencial I, pode também gerar renda. Dessa forma, no caso da simples renda diferencial, todas as terras cultivadas poderiam gerar renda. Teríamos, então, as duas tabelas seguintes, em que se entende por custos de produção a soma do capital adiantado mais 20% de lucro, portanto, para cada 2½ libras esterlinas de capital, ½ libra esterlina de lucro, num total de 3 libras esterlinas.

Tipo de solo	Acres	Custos de produção	Produto	Preço de venda	Rendimento em dinheiro	Renda em grãos	Renda em dinheiro
		£	*Quarters*	£	£	*Quarters*	£
A	1	3	1	3	3	0	0
B	1	6	3½	3	10½	1½	4½
C	1	6	5½	3	16½	3½	10½
D	1	6	7½	3	22½	5½	16½
TOTAL	4	21	17½		52½	10½	31½

Esse é o estado de coisas antes do novo investimento de capital de 3½ libras esterlinas em B, que só rende 1 *quarter*. Depois desse investimento de capital, a situação é a seguinte:

Tipo de solo	Acres	Custos de produção	Produto	Preço de venda	Rendimento em dinheiro	Renda em grãos	Renda em dinheiro
		£	*Quarters*	£	£	*Quarters*	£
A	1	3	1	3½	3½	1/7	½
B	1	9½	4½	3½	15¾	1 11/14	6¼
C	1	6	5½	3½	19¼	3 11/14	13¼
D	1	6	7½	3½	26¼	5 11/14	20¼
TOTAL	4	24½	18½		64¾	11½	40¼

{Mais uma vez, isso não está calculado corretamente. Ao arrendatário de B, os $4\frac{1}{2}$ *quarters* custam, em primeira instância, em termos de custos de produção, $9\frac{1}{2}$ libras esterlinas e, em termos de renda, $4\frac{1}{2}$ libras esterlinas, num total de 14 libras esterlinas; média por *quarter* – $3\frac{1}{9}$ libras esterlinas. Com isso, esse preço médio de sua produção total torna-se o preço regulador de mercado. A renda em A seria, então, de $\frac{1}{9}$ de libra esterlina, em vez de $\frac{1}{2}$ libra esterlina, e em B continuaria a ser de $4\frac{1}{2}$ libras esterlinas: $4\frac{1}{2}$ *quarters* a $3\frac{1}{9}$ libras esterlinas = 14 libras esterlinas, das quais se descontando $9\frac{1}{2}$ libras esterlinas de custos de produção restam $4\frac{1}{2}$ libras esterlinas de sobrelucro. Vemos, então, que, apesar dos números a serem alterados, o exemplo mostra como, por meio da renda diferencial II, o solo melhor, já gerador de renda, pode regular o preço e, com isso, fazer com que deem renda todos os solos, inclusive aqueles até então irrentáveis. – F. E.}

A renda em grãos deve aumentar logo que subir o preço de produção regulador do grão, assim que, portanto, o *quarter* de grão no solo regulador, ou o investimento regulador de capital em um dos tipos de solo, subir. É como se todos os tipos de solo tivessem se tornado menos férteis e produzissem, por exemplo, com $2\frac{1}{2}$ libras esterlinas de novo investimento de capital, apenas $\frac{5}{7}$ de *quarter* em vez de 1 *quarter*. O que produzem a mais em termos de grãos com o mesmo investimento de capital transforma-se em sobreproduto, em que se configura o sobrelucro e, por conseguinte, a renda. Postulando-se que a taxa de lucro permaneça a mesma, então o arrendatário pode comprar menos grão com seu lucro. A taxa de lucro pode permanecer a mesma se o salário não sobe, seja porque ele passa a ser produzido ao mínimo físico, portanto abaixo do valor normal da força de trabalho; ou porque os outros objetos de consumo do trabalhador fornecidos pela manufatura se tornaram relativamente mais baratos; ou porque a jornada de trabalho foi prolongada ou se tornou mais intensa e, por isso, a taxa de lucro nos ramos não agrícolas de produção, mas que regula o lucro agrícola, permaneceu a mesma, caso não tenha subido; ou, porém, porque na agricultura, embora o capital investido seja o mesmo, tenha sido investido mais capital constante e menos variável.

Consideremos o primeiro modo, em que pode originar-se renda no solo pior, o solo A, sem que um solo ainda pior seja incorporado ao cultivo; ou seja, devido à diferença entre seu preço individual de produção, até agora regulador, em relação ao novo preço de produção, mais elevado, para o qual o último capital adicional com subprodutividade e em solo melhor fornece o produto suplementar necessário.

Se o produto suplementar tivesse de ser fornecido pelo solo A_{-1}, que só pode fornecer o *quarter* a 4 libras esterlinas, então a renda por acre em A subiria para 1 libra esterlina. Mas, nesse caso, A_{-1}, como o pior solo cultivado, estaria no lugar de A, e este como membro inferior na série dos tipos de solo geradores de renda. A renda diferencial I ter-se-ia modificado. Esse caso está, portanto, fora das cogitações da renda diferencial II, que se origina da diferente produtividade de sucessivos investimentos de capital na mesma porção de terra.

Há, além disso, duas outras maneiras de surgir renda diferencial no solo A.

Com preço constante – um preço dado qualquer, que inclusive pode ser um preço reduzido, em comparação com preços anteriores –, se o investimento adicional de capital gera sobreprodutividade, o que *prima facie*, até certo ponto, tem de ser sempre o caso exatamente no pior solo.

Em segundo lugar, quando, ao contrário, a produtividade dos sucessivos investimentos de capital no solo A diminui.

Em ambos os casos se pressupõe que o aumento da produção seja exigido para satisfazer a demanda.

Mas aqui, do ponto de vista da renda diferencial, se apresenta uma dificuldade peculiar em função da lei anteriormente desenvolvida, segundo a qual o preço de produção médio individual do *quarter* na produção total (ou o desembolso total de capital) é sempre decisivo. Mas no caso do solo A não está dado, como nos tipos melhores de solo, um preço de produção fora dele que delimite, para novos investimentos de capital, a nivelação do preço de produção individual com o preço de produção geral. Pois o preço de produção individual de A é, exatamente, o preço de produção geral que regula o preço de mercado.

Suponhamos:

1) *No caso de força produtiva crescente dos sucessivos investimentos de capital*, podem, em 1 acre de A, com 5 libras esterlinas de adiantamento de capital, correspondendo a 6 libras esterlinas de custos de produção, ser produzidos 3 *quarters* em vez de 2. O primeiro investimento de capital de 2½ libras esterlinas fornece 1 *quarter*; o segundo, 2 *quarters*. Nesse caso, 6 libras esterlinas de custos de produção dão 3 *quarters*, custando, portanto, o *quarter* em média 2 libras esterlinas; e, por conseguinte, os 3 *quarters* são vendidos a 2 libras esterlinas, então A continua a não dar nenhuma renda, mas apenas se modificou a base da renda diferencial II. Em vez de 3 libras esterlinas, o preço regulador da produção passou a ser de 2 libras esterlinas; agora, um capital de 2½ libras esterlinas produz em média, no pior solo, 1½ em vez de 1 *quarter*, e essa é agora a fertilidade oficial para todos os tipos superiores de solo no caso de um investimento de 2½ libras esterlinas. Parte de seu sobreproduto anterior entra, a partir de agora, na formação de seu produto necessário, assim como parte de seu sobrelucro entra na formação do lucro médio.

Se, no entanto, o cálculo é feito com base nos tipos melhores de solo, em que o cálculo médio nada altera no superávit absoluto, pois o preço de produção geral está dado como limite do investimento de capital, então o *quarter* do primeiro investimento de capital custa 3 libras esterlinas e os 2 *quarters* do segundo custam cada um apenas 1½ libra esterlina. Surgiria, portanto, apenas uma renda em grãos de 1 *quarter* e uma renda em dinheiro de 3 libras esterlinas em A, mas os 3 *quarters* seriam vendidos pelo preço antigo, num total de 9 libras esterlinas. Caso ocorresse um terceiro investimento de capital de 2½ libras esterlinas, com a mesma fertilidade do segundo investimento, então agora seriam produzidos ao todo 5 *quarters*, com 9 libras esterlinas de custos de produção. Se o preço de produção médio individual de A continuasse a ser o regulador, então o *quarter* teria de ser agora vendido a 1 4/5 libra esterlina. O preço médio teria novamente caído, não por causa da nova elevação da fertilidade do terceiro investimento de capital, mas apenas por causa da adição de novo investimento de capital com a mesma fertilidade adicional que o segundo. Ao invés de elevar a renda, como nos solos geradores de renda, os sucessivos investimentos de capital no solo A, investimentos com fertilidade mais elevada, ainda que constante, baixariam proporcionalmente o preço de produção e, com isso, permanecendo iguais as demais circunstâncias, a renda diferencial dos demais tipos de solo. Se, no entanto, o primeiro investimento de capital, que produz 1 *quarter* a 3 libras esterlinas de custos de produção, continuasse a ser o regulador, então os 5 *quarters* seriam vendidos por 15 libras esterlinas, e a renda diferencial dos investimentos posteriores de capital no solo A seria de 6 libras esterlinas. O acréscimo de capital adicional no acre de A, não importa qual a forma de sua aplicação, constituiria aqui uma melhoria e o capital adicional também teria tornado mais produtiva a parte original do capital. Seria bobagem dizer que ⅓ do capital teria produzido 1 *quarter* e os restantes ⅔ teriam produzido 4 *quarters*. 9 libras esterlinas por acre produziriam sempre 5 *quarters*, enquanto 3 libras esterlinas produziriam apenas 1 *quarter*. Se aqui surgiria ou não renda, sobrelucro, dependeria completamente das circunstâncias. Normalmente o preço de produção regulador teria de cair. Esse é o caso quando o cultivo mais aperfeiçoado – ainda que ligado a maiores custos – do solo A só se efetua porque também é aplicado nos tipos melhores de solo, ou seja, em virtude de uma revolução geral na agricultura, de modo que agora, quando se fala da fertilidade natural do solo A, se supõe que ele seja cultivado com 6 ou mesmo 9 libras esterlinas, em vez de com 3 libras esterlinas. Isso teria validez especial se a maior parte dos acres cultivados do solo A, que fornece a massa da oferta de dado país, fosse submetida a esse novo método. Mas, se a melhoria só atingisse de início pequena área de A, então essa parte mais bem cultivada forneceria um sobrelucro que o proprietário da terra rapidamente poderia transformar, total ou parcialmente, em renda, fixando-a como renda. Assim, se a demanda se mantivesse a par do crescimento da oferta, à medida que toda a superfície do solo A fosse paulatinamente submetida a novo método, formar-se-ia pouco a pouco renda em todo o solo de qualidade A e a sobreprodutividade resultaria total ou parcialmente confiscada, segundo as condições do mercado. A nivelação do preço de produção de A para formar o preço médio de seu produto, no caso de aumento do desembolso de capital, poderia ser, assim, impedida pela fixação do sobrelucro desse maior desembolso de capital em forma de renda. Seria novamente – tal como o vimos no caso da força produtiva decrescente dos capitais adicionais nas terras melhores – a transformação do sobrelucro em renda fundiária, ou seja, a intervenção da propriedade fundiária, o que elevaria o preço de produção, em vez de fazer com que a renda diferencial fosse tão somente consequência das diferenças entre o preço de produção individual e o geral. No caso do solo A, impediria a coincidência dos dois preços, pois impediria a regulação do preço de produção pelo preço de produção médio de A; portanto, manteria um preço de produção mais elevado do que o necessário, o que criaria renda. Mesmo com livre importação de grãos do estrangeiro, poderia ser provocado ou mantido idêntico resultado obrigando-se o arrendatário a dar destinação diferente – por exemplo, pastagens – ao solo que, com preço de produção determinado do exterior, poderia competir no cultivo de grãos sem gerar renda, pelo que só estariam sujeitos ao cultivo de grãos os solos que geram renda, ou seja, aqueles solos cujo preço de produção médio individual por *quarter* fosse menor que o preço de produção determinado do exterior. De modo geral é preciso supor que, no caso dado, o preço de produção há de cair, mas não até seu preço médio, ficando, porém, situado acima deste, ainda que abaixo do preço de produção do pior solo cultivado A, de tal modo que ficará restrita a concorrência de novas terras de A.

2) *No caso de força produtiva decrescente dos capitais adicionais.* Caso o solo A_{-1} só pudesse produzir o *quarter* adicional por 4 libras esterlinas, mas o solo A pudesse fazê-lo por 3¾, portanto mais barato, contudo ¾ de libra esterlina mais caro que o *quarter* produzido pelo primeiro investimento de capital. Nesse caso, o preço total dos 2 *quarters* produzidos em A seria = 6¾ libras esterlinas; portanto, o preço médio por *quarter* seria = 3⅜ libras esterlinas. O preço de produção subiria, mas só em ⅜ de libra esterlina, enquanto, se o capital adicional fosse investido num solo novo, que produzisse a 3¾ libras esterlinas, ele subiria outros ⅜ de libra esterlina, até 3¾ libras esterlinas, provocando, com isso, uma elevação proporcional de todas as outras rendas diferenciais.

O preço de produção de $3\frac{3}{8}$ libras esterlinas por *quarter* de A seria, assim, nivelado a seu preço de produção médio, com maior investimento de capital, e tornar-se-ia regulador; ele não daria, portanto, nenhuma renda por não dar nenhum sobrelucro.

Mas, se esse *quarter* produzido pelo segundo investimento de capital fosse vendido a $3\frac{3}{4}$ libras esterlinas, então o solo A daria agora uma renda de $\frac{3}{4}$ de libra esterlina, e isso também em todos os acres de A nos quais não tivesse ocorrido nenhum investimento adicional de capital, que, portanto, continuariam a produzir o *quarter* a 3 libras esterlinas. Enquanto existissem áreas cultivadas de A, o preço só poderia subir temporariamente para $3\frac{3}{4}$ libras esterlinas. A incorporação de novas áreas de A manteria o preço de produção em 3 libras esterlinas, até que se esgotasse todo terreno de A cuja localização favorável lhe permitisse produzir o *quarter* mais barato do que a $3\frac{3}{4}$ libras esterlinas. Isso é o que se teria de supor, embora o proprietário da terra, se 1 acre dá renda, não ceda ao arrendatário nenhum outro isento de renda.

Novamente dependerá da maior ou menor generalização do segundo investimento de capital no solo existente A que o preço de produção seja nivelado ao preço médio ou que o preço de produção individual do segundo investimento de capital se torne, com $3\frac{3}{4}$ libras esterlinas, o preço regulador. Este último caso só ocorre quando o proprietário da terra tem tempo de fixar como renda o sobrelucro obtido, até a satisfação da demanda, ao preço de $3\frac{3}{4}$ libras esterlinas por *quarter*.

Quanto à produtividade decrescente do solo no caso de sucessivos investimentos de capital, deve-se consultar Liebig. Vimos que a sucessiva diminuição da sobreforça produtiva dos investimentos de capital sempre aumenta a renda por acre se o preço de produção permanece constante e que isso pode ocorrer inclusive no caso de preço de produção decrescente.

Mas, de modo geral, é preciso observar o seguinte:

Do ponto de vista do modo de produção capitalista, sempre ocorre relativo encarecimento dos produtos se, para obter o mesmo produto, é feito um gasto, algo precisa ser pago, que antes não era pago. Por reposição do capital consumido na produção só se deve entender a reposição de valores que se apresentam em determinados meios de produção. Elementos naturais que ingressam na produção como agentes, sem custar nada, qualquer que seja o papel que nela possam desempenhar, não ingressam como partes integrantes do capital, mas como força natural gratuita do capital, isto é, como força produtiva natural gratuita do trabalho, mas que, na base do modo de produção capitalista, se apresenta, como toda força produtiva, como força produtiva do capital. Se tal força da Natureza, que originalmente nada custa, entra na produção, não é levada em conta na determinação do preço enquanto o produto obtido com sua ajuda for suficiente para satisfazer as necessidades. Mas se, ao longo da evolução, se deve fornecer um produto maior do que se pode produzir com ajuda dessa força natural, se portanto se deve produzir esse produto adicional sem ajuda dessa força natural ou com assistência da intervenção humana, trabalho humano, um novo elemento adicional entrará no capital. Haverá, portanto, um desembolso relativamente maior de capital para obter o mesmo produto. Permanecendo iguais as demais circunstâncias, ocorre um encarecimento da produção.

{De um caderno "iniciado em meados de fevereiro de 1876".}

RENDA DIFERENCIAL E RENDA COMO MEROS JUROS DO CAPITAL INCORPORADO AO SOLO

As assim chamadas melhorias permanentes – que modificam as propriedades físicas, e em parte também as propriedades químicas, do solo mediante operações que custam dispêndio de capital e que podem ser consideradas como incorporação do capital ao solo – consistem quase todas em conferir a determinada área de terra, ao solo de um lugar determinado e restrito, atributos que outros solos, situados em outros lugares, e com frequência nas proximidades, possuem por natureza. Um solo está nivelado por natureza, o outro precisa ser nivelado; em um a drenagem é natural, o outro precisa de drenagem artificial; um possui por natureza uma profunda camada cultivável, no outro ela precisa ser artificialmente aprofundada; um solo argiloso está misturado por natureza com a quantidade conveniente de areia, no outro essa proporção precisa ser criada; um prado é naturalmente irrigado ou recoberto de humo, o outro precisa sê-lo mediante trabalho ou, na linguagem da Economia burguesa, capital.

Acaba sendo uma teoria realmente engraçada a que aqui sustenta que, no caso do solo cujas vantagens comparativas foram adquiridas, a renda sejam juros, enquanto no outro, que tem por natureza essas vantagens, não. (De fato, porém, a questão é torcida, na prática, porque num caso a renda realmente coincide com os juros, nos outros casos, nos quais isso positivamente não ocorre, é preciso chamá-la de juros.) Mas o solo dá a renda de acordo com o investimento feito de capital não porque tenha sido investido capital nele, mas porque o investimento de capital tornou-o mais produtivo do que antes. Supondo-se que todo o solo de um país precise desse investimento de capital, então qualquer trecho de terra que ainda não o tenha recebido deve passar primeiro por esse estágio, e a renda (os juros que, no caso dado, ele rende) que o solo já beneficiado com investimento de capital proporciona é uma renda diferencial, exatamente da mesma maneira que se ele possuísse essa vantagem por natureza e o outro solo tivesse de adquiri-la artificialmente.

Também essa renda transformável em juros torna-se uma renda puramente diferencial assim que o capital investido esteja amortizado. Caso contrário, o mesmo capital teria de existir duplamente como capital.

É um dos fenômenos mais hilariantes que todos os adversários de Ricardo que combatem a determinação do valor exclusivamente pelo trabalho, quando confrontados com a renda diferencial oriunda das diferenças entre os solos, fazem valer a circunstância de que nesse caso é a Natureza, e não o trabalho, que determina o valor; mas, ao mesmo tempo, reivindicam essa determinação para a localização e, ainda mais, para os juros do capital investido no cultivo do solo. O mesmo trabalho produz o mesmo valor para o produto criado em certo tempo; mas a magnitude ou o *quantum* desse produto, portanto também a parte de valor que recai sobre uma parte alíquota desse produto, depende, para determinada quantidade de trabalho, unicamente do *quantum* do produto, e este, por sua vez, da produtividade do *quantum* de trabalho dado, não da magnitude desse *quantum*. É indiferente que essa produtividade se deva à Natureza ou à sociedade. Só quando a produtividade custa trabalho, portanto capital, ela aumenta os custos de produção em uma nova parte constitutiva, o que não ocorre quando se trata apenas da Natureza.

CAPÍTULO 45

RENDA FUNDIÁRIA ABSOLUTA

Ao analisar a renda diferencial, partimos do pressuposto de que o solo pior não paga nenhuma renda fundiária ou, para expressar isso de modo mais genérico, só paga renda fundiária o solo para cujo produto o preço de produção individual está abaixo do preço de produção regulador do mercado, originando-se assim um sobrelucro que se transforma em renda. É preciso observar inicialmente que a lei da renda diferencial, enquanto renda diferencial, não depende em absoluto da correção ou incorreção daquele pressuposto.

Chamemos de P o preço de produção geral, o preço regulador do mercado, então P coincide, para o produto do pior tipo de solo A, com seu preço de produção individual; isto é, paga o preço dos capitais constante e variável consumidos na produção mais o lucro médio (= lucro do empresário mais juros).

Aqui, a renda é igual a zero. O preço de produção individual do tipo de solo imediatamente superior B é $=P'$, e $P > P'$; ou seja, P paga mais do que o preço de produção real do produto da classe B de solo. Suponhamos agora que $P-P'=d$; d, o excedente de P sobre P', é, por isso, o sobrelucro que o arrendatário da classe B obtém. Esse d transforma-se em renda, que precisa ser paga ao proprietário da terra. Para a terceira classe de solo, C, seja P'' o preço de produção real e $P-P''=2d$; assim, $2d$ se transforma em renda; assim também, para a quarta classe D, o preço de produção individual P''', e $P-P'''=3d$, que se transforma em renda etc. Supondo-se agora que, para a classe de solo A, seja falso o pressuposto de que a renda é $=0$ e, por isso, o preço de seu produto $=P+0$. Digamos que, pelo contrário, também pague uma renda $=r$. Nesse caso se deduzem duas coisas.

Primeiro: o preço do produto do solo da classe A não seria regulado por seu preço de produção, mas conteria um excedente sobre este, seria $=P+r$. Pressupondo-se o modo de produção capitalista em sua normalidade, pressupondo-se portanto que o excedente r, que o arrendatário paga ao proprietário da terra, não representasse dedução do salário nem do lucro médio do capital, ele só poderia pagá-lo caso seu produto se vendesse acima do preço de produção, portanto lhe proporcionaria sobrelucro se ele não tivesse de ceder esse excedente na forma de renda ao proprietário da terra. O preço regulador de mercado do produto total de todos os tipos de solo que se encontra no mercado não seria, então, o preço de produção que o capital proporciona genericamente em todas as esferas da produção, ou seja, preço igual aos gastos mais o lucro médio, mas seria o preço de produção mais a renda, $P+r$, não P. Pois o preço do produto agrícola da classe A expressa de modo geral o limite do preço regulador geral de mercado, do preço pelo qual o produto total pode ser fornecido, e, nessa medida, regula o preço desse produto total.

Segundo: no entanto, nesse caso, embora o preço geral do produto agrícola fosse essencialmente modificado, a lei da renda diferencial não seria de nenhum modo revogada por isso. Pois, se o preço do produto da classe A, e portanto o preço geral de mercado, fosse $=P+r$, então o preço das classes B, C, D etc. seria também $=P+r$. Mas, já que para a classe B temos $P-P'=d$, então $(P+r)-(P'+r)$ também seria $=d$ e, para C, $P-P'' =(P+r)-(P''+r)=2d$; finalmente, para D, $P-P'''=(P+r)-(P'''+r)=3d$ etc. A renda diferencial continuaria, portanto, a mesma e seria regida pela mesma lei, embora contivesse um elemento independente dessa lei e, ao mesmo tempo, experimentasse com o preço do produto agrícola um aumento generalizado. Daí segue que, não importa como se comporte a renda dos tipos menos férteis de solo, a lei da renda diferencial não depende disso, e o único modo de conceber a própria renda diferencial de acordo com seu caráter consiste em supor a renda da classe de solo A = 0. Que esta seja mesmo = 0 ou > 0, é indiferente no que tange à renda diferencial, não sendo algo a, de fato, se levar em conta.

A lei da renda diferencial é, portanto, independente do resultado da seguinte investigação.

Se, agora, continuamos a indagar acerca dos fundamentos do pressuposto de que o produto do tipo pior de solo A não paga nenhuma renda, então a resposta é necessariamente a seguinte: se o preço de mercado do produto agrícola – digamos, dos cereais – alcançou tal nível que um adiantamento adicional de capital, investido na classe de solo A, paga o preço de produção corrente, proporcionando, portanto, ao capital o lucro médio habitual, então essa condição basta para o investimento de capital adicional na classe de solo A. Isso quer dizer que essa condição basta ao capitalista para investir novo capital com o lucro habitual e valorizá-lo da maneira normal.

É preciso observar que também nesse caso o preço de mercado precisa estar num nível mais elevado do que o preço de produção de A. Pois, assim que se criar a oferta adicional, estará obviamente alterada a relação entre oferta e demanda. Antes a oferta era insuficiente, agora é suficiente. O preço deve, portanto, cair. Para cair, precisa ter estado acima do preço de produção de A. Mas o caráter infrutífero do solo A recém-incorporado ao cultivo faz com que ele não caia tanto quanto à época em que o preço de produção da classe B regulava o mercado. O preço de produção de A constitui o limite não para a elevação temporária, mas para a elevação relativamente permanente do preço de mercado. – Se, pelo contrário, o solo recém-incorporado ao cultivo é mais fértil que o solo A até então regulador, e, mesmo assim, só basta para satisfazer a demanda adicional, então o preço de mercado permanece inalterado. Mas a investigação sobre se a classe inferior de solo paga renda coincide, também nesse caso, com a investigação que será feita agora, pois também aqui se esclareceria o pressuposto de que a classe de solo A não paga nenhuma renda pelo fato de o preço de mercado bastar ao arrendatário capitalista para, com esse preço, cobrir exatamente o capital investido mais o lucro médio; em suma, o preço de mercado cobre o preço de produção de sua mercadoria.

De qualquer maneira, o arrendatário capitalista pode cultivar, nessas condições, a classe de solo A, desde que tenha de decidir enquanto capitalista. Agora existe a condição para a valorização normal de capital no tipo de solo A. Partindo-se, no entanto, da premissa de que o capital poderia agora ser investido pelo arrendatário no tipo de solo A, de acordo com as condições médias de valorização do capital, mesmo que ele não tivesse de pagar nenhuma renda, não se pode concluir daí, de maneira alguma, que esse solo pertencente à classe A esteja, sem mais nem menos, à sua disposição. A circunstância de o arrendatário poder valorizar seu capital pelo lucro habitual se não pagar nenhuma renda não é razão para o proprietário da terra ceder seu solo de graça para o arrendatário e ser tão filantrópico ante esse parceiro, a ponto de introduzir o *crédit gratuit* [crédito sem juros]. Tal pressuposto implica a abstração da propriedade fundiária, a eliminação da propriedade fundiária, cuja existência constitui exatamente uma barreira para o investimento de capital e para a arbitrária valorização do mesmo na terra – barreira que de nenhum modo se desfaz ante a mera reflexão do arrendatário no sentido de que o nível dos preços dos cereais lhe permitiria extrair de seu capital o lucro habitual pela exploração do solo de tipo A se não pagasse nenhuma renda, ou seja, se pudesse, na prática, considerar a propriedade fundiária como não existente. O monopólio da propriedade fundiária, a propriedade fundiária como limitação do capital, está pressuposto, no entanto, na renda diferencial, pois sem esse monopólio o sobrelucro não se transformaria em renda fundiária e não caberia ao proprietário da terra, mas ao arrendatário. E a propriedade fundiária continuaria a constituir uma barreira mesmo onde a renda desaparece enquanto renda diferencial, isto é, no tipo de solo A. Se consideramos os casos em que, num país de produção capitalista, pode ocorrer investimento de capital no solo sem pagamento de renda, descobriremos que todos eles implicam eliminação, se não jurídica, ao menos de fato, da propriedade fundiária, eliminação que só pode ocorrer sob circunstâncias bem determinadas e ocasionais em sua natureza.

Primeiro: se o proprietário da terra é ele mesmo capitalista ou o próprio capitalista é proprietário da terra. Nesse caso, assim que o preço de mercado subir o suficiente para extrair do que agora é o tipo de solo A o preço de produção, isto é, reposição de capital mais lucro médio, *ele mesmo pode explorar* sua terra. Mas por quê? Porque para ele a propriedade do solo não constitui uma barreira ao investimento de capital. Ele pode tratar o solo como simples elemento da Natureza e levar em consideração, por conseguinte, apenas a valorização de seu capital: interesses capitalistas. Tais casos chegam a ocorrer na prática, mas constituem exceção. O cultivo capitalista do solo, da mesma forma que pressupõe separação entre capital ativo e propriedade fundiária, exclui, em regra, a exploração da propriedade fundiária pelo proprietário. Logo se vê que isso é puramente ocasional. Se o aumento da demanda de cereal exige o cultivo de áreas de solo do tipo A mais extensas do que as que se encontram nas mãos dos proprietários que cultivam eles mesmos suas terras, se, portanto, parte delas precisa ser arrendada para ser de algum modo cultivada, imediatamente desaparece essa superação hipotética da barreira que a propriedade fundiária constitui para o investimento de capital. É uma contradição absurda partir da separação entre capital e solo, arrendatário e proprietário da terra, correspondente ao modo de produção capitalista e, daí, pressupor, ao contrário, como regra geral, que os proprietários de terras explorem eles mesmos suas propriedades até o montante e por toda parte onde o capital não obteria renda do cultivo do solo se não existisse a propriedade da terra independente dele. (Ver a passagem de Adam Smith sobre a renda em minas, citada mais adiante [p. 743]) Essa abolição da propriedade fundiária é ocasional. Pode ocorrer ou não.

Segundo: no complexo que é um arrendamento podem encontrar-se alguns trechos que, em dado nível dos preços de mercado, não pagam nenhuma renda, que, portanto, na realidade são cedidos gratuitamente, mas o proprietário não vê a coisa dessa forma, já que leva em consideração a renda total do solo arrendado, não a renda específica de suas partes integrantes. Nesse caso, para o arrendatário, à medida que as partes irrentáveis do arrendamento entram em consideração, a propriedade fundiária deixa de existir como barreira para o investimento de capital, e isso mediante contrato mesmo com o proprietário da terra. Mas o arrendatário não paga renda por esses trechos porque paga pelo solo do qual eles fazem parte. Aqui se pressupõe exatamente uma combinação em que não é necessário apelar para o tipo pior de solo A como novo e autônomo campo de produção para completar a oferta carente, mas em que esse solo constitui uma parte intermediária inseparável do solo melhor. O caso, porém, a ser examinado é exatamente aquele em que trechos do solo de tipo A precisam ser explorados autonomamente, por conseguinte devem ser arrendados separadamente, sob as condições gerais do modo de produção capitalista.

Terceiro: um arrendatário pode investir capital adicional no mesmo arrendamento, embora, aos preços de mercado vigentes, o produto adicional assim obtido só lhe proporcione o preço de produção, o lucro habitual, não lhe permitindo o pagamento da renda adicional. Assim, com uma parte do capital investido no solo, ele paga a renda fundiária; com a outra, não. Quão pouco essa suposição ajuda a resolver o problema vê-se pelo seguinte: se o preço de mercado (e, ao mesmo tempo, a fertilidade do solo) lhe permite obter com o capital adicional um mais-rendimento que, como o antigo capital, lhe proporcione sobrelucro, além do preço de produção, então ele mesmo o embolsa durante a vigência do contrato de arrendamento. Mas por quê? Porque, enquanto o contrato de arrendamento vigorar, desaparece a barreira da propriedade fundiária para o investimento de seu capital no solo. A mera circunstância, no entanto, de que, para lhe assegurar esse sobrelucro, precisa ser arroteado e arrendado separadamente solo pior adicional comprova de modo irrefutável que o investimento de capital adicional no solo antigo não basta para produzir a oferta maior exigida. Uma suposição exclui a outra. Agora se poderia, por certo, dizer: a renda do tipo pior de solo A é ela mesma uma renda diferencial, quer comparada com o solo cultivado pelo próprio proprietário (isso ocorre, no entanto, apenas como exceção puramente casual), quer com o investimento adicional de capital nos antigos arrendamentos que não proporcionam nenhuma renda. Mas isso seria 1) uma renda diferencial que não se originaria de diferenças na fertilidade dos tipos de solo e, por isso, *não* pressuporia que o tipo de solo A não paga renda e vende seu produto pelo preço de produção. E 2) a circunstância de os investimentos adicionais de capital no mesmo arrendamento proporcionarem ou não renda é exatamente tão indiferente para a circunstância de o novo solo da classe A a cultivar pagar ou não renda quanto é, por exemplo, indiferente para a instalação de uma nova empresa fabril saber se outro fabricante do mesmo ramo de atividade investe parte de seu capital em papéis que rendem juros porque não pode utilizá-lo todo em seu negócio ou se faz ampliações isoladas que, embora não lhe proporcionem lucro total, proporcionam mais do que os juros. Para ele, isso é secundário. Os novos estabelecimentos devem, pelo contrário, proporcionar lucro médio, e são construídos segundo essa expectativa. Os investimentos adicionais de capital nos antigos arrendamentos e o cultivo adicional de terra nova do tipo A constituem, no entanto, limites recíprocos. O limite até o qual é possível investir capital adicional, sob condições de produção menos favoráveis, no mesmo arrendamento passa a ser determinado pelos novos investimentos adicionais concorrentes na classe de solo A; por outro lado, a renda que essa classe de solo pode proporcionar passa a ser limitada pelos investimentos adicionais de capital nos antigos arrendamentos.

Todos esses subterfúgios não resolvem, no entanto, o problema, que, colocado de modo simples, é o seguinte: posto que o preço de mercado do cereal (que, para nós, nessa investigação, representa todo o produto do solo) baste para que partes da classe de solo A possam ser cultivadas e que o capital investido nesses novos campos acabe dando o preço de produção do produto, isto é, reposição de capital mais lucro médio. Posto, portanto, que existam as condições para a valorização normal de capital na classe de solo A. Isso é suficiente? Pode esse capital ser realmente investido? Ou o preço de mercado precisa subir até o ponto em que mesmo o pior solo A proporcione renda? Será que, portanto, o monopólio do proprietário da terra estabelece um limite ao investimento de capital que, do ponto de vista puramente capitalista, não existiria na ausência desse monopólio? Das condições do próprio questionamento segue que a circunstância de, nos antigos arrendamentos, existirem, por exemplo, investimentos adicionais de capital que, ao preço vigente de mercado, não proporcionam renda, mas apenas lucro médio, não resolve a questão de saber se, agora, realmente pode ser investido capital na classe de solo A, que também proporcionaria lucro médio, mas nenhuma renda. Essa é exatamente a questão. Que os investimentos adicionais de capital, os quais não proporcionam renda, não satisfazem a demanda está demonstrado pela necessidade de incorporar novo solo da classe A. Se o cultivo adicional do solo A só ocorre à medida que este proporciona renda, portanto mais do que o preço de produção, então somente dois casos são possíveis. O preço de mercado precisa ser tal que mesmo os últimos investimentos adicionais de capital nos antigos arrendamentos proporcionem sobrelucro, quer este seja embolsado pelo arrendatário ou pelo dono da terra. Essa elevação do preço e esse sobrelucro dos últimos investimentos adicionais de capital seriam, então, consequência do fato de o solo A não poder ser cultivado sem proporcionar renda. Pois, se para o cultivo bastasse o preço de produção, a obtenção do mero lucro médio, então o preço não teria subido a tal ponto e a concorrência das novas terras surgiria assim que elas proporcionassem esse preço de produção. Com os investimentos adicionais de capital nos antigos arrendamentos que não proporcionam renda, concorreriam investimentos de capital no solo A, que também não proporcionariam renda. – Ou, então, os últimos investimentos de capital nos antigos arrendamentos não proporcionam renda, mas, mesmo assim, o preço de mercado é suficientemente alto para que o solo A passe a ser cultivado, proporcionando renda. Nesse caso, o investimento adicional de capital que não proporciona renda só seria possível porque o solo A não pode ser cultivado até que o preço de mercado lhe permita pagar renda. Sem essa condição, seu cultivo já teria ocorrido com um nível de preço inferior; e aqueles investimentos posteriores de capital nos antigos arrendamentos que precisam do preço de mercado mais elevado para proporcionar o lucro habitual sem renda não poderiam ocorrer. Havendo um preço de mercado mais alto, então eles só proporcionam o lucro médio. Sendo ele inferior, o qual, com o cultivo do solo A, se teria tornado regulador como seu preço de produção, se esses investimentos não tivessem, portanto, proporcionado esse lucro, não seriam sequer efetuados nos termos da hipótese dada. Assim, a renda do solo A constituiria talvez uma renda diferencial se comparada com esses investimentos de capital nos antigos arrendamentos que não proporcionam renda. Que as áreas do solo A constituam tal renda diferencial é apenas consequência do fato de elas sequer se tornarem acessíveis ao cultivo, exceto se proporcionarem renda; portanto, de que exista a necessidade dessa renda – que não é, em si e para si, determinada por nenhuma diferença entre os tipos de solo –, constituindo o limite para o possível investimento de capitais adicionais nos antigos arrendamentos. Em ambos os casos, a renda do solo A não seria simples consequência da elevação do preço do cereal, mas, pelo contrário: a circunstância de o pior tipo de solo precisar proporcionar renda para que seu cultivo seja permissível seria a causa da elevação do preço do cereal até o ponto em que essa condição fosse preenchida.

A renda diferencial tem como peculiaridade o fato de a propriedade fundiária só interceptar aqui o sobrelucro que, de outro modo, o arrendatário embolsaria e, sob certas circunstâncias, realmente embolsa durante a vigência de seu contrato de arrendamento. A propriedade fundiária é, aqui, apenas a causa da transferência de um aumento do preço de mercadoria que ocorreu sem sua intervenção (ou melhor, decorrente da determinação do preço de produção regulador do preço de mercado pela concorrência) e que se transforma em sobrelucro – a transferência dessa parte do preço de uma pessoa para a outra, do capitalista para o proprietário da terra. Mas a propriedade fundiária não é a causa que *gera* esse componente do preço ou a elevação de preço que ele pressupõe. Pelo contrário, se o tipo pior de solo A não pode ser cultivado – embora seu cultivo proporcione o preço de produção – enquanto não produzir um excedente acima desse preço de produção, uma renda, então a propriedade fundiária é a causa geradora *dessa* elevação de preço. *A propriedade fundiária mesma gerou renda.* Nada se altera se, como no segundo caso abordado, a renda agora paga pelo solo A constitui renda diferencial em comparação com os últimos investimentos adicionais de capital em antigos arrendamentos e que só pagam o preço de produção. A circunstância de o solo A não poder ser cultivado até que o preço regulador de mercado tenha subido suficientemente para poder proporcionar renda ao solo A – só essa circunstância é aqui a razão para que o preço de mercado se eleve até o ponto em que, por certo, paga não somente seu preço de produção aos últimos investimentos de capital nos antigos arrendamentos, mas um preço de produção tal que ao mesmo tempo proporciona renda para o solo A. Que este tenha de proporcionar alguma renda é aqui a causa da criação da renda diferencial entre o solo A e os últimos investimentos de capital nos antigos arrendamentos.

Se – partindo da hipótese de o preço do cereal ser regulado pelo preço de produção – quisermos falar ainda que a classe de solo A não paga nenhuma renda, então entendemos renda no sentido categórico da palavra. Se o que o arrendatário paga pelo arrendamento constitui uma dedução, seja do salário normal de seus trabalhadores, seja de seu próprio lucro médio normal, então ele não paga nenhuma renda, nenhum componente autônomo do preço da mercadoria diferenciado do salário e do lucro. Já se observou anteriormente que isso ocorre com frequência na prática. À medida que o salário dos trabalhadores agrícolas num país é em geral reduzido abaixo do nível médio normal do salário e, por isso, um desconto no salário, uma parte do salário, entra de modo geral na renda, isso não constitui exceção para o arrendatário do pior solo. No mesmo preço de produção que torna possível o cultivo do pior solo, esse salário mais baixo já participa como elemento constituinte, e a venda do produto ao preço de produção não habilita o arrendatário desse solo a pagar renda. O proprietário da terra também pode arrendá-la a um trabalhador que se dê por satisfeito em pagar-lhe em forma de renda tudo ou a maior parte daquilo que o preço de venda lhe garanta acima do salário. Em todos esses casos, no entanto, não é paga nenhuma renda real, embora seja pago arrendamento. Onde, porém, existirem condições que correspondam ao modo capitalista de produção, renda e arrendamento devem coincidir. Mas é exatamente essa condição normal que precisa ser examinada aqui.

Se os casos considerados acima – nos quais realmente podem ocorrer investimentos de capital no solo dentro do modo de produção capitalista sem proporcionar renda – não ajudam a resolver nosso problema, tampouco o faz a referência às condições coloniais. O que faz da colônia uma colônia – aqui falamos apenas de autênticas colônias agrícolas – não é apenas a massa das terras férteis que se encontram em estado natural. É, antes, a circunstância de que essas terras não foram apropriadas, não estão subsumidas à propriedade fundiária. Nisso reside a enorme diferença entre os países antigos e as colônias no que tange ao solo: a não existência, de direito ou de fato, da propriedade fundiária, como observa bem Wakefield[35] e como, muito antes, Mirabeau *père* [pai], o fisiocrata, e outros economistas anteriores já haviam descoberto. É indiferente se os colonos se apropriam simplesmente do solo ou se apenas pagam ao Estado, a título de preço nominal do solo, uma taxa por um título jurídico válido sobre o solo. Também é indiferente se colonos já estabelecidos são juridicamente proprietários da terra. A propriedade fundiária não constitui aqui efetivamente nenhuma limitação para o investimento de capital ou mesmo de trabalho sem capital; a apropriação de parte do solo pelos colonos já estabelecidos não exclui os recém-chegados da possibilidade de investirem seu capital ou seu trabalho em novas terras. Portanto, quando se trata de investigar como a propriedade fundiária atua sobre os preços dos produtos agrícolas e sobre a renda, aí onde ela restringe o solo enquanto campo de aplicação do capital, é um absurdo falar de colônias burguesas livres onde não existe o modo de produção capitalista na agricultura nem sua forma correspondente de propriedade fundiária, sendo que esta última, de fato, não existe. Assim, por exemplo, Ricardo em seu capítulo sobre a renda fundiária. Na introdução, ele afirma pretender examinar o efeito da apropriação do solo sobre o valor dos produtos agrícolas e, logo em seguida, toma como exemplo as colônias, onde supõe que o solo exista em estado relativamente natural e que sua exploração não esteja limitada pelo monopólio da propriedade fundiária.

A mera propriedade jurídica do solo não gera nenhuma renda fundiária para o proprietário. Entretanto, lhe dá o poder de subtrair suas terras à exploração até que as condições econômicas permitam uma valorização que lhe proporcione um excedente, seja o solo destinado à agricultura propriamente dita, seja a outros fins de produção, como construções etc. Ele não pode aumentar ou diminuir a quantidade absoluta desse campo de ocupação, mas sua quantidade presente no mercado sim. Por isso, como já observou Fourier, é um fato característico que em todos os países civilizados parte relativamente significativa do solo sempre permaneça subtraída ao cultivo.

Posto, portanto, o caso em que a demanda exige a incorporação de novas terras, digamos, de terras menos férteis do que as cultivadas, então o proprietário as arrendará de graça, uma vez que o preço de mercado do produto agrícola subiu o suficiente para que o investimento de capital nesse solo pague o preço de produção, proporcionando assim o lucro corrente? De jeito algum. O investimento de capital precisa proporcionar-lhe renda. Ele só arrenda suas terras quando um arrendamento pode ser pago. O preço de mercado precisa ter, portanto, subido acima do preço de produção, a $P+r$, de tal modo que possa ser paga uma renda ao proprietário da terra. Já que, de acordo com o pressuposto, a propriedade fundiária sem o arrendamento nada rende, não tem, economicamente, valor, então basta uma pequena elevação do preço de mercado acima do preço de produção para trazer para o mercado a nova terra do tipo pior.

Pergunta-se: do fato de o pior solo gerar renda fundiária, renda que não pode ser derivada de nenhuma diferença de fertilidade, pode-se deduzir que o preço do produto agrícola é necessariamente preço de monopólio no sentido corrente, ou preço em que a renda entra na forma de imposto, mas quem o arrecada é o proprietário da terra, e não o Estado? É óbvio que esse imposto tem seus limites econômicos dados. Acha-se limitado pelos investimentos adicionais de capital nos antigos arrendamentos, pela concorrência dos produtos agrícolas estrangeiros – pressupondo-se sua livre importação –, pela concorrência dos proprietários fundiários entre si e, finalmente, pela necessidade e pela capacidade de pagamento dos consumidores. Mas não é disso que aqui se trata. Importa saber se a renda que o solo pior paga entra no preço de seu produto – o qual, de acordo com o pressuposto, regula o preço geral de mercado – do mesmo modo que um imposto entra no preço da mercadoria sobre a qual recai, isto é, como elemento independente de seu valor.

Essa não é uma consequência necessária e só foi aventada porque a diferença entre o valor das mercadorias e seu preço de produção até agora não havia sido entendido. Vimos que o preço de produção de uma mercadoria não é de nenhuma maneira idêntico a seu valor, embora os preços de produção das mercadorias, considerados em sua totalidade, sejam regulados apenas por seu valor total, e embora o movimento dos preços de produção das diferentes espécies de mercadorias, supondo-se constantes as demais circunstâncias, seja determinado exclusivamente pelo movimento de seus valores. Mostrou-se que o preço de produção de uma mercadoria pode estar acima ou abaixo de seu valor e só excepcionalmente coincide com este. O fato de os produtos agrícolas serem vendidos acima de seu preço de produção não prova, de maneira alguma, que sejam vendidos acima de seu valor; assim como o fato de, em média, os produtos industriais serem vendidos por seu preço de produção não prova que sejam vendidos por seu valor. É possível que produtos agrícolas sejam vendidos acima de seu preço de produção e abaixo de seu valor, assim como, por outro lado, muitos produtos industriais apenas proporcionam o preço de produção por serem vendidos acima de seu valor.

A relação entre o preço de produção de uma mercadoria e seu valor é determinada exclusivamente pela proporção entre a parte variável do capital com que é produzida e sua parte constante, ou pela composição orgânica do capital que a produz. Se a composição do capital numa esfera da produção é inferior à do capital social médio, ou seja, se sua componente variável, gasta em salários, é maior em proporção a sua componente constante, desembolsada nas condições materiais de trabalho, do que é habitual no caso do capital social médio, o valor de seu produto deve encontrar-se acima de seu preço de produção. Ou seja: por empregar mais trabalho vivo, havendo igual exploração de trabalho, tal capital produz mais mais-valia, portanto mais lucro, do que uma parte alíquota de igual grandeza do capital social médio. Por isso, o valor de seu produto está acima de seu preço de produção, já que esse preço de produção é igual à reposição de capital mais o lucro médio, e este é inferior ao lucro produzido nessa mercadoria. A mais-valia produzida pelo capital social médio é menor do que a mais-valia produzida por um capital com essa composição inferior. Ocorre o inverso se o capital investido em determinada esfera de produção tem composição superior à do capital social médio. O valor das mercadorias produzidas por meio dele está abaixo de seu preço de produção, o que em geral ocorre com os produtos das indústrias bem mais desenvolvidas.

Se em determinada esfera da produção a composição do capital é inferior à do capital social médio, então isso, em primeira instância, expressa apenas que a força produtiva do trabalho social nessa esfera específica da produção está abaixo do nível médio, pois o nível alcançado pela força produtiva se evidencia na preponderância relativa da parte constante do capital sobre a variável, ou no constante decréscimo da parte de um capital dado despendida em salários. Se, pelo contrário, o capital em determinada esfera da produção tem composição mais elevada, então isso expressa desenvolvimento da força produtiva acima do nível médio.

Sem falar dos trabalhos artísticos propriamente ditos, cujo exame, por sua natureza, está excluído de nosso tema, é evidente que diferentes esferas da produção exigem, de acordo com sua especificidade técnica, proporções diferentes de capital constante e de capital variável e que o trabalho vivo precisa ocupar espaço, em alguns casos mais, em outros menos. Por exemplo, na indústria extrativa, a qual deve ser claramente distinguida da agricultura, a matéria-prima desaparece por completo enquanto elemento do capital constante, e o material auxiliar vez por outra desempenha papel significativo. Na mineração, no entanto, a outra parte do capital constante, o capital fixo, desempenha papel significativo. Mesmo assim, também aqui o progresso do desenvolvimento poderá ser medido pelo crescimento relativo do capital constante em comparação com o variável.

Se a composição do capital na agricultura propriamente dita fosse inferior à do capital social médio, isso expressaria *prima facie* que em países com produção desenvolvida a agricultura não progrediu no mesmo grau que a indústria de transformação. Abstraindo das demais circunstâncias econômicas, em parte decisivas, tal situação já se esclareceria a partir da evolução anterior e mais rápida das ciências mecânicas e, especificamente, de sua aplicação, em comparação com o desenvolvimento posterior e, em parte, bastante recente da Química, da Geologia e da Fisiologia, especialmente, mais uma vez, com a aplicação destas na agricultura. É, aliás, um fato indubitável e há muito conhecido[36] que os progressos da própria agricultura se expressem sempre no crescimento relativo da parte constante do capital em comparação com a variável. Se em determinado país de produção capitalista, por exemplo, na Inglaterra, a composição do capital agrícola é inferior à do capital social médio, é uma questão que só pode ser resolvida estatisticamente e sobre a qual se torna desnecessário, para nossa finalidade, entrar em detalhe. Em todo caso, é teoricamente certo que só sob esse pressuposto o valor dos produtos agrícolas pode estar acima de seu preço de produção; ou seja, a mais-valia gerada na agricultura por um capital de certa grandeza, ou, o que dá na mesma, o mais-trabalho por ele mobilizado e comandado (portanto também o trabalho vivo empregado em geral), é maior do que no caso de um capital de mesma grandeza e composição social média.

Basta, portanto, para a forma de renda que examinamos aqui, e que só pode ocorrer sob essa suposição, estabelecer tal pressuposto. Quando se descarta esse pressuposto, descarta-se também sua correspondente forma de renda.

O mero fato de existir um excedente do valor dos produtos agrícolas acima de seu preço de produção não bastaria por si só, de maneira alguma, para explicar a existência de uma renda fundiária independente da diferença na fertilidade dos tipos de solo ou dos sucessivos investimentos de capital no mesmo solo; em suma, a existência de uma renda distinta da renda entendida como diferencial e que, por isso, podemos designar como *renda absoluta*. Grande número de produtos manufaturados se caracteriza pelo fato de o valor estar acima do preço de produção, sem que, por isso, esses produtos proporcionem um excedente acima do lucro médio, ou um sobrelucro, que possa transformar-se em renda. Ao contrário. Existência e conceito do preço de produção e da taxa geral de lucro que ele inclui baseiam-se no fato de as mercadorias individuais não serem vendidas por seu valor. Os preços de produção se originam de uma equiparação dos valores das mercadorias que, após o reembolso dos respectivos valores de capital consumidos nas diferentes esferas da produção, distribui toda a mais-valia não na proporção em que é gerada nas distintas esferas da produção e, portanto, está contida em seus produtos, mas na proporção da grandeza dos capitais adiantados. Só assim surgem um lucro médio e o preço de produção das mercadorias, do qual ele é elemento característico. É tendência constante dos capitais acarretar, pela concorrência, essa equiparação na distribuição da mais-valia gerada pelo capital total e superar todos os obstáculos a essa equiparação. É, por isso, tendência sua tolerar apenas sobrelucros que se originem não da diferença entre os valores e os preços de produção das mercadorias, mas, ao contrário, da diferença entre o preço geral de produção, regulador do mercado, e os preços individuais de produção dele distintos; sobrelucros que, por isso, não ocorrem entre duas diferentes esferas da produção, mas dentro de cada esfera da produção, e portanto não afetam os preços gerais de produção das diferentes esferas, isto é, a taxa geral de lucro, mas, antes, pressupõem a metamorfose dos valores em preços de produção e a taxa geral de lucro. Esse pressuposto se baseia, no entanto, como foi exposto anteriormente, na distribuição proporcional continuamente cambiante do capital social total entre as diferentes esferas da produção, na contínua imigração e emigração dos capitais, em sua transferibilidade de uma esfera para outra, em suma, em sua livre mobilidade entre essas diferentes esferas da produção, como campos de investimento disponíveis para as partes autônomas do capital social total. Supomos nesse caso que nenhum obstáculo, ou então apenas um ocasional e temporário, impeça a concorrência entre os capitais – por exemplo, numa esfera da produção onde o valor das mercadorias esteja acima do preço de produção ou onde a mais-valia produzida exceda o lucro médio –, no sentido de reduzir o valor ao preço de produção e, com isso, distribuir proporcionalmente a mais-valia excedente dessa esfera da produção entre todas as esferas exploradas pelo capital. Se, porém, ocorre o contrário e o capital se depara com uma força estranha, que ele só pode superar em parte e que limita seu investimento em esferas específicas da produção, permitindo-o apenas sob certas condições que excluem aquela equiparação geral da mais-valia ao lucro médio de modo total ou parcial, então evidentemente se originaria um sobrelucro em tais esferas da produção decorrente do excedente do valor-mercadoria sobre seu preço de produção, sobrelucro que poderia ser transformado em renda e, como tal, poderia ser autonomizado em relação ao lucro. Mas é como tal força estranha, como obstáculo, que a propriedade fundiária se confronta com o capital em seus investimentos na terra, ou o proprietário da terra com o capitalista.

Aqui, a propriedade fundiária é a barreira que não permite nenhum novo investimento de capital em um solo até então não cultivado ou não arrendado sem pretender um tributo, isto é, sem exigir renda, embora o solo recém-incorporado ao cultivo pertença a um tipo que não proporciona nenhuma renda diferencial e que, se não fosse a propriedade fundiária, já poderia ter sido cultivado no caso de haver incremento menor do preço de mercado, de tal modo que o preço regulador de mercado só teria pago seu preço de produção a quem cultivasse esse solo pior. No entanto, devido à barreira que a propriedade fundiária coloca, o preço de mercado tem de subir até o ponto em que o solo pague um excedente acima do preço de produção, isto é, uma renda. Já que, porém, o valor das mercadorias produzidas pelo capital agrícola está, conforme o pressuposto, acima de seu preço de produção, essa renda (excetuando-se um caso a ser logo examinado) constitui o excedente do valor sobre o preço de produção ou parte disso. Que a renda seja igual a toda a diferença entre o valor e o preço de produção ou só igual a uma parte maior ou menor dessa diferença dependerá de modo total e absoluto da relação entre oferta e demanda e da extensão do território recém-incorporado ao cultivo. Enquanto a renda não igualar o excedente do valor dos produtos agrícolas sobre seu preço de produção, parte desse excedente sempre entrará na equiparação geral e na distribuição proporcional de toda a mais-valia entre os diferentes capitais individuais. Assim que a renda igualar o excedente do valor sobre o preço de produção, toda essa parte da mais-valia que excede o lucro médio ficará subtraída a essa equiparação. Mas pouco importa que essa renda absoluta se iguale a todo o excedente do valor sobre o preço de produção ou só a uma parte do mesmo: os produtos agrícolas serão sempre vendidos por um preço de monopólio, não porque seu preço esteja acima de seu valor, mas por ser igual a seu valor ou por estar abaixo deste, estando, contudo, acima de seu preço de produção. Seu monopólio consiste em não serem nivelados ao preço de produção, como ocorre com outros produtos industriais cujo valor se encontra situado acima do preço de produção geral. Já que parte do valor, bem como do preço de produção, é uma constante efetivamente dada – ou seja, o preço de custo, o capital consumido na produção $= c$ –, então sua diferença consiste em outra parte, variável, a mais-valia, que se encontra no preço de produção $= l$, o lucro, isto é, igual à mais-valia total, calculada sobre o capital social e sobre cada capital individual enquanto parte alíquota do mesmo, mas que no valor da mercadoria é igual à mais-valia real que esse capital específico gerou e que constitui parte integrante dos valores-mercadorias por ele gerados. Se o valor da mercadoria estiver acima de seu preço de produção, então o preço de produção será $= c + l$, e o valor $= c + l + d$, de modo que $l + d$ é a mais-valia nela contida. Portanto, a diferença entre o valor e o preço de produção é $= d$, o excedente da mais-valia gerada por esse capital acima do que lhe é destinado pela taxa geral de lucro. Daí decorre que o preço dos produtos agrícolas pode estar acima do preço de produção sem que alcance seu valor. Além disso, pode ocorrer, até certo ponto, elevação contínua de preço dos produtos agrícolas antes de seu preço ter alcançado seu valor. Decorre, igualmente, que só devido ao monopólio da propriedade fundiária o excedente de valor dos produtos agrícolas sobre seu preço de produção pode tornar-se fator determinante de seu preço geral de mercado. Decorre, finalmente, que nesse caso o encarecimento do produto não é a causa da renda, mas a renda é a causa do encarecimento do produto. Se o preço do produto por unidade de superfície do pior solo é $= P + r$, então todas as rendas diferenciais sobem com os correspondentes múltiplos de r, já que, segundo o pressuposto, $P + r$ se torna o preço regulador do mercado.

Se a composição média do capital social não agrícola fosse $= 85_c + 15_v$, e a taxa de mais-valia fosse de 100%, então o preço de produção seria $= 115$. Se a composição do capital agrícola fosse $= 75_c + 25_c$, então, com a mesma taxa de mais-valia, o valor regulador de mercado e o valor do produto seriam $= 125$. Se o produto agrícola e o não agrícola se nivelassem no preço médio (para simplificar, supomos igual o capital total em ambos os ramos da produção), então a mais-valia total seria $= 40$, portanto 20% acima dos 200 de capital. O produto tanto de um ramo quanto de outro seria vendido a 120. Portanto, havendo uma nivelação com os preços de produção, os preços médios de mercado do produto não agrícola estariam acima de seu valor, e os do produto agrícola estariam abaixo do seu. Se os produtos agrícolas fossem vendidos por seu valor pleno, então estariam 5 acima, e os produtos industriais 5 abaixo, do que estão na nivelação. Se as condições de mercado não permitem vender os produtos agrícolas por seu valor pleno, por todo o excedente acima do preço de produção, então o efeito fica entre os extremos; os produtos industriais seriam vendidos um pouco acima de seu valor e os produtos agrícolas um pouco acima de seu preço de produção.

Embora a propriedade fundiária possa elevar o preço dos produtos agrícolas acima de seu preço de produção, não depende dela, mas da situação geral do mercado, até que ponto o preço de mercado se aproxima do valor, indo além do preço de produção, e em que medida, portanto, a mais-valia gerada na agricultura acima do lucro médio dado se transforma em renda ou então entra na nivelação geral da mais-valia para formar o lucro médio. Em todo caso, essa renda absoluta, originária do excedente do valor sobre o preço de produção, é apenas parte da mais-valia agrícola, metamorfose dessa mais-valia em renda, captação dela pelo proprietário da terra; exatamente como a renda diferencial se origina da metamorfose de sobrelucro em renda, captação da mesma pela propriedade fundiária, havendo um preço geral de produção regulador. Essas duas formas da renda são as únicas normais. Fora delas, a renda só pode basear-se num autêntico preço de monopólio, que não é determinado nem pelo preço de produção nem pelo valor das mercadorias, mas pela necessidade e pela capacidade de pagar dos compradores. Essa investigação pertence à teoria da concorrência, onde o movimento real dos preços de mercado é examinado.

Se todo o solo cultivável de um país fosse arrendado – pressupondo em geral o modo de produção capitalista e condições normais –, então não haveria solo que não proporcionasse renda, mas poderia haver investimentos de capital, partes isoladas do capital investido no solo, que não proporcionassem nenhuma renda; pois, assim que o solo é arrendado, a propriedade fundiária deixa de atuar como barreira absoluta ao investimento necessário de capital. Continua, no entanto, a atuar como barreira relativa, à medida que a reversão ao proprietário da terra do capital incorporado ao solo traça, para o proprietário, limites bem demarcados. Só nesse caso toda a renda se transforma em renda diferencial, não em renda diferencial determinada pela diferença de qualidade do solo, mas pela diferença entre os sobrelucros resultantes dos últimos investimentos de capital em determinado solo e a renda que se paga pelo arrendamento do pior solo. A propriedade fundiária só atua de modo absoluto como barreira à medida que condiciona o acesso ao solo em geral, enquanto campo de investimento de capital, ao pagamento de um tributo ao proprietário da terra. Tendo ocorrido esse acesso, o proprietário já não pode opor barreiras absolutas ao volume do investimento de capital em dado terreno. A construção de casas em geral encontra uma barreira na propriedade de um terceiro sobre o solo onde a casa deve ser construída. Mas, uma vez "arrendado" esse solo para a construção de casas, depende do arrendatário se construirá uma casa grande ou pequena.

Se a composição média do capital agrícola fosse a mesma ou mais alta do que a do capital social médio, então a renda absoluta desapareceria, sempre no sentido exposto, isto é, a renda que difere tanto da renda diferencial quanto da renda baseada no preço de monopólio propriamente dito. O valor do produto agrícola não estaria, então, acima de seu preço de produção, e o capital agrícola não mobilizaria mais trabalho e, portanto, não realizaria mais mais-trabalho do que o capital não agrícola. O mesmo ocorreria se a composição do capital agrícola se nivelasse, à medida que avançasse o cultivo, com a do capital social médio.

À primeira vista parece uma contradição supor que, por um lado, a composição do capital agrícola se eleve, portanto sua parte constante aumente em relação a sua parte variável, e que, por outro, o preço do produto agrícola suba o suficiente para que solo novo e pior do que o anterior pague uma renda que, nesse caso, só poderia provir de um excedente do preço de mercado sobre o valor e sobre o preço de produção, em suma, de um preço de monopólio do produto.

Aqui é necessário fazer uma distinção.

Inicialmente, ao examinar a formação da taxa de lucro, vimos que capitais que, do ponto de vista técnico, têm a mesma composição, isto é, que mobilizam igual quantidade de trabalho em relação à maquinaria e à matéria-prima, mesmo assim podem estar compostos diversamente dos diferentes valores das partes constantes do capital. Num caso, a matéria-prima ou a maquinaria pode ser mais cara do que no outro. Para mobilizar a mesma massa de trabalho (que, segundo o pressuposto, seria necessária para trabalhar a mesma massa de matéria-prima), num caso teria de ser adiantado um capital maior do que no outro, já que, por exemplo, com um capital de 100 não posso mobilizar a mesma quantidade de trabalho se a matéria-prima, que deve ser coberta pelos 100, num caso custa 40 e no outro 20. Que, mesmo assim, esses capitais têm a mesma composição técnica revelar-se-ia de imediato se o preço da matéria-prima mais cara caísse para o da mais barata. As relações de valor entre capital variável e constante ter-se-iam igualado, embora não tivesse ocorrido nenhuma alteração na relação técnica entre o trabalho vivo empregado e a massa e a natureza das condições de trabalho empregadas. Por outro lado, um capital de composição orgânica inferior, considerado do ponto de vista da simples composição do valor, poderia, pela mera elevação dos valores de suas partes constantes, ao menos na aparência colocar-se no mesmo nível de um capital de composição orgânica superior. Seja um capital $= 60_c + 40_v$, porque emprega muita maquinaria e matéria-prima em proporção à força de trabalho viva, e outro $= 40_c + 60_v$, porque emprega muito trabalho vivo (60%), pouca maquinaria (digamos 10%) e, em relação à força de trabalho, matéria-prima pouca e barata (digamos 30%); assim, pela mera elevação do valor da matéria-prima e dos materiais auxiliares de 30 para 80, poder-se-ia igualar a composição desses capitais de tal modo que, agora, no segundo capital, a 10 de máquinas corresponderiam 80 de matéria-prima e 60 de força de trabalho, portanto $90_c + 60_v$, o que, distribuído percentualmente, também seria $= 60_c + 40_v$, sem que tivesse ocorrido nenhuma mudança na composição técnica. Portanto, capitais de igual composição orgânica podem ter composição de valor diversificada, e capitais de igual composição percentual de valor podem estar em níveis diferentes de composição orgânica, expressando, portanto, diferentes estágios de desenvolvimento da força produtiva social do trabalho. Portanto, a mera circunstância de, quanto a sua composição de valor, o capital agrícola se encontrar no nível geral não demonstra que a força produtiva social do trabalho se encontre nele no mesmo grau de desenvolvimento. Só poderia demonstrar que seu próprio produto, o qual, por sua vez, constitui parte de suas condições de produção, é mais caro ou que materiais auxiliares, como adubo, antes ao alcance da mão, têm agora de ser trazidos de longe etc.

Mas, abstraindo disso, é preciso aventar o caráter peculiar da agricultura. Supondo que maquinaria economizadora de trabalho, materiais químicos auxiliares etc. passem a ocupar espaço maior na agricultura, crescendo, portanto, tecnicamente o capital constante não só quanto ao valor, mas também quanto à massa, em relação à massa da força de trabalho empregada, então, no caso da agricultura (bem como da mineração), não se trata apenas da produtividade social, mas também da produtividade natural do trabalho, que depende das condições naturais do trabalho. É possível que o aumento da força produtiva social na agricultura apenas compense ou nem sequer compense a diminuição da força natural – essa compensação só pode atuar por algum tempo –, de tal modo que, apesar do desenvolvimento técnico, não ocorre barateamento do produto, mas apenas se impede que encareça ainda mais. Também é possível que, havendo aumento do preço do cereal, diminua a massa absoluta de produto, enquanto o sobreproduto relativo cresce: ou seja, havendo crescimento proporcional do capital constante, que consiste sobretudo em máquinas ou gado, dos quais só se precisa repor o desgaste, e diminuição correspondente do capital variável, desembolsado em salários, que sempre precisa ser reposto totalmente a partir do produto.

Também é possível que, com o progresso da agricultura, somente seja necessária elevação moderada do preço de mercado acima do termo médio para que um solo pior, que em um nível inferior dos recursos técnicos auxiliares teria exigido elevação maior do preço de mercado, seja cultivado e, ao mesmo tempo, proporcione renda.

A circunstância de, por exemplo, na pecuária em larga escala, a força de trabalho empregada ser muito reduzida, se comparada com o capital constante existente no próprio gado, poderia ser considerada decisiva contra a tese de que, calculando-se percentualmente, capital agrícola mobiliza mais força de trabalho do que o capital social médio não agrícola. Mas aqui é preciso observar que, na análise da renda, tomamos como determinante a parte do capital agrícola que produz o alimento vegetal mais importante para os povos civilizados, portanto o principal meio de subsistência. Adam Smith já demonstrou – e esse é um de seus méritos – que na pecuária, e em geral em todos os capitais investidos no solo que não sejam para a produção dos principais meios de subsistência – por exemplo, grão –, ocorre uma determinação do preço totalmente diversa. Este se encontra aqui determinado pela circunstância de que o preço do produto do solo que passa a ser empregado, digamos, como pastagem artificial para a criação de gado, mas que poderia ser transformado em terra arável de certa qualidade, deve elevar-se o suficiente para proporcionar a mesma renda que proporcionaria terra arada de igual qualidade; a renda das terras produtoras de grãos entra, portanto, como fator determinante no preço do gado, motivo pelo qual Ramsay observa com razão que, desse modo, por meio da renda, por meio da expressão econômica da propriedade fundiária, por conseguinte por meio da propriedade fundiária, o preço do gado é elevado artificialmente.[I]

> Devido à expansão do cultivo, as terras ermas e incultas já não bastam para a criação de gado de corte. Grande parte das terras cultivadas tem de ser empregada na criação e engorda do gado, cujo preço precisa ser, por isso, suficiente para pagar não só o trabalho utilizado, mas também a renda que o proprietário poderia ter obtido, se as terras fossem destinadas ao cultivo, e o lucro que o arrendatário poderia ter conseguido. O gado criado nos terrenos pantanosos incultos é vendido, conforme o peso e a qualidade, no mesmo mercado e ao mesmo preço que o gado criado na terra mais bem cultivada. Os proprietários desses terrenos pantanosos tiram proveito disso e elevam sua renda na proporção do preço do gado. (A. Smith, Livro 1, cap. 11, Parte I)

Portanto, aqui de novo, ao contrário da renda em grão, a renda diferencial favorece o solo pior.

A renda absoluta explica alguns fenômenos que, à primeira vista, fazem a renda aparecer como sendo devida a mero preço de monopólio. Tomemos, por exemplo, o dono de uma floresta que existe independente de qualquer intervenção humana, portanto não é produto de reflorestamento, e digamos que, para manter o exemplo de Adam Smith, esteja localizada na Noruega. Se o proprietário recebe uma renda de um capitalista que manda derrubar a madeira devido, por exemplo, à demanda inglesa, ou se ele próprio manda derrubá-la enquanto capitalista, então obterá uma renda maior ou menor em madeira, além do lucro sobre o capital investido. No caso desse produto puramente natural, isso parece um puro adicional de monopólio. Mas, de fato, o capital consiste aqui quase exclusivamente em capital variável, desembolsado em trabalho, mobilizando, portanto, também mais mais-trabalho do que outro capital de igual grandeza. Há, portanto, no valor-madeira um excedente maior de trabalho não pago, ou de mais-valia, do que no produto de capitais de composição superior. Por isso a madeira pode pagar o lucro médio e ainda proporcionar ao proprietário da floresta um excedente significativo em forma de renda. Ao contrário, pode-se supor que, dada a facilidade com que é possível expandir a derrubada da madeira, e, portanto, aumentar a produção, a demanda precisa elevar-se de modo significativo para que o preço da madeira se equipare a seu valor, e assim todo o excedente

---

I George Ramsay, *An Essay on the Distribution of Wealth*. Edinburgh/London, 1836, pp. 278–79. [N.E.A.]

de trabalho não pago (acima da parte que cabe ao capitalista como lucro médio) reverta para o proprietário em forma de renda.

Supusemos que o solo recém-cultivado fosse de qualidade inferior ao último pior solo cultivado. Se ele for melhor, dará renda diferencial. Mas examinamos aqui exatamente o caso em que a renda não aparece como renda diferencial. Existem duas possibilidades. O solo recém-incorporado ao cultivo é pior do que o último cultivado, ou é da mesma qualidade deste. Se pior, esse caso já foi examinado. Por examinar só resta, portanto, o caso em que é da mesma qualidade.

Como já foi desenvolvido na questão da renda diferencial, à medida que prossegue o cultivo, tanto um solo igualmente bom e até melhor quanto um pior podem ser incorporados.

Primeiro porque na renda diferencial (e na renda em geral, já que também no caso da renda não diferencial sempre surge a questão de saber se, por um lado, a fertilidade do solo em geral e, por outro, sua localização permitem cultivá-lo com lucro e renda nas condições do preço regulador de mercado) atuam duas condições em sentidos opostos, ora se anulando reciprocamente, ora predominando uma em relação à outra. A elevação do preço de mercado – pressupondo-se que o preço de custo do cultivo não tenha caído, que, em outras palavras, progressos de ordem técnica não constituam fator adicional de novos cultivos – pode provocar o cultivo de solos mais férteis que, devido à localização, estavam excluídos da concorrência. Ou, no caso de um solo menos fértil, pode elevar a tal ponto as vantagens da localização que com isso se compense sua rentabilidade menor. Ou, então, sem aumento do preço de mercado, a localização pode, pela melhoria dos meios de comunicação, fazer as melhores terras entrarem na concorrência, tal como o vemos em larga escala nos estados de pradarias norte-americanos. Isso também ocorre constantemente em países de civilização antiga, ainda que não na mesma escala que nas colônias, onde, como observa bem Wakefield,[I] a localização é decisiva. Portanto, primeiro, os efeitos contraditórios da localização e da fertilidade e a variabilidade do fator localização – que constantemente é contrabalançado, que experimenta modificações progressivas e contínuas, tendentes à compensação – fazem com que, alternativamente, entrem em concorrência com as terras já cultivadas trechos melhores, piores e de igual qualidade.

Segundo. Com o desenvolvimento das ciências naturais e da agronomia também se modifica a fertilidade do solo à medida que se modificam os meios pelos quais os elementos do solo podem vir a ser imediatamente

---

I Edward Gibbon Wakefield, *England and America: A Comparison of the Social and Political State of Both Nations*, v. 1. London, 1833, pp. 214–15. [N.E.A.]

utilizados. Foi assim que, há pouco tempo, tipos leves de solo na França e nos condados orientais da Inglaterra, antes considerados ruins, se elevaram ao primeiro nível. (Ver Passy.)[I] Por outro lado, solos considerados ruins não por sua composição química, mas porque opõem certos obstáculos físico-mecânicos ao cultivo, transformam-se em terra boa assim que se descobrem os meios para superar tais obstáculos.

Terceiro. Em todos os países de civilização antiga, velhas relações históricas e tradicionais – por exemplo, na forma de terras estatais, terras comunitárias etc. – subtraem ao cultivo, por puro acaso, grandes extensões de terras, que só pouco a pouco a ele se incorporam. A sequência na qual passam a ser cultivadas não depende de sua qualidade nem de sua localização, mas de circunstâncias completamente externas. Caso se estudasse a história das terras comunitárias inglesas, tal como foram sucessivamente convertidas em propriedade privada pelas *Enclosure Bills*[II] e incorporadas ao cultivo, então nada seria tão ridículo quanto a fantástica suposição de que um moderno químico agrícola, por exemplo Liebig, teria orientado a seleção dessa sequência, indicando para o cultivo certos campos em virtude de seus atributos químicos e excluindo outros. O decisivo aqui foi muito mais a ocasião que faz o ladrão: os pretextos jurídicos de apropriação que se ofereciam aos grandes proprietários de terra.

Quarto. Abstraindo-se do fato de que o estágio de desenvolvimento da população e do capital em cada caso opõe uma barreira, ainda que elástica, à expansão do cultivo do solo; abstraindo-se de eventualidades que influem temporariamente sobre o preço de mercado – como uma série de estações do ano favoráveis ou desfavoráveis –, a expansão do cultivo depende do estado geral do mercado de capitais e da situação dos negócios de um país. Em períodos de escassez, não basta que solo não cultivado possa proporcionar lucro médio ao arrendatário – quer ele pague renda, quer não – para consagrar capital adicional à agricultura. Em períodos de pletora de capital, este aflui torrencialmente para a agricultura, mesmo sem elevação do preço de mercado, desde que as condições normais estejam presentes. De fato, um solo melhor do que o até então cultivado só ficaria excluído da concorrência pelo fator localização, por obstáculos até então insuperáveis ou por acaso. Só precisamos nos ocupar, por isso, com tipos de solo que sejam tão bons quanto os cultivados por último. Entre o solo novo e o cultivado por último sempre subsiste, porém, a diferença dos custos de arroteamento, e que este seja ou não seja empreendido depende do estado dos preços de mercado e das

---

I Hippolyte Passy, "De la rente du sol", in *Dictionnaire de l'Économie Politique*, v. 2. Paris, 1854, p. 515. [N.E.A.]

II Ver K. Marx, Livro 1, op. cit., pp. 636–39. [N.E.B.]

condições de crédito. Assim que esse solo entra realmente na concorrência, permanecendo constantes as demais condições, o preço de mercado volta a cair a seu nível anterior, e com isso o novo solo incorporado pode dar a mesma renda que o antigo solo correspondente. A suposição de que ele não dará renda é demonstrada por seus defensores supondo aquilo que deve ser demonstrado, ou seja: que o último solo não tenha dado nenhuma renda. Do mesmo modo, poder-se-ia demonstrar que as casas construídas por último não proporcionam nenhuma renda fora o aluguel propriamente dito, embora estejam alugadas. O fato é que proporcionam renda antes mesmo de darem aluguel, pois com frequência permanecem vazias por muito tempo. Assim como sucessivos investimentos de capital num terreno podem dar um mais-rendimento proporcional e, portanto, a mesma renda que os primeiros, assim também terrenos de qualidade igual à dos cultivados por último podem proporcionar o mesmo rendimento pelos mesmos custos. Do contrário, seria sobretudo incompreensível que terrenos da mesma qualidade fossem cultivados sucessivamente, e não todos de uma só vez ou então nenhum deles, para não fazerem concorrência uns aos outros. O proprietário da terra está sempre disposto a conseguir uma renda, ou seja, conseguir algo de graça; mas o capital precisa de certas condições para satisfazer seu desejo. Por isso, a concorrência das terras entre si não depende de o proprietário querer fazê-las concorrer, mas de se encontrar capital para concorrer com os outros nos novos campos.

À medida que a renda agrícola propriamente dita é mero preço de monopólio, este só pode ser pequeno, assim como a renda absoluta aqui, sob condições normais, só pode ser pequena, qualquer que seja o excedente do valor do produto sobre seu preço de produção. A essência da renda absoluta consiste, portanto, no seguinte: capitais da mesma magnitude em diferentes esferas da produção produzem, conforme sua distinta composição média, com a mesma taxa de mais-valia ou a mesma exploração do trabalho, diferentes massas de mais-valia. Na indústria, essas diferentes massas de mais-valia se nivelam para constituir o lucro médio e se distribuem uniformemente entre os diferentes capitais como partes alíquotas do capital social. A propriedade fundiária, assim que a produção precisa de terra, seja para a agricultura, seja para a extração de matérias-primas, impede essa nivelação dos capitais investidos na terra e intercepta parte da mais-valia, que, do contrário, entraria na nivelação para formar a taxa geral de lucro. A renda constitui, então, uma parte do valor, mais especificamente da mais-valia das mercadorias, só que, em vez de reverter para a classe capitalista, que a extraiu dos trabalhadores, reverte para os proprietários de terras, que a extraem dos capitalistas. Pressupomos aqui que o capital agrícola mobilize mais trabalho do que uma parte de igual magnitude do capital não agrícola. Até que ponto vai a divergência ou se ela existe mesmo depende do desenvolvimento relativo da agricultura em face da indústria. De acordo com a natureza da questão, com o progresso da agricultura essa diferença deve reduzir-se sempre que a proporção em que a parte variável do capital diminui em relação à constante não for maior no capital industrial do que no agrícola.

Essa renda absoluta desempenha papel ainda mais significativo na indústria extrativa propriamente dita, onde um elemento do capital constante, a matéria-prima, desaparece por completo e onde, com exceção dos ramos em que a parte que consiste em maquinaria e no resto do capital fixo é muito importante, sempre predomina a composição mais baixa do capital. Exatamente aqui, onde a renda parece dever-se apenas a um preço de monopólio, se requerem condições de mercado extremamente favoráveis para que as mercadorias venham a ser vendidas por seu valor ou para que a renda se torne igual a todo o excedente da mais-valia da mercadoria acima de seu preço de produção. Tal é o caso, por exemplo, da renda de pesqueiros, pedreiras, matas virgens etc.[37]

CAPÍTULO 46

RENDA DOS TERRENOS DESTINADOS À CONSTRUÇÃO. RENDA DE MINERAÇÃO. PREÇO DA TERRA

Onde quer que exista renda, a renda diferencial aparece por toda parte e por toda parte obedece às mesmas leis que a renda diferencial agrícola. Onde quer que forças naturais sejam monopolizáveis e assegurem um sobrelucro ao industrial que as explora, seja uma queda-d'água, uma mina rica, um pesqueiro abundante ou um terreno para construção bem localizado, aquele cujo título sobre uma parcela do globo terrestre o torna proprietário desses objetos da Natureza subtrai esse sobrelucro, na forma de renda, ao capital em funcionamento. No que tange aos terrenos para construção, Adam Smith explicou como a renda destes, da mesma forma que a de todas as terras não agrícolas, é regulada pela renda agrícola propriamente dita (Livro 1, cap. 11, [partes] 2 e 3). Essa renda se caracteriza, primeiro, pela influência preponderante que aqui a localização exerce sobre a renda diferencial (muito importante, por exemplo, para a viticultura e para os terrenos destinados à construção nas grandes cidades); segundo, pelo caráter evidente da total passividade do proprietário, cuja atividade consiste tão somente (sobretudo na mineração) em explorar o progresso do desenvolvimento social, para o qual em nada contribui e no qual nada arrisca, como, ao contrário, o faz o capitalista industrial; e, por fim, pela preponderância do preço de monopólio em muitos casos, especialmente na exploração desavergonhada da miséria (pois a miséria é para os proprietários de imóveis uma fonte mais abundante do que as minas de Potosí[I] jamais foram para a Espanha),[38] e pelo poder descomunal a que essa propriedade fundiária dá origem quando, reunida na mesma mão com o capital industrial, habilita este a praticamente excluir da Terra, enquanto sua moradia, os trabalhadores em luta pelo salário.[39] Parte da sociedade exige da outra um tributo pelo direito de habitar a Terra, assim como,

---

I Ricas estratificações de prata no sul da Bolívia. Foram descobertas em 1545 e durante séculos se mantiveram como as minas mais rentáveis de prata do mundo. Sua exploração redundou numa enorme riqueza para as classes dominantes da Espanha. [N.E.A.]

de modo geral, está implícito na propriedade fundiária o direito dos proprietários de explorar o corpo terrestre, as entranhas da Terra, a atmosfera e, com isso, a manutenção e o desenvolvimento da vida. Não só o aumento populacional, e por conseguinte a crescente necessidade de moradias, mas também o desenvolvimento do capital fixo – o qual se incorpora à terra ou nela cria raízes, nela repousa, como todos os edifícios industriais, ferrovias, casas comerciais, estabelecimentos fabris, docas etc. – necessariamente aumenta a renda imobiliária. Nesse caso, nem com a boa vontade de Carey é possível confundir o aluguel, enquanto juros e amortização do capital investido na casa, com a renda pelo mero solo, sobretudo se, como ocorre na Inglaterra, o proprietário da terra e o especulador imobiliário são pessoas completamente diferentes. Aqui, dois elementos entram em consideração: por um lado, a exploração da terra para fins de reprodução ou de extração; por outro, o espaço que é necessário como um elemento de toda produção e de toda atividade humana. E em ambos os sentidos a propriedade fundiária exige seu tributo. A demanda de terrenos para construção eleva o valor do solo enquanto espaço e fundamento e, por meio disso, aumenta a demanda de elementos do corpo terrestre que servem como material de construção.[40]

Que nas cidades em crescimento rápido, especialmente onde a construção é feita, como em Londres, em escala industrial, o objeto principal da especulação não seja o imóvel, mas a renda fundiária, demos um exemplo no Livro 2, cap. 12, pp. 227–28, com as declarações de um grande especulador imobiliário londrino, Edward Capps, perante a Comissão Bancária de 1857. Ele afirma aí, n. 5435:

> Creio que um homem que queira progredir neste mundo dificilmente pode esperar progredir atendo-se a negócios sólidos (*fair trade*) [...] necessariamente ele precisa, além disso, construir com base na especulação, e isso em larga escala, pois o empresário só consegue muito pouco lucro dos próprios prédios; obtém seu lucro principal das rendas fundiárias acrescidas. Ele assume, digamos, um terreno pagando por ano 300 libras esterlinas; se, depois de um cuidadoso plano de construção, erige aí a classe certa de casas, é possível que obtenha delas 400 ou 450 libras esterlinas por ano, e seu lucro consistiria muito mais na renda fundiária acrescida de 100 ou 150 libras esterlinas por ano do que no lucro obtido com os prédios, o qual, em muitos casos, ele quase não leva em consideração.

Não se deve esquecer que, depois de expirar o contrato de arrendamento, em geral de 99 anos, a terra, com todas as construções que nela se encontram e com a renda fundiária, que nesse ínterim geralmente dobrou ou triplicou, retorna do especulador imobiliário ou de seus sucessores legais para o último proprietário da terra original.

A renda de mineração propriamente dita é determinada exatamente como a renda agrícola.

> Há algumas minas cujo produto mal basta para pagar o trabalho e para repor o capital aí investido, bem como o lucro normal. Proporcionam algum lucro ao empresário, mas nenhuma renda ao proprietário da terra. Só podem ser exploradas vantajosamente pelo proprietário da terra, que, como seu próprio empresário, obtém o lucro normal a partir de seu capital investido. Muitas minas de carvão na Escócia são exploradas dessa maneira, e não o podem ser de nenhuma outra. O proprietário da terra não permite a ninguém mais explorá-las sem pagar renda, mas ninguém pode pagá-la. (A. Smith, Livro 1, cap. 11, 2)

É preciso distinguir se a renda decorre de um preço de monopólio, porque existe um preço de monopólio dos produtos ou do próprio solo dela independente, ou se os produtos são vendidos por um preço de monopólio, porque existe uma renda. Quando falamos de preço de monopólio, pensamos num preço que é determinado pela ânsia de comprar e pela capacidade de pagar dos compradores, independentemente do preço determinado pelo preço de produção geral, bem como do determinado pelo valor dos produtos. Um vinhedo que produz um vinho de excepcional qualidade, que de fato só pode ser produzido em quantidade relativamente pequena, tem um preço de monopólio. Devido a esse preço de monopólio, cujo excedente acima do valor do produto é determinado tão somente pela riqueza e pela paixão de distintos bebedores de vinho, o viticultor consegue realizar um significativo sobrelucro. Esse sobrelucro, que aqui decorre de um preço de monopólio, transforma-se em renda e cai dessa forma em poder do proprietário da terra, devido a seu título sobre essa parcela do globo terrestre dotada de atributos especiais. Aqui, portanto, o preço de monopólio acarreta a renda. Ao contrário, a renda geraria o preço de monopólio se o cereal fosse vendido não só acima de seu preço de produção, mas também acima de seu valor, em decorrência da barreira que a propriedade fundiária representa para o investimento irrentável de capital em solo inculto. Que isso seja somente o título de certo número de pessoas sobre a propriedade do globo terrestre, que lhes capacite a se apropriarem, como um tributo, de parte do mais-trabalho da sociedade e, com o desenvolvimento da produção, se apropriarem em escala sempre crescente, é encoberto pela circunstância de a renda capitalizada, portanto exatamente esse tributo capitalizado, aparecer como preço do solo e, por isso, este poder ser vendido como qualquer outro artigo comercial. Por conseguinte, para o comprador, o direito sobre a renda não lhe parece obtido gratuitamente, sem o trabalho, o risco e o espírito empreendedor do capital, mas como pago por um equivalente. Como já foi observado anteriormente, a renda só lhe aparece como juros do capital com que comprou as terras e, com isso, o direito sobre a renda. Da mesma forma, a um senhor de escravos que comprou um negro, a sua propriedade sobre o negro não lhe parece obtida pela instituição da escravidão enquanto tal, mas pela compra e venda de mercadoria. Mas o próprio título não é criado pela venda, apenas transferido. O título precisa existir antes de poder ser transferido e, tanto quanto uma venda, uma série de tais vendas, sua repetição constante, não pode gerá-lo. O que efetivamente o gerou foram as relações de produção. Assim que estas chegam a um ponto em que têm de mudar de pele, desaparece a fonte material do título, econômica e historicamente justificada, emanada do processo de geração social da vida, e de todas as transações nele fundadas. Do ponto de vista de uma formação econômica superior da sociedade, a propriedade privada de certos indivíduos sobre o globo terrestre parecerá tão absurda quanto a propriedade privada de um ser humano sobre outro ser humano. Mesmo uma sociedade inteira, uma nação, mesmo todas as sociedades coevas em conjunto não são proprietárias da Terra. São apenas possuidoras, usufrutuárias dela, e como *boni patres familias* [bons pais de família] devem legá-la melhorada às gerações posteriores.

Na investigação seguinte do preço da terra, abstraímos de todas as flutuações da concorrência, de todas as especulações fundiárias e também da pequena propriedade fundiária, onde a terra constitui o principal instrumento dos produtores e, por isso, precisa ser comprada por eles a qualquer preço.

I. O preço da terra pode aumentar sem que aumente a renda; ou seja:

1. devido à mera queda da taxa de juros, o que faz com que a renda seja vendida mais caro, crescendo por isso a renda capitalizada, o preço da terra;

2. porque aumentam os juros do capital incorporado ao solo.

II. O preço da terra pode subir porque a renda aumenta.

A renda pode aumentar porque o preço do produto da terra sobe, caso em que a taxa da renda diferencial sempre sobe, quer a renda no pior solo cultivado seja grande, pequena ou nem mesmo exista. Por taxa entendemos a relação entre a parte da mais-valia que se transforma em renda e o capital adiantado que produz o produto agrícola. Isso é diferente da relação entre sobreproduto e produto total, pois o produto total não abrange todo o capital adiantado, ou seja, o capital fixo que continua a existir ao lado do produto. Por outro lado, isso inclui que, nos tipos de solo que geram renda diferencial, parte crescente do produto se transforma em sobreproduto excedente. No solo pior, a elevação do preço do produto agrícola gera primeiro a renda e depois o preço da terra.

Mas a renda também pode aumentar sem que suba o preço do produto agrícola. Este pode permanecer constante ou mesmo diminuir.

Se permanece constante, então a renda só pode aumentar (fazendo-se abstração dos preços de monopólio) porque, havendo igual investimento de capital nos terrenos antigos, novos terrenos de melhor qualidade são cultivados, mas bastam apenas para cobrir a demanda acrescida, de modo que o preço regulador de mercado permanece inalterado. Nesse caso não sobe o preço dos terrenos antigos, mas no caso do solo recém-incorporado ao cultivo o preço ultrapassa o dos antigos.

Ou então a renda aumenta porque, mantendo-se constantes o rendimento relativo e o preço de mercado, aumenta a massa do capital que explora o solo. Embora a renda permaneça a mesma em relação ao capital investido, duplica-se, por exemplo, sua massa porque o próprio capital duplicou. Já que não ocorreu nenhuma queda do preço, o segundo investimento de capital proporciona, tanto quanto o primeiro, um sobrelucro, que se transforma em renda após o prazo de arrendamento ter transcorrido. A massa da renda aumenta porque aumenta a massa do capital gerador de renda. A assertiva de que diferentes investimentos sucessivos de capital no mesmo trecho de terra só podem gerar renda se seu rendimento é desigual, de modo que surge uma renda diferencial, acaba levando à assertiva de que, se dois capitais de 1000 libras esterlinas cada um estão investidos em dois campos de igual fertilidade, só um deles pode proporcionar renda, embora esses dois campos pertençam ao tipo de solo melhor, aquele que proporciona renda diferencial. (Por isso, a massa das rendas, a renda total de um país, aumenta com a massa de capital investido, sem que necessariamente suba o preço de cada terreno, ou a taxa de renda, ou mesmo a massa da renda em cada terreno; o montante das rendas aumenta nesse caso com a difusão espacial do cultivo. Isso pode até estar ligado à queda da renda nas diversas propriedades.) Do contrário, essa assertiva acabaria levando à de que o investimento de capital em dois diferentes terrenos contíguos seguiria outras leis que os investimentos sucessivos de capital no mesmo terreno, quando se deduz a renda diferencial justamente da identidade da lei em ambos os casos, do maior rendimento do investimento de capital tanto no mesmo campo quanto em campos diferentes. A única modificação que existe aqui e que não é vista é que sucessivos investimentos de capital, feitos em solos distintos, acabam topando com a barreira da propriedade fundiária, o que não ocorre com investimentos sucessivos de capital no mesmo solo. Por isso também o efeito contrário, pelo qual essas diferentes formas de investimento, na prática, se limitam reciprocamente. Aqui nunca surge uma diferença do capital. Permanecendo as mesmas a composição do capital e a taxa de mais-valia, então a taxa de lucro continua inalterada, de tal modo que, duplicando-se o capital, duplica-se a massa de lucro. Sob as condições dadas, também a taxa de renda permanece a mesma. Se um capital de 1000 libras esterlinas gera uma renda de *x*, então, sob as circunstâncias pressupostas, um de 2000 libras esterlinas gera uma renda de 2*x*. Mas, calculando-se em relação à superfície do solo, que permaneceu inalterada, já que, conforme o pressuposto, o capital dobrado trabalha no mesmo campo, o nível da renda também subiu devido ao aumento de sua massa. O mesmo acre que dava 2 libras esterlinas de renda dá agora 4.[41]

A relação de parte da mais-valia, a renda em dinheiro – pois o dinheiro é a expressão autônoma do valor –, com o solo é em si absurda e irracional, pois são grandezas incomensuráveis que aqui se medem entre si: por um lado, determinado valor de uso, um terreno com tantos pés quadrados, e, por outro, valor, especialmente mais-valia. Isso expressa, de fato, apenas que, sob as condições dadas, a propriedade desses pés quadrados de solo habilita o proprietário a apoderar-se de determinado *quantum* de trabalho não pago que o capital realizou nos pés quadrados como um porco entre as batatas {no manuscrito se encontra entre parênteses, mas riscado: Liebig}. *Prima facie* a expressão é, porém, a mesma, como se se quisesse falar da relação entre uma nota de cinco libras e o diâmetro da Terra. As mediações das formas irracionais em que determinadas condições econômicas aparecem e praticamente se acoplam não importam nem um pouco aos portadores práticos dessas condições econômicas em sua ação econômica diuturna; e, já que eles estão acostumados a se movimentar no meio delas, não ficam nem um pouco chocados com isso. Uma perfeita contradição não tem nada de misterioso para eles. Nas formas de manifestação que perderam a coerência interna e que, tomadas em si, são absurdas, eles se sentem tão à vontade quanto um peixe na água. Aqui é válido o que Hegel diz em relação a certas fórmulas matemáticas, ou seja, o que o bom senso considera irracional é racional e o que considera racional é a própria irracionalidade.[I]

I George W. F. Hegel, *Encyclopädie der philosophischen Wissenschaften im Grundrisse* [*Enciclopédia das ciências filosóficas em compêndio*], Parte I: *Die Logik*. In: *Werke*, v. 6. Berlin, 1840, p. 404. [N.E.A.]

Considerado em relação à própria área do terreno, o aumento na massa da renda se expressa, portanto, exatamente como um aumento na taxa de renda, e daí o embaraço quando as condições que esclareceriam um caso faltam no outro.

Mas o preço da terra também pode aumentar mesmo quando o preço do produto agrícola diminui.

Nesse caso, mediante diferenciação ulterior, a renda diferencial, e portanto o preço das terras melhores, pode ter aumentado. Ou, se esse não for o caso, com o aumento da força produtiva do trabalho, pode ter caído o preço do produto agrícola, de tal modo que a produção maior mais que compense isso. Suponhamos que o *quarter* custe 60 xelins. Se no mesmo acre e com o mesmo capital fossem produzidos 2 *quarters* em vez de 1 e se o *quarter* caísse para 40 xelins, então 2 *quarters* resultariam em 80 xelins, de forma que o valor do produto do mesmo capital no mesmo acre teria aumentado um terço, embora o preço por *quarter* tenha diminuído um terço. Como isso é possível sem que o produto seja vendido acima de seu preço de produção ou de seu valor foi desenvolvido ao tratarmos da renda diferencial. De fato, isso só é possível de duas maneiras. Ou solo pior é posto fora da concorrência, mas o preço do solo melhor aumenta ao aumentar a renda diferencial, influindo, portanto, a melhoria geral de modo desigual sobre os diferentes tipos de solo. Ou então, no solo pior, o mesmo preço de produção (e o mesmo valor, caso se pague renda absoluta), devido ao aumento da produtividade do trabalho, se expresse em maior massa de produto. O produto continua a representar o mesmo valor, mas o preço de suas partes alíquotas caiu, enquanto seu número aumentou. Se se emprega o mesmo capital, isso é impossível, pois nesse caso sempre se expressa o mesmo valor em qualquer quantidade de produto. Mas é possível, se foi feito um adicional de capital para calcário, guano etc., em suma, para melhorias cujo efeito se estende por vários anos. A condição é que o preço do *quarter* individual caia, mas não na mesma proporção em que cresce o número dos *quarters*.

III. Essas diferentes condições para o incremento da renda, e daí o preço da terra em geral ou de tipos particulares de solo, podem, em parte, concorrer e, em parte, se excluir mutuamente, atuando apenas alternadamente. Do que foi desenvolvido decorre, no entanto, que a elevação do preço da terra não significa necessariamente elevação da renda, e que a elevação da renda, a qual sempre acarreta elevação do preço da terra, não implica necessariamente aumento dos produtos do solo.[42]

Em vez de volver às verdadeiras causas naturais do esgotamento do solo – que, aliás, em virtude do estágio em que se encontrava a química agrícola em sua época, eram desconhecidas a todos os economistas que escreveram sobre renda diferencial –, recorreu-se à concepção superficial de que não se pode investir qualquer massa de capital num campo espacialmente limitado; tal como, por exemplo, a *Edinburgh Review*[I] afirmava, contra Richard Jones, que não se pode alimentar toda a Inglaterra cultivando a Soho Square.[II] Embora isso seja considerado uma desvantagem específica da agricultura, exatamente o contrário é verdadeiro. Aqui podem ser feitos sucessivos investimentos de capital frutíferos porque a própria terra atua como instrumento de produção, o que não se dá – ou só em limites muito estreitos – numa fábrica, onde ela só funciona como substrato, como lugar, como base espacial de operações. É claro que se pode – e é o que a grande indústria faz – concentrar grande produção num espaço pequeno em comparação com os artesanatos dispersos. Mas, dado o estágio de desenvolvimento da força produtiva, sempre é necessário determinado espaço, e a construção na vertical também tem as suas limitações práticas determinadas. Para ir além destas, a expansão da produção exige ampliação do espaço. O capital fixo investido em máquinas etc. não melhora com o uso, pelo contrário, desgasta-se. Também aqui, devido a novas invenções, podem ser feitas melhorias individuais, mas, pressupondo-se como dado o desenvolvimento da força produtiva, a máquina só pode piorar. Sendo rápido o desenvolvimento da força produtiva, toda a maquinaria antiga precisa ser substituída por outra mais vantajosa, perdendo-se, portanto. A terra, ao contrário, tratada corretamente, melhora sem cessar. A melhoria da terra, que sucessivos investimentos de capital podem acarretar sem que os anteriores se percam, exclui ao mesmo tempo a possibilidade da diferença de rendimento entre esses sucessivos investimentos de capital.

I *The Edinburgh Review* foi uma revista inglesa sobre Literatura e Política publicada de 1802 até 1929; nos anos 1920 e 1930, era um órgão dos *whigs*, publicada trimestralmente. [N.E.A.]

II Praça de Londres. [N.E.A.]

CAPÍTULO 47

GÊNESE DA RENDA FUNDIÁRIA CAPITALISTA

I. PRELIMINARES

É preciso deixar bem claro em que consiste propriamente a dificuldade de examinar a renda fundiária do ponto de vista da Economia moderna enquanto expressão teórica do modo de produção capitalista. Isso ainda não foi entendido inclusive por grande número de autores mais recentes, como o demonstra toda nova tentativa de explicar "de um modo novo" a renda fundiária. A novidade consiste aí quase sempre na recaída em pontos de vista há muito superados. A dificuldade não consiste absolutamente em explicar o mais-produto gerado pelo capital agrícola e a mais-valia correspondente a ele. Essa questão está, pelo contrário, resolvida na análise da mais-valia que todo capital produtivo gera, seja qual for a esfera em que estiver investido. A dificuldade consiste em demonstrar de onde procede, depois da compensação da mais-valia entre os diferentes capitais até formar o lucro médio, a participação proporcional, segundo suas respectivas grandezas proporcionais, na mais-valia total gerada conjuntamente pelo capital social em todas as esferas da produção, de onde depois dessa compensação, após a distribuição de toda a mais-valia que há para distribuir, aparentemente já ocorrida, procede, então, a parte ainda excedente dessa mais-valia que o capital investido na terra paga sob a forma de renda fundiária ao proprietário da terra. Fazendo completa abstração dos motivos práticos que incitavam os economistas modernos, enquanto porta-vozes do capital industrial contra a propriedade fundiária, a investigar essa questão – motivos que analisaremos com maiores detalhes no capítulo sobre a história da renda fundiária –, a questão era para eles, enquanto teóricos, de interesse decisivo. Admitir que o fenômeno da renda para o capital investido na agricultura provenha de um efeito peculiar da própria esfera do investimento, de atributos inerentes à crosta terrestre enquanto tal – isso significaria desistir do próprio conceito de valor, portanto desistir de toda possibilidade de conhecimento científico nesse setor. Mesmo o simples reconhecimento de que a renda é paga com o preço do produto da terra – o que ocorre mesmo onde ela é paga *in natura*, se é o arrendatário que tem de obter seu preço de produção – mostrava o absurdo de se querer explicar o excedente desse preço sobre o preço normal de produção, portanto a relativa carestia do produto agrícola, a partir do excedente da produtividade natural da atividade agrícola sobre a produtividade dos outros ramos industriais; ao contrário, quanto mais produtivo o trabalho, tanto mais barata toda parte alíquota de seu produto, porque tanto maior a massa dos valores de uso em que se configura o mesmo *quantum* de trabalho, portanto o mesmo valor.

Toda a dificuldade na análise da renda consistia, portanto, em explicar o excedente do lucro agrícola sobre o lucro médio, não a mais-valia, mas a mais-valia excedente peculiar a essa esfera da produção, portanto não o "produto líquido", mas o excedente desse produto líquido sobre o produto líquido dos outros ramos industriais. O próprio lucro médio é um produto, formação do processo social que transcorre sob relações de produção historicamente bem determinadas, um produto que, como vimos, pressupõe mediações muito simples. Para poder falar de um excedente sobre o lucro médio, esse lucro médio deve servir de norma e, como é o caso no modo de produção capitalista, ser considerado regulador da produção em geral. Portanto, nas formas de sociedade onde ainda não é o capital que executa a função de forçar todo o mais-trabalho e, em primeira mão, de apropriar-se ele mesmo de toda a mais-valia, onde, portanto, o capital ainda não subsumiu a seu controle o trabalho social ou só o fez esporadicamente, não se pode sequer falar de renda no sentido moderno, de renda como excedente sobre o lucro médio, ou seja, sobre a participação proporcional de cada capital individual na mais-valia produzida pelo capital social total. Mostra-se a ingenuidade, por exemplo, do Sr. Passy (ver mais abaixo) quando fala da renda nas condições primitivas como excedente sobre o lucro – sobre uma forma social historicamente determinada da mais-valia que, portanto, segundo o Sr. Passy, quase pode existir sem nenhuma sociedade.[I]

Para os economistas mais antigos, que apenas começavam a estudar o modo de produção capitalista, ainda não desenvolvido àquela época, a análise da renda não oferecia nenhuma dificuldade, ou, então, dificuldades de espécie completamente diversa. Petty, Cantillon e, em geral, os autores mais próximos da época feudal consideram a renda fundiária simplesmente como a forma normal da mais-valia,[II] enquanto o lucro para eles se dilui ainda indeterminadamente com o salário ou, no máximo, lhes aparece como parte dessa mais-valia extorquida pelo

---

I Hippolyte Passy, "De la rente du sol", in *Dictionnaire de l'Économie Politique*, v. 2. Paris, 1854, p. 511. [N.E.A.]

II William Petty, *A Treatise of Taxes and Contributions*. London, 1667, pp. 23–24. (Ver também K. Marx, *Theorien über den Mehrwert*. Berlin: Dietz Verlag, 1968. MEW, v. 26, Parte I, pp. 143–45, 318–27.) Richard Cantillon, *Essai sur la nature du commerce en général*. Amsterdam, 1756. [N.E.A.]

capitalista ao proprietário da terra. Partem, portanto, de uma situação em que, primeiro, a população agrícola ainda constitui de longe a parte preponderante da nação e em que, segundo, o proprietário da terra ainda aparece como a pessoa que se apropria em primeira mão do trabalho excedente dos produtos diretos, em virtude do monopólio da propriedade fundiária, em que, portanto, a propriedade fundiária ainda aparece como a principal condição da produção. Para eles ainda não podia existir uma problemática que, pelo contrário, do ponto de vista do modo de produção capitalista, procura averiguar como a propriedade fundiária consegue retirar de novo do capital parte da mais-valia por este produzida (isto é, extorquida dos produtores diretos) e já apropriada em primeira mão.

No caso dos *fisiocratas*, a dificuldade é de outra natureza. Enquanto, de fato, primeiros intérpretes sistemáticos do capital, procuram analisar a natureza da mais-valia em geral. Para eles, a análise coincide com a análise da renda, a única forma de existência da mais-valia que reconhecem. Por isso, consideram o capital que proporciona renda, ou o capital agrícola, o único capital gerador de mais-valia, e o trabalho agrícola por ele mobilizado, o único gerador de mais-valia e, portanto, plenamente correto do ponto de vista capitalista, o único trabalho produtivo. Estão certos ao considerar a produção de mais-valia o fator decisivo. Abstraindo de outros méritos de que nos ocuparemos no Livro 4, eles têm de início o grande mérito de retornar do capital comercial, que atua unicamente na esfera da circulação, ao capital produtivo, em contraposição ao sistema mercantilista que, com seu grosseiro realismo, constituía a Economia vulgar propriamente dita daquela época, cujos interesses práticos fizeram com que fossem relegados a segundo plano os primórdios da análise científica de Petty e de seus sucessores. Nessa crítica ao sistema mercantilista, aqui só se trata, de passagem, de suas concepções de capital e mais-valia. Já foi observado anteriormente[I] que o sistema monetário proclama, de forma correta, a produção para o mercado mundial e a transformação do produto em mercadoria, e portanto em dinheiro, como pressuposto e condição da produção capitalista. No sistema mercantilista, continuação do sistema monetário, o que decide já não é a metamorfose do valor-mercadoria em dinheiro, e sim a produção de mais-valia, a partir, no entanto, do ponto de vista não conceitual da esfera da circulação, e de tal maneira que essa mais-valia se configura em sobredinheiro, em excedente da balança comercial. Ao mesmo tempo, porém, o que caracteriza corretamente os interesses dos comerciantes e fabricantes daquela época, bem como o período

I K. Marx, *Zur Kritik der politischen Ökonomie* [*Para a crítica da Economia Política*], capítulo 2. [N.E.A.]

do desenvolvimento capitalista que eles representam, é que, na transformação das sociedades agrárias feudais em industriais e na correspondente luta industrial entre as nações pelo mercado mundial, o que realmente importa é o desenvolvimento acelerado do capital, que não pode ser alcançado pelas assim chamadas vias naturais, mas só por meios coercitivos. Acaba fazendo grande diferença se o capital nacional se transforma paulatina e vagarosamente em capital industrial ou se essa transformação passa a ser acelerada por meio de impostos que, mediante a política aduaneira protecionista, recaem principalmente sobre proprietários de terras, camponeses médios e pequenos, e artesãos, pela expropriação acelerada dos produtores diretos autônomos, pela acumulação e concentração dos capitais aceleradas à força, em suma, pela imposição acelerada das condições do modo de produção capitalista. Ao mesmo tempo, isso faz enorme diferença na exploração capitalista e industrial da força produtiva natural da nação. Por isso, o caráter nacional do sistema mercantilista não é mero palavreado na boca de seus porta-vozes. Sob o pretexto de se ocuparem somente com a riqueza da nação e com os recursos do Estado, eles de fato declaram os interesses da classe capitalista e, sobretudo, o enriquecimento como o fim último do Estado, proclamando a sociedade burguesa contra o antigo Estado de direito divino. Mas, ao mesmo tempo, têm a consciência de que o desenvolvimento dos interesses do capital e da classe capitalista, da produção capitalista, tornou-se a base do poder nacional e da supremacia nacional na sociedade moderna.

Além disso, os fisiocratas afirmam corretamente que, de fato, toda a produção de mais-valia, portanto todo o desenvolvimento do capital, repousa, de acordo com sua base natural, na produtividade do trabalho agrícola. Se as pessoas não fossem capazes de produzir em um dia de trabalho mais meios de subsistência, portanto, em sentido estrito, mais produtos agrícolas, do que cada trabalhador precisa para sua própria reprodução, se o dispêndio diário de toda a sua força de trabalho apenas desse para produzir os meios de subsistência indispensáveis para suas necessidades individuais, então não se poderia falar de mais-produto ou de mais-valia. Uma produtividade do trabalho agrícola que transcenda as necessidades individuais do trabalhador é a base de toda a sociedade e, sobretudo, é a base da produção capitalista, que libera da produção dos meios de subsistência uma parte sempre crescente da sociedade e, como diz Steuart,[I] transforma-a em *free hands* [mãos livres], tornando-a disponível para ser explorada em outras esferas.

I James Steuart, *An Inquiry into the Principles of Political Economy*, v. I. Dublin, 1770, p. 396. [N.E.A.]

Mas o que dizer de novos tratadistas de Economia, como Daire, Passy etc., que, no crepúsculo da vida de toda a Economia clássica, no leito de morte desta, repetem as mais primitivas concepções sobre as condições naturais do mais-trabalho e, portanto, da mais-valia em geral, pensando apresentar algo novo e decisivo sobre a renda fundiária,[I] depois de essa renda há muito já ter sido caracterizada como forma especial e parte específica da mais-valia? O que caracteriza a Economia vulgar é que ela repete o que, em determinada etapa já superada do desenvolvimento, era novo, original, profundo e justificado numa época em que isso se tornou chato, desinteressante e falso. Admite, assim, que não tem sequer noção dos problemas que ocuparam a Economia clássica. Confunde-os com questões que só poderiam ser colocadas num estágio inferior de desenvolvimento da sociedade burguesa. O mesmo ocorre quando rumina sem cessar e complacentemente os princípios fisiocráticos sobre o livre-cambismo. Esses princípios já perderam há muito todo e qualquer interesse teórico, por mais que possam interessar na prática a este ou àquele Estado.

Na economia natural propriamente dita, na qual nenhum produto agrícola, ou apenas parte insignificante dele, entra no processo de circulação, e mesmo uma parte relativamente insignificante da parte do produto que representa a *revenue* do proprietário da terra, como ocorria, por exemplo, em muitos latifúndios da Roma Antiga, bem como nos domínios de Carlos Magno (ver Vinçard, *Histoire du travail*) e, em maior ou menor grau, durante toda a Idade Média, o produto e o mais-produto das grandes propriedades não consistiam de maneira alguma apenas em produtos do trabalho agrícola. Abrangiam igualmente os produtos do trabalho industrial. O artesanato domiciliar e o trabalho manufatureiro, atividades secundárias da agricultura, que constitui a base, são a condição do modo de produção em que se repousa essa economia natural, tanto na Antiguidade e na Idade Média europeias quanto ainda hoje na comunidade indiana, onde sua organização tradicional ainda não está destruída. O modo de produção capitalista supera completamente essa vinculação; um processo que, em larga escala, pode ser estudado particularmente na Inglaterra, durante o último terço do século XVIII. Mentes que se formaram em sociedades mais ou menos semifeudais, como a de [Jean] Herrenschwand, ainda no final do século XVIII, consideram essa separação entre agricultura e manufatura como uma temerária façanha social, como um modo de existência inconcebivelmente arriscado. E, mesmo nas economias agrícolas da Antiguidade, que mostram maior

---

I Louis-François-Eugène Daire, "Introduction", in *Physiocrates*, Parte I. Paris, 1846. H. Passy, "De la rente du sol", op. cit., p. 511. [N.E.A.]

analogia com a economia agrícola capitalista, sobretudo as de Cartago e Roma, a semelhança é maior com a economia de plantações do que com a forma correspondente de exploração realmente capitalista.[42[a]] Uma analogia formal – mas que em todos os pontos essenciais torna-se uma ilusão para quem tenha compreendido o modo de produção capitalista e não veja, como o Sr. Mommsen,[43] o modo de produção capitalista em qualquer economia que use o dinheiro – não se encontra sequer na Antiguidade, na Itália continental, mas só eventualmente na Sicília, porque esta existia para Roma como terra de tributo agrícola e, por isso, sua agricultura era essencialmente orientada para a exportação. Aí se encontram arrendatários no sentido moderno.

Uma concepção errônea quanto à natureza da renda se baseia na circunstância de, a partir da economia natural da Idade Média e em total contradição com as condições do modo de produção capitalista, a renda em sua forma natural ter sido trazida de arrasto à era moderna, em parte nos dízimos da Igreja, em parte como curiosidade, perpetuada por antigos contratos. Disso surge a ilusão de que a renda não se origina do preço do produto agrícola, mas de toda a sua massa. Já mostramos anteriormente que, embora a mais-valia represente sobreproduto, não se dá o inverso, sobreproduto no sentido de mero incremento na massa do produto representando mais-valia. Pode representar diminuição de valor. Senão, a indústria algodoeira em 1860, comparada com 1840, deveria representar mais-valia enorme, enquanto, ao invés disso, o preço do fio caiu. Em decorrência de uma série de anos ruins, a renda pode aumentar enormemente porque cresce o preço do cereal, embora esse sobrevalor se configure numa massa decrescente em termos absolutos de trigo mais caro. Ao contrário, devido a uma série de anos férteis, a renda pode cair pelo fato de o preço cair, embora a renda que tenha caído se represente numa massa maior de trigo mais barato. De início é preciso observar, quanto à renda em produtos, que ela é uma mera tradição, trazida de arrasto de um modo de produção ultrapassado, prolongando-se como ruína de sua existência; sua contradição com o modo de produção capitalista se mostra na circunstância de ter desaparecido por si mesma dos contratos privados e de ter sido removida à força, como incongruência, onde a legislação pôde intervir, como no caso dos dízimos da Igreja na Inglaterra.[I] Em segundo lugar, porém, onde continuava a existir na base do modo de produção capitalista, não era nem podia ser mais que

---

I Marx refere-se aqui às Tithe Commutation Acts, leis que, de 1836 a 1860, aboliram na Inglaterra o pagamento dos dízimos. Depois, a contribuição dos dízimos para a Igreja em forma de pagamentos *in natura* foi eliminada e substituída por pagamento em dinheiro. [N.E.A.]

a expressão medieval disfarçada da renda em dinheiro. Por exemplo, o *quarter* de trigo está a 40 xelins. Desse *quarter*, uma parte precisa repor o salário nele contido e ser vendida para ser de novo desembolsada; outra parte precisa ser vendida para pagar a parcela de impostos que recai sobre ele. Onde está desenvolvido o modo de produção capitalista e, com ele, a divisão social do trabalho, a própria semente e parte do adubo entram como mercadorias na reprodução, precisando, portanto, ser compradas para a reposição; e novamente uma parte do *quarter* tem de ser vendida a fim de fornecer o dinheiro para isso. À medida que realmente não precisam ser compradas como mercadorias, mas são retiradas do próprio produto *in natura*, para de novo entrarem em sua reprodução como condições de produção – o que ocorre não só na agricultura, mas em muitos ramos da produção que produzem capital constante –, entram no cálculo, expressas em dinheiro contábil, e são deduzidas como partes constitutivas do preço de custo. O desgaste da maquinaria e do capital fixo em geral precisa ser reposto em dinheiro. Por fim aparece o lucro, que é calculado sobre a soma desses custos expressos em dinheiro real ou em dinheiro contábil. Esse lucro se configura em uma parte definida do produto bruto, que é determinada por seu preço. E a parte que sobra constitui a renda. Se a renda contratual em produtos é maior do que esse resto determinado pelo preço, então não constitui nenhuma renda, mas dedução do lucro. Essa possibilidade já mostra que a renda em produtos é uma forma antiquada, à medida que não obedece ao preço do produto, e portanto pode ser maior ou menor que a renda real, podendo constituir por isso não só uma dedução do lucro, mas também de partes integrantes da reposição de capital. De fato, a renda em produtos, à medida que seja renda não só pelo nome, mas por sua natureza, é determinada exclusivamente pelo excedente do preço do produto sobre seus custos de produção. Mas é uma concepção bastante reconfortante a de que o produto *in natura* basta, primeiro, para alimentar os trabalhadores e, segundo, para deixar ao arrendatário capitalista mais alimentos do que ele necessita, constituindo a renda natural o excedente sobre isso. Exatamente como se um fabricante de chita produzisse 200 mil varas. Essas varas não bastam apenas para vestir seus trabalhadores, a sua mulher, toda a sua descendência e ele mesmo, mas, além disso, deixam-lhe ainda chita para vender e, por fim, para pagar enorme renda em chita. A coisa é tão simples! Descontando os custos de produção de 200 mil varas de chita, precisa restar um excedente de chita como renda. Deduzir de 200 mil varas de chita, por exemplo, os custos de produção de 10 mil libras esterlinas sem conhecer o preço de venda da chita, deduzir dinheiro da chita, de um valor de uso enquanto tal um valor de troca e, assim, determinar o excedente das varas de chita acima das libras esterlinas é, de fato, uma concepção ingênua. É pior do que a quadratura do círculo, que ao menos se baseia no conceito dos limites em que linhas retas e curvas se confundem. Mas é a receita do Sr. Passy. Que se retire dinheiro da chita antes que a chita, na imaginação ou na realidade, transforme-se em dinheiro! O excedente é a renda, da qual é preciso apoderar-se, no entanto, *naturaliter* (ver, por exemplo, Karl Arnd),[I] e não por meio de diabruras "sofísticas"! Toda essa restauração da renda em produtos acaba levando a absurdos, como a deduzir de tantos alqueires de trigo o preço de produção, subtrair de uma medida cúbica uma soma em dinheiro.

II. A RENDA EM TRABALHO

Caso se considere a renda fundiária em sua forma mais simples, a *renda em trabalho*, em que o produtor direto trabalha uma parte da semana com instrumentos de trabalho (arado, bois etc.) que lhe pertencem de fato ou de direito, cultiva o solo que de fato lhe pertence, e nos outros dias da semana trabalha na propriedade do senhor fundiário, para o senhor fundiário, sem remuneração, a questão ainda está aqui totalmente clara: renda e mais-valia são idênticas. A renda, não o lucro, é a forma em que aqui se expressa o mais-trabalho não pago. Até que ponto o trabalhador (*self-sustaining serf* [servo que se autossustenta]) pode ganhar aqui um excedente sobre seus meios de subsistência imprescindíveis, portanto um excedente sobre aquilo que no modo de produção capitalista chamaríamos de salário, depende, caso permaneçam iguais as demais circunstâncias, da proporção em que se divide seu tempo de trabalho em tempo de trabalho para si mesmo e em tempo de trabalho servil para o senhor fundiário. Esse excedente sobre os meios de subsistência necessários, o germe do que aparece no modo de produção capitalista como lucro, é, portanto, determinado de maneira completa e absoluta pela magnitude da renda fundiária, que, aqui, não é apenas mais-trabalho imediatamente não pago, mas também aparece enquanto tal; mais-trabalho não pago para o "proprietário" dos meios de produção, que aqui coincidem com a terra e, à medida que se diferenciem desta, só contam como mero acessório. Que o produto do servo tenha de bastar aqui para repor, além de sua subsistência, suas condições de trabalho, é uma circunstância que permanece a mesma em todos os modos de produção, já que não resulta de sua forma específica, mas constitui condição natural de todo trabalho contínuo e reprodutivo em geral, de produção continuada que

I K. Arnd, *Die naturgemässe Volkswirthschaft, gegenüber dem Monopoliengeiste und dem Communismus*. Hanau, 1845, pp. 461–62. [N.E.A.]

sempre é, ao mesmo tempo, reprodução, portanto também reprodução de suas próprias condições de atuação. Além disso, está claro que, em todas as formas nas quais o trabalhador direto continua a ser "dono" dos meios de produção e das condições de trabalho para a produção de seus próprios meios de subsistência, a relação de propriedade tem de aparecer, ao mesmo tempo, como relação direta de dominação e servidão, e, portanto, o produtor direto como alguém não livre; essa dependência pode reduzir-se gradativamente da servidão com trabalho pessoal até a mera obrigação tributária. De acordo com os pressupostos, o produtor direto se encontra na posse de seus próprios meios de produção, as condições de trabalho objetivas necessárias à realização de seu trabalho e à geração de seus meios de subsistência; ele exerce de modo autônomo sua agricultura, bem como a indústria rural caseira ligada a ela. Essa autonomia não é abolida pelo fato de, como na Índia, esses pequenos camponeses constituírem sistemas comunitários de produção mais ou menos naturais, já que aqui só se trata da autonomia em face do senhor fundiário nominal. Sob essas condições, o mais-trabalho só pode ser arrancado deles pelo proprietário nominal da terra mediante coerção extraeconômica, qualquer que seja a forma que esta assuma.[44] Isso se diferencia da economia escravocrata ou de plantação, em que o escravo trabalha com condições de produção alheias, e não de forma autônoma. São, portanto, necessárias relações pessoais de dependência, falta de liberdade pessoal, qualquer que seja seu grau, e o encontrar-se preso à terra como um acessório da mesma, servidão da gleba no sentido autêntico. Se não são proprietários privados de terras, mas, como na Ásia, o Estado que se defronta diretamente com eles como proprietário de terras e, ao mesmo tempo, soberano, então renda e impostos coincidem, ou melhor, não existe nenhum imposto distinto dessa forma de renda fundiária. Nessas circunstâncias, a relação de dependência, tanto política quanto econômica, não necessita assumir nenhuma forma mais dura do que a comum a todos os súditos ante esse Estado. O Estado é aqui o supremo senhor fundiário. A soberania é aqui a propriedade fundiária concentrada em escala nacional. Mas, em compensação, também não existe nenhuma propriedade privada da terra, embora haja a posse e o usufruto, tanto privados quanto públicos, do solo.

A forma econômica específica em que se suga mais-trabalho não pago dos produtores diretos determina a relação de dominação e servidão, tal como surge diretamente da própria produção e, por sua vez, retroage de forma determinante sobre ela. Mas nisso é que se baseia toda a estrutura da entidade comunitária autônoma, oriunda das próprias relações de produção, e com isso, ao mesmo tempo, sua estrutura política peculiar. É sempre na relação direta dos proprietários das condições de produção com os produtores diretos – relação da qual cada forma sempre corresponde naturalmente a determinada fase do desenvolvimento dos métodos de trabalho, e portanto a sua força produtiva social – que encontramos o segredo mais íntimo, o fundamento oculto de toda a construção social e, por conseguinte, da forma política das relações de soberania e de dependência, em suma, de cada forma específica de Estado. Isso não impede que a mesma base econômica – a mesma quanto às condições principais – possa, devido a inúmeras circunstâncias empíricas distintas, condições naturais, relações raciais, influências históricas externas etc., exibir infinitas variações e graduações em sua manifestação, as quais só podem ser entendidas mediante análise dessas circunstâncias empiricamente dadas.

Quanto à renda em trabalho, a forma mais simples e primitiva da renda, compreende-se com nitidez o seguinte: a renda é aqui a forma original da mais-valia e coincide com ela. Além disso, porém, a coincidência da mais-valia com o trabalho alheio não pago não precisa aqui de nenhuma análise, pois ainda existe em sua forma visível, palpável, já que o trabalho do produtor direto para si mesmo ainda está separado especial e temporalmente de seu trabalho para o senhor fundiário, e esse trabalho aparece diretamente na forma brutal de trabalho forçado para um terceiro. Assim também quanto ao "atributo" da terra de proporcionar renda, aqui reduzido a um notório e manifesto mistério, pois à natureza que fornece a renda também pertence a força de trabalho humana presa à terra e a relação de propriedade que obriga o dono a empregar essa força de trabalho e explorá-la além da medida exigida para satisfazer suas próprias necessidades imprescindíveis. A renda consiste na apropriação direta desse dispêndio excedente da força de trabalho pelo proprietário da terra, pois o produtor direto não paga a este nenhuma outra renda. Aqui, onde não só mais-valia e renda são idênticas, mas a mais-valia ainda possui visivelmente a forma de mais-trabalho, são evidentes as condições naturais ou os limites da renda, porque também o são do mais-trabalho em geral. O produtor direto precisa 1) possuir força de trabalho suficiente e 2) que as condições naturais de seu trabalho, portanto, em primeira instância, o solo a ser trabalhado, sejam suficientemente férteis, numa palavra, que a produtividade natural de seu trabalho seja suficientemente grande para que lhe reste a possibilidade de trabalho excedente, acima do trabalho necessário à satisfação de suas necessidades imprescindíveis. Essa possibilidade não cria a renda: isso só ocorre pela coerção, que faz da possibilidade uma realidade. Mas a própria possibilidade está presa a condições naturais subjetivas e objetivas. Também nisso não há nada de misterioso. Se a força de trabalho é pequena e as condições naturais de trabalho são precárias, então o mais-trabalho será pequeno, mas, por sua vez, também o serão as necessidades dos produtores e, por outro lado, o número relativo de exploradores do mais-trabalho e, por fim, o mais-produto em que se materializa esse mais-trabalho pouco rentável para esse número menor de proprietários exploradores.

Finalmente, na renda em trabalho evidencia-se que, pressupondo-se constantes as demais circunstâncias, dependerá completamente do volume relativo do mais-trabalho ou do trabalho do servo da gleba até que ponto o produto direto será capaz de melhorar sua própria situação, enriquecer, gerar um excedente sobre os meios de subsistência indispensáveis ou, se quisermos antecipar o modo capitalista de expressão, se ou até que ponto poderá produzir algum lucro para si, isto é, um excedente sobre o salário produzido por ele mesmo. Aqui a renda é a forma normal do mais-trabalho, a forma que tudo absorve, a forma por assim dizer legítima; e, muito longe de ser um excedente sobre o lucro, isto é, aqui acima de qualquer outro excedente sobre o salário, não só o volume de tal lucro, mas, permanecendo iguais as demais circunstâncias, até mesmo sua existência depende do volume da renda, isto é, do mais-trabalho que precisa obrigatoriamente ser prestado ao proprietário.

Alguns historiadores expressaram sua admiração pelo fato de, como o produtor direto não é proprietário, mas apenas possuidor, e como *de jure* todo o seu mais-trabalho efetivamente pertence ao proprietário da terra, sob essas condições em geral poder ocorrer um desenvolvimento autônomo de patrimônio e, falando em termos relativos, de riqueza por parte dos servos ou dos indivíduos sujeitos à prestação de serviços. Está, no entanto, claro que nas situações naturais e não desenvolvidas, em que se baseia essa relação social de produção e seu correspondente modo de produção, a tradição precisa desempenhar papel preponderante. Além disso, está claro que aqui, como sempre, é do interesse da parte dominante da sociedade consagrar o que já existe como lei e fixar como legais as barreiras estabelecidas pelo uso e pela tradição. Fazendo-se abstração de todo o resto, isso se realiza, aliás, por si, apenas a partir do momento em que a reprodução constante da base das condições imperantes, da relação que lhe é subjacente, assume com o correr do tempo uma forma regulada e ordenada; e essa regra e essa ordem são elas mesmas um fator imprescindível de cada modo de produção que pretenda assumir solidez social e independência do mero acaso ou da arbitrariedade. São exatamente a forma de sua consolidação social e, por isso, de sua relativa emancipação da mera arbitrariedade e do mero acaso. Elas atingem essa forma no caso de situações estanques tanto do processo de produção quanto das relações sociais a ele correspondentes, pela mera reprodução repetida de si mesmo. Caso tenham perdurado por certo tempo, cristalizam-se como uso e tradição, sendo, por fim, consagradas como lei expressa. Ora, já que a forma desse mais-trabalho, o trabalho de servo da gleba, repousa sobre a própria falta de desenvolvimento de todas as forças produtivas sociais do trabalho, sobre a crueza do próprio modo de trabalhar, precisa, naturalmente, retirar uma parte alíquota muito menor do trabalho total dos produtores diretos do que em modos de produção desenvolvidos e, especialmente, na produção capitalista. Suponhamos, por exemplo, que o trabalho servil para os senhores fundiários tenha sido originalmente de dois dias por semana. Esses dois dias de trabalho servil semanal estão, com isso, fixados, são uma grandeza constante, legalmente regulados pelo direito escrito ou consuetudinário. Mas a produtividade dos demais dias de semana, sobre os quais o produtor direto dispõe pessoalmente, é uma grandeza variável, que precisa se desenvolver ao longo de sua experiência, exatamente como as novas necessidades que ele passa a conhecer, exatamente como a expansão do mercado para seu produto, a crescente segurança com que ele dispõe quanto a essa parte de sua força de trabalho há de estimulá-lo a empregar ainda mais uma força de trabalho, no que não se deve esquecer que o emprego dessa força de trabalho não se limita, de maneira alguma, à agricultura, mas inclui a indústria doméstica rural. A possibilidade de certo desenvolvimento econômico está dada aqui, dependendo, naturalmente, das circunstâncias favoráveis, do caráter racial nato etc.

III. A RENDA EM PRODUTOS

A metamorfose da renda em trabalho para a renda em produtos não altera, em termos econômicos, nada na essência da renda fundiária. Esta consiste, nas formas que aqui consideramos, em que renda fundiária seja a única forma dominante e normal da mais-valia ou do mais-trabalho, o que, por sua vez, se expressa de tal modo que ela seja o único mais-trabalho ou o único mais-produto que o produtor direto, que se encontra na *posse* das condições de trabalho necessárias para sua própria reprodução, deve entregar ao *proprietário*, a condição de trabalho que, nessa situação, tudo engloba: a terra; por outro lado, somente a terra se confronta com o produtor direto como uma condição de trabalho que se encontra em propriedade alheia, que se tornou autônoma em face dele e que está personificada no proprietário da terra. À medida que a renda em produtos constitui a forma dominante e mais desenvolvida da renda fundiária, ela sempre é, aliás, mais ou menos acompanhada por remanescentes da forma anterior, ou seja, por renda a ser diretamente entregue em trabalho, portanto em prestação coercitiva de serviços, e isso não importando que o senhor da terra seja uma pessoa privada ou o Estado. A renda em produtos supõe um estágio mais elevado de cultura do produtor direto, portanto um estágio mais desenvolvido de seu trabalho e da sociedade em geral; e se diferencia da forma precedente pelo fato de que o mais-trabalho já não deve ser executado em sua configuração natural, portanto também não mais sob a vigilância direta e a coerção do senhor da terra ou de seu representante; pelo contrário, o produtor direto, impulsionado pelo poder das condições imperantes em vez de sê-lo pela coerção direta, e pela determinação legal em vez de sê-lo pelo chicote, deve efetuá-lo sob sua própria responsabilidade. A mais-produção, no sentido de produção além das necessidades indispensáveis do produtor direto e dentro do campo de produção que lhe pertence de fato, dentro da terra explorada por ele mesmo, em vez de, como anteriormente, efetuar-se nas terras do senhor, ao lado e fora de sua propriedade, já se tornou aqui uma regra evidente por si. Nesse aspecto, o produtor direto já dispõe mais ou menos de todo o seu tempo de trabalho, embora parte desse tempo de trabalho, originalmente quase todo o tempo excedente do mesmo, pertença, sem nenhuma remuneração, ao proprietário de terra; só que este já não o recebe diretamente, em sua própria forma natural, mas na forma natural do produto em que se configura. Desaparece a penosa e, conforme a regulamentação do trabalho servil, mais ou menos prejudicial interrupção em que se trabalha para o proprietário da terra (confrontar Livro 1, cap. 8, [parte] 2: "Fabricante e boiardo"), onde a renda em produtos é pura ou ao menos está reduzida a uns poucos intervalos curtos no ano, onde persistem certas prestações pessoais ao lado da renda em produtos. O trabalho do produtor para si mesmo e seu trabalho para o proprietário da terra já não estão visivelmente separados em termos de espaço e tempo. Em sua pureza, essa renda em produtos, embora possa continuar se arrastando aos trancos e barrancos em modos e relações de produção mais evoluídos, sempre pressupõe uma economia natural, isto é, que as condições econômicas sejam geradas, na maior parte, pela própria economia e que sejam repostas e reproduzidas diretamente do produto bruto. Pressupõe, além disso, a conjunção da indústria doméstica rural com a agricultura; o mais-produto, que constitui a renda, se origina desse trabalho familiar agrícola-industrial, quer a renda em produtos inclua, como ocorria com frequência na Idade Média, mais ou menos produtos industriais ou somente seja paga na forma de produto agrícola propriamente dito. Nessa forma da renda, a renda em produtos, em que o mais-trabalho se configura, não precisa de maneira alguma esgotar todo o trabalho excedente da família rural. Pelo contrário, se comparada com a renda em trabalho, é dada ao produtor liberdade bem maior de movimentos a fim de ganhar tempo para trabalho excedente, cujo produto pertence a ele mesmo, tanto quanto o produto de seu trabalho que satisfaz suas necessidades mais básicas. Do mesmo modo, com essa forma surgirão maiores diferenças na situação econômica dos produtores diretos individuais. Existe ao menos essa possibilidade, e também a possibilidade de esse produtor direto conseguir os meios de, ele mesmo, por sua vez, explorar diretamente trabalho alheio. Isso não nos interessa aqui, pois estamos tratando da forma pura da renda em produtos; assim como não podemos entrar nas combinações infinitamente diferentes em que as diversas formas de renda podem se unir, falsificar e entrelaçar. Pela forma da renda em produtos ligada a determinada espécie de produto e de produção, pela indispensável conjunção de agricultura e indústria domiciliar, pela quase total autossuficiência que a família de camponeses obtém mediante isso, por sua independência para com o mercado e pela dinâmica da produção e da história da parte da sociedade que fica fora dela, em suma, pelo caráter da economia natural em geral, essa forma é totalmente adequada para fornecer a base de situações sociais estacionárias, como podemos ver, por exemplo, na Ásia. Aqui, como na forma anterior da renda em trabalho, a renda fundiária é a forma normal da mais-valia e, por isso, do mais-trabalho, isto é, de todo o trabalho excedente que o produtor direto tem de executar de graça, de fato, portanto, coercitivamente – embora essa coerção já não se defronte com ele na antiga forma brutal –, para o proprietário de sua condição essencial de trabalho: a terra. O lucro – caso assim denominemos, antecipando falsamente, a parcela do excedente de seu trabalho que vai além do trabalho necessário do qual ele mesmo se apropria – determina tão pouco a renda em produtos que, pelo contrário, cresce atrás de suas costas e tem seu limite natural no volume da renda em produtos. Esta última pode ter um volume capaz de pôr seriamente em perigo a reprodução das condições de trabalho, dos próprios meios de produção, de tornar quase impossível a expansão da produção, reduzindo os produtores diretos ao mínimo físico de meios de subsistência. Esse é precisamente o caso quando essa forma é encontrada e passa a ser explorada por uma nação comercial conquistadora, como, por exemplo, pelos ingleses na Índia.

IV. A RENDA EM DINHEIRO

Entendemos aqui por renda em dinheiro – diferenciando-a da renda fundiária industrial ou comercial baseada no modo de produção capitalista e que é apenas um excedente sobre o lucro médio – a renda fundiária que se origina apenas de mera metamorfose da renda em produtos, assim como esta era tão somente a metamorfose da renda em trabalho. Aqui, o produtor direto, em vez de ter de pagar em produto, tem de pagar o preço dele ao proprietário da terra (quer este seja agora o Estado ou uma pessoa privada). Portanto, um excedente em produtos em sua forma natural já não basta; ele precisa ser transformado dessa forma natural para a forma-dinheiro. Embora o produtor direto continue sempre a produzir ele mesmo ao menos a maior parte de seus meios de subsistência, agora parte de seu produto precisa ser transformada em mercadoria, ser produzida como mercadoria. Portanto, o caráter de todo o modo de produção fica mais ou menos alterado. Perde sua independência, sua desvinculação do contexto social. A relação dos custos de produção, em que, agora, entram gastos financeiros maiores ou menores, torna-se decisiva; em todo caso, decisivo se torna o excedente da parte do produto bruto a ser transformada em dinheiro sobre a parte que precisa servir, por um lado, novamente como meio de reprodução e, por outro, como meio de subsistência imediato. Não obstante, a base dessa espécie de renda, embora vá ao encontro de sua dissolução, permanece a mesma que na renda em produtos, que constitui o ponto de partida. O produtor direto continua a ser o possuidor tradicional da terra, por herança ou por outra via, e tem de canalizar para o senhor fundiário, enquanto proprietário de sua mais essencial condição de produção, trabalho forçado excedente, isto é, trabalho não pago, feito sem equivalente, na forma de mais-produto transformado em dinheiro. A propriedade das condições de trabalho outras que não o solo – instrumentos agrícolas e demais bens móveis – transforma-se, já nas formas mais antigas, primeiro de fato, depois também de direito, em propriedade dos produtores diretos, pressupondo-se isso ainda mais para a renda em dinheiro. A transformação da renda em produtos na renda em dinheiro, que primeiro ocorre esporadicamente e depois em escala mais ou menos nacional, pressupõe desenvolvimento já significativo do comércio, da indústria urbana, da produção de mercadorias em geral e, com isso, da circulação de dinheiro. Além disso, pressupõe um preço de mercado dos produtos e que estes sejam vendidos aproximadamente por seu valor, o que nas formas anteriores não precisa ser de maneira alguma o caso. No Leste Europeu ainda podemos em parte ver com nossos próprios olhos essa transformação ocorrer. Quão pouco ela é realizável sem certo desenvolvimento da força produtiva social do trabalho testemunham-no várias tentativas fracassadas, no Império Romano, dessa transformação e recaídas na renda em espécie, logo depois de se ter pretendido transformar de modo geral em renda em dinheiro ao menos a parte dessa renda existente como imposto estatal. A mesma dificuldade de transição mostra, por exemplo, antes da Revolução Francesa, a combinação e adulteração da renda em dinheiro por meio de restos de suas formas anteriores.

A renda em dinheiro, enquanto forma transformada da renda em produtos, e em antítese a ela, é a última forma e, ao mesmo tempo, a forma de dissolução da espécie de renda fundiária que examinamos até agora, ou seja, da renda fundiária como a forma normal da mais-valia e do mais-trabalho não pago a ser extraído para o proprietário das condições de produção. Em sua forma pura, essa renda, assim como a renda em trabalho e a renda em produtos, não representa nenhum excedente sobre o lucro. Por definição, absorve-o. À medida que ele surge de fato ao lado dela como parte específica do trabalho excedente, a renda em dinheiro constitui, como a renda em suas formas anteriores, ainda a barreira normal desse lucro embrionário que só pode desenvolver-se proporcionalmente à possibilidade de exploração, seja de trabalho próprio excedente, seja de trabalho alheio, que resta depois de efetuado o mais-trabalho representado na renda em dinheiro. Se realmente se origina um lucro ao lado dessa renda, então o lucro não constitui, por conseguinte, barreira para a renda, mas, ao contrário, a renda constitui barreira para o lucro. Mas, como já foi dito, a renda em dinheiro é, ao mesmo tempo, a forma de dissolução da renda fundiária até agora examinada, coincidindo *prima facie* com a mais-valia e o mais-trabalho, isto é, renda fundiária enquanto forma normal e dominante da mais-valia.

Em seu desenvolvimento ulterior, a renda em dinheiro deve levar – abstraindo-se de todas as formas intermediárias, como, por exemplo, o pequeno arrendatário rural – quer à transformação do solo em propriedade camponesa livre, quer à forma do modo de produção capitalista, à renda que o arrendatário capitalista paga.

Com a renda em dinheiro, transforma-se necessariamente a relação tradicional do direito consuetudinário entre o campesinato sujeito a prestações, que possui e trabalha parte da terra, e o proprietário da terra em relação puramente monetária, contratual, determinada segundo regras fixas do Direito positivo. Por isso, o que possui e cultiva a terra torna-se, na prática, simples arrendatário. Sendo as demais condições gerais de produção adequadas, essa transformação passa a ser usada, por um lado, para pouco a pouco expropriar os antigos posseiros agrícolas e, em seu lugar, pôr um arrendatário capitalista; por outro, livra o antigo possuidor de sua obrigação de pagar renda e leva à sua metamorfose em camponês independente, com plena propriedade da terra que cultiva. A transformação da renda em produtos na renda em dinheiro é, além disso, não só necessariamente acompanhada, mas até mesmo antecipada pela formação de uma classe de diaristas sem posses e que se alugam por dinheiro. Durante seu período de surgimento, em que essa nova classe só aparece de maneira esporádica, desenvolveu-se necessariamente, por isso, entre os camponeses mais bem situados e obrigados à renda, o hábito de explorar por conta própria os diaristas rurais, exatamente como já na época feudal os servos camponeses mais bem situados mantinham, por sua vez, subalternos. Assim se desenvolve pouco a pouco entre eles a possibilidade de formarem certo patrimônio e se transformarem eles mesmos em futuros capitalistas. Entre os próprios antigos possuidores de terra, que trabalham autonomamente, surge, assim, uma sementeira de arrendatários capitalistas, cujo desenvolvimento está condicionado pelo desenvolvimento geral da produção capitalista fora do campo em si e ocorre com bastante rapidez se, como no século XVI na Inglaterra, acodem circunstâncias tão especialmente favoráveis quanto a progressiva desvalorização do dinheiro então ocorrida e que, no caso dos contratos de arrendamento tradicionalmente longos, fez com que eles enriquecessem à custa dos proprietários de terras.

Além disso: assim que a renda assume a forma de renda em dinheiro e, com isso, a relação entre o camponês que paga renda e o proprietário da terra passa a assumir a forma de uma relação contratual – uma transformação que só é possível em geral em certo grau de relativo desenvolvimento do mercado mundial, do comércio e da manufatura –, também aparece necessariamente o arrendamento do solo a capitalistas que até então estavam fora dos limites rurais e que, agora, transferem para o campo e para a agricultura o capital obtido em âmbito citadino e o modo empresarial capitalista já desenvolvido nas cidades, ou seja, a feitura do produto como mera mercadoria e como simples meio para a apropriação de mais-valia. Essa forma só consegue tornar-se regra nos países que, na transição do modo de produção feudal para o capitalista, dominam o mercado mundial. Com o surgimento do arrendatário capitalista entre o proprietário da terra e o agricultor que realmente trabalha, rompem-se todas as relações que se originaram do antigo modo de produção rural. O arrendatário se torna o comandante efetivo desses trabalhadores agrícolas e o verdadeiro explorador do mais-trabalho deles, enquanto o proprietário da terra só mantém relação direta, ou seja, mera relação monetária e contratual, com esse arrendatário capitalista. Com isso também se transforma a natureza da renda, não só de fato e ocasionalmente, em sua forma reconhecida e dominante. Da forma normal da mais-valia e do mais-trabalho ela acaba reduzindo-se a um excedente desse mais-trabalho sobre a parte do mesmo que passa a ser apropriada sob a forma de lucro pelo capitalista explorador; assim também o mais-trabalho, lucro e excedente sobre o lucro, agora diretamente extraídos dele, passa a ser apropriado na forma de mais-produto total e convertido em moeda corrente. Só uma parte excedente ele ainda deixa como renda ao proprietário da terra, uma parte dessa mais-valia extraída, graças a seu capital, pela exploração direta do trabalhador rural. Quanto ele lhe cede é determinado, na média, como limite, pelo lucro médio que o capital proporciona nas esferas da produção não agrícolas e pelos preços de produção não agrícolas regulados por ele. A partir da forma normal da mais-valia e do mais-trabalho, a renda se transformou agora, portanto, numa dessas esferas especiais da produção, a esfera agrícola, num excedente sobre a parte do mais-trabalho que o capital reclama como cabendo a ele de antemão e *normaliter*. Em vez da renda, o lucro se torna agora a forma normal da mais-valia, sendo a renda considerada apenas como uma forma autonomizada sob circunstâncias especiais, mas não da mais-valia como tal, e sim de determinada ramificação dela: o sobrelucro. Não é necessário continuar a insistir sobre como a essa transformação corresponde uma paulatina transformação no próprio modo de produção. Isso já decorre do fato de que o normal para esse arrendatário capitalista é produzir o produto agrícola como mercadoria, e, enquanto antes apenas o excedente sobre seu meio de subsistência se transformava em mercadoria, agora só uma parte relativamente ínfima dessas mercadorias se transforma de imediato em meios de subsistência para ele. Já não é a terra, mas o capital que agora subsome o trabalho agrícola diretamente a si mesmo e à sua produtividade.

O lucro médio e o preço de produção regulado por ele formam-se fora das condições simplesmente rurais, no círculo do comércio e da manufatura urbanos. O lucro do camponês que paga a renda não entra nele como fator de equiparação, pois sua relação para com o proprietário da terra não é capitalista. À medida que ele obtém lucro, isto é, realiza um excedente sobre seus meios de subsistência necessários, seja mediante trabalho próprio, seja mediante exploração de trabalho alheio, isso acontece por trás das relações normais e, permanecendo iguais as demais circunstâncias, o nível desse lucro não é determinante da renda, mas, pelo contrário, é determinado por ela enquanto seu limite. A elevada taxa de lucro na Idade Média não se deve apenas à baixa composição do capital, em que prepondera o elemento variável, investido em salários. Deve-se à roubalheira executada no campo, à apropriação de parte da renda do proprietário da terra e do rendimento de seus súditos. Se, na Idade Média, o campo explorava politicamente a cidade onde quer que o feudalismo não tivesse sido superado por algum excepcional desenvolvimento urbano, como na Itália, assim também a cidade explorava o campo, em todo lugar e sem exceção, economicamente por meio de seus preços de monopólio, de seu sistema de impostos, de suas corporações, de seu engodo comercial direto e de sua usura.

Poder-se-ia pensar que o mero ingresso do arrendatário capitalista na produção agrícola comprova que o preço dos produtos agrícolas, que sempre pagaram renda numa ou noutra forma, ao menos à época desse ingresso precisa estar acima dos preços de produção da manufatura, seja porque alcança o nível de um preço de monopólio, seja porque subiu até o valor dos produtos agrícolas e, de fato, seu valor está acima do preço de produção regulado pelo lucro médio. Pois do contrário o arrendatário capitalista não poderia, em vista dos preços preexistentes dos produtos agrícolas, de maneira alguma realizar primeiro o lucro médio a partir do preço desses produtos e, depois, a partir do mesmo preço, ainda pagar sob a forma de renda um excedente sobre esse lucro. De acordo com isso, poder-se-ia concluir que a taxa geral de lucro, que o arrendatário capitalista define em seu contrato com o proprietário da terra, havia sido formada sem inclusão da renda e, por isso, assim que ela entra de modo regulador na produção agrícola, já encontra esse excedente e o paga ao proprietário da terra. É desse modo tradicional que, por exemplo, o Sr. Rodbertus explica essa questão. Mas:

Primeiro. Essa entrada do capital como poder autônomo e dominante não ocorre de uma só vez e de modo geral, e sim paulatinamente e em ramos específicos da produção. Ele não atinge primeiro a agricultura propriamente dita, mas ramos da produção, como a pecuária, sobretudo a criação de ovelhas, cujo produto principal, a lã, com o avanço da indústria, inicialmente oferece constante excedente do preço de mercado sobre o preço de produção, o que só mais tarde se compensa. Isso na Inglaterra, durante o século XVI.

Segundo. Já que essa produção capitalista no início só entra esporadicamente, não se pode alegar absolutamente nada contra a suposição de que ela, de início, só se aposse de conjuntos de terrenos tais que, devido a sua fertilidade específica ou sua localização especialmente favorável, podem, no todo, pagar uma renda diferencial.

Terceiro. Supondo inclusive que, nos começos desse modo de produção, os preços do produto agrícola, que, de fato, pressupõe um peso crescente da demanda urbana, estivessem acima do preço de produção, como, sem nenhuma dúvida, era o caso no último terço do século XVII na Inglaterra; então, assim que esse modo de produção tiver conseguido esquivar-se até certo ponto da mera subsunção da agricultura ao capital e assim que tiver ocorrido a melhoria da agricultura e a diminuição dos custos de produção, operar-se-á uma compensação em virtude de uma reação, uma queda no preço dos produtos agrícolas, como ocorreu na Inglaterra durante a primeira metade do século XVIII.

Por essa via tradicional, a renda não pode ser explicada como excedente sobre o lucro médio. Sejam quais forem as condições historicamente preexistentes sob as quais ela possa aparecer primeiro – uma vez que tenha fincado raízes, a renda não pode ocorrer a não ser sob as condições modernas anteriormente apresentadas.

Por último, cabe ainda assinalar que, no caso da transformação da renda em produtos na renda em dinheiro, o preço do solo e, com isso, sua alienabilidade e alienação se tornam um fator essencial e, com isso, não só aquele que era anteriormente obrigado a pagar renda pode transformar-se em proprietário camponês independente, mas também citadinos e outros possuidores de dinheiro podem comprar terrenos para arrendá-los, seja a camponeses, seja a capitalistas, e usufruir da renda como forma dos juros de seu capital assim investido; que, portanto, também essa circunstância ajuda a fomentar a transformação do modo de exploração anterior, da relação entre proprietário e agricultor real e até da renda.

V. A PARCERIA E A PROPRIEDADE CAMPONESA PARCELÁRIA

Chegamos aqui ao fim de nossa série de estudos sobre a renda fundiária.

Em todas essas formas de renda fundiária: renda em trabalho, renda em produtos, renda em dinheiro (como mera forma transformada da renda em produtos), o pagador de renda é sempre pressuposto como o verdadeiro cultivador e possuidor da terra, cujo mais-trabalho não pago vai direto para o proprietário da terra. Mesmo na última forma, a renda em dinheiro – à medida que ela é pura, isto é, mera forma transformada da renda em produtos –, isso não só é possível, mas efetivamente o caso.

Como uma forma de transição entre a forma originária da renda e a renda capitalista pode ser considerado o sistema de meias ou sistema de parceria, onde aquele que cultiva (o arrendatário), além de seu trabalho (próprio ou alheio), fornece uma parte do capital de giro, enquanto o proprietário da terra, além do solo, outra parte do capital de giro (por exemplo, o gado), e o produto é dividido em determinadas proporções, variáveis nos diferentes países, entre o rendeiro e o proprietário da terra. Para a plena exploração capitalista falta aqui, por um lado, ao arrendatário o capital suficiente. A cota que o proprietário da terra recebe aqui não tem, por outro lado, a forma pura de renda. Pode, de fato, incluir juros sobre o capital adiantado por ele e uma renda excedente. Também pode, de fato, absorver todo o mais-trabalho do arrendatário ou também lhe deixar uma cota maior ou menor nesse mais-trabalho. O essencial, porém, está em que a renda já nem sequer aparece como a forma normal da mais-valia. Por um lado, o rendeiro, quer ele empregue trabalho próprio ou alheio, tem direito a uma parte do produto, não em sua qualidade de trabalhador, mas como possuidor de uma parte dos instrumentos de trabalho, como seu próprio capitalista. Por outro lado, o proprietário da terra reivindica sua parte não exclusivamente devido a sua propriedade do solo, mas também como prestamista de capital.[44][a]

Um resto da antiga propriedade comunitária do solo, que havia se conservado depois da transição para a economia campesina independente, por exemplo, na Polônia e na Romênia, serviu lá de pretexto para efetuar a transição para as formas inferiores da renda fundiária. Uma parte do solo pertence aos camponeses individuais e é cultivada autonomamente por eles. Outra é cultivada comunitariamente e constitui um mais-produto que serve, em parte, para despesas da comunidade e, em parte, como reserva para más colheitas etc. Essas duas últimas partes do mais-produto e, por fim, todo o mais-produto, incluindo o solo sobre o qual ele cresceu, passam a ser pouco a pouco usurpados por funcionários públicos e pessoas privadas, transformando assim os proprietários de terra camponeses originariamente livres, cuja obrigação de cultivar coletivamente esse solo é mantida, em servos da gleba ou camponeses sujeitos a pagar renda em produtos, enquanto os usurpadores da terra comunitária se transformam nos proprietários fundiários não só da terra comunitária usurpada, mas também dos próprios bens dos camponeses.

Sobre a economia escravista propriamente dita (que também percorre uma escala que vai desde a escravidão patriarcal, preponderantemente para uso próprio, até o sistema de plantação propriamente dito, que trabalha para o mercado mundial) e sobre a economia de propriedades rurais, em que o proprietário da terra faz o cultivo por conta própria, possui todos os instrumentos de produção e explora o trabalho de servos, quer não livres, quer livres pagos com gêneros ou com dinheiro, não precisamos entrar em maiores detalhes aqui. Proprietários de terra e proprietários de instrumentos de produção, por isso também o explorador direto dos trabalhadores contados entre esses instrumentos de produção, coincidem aqui. Assim também coincidem renda e lucro, não ocorre nenhuma separação entre as diversas formas de mais-valia. Todo o mais-trabalho dos trabalhadores que aqui se representa no mais-produto é extraído deles diretamente pelo proprietário de todos os instrumentos de produção, entre os quais se conta o solo e, na forma originária da escravidão, os próprios produtores imediatos. Onde predomina uma visão capitalista, como nas plantações norte-americanas, toda essa mais-valia é compreendida como lucro; onde não existe nem o próprio modo de produção capitalista nem seu modo correspondente de ver tenha sido transposto de países capitalistas, ela aparece como renda. De qualquer modo, essa forma não oferece nenhuma dificuldade. O rendimento do proprietário da terra, qualquer que seja o nome que se lhe queira dar, o mais-produto disponível apropriado por ele, é aqui a forma normal e predominante em que todo o mais-trabalho não pago é imediatamente apropriado, constituindo a propriedade fundiária a base dessa apropriação.

Além disso, a *propriedade parcelária*. Nesse caso, o camponês é ao mesmo tempo livre proprietário de seu solo, que aparece como seu principal instrumento de produção, como o indispensável campo de ocupação para seu trabalho e seu capital. Nessa forma não é pago nenhum arrendamento; a renda aparece, portanto, não como uma forma à parte da mais-valia, embora se represente como sobrelucro por meio da comparação com outros ramos da produção em países em que, de resto, o modo de produção capitalista esteja desenvolvido, mas como sobrelucro que cabe ao camponês, assim como de modo geral todo o produto de seu trabalho.

Essa forma de propriedade fundiária pressupõe que, como nas formas anteriores mais antigas da mesma, a população rural possui uma grande preponderância numérica sobre a citadina, que, portanto, se também antes reinava o modo de produção capitalista, ele está relativamente pouco desenvolvido e, por isso, também nos outros ramos de produção a concentração dos capitais se movimenta dentro de limites estreitos, preponderando a fragmentação do capital. De acordo com a natureza da coisa, uma parte preponderante do produto da terra precisa ser consumida, como meio imediato de subsistência, por seus produtores, os camponeses, e só o excedente sobre isso é que pode entrar como mercadoria no comércio com as cidades. Como quer que o preço médio de mercado do produto agrícola seja aqui regulado, a renda diferencial, uma parte excedente do preço das mercadorias para as terras melhores ou mais bem situadas, precisa evidentemente existir aqui tanto quanto no modo de produção capitalista. Mesmo que essa forma ocorra em condições sociais onde nem sequer esteja desenvolvido qualquer preço geral de mercado, existe essa renda diferencial; ela aparece então no mais-produto excedente. Só que ela vai para o bolso do camponês, cujo trabalho se realiza sob condições naturais mais favoráveis. Exatamente nessa forma, em que o preço do solo entra para o camponês como um elemento nos custos efetivos de produção, à medida que, com o posterior desenvolvimento dessa forma, no caso de partilhas por herança, se recebe o solo por certo valor em dinheiro ou, então, no caso de trocas constantes de dono, seja de toda a propriedade, seja de suas partes integrantes, o solo é comprado pelo próprio lavrador, em grande parte mediante empréstimo de dinheiro contra hipoteca; onde, portanto, o preço da terra, que não é nada mais do que a renda capitalizada, é um elemento pressuposto e, por isso, a renda parece existir independentemente de qualquer diferenciação na fertilidade e localização do solo – precisamente aqui é que, em média, é preciso supor que não exista nenhuma renda absoluta e que, portanto, o solo pior não paga nenhuma renda; pois a renda absoluta supõe ou um excedente realizado do valor do produto sobre seu preço de produção ou um preço de monopólio que excede o valor do produto. Já que aqui, no entanto, a agricultura consiste em grande parte no cultivo para a subsistência imediata e o solo é, para a maioria da população, um campo indispensável de ocupação de seu trabalho e de seu capital, então o preço regulador de mercado do produto só alcançará seu valor sob circunstâncias extraordinárias; esse valor há de estar, porém, em média, acima do preço de produção por causa da preponderância do elemento de trabalho vivo, embora esse excedente do valor sobre o preço de produção seja novamente limitado pela baixa composição também do capital não agrícola em países de economia predominantemente parcelária. Como limite da exploração para o camponês parcelário não aparece, por um lado, o lucro médio do capital, enquanto ele é pequeno capitalista; nem, por outro, a necessidade de uma renda, enquanto ele é proprietário da terra. Para ele, como limite absoluto enquanto pequeno capitalista, não aparece nada senão o salário que ele paga a si mesmo, após dedução dos custos propriamente ditos. Enquanto o preço do produto cobrir seu salário, ele continuará a cultivar suas terras, e isso com frequência até chegar a um mínimo físico do salário. No que tange a sua qualidade de proprietário da terra, desaparece assim para ele a limitação da propriedade, que só consegue se fazer valer em oposição ao capital separado dela (inclusive trabalho) à medida que coloca um obstáculo ao investimento dele. De qualquer modo, os juros do preço da terra, que na maioria dos casos ainda precisam ser pagos a um terceiro, ao credor hipotecário, constituem uma limitação. Mas esses juros podem ser pagos com a parte do mais-trabalho que, sob condições capitalistas, constituiria o lucro. A renda antecipada no preço da terra e nos juros pagos por ela pode, portanto, não ser nada mais que uma parte do mais-trabalho dos camponeses capitalizado sobre trabalho indispensável à sua subsistência, sem que esse mais-trabalho se realize numa parte do valor da mercadoria, igual a todo o lucro médio, e, ainda menos, num excedente sobre o mais-trabalho realizado no lucro médio, num sobrelucro. A renda pode ser uma dedução do lucro médio ou até mesmo a única parte dele que é realizada. Para que o camponês parcelário cultive sua terra ou compre terra para cultivar não é, portanto, necessário, como no modo de produção capitalista normal, que o preço de mercado do produto agrícola suba o bastante para render-lhe o lucro médio e, ainda menos, um excedente, fixado na forma de renda, sobre esse lucro médio. Não é, portanto, necessário que o preço de mercado suba até o valor ou até o preço de produção de seu produto. Essa é uma das causas por que o preço dos cereais em países em que prepondera a propriedade parcelária está em nível mais baixo do que nos países com modo de produção capitalista. Uma parte do mais-trabalho dos camponeses que trabalham sob as piores condições é dada gratuitamente à sociedade e nem sequer entra na regulação dos preços de produção ou na formação do valor em geral. Esse preço mais baixo é, portanto, um resultado da pobreza dos produtores, de modo nenhum da produtividade de seu trabalho.

Essa forma de livre propriedade parcelária de camponeses que cultivam sua própria terra, como forma normal e dominante, constitui, por um lado, o fundamento econômico da sociedade nas melhores épocas da Antiguidade clássica e, por outro lado, encontramo-la entre os povos modernos como uma das formas que decorrem da dissolução da propriedade rural feudal. Esse é o caso da *yeomanry* na Inglaterra, do campesinato na Suécia, dos camponeses franceses e alemães ocidentais. Das colônias não falamos aqui, já que nelas o camponês independente se desenvolve sob outras condições.

A livre propriedade do camponês que cultiva sua própria terra é, evidentemente, a forma mais normal de propriedade fundiária para a pequena exploração, isto é, para um modo de produção em que a posse do solo é uma condição para a propriedade do trabalhador sobre o produto de seu próprio trabalho, em que o camponês, quer seja proprietário livre ou não, tem de sempre produzir, com sua família, para si mesmo, seus meios de subsistência, enquanto trabalhador autônomo isolado. A propriedade do solo é tão necessária para o pleno desenvolvimento desse modo de empreendimento quanto a propriedade do instrumento o é para o livre desenvolvimento do artesanato. Isso constitui aqui a base para o desenvolvimento da autonomia pessoal. É um ponto de transição necessário para o desenvolvimento da própria agricultura. As causas de seu declínio indicam sua limitação. São elas: aniquilamento da indústria doméstica rural, que constituía sua complementação normal, devido ao desenvolvimento da grande indústria; paulatino empobrecimento e esgotamento do solo sujeito a esse cultivo; usurpação, por grandes proprietários de terra, da propriedade comunitária, que, por toda parte, constitui a segunda complementação da economia parcelária, pois só ela possibilita a criação de gado; concorrência da grande cultura, seja ela do sistema de plantação, seja da exploração capitalista. Melhorias na agricultura que, por um lado, acarretem queda dos preços dos produtos agrícolas e, por outro, exijam maiores gastos e condições materiais de produção mais abundantes também colaboram para tanto, como ocorreu na primeira metade do século XVIII na Inglaterra.

A propriedade parcelária exclui por sua natureza: o desenvolvimento das forças produtivas sociais do trabalho, as formas sociais do trabalho, a concentração social dos capitais, a criação de gado em larga escala, a aplicação progressiva da ciência.

Em toda parte, usura e sistema de impostos necessariamente a levarão à ruína. O desembolso do capital no preço da terra subtrai esse capital ao cultivo. Infinita fragmentação dos meios de produção e isolamento dos próprios produtores. Monstruoso desperdício de força humana. Progressiva piora das condições de produção e encarecimento dos meios de produção são uma lei necessária da propriedade parcelária. Desgraça das estações do ano frutíferas para esse modo de produção.[45]

Um dos males específicos da pequena agricultura, quando se acha vinculada à livre propriedade da terra, surge do fato de que o lavrador desembolsa um capital na compra da terra. (O mesmo é válido para a forma de transição em que o grande proprietário de terra desembolsa um capital para, primeiro, comprar terras e, depois, explorá-las ele mesmo como seu próprio arrendatário.) Pela natureza móvel que a terra aqui assume enquanto mera mercadoria, crescem as mudanças de posse,[46] de tal modo que, a cada nova geração, com cada partilha, a terra, do ponto de vista do camponês, entra de novo como investimento de capital, isto é, torna-se terra comprada por ele. Aqui, o preço da terra constitui um elemento preponderante dos falsos custos individuais de produção ou do preço de custo do produto para os produtores individuais.

O preço da terra não é mais que a renda capitalizada e, por isso, antecipada. Se a agricultura é explorada capitalistamente de tal maneira que o proprietário da terra só recebe a renda, e o arrendatário não paga nada pela terra com exceção dessa renda anual, então é evidente que o capital investido pelo próprio proprietário da terra na compra da terra é, para ele, certamente, um investimento de capital portador de juros, mas que não tem nada a ver com o capital investido na própria agricultura. Não constitui parte nem do capital fixo aqui em funcionamento nem do capital circulante;[47] pelo contrário, só proporciona ao comprador um título ao receber a renda anual, mas não tem absolutamente nada a ver com a produção dessa renda. O comprador da terra paga o capital exatamente para aquele que vende a terra e, em compensação, o vendedor desiste de sua propriedade sobre a terra. Esse capital, portanto, já não existe como capital do comprador; ele já não o tem; já não pertence, portanto, ao capital que ele, de algum modo, possa investir na própria terra. Se ele comprou a terra caro ou barato, ou se ele a recebeu de graça, não altera nada no capital investido pelo arrendatário na exploração, e não altera nada na renda, mas altera apenas em que lhe apareça como juros ou não-juros, ou então como juros altos ou baixos.

Tomemos, por exemplo, a economia escravista. O preço que aqui é pago pelo escravo é simplesmente a mais-valia antecipada e capitalizada, ou lucro, que deve ser tirado dele. Mas o capital pago na compra do escravo não pertence ao capital mediante o qual é extraído o lucro, o mais-trabalho, do escravo. Pelo contrário. É capital do qual o dono do escravo se alienou, dedução do capital do qual ele dispõe na produção real. Deixou de existir para ele, exatamente como o capital investido na compra da terra deixou de existir para a agricultura. A melhor prova está em que só volta a ter existência para o dono do escravo ou para o dono da terra quando ele vende novamente o escravo ou a terra. Então sobrevém a mesma situação para o comprador. A circunstância de que ele comprou o escravo ainda não o capacita a, sem mais nem menos, explorar o escravo. A tanto ele só está capacitado mediante capital posterior, que investe na própria economia escravista.

O mesmo capital não existe duas vezes, uma vez nas mãos do vendedor, outra vez nas mãos do comprador da terra. Passa das mãos do comprador para as do vendedor e, com isso, a questão acaba. Agora, o comprador não tem nenhum capital, mas, em seu lugar, tem um terreno. A circunstância de que, agora, a renda obtida do efetivo investimento de capital nesse terreno venha a ser calculada pelo novo proprietário da terra como juros do capital que ele não investiu na terra, mas despendeu na aquisição da terra, não muda nada na natureza econômica do fator terra, como tampouco a circunstância de que alguém tenha pagado 1000 libras esterlinas por consolidados de três por cento tenha qualquer coisa a ver com o capital de cujas *revenues* sejam pagos os juros da dívida pública.

De fato, o dinheiro desembolsado na compra da terra, bem como aquele gasto na compra de títulos públicos, só é capital *em si*, como toda soma de valor na base do modo de produção capitalista é em si capital, capital potencial. O que foi pago pela terra, como pelos fundos públicos, como por outras mercadorias compradas, é uma soma em dinheiro. Esta é em si capital, pois pode ser transformada em capital. Depende do uso que o vendedor faz disso, se o dinheiro recebido por ele realmente se transforma em capital ou não. Para o comprador, nunca mais pode ter essa função, como tampouco qualquer outro dinheiro que ele tenha gasto definitivamente. Em seu cálculo isso figura para ele como um capital portador de juros, pois as *revenues* que ele obtém como renda da terra ou como juros devidos do Estado são calculados como juros do dinheiro que lhe custou a compra do título sobre esse rendimento. Enquanto capital, ele só pode realizá-lo pela revenda. Então entra, porém, um outro, o novo comprador, na mesma relação em que aquele estava, e sem nenhuma mudança de mãos o dinheiro assim despendido pode transformar-se em verdadeiro capital para quem desembolsa.

No caso da pequena propriedade, consolida-se ainda muito mais a ilusão de que a própria terra tem valor e, por isso, entra como capital no preço de produção do produto, exatamente como uma máquina ou uma matéria-prima. Viu-se, porém, que só em dois casos a renda, e daí a renda capitalizada, o preço da terra, pode entrar de modo determinante no preço do produto agrícola. Primeiro, se o valor do produto agrícola, devido à composição do capital agrícola – de um capital que não tem nada em comum com o capital desembolsado na compra da terra –, está acima de seu preço de produção e se as condições de mercado permitem ao proprietário da terra aproveitar essa diferença. Segundo, quando têm lugar preços de monopólio. E ambos os casos ocorrem com a menor frequência na economia parcelária e na pequena propriedade, exatamente porque aqui a produção satisfaz em grande parte as próprias necessidades e se realiza independentemente da regulação pela taxa geral de lucro. Mesmo onde a economia parcelária é praticada em terra arrendada, o dinheiro do arrendamento abrange, muito mais do que em quaisquer outras circunstâncias, uma parte do lucro e mesmo uma dedução do salário; é, então, apenas nominalmente renda, não renda enquanto categoria autônoma em relação ao salário e ao lucro.

O desembolso de capital monetário para a compra da terra não é, portanto, nenhum investimento de capital agrícola. É, *pro tanto*, uma diminuição do capital do qual os pequenos camponeses podem dispor em sua própria esfera de produção. Diminui *pro tanto* o volume de seus meios de produção e, por isso, estreita a base econômica da reprodução. Submete o pequeno camponês ao usurário, já que nessa esfera, em geral, há pouco crédito propriamente dito. É um entrave para a agricultura, mesmo quando essa compra ocorre com grandes propriedades. De fato, contradiz o modo de produção capitalista, ao qual é de todo indiferente o endividamento do proprietário da terra, quer ele tenha herdado sua propriedade, quer a tenha comprado. Se ele mesmo põe no bolso a renda ou se tem de despendê-la de novo no pagamento a credores hipotecários, é algo que em si nada altera no próprio cultivo da propriedade arrendada.

Vimos que, no caso de renda fundiária dada, o preço da terra é regulado pela taxa dos juros. Se esta está baixa, então o preço da terra está alto, e vice-versa. Normalmente, portanto, deveriam coincidir um preço alto da terra e uma taxa de juros baixa, de tal modo que, se o camponês, devido à taxa de juros baixa, pagasse um preço alto pelas terras, essa mesma taxa de juros baixa também teria de lhe arranjar capital de giro a crédito em condições favoráveis. Na realidade, as coisas se passam de outra maneira quando predomina a propriedade parcelária. Em primeiro lugar, as leis gerais de crédito não se aplicam aos camponeses, já que estas pressupõem o produtor como capitalista. Em segundo lugar, onde predomina a propriedade parcelária – aqui não se está falando de colônias – e o camponês parcelário constitui a base da nação, a formação de capital, isto é, a reprodução social, é relativamente fraca e ainda mais fraca é a formação de capital monetário emprestável, no sentido anteriormente desenvolvido. Isso pressupõe concentração e a existência de uma classe de ricos capitalistas ociosos (Massie).[I] Terceiro, aqui onde a propriedade da terra constitui uma condição vital para a maior parte dos produtores e um indispensável campo de investimento para seu capital, o preço da terra é elevado, independentemente da taxa de juros e frequentemente numa relação inversa a ela, pela preponderância da demanda da propriedade fundiária sobre a oferta. Vendida em parcelas, a terra porta um preço bem mais alto do que na venda de grandes massas, pois aqui o número dos pequenos compradores é grande, e o dos grandes compradores, pequeno (*Bandes Noires* [Ligas Negras],[II] Rubichon; Newman).[III] Por todas essas razões, o preço da terra sobe aqui mesmo com taxa de juros relativamente alta. Aos juros relativamente baixos que o camponês tira do capital desembolsado na compra da terra (Mounier) corresponde aqui, do lado oposto, a elevada taxa de juros da usura que ele mesmo tem de pagar a seus credores hipotecários. O sistema irlandês mostra a mesma coisa, só que em outra forma.

Esse elemento em si estranho à produção, o preço da terra, pode por isso elevar-se aqui a um nível em que torna a produção impossível (Dombasle).

Que o preço da terra desempenhe um tal papel, que a compra e venda de terras, a circulação da terra como mercadoria, se desenvolva nessas proporções é praticamente uma consequência do desenvolvimento do modo de produção capitalista, à medida que a mercadoria se torna aqui a forma geral de todo produto e de todos os instrumentos de produção. Por outro lado, essa evolução só ocorre onde o modo de produção capitalista se desenvolve apenas limitadamente, sem desdobrar todas as suas características; pois repousa exatamente no fato de que a agricultura já não está, ou ainda não, sujeita ao modo de produção capitalista, mas a um modo de produção herdado de formas sociais já extintas. Portanto, as desvantagens do modo de produção capitalista, com sua dependência do produtor quanto ao preço em dinheiro de seu produto, coincidem aqui, portanto, com as desvantagens que decorrem do desenvolvimento incompleto do modo de produção capitalista. O camponês se torna comerciante e industrial sem as condições sob as quais pode produzir seu produto enquanto mercadoria.

I Joseph Massie, *An Essay on the Governing Causes of the Natural Rate of Interest*. London, 1750, pp. 23–24. [N.E.A.]

II Associações de especuladores que surgiram na França no início do século XIX. Compravam em grandes quantidades terras, fazendas e conventos que, durante a Revolução Francesa, haviam sido estatizados, dividiam-nos em parcelas e os revendiam com altos lucros. [N.E.A.]

III F. W. Newman, *Lectures on Political Economy*. London, 1851, pp. 180–81. [N.E.A.]

O conflito entre o preço da terra enquanto elemento do preço de custo para o produtor, e não elemento do preço de produção para o produto (mesmo quando a renda entra de modo determinante no preço do produto agrícola, a renda capitalista, que é adiantada para 20 ou mais anos, de maneira alguma entra aí de modo determinante), é apenas uma das formas em que, em geral, se representa a contradição entre a propriedade privada da terra e uma agricultura racional, uma utilização social normal da terra. Por outro lado, no entanto, a propriedade privada da terra, e daí a expropriação dos produtores diretos da terra – propriedade privada da terra por parte de uns que implica a não propriedade por parte dos outros –, é o fundamento do modo capitalista de produção.

Aqui, na pequena cultura, o preço da terra, que é forma e resultado da propriedade privada da terra, aparece até como entrave que limita a produção. Na grande agricultura e na grande propriedade fundiária baseada no modo de exploração capitalista, a propriedade igualmente aparece como obstáculo, pois limita o arrendatário no investimento produtivo do capital que, em última instância, não beneficia a ele, mas ao proprietário da terra. Em ambas as formas, em lugar do cultivo racional e consciente do solo enquanto propriedade perene da comunidade, condição inalienável da existência e da reprodução da cadeia de gerações humanas que se substituem umas às outras, surgem a exploração e o desperdício das forças da terra (isso sem se levar em conta que a exploração se torna dependente não do estágio de desenvolvimento social alcançado, mas das circunstâncias fortuitas e díspares dos produtores individuais). No caso da pequena propriedade, isso acontece devido à falta de meios e de ciência para empregar a força produtiva social do trabalho. No caso da grande propriedade, devido à exploração desses meios para o enriquecimento o mais rápido possível do arrendatário e do proprietário. Em ambos os casos, devido à dependência quanto ao preço de mercado.

Toda crítica à pequena propriedade fundiária se resolve, em última instância, na crítica à propriedade privada como limite e entrave da agricultura. Assim também toda crítica contra a grande propriedade fundiária. Aqui, em ambos os casos, faz-se naturalmente abstração de considerações políticas acessórias. Esse limite e esse entrave que toda propriedade privada da terra contrapõe à produção agrícola e ao cultivo racional, à manutenção e à melhoria da própria terra, se desenvolvem cá e lá só em formas diferentes, e na discussão sobre essas formas específicas do mal se olvida sua causa última.

A pequena propriedade pressupõe que a de longe preponderante maioria da população é rural e que predomina não o trabalho social, mas o trabalho isolado; que, por isso, a riqueza e o desenvolvimento da reprodução, em suas condições tanto materiais quanto espirituais, estão excluídos sob tais circunstâncias e, por conseguinte, também as condições de um cultivo racional. Por outro lado, a grande propriedade rural reduz a população agrícola a um mínimo em decréscimo constante e lhe contrapõe uma população industrial em constante crescimento, amontoada em grandes cidades; gera, com isso, condições que provocam uma insanável ruptura no contexto do metabolismo social, prescrito pelas leis naturais da vida, em decorrência da qual se desperdiça a força da terra, e esse desperdício é levado, pelo contrário, muito além das fronteiras do próprio país (Liebig).

Se a pequena propriedade cria uma classe permanente de bárbaros meio à margem da sociedade, que conjuga toda a brutalidade de formas sociais primitivas com todas as torturas e toda a miséria de países civilizados, a grande propriedade soterra a força de trabalho na última região onde se refugia a sua energia natural e onde ela se armazena como fundo de reserva para a renovação da força vital das nações: na própria terra. Grande indústria e grande agricultura, exploradas industrialmente, atuam conjuntamente. Se, originariamente, elas se diferenciam pelo fato de que a primeira devasta e arruína mais a força de trabalho, e por isso a força natural do ser humano, e a última mais diretamente a força natural da terra, posteriormente, ao longo do desenvolvimento, ambas se dão as mãos, ao passo que o sistema industrial na zona rural também extenua os trabalhadores e, por sua vez, a indústria e o comércio proporcionam à agricultura os meios para esgotamento da terra.

SEÇÃO VII

AS *REVENUES* E SUAS FONTES

CAPÍTULO 48

A FÓRMULA TRINITÁRIA

|48

Capital – lucro (ganho empresarial mais juros), terra – renda fundiária, trabalho – salário: essa é a fórmula trinitária que compreende todos os segredos do processo de produção social.

Já que, além disso, como se mostrou anteriormente,[I] os juros aparecem como produto autêntico e característico do capital e, em oposição, o ganho empresarial como salário independente do capital, essa fórmula trinitária se reduz, examinada mais de perto, à seguinte:

Capital – juros, terra – renda fundiária, trabalho – salário, em que o lucro, essa forma da mais-valia que caracteriza especificamente o modo de produção capitalista, felizmente acaba desaparecendo.

Caso se examine, agora, essa trindade econômica mais de perto, então se descobre:

Primeiro: as supostas fontes da riqueza anualmente disponível pertencem a esferas totalmente díspares e não têm a menor analogia entre si. Comportam-se umas em relação às outras mais ou menos como taxas de cartório, beterrabas e música.

Capital, terra, trabalho! Mas o capital não é uma coisa, e sim determinada relação de produção, social, pertencente a determinada formação sócio-histórica que se representa numa coisa e dá um caráter especificamente social a essa coisa. O capital não é a soma dos meios de produção materiais e produzidos. O capital são os meios de produção transformados em capital, que, em si, são tão pouco capital quanto ouro ou prata são, em si, dinheiro. São os meios de produção monopolizados por determinada parte da sociedade, os produtos autonomizados em relação à força de trabalho viva e às condições de atividade exatamente dessa força de trabalho, que são personificados no capital por meio dessa oposição. Não são apenas os produtos dos trabalhadores, produtos transformados em forças autônomas, os produtores como dominadores e compradores daqueles que os produzem, mas são também as forças sociais e a futura forma... {? ilegível}[II] desse trabalho que se contrapõem a eles como atributos de seu produto. Aqui temos, portanto, uma forma

I Ver, neste volume, cap. 23. [N.E.A.]

II Deciframos: "as forças sociais e a forma correlata". [N.E.A.]

social determinada, à primeira vista muito mística, de um dos fatores de um processo social de produção historicamente fabricado.

E, agora, ao lado disso, a terra, a natureza inorgânica enquanto tal, *rudis indigestaque moles* [massa rude e indigesta],[I] em todo o seu primitivismo selvático. Valor é trabalho. Mais-valia não pode ser, por isso, terra. Absoluta fertilidade do solo faz apenas com que certo *quantum* de trabalho dê certo produto, dependendo da fertilidade natural do solo. A diferença na fertilidade do solo faz com que as mesmas quantidades de trabalho e capital, portanto o mesmo valor, se expressem em diferentes quantidades de produtos agrícolas e que, portanto, esses produtos tenham diferentes valores individuais. A equalização desses valores individuais até serem valores de mercado faz com que as

> *advantages of fertile over inferior soil* [...] *are transferred from the cultivator or consumer to the landlord.*[II] (Ricardo, *Principles*, p. 62)

E, por fim, como terceiro elemento nessa união, um mero fantasma: "o" trabalho, que não é nada mais que uma abstração e, considerado em si mesmo, nem sequer existe ou, se consideramos o ... {ilegível}[III] a atividade produtiva do ser humano genericamente, mediante a qual ele intermedeia o metabolismo com a natureza, despojada não só de toda forma social e de toda determinação social do caráter, mas até em sua mera existência natural, independente da sociedade, desligada de todas as sociedades e como exteriorização e afirmação da vida comuns ao ser humano, que ainda não é, no entanto, social e ao ser humano socialmente determinado de algum modo.

II

Capital – juros; propriedade fundiária, propriedade privada do globo terrestre, e isso na forma moderna, correspondente ao modo de produção capitalista – renda; trabalho assalariado – salário. Nessa fórmula deve haver, portanto, correlação entre as fontes da *revenue*. Como o capital, também o trabalho assalariado e a propriedade fundiária são formas sociais historicamente determinadas; uma, do trabalho, e a outra, do globo terrestre monopolizado: e ambas são, por certo, formas

---

I Ovídio, *Metamorfoses*, Livro 1, 7. [N.E.A.]

II "vantagens do solo fértil sobre o inferior [...] são transferidas do lavrador ou do consumidor para o proprietário de terras." [N.T.]

III Deciframos: "se consideramos o que se pretende dizer". [N.E.A.]

correspondentes ao capital e pertencentes à mesma formação econômica da sociedade.

O que primeiro chama a atenção nessa fórmula é que, ao lado do capital, ao lado dessa forma de um elemento de produção pertencente a determinado modo de produção, a determinada configuração histórica do processo social da produção, ao lado de um elemento de produção combinado com uma forma social determinada e representado nessa forma, se classifique, sem mais nem menos, a terra de um lado e o trabalho de outro: dois elementos do real processo de trabalho que nessa forma material resultam comuns a todos os modos de produção, que são os elementos materiais de todo processo de produção e que nada têm a ver com a forma social dele.

Segundo. Na fórmula: capital – juros, terra – renda fundiária, trabalho – salário, capital, terra e trabalho aparecem, respectivamente, como fontes de juros (em vez de lucro), e renda fundiária e salário como seus produtos, seus frutos: aqueles são o motivo, estes a consequência; aqueles a causa, estes o efeito; e isso de tal maneira que cada uma das fontes está referida a seu produto como aquilo que é derivado e produzido por ela. Todos os três rendimentos – juros (em vez de lucro), renda, salário – são três partes do valor do produto, portanto partes do valor em geral ou, expressando isso em dinheiro, determinadas partes do dinheiro, partes do preço. A fórmula: capital – juros é, agora, certamente a fórmula menos conceitual do capital, mas é uma fórmula do mesmo. Mas como é que a terra há de gerar um valor, isto é, um *quantum* de trabalho socialmente determinado e, ainda por cima, essa parte específica do valor de seus produtos que constitui a renda? A terra atua, por exemplo, como agente de produção na geração de um valor de uso, de um produto material, do trigo. Mas ela não tem nada a ver com a produção do *valor do trigo*. Na medida em que o valor se representa no trigo, o trigo é encarado apenas como determinado *quantum* de trabalho social objetivado, sendo completamente indiferente no que diz respeito à matéria especial em que esse trabalho se representa ou ao valor específico de uso dessa matéria. Isso não é contradito pelo fato de que: 1) permanecendo iguais as demais circunstâncias, o trigo estar barato ou caro dependa da produtividade da terra. A produtividade do trabalho agrícola está ligada a condições naturais e, conforme sua produtividade, o mesmo *quantum* de trabalho se representa em muitos ou poucos produtos, valores de uso. Quão grande é o *quantum* de trabalho que se representa em um alqueire depende da massa de alqueires que o mesmo *quantum* de trabalho fornece. Aqui depende da produtividade da terra em que quantidade de produto o valor se apresenta; mas esse valor é dado independentemente dessa divisão. Valor se representa em valor de uso; e valor de uso é uma das condições da criação de valor; mas é uma bobagem constituir uma antítese onde, por um lado, há um valor de uso, a terra, e, por outro, um valor, ainda por cima uma parte especial de valor. 2) {Aqui se interrompe o manuscrito.}[I]

III

De fato, a Economia vulgar não faz nada mais que traduzir, sistematizar e louvar, baseada numa doutrina, as concepções dos agentes presos dentro das relações burguesas de produção. Não nos deve, portanto, deixar surpresos que ela, exatamente na forma de manifestação alienada das relações econômicas, em que estas são, *prima facie*, contradições completas e absurdas – e toda a ciência seria supérflua se a forma de manifestação e a essência das coisas coincidissem imediatamente –, se exatamente aqui a Economia vulgar se sentisse completamente à vontade e essas relações lhe parecessem tanto mais naturais quanto mais a correlação interna esteja nelas escamoteada, sendo, porém, correntes para a concepção comum. Por isso é que ela não tem a menor noção de que a trindade da qual ela parte: terra – renda; capital – juros; trabalho – salário ou preço do trabalho, são três composições *prima facie* impossíveis. Primeiro temos o valor de uso *terra*, que não tem nenhum valor, e o valor de troca *renda*: de tal modo que uma relação social, concebida como coisa, está posta em relação com a Natureza; portanto, duas grandezas incomensuráveis que precisam guardar entre si uma proporção. Depois, *capital – juros*. Se o capital é compreendido como certa soma de valor, representada autonomamente em dinheiro, então é *prima facie* bobagem que um valor deva ter mais valor do que realmente tem. Exatamente na forma: capital – juros desaparece toda a mediação e o capital fica reduzido a sua fórmula mais genérica, mas, por isso mesmo, em si mesma inexplicável e absurda. Por essa mesma razão, o economista vulgar prefere a fórmula capital – juros à fórmula capital – lucro, com a oculta qualidade de ser um valor desigual consigo mesmo, pois aqui já se pode chegar mais perto da relação de capital real. Depois, de novo, com a intranquila sensação de que 4 não são 5 e, daí, 100 táleres não podem ser, de maneira alguma, 110 táleres, ele foge do capital enquanto valor para a substância material do capital, para seu valor de uso enquanto condição de produção do trabalho:

I A edição da Siglo XXI registra a observação de Maximilien Rubel segundo a qual não existe aqui tal interrupção, havendo apenas uma confusão de paginação. O texto continuaria aqui diretamente com o parágrafo situado algumas páginas depois e que se inicia com "A renda diferencial está ligada" etc. Ver, neste volume, p. 789. (*El capital*, t. III, v. 8. Buenos Aires: Siglo XXI, 1981, p. 1040) [N. T.]

maquinaria, matéria-prima etc. Com isso consegue então, novamente, que, em vez da incompreensível primeira relação segundo a qual 4=5, acabe aparecendo uma relação completamente incomensurável entre, por um lado, um valor de uso, uma coisa, e, por outro, determinada relação social de produção, a mais-valia: exatamente como na propriedade fundiária. Assim que chega a esse incomensurável, tudo fica claro para o economista vulgar e ele não sente mais a necessidade de pensar além. Pois ele acabou chegando ao "racional" da concepção burguesa. Por fim, *trabalho – salário*, preço do trabalho, como foi demonstrado no Livro 1,[I] é uma expressão que, *prima facie*, contradiz o conceito de valor, assim como o de preço, que, de modo geral, é ele mesmo apenas uma expressão determinada do valor; e "preço do trabalho" é também tão irracional quanto um logaritmo amarelo. Mas é aqui que o economista vulgar acaba ficando bem satisfeito, já que acabou chegando à visão mais profunda do burguês, a de que ele paga dinheiro pelo trabalho, e já que precisamente a contradição entre a fórmula e o conceito de valor o dispensa da obrigação de compreender este último.

—

Vimos[49] que o processo de produção capitalista é uma forma historicamente determinada do processo social de produção em geral. Este último é tanto processo de produção das condições materiais de existência da vida humana quanto processo que, ocorrendo em relações histórico-econômicas de produção específicas, produz e reproduz essas mesmas relações de produção e, com isso, os portadores desse processo, suas condições materiais de existência e suas relações recíprocas, isto é, sua forma socioeconômica determinada. Pois a totalidade dessas relações, em que os portadores dessa produção se encontram com a Natureza e entre si, em que eles produzem, essa totalidade é exatamente a sociedade, considerada segundo sua estrutura econômica. Como todos os seus predecessores, o processo de produção capitalista transcorre sob determinadas condições materiais que, no entanto, são ao mesmo tempo portadoras de relações sociais determinadas, nas quais os indivíduos entram no processo de reprodução de sua vida. Aquelas condições, assim como essas relações, são, por um lado, pressupostos e, por outro, resultados e criações do processo de produção capitalista; são por ele produzidas e reproduzidas. Havíamos visto, além disso: o capital – e o capitalista é apenas o capital personificado, funcionando no processo de produção apenas como portador do capital –, portanto o capital, no processo de

I K. Marx, *O capital*, Livro 1, op. cit., pp. 483–88. [N.E.B.]

produção social a ele correspondente, extrai determinado *quantum* de mais-trabalho dos produtores imediatos ou trabalhadores, mais-trabalho que recebe sem equivalente e que, segundo sua essência, sempre continua a ser trabalho forçado, por mais que possa ainda aparecer como o resultado de livre concordância contratual. Esse mais-trabalho se representa numa mais-valia, e essa mais-valia existe num mais-produto. De modo geral, sempre precisa haver mais-trabalho enquanto trabalho que vá além da medida das necessidades dadas. Só que no sistema capitalista, assim como no sistema escravista etc., ele assume uma forma antagônica e é complementado por puro ócio de uma parte da sociedade. Determinado *quantum* de mais-trabalho é exigido mediante o seguro contra acasos, mediante a necessária e progressiva expansão do processo de reprodução, correspondendo às necessidades e ao progresso da população, o que, do ponto de vista capitalista, se chama acumulação. Um dos aspectos civilizadores do capital é que ele extrai esse mais-trabalho de uma maneira e sob tais condições que são mais vantajosas para o desenvolvimento das forças produtivas e das relações sociais e para a criação dos elementos para uma nova formação mais elevada do que sob as formas anteriores da escravidão, da servidão etc. Por um lado, leva assim a um nível em que desaparecem a coerção e a monopolização do desenvolvimento social (inclusive de suas vantagens materiais e intelectuais) por meio de uma parte da sociedade à custa da outra; por outro lado, produz os meios materiais e o germe para relações que, numa forma mais elevada da sociedade, permitem unir esse mais-trabalho a uma limitação maior do tempo em geral dedicado ao trabalho material. Pois, conforme o desenvolvimento da força produtiva de trabalho, o mais-trabalho pode ser grande com uma pequena jornada de trabalho total e pode ser relativamente pequeno com uma grande jornada de trabalho total. Se o tempo de trabalho necessário = 3 e o mais-trabalho = 3, então a jornada de trabalho total = 6 e a taxa do mais-trabalho = 100%. Se o trabalho necessário = 9 e o mais-trabalho = 3, então a jornada de trabalho total = 12 e a taxa de mais-trabalho apenas = $33\frac{1}{3}$%. Mas, por conseguinte, é da produtividade do trabalho que depende quanto valor de uso é produzido em determinado tempo, portanto também em determinado tempo de mais-trabalho. A riqueza real da sociedade e a possibilidade de constante expansão de seu processo de produção não dependem, portanto, da duração do mais-trabalho, mas de sua produtividade e das condições mais ou menos ricas de produção em que ela transcorre. O reino da liberdade só começa, de fato, onde cessa o trabalho determinado pela necessidade e pela adequação a finalidades externas; portanto, pela própria natureza da questão, isso transcende a esfera da produção material propriamente dita. Assim como o selvagem tem de lutar com a Natureza para satisfazer suas necessidades, para manter e reproduzir sua vida, assim também o civilizado tem de fazê-lo, e tem de fazê-lo em todas as formas de sociedade e sob todos os modos de produção possíveis. Com seu desenvolvimento, amplia-se esse reino da necessidade natural, pois se ampliam as necessidades; mas, ao mesmo tempo, ampliam-se as forças produtivas que as satisfazem. Nesse terreno, a liberdade só pode consistir em que o ser humano social, os produtores associados, regulem racionalmente esse seu metabolismo com a Natureza, trazendo-o para seu controle comunitário, em vez de serem dominados por ele como se fora por uma força cega; que o façam com o mínimo emprego de forças e sob as condições mais dignas e adequadas à sua natureza humana. Mas este continua a ser sempre um reino da necessidade. Além dele é que começa o desenvolvimento das forças humanas, considerado como um fim em si mesmo, o verdadeiro reino da liberdade, mas que só pode florescer sobre aquele reino da necessidade como sua base. A redução da jornada de trabalho é a condição fundamental.

Na sociedade capitalista, essa mais-valia ou esse mais-produto se distribui – caso abstraiamos das flutuações ocasionais da distribuição e consideremos sua lei reguladora, suas fronteiras normativas – entre os capitalistas como dividendos em relação à cota que, do capital social, pertence a cada um. Nessa forma, a mais-valia aparece como o lucro médio que recai no capital, lucro médio que, por sua vez, se subdivide em ganho empresarial e juros, podendo recair, sob essas duas categorias, em diferentes espécies de capitalista. Essa apropriação e distribuição da mais-valia, ou do mais-produto, mediante o capital, possui, no entanto, seu limite na propriedade fundiária. Assim como o capitalista ativo extrai o mais-trabalho do trabalhador e, com isso, sob a forma de lucro, a mais-valia e o mais-produto, assim também o proprietário da terra extrai, por sua vez, parte dessa mais-valia ou mais-produto do capitalista, sob a forma de renda, conforme as leis anteriormente desenvolvidas.

Se aqui falamos, portanto, do lucro como a parcela da mais-valia que recai no capital, designamos com isso o lucro médio (igual ao ganho empresarial mais os juros), que já é limitado pela dedução da renda do lucro total (idêntico em sua massa à mais-valia total); a dedução da renda é pressuposta. Lucro de capital (ganho empresarial mais juros) e renda fundiária não são, portanto, nada mais que componentes específicos da mais-valia, categorias em que esta se distingue conforme recaia no capital ou na propriedade fundiária, rubricas que, no entanto, não alteram nada em sua essência. Somados, constituem o total da mais-valia social. O capital suga o mais-trabalho, que representa a mais-valia e o mais-produto, diretamente dos trabalhadores. Pode, portanto, nesse sentido, ser considerado como produtor da mais-valia. A propriedade fundiária não tem nada a ver com o real processo de produção. Seu papel se restringe a fazer com que parte da mais-valia produzida passe do bolso do capital para o seu próprio. O proprietário da terra desempenha, no entanto, um papel no processo de produção capitalista não só pela pressão que exerce sobre o capital nem só porque a grande propriedade fundiária é um pressuposto e uma condição da produção capitalista – visto que constitui a expropriação das condições de trabalho do trabalhador –, mas especialmente porque ele aparece como personificação de uma das condições essenciais da produção.

Finalmente, o trabalhador, como proprietário e vendedor de sua força de trabalho pessoal, recebe, sob o nome de salário, uma parte do produto que representa a parte de seu trabalho que chamamos de trabalho necessário, isto é, o trabalho necessário à manutenção e reprodução dessa força de trabalho, sejam as condições dessa manutenção e reprodução ora mais pobres ou mais ricas, mais favoráveis ou mais desfavoráveis.

Por mais díspares que possam aparecer em geral, elas todas têm uma coisa em comum: o capital rende, ano a ano, lucro para o capitalista; o solo, renda fundiária para o proprietário da terra; e a força de trabalho – sob relações normais e enquanto for uma força de trabalho utilizável –, salário para o trabalhador. Essas três partes do valor total anualmente produzido e as partes que lhes correspondem do produto total produzido podem – aqui deixamos inicialmente de considerar a acumulação – ser consumidas anualmente por seus respectivos donos sem que se esgote a fonte de sua reprodução. Aparecem como frutos de uma árvore perene a serem anualmente consumidos, ou melhor, de três árvores; constituem as receitas anuais de três classes – do capitalista, do proprietário da terra e do trabalhador –, *revenues* que o capitalista ativo distribui em geral como sugador imediato do mais-trabalho e empregador do trabalho. Ao capitalista aparece seu capital, ao proprietário da terra seu solo e ao trabalhador sua força de trabalho, ou melhor, seu próprio trabalho (já que ele só vende realmente a força de trabalho enquanto algo que se exterioriza, e para ele, como se mostrou anteriormente, o preço da força de trabalho, na base do modo de produção capitalista, se representa necessariamente como preço do trabalho), enquanto três fontes distintas de suas *revenues* específicas: o lucro, a renda fundiária e o salário. São isso efetivamente, no sentido de que o capital, para o capitalista, é uma perene máquina de sugar mais-trabalho; o solo, para o proprietário da terra, é um ímã perene para atrair uma parte da mais-valia sugada pelo capital; e, finalmente, o trabalho é a condição e o meio sempre renovados para obter, a título de salário, uma parte do valor produzido pelo trabalhador e, daí, uma parte do produto social proporcional a essa parte do valor, os meios de subsistência necessários.

São assim, além disso, no sentido de que o capital fixa na forma de lucro uma parte do valor e, daí, do produto do trabalho anual, a propriedade fundiária fixa uma outra parte na forma da renda e o trabalho assalariado fixa uma terceira parte na forma de salário: e exatamente mediante essa transformação se convertem nas *revenues* do capitalista, do proprietário da terra e do trabalhador, mas sem criar a própria substância que se transforma nessas diferentes categorias. Pelo contrário, a distribuição pressupõe a existência dessa substância, ou seja, o valor total do produto anual, que nada é senão trabalho social objetivado. Todavia, não é dessa forma que a questão se apresenta para os agentes da produção, para os portadores das diferentes funções do processo de produção, mas, antes, de uma forma invertida. Por que isso acontece é o que continuaremos a desenvolver ao longo da investigação. Capital, propriedade fundiária e trabalho aparecem para aqueles agentes da produção como três fontes distintas e independentes, das quais se originam enquanto tais três componentes diferentes do valor anualmente produzido – e daí do produto em que ele existe; ou seja, dos quais se originam não só as diferentes formas desse valor como *revenues*, que recaem nos fatores particulares do processo social de produção, mas também esse mesmo valor e, com ele, a substância dessas formas de *revenue*.

{Aqui falta uma folha no manuscrito.}

[...] A renda diferencial está ligada à relativa fertilidade dos terrenos, portanto a atributos que se originam da terra enquanto tal. Mas, à medida que, primeiro, se baseia nos diferentes valores individuais dos produtos de diferentes tipos de solo, acha-se apenas na determinação há pouco mencionada; à medida que, segundo, se baseia no valor regulador geral de mercado, diferente desses valores individuais, é uma lei social que opera por meio da concorrência, lei que não tem nada a ver com o solo nem com os diferentes graus de sua fertilidade.

Poderia parecer que ao menos em: “trabalho – salário” fosse enunciada uma relação racional. Mas esse é tão pouco o caso quanto: “solo – renda fundiária”. Na medida em que o trabalho é formador de valor e se representa no valor das mercadorias, ele não tem nada a ver com a distribuição desse valor entre diferentes categorias. Na medida em que tem o caráter especificamente social do salário, não é formador de valor. De modo geral, já foi mostrado anteriormente que salário ou preço do trabalho é apenas uma expressão irracional para o valor ou preço da força de trabalho; e as condições sociais bem determinadas sob as quais a força de trabalho é vendida não têm nada a ver com o trabalho enquanto agente geral da produção. O trabalho se objetiva também no elemento valor da mercadoria e que, enquanto salário, constitui o preço da força de trabalho; ele gera essa parte tanto quanto as outras partes do produto, mas não se objetiva nessa parte nem mais nem diversamente do que nas partes que constituem a renda ou o lucro. E, de modo geral, se fixamos o trabalho como formador do valor, não o consideramos em sua forma concreta enquanto condição de produção, mas em uma determinação social que é diferente do trabalho assalariado.

Mesmo a expressão: "capital – lucro" é, aqui, incorreta. Se o capital é compreendido na única relação em que produz mais-valia, ou seja, em sua relação para com o trabalhador, em que extorque mais-trabalho mediante a coerção que exerce sobre a força de trabalho, isto é, sobre o trabalhador assalariado, então essa mais-valia abrange, além do lucro (ganhos empresariais mais juros), também a renda, em suma, toda a mais-valia não dividida. Aqui, pelo contrário, enquanto fonte de *revenue*, só é correlacionada com a parte que recai no capitalista. Esta não é a mais-valia que ele extrai de modo geral, mas apenas a parte que extrai para o capitalista. Desaparece ainda mais toda correlação assim que a fórmula se transforma em: "capital – juros".

Se primeiro consideramos a disparidade das três fontes, agora, em segundo lugar, veremos que, em contrapartida, seus produtos, seus derivados, as *revenues*, pertencem todos à mesma esfera, à do valor. No entanto, isso tudo (essa relação não só entre grandezas incomensuráveis, mas entre grandezas completamente heterogêneas, entre coisas sem quaisquer relações e que não podem ser comparadas) se compensa, já que, de fato, o capital, assim como a terra e o trabalho, só é tomado segundo sua substância material, portanto simplesmente como um meio de produção produzido, com o que se abstrai dele não só enquanto relação para com o trabalhador mas também enquanto valor.

Terceiro. Nesse sentido, portanto, a fórmula: capital – juros (lucro), terra – renda, trabalho – salário oferece uma incongruência uniforme e simétrica. De fato, na medida em que o trabalho assalariado não aparece como forma socialmente determinada do trabalho, mas todo trabalho aparece por natureza como trabalho assalariado (tal como o concebe quem está preso dentro das relações de produção capitalistas), as formas sociais específicas, determinadas, que as condições materiais de trabalho – os meios de produção produzidos e a terra – assumem em face do trabalho assalariado (como, inversamente, elas pressupõem o trabalho assalariado), também coincidem, sem mais nem menos, com a existência material dessas condições de trabalho ou com a estrutura que possuem em geral no processo real de trabalho, independentemente de toda forma social historicamente determinada da mesma, até mesmo independentemente de *qualquer* forma social da mesma. A estrutura das condições de trabalho, alienada do trabalho, autonomizada em comparação com ele e, por conseguinte, transformada, em que, portanto, os meios de produção produzidos se transformam em capital e a terra em terra monopolizada, em propriedade fundiária, essa estrutura pertencente a um período determinado da história coincide, por isso, com a existência e a função dos meios de produção produzidos e, de modo geral, com a terra no processo de produção. Aqueles meios de produção, em si e para si, são por natureza capital; capital não é nada mais que um mero "nome econômico" para aqueles meios de produção; e, assim, a terra é, em si e para si, por natureza, terra monopolizada por certo número de proprietários de terra. Como no capital e no capitalista – que, de fato, nada mais é que capital personificado – os produtos se tornam um poder autônomo frente aos produtores, assim também o solo e a terra são personificados no proprietário fundiário, que, igualmente, se ergue e, como poder autônomo, exige sua participação no produto criado com sua ajuda, de tal modo que não é o solo que recebe a parte que lhe cabe do produto para suprir e elevar sua produtividade, mas, em vez disso, é o proprietário da terra que recebe uma parte desse produto para negociar ou desperdiçar. É claro que o capital pressupõe o trabalho como trabalho assalariado. Mas é igualmente claro que, caso se tenha partido do trabalho como trabalho assalariado, de tal modo que a coincidência do trabalho em geral com o trabalho assalariado apareça como óbvia e natural, então o capital e a terra monopolizada também precisam aparecer como forma natural das condições de trabalho em relação ao trabalho em geral. Ser capital aparece agora como forma natural dos meios de trabalho e, daí, como tendo caráter puramente material e originário de sua função no processo de trabalho em geral. Assim, capital e meios de produção produzidos se tornam expressões idênticas. Igualmente se tornam expressões idênticas solo e solo monopolizado mediante propriedade privada. Os meios de trabalho enquanto tais, que, por natureza, são capital, tornam-se assim fonte de lucro como a terra, enquanto tal, fonte de renda.

O trabalho enquanto tal, em sua simples definição como atividade produtiva útil, refere-se aos meios de produção não em sua determinação da forma social, mas em sua substância material, como materiais e meios do trabalho, que igualmente só se diferenciam entre si materialmente, como valores de uso, a terra como meio de trabalho não produzido, os outros como meios de trabalho produzidos. Se, portanto, o trabalho coincide com trabalho assalariado, então a forma socialmente determinada em que as condições de trabalho agora se defrontam com o trabalho também coincidirá com sua existência material. Então, os meios de trabalho são, enquanto tais, capital, e a terra é, enquanto tal, propriedade fundiária. A autonomização formal dessas condições de trabalho em relação ao trabalho, a forma específica dessa autonomização que elas possuem diante do trabalho assalariado, é, então, um atributo inseparável delas enquanto coisas, enquanto condições de produção materiais, um caráter imanente e intrínseco que necessariamente lhes advém enquanto elementos de produção. Seu caráter social determinado no processo de produção capitalista mediante uma época histórica determinada é um caráter material, inato, que lhes é natural e, por assim dizer, de origem eterna, enquanto elementos do processo de produção. Por isso, a respectiva participação que a terra, enquanto campo originário de ocupação do trabalho, enquanto reino das forças naturais, enquanto arsenal preexistente de todos os objetos do trabalho, e a outra participação que os meios de produção produzidos (instrumentos, matérias-primas etc.) têm em geral no processo de produção precisam então parecer expressar-se nas partes respectivas que lhes recaem enquanto capital e propriedade fundiária, isto é, que recaem em seus representantes sociais na forma de lucro (juros) e renda, assim como para o trabalhador recai no salário a parte que seu trabalho representa no processo de produção. Assim, renda, lucro e salário parecem ter origem no papel que, no processo simples de trabalho, a terra, os meios de produção produzidos e o trabalho desempenham, mesmo à medida que consideramos esse processo de trabalho como ocorrendo apenas entre o ser humano e a Natureza e abstraindo de qualquer determinação histórica. É apenas de novo a mesma questão, de outra forma, quando se diz: o produto, em que o trabalho do assalariado se representa para ele mesmo enquanto seu ganho, sua *revenue*, é apenas o salário, a parte do valor (e, daí, do produto social mensurado por meio desse valor) que seu salário representa. Se, portanto, o trabalho assalariado coincide com o trabalho em geral, então também o salário coincidirá com o produto do trabalho, e a parte do valor que o salário representa, com o valor que é gerado por meio do trabalho. Mas, com isso, as outras partes de valor, lucro e renda defrontam-se também autonomamente como salário e precisam originar-se de fontes próprias, especificamente distintas e independentes do trabalho; precisam originar-se dos elementos coadjuvantes na produção, em cujos possuidores eles recaem: portanto, o lucro há de derivar dos meios de produção; os elementos materiais, do capital; e a renda, da terra ou da Natureza, representada por proprietários da terra (Roscher).

Propriedade fundiária, capital e trabalho assalariado transformam-se, pois, em fontes da *revenue*, no sentido de que o capital atrai para o capitalista uma parte da mais-valia que ele extrai do trabalho na forma de lucro, o monopólio da terra atrai para o proprietário da terra outra parte na forma de renda, e o trabalho faz recair no trabalhador a última parte ainda disponível do valor, na forma de salário, fontes mediante as quais uma parte do valor se transforma na forma do lucro, uma segunda na forma da renda e uma terceira na forma do salário – fontes reais, das quais se originam essas partes do valor e as partes correlatas do produto, nas quais existem e pelas quais são intercambiáveis, e fontes das quais, como manancial último, brota, por conseguinte, o próprio valor do produto.[50]

Ao examinar as categorias mais simples do modo de produção capitalista e mesmo da produção de mercadorias, ao examinar a mercadoria e o dinheiro, já demonstramos o caráter mistificador que transforma as relações sociais, a que os elementos materiais da riqueza servem como portadores na produção, em atributos dessas próprias coisas (mercadorias) e, de modo ainda mais explícito, a própria relação de produção em uma coisa (dinheiro). Todas as formas sociais, à medida que levam à produção de mercadorias e à circulação de dinheiro, participam dessa distorção. Mas, no modo de produção capitalista e no caso do capital, que constitui sua categoria dominante, sua relação de produção determinante, esse mundo encantado e distorcido se desenvolve ainda muito mais. Considerando-se inicialmente o capital no processo de produção imediato, como sugadouro de mais-trabalho, então essa relação é ainda muito simples e o nexo interno real se impõe aos portadores desse processo, aos próprios capitalistas, e está em sua consciência. A violenta luta em torno dos limites da jornada de trabalho demonstra isso de modo contundente. Mas, mesmo dentro dessa esfera não mediada, na esfera desse processo imediato entre trabalho e capital, isso não fica tão simples. Com o desenvolvimento da mais-valia relativa no autêntico modo de produção especificamente capitalista, com que se desenvolvem as forças produtivas sociais do trabalho, essas forças produtivas e as conexões sociais do trabalho aparecem no processo imediato de trabalho como deslocadas do trabalho para o capital. Com isso, o capital já se torna um ente muito místico, na medida em que todas as forças produtivas sociais do trabalho aparecem como forças pertencentes ao capital, e não ao trabalho enquanto tal, brotando de seu próprio seio. Intervém então o processo de circulação, que, em suas mudanças de matéria e de forma, recai no mesmo grau sobre todas as partes do capital, mesmo do capital agrícola, em que se desenvolve o modo de produção especificamente capitalista. Essa é uma esfera em que as relações da produção original de valor passam para o segundo plano. Já no processo de produção imediato, o capitalista exerce ao mesmo tempo as funções de produtor de mercadorias e de diretor da produção de mercadorias. Por isso, tal processo de produção não se lhe apresenta de maneira alguma simplesmente como processo de produção de mais-valia. Qualquer que seja, no entanto, a mais-valia que o capital tenha sugado no processo imediato de produção e tenha representado em mercadorias, o valor e a mais-valia contidos nas mercadorias precisam primeiro ser realizados no processo de circulação. E tanto a restituição dos valores adiantados na produção quanto especialmente a mais-valia contida nas mercadorias parecem não apenas se realizar na circulação, mas se originar dela, ilusão consolidada especialmente por duas circunstâncias: primeiro, o lucro na venda, que depende de trapaça, astúcia, experiência, habilidade e mil conjunturas de mercado; há, porém, a circunstância de que aqui, ao lado do tempo de trabalho, entra um segundo elemento determinante: o tempo de circulação. É bem verdade que este só atua como obstáculo negativo na formação de valor e de mais-valia, mas tem a aparência de ser uma causa tão positiva quanto o próprio trabalho e de trazer uma determinação proveniente da natureza do capital e independente do trabalho. No Livro 2, só tivemos de apresentar essa esfera da circulação, naturalmente, em relação às determinações formais que ela gera e indicar o desenvolvimento ulterior da figura do capital que nela transcorre. Mas, na realidade, essa esfera é a esfera da concorrência, que, considerada caso a caso, é dominada pelo acaso; onde, portanto, a lei interna que se impõe nesses acasos e os regula só se torna visível assim que esses acasos se agrupam em grandes massas, onde, portanto, ela mesma fica invisível e incompreensível para os agentes individuais da produção. Mas, além disso: o processo real de produção, como unidade do processo imediato de produção e do processo de circulação, gera novas configurações, em que cada vez mais se perde o fio da conexão interna, as relações de produção se autonomizam umas em relação às outras e os componentes de valor se ossificam entre si em formas autônomas.

A metamorfose da mais-valia em lucro é, como vimos, determinada tanto pelo processo de circulação quanto pelo processo de produção. A mais-valia, na forma de lucro, não é mais obtida da parte do capital investida em trabalho, do qual ela se origina, mas da totalidade do capital. A taxa de lucro passa a ser regulada mediante leis próprias, que permitem e até condicionam uma alteração dela, permanecendo constante a taxa de mais-valia. Tudo isso oculta cada vez mais a verdadeira natureza da mais-valia e, daí, o verdadeiro mecanismo do capital. Isso acontece ainda mais pela transformação do lucro em lucro médio e dos valores em preços de produção, nas médias reguladoras dos preços de mercado. Aqui intervém um complicado processo social, o processo de equalização dos capitais, que, mediante capitais especiais, separa os preços médios relativos das mercadorias de seus valores e os lucros médios nas diferentes esferas da produção da exploração real do trabalho mediante capitais específicos (deixando completamente de examinar os investimentos individuais de capital em cada esfera específica da produção). Não só parece ser assim, mas aqui o preço médio das mercadorias é, de fato, diferente de seu valor, portanto do trabalho nelas realizado, e o lucro médio de um capital específico é diferente da mais-valia que esse capital extraiu dos trabalhadores empregados por ele. O valor das mercadorias aparece imediatamente apenas na influência da flutuante força produtiva do trabalho sobre a queda e a elevação dos preços de produção, sobre seu movimento, não sobre seus limites últimos. O lucro parece apenas acessoriamente determinado pela exploração imediata do trabalho, na medida em que esta permite ao capitalista, com os preços reguladores do mercado, aparentemente existentes de maneira independente dessa exploração, realizar um lucro divergente do lucro médio. Os próprios lucros médios normais parecem imanentes ao capital, independentes da exploração; a exploração anormal ou mesmo a exploração média sob condições de exceção favoráveis parecem condicionar apenas a variação quanto ao lucro médio, sem condicionar a ele mesmo. A divisão do lucro em ganho empresarial e juros (para não falar da interposição do lucro comercial e do lucro no comércio de dinheiro, que estão baseados na circulação e que parecem originar-se de modo total e absoluto dela, e não do processo de produção) completa a autonomização da forma da mais-valia, a ossificação de sua forma em relação a sua substância, a sua essência. Uma parte do lucro, em oposição à outra, separa-se completamente da relação de capital enquanto tal e se apresenta como se originando não da função de exploração do trabalho assalariado, mas do trabalho assalariado do próprio capitalista. Em oposição, os juros parecem então ser independentes, seja do trabalho assalariado do trabalhador, seja do próprio trabalho do capitalista, como que se originando do capital como sua fonte própria e independente. Se, originalmente, na superfície da circulação, o capital apareceu como fetiche de capital, valor gerador de valor, agora ele se apresenta novamente na forma do capital que rende juros, como em sua forma mais estranha e peculiar. Por isso também a fórmula: "capital – juros", como terceira para "terra – renda" e "trabalho – salário", é muito mais consequente do que "capital – lucro", na medida em que, no lucro, fica sempre uma lembrança de sua origem, a qual, nos juros, não é só apagada, mas colocada numa forma firmemente oposta a essa origem.

Por fim, ao lado do capital como fonte autônoma de mais-valia, aparece a propriedade fundiária, como limitação do lucro médio e como algo que transpõe uma parte da mais-valia para uma classe que não trabalha propriamente nem explora diretamente trabalhadores; ela não pode, como o capital que rende juros, recorrer a consolos moralmente edificantes, como, por exemplo, o risco e o sacrifício inerentes ao empréstimo de capital. Já que aqui uma parte da mais-valia não parece ligada diretamente a relações sociais, mas a um elemento natural, a terra, então a forma de alienação e ossificação recíproca das diferentes partes da mais-valia está completada, a conexão interna fica definitivamente rompida e sua fonte completamente soterrada, exatamente pela autonomização recíproca das relações de produção, ligadas aos diferentes elementos materiais do processo de produção.

Em capital – lucro ou, melhor ainda, capital – juros, terra – renda fundiária, trabalho – salário, nessa trindade econômica como conexão dos componentes do valor e da riqueza em geral com suas fontes, está completa a mistificação do modo de produção capitalista, a reificação das relações sociais, a aglutinação imediata das relações materiais de produção com sua determinação histórico-social: o mundo encantado, distorcido e posto de cabeça para baixo, no qual Monsieur le Capital e Madame la Terre exercem suas fantasmagorias como caracteres sociais e, de imediato, ao mesmo tempo, como meras coisas. O maior mérito da Economia clássica consiste em ter dissolvido essa falsa aparência, esse engodo, essa autonomização e essa ossificação dos diferentes elementos sociais da riqueza entre si, essa personificação das coisas e essa reificação das relações de produção, essa religião da vida cotidiana, na medida em que reduz os juros a uma parte do lucro e a renda ao excedente sobre o lucro médio, de tal modo que ambos coincidem na mais-valia; assim, representa o processo de circulação como mera metamorfose das formas e, por fim, reduz a trabalho o valor e a mais-valia da mercadoria no processo imediato de produção. Ainda assim, mesmo seus melhores porta-vozes, como não poderia ser diferente do ponto de vista burguês, permanecem mais ou menos presos no mundo da aparência que sua crítica extinguiu e, por isso, todos eles recaem, em maior ou menor grau, em formulações inconsequentes, semiverdades e contradições não solucionadas. Por outro lado, no entanto, é igualmente natural que os agentes reais da produção se sintam completamente à vontade nessas formas alienadas e irracionais de capital – juros, terra – renda, trabalho – salário, pois elas são exatamente as configurações da aparência em que eles se movimentam e com as quais lidam cada dia. Por isso é igualmente natural que a Economia vulgar, que não é nada mais do que uma tradução didática, mais ou menos doutrinária, das concepções cotidianas dos agentes reais da produção, nas quais introduz certa ordem compreensível, encontre, exatamente nessa trindade em que todo o nexo interno está desfeito, a base natural e sublime, acima de toda e qualquer dúvida, de sua jactância superficial. Ao mesmo tempo, essa fórmula corresponde ao interesse da classe dominante, na medida em que ela proclama e eleva a dogma a necessidade natural e a legitimação eterna de suas fontes de rendimentos.

Ao expor a reificação das relações de produção e sua autonomização em relação aos agentes da produção, não entramos na análise do modo em que as conexões do mercado mundial, suas conjunturas, o movimento dos preços de mercado, os períodos do crédito, os ciclos da indústria e do comércio, as alternâncias de prosperidade e crise, lhes aparecem como leis naturais onipotentes, que os dominam contra sua vontade, impondo-se a eles como uma cega necessidade natural. Não o fizemos porque o movimento real da concorrência está fora de nosso plano e só queremos apresentar a organização intrínseca do modo de produção capitalista em sua média ideal, por assim dizer.

Em formas anteriores da sociedade, essa mistificação econômica só se verifica principalmente em relação ao dinheiro e ao capital que rende juros. De acordo com a natureza da questão, ela está excluída, primeiro, de onde predomina a produção para o valor de uso, para satisfazer diretamente as próprias necessidades imediatas; segundo, de onde, como na Antiguidade e na Idade Média, escravidão ou servidão constituem a base ampla da produção social: aqui, o domínio das condições de produção sobre os produtores está oculto pelas relações entre dominação e servidão, que aparecem como propulsores imediatos do processo de produção e assim são visíveis. Nas comunidades primitivas, onde prepondera o comunismo natural, e mesmo nas antigas comunidades urbanas, são essas mesmas comunidades, com suas condições, que se apresentam como base da produção, assim como sua reprodução se apresenta como sua finalidade última. Mesmo no sistema corporativo medieval, nem o capital nem o trabalho aparecem como independentes, mas suas relações aparecem como determinadas pelo sistema corporativo, pelas relações que dependem dele e por suas correspondentes noções de dever profissional, mestria etc. Só no modo de produção capitalista...[I]

I Aqui o manuscrito se interrompe. [N.E.A.]

CAPÍTULO 49

COMPLEMENTAÇÃO À ANÁLISE DO PROCESSO DE PRODUÇÃO

Para a investigação que agora segue pode-se abstrair da diferença entre preço de produção e valor, já que essa diferença desaparece completamente quando, como ocorre aqui, se passa a considerar o valor do produto total anual do trabalho, portanto o produto do capital social total.

Lucro (ganho empresarial mais juros) e renda não são nada mais do que formas peculiares que certas partes da mais-valia das mercadorias assumem. A magnitude da mais-valia é o limite da soma das magnitudes das partes em que ela pode se decompor. Por isso, lucro médio mais renda são iguais a mais-valia. É possível que uma parte do mais-trabalho contido nas mercadorias, e daí da mais-valia, não entre diretamente na equalização que leva ao lucro médio, de tal modo que uma parte do valor da mercadoria nem sequer chega a ser expressa em seu preço. Mas, primeiro, isso só se equaliza pelo fato de que a taxa de lucro cresce, se a mercadoria vendida abaixo de seu valor constitui um elemento do capital constante, ou de que lucro e renda se representam num produto maior, se a mercadoria vendida abaixo de seu valor entra, como artigo de consumo individual, na parte do valor consumida como *revenue*. Mas, segundo, isso se equaliza dialeticamente no movimento médio. De qualquer modo, mesmo que se perca para a formação do preço uma parte da mais-valia não expressa no preço da mercadoria, a soma de lucro médio e renda nunca pode, em sua forma normal, ser maior do que a mais-valia total, embora possa ser menor. Sua forma normal pressupõe um salário correspondente ao valor da força de trabalho. Mesmo a renda de monopólio, na medida em que não é uma dedução do salário, portanto não constitui nenhuma categoria especial, indiretamente sempre deve constituir uma parte da mais-valia, se não uma parte do excedente de preço sobre os custos de produção da própria mercadoria, da qual ela constitui um componente, como no caso da renda diferencial, ou uma parte excedente da mais-valia da própria mercadoria, da qual constitui um componente, sobre a parte de sua própria mais-valia mensurada pelo lucro médio (como no caso da renda absoluta), então da mais-valia de outras mercadorias, isto é, das mercadorias que são trocadas por essa mercadoria que tem um preço de monopólio. – A soma de lucro médio mais renda fundiária nunca pode ser maior do que a magnitude, da qual são partes e que já é dada por essa divisão. Por isso, para nossa análise, é indiferente que toda a mais-valia das mercadorias, isto é, todo o mais-trabalho contido nas mercadorias, se ache realizada ou não em seu preço. Aliás, o mais-trabalho não será realizado inteiramente, porque, com a constante alteração da magnitude do trabalho socialmente necessário para a produção de dada mercadoria que se origina da constante alteração na força produtiva do trabalho, uma parte das mercadorias sempre terá de ser produzida sob condições anormais e, por isso, vendida abaixo de seu valor individual. De qualquer modo, lucro mais renda são iguais a toda a mais-valia realizada (mais-trabalho) e, para a análise de que aqui se trata, a mais-valia realizada pode ser equiparada a toda a mais-valia; pois lucro e renda são mais-valia realizada, portanto em geral a mais-valia que entra nos preços das mercadorias, portanto praticamente toda mais-valia que constitui um componente desse preço.

Por outro lado, o salário, que constitui a terceira forma particular da *revenue*, é sempre igual ao componente variável do capital, isto é, ao componente que é desembolsado não em meios de trabalho, mas na compra da força de trabalho viva, em pagamento de trabalhadores. (O trabalho que é pago no dispêndio de *revenue* é ele mesmo pago pelo salário, lucro ou renda e, por isso, não constitui nenhuma parte de valor das mercadorias com que seja pago. Não entra, portanto, em consideração na análise do valor da mercadoria e dos elementos em que este se decompõe.) É a objetivação da parte da jornada de trabalho total dos trabalhadores, em que o valor do capital variável, e daí o preço do trabalho, passa a ser reproduzido: a parte do valor das mercadorias em que o trabalhador reproduz o valor de sua própria força de trabalho ou o preço de seu trabalho. A jornada de trabalho total do trabalhador se decompõe em duas partes. Uma parte em que ele executa o *quantum* de trabalho necessário para reproduzir o valor de seus próprios meios de subsistência: a parte paga de seu trabalho total, a parte de seu trabalho necessária para sua própria manutenção e reprodução. Toda a parte restante da jornada de trabalho, todo o *quantum* de trabalho excedente, que ele executa além e acima do trabalho realizado no valor de seu salário, é mais-trabalho, trabalho não pago, que se representa na mais-valia de sua produção total de mercadorias (e, daí, num *quantum* excedente de mercadoria), mais-valia que, por sua vez, se decompõe em partes designadas diversamente, lucro (ganhos empresariais mais juros) e renda.

Portanto, a parte total do valor das mercadorias em que se realiza o trabalho total dos trabalhadores, acrescido durante um dia ou um ano, o valor total do produto anual que esse trabalho cria, decompõe-se no valor do salário, do lucro e da renda. Pois esse trabalho total se decompõe em trabalho necessário, pelo qual o trabalhador cria a parte do valor do produto com que ele mesmo vem a ser pago, portanto o salário, e em mais-trabalho não pago, pelo qual ele cria a parte do valor do produto que representa a mais-valia e que, depois, se divide em lucro e renda. Além desse trabalho, o trabalhador não executa nenhum trabalho e, além do valor total do produto que toma as formas de salário, lucro e renda, ele não cria nenhum valor. O valor do produto anual, em que se representa seu trabalho acrescido durante o ano, é igual ao salário ou ao valor do capital variável mais a mais-valia, que, por sua vez, volta a se dividir nas formas de lucro e renda.

A parte total do valor do produto anual que o trabalhador cria ao longo do ano se expressa, portanto, na soma anual de valor das três *revenues*, o valor do salário, do lucro e da renda. Evidentemente, nem por isso foi reproduzido, no valor-produto criado anualmente, o valor da parte constante do capital, pois o salário só é igual ao valor da parte variável do capital adiantada na produção, enquanto renda e lucro são apenas iguais à mais-valia, ao excedente de valor produzido acima do valor total do capital adiantado, que é igual ao valor do capital constante mais o valor do capital variável.

Para a dificuldade a se resolver aqui, é completamente indiferente que uma parte da mais-valia transformada em lucro e renda não seja consumida como *revenue*, mas sirva para a acumulação. A parte que é poupada como fundo de acumulação serve para a formação de novo capital adicional, mas não para a reposição do antigo componente do antigo capital despendido, seja em força de trabalho, seja em meios de trabalho. Portanto, para simplificar, pode-se supor que as *revenues* entraram completamente no consumo individual. A dificuldade apresenta-se de modo duplo. Por um lado: o valor do produto anual em que estas *revenues* – salário, lucro, renda – são consumidos contém em si uma parte do valor igual à parte do valor da parte constante do capital nele absorvida. Contém essa parte do valor, além da parte do valor que se reduz a salário e da parte do valor que se reduz a lucro e renda. Seu valor é, portanto = salário + lucro + renda + *C*, que representa sua parte constante do valor. Ora, como o valor produzido anualmente, que só é = salário + lucro + renda, há de comprar um produto cujo valor é = (salário + lucro + renda) + *C*? Como pode o valor produzido anualmente comprar um produto cujo valor é maior do que o seu?

Por outro lado: se abstraímos da parte do capital constante que não entrou no produto e que, por isso, embora com valor diminuído, continua a existir depois como antes da produção anual das mercadorias; se, portanto, por um instante abstraímos do capital fixo empregado, mas não consumido, então a parte constante do capital adiantado em forma de matérias-primas e materiais auxiliares está completamente absorvida no novo produto, enquanto uma parte dos meios de trabalho foi utilizada completamente e a outra só em parte e, assim, na produção só se consumiu uma parte de seu valor. Toda essa parte do capital constante consumida na produção deve ser reposta *in natura*. Pressupondo-se inalteradas todas as demais circunstâncias, ou seja, a força produtiva do trabalho, essa parte custa o mesmo *quantum* de trabalho que antes para sua reposição, isto é, precisa ser substituída por um equivalente em valor. Onde isso não ocorre, a própria reprodução não pode ocorrer na antiga escala. Mas quem deve executar esses trabalhos, e quem os executa?

No caso da primeira dificuldade: quem deverá pagar a parte do valor constante contida no produto, e com quê? – supõe-se que o valor do capital constante absorvido na produção reapareça como parte do valor do produto. Isso não contradiz os pressupostos da segunda dificuldade, pois já no Livro 1, cap. 5 ("Processo de trabalho e processo de valorização"), foi mostrado como o mero acréscimo de novo trabalho, embora não reproduza o valor antigo, mas só crie um acréscimo ao mesmo, só o valor acrescido, conserva, no entanto, ao mesmo tempo, o antigo valor do produto; mas que isso ocorre com o trabalho não na medida em que é gerador de valor, por conseguinte, trabalho em geral, mas em sua função de trabalho produtivo determinado. Não era, portanto, necessário nenhum trabalho adicional para conservar o valor da parte constante no produto, em que é despendida a *revenue*, isto é, todo o valor criado durante o ano. Sem dúvida, porém, é necessário novo trabalho adicional para substituir o capital constante consumido em seu valor e valor de uso, durante o ano pretérito, sem cuja reposição a reprodução é absolutamente impossível.

Todo trabalho novo acrescido é representado no valor novo criado durante o ano, que, na totalidade, por sua vez, se decompõe nas três *revenues*: salário, lucro e renda. – Por um lado, não resta, pois, nenhum trabalho social excedente para a reposição do capital constante consumido, que é preciso recolocar em parte *in natura* e segundo seu valor, em parte apenas segundo seu valor (pelo mero desgaste do capital fixo). Por outro lado, o valor anualmente gerado pelo trabalho e que se distribui nas formas de salário, lucro e renda, tendo de ser despendido nelas, não parece suficiente para pagar ou comprar a parte constante do capital que, além de seu próprio valor, deve estar contida no produto anual.

Vê-se: o problema aqui colocado já está resolvido no estudo da reprodução do capital social total: Livro 2, Seção III. Aqui voltamos a isso, inicialmente porque lá a mais-valia ainda não havia sido desenvolvida em suas formas de *revenue*: lucro (ganho empresarial mais juros) e renda, e, por isso, também não podia ser abordada nessas formas; mas também porque exatamente à forma de salário, lucro e renda se associa um incrível erro na análise, que atravessa toda a Economia Política desde A. Smith.

Lá dividimos todo o capital em duas grandes classes: classe I, que produz meios de produção, e classe II, que produz meios de consumo individual. A circunstância de que certos produtos podem servir tanto para a satisfação pessoal quanto como meios de produção (um cavalo, cereal etc.) não suprime, de maneira nenhuma, a absoluta exatidão dessa divisão. De fato ela não é nenhuma hipótese, mas apenas expressão de um fato. Considere-se o produto anual de um país. Uma parte do produto, qualquer que seja sua capacidade de servir de meio de produção, entra no consumo individual. É o produto em que salário, lucro e renda são despendidos. Esse produto é o produto de um determinado setor do capital social. É possível que esse mesmo capital também produza produtos pertencentes à classe I. Na medida em que faz isso, não é parte do capital consumido no produto da classe II, produto que realmente se destina ao consumo individual, fornecendo os produtos que recaem na classe I e são consumidos produtivamente. Todo esse produto II, que entra no consumo individual e no qual, por isso, se despende a *revenue*, é a existência do capital nele consumido mais o excedente produzido. É, portanto, produto de um capital investido na mera produção de meios de consumo. E, do mesmo modo, o setor I do produto anual, setor que serve como meio de reprodução, matéria-prima e instrumentos de trabalho, qualquer que seja a capacidade que esse produto *naturaliter* possa ter de servir de meio de consumo, é produto de um capital investido na mera produção de meios de produção. A maior parte dos produtos que constituem o capital constante consiste mesmo materialmente em uma forma em que ele não pode entrar no consumo individual. Na medida em que ele pudesse fazê-lo, como, por exemplo, um camponês poderia comer seus grãos ou carnear seus bois de tração, a barreira econômica agiria para ele exatamente do mesmo modo: como se essa parte existisse em uma forma não consumível.

Como já se disse, abstraiamos, nas duas classes, da parte fixa do capital constante, que continua existindo *in natura* e de acordo com o valor, independentemente do produto anual das duas classes.

Na classe II, em cujos produtos são despendidos salário, lucro e renda, em suma, são consumidas as *revenues*, o próprio produto consiste, segundo seu valor, em três componentes. Um componente é igual ao valor da parte constante do capital consumida na produção; um segundo componente é igual ao valor da parte variável adiantada na produção, desembolsada em salários; finalmente, um terceiro componente é igual à mais-valia produzida, portanto = lucro + renda. O primeiro componente do produto da classe II, o valor da parte constante do capital, não pode ser consumido nem pelos capitalistas, nem pelos trabalhadores da classe II, nem pelos proprietários da terra. Não constitui parte nenhuma de suas *revenues*, mas tem de ser reposto *in natura* e, para que isso possa acontecer, tem de ser vendido. Em troca, os dois outros componentes desse produto são iguais ao valor das *revenues* geradas nessa classe, = salário + lucro + renda.

Na classe I, o produto, quanto à sua forma, consiste nos mesmos componentes. Mas a parte que constitui sua *revenue*, salário + lucro + renda, em suma, a parte variável do capital + a mais-valia, não é consumida aqui na forma natural dos produtos dessa classe I, e sim nos produtos da classe II. O valor das *revenues* da classe I tem de ser, portanto, consumido na parte do produto da classe II, que constitui o capital constante de II a ser reposto. A parte do produto da classe II, que tem de repor o capital constante, é consumida em sua forma natural pelos trabalhadores, pelos capitalistas e pelos proprietários fundiários da classe I. Eles despendem suas *revenues* nesse produto II. Por outro lado, o produto de I, em sua forma natural, à medida que representa *revenue* da classe I, é consumido produtivamente pela classe II, cujo capital constante ele repõe *in natura*. Por fim, a parte constante e consumida do capital da classe I é reposta pelos próprios produtos dessa classe, que consistem precisamente em meios de trabalho, matérias-primas e materiais auxiliares, em parte pelo intercâmbio dos capitalistas I entre si, em parte pelo fato de que uma parte desses capitalistas pode reempregar diretamente seu próprio produto como meio de produção.

Tomemos o esquema anterior (Livro 2, cap. 20, [parte] II) da reprodução simples:

$$\left.\begin{array}{lllllll} \text{I.} & 4\,000_c & + & 1\,000_v & + 1\,000_{mv} & = & 6\,000 \\ \text{II.} & 2\,000_c & + & 500_v & + \;\; 500_{mv} & = & 3\,000 \end{array}\right\} = 9\,000$$

De acordo com isso, em II os produtores e proprietários da terra consomem $500_v + 500_{mv} = 1000$ como *revenue*; ficam $2\,000_c$ para repor. Isso é consumido pelos trabalhadores, capitalistas e rentistas de I, cuja receita é $= 1\,000_v + 1\,000_{mv} = 2\,000$. O produto consumido de II é consumido como *revenue* de I, e a parte da *revenue* representada no produto inconsumível de I é consumida como capital constante de II. Resta, portanto, prestar contas sobre os $4\,000_c$ em I. Estes são repostos pelo próprio produto de I = 6 000, ou melhor = 6 000 − 2 000, pois esses 2 000 já estão convertidos em capital constante para II. É preciso observar, contudo, que esses números foram tomados arbitrariamente, portanto também parece arbitrária a relação entre o valor da *revenue* e o valor do capital constante de II. É, no entanto, óbvio que, à medida que o processo de reprodução transcorre normalmente e, com as demais circunstâncias constantes, abstraindo, portanto, da acumulação, a soma do valor do salário, lucro e renda tem de ser igual ao valor da parte constante do capital da classe II. Se não, a classe II não pode repor seu capital constante nem a classe I pode converter sua *revenue* da forma inconsumível na consumível.

O valor do produto-mercadoria anual, exatamente como o valor do produto-mercadoria de um investimento particular de capital e como o valor de cada mercadoria individual, se divide, portanto, em dois componentes de valor: um, A, que repõe o valor do capital constante adiantado, e outro, B, que se representa na forma de *revenue* como salário, lucro e renda. O último componente de valor, B, constitui, nessa medida, uma contraposição ao primeiro, A, já que este, com as demais circunstâncias iguais, 1) nunca assume a forma de *revenue*, 2) sempre reflui na forma de capital e, especificamente, de capital constante. O outro componente, B, também é por sua vez contraditório em si mesmo. Lucro e renda têm isto em comum com o salário: todos os três constituem formas de *revenue*. Apesar disso, diferenciam-se essencialmente pelo fato de que, no lucro e na renda, se representa mais-valia, portanto trabalho não pago, e, no salário, trabalho pago. A parte do valor do produto que representa salário desembolsado, que, portanto, repõe o salário e, segundo nossos pressupostos, onde a reprodução se realiza na mesma escala e sob as mesmas condições, transforma-se de novo em salário, reflui inicialmente como capital variável, como um componente do capital a ser novamente adiantado para a reprodução. Esse componente tem dupla função. Existe primeiro na forma de capital e, enquanto tal, troca-se pela força de trabalho. Nas mãos do trabalhador, transforma-se na *revenue* que esse obtém da venda de sua força de trabalho, sendo convertido, enquanto *revenue*, em meios de subsistência e consumido. Na intermediação da circulação do dinheiro é que se mostra esse duplo processo. O capital variável é adiantado em dinheiro, pago em salário. Essa é a sua primeira função enquanto capital. Ele é trocado por força de trabalho e transformado, na exteriorização dessa força de trabalho, em trabalho. É esse o processo para o capitalista. Em segundo lugar, porém: com esse dinheiro, os trabalhadores compram uma parte de seu produto-mercadoria, que é medido por esse dinheiro e consumido por eles como *revenue*. Se não pensarmos na circulação do dinheiro, então uma parte do produto do trabalhador estará nas mãos do capitalista na forma de capital disponível. Ele adianta essa parte como capital, dá-o ao trabalhador para novas forças de trabalho, enquanto o trabalhador o consome diretamente ou mediante troca por outras mercadorias como *revenue*. Portanto, a parte do valor que na reprodução está destinada a se transformar em salário, em *revenue* para os trabalhadores, reflui inicialmente para as mãos do capitalista na forma de capital, ou melhor, de capital variável. Que ele reflua dessa forma é uma condição essencial para que voltem a se reproduzir sempre o trabalho como trabalho assalariado, os meios de produção como capital e o próprio processo de produção como um processo capitalista.

Caso não queiramos nos envolver em dificuldades inúteis, então é preciso distinguir rendimento bruto e rendimento líquido de receita bruta e receita líquida.

O rendimento bruto ou o produto bruto é todo o produto reproduzido. Com exclusão da parte do capital fixo empregada, mas não consumida, o valor do rendimento bruto ou do produto bruto é igual ao valor do capital adiantado e consumido na produção, do capital constante e variável, mais a mais-valia, que se divide em lucro e renda. Ou, quando não se considera o produto do capital individual, mas do capital social total, o rendimento bruto é igual aos elementos materiais que constituem o capital constante e o capital variável mais os elementos materiais do mais-produto, em que lucro e renda se representam.

A receita bruta é a parte do valor e a parte do produto bruto medida por ele que resta depois de deduzir a parte do valor e a parte dos produtos por ele medida da produção total, que repõe o capital constante adiantado e consumido na produção. A receita líquida é, portanto, igual ao salário (ou à parte do produto destinada a se tornar novamente receita do trabalhador) + o lucro + a renda. A receita líquida é, pelo contrário, a mais-valia e, daí, o mais-produto que, depois de deduzido o salário, ainda resta e que, portanto, representa de fato a mais-valia, realizada pelo capital e a ser dividida com os proprietários da terra, e o mais-produto por ela medido.

Já se viu que o valor de cada mercadoria individual, bem como o valor de todo o produto-mercadoria de cada capital individual, divide-se em duas partes: uma que só repõe capital constante; e outra que, embora uma fração dela reflua como capital variável, portanto também reflua na *forma* de capital, tem por meta, contudo, transformar-se completamente em receita bruta e assumir a forma de salário, de lucro e de renda, cuja soma perfaz a receita bruta. Viu-se, além disso, que esse é o caso em relação ao valor do produto total anual de uma sociedade. Uma diferença entre o produto do capitalista individual e o da sociedade só ocorre à medida que: considerada do ponto de vista do capitalista individual, a receita líquida se diferencia da receita bruta, pois esta inclui o salário e aquela o exclui. Considerando-se a receita de toda a sociedade, a receita nacional consiste em salário mais lucro mais renda, portanto em receita bruta. Mas também isso é uma abstração à medida que toda a sociedade, na base da produção capitalista, coloca-se do ponto de vista capitalista e, por isso, apenas considera como receita líquida a receita que se decomponha em lucro e renda.

Em troca, a fantasia, por exemplo de um Sr. Say, de que o rendimento todo, o produto bruto total, decompõe-se para uma nação em rendimento líquido ou dele não se distingue, que, portanto, essa diferença deixa de existir do ponto de vista nacional, é apenas a expressão necessária e última do dogma absurdo que atravessa, desde A. Smith, toda a Economia Política: que, em última instância, o valor das mercadorias se resolve totalmente em receita: salário, lucro e renda.[51]

No caso de cada capitalista isoladamente, reconhecer que uma parte de seu produto deve voltar a se transformar em capital (mesmo abstraindo a expansão da reprodução ou da acumulação), e isso não só em capital variável, que, por sua vez, é destinado a se transformar novamente em receita para os trabalhadores, portanto em forma de *revenue*, mas em capital constante, que nunca pode se transformar em receita – compreender isso é naturalmente bem fácil. A mais simples inspeção do processo de produção mostra-o de modo evidente. A dificuldade só começa quando se examina o processo de produção em sua totalidade. A circunstância de que o valor da parte toda do produto que, como *revenue*, é consumido na forma de salário, lucro e renda (no que é completamente indiferente que seja consumido de modo individual ou produtivo), na análise, de fato se resolve totalmente na soma de valor constituída de salário mais lucro mais renda, portanto no valor total das três *revenues*, embora o valor dessa parte do produto, exatamente como aquela que não entra na *revenue*, contenha uma parte do valor=*C*, igual ao valor do capital constante nelas contido, portanto, *prima facie*, não pode ser limitado pelo valor da *revenue*: por um lado, o fato praticamente inegável e, por outro, a contradição teórica igualmente inegável; essa dificuldade é mais facilmente contornada presumindo que o valor da mercadoria contém só na aparência, do ponto de vista do capitalista individual, outra parte de valor que difere da parte existente em forma de *revenue*. A frase feita de que, para um, aparece como *revenue* o que, para outro, constitui capital é apenas um jeito de poupar-se toda reflexão ulterior. Como, então, se pode repor o antigo capital se o valor de todo o produto é consumível na forma de *revenue*? E como o valor do produto de cada capital individual pode ser igual à soma de valor das três *revenues* mais *C*, capital constante, enquanto a soma total de valor dos produtos de todos os capitais é igual à soma de valor das três *revenues* mais 0? Tudo isso aparece, pois, naturalmente como um enigma insolúvel e tem de ser explicado dizendo-se que a análise é absolutamente incapaz de desvendar o mistério dos elementos simples do preço, tem de contentar-se antes com o círculo vicioso e o progresso ao infinito. De tal modo que aquilo que aparece como capital constante é decomponível em salário, lucro e renda, mas os valores-mercadorias em que salário, lucro e renda se representam são, por sua vez, determinados por salário, lucro e renda, e assim por diante até o infinito.[52]

O dogma fundamentalmente falso de que, em última instância, o valor das mercadorias pode ser resolvido em salário + lucro + renda também se expressa de tal modo que, em última instância, o consumidor tem de pagar o valor total do produto total; ou também de tal modo que, em última instância, a circulação de dinheiro entre produtores e consumidores precisa ser igual à circulação de dinheiro entre os próprios produtores (Tooke);[I] teses que são, todas, tão falsas quanto a tese fundamental sobre a qual repousam.

As dificuldades que levam a essa análise falsa e, *prima facie*, absurda são, em suma, as seguintes:

1) Que não foram compreendidas a relação fundamental entre capital constante e capital variável e, portanto, também a natureza da mais-valia e, com isso, toda a base do modo de produção capitalista. O valor de cada produto parcial do capital, de cada mercadoria individual, inclui uma parte de valor = capital constante, uma parte de valor = capital variável (transformada em salários para os trabalhadores) e uma parte = mais-valia (depois repartida em lucro e renda). Como é possível, então, que o trabalhador com seu salário, o capitalista com seu lucro e o proprietário fundiário com sua renda devam comprar mercadorias que contêm não só um desses componentes, mas todos os três, e como é possível que a soma do valor de salário, lucro e renda, portanto das três fontes de receita em conjunto, tenha de comprar as mercadorias que entram no consumo total dos destinatários dessa receita, mercadorias que, além desses três componentes de valor, ainda contêm um componente excedente de valor, ou seja, capital constante? Como é que, pelo valor de três, poderão comprar um valor de quatro?[53]

Fizemos essa análise no Livro 2, Seção III.

2) Que não se compreendeu a maneira como o trabalho, ao acrescer valor novo, conserva valor antigo em forma nova, sem produzir de novo esse valor.

3) Que não se compreendeu a conexão do processo de reprodução tal como ele se apresenta ao ser considerado não do ponto de vista do capital individual, mas do ponto de vista do capital total; a dificuldade de saber como o produto em que salário e mais-valia se realizam, portanto,

---

I Thomas Tooke, *An Inquiry into the Currency Principle*. London, 1844, p. 36. [N.E.A.]

o valor integral de todo o trabalho novo acrescido durante o ano, repõe sua parte constante de valor e, ao mesmo tempo, limitado apenas pelas *revenues*, ainda pode se resolver em valor; como, além disso, o capital constante consumido na produção pode ser reposto materialmente e, conforme o valor, por um novo, embora a soma total do trabalho novo acrescido só se realize em salário e mais-valia e se represente de maneira exaustiva na soma do valor de ambos. Exatamente aqui é que se acha a principal dificuldade na análise da reprodução e da relação entre seus diversos componentes, tanto em seu caráter material quanto em suas relações de valor.

4) Mas a isso acresce mais uma dificuldade, que aumenta ainda mais assim que os diferentes componentes da mais-valia aparecem na forma de *revenues* independentes umas das outras. Ou seja, a de que as definições rígidas de *revenue* e capital se intercambiam e trocam de posição, de tal modo que, do ponto de vista do capitalista individual, só parecem ser determinações relativas, desvanecendo-se na visão do processo de produção como um todo. Por exemplo, a *revenue* dos trabalhadores e capitalistas da classe I, que produz capital constante, repõe, segundo o valor e a matéria, o capital constante da classe de capitalistas II, que produz meios de consumo. Pode-se contornar, portanto, essa dificuldade com a concepção de que o que é *revenue* para um seja capital para o outro e, por isso, essas definições não têm nada a ver com as particularidades reais dos componentes do valor da mercadoria. Além disso: mercadorias que, afinal de contas, estão destinadas a constituir os elementos materiais dos dispêndios da *revenue*, portanto meios de consumo, percorrem durante o ano diferentes estágios, por exemplo, fio de lã, tecido. Num estágio, fazem parte do capital constante e, no outro, são consumidas individualmente, entrando, portanto, inteiramente na *revenue*. É possível, portanto, imaginar, com Adam Smith, que o capital constante seja somente um elemento aparente do valor da mercadoria que desaparece no processo completo. Além disso, assim ocorre um intercâmbio entre capital variável e *revenue*. O trabalhador compra com seu salário a parte das mercadorias que constitui *revenue*. Com isso, ele repõe para o capitalista, ao mesmo tempo, a forma-dinheiro do capital variável. Por fim: uma parte dos produtos que constituem capital constante é reposta, *in natura* ou por meio de intercâmbio, pelos próprios produtores do capital constante; um processo com o qual os consumidores não têm nada a ver. Quando não se tem isso presente, surge a ilusão de que a *revenue* dos consumidores repõe o produto todo, portanto também a parte constante do valor.

5) Abstraindo da confusão que acarreta a transformação dos valores em preços de produção, surge outra confusão devido à transformação da

mais-valia em diferentes formas particulares de *revenue*, independentes entre si e referidas aos diferentes elementos da produção: lucro e renda. Esquece-se de que os valores das mercadorias são a base fundamental e de que a decomposição desse valor-mercadoria em componentes particulares e o desenvolvimento desses componentes do valor em forma de *revenue*, sua transformação em relações dos diversos proprietários dos diferentes agentes da produção até esses componentes individuais do valor, sua distribuição entre esses proprietários de acordo com categorias e títulos determinados, não altera absolutamente nada na própria determinação do valor e em sua lei. Tampouco a lei do valor é alterada pela circunstância de que a equalização do lucro, isto é, a distribuição da mais-valia total entre os diferentes capitais, e os obstáculos que, em parte (na renda absoluta), a propriedade fundiária põe no caminho dessa equalização determinam de modo divergente os preços médios reguladores das mercadorias em relação a seus valores individuais. Isso só afeta, por sua vez, o adicional da mais-valia sobre os diferentes preços das mercadorias, mas não suprime a própria mais-valia e o valor total das mercadorias enquanto fonte desses diferentes componentes do preço.

Esse é o quiproquó que consideramos no capítulo seguinte e que necessariamente está vinculado à ilusão de que o valor se origina de seus próprios componentes. Ou seja, primeiro os diferentes componentes do valor da mercadoria obtêm formas autônomas nos rendimentos e como tais são referidos não ao valor da mercadoria como sua fonte, mas aos elementos materiais particulares de produção como suas fontes. Estão realmente relacionados com eles, mas não como componentes do valor, e sim como rendimentos, como esses componentes de valor que recaem nessas categorias determinadas de agentes da produção: o trabalhador, o capitalista, o proprietário da terra. Agora se pode, porém, imaginar que esses componentes do valor, em vez de se originarem da decomposição do valor da mercadoria, pelo contrário, só se constituem por sua conjunção, de onde provém, então, o belo círculo vicioso de que o valor das mercadorias se origina da soma do valor de salário, lucro e renda e, por sua vez, o valor de salário, lucro e renda é determinado pelo valor das mercadorias etc.[54]

Considerando-se o estado normal da reprodução, só uma parte do trabalho novo acrescido é empregada em produção e, daí, na reposição de capital constante; ou seja, exatamente a parte que repõe o capital constante absorvido na produção de meios de consumo, de elementos materiais da *revenue*. Isso é equalizado pelo fato de que essa parte constante da classe II não custa nenhum trabalho adicional. Ora, o capital constante (considerando-se a totalidade do processo de reprodução, em que está incluída, portanto, aquela equalização entre as classes I e II) não é, porém, nenhum produto do trabalho novo acrescido, embora esse produto não fosse factível sem ele – durante o processo de reprodução, esse capital constante, considerado materialmente, está exposto a acidentes e perigos que podem dizimá-lo. (Mas, além disso, considerado também de acordo com o valor, ele pode ser depreciado devido a uma alteração na força produtiva do trabalho: isso se refere, no entanto, tão somente aos capitalistas individuais.) De acordo com isso, uma parte do lucro, portanto da mais-valia e, daí, também do mais-produto, em que (considerado de acordo com o valor) só se representa trabalho novo acrescido, serve como fundo de seguros. O que não altera nada na natureza da questão de que esse fundo de seguros seja ou não administrado por companhias de seguro como um negócio separado. Essa é a única parte da *revenue* que não é consumida como tal nem serve necessariamente como fundo de acumulação. Que ela sirva efetivamente como tal ou apenas cubra o déficit da reprodução depende do acaso. Essa também é a única parte da mais-valia e do mais-produto, portanto do mais-trabalho, que, além da parte que serve para a acumulação, portanto para a expansão do processo de reprodução, teria de continuar existindo mesmo depois da abolição do modo de produção capitalista. Isso pressupõe, naturalmente, que a parte regularmente consumida pelos produtores imediatos não fique limitada à sua atual medida mínima. Além do mais-trabalho para aqueles que, por causa da idade, ainda não podem ou não podem mais participar na produção, suprimir-se-ia todo o trabalho que serve para sustentar aqueles que não trabalham. Se se pensa nos primórdios da sociedade, ainda não existem meios de produção produzidos, portanto também não capital constante, cujo valor entra no produto e que precisa ser reposto na reprodução na mesma escala *in natura* a partir do produto numa medida determinada por seu valor. Mas aí a natureza dá os meios imediatos de subsistência, que não precisam primeiro ser produzidos. Por isso ela também dá ao selvagem, que só precisa satisfazer poucas necessidades, o tempo não para utilizar os meios de produção ainda não disponíveis, mas, além do trabalho que custa a apropriação dos meios de subsistência disponíveis na Natureza, para transformar outros produtos naturais em meios de produção: arco, faca de pedra, canoa etc. Esse processo entre os selvagens corresponde, considerando-se apenas o lado material, inteiramente à retransformação de mais-trabalho em novo capital. No processo de acumulação, ainda continua a ocorrer a transformação de tal produto do trabalho excedente em capital; e a circunstância de que todo capital novo se origina de lucro, renda ou outras formas de *revenue*, isto é, do mais-trabalho, leva à falsa concepção de que todo valor das mercadorias se origina de uma *revenue*. Essa retransformação do lucro em capital, pelo contrário, mostra antes, numa análise mais acurada, que o trabalho adicional – que sempre se representa em forma de *revenue* – não serve para a manutenção ou para a reprodução do antigo valor-capital, mas, à medida que não é consumido como *revenue*, para a criação de novo capital excedente.

A dificuldade deriva de que todo trabalho novo acrescido, à medida que o valor por ele criado não se resolve em salário, aparece como lucro – aqui entendido como forma da mais-valia em geral –, isto é, como um valor que não custou nada ao capitalista e, portanto, seguramente não tem de repor nada que tenha sido adiantado, nenhum capital. Por isso, esse valor existe na forma de riqueza disponível, adicional, em suma, do ponto de vista do capitalista individual, na forma de sua *revenue*. Mas esse valor novo criado pode ser consumido tanto produtiva quanto individualmente, tanto como capital quanto como *revenue*. De acordo com sua forma natural, ele tem de ser consumido produtivamente. Está, portanto, claro que o trabalho anualmente acrescido produz tanto capital quanto *revenue*; como isso, aliás, se mostra também no processo de acumulação. A parte da força de trabalho empregada para a criação nova de capital (portanto, por analogia, a parte da jornada de trabalho que o selvagem emprega não para se apropriar de alimentos, mas para preparar o instrumento com o qual ele se apropria do alimento) torna-se invisível porque todo o produto do mais-trabalho se representa inicialmente na forma de lucro; uma destinação que não tem, de fato, nada a ver com esse próprio mais-produto, mas só se refere à relação privada do capitalista com a mais-valia por ele embolsada. De fato, a mais-valia que o trabalhador cria se divide em *revenue* e capital, isto é, em meios de consumo e em meios de produção adicionais. Mas o antigo capital constante, recebido do ano anterior (abstraindo da parte que fica defeituosa, portanto é *pro tanto* aniquilada, portanto à medida que não precisa ser reproduzida, e essas perturbações do processo de reprodução tocam ao seguro), considerado segundo seu valor, não é reproduzido pelo trabalho novo acrescido.

Além disso, vemos que uma parte do trabalho novo acrescido é constantemente absorvida na reprodução e reposição de capital constante consumido, embora esse trabalho novo acrescido se divida apenas em *revenues*: salário, lucro e renda. Nisso não se vê, porém, 1) que uma parte do valor do produto desse trabalho *não* é produto desse trabalho novo acrescido, mas capital constante preexistente e consumido; que a parte dos produtos em que essa parte do valor se representa também não se transforma, por isso, em *revenue*, mas repõe *in natura* os meios de produção desse capital constante; 2) que a parte do valor em que esse trabalho novo acrescido realmente se representa não é consumida *in natura* como *revenue*, mas repõe o capital constante em outra esfera, para onde foi transferido numa forma natural em que ela pode ser consumida como *revenue*, mas que, por sua vez, não é produto exclusivo de trabalho novo acrescido.

À medida que a reprodução transcorre em escala inalterada, cada elemento consumido do capital constante, se não segundo o *quantum* e a forma, então segundo a eficiência, tem de ser reposto *in natura* por um novo exemplar de espécie correspondente. Se a força produtiva do trabalho permanece a mesma, então essa reposição *in natura* inclui a reposição do mesmo valor que o capital constante tinha em sua forma anterior. Se, no entanto, a força produtiva do trabalho se eleva, de tal modo que os mesmos elementos materiais podem ser reproduzidos com menos trabalho, então uma parte menor do valor do produto pode repor totalmente *in natura* a parte constante. O excedente pode servir, então, para a formação de novo capital adicional, ou pode ser dada a uma parte maior do produto a forma de meios de consumo, ou o mais-trabalho pode ser diminuído. Se, pelo contrário, a força produtiva do trabalho decresce, então uma parte maior do produto precisa entrar na reposição do antigo capital; o mais-produto decresce.

A retransformação de lucro, ou de qualquer forma da mais-valia em geral, em capital mostra – se abstraímos da forma econômica historicamente determinada e só a consideramos como uma formação simples de novos meios de produção – que continua sempre a existir a situação em que o trabalhador, além do trabalho para a obtenção de meios de vida imediatos, emprega trabalho para produzir meios de produção. Transformação de lucro em capital não quer dizer nada mais que emprego de uma parte do trabalho excedente para a formação de novos meios adicionais de produção. Que isso ocorra na forma de transformação de lucro em capital significa tão somente que é o capitalista, e não os trabalhadores, que dispõe sobre o trabalho excedente. Que esse trabalho excedente tenha primeiro de passar por um estágio em que apareça como *revenue* (enquanto, por exemplo, entre os selvagens aparece como trabalho excedente voltado diretamente para a produção de meios de produção) significa apenas que esse trabalho ou seu produto é apropriado pelo não-trabalhador. Mas o que efetivamente é transformado em capital não é o lucro enquanto tal. Transformação de mais-valia em capital significa apenas que a mais-valia e o mais-produto não são individualmente consumidos pelo capitalista como *revenue*. Mas o que realmente assim se transforma é valor, trabalho objetivado, ou seja, o produto em que esse valor se apresenta de modo imediato ou pelo qual ele é trocado após uma metamorfose anterior em dinheiro. Mesmo quando o lucro é retransformado em capital, essa forma determinada da mais-valia, o lucro, não constitui a fonte do novo capital. Nisso, a mais-valia só é convertida de uma forma em outra. Mas não é essa alteração da forma que faz dela capital. É a mercadoria e seu valor que, agora, funcionam como capital. Mas que o valor da mercadoria não seja pago – e só por esse fato ele se torne mais-valia – é completamente indiferente para a objetivação do próprio trabalho, do próprio valor.

O equívoco se expressa de diferentes formas. Por exemplo, diz-se que as mercadorias em que o capital constante consiste contêm igualmente elementos de salário, lucro e renda. Ou, então, que o que representa *revenue* para um representaria capital para o outro e que, por isso, essas são relações meramente subjetivas. Assim, o fio do fiandeiro contém uma parte de valor que, para ele, representa lucro. Se, portanto, o tecelão compra o fio, então realiza o lucro do fiandeiro, mas para ele mesmo o fio é apenas uma parte de seu capital constante.

Além do que já foi desenvolvido anteriormente sobre a relação entre *revenue* e capital, é preciso aqui observar: aquilo que, considerado segundo o valor, entra constitutivamente no capital do tecelão é o valor do fio. Como as partes desse valor se resolveram em capital e *revenue*, em outras palavras, em trabalho pago e não pago para o próprio fiandeiro, é completamente indiferente para a determinação do valor da própria mercadoria (abstraindo-se das modificações decorrentes do lucro médio). O que há aqui, no fundo, é a ideia de que o lucro, a mais-valia em geral, seja um excedente sobre o valor da mercadoria, que somente seja gerado por adicionais, trapaças mútuas, ganhos na venda. À medida que é pago o preço de produção ou mesmo o valor da mercadoria, também são pagos, naturalmente, os componentes de valor da mercadoria, que se representam para seu vendedor em forma de *revenue*. Aqui, naturalmente, não se está falando de preços de monopólio.

Em segundo lugar, é totalmente correto que os componentes da mercadoria nos quais consiste o capital constante são redutíveis, como qualquer outro valor-mercadoria, a frações de valor que se resolvem, para os produtores e os proprietários dos meios de produção, em salário, lucro e renda. Essa é apenas a forma capitalista de expressão do fato de que todo valor-mercadoria é apenas a medida do trabalho socialmente necessário contido numa mercadoria. Mas já foi mostrado no Livro 1 que isso não impede, de maneira nenhuma, que o produto-mercadoria de qualquer capital se decomponha em partes separadas, das quais uma representa exclusivamente a parte constante do capital, a outra a parte variável do capital e uma terceira apenas a mais-valia.

Storch expressa também a opinião de muitos outros quando diz:

> *Les produits vendables qui constituent le revenu national doivent être considérés dans l'économie politique de deux manières différentes: relativement aux individus comme des valeurs; et relativement à la nation comme des biens; car le revenu*

d'une nation ne s'apprécie pas comme celui d'un individu, d'après sa valeur, mais d'après son utilité ou d'après les besoins auxquels il peut satisfaire.[I] (*Consid. sur la nature du revenu national*, p. 19)

É, em primeiro lugar, uma falsa abstração considerar uma nação, cujo modo de produção repousa no valor e, além disso, está organizado capitalistamente, como sendo um corpo coletivo que trabalha apenas para as necessidades nacionais.

Em segundo lugar, depois da abolição do modo de produção capitalista, mas com manutenção da produção social, a determinação do valor continuará predominante no sentido de que a regulamentação do tempo de serviço, a distribuição do trabalho social entre os diferentes grupos de produção e, por fim, a contabilidade que diz respeito a isso se tornarão mais essenciais do que nunca.

I "Os produtos venais que constituem o rendimento nacional devem ser considerados, na Economia Política, de dois modos diferentes: em sua relação com os indivíduos enquanto valores e em sua relação com a nação enquanto bens de consumo; pois o rendimento de uma nação não é calculado como o de um indivíduo, segundo seu valor, mas segundo sua utilidade ou segundo as necessidades que pode satisfazer." [N.T.]

CAPÍTULO 50

A ILUSÃO DA CONCORRÊNCIA

Foi mostrado que o valor das mercadorias ou o preço de produção regulado por seu valor total é decomponível em:

1) Uma parte do valor que repõe capital constante ou que representa trabalho pretérito consumido na forma de meios de produção ao ser feita a mercadoria; numa palavra, o valor ou preço com que esses meios de produção entraram no processo de produção da mercadoria. Nós não falamos aqui nunca da mercadoria individual, mas do capital-mercadoria, isto é, a forma em que o produto do capital se apresenta em determinado espaço de tempo, por exemplo anualmente, e da qual a mercadoria individual constitui apenas um elemento, que, aliás, segundo seu valor, se divide analogamente nesses mesmos componentes.

2) A parte do valor do capital variável que mede os rendimentos do trabalhador e que, para este, se transforma em salário; salário que, portanto, o trabalhador reproduziu nessa parte variável do valor; em suma, a parte do valor em que se representa a parte paga do trabalho novo acrescido à primeira parte constante na produção da mercadoria.

3) A mais-valia, isto é, a parte do valor do produto-mercadoria em que se representa o trabalho não pago ou mais-trabalho. Esta última parte do valor assume, por sua vez, de novo as formas autônomas que, ao mesmo tempo, são formas de *revenue*: as formas de lucro do capital (juros do capital enquanto tal e ganhos empresariais do capital enquanto capital em função) e renda fundiária, que cabe ao proprietário da terra que atua junto no processo de produção. Os componentes 2 e 3, isto é, o componente de valor que sempre assume as formas de *revenue* de salário (isso sempre só depois de ter antes passado pela forma de capital variável), lucro e renda, diferencia-se do componente constante 1 pelo fato de que nele se resolve o valor todo, em que se objetiva aquela parte constante, o trabalho novo acrescido aos meios de produção da mercadoria. Fazendo agora abstração da parte constante do valor, então é correto dizer que o valor da mercadoria, na medida em que ele representa, portanto, trabalho novo acrescido, decompõe-se constantemente em três partes, que constituem três formas de *revenue*: salário, lucro e renda,[55] nas quais as respectivas grandezas de valor, isto é, as partes alíquotas que elas constituem do valor total, são determinadas por meio de várias leis próprias desenvolvidas anteriormente. Mas seria falso, pelo contrário, dizer que o valor do salário, a taxa do lucro e a taxa da renda constituam elementos

de valor autônomos, a partir de cuja composição, caso não se considere o componente constante, origine-se o valor da mercadoria; em outras palavras, seria falso dizer que constituam partes componentes do valor da mercadoria ou do preço de produção.[56]

Logo se percebe a diferença.

Suponhamos que o valor-produto de um capital de 500 seja $= 400_c + 100_v + 150_{mv} = 650$; que os 150_{mv} logo se decomponham em 75 de lucro + 75 de renda. Além disso, para evitar dificuldades inúteis, admitamos que esse capital seja de composição média, de tal maneira que seu preço de produção coincida com seu valor; uma coincidência que ocorre sempre que o produto desse capital individual pode ser considerado como produto de uma parte do capital total, correspondente à sua grandeza.

O salário, mensurado pelo capital variável, constitui aqui 20% do capital adiantado; a mais-valia, calculada sobre o capital total, 30%, ou seja, 15% de lucro e 15% de renda. O componente total do valor da mercadoria, em que o trabalho novo acrescido se objetiva, é igual a $100_v + 150_{mv} = 250$. Sua grandeza é independente de sua decomposição em salário, lucro e renda. A partir da relação dessas partes entre si, vemos que a força de trabalho que foi paga com 100 em dinheiro, digamos 100 libras esterlinas, forneceu um *quantum* de trabalho que se representa num *quantum* de dinheiro de 250 libras esterlinas. A partir disso, vemos que o trabalhador fez 1½ vez mais mais-trabalho do que trabalho para si mesmo. Se a jornada de trabalho era = 10 horas, então ele trabalhava 4 horas para si e 6 para o capitalista. O trabalho dos trabalhadores pago com 100 libras esterlinas expressa-se por isso num valor em dinheiro de 250 libras esterlinas. Além desse valor de 250 libras esterlinas, não há nada a dividir entre trabalhador e capitalista, entre capitalista e proprietário da terra. Esse é o novo valor total acrescido ao valor de 400 dos meios de produção. O valor-mercadoria de 250 assim produzido e determinado pelo *quantum* de trabalho nele objetivado constitui, por isso, o limite dos dividendos que o trabalhador, o capitalista e o proprietário da terra podem extrair desse valor na forma de *revenue*: salário, lucro e renda.

Suponhamos que um capital com a mesma composição orgânica, isto é, com a mesma proporção entre a força viva de trabalho e o capital constante posto em movimento, seja compelido a pagar, pela mesma força de trabalho que põe em movimento o capital constante de 400, 150 libras esterlinas em vez de 100; e, além disso, suponhamos que lucro e renda também partilhem da mais-valia em diferentes proporções. Já que pressupomos que o capital variável de 150 libras esterlinas ponha em movimento a mesma massa de trabalho que anteriormente o de 100, o novo valor produzido continuaria da mesma forma a ser = 250, e o valor do produto total seria da mesma maneira = 650, mas então teríamos:

$400_c + 150_v + 100_{mv}$; e esses 100_{mv} se decomporiam em algo como 45 de lucro mais 55 de renda. A proporção em que o novo valor total produzido se divide em salário, lucro e renda seria muito diferente; igualmente seria diferente a grandeza do capital total adiantado, embora só ponha em movimento a mesma massa total de trabalho. O salário atingiria $27\frac{3}{11}\%$, o lucro $8\frac{2}{11}\%$, a renda 10% sobre o capital adiantado; a mais-valia total, portanto, algo acima de 18%.

Devido à elevação do salário, a parte não paga do trabalho total seria modificada e, com isso, a mais-valia. Numa jornada de trabalho de dez horas, o trabalhador teria trabalhado 6 horas para si e apenas 4 horas para o capitalista. Também seriam diferentes as proporções entre lucro e renda, a mais-valia diminuída se distribuiria numa proporção modificada entre capitalista e proprietário da terra. Por fim, já que o valor do capital constante permaneceu inalterado e o valor do capital variável adiantado se elevou, a mais-valia reduzida se expressa numa taxa bruta de lucro ainda menor, subentendendo-se aqui a relação da mais-valia total para com todo o capital adiantado.

A alteração no valor do salário, na taxa de lucro e na taxa da renda, qualquer que fosse o efeito das leis que regulam a relação entre essas partes, só poderia mover-se nos limites colocados pelo novo valor-mercadoria criado de 250. Só ocorreria uma exceção se a renda se baseasse num preço de monopólio. Isso não alteraria nada na lei, só complicaria a análise. Pois, se nesse caso examinamos tão somente o produto, então só seria diferente a partição da mais-valia; se, no entanto, consideramos seu valor relativo em relação a outras mercadorias, só se encontraria a diferença de que uma parte da mais-valia foi transferida delas para essa mercadoria específica.

Recapitulemos:

Valor do produto	Valor novo	Taxa de mais-valia	Taxa de lucro bruto
Primeiro caso: $400_c + 100_v + 150_{mv} = 650$	250	150%	30%
Segundo caso: $400_c + 150_v + 100_{mv} = 650$	250	$66\frac{2}{3}\%$	$18\frac{2}{11}\%$

Em primeiro lugar, a mais-valia cai $\frac{1}{3}$ em relação a seu montante anterior, de 150 para 100. A taxa de lucro cai pouco mais de $\frac{1}{3}$, de 30% para 18%, porque a mais-valia diminuída tem de ser calculada sobre um capital total adiantado maior. Mas ela não cai, de jeito nenhum, na mesma proporção que a taxa de mais-valia. Esta cai de $\frac{150}{100}$ para $\frac{100}{150}$, portanto de 150% para $66\frac{2}{3}\%$, enquanto a taxa de lucro cai de $\frac{150}{500}$ para $\frac{100}{550}$ ou de 30% para $18\frac{2}{11}\%$. A taxa de lucro cai, portanto, numa proporção maior do que a massa da mais-valia, mas menos do que a taxa de mais-valia. Além disso, mostra-se que tanto os valores quanto as massas dos produtos permanecem os mesmos se continua a ser empregada a mesma massa de trabalho, embora o capital adiantado tenha aumentado devido ao aumento de seu componente variável. Esse aumento do capital adiantado mostrar-se-ia, no entanto, de forma muito perceptível ao capitalista que fosse começar um novo negócio. Considerando-se a totalidade da reprodução, aumento de capital variável não significa, no entanto, nada além de uma parte maior do valor novo gerado pelo novo trabalho acrescido se transformar em salário e, daí, primeiro em capital variável, em vez de em mais-valia e mais-produto. O valor do produto continua a ser, portanto, o mesmo, pois ele é, por um lado, limitado pelo valor constante do capital = 400 e, por outro, pelo número 250, em que se apresenta o trabalho novo acrescido. Mas ambos permaneceram inalterados. Esse produto, à medida que, por sua vez, voltasse a entrar no capital constante, continuaria a representar, depois como antes, na mesma grandeza de valor, igual massa de valor de uso; portanto, a mesma massa de elementos do capital constante manteria o mesmo valor. As coisas seriam diferentes se o salário subisse não porque o trabalhador recebesse uma parte maior de seu próprio trabalho, mas porque, se ele recebesse uma parte maior de seu próprio trabalho, teria diminuído a produtividade do trabalho. Nesse caso, o valor total em que se representaria o mesmo trabalho, pago e não pago, permaneceria o mesmo; mas a massa de produto em que se representaria essa massa de trabalho teria diminuído, subindo, portanto, o preço de cada parte alíquota do produto, porque cada parte representaria mais trabalho. O salário mais elevado de 150 não representaria mais produto que antes o de 100; a mais-valia diminuída de 100 apenas representaria ainda ⅔ do produto contra os anteriores 66⅔% da massa de valores de uso que antes se representavam em 100. Nesse caso, o capital constante também encareceria à medida que esse produto entrasse nele. Mas isso não seria consequência da elevação do salário, a elevação do salário é que seria consequência do encarecimento da mercadoria e consequência da menor produtividade do mesmo *quantum* de trabalho. Aqui surge a ilusão de que a elevação do salário como que teria encarecido o produto; ela não é aqui, porém, causa, mas consequência de uma alteração no valor da mercadoria devido à menor produtividade do trabalho.

Se, pelo contrário, em circunstâncias de resto iguais, a mesma quantidade de trabalho empregada se representasse, portanto, depois como antes, em 250 e o valor dos meios de produção por ela empregados subisse ou caísse, então o valor da mesma massa de produtos subiria ou cairia na mesma grandeza. $450_c + 100_v + 150_{mv}$ dá um valor-produto = 700; em troca, $350_c + 100_v + 150_{mv}$ dá, para o valor da mesma massa de produtos, apenas 600 em vez dos 650 anteriores. Se, portanto, cresce ou diminui o capital adiantado que põe em movimento a mesma quantidade de trabalho, então, em circunstâncias de resto iguais, sobe ou cai o valor do produto se o aumento ou a diminuição do capital adiantado provém de uma alteração na grandeza de valor de parte constante do capital. Ele permanece, no entanto, inalterado se o aumento ou a diminuição do capital adiantado, mantendo-se constante a força produtiva do trabalho, provém da grandeza alterada do valor da parte variável do capital. No caso do capital constante, o aumento ou a diminuição de seu valor não é compensado por nenhum movimento oposto. No caso do capital variável, supondo-se constante a produtividade do trabalho, o aumento ou a diminuição de seu valor é compensado pelo movimento inverso no lado da mais-valia, de tal modo que o valor do capital variável somado à mais-valia, portanto o valor novo acrescido pelo trabalho aos meios de produção e recém-representado no produto, permanece inalterado.

Se, pelo contrário, o aumento ou a diminuição do capital variável ou do salário é consequência do encarecimento ou da queda no preço das mercadorias, isto é, da diminuição ou da elevação da produtividade do trabalho empregado nesse investimento do capital, então isso atua sobre o valor do produto. Mas a elevação ou queda do salário não é aqui causa, apenas consequência.

Se, pelo contrário, no exemplo acima, permanecendo sempre igual o capital constante $= 400_c$, a alteração de $100_v + 150_{mv}$ para $150_v + 100_{mv}$, portanto a elevação do capital variável, fosse consequência da diminuição da força produtiva do trabalho, não nesse ramo específico, por exemplo, da fiação de algodão, mas no da agricultura que fornece os gêneros alimentícios do trabalhador, portanto consequência do encarecimento desses gêneros alimentícios, então o valor do produto permaneceria inalterado. O valor de 650 se representaria, depois como antes, na mesma massa de fio de algodão.

Além disso, do que foi desenvolvido resulta: se a diminuição no desembolso de capital constante por meio de economia etc. transcorre em ramos de produção cujos produtos entram no consumo dos trabalhadores, então isso poderia, tão bem como o aumento direto da produtividade do próprio trabalho empregado, provocar uma diminuição do salário por causa do barateamento dos meios de subsistência do trabalhador e, daí, um crescimento da mais-valia; de tal modo que, aqui, a taxa de lucro cresceria por duas razões, ou seja, por um lado, porque diminui o valor do capital constante e, por outro, porque a mais-valia aumenta. Em nossas considerações sobre a transformação da mais-valia em lucro, admitimos que o salário não cai, mas permanece constante, porque naquele caso teríamos de examinar as oscilações da taxa de lucro independentemente de alterações da taxa de mais-valia. Além disso, as leis lá desenvolvidas são genéricas e também válidas para investimentos de capital cujos produtos não entram no consumo do trabalhador, nos quais alterações no valor do produto não têm, portanto, nenhuma influência sobre o salário.

A separação e resolução do valor novo acrescido aos meios de produção ou à parte constante do capital pelo trabalho novo acrescido nas diferentes formas de *revenue*, isto é, salário, lucro e renda, não muda nada, portanto, nos limites do próprio valor, na soma do valor, que se reparte entre essas categorias; assim como tampouco uma alteração na proporção dessas partes individuais entre si pode alterar sua soma, essa grandeza de valor dada. O número dado de 100 permanece sempre o mesmo, ainda que se decomponha em 50 + 50 ou em 20 + 70 + 10 ou em 40 +30 + 30. A parte do valor do produto que se decompõe nessas *revenues* está determinada exatamente como a parte constante do valor das mercadorias, isto é, pelo *quantum* de trabalho a cada vez objetivado nelas. Está dada, portanto, primeiro, a massa de valor das mercadorias que se reparte em salário, lucro e renda; portanto, o limite absoluto da soma das frações de valor dessas mercadorias. Segundo, no que tange às próprias categorias individuais, estão assim igualmente dados seus limites médios e reguladores. O salário constitui a base nessa sua limitação. Em um aspecto, está regulado por uma lei natural; seu limite mínimo é dado pelo mínimo físico de meios de subsistência que o trabalhador tem de receber para manter e reproduzir sua força de trabalho; portanto, por um *quantum* determinado de mercadorias. O valor dessas mercadorias é determinado pelo tempo de trabalho exigido por sua reprodução, portanto pela parte do trabalho novo acrescido aos meios de produção ou também da jornada de trabalho que o trabalhador exige para a produção e reprodução de um equivalente para o valor desses meios de subsistência necessários. Se, por exemplo, seus meios de subsistência médios diários são, segundo o valor, = 6 horas de trabalho médio, então ele precisa trabalhar em média 6 horas de sua jornada de trabalho para si mesmo. O valor real de sua força de trabalho desvia-se desse mínimo físico; é diferente de acordo com o clima e o estágio do desenvolvimento social; depende não só das necessidades físicas, mas também das necessidades sociais historicamente desenvolvidas, que se tornam uma segunda natureza. Mas em cada país, em dado período, esse salário médio regulador é de dada grandeza. O valor de todas as demais *revenues* tem, assim, um limite. Ele é sempre igual ao valor em que a jornada de trabalho total (que aqui coincide com a jornada média de trabalho, pois abrange a massa de trabalho total do capital social total em movimento) se corporifica, menos a parte do mesmo que se corporifica em salário. Seu limite é dado, portanto, pelo limite do valor em que o trabalho não pago se expressa, isto é, pelo *quantum* desse trabalho não pago. Se a parte da jornada de trabalho de que o trabalhador precisa para a reprodução do valor de seu salário tem seu limite último no mínimo físico de seu salário, então a outra parte da jornada de trabalho, na qual se representa seu mais-trabalho, portanto também a parte do valor que expressa a mais-valia, tem seu limite no máximo físico da jornada de trabalho, isto é, no *quantum* total de tempo de trabalho diário que o trabalhador pode em geral dar mantendo e reproduzindo sua força de trabalho. Já que na presente abordagem se trata da distribuição do valor em que o novo trabalho total anualmente acrescido se representou, então a jornada de trabalho pode ser considerada aqui como uma grandeza constante e, enquanto tal, já se pressupõe quão mais ou quão menos também se desvia de seu ponto fisicamente máximo. O limite absoluto da parte do valor que constitui a mais-valia e que se resolve em lucro e renda fundiária está, portanto, dado; ele é determinado pelo excedente da parte não paga da jornada de trabalho sobre sua parte paga, portanto pela parte do valor do produto total em que esse mais-trabalho se realiza. Se, como eu o fiz, chamamos de lucro a mais-valia assim determinada em seus limites e calculada sobre o capital total adiantado, então esse lucro, considerado segundo sua grandeza absoluta, é igual à mais-valia, portanto, por lei, tão determinado em seus limites quanto ela. A taxa de lucro é, porém, igualmente uma grandeza encerrada em certos limites, determinados pelo valor das mercadorias. É a proporção entre a mais-valia total e o capital social total adiantado para a produção. Se esse capital é = 500 (por mim, que sejam milhões) e a mais-valia = 100, então 20% constituem o limite absoluto da taxa de lucro. A distribuição do lucro social, de conformidade com essa taxa entre os capitais investidos nas diferentes esferas de produção, gera preços de produção que se desviam dos valores das mercadorias, que são os preços médios de mercado realmente reguladores. O desvio não suprime nem a determinação dos preços por meio dos valores nem os limites do lucro conforme a lei. Em vez de o valor de uma mercadoria ser igual ao capital nela consumido somado à mais-valia nela contida, seu preço de produção é agora igual ao capital *k* nela consumido somado à mais-valia que recai nela devido à taxa geral de lucro, portanto, por exemplo, 20% sobre o capital adiantado para sua produção, tanto o capital consumido quanto o apenas empregado. Mas esse adicional de 20% é ele mesmo determinado pela mais-valia gerada pelo capital social total e sua relação para com o valor do capital; e por isso é que ele é de 20%, e não de 10 ou de 100. A transformação dos valores em preços de produção não remove, portanto, os limites do lucro, mas apenas modifica sua distribuição entre os diferentes capitais específicos nos quais consiste o capital social, isto é, distribui-o de modo uniforme, na proporção em que formam partes do valor desse capital total. Os preços de mercado sobem acima desses reguladores da produção e caem abaixo deles, mas essas oscilações se compensam reciprocamente. Examinando-se listas de preços durante um período mais longo e descontando-se os casos em que o valor real das mercadorias foi alterado devido a uma mudança na força produtiva do trabalho, bem como os casos em que o processo de produção foi perturbado por acidentes naturais ou sociais, é de se admirar, primeiro, com os limites relativamente estreitos dos desvios e, segundo, com a regularidade de sua compensação. Encontrar-se-á aqui a mesma preponderância da média reguladora que Quételet assinalou nos fenômenos sociais. Se a equalização dos valores das mercadorias nos preços de produção não tropeça em nenhum obstáculo, então a renda se resolve em renda diferencial, isto é, ela é limitada à equalização dos sobrelucros que os preços de produção reguladores dariam a uma parte dos capitalistas e de que agora os proprietários da terra se apropriam. Aqui a renda tem, portanto, seu limite de valor determinado nos desvios das taxas individuais de lucro, que a regulação dos preços de produção mediante a taxa geral de lucro acarreta. Se a propriedade da terra põe obstáculos no caminho da equalização dos valores das mercadorias sobre os preços de produção e se se apropria da renda absoluta, então esta é limitada pelo excedente do valor dos produtos agrícolas sobre seu preço de produção, portanto pelo excedente da mais-valia neles contida sobre a taxa de lucro que recai nos capitais mediante a taxa geral de lucro. Essa diferença constitui, então, o limite da renda que, depois como antes, constitui apenas uma parte determinada da mais-valia dada e contida nas mercadorias.

Se, finalmente, a equalização da mais-valia no lucro médio encontra nas diferentes esferas da produção um obstáculo em monopólios artificiais ou naturais, e especialmente no monopólio da propriedade fundiária, de tal modo que seria possível um preço de monopólio que subisse acima do preço de produção e acima do valor das mercadorias sobre as quais o monopólio age, então os limites dados pelo valor das mercadorias não seriam abolidos. O preço de monopólio de certas mercadorias só transferiria uma parte do lucro dos outros produtores de mercadorias para as mercadorias com o preço de monopólio. Ocorreria indiretamente uma perturbação local na repartição da mais-valia entre as diferentes esferas da produção, mas que deixaria inalterado o limite dessa mais-valia. Se a mercadoria com preço de monopólio entrasse no consumo necessário do trabalhador, então ela elevaria o salário e, com isso, diminuiria a mais-valia, caso o trabalhador, depois como antes, recebesse em pagamento o valor de sua força de trabalho. Ela poderia reduzir o salário abaixo do valor da força de trabalho, mas isso só à medida que aquele estivesse acima do limite de seu mínimo físico. Nesse caso, o preço de monopólio seria pago com dedução no salário real (isto é, na massa dos valores de uso que o trabalhador receberia pela mesma massa de trabalho) e no lucro dos outros capitalistas. Os limites, dentro dos quais o preço de monopólio afeta a regulação normal dos preços das mercadorias, seriam nitidamente definidos e poderiam ser exatamente calculados.

Assim como a divisão do valor novo, acrescido às mercadorias e em geral redutível a *revenues*, encontra na relação entre trabalho necessário e mais-trabalho, entre salário e mais-valia, seus limites dados e reguladores, assim, por sua vez, a divisão da própria mais-valia em lucro e renda fundiária encontra-se nas leis que regulam a equalização da taxa de lucro. No desdobramento em juros e ganhos empresariais, o próprio lucro médio constitui o limite para os dois em conjunto. Ele fornece a grandeza de valor dada, em que eles têm de se dividir e somente podem se dividir. Aqui, a proporção determinada da divisão é casual, isto é, determinada exclusivamente por relações de concorrência. Enquanto, em outros casos, a coincidência entre demanda e oferta equivale à supressão do desvio entre os preços de mercado e seus preços médios reguladores, isto é, a supressão da influência da concorrência, aqui ela é o único fator determinante. Mas por quê? Porque o mesmo fator de produção, o capital, tem de dividir a parte da mais-valia que nele recai entre dois possuidores do mesmo fator de produção. Que aqui, não ocorra, no entanto, nenhuma limitação determinada, conforme regras, para a repartição do lucro médio, não suprime seu limite enquanto parte do valor-mercadoria; assim como a circunstância de que dois sócios de um negócio repartam os lucros de modo desigual, devido a circunstâncias externas diversas, tampouco afeta de algum modo os limites desse lucro.

Se, portanto, a parte do valor-mercadoria em que se representa o trabalho novo acrescido ao valor dos meios de produção se distribui em diferentes partes que, na forma de *revenues*, assumem configurações autônomas, nem por isso há de se considerar, agora, salário, lucro e renda fundiária como os elementos constitutivos, de cuja conjugação ou soma surja o preço regulador (*natural price*, *prix nécessaire* [preço natural, preço necessário]) das próprias mercadorias; de tal maneira que, depois da dedução da parte constante do valor, o valor-mercadoria não seria a unidade originária, que se decompõe nessas três partes, mas, pelo contrário, o preço de cada uma dessas três partes seria determinado de maneira autônoma, e a partir da adição dessas três grandezas independentes é que se forma o preço da mercadoria. Na realidade, o valor-mercadoria é a grandeza pressuposta, o conjunto do valor total de salário, lucro e renda, qualquer que seja a grandeza relativa de cada um destes. Naquela concepção falsa, salário, lucro e renda são três grandezas de valor autônomas, cuja grandeza total produz, limita e determina a grandeza do valor da mercadoria.

De início é claro que, se salário, lucro e renda constituíssem o preço das mercadorias, isso valeria tanto para a parte constante do valor-mercadoria quanto para as outras partes em que o capital variável e a mais-valia se representam. Essa parte constante pode aqui, portanto, ser completamente desprezada, já que o valor das mercadorias, em que ela consiste, também se reduziria à soma dos valores de salário, lucro e renda. Como já foi observado, esse modo de ver nega também a existência de tal parte constante do valor.

Além disso, está claro que aqui some todo conceito de valor. Permanece ainda tão somente a concepção do preço no sentido de que certa massa de dinheiro é paga aos possuidores da força de trabalho, do capital e da terra. Mas o que é dinheiro? Dinheiro não é nenhuma coisa, mas uma forma determinada do valor, subordinada, portanto, por sua vez, ao valor. Queremos dizer, portanto, que determinada massa de ouro ou prata é paga àqueles elementos da produção, ou que eles são mentalmente equiparados a essa massa. Mas ouro e prata (e o economista esclarecido está ufano com tal conhecimento) são eles mesmos mercadorias como as outras mercadorias. O preço de ouro e prata também é, portanto, determinado por salário, lucro e renda. Não podemos, portanto, determinar salário, lucro e renda pelo fato de que são equiparados a certo *quantum* de ouro e prata, pois o valor desse ouro e dessa prata em que devem ser avaliados como em seus equivalentes deve ser determinado primeiro por eles, independentemente do ouro e da prata, isto é, independentemente do valor de cada mercadoria, valor que é precisamente produto daqueles três. Dizer que o valor de salário, lucro e renda consiste em que eles sejam iguais a certo *quantum* de ouro e prata significaria, portanto, dizer apenas que eles são iguais a certo *quantum* de salário, lucro e renda.

Tomemos, em primeiro lugar, o salário. Pois mesmo nessa concepção é preciso partir do trabalho. Como é, portanto, determinado o preço regulador do salário, preço em torno do qual flutuam seus preços de mercado?

Diríamos que por oferta e demanda de força de trabalho. Mas de que demanda de força de trabalho se trata? Da demanda do capital. A demanda de trabalho é, portanto, igual à oferta de capital. Para falar de oferta de capital, precisamos antes de mais nada saber o que é capital. Em que consiste o capital? Tomemos sua manifestação mais simples: em dinheiro e mercadorias. Mas dinheiro é apenas uma forma de mercadoria. Portanto, em mercadorias. Mas o valor das mercadorias, de acordo com a pressuposição, é determinado, em primeira instância, pelo preço do trabalho que as produz, o salário. O salário é aqui pressuposto e considerado como um elemento constitutivo do preço das mercadorias. Esse preço deve ser, agora, determinado pela proporção entre o trabalho oferecido e o capital. O preço do próprio capital é igual ao preço das mercadorias em que ele consiste. A demanda do capital por trabalho é igual à oferta de capital. E a oferta de capital é igual à oferta de uma soma de mercadorias de um preço dado, e esse preço é, em primeira instância, regulado pelo preço do trabalho e, por sua vez, o preço do trabalho é novamente igual à parte do preço das mercadorias em que consiste o capital variável e que é cedido ao trabalhador em troca de seu trabalho; e o preço das mercadorias, em que esse capital variável consiste, é ele mesmo, por sua vez, determinado em primeira linha pelo preço do trabalho, pois ele é determinado pelo preço de salário, lucro e renda. Portanto, para determinar o salário nós não podemos pressupor o capital, já que o valor do capital é ele mesmo determinado pelo salário.

De mais a mais, de nada nos adiantaria introduzir a concorrência. A concorrência faz subirem ou baixarem os preços de mercado do trabalho. Mas suponhamos que oferta e demanda de trabalho se equilibrem. Por meio do que é, então, determinado o salário? Por meio da concorrência. Mas justamente o que se pressupõe é que a concorrência deixe de ser determinante e que anule seu efeito mediante o equilíbrio de suas duas forças contrárias. Mas nós queremos exatamente encontrar o preço natural do salário, isto é, o preço do trabalho que não é regulado pela concorrência, mas, pelo contrário, a regula.

Já não resta nada a não ser determinar o preço necessário do trabalho mediante os meios de subsistência necessários ao trabalhador. Mas esses meios de subsistência são mercadorias que têm um preço. O preço do trabalho é, portanto, determinado pelo preço dos meios de subsistência necessários, e o preço dos meios de subsistência, como o de todas as outras mercadorias, é determinado em primeiro lugar pelo preço do trabalho. Portanto, o preço do trabalho determinado pelo preço dos meios de subsistência é determinado pelo preço do trabalho. O preço do trabalho é determinado por si mesmo. Em outras palavras, não sabemos por meio de que é determinado o preço do trabalho. O trabalho tem aqui um preço porque é considerado como mercadoria. Portanto, para falar do preço do trabalho precisamos saber o que afinal de contas é preço. Mas o que seja o preço em geral é algo que por esse caminho nunca chegaremos a saber.

Suponhamos, no entanto, que o preço necessário do trabalho seja determinado dessa alentadora maneira. Ora, como se determinará o lucro médio, o lucro de cada capital em condições normais e que constitui o segundo elemento do preço da mercadoria? O lucro médio tem de ser determinado por meio de uma taxa média de lucro; mas como esta é determinada? Pela concorrência entre os capitalistas? Mas essa concorrência já supõe a existência do lucro. Ela supõe diferentes taxas de lucro e, daí, diferentes lucros, seja no mesmo, seja em diferentes ramos da produção. A concorrência só pode atuar sobre a taxa de lucro à medida que atua sobre os preços das mercadorias. A concorrência só pode fazer com que produtores dentro da mesma esfera de produção vendam suas mercadorias pelos mesmos preços e que, dentro de diferentes esferas da produção, vendam suas mercadorias por preços que lhes dão o mesmo lucro, o mesmo aumento proporcional ao preço da mercadoria já determinado em parte pelo salário. A concorrência só pode, por isso, equalizar desigualdades na taxa de lucro. Para equalizar taxas de lucro desiguais, o lucro já tem de estar disponível como elemento do preço da mercadoria. A concorrência não o cria. Ela eleva ou rebaixa, mas não cria o nível, que se estabelece assim que ocorre a equalização. E, à medida que falamos de uma taxa necessária do lucro, queremos justamente conhecer a taxa de lucro independente dos movimentos da concorrência, que, por sua vez, regula a concorrência. A taxa média do lucro se estabelece com o equilíbrio das forças dos capitalistas que concorrem entre si. A concorrência pode estabelecer esse equilíbrio, mas não a taxa de lucro que aparece nesse equilíbrio. Depois que esse equilíbrio se estabeleceu, por que a taxa geral de lucro é de 10 ou 20 ou 100%? Por causa da concorrência. Mas, inversamente, a concorrência suprimiu as causas que produziam os desvios desses 10 ou 20 ou 100%. Acarretou um preço das mercadorias segundo o qual cada capital gera o mesmo lucro proporcional à sua grandeza. Mas a grandeza desse mesmo lucro é independente dela. Ela só reduz todos os desvios sempre de novo a essa grandeza. Um homem concorre com os outros e a concorrência obriga-o a vender sua mercadoria pelo mesmo preço que os outros. Mas por que esse preço é de 10 ou 20 ou 100?

Nada mais resta, portanto, senão explicar a taxa de lucro e, daí, o lucro como um adicional ao preço da mercadoria, determinado de modo incompreensível e que até agora estava determinado pelo salário. A única coisa que a concorrência nos diz é que essa taxa de lucro tem de ser de certa grandeza. Mas isso nós já sabíamos antes, quando falávamos da taxa geral de lucro e do "preço necessário" do lucro.

É inteiramente desnecessário repisar esse processo absurdo também no caso da renda fundiária. Mesmo sem isso, vê-se que ele, se conduzido de modo bem consequente, faz com que lucro e renda apareçam como meros acréscimos do preço, determinados por incompreensíveis leis sobre os preços das mercadorias, determinados em primeiro lugar pelo salário. Em suma, a concorrência tem de se encarregar de explicar toda a falta de noção dos economistas, quando os economistas é que, pelo contrário, teriam de explicar a concorrência.

Se se despreza aqui a fantasia de um lucro e de uma renda criados pela circulação, isto é, de componentes do preço que resultariam da venda – e a circulação jamais pode dar o que não lhe foi dado anteriormente –, então a questão se resume apenas no seguinte:

Seja o preço de uma mercadoria determinado pelo salário = 100; a taxa de lucro, 10% sobre o salário e a renda, 15% sobre o salário. Assim, o preço da mercadoria determinado pela soma de salário, lucro e renda é = 125. Esses 25 de acréscimo não podem provir da venda da mercadoria. Pois todos os que vendem uns aos outros revendem todos por 125 o que custou 100 de salário, o que é inteiramente o mesmo que se todos vendessem por 100. A operação precisa ser, portanto, considerada independentemente do processo de circulação.

Se os três se repartem a própria mercadoria, que agora custa 125 – e nada muda a coisa se o capitalista vende primeiro por 125 e em seguida paga 100 ao trabalhador, 10 a si mesmo e 15 ao rentista fundiário –, então o trabalhador recebe $\frac{4}{5}$ = 100 do valor e do produto. O capitalista recebe $\frac{2}{25}$ do valor e do produto, e o rentista fundiário $\frac{3}{25}$. À medida que o capitalista vende por 125 em vez de por 100, ele só dá ao trabalhador $\frac{4}{5}$ do produto em que seu trabalho se representa. Seria, portanto, exatamente o mesmo que se ele tivesse dado 80 ao trabalhador e retido 20, dos quais 8 caberiam a ele e 12 ao rentista. Ele teria, então, vendido a mercadoria por seu valor, já que os acréscimos no preço são de fato elevações independentes do valor da mercadoria, que, nessa pressuposição, é determinado pelo valor do salário. Por um caminho indireto chega-se a que, nessa concepção, a palavra salário, os 100, seja igual ao valor do produto, isto é = à soma de dinheiro em que se representa esse *quantum* determinado de trabalho; mas que esse valor seja, por sua vez, diferente do salário real, permitindo, daí, um excedente. Só que aqui se chega a isso por um aumento nominal do preço. Se, portanto, o salário fosse igual a 110 em vez de = 100, então o lucro teria de ser = 11 e a renda fundiária = $16\frac{1}{2}$, portanto o preço da mercadoria = $137\frac{1}{2}$. Isso deixaria a proporção igualmente inalterada. Como, porém, a divisão sempre seria obtida por aumento nominal de certos percentuais sobre o salário, o preço subiria e cairia com o salário. Aqui, o salário é equiparado ao valor da mercadoria e depois novamente separado dele. De fato, porém, por um rodeio absurdo, a coisa redunda no seguinte: o valor da mercadoria é determinado pela quantidade de trabalho nela contido, ao passo que o valor do salário o é pelo preço dos meios de subsistência necessários, e o excedente do valor sobre o salário constitui lucro e renda.

A decomposição dos valores das mercadorias, após dedução do valor dos meios de produção absorvidos em sua produção, a decomposição dessa massa de valor dada, determinada pelo *quantum* de trabalho objetivado no produto-mercadoria, em três componentes que, como salário, lucro e renda fundiária, assumem a configuração de formas de *revenue* autônomas e independentes entre si – essa decomposição se apresenta invertida na superfície da produção capitalista de como ela se manifesta à luz do dia e, por isso, na representação de seus agentes nela presos.

Digamos que o valor total de uma mercadoria qualquer seja = 300, dos quais 200 sejam o valor dos meios de produção ou elementos do capital constante absorvidos em sua produção. Restam, portanto, 100 como soma do valor novo acrescido a essa mercadoria em seu processo de produção. Esse valor novo de 100 é tudo o que está disponível para a distribuição entre as três formas de *revenue*. Suponhamos o salário $= x$, o lucro $= y$, a renda fundiária $= z$, então a soma de $x + y + z$ será, em nosso caso, sempre = 100. Mas na ideia dos industriais, comerciantes e banqueiros, bem como na dos economistas vulgares, isso é completamente diferente. Para eles, o valor da mercadoria, após a dedução do valor dos meios de produção nela consumidos, não é um valor dado = 100, em que esses 100 serão, então, divididos em x, y e z. Mas é o preço da mercadoria que se compõe simplesmente das grandezas de valor do salário, do lucro e da renda, determinadas à margem do valor e independentes umas das outras, de tal modo que x, y e z, cada uma por si, estão dadas e determinadas de maneira autônoma, e só da soma dessas grandezas, que pode ser menor ou maior do que 100, é que resultaria a grandeza de valor da própria mercadoria, como da adição desses seus constitutivos do valor. Esse quiproquó é inevitável:

Primeiro, porque os componentes de valor da mercadoria se confrontam como *revenues* autônomas que, enquanto tais, estão relacionadas a três agentes de produção completamente diferentes entre si, o trabalho, o capital e a terra, e que, por isso, parecem originar-se destes. A propriedade da força de trabalho, do capital e da terra é a causa que faz com que esses diferentes componentes do valor das mercadorias recaiam nesses respectivos proprietários e, por isso, transforma-os em *revenues* para eles. Mas o valor não se origina de uma transformação em *revenue*: ele tem de existir antes de poder ser transformado em *revenue* e assumir essa configuração. A ilusão da inversão tem de se reforçar tanto mais quanto mais a determinação da grandeza relativa dessas três partes entre si obedece a leis heterogêneas, cuja conexão com o valor das próprias mercadorias e cuja limitação por meio do valor das próprias mercadorias de modo algum se mostra na superfície.

Segundo: Já se viu que uma elevação ou queda geral do salário, ao produzir, sob circunstâncias de resto iguais, um movimento da taxa geral de lucro em direção oposta, altera os preços de produção das diferentes mercadorias, elevando uns, baixando outros, segundo a composição média do capital nas respectivas esferas da produção. Em todo caso, faz-se, portanto, em algumas esferas da produção, a experiência de que o preço médio de uma mercadoria sobe porque o salário subiu e cai porque ele caiu. O que não se "percebe" é a secreta regulação dessas alterações pelo valor das mercadorias, que é independente do salário. Se, pelo contrário, a elevação do salário é local, se só ocorre em certas esferas da produção em decorrência de circunstâncias particulares, então pode surgir uma correspondente elevação nominal dessas mercadorias. Essa elevação do valor relativo de uma espécie de mercadoria com relação às outras, para as quais o salário permaneceu inalterado, é então apenas uma reação contra a perturbação local da distribuição uniforme da mais-valia às diferentes esferas da produção, um meio de equalização das taxas específicas de lucro para a taxa geral. A "experiência" que se volta a fazer é novamente a determinação do preço por meio do salário. O que, portanto, se experiencia nesses dois casos é que o salário determinou os preços das mercadorias. O que não é experimentado é a secreta causa dessa correlação. Além disso: o preço médio do trabalho, isto é, o valor da força de trabalho, é determinado pelo preço de produção dos meios de subsistência necessários. Se este sobe ou desce, assim também aquele. O que aqui não é experimentado é a existência de uma correlação entre o salário e o preço das mercadorias; mas a causa pode se apresentar como efeito e o efeito como causa, como também é o caso no movimento dos preços de mercado, onde uma elevação do salário acima de sua média corresponde à elevação, ligada ao período de prosperidade, dos preços de mercado acima dos preços de produção, e a subsequente redução do salário abaixo de sua média corresponde à diminuição dos preços de mercado abaixo dos preços de produção. À dependência dos preços de produção dos valores das mercadorias, abstraindo-se dos movimentos oscilatórios dos preços de mercado, deveria *prima facie* sempre corresponder a experiência de que, se o salário sobe, a taxa de lucro cai e vice-versa. Mas já se viu que a taxa de lucro pode ser determinada por movimentos no valor do capital constante, independentemente das oscilações do salário, de tal modo que salário e taxa de lucro, em vez de se movimentarem em direções opostas, movimentam-se na mesma direção, podendo ambos subir ou cair. Se a taxa de mais-valia caísse imediatamente com a taxa de lucro, então isso não seria possível. Mesmo quando o salário sobe devido a preços mais elevados dos meios de subsistência, a taxa de lucro pode permanecer a mesma ou até se elevar devido à maior intensidade do trabalho ou ao prolongamento da jornada de trabalho. Todas essas experiências confirmam a ilusão provocada pela forma autônoma, invertida e errônea dos componentes do valor, como se o salário sozinho ou o salário e o lucro juntos determinassem o valor das mercadorias. Logo que isso aparece assim em relação ao salário e que, portanto, preço do trabalho e valor gerado pelo trabalho pareçam coincidir, isso se torna óbvio com relação ao lucro e à renda. Seus preços, isto é, suas expressões monetárias, têm de ser, então, regulados independentemente do trabalho e do valor gerado por este.

Terceiro: Suponhamos que os valores das mercadorias e os preços de produção, só na aparência independentes deles, coincidissem de modo imediato e constante na aparência com os preços de mercado das mercadorias, em vez de, pelo contrário, se imporem só enquanto preços médios reguladores mediante a compensação permanente das flutuações constantes dos preços de mercado. Suponhamos, além disso, que a reprodução sempre ocorra sob as mesmas condições constantes e que, portanto, a produtividade do trabalho permaneça constante em todos os elementos do capital. Suponhamos, finalmente, que a parte do valor do produto-mercadoria, que é constituído em cada esfera da produção pelo acréscimo de um novo *quantum* de trabalho, portanto de um valor novo produzido, ao valor dos meios de produção, se decomponha em proporções sempre constantes de salário, lucro e renda, de tal modo que o salário realmente pago, o lucro efetivamente realizado e a renda efetiva constantemente coincidam de modo imediato com o valor da força de trabalho, com a parte do valor total que, em virtude da taxa média de lucro, cabe a cada uma das partes do capital total em função autônoma e com os limites em que, *normaliter*, está encerrada nessa base a renda fundiária. Numa palavra, suponhamos que a distribuição do produto-valor social e a regulação dos preços de produção se efetuem em base capitalista, mas com a eliminação da concorrência.

Portanto, nessas condições, em que o valor das mercadorias fosse e parecesse constante, em que a parte de valor do produto-mercadoria, que se decompõe em *revenues*, permanecesse uma grandeza constante e sempre se apresentasse como tal, em que, por fim, essa parte dada e constante do valor sempre se decompusesse em proporções constantes em salário, lucro e renda – mesmo nessas condições o movimento real apareceria necessariamente numa forma invertida: não como decomposição de uma grandeza de valor de antemão em três partes que assumiriam formas de *revenue* autônomas, mas, pelo contrário, como formação de uma grandeza de valor a partir da soma dos elementos autônomos, determinados de maneira independente, que são o salário, o lucro e a renda fundiária, considerados seus componentes. Essa ilusão surgiria necessariamente porque, no movimento real dos capitais individuais e de seus produtos-mercadorias, o valor das mercadorias não aparece como anterior ao desmonte deles, mas, pelo contrário, os componentes em que eles se dividem é que funcionam como se fossem anteriores ao valor das mercadorias. Inicialmente vimos que o preço de custo da mercadoria aparece a todo capitalista como uma grandeza dada e que ele constantemente se apresenta como tal no preço real de produção. Mas o preço de custo é igual ao valor do capital constante dos meios de produção adiantados mais o valor da força de trabalho, que, no entanto, se apresenta para os agentes da produção na irracional forma de preço do trabalho, de tal modo que o salário aparece ao mesmo tempo como *revenue* do trabalhador. O preço médio do trabalho é uma grandeza dada, porque o valor da força de trabalho, como o de qualquer outra mercadoria, é determinado pelo tempo de trabalho necessário à sua reprodução. Mas, no que tange à parte do valor das mercadorias que se resolve em salário, ela não se origina do fato de ele assumir essa forma de salário, de o capitalista adiantar ao trabalhador, sob a forma de manifestação própria do salário, a parte de seu próprio produto, e sim do fato de o trabalhador produzir um equivalente a seu salário, isto é, de uma parte do seu dia ou ano de trabalho produzir um valor contido no preço de sua força de trabalho. O salário, porém, é fixado contratualmente antes de seu equivalente de valor ter sido produzido. Como elemento do preço cuja grandeza é dada antes da mercadoria e do valor-mercadoria terem sido produzidos, como componente do preço de custo, o salário não aparece, por isso, como uma parte que se separa do valor total da mercadoria em forma autônoma, mas, pelo contrário, como uma grandeza dada que determina este de antemão, ou seja, como um formador do preço ou do valor. Um papel semelhante ao do salário no preço de custo da mercadoria é desempenhado pelo lucro médio em seu preço de produção, pois o preço de produção é igual ao preço de custo mais o lucro médio sobre o capital adiantado. Esse lucro médio representa, na concepção e nos cálculos do próprio capitalista, praticamente um elemento regulador, não só à medida que ele determina a transferência dos capitais de uma esfera de investimento para outra, mas também em todas as vendas e todos os contratos que abrangem um processo de reprodução que se estende por períodos mais longos. Mas, à medida que assim entra nos cálculos, ele constitui uma grandeza pressuposta, que é, de fato, independente do lucro em cada esfera específica da produção e, daí, ainda mais do valor e da mais-valia gerados em cada uma dessas esferas por todo investimento individual de capital. Em vez de mostrá-la como resultado de uma divisão do valor, sua manifestação mostra-o muito mais como uma grandeza independente do valor do produto-mercadoria, dada de antemão no processo de produção das mercadorias e determinante do próprio preço médio das mercadorias, isto é, como constitutiva do valor. E, por certo, a mais-valia, devido à dissociação de suas diferentes partes em formas totalmente independentes entre si, parece, em forma muito mais concreta, ser pressuposta para a formação do valor das mercadorias. Uma parte do lucro médio, na forma de juros, apresenta-se ao capitalista ativo como um elemento pressuposto para a produção das mercadorias e o seu valor. Por mais que a grandeza dos juros flutue, eles são, a cada instante e para cada capitalista, uma grandeza dada que, para ele, o capitalista individual, entra nos preços de custo das mercadorias por ele produzidas. Assim também a renda fundiária na forma de dinheiro de arrendamento fixado contratualmente para o capitalista agrícola e na forma de aluguel das áreas comerciais para os outros empresários. Essas partes em que a mais-valia se decompõe, por serem dadas para o capitalista individual como elementos do preço de custo, aparecem, pelo contrário, como formadoras da mais-valia; formadoras de uma parte do preço da mercadoria, assim como o salário constitui a outra. O segredo de por que esses produtos da fragmentação do valor-mercadoria aparecem constantemente como os pressupostos da formação do próprio valor é simplesmente o de que o modo de produção capitalista, como qualquer outro, não só reproduz constantemente o produto material, mas também as relações socioeconômicas, as categorias econômicas sob as quais se cria esse produto. Seu resultado aparece por isso constantemente como sua pré-condição, assim como suas pré-condições aparecem como seus resultados. E é essa constante reprodução das mesmas relações que o capitalista individual antecipa como óbvia, como um fato indubitável. Enquanto a produção capitalista continuar a existir como tal, uma parte do trabalho novo acrescido se resolve constantemente em salário, uma outra em lucro (juros e ganhos empresariais) e a terceira em renda. Nos contratos entre os proprietários dos diferentes fatores da produção, isso está pressuposto, e tal pressuposto está correto por mais que flutuem as proporções relativas de grandeza em cada caso individual. A configuração determinada em que se defrontam as partes do valor é pressuposta porque ela é constantemente reproduzida, e ela é constantemente reproduzida porque é constantemente pressuposta.

Ora, a experiência e os fenômenos constatados também mostram, no entanto, que os preços de mercado, em cuja influência, para o capitalista, de fato aparece sozinha a determinação do valor, considerada segundo sua magnitude, não são de maneira nenhuma independentes dessas antecipações; que eles não se regem pelo fato de os juros ou a renda terem sido estipulados em nível alto ou baixo. Mas os preços de mercado somente são constantes na mudança, e sua média por períodos mais longos acarreta exatamente as respectivas médias de salário, lucro e renda, como as grandezas constantes, portanto, em última instância, dominantes dos preços de mercado.

Por outro lado, parece muito simples a reflexão de que, se salário, lucro e renda são formadores de valor porque aparecem como pressupostos à produção do valor e, para os capitalistas individuais, estão pressupostos no preço de custo e no preço de produção, também a parte constante do capital, cujo valor entra como dado na produção de cada mercadoria, é formadora de valor. Mas a parte constante do capital não é nada mais que uma soma de mercadorias e, daí, de valor-mercadoria. Redundaria, pois, na absurda tautologia de que o valor-mercadoria é o formador e a causa do valor-mercadoria.

Se, porém, o capitalista tivesse algum interesse em refletir sobre isso – e sua reflexão enquanto capitalista é determinada exclusivamente por seu interesse e seus motivos interessados –, então a experiência lhe mostraria que o produto que ele mesmo produz entra como parte constante do capital em outras esferas de produção e que produtos dessas outras esferas da produção entram em seu produto como partes constantes do capital. Já que, portanto, para ele, no que tange a sua nova produção, a adição de valor é formada, segundo parece, pelas grandezas do salário, do lucro e da renda, então isso também vale para a parte constante, que consiste em produtos de outros capitalistas, e daí se reduzem, em última instância, ainda que de maneira bem inexplicável, o preço da parte constante do capital e, com isso, o valor total das mercadorias, em última instância, à soma de valor que resulta da adição dos formadores do valor, salário, lucro e renda, formadores independentes, regulados por diferentes leis e constituídos a partir de diferentes fontes.

Quarto: A venda ou não venda das mercadorias por seus valores, portanto a própria determinação do valor, é completamente indiferente para os capitalistas individuais. Já de antemão ela é algo que transcorre à sua revelia, em virtude do poder de relações independentes dele, já que não são os valores, mas os preços de produção, diferentes dos valores, que em cada esfera da produção constituem os preços médios reguladores. A determinação do valor enquanto tal só interessa em cada esfera específica da produção ao capitalista individual e ao capital, só os determina na medida em que menor ou maior *quantum* de trabalho, exigido para a produção das mercadorias com a elevação ou a queda da força produtiva do trabalho, capacita-o, em um caso, a fazer um lucro extra com os preços de mercado existentes e, no outro, obriga-o a elevar o preço das mercadorias, porque uma fração a mais de salário, a mais de capital constante e, daí, também a mais de juros recaem no produto parcial ou na mercadoria individual. Só lhe interessa à medida que eleva ou baixa, para ele mesmo, os custos de produção da mercadoria, portanto só à medida que o coloca numa posição excepcional.

Pelo contrário, salário, juros e renda lhe aparecem como limites reguladores não só do preço pelo qual ele pode realizar a parte do lucro que lhe cabe enquanto capitalista ativo, o ganho empresarial, mas o preço pelo qual ele tem de poder vender a mercadoria, caso queira que uma reprodução continuada seja possível. É-lhe completamente indiferente que, pela venda, ele realize ou não o valor e a mais-valia contidos na mercadoria, pressupondo-se apenas que tire do preço o ganho empresarial costumeiro ou um maior, acima do preço de custo a ele individualmente dado por salário, juros e renda. Abstraindo-se da parte constante do capital, aparecem-lhe daí o salário, os juros e a renda como os elementos determinantes limitadores, e daí criativos, do preço das mercadorias. Caso ele consiga, portanto, forçar o salário abaixo do valor da força de trabalho, portanto abaixo de seu nível normal, ou obter capital a uma taxa inferior de juros e pagar arrendamentos abaixo do nível normal da renda, então lhe é completamente indiferente vender o produto abaixo de seu valor ou mesmo abaixo do preço geral de produção, portanto ceder de graça uma parte do mais-trabalho contido na mercadoria. Isso vale igualmente para a parte constante do capital. Se um industrial, por exemplo, pode comprar a matéria-prima abaixo de seu preço de produção, isso o protege então de perdas, mesmo que ele a revenda na mercadoria pronta abaixo do preço de produção. Seu ganho empresarial pode permanecer o mesmo, ou até crescer, assim que ao menos o excedente do preço das mercadorias sobre os elementos dele, que têm de ser pagos, substituídos por um equivalente, permanece o mesmo ou cresce. Mas, além do valor dos meios de produção, que entram na produção de suas mercadorias como grandezas dadas de preço, são justamente salário, juros e renda que entram nessa produção como grandezas de preço limitativas e reguladoras. Aparecem-lhe, portanto, como os elementos que determinam o preço das mercadorias. Desse ponto de vista, o ganho empresarial aparece determinado ou pelo excedente dos preços de mercado, dependentes de ocasionais relações de concorrência, sobre o valor imanente das mercadorias determinado por aqueles elementos do preço; ou, na medida em que ele mesmo influi de modo determinante no preço de mercado, ele mesmo aparece de novo como dependente da concorrência entre compradores e vendedores.

Na concorrência, tanto dos capitalistas individuais entre si quanto na concorrência no mercado mundial, são as grandezas dadas e pressupostas de salário, juros e renda que entram no cálculo como grandezas constantes e reguladoras; constantes não no sentido de que não alteram sua dimensão, mas no sentido de que em cada caso individual elas são dadas e constituem o limite constante para os preços de mercado em constante flutuação. Por exemplo, na concorrência no mercado mundial, trata-se exclusivamente de saber se, com o salário, os juros e a renda dados, a mercadoria pode ser vendida com vantagem aos preços gerais vigentes no mercado ou abaixo dos mesmos, isto é, com a realização de um ganho empresarial correspondente. Se num país o salário e o preço da terra são baixos e, pelo contrário, os juros do capital são elevados porque o modo de produção capitalista aqui nem sequer está desenvolvido, enquanto em outro país o salário e o preço da terra são nominalmente altos, mas, pelo contrário, os juros do capital estão baixos, então o capitalista emprega mais trabalho e terra num país e, proporcionalmente, mais capital no outro. No cálculo de saber até que ponto é possível a concorrência entre os dois, esses fatores entram como elementos determinantes. Portanto, a experiência mostra aqui teoricamente, e o cálculo pelo qual o capitalista se interessa mostra-o praticamente, que os preços das mercadorias são determinados por salário, juros e renda, pelo preço do trabalho, do capital e da terra e que esses elementos do preço são, de fato, os constituintes reguladores do preço.

Naturalmente resta sempre um elemento que não é pressuposto, mas que resulta do preço de mercado das mercadorias, ou seja, o excedente sobre o preço de custo formado a partir da adição daqueles elementos: salário, juros e renda. Esse quarto elemento aparece, em cada caso individual, determinado pela concorrência e, na média dos casos, pelo lucro médio, regulado por essa mesma concorrência, só que em períodos mais longos.

Quinto: Na base do modo de produção capitalista, torna-se um tanto óbvio que o valor em que se apresenta o trabalho novo acrescido se decomponha nas formas de *revenue* de salário, lucro e renda fundiária, que esse método (para não falar de períodos históricos passados, dos quais demos exemplos ao falar da renda fundiária) também se empregue lá onde faltam de antemão as condições de existência daquelas formas de *revenue*. Isso quer dizer que nelas tudo subsome por analogia.

Se um trabalhador independente – consideremos um pequeno camponês, pois aqui podem ser aplicadas todas as três formas de *revenue* – trabalha para si mesmo e vende seu próprio produto, então ele é primeiro considerado como seu próprio empregador (capitalista), que emprega a si mesmo como trabalhador, e como seu próprio proprietário da terra, que emprega a si mesmo como seu arrendatário. Como trabalhador assalariado ele se paga salário, como capitalista reivindica lucro para si, como proprietário da terra ele se paga renda. Pressupondo o modo de produção capitalista e as correspondentes relações como base social geral, essa subsunção é correta na medida em que não é graças a seu trabalho, mas à posse dos meios de produção – que aqui assumiram de modo geral a forma de capital – que ele está em condições de se apropriar de seu próprio mais-trabalho. E, além disso, à medida que ele produz seu produto como mercadoria, dependendo, portanto, do preço da mesma (e, até quando não, esse preço é avaliável), a massa do mais-trabalho que ele pode valorizar depende não de sua própria grandeza, mas da taxa geral de lucro; e assim também o eventual excedente sobre a cota de mais-valia determinada pela taxa geral de lucro não é, por sua vez, determinado pela quantidade de trabalho por ele fornecido, só podendo ser apropriado por ele porque é proprietário da terra. Já que uma forma de produção que não corresponde ao modo de produção capitalista pode ser assim – e até certo ponto não incorretamente – subsumida a suas formas de *revenue*, consolida-se tanto mais a ilusão, como se as relações capitalistas fossem relações naturais de cada modo de produção.

Caso se reduza, no entanto, o salário à sua base geral, ou seja, à parte do próprio produto do trabalho que entra no consumo individual do trabalhador; caso se libere essa porção dos entraves capitalistas, ampliando-a até o volume do consumo que a força produtiva existente da sociedade, por um lado, permite (portanto a força produtiva social de seu próprio trabalho como trabalho realmente social) e, por outro lado, exige o pleno desenvolvimento da individualidade; caso, além disso, se reduza o mais-trabalho e o mais-produto à escala que é exigida sob as condições de produção dadas da sociedade, por um lado, para a formação de um fundo de seguros e de reserva, por outro, para a permanente ampliação da reprodução no grau determinado pela necessidade social; caso se inclua, por fim, no n. 1 o trabalho necessário e no n. 2 o mais-trabalho, o *quantum* de trabalho que os membros da sociedade aptos para o trabalho sempre têm de executar para os membros que ainda não são ou já não são aptos para o trabalho, isto é, caso se despoje tanto do salário quanto da mais-valia, tanto do trabalho necessário quanto do mais-trabalho, o caráter especificamente capitalista, então não restariam precisamente essas formas, mas apenas seus fundamentos, que são comuns a todos os modos sociais de produção.

Aliás, essa espécie de subsunção também é própria de modos de produção anteriormente dominantes, por exemplo o feudal. Relações de produção que absolutamente não lhe correspondiam, que estavam completamente fora das suas, foram subsumidas às relações feudais, como, por exemplo, na Inglaterra, os *tenures in common socage* [feudos campesinos livres] (por oposição aos *tenures on knight's service* [feudos de cavalaria]), que só implicavam obrigações monetárias e eram feudais apenas no nome.

CAPÍTULO 51

RELAÇÕES DE DISTRIBUIÇÃO E RELAÇÕES DE PRODUÇÃO

O valor novo acrescido mediante o trabalho novo anualmente acrescido – portanto também a parte do produto anual em que esse valor se apresenta e que pode ser extraída, excluída do produto total – decompõe-se, pois, em três partes, que assumem três diferentes formas de *revenue*, em formas que expressam uma parte desse valor como pertencentes ao possuidor da força de trabalho, uma parte como pertencente ao possuidor do capital e uma terceira parte como pertencente ao possuidor da propriedade fundiária ou recaindo em cada um deles. Essas são, portanto, relações ou formas da distribuição, pois expressam as relações em que se distribui o novo valor total gerado entre os possuidores dos diferentes agentes da produção.

Segundo a maneira costumeira de ver, essas relações de distribuição aparecem como relações naturais, como relações que se originam da natureza de toda produção social, das leis da produção humana pura e simplesmente. É claro que não se pode negar que sociedades pré-capitalistas mostram outros modos de distribuição, mas estes são então interpretados como não desenvolvidos, imperfeitos e disfarçados, não são reduzidos a sua expressão mais simples e a sua configuração máxima: são interpretados como modos diferentemente matizados daquelas relações naturais de distribuição.

A única coisa certa nessa concepção é a seguinte: uma vez suposta uma produção social de qualquer espécie (por exemplo, a das comunidades primitivas hindus ou a do comunismo dos peruanos, desenvolvida mais artificialmente), sempre se pode distinguir entre a parte do trabalho cujo produto venha a ser consumido individualmente pelos produtores e seus familiares e – não se considerando a parte que recai no consumo produtivo – outra parte, que sempre é mais-trabalho, cujo produto sempre serve para a satisfação de necessidades sociais gerais, seja lá como for que esse mais-produto venha a ser distribuído e quem quer que venha a atuar como representante dessas necessidades sociais. A identidade dos diferentes modos de distribuição acaba levando, portanto, a que eles sejam idênticos, caso se abstraia de suas diferenciações e formas específicas, só retendo a unidade que há neles, por oposição a suas diferenças.

Não obstante, uma consciência mais evoluída, mais crítica, reconhece o caráter historicamente desenvolvido das relações de distribuição,[56][a] mas, em troca, tanto mais se aferra ao caráter constante, originário da natureza humana e, daí, independente de todo o desenvolvimento histórico, das próprias relações de produção.

A análise científica do modo de produção capitalista demonstra, pelo contrário, que ele é um modo de produção de caráter peculiar, com uma determinação histórica específica; que ele, como qualquer outro modo de produção determinado, pressupõe certo nível das forças sociais produtivas e de suas formas de desenvolvimento como sua condição histórica: uma condição que é, ela mesma, o resultado e o produto históricos de um processo anterior e do qual parte o novo modo de produção como sua base dada; que as relações de produção correspondentes a esse modo de produção específico, historicamente determinado – relações em que os seres humanos entram em seu processo de vida social, na criação de sua vida social –, têm um caráter específico, histórico e transitório; e que, finalmente, as relações de distribuição são essencialmente idênticas a essas relações de produção, sendo um reverso delas, de modo tal que ambas partilham o mesmo caráter historicamente transitório.

Ao examinar as relações de distribuição, toma-se como ponto de partida, inicialmente, o pretenso fato de que o produto anual se divide em salário, lucro e renda fundiária. Mas, assim enunciado, o fato é falso. Por um lado, o produto se divide em capital e, por outro, em *revenues*. Uma dessas *revenues*, o salário, assume ele mesmo sempre só a forma de uma *revenue*, a *revenue* do trabalhador, depois de anteriormente se ter defrontado com esse mesmo trabalhador na *forma de capital*. A defrontação das condições de trabalho produzidas e dos produtos do trabalho em geral enquanto capital com os produtores imediatos implica, de antemão, determinado caráter social das condições materiais de trabalho frente aos trabalhadores e, com isso, uma relação determinada, que estes estabelecem, na própria produção, com os possuidores das condições de trabalho e entre si. Por sua vez, a transformação dessas condições de trabalho em capital implica a expropriação dos produtores imediatos em relação ao solo e, com isso, determinada forma de propriedade fundiária.

Se uma parte do produto não se transformasse em capital, então a outra não assumiria as formas de salário, lucro e renda.

Por outro lado, se o modo de produção capitalista pressupõe essa determinada configuração social das condições de produção, ele as reproduz constantemente. Produz não só os produtos materiais, mas reproduz constantemente as relações de produção em que são produzidos e, com isso, também as correspondentes relações de distribuição.

Pode-se dizer, no entanto, que o próprio capital (e a propriedade fundiária, a qual ele inclui como sua oposição) já pressupõe uma distribuição: a expropriação dos trabalhadores quanto às condições de trabalho, a concentração dessas condições nas mãos de uma minoria de indivíduos, a propriedade exclusiva do solo para outros indivíduos, em suma, todas as relações e condições que foram expostas na seção sobre a acumulação primitiva (Livro 1, capítulo 24). Mas essa distribuição é completamente diversa daquilo que se entende como relações de distribuição, quando se reivindica para estas um caráter histórico, em oposição às relações de produção. Com isso se alude aos diferentes títulos na parte do produto que recai no consumo individual. Em troca, essas relações de distribuição são os fundamentos de funções sociais específicas que, dentro da própria relação de produção, recaem em determinados agentes da mesma, em oposição aos produtores imediatos. Conferem às próprias condições de produção e a seus representantes uma qualidade social específica. Determinam todo o caráter e todo o movimento da produção.

São dois os traços característicos que de antemão distinguem o modo de produção capitalista.

Primeiro. Ele produz seus produtos como mercadorias. Produzir mercadorias não o diferencia de outros modos de produção; mas sim que ser mercadoria é o caráter dominante e determinante de seu produto. Isso implica inicialmente que o próprio trabalhador só aparece como vendedor de mercadoria e, daí, como assalariado livre, e o trabalho, portanto, em geral como trabalho assalariado. Depois do que já foi desenvolvido até agora, é supérfluo demonstrar de novo como a relação entre capital e trabalho assalariado determina todo o caráter do modo de produção. Os principais agentes desse modo de produção, o capitalista e o trabalhador assalariado, são enquanto tais apenas corporificações, personificações do capital e do trabalho assalariado; caracteres sociais determinados que o processo de produção social imprime nos indivíduos; produtos dessas relações sociais de produção determinadas.

O caráter 1) do produto como mercadoria e 2) da mercadoria como produto do capital já inclui todas as relações de circulação, isto é, determinado processo social que os produtos precisam percorrer e no qual assumem determinados caracteres sociais; ele implica, igualmente, determinadas relações dos agentes da produção, pelos quais é determinada a valorização de seu produto e sua retransformação, seja em meios de subsistência, seja em meios de produção. Mas, mesmo não considerando isso, toda a determinação do valor e a regulação de produção total mediante o valor resultam destes dois caracteres, do produto como mercadoria ou da mercadoria como mercadoria produzida capitalistamente. Nessa forma bem específica do valor, o trabalho só vale, por um lado, como trabalho social; por outro lado, a distribuição desse trabalho social e a complementação recíproca, o metabolismo de seus produtos, a subordinação à engrenagem social e a inserção nela, ficam por conta da ação casual reciprocamente supressiva dos produtores capitalistas individuais. Já que estes só se defrontam como possuidores de mercadorias e que cada um procura vender sua mercadoria o mais alto possível (inclusive parecendo orientar-se só por seu arbítrio na própria regulação da produção), a lei interna só se impõe por intermédio de sua concorrência, de sua recíproca pressão de uns sobre os outros, mediante o que as divergências se anulam mutuamente. Só como lei intrínseca, como lei natural cega diante de agentes individuais, é que aqui atua a lei do valor e impõe o equilíbrio social da produção em meio a suas flutuações ocasionais.

Além disso, na mercadoria já está incluída, e mais ainda na mercadoria como produto do capital, a reificação das determinações sociais da produção e a subjetivação dos fundamentos materiais da produção, que caracterizam todo o modo de produção capitalista.

A *segunda* característica que marca especialmente o modo de produção capitalista é a produção da mais-valia como finalidade direta e motivo determinante da produção. O capital produz essencialmente capital, e só o faz à medida que produz mais-valia. Ao examinar a mais-valia relativa e, além disso, ao examinar a transformação da mais-valia em lucro, vimos como sobre isso se funda um modo de produção peculiar ao período capitalista – uma forma especial do desenvolvimento das forças sociais produtivas do trabalho, mas como forças do capital autonomizadas diante do trabalhador e, por fim, em oposição direta a seu próprio desenvolvimento, ao desenvolvimento do trabalhador. A produção para o valor e para a mais-valia inclui, como se mostrou ao longo do desenvolvimento da análise, a tendência sempre operante de reduzir o tempo de trabalho necessário para a produção de uma mercadoria, isto é, seu valor, abaixo da média social de fato vigente. O impulso no sentido de reduzir o preço de custo a seu mínimo torna-se a mais forte alavanca para a elevação da força produtiva social do trabalho, que aqui, porém, só aparece como constante elevação da força produtiva do capital.

A autoridade que o capitalista enquanto personificação do capital assume no processo imediato de produção, a função social de que ele se reveste como condutor e dominador da produção, é essencialmente diferente da autoridade na base da produção com escravos, servos etc.

Enquanto, na base da produção capitalista, à massa dos produtores imediatos se contrapõe o caráter social de sua produção na forma de uma autoridade rigorosamente reguladora e de um mecanismo social do processo de trabalho articulado como hierarquia completa – autoridade que, contudo, só recai em seus portadores como personificação das condições de trabalho diante do trabalho, e não, como em formas anteriores de produção, como dominadores políticos ou teocráticos –, entre os portadores dessa autoridade, os próprios capitalistas, que só se defrontam como possuidores de mercadorias, predomina a mais completa anarquia, dentro da qual o nexo interno da produção social só se impõe como lei natural de poder superior à arbitrariedade individual.

Só porque o trabalho é pressuposto na forma de trabalho assalariado e os meios de produção na forma de capital – portanto só devido a essa específica figura social desses dois essenciais agentes de produção – é que uma parte do valor (produto) se apresenta como mais-valia e essa mais-valia como lucro (renda), como ganho do capitalista, como riqueza adicional disponível, que lhe pertence. Mas só porque esta se apresenta assim como *seu lucro* é que os meios adicionais de produção, que são destinados à ampliação da reprodução e que constituem uma parte do lucro, se apresentam como novo capital adicional e a expansão do processo de reprodução capitalista em geral como processo de acumulação capitalista.

Embora a forma do trabalho enquanto trabalho assalariado seja decisiva para a configuração de todo o processo e para o modo específico da própria produção, o trabalho assalariado não é determinante. Na determinação do valor se trata do tempo social de trabalho em geral, do *quantum* de trabalho de que a sociedade em geral dispõe e cuja absorção relativa pelos diferentes produtos determina até certo ponto seu peso social relativo. A forma determinada em que o tempo social de trabalho se impõe como determinante no valor das mercadorias está vinculada, no entanto, à forma do trabalho enquanto trabalho social e à correspondente forma dos meios de produção enquanto capital à medida que só nessa base a produção de mercadorias se torna forma genérica da produção.

Consideremos, aliás, as próprias assim chamadas relações de distribuição. O salário supõe o trabalho assalariado; o lucro, o capital. Essas formas determinadas de distribuição supõem, portanto, determinados caracteres sociais das condições de produção e determinadas relações sociais dos agentes da produção. A relação determinada de distribuição é, portanto, apenas expressão da relação de produção historicamente determinada.

E, agora, consideremos o lucro. Essa forma determinada de mais-valia é o pressuposto para que a nova formação dos meios de produção transcorra na forma de produção capitalista; portanto, uma relação que domina a reprodução, embora pareça ao capitalista individual que ele poderia devorar propriamente todo o lucro como *revenue*. Nisso ele encontra, contudo, obstáculos que se contrapõem a ele na forma de fundos de seguros e de reserva, lei da concorrência etc. e que lhe demonstram praticamente que o lucro não é nenhuma categoria simples da distribuição do produto individualmente consumível. Todo o processo de produção capitalista é, além disso, regulado pelos preços do produto. Mas os preços reguladores de produção são eles mesmos de novo regulados pela equalização da taxa de lucro e de sua correspondente distribuição do capital nas diferentes esferas sociais da produção. O lucro aparece então aqui como fator principal não da distribuição do produto, mas de sua própria produção, como fator na distribuição de capitais e do próprio trabalho entre as várias esferas da produção. A divisão do lucro em ganhos empresariais e juros aparece como distribuição da mesma *revenue*. Mas ela se origina inicialmente do desenvolvimento do capital como valor que se autovaloriza, como valor gerador de mais-valia, essa configuração social determinada do processo dominante de produção. A partir de si mesma, ela desenvolve o crédito e as instituições de crédito e, com isso, a configuração da produção. Nos juros etc., as supostas formas de distribuição entram no preço como momentos determinantes da produção.

Quanto à renda fundiária, poderia parecer que ela é uma mera forma de distribuição, porque a propriedade fundiária enquanto tal não desempenha nenhuma função ou ao menos nenhuma função normal no próprio processo de produção. Mas a circunstância de que 1) a renda se restrinja ao excedente sobre o lucro médio e 2) o proprietário da terra se veja despojado de seu papel de condutor e dominador do processo de produção e de todo o processo da vida social, reduzindo-se a um mero arrendador de terras, usurário do solo e mero receptor de rendas, é um resultado histórico específico do modo de produção capitalista. Que a terra tenha recebido a forma de propriedade fundiária é um pressuposto histórico do mesmo. Que a propriedade fundiária assuma formas que permitem o modo capitalista de exploração da agricultura é um produto do caráter específico desse modo de produção. Em outras formas de sociedade também se pode denominar renda a receita do proprietário da terra. Mas ela é essencialmente diversa da renda tal qual ela aparece nesse modo de produção.

As assim chamadas relações de distribuição correspondem, portanto, a formas historicamente determinadas e socialmente específicas do processo de produção e das relações que os seres humanos estabelecem entre si no processo de reprodução de sua vida humana, e delas se originam. O caráter histórico dessas relações de distribuição é o caráter histórico das relações de produção, das quais elas só expressam um lado. A distribuição capitalista é diferente das formas de distribuição que se originam de outros modos de produção, e cada forma de distribuição desaparece com a forma determinada de produção da qual se origina e à qual corresponde.

A visão que só considera como históricas as relações de distribuição, mas não as relações de produção, é, por um lado, apenas a visão da crítica incipiente, mas ainda inibida, da Economia burguesa. Mas, por outro lado, ela se funda numa confusão e identificação do processo social de produção com o processo simples de trabalho, tal como deveria executá-lo também um ser humano anormalmente isolado, sem nenhum auxílio social. À medida que o processo social é apenas um mero processo entre ser humano e Natureza, seus elementos simples continuam sendo comuns a todas as formas sociais de desenvolvimento do mesmo. Mas cada forma histórica determinada desse processo desenvolve ulteriormente os fundamentos materiais e as formas sociais do mesmo. Tendo uma vez chegado a certo grau de maturidade, a forma histórica determinada é removida e dá lugar a uma mais elevada. Que o momento de tal crise tenha chegado mostra-se assim que a contradição e a oposição entre as relações de distribuição e, por isso, também, por um lado, a configuração historicamente determinada das relações de produção que lhes correspondem e, por outro, as forças produtivas, a capacidade de produção e o desenvolvimento de seus agentes ganhe em amplitude e profundidade. Surge, então, um conflito entre o desenvolvimento material da produção e sua forma social.[57]

CAPÍTULO 52

AS CLASSES

Os proprietários de mera força de trabalho, os proprietários de capital e os proprietários de terra, cujas respectivas fontes de rendimentos são o salário, o lucro e a renda fundiária, portanto, assalariados, capitalistas e proprietários de terra, constituem as três grandes classes da sociedade moderna, que se baseia no modo de produção capitalista.

Indubitavelmente, é na Inglaterra que a sociedade moderna, em sua estruturação econômica, está desenvolvida ao máximo, do modo mais clássico. Contudo, mesmo lá essa divisão em classes não aparece de modo puro. Também lá, estágios intermediários e de transição (embora incomparavelmente menos no campo do que nas cidades) encobrem por toda a parte as determinações de limites. Isso é, contudo, indiferente para nossas considerações. Viu-se que a tendência constante e a lei do desenvolvimento do modo de produção capitalista é separar cada vez mais do trabalho os meios de produção e concentrar cada vez mais em grandes grupos os meios de produção dispersos, portanto transformar o trabalho em trabalho assalariado e os meios de produção em capital. E a essa tendência corresponde, por outro lado, a separação autônoma da propriedade fundiária do capital e do trabalho[58] ou a transformação de toda propriedade na forma de propriedade fundiária correspondente ao modo de produção capitalista.

A próxima pergunta a ser respondida é esta: o que constitui uma classe? E é claro que isso se depreende obviamente da resposta a esta outra questão: o que faz com que assalariados, capitalistas e proprietários da terra se tornem os formadores das três grandes classes sociais?

À primeira vista, a identidade de *revenues* e as fontes de *revenue*. São três grandes grupos sociais, cujos componentes, os indivíduos que os formam, vivem respectivamente de salário, lucro e renda fundiária, da valorização de sua força de trabalho, de seu capital e de sua propriedade fundiária.

Desse ponto de vista, no entanto, médicos e funcionários públicos, por exemplo, também constituiriam duas classes, pois pertencem a dois grupos sociais diferentes, em que as *revenues* dos membros de cada um fluem da mesma fonte. O mesmo seria válido para a infinita fragmentação de interesses e posicionamentos em que a divisão social do trabalho separa tanto os trabalhadores quanto os capitalistas e

1 proprietários da terra – estes últimos, por exemplo, em viticultores, agricultores, donos de florestas, donos de minas, donos de pesqueiros. {Aqui o manuscrito se interrompe.}

APÊNDICE

OBSERVAÇÕES SUPLEMENTARES AO LIVRO 3 DE *O CAPITAL*

Friedrich Engels

O terceiro livro de *O capital*, desde que submetido ao julgamento público, já sofreu numerosas e variadas interpretações.[I] Não era de esperar outra coisa. Ao publicar a obra, importava-me sobretudo reproduzir o texto da maneira mais autêntica possível, apresentar os novos resultados obtidos por Marx com as próprias palavras de Marx, sempre que possível, e eu próprio interferir somente onde fosse absolutamente imprescindível e, mesmo nesse caso, não deixar no leitor a menor dúvida sobre quem lhe está falando. Criticaram-me por isso, julgando que eu deveria ter transformado o material que tinha diante de mim num livro sistematicamente elaborado, *en faire un livre* [fazer dele um livro], como dizem os franceses, em outras palavras: sacrificar a autenticidade do texto à comodidade do leitor. Mas não entendi assim minha tarefa. Nada justificava que eu fizesse tal revisão; um homem como Marx tem o direito de ser ouvido, ele mesmo, de transmitir à posteridade suas descobertas científicas na plena genuinidade de sua própria exposição. Além disso, não estava absolutamente disposto a profanar de tal maneira, segundo meu modo de ver, o legado de um homem tão preeminente; ter-me-ia parecido felonia. E, em terceiro lugar, isso teria sido completamente inútil. Para as pessoas que não sabem ou não querem ler, que já no Livro 1 se esforçaram mais para entendê-lo mal do que era necessário

---

I O presente trabalho de Engels foi escrito após a publicação do Livro 3 de *O capital*. Como se depreende de sua carta a Kautsky, de 11 maio 1895, Engels pretendia publicar o "Suplemento ao Livro 3 de *O capital*" sob a forma de dois artigos na revista *Neue Zeit* (ver nota I, p. 32). O primeiro artigo, "Lei do valor e taxa de lucro", foi escrito como réplica a afirmações na literatura econômica burguesa segundo as quais haveria contradição entre os Livros 1 e 3 de *O capital*. O trabalho foi publicado, logo após a morte de Engels, na revista *Neue Zeit*, números 1 e 2 de 1895-96, às páginas 6-11 e 37-44. No segundo artigo Engels pretendia investigar o papel significativamente modificado da Bolsa a partir de 1865. Entretanto, não chegou a escrevê-lo; existe somente uma disposição que contém sete pontos. Esse manuscrito é intitulado "A Bolsa. Comentários suplementares ao Livro 3 de *O capital*". [N.E.A.]

para entendê-lo corretamente – para tais pessoas esfalfar-se é geralmente inútil. Mas, para aquelas que se preocupam com o efetivo entendimento, o mais importante é justamente o próprio original; para elas, minha reelaboração teria tido, no máximo, o valor de um comentário, e ainda por cima de um comentário sobre um texto inédito e inacessível. Já na primeira controvérsia teria sido necessário recorrer ao original, e na segunda e terceira sua publicação, *in extenso*, se tornaria indispensável.

Tais controvérsias são evidentes quando se trata de uma obra que traz tantos aspectos novos, e estes apenas rapidamente esboçados e em parte com lacunas de primeira elaboração. É aí que minha intervenção pode ser útil para eliminar dificuldades de entendimento, para acentuar aspectos significativos, cuja importância não sobressai suficientemente no texto, e para adicionar ao texto, escrito em 1865, alguns complementos importantes, a fim de ajustá-lo ao estado de coisas de 1895. De fato, já se apresentam dois pontos que exigem, segundo me parece, uma breve explicação.

I. LEI DO VALOR E TAXA DE LUCRO

Era de esperar que a solução da contradição aparente entre esses dois fatores levaria a debates tanto depois quanto antes da publicação do texto de Marx. Havia os que esperavam um verdadeiro milagre e ficaram frustrados porque, em vez da mágica esperada, encontraram uma solução simples-racional, prosaica-sóbria da contradição. O mais satisfeito com essa frustração é naturalmente o renomado *illustre* Loria. Ele descobriu finalmente o ponto de apoio de Arquimedes, a partir do qual mesmo um duende de seu calibre pode explodir pelos ares a construção gigantesca e sólida de Marx. Qual, exclama ele indignado, solução deve ser essa? Isso é pura mistificação! Os economistas, quando falam de valor, falam do valor que se estabelece efetivamente na troca.

> Mas se ocupar com um valor pelo qual as mercadorias não são vendidas *nem podem jamais ser vendidas* (*nè possono vendersi mai*) é o que nunca fez nem fará economista algum que possua pelo menos sombra de juízo. [...] Quando Marx afirma que o valor pelo qual as mercadorias *nunca* são vendidas é proporcional ao trabalho nelas contido, que faz ele a não ser repetir de forma invertida a tese dos economistas ortodoxos, segundo a qual o valor pelo qual se vendem as mercadorias *não* é proporcional ao trabalho nelas empregado? [...] Nada adianta que Marx diga que, apesar de os preços individuais se desviarem dos valores individuais, o preço total de todas as mercadorias em conjunto coincide sempre com o valor total delas, ou seja, com a quantidade de tra-

> balho contida na totalidade das mercadorias. Pois, uma vez que o valor nada mais é que a proporção em que uma mercadoria se troca por outra, a simples ideia de um valor total já é um absurdo, um disparate [...] uma *contradictio in adjecto* [contrassenso].

Já no começo da obra Marx diz que a troca só pode equiparar duas mercadorias em virtude de um elemento nelas contido de natureza e grandeza iguais, a saber, a quantidade igual de trabalho que elas contêm. E agora se desmente do modo mais solene ao afirmar que as mercadorias se trocam numa proporção que nada tem a ver com a quantidade de trabalho nelas contida,

> Quando já houve tão completa redução ao absurdo ou maior bancarrota teórica? Quando já se cometeu um suicídio científico com maior pompa e com maior solenidade? (*Nuova Antologia*, 1º fev. 1895, pp. 447, 478-79)

Como se vê, nosso Loria está contentíssimo. Não tinha ele razão quando tratou Marx como seu igual, como charlatão ordinário? Ora, aí se vê – Marx faz troça de seu público tal como Loria, vive de mistificações do mesmo modo que o menor dos professores italianos de Economia. Mas, enquanto Dulcamara pode permitir-se isso, porque entende de seu ofício, esse grosseiro nórdico, Marx, somente demonstra inabilidades, comete disparates e absurdos, de modo que afinal nada lhe resta senão um solene suicídio.

Poupemo-nos para examinar mais tarde a afirmação de que as mercadorias jamais se venderam nem se venderão pelos valores determinados pelo trabalho. Vamos deter-nos aqui apenas na afirmação do senhor Loria, de que

> o valor nada mais é que a proporção em que uma mercadoria se troca por outra, e, sendo assim, a simples ideia de um valor total já é um absurdo, um disparate etc.

A proporção em que duas mercadorias se trocam, o valor delas, é portanto algo puramente casual, cuja origem está situada fora das mercadorias e que pode mudar de um dia para outro. O fato de trocar-se um quintal métrico de trigo por um grama ou por um quilo não depende de modo nenhum de condições que sejam inerentes ao trigo ou ao ouro, mas de circunstâncias totalmente estranhas a ambos. Pois, de outra maneira, essas condições teriam de impor-se também na troca, de dominá-la completamente e, mesmo abstraindo-se da troca, ter existência autônoma, de modo que se poderia falar de um valor total das mercadorias. Isso é absurdo, diz o *illustre* Loria. Qualquer que seja a proporção em que se troquem duas mercadorias, ela é o valor delas, e pronto. O valor é idêntico ao preço, portanto, e toda mercadoria tem tantos valores quantos preços possa obter. E o preço é determinado por demanda e oferta, e quem continua a perguntar é um tolo se espera resposta.

Mas a coisa apresenta um pequeno problema. Em condições normais, demanda e oferta coincidem. Dividamos então todas as mercadorias existentes no mundo em duas metades, no grupo da demanda e no da oferta. Admitamos que cada grupo represente um preço de 1000 bilhões de marcos, francos, libras esterlinas ou outra moeda qualquer. Segundo o mestre da tabuada, os dois juntos darão um preço ou valor de 2000 bilhões. Disparate, absurdo, diz o senhor Loria. Os dois grupos juntos podem representar um preço de 2000 bilhões. Mas isso não se aplica ao valor. Digamos preço, então 1000+1000=2000. Digamos, porém, valor, então 1000+1000=0. Pelo menos nesse caso, em que se trata da totalidade das mercadorias. Pois aí as mercadorias de cada grupo só valem 1000 bilhões porque cada um dos dois quer e pode dar essa soma pelas mercadorias do outro. Juntemos, porém, a totalidade das mercadorias dos dois grupos nas mãos de um terceiro, então o primeiro já não tem valor algum em suas mãos nem o segundo e menos ainda o terceiro – no final das contas ninguém tem nada. Mais uma vez admiremos a superioridade com que nosso Cagliostro meridional estropiou o conceito de valor, de maneira que nem mesmo o menor vestígio dele restou. Eis aí a perfeição da Economia vulgar.[I]

I Esse mesmo senhor "célebre pela sua glória" (para usar as palavras de Heine) pouco depois achou oportuno responder a meu prefácio ao Livro 3, após este ter sido publicado em italiano no primeiro caderno da revista *Rassegna* em 1895. A resposta saiu na *Riforma Sociale* de 25 fev. 1895. Após me cumular de lisonjas, nele inevitáveis e por isso mesmo duplamente repugnantes, declara que nunca lhe veio à mente a pretensão de escamotear para si mesmo os méritos de Marx no tocante à concepção materialista da História. Ele já os teria reconhecido em 1885, bastante casualmente, num artigo de revista. Em compensação, porém, cala-se de forma tanto mais tenaz onde cabia fazê-lo, a saber, em seu livro sobre o assunto, onde Marx é citado pela primeira vez à p. 129 e ainda apenas a propósito da pequena propriedade fundiária na França. E agora declara temerariamente que Marx nem é o autor dessa teoria; se Aristóteles já não a havia insinuado, então Harrington a teria indubitavelmente proclamado em 1656, e, muito antes de Marx, já ela teria sido desenvolvida por uma plêiade de historiadores, políticos, juristas e economistas. Tudo isso se lê na edição francesa da obra de Loria. Resumindo, Marx foi um perfeito plagiador. Depois que lhe tornei impossível mais jactância com plágios de Marx, afirma atrevidamente que Marx também se adornava com penas alheias, tal como ele mesmo. – Dos meus outros ataques,

Em *Archiv für soziale Gesetzgebung*,[I] de Braun, VII, caderno 4, Werner Sombart faz uma exposição, excelente no conjunto, sobre os esboços do sistema de Marx. É a primeira vez que um professor universitário alemão consegue, em linhas gerais, ver nos escritos de Marx o que neles foi realmente dito, ao declarar que a crítica ao sistema de Marx não pode consistir em refutá-lo – "disso pode encarregar-se quem tem ambições políticas" –, mas apenas em continuar desenvolvendo-o. Também Sombart, como é natural, trata de nosso tema. Examina o papel que o valor desempenha no sistema de Marx e chega aos seguintes resultados: o valor não aparece na relação de troca das mercadorias produzidas capitalistamente; não vive na consciência dos agentes da produção capitalista; não é um fato empírico, mas sim um fato mental, lógico; em

---

Loria só retoma aquele em que, segundo ele, Marx nunca se propusera escrever um segundo livro e muito menos um terceiro de *O capital*. "E agora responde Engels triunfante, jogando contra mim os Livros 2 e 3. [...] Excelente! Alegro-me tanto com esses volumes, devo-lhes tanta satisfação intelectual que nunca uma vitória me foi tão cara quanto essa derrota de hoje – se de fato há derrota. Mas será que há de fato? É verdade mesmo que Marx escreveu, com a intenção de publicar, esse montão de notas desconexas que Engels, por reverente amizade, compilou? É de fato lícito admitir que Marx [...] tenha confiado a essas páginas o coroamento de sua obra e de seu sistema? Será de fato certo que Marx teria publicado aquele capítulo sobre a taxa média de lucro, onde a solução há tantos anos prometida se reduz às mistificações mais desoladoras, ao jogo mais vulgar de frases? É pelo menos permitido pô-lo em dúvida. [...] Isso demonstra, assim me parece, que Marx, após a publicação de seu esplêndido (*splendido*) livro, não lhe pretendia dar um sucessor ou, ao menos, deixar a seus herdeiros, e fora de sua própria responsabilidade, a conclusão de sua obra gigantesca."

Assim está escrito à p. 267. Heine não podia falar de seu público de filisteus alemães de maneira mais desprezível que ao dizer: O autor acostuma-se por fim a seu público, como se este fosse um ser racional. Por quem deve então o *illustre* Loria tomar seu público?

Por fim, uma carga de elogios que infelizmente desaba sobre mim. Nosso Esganarelo compara-se então a Balaão, que teria vindo para amaldiçoar, mas de cujos lábios, contra sua vontade, só borbulhavam "palavras de bênção e de amor". O bom Balaão era famoso sobretudo por cavalgar um asno mais inteligente que o dono. Dessa vez, evidentemente, Balaão deixou seu asno em casa. [*La Rassegna*: revista italiana burguesa quinzenal; publicada em Nápoles de 1892 a 1895. *La Riforma Sociale*: revista italiana burguesa-liberal mensal publicada em Turim e Roma a partir de 1894. – N.E.A.]

I *Archiv für soziale Gesetzgebung und Statistik*: revista político-econômica trimestral, editada por Heinrich Braun; publicada em Tübingen de 1888 até 1903 e mais tarde em Berlim. [N.E.A.]

Marx, o conceito de valor, materialmente definido, nada mais é que a expressão econômica do fato de a força produtiva social do trabalho ser a base da vida econômica; a lei do valor domina, em última instância, os processos econômicos num sistema econômico capitalista e para esse sistema econômico tem, de modo geral, este conteúdo: o valor das mercadorias é a forma histórica específica em que se impõe, de maneira determinante, a força produtiva do trabalho, a qual, em última instância, domina todos os processos econômicos. – Até aqui, Sombart; não se pode dizer que seja incorreta essa concepção da significação da lei do valor para a forma capitalista de produção. Mas me parece formulada de modo amplo demais, capaz de uma formulação mais estrita, mais precisa; em meu modo de ver, não esgota de maneira alguma a significação completa da lei do valor para os estágios de desenvolvimento econômico da sociedade dominados por essa lei.

Em *Sozialpolitisches Zentralblatt*,[I] de Braun, de 25 de fevereiro de 1895, n. 22, encontra-se um artigo, também excelente, de Conrad Schmidt, sobre o Livro 3 de *O capital*. Saliente-se especialmente ter o autor demonstrado que Marx, ao derivar o lucro médio da mais-valia, foi o primeiro que respondeu à pergunta, até então nem mesmo feita pelos economistas, de como é determinado o nível dessa taxa média de lucro e de como se explica que seja, digamos, 10 ou 15%, e não 50 ou 100%. Uma vez que sabemos que a mais-valia apropriada em primeira mão pelo capitalista industrial não é a única e exclusiva fonte do lucro e da renda fundiária, essa questão se resolve por si mesma. Essa parte do artigo de Schmidt poderia ter sido escrita diretamente para economistas *à la* Loria, se não fosse vão o esforço de abrir os olhos daqueles que não querem ver.

Também Schmidt tem ressalvas formais quanto à lei do valor. Denomina-a *hipótese* científica proposta para esclarecimento do processo efetivo de troca, hipótese que se contenta com o ponto de partida teórico necessário como esclarecedor e inevitável, mesmo perante os fenômenos em que se configura a concorrência dos preços e que parecem contradizê-la totalmente; sem a lei do valor cessa, em sua opinião, toda compreensão teórica do mecanismo econômico da realidade capitalista. E numa carta particular, que me permite citar, declara Schmidt ser a lei do valor, dentro da forma capitalista de produção, uma simples ficção, embora teoricamente necessária.[II] – Essa concepção é, em minha

---

I *Sozialpolitisches Zentralblatt*: revista semanal reformista, publicada em Berlim de 1892 a 1895 por Heinrich Braun. [N.E.A.]

II Conrad Schmidt escreveu a Engels em 1º de março de 1895. Na resposta, com data de 12 de março de 1895, Engels disseca toda a visão de Schmidt. [N.E.A.]

opinião, absolutamente errada. Para a produção capitalista, a lei do valor tem significação muito maior e mais definida do que a de uma simples hipótese, para não dizer uma ficção, embora necessária.

Tanto Sombart como Schmidt – só menciono o *illustre* Loria para dar um divertido exemplo da Economia vulgar – não consideram suficientemente a circunstância de se tratar aí não só de um processo puramente lógico, mas também de um processo histórico e de seu reflexo explicativo no pensamento, a persecução lógica de sua coesão interna.

A passagem decisiva encontra-se em Marx, Livro 3, I, p. 180: "Toda a dificuldade provém do fato de que as mercadorias não são intercambiadas meramente como *mercadorias*, mas como *produtos de capitais* que reclamam uma participação na massa total de mais-valia, que é proporcional a sua grandeza ou que é igual, se forem de grandeza igual". Para ilustrar essa diferença, Marx supõe que os trabalhadores estejam de posse de seus meios de produção, trabalhem em média durante tempo igual e com igual intensidade e troquem diretamente entre si as mercadorias. Nesse caso, dois trabalhadores, com seu respectivo trabalho, teriam acrescido aos seus produtos, durante uma jornada, quantidade igual de um valor, mas o produto de cada um teria valor diferente segundo o trabalho antes já incorporado nos meios de produção. Essa última parte do valor representaria o capital constante da economia capitalista, ao passo que, do novo valor acrescido, a parte que os trabalhadores empregam em meios de subsistência constituiria o capital variável e, do novo valor, a parte restante, a mais-valia, que pertenceria então ao trabalhador. Os dois trabalhadores receberiam, portanto, após deduzida a reposição da parte "constante" do valor por eles adiantada, valores iguais; mas seria diferente para ambos a proporção entre a parte que representa a mais-valia e o valor dos meios de produção – o que corresponderia à taxa de lucro capitalista. Mas, uma vez que cada um deles recebe na troca a reposição do valor dos meios de produção, essa circunstância não teria importância alguma. "O intercâmbio de mercadorias por seus valores, ou aproximadamente por seus valores, exige, pois, um *grau muito mais baixo* de desenvolvimento do que o intercâmbio aos preços de produção, para o qual determinado nível de desenvolvimento capitalista é necessário. [...] Abstraindo a dominação dos preços e do movimento dos preços pela lei do valor, é, pois, absolutamente adequado considerar os valores das mercadorias não só *teórica*, mas também *historicamente*, como o *prius* [predecessor] dos preços de produção. Isso vale para condições *em que os meios de produção pertencem ao trabalhador*, e essa condição se encontra tanto no mundo antigo como no moderno, no caso do camponês cultivador de sua própria terra e no do artesão. Isso está de acordo com o ponto de vista, que expusemos antes, de que o desenvolvimento dos produtos até se tornarem mercadorias surge do intercâmbio entre comunidades diversas, e não entre os membros de uma mesma comunidade. Isso vale tanto para essa condição primitiva como para as condições posteriores, baseadas na escravatura e na servidão, e ainda para a organização corporativa dos ofícios, enquanto os meios de produção fixados em cada ramo da produção só com dificuldade podem ser transferidos de uma esfera para outra e, portanto, as diversas esferas da produção se relacionam reciprocamente, dentro de certos limites, como se fossem países estrangeiros ou comunidades comunistas" (K. Marx, [Livro] 3, I, p. 182).

Se Marx tivesse chegado a rever o Livro 3, teria sem dúvida desenvolvido consideravelmente mais essa passagem. Como está, dá apenas em grandes traços um esboço do que se deve dizer sobre o ponto em questão. Examinemo-lo, portanto, um pouco mais de perto.

Nós todos sabemos que, nos primórdios da sociedade, os produtos são consumidos pelos próprios produtores e que esses produtores se organizam espontaneamente em comunidades de natureza mais ou menos comunista; sabemos também que a troca, com estrangeiros, do excedente desses produtos, a qual leva à transformação dos produtos em mercadorias, é um fenômeno posterior que primeiro se dá apenas entre comunidades individuais de diferentes tribos, mais tarde, porém, se estabelece também dentro da comunidade, contribuindo essencialmente para a dissolução desta em grupos familiares, maiores ou menores. Mas, mesmo após essa dissolução, os chefes de família, que efetuam as trocas, continuam a ser camponeses que trabalham e, com a ajuda da família, produzem quase tudo o que necessitam, em terra própria, obtendo de fora apenas pequena parte dos objetos necessários mediante a troca pelos produtos próprios que sobram. A família, além de ocupada na agricultura e na pecuária, transforma também os respectivos produtos em artigos prontos para o consumo, às vezes faz ela mesma a farinha com o moinho de mão, coze o pão, fia, tinge, tece o linho e a lã, curte o couro, levanta e conserta construções de madeira, fabrica ferramentas e utensílios e, não raro, forja e faz obras de marcenaria; dessa maneira, a família, ou o grupo familiar, no essencial, se basta a si mesma.

O pouco que essas famílias tinham de obter de terceiros, mediante troca ou compra, constituía-se principalmente, mesmo até o início do século XIX na Alemanha, de objetos produzidos por artesãos, de coisas, portanto, que o camponês sabia muito bem como fabricar e que só não produzia ele mesmo porque a matéria-prima não lhe era acessível ou o artigo comprado era muito melhor ou muito mais barato. O camponês da Idade Média conhecia, pois, de maneira bastante exata, o tempo de trabalho exigido para produzir os objetos que obtinha na troca. O ferreiro, o segeiro da aldeia trabalhavam à sua vista; do mesmo modo o alfaiate e o sapateiro, que ainda ao tempo de minha juventude perambulavam pelas casas de nossos camponeses renanos e, dos materiais produzidos por esses camponeses, faziam roupas e calçados. Tanto o camponês como as pessoas de quem comprava eram trabalhadores, os artigos trocados eram os produtos próprios de cada um. Que despenderam eles para produzir esses produtos? Trabalho, e apenas trabalho: para repor os instrumentos, para produzir a matéria-prima, para elaborá-la nada mais despenderam que sua própria força de trabalho; como poderiam então trocar esses seus produtos pelos de outros produtores diretos, a não ser na proporção do trabalho neles empregado? O tempo de trabalho empregado nesses produtos não apenas era a única medida apropriada para determinar quantitativamente as grandezas a trocar, mas, além disso, não havia alternativa alguma. Ou seria de acreditar que o camponês e o artesão fossem tão estúpidos para dar o produto de dez horas de trabalho de um deles em troca dos produtos de uma única hora de trabalho do outro? Durante todo o período da economia natural camponesa, não é possível outra troca além daquela em que as quantidades trocadas de mercadorias têm a tendência a medir-se cada vez mais de acordo com as quantidades de trabalho nelas incorporadas. A partir do momento em que o dinheiro penetra nesse sistema econômico, a tendência para a adaptação à lei do valor (segundo a formulação de Marx, *nota bene!*) se torna, por um lado, mais explícita, mas, por outro, já é perturbada pela intervenção do capital usurário e da rapina fiscal, os períodos em que os preços em média se aproximam dos valores até se estabelecer diferença desprezível se tornam mais longos.

O mesmo se aplica à troca entre os produtos dos camponeses e os dos artesãos citadinos. No início, esta se efetua diretamente, sem mediação do comerciante, nos dias de feira nas cidades, quando o camponês vende seus produtos e faz compras. Também aí, não só o camponês conhece as condições de trabalho do artesão, mas este as do camponês. Pois ele mesmo é ainda em parte camponês; além de ter horta e pomar, possui muitas vezes um pedaço de terra, uma ou duas vacas, porcos, aves etc. Assim, as pessoas da Idade Média eram capazes de avaliar, uma da outra, de maneira bastante exata, os custos de produção em matérias-primas, materiais auxiliares e tempo de trabalho – pelo menos, no que tange a artigos de uso cotidiano geral.

Mas como nessa troca medida pelo *quantum* de trabalho era possível calculá-los, ainda que indireta ou relativamente, para produtos que requeriam trabalho mais longo, interrompido por intervalos irregulares e cujos rendimentos eram incertos, como, por exemplo, o gado ou o cereal? E, ainda por cima, tratando-se de pessoas que não sabiam calcular? Evidentemente só mediante um moroso processo de aproximação em zigue-zague, muitas vezes tateando aqui e ali na escuridão, e em que, como de costume, só se aprende com os próprios erros. Mas a necessidade de cada um de recuperar em geral seus gastos ajudava sempre a reencontrar a direção certa, e a pequena quantidade de tipos de objeto que ia à circulação e o método de produzi-los, muitas vezes estável durante séculos, facilitavam a obtenção do objetivo. E não se demorou muito a estabelecer a grandeza de valor relativa desses produtos, com bastante aproximação, o que é demonstrado pelo fato de a mercadoria em que isso parecia mais difícil, o gado, por causa do longo tempo de produção de cada cabeça, ter sido a primeira mercadoria-dinheiro reconhecida de maneira bastante generalizada. Para que isso se concretizasse, foi necessário que o valor do gado, sua relação de troca para com toda uma série de outras mercadorias, já tivesse alcançado fixação relativamente extraordinária, reconhecida sem contestação no território de inúmeras tribos. E as pessoas de então eram certamente bastante espertas – tanto os criadores de gado quanto seus fregueses – para não dar sem equivalente, ao fazerem trocas, o tempo de trabalho que tinham despendido. Pelo contrário: quanto mais próximas estão as pessoas do estágio primitivo da produção de mercadorias – russos e orientais, por exemplo –, tanto mais tempo perdem, ainda hoje, para conseguir, num longo e tenaz mercadejar, a plena recompensa do tempo de trabalho que empregaram num produto.

Partindo dessa determinação do valor pelo tempo de trabalho, desenvolveu-se toda a produção de mercadorias e, com ela, as reações múltiplas em que se afirmam os diferentes aspectos da lei do valor, tal como são expostos na Seção I do Livro 1 de *O capital*; isto é, especialmente as condições em que só o trabalho é gerador de valor. E essas são condições que se impõem sem que os participantes tomem consciência e que só mediante penosa investigação teórica podem ser abstraídas da prática cotidiana, que atuam, portanto, à maneira de leis naturais, tendo Marx demonstrado que isso deriva necessariamente da natureza da produção de mercadorias. O mais importante e o mais decisivo progresso foi a transição para o dinheiro metálico, a qual teve, porém, por consequência, o fato de não aparecer mais na superfície da troca de mercadorias, de forma visível, a determinação do valor pelo tempo de trabalho. O dinheiro tornou-se, do ponto de vista prático, a medida decisiva do valor, e tanto mais quanto mais variadas se tornaram as mercadorias negociadas, quanto mais afastados eram os países de onde provinham e quanto menos, portanto, se podia controlar o tempo de trabalho necessário para produzi-las. Inicialmente, o próprio dinheiro vinha, em geral, do estrangeiro; mesmo quando o metal precioso era obtido no país, o camponês e o artesão em parte não eram capazes de estimar aproximadamente o trabalho empregado em sua produção, em parte já lhes estava bastante obscurecida, pelo hábito de calcular em dinheiro, a consciência da capacidade mensurativa do trabalho: na concepção do povo, o dinheiro começou a representar o valor absoluto.

Numa palavra: a lei do valor de Marx vale de modo geral, desde que as leis econômicas valham para todo o período da produção simples de mercadorias, portanto até o tempo em que esta, por introduzir-se a forma capitalista de produção, experimenta uma modificação. Até aí, os preços gravitam na direção dos valores determinados pela lei de Marx e oscilam em torno desses valores, de maneira que, quanto mais plenamente desenvolvida a produção simples de mercadorias, tanto mais os preços médios de períodos mais longos, não interrompidos por perturbações violentas de origem externa, coincidem com os valores, podendo-se desprezar os pequenos desvios. A lei do valor de Marx tem, portanto, validade econômica geral para um período que dura desde os primórdios da troca que transforma os produtos em mercadorias até o século XV de nossa era. A troca de mercadorias data, porém, de uma época anterior a toda a História escrita, que no Egito remonta a pelo menos 3500, talvez 5000 anos, e na Babilônia a 4000, talvez 6000 anos antes de nossa era; a lei do valor vigorou, portanto, durante um período de cinco a sete milênios. E agora cabe admirar a profundidade do senhor Loria, que considera o valor vigente de maneira geral e direta durante todo esse tempo um valor a que as mercadorias nunca são vendidas nem poderão ser vendidas e com que jamais se ocupará um economista que tenha uma centelha de bom senso!

Até aqui não falamos do comerciante. Podíamos deixar de considerar sua intervenção até o momento em que passamos da transformação da produção simples de mercadorias para a produção capitalista de mercadorias. O comerciante era o elemento revolucionário nessa sociedade, onde todas as demais coisas eram estáveis, estáveis hereditariamente, por assim dizer; onde o camponês recebia por herança e em caráter quase que inalienável não somente sua jeira de terra, mas também sua posição de proprietário livre, de censatário livre ou dependente ou de servo, e o artesão citadino, seu ofício e seus privilégios corporativos; e cada um deles, sua freguesia e seu mercado, bem como sua habilidade, formada desde a juventude para a profissão herdada. Nesse mundo, então, entra o comerciante, de quem partiria a revolução. Mas não era revolucionário consciente; pelo contrário, era carne de sua carne, osso de seus ossos. O comerciante da Idade Média não era absolutamente individualista, era essencialmente cooperativista, como todos os seus contemporâneos.

No campo dominavam as associações para explorar as terras comuns, sistema oriundo do comunismo primitivo. Originalmente, cada camponês tinha jeira igual, com parcelas iguais de terra de cada qualidade e correspondente participação igual nos direitos sobre as terras comuns. Desde que a associação rural se tornou um sistema fechado e já não se repartiram novas jeiras, ocorreram, em virtude das heranças etc., subdivisões das jeiras e correspondentes subdivisões dos direitos às terras comuns; mas a jeira completa continua a ser a unidade, de maneira que houve metade, um quarto e um oitavo de jeira a que correspondem metade, um quarto e um oitavo dos direitos às terras comuns. Todas as associações de produção posteriores se orientaram pelo modelo das associações rurais, sobretudo as corporações nas cidades, cuja organização não era mais do que a aplicação desse modelo a um privilégio artesanal em vez de a um território limitado. O ponto central da organização toda era a participação igual de cada associado nos privilégios e fruições assegurados à totalidade, o que, ainda de maneira contundente, se expressa no privilégio de "abastecimento de fios" ["*Garnnahrung*"] de 1527, de Elberfeld e Barmen. ([Alphons] Thun, *Industrie am Niederrhein*, II, pp. 164 ss.) O mesmo vale para as corporações das minas, onde cada cota tinha igual participação e, como a jeira do membro da associação rural, era divisível junto com os respectivos direitos e deveres. E o mesmo vale, não em menor grau, para as corporações mercantis, que iniciaram o comércio ultramarino. Os venezianos e os genoveses no porto de Alexandria ou Constantinopla, cada "nação" em seu próprio *fondaco* – moradia, taberna, armazém, locais de exposição e venda, ao lado do escritório central –, constituíam corporações mercantis completas, fechadas aos concorrentes e aos clientes, vendiam a preços estabelecidos entre si, suas mercadorias tinham qualidade determinada, garantida por investigação pública e muitas vezes por selo, decidiam em comum os preços a pagar aos nativos pelos produtos deles etc. Da mesma maneira procediam os hanseáticos na ponte alemã (Tyske Bryggen) em Bergen, na Noruega, bem como seus concorrentes holandeses e ingleses. Ai de quem tivesse vendido abaixo ou comprado acima do preço estabelecido. O boicote que o atingia significava então a ruína inevitável, mesmo não se levando em conta as penas diretas que a corporação impunha ao culpado. Além disso, fundaram-se corporações ainda mais fechadas, para fins determinados, como, por exemplo, a Maona de Gênova, que durante muitos anos, nos séculos XIV e XV, foi dona das minas de alúmen de Foceia, na Ásia Menor, e da ilha de Quios; mais, a grande sociedade comercial de Ravensberg, que desde os fins do século XIV fazia negócio com a Itália e a Espanha, estabelecendo lá sucursais, e a sociedade alemã dos Fugger, Welser, Vöhlin, Höchstetter etc., de Augsburgo; os Hirschvogel e outros, de Nuremberg, que participaram da expedição portuguesa à Índia em 1505-06, com um capital de 66000 ducados e três navios, obtendo um lucro líquido de 150% ou, segundo outros, de 175% ([Wilhelm] Heyd, *Levantehandel*, II, 524); e toda uma série de sociedades *Monopolia* que tanto iravam Lutero.

Aqui nos defrontamos pela primeira vez com um lucro e com uma taxa de lucro. O empenho dos comerciantes se dirigia intencional e conscientemente à equalização dessa taxa de lucro para todos os participantes. Tanto os venezianos no Levante quanto os hanseáticos no Norte, cada um pagava pelas mercadorias os mesmos preços que seus vizinhos, estas lhe custavam os mesmos preços de transporte, recebiam por elas os mesmos preços e compravam frete de retorno aos mesmos preços que qualquer outro comerciante de sua "nação". A taxa de lucro era, portanto, igual para todos. Nas grandes sociedades mercantis, a distribuição do lucro *pro rata* da parte investida do capital entende-se por si mesma, do mesmo modo a participação nos direitos sobre as terras comuns *pro rata* das jeiras legitimamente possuídas ou a participação nos lucros das minas *pro rata* das cotas mineiras. A taxa igual de lucro, que, em seu pleno desenvolvimento, é um dos resultados finais da produção capitalista, manifesta-se aqui, portanto, em sua forma mais simples, como um dos pontos de que, historicamente, partiu o capital, e mesmo como um derivado direto da sociedade de terras comuns, que por sua vez é um derivado direto do comunismo primitivo.

Essa taxa de lucro original era necessariamente muito alta. O negócio era muito arriscado, não apenas por causa da forte pirataria grassante; também as nações concorrentes se permitiam às vezes, quando se lhes oferecia a oportunidade, todos os tipos de violência; finalmente, as vendas e as condições das vendas baseavam-se em privilégios concedidos por príncipes estrangeiros, que os violavam ou revogavam com bastante frequência. O ganho tinha de incluir, portanto, alto prêmio de seguro. Então, o movimento era lento, moroso o fechamento de negócios e, nos melhores tempos (que raramente tinham longa duração), o negócio constituía monopólio, com lucro de monopólio. Que a taxa de lucro era, em média, muito elevada, demonstram-no as altíssimas taxas de juros então vigentes, as quais tinham, no entanto, de ser no conjunto sempre mais baixas do que a percentagem do ganho usual do comércio.

Essa alta taxa de lucro, igual para todos os participantes e obtida pela ação coletiva da corporação, tinha validade somente local, dentro da corporação, no caso, portanto da "nação". Venezianos, genoveses, hanseáticos, holandeses, cada uma dessas nações para si, tinham no início, mais ou menos, para cada mercado consumidor, uma taxa de lucro específica. A equalização dessas diferentes taxas de lucro corporativas impôs-se pelo caminho oposto, pela concorrência. Primeiramente, atingiu as taxas de lucro nos diferentes mercados, para a mesma nação. Assim, se Alexandria oferecia para as mercadorias venezianas ganhos maiores que Chipre, Constantinopla ou Trebizonda, Veneza mobilizaria mais capital para Alexandria, retirando-o do comércio com outros mercados. Havia então de chegar a vez da equalização progressiva das taxas de lucro das diferentes nações que exportavam mercadorias iguais ou semelhantes para os mesmos mercados, processo em que frequentemente algumas dessas nações eram esmagadas e desapareciam do comércio. Esse processo, entretanto, foi constantemente interrompido por acontecimentos políticos. Assim, por exemplo, todo o comércio do Levante foi arruinado em virtude das invasões mongólicas e turcas, e as grandes descobertas geográficas e comerciais a partir de 1492 apenas aceleraram e tornaram definitiva essa ruína.

A súbita expansão dos mercados que se seguiu e a consequente transformação das vias de tráfego não trouxeram de início mudança essencial nas operações mercantis. No começo, até no comércio com a Índia e a América ainda preponderavam as corporações. Mas, primeiro, atrás dessas corporações estavam nações maiores. No lugar dos catalães que negociavam com o Levante, surgiu, no comércio com a América, a Espanha inteira, grande e unificada; ao lado dela dois grandes países, a Inglaterra e a França; e mesmo Holanda e Portugal, os menores, eram pelo menos tão grandes e tão fortes quanto Veneza, a nação mercantil maior e mais forte do período anterior. Isso dava ao mercador viajante, o *merchant adventurer* dos séculos XVI e XVII, uma retaguarda que tornava a corporação que protegia os membros, mesmo com as armas, cada vez mais supérflua, e os custos dela diretamente importunos por isso. Segundo, desenvolveu-se então muito mais rapidamente a riqueza individual, de modo que logo houve comerciantes isolados que podiam empregar num empreendimento tantos fundos quanto anteriormente uma sociedade inteira. As sociedades comerciais, onde ainda sobreviveram, em sua maioria transformaram-se em corporações armadas, que, sob a proteção e a soberania da metrópole, conquistavam países inteiros recém-descobertos e os exploravam em regime de monopólio. Quanto mais se estabeleciam colônias nos novos territórios, predominantemente fundadas pelo Estado, tanto mais o comércio corporativo dava lugar ao comerciante individual e, com isso, a equalização da taxa de lucro se tornou cada vez mais uma questão exclusiva da concorrência.

Até aqui conhecemos uma taxa de lucro apenas para o capital comercial, pois só havia o capital comercial e o capital usurário; o capital industrial tinha de se desenvolver ainda. A maior parte da produção estava ainda preponderantemente nas mãos de trabalhadores que estavam de posse de seus meios de produção e cujo trabalho, portanto, não proporcionava mais-valia a capital algum. Se tinham de ceder gratuitamente a terceiros parte do produto, faziam-no na forma de tributo a senhores feudais. O capital comercial podia, ao menos inicialmente, auferir lucro apenas dos compradores estrangeiros de produtos nacionais ou dos compradores nacionais de produtos estrangeiros; somente no fim desse período – na Itália, portanto, com a decadência do comércio levantino –, a concorrência exterior e as difíceis vendas forçariam o artesão produtor de mercadorias exportáveis a cedê-las ao exportador abaixo de seu valor. E assim encontramos aqui o fenômeno de que na circulação a varejo, dentro do país, entre os produtores individuais, as mercadorias são vendidas em média por seus valores, entretanto, no comércio internacional, pelas razões expostas, essa não é a regra. Bem ao contrário, no mundo atual, onde os preços de produção têm validade no comércio internacional e no comércio por atacado, enquanto no comércio urbano a varejo a formação de preços é regulada por outras taxas de lucro bem diferentes. Desse modo, a carne de boi, por exemplo, experimenta hoje, em seu caminho do atacadista de Londres até o consumidor individual da mesma cidade, acréscimo maior de preço do que em seu caminho do atacadista de Chicago, transporte incluso, até o de Londres.

O instrumento que gradualmente trouxe essa mudança na formação dos preços foi o capital industrial. Na Idade Média, já se haviam constituído os princípios para isso, e mais precisamente em três áreas: navegação, minas e indústria têxtil. A navegação na escala praticada pelas repúblicas marítimas italianas e hanseáticas era impossível sem marinheiros, isto é, sem trabalhadores assalariados (ainda que a relação salarial deles talvez fosse disfarçada em formas cooperativas, com participação no lucro), e as galeras daquela época exigiam remadores, fossem eles assalariados ou escravos. As sociedades de exploração das minas, originalmente constituídas por trabalhadores corporativos, já se tinham transformado, em quase todos os casos, em sociedades por ações para explorar a mineração por meio de trabalhadores assalariados. E, na indústria têxtil, o comerciante começara a pôr a seu serviço os pequenos mestres tecelões, fornecendo-lhes o fio e pagando-lhes salário fixo para que o transformassem por sua conta em tecido, numa palavra, convertendo-se de simples comprador no que se chamava de *Verleger* [contratador].

Temos aí os primeiros inícios da formação capitalista de mais-valia. As corporações mineiras, por serem corporações monopolistas fechadas, podemos deixar de lado. Quanto aos armadores, é claro que seus lucros tinham de ser pelo menos os usuais do país, com acréscimo extra para seguro, desgaste dos navios etc. Mas como ficava a coisa no caso dos contratadores têxteis, que pela primeira vez levavam ao mercado mercadorias produzidas diretamente por conta de capitalistas e faziam-nas concorrer com mercadorias da mesma espécie produzidas por conta de artesãos?

A taxa de lucro do capital comercial já existia. Já estava equalizada também em torno de uma taxa média, pelo menos na localidade em questão. O que podia então mover o comerciante a assumir esse negócio extra de contratador? Apenas uma coisa: a esperança de maior lucro, vendendo ao mesmo preço dos outros. E essa esperança ele tinha. Ao tomar o pequeno mestre artesão a seu serviço, rompia com as barreiras tradicionais da produção, dentro das quais o produtor vendia seu produto acabado e mais nada. O capitalista mercantil comprava a força de trabalho que por enquanto ainda estava de posse de seus instrumentos de produção, mas já não possuía a matéria-prima. Assegurando assim ao tecelão ocupação regular, podia em troca baixar o salário deste de tal modo que obtinha gratuitamente parte do trabalho efetuado. O contratador tornava-se assim apropriador de mais-valia, além do lucro comercial obtido até então. No entanto, tinha de empregar capital adicional, para comprar fio etc., e deixá-lo nas mãos do tecelão até que este tivesse acabado o tecido, o qual antes só tinha de pagar por ocasião da compra. Mas, primeiro, já precisava, na maioria dos casos, de capital extra para fazer adiantamentos ao tecelão, que, em regra, o levava à servidão das dívidas, submetendo-se às novas condições de produção. E, segundo, mesmo se abstrairmos disso, as contas são feitas segundo o esquema seguinte:

Suponhamos que nosso comerciante opere em seu negócio de exportação com um capital de 30 000 ducados, cequins, libras esterlinas ou outra moeda qualquer. Dessa soma sejam 10 000 empregados na compra de mercadorias nacionais, enquanto 20 000 são necessários para fazer compras nos mercados ultramarinos. O capital rota uma vez em dois anos, a rotação anual = 15 000. Nosso comerciante pretende agora mandar tecer apenas por conta própria, tornar-se contratador. Quanto de capital tem então de adiantar? Suponhamos que o tempo de produção da peça de tecido, igual à que vende, dure em média dois meses, o que é certamente muito tempo. Suponhamos ainda que tenha de pagar tudo à vista. Nesse caso, terá de adiantar capital suficiente para abastecer seus tecelões de fio por dois meses. Uma vez que rota anualmente 15 000, compra em dois meses 2 500 de tecido. Digamos que, desse montante, 2 000 representem o valor do fio e 500 os salários dos tecelões; nesse caso, nosso comerciante tem de investir um capital adicional de 2 000. Admitamos que a mais-valia que extrai dos tecelões com o novo método e de que se apropria importe apenas 5% do valor do tecido, o que corresponde a uma taxa de mais-valia de 25%, certamente muito modesta ($2000_c + 500_v + 125_{mv}$;

$mv' = \frac{125}{500} = 25\%$; $l' = \frac{125}{2500} = 5\%$). Então, nosso comerciante, com a rotação anual de 15 000, obtém um lucro extra de 750, recuperando assim, em 2⅔ anos, seu capital adicional investido.

Mas, para acelerar as vendas e, com isso, a rotação de seu capital, obtendo assim com o mesmo capital o mesmo lucro em espaço menor de tempo, ou seja, lucro maior no mesmo espaço de tempo, presenteará o comprador com pequena parte de sua mais-valia, venderá mais barato que seus concorrentes. Pouco a pouco, estes se converterão também em contratadores, e então o lucro extraordinário se reduz para todos ao lucro ordinário ou até a um lucro inferior a este, na base do capital aumentado por todos eles. Restabelece-se a igualdade da taxa de lucro, ainda que possivelmente em outro nível, pelo fato de se ter cedido parte da mais-valia obtida dentro do país aos compradores estrangeiros.

O passo seguinte na submissão da indústria ao capital é a introdução da manufatura. Esta também capacita o manufator, que nos séculos XVII e XVIII muitas vezes é exportador direto de seus produtos – na Alemanha, em regra, até 1850 e em muitas partes até hoje –, a produzir mais barato que seu concorrente arcaico, o artesão. O mesmo processo se repete: a mais-valia apropriada pelo capitalista manufatureiro permite a ele, ou ao comerciante exportador com quem a reparte, vender mais barato que seus concorrentes até a generalização do novo modo de produção, quando então sobrevém outra equalização. A taxa de lucro comercial já existente, mesmo que esteja equalizada apenas localmente, continua sendo o leito de Procusto em que a mais-valia industrial excedente é amputada sem piedade.

Se a manufatura já se expandiu barateando os produtos, isso vale muito mais ainda para a grande indústria, a qual, com suas revoluções sempre renovadas na produção, força os custos de produção das mercadorias a níveis cada vez mais baixos e elimina inexoravelmente todos os modos de produção anteriores. É também a grande indústria que assim conquista definitivamente o mercado interno para o capital, liquida a pequena produção e a economia natural da família camponesa autossuficiente, elimina a troca direta entre os pequenos produtores, põe a nação inteira a serviço do capital. Equaliza também numa *única* taxa geral de lucro as taxas de lucro dos diversos ramos comerciais e industriais e assegura, por fim, à indústria a supremacia que lhe cabe nessa equalização, na medida em que remove a maior parte dos obstáculos que até então estavam no caminho da transferência de capital de um ramo para outro. Realiza-se assim, de maneira geral, para a troca total, a transformação dos valores em preços de produção. Essa transformação processa-se, portanto, de acordo com leis objetivas, independentemente da consciência ou das intenções dos participantes. O fato de que a concorrência reduz ao nível geral os lucros que excedem a taxa geral, e assim subtrai ao primeiro apropriador industrial a mais-valia que ultrapassa a média, não oferece dificuldade teórica alguma. Na prática, porém, apresentam-se tanto mais dificuldades, pois as esferas de produção com mais-valia excedente, isto é, com muito capital variável e pouco capital constante, com capital de composição inferior, portanto, são justamente por sua natureza as últimas que se submetem ao sistema capitalista, e da maneira mais incompleta; isso se aplica sobretudo à agricultura. Mas, no que se refere ao aumento dos preços de produção acima dos valores das mercadorias, necessário para elevar o nível da taxa média de lucro à mais-valia deficitária contida nos produtos das esferas com capital de composição superior, isso oferece extremas dificuldades teóricas, mas na prática, conforme vimos, efetua-se da maneira mais fácil e mais rápida. Pois as mercadorias dessas classes, quando começam a ser produzidas capitalistamente e entram no comércio capitalista, concorrem com mercadorias da mesma espécie, fabricadas com métodos pré-capitalistas e, portanto, mais caras. O produtor capitalista pode sempre, mesmo renunciando a uma parte da mais-valia, obter ainda a taxa de lucro vigente na respectiva localidade, taxa que originalmente não tinha relação direta com a mais-valia, pois proviera do capital comercial muito antes de haver qualquer produção capitalista e, portanto, antes de ser possível a taxa industrial de lucro.

II. A BOLSA

1) Do Livro 3, Seção V; em especial o capítulo [27], depreende-se a posição que a Bolsa ocupa em geral na produção capitalista. Mas, após 1865, quando o livro foi escrito, sobreveio uma transformação que hoje confere à Bolsa importância consideravelmente elevada e sempre crescente e que, com vista ao desenvolvimento ulterior, tende a concentrar nas mãos dos operadores da Bolsa toda a produção, tanto a industrial quanto a agrícola, e todo o trânsito, tanto os meios de transporte e de comunicação quanto a função de troca, de modo que a Bolsa se torna a representante mais eminente da própria produção capitalista.

2) Em 1865, a Bolsa era ainda um elemento *secundário* no sistema capitalista. Os títulos públicos representavam a massa principal dos valores de Bolsa, e mesmo a quantidade deles era ainda relativamente pequena. Além disso, os bancos por ações, preponderantes no Continente e na América, estavam apenas começando, na Inglaterra, a deglutir os bancos privados aristocráticos. Mas, em número, eram ainda relativamente insignificantes. A importância das ações ferroviárias, comparada com

a de hoje, também era relativamente pequena. Havia apenas poucos estabelecimentos diretamente produtivos na forma de sociedade por ações. Naquela época, "o olho do patrão" era ainda uma superstição insuperada, e isso se aplica também aos bancos, sobretudo nos países mais pobres, na Alemanha, Áustria, América etc.

Naquele tempo, a Bolsa era, pois, um lugar em que os capitalistas trocavam entre si seus capitais acumulados e que aos trabalhadores só dizia respeito diretamente como nova peça comprovatória do efeito desmoralizador geral da economia capitalista e como comprovante da doutrina calvinista de que a predestinação, aliás o acaso, já nesta vida decide da bem-aventurança ou da perdição eterna, da riqueza, isto é, gozo e poder, ou da pobreza, isto é, penúria e servidão.

3) Agora, outra coisa. Desde a crise de 1866, a acumulação avançou com velocidade sempre crescente, de modo que em nenhum país industrial, e menos ainda na Inglaterra, a expansão da produção pôde acompanhar o passo da acumulação, nem conseguiu o capitalista individual empregar sua acumulação plenamente na ampliação de seu próprio negócio; isso ocorreu com a indústria algodoeira inglesa já em 1845; fraudes com as ações ferroviárias. Com essa acumulação, porém, aumentou a massa dos rentistas, das pessoas que estavam fartas da tensão cotidiana dos negócios e que, por isso, desejavam divertir-se ou, no máximo, exercer a suave função de diretores ou de conselheiros fiscais de companhias. E, terceiro, para facilitar o investimento dessa massa flutuante como capital monetário, estabeleceram-se, por toda parte onde isso ainda não fora feito, novas formas legais de sociedades de responsabilidade limitada e reduziram-se também ± [mais ou menos] as obrigações dos acionistas, até então de responsabilidade ilimitada (sociedade por ações na Alemanha, 1890. Subscrição 40%!).

4) A seguir, transformação gradual da indústria em empresas por ações. Um ramo após o outro vai ao encontro de seu destino. No início, a siderurgia, que agora exige investimentos gigantescos (antes, as minas, quando já não estavam organizadas na base de cotas mineiras). Depois, a indústria química. Indústria de maquinaria. No continente, a indústria têxtil, na Inglaterra apenas em alguns distritos de Lancashire (fiação em Oldham, tecelagem em Burnley etc., cooperativas de alfaiates, mas apenas como pré-estágio, pois na crise subsequente caem de novo nas mãos dos *masters* [mestres]), cervejarias (as norte-americanas vendidas há alguns anos a capitalistas ingleses; logo em seguida, Guinness, Bass, Allsopp). Então, os trustes que criam empresas gigantescas com direção comum (como a United Alkali). A costumeira firma individual + & + [cada vez mais] é apenas pré-estágio para levar o negócio até o ponto em que seja suficientemente grande para ser "fundada".

O mesmo se dá com o comércio. Leafs, Parsons, Morleys, Morrison, Dillon, todas fundadas. E já se aplica também às lojas de varejo, e não só sob a aparência de cooperação *à la* "*stores*" [armazéns].

O mesmo com bancos e outros estabelecimentos de crédito, inclusive na Inglaterra. Inúmeros estabelecimentos novos, todas as ações *delimited* [de responsabilidade limitada]. Mesmo bancos antigos como Glyns etc. transformaram-se em sociedades limitadas, com 7 acionistas privados.

5) O mesmo na área da agricultura. Os bancos que se expandiram enormemente, sobretudo na Alemanha (com vários nomes burocráticos), tornam-se cada vez mais portadores de hipotecas; com suas ações, o verdadeiro domínio sobre a propriedade fundiária é transferido à Bolsa, e isso vale mais ainda quando as terras caem nas mãos dos credores. Atua aqui poderosamente a revolução agrícola do cultivo das estepes. Se continua assim, é de se esperar o dia em que também as terras da Inglaterra e da França estarão em poder da Bolsa.

6) Mas agora os investimentos no exterior, todos em ações. Para falar apenas da Inglaterra: ferrovias americanas, do Norte e do Sul (consultar a lista de cotações), Goldberger etc.

7) Então a colonização. Esta é hoje simples sucursal da Bolsa, em cujo interesse as potências europeias, há alguns anos, dividiram a África, os franceses conquistaram Túnis e Tonquim. A África arrendada diretamente às companhias (Nigéria, África do Sul, Sudoeste Africano Alemão e África Oriental Alemã), e Rhodes tomou posse de Maxonalândia e de Natal, em nome da Bolsa.

Conforme o manuscrito.

NOTAS DE KARL MARX E FRIEDRICH ENGELS

SEÇÃO I [PP. 37–148] A TRANSFORMAÇÃO DA MAIS-VALIA EM LUCRO E DA TAXA DE MAIS-VALIA EM TAXA DE LUCRO

1 Que confusão pode surgir em virtude disso na cabeça do economista foi demonstrado no Livro 1, cap. 7, pp. 243–46, tomando-se N. W. Senior como exemplo.

2 "Já sabemos, de fato, que a mais-valia é mera consequência da mudança de valor que ocorre com v, a parte do capital convertida em força de trabalho; portanto, $v + mv = v + \Delta v$ (v mais o incremento de v). Mas a verdadeira mudança de valor e a proporção em que se altera o valor são obscurecidas pelo fato de que, em consequência do crescimento de sua parte variável, cresce também o capital total. Este era 500 e tornou-se 590. (Livro 1, cap. 7, p. 235)

3 T. B. Malthus, *Principles of Political Economy*, 2ª ed. London, 1836, p. 268.

4 "Capital: That which Is Expended with a View to Profit". Malthus, *Definitions in Political Economy*. London, 1827, p. 86.

5 Cf. Livro 1, cap. 18, pp. 492–94.

6 R. Torrens, *An Essay on the Production of Wealth*. London, 1821, pp. 51–53, 349.

7 T. B. Malthus, *Definitions in Political Economy*. London, 1853, pp. 70–71.

8 "as massas de valor e mais-valia produzidas por diferentes capitais estão com dado valor da força de trabalho e igual grau de exploração da mesma, em razão direta às grandezas dos componentes variáveis desses capitais, isto é, de seus componentes transformados em força de trabalho viva." (Livro 1, cap. 9, p. 304)

9 Aqui está no manuscrito: "Examinar mais tarde como esse caso está ligado à renda fundiária".

10 No manuscrito encontram-se ainda cálculos bastante detalhados sobre a diferença entre taxa de mais-valia e taxa de lucro ($mv' - l'$), que tem toda sorte de peculiaridades interessantes e cujo movimento indica os casos em que ambas as taxas se afastam entre si ou se aproximam. Esses movimentos também podem ser representados em curvas. Desisto de reproduzir esse material, já que, para as finalidades mais imediatas deste livro, é menos importante e aqui basta simplesmente chamar a atenção, sobre esse ponto, daqueles leitores que queiram aprofundá-lo mais. – F. E.

11 "Como em todas as fábricas está investido um montante muito elevado de capital fixo em prédios e máquinas, então o lucro será tanto maior quanto maior for o número de horas durante as quais essa maquinaria puder ser mantida trabalhando." (*Reports of Inspectors of Factories*, out. 31, 1858, p. 8)

12 Ver Ure sobre o progresso na construção das fábricas.

13 R. H. Greg, *The Factory Question and the Ten Hours Bill*. London, 1837, p. 115.

14 Há um engano na frase final do relatório. Em vez de 6 pence de perda por resíduo deve ser 3 pence. Essa perda é certamente de 25% para o algodão indiano, mas apenas de 12½ a 15% para o algodão americano, e é deste que se trata aqui, como também antes a mesma taxa foi calculada corretamente com o preço de 5 a 6 pence. Entretanto, no algodão americano que chegava à Europa durante os últimos anos da guerra civil, a proporção de resíduos frequentemente subia significativamente e em relação a antes. – F. E.

15 Exemplos em Babbage, entre outros autores [*On the Economy of Machinery and Manufactures*. London, 1832, pp. 280–81 – N.E.A.]. O recurso usual – rebaixa dos salários – também é empregado aqui e, assim, essa depreciação contínua atua de maneira bem diversa da sonhada pelo cérebro harmônico do Sr. Carey.

16 Desde que foram escritas as linhas acima (1865), a concorrência no mercado mundial aumentou consideravelmente em virtude do rápido desenvolvimento da indústria em todos os países civilizados, sobretudo na América e na Alemanha. O fato de que as modernas forças produtivas, em crescimento rápido e gigantesco, ultrapassam a cada dia mais as leis de intercâmbio capitalista de mercadorias, dentro das quais devem mover-se – esse fato impõe-se hoje cada vez mais à consciência dos próprios capitalistas. Isso se evidencia nomeadamente em dois sintomas. Primeiro, na nova mania geral do protecionismo, que se distingue do protecionismo antigo sobretudo por proteger mais justamente os artigos exportáveis. Segundo, nos cartéis (*trusts*) formados pelos fabricantes de esferas inteiras da produção, a fim de regular a produção e, com isso, os preços e lucros. É óbvio que esses experimentos só são realizáveis em clima econômico relativamente favorável. A primeira tempestade deve necessariamente arruiná-los e provará que, embora a produção careça de ser regulada, certamente não é a classe capitalista a chamada a fazê-lo. Por enquanto, esses cartéis só têm a finalidade de cuidar para que os pequenos sejam devorados ainda mais rapidamente pelos grandes. – F. E.

17 Está claro que não explicamos a crise da lã de 1857, como o Sr. Baker, pela desproporção entre os preços da matéria-prima e do produto final. Essa desproporção era em si apenas um sintoma, e a crise foi geral. – F. E.

18 Na Inglaterra distingue-se rigorosamente entre *woollen manufacture*, que fia e tece, a partir de fibras curtas, lã cardada (centro principal Leeds), e *worsted manufacture*, que fia e tece, a partir de fibras longas, estambre (sede principal Bradford, em Yorkshire). – F. E.

19 Essa expansão rápida da fiação mecânica do linho na Irlanda vibrou o golpe mortal na exportação do linho alemão (da Silésia, Lusácia, Vestfália), tecido de fios feitos à mão. – F. E.

SEÇÃO II [PP. 149–211] A TRANSFORMAÇÃO DO LUCRO EM LUCRO MÉDIO

20 A passagem acima já está resumidamente desenvolvida na terceira edição do Livro 1, p. 628 [p. 547], no começo do capítulo 23. Como as duas primeiras edições não contêm essa passagem, consideraremos tanto mais indicado reproduzi-la aqui. – F. E.

21 {Como segue do capítulo 4, a afirmação acima só é correta no caso de os capitais A e B terem composição diferente de valor, mas seus componentes variáveis percentuais serem proporcionais a seus períodos de rotação, ou estarem em proporção inversa ao número de suas rotações. Suponhamos que o capital A seja composto percentualmente de 20_c fixo + 70_c circulante, portanto $90_c + 10_v = 100$. Com uma taxa de mais-valia de 100%, os 10_v produzem 10_{mv} numa rotação; a taxa de lucro em cada rotação = 10%. Que o capital B, por sua vez, seja composto de 60_c fixo + 20_c circulante e, assim, $80_c + 20_v = 100$. Os 20_v produzem numa rotação, com a taxa de mais-valia acima, 20_{mv}. Taxa de lucro em cada rotação = 20%, portanto o dobro em relação a A. Se, porém, A rota

duas vezes por ano e B apenas uma vez, resultará também $2 \times 10 = 20_{mv}$ por ano, e a taxa de lucro anual será igual para ambos, isto é, 20%. – F. E.}

22 Cherbuliez. [Antoine-Elisée Cherbuliez, *Richesse ou pauvreté: Exposition des causes et des effets de la distribution actuelle des richesses sociales*. Paris, 1841, pp. 70–72. Suas ideias sobre a formação da taxa geral de lucro são examinadas por Marx pormenorizadamente em *Teorias da mais-valia*. – N.E.A.]

23 Corbet, p. 174.

24 Naturalmente se abstrai aqui a possibilidade de obter momentaneamente um lucro extra mediante compressão de salários, preço de monopólio etc. [F. E.]

25 T. R. Malthus. [*Principles of Political Economy*, 2ª ed. London, 1836, p. 268. – N.E.A.]

26 Thomas Corbet. [*An Inquiry into the Causes and Modes of the Wealth of Individuals; or The Principles of Trade and Speculation Explained*. London, 1841, p. 20. – N.E.A.]

27 Então, em 1865, mero "ponto de vista" de Marx. Hoje, após as amplas investigações sobre as comunidades primitivas feitas desde por Maurer até por Morgan, é um fato que quase ninguém contesta.

28 K. Marx, *Zur Kritik der politischen Ökonomie*. Berlin, 1859.

29 Ibid.

30 A controvérsia entre Storch e Ricardo a propósito da renda fundiária (controvérsia só com respeito ao assunto: de fato, um não toma conhecimento do outro), se o valor de mercado (para eles, antes, preço de mercado ou de produção) é regulado pelas mercadorias produzidas sob condições mais desfavoráveis (Ricardo) ou sob condições mais favoráveis (Storch), se resolve no sentido de que ambos têm razão e ambos estão errados e que, do mesmo modo, ambos negligenciaram inteiramente o caso intermediário D. Ricardo, *On the Principles of Political Economy, and Taxation*, 3ª ed. London, 1821, pp. 60–61; Storch, *Cours d'Économie Politique, ou Exposition des principes que déterminent la prospérité des nations*, v. 2. São Petersburgo, 1815, pp. 78–79. Ver também K. Marx, *Teorias da mais-valia*. – N.E.A.]. Ver T. Corbet [*An Inquiry into the Causes and Modes of the Wealth of Individuals*, op. cit., pp. 42–44. – N.E.A.] sobre os casos em que o preço é regulado pelas mercadorias produzidas sob condições melhores. – "Isso não significa que ele" (Ricardo) "tenha afirmado que dois lotes isolados de dois artigos diferentes, como um chapéu e um par de sapatos, se trocam entre si se aqueles dois lotes foram produzidos com as mesmas quantidades de trabalho. Por 'mercadoria' devemos entender aqui a 'espécie de mercadoria', e não em si um chapéu isolado, um par de sapatos isolado etc. A totalidade do trabalho que produz todos os chapéus na Inglaterra deve ser considerada, para esse fim, como repartida por todos os chapéus. Isso, me parece, não foi expresso no início e nas exposições gerais dessa doutrina." (*Observations on Some Verbal Disputes in Pol. Econ. etc.* London, 1821, pp. 53–54)

31 Grande disparate a seguinte "sagacidade": "Onde a quantidade dos salários, do capital e do solo que se requer para a produção de uma mercadoria se torna diferente da que era antes, também se altera aquilo que Adam Smith chama de seu preço natural, e aquele preço que antes era seu preço natural torna-se, com referência a essa mudança, seu preço de mercado: pois, embora nem a oferta nem a quantidade procurada possam ter variado," (ambas variam aqui justamente porque o valor de mercado ou, do que se trata em Adam Smith, o preço de produção varia em consequência de uma variação de valor) "aquela oferta não corresponde plenamente à demanda daquelas pessoas que

possam e queiram pagar aquilo que agora representa os custos de produção, mas ela é ou maior ou menor, de modo que a relação entre a oferta e aquilo que, com referência aos novos custos de produção, representa a demanda efetiva é diferente da anterior. Então haverá uma alteração na oferta – se não houver algum obstáculo em seu curso – que finalmente levará a mercadoria a seu novo preço natural. Poderia então parecer bom a algumas pessoas dizer que – uma vez que a mercadoria chega a seu preço natural mediante uma alteração em sua oferta – o preço natural deve-se a uma relação entre demanda e oferta tanto quanto o preço de mercado deve-se a outra; e que, por conseguinte, o preço natural, assim como o preço de mercado, depende da relação que demanda e oferta mantêm entre si ('O grande princípio da demanda e oferta foi posto em atividade para determinar tanto o que Adam Smith denomina naturais quanto o que ele chama de preços de mercado.' – Malthus.)" (*Observations on Certain Verbal Disputes etc.* London, 1821, pp. 60–61 [*Principles of Political Economy*. London, 1820, p. 75. – N.E.A.]) Esse homem tão sagaz não compreende que, no caso em pauta, foi justamente a variação no *cost of production*, portanto também no valor, que provocou a mudança na demanda e, por conseguinte, na relação entre demanda e oferta, e que essa mudança na demanda pode acarretar uma mudança na oferta, o que provaria exatamente o contrário do que nosso pensador quer provar; provaria, a saber, que a mudança nos custos de produção de maneira alguma é regulada pela relação entre demanda e oferta, mas, ao contrário, regula essa relação.

32 "Se cada indivíduo de uma classe nunca pudesse ter mais do que dada parcela ou parte alíquota do ganho e da posse do todo, estaria disposto a unir-se para aumentar os ganhos" (o que ele faz, tão logo a relação entre demanda e oferta o permita): "isso é monopólio. Mas ali, onde cada indivíduo pensa que pode de algum modo aumentar a soma absoluta de sua própria parcela, ainda que por um procedimento que diminua a soma total, ele o fará frequentemente: isso é concorrência." (*An Inquiry into Those Principles Respecting the Nature of Demand etc.* London, 1821, p. 105)

33 Malthus. [*Principles of Political Economy*. London, 1820, pp. 77–78. – N.E.A.]

34 É altamente peculiar que Ricardo (que naturalmente procede de outro modo que aqui, pois não compreendia a equalização dos valores em preços de produção) não tenha chegado a essa ideia, mas apenas examinado o primeiro caso, a alta do salário e sua influência sobre os preços de produção das mercadorias. E o *servum pecus imitatorum* não avançou por si mesmo a ponto de fazer essa aplicação prática, extremamente óbvia e de fato tautológica. [Ricardo, *On the Principles of Political Economy, and Taxation*, 3ª ed. London, 1821, pp. 36–41. *Servum pecus imitatorum*: variação das palavras *O imitatores, servum pecus!* (Ó imitadores, manada servil!) das Epístolas de Horácio, Livro 1, epístola 19. – N.E.A.]

SEÇÃO III [PP. 213–66] LEI DA QUEDA TENDENCIAL DA TAXA DE LUCRO

35 "Devemos igualmente esperar que – embora a taxa de lucro do capital, em decorrência do investimento adicional de capital no solo e da elevação dos salários, diminua – ainda assim a soma total dos lucros cresça. Suponhamos agora que, com repetidas acumulações de 100 000 libras esterlinas, a taxa de lucro caia de 20% para 19%, para 18%, para 17%, resultando, portanto, numa taxa constantemente decres-

cente: dever-se-ia esperar que a soma dos lucros que aqueles proprietários sucessivos de capital recebem sempre crescesse, que ela fosse maior quando o capital fosse de 200 000 libras esterlinas do que quando fosse de 100 000 libras esterlinas, e ainda maior quando chegasse a 300 mil libras esterlinas, e assim por diante, crescendo, apesar da taxa diminuída, a cada elevação do capital. Essa progressão é correta, no entanto, só por certo tempo. Assim, 19% de 200 000 libras esterlinas é mais do que 20% de 100 000 libras esterlinas e 18% de 300 000 libras esterlinas é, por sua vez, mais do que 19% de 200 000 libras esterlinas. Mas, depois de o capital ter crescido até se tornar uma grande soma e de os lucros terem caído, a acumulação subsequente diminui a soma total do lucro. Supondo-se, portanto, que a acumulação fosse de 1 000 000 de libras esterlinas e o lucro atingisse 7%, então a soma total do lucro seria de 70 000 libras esterlinas. Se, agora, ao milhão fosse feito um acréscimo de 100 000 libras esterlinas de capital e o lucro caísse para 6%, então os donos do capital receberiam 66 000 libras esterlinas, uma diminuição de 4000 libras esterlinas, embora a soma total do capital tivesse se elevado de 1 000 000 de libras esterlinas para 1 100 000 de libras esterlinas"; Ricardo, *Pol. Econ.*, cap. 7 (*Works*, ed. McCulloch, 1852, pp. 68–69) De fato, supôs-se aqui que o capital cresce de 1 000 000 para 1 100 000, portanto 10%, enquanto a taxa de lucro cai de 7 para 6, portanto 14²⁄₇%. *Hinc illae lacrimae*. ["Daí aquelas lágrimas", palavras do dramaturgo romano Públio Terêncio na comédia *A moça de Andros*, ato I, cena I. – N.E.A.]

36 Aqui é Adam Smith quem está com a razão, e não Ricardo, que diz: "Eles sustentam que a igualdade dos lucros será realizada pela elevação geral dos lucros; e eu sou da opinião de que os lucros do ramo favorecido serão rapidamente reduzidos ao nível geral". ([Ricardo,] *Works*. Ed. McCulloch, p. 73)

37 O acima exposto está entre chaves porque, apesar de ter sido reeditado com base em uma nota do manuscrito original, vai além, em algumas exposições, do material lá encontrado. – F. E.

SEÇÃO IV [PP. 267–330] TRANSFORMAÇÃO DE CAPITAL-MERCADORIA E CAPITAL MONETÁRIO EM CAPITAL DE COMÉRCIO DE MERCADORIAS E CAPITAL DE COMÉRCIO DE DINHEIRO (CAPITAL COMERCIAL)

38 Para poder classificar o capital comercial como capital de produção, Ramsay confunde-o com a indústria dos transportes e designa o comércio como: "o transporte das mercadorias de um lugar para outro". (*An Essay on the Distribution of Wealth*, p. 19) A mesma confusão já se encontra em Verri (*Meditazioni sull'Ec. Pol.*, § 4 [p. 32]) e Say (*Traité d'Éc. Pol.*, I, pp. 14–15). – Em seus *Elements of Pol. Ec.* (Andover e New York, 1835), S. P. Newman diz: "Na organização econômica existente da sociedade, a função própria do comerciante, ou seja, estar entre o produtor e o consumidor, adiantar capital ao primeiro e receber produtos em troca, transferir esses produtos a outro e receber capital de volta por eles, é uma transação que tanto facilita o processo econômico da comunidade como também agrega valor aos produtos com os quais é executada" (p. 174). Assim, produtor e consumidor poupam tempo e dinheiro pela ingerência do comerciante. Esse serviço exige adiantamento de capital e trabalho e precisa ser remunerado, "pois ele agrega valor aos produtos, porque os mesmos produtos têm nas mãos dos consumidores mais valor do que nas mãos dos produtores".

E, assim, o comércio lhe aparece, exatamente como ao Sr. Say, como, "a rigor, um ato de produção" (p. 175). Esse ponto de vista de Newman é fundamentalmente falso. O valor de uso de uma mercadoria é maior nas mãos do consumidor do que nas mãos do produtor, porque só aqui ele é realizado ao todo. Pois o valor de uso de uma mercadoria só passa a ser realizado, entra em função, assim que a mercadoria ingressa na esfera do consumo. Nas mãos do produtor ele só existe em forma potencial. Mas não se paga uma mercadoria duas vezes, primeiro seu valor de troca e depois seu valor de uso, ainda por cima. Por eu pagar seu valor de troca, me aproprio de seu valor de uso. E o valor de troca não recebe o mínimo acréscimo pelo fato de a mercadoria passar das mãos do produtor ou do intermediário para as do consumidor.

39 John Bellers. [*Essays about the Poor, Manufactures, Trade, Plantations and Immorality*. London, 1699, p. 10. – N.E.A.]

39[a] Até que ponto esse prognóstico, escrito em 1865, sobre os destinos do proletariado comercial se comprovou desde então poderia ser esclarecido pelas centenas de comerciários alemães que, conhecedores de todas as operações comerciais e de 3–4 idiomas, oferecem em vão seus serviços na City londrina por 25 xelins semanais – muito abaixo do salário de um mecânico qualificado. – Um espaço em branco de duas páginas no manuscrito indica que este ponto deveria ser ainda mais desenvolvido. Ademais, cabe remeter ao Livro 2, capítulo 6 ("Os custos de circulação"), pp. 127–33, onde já foram tocados diversos pontos pertinentes aqui. – F. E.

40 "O lucro por princípio é sempre o mesmo, por maior que seja o preço; ele mantém seu lugar como um corpo flutuante na maré alta ou baixa. Por isso, à medida que os preços sobem, um negociante eleva os preços; à medida que caem, um negociante abaixa os preços." (Corbet, *An Inquiry into the Causes etc. of the Wealth of Individuals*. London, 1841, p. 20) – Aqui, como no texto de modo geral, trata-se apenas do comércio comum, não da especulação, cujo exame, como tudo o que se refere à divisão do capital mercantil, é excluído do âmbito de nossas considerações. "O lucro comercial é um valor adicionado ao capital e é independente do preço: o segundo" (lucro especulativo) "se baseia na variação do valor-capital ou do próprio preço." (Ibid., p. 128)

41 É uma observação muito ingênua, mas, ao mesmo tempo, muito correta: "Por isso, seguramente, a circunstância de que a mesma mercadoria possa ser obtida a preços essencialmente diferentes de diferentes vendedores tem também, com grande frequência, sua razão num cálculo incorreto". (Feller e Odermann, *Das Ganze der kaufmännischen Arithmetik*, 7ª ed., 1859 [p. 45]. Isso mostra como a determinação dos preços se torna puramente teórica, isto é, abstrata.

42 *Zur Kritik der pol. Oekon.*, p. 27.

43 "Já da grande diversidade das moedas, levando em conta tanto seu conteúdo quanto a cunhagem dos muitos príncipes e cidades com direito a cunhar moedas, originou-se a necessidade, nas transações comerciais em que se requeria a compensação mediante uma moeda, de servir-se por toda parte da moeda local. Para efetuar os pagamentos em efetivo, os comerciantes, quando viajavam para um mercado estrangeiro, se proviam de prata pura não cunhada e também de ouro. Do mesmo modo, ao iniciar a viagem de regresso, trocavam as moedas locais recebidas por ouro e prata não cunhados. Por isso, os negócios cambiais, a conversão de metais preciosos não cunhados por moeda local, e vice-versa, tornaram-se

um negócio muito difundido e lucrativo." (Hüllmann, *Städtewesen des Mittelalters*, I. Bonn, 1826–29, pp. 437–38) – "O banco de câmbio não recebeu seu nome [...] do câmbio da letra de câmbio, mas do câmbio de espécies monetárias. Muito antes da fundação do Banco de Câmbio de Amsterdã no ano de 1609, já existiam nas cidades comerciais dos Países Baixos cambistas e casas de câmbio, até mesmo bancos de câmbio. [...] O negócio desses cambistas consistia em trocar as numerosas e diferentes espécies de moedas que comerciantes estrangeiros traziam para o país por moedas de curso legal. [...] Paulatinamente se ampliava seu raio de ação. [...] Tornaram-se os caixas e banqueiros de sua época. Mas, na unificação da atividade de caixa com o negócio cambial, o governo de Amsterdã via um perigo e, para enfrentar esse perigo, decidiu fundar um grande instituto que deveria se encarregar com procuração pública tanto do câmbio quanto da cobrança. Essa instituição foi o famoso Banco de Câmbio de Amsterdã, de 1609. Assim também, os bancos de câmbio de Veneza, Gênova, Estocolmo e Hamburgo deveram sua criação à contínua necessidade do câmbio de espécies monetárias. De todos eles, o de Hamburgo é o único que ainda subsiste, porque a necessidade de tal instituição sempre se faz sentir nessa cidade comercial, que não possui um sistema monetário próprio etc." (S. Vissering, *Handboek van praktische Staathuishoudkunde*, I. Amsterdam, 1860, pp. 247–48)

44 "A instituição do caixa talvez não tenha conservado seu caráter original, autônomo, de modo tão puro quanto nas cidades comerciais dos Países Baixos (sobre a origem da atividade dos caixas em Amsterdã, ver E. Luzac, *Hollands Rijkdom*, parte III). Suas funções coincidem em parte com as do antigo Banco de Câmbio de Amsterdã. O caixa recebe dos comerciantes, que se utilizam de seus serviços, certa soma de dinheiro, pela qual ele lhes abre um *credit* [crédito] em seus livros; ademais, mandam-lhe seus títulos de crédito, os quais cobra e credita em suas contas; em compensação, em face de suas instruções (*kassiers briefjes*), ele efetua pagamentos e debita essas somas em suas contas-correntes. Por essas entradas e pagamentos ele calcula, então, uma pequena comissão, que só devido à importância das transações que ele ocasiona entre ambos constitui uma remuneração adequada por seu trabalho. Se pagamentos devem ser compensados entre dois comerciantes que trabalham com o mesmo caixa, tais pagamentos se liquidam simplesmente mediante contabilização recíproca enquanto os caixas lhes compensam dia a dia suas obrigações recíprocas. Nessa mediação de pagamentos é que consiste, portanto, o negócio propriamente dito do caixa; exclui, por conseguinte, empresas industriais, especulações e a abertura de créditos a descoberto; pois aqui a regra tem de ser que o caixa não efetue nenhum pagamento além do crédito para quem tenha aberto uma conta em seus livros." (Vissering, op. cit., pp. 243–44) – A respeito das associações de caixas em Veneza: "Por causa da necessidade e localização de Veneza, onde portar dinheiro em espécie é mais penoso do que em outros lugares, os atacadistas dessa cidade introduziram associações de caixas sob segurança, supervisão e administração apropriadas, e os membros de tal associação depositavam determinadas somas, sobre as quais emitiam ordens de pagamento a seus credores, a partir das quais, então, a soma paga era deduzida na folha do devedor, no livro mantido para esse fim, sendo acrescida à soma que o credor tinha nele a seu favor. São os primórdios dos assim chamados

bancos de giro. Essas associações são antigas. Mas quem as faz remontar ao século XII as confunde com o Instituto de Empréstimos do Estado, instituído em 1171." (Hüllmann, op. cit., pp. 453-54)

45 O sábio Roscher descobriu engenhosamente que se alguns caracterizam o comércio como "mediação" entre produtores e consumidores, "a gente" também poderia caracterizar a produção como "mediação" do consumo (entre quem?), do que naturalmente segue que o capital comercial é uma parte do capital produtivo, assim como o capital agrícola ou industrial. Por se poder dizer, portanto, que o ser humano só pode mediar seu consumo pela produção (isso ele precisa fazer mesmo sem se ter formado em Leipzig) ou que o trabalho é necessário para a apropriação da natureza (o que se pode chamar de "mediação"), então segue naturalmente que uma "mediação" social oriunda de uma forma social específica da produção – por ser uma mediação – tem o mesmo caráter absoluto da necessidade, o mesmo grau hierárquico. A palavra "mediação" decide tudo. Aliás, os comerciantes não são intermediários entre produtores e consumidores (estes últimos distinguidos dos primeiros, não se cogitando por enquanto dos consumidores, que não produzem), mas do intercâmbio dos produtos desses produtores entre si; são apenas os que se interpõem num intercâmbio que, em mil casos, sempre transcorre sem eles. [W. Roscher, *Grundlagen der Nationalökonomie*, 3ª ed. Stuttgart/ Augsburg, 1858, § 60, p. 103. – N.E.A.]

46 O Sr. W. Kiesselbach (*Der Gang des Welthandels im Mittelalter*, 1860) ainda continua a viver, de fato, dentro das concepções de um mundo em que o capital comercial é a forma do capital em geral. Não tem a menor noção do moderno sentido do capital, assim como o Sr. Mommsen, quando este, em sua *Römischen Geschichte* [História romana], fala de "capital" e de domínio do capital. Na história inglesa moderna, o estamento comercial propriamente dito e as cidades comerciais também aparecem como politicamente reacionários e aliados à aristocracia fundiária e à aristocracia financeira contra o capital industrial. Compare-se, por exemplo, o papel político de Liverpool em face de Manchester e Birmingham. O domínio completo do capital industrial só é reconhecido pelo capital comercial inglês e pela aristocracia financeira (*moneyed interest*) a partir da derrogação dos impostos dos cereais etc.

47 "Os moradores das cidades comerciais importavam de países mais ricos refinadas mercadorias manufaturadas e custosos artigos de luxo, alimentando assim a vaidade dos grandes latifundiários, que compravam essas mercadorias avidamente e as pagavam com grandes quantidades de matéria-prima de suas terras. Desse modo, o comércio de grande parte da Europa consistia, nessa época, no intercâmbio da matéria-prima de um país pelos produtos manufaturados de um país industrialmente mais avançado. [...] Assim que esse gosto se generalizou, dando origem a uma demanda significativa, os comerciantes começaram, a fim de economizar os custos de transportes, a instalar manufaturas semelhantes em seu próprio país." (A. Smith, [*Wealth of Nations*. Aberdeen/ London, 1848.] Livro 3, cap. 3 [p. 267])

48 "Agora há entre os comerciantes uma grande queixa contra os gentis-homens ou assaltantes, pois são obrigados a comerciar com grande perigo e, além disso, são aprisionados, espancados, despojados e roubados. Se, porém, eles sofressem isso por amor à justiça, então os comerciantes certamente seriam pessoas santas. [...] Mas, havendo tanta injustiça, logro e ladroeira

nada cristãos por todo o mundo praticados por comerciantes, até mesmo entre si: por que se espantar que Deus faça com que tamanha fortuna, injustamente ganha, seja novamente perdida ou roubada e que, além disso, eles mesmos sejam surrados ou aprisionados? [...] E aos príncipes cabe punir e proibir com o devido rigor tal comércio injusto, de modo que os seus súditos não sejam tão vergonhosamente despojados pelos comerciantes. Já que não o fazem: então Deus precisa de cavaleiros e assaltantes e, por meio deles, pune a iniquidade dos comerciantes, sendo eles seus demônios, da mesma forma que assolou o Egito e o mundo todo com demônios ou o arruinou com inimigos. Por isso ele surra um velhaco com o outro, sem que com isso dê a entender que os cavaleiros sejam salteadores menores que os comerciantes, embora os comerciantes roubem diariamente todo o mundo, enquanto um cavaleiro rouba uma ou duas vezes ao ano a uma ou duas pessoas." – "Guiai-vos pelas palavras de Isaías: Os teus príncipes se tornaram comparsas dos ladrões. Enquanto mandam enforcar os ladrões que roubaram um florim, ou meio, associam-se àqueles que roubam todo o mundo e furtam com mais segurança do que todos os outros, de modo que continua a ser verdadeiro o provérbio: os grandes ladrões enforcam os pequenos ladrões; e, como dizia o senador romano Catão: Os ladrões maus jazem em masmorras e cepos, mas ladrões públicos se vestem com ouro e seda. Mas o que dirá Deus, afinal, disso? Fará o que disse pela boca de Ezequiel: Há de fundir príncipes com comerciantes, um ladrão com o outro, como chumbo e cobre, como se queimasse por completo uma cidade, de modo que já não haja príncipes nem comerciantes." (Martin Luther [Martinho Lutero], *Bücher vom Kaufhandel und Wucher*, do ano de 1572.) ["Von Kauffshandlung und Wucher", in *Der Sechste Teil der Bücher des Ehrwirdigen Herrn Doctoris Martini Lutheri*. Wittenberg, 1589, pp. 296–97. A citação de Lutero foi feita segundo a primeira edição de *Das Kapital*, v. III, Hamburg, 1894. – N.E.A.]

49 O quanto predominou no desenvolvimento holandês – abstração feita de outras circunstâncias – a base firmada na pesca, manufatura e agricultura já foi discutido por escritores do século XVIII. Assim, por exemplo, Massie. Em contraposição à concepção anterior, que subestimava o volume e o significado do comércio asiático, antigo e medieval, tornou-se moda superestimá-lo de maneira extraordinária. A melhor forma de se livrar dessa concepção é examinar a exportação e a importação inglesas por volta do início do século XVIII e confrontá-las com as de hoje. E mesmo assim eram incomparavelmente maiores do que as de qualquer um dos povos comerciantes anteriores. (Ver Anderson, *History of Commerce* [pp. 261 ss]) [Joseph Massie, *An Essay on the Governing Causes of the Natural Rate of Interest*. London, 1750, p. 60. – N.E.A.]

50 Mais que a história de qualquer povo, a economia dos ingleses na Índia oferece a história de experimentos econômicos falhos e realmente tolos (na prática, infames). Em Bengala, criaram uma caricatura da grande propriedade fundiária inglesa; no sudeste da Índia, uma caricatura da propriedade parcelar; no noroeste, transformaram, à medida que lhes foi possível, a comunidade econômica indiana, com propriedade comunal da terra, numa caricatura de si mesma.

51 A partir do momento em que a Rússia passa a fazer os esforços mais convulsivos no sentido de desenvolver uma produção capitalista própria, que dependa exclusivamente do mercado interno e do mercado asiático limítrofe, também isso começa a se modificar. – F. E.

52 O mesmo era válido para a confecção de fitas e cordões e para a fiação de seda da Renânia. Em Krefeld construiu-se até uma ferrovia própria para o tráfego entre esses tecelões manuais rurais e os "fabricantes" urbanos, mas que, junto com os tecelões manuais, foi desativada pela tecelagem mecânica. – F. E.

53 Desde 1865 esse sistema foi aperfeiçoado em escala ainda muito maior. Mais detalhes sobre isso em *First Report of the Select Committee of the House of Lords on the Sweating System*. London, 1888. – F. E.

SEÇÃO V [PP. 331–592] DIVISÃO DO LUCRO EM JURO E LUCRO DO EMPRESÁRIO. O CAPITAL PORTADOR DE JUROS

54 Aqui haveria algumas passagens para citar, em que os economistas concebem a coisa assim: "Os senhores" (o Banco da Inglaterra) "fazem negócios muito grandes com a *mercadoria capital?*", é perguntado a um diretor desse banco num interrogatório de testemunhas para o *Report on Bank Acts*. House of Commons, 1857 [p. 104].

55 "Que uma pessoa que toma dinheiro emprestado com a intenção de fazer lucro com ele deva dar parte do lucro ao emprestador é um princípio evidente da justiça natural." (Gilbart, *The History and Principles of Banking*. London, 1834, p. 163)

56 "Uma casa", "dinheiro" etc. não devem, seguindo-se Proudhon, ser emprestados como "capital", mas vendidos como "mercadoria [...] ao preço de custo" (pp. 43–44). Lutero estava um degrau acima de Proudhon. Já sabia que o fazer lucro é independente da forma de emprestar ou de comprar: "fazem da compra também uma usura. Mas isso é demais para se abocanhar de uma vez só. Temos agora de tratar de uma dessas coisas, da usura nos empréstimos, e, depois de tê-la dominado (após o Juízo Final), então iremos ler também o texto da *usura nas compras*". (M. Luther, *An die Pfarrherrn wider den Wucher zu predigen*. Wittenberg, 1540.) [Citamos Lutero segundo a primeira edição de *Das Kapital*, v. III. Hamburg, 1894. – N.E.A.]

57 "A justificativa de cobrar juros não depende de se alguém faz lucro ou não, mas de sua capacidade" (do emprestado [*des Geborgten*]) "de produzir lucro, se corretamente empregado." (*An Essay on the Governing Causes of the Natural Rate of Interest, wherein the Sentiments of Sir W. Petty and Mr. Locke, on that Head, Are Considered*. London, 1750, p. 49. Autor do escrito anônimo: J. Massie.)

58 "Os ricos, em vez de empregarem seu dinheiro eles mesmos [...] emprestam-no a outras pessoas, para que estas façam lucro e reservem aos proprietários parte dos lucros assim feitos." (Ibid., pp. 23–24)

59 "A expressão valor (*value*) aplicada a *currency* [meio de circulação] tem três significados. [...] 2. *currency actually in hand* [meio de circulação realmente à mão], comparado com o mesmo montante de *currency* que entrará numa data futura. Nesse caso, seu valor é medido pela taxa de juros, e a taxa de juros é determinada *by the ratio between the amount of loanable capital and the demand for it* [pela proporção entre o montante de capital que pode ser emprestado e a demanda por ele]." (Coronel R. Torrens, *On the Operation of the Bank Charter Act of 1844 etc.*, 2ª ed. 1847, pp. 5–6])

60 "A ambiguidade da expressão valor do dinheiro ou do meio de circulação, quando empregada indiscriminadamente para designar tanto o valor de troca das mercadorias como o valor de uso do capital, é uma fonte constante de confusão." (Tooke, *Inquiry into the Currency Principle*, p. 77) – A confusão principal (que está na coisa mesma), que o valor como tal

(o juro) se torna o valor de uso do capital, não é percebida por Tooke.

61 "A taxa natural de juros é regulada pelos lucros das empresas dos particulares." (Massie, [*An Essay on the Governing Causes of the Natural Rate of Interest*,] op. cit., p. 51)

62 Nesse ponto, encontra-se no manuscrito a seguinte observação: "Do andamento deste capítulo resulta que é melhor, antes de investigar as leis da repartição do lucro, desenvolver primeiro como a divisão quantitativa se torna qualitativa. Para estabelecer a transição do capítulo anterior para este, basta supor o juro como uma parte qualquer, não determinada mais precisamente, do lucro".

63 "No primeiro período, imediatamente após uma época de pressão, o dinheiro é abundante sem especulação; no segundo período, o dinheiro é abundante e a especulação floresce; no terceiro período, a especulação começa a diminuir e o dinheiro é procurado; no quarto período, o dinheiro é escasso e chega a pressão." (Gilbart, [*The History and Principles of Banking*,] op. cit., p. 149)

64 Tooke explica isso "pela acumulação de capital excedente, fenômeno que acompanha necessariamente a escassez de investimento lucrativo nos anos anteriores, pelo lançamento em circulação de tesouros e pela reanimação da confiança no desenvolvimento dos negócios". (*History of Prices from 1839 to 1847*. London, 1848, p. 54)

65 "A um antigo cliente de um banqueiro foi recusado um empréstimo sobre um título de 200 000 libras esterlinas; quando ia se retirar para anunciar a suspensão de seus pagamentos, disseram-lhe que não havia necessidade de dar esse passo, pois naquelas condições o banqueiro comprar-lhe-ia o título por 150 000 libras esterlinas." ([H. Roy,] *The Theory of the Exchanges. The Bank Charter Act of 1844 etc.* London, 1864, p. 80)

66 Uma vez que a taxa de juros é determinada, em geral, pela taxa média de lucro, pode ocorrer frequentemente que uma fraude extraordinária esteja ligada a uma baixa taxa de juros. Por exemplo, na fraude ferroviária no verão de 1844. A taxa de juros do Banco da Inglaterra só foi elevada a 3% em 16 de outubro de 1844.

67 Assim, por exemplo, [George] Opdyke, em *A Treatise on Pol. Econ.*, New York, 1851, faz uma tentativa totalmente fracassada de explicar a generalização da taxa de juros de 5% a partir de leis eternas. Muito mais ingênuo ainda é o Sr. Karl Arnd, em *Die naturgemässe Volkswirtschaft gegenüber dem Monopoliengeist und dem Kommunismus etc.* Hanau, 1845. Lemos aí: "No curso natural da produção de bens há apenas um fenômeno que – em países totalmente cultivados – aparece destinado a regular em alguma medida a taxa de juros; este é a proporção em que aumentam, pela reprodução anual, as massas de madeira nas florestas europeias. Essa reprodução segue inteiramente independente de seu valor de troca" (como é estranho que as árvores regulem sua reprodução independentemente de seu valor de troca) "na proporção de 3 a 4 por 100. De acordo com isso, não é de se esperar" (uma vez que a reprodução das árvores é inteiramente independente de seu valor de troca, por mais que seu valor de troca possa depender de sua reprodução) "uma queda abaixo do nível que ela" (a taxa de juros) "ocupa atualmente nos países mais ricos" (pp. 124-25). – Isso merece ser chamado de "taxa de juros de origem silvestre", e seu descobridor se faz ainda mais credor de "nossa ciência", na mesma obra, como "filósofo do imposto canino" [pp. 420-21].

68 O Banco da Inglaterra eleva e abaixa a taxa de seu desconto, embora sempre leve em conta, naturalmente, a taxa dominante no mercado aberto, de acordo com o fluxo

e refluxo do ouro. "Por isso, a especulação com o desconto de letras de câmbio, antecipando-se as alterações da taxa bancária, tornou-se agora metade dos negócios das grandes cabeças do centro monetário" – isto é, do mercado monetário de Londres. ([H. Roy,] *The Theory of the Exchanges etc.*, op. cit., p. 113)

69 "O preço das mercadorias flutua constantemente; todas elas se destinam a diferentes espécies de uso; o dinheiro serve a todo fim. As mercadorias, até as da mesma espécie, distinguem-se pela qualidade; o dinheiro em espécie sempre tem, ou pelo menos deve ter, o mesmo valor. Em consequência disso, o preço do dinheiro, que designamos pelo termo juro, possui maior estabilidade e uniformidade do que o de qualquer outra coisa." (J. Steuart, *Principles of Pol. Econ.*, IV, trad. fr., 1789, p. 27)

70 "Essa regra da repartição do lucro, entretanto, não deve ser aplicada a cada prestamista e mutuário em particular, mas a prestamistas e mutuários em geral. [...] Ganhos notavelmente grandes ou pequenos são a remuneração da habilidade ou da falta de conhecimento dos negócios com as quais os prestamistas nada tem a ver; pois, como esta última não lhes causa prejuízo, não precisam tirar vantagem da primeira. O que foi dito de pessoas isoladas no mesmo negócio aplica-se também a diferentes espécies de negócios; se os comerciantes e profissionais em qualquer ramo de negócios ganham com o dinheiro emprestado mais que o lucro ordinário conseguido por outros comerciantes e profissionais do mesmo país, o ganho extraordinário pertence a eles, embora para obtê-lo tenham sido necessários apenas habilidade e conhecimento dos negócios ordinários; e ele não pertence ao prestamista que lhes forneceu o dinheiro [...], pois os prestamistas não teriam emprestado seu dinheiro para operar qualquer ramo de negócios em condições que admitam um pagamento abaixo da taxa geral de juros; por isso, não precisam receber mais que esta, qualquer que seja a vantagem que se tire de seu dinheiro." (Massie, [*An Essay on the Governing Causes of the Natural Rate of Interest*,] op. cit., pp. 50–51)

71

Taxa bancária	5%
Taxa de mercado, letras de câmbio a 60 dias	3⅝%
Idem, letras de câmbio a 3 meses	3½%
Idem, letras de câmbio a 6 meses	3$\frac{5}{16}$%
Empréstimos a corretores de letras, resgatáveis diariamente	1–2%
Idem, por uma semana	3%
Última taxa, por 14 dias, empréstimos a corretores de títulos	4¾–5%
Juros de depósitos (bancos)	3½%
Idem (casas de descontos)	3–3¼%

Quão grande pode ser essa diferença num mesmo dia demonstra o quadro acima, das taxas de juros do mercado monetário de Londres em 9 de dezembro de 1889, tomado do artigo sobre a City do *Daily News* de 10 de dezembro. O mínimo é 1%, o máximo 5%. [F. E.]

72 "O ganho empresarial depende do lucro líquido do capital, e não o último do primeiro." (Ramsay, [*An Essay on the Distribution of Wealth*,] op. cit., p. 214. *Net profits* [lucro líquido], em Ramsay, sempre = juros.)

73 "A superintendência é aqui" (no caso do camponês proprietário fundiário) "totalmente desnecessária." (J. E. Cairnes, *The Slave Power*. London, 1862, pp. 48–49)

74 "Se a natureza do trabalho exige que os trabalhadores" (isto é, os escravos) "sejam dispersos por uma área extensa, então aumentarão correspondentemente o número de feitores e, portanto, os custos do trabalho que exige essa supervisão." (Ibid., p. 44)

75 A. Ure, *Philos. of Manufactures*, I, trad. francesa. 1836, pp. 67–68. Aí esse Píndaro dos fabricantes lhes atesta, ao mesmo tempo, que a maioria deles não tem a menor ideia do mecanismo que emprega.

76 Num caso que cheguei a conhecer, após a crise de 1868, um fabricante falido tornou-se trabalhador assalariado de seus antigos trabalhadores. Aconteceu que a fábrica, depois da bancarrota, passou a ser dirigida por uma cooperativa de trabalhadores, que empregou o antigo proprietário como dirigente. – F. E.

77 Os balanços aqui mencionados vão ao máximo até 1864, pois a passagem acima foi escrita em 1865. – F. E.

78 "Os mestres são tão trabalhadores como seus oficiais. Nesse papel, seu interesse é exatamente o mesmo que o de seu pessoal. Mas, além disso, eles são capitalistas ou agentes dos capitalistas e, nessa condição, seu interesse está resolutamente oposto ao dos trabalhadores." (p. 27) "A ampla difusão da educação entre os trabalhadores industriais deste país diminui diariamente o valor do trabalho e da habilidade de quase todos os mestres e empresários, ao aumentar o número de pessoas que possuem seu conhecimento peculiar." (p. 30) Hodgskin, *Labour Defended against the Claims of Capital etc.* London, 1825.

79 "O relaxamento geral dos limites convencionais e as maiores facilidades de educação tendem a rebaixar os salários dos trabalhadores qualificados, em vez de aumentar os dos trabalhadores não qualificados." (J. S. Mill, *Princ. of Pol. Econ.*, I, 2ª ed. London, 1849, p. 479)

80 Richard Price, *An Appeal to the Public on the Subject of the National Debt*. London, 1772 [p. 19]. Ele faz a pilhéria ingênua: "Deve-se tomar dinheiro emprestado a juros simples para multiplicá-lo a juros compostos". (R. Hamilton, *An Inquiry into the Rise and Progress of the National Debt of Great Britain*, 2ª ed. Edinburgh, 1814 [p. 133]. De acordo com isso, tomar dinheiro emprestado seria o meio mais seguro de enriquecer também para particulares. Mas, se tomo 100 libras esterlinas a juros anuais de 5%, por exemplo, tenho de pagar 5 libras esterlinas no fim do ano e, supondo que esse empréstimo dure 100 milhões de anos, nesse espaço de tempo terei sempre para emprestar, todo ano, apenas 100 libras esterlinas e, do mesmo modo, terei de pagar, todo ano, 5 libras esterlinas. Mediante esse processo, nunca chego a emprestar 105 libras esterlinas, por ter tomado emprestadas 100 libras esterlinas. E de onde devo pagar os 5%? Por meio de novos empréstimos ou, se sou o Estado, por meio de impostos. Mas, se o capitalista industrial toma dinheiro emprestado, terá de pagar de seu lucro de, digamos, 15%, 5% como juros, 5% para consumir (embora seu apetite cresça com sua renda) e 5% para capitalizar. Portanto, um lucro de 15% está pressuposto para pagar constantemente 5% de juros. Se o processo prossegue, a taxa de lucro cai, pelas razões já expostas, digamos, de 15% para 10%. Mas Price esquece inteiramente que os juros de 5% pressupõem uma taxa de lucro de 15% e deixa que esta perdure com a acumulação do capital. Ele nada tem, em absoluto, a ver com o processo real de acumulação, mas apenas com emprestar dinheiro a fim de que reflua com juros compostos. Como se começa isso lhe é inteiramente indiferente, uma vez que é uma qualidade inata do capital portador de juros.

81 Ver Mill, Carey e o comentário equívoco de Roscher a respeito. [Marx se refere às seguintes obras: John Stuart Mill, *Principles of Political Economy with Some of Their Applications to Social Philosophy*, v. I, 2ª ed. London, 1849, pp. 91--92; Carey, *Principles of Social Science*, v. III, Philadelphia, London, Paris, 1859, pp. 71-73. W. Roscher, *Die Grundlagen der Nationalökonomie*, 3ª ed. Stuttgart/ Augsburg, 1858, § 45 - N.E.A.]

82 "É claro que nenhum trabalho, nenhuma força produtiva, nenhum engenho e nenhuma arte podem satisfazer às exigências avassaladoras dos juros compostos. Mas toda poupança é feita da *revenue* do capitalista, de modo que essas exigências são de fato constantemente feitas e a força produtiva do trabalho se recusa, com a mesma constância, a satisfazê-las. Por isso, estabelece-se constantemente uma espécie de equalização" (*Labour Defended Against the Claims of Capital*, p. 23. De Hodgskin.)

83 Isto é, antigamente se fixavam primeiro os dividendos e, em seguida, ao pagá-los ao acionista individual, se deduzia deles o imposto de renda; depois de 1844, porém, pagava-se primeiro o imposto, a partir do lucro total do banco, e depois se distribuía o dividendo *free of income tax* [livre de imposto de renda]. A mesma percentagem nominal é no último caso, portanto, majorada pela importância do imposto. - F. E.

84 Mais detalhes sobre a confusão conceitual de Overstone acerca do capital no final do capítulo 32. - F. E.

85 "A circulação média de notas do Banco da França em 1812 era de 106 538 000 francos; em 1818, de 101 205 000 francos, enquanto a circulação monetária, a massa total de todos os recebimentos e pagamentos, era, em 1812, de 2 837 712 000 francos; em 1818, de 9 665 030 000 francos. A atividade da circulação na França em 1818 estava, pois, na proporção de 3 : 1 para a de 1812. O grande regulador da velocidade da circulação é o crédito. [...] Portanto, explica-se por que uma pressão severa sobre o mercado monetário usualmente coincide com uma circulação plena." (*The Currency Theory Reviewed etc.*, [op. cit.,] p. 65) - "Entre setembro de 1833 e setembro de 1843, nasceram na Grã-Bretanha cerca de 300 bancos que emitiam suas próprias cédulas bancárias; a consequência foi uma redução de 2,5 milhões de libras na circulação de cédulas; ao fim de setembro de 1833, ela era de 36 035 244 libras esterlinas e, no final de setembro de 1843, de 33 518 544 libras esterlinas." (Ibid., p. 53) - "A prodigiosa atividade da circulação escocesa capacita-a a liquidar com 100 libras esterlinas a mesma quantidade de transações monetárias que na Inglaterra exige 420 libras esterlinas." (Ibid., p. 55. O último se refere apenas à técnica da operação.)

86 "Antes do estabelecimento dos bancos, o montante de capital utilizado para a função do meio circulante era sempre maior que o exigido pela circulação real das mercadorias." (*Economist*, 1845, p. 238)

87 Veja-se, por exemplo, em *The Times*, as listas dos falidos num ano de crise como 1857 e compare-se o patrimônio próprio dos falidos com o montante de suas dívidas. - "Na verdade, o poder de compra das pessoas que possuem capital e crédito ultrapassa de muito tudo o que entra na imaginação daqueles que não têm conhecimento prático de mercados especulativos." (Tooke, *Inquiry into the Currency Principle*, [op. cit.,] p. 79) "Um homem que tem reputação de possuir capital suficiente para seu negócio regular e que em seu ramo usufrui de bom crédito, se tem opinião pletórica da conjuntura ascendente da mercadoria com que tra-

balha e se as circunstâncias o favorecem no início e no curso de sua especulação, pode efetuar compras num montante assombroso em relação ao próprio capital." (Ibid., p. 136) – "Os fabricantes, comerciantes etc. fazem todos eles negócios muito acima de seu capital. [...] O capital é hoje em dia muito mais a base sobre a qual se constrói um bom crédito do que o limite das transações de um negócio comercial qualquer." (*Economist*, 1847, p. 1333)

88 Th. Chalmers.

89 Damos aqui, na língua original, a passagem de Tooke citada na p. 393: "*The business of bankers, setting aside the issue of promissory notes payable on demand, may be divided into two branches, corresponding with the distinction pointed out by Dr. (Adam) Smith of the transactions between dealers and dealers, and between dealers and consumers. One branch of the bankers' business. is to collect* capital *from those who have not immediate employment for it, and to distribute or transfer it to those who have. The other branch is to receive deposits of the* incomes *of their customers, and to pay out the amount, as it is wanted for expenditure by the latter in the objects of their consumption [...] the former being a circulation of* capital, *the latter of* currency". (Tooke, *Inquiry into the Currency Principle*, [op. cit.,] p. 36) O primeiro é "*the concentration of capital on the one hand and the distribution of it on the other*" [a concentração do capital de um lado e sua distribuição de outro]; o segundo, "*administering the circulation for local purposes of the district*" [administrar a circulação para fins locais do distrito]. (Ibid., p. 37) – Kinnear aproxima-se mais da concepção exata na seguinte passagem: "O dinheiro é usado para realizar duas operações essencialmente diversas: como meio de intercâmbio entre comerciantes e comerciantes, é o instrumento com que se efetua transferência de capital; isto é, o intercâmbio de quantidade determinada de capital em dinheiro por montante igual de capital em mercadorias. Mas dinheiro gasto para pagamento de salário e na compra e venda entre comerciante e consumidor não é capital, e sim *revenue*; é a parte da *revenue* da coletividade aplicada em despesas diárias. Esse dinheiro circula no uso diário, incessante, e é só isso que pode ser denominado, em sentido estrito, meio de circulação (*currency*). Adiantamentos de capital dependem exclusivamente da vontade do banco ou de outro possuidor de capital – pois mutuários sempre se encontram; mas o montante dos meios de circulação depende das necessidades da coletividade, dentro da qual circula o dinheiro destinado às despesas cotidianas". (J. G. Kinnear, *The Crisis and the Currency*. London, 1847 [pp. 3–4])

90 "*A demand for capital on loan and a demand for additional circulation are quite distinct things, and not often found associated.*" (Fullarton, [*On the Regulation of Currencies*,] op. cit., p. 82, epígrafe do capítulo 5) "Na verdade é um grande erro imaginar que a demanda de concessão de crédito (isto é, de empréstimo de capital) seja idêntica à demanda de meios adicionais de circulação, ou mesmo que ambas ocorram juntas com frequência. Cada uma dessas demandas surge determinada por circunstâncias peculiares a elas e que diferem bastante entre si. Quando tudo parece florescer, os salários estão altos, os preços em ascensão e as fábricas ocupadas, usualmente se necessita de oferta adicional de *meios de circulação* para se efetuarem as funções adicionais, inseparáveis da necessidade de ampliação e multiplicação dos pagamentos; entretanto, é principalmente num estado mais avançado do ciclo comercial, quando as dificuldades começam a se manifestar, quando os mercados estão saturados e os refluxos atrasam, que o juro sobe e surge pressão sobre o banco para adiantar *capital*. É verdade que o banco só costuma adiantar capital por meio de suas cédulas bancárias e, por isso, a recusa da emissão de cédulas significa recusa da concessão de crédito. Mas, se a concessão de crédito é autorizada, então tudo se ajusta de acordo com as necessidades do mercado; o empréstimo permanece, e o meio de circulação, se não for necessário, encontra seu caminho de volta ao emitente. Assim, um simples exame superficial dos relatórios parlamentares basta para convencer qualquer um de que a quantidade dos títulos em poder do Banco da Inglaterra se move mais frequentemente em direção oposta à quantidade de suas notas em circulação do que em concordância com ela e de que, em consequência, o exemplo desse grande estabelecimento não constitui exceção à doutrina, em que tanto insistem os banqueiros provinciais, a saber, que nenhum banco pode aumentar a quantidade de suas cédulas em circulação, se ela já corresponde aos objetivos usuais da circulação de cédulas bancárias, mas que, ultrapassado esse limite, todo acréscimo de seus adiantamentos tem de ser feito com seu capital e suprido por meio da venda de alguns de seus títulos, mantidos em reserva ou mediante renúncia a novos investimentos em tais títulos. A tabela organizada compilada dos relatórios parlamentares relativa ao período de 1833 a 1840, à qual me referi em uma página anterior, apresenta reiterados exemplos dessa verdade; mas dois deles já são tão marcantes que seria de todo desnecessário para mim ir além deles. Quando, em 3 de janeiro de 1837, os recursos monetários do Banco estavam solicitados ao máximo para sustentar o crédito e para enfrentar as dificuldades do mercado monetário, verificamos que seus adiantamentos em empréstimos e desconto elevaram-se à enorme soma de 17 022 000 libras esterlinas, montante que quase nunca mais se vira desde a guerra e que era quase igual à totalidade das notas emitidas, que entrementes permanecia inalterada num nível tão baixo como 17 076 000 libras esterlinas. Por outro lado, verificamos em 4 de junho de 1833 uma circulação de notas de 18 892 000 libras esterlinas, associada a uma informação do Banco sobre uma disponibilidade de títulos particulares de não mais de 972 000 libras esterlinas, portanto quase o nível mais baixo, senão o mais baixo, do último meio século." (Fullarton, [*On the Regulation of Currencies*,] op. cit., pp. 97-98) Que uma *demand for pecuniary accommodation* [demanda de acomodação monetária] não é necessariamente idêntica a uma *demand for gold* [demanda de ouro] (o que Wilson, Tooke e outros chamam capital) se depreende das seguintes declarações do Sr. Weguelin, presidente do Banco da Inglaterra: "O desconto de letras até esse montante" (um milhão diariamente por três dias seguidos) "não diminuiria a reserva" (de cédulas bancárias) "caso o público não demandasse um montante maior de circulação ativa. As notas emitidas no desconto de letras refluiriam por intermédio dos bancos e mediante depósitos. No caso de aquelas transações não terem por objetivo a exportação de ouro ou no caso de não reinar no país um pânico que levasse o público a reter suas cédulas bancárias em vez de pagar com elas os bancos, a reserva não seria afetada por transações dessa magnitude". – "O Banco pode descontar diariamente um milhão e meio, e isso ocorre continuamente, sem que sua reserva seja minimamente afetada. As notas retornam como depósitos, e a única alteração que tem lugar é a mera transferência de uma conta para outra." (*Report on Bank Acts*, 1857. Evidence n. 241, 500) As notas servem aqui apenas de meio de transferência de créditos.

91 A passagem seguinte do original está, no conjunto, incompreensível e foi elaborada de novo pelo editor até o final dos colchetes. Em outro contexto, esse ponto já foi tratado no capítulo 26. – F. E.

[*Capítulo 29 – Partes constitutivas do capital bancário*]

1 "O trabalhador tem valor-capital, quando se considera o valor monetário de seu salário anual como juro. [...] Se [...] se capitalizam as taxas médias do salário médio diário a 4%, então se obtém como valor médio de um trabalhador agrícola do sexo masculino: na Áustria alemã, 1500 táleres; na Prússia, 1500; na Inglaterra, 3750; na França, 2000; no interior da Rússia, 750." (Von Reden, *Vergleichende Kulturstatistik*. Berlin, 1848, p. 434)

2 {Imediatamente após a revolução de fevereiro, quando em Paris mercadorias e título estavam extremamente desvalorizados e se tornaram totalmente invendáveis, um comerciante suíço em Liverpool, o Sr. R. Zwilchenbart (que contou isso a meu pai), converteu em dinheiro tudo o que pôde, viajou com o dinheiro em espécie para Paris e procurou Rothschild, propondo-lhe fazer um negócio comum. Rothschild o olhou fixamente, atirou-se sobre ele, segurando-o pelos ombros: "*Avez-vous de l'argent sur vous?*" [O senhor tem dinheiro consigo?] – "*Oui, M. le baron*" [Sim, Sr. Barão]. – "*Alors vous êtes mon homme!*" [Então é o meu homem!] – E ambos fizeram um brilhante negócio. – F. E.}

3 {Essa duplicação e triplicação de capital desenvolveu-se consideravelmente nos últimos anos, por exemplo, pelos *financial trusts*, que já ocupam uma rubrica especial no boletim da Bolsa de Londres. Constitui-se uma sociedade para a compra de certa classe de papéis portadores de juros, digamos, títulos públicos estrangeiros, títulos da dívida municipal inglesa ou da dívida pública americana, ações ferroviárias etc. O capital de, digamos, 2 milhões de libras esterlinas é conseguido mediante a subscrição de ações; a direção compra os valores correspondentes ou especula mais ou menos ativamente com eles e distribui os juros anuais obtidos, depois de descontar os custos como dividendo entre os acionistas. – Além disso, entre algumas sociedades por ações, apareceu o costume de dividir as ações comuns em duas classes, *preferred* [preferenciais] e *deferred* [diferidas]. As *preferred* recebem um juro fixo, digamos de 5%, pressupondo que o lucro total o permita; se restar algo, recebem-no as *deferred*. Dessa maneira, o investimento "sólido" nas *preferred* é mais ou menos separado da especulação propriamente dita nas *deferred*. Como algumas grandes empresas não quiseram sujeitar-se a essa nova moda, houve casos em que se constituíram sociedades que investiram um ou vários milhões de libras esterlinas nas ações daquelas e, em seguida, pelo valor nominal dessas ações, emitiram novas, sendo metade de *preferred* e metade de *deferred*. Nesses casos, as ações originadas são duplicadas, ao servir de base para a emissão de novas ações. – F. E.}

4 {Como isso desde então se acentuou demonstra a seguinte relação, extraída do *Daily News* de 15 de dezembro de 1892, das reservas bancárias dos quinze maiores bancos de Londres em novembro de 1892:

Nome do banco	Passivo	Reservas em espécie	%
	£	£	
City	9 317 629	746 551	8,01
Capital and Counties	11 392 744	1 307 483	11,47
Imperial	3 987 400	447 157	11,22
Lloyds	23 800 937	2 966 806	12,46
London and Westminster	24 671 559	3 818 885	15,50
London and. S. Western	5 570 268	812 353	14,58
London Joint Stock	12 127 993	1 288 977	10,62
London and Midland	8 814 499	1 127 280	12,79
London and County	37 111 035	3 600 374	9,70
National	11 163 829	1 426 225	12,77
National Provincial	41 907 384	4 614 780	11,01
Parrs and the Alliance	12 794 489	1 532 707	11,98
Prescott and Co.	4 041 058	538 517	13,07
Union of London	15 502 618	2 300 084	14,84
Williams, Deacon, and Manchester & Co.	10 452 381	1 317 628	12,60
TOTAL	232 655 823	27 845 807	11,97

Dessas reservas de quase 28 milhões, pelo menos 25 milhões estão depositados no Banco da Inglaterra e no máximo 3 milhões em espécie nos cofres dos 15 bancos. As reservas em espécie do departamento bancário do Banco da Inglaterra, porém, no mesmo mês de novembro de 1892, nunca atingiram um montante de 16 milhões! – F. E.}

5 {A suspensão da lei bancária de 1844 permite ao Banco emitir a quantidade que desejar de cédulas bancárias, sem considerar sua cobertura pela reserva de ouro que se encontra em suas mãos; criar, portanto, as quantidades que desejar de capital monetário fictício de papel e, com ele, fazer adiantamentos aos bancos e corretores de letras de câmbio e, por meio deles, ao comércio.}

6 Os títulos públicos são apenas o capital imaginário que representa a parte da receita anual destinada a pagar as dívidas. Um capital de mesma grandeza foi dissipado; este serve como denominador para o empréstimo, mas não é o que o título público representa; pois o capital já não existe ao todo. No meio-tempo, novas riquezas devem surgir do trabalho da indústria; uma parte anual dessas riquezas é destinada, de antemão, àqueles que emprestaram as riquezas dissipadas; essa parte é tirada, mediante impostos, de quem produz as riquezas, para ser dada aos credores do Estado, e, de acordo com a proporção habitual no país entre capital e juros, supõe-se um capital imaginário, com a mesma grandeza do capital de que poderia surgir a renda anual que os credores têm a receber." (Sismondi, *Nouveaux Principes*, II, pp. 229-30)

7 Parte do capital monetário acumulado e emprestável é, na realidade, mera expressão de capital industrial. Quando, por exemplo, a Inglaterra, por volta de 1857, investiu 80 milhões de libras esterlinas em ferrovias americanas e outros empreendimentos, esse investimento foi quase exclusivamente mediado pela exportação de mercadorias inglesas, pelas quais os americanos não tiveram de fazer nenhum pagamento. Contra essas merca-

dorias, o exportador inglês emitia letras sobre a América, as quais eram compradas pelos acionistas ingleses e enviadas para a América como pagamento dos montantes em ações.

8 {Como já observei noutra passagem [Livro 1, p. 85], desde a última grande crise geral ocorreu aqui uma mudança. A forma aguda do processo periódico, com seu ciclo até então de dez anos, parece ter cedido lugar a uma alternância mais crônica, mais prolongada, que se distribui entre os diversos países industriais em tempos diferentes, de melhoria relativamente curta e débil dos negócios e pressão relativamente longa e indecisa. Mas talvez se trate apenas de uma expansão da duração do ciclo. Na infância do comércio mundial, 1815–47, pode-se comprovar ciclos de cerca de cinco anos; em 1847–67, os ciclos são decididamente de dez anos; será que nos encontramos no período preparatório de uma nova crise mundial de veemência inaudita? Há alguns indícios disso. Desde a última crise geral de 1867, houve grandes mudanças. A expansão colossal dos meios de transporte – navios a vapor transatlânticos, ferrovias, telégrafos elétricos, Canal de Suez – criou o mercado mundial pela primeira vez de fato. Tomou lugar, ao lado da Inglaterra, que antes monopolizava a indústria, uma série de países industriais competidores; ao investimento do capital europeu excedente abriram-se, em todas as partes do mundo, campos infinitamente mais extensos e diversificados, de modo que ele se distribui muito mais amplamente e a superespeculação local é superada com mais facilidade. Por tudo isso a maioria dos focos de crises e das oportunidades de formação de crises de antes foi eliminada ou muito debilitada. Ao mesmo tempo, a concorrência no mercado interno retrocede diante dos cartéis e trustes, enquanto é limitada no mercado externo pelas tarifas protecionistas, com que se cercam todos os grandes países industriais, exceto a Inglaterra. Mas essas tarifas protecionistas mesmas são apenas o armamento para a campanha final e geral da indústria, que deverá decidir o domínio do mercado mundial. Assim, cada um dos elementos que se opõem à repetição das velhas crises traz dentro de si o germe de uma crise futura muito mais violenta. – F. E.}

9 B. A., 1857, depoimentos de Twells, banqueiro: 4516. "Como banqueiro, o senhor faz negócios em capital ou em dinheiro? – Negociamos com dinheiro." – 4517. "Como se fazem os depósitos em seu banco? – Em dinheiro." 4518. "Como eles são reembolsados? – Em dinheiro." – [4519] "Pode-se, pois, dizer que são outra coisa que dinheiro? – Não."

Overstone (ver cap. 26) confunde continuamente capital e *money*. *Value of money* [valor do dinheiro] também significa para ele juro, mas na medida em que é determinado pela massa de dinheiro; *value of capital* [valor do capital] deve ser o juro, na medida em que é determinado pela demanda por capital produtivo e pelo lucro que ele proporciona. Ele diz: 4140. "O uso da palavra capital é muito perigoso." – 4148. "A exportação de ouro da Inglaterra é uma diminuição da quantidade de dinheiro no país e esta tem, naturalmente, de provocar uma demanda aumentada no mercado de dinheiro em geral" (de acordo com isso, portanto, não no mercado de capital). – 4112. "Na medida em que o dinheiro sai do país, diminui sua quantidade dentro do país. Essa diminuição da quantidade que fica no país produz um valor aumentado desse dinheiro." Isso significa originalmente, em sua teoria, um aumento, causado pela contração da circulação, do valor do dinheiro enquanto dinheiro, em comparação com os valores das mercadorias; por conseguinte, onde houver esse aumento do valor do dinheiro = queda do valor das mercadorias. Mas, uma vez que no entretempo ficou irrefutavelmente demonstrado, mesmo para ele, que a massa do dinheiro circulante não determina os preços, então agora é a diminuição do dinheiro como meio de circulação que deve elevar seu valor como capital portador de juros e, com isso, a taxa de juros. "E esse valor aumentado do dinheiro ainda remanescente põe termo à drenagem e perdura até que tenha trazido de volta tanto dinheiro quanto necessário para restabelecer o equilíbrio." – A continuação das contradições de Overstone vem mais adiante.

10 Aí começa a confusão de que ambos são "dinheiro": o depósito como direito sobre pagamento por parte do banqueiro e o dinheiro depositado nas mãos do banqueiro. O banqueiro Twells, perante a comissão bancária de 1857, dá o seguinte exemplo: "Inicio meu negócio com 10000 libras esterlinas. Com 5000 libras esterlinos compro mercadorias e coloco no depósito. As outras 5000 libras esterlinas eu deposito com um banqueiro, para sacar contra elas conforme a necessidade. Mas continuo considerando o todo como meu capital, embora 5000 libras esterlinas dele se encontrem na forma de depósito ou dinheiro". (4528) Daí se desenvolve agora o seguinte belo debate: 4531. "O senhor, portanto, deu a outra pessoa suas 5000 libras esterlinas em cédulas bancárias? – Exatamente." 4532. "Então ela tem 5000 libras esterlinas de depósitos? – Exatamente." 4533. "E o senhor tem depósitos de 5000 libras esterlinas? – Isso mesmo." 4534. "Ela tem 5000 libras esterlinas em dinheiro e o senhor tem 5000 libras esterlinas em dinheiro? – Exatamente." 4535. "Mas, afinal, nada mais é que dinheiro? – Não." – A confusão decorre em parte do seguinte: A, que depositou as 5000 libras esterlinas, pode sacar contra elas, dispõe delas, como se as tivesse ainda em suas mãos. Elas funcionam nessa medida para ele como dinheiro potencial. Em todos os casos que saca contra elas, ele destrói *pro tanto* seu depósito. Se ele saca dinheiro real e seu dinheiro já foi emprestado a alguém, ele não é pago com seu próprio dinheiro, mas com dinheiro depositado por outra pessoa. Se com um cheque contra seu banqueiro ele paga uma dívida a B e se B deposita esse cheque com o banqueiro dele e se o banqueiro de A tem também um cheque sobre o banqueiro de B, de modo que os dois banqueiros apenas trocam os cheques, então o dinheiro depositado por A exerceu duas vezes a função monetária; primeiro, nas mãos daquele que recebeu o dinheiro depositado por A; segundo, nas mãos do próprio A. Na segunda função, ele realiza a compensação de créditos (o crédito de A sobre seu banqueiro e o crédito deste último sobre o banqueiro de B) sem intervenção de dinheiro. Aí o depósito atua duas vezes como dinheiro, a saber, como dinheiro real e, então, como direito a dinheiro. Meros direitos a dinheiro somente podem tomar o lugar de dinheiro mediante compensação de créditos.

11 Número médio de dias em que uma cédula bancária permaneceu em circulação:

Ano	£ 5	£ 10	£ 20–100	£ 200–500	£ 1000
1792	?	236	209	31	22
1818	148	137	121	18	13
1846	79	71	34	12	8
1856	70	58	27	9	7

(Dados apresentados pelo caixa do B[anco] d[a] I[nglaterra], Marshall, in *Report on Bank Acts*, 1857, II, apêndice, pp. 300–01)

12 Na assembleia geral dos acionistas do Union Bank de Londres, em 17 de janeiro de 1894, o presidente, Sr. Ritchie, relata que o Banco da Inglaterra em 1893 elevou o desconto de 2½% (em julho) para 3 e 4% em agosto, e como ele perdeu, apesar disso, 4½ milhões de libras esterlinas em ouro em quatro semanas, para 5%; em consequência, refluiu o ouro e a taxa do Banco foi rebaixada para 4% em setembro, e para 3% em outubro. Mas essa taxa do Banco não foi reconhecida no mercado. "Quando a taxa do Banco era de 5%, a taxa do mercado era de 3½%, e a taxa para dinheiro de 2½%; quando a taxa do Banco caiu para 4%, a taxa de desconto era de 2⅜% e a taxa de dinheiro de 1¾%; quando a taxa do Banco era de 3%, a taxa de desconto era de 1½% e a taxa de dinheiro um pouco mais baixa." (*Daily News*, 18 jan. 1894) – F. E.

13 K. Marx, *Zur Kritik der politischen Oekonomie* [*Para a crítica da Economia Política*]. Berlin, 1859, pp. 150 ss.

14 O efeito disso sobre o mercado de dinheiro mostram as seguintes declarações de W. Newmarch, [B. A., 1857,] 1509. "Em fins de 1853, havia considerável apreensão entre o público; em setembro, o Banco da Inglaterra aumentou seu desconto três vezes seguidamente [...] nos primeiros dias de outubro [...] havia um grau considerável de apreensão e alarme entre o público. Essa apreensão e esse alarme foram em grande parte superados antes do fim de novembro e quase totalmente eliminados com a chegada de 5 milhões de metal precioso da Austrália. O mesmo se repetiu no outono de 1854 com a chegada, em outubro e novembro, de quase 6 milhões de metal precioso. O mesmo se repetiu no outono de 1855, notoriamente uma época de excitação e alarme, pela chegada de aproximadamente 8 milhões de metal precioso durante os meses de setembro, outubro e novembro. Em fins de 1856, verificamos a mesma ocorrência. Resumidamente, eu poderia perfeitamente apelar para a experiência de quase todos os membros da Comissão para saber se já não estamos acostumados, em qualquer aperto financeiro, a ver a solução completa, natural, na chegada de um navio de ouro."

15 Segundo Newmarch a drenagem de ouro para o exterior pode decorrer de três causas: 1) causas puramente comerciais, ou seja, quando a importação ultrapassou a exportação, como ocorreu entre 1836 e 1844 e de novo em 1847, em virtude principalmente de grande importação de cereais; 2) para se obterem meios para investimentos de capital inglês no exterior, como em 1857 para ferrovias na Índia; e 3) para dispêndio definitivo no exterior, como em 1853 e 1854 para a guerra no Oriente.

16 1918. Newmarch: "Se o senhor considerar conjuntamente Índia e China, e se o senhor levar em conta as transações entre Índia e Austrália e as transações ainda mais importantes entre China e Estados Unidos, e nesses casos o negócio é triangular e a compensação ocorre por nossa mediação [...], então é correto que a balança comercial era desfavorável não só à Inglaterra, mas também à França e aos Estados Unidos". (B. A., 1857)

17 Veja-se, por exemplo, a resposta ridícula de Weguelin, em que ele diz que 5 milhões em ouro drenados significam outro tanto de capital a menos, pretendendo com isso explicar fenômenos que, mesmo com altas de preços ou depreciações, expansões e contrações infinitamente maiores do capital industrial real, não sucedem. Por outro lado, não é menos ridícula a tentativa de explicar esses fenômenos diretamente como sintomas de uma expansão ou contração na massa do capital real (considerando-se seus elementos materiais).

18 Newmarch (B. A., 1857, n. 1364): "Na verdade, a reserva metálica do Banco da Inglaterra é [...] a reserva central ou o te-

souro metálico central que serve de base a todos os negócios do país. É, por assim dizer, o eixo em torno do qual têm de girar todos os negócios do país; todos os demais bancos do país consideram o Banco da Inglaterra como o tesouro central ou o reservatório de onde têm de retirar suas reservas em moeda; e o efeito da taxa de câmbio estrangeira recai sobre esse tesouro e sobre esse reservatório".

19 "Na prática, portanto, ambos, Tooke e Loyd, enfrentariam uma demanda excessiva por ouro com restrição antecipada dos créditos, mediante aumento da taxa de juros e redução do adiantamento de capital. Só Loyd, com sua ilusão, ocasiona limitações e prescrições {legais} incômodas e mesmo perigosas." (*Economist*, 1847, p. 1418)

20 "O senhor concorda plenamente em que não há outro meio para modificar a demanda por ouro a não ser elevar a taxa de juros?" – Chapman {sócio da grande firma Overend, Gurney & Co., *bill-brokers*}: "Essa é minha opinião. Quando nosso ouro cai a certo nível, o melhor que podemos fazer é soar imediatamente o sinal de alarma e dizer: Nós estamos decaindo, e quem mandar ouro para o exterior tem de fazê-lo por seu próprio risco". B. A., 1857, Dep[oimento] n. 5057.

21 "É devido aos frequentes empenhos e resgates no mesmo mês e ao empenho de um artigo para resgatar outro, com isso obtendo uma pequena diferença em dinheiro, que os juros das casas de penhores se tornam tão exagerados. Em Londres, há 240 casas de penhores com concessão e, nas províncias, aproximadamente 1450. O capital investido é estimado em cerca de 1 milhão e efetua pelo menos três rotações por ano, de cada vez, em média, de 33½%; de modo que as classes inferiores da Inglaterra pagam anualmente 100% pelo adiantamento temporário de 1 milhão, sem falar no prejuízo devido à perda do prazo de resgate dos artigos penhorados." (J. D. Tuckett, *A History of the Past and Present State of the Labouring Population*. London, 1846, p. 114)

22 Mesmo nos títulos de suas obras, anunciavam como objetivo principal "a prosperidade geral dos proprietários fundiários, a isenção de impostos para a nobreza e para a *gentry* [nobreza rural] etc., o aumento de sua renda anual etc.". Só sairiam perdendo os usurários, esses piores inimigos da nação, que causaram mais prejuízos à nobreza e à *yeomanry* [classe de camponeses independentes] do que um exército invasor francês poderia ter causado.

23 "Charles II da Inglaterra, por exemplo, tinha ainda de pagar enormes juros usurários e ágios de 20 a 30% aos 'ourives'" (os precursores dos banqueiros). "Um negócio tão lucrativo levava os 'ourives' a fazerem cada vez mais adiantamentos ao rei, a anteciparem as receitas totais de impostos, a aceitarem como penhor toda soma autorizada pelo Parlamento, tão logo fosse feita, e também a competirem entre si nas compras e aceitação como penhor de *bills* [letras], *orders* [ordens de pagamento] e *tallies* [atribuições sobre valores devidos ao Tesouro], de modo que, na realidade, todas as receitas públicas passavam por suas mãos." (John Francis, *History of the Bank of England*. London, 1848, I, pp. 30–31) "A criação de um banco já fora proposta várias vezes antes. Por fim, tornara-se uma necessidade." (Ibid., p. 38) "O banco já era necessário para o governo, espremido até a última gota pelos usurários, a fim de poder obter dinheiro a uma taxa suportável de juros, com a garantia de autorizações parlamentares." (Ibid., pp. 59–60)

24 Na revisão do manuscrito, Marx teria sem dúvida modificado consideravelmente essa passagem. Ela está inspirada no papel desempenhado pelos ex-saint-

-simonistas sob o Segundo Império, na França. Naquela época, justamente no momento em que Marx escreveu essa passagem, as fantasias de crédito da escola, que pretendiam salvar o mundo, realizavam-se, por força da ironia da História, como fraude em proporção até então desconhecida. Mais tarde, Marx falava sempre com admiração do gênio e da mente enciclopédica de Saint-Simon. Se este, em seus escritos anteriores, ignorava a oposição entre a burguesia e o proletariado que começava a se formar na França, se incluía a parte da burguesia ocupada na produção entre os *travailleurs*, isso corresponde à concepção de Fourier, que pretendia congraçar capital e trabalho, e se explica pela situação econômica e política da França naquela época. Se Owen via mais longe, é porque vivia noutro ambiente, no meio da Revolução Industrial e do antagonismo de classes, que já começava a tornar-se agudo. – F. E.

25 K. Marx, *Misère de la Philosophie*. Bruxelles/ Paris, 1847. – Id., *Kritik der Pol. Oekonomie*, [op. cit.,] p. 64.

SEÇÃO VI [PP. 593–778] METAMORFOSE DO SOBRELUCRO EM RENDA FUNDIÁRIA

26 Nada consegue ser mais cômico do que o desenvolvimento da propriedade fundiária privada apresentado por Hegel. O ser humano, enquanto pessoa, precisa dar realidade à sua vontade enquanto alma da natureza externa, tomando daí posse dessa natureza enquanto sua propriedade privada. Se esse é o destino "*da* pessoa", do ser humano enquanto pessoa, seria então preciso concluir que todo ser humano tem de ser proprietário de terras para se realizar como pessoa. A livre propriedade privada da terra – um produto sumamente moderno – é, segundo Hegel, não uma relação social determinada, mas uma relação do ser humano enquanto pessoa para com a "natureza", o "direito absoluto de apropriação do ser humano sobre todas as coisas". (Hegel, *Philosophie des Rechts*. Berlin, 1840, p. 79) De início, ao menos está claro que a pessoa individual não pode se firmar por sua "vontade" enquanto proprietária em face da vontade alheia que igualmente queira se corporificar na mesma porção do planeta. A isso pertencem coisas completamente outras que a boa vontade. Além disso, não se pode absolutamente deixar de considerar onde "a pessoa" coloca o limite para a realização de sua vontade, se a existência de sua vontade se realiza em um país inteiro ou se precisa de um grupo de países para, por meio da apropriação deles, "manifestar a grandeza de minha vontade em relação à coisa". [p. 80] Aqui Hegel se perde completamente. "O tomar posse é de natureza totalmente singular; não tomo posse de mais do que aquilo que toco com meu corpo, mas, em segundo lugar, a questão é que, ao mesmo tempo, as coisas externas têm extensão maior do que a que posso abranger. À medida que tenho a posse de algo assim, há também outra coisa ligada a isso. Executo a tomada de posse com a mão, mas seu âmbito pode ser ampliado." (pp. 90–91) Mas, por sua vez, a essa coisa está ligada outra, e assim desaparece o limite até onde minha vontade enquanto alma pode extravasar pelo solo. "Se possuo algo, o entendimento logo passa a considerar que é meu não só o que possuo diretamente, mas também o que está vinculado a isso. Aqui, o Direito positivo precisa fazer suas demarcações, pois a partir do conceito não se pode deduzir mais nada." (p. 91) Essa é uma confissão extraordinariamente ingênua "do conceito" e demonstra que o conceito que, de antemão, comete o engano de considerar absoluta uma concepção jurídica da propriedade da

terra, bem determinada e pertencente à sociedade burguesa, não compreende "nada" das configurações reais dessa propriedade fundiária. Ao mesmo tempo, aí está contida a confissão de que, com as cambiantes necessidades do desenvolvimento social, isto é, econômico, o "Direito positivo" pode e precisa alterar suas definições.

27 Químicos agrícolas bastante conservadores, por exemplo Johnston, admitem que uma agricultura realmente nacional encontra por toda parte limitações insuperáveis na propriedade privada. O mesmo fazem autores que são defensores *ex professo* do monopólio da propriedade privada no planeta, por exemplo o Sr. Charles Comte em uma obra de dois volumes que tem por finalidade específica a defesa da propriedade privada [*Traité de la propriété*]. "Um povo", diz ele, "não pode alcançar o grau de bem-estar e de poderio resultante de sua natureza, a menos que cada parte da terra que o alimenta receba a destinação que esteja em máxima harmonia com o interesse geral. Para dar grande desenvolvimento a suas riquezas, uma única, se possível, vontade, e principalmente uma vontade esclarecida, deveria tomar o poder de dispor sobre cada fração de seu território e fazer com que cada parcela contribuísse para a prosperidade de todas as outras. Mas a existência de tal vontade [...] seria incompatível com a divisão da terra em terrenos privados [...] e com o direito concedido a todo proprietário no sentido de dispor de seu patrimônio de modo quase absoluto." Johnston, Comte etc., ante a contradição entre a propriedade e uma agronomia racional, só têm em vista a necessidade de cultivar como um todo a terra de um país. Mas a dependência da cultura dos produtos específicos da terra em relação às oscilações dos preços de mercado e a constante variação dessa cultura com essas oscilações de preço – todo o espírito da produção capitalista, orientado para o ganho direto e imediato de dinheiro – contrapõem-se à agricultura, que deve operar com a totalidade das condições vitais constantes das gerações de seres humanos que se sucedem. As florestas constituem um exemplo flagrante disso, pois somente são exploradas às vezes, até certo ponto, de acordo com o interesse geral onde não são propriedade privada, mas estão submetidas à administração do Estado.

28 *Misère de la philosophie*, [op. cit.,] p. 165. Aí eu faço a distinção entre *terre-matière* e *terre-capital*. "Basta aplicar em terrenos já transformados em meios de produção novos investimentos de capital para aumentar a terra-capital sem nada acrescentar à terra-matéria. [...] A terra-capital é tão pouco eterna quanto qualquer outro capital. [...] A terra-capital é um capital fixo, mas o capital fixo se desgasta tanto quanto os capitais circulantes."

29 Digo "podem" porque, sob certas circunstâncias, esses juros são regulados pela lei da renda fundiária, podendo desaparecer por isso, como no caso da concorrência de novas terras com grande fertilidade natural.

30 Ver James Anderson e Carey. [J. Anderson, *A Calm Investigation of the Circumstances that Have Led to the Present Scarcity of Grain in Britain*. London, 1801, pp. 35-36, 38. (Ver também K. Marx, *Theorien über den Mehrwert*, op. cit., pp. 134-35) Henry Charles Carey, *The Past, the Present, and the Future*. Philadelphia, 1848, pp. 129-31. (Ver também K. Marx, *Theorien über den Mehrwert*, op. cit., p. 591) – N.E.A.]

31 Ver os *Anti-Corn Law Prize-Essays*. No entanto, as leis dos cereais sempre mantiveram os preços em nível artificialmente elevado. Para os melhores arrendatários isso era conveniente. Aproveitavam-se da situação estacionária em que a proteção

alfandegária mantinha a grande massa dos arrendatários que confiaram, com ou sem razão, no excepcional preço médio.

32 John C. Morton, *The Forces Used in Agriculture*. Conferência proferida na Society of Arts de Londres em 1859 e baseada em documentos autênticos, reunidos junto a cerca de 100 arrendatários de 12 condados escoceses e 35 ingleses.

33 A respeito do lucro extra, ver a *Inquiry* (contra Malthus).

33[a] {É exatamente o cultivo em rápida expansão de tais regiões de campos ou estepes que tem, ultimamente, convertido em brincadeira de crianças a célebre frase de Malthus de que "a população pressiona os meios de subsistência"; pelo contrário, esse cultivo provocou lamentações dos agricultores, segundo os quais a agricultura, e com ela a Alemanha, se encaminharia para a ruína se não se pusesse radicalmente um limite aos meios de subsistência que estariam pressionando a população. Mas o cultivo dessas estepes, campinas, pampas, *llanos* etc. encontra-se apenas em seus primórdios; seu efeito revolucionário sobre a economia agrária europeia ainda há de se fazer sentir, por conseguinte, de modo totalmente diverso do de agora. – F. E.}

34 As tabelas IV*a* a IV*d* tiveram de ser recalculadas devido a um erro constante de cálculo. Isso não atingia os pontos de vista teóricos desenvolvidos a partir das tabelas, mas acarretava, em parte, proporções numéricas monstruosas quanto à produção por acre. Mesmo estas, no fundo, não são contestáveis. Em todos os mapas topográficos e altimétricos toma-se uma escala significativamente maior para as verticais do que para as horizontais. Quem, mesmo assim, se sentir ferido em seu sentimento agrário sempre tem a liberdade de multiplicar o número de acres por qualquer número que lhe agrade. Na Tabela I, também se pode, em vez de colocar 1, 2, 3, 4 *quarters* por acre, pôr 10, 12, 14, 16 *bushels* (8 *bushels* = 1 *quarter*), e os números daí resultantes, nas outras tabelas, ficam dentro dos limites da probabilidade; há de se verificar que o resultado, a proporção entre a elevação da renda e a elevação de capital, acaba sendo o mesmo. É isso o que ocorreu nas tabelas acrescentadas pelo editor no capítulo seguinte. – F. E.

35 Wakefield, *England and America*. London, 1833. Cf. também [K. Marx, *O capital*,] Livro 1, cap. 25.

36 Ver Dombasle e R. Jones. [Marx pensa aqui evidentemente na obra em vários volumes de Mathieu de Dombasle, *Annales agricoles de Roville, ou Mélanges d'agriculture, d'économie rurale et de legislation agricole*, publicada em Paris, em várias edições, de 1824 até 1837. Richard Jones, *An Essay on the Distribution of Wealth, and on the Sources of Taxation*. London, 1831, p. 227. (Ver também K. Marx, *Theorien über den Mehrwert*, Parte III) – N.E.A.]

37 Ricardo dá por resolvido esse ponto de modo extraordinariamente supérfluo. Ver a passagem contra A. Smith sobre a renda florestal na Noruega. *Principles*, cap. 2, logo no começo.

38 Laing, Newman. [De acordo com as referências bibliográficas da edição alemã: Samuel Laing, *National Distress; Its Causes and Remedies*. London, 1844. Francis William Newman, *Lectures on Political Economy*. London, 1851. – N.E.B.]

39 A greve de Crowlington. F. Engels, *Die Lage der arbeitenden Klasse in England* [*A situação da classe trabalhadora na Inglaterra*], p. 307. (Edição de 1892, p. 259)

40 "A pavimentação das ruas de Londres permitiu aos proprietários extrair de alguns rochedos sem vegetação, existentes na costa escocesa, uma renda de um solo pedregoso antes absolutamente inútil." Adam Smith, Livro 1, cap. 11, 2.

41 Um dos méritos de Rodbertus – de cujo importante trabalho sobre a renda nós voltaremos a tratar no Livro 4 – é ter desenvolvido esse ponto. Ele só comete o erro de, primeiro, supor que no capital o crescimento do lucro sempre se expressaria como crescimento do capital, de tal modo que, ao aumentar a massa do lucro, a proporção permaneceria constante. Isso é falso, no entanto, já que, ao modificar-se a composição do capital, apesar de permanecer constante a exploração do trabalho, a taxa de lucro pode subir, exatamente porque o valor proporcional da parte constante do capital cai em comparação com a parte variável. – Em segundo lugar, comete o erro de considerar essa relação entre a renda em dinheiro e uma fração quantitativamente determinada de terreno, por exemplo, um acre, como algo suposto em geral pela Economia clássica em seus estudos sobre a elevação e queda da renda. Isso também é falso. A Economia clássica sempre trata a taxa de renda, na medida em que considera a renda em sua forma natural, com relação ao produto; e, na medida em que a considera como renda em dinheiro, considera-a com relação ao capital adiantado, porque este sim é sua expressão racional.

42 Sobre a queda dos preços da terra com aumento da renda enquanto fato, ver Passy. [Hippolyte Passy, "De la rente du sol", in *Dictionnaire de l'Économie Politique*, v. 2. Paris, 1854. – N.E.B.]

42[a] Adam Smith destaca que, em sua época (e isto vale também para a nossa, no que tange às plantações em países tropicais e subtropicais), a renda e o lucro ainda não tinham se separado, na medida em que o proprietário da terra era ao mesmo tempo capitalista, como, por exemplo, Catão o era em seus domínios. Mas essa separação é, precisamente, o pressuposto do modo de produção capitalista, com cujo conceito a base da escravidão está, além disso, em contradição de modo geral. [A. Smith, *An Inquiry into the Nature and Causes of the Wealth of Nations*. Aberdeen/ London, 1848, p. 44. – N.E.A.]

43 O Sr. [Theodor] Mommsen, em sua *Römischen Geschichte* [História romana], entende a palavra "capitalista" não no sentido da Economia moderna e da sociedade moderna, mas à maneira da concepção popular, tal como ela ainda continua a proliferar, não na Inglaterra ou na América do Norte, mas no continente, como antiga tradição de condições pretéritas.

44 Depois da conquista de um país, o passo seguinte para os conquistadores foi sempre o de se apropriarem também das pessoas. Cf. Linguet. Ver também Möser. [Simon-Nicolas-Henri Linguet, *Théorie des loix civiles, ou Principes fondamentaux de la société*, v. 1–2. Londres, 1767. (Ver também K. Marx, *Theorien über den Mehrwert*. Berlin: Dietz Verlag, 1968. MEW, v. 26, Parte I, pp. 308–13) – N.E.A.]

44[a] Cf. Buret, Tocqueville, Sismondi. [De acordo com as referências bibliográficas da edição alemã: Antoine-Eugène Buret, *Cours d'Économie Politique*. Bruxelles, 1842. Alexis de Tocqueville, *L'Ancien Régime et la révolution*. Paris, 1856. Jean-Charles-Leonard Simonde de Sismondi, *Nouveaux principes d'économie politique, ou de la richesse dans ses rapports avec la population*. Paris, 1827. – N.E.B.]

45 Ver em Tooke a fala do trono do rei da França. [Thomas Tooke e William Newmarch, *A History of Prices, and of the State of the Circulation, During the Nine Years 1848–1856*, v. 6. London, 1857, pp. 29–30. – N.E.A.]

46 Ver Mounier e Rubichon. [De acordo com as referências bibliográficas da edição alemã: L. Mounier, *De l'agriculture en France, d'après les documents officiels*. Avec des remarques par Rubichon. Paris,

1846. Maurice Rubichon, *Du mécanisme de la société en France et en Angleterre*. Paris, 1837. – N.E.B.]

47 O Sr. Dr. H. Maron (*Extensiv oder intensiv?* [Extensivo ou intensivo?] {Não são dadas maiores indicações sobre essa brochura.}) parte do pressuposto falso daqueles a quem ele combate. Admite que o capital investido na compra de terra seja "capital de investimento" e passa a brigar em torno das respectivas definições conceituais de capital de investimento e capital de exploração, isto é, de capital fixo e capital circulante. Suas concepções inteiramente primárias sobre capital em geral, aliás desculpáveis em um não-economista pela situação da "teoria da Economia Política" alemã, ocultam-lhe que esse capital não é nem capital de investimento nem capital de giro; tampouco é como o capital que alguém investe na Bolsa na compra de ações ou títulos públicos e que para ele, pessoalmente, representa um investimento de capital, não é investido em nenhum ramo de produção.

SEÇÃO VII [PP. 779–845] AS *REVENUES* E SUAS FONTES

48 Os três fragmentos seguintes encontram-se em diferentes passagens do manuscrito relativo à seção VI. – F. E.

49 Começo do capítulo 48, segundo o manuscrito.

50 "Salário, lucro e renda fundiária são as três fontes básicas de todo rendimento, bem como de todo valor de troca." (A. Smith) – "Assim, as causas da produção material são, ao mesmo tempo, as fontes das *revenues* primitivas existentes." (Storch, [*Cours d'économie politique*. Petersburg, 1815] I, p. 259) [A. Smith, *An Inquiry into the Nature and Causes of the Wealth of Nations*. Aberdeen / London, 1848, p. 43. As concepções de Smith sobre salário, lucro e renda fundiária, bem como sobre as fontes do valor, são examinadas por Marx detalhadamente no Livro 2 de *O capital* e nas *Teorias da mais-valia*. – N.E.A.]

51 Ricardo faz a seguinte e muito boa observação sobre o irrefletido Say: "O Sr. Say diz o seguinte sobre o produto líquido e o produto bruto: 'O valor total produzido é o produto bruto; depois de deduzidos os custos de produção dele, esse valor é o produto líquido!' (v. II, p. 491). Então não pode haver nenhum produto líquido, pois, segundo o Sr. Say, os custos de produção consistem em renda, salários e lucro. À página 508 ele afirma: 'O valor de um produto, o valor de um serviço produtivo, o valor dos custos de produção são, portanto, todos valores semelhantes, enquanto permitem às coisas seu curso natural'. Se se tira um todo de um todo, nada fica restando". (Ricardo, *Principles*, cap. 32, p. 512, nota) – Aliás, como se verá mais tarde, em nenhum lugar Ricardo refutou a falsa análise de Smith sobre o preço da mercadoria, sua resolução na soma do valor das *revenues*. Ele não se preocupa com ela e, em suas análises, assume-a como correta à medida que "abstrai" da parte constante do valor das mercadorias. De tempos em tempos ele próprio recai no mesmo modo de conceber as coisas.

52 "Em cada sociedade, o preço de cada mercadoria finalmente se resolve em uma ou outra ou em todas essas três partes" (ou seja, salário, lucro, renda). "[...] Uma quarta parte pode parecer necessária para repor o capital do arrendatário ou para compensar o desgaste dos animais de tração e outros instrumentos agrícolas. Mas é preciso levar em conta que o preço de qualquer instrumento agrícola, como o cavalo de tração, é ele mesmo composto destas três partes citadas: a renda da terra na qual ele é criado, o trabalho de criá-lo e o lucro do arrendatário, que adianta os dois:

a renda dessa terra e o salário desse trabalho. Embora o preço do cereal possa, por isso, pagar o preço do cavalo, bem como os custos de manutenção deste, o preço todo sempre ainda se resolve de modo imediato ou em última instância nestas mesmas três partes: renda fundiária, trabalho" (melhor dito: salário) "e lucro." (A. Smith) Mais tarde ainda mostraremos como o próprio A. Smith sente a contradição e a insuficiência desse subterfúgio, pois não passa de um subterfúgio se ele nos manda de Pôncio a Pilatos, embora em nenhum lugar mostre o real investimento de capital em que, *ultimately* [em última instância], sem outro *progressus* [progresso], o preço do produto se resolve puramente nessas três partes. [A. Smith, *An Inquiry into the Nature and Causes of the Wealth of Nations*. Aberdeen / London, 1848, p. 42. – N.E.A.]

53 Proudhon expressa sua incapacidade de entender isso na obtusa fórmula: *l'ouvrier ne peut pas racheter son propre produit* [o trabalhador não pode recomprar seu próprio produto], porque os juros contidos nele devem ser acrescidos ao *prix-de-revient* [preço de custo]. Mas como o Sr. Eugène Forcade lhe ensina coisa melhor? "Se a objeção de Proudhon fosse verdadeira, ele atingiria não só os lucros do capital, ele aniquilaria até mesmo a possibilidade de existência da indústria. Se o trabalhador é forçado a pagar com 100 aquilo pelo qual só recebeu 80, se o salário só pode comprar de volta de um produto o valor que ele mesmo lhe acrescentou, então isso quer dizer que o trabalhador não pode recomprar nada que o salário não possa pagar. De fato, o próprio preço de custo sempre contém algo mais que o salário do trabalhador e o preço de venda algo mais do que o lucro do empresário, por exemplo, o preço da matéria-prima, que frequentemente é pago no estrangeiro. [...] Proudhon esqueceu o crescimento incessante do capital nacional, esqueceu que esse crescimento se constata para todos os que trabalham, tanto para os empresários quanto para os trabalhadores." (*Revue des Deux Mondes*, 1848, t. 24, pp. 998–99) Aqui se tem o otimismo da irreflexão burguesa na correspondente forma de sapiência. Primeiro o Sr. Forcade acredita que o trabalhador não poderia viver se, além do valor que ele produz, não recebesse um valor ainda mais elevado, enquanto, pelo contrário, o modo de produção capitalista seria impossível se ele realmente recebesse o valor que produz. Em segundo lugar, ele generaliza corretamente a dificuldade que Proudhon só exprimiu sob um ponto de vista restrito. O preço da mercadoria contém um excedente não só sobre o salário, mas também sobre o lucro, ou seja, sobre a parte constante do valor. Portanto, segundo a argumentação de Proudhon, tampouco o capitalista poderia recomprar com seu lucro a mercadoria. E como Forcade resolve esse enigma? Mediante uma frase sem sentido – o crescimento do capital. O crescimento constante do capital deveria, portanto, ser constatado também pelo fato de que a análise do preço das mercadorias, que num capital de 100 é impossível para o economista político, torna-se supérflua num capital de 10 000. O que se diria de um químico que, à pergunta "Por que o produto do solo contém mais carbono do que o solo?", respondesse: devido ao constante crescimento da produção do solo? A indulgente boa vontade em descobrir no mundo burguês o melhor dos mundos possíveis substitui, na Economia vulgar, qualquer necessidade de amor à verdade e de propensão à pesquisa científica. [Pierre-Joseph Proudhon, *Qu'est-ce que la propriété? ou Recherche sur le principe du droit et du gouvernement* [*Que é a propriedade?*

ou Investigações sobre o princípio do direito e do governo]. Paris, 1841, pp. 201–02. – N.E.A.]

54 "O capital circulante investido em materiais, matérias-primas e produto acabado se compõe ele mesmo de mercadorias cujo preço necessário é formado dos mesmos elementos; de sorte que, considerando a totalidade das mercadorias de um país, seria uma repetição inútil contar essa parte do capital circulante entre os elementos do preço necessário." (Storch, *Cours d'Éc. Pol.*, II, p. 140) – Entre esses elementos do capital circulante, Storch compreende a parte constante do valor (a parte fixa é apenas a circulante em sua forma alterada). "É verdade que o salário do trabalhador, assim como essa parte do lucro do empresário que consiste em salários – se se consideram estes como uma parte dos meios de subsistência –, compõe-se igualmente de mercadorias compradas a preço de mercado e que compreendem igualmente salários, rendas dos capitais, rendas fundiárias e ganhos empresariais. [...] Essa observação só serve para provar que é impossível resolver o preço necessário em seus elementos mais simples." (Ibid., nota) – Em suas *Considérations sur la nature du revenu national* (Paris, 1824), Storch, em sua polêmica contra Say, reconhece exatamente o absurdo a que leva a falsa análise do valor da mercadoria, que o decompõe em simples *revenues* e exprime corretamente o despropósito desses resultados – do ponto de vista não do capitalista individual, e sim de uma nação –, mas ele mesmo não dá nenhum passo adiante na análise do *prix nécessaire* [preço necessário], sobre o qual, em seu *Cours*, esclarece que seria impossível resolvê-lo em seus elementos reais sem resolvê-lo numa falsa progressão ao infinito. "É claro que o valor do produto anual se distribui parte em capitais e parte em lucros e que cada uma dessas partes do valor do produto anual comprará regularmente os produtos de que a nação necessita, tanto para manter seu capital quanto para renovar sua reserva de consumo." (pp. 134–35) "Pode ela" (uma família camponesa que trabalha por conta própria) "morar em seus celeiros ou em seus estábulos, comer suas sementes e a forragem de seus animais, vestir-se com seus animais de tração, divertir-se com seus instrumentos agrícolas? Segundo a tese do Sr. Say, seria preciso responder afirmativamente a todas essas questões." (pp. 135–36) "[...] Admitindo-se que a *revenue* de uma nação seja igual a seu produto bruto, isto é, que não haja nenhum capital a deduzir, é preciso também admitir que a nação pode consumir improdutivamente o valor inteiro de seu produto anual sem infligir o menor prejuízo a sua *revenue* futura." (p. 147) "Os produtos que constituem o capital de uma nação não são consumíveis." (p. 150)

55 Quando o valor acrescido à parte constante do capital é decomposto em salário, lucro e renda fundiária, é óbvio que estes são partes do valor. Naturalmente, pode-se concebê-las como existentes no produto imediato em que esse valor se representa, isto é, no produto imediato que trabalhador e capitalista produziram numa esfera específica da produção, por exemplo a da fiação, portanto em fio. Mas, de fato, não se representam nem mais nem menos nesse produto do que em qualquer outra mercadoria, em qualquer outro componente da riqueza material pelo mesmo valor. E, na prática, o salário é mesmo pago em dinheiro, portanto na expressão pura do valor; assim também os juros e a renda. Para os capitalistas, a transformação de seu produto na expressão pura do valor é, de fato, muito importante; na própria distribuição ela já foi pressuposta. Que esses valores sejam retransformados no mesmo produto, na mesma mercadoria,

de cuja produção se originaram, que o trabalhador compre de volta uma parte do produto diretamente produzido por ele ou compre o produto de um outro trabalho, de diferente índole, tudo isso não tem nada a ver com a própria coisa. O Sr. Rodbertus se exalta muito inutilmente sobre essa questão.

56 "Será suficiente observar que a mesma lei geral que regula o valor dos produtos brutos e as mercadorias manufaturadas também é aplicável aos metais; o valor destes não depende da taxa de lucro, nem da taxa de salários, nem da renda paga por minas, mas da quantidade total de trabalho necessária para obter o metal e colocá-lo no mercado. (Ricardo, *Principles*, cap. 3, p. 77)

56[a] J. Stuart Mill, *Some Unsettled Questions of Pol. Econ.* London, 1844.

57 Ver o texto sobre *Competition and Co-operation* (1832?). [Marx provavelmente pensa no trabalho *A Prize Essay on the Comparative Merits of Competition and Cooperation.* London, 1834. – N.E.A.]

58 F[riedrich] List observa corretamente: "O predomínio do cultivo autossuficiente em grandes fazendas demonstra apenas a falta de civilização, de meios de comunicação, de indústrias locais e de cidades ricas. Por isso ele é encontrável por toda a parte na Rússia, Polônia, Hungria e Meclemburgo. Antigamente ele também preponderava na Inglaterra; mas, com o advento do comércio e das indústrias, entraram em seu lugar, decompondo-o, empresas médias e arrendamento". (*Die Ackerverfassung, die Zwergwirtschaft und die Auswanderung*. 1842, p. 10)

REFERÊNCIAS BIBLIOGRÁFICAS

As edições aqui fornecidas são as que foram presumivelmente utilizadas por Marx e Engels, na medida em que puderam ser identificadas. Em alguns casos, particularmente nas referências a fontes e obras literárias de caráter mais geral, não é indicada nenhuma edição específica. Leis e documentos só estão registrados aqui no caso de terem sido citados. Algumas fontes não puderam ser identificadas.

I. LIVROS E ARTIGOS (DE AUTORES CONHECIDOS E ANÔNIMOS)

[Anderson, Adam:] *An historical and chronological deduction of the origin of commerce, from the earliest accounts to the present time. Containing an history of the great commercial interests of the British Empire*, v. 2. London, 1764.

Anderson, James: *A calm investigation of the circumstances that have led to the present scarcity of grain in Britain: Suggesting the means of alleviating that evil, and of preventing the recurrence of such a calamity in future*, 2ª ed. London, 1801.

Anti corn-law prize-essays VER *The three prize essays on agriculture and the corn law*.

Aristoteles: *De republica, libri viii*, in v. 10. Oxonii, 1837.

Arnd, Karl: *Die naturgemässe Volkswirtschaft, gegenüber dem Monopoliengeiste und dem Communismus, mit einem Rückblicke auf die einschlagende Literatur*. Hanau, 1845.

Augier, Marie: *Du crédit public et de son histoire depuis les temps anciens jusqu'a nos jours*. Paris, 1842.

Babbage, Charles: *On the economy of machinery and manufactures*. London, 1832.

Balzac, Honoré de: *Les paysans*.

Bastiat, Frederic VER *Gratuité du crédit. Discussion entre M. Fr. Bastiat et M. Proudhon*. Paris, 1850.

Bell, G. M.: *The philosophy of joint stock banking*. London, 1840.

Bellers, John: *Essays about the poor, manufactures, trade, plantations, and immorality*. London, 1699.

"Bemerkung zu dem Aufsatze des Herrn Stiebeling: 'Ueber den Einfluß der Verdichtung des Kapitals auf den Lohn und die Ausbeutung der Arbeit'", in *Die Neue Zeit. Revue des geistigen und öffentlichen Lebens*, n. 3. Stuttgart 1887.

Die Bibel oder die ganze Heilige Schrift des alten und neuen Testaments. Nach der deutschen Übers. Martin Luthers.

Bosanquet, J[ames] W[hatman]: *Metallic, paper, and credit currency, and the means of regulating their quantity and value*. London, 1842.

Briscoe, John: *A discourse on the late funds of the million-act, lottery-act, and Bank of England. Shewing, that they are injurious to the nobility and gentry, and ruinous to the trade of the nation...*, 3ª ed. London, 1696.

Buret, Antoine-Eugène: *Cours d'économie politique*. Bruxelles, 1842.

Büsch, Johann Georg: *Theoretisch-praktische Darstellung der Handlung in ihren mannichfaltigen Geschäften*,

v. 2, 3ª ed. G. P. H. Norrmann (org.). Hamburg, 1808.
Cairnes, J[ohn] E[lliot]: *The slave power: Its character, career, and probable designs; being an attempt to explain the real issues involved in the American contest*. London, 1862.
[Cantillon, Richard:] "Essai sur la nature du commerce en general", in *Discours politiques*, 3ª ed. Amsterdam, 1756.
Carey, H[enry] C[harles]: *The past, the present, and the future*. Philadelphia, 1848.
___: *Principles of social science*. Philadelphia; London; Paris, 1859. 3 v.
Chalmers, Thomas: *On political economy in connexion with the moral State and moral prospects of society*, 2ª ed. Glasgow, 1832.
Chamberlayne, Hugh: *A proposal for a bank of secure current credit to be founded upon land, in order to the general good of landed men, to the great increase of the value of land, and the no less benefit of trade and commerce*. [London,] 1695.
Chamberlen, Hugh: *A few proposals, humbly recommending, to the serious consideration of His Majesty's High Commissioner, and the Right Honourable, the Estates of Parliament, the establishing a land-credit in this Kingdom; with several explanations of, and arguments for, the same; together with füll answers to all such objections, as have hitherto appeared against it*. Edinburgh, 1700.
Cherbuliez, A[ntoine]: *Richesse ou pauvreté. Exposition des causes et des effets de la distribution actuelle des richesses sociales*. Paris, 1841.
Child, Josias: *Traités sur le commerce et sur les avantages qui résultent de la réduction de l'interest de l'argent, avec un petit traité contre l'usure; par Thomas Culpeper*. Amsterdam; Berlin, 1754.
The city; or, the physiology of London business; with sketches on 'change, and at the coffee houses. London, 1845.
Comte, Charles: *Traité de la proprieté*, v. 1–2. Paris, 1834.
Coquelin, Charles: "Du crédit et des banques dans l'industrie", in *Revue des Deux Mondes*, 4ª série, v. 31. Paris, 1842.
Corbet, Thomas: *An inquiry into the causes and modes of the wealth of individuals; or the principles of trade and speculation explained*. London, 1841.
The currency theory reviewed; in a letter to the Scottish people on the menaced interference by government with the existing system of banking in Scotland. Edinburgh, 1854.
Daire, [Louis-François] Eugène: "Introduction", in *Physiocrates. Quesnay, Dupont de Nemours, Mercier de la Rivière, Baudeau, Le Trosne, avec une introd. sur la doctrine des physiocrates, des commentaires et des notices historiques*. Eugène Daire (org.). Paris, 1846, parte 1.
Doctrine de Saint-Simon: Exposition. Première année, 1828–1829, 3ª ed. Paris, 1831.
Dombasle, C[hristophe]-J[oseph]-A[lexandre] Mathieu de: *Annales agricoles de Roville, ou melanges d'agriculture, d'ficonomie rurale, et de legislation agricole*. Paris, 1824–37.
Dove, Patrick Edward: *The elements of political economy*. Livro 1: *On method*. Livro 2: *On doctrine. With an account of Andrew Yarranton, the founder of English political economy*. Edinburgh; London, 1854.
Dureau de la Malle, [Adolphe-Jules-Cesar-Auguste]: *Économie politique des Romains*, v. 1. Paris, 1840.

[Enfantin, Barthélemy-Prosper:] *Religion Saint-Simonienne: Économie politique et politique. Articles extraits du Globe*. Paris, 1831.

Engels, Friedrich: *Die Lage der arbeitenden Klasse in England. Nach eigner Anschauung und authentischen Quellen*. Leipzig, 1845 (2ª ed.: Stuttgart, 1892.)

___: "Editor's preface" in: Karl Marx: *Capital*, v. 1: *A critical analysis of capitalist production*, trad. Samuel Moore e Edward Aveling. Friedrich Engels (ed.). London, 1887.

Feller, F[riedrich] E[rnst] e C[arl] G[ustav] Odermann: *Das Ganze der kaufmännischen Arithmetik. Für Handels-, Real- und Gewerbeschulen, so wie zum Selbstunterricht für Geschäftsmänner überhaupt*, 7ª ed. Leipzig, 1859.

Fireman, P[eter]: "Kritik der Marx'schen Werttheorie", in *Jahrbücher für Nationalökonomie und Statistik*. 3ª série, v. 3. Jena, 1892.

Forcade, Eugène: "La guerre du socialisme, II: L'économie politique revolutionnaire et sociale", in *Revue des Deux Mondes*, v. 24. Paris, 1848.

Francis, John: *History of the bank of England, its times and traditions*, v. 1, 3ª ed. London, [1848].

Fullarton, John: *On the regulation of currencies; being an examination of the principles, on which it is proposed to restrict, within certain fixed limits, the future issues on credit of the Bank of England, and of the other banking establishments throughout the country*, 2ª ed. London, 1845.

Gilbart, James William: *The history and principles of banking*. London, 1834.

___: *An inquiry into the causes of the pressure on the money market during the year 1839*. London, 1840.

___: *A practical treatise on banking*, v. 1, 5ª ed. London, 1849.

Gratuité du crédit. Discussion entre M. Fr. Bastiat et M. Proudhon. Paris, 1850.

[Greg, Robert Hyde:] *The factory question, considered in relation to its effects on the health and morals of those employed in factories. And the "Ten Hours Bill", in relation to its effects upon the manufactures of England, and those of foreign countries*. London, 1837.

Hamilton, Robert: *An inquiry concerning the rise and progress, the redemption and present State, and the management, of the national debt of Great Britain*, 2ª ed. Edinburgh, 1814.

Hardcastle, Daniel: *Banks and bankers*, 2ª ed. London, 1843.

Hegel, Georg Wilhelm Friedrich: *Encyclopädie der philosophischen Wissenschaften im Grundrisse*, v. 1: *Die Logik*. Leopold von Hennig (org.), in *Werke*, v. 6. Berlin, 1840.

___: *Grundlinien der Philosophie des Rechts, oder Naturrecht und Staatswissenschaft im Grundrisse*, v. 8, 2ª ed. Eduard Gans (org.). Berlin, 1840.

Heine, Heinrich: *Disputation*.

___: "Nachwort", in *Romancero*.

Heyd, Wilhelm: *Geschichte des Levantehandels im Mittelalter*, v. 2. Stuttgart, 1879.

[Hodgskin, Thomas:] *Labour defended against the claims of capital; or, the unproductiveness of capital proved. With reference to the present combinations amongst journeymen. By a labourer*. London, 1825.

Horaz: *Episteln*.

Hubbard, John Gellibrand: *The currency and the country*. London, 1843.

Hüllmann, Karl Dietrich: *Staedtewesen des Mittelalters*, v. 1: *Kunstfleis und Handel*. Bonn, 1826; v. 2: *Grundverfassung*. Bonn, 1827.

Hume, David: "Of interest", in *Essays and treatises on several subjects*, v. 1, nova ed. London, 1764.

An inquiry into those principles, respecling the nature of demand and the necessity of consumption, lately advocated by Mr. Malthus, from which it is concluded, that taxation and the maintenance of unproductive consumers can be conducive to the progress of wealth. London, 1821.

Interest of money mistaken, or a treatise proving that the abatement of interest is the effect and not the cause of the riches of a nation, and that six per cent is a proportionable interest to the present condition of this kingdom. London, 1668.

Johnston, James F[inlay] W[eir]: *Notes on North America, agricultural, economical, and social*, v. 1. Edinburgh; London, 1851.

Jones, Richard: *An essay on the distribution of wealth, and on the sources of taxation*. London, 1831.

___: *An introductory lecture on political economy delivered at King's College, London, 27th February, 1833. To which is added a syllabus of a course of lectures on the wages of labour, to be delivered at King's College*. London, abr. 1833.

Kiesselbach, Wilhelm: *Der Gang des Welthandels und die Entwicklung des europäischen Völkerlebens im Mittelalter*. Stuttgart, 1860.

Kinnear, John G.: *The crisis and the currency; with a comparison between the English and Scotch systems of banking*. London, 1847.

Laing, Samuel: *National distress: Its causes and remedies*. London, 1844.

Laing, Seton: *Anew series of the great city frauds of Cole, Davidson & Gordon*, 5ª ed. London, [1869].

Lavergne, Léonce de: *The rural economy of England, Scotland, and Ireland*. Edinburgh; London, 1855.

Lealham, William: *Letters on the currency, addressed to Charles Wood, Esq. M. P., Chairman of the committee of the House of Commons, now sitting; and ascertaining for the first time, on true principles, the amount of inland and foreign bills of exchange in circulation for several consecutive years, and out at one time*, 2ª ed. London, 1840.

Lexis, W[ilhelm]: "Kritische Erörterungen über die Währungsfrage", in *Jahrbuch für Gesetzgebung, Verwaltung und Volkswirthschaft im Deutschen Reich*... Gustav Schmoller (org.), ano 5, fascículo 1. Leipzig, 1881.

___: "Die Marx'sche Kapitaltheorie", in *Jahrbücher für Nationalökonomie und Statistik*. Johannes Conrad (org.). Jena, 1885.

Liebig, Justus von: *Die Chemie in ihrer Anwendung auf Agricultur und Physiologie*, v. 1: *Der chemische Proceß der Ernährung der Vegetabilien*, 7ª ed. Braunschweig, 1862.

[Linguet, Simon-Nicolas-Henri:] *Theorie des loix civiles, ou principes fondamentaux de la société*, v. 1-2. Londres, 1767.

List, Friedrich: *Die Ackerverfassung, die Zwergwirthschaft und die Auswanderung*. Stuttgart; Tübingen, 1842.

Loria, Achille: "Die Durchschnittsprofitrate auf Grundlage des Marx'schen Wertgesetzes. Von Conrad Schmidt" [Stuttgart, 1889], in *Jahrbücher für Nationalökonomie und Statistik*, v. 20. Johannes Conrad (org.). Jena, 1890.

___: "Karl Marx", in *Nuova antologia di Scienze, Lettere ed Arti*, série 2, v. 38, nº 7. [Roma,] 1 abr. 1883.

___: "L'opera postuma di Carlo Marx", in *Nuova Antologia. Rivista di Scienze, Lettere ed Arti*, série 3, v. 55, nº 3. Roma, 1 fev. 1895.

___: *La teoria economica della costituzione politica*. Roma; Torino; Firenze, 1886.

Luther, Martin: *An die Pfarrherrn wider den Wucher zu predigen. Vermanung.* Wittemberg, 1540.

___: "An die Pfarrherrn wider den Wucher zu predigen. Vermanung. 1540", in *Der Sechste Teil der Bücher des Ehrnwirdigen Herrn Doctoris Martini Lutheri*... Wittemberg, 1589.

___: "Von Kauffshandlung und Wucher", in *Der Sechste Teil der Bücher des Ehrnwirdigen Herrn Doctoris Martini Lutheri*... Wittemberg, 1589.

Luzac, Elias: Hollands Rijkdom, beheizende den Oorsprong van den Koophandel, en van de Magt van dezen Staat, de toeneemende vermeerdering van deszelfs Koophandel en Scheepvaart, de oorzaaken, welke tot derzelver aanwas medegewerkt hebben; die, welke tegenwoordig tot derzelver verval strekken; mitsgaders de middelen, welke dezelven wederom zouden kunnen opbeuren, en tot hunnen voorigen bloei brengen. Het Fransch ontwerp gevolgd. Het werk zelf geheel veranderd, merkelijk vermeerderd, en van verscheiden misflagen gezuiverd, v. 3. Leyden, 1782.

Macaulay, Thomas Babington: *The history of England from the accession of James the Second*, v. 4. London, 1855.

Malthus, T[homas] R[obert]: *Definitions in political economy, preceded by an inquiry into the rules which ought to guide political economists in the definition and use of their terms; with remarks on the deviation from these rules in their writings*. London, 1827.

___: *Definitions in political economy, preceded by an inquiry into the rules which ought to guide political economists in the definition and use of their terms; with remarks on the deviation from these rules in their writings*. A new ed., with a preface, notes, and supplementary remarks by John Cazenove. London, 1853.

___: (anonym) *An essay on the principle of population, as it affects the future improvement of society, with remarks on the speculations of Mr. Godwin, M. Condorcet, and other writers*. London, 1798.

___: *An inquiry into the nature and progress of rent, and the principles by which it is regulated*. London, 1815.

___: *Principles of political economy considered with a view to their practical application*. London, 1820.

___: *Principles of political economy considered with a view to their practical application*. London, 1836.

Maron, H.: *Extensiv oder intensiv? Ein Kapitel aus der landwirthschaftlichen Betriebslehre*. Oppeln, 1859.

Marx, Karl: *Das Kapital: Kritik der politischen Oekonomie*, v. 1: *Der Produktionsprocess des Kapitals*. Hamburg, 1867.

___: *Das Kapital: Kritik der politischen Oekonomie*, v. 1: *Der Produktionsprocess des Kapitals*, 2ª ed. Hamburg, 1872.

___: *Das Kapital: Kritik der politischen Oekonomie*, v. 1: *Der Produktionsprocess des Kapitals*, 3ª ed. Hamburg, 1883.

___: *Das Kapital: Kritik der politischen Oekonomie*, v. 2: *Der Circulationsprocess des Kapitals*. Friedrich Engels (ed.). Hamburg, 1885.

___: *Kapital: Kritik der politischen Oekonomie*, v. 3, t. 1–2: *Der Gesammtprocess der kapitalistischen Produktion*, Friedrich Engels (ed.). Hamburg, 1894.

___: *Capital: A critical analysis of capitalist production*, v. 1, trad. Samuel Moore, Edward Aveling. Friedrich Engels (ed.). London, 1887.

___: *Le Capital*, trad. J. Roy, rev. do autor. Paris, [1872–75].

___: *Misère de la philosophie. Réponse a la philosophie de la misère de M. Proudhon*. Paris; Bruxelles, 1847.

___: *Zur Kritik der politischen Oekonomie*, fascículo 1. Berlin, 1859.

[Massie, Joseph:] *An essay on the governing causes of the natural rate of interest; wherein the sentiments of Sir William Petty and Mr. Locke, on that head, are considered*. London, 1750.

Maurer, Georg Ludwig von: *Einleitung zur Geschichte der Mark-, Hof-, Dorf- und Stadt- Verfassung und der öffentlichen Gewalt*. München, 1854.

___: *Geschichte der Dorfverfassung in Deutschland*, v. 1–2. Erlangen, 1865–66.

___: *Geschichte der Fronhöfe, der Bauernhöfe und der Hofverfassung in Deutschland*, v. 1–4. Erlangen, 1862–63.

___: *Geschichte der Markenverfassung in Deutschland*. Erlangen, 1856.

___: *Geschichte der Städteverfassung in Deutschland*, v. 1–4. Erlangen, 1869–71.

Mill, John Stuart: *Essays on some unsettled questions of political economy*. London, 1844.

___: *Principles of political economy with some of their applications to social philosophy*, v. 1, 2ª ed. London, 1849.

Mommsen, Theodor: *Römische Geschichte*, v. 1–3, 2ª ed. Berlin, 1856–57.

Morgan, Lewis H[enry]: *Ancient society or researches in the lines of human progress from savagery, through barbarism to civilization*. London, 1877.

Morton, J[ohn] C[halmers]: "On the forces used in agriculture", in *Journal of the Society of Arts*. London, 9 dez. 1859.

Morton, John Lockhart: *The resources of estates; being a treatise on the agricultural improvement and general management of landed property*. London, 1858.

Möser, Justus: *Osnabrückische Geschichte*, v. 1, nova ed. Berlin, Stettin, 1780.

Mounier, L.: *De l'agriculture en France, d'apres les documents officiels. Avec des remarques par Rubichon*, v. 1–2. Paris, 1846.

Müller, Adam H[einrich]: *Die Elemente der Staatskunst. Oeffentliche Vorlesungen vor Sr. Durchlaucht dem Prinzen Bernhard von Sachsen-Weimar und einer Versammlung von Staatsmännern und Diplomaten, im Winter von 1808 auf 1809, zu Dresden, gehalten*, v. 3. Berlin, 1809.

Newman, Francis William: *Lectures on political economy*. London, 1851.

Newman, Samuel P[hilips]: *Elements of political economy*. Andover; New York, 1835.

[North, Dudley:] *Discourses upon trade; principally directed to the cases of the interest, coynage, clipping, increase of money*. London, 1691.

Observations on certain verbal disputes in political economy, particularly relating to value, and to demand and supply. London, 1821.

Opdyke, George: *A treatise on political economy*. New York, 1851.

Ovid: *Metamorphosen*.

Passy, H[ippolyte-Philibert]: "Rente du sol", in *Dictionnaire de l'économie politique...*, v. 2, 2ª ed. Paris, 1854.

Pecqueur, C[onstantin]: *Theorie nouvelle l'économie sociale et politique, ou études sur l'organisation des sociétés*. Paris, 1842.

[Petty, William]: *A treatise of taxes and contributions. Shewing the nature and measures of crown-lands, assesments, customs, poll-moneys, lotteries, benevolence, penalties, monopolies, offices, tythes, raising of coins, harth-money, excize, etc. With several intersperst discourses and digressions concerning warrs, the church, universities, rents and *purchases, usury and exchange, banks and lombards, registries for conveyances, beggars, ensurance, exportation of money, wool, free-ports, coins, housing, liberty of conscience, etc. The same being frequently applied to the present State and affairs of Ireland*. London, 1667.

Poppe, Johann Heinrich Moritz: *Geschichte der Technologie seit der Wiederherstellung der Wissenschaften bis an das Ende des achtzehnten Jahrhunderts*, v. 1. Göttingen, 1807.

Price, Richard: *An appeal to the public, on the subject of the national debt*. London, 1772.

___: Observations on reversionary payments; on schemes for providing annuities for widows, and for persons in old age; on the method of calculating the values of assurances on Iives; and on the national debt. To which are added, four essays on different subjects in the doctrine of life-annuities and political arithmetick, 2ª ed. London, 1772.

A prize essay on the comparative merits of competition and cooperation. London, 1834.

Proudhon, P[ierre]-J[oseph]: *Qu'est-ce que la propriété? Ou recherches sur le principe du droit et du gouvernment*. Paris, 1841.

___: VER *Gratuité du crédit. Discussion entre M. Fr. Bastiat et M. Proudhon*. Paris, 1850.

Publius Terentius Afer: *Das Mädchen von Andros*.

Quetelet, A[dolphe-Lambert-Jacques]: *Sur l'homme et le developpement de ses facultés, ou essai de physique sociale*, v. 1–2. Paris, 1835.

Ramsay, George: *An essay on the distribution of wealth*. Edinburgh, 1846.

Reden, [Friedrich Wilhelm Otto Ludwig], Freiherr von: *Vergleichende Kultur-Statistik der Geburts- und Bevölkerungsverhältnisse der Gross-Staaten Europas*. Berlin, 1848.

Religion Saint-Simonienne... VER [Enfantin, Barthdemy-Prosper:] *Religion Saint-Simonienne*... Paris, 1831.

Ricardo, David: *On the principles of political economy, and taxation*, 3ª ed. London, 1821.

___: "Principles of political economy, and taxation", in *The works. With a notice of the life and writings of the author, by J[ohn] R[amsay] McCulloch*, 2ª ed. London, 1852.

Rodhertus [-Jagetzow, Johann Karl]: *Sociale Briefe an von Kirchmann. Dritter Brief: Widerlegung der Ricardo'schen Lehre von der Grundrente und Begründung einer neuen Rententheorie*. Berlin, 1851.

Roscher, Wilhelm: *Die Grundlagen der Nationalökonomie. Ein Hand- und Lesebuch für Geschäftsmänner und Studierende*, 3ª ed. Stuttgart, Augsburg, 1858.

[Roy, Henry:] *The theory of the exchanges. The bank charter act of, 1844. The abuse of the metallic principle to depreciation. Parliament mirrored in debate, supplemental to "The stock exchange and the repeal of Sir J. Barnard's act"*. London, 1864.

Rubichon, [Maurice]: *Du mécanisme de la societé en France et en Angleterre*, 6ª ed. Paris, 1837.

[Saint Simon, Claude-Henri de Rouvroy:] *Nouveau christianisme: Dialogues entre un conservateur et un novateur*, 1º dialógo. Paris, 1825.

Say, Jean-Baptiste: *Traité d'économie politique, ou simple exposition de la maniére dont se forment, se distribuent et se consomment les richesses*, v. 1, 3ª ed. Paris, 1817.

___: *Traité d'économie politique, ou simple*

exposition de la manière dont se forment, se distribuent et se consomment les richesses, v. 2, 4ª ed. Paris, 1819.
Schmidt, Conrad: "Der dritte Band des 'Kapital'", in *Socialpolitisches Centralblatt*. Berlin, 25 fev. 1895.
___: *Die Durchschnittsprofitrate auf Grundlage des Marx'sehen Werthgesetzes*. Stuttgart, 1889.
___: "Die Durchschnittsprofitrate und das Marx'sche Werthgesetz" in *Die Neue Zeit. Revue des geistigen und öffentlichen Lebens*..., ano 11, n. 3–4. Stuttgart, 1893.
Sismondi, J[ean]-C[harles]-L[éonard] Simonde de: *Nouveaux principes d'économie politique, ou de la richesse dans ses rapports avec la population*, v. 1–2, 2ª ed. Paris, 1827.
Smith, Adam: *An inquiry into the nature and causes of the wealth of nations. With a memoir of the author's life*. Aberdeen, London, 1848.
Sombart, Werner: "Zur Kritik des ökonomischen Systems von Karl Marx", in *Archiv für soziale Gesetzgebung und Statistik*..., v. 7. Berlin, 1894.
Some thoughts of the interest of England. By a lover of commerce. London, 1697.
Steuart, Jacques: *Recherche des principes de l'économie politique; ou essai sur la science de la police interieure des nations libres*..., v. 4. Paris, 1789.
Steuart, James: *An inquiry into the principles of political oeconomy; being an essay on the science of domestic policy in free nations*, v. 1. Dublin, 1770.
___: "An inquiry into the principles of political oeconomy..." in *The works, political, metaphisical, and chronological... Now first collect, by General Sir James Steuart, his son, from his father's corr. copies, to which are subjoined anecdotes of the author*, v. 1. London, 1805.
Stiebeling, George C.: *Das Werthgesetz und die Profit-Rate. Leichtfaßliche Auseinandersetzung einiger wissenschaftlicher Fragen. Mit einem polemischen Vorwort*. New York, [1890].
Storch, Henri: *Considerations sur la nature du revenu national*. Paris, 1824.
___: *Cours d'économie politique, ou exposition des principes qui déterminent la prospérité des nations*, v. 1–2. St.-Pétersbourg, 1815.
Thiers, A[dolphe]: *De la propriété*. Paris, 1848.
___: [*Rede in der französischen Nationalversammlung*] VER *Compte rendu des séances de l'Assemblée Nationale*...
The three prize essays on agriculture and the corn law. National Anti-Corn-Law League. Manchester, London, 1842.
Thun, Alphons: *Die Industrie am Niederrhein und ihre Arbeiter*, v. 2: *Die Industrie des bergischen Landes, (Solingen, Remscheid und Elberfeld-Barmen)*. Leipzig, 1879.
Tocqueville, Alexis de: *L'ancien régime et la révolution*. Paris, 1856.
Tooke, Thomas: *A history of prices, and of the State of the circulation, from 1793 to 1837; preceded by a brief sketch of the State of the com trade in the last two centuries*, v. 2. London, 1838.
___: *A history of prices, and of the State of the circulation, from 1839 to 1847 inclusive; with a general review of the currency question, and remarks on the operation of the act 7 & 8 Vict. c. 32. Being; a continuation of the history of prices from 1793 to, 1839*. London, 1848.
___: *An inquiry into the currency principle; the connection of the currency with prices, and the expediency of a separation of issue from banking*, 2ª ed. London, 1844.
Tooke, Thomas e William Newmarch: *A history of prices, and of the State of the*

circulation, during the nine years 1848–1856. History of Prices from 1792 to the Present Time, v. 5–6. London, 1857.

Torrens, R[obert]: *An essay on the production of wealth; with an appendix, in which the principles of political economy are applied to the actual circumstances of this country*. London, 1821.

___: *On the operation of the bank charter act of 1844, as it affects commercial credit*, 2ª ed. London, 1847.

Tuckett, J[ohn] D[ebell]: *A history of the past and present State of the labouring population including the progress of agriculture, manufactures, and commerce*, v. 1. London, 1846.

Ure, Andrew: *The philosophy of manufactures; or, an exposition of the scientific, moral and commercial economy of the factory system of Great Britain*. London, 1835.

___: *Philosophie des manufactures ou économie industrielle de la fabrication du coton, de la laine, du lin et de la soie, avec la description des diverses machines employées dans les ateliers anglais*, v. 1. Paris, 1836.

Verri, Pietro: *Meditazioni sulla economia politica*. Scrittori Classici Italiani di Economia Politica. Parte moderna, v. 15. Milano, 1804.

Vinçard, [Pierre-Denis]: *Histoire du travail et des travailleurs en France*, v. 1–2. Paris, 1845.

Vissering, S[imon]: *Handboek van praktische staathuishoudkunde*, v. 1. Amsterdam, 1860–61.

[Wakefield, Edward Gibbon:] *England and America. A comparison of the social and politicai State of both nations*, v. 1–2. London, 1833.

Walton, Alfred: *History of the landed tenures of Great Britain and Ireland, from the Norman conquest to the present time, dedicated to the people of the United Kingdom*. London, 1865.

[Wolf, Edward:] *Essay on the application of capital to land, with observations shewing the impolicy of any great restriction of the importation of com, and that the bounty of 1688 did not lower the price of it*. By a fellow of university College, Oxford. London, 1815.

Wolf, Julius: "Das Rätsel der Durchschnittsprofitrate bei Marx", in *Jahrbücher für Nationalökonomie und Statistik*, v. 2. J[ohannes] Conrad (ed.). Jena, 1891.

___: *Sozialismus und Kapitalistische Gesellschaftsordnung. Kritische Würdigung beider als Grundlegung einer Sozialpolitik*. Stuttgart, 1892.

II. INFORMES PARLAMENTARES E OUTRAS PUBLICAÇÕES OFICIAIS

An act for vesting certain sums in commissioners, at the end of every quarter of a year, to be by them applied to the reduction of the national debt. Anno vicesimo sexto Georgii III. regis.

Bank Acts (B.A., B.C.) 1857 VER *Report from the select committee on bank acts; together with the proceedings of the committee, minutes of evidence, appendix and index*. House of Commons, 30 jul. 1857.

Bank Acts (B.A., B.C.) 1858 VER *Report from the select committee on the bank acts; together with the proceedings of the committee, minutes of evidence, appendix and index*. House of Commons, 1 jul. 1858.

Census of England and Wales for the year 1861. London, 1863.

Coal mine accidents. Abstract of return to an address of the Honourable the House of Commons, dated 3 May 1861... House of Commons, 6 fev. 1862.

Commercial Distress (C. D.) 1847–48 VER *First report from the secret committee on commercial distress; with the minutes of evidence*. House of Commons, 8 jun. 1848.
Commercial Distress (C. D.) 1848–57 VER *Report from the secret committee of the House of Lords appointed to inquire into the causes of the distress which has for some time prevailed among the commercial classes*. House of Commons, 28 jul. 1848; reimp. 1857.
Compte rendu des séances de l'Assemblée Nationale. Exposés des motifs et projets de lois présentés par le gouvernement; rapports de MM. les répresentants, v. 2: *Du 17 Juin au 7 Août 1848*. Paris, 1849.
First report from the secret committee on commercial distress; with the minutes of evidence. House of Commons, 8 jun. 1848.
First report from the select committee of the House of Lords on the sweating system; together with the proceedings of the committee, minutes of evidence, and appendix. House of Commons, 11 ago. 1888.
First report of the children's employment commissioners in mines and collieries... 21 abr. 1841.
Public Health. *Sixth report of the medical officer of the Privy Council. With appendix. 1863*. Presented pursuant to act of Parliament. London, 1864.
Report from the secret committee of the House of Lords appointed to inquire into the causes of the distress which has for some time prevailed among the commercial classes and how far it has been affected by the laws for regulating the issue of bank notes payable on demand. Together with the minutes of evidence, and an appendix. House of Commons, 28 jul. 1848; reimp. 1857.
Report from the select committee on bank acts; together with the proceedings of the committee, minutes of evidence, appendix and index. Part I: *Report and evidence*. Part II: Appendix and index. House of Commons, 30 jul. 1857.
Report from the select committee on the bank acts; together with the proceedings of the committee, minutes of evidence, appendix and index. House of Commons, 1 jul. 1858.
Report from the select committee on petitions relating to the com laws of this Kingdom: together with the minutes of evidence, and an appendix of accounts. House of Commons, 26 jul. 1814.
Reports of the inspectors of factories to Her Majesty's Principal Secretary of State for the Home Department.
___ for the half year ending 31st October 1845. Presented to both Houses of Parliament by command of Her Majesty. London, 1846.
___ for the half year ending 31st October 1846... London, 1847.
___ for the half year ending 31st October 1847... London, 1848.
___ for the half year ending 31st October 1848... London, 1849.
___ for the half year ending 30th April 1849... London, 1849.
___. for the half year ending 31st October 1849... London, 1850.
___ for the half year ending 30th April 1850... London, 1850.
___ for the half year ending 31st October 1850... London, 1851.
___ for the half year ending 30th April 1851... London, 1851.
___ for the half year ending 31st October 1852... London, 1852.
___ for the half year ending 30th April 1853... London, 1853.
___ for the half year ending 31st October 1853... London, 1854.

___ for the half year ending 30th April 1854... London, 1854.
___ for the half year ending 31st October 1855... London, 1856.
___ for the half year ending 31st October 1858... London, 1858.
___ for the half year ending 30th April 1859... London, 1859.
___ for die half year ending 31st October 1859... London, 1860.
___ for the half year ending 30th April 1860... London, 1860.
___ for the half year ending 31st October 1860... London, 1860.
___ for the half year ending 30th April 1861... London, 1861.
___ for the half year ending 31st October 1861... London, 1862.
___ for the half year ending 30th April 1862... London, 1862.
___ for the half year ending 31st October 1862... London, 1863.
___ for the half year ending 30th April 1863... London, 1863.
___ for the half year ending 31st October 1863... London, 1864.
___ for the half year ending 30th April 1864... London, 1864.
Reports respecting grain, and the corn laws: viz: First and second reports from the Lords committees, appointed to enquire into the State of the growth, commerce and consumption of grain, and all laws relating there to;... House of Commons, 23 nov. 1814.

III. PERIÓDICOS

Archiv für soziale Gesetzgebung und Statistik. *Vierteljahresschrift zur Erforschung der gesellschaftlichen Zustände aller Länder*, v. 7. Heinrich Braun (ed.). Berlin, 1894.
Conrads Jahrbücher VER *Jahrbücher für Nationalökonomie und Statistik.*
The Daily News. London, 10 dez. 1889; 15 dez. 1892; 18 jan. 1894.
The Economist. Weekly Commercial Times, Bankers' Gazette, and Railway Monitor: a political, literary, and general newspaper. [London,] 15 mar. 1845; 22 maio 1847; 21 ago. 1847; 23 out. 1847; 20 nov. 1847; 11 dez. 1847; 30 nov. 1850; 11 jan. 1851; 19 jul. 1851; 22 jan. 1853.
The Edinburgh Review, or Critical Journal, v. 54. To be continued quarterly, ago.-dez. 1831.
Jahrbuch für Gesetzgebung, Verwaltung und Volkswirtschaft im Deutschen Reich. Des "Jahrbuchs für Gesetzgebung, Verwaltung und Rechtspflege des Deutschen Reiches" Neue Folge. Gustav Schmoller (ed.), n. 5, fascículo 1. Leipzig, 1881.
Jahrbücher für Nationalökonomie und Statistik. Johannes Conrad (ed.). Jena, 1885, 11 v.; Jena, 1890, 20 v.; Jena, 1891, 2 v.; Jena, 1892, 3 v.
Journal of the Society of Arts, and of the institutions in Union. London, 9 dez. 1859.
The Manchester Guardian, 24 nov. 1847.
The Morning Star. [London,] 14 dez. 1865.
Die Neue Zeit. Revue des geistigen und öffentlichen Lebens. Stuttgart, n. 3, 1887; n. 3–4, 1892–93; n. 1–2, 1895–96.
New-York Daily Tribune, 20 dez. 1859.
Nuova Antologia di Scienze, Lettere ed Arti, série 2, v. 38, n. 7. Roma, 1 abr. 1883.
Nuova Antologia. Rivista di Scienze, Lettere ed Arti, série 3, v. 55, n. 3. Roma, 1 fev. 1895.
La Rassegna, n. 1. Napoli, 1895.
Revue des Deux Mondes, série 4, v. 31. Paris, 1842; nova série, v. 24. Paris, 1848.
La Riforma Sociale. Torino; Roma, 25 fev. 1895.
Sozialpolitisches Centralblatt. Berlin, 25 fev. 1895.
The Times. London.

ÍNDICE ONOMÁSTICO

M

N

O

P

U

V

W

Z

SUMÁRIO DETALHADO

SEÇÃO II
A TRANSFORMAÇÃO DO LUCRO EM LUCRO MÉDIO

SEÇÃO III
LEI DA QUEDA TENDENCIAL DA TAXA DE LUCRO

SEÇÃO IV
TRANSFORMAÇÃO DE CAPITAL-MERCADORIA E CAPITAL MONETÁRIO EM CAPITAL DE COMÉRCIO DE MERCADORIAS E CAPITAL DE COMÉRCIO DE DINHEIRO (CAPITAL COMERCIAL)

SEÇÃO V
DIVISÃO DO LUCRO EM JURO E LUCRO DO EMPRESÁRIO. O CAPITAL PORTADOR DE JUROS

SEÇÃO VII
AS *REVENUES* E SUAS FONTES

Título original: Karl Marx, *Das Kapital: Kritik der politischen Ökonomie. Buch* III: *Der Gesamtprozeß der kapitalistischen Produktion.* Marx-Engels-Werke (MEW), Band 25. Berlin: Dietz Verlag, 1964. De acordo com a primeira edição, editada por Friedrich Engels em Hamburgo, 1894.

A editora agradece a valiosa contribuição de Vladimir Safatle para esta edição.

Dados Internacionais de Catalogação na Publicação (CIP)
Elaborado por Eliete Marques da Silva – CRB-8/9380

Marx, Karl [1818–1883]
O capital: Crítica da economia política, Livro 3 – O processo da produção capitalista como um todo / Karl Marx; edição Friedrich Engels; coordenação e revisão Paul Singer; tradução Flávio R. Kothe, Regis Barbosa; Nota bibliográfica Fernando Rugitsky.
São Paulo: Ubu Editora, 2025. – (O capital; Livro 3)

Título original: *Das Kapital: Kritik der politischen Ökonomie. Buch* III: *Der Gesamtprozeß der kapitalistischen Produktion.*
ISBN 978 85 7126 154 9

---

1. Capital (Economia) 2. Economia 3. Economia política
I. Engels, Friedrich, 1820–1895. II. Singer, Paul. III. Kothe, Flávio IV. Barbosa, Regis V. Título VI. Série

---

25-260558 CDD 355.412

Índices para catálogo sistemático:
1. Capital: Conceitos marxistas 335.412
2. Marxismo: Conceitos econômicos 335.412

COORDENAÇÃO EDITORIAL Florencia Ferrari e Isabela Sanches
EDIÇÃO Bibiana Leme
REVISÃO DA TRADUÇÃO Flávio Kothe
TRADUÇÃO COMPLEMENTAR Letícia Mei (russo) e Nélio Schneider (grego)
COTEJO E REVISÃO Karina Okamoto
ASSISTENTE EDITORIAL Maria Fernanda Chaves
REVISÃO [PP. 9–13] Hugo Maciel
PREPARAÇÃO DE ARQUIVO Júlio Haddad
PROJETO GRÁFICO Elaine Ramos e Júlia Paccola
COMPOSIÇÃO Júlia Paccola e Nikolas Suguiyama

EQUIPE UBU

DIREÇÃO Florencia Ferrari
DIREÇÃO DE ARTE Elaine Ramos; Júlia Paccola e Nikolas Suguiyama (assistentes)
COORDENAÇÃO Isabela Sanches
COORDENAÇÃO DE PRODUÇÃO Livia Campos
EDITORIAL Bibiana Leme, Gabriela Ripper Naigeborin e Maria Fernanda Chaves
COMERCIAL Luciana Mazolini e Anna Fournier
COMUNICAÇÃO / CIRCUITO UBU Maria Chiaretti, Walmir Lacerda e Seham Furlan
DESIGN DE COMUNICAÇÃO Marco Christini
GESTÃO CIRCUITO UBU / SITE Cinthya Moreira, Vic Freitas e Vivian T.

UBU EDITORA
Largo do Arouche 161 sobreloja 2
01219 011 São Paulo SP
ubueditora.com.br
professor@ubueditora.com.br
/ubueditora

O CAPITAL

CRÍTICA DA ECONOMIA POLÍTICA

1 O PROCESSO DE PRODUÇÃO DO CAPITAL

2 O PROCESSO DE CIRCULAÇÃO DO CAPITAL

3 O PROCESSO DA PRODUÇÃO CAPITALISTA COMO UM TODO

Os textos deste livro foram compostos em Arnhem (Fred Smeijers) e os títulos em Druk (Commercial Type). A impressão e o acabamento ficaram a cargo da gráfica Ipsis, em São Paulo. Esta edição foi lançada em 5 de maio de 2025, aniversário de Karl Marx.

BANCO CENTRAL DO BRASIL
100000
cem mil cruzeiros
100 CRUZADOS
CEM CRUZADOS